U0591548

GRAVITARE

Paul Preston

[英] 保罗·普雷斯顿———— 著

何晓鸿 ———— 译

百年腐朽

一部西班牙政治史

A History
of Corruption,
Political Incompetence
and Social Division
in Modern Spain

SPM
南方传媒 | 广东人民出版社

· 广州 ·

图书在版编目（CIP）数据

百年腐朽：一部西班牙政治史 /（英）保罗·普雷斯顿著；何晓鸿译. ——广州：广东人民出版社，2023.4（2024.11重印）
（万有引力书系）
书名原文：A PEOPLE BETRAYED
ISBN 978-7-218-16455-7

Ⅰ.①百… Ⅱ.①保… ②何… Ⅲ.①政治—历史—研究—西班牙 Ⅳ.①D755.19

中国国家版本馆CIP数据核字（2023）第020551号

著作权合同登记号：图字19-2023-044号

BAINIAN FUXIU: YI BU XIBANYA ZHENGZHISHI

百年腐朽：一部西班牙政治史

［英］保罗·普雷斯顿 著 何晓鸿 译

版权所有 翻印必究

出 版 人：肖风华

丛书策划：施 勇 钱 丰
责任编辑：陈 晔 罗凯欣
特约编辑：柳承旭
营销编辑：常同同
责任技编：吴彦斌 周星奎

出版发行 广东人民出版社
地　　址：广州市越秀区大沙头四马路10号（邮政编码：510199）
电　　话：（020）85716809（总编室）
传　　真：（020）83289585
网　　址：http://www.gdpph.com
印　　刷：广州市岭美文化科技有限公司
开　　本：889毫米×1194毫米　1/32
印　　张：27.5　字　数：615千
版　　次：2023年4月第1版
印　　次：2024年11月第2次印刷
定　　价：168.00元

如发现印装质量问题，影响阅读，请与出版社（020-85716849）联系调换。
售书热线：（020）87716172

前　言

　　哲学家何塞·奥尔特加－加塞特在 1921 年写道："从君主到教会，西班牙当权者一贯自私自利。无论是这个国家的君主（毕竟是外来汉）①，还是这里的教会，他们的心究竟何时真正为西班牙跳动过？就我们所知，从来没有。他们的所作所为恰恰相反。为了保证私利，他们处心积虑，装作那些目标于国有利一般。"[1]无独有偶，西班牙内战期间，诗人安东尼奥·马查多写信给他的苏联朋友、小说家达维德·维戈茨基，信中说："西班牙最优秀的是它的人民。正因如此，尽管无私无畏的马德里保卫战令世界为之震惊，连我也深受感动，但我却并不觉得意外。因为事情一向如此。世事艰难时，这些老爷们——如同俄罗斯的特权贵族一样——往往寻求祖国的庇护，一旦解困，他们就无耻地出卖国家。而西班牙人民，尽管他们不把祖国挂在嘴边，却总是愿意为国抛洒热血，并将国家拖出困境。在这里，如果你是正派的人，就不可能不热爱人民。对我们而言，热爱人民是心怀感恩的基本要求。"[2]

　　19 世纪的英国浪漫主义旅行家也表达过相似观点。其中，理查德·福特最为知名。1845 年，福特出版了《西班牙旅行者手册》，

---

　　①　不仅 16 世纪至 17 世纪统治西班牙的哈布斯堡家族与奥地利哈布斯堡王朝同宗，而且 18 世纪以来断断续续统治西班牙的波旁家族也源于法国。（本书脚注皆为译者注。）

一年后出版了《西班牙缀拾》。福特笔下的西班牙人性情豪爽，品格高尚，而政府则常常昏庸无道，治理无方。福特写道："西班牙人丁不兴，田地荒芜，人民悲郁穷苦，背后真正的顽疾在于糟糕的治理，世俗政府和教会都对此难辞其咎。"福特声称，西班牙各级政府中都有长期收受贿赂的专权者。[3] 杰拉尔德·布雷南部分认同这种看法，他说："有人把西班牙视为充满矛盾的国家，这里的人民非常独立，却任由腐败和专断的统治者管理他们。"然而，布雷南指出，在很大程度上，福特的这种看法来自他对当时英国的理想化印象。布雷南说："福特经常提及西班牙糟糕的治理和普遍的贫困。但是，在那个时代，谁不愿意做一个西班牙工匠？难道有谁反倒愿意在英国[①]做一个矿工、磨坊工人或农业劳工吗？"[4]

我也是个英国人，从事历史研究。与上述作家一样，我热爱西班牙，过去的 50 年里一直在研究这个国家的历史。从书名可以看出，本书与福特和其他许多西班牙评论家的观念相仿，比如卢卡斯·马利亚达、里卡多·马西阿斯·皮卡韦亚、华金·科斯塔、曼努埃尔·阿萨尼亚和何塞·奥尔特加－加塞特。虽然本书借鉴了福特的观点，但是没有跟他一样简单地把西班牙当作未开化之地，而把英国当作理想之乡。同样，虽然我从复兴主义者[②]的审慎分析中获得了大量见解，但并不同意科斯塔的观点，不认为解决问题必须求助于威权统治者，即"铁血外科医生"。本书并非暗示西班牙

---

① 英国于 19 世纪最早经历工业革命，工人的劳动条件和生活环境极其恶劣。

② 复兴主义（regenerationist）是 19 世纪末 20 世纪初在西班牙兴起的一场思潮和运动，其目的在于对西班牙衰落的原因进行客观和科学的研究，并提出补救措施。上面提到的几位西班牙评论家都是复兴主义运动的代表人物。

在腐败和政府无能方面举世无双。其他欧洲国家的不同历史时刻也都可能与此相似。例如，在过去三年写作本书的过程中，我每天都生活在英国脱欧进程的阴影下。谎言、治理无能和腐败轮番上演，国民之间意见对立，联合王国面临分裂，这着实让我心烦意乱。

西班牙历经沧桑，其历史令人唏嘘，研究它的路径不止一条。本书从1874年波旁王朝第二次复辟写起，直到2014年阿方索十二世的玄孙费利佩六世登基，讲述一段全面并可信的西班牙历史，重点介绍腐败和政府无能如何阻碍了这个国家的进步。这两点导致了社会凝聚力的崩溃，而面对这种崩溃，当权者又常常诉诸暴力来解决，导致局面愈发不可收拾。在马德里和加泰罗尼亚之间的紧张局势中，上述三个主题反复出现。整个复辟时期，尤其是普里莫·德里韦拉① 独裁期间，制度性腐败和骇人的政府无能已是司空见惯。这为西班牙首个民主政体——第二共和国铺平了道路。

从1931年共和国成立到1939年灭亡，腐败的流毒减轻，至少新上台的政治精英们受到了复兴主义者主张的影响。但是，腐败并未绝迹。本书中反复出现的一个人物——大富翁胡安·马奇，在德里韦拉执政时期，他就曾大肆行贿，直到共和国时期他仍积极活动，甚至在佛朗哥独裁统治的最初几十年间还是没有丝毫收敛。亚历杭德罗·勒鲁克斯也是如此，他不仅是一个举足轻重的政治人物，同时还为马奇效命。1935年，在担任总理期间，勒鲁克斯厚颜无耻

---

① 米格尔·普里莫·德里韦拉－奥瓦内哈（Miguel Primo de Rivera y Orbaneja），陆军中将，1923年至1930年担任西班牙政府首脑，任内实施独裁统治。

地为轮盘赌厅充当保护伞，这一行径甚至催生了"黑市"[①]一词，成为经济领域不法行为的同义词。

佛朗哥将军夺取胜利后建立起一个依靠恐怖统治肆意掠夺的政权，他和他的精英支持者们得以横行无忌，巧取豪夺。这些人一边中饱私囊，一边放任政府官员无所作为，这导致西班牙的经济落后状态一直持续到了20世纪50年代。说来也是讽刺，佛朗哥一直鄙视他眼中于1898年葬送了西班牙帝国[②]的政界人士。1941年，内战爆发5周年之际，在一次对法西斯主义政党长枪党的高级官员的演讲中，佛朗哥声称："当初……我们的童年被那些无能之辈主宰，他们把祖国的半壁江山拱手让给外国人。"[5]事实上，佛朗哥所犯的一些错误，其愚蠢程度远超被他嘲笑的前辈们。从佛朗哥与纳粹德国以及后来与美国的关系中可以看出，只要能继续掌权，他可以毫不犹豫地将国家利益置之一旁。从炼金术到合成水基汽油，再到他的自给自足政策带来的灾难，佛朗哥的快速致富计划并不灵光。在此过程中，西班牙愈发落后，直到1959年，他终于同意让别人管理经济，情况才开始转变。

不光佛朗哥曾在1941年谴责政界人士，当时对政界不满的人还有很多。尽管1931年到1936年以及胡安·卡洛斯国王统治的第一个10年里确实涌现过乐观情绪，但那只是不多的例外而已。面对本国政治阶层，西班牙人经常态度轻蔑，有时甚至近乎绝望。自

---

① 即"estraperlo"一词，来自引入这套赌博生意的三个人的姓氏 Strauss、Perle、Lowann。

② 即美西战争，1898年，美国与西班牙之间爆发战争，战争导致古巴、关岛、波多黎各和菲律宾脱离西班牙，成为美国的殖民地。

拿破仑入侵以来，西班牙人便认定政客们不仅无能，而且唯利是图，这已经成为生活的基本常态。在独裁统治的庇护下，腐败行径肆无忌惮，佛朗哥不仅借助道德败坏的政客的花言巧语为其独裁统治辩护，而且毫无顾忌地利用独裁体制，一边牟取私利，一边将其仆从操弄于股掌之间。

1898 年帝国遭遇覆灭之耻，只不过是近一个世纪里种种问题累积的最终后果。依靠帝国掠夺，无法缓解西班牙内部的经济问题。落后的农业经济、不平衡且薄弱的工业部门、施行高压手段的天主教会、寄生虫般的武装部队和日益扩大的地区分裂，这些都是西班牙的沉疴。正如具有远见的博学者华金·科斯塔所说，腐败无能的政治制度使上述特点固化了下来，阻碍了社会和经济的进步，西班牙人民因此身陷奴役、愚昧和痛苦。同时代曾有人侮辱西班牙，说"非洲始于比利牛斯山脉"①，理由正在这里。科斯塔提出了解决方案——"铁血外科医生"，然而这一方案对人民和民主都缺乏信心。

西班牙政治和社会还有一些其他特征，这些特征同样具有破坏力，并且相互勾连，自 19 世纪末以来一直没有消退。正因为几百年里西班牙一直内乱不断，人们就理所当然地更喜欢通过血腥暴力解决政治和社会问题而非通过理性辩论。步入现代，腐败和政府无能同样导致了某些形式的社会暴力。由于选举黑暗，民众游离于有组织的政治活动之外，要么冷眼旁观，要么诉诸暴力革命。类似

---

① 比利牛斯山脉，位于欧洲西南部，分隔欧洲大陆与伊比利亚半岛，是法国与西班牙的天然国界。

1936 年至 1939 年间的战争，19 世纪 30 年代以来已经发生了 3 次。

1814 年至 1981 年期间，西班牙发生了超过 25 次兵谏。统计数字是赤裸裸的，它清楚说明了军队和平民之间的割裂。[6] 19 世纪前三分之一时间里，这些暴动在政治主张上是自由主义的。但在那之后，军队和平民社会之间长期的误解和不信任愈演愈烈，直到士兵们甚至认为自己比平民更能代表西班牙。到了 20 世纪初，军官们已经被极端保守派政客的言论所蛊惑，认为主动干预政治以"拯救西班牙"既是他们的权利，也是他们的义务。不幸的是，这一目标表面上崇高，实际却是为了保护社会上一小撮精英们的利益和特权。因此，当帝国衰落、战场失利、社会矛盾积重难返之际，军队的镇压便成为引发西班牙社会仇恨的原因之一。军方对政客普遍心怀怨愤，更憎恶左翼和劳工运动，这是同一枚硬币的另一面。

西班牙武装部队应对帝国覆灭之伤的方式使得暴力在西班牙愈发大行其道。军官们愤愤不平，他们不仅把 1898 年的战败耻辱归咎于政客们没有提供足够的支持，而且开始认为自己才是政治上的最终仲裁者。军方决心不再输掉任何一次战斗，但它不是专注于捍卫西班牙不受外敌侵略，而是执着于保卫国家统一和现有的社会秩序，对付来自国内各地和左翼阵营的对手。在某种程度上，这并不奇怪。西班牙军队官僚作风盛行，装备落后，古巴惨败之后军队效率低下。在军事预算总额中，薪金、行政和运行费用的比例高得离谱，用于训练或装备的资金则所剩无几。

西班牙的统治阶层曾试图在摩洛哥发动一场新的帝国攻势，一洗战后的耻辱，但却招致了灾难性后果。这次在非洲的战争冒险需要征兵，却激起了民众的大规模反对。令人遗憾的是，军方和左翼之间的相互仇恨因此愈发强烈。北非的环境极端恶劣，不仅来自工人阶级的新兵积极反战，而且军队中还出现了一个上层团体，成员来自强硬的职业军官，人称（军队中的）"非洲派"，佛朗哥便是其中的典型代表。他们相信自己才是英勇的战士，尽管如今身处困境，但仍然日夜为祖国的命运担忧。这种心理不可避免地加剧了他们对西班牙社会的疏远感，觉得自己被这个社会所辜负。非洲派的军官开始主导军官队伍，特别是在 20 世纪 20 年代末，当时佛朗哥担任萨拉戈萨军事学院院长。这些军官不仅后来成为 1936 年政变的核心，而且政变之后他们对付西班牙平民所用的正是在摩洛哥已经十分熟练的恐怖手段。

　　佛朗哥腐败统治集团偏爱收拢这些军官。这些军官的"价值观"不仅贯穿于独裁统治时期，甚至在独裁统治结束后仍然作祟，这导致了武装部队中的一些阶层决意要破坏 20 世纪 70 年代末建立的新的民主制度。幸运的是，西班牙工人社会党（简称"工社党"）第一次执政期间实施了军队改革，随着军队的民主化，对军队的普遍不信任随之消解。军官队伍内部世代更替，以及西班牙加入北约之后，人们对武装部队和国民警卫队的普遍看法发生了大逆转。目前，武装部队和国民警卫队成为西班牙广受认可的组织之一。在西班牙人普遍关心的问题中，政治阶层的问题位列第二，仅次于失业问题。[7]

　　同样阻碍西班牙现代化努力的还有天主教会的不散阴魂。在 19 世纪和 20 世纪的内战中，天主教会站在自由主义和现代化的对立面，对其带来的冲击十分警惕。由于暴力的反教权主义广受欢迎，加上 19 世纪 30 年代和 50 年代当局取消了对不动产继承权的限定，导致教会陷入了财政困境，教会便与权势阶层结为同盟。到 19 世纪 80 年代，凭借为中产阶级和上层阶级提供教育，教会开始为社会经济和政治制度提供合法性来源。20 世纪里，西班牙天主教会的历史与这个国家的历史如影随形。几乎每一个混乱时期的重大政治动荡——1917 年到 1923 年的革命危机可能是个例外——都有宗教背景，教会领导集团在其中都发挥了关键作用，而且往往是站在极端保守的立场上。

本书将为读者从以下几个方面加以分析：西班牙军队和教会的影响，民众对政界的普遍蔑视，激烈的社会冲突，落后的经济，以及中央集权的国家主义和地区独立运动之间的冲突。此外，本书还介绍了当时的国际环境。如果不考虑国际事态发展，特别是法西斯主义和共产主义对西班牙国内事态发展的影响，就很难理解第二共和国的崩溃和内战的爆发。本书特别注意分析国内因素和国际因素在决定西班牙内战结果的相互作用。在许多方面，西班牙爆发的冲突既可以视为第二次世界大战的预演，也可以视为最先爆发冲突的战场。在第二次世界大战中，西班牙保持中立，这对欧洲战场的结果产生了重要影响。本书将全面分析佛朗哥独裁政权如何摆脱国际孤立境地，以及如何成为西方列强重视的盟友。

本书将为读者展现西班牙是如何从彻底绝望的 1898 年跌宕起伏地发展到依旧悲观的今天。改革力量和极端保守力量之间实力悬殊，从 1808 年到现在，双方的斗争在西班牙历史上不断上演，内战是其中最激烈的一幕。在西班牙的现当代历史中有一种奇怪的模式，其根源在于社会现实与政治权力结构之间经常脱节。极端保守分子依仗政治和军事力量长期阻碍社会进步，于是革命随之爆发。

19 世纪 50 年代、19 世纪 70 年代、1910 年至 1912 年、1917 年至 1923 年，尤其是在第二共和国期间，人们努力使西班牙政治跟上该国的社会现实。这不可避免地涉及财富，特别是土地的重新分配，因此激起了极端保守势力的反扑。这些势力妄图让历史停步，复辟传统的社会格局和经济权利。我们看到，革新运动在 1856 年被奥唐奈将军镇压，在 1874 年被帕维亚将军镇压，在 1923 年被德里韦拉将军镇压，在 1936 年到 1939 年被佛朗哥将军镇压。经历血腥内战和随后近 40 年的独裁统治，这种模式才被打破。主张改革的右翼和经过磨炼的左翼都秉持节制，这才完成向民主的和平过渡。

要求改革的政治力量不断推动变革，直到暴力和独裁登台反击——政治领导集团和社会发展之间的这种冲突模式在 1977 年彻底改变。然而，旧的行为方式依旧玷污了新的民主政治领导集团。巴尔塔萨·加尔松[①]法官一直坚持打击腐败，正如他所说："在西班牙，人们对腐败从来都是大门敞开的。腐败变得理所当然，普通公民甚至不再为这一现象感到心忧。由于民众漠不关心，腐败现象便愈发根深蒂固，并滋生出一个利益网络，很难撼动。"加尔松认为，司法制度也是造成这种情况的原因之一，他指出："诉讼审理经年，法庭判决可笑，法官蛮横驳回，案件无理搁置，当事人非法串通，而司法机关则恣意纵容……"[8]

腐败和政府无能腐蚀了政治共存和凝聚力，本书涉及的各个时期概莫能外。尽管西班牙向民主的过渡一直广受赞扬，然而，自

---

① 有"铁面判官"之称的西班牙法官巴尔塔萨·加尔松（Baltasar Garzón Real），因调查恐怖主义、毒品、腐败和经济领域的刑事案件而闻名。

1982 年以来，社会各阶层政治集团的腐败从未间断，治理无能周而复始，其范围之大令人瞠目。无论是腐败问题，还是西班牙中央集权的国家主义与地区独立诉求之间的恶性冲突，左翼和右翼的政客都无力解决或不愿解决。只有 20 世纪 30 年代早期和向民主过渡的最初几年，公众对政治人物尚存一点点尊重。然而，最近几年西班牙发生经济危机，对政界的轻蔑和民愤再次加剧。20 世纪 90 年代的繁荣滋生了腐败，政府无能的情况规模空前。从 20 世纪 80 年代末到现在，腐败成风，民族主义情绪重新发酵，人们对政界人士的期待再次破灭。对这些人的评价尽管尚未降至无法重演的 1898 年时的最低点，但是现今西班牙民众对政界人士的鄙视程度，在西班牙被其他国家奉为民主过渡榜样的那个年代恐怕是难以想象的。

致　谢

　　这本书来自本人过去 50 年里对西班牙的研究。这期间，我结交了许多好友，众多令人钦佩的同事也让我受教良多，这是一件幸事。我要感谢的人很多。

　　在创作本书的这些年里，我从以下朋友和同事那里得到了宝贵的建议、意见和材料：费尔南多·阿尔卡斯·库韦罗、塞巴斯蒂安·鲍尔弗、弗朗西斯科·卡马斯·加西亚、胡利安·卡萨诺瓦、路易斯·卡斯特罗·贝罗霍、安赫拉·塞纳罗、哈维尔·塞韦拉·希尔、索莱达·福克斯·毛拉、爱德华多·冈萨雷·卡列哈、何塞·路易斯·德拉格兰哈、哈罗德·赫克尔、桑托斯·胡利娅、弗朗西斯·兰农、马丁·米琼、里卡多·米拉莱斯、恩里克·莫拉达略斯、弗朗西斯科·莫雷诺·戈麦斯、何塞普·帕洛梅罗、曼努埃尔·佩雷斯·洛伦索、阿尔韦托·雷格·塔皮亚、迈克尔·理查兹、潘索·博尔哈·德里克尔、何塞普·桑切斯·切尔韦洛、伊斯梅尔·萨斯、安杰尔·史密斯、何塞普·玛丽亚·索莱-萨巴泰、霍安·玛丽亚·托马斯、桑德拉·索托·屈斯特林、霍安·比利亚罗亚-丰特和鲍里斯·沃洛达尔斯基。

　　我特别要感谢卡洛斯·巴尔谢拉在有关经济的问题上提供的帮助，已故的加夫列·卡多纳提供了对西班牙军队的高见，威廉·奇斯利特提供了对当今西班牙的见解，豪梅·克拉雷特提供了关于军队腐败的材料；感谢安东尼·达尔毛让我了解了复辟时期加泰罗尼亚的"枪暴力"[①]以及镇压情形，卡洛斯·加西亚·圣塞西莉亚提供了普里莫·德里韦拉独裁统治时期流亡者的材料；保罗·海伍德帮助我理解腐败的运行机制，何塞普·马索特－蒙塔内尔为写作有关加泰罗尼亚和巴利阿里群岛的内容提供了各种方便，伊拉里·拉格为与天主教会有关的内容提供了许多建议，里卡多·罗夫莱多对农业问题的广博知识使我受益匪浅。另外，我要感谢埃斯塔尼斯劳·桑切斯·门德斯（塔尼），对于整理海量的数字资源，他能力超群，对我帮助极大。

过去几十年里，帕科·埃斯皮诺萨·马埃斯特雷、埃伦·格雷厄姆和安热尔·维纳一直与我交流思想和观点，这种交流于我不可或缺。

我特别感谢众多好友垂阅本书手稿，避免了许多疏漏：尼古拉斯·贝尔蒙特、克里斯·伊勒姆、拉拉·伊斯拉、琳达·帕尔弗瑞曼和弗朗西斯科·罗梅罗·萨尔瓦多。我还要感谢彼得·詹姆斯，经过他敏锐的编辑后，我的作品总能增色不少。

我尤其感谢我在伦敦政治经济学院加拿大布兰奇中心的同事苏珊娜·格劳、阿尔瓦罗·塞佩罗和斯蒂芬·雷伯德，感谢他们慷慨和热心的支持。在最初研究西班牙腐败史的日子里，我很幸运地从豪梅·穆尼奥斯·霍夫雷那里得到了帮助。

我把这本书献给玛丽亚·赫苏斯·冈萨雷斯·埃尔南德斯和琳达·帕尔弗瑞曼，她们是我的多年好友，对我坚持写作帮助极大。

---

① 指阿方索十三世时期雇主收买枪手杀害工会领袖和工人的做法。

目　录

第一章

激情、暴力和腐败——西班牙的刻板印象？

人们常常透过有关民族性格的鬼话来认识西班牙。这些看法毫无根据，其中最经久不息的要数行为堕落和诡计多端，这很大程度上归咎于翻译成其他欧洲语言的第一批流浪汉小说[①]。其中有一部是作者不详的《托梅斯河上的小癞子》（1554 年出版），另一部是弗朗西斯科·德克韦多的《骗子外传》（全名《流浪汉的榜样，无赖的借鉴——骗子巴勃罗斯的生平》，写于 1604 年，出版于 1626 年）。这些作品的译著版本众多，广受读者欢迎。18 和 19世纪，外国人的歌剧经常有意把西班牙写成充满异国情调的地方。不少歌剧深受关于民族性格的无稽故事的影响。对于西班牙而言，这些作品中最过分的当属莫扎特的歌剧《唐·乔瓦尼》、威尔第的《游唱诗人》《命运之力》和比才的《卡门》。艺术家希望描绘狂热的激情，他们笔下的西班牙、它的历史和它的人民，是狂热、残酷和激情的化身。这一形象可以追溯到宗教改革，当时一系列新教思想的小册子谴责了西班牙宗教裁判所和圣职法庭的活动及公开行刑的恐怖。除了宗教仇恨外，西班牙在美洲、意大利和佛兰德地区的横征暴敛和残酷镇压使得欧洲人对西班牙的上述印象愈发根深蒂

---

① 16、17 世纪在西班牙流行的以流浪者的生活及遭遇为题材的小说，反映当时严峻的社会现实，抨击没落中的贵族阶级和教士，讽刺唯利是图的资产阶级观念。

固。半岛战争（即民族独立战争）以及随后 19 世纪一系列的内战，都没有削弱这些刻板印象，它们一直延续到 20 世纪，在西班牙内战的文学作品中仍然不乏其身影。

　　这些对西班牙的看法合在一起构成了西班牙人所说的"黑色传说"。西班牙历史学家胡利安·胡德里亚斯的名著《黑色传说》罗列了其中最极端的一些例子。人们都以为西班牙懒汉遍地，暴力横行，"深受宗教裁判残害，无知，狂热，被神职人员奴役，懒惰，过去和现在都无力跻身文明世界，随时准备发动暴力镇压，敌视进步和创新"，而胡德里亚斯反驳了这种印象。[1] 这种印象与伊丽莎白一世的爱尔兰总督约翰·佩罗特爵士（1584 年至 1586 年期间）的看法相同，他曾说："这是一个半异教徒的国家，是从肮脏的非洲、奥斯曼帝国的底层和被排斥的犹太人里蹦出来的。"[2] 尽管如此，西班牙人最为恼火的刻板印象大多源自浪漫主义时代。从 1820 年到 1850 年，英国和法国的旅行家为了领略他们眼中别具一格的野性风光和粗犷民风而纷纷造访西班牙。土匪出没的崎岖山脉，跋涉其间的武装走私团伙，血腥的斗牛表演，摩尔人留下的荒城残垣，与橄榄色皮肤的慵懒美女的艳遇（大概是意淫的），这些成了涉及西班牙的浪漫文学的陈腐题材。这些刻板印象甚至还维持到了 20 世纪 20 年代，为了招徕外国游客，巴塞罗那破旧的拉瓦尔区的酒吧老板依旧在玩弄"Barrio Chino"①的噱头。他们会暗地里策划"意

---

　　① 字面意思为"唐人街"，指拉瓦尔区靠近老港口的一片区域，那里一度是毒品、卖淫等犯罪交易泛滥的地方。"Barrio Chino"这一非正式名称起源于 19 世纪初期，但实际上当时这一地区的华人数量极少。主流的解释认为，这一名称可能出自某新闻记者将此地与旧金山唐人街相比较的报道。后文统一将 Barrio Chino 译为"唐人街"。

外"冲突，让"吉卜赛"男人撞见他的女人（女服务员）与游客打情骂俏，再扮作妒火中烧的样子持刀恫吓，最后让游客破费买酒才算作罢。[3]

比才的《卡门》可能是最著名的"西班牙"歌剧，主要因为这部歌剧采用了有关西班牙的大部分刻板印象。《卡门》以走私者、匪徒、性和暴力为故事背景，歌剧塑造的典型形象中既有热情敢爱的安达卢西亚女人，也有持刀杀人的凶手，还有锦衣华服的斗牛士。在欧洲颇有西班牙人迷恋性爱的传闻，以至法国把梅毒称为"西班牙之恶"。德国作家奥古斯特·菲舍尔也写过安达卢西亚女性对性的狂热。英国诗人、浪漫主义文学泰斗拜伦勋爵的观点也与此相同，他在1809年访问过安达卢西亚。法国外交官让–弗朗索瓦·布尔古安在他的作品《重游西班牙》（出版于1788年，1803年扩展成三卷本的《现代西班牙的图景》）中不满地抱怨了弗拉门戈舞肉欲露骨，并指责吉卜赛人生活淫乱[4]。相比之下，威尼斯情圣贾科莫·卡萨诺瓦①则充满向往地赞扬了方丹戈舞②："从欲望的叹息到最后的狂喜，一切表现无遗。这是一个真正关于爱欲的故事。我无法想象一个女人在跳完这支舞之后会拒绝她的舞伴，因为这支舞似乎正适合刺激感官。"[5]

然而，真正使西班牙在浪漫主义者中出名的是美国作家华盛顿·欧文的《阿尔罕伯拉》（1832年）。11年后，泰奥菲勒·戈

---

① 贾科莫·卡萨诺瓦（Giacomo Casanova），18世纪意大利冒险家、作家，一生中伴侣不计其数。

② 一种节奏欢快的西班牙舞蹈，是弗拉门戈舞的一种。

蒂埃的《西班牙游记》（1843年）更上一层楼。《西班牙游记》描绘了安达卢西亚美女明亮的深色眼眸，书中的弗拉门戈舞使人热血沸腾，吉卜赛人的持刀决斗令人胆寒，他们的刀具更是炫酷无比。[6] 英国作家乔治·博罗的《西班牙圣经》（1843年）、理查德·福特的《西班牙手册》（1845年）和《西班牙集会》（1846年）则描绘了所谓的西班牙人对荣誉的执着，他们的宗教狂热，他们极端的爱与恨以及不法暴行的激增。法国作家大仲马的作品更是强化了这一点，大仲马因创作《三个火枪手》和《基督山伯爵》而闻名遐迩。大仲马应蒙庞西耶公爵之邀，参加公爵与西班牙国王斐迪南七世次女路易莎·费尔南达于1846年10月10日的婚礼。大仲马在西班牙待了两个月，在此基础上写了四卷本的《从巴黎到加的斯》。书中描述了他对西班牙食物的厌恶，以及他在格拉纳达看到的吉卜赛舞者的放荡和堕落。而在塞维利亚，大仲马欣赏了职业弗拉门戈舞者的性感表演，为年轻军官和皇家烟草厂漂亮女工之间的调情感到心驰神往。[7] 法国作家普罗斯珀·梅里美的短篇小说《卡门》（1845年）在一个人物身上集中了关于西班牙南部塞维利亚的所有浪漫俗套。主人公卡门在一家烟厂做工，她会跳弗拉门戈舞，是斗牛士的情人，还勾结走私犯和强盗，她性感十足，独立不羁——这些正是用来挑逗巴黎资产阶级的情节，他们似乎把西班牙看作是人类动物园。[8] 梅里美对笔下人物有一种高高在上的人类学家般的态度，比才的歌剧《卡门》让这种看法更加家喻户晓。

那些家喻户晓的关于西班牙的臆想早已有之，奥努瓦男爵夫人玛丽-卡特琳·朱梅尔·巴纳维尔是始作俑者。她在《西班牙宫廷旧梦》（1690年，英文版书名为《一位聪明的法国女士写成的西班牙宫廷旧梦》）描述马德里宫廷梅毒盛行，生活淫乱。奥努瓦男爵夫人很可能从未去过西班牙，也就不会受到事实的约束，于是很快又写出了影响极广的《西班牙行记》。该书于1691年首次出版，被译成数种语言，直到19世纪还在重印。作者声称"我只写自己亲眼所见的"，但她笔下的西班牙到处都是异域动物，甚至还有猴子和鹦鹉①。这本书中的角色都是杜撰的，是根据其他旅游书、外交官回忆录，以及卡尔德龙和其他西班牙剧作家的戏剧改编的。她的笔法夸张，不仅描绘了贪官污吏，还有随时准备为荣誉而杀人或捐躯的贵族男子，以及永远深陷激情之苦的滥交女人。[9]正是奥努瓦男爵夫人这种夸张的笔法，包括对西班牙几乎人人身患花柳病的偏见，使得比才把卡门身上粗野的原始性意识描绘成了西班牙的典型形象。[10]

在英国，人们认为西班牙充满异域风情，是一个半东方的国家，到处是倾颓的教堂、清真寺、城堡和桥梁，那里的居民放浪形骸，激情四射，耽于肉欲。这种印象来自19世纪30年代苏格兰画家大卫·罗伯茨和英国画家约翰·弗雷德里克·刘易斯，以及19世纪50年代查尔斯·克利福德的精美画作。他们最具特色的许多作品通过畅销的平版画集发行，广受读者欢迎。他们对西班牙的看法得到了许多浪漫主义时期西班牙画家的认可，尤其是画家赫纳罗·佩雷斯·维阿米尔，他的作品甚至被拿到巴黎发行并展出。[11]那时，没有什么能比安达卢西亚的美女和强盗横行的山脉更能代表浪漫主义时代的西班牙了。外国游客回国后，会讲述他们的惊险遭遇。[12]

---

① 猴主要分布在非洲和亚洲的广大地区，鹦鹉主要分布在热带和亚热带。

几乎所有去过西班牙的旅行者，不论他们来自哪个国家，也不论他们对性、强盗、公牛和宗教裁判所是爱是恨，都要抱怨那里坑坑洼洼的道路。他们经常自信地宣称西班牙永远不会遍布铁路。[13] 事实上，正是从 19 世纪 50 年代末开始修建的铁路极大地改变了人们对西班牙的刻板印象。西班牙经历了非常坎坷的工业革命，外国投资随之增加。此后，观察家和旅行家们更关心的是政治不稳定、腐败和社会暴力，而那些老套的浪漫臆想逐渐少人问津了。

其实，西班牙社会的基本情况与外国游客所钟爱的那种香艳的刻板印象几乎毫无关系。现实要更加平淡无奇，其核心特征就是社会不平等、暴力、政府无能和腐败等相互关联的因素。1883 年，最高法院的年度犯罪情况报告里有一章名为"西班牙人的暴力传统"。[14] 1814 年到 1981 年西班牙发生了超过 25 次兵谏，或者说军事政变，把社会失调这一事实鲜明地展现了出来。统计数字尽管粗略，但仍然清楚地反映了军队与平民之间的割裂，还说明了西班牙政府在服务人民方面实在无能。军队和平民社会之间长期的误解和不信任愈演愈烈，最后，军人认为自己比平民更能代表西班牙。在四场内战中，第一场爆发于 1833 年，最后一场结束于 1939 年。1936 年至 1939 年的那场内战在某种程度上仍未结束，1936 年的社会撕裂至今仍在某些方面使西班牙深受折磨。

19 世纪 30 年代初，曾经伟大的西班牙帝国不仅丢失了大部分殖民地，而且还面临着王朝更替之争。1833 年，斐迪南七世去世，他年幼的女儿伊莎贝拉继位；斐迪南七世的弟弟卡洛斯试图篡权。这两件事点燃了第一次卡洛斯战争的导火索。这场战争一直持续到 1840 年。卡洛斯寻求坚持极端保守立场的地主和天主教势力的支持，而这遭到支持现代化改革的自由主义者的反对。表面上看，自由主义者的领导是伊莎贝拉的母亲、摄政女王玛丽亚·克里斯蒂娜。卡洛斯派部队的统帅则更具象征意义，他们奉圣母玛利亚为首领，显示了对神权政治的坚持，这自然获得了教会统治集团的支持。第二次卡洛斯战争则断断续续地从 1846 年打到 1849 年。第三次发生在 1872 年至 1876 年。这几场卡洛斯战争，天主教会都积极参与其中，一些低阶神职人员甚至拿起了武器，导致后来人们普遍认为神父们的思想都极端保守。[15] 19 世纪 60 年代，西班牙境内教区神父、修士和修女不足 5 万人，而从 1874 年君主复辟到 19 世纪末，这一数字超过了 8.8 万。1930 年普里莫·德里韦拉独裁政权垮台时，神职人员已增至 13.5 万人。[16] 在无政府主义者看来，天主教会一边在贩卖信仰，另一边却把道德抛诸脑后。他们认为，教会既腐败又贪婪，剥削人民，阻碍社会进步。

尽管法国大革命把黑暗、极端保守的西班牙吓了一跳，1808 年拿破仑入侵又把它从昏睡中敲醒，但是胡德里亚斯所哀叹的欧洲对西班牙的那些刻板印象，尤其是那些以西班牙政治生活中的暴力为基础的臆想，非但没有消散，反而被 19 世纪的连绵内战所佐证。一直到 20 世纪，"暴力可以解决社会和政治的深层问题"这一观点一直困扰着西班牙。内战后，佛朗哥在恐怖、掠夺和腐败之上建立了政权。但是，恐怖、掠夺和腐败全都不是佛朗哥的发明。事实上，本书的中心论点是，至少从 1833 年开始，甚至更早以前，政界的暴力、腐败和无能已经背弃了西班牙人民。在宗教和帝国方面也许存在许多历史原因，但或许最合理、最持久的解释是，西班牙缺乏一个被普遍接受为合法的国家机器。在经历了 1975 年佛朗哥死亡到 1981 年军事政变之间的一段近乎内战的时期后，西班牙似乎是见证了一个合法国家的诞生。然而，这个新政体却和它的前身一样深陷腐败和无能，但 20 世纪后期的繁荣掩盖了这一切。西班牙加入欧元区带来了低息贷款，经济繁荣，一片生机盎然，但其背后却腐败猖獗，甚至王室也不例外。随后，经济衰退，面纱褪去，政治领导集团失去了合法性，地区民族主义等问题丛生，这些问题引发的暴力言辞把国家撕扯得四分五裂。

19 世纪的西班牙交通不便，地区间交流不多，历史和语言传统与中央集权完全对立，国家因此积贫积弱。与法国或 1871 年后的意大利不同，西班牙历届政府都没能创造出凝聚全国的爱国主义和国家意识。在其他国家，这项任务主要由武装部队承担。然而，当时在西班牙，军队反而是制造分裂的发动机，这主要是因为到海外作战的士兵面临的条件十分恶劣。到 20 世纪初，军官们受到极端保守主义者的蛊惑，认为主动干预政治以"拯救西班牙"既是他们的权利，也是他们的义务。不幸的是，这一目标表面上崇高，实际上却是为了保护社会上一小撮精英们的利益和特权。武装部队不再是负责抵御外敌入侵、保卫国民的公仆，反而成了专门对付工人阶级、地区民族主义者和其他内部敌人，保护部分社会阶层利益的打手。在 1930 年以前的那一百年里，西班牙逐渐发展，并经历了异常曲折的分裂，分出了两个大体上相互对立的社会集团。军队在帝国衰落和战场失利的情况下，仍不忘镇压根深蒂固的社会冲突，于是民众对军队的敌意开始不断积累。暴力与民众不满之间还存在着另一层辩证关系，即国家以爱国的中央集权之名，对地方民族主义予以打压。至于军方对政客的普遍不满，以及憎恨左翼和劳工运动，只不过是同一枚硬币的另一面。

讽刺的是，正是在 1833 年，西班牙向建立国家共同体迈出了最大的一步。政府采用了高度集权的法国行政区划模式，全国分为 50 个省份，维持总体上的统一，由马德里中央政府任命的文职长官管理。这导致了对人事任命的分配更加系统化，从而滋生了腐败。在此之前，尽管西班牙的概念存在已久，但这个国家像是一个松散的混合体：各省和地区的语言和方言各异，各自独立。1833 年划分的地区和省，尽管后来还有变动，但总体来说仍然有效，并且与目前西班牙的各自治区相对应。同时，19 世纪 40 年代，当局采取了进一步措施，开始建立中央政府领导下的初步分税制度以及国家、地方两级警察部队。但是，除国民警卫队外，上述措施并没有落实到位。由于没有设立财产税，只设立了消费税，所以税收并没有为国家提供多少资金。另外，操纵社会舆论和人事任命、地方豪强统治和裙带关系，这些旧时代的政治特征仍然比任何一种现代政治机制更加常见，这不仅毒害了刚刚起步的选举政治，还导致国家财政困难，国力虚弱，此时尚能正常运转的只剩下它的强制能力。

在剥夺教会的财产之后，西班牙在法律和经济上不再是一个封建社会。尽管如此，它在社会和政治方面仍然还是一个封建国家。1874 年君主制复辟后，安东尼奥·卡诺瓦斯·卡斯蒂略[1] 通过 1876 年《宪法》试图建立一个现代国家，但传统的农村精英阶层此后仍

---

① 即安东尼奥·卡诺瓦斯·德尔·卡斯蒂略（Antonio Cánovas del Castillo），政治人物，历史学者，保守党领导人，六次出任首相，西班牙波旁王朝复辟时期政治制度的总设计师。

一直掌握着权力。国家只能在符合权倾一方的各地豪强①的利益框架下运转。只有等到巴斯克地区、阿斯图里亚斯、加泰罗尼亚和马德里的工业发展后，建立一种不同的、更现代的政治才有了些许可能。当时，工人阶级已经开始表达不满。占有土地的地方豪强坐拥既得利益，力量强过资产阶级，而主张改革的资产阶级承受着压力，于是便匆忙与地方豪强结盟，并且甘愿在联盟中低人一头。尽管帝国的覆灭削弱了这种联盟，但只要工业资产阶级需要暴力机器——这是国家的主要资产——为其保驾护航，联盟就会再次得到巩固。当权者对于变革政治和发展社会的呼声会被简单地斥为颠覆活动。[17]

理查德·福特在19世纪40年代写道："有一次，我看见一个披着斗篷的西班牙人面带悲伤，在塞维利亚的墓地里踱来踱去。当公共墓地打开时，他从斗篷下抽出他孩子的尸体，扔进去，转身离去。由此可见，世界上活着的一半人不知道另一半人是怎么死的。"[18]这个国家极度贫困，政府和教会都是国家的寄生虫，法律不受尊重，走私犯和匪徒成了英雄。福特向西班牙人打听匪徒的藏身之所时，人们经常答道："大路上找不到他们，教堂告解亭和律师事务所里倒是常常可以看见，政府的办公室里那就更多了。"在谈到国民警卫队时，福特写道，他们不过是一群流氓，"被用来压制愤怒的公众舆论，并且他们不负责抓贼，反而是为国内外的头号罪犯提供保护。恰恰是这些罪犯正在从贫瘠的西班牙掠走黄金和自由"。[19]

---

① 源自南美洲土著语"首领"（cacique），指地方政界巨头，地方上有钱有势的人。

国民警卫队是经 1844 年 3 月 28 日和 5 月 13 日颁布的两项条例建立的，由军队调任的人员组成，目标是打造一支纪律严明的国家警察部队，它的组织者是陆军督察长阿乌马达公爵。[20] 国民警卫队在 1844 年到 19 世纪 60 年代之间，成了一支冷酷残暴的职业军队，帮助大庄园和矿山对付那些心怀愤恨的工人。国民警卫队在 1878 年并入陆军。尽管匪患逐渐消灭，但国民警卫队的威胁无处不在，农民不得不起来反抗，导致与国家发生冲突。"每一支国民警卫队都成了无政府主义的招募官。无政府主义者的人数不断增加，国民警卫队也不停壮大。"[21] 事实上，从 19 世纪最后的 25 年直到佛朗哥将军去世，国民警卫队一直在招募退役军人的儿子们。

由于普通成员不得与服役地区的居民往来，国民警卫队变得更像一个外部强加的敌对机构。不用说，这一禁令并不适用于国民警卫队的官员，他们大多与当地神职人员以及拥有土地、矿山和工厂的人过从甚密。在镇上和乡村，国民警卫队和他们的家人住在被称为"营房"的加固房屋里。在阿斯图里亚斯，这种"营房"通常由矿业公司提供。在许多地方，当地的名人和雇主协会常常向"营房"赠送食物和酒，有时还有家具。当地的报纸和国民警卫队的官方出版物都会宣传这种赠予行为，这使得人们更加觉得国民警卫队是为富人服务的。[22] 由于国民警卫队成员不得在他或他妻子出生的地区服役，这种看法便更加深入人心。西班牙有着严重的地方主义，陌生人不仅会被视为外来人，甚至会被当成外国人对待，因此人们对国民警卫队的不满越发强烈。例如，在阿斯图里亚斯的采矿村，人们对国民警卫队十分仇恨，这其中既有政治原因，也因为国民警卫队成员往往都是来自加利西亚地区的外地人。国民警卫队成员外出必须携带武器，而且不得单独行动，通常是两人成行。"他们与工人阶级之间的敌视和猜疑是不加掩饰的。国民警卫队成员就像生活在敌占区一样，随时准备开枪。"[23]

无论面对何种社会动乱，国民警卫队都会主动攻击。特别是，国民警卫队认为无政府主义意识形态是一种外来的信条，不仅有害，而且野蛮。无政府主义者被视为"有害的野兽"。他们对社会抱有乌托邦式的理想，比普通罪犯更坏。"有想法的人"会产生破坏性的影响，这种影响必须消除。无政府主义者反对任何组织，尤其与国民警卫队势不两立。[24]

福特认为，治理无方和交通不便是贫穷和经济落后的主要原因——

这片土地的自然条件如此得天独厚，在罗马人和摩尔人的统治下曾经成为人间天堂，古人称赞"西班牙处处可利用，处处皆富饶"，如今却落到这般境地，皆因人心冷漠，治理糟糕。美景早已颓败。现在半岛大部分地区在精神上和物质上都是一片荒芜，让人心碎。

福特还说："即便西班牙一直都交通不便、商业萎靡，但它却从未建成或推动建设足够的公路或运河来改善这一状况。"[25]

福特认为，在西班牙，治理无方的本质是腐败。"公共财政不足，"他写道：

是这片土地背负的诅咒，所有的政府职员或官员都以生活急需为借口索要……一些钱财，除了极少数例外，这种贪婪可谓盛行；因为工资总是不够，而且常常拖欠，这些贫穷的恶魔们（公务员）发誓称，他们肆意地榨取政府的油水实属迫不得已。大家都明白这政府行事不公，而且少许亏空无甚大碍，因此很少有人良心不安。由于大家都这么做，几乎没有人会因罪行而自责。既然抢劫和投机倒把已是司空见惯，那么无耻之徒便狼狈为奸……如果一个人不利用职务捞些私利，人们不是夸他老实，而是笑他愚蠢，人人都认为"就是应该干一行吃一行"。人人都应当，不，都有责任从自己的公职里捞油水，就像在东方世界一样——既然职务既短暂又不牢靠，那么捞钱的时候，就不必在意场合和手段了。

他举了一个例子：

我们拜访过一位西班牙人，他在安达卢西亚的一个主要城市担任最高长官。当我们走进办公室时，一位身着披风的大人物刚好离开。桌上铺满了金子，这个大官得意扬扬地把金子扫到抽屉里，对这份绚丽夺目的收获心满意足。在列戈宪法 [①] 实施期间，这位先生曾与其他支持者一道被革职。经历挫折之后，他正小心谨慎地避免类似灾祸今后再次重演。他的做法在城里尽人皆知，大家都不以为然地说，"那家伙在捞钱"，就好像他们要是爬到那个位置都会照做一样。……有人说"空麻

---

① 指 1812 年西班牙宪法。

袋，站不稳"，还有人说"一个口袋里不可能同时装下荣誉和财富"，西班牙这个麻袋确实从来没有同时装下财富和荣誉。西班牙在半个多世纪里治理不善，拿破仑入侵后更留下一片废墟，再加上国内矛盾和战争不断，因此在这里，美德常常屈从于贫穷。[26]

尽管西班牙知识分子不满外国作家贬低他们的国家，但有一些人自己也表达了不满，尽管表达的方式各不相同。有非常多的作品哀叹西班牙帝国的覆灭、持续不断的军事失败、根深蒂固的政治不稳定和经济落后。[27] 1930 年 11 月，后来在第二共和国时期先后担任总理和总统的知识分子曼努埃尔·阿萨尼亚表达了与理查德·福特类似的观点。他说，西班牙政治体制的运转依靠两套机制，一套是专制的威权主义，另一套则是腐败。前者的重要实践者是极端保守势力的拉蒙·马里亚·纳瓦埃斯将军，他在 1844 年至 1868 年七次出任总理。这个人因为临终前的一句话而声名狼藉："我没有敌人。他们都被我枪毙了。"而腐败方面的好手、堪称选举操纵的奇才，则是路易斯·何塞·萨托里乌斯。据阿萨尼亚说，在 19 世纪40 年代和 50 年代，萨托里乌斯"把政治腐败提升为一种制度，并成为操纵议会多数席位的大师"。在阿萨尼亚看来，上述二人合作期间，"西班牙社会中最优秀的成员都在专心致志地从政治中榨取油水"。[28]

改革势力和极端保守势力之间发生的一连串力量悬殊的斗争，不时地打断这一灾难的循环。在西班牙现代史中，我们可以发现一种模式：社会现实与统治社会的政治权力结构之间的频繁脱节。保守派或反动派利用政治和军事力量长期阻碍社会进步，于是革命随之爆发。19世纪50年代、19世纪70年代、1917年至1923年，尤其是在1931年至1936年，人们努力使西班牙政治跟上该国的社会现实，1975年到1977年终于获得成功。推行根本性改革，尤其是土地改革，以及重新分配财富，这些改革都激起了极端保守势力的反扑，他们妄图让历史停步，复辟社会和经济势力的传统秩序。改革运动在1856年被奥唐奈将军镇压，在1874年被帕维亚将军镇压，在1923年被普里莫·德里韦拉将军镇压，在1936年到1939年又被佛朗哥将军镇压。

从这个意义上说，1936年至1939年的内战是西班牙政治生活中极端保守派分子最坚决的反扑，企图粉碎可能威胁他们特权地位的任何改革计划。极端保守势力长久把持着统治地位，这既反映出旧有地主寡头政治的力量仍旧强大，还揭示了那些要求改革的资产阶级自身脆弱不堪的事实。在西班牙，工业资本主义的发展痛苦、缓慢且不均衡，导致商业和制造业阶层人数很少，且政治立场软弱。西班牙没有经历过能打破旧制度结构的典型资产阶级革命。君主制、地主贵族和教会的权力或多或少得以保持完整，这种情况一直持续到20世纪。与英国和法国不同，19世纪的西班牙并没有建成一个早期的民主政体，无法灵活地吸收新生势力以适应重大社会变化。在西班牙，资本主义制度的合法性是建立在没有发生政治革命且封建主义残余尚存的基础上的。因此，西班牙采取了普鲁士的政治模式，但与其明显不同的是，它的工业资本主义极其薄弱。

在这种威权模式下，直到20世纪50年代，除了阿斯图里亚斯、加泰罗尼亚和北部的巴斯克以外，西班牙的资本主义经济都以农业为主。西班牙的农业在气候、作物和土地所有权制度方面差异很大。长期以来，效益不错的中小型农业一直都存在，特别是在经历了工业化的北部地区，那里有郁郁葱葱、潮湿的山丘和山谷。然而，在整个 19 世纪和 20 世纪上半叶，总体上最有政治影响力的仍是大地主们。尽管也有为数众多的大庄园分散在旧卡斯蒂利亚的部分地区，特别是在萨拉曼卡，但大庄园主要集中在新卡斯蒂利亚、埃斯特雷马杜拉和安达卢西亚这些干旱的中南部地区。土地寡头的政治垄断偶尔会受到工业和商业阶层软弱无力的试探性反抗。然而，由于寡头政治拥有压制力量，反抗行动收效甚微。直到 20 世纪 50 年代，在与大地主的联盟中，城市上层资产阶级仍被迫扮演小跟班的角色。尽管有零星的工业化发展，北方工厂主的政治代表在全国的影响力也在稳步增长，但权力仍然牢牢地掌握在地主们手中。

在西班牙，工业化和政治现代化并没有齐头并进。19 世纪上半叶，西班牙资产阶级在政治上和经济上采取了不同的改革方式。他们没收了大量的教堂和城市土地，取消了对土地交易的封建性限制。这一进程缓慢，开始于 18 世纪后期，1836 年在自由派的总理胡安·德迪奥斯·阿尔瓦雷斯·门迪萨瓦尔的推动下加快了。门迪萨瓦尔把自己的姓氏从阿尔瓦雷斯·门德斯改成了阿尔瓦雷斯·门迪萨瓦尔，从而掩盖了自己出身于一个在加的斯出售二手衣服的犹太家庭的事实。他是一个白手起家的商人，靠在伦敦发了财而获得了金融天才的名声。他认为，要解决 19 世纪 30 年代卡洛斯战争造成的王国财政问题，可以征收和出售宗教团体的土地。门迪萨瓦尔认为，通过创造一个自给自足的小农阶级，即"人数众多的有产者群体"[29]，可以为西班牙未来的繁荣奠定基础。然而，为了照顾王室的利益，没收来的土地被捆绑成大块拍卖，这意味着即使是现有的小地主也无力购买。此外，这些地块的拍卖价远低于市场价，而且往往只有富人才有资格进行赊购，这就导致了其中一个结果，即大庄园的合并。而另外一个结果则是土地私有化使以前闲置或耕种不足的耕地得到了开发。然而，这仍不足以满足人口持续增长的需要，尤其是在南方。[30]

1841 年，巴尔多梅罗·埃斯帕特罗将军把征收范围扩大到所有教堂土地。大量的教会土地和公共土地被劫掠，以支付自由派的战争开销。1855 年通过征用教会土地的《帕斯库尔马多斯法》之后，这一进程进一步加强，该法为私人获取公共土地铺平了道路，而且往往是法律圈套和暴力手段并用。拥有土地的贵族们从中受益匪浅，因为他们的土地从教会限制中获得解放，而且并未被征用。因此，他们可以买卖土地，并能合理规划他们的财产。到 1875 年，40 年前属于教会或市镇当局的土地里，四分之三已归私人所有。这不仅削弱了工业化的动力，而且推动了大庄园的合并，在南方滋生出强烈的社会仇恨。新出让的土地被现有地主中最精明的人买走，买主里也包括律师和商业资产阶级成员，他们既贪图土地的廉价，也期望获得社会声望。大庄园制度因此得到了巩固，但是与效率低下的前辈不同，新地主渴望得到投资回报。他们把土地视为生产性资产，希望获取最大利润。然而，新老地主都不准备为技术创新投资。理查德·福特在 19 世纪 40 年代对"普遍荒废"的判断在 90 年后仍然有效："这个半岛的地主比地里的野草强不了多少。他们从来没有注意到，也几乎不允许别人察觉到这里的土地潜力巨大，可以且应该使其得到开发。"[31] 一个明显的后果是，家畜盗窃案以及对面包店和其他商店的袭击事件不断增加。当然，并非所有的暴力犯罪都是由社会剥夺引起的，还有许多是性犯罪和"名誉犯罪"①。[32]

大海港的商人和马德里银行家把资本从工厂转移出来用于购买土地，这既是出于投机，也是为了牟取相应的社会声望。[33]一面投资土地，一面与土地寡头阶层广泛联姻，城市资产阶级的改革决心此时发生了动摇。作为潜在的革命阶级，西班牙资产阶级的弱点在1868年至1873年期间暴露出来，最终导致第一个共和国以混乱收场。19世纪中叶的人口增长增加了对土地的压力，来自农村地区的非熟练劳动者涌向城镇，生活在社会边缘的失业人群数量激增。在巴塞罗那，这种情况尤其明显，这在很大程度上是由于1880年之后的葡萄根瘤蚜危机导致的葡萄酒工业崩溃引起的。从1860年到1900年，巴塞罗那的人口增长了一倍多。1860年的时候，这里的人口占加泰罗尼亚总人口的八分之一，到1900年则增长到四分之一以上。城市中下阶层的教师、官员和店主的生活水平几乎与非熟练劳动者一样糟糕，而加泰罗尼亚的纺织业在这方面最甚。新生的资本主义带来种种惨状——工作时间超长，雇佣童工，生活环境既肮脏又拥挤，工资不够果腹，这导致了高度紧张的社会局势，无政府的恐怖主义行为也很快出现。19世纪60年代，美国内战导致棉花供应中断，加上铁路建设停顿，城市工人阶级陷入绝望，失业率不断上升。一向维护农业利益的马德里中央政府，很少或根本不

---

①　即honor crimes，指由男性家庭成员对被认为给家庭带来耻辱的家庭成员（多为女性）实施的犯罪。

了解加泰罗尼亚逐渐壮大、斗争意识高涨的工业无产阶级的问题，直到 20 世纪才开始有所改变。于是，社会问题完全被当作公共秩序问题来处理。加泰罗尼亚在 1814 年到 1900 年的 86 年里，有 60 年都处于紧急状态，实际上就是军事管制。此外，全国四分之一的军事力量驻扎在加泰罗尼亚，而这里的人口仅占西班牙的 10%。如此多的军力，既是用来对付农村地区的卡洛斯派，也是用来镇压城市中的无政府主义者。[34]

　　1868 年，一边是工人阶级的不满，另一边是中产阶级、军人对支持王室的神职人员、极端保守派以及财务问题和性丑闻缠身的伊莎贝拉二世的不满，这两种情绪交织在了一起。1868 年 9 月，接连几次兵谏后，胡安·普里姆将军发动了最大规模的政变行动，政变正好赶上街头骚乱，女王被推翻，随后流亡国外。实际上，推动这次所谓"光荣革命"的两股力量是相互敌对的。自由派的中产阶级和军官们曾试图修改国家的宪政结构。结果，这些人惶恐地发现，他们竟然唤醒了一场大规模的呼吁社会改革的革命运动，被称为动荡的"革命六年"随之开启。更糟糕的是，1868 年到 1878 年之间，一场反对宗主国的叛乱，把西班牙最富有的殖民地——古巴弄得四分五裂。1870 年 11 月，普里姆终于让意大利萨伏依王室的阿马德奥坐上了西班牙王位，此人是意大利国王维克托·埃马努埃莱二世的儿子。阿马德奥既没有政治才干，也没口才，无法处理他所面临的问题。12 月 30 日，也就是新国王到达西班牙的当天，普里姆遭暗杀。从一开始，阿马德奥就面临着共和党人、伊莎贝拉二世 13 岁儿子阿方索的支持者以及卡洛斯派的反对。1872 年，第三次卡洛斯战争爆发，叛军在巴斯克地区和加泰罗尼亚地区大胜，随后建立了一个卡洛斯派掌权的政府。这个政府缺乏组织性，其统治依靠的是宗教鼓动下的强盗行径。

在加泰罗尼亚农村，大多数小地主和农民都是卡洛斯派，这不仅是因为卡洛斯派维护教士的政治势力，还因为它主张地方特权。因此，在加泰罗尼亚和巴斯克地区，教会和卡洛斯派的关系为这两个地区的独立运动提供了支持。从19世纪中期开始，加泰罗尼亚独立主义的情绪和相关文学，以及自18世纪起就被禁止使用的当地语言开始复苏。从1868年到第一个共和国的崩溃，联邦主义运动使这种情况更加严重。没有一个地方的联邦主义势力像加泰罗尼亚那样强大。另一个因素是加泰罗尼亚在中央政府中没有什么影响力，许多人对此不满。1833年至1901年期间，担任部长①级职务的902人里，加泰罗尼亚人只有24位，占总数的2.6%。因此，加泰罗尼亚主义不仅出现在农村地区，在巴塞罗那富裕的中上层阶级中也有狂热的追随者。中上层加泰罗尼亚人组成了松散联盟，于1892年成立了加泰罗尼亚独立联盟。该组织的政纲称为《曼雷萨纲领》，要求恢复自治政府，建立独立的税收体系，保护加泰罗尼亚工业，并将加泰罗尼亚语作为官方语言。除了1906年至1909年的一小段时间外，从1868年到20世纪20年代普里莫·德里韦拉独裁统治期间，加泰罗尼亚民族主义基本上算是一种保守主义的运动。[35]

---

①　原文为Minister。一般来说，君主制国家中央行政机构的Minister多译为"大臣"，民主制国家的Minister多译为"部长"。1978年宪法颁布之前，西班牙曾经历和共和制和君主复辟，为了反映那段时期的政治变迁，译文为求区分，第一共和、第二共和以及佛朗哥执政时期译为"部长"，其他时期译为"大臣"。

1873 年 2 月 11 日，面对内战、殖民地起义和政治体制的严重分裂，国王阿马德奥在绝望中退位。在政治领导集团四分五裂的情况下，共和党在 5 月的选举中取胜，6 月 1 日宣布成立第一共和国。在加泰罗尼亚联邦党人弗兰塞斯克·皮－马加尔的统治下，西班牙采取了一种分散的结构，将全国划分为 11 个自治州。政府提出了一系列大胆的改革，包括废除征兵制，政教分离，为全民提供义务教育，实行 8 小时工作制，规范妇女和童工劳动，没收未开垦的土地，建立农民合作社。州的迅速建立、征地、东部阿尔科伊发生的暴力革命大罢工、卡洛斯派的叛乱、古巴动荡、反教权主义运动、对改革计划的恐慌，这些因素相互叠加，使得人们认为皮－马加尔领导的联邦政府已经严重威胁到了既有秩序。炮兵部队将军曼努埃尔·帕维亚·罗德里格斯·阿尔武凯克推翻了共和派政府，镇压了主张建州的运动，建立了一个由弗朗西斯科·塞拉诺将军领导的更保守的政府。尽管卡洛斯派濒临溃败，但是塞拉诺却无力巩固一个保守的共和国。1874 年 12 月 29 日，年轻的阿塞尼奥·马丁内斯·坎波斯准将在东部萨贡托拥戴 17 岁的阿方索王子为西班牙国王，称阿方索十二世。关于他母亲伊莎贝拉二世性生活的流言不少，其中好听一些的说法是，阿方索的父亲是生于巴伦西亚的工兵上尉恩里克·普伊格莫尔托。阿方索的母亲流亡海外后，他先后在巴黎、维也纳和英国桑德赫斯特皇家军事学校接受教育。[36]

1878 年 6 月 26 日，阿方索十二世的妻子玛丽亚·梅塞德斯·奥林斯在她 18 岁生日的两天后死于斑疹伤寒。阿方索悲痛欲绝，他的健康状况本就不好，随后更是酗酒、乱性。实际上，他妻子的死只是一系列不幸中的一桩而已，对古巴叛乱的镇压最终导致 20 万人丧生，国家资源被过度消耗。1878 年 8 月，一场小规模的共和派暴动在西部卡塞雷斯的纳瓦尔莫拉尔 – 德拉马塔爆发。暴动很快被镇压，但潜在的问题也跟着浮出水面。同年 10 月 15 日，来自东北部塔拉戈纳地区拉夫拉的无政府主义者霍安·奥利瓦·蒙卡斯特企图暗杀阿方索十二世，暗杀没有得逞。奥利瓦用双管手枪开了两枪，但没打中。他于 1879 年 1 月 4 日被绞死。14 个月后，即 12 月 30 日，发生了第二次暗杀。就在一个月前，也就是 11 月 29 日，国王刚刚再婚。当时，国王和第二任妻子在马德里的丽池公园散步。回来时，一名来自加利西亚的 20 岁糕点师弗朗西斯科·奥特罗·冈萨雷斯向二人开枪，但也没有打中。1880 年 4 月 14 日，奥特罗同样被绞死。[37]

与此同时，马丁内斯·坎波斯在镇压古巴叛军方面取得了一些成果。他采用有力的反游击战术、贿赂和和解谈判，与反叛者达成了《桑洪和约》①。作为总督，他要求彻底改革教育和经济，尤其是古巴的税收负担，以及西班牙对从古巴进口的糖、烟草和咖啡征收的关税。卡诺瓦斯感到非常担心，因为这些措施对西班牙的经济构成了重大威胁。于是，他在 1879 年 6 月邀请马丁内斯·坎波斯组建政府，打算暗中施加控制。负责替卡诺瓦斯操纵选举的弗朗西斯科·罗梅罗·罗夫莱多在古巴有一些种植园主朋友，他们强烈反对马丁内斯·坎波斯提出的改革方案，并尽一切可能阻碍新首相执政。马丁内斯·坎波斯备受挫折，仅仅坚持了 6 个月，就在 12 月

---

①　古巴起义者与西班牙殖民当局之间订立的协议，结束了长达 10 年的古巴独立武装斗争。

7 日辞职了，卡诺瓦斯再次出任首相。1880 年至 1881 年期间，马丁内斯·坎波斯的改革措施只有几项得以实施，于是古巴战争硝烟重燃。1881 年 2 月 7 日，阿方索十二世行使君权，撤了卡诺瓦斯的职位，并下令解散议会，重新举行选举，自由党领导人普拉克塞德斯·马特奥·萨加斯塔成为新首相。[38] 卡诺瓦斯下台后，情况没有改变。马丁内斯·坎波斯成为萨加斯塔政府的战争大臣，西班牙国内的经济问题使得他仍旧无法实施自己提出的改革方案。除了种植园主之外，小麦种植者还担心古巴市场会被北美生产商抢走。加泰罗尼亚的工厂主、巴伦西亚和阿利坎特的制鞋厂主也依赖于受到保护的古巴市场。

在许多方面，1873 年至 1874 年的混乱时期对西班牙来说就像 1848 年至 1849 年的欧洲其他地方一样。自由主义资产阶级鼓起勇气挑战旧秩序，建立起一个短命的共和国，却因为害怕工人暴动而不敢实施改革。当军队以阿方索十二世的名义恢复君主制时，中产阶级为了维护社会秩序而放弃了他们的改革理想。地主寡头、城市资产阶级和其他人群之间的力量对比，在 1876 年建立的所谓复辟政治制度中得到了完美体现。事实上，除了政党和平轮替取代了暴动和军事政变之外，这个政府在组成上与以往几乎没有不同。保守派的卡诺瓦斯组建临时政府后，便迅速着手起草新宪法。经历了 60 年的内战、将军们的失败统治和政治腐败，他认为，现在需要保证一段平稳时期，以便发展工业。

卡诺瓦斯受过良好的教育，博览群书，他认为当时占全球统治地位的英国之所以繁荣，源自其稳定的两党制度。他十分赞赏英国议会制度，据说甚至能全文背诵格莱斯顿和迪斯雷利[①]的一些演讲。为了效仿英国，他已经打算照抄，至少在表面上照抄他所理解的英国制度的奥秘。他不仅决心将军队排除在政治权力之外，而且努力避免激进选民破坏他的计划，力图巩固刚刚复辟的君主制度。因此，他精心设计了一个制度，表面上是英国的翻版，在这个制度下，卡诺瓦斯领导的保守党和萨加斯塔领导的自由党可以轮流执政。要想在不受选民干预的情况下运作，那选举造假就是一个必要的手段。[39]这个制度后来被称为政权和平轮替，也就是说两个君主主义或保王政党轮流坐庄执掌政府。因此，自由派改革家古梅辛多·阿斯卡拉特说，这种轮替根本不是复制英国制度，而是"一种荒谬的拙劣模仿，全都是闹剧和谎言"[40]。外交官萨尔瓦多·德马达里亚加写道，卡诺瓦斯"靠的是铁腕和虚构"，虽然他"为人诚实、可敬"，却是一个"现代西班牙已知的政治生活中最腐败的人"。[41]

由于选举受到操控，在接下来的半个世纪里，权力始终掌握在1876年之前掌权的名门显宦的手中。议会席位被这些政治家族垄断，从父亲、儿子和女婿直到兄弟，甚至内兄内弟。来自瓜达拉哈拉的罗马诺内斯伯爵阿尔瓦罗·菲格罗亚的家族即是如此。他们的触角伸到中南部哈恩的巴埃萨和乌韦达、西南部巴达霍斯的卡斯图埃拉，以及东南部穆尔西亚的卡塔赫纳。另一个同样明显的例子是西北部加利西亚四省的地方豪强欧亨尼奥·蒙特罗·里奥斯的家

---

①　格莱斯顿，全名威廉·尤尔特·格莱斯顿（William Ewart Gladstone），英国政治家，自由党人，曾四次出任英国首相。迪斯雷利，全名本杰明·迪斯雷利（Benjamin Disraeli），是与格莱斯顿同时期的保守党领袖，两次担任英国首相。二人是英国政治史上著名的政治对手。

族。他本人在 1885 年至 1886 年间担任发展大臣，1892 年 12 月至 1893 年 7 月期间担任司法大臣，并在 1905 年出任总理。以加利西亚地区蓬特韦德拉的卢里赞为大本营，他利用自己的影响力为儿子和女婿的政途铺路。萨加斯塔同样经常关心他的女婿们在议会的地位。继卡诺瓦斯之后领导保守党的是弗朗西斯科·西尔韦拉－德勒维埃勒鲁兹，他在中部的阿维拉更是权倾一方。虽然他抨击和平轮替这种选举属于造假，但他自己却也把家人安插在一些重要的政府职位上。横行穆尔西亚的胡安·德拉谢尔瓦－佩尼亚费尔也同样扶植家族成员。议会席位、政府高级行政职位，有时甚至是政府的部级机构，几乎都是由父亲传给儿子的。[42]

　　这两个政党并没有明确的意识形态或政策，它们不过是名人团体，分别代表着两个地主寡头集团的利益。保守派主要关注南方葡萄酒和橄榄种植者的利益，而自由派则保护中部小麦种植者的利益。他们之间的差别微乎其微，都被称为保王党，因为他们都坚持君主制，并且在维护社会秩序或财产神圣性的问题上并无分歧。正如其名称所显示的，自由主义者不像坚定的天主教保守派那样专制，他们倾向于对教会提出更多的批评。两党主要的区别在于贸易政策。保守派的选民多是出口水果种植者和葡萄酒生产商，他们要求自由贸易，而自由派则代表了落后的小麦种植者，他们希望得到保护，抵御来自加拿大、阿根廷和澳大利亚等生产大国的竞争。举个例子，1884 年在巴塞罗那消耗的小麦约 60% 来自卡斯蒂利亚，但两年后，这一比例仅为 10%。北方工业资产阶级的各个派别在这一体制内几乎没有代表。但是，正如卡诺瓦斯所希望的那样，这些人目前满足于在稳定的社会环境中集中力量发展经济，直到 20 世纪初，他们才开始组织自己的政党。加泰罗尼亚的纺织厂主支持自由党，因为他们在限制关税方面有共同的利益，能够保护西班牙市场免受来自英国和印度的廉价商品的竞争。相比之下，巴斯克的铁矿石出口商支持保守主义的自由贸易者。然而，由于缺乏代表，加泰罗尼亚工业资产阶级只得充当一个压力团体[①]。尽管他们与土地保护主义者有共同的利益，但自由派和保守派都可能攻击他们，指责他们是加泰罗尼亚民族主义的代言人。[43]

任何政治诉求，除非符合两大寡头政党的利益，否则几乎不可能得到合法表达。自由主义政府和保守主义政府如此交替执政，局面令人昏昏欲睡。1910年，住在巴塞罗那的英国记者拉斐尔·肖写道：

> 对于内阁和平轮替的这种安排，卡诺瓦斯和萨加斯塔大概30年前就达成了默契，二人当时是两个主要政党——自由党和保守党——的领导人。他们的继任者延续了这个传统，以保证每一方的私利都能兑现。一方执政三四年以后，另一方再上台掌权，这已经形成了共识。正如英国历史学家马丁·休谟所说："政府无心治理，反对派无心问政，议会不是制衡权力滥用而是充当面具，许多政客可以继续进行邪恶的交易而免于惩罚。"

肖说，选民无力改变这一制度，因为"腐败就像一只章鱼，整

---

① 即 pressure group，也被称为压力集团，指使用各种途径和方法（主要是非选举性的游说和宣传）向政府施加影响，以便在政府公共政策的决策中满足己方利益主张的集团或组织。

个国家都被它的腕足牢牢锁住。事实是，广大人民群众在选举他们的代表时根本没有发言权。投票名义上是自由的，实际上并不是"。⁴⁴

从理论上讲，政府执政期为 5 年，但政府可能中途辞职，辞职的原因很多，比如某一次议会投票失利，或者公众舆论反对，或者首相失去党内支持，或者发生某些棘手的社会或经济问题。从理论上讲，国王是公众舆论的喉舌，他有权要求政府辞职，但实际上国王往往出于成见或是心血来潮就要求政府下台。然后，国王还能决定由谁来主持议会解散工作。阿方索十三世行事草率，时常滥用这种权力。⁴⁵新当选的首相通常是另一个政党的领导人（也有例外情况），由他负责组建政府。然后，他和他的内政大臣将在接下来的几个月里安排一场选举并取得胜利，既用来证明他的政党掌权的合理性，也让即将下台的政党在议会里保留合适的席位。两党仔细检查各自的要求后拟定候选人名单，确保获得多数选票，以保证新首相成功上台。这个过程被称为"encasillado"，即候选人都得通过内定才能获得议会席位。双方一般都能很快达成协议。投票结果有时是内政部伪造的，但更多是地方一级安排的。每个省的省长负责确保指定的候选人成功当选。然后，他会与当地豪强进行谈判。豪强们会把选票投给政府指定候选人，以换取政府提供的好处。在马德里选定的候选人"空降"到选区，这些人被称为"库内罗"^①。成功当选的候选人里平均约有一半是库内罗，也就是说，他们与自己所代表的地区并无联系。然而，有时当地的寡头们会心甘情愿地

---

① 即 cunero，指当地选区不了解而完全仰仗政府支持的议员候选人。

接受库内罗，因为库内罗的政治影响力会给该地区带来好处。[46]

　　因此，两党可谓井水不犯河水，这对表面上的民主制度是一种嘲弄，因为政府的组成与选民的意愿毫无关系。国王任命了政府之后，选举才会举行。执政党随后精心操控投票结果，一般能够获得65%的多数票。对于另一方来说，虽然这种失败明显具有羞辱性，但由于下一次肯定能获得同等的胜利，他们也就欣然接受了。这两个保王政党在1884年和1901年分别拥有98%和83%的议会席位。共和派和卡洛斯派的议员代表相对较少。从1879年到1901年，所有"当选"的代表中保守派有1748人，自由派有1761人。[47]选举造假确保了这一体制所代表的狭隘利益从未受到过严重威胁。这种体制建立在当地豪强对社会的影响力之上。在北部的小农场地区，这种豪强可以是放债人、大地主、律师甚至教士，他们对这些小农场拥有抵押权。威胁收回抵押的土地就能确保获得选票。在大庄园所在的新卡斯蒂利亚、埃斯特雷马杜拉或安达卢西亚，豪强通常是地主或是其代理人，他决定给谁活儿干，谁的家庭就不会挨饿。因此，豪强们可以通过许多手段获得选票，从严格控制当地劳动力市场的恐吓，一直到给予好处和贿赂。

　　通过控制地方行政和司法机构，豪强们能够在土地争端、就业、减税或免除服兵役等方面，为关系户制造有利的结果。每一次政府换届，工作岗位都会发生巨大变化，从最不起眼的看门人和道路清洁工，到政府官员、法官和高级公务员，所有人都要按他的指示投票。[48]卡诺瓦斯政府的内政大臣罗梅罗·罗夫莱多操纵1875年的选举之后，奥斯丁·亨利·莱亚德爵士（1869年至1877年担任英国驻西班牙大使）向英国外交部报告说，几乎每一个领薪水的岗位都被阿方索十二世的支持者占据。[49] 这里没有为国家服务的常设公务员和司法官员。在这一体制之下，公共服务为私人利益服务，直接助长了腐败。因此，多数镇长卸任时都比刚上任时有钱，这成为一种传统，至今仍然如此。

爱德华多·洛佩斯·奥乔亚将军在 1930 年写道，大多数法官和地方治安官都是通过政治勾兑获得了职位。这些人所做的判决只会有利于他们的主子，秘书和书记员的情况也是如此。据说豪强人物胡安·德拉谢尔瓦横行乡里，没有他点头，穆尔西亚省连一片树叶都别想掉下来。洛佩斯·奥乔亚称，德拉谢尔瓦认识最高法院的几个法官，可以摆平他自己或朋友的官司。洛佩斯·奥乔亚援引一位法学教授的话说："在西班牙，低于 10 万比塞塔的情况才算盗窃和抢劫。超过这个数字的，我们叫作金融业务。"无论是民事案件还是刑事案件，但凡需要法庭审理的，就必须拿出一笔钱来润滑"司法"的车轮。[50]

权倾各省的其他豪强——瓜达拉哈拉的罗马诺内斯伯爵阿尔瓦罗·菲格罗亚、巴利亚多利德的小麦大亨赫尔曼·加马索、阿利坎特的胡安·波韦达和安东尼奥·托雷斯·奥杜纳、卡斯特利翁的得土安公爵卡洛斯·奥唐奈、塞维利亚的佩德·罗德里格斯·博沃利亚、韦尔瓦的曼努埃尔·布尔戈斯－马索、奥伦塞的加维诺·布加利亚尔以及卢戈的奥古斯托·冈萨雷斯·贝萨达，他们的恶行也跟德拉谢尔瓦没什么分别。[51] 通过操纵税吏、镇长和法官，这些土皇帝能够把公共土地据为己有，把自己的牛赶到邻居的土地上吃草，把水从仇家的土地引向自己或者朋友的土地，还可以让政府给自己盖的房子买单。阿尔梅里亚的一位土地业务律师评论道："一个党的主要官员经常就八个人，四个是戴着高顶礼帽的小偷，另外四个是他们的打手。"无独有偶，曾经担任司法大臣的佩德罗·何塞·莫雷诺·罗德里格斯说："那些过去被国民警卫队追捕的人，现在成了当局的保镖。"关于地方豪强的传统，尽管报纸的报道极尽讥讽，但公众舆论的愤怒并没能改变什么，足见这种体制的运作是多么肆无忌惮。一般认为，在地方豪强体制下，那些低级官员，如镇长和书记员，经常会被关进监狱；而那些没蹲过监狱的人，他们的自由也掌握在控制地方司法机关的地方豪强手里。[52]

在省级层面，这些地方豪强则成为政府和本地选民之间的中间人，享有高度特权。即将上任的内政大臣选择省级的民政长官，由民政长官负责收买这些地方豪强。[53]在为政府提供所需选票方面，这些豪强的影响力各不相同，部分取决于公共财政提供的好处如何分配。具体形式很多，比如修改道路或铁路的线路走向，或者修建一座桥梁，这样地方豪强就可以将自己的影响延伸到其他城镇甚至整个省。地方豪强的追随者对主子是否忠诚，要看主子是否能保护他们的家人和朋友，以方便他们逍遥法外和逃脱纳税或服兵役的义务。据估计，复辟时期的主要政治家所写的信件中，三分之一以上要么是在请求别人投票，要么就是为候选人写的推荐信。此外，这些信件中大部分是在选举即将举行或刚刚结束时写的。据说，萨加斯塔和卡诺瓦斯的选区里常有人上门谋差事或讨要工程项目，两人在马德里的住处每天被这些人围得水泄不通。为了方便地方豪强上门而修建的道路，经常被称为"议会公路"。[54]

有时，有的地方官积极过头，导致经操纵产生的多数票竟然比全体选民人数还要多。选举还没举行，投票结果就已经公布，这种情形也是有的。西班牙实行男性普选权之后，随意伪造选票的难度逐渐增大，如果收到的选票达不到所需数量，地方豪强有时甚至会把当地公墓里的死者登记为选民。更常见的情况是，他们把收了钱的选民一群群地从一个村拉到另一个村，重复为执政党投票。1879年，罗梅罗·罗夫莱多采用"飞行小队"的手段——200个阿拉贡人在马德里从一个投票站跑到另一个投票站，不断投票，据说其中有一个人投了42票。1896年在马德里，有大批被称作"癞子"的虚构选民，他们使用的是过世的其他选民的名字。篡改选民名单以及增加或减少选票的行为被称为"票箱作弊"。有时，当地媒体上会刊登公告，假称某位竞争对手退出了竞选。更常见的是改变选举的时间，这样支持反对方的选民就无法及时到达投票站，或者派暴徒到现场恐吓对手的选民。甚至有些时候，投票箱被放在选民不愿去的地方，比如发热医院、猪圈或屋顶最高处。1891年，在穆尔西亚的一个投票站，监票员要求选民将选票从窗口递进去，这样他就可以在方便时进行偷换。一些人根本不愿投票，这也会被人利用。如果投票过程违反了事前的计划，就会有暴徒突袭投票站，抢夺投票箱。有时，那些可能投票给非官方候选人的人会被投入监狱，或者会有人威胁要调查他们的纳税状况。当然所有选举舞弊里，最常见的手段还是计票造假。[55]

第二章

暴力、腐败和滑向惨败

　　轮流坐庄执政的后果是，政治变成了一场舞会，舞者只是享有特权的一小撮人。除了效忠于一个或另一个政党的领袖之外（保守派的德拉谢尔瓦或自由派的加马索），有的地方豪强还会见风使舵。对此，有一则关于南部格拉纳达省莫特里尔地方豪强的故事可以印证：大马车带着选举结果从省城赶来后，人们把选举结果带到当地的赌场。这位大佬一边翻看结果，一边向那些满怀期待的在场人宣布："我们自由党人之前确信，这次选举我们一定赢。然而，上帝另有安排……"停顿良久后，他接着说："看来，赢得选举的是我们保守党人。"饥饿的群众被排除在有组织的政治之外，他们要么选择默不作声，要么选择暴力反抗。选择默不作声，地方当局就可以在没有太多反对的情况下捏造选举结果。选择暴力反抗，则意味着逮捕、折磨，甚至处决。从 1876 年开始，选民由 25 岁以上的男性组成，登记参加投票必须缴纳 25 比塞塔的财产税或 50 比塞塔的营业税。在 1879 年、1881 年、1884 年和 1886 年的选举中，合格选民大约有 85 万人。而 1890 年施行男性普选制后，1891 年、1893 年、1896 年、1898 年、1899 年、1901 年和 1903 年的选民人数增加至近 400 万。由于现在选民在投票时可以只考虑自己的私利，因此这次投票制度的改革也同时助长了通过选举舞弊牟取财产利益的行径。[1]

选民名单与那些真正投票的人几乎没有关系。控制地方司法机关的人借此既可以打击对手，也可以网罗党羽。1879 年，巴塞罗那的投票选民里，政府官员约占 40%，这些人的饭碗取决于他们给谁投票。1881 年，在巴伦西亚，实际投票的人里面有 75% 根本无权投票。1884 年，罗梅罗·罗夫莱多成功地将马德里的潜在选民从 33 205 人减少到 12 250 人。镇长们既然是由政府提名的，自然十分愿意为操纵选举而效劳。如果有人拒绝，那么就可以把他免职，或者逼迫他辞职，否则就找出其所犯的莫须有的或微不足道的过错（如不回复信件或不采用公制），并处以高额罚款。[2]

这些手段在贫穷农村地区的效果最好，特别是在西北部的加利西亚和南部的安达卢西亚，这里的选民既贫穷又不识字，选票很容易伪造。因此，农村地区的官方投票率竟然达到 80%。不过在城市里，地方豪强要弄这种把戏要困难得多，所以城市的投票率也低得多。随着时间的推移，城市里的选票越来越被认为是唯一算得上真实的投票结果。于是，保王党的内政大臣们无耻地改划选区，公然改变选区边界，用周围农村地区伪造的选票淹没城市选票，以此抵消城市选票的影响。由于议会小，选区大，这种做法往往能够得逞。即使在那时，落后的加利西亚在议会里的代表人数也过多，而工业发达的加泰罗尼亚在议会的代表人数则严重不足。1876 年至 1887 年期间，议会代表只有 210 名。1891 年后，人数变为 348 名。到世纪之交，随着城市化进程的推进，非保王党甚至共和派的代表不断涌入议会。[3]

对政府工作岗位的需求有增无减。在萨加斯塔的家门口，求职者排起长队，有时不得不睡在旅馆里。上台的两周内，他决定换人的职位包括政府各部的副大臣，海军部、海外领土部、财政部和发展部的所有司长，内政部的 7 名司长，战争部的 4 名司长，47 名地方民政长官，最高法院的首席大法官以及 8 名军区司令。萨加斯塔的选举操作人贝南西奥·冈萨雷斯模仿罗梅罗·罗夫莱多，在 1881 年夏末操纵选举使自由派获得大胜。紧接着，省和市一级的大批官员遭到解雇。[4]

卡诺瓦斯执政期间，经营赌场是非法的，但只要行贿，赌场可以照常营业。例如，在马德里，每家赌场都向马德里民政长官埃雷迪亚·斯皮诺拉侯爵支付了 3.5 万比塞塔。理论上，这笔钱是用于慈善，但无人审计。埃雷迪亚的继任者西克纳伯爵曾试图关闭赌场，但赌场老板却在 1881 年 6 月策划实施了一场连环爆炸，许多孩子受了重伤。后来，西克纳指控罗梅罗·罗夫莱多是赌场老板行贿的受益者之一。然而，卡诺瓦斯以保守党退席抗议为名，要挟议会就范，这一指控不得不撤回。[5]

由于自由派未能推行实质性改革，工人阶级对国家制度的反对声不断高涨。国际工人协会（第一国际）西班牙分会开始公开组织起来，很快就达到了 5.7 万名成员，主要集中在安达卢西亚和加泰罗尼亚，但对于实行罢工还是恐怖主义，组织内部存在分歧。1882 年，排字工人成功罢工，作为社会主义运动的核心，印刷协会的基础逐渐壮大。[6] 1884 年 1 月，阿方索十二世要求卡诺瓦斯重新组阁。他的内政大臣罗梅罗·罗夫莱多于当年 4 月 27 日组织了一次臭名昭著的大选，保守派赢得多数的 295 个席位，对手获得 90 个席位。卡诺瓦斯的新政府面临许多问题——军队颠覆，对所谓的无政府主义秘密组织"黑手"的持续担忧，霍乱疫情，古巴动乱，且国王身染肺炎，身体越来越衰弱。实际上，国王阿方索并没有照顾好自己，天气不好还坚持外出打猎，甚至也没多穿一件暖和的衣服。

由于选举大胜，新内阁对大多数问题的本能反应是说"不"。卡诺瓦斯自己也是极端傲慢。新上任的海外领土大臣曼努埃尔·阿吉雷·特哈达拒绝将废除奴隶制纳入议事日程，导致古巴局势进一步恶化。这与罗梅罗·罗夫莱多的利益不无关系。罗梅罗·罗夫莱多是糖业巨头胡利安·苏卢埃塔·阿蒙多的女婿。苏卢埃塔来自巴斯克地区，被称为"奴隶贩子王子"。他在古巴拥有规模庞大的种植园和三家糖厂，在阿拉瓦也有一些。[7] 这就是为什么罗梅罗·罗夫莱多后来在 1891 年 11 月还当上了海外领土大臣。1884 年选举后不久，在东北部希罗纳附近的圣科洛马法麦尔发生了一场规模不大的共和派起义，起义很快就被镇压。军事法庭没有对起义的两名领导人（一名少校和一名上尉）判处死刑，但是政府不顾来自国王以及其他方面的广泛抗议，下令将二人枪毙。1884 年 11 月 20 日，一名教授因发表支持达尔文理论的演讲而被逐出教会，一些学生组织示威，国民警卫队予以暴力镇压。平安夜，安达卢西亚发生地震，数千人无家可归，许多人死于寒冷天气，还有一些人死于震后的霍乱。国王访问灾区，看到政府疏忽不作为，十分愤怒。他还无视首相卡诺瓦斯的劝阻，视察了霍乱疫区。

关于卡诺瓦斯，阿方索十二世向德国使节抱怨说："什么他都知道，什么都归他定，什么他都要管，甚至在他一无所知的军事问题上，也丝毫不考虑国王的意见和愿望。"国王认为，卡诺瓦斯把原本用于装备陆军的资金拿去巩固港口的防备，是因为这样有更多机会贪污受贿。1885年11月25日，年仅27岁的阿方索十二世去世。有迹象表明，国王的医生曾经告诉过卡诺瓦斯，国王病情严重，如果天气暖和，还可能多活一段时间。然而，卡诺瓦斯让医生发誓保守秘密，以免国王身体虚弱的消息引发共和运动。[8] 国王的妻子玛丽亚·克里斯蒂娜随后成为摄政女王，几个月后，她生下了一个孩子，也就是后来的阿方索十三世。为了确保卡诺瓦斯所建立的制度得以延续，两党领导人在帕尔多宫会晤，并签署了一项协定，以巩固所谓"轮流坐庄"的政权交替办法。

在南方，人们渴望土地，越来越急切地期望变革，尤其是安达卢西亚的劳工，无政府主义对他们的影响很深。造成这一局面的部分原因是，1868年11月，俄国无政府主义者米哈伊尔·巴枯宁的意大利信徒朱塞佩·法内利被第一国际派往西班牙。他的演讲特长在这里有了用武之地，并很快拥有了自己的布道者，这些人将他的无政府主义主张带到一个又一个村庄。法内利说，酗酒、嫖妓和赌博是可耻的。除了倡导生活节制，他还认为，争取正义和平应该采取直接行动。这种言论在食不果腹的短工中引起了共鸣，给尚处于零星状态的农村起义带来了新的希望和目标。法内利的信徒们兴冲冲地发起暴力活动、焚烧庄稼和罢工。然而，由于组织不善，这些革命性的暴乱很轻易地被镇压下去，随后群众又归于漠不关心，如此交替往复。[9]

1910年，拉斐尔·肖在评论革命为什么发展缓慢时写道：

> 雇工们认为命运天定，只有服从。究其原因，既是由于经历了300年的腐败政府，习惯了遭受压榨，不断为统治阶级的

耀武扬威、穷奢极欲和花天酒地买单，也是由于宗教裁判所的恐怖和它留下的缄默传统，还有东方宿命论的影响。但是"上等人"说这些雇工本来就像动物般冷漠和愚蠢，这纯属谬论。农民们不愿公开抱怨，不是因为他们心满意足，没有什么可抱怨的，而是因为长期的经验告诉他，抗议是无用的，甚至可能引火上身。他可能会得罪他的雇主，失去他的工作，或者更糟的是，他可能会得罪教会和耶稣会士，广受敌视，永远别再指望得到长期的工作机会。

另一个原因是，在世纪之交，西班牙大约有 75% 的人是文盲。成千上万的村庄根本没有开办学校。即使在马德里和巴塞罗那，学校数量也不到法律规定的一半。在有学校的地方，学校也不强制学生到校上课，教师的工资很低，而且常常领不到手。也就军队还会教授一些基本的识字技能。[10] 起初，遭受饥饿和不公正对待的人们为抗争而落草为寇，这在南方地区更加明显。但不久之后，短工们找到了一种更为复杂的反抗形式。[11] 等到时机到来，这些沉默的大多数自然爆发了抗议，治安部队和国民警卫队于是施以暴力镇压，情况紧急时军队也会上场。

大庄园的主人们不愿采用人工施肥，也不肯修建昂贵的灌溉设施。他们宁愿靠剥削大批无地劳工，也就是按日计酬的短工来榨取利润。[12] 大庄园通常由庄园管家负责管理，他们精于利用劳动力过剩的局面来残酷压榨工人。当有季节性工作时，这些无地劳工不得不长时间工作，经常要从日出干到日落。能找到的工作通常离家很远，因此他们不得不在地主提供的肮脏棚屋里过夜。劳工们的工资不够填饱肚子，工作条件恶劣，还要忍受长期失业。当早期相对懒散悠闲的教士和贵族渐渐卖掉了庄园，公共土地也被围了起来的时候，大部分过去能够缓解农村贫困的社会因素，如今也不像以往那么有效了。以前，穷人们可以偶尔侵占一下宗教团体或贵族们照管松懈的土地，捡捡零落的庄稼和柴火，偶尔打打兔子和野鸟，给牲口饮饮水，这些办法曾一度使贫困的南方免于爆发动乱，但如今已经难以为继。蛮横的镇压代替了仁慈的专制。于是，大批无地劳动者的无产阶级意识开始迅猛地觉醒了。国民警卫队和庄园管家们雇用武装暴徒，他们大肆使用暴力手段，压制民怨，保证事态不致失控。

他们还使用了其他手段，如捏造或肆意夸大地下反抗活动，以证明对主要的工人阶级组织——国际工人协会西班牙分会实施的镇压名正言顺。协会的周刊《社会》受到审查，还曾一度被接管。1882 年 9 月的最后一周，国际工人协会西班牙分会的第二届代表大会在塞维利亚举行。209 个分部、近 5 万名成员出席了大会，参会人员主要来自安达卢西亚（3 万人）和加泰罗尼亚（1.3 万人）。当局把国际工人协会西班牙分会描述成一群嗜血的革命者。事实上，该组织的短期目标是争取每天工作 8 小时，长期目标是实现农业和工业的集体化。然而，即便工人运动组织采用相对温和的立场，也因地主和工厂主对组织成员的歧视而渐渐难以为继。在许多城镇，镇长们禁止公开集会，而国民警卫队则把私人集会视为颠覆活动。于是，一个组织从中分裂出来，取名"穷人团"，主张采取秘密革命行动，并使用恐怖主义手段。[13]

1881 年夏天大旱，西班牙南部安达卢西亚各地农作物歉收，尤其是加的斯和塞维利亚两省。随着寒冬降临，饥荒随之而来，无地劳工和他们的家人只能到城里沿街乞讨。营养不良和麻疹等疾病造成的死亡人数急剧增加，儿童所受戕害尤其严重。人们使用暴力破坏财产，焚烧庄稼，偷羊，从面包房和其他食品店里顺走食物，还有人抢劫财物。[14] 有一些城镇的政府试图筹集资金以改善忍饥挨饿的无地劳工的困境，但却没有成功。个别地方还为穷人举行了慈善募捐。有些地方动用市政资金兴修道路或灌溉设施，以便为失业者提供工作。但更多的时候，劳工们只是被告知到其他省份寻找工作。1882 年秋，社会矛盾明显加剧。罢工一波接一波地发生，国民警卫队派来大量增援，对罢工予以严厉镇压。在加的斯省的赫雷斯市，工人们举行示威要求工作，结果很快便演变为争抢食物的骚乱。1892 年 12 月，该地区发生了 4 起谋杀案。[15] 当局惊慌失措，抓住这个机会声称，赫雷斯的杀人犯以及其他许多轻罪、斗殴和抢劫的肇事者都属于"黑手"组织。据称，"黑手"组织密谋针对那些对工人阶级犯下罪行的地主展开报复，还企图采取谋杀、绑架和抢劫等手段，向南方富人开战。此外，据说这个秘密组织的成员有7 万多名。在这种背景下，许多无地劳工遭到地主、地方治安官或国民警卫队的指控后，无须任何证据就会被收监。

用英国历史学家詹姆斯·乔尔的话来说，"黑手"组织"可能仅仅存在于警方的想象之中，这些警察总是会把孤立的、不相关的暴力行为归咎于某个组织"。当然，在 1880 年，国际工人协会西班牙分会的一些分支组织确实支持对那些有产者采取报复行动。到1883 年春，由于工人协会成员和（合法的）无政府主义报纸的读者遭到肆意逮捕，加的斯市和赫雷斯市关押的囚犯达到 5000 名。

当局无意区分工会活动和犯罪行为，动用刑讯来取得证词。国际工人协会西班牙分会否认存在"黑手"组织，指责政府利用无关的犯罪分子捏造了一个所谓的革命组织。事实上，尽管自 19 世纪 70 年代末以来可能存在一个名为"黑手"的小规模犯罪组织，但政府把这个组织与政策透明、立场温和的国际工人协会西班牙分会刻意关联起来，就是为了镇压无地劳工发起的运动。1883 年夏天，涉嫌参与上述组织的人接受了审判，庭审文件显示，证明"黑手"组织存在的关键"证据"，恰恰是由驻守赫雷斯的国民警卫队指挥官提交给法庭的，他正巧在乡下的一块石头底下无意间发现了这个秘密组织的一份章程。许多人被判无期徒刑，这意味着要被关入肮脏的地牢，有 7 人在 1884 年 6 月被绞死。[16] 在暴力镇压之下，国际工人协会西班牙分会的会员大大减少，1888 年 9 月和 10 月在巴伦西亚举行的一次代表大会上，该组织宣告解散。[17]

西班牙的社会主义政党——西班牙工人社会党成立于 1879 年，但对无政府主义运动几乎没有构成挑战。该党的力量主要集中在马德里的印刷工会——印刷活动总会，以及巴塞罗那的纺织工会——"三工蒸汽"联合会。该党的创始人巴勃罗·伊格莱西亚斯·波塞称，在 19 世纪 80 年代，工社党的成员只有大约 200 名。工社党领导层既拒绝与资产阶级共和党人结盟，也拒绝无政府主义者的暴力革命主义。因此，该党一直处于孤立状态。直到 1886 年，它才出版了党报《社会主义者报》。到了 1888 年，它旗下的工会组织——工人总同盟（简称"工总"）才在巴塞罗那成立。该组织的发展十分不顺。1899 年，它不得不把总部搬到了马德里。巴勃罗·伊格莱西亚斯的策略要想获得成功，关键是通过选举获得政权，但是他却拒绝与自由派共和党人结盟，这种做法广受质疑。在巴勃罗·伊格莱西亚斯看来，罢工不是为了革命，而是为了改革，改善工作条件。考虑到 19 世纪末，西班牙工业的工作条件十分恶劣，这种策略显得缺乏斗争性，不足以吸引工人。直到 19 世纪的最后几年，工总才在巴斯克地区和阿斯图里亚斯的矿区获得了大量的支持。[18]

相比之下，无政府主义组织的规模要大得多。但在整个 19 世纪 80 年代，包括 80 年代之后，无政府主义组织在战术和战略上出现了分歧。大致来说，一方是所谓的集体主义者，他们赞成通过合法的工会活动积攒经济实力，最终实现社会革命。另一方是所谓的共产主义者，他们反对这种改良主义，认为这是在巩固资本主义制度，他们提倡的是暴力革命。此外，为了取代集体主义的意识形态，抛弃相对温和以及依赖合法手段的做法，还出现了一种更加个体化的无政府主义，这种无政府主义致力于"通过行动进行宣传"，由分散的地下分部或"同道小组"负责实施，如"穷人团"组织所主张的那样。[19]

罢工和示威开始让位于恐怖主义行为。随着无政府主义在高度分散的加泰罗尼亚纺织业的小作坊中越扎越深，一波炸弹袭击发生了，随后治安部队展开了残酷且肆意的报复。从 1884 年 6 月到 1890 年 5 月，巴塞罗那发生了 25 起炸弹爆炸事件。这些事件的导火索通常是劳资纠纷，袭击目标是工厂、经理或业主的住所、加泰罗尼亚工商促进会①的办公室以及警察局。爆炸造成 3 人死亡，多

---

① 加泰罗尼亚工商促进会（Foment del Treball Nacional），加泰罗尼亚主要雇主组织之一。

人受伤。1890 年到 1900 年间又发生了 59 起爆炸事件，造成 35 人死亡。暴力最严重的时期是 1893 年至 1896 年。社会暴力的加剧不仅仅是无政府主义革命者意识形态的结果。加泰罗尼亚正在经历深刻的社会、经济变革，也为无政府主义思想的大肆传播提供了土壤。工业不断发展，特别是纺织业，无地劳工因此被吸引到巴塞罗那和其他城市。刚刚流入城市的人没有固定工作，不得不住在简陋的棚户区，那里缺乏基本的卫生设施，食物供给也不足，导致婴儿和成人的死亡率都很高。此外，他们的孩子也上不了学。当时炸药刚刚发明，在巴塞罗那可以随意购买，于是人们的行动愈发激进，这与法国和俄国发生的情况类似。在巴塞罗那贫穷街区的小酒馆里，经常有人把帽子伸过来，讨要"几毛钱去买炸药"。[20]

工业化进程不可阻挡但却奇慢无比，而南方农村大庄园经济固有的社会不公正也十分残酷，二者各自造成的社会冲突交织在了一起。农村无产阶级靠可怜的食物勉强度日。他们每天吃饭很少超过一顿，通常只能吃些劣质的面包和冷汤（一种由西红柿、洋葱、黄瓜、辣椒和大蒜做成的菜汤）。这样的食物所含的蛋白质较少，短工们的收入又买不起肉类、鱼类和蛋类。普通的感冒就可能致死。[21]而 19 世纪 90 年代的经济萧条，加剧了城市贫民窟和农村地区下层阶级的不满。

南方农民的苦难引发了大规模的反抗。对"黑手"组织的恐慌激发了当局肆意的镇压，这种镇压助长了一种观念：任何反抗行动，包括个人恐怖主义在内，都是反对国家暴政的合法行动。收成不佳造成物价上涨，加上大量失业，使得社会暴力的严重程度日益增加，人们零星地占领庄园、盗窃牲畜和粮食，并且攻击地主及其管理人。1891 年末，来自马德里的建筑工人费利克斯·格拉瓦洛（人称"马德里人"）在赫雷斯周围的村庄宣扬无政府主义思想。他的追随者们逐渐产生了一种天真的想法，认为占领赫雷斯并建立一个无政府主义据点，就是迈出控制整个加的斯省的第一步。1892年 1 月 8 日晚上，来自阿尔科斯－德拉弗龙特拉、乌夫里克、特雷武赫纳、桑卢卡尔－德巴拉梅达、圣玛丽亚港和加的斯其他城镇以及塞维利亚省莱夫里哈的无地劳工聚集在郊区，人数超过 500 人。他们带着小镰刀、长柄镰刀、干草叉和棍棒，饥肠辘辘地闯入了市中心。他们采取行动的部分原因是为了释放最近在"黑手"组织审判后遭到监禁的数十名工人。他们的战斗口号是："弟兄们，我们来了！"然而，加的斯省其他几个城镇同时也发生了暴动，这表明格拉瓦洛的革命有更大的目标。劳工们认为当地的驻军会支援他们。尽管这想法完全不靠谱，但是他们还是短暂地占领了赫雷斯。这次胜利的持续时间不长，警察很快就重新控制了局面。两名无辜的路人、一名出差的人和一名办公室职员在阶级仇恨引发的骚乱中被团伙分子杀害。因为他们穿着体面，戴着手套，所以被认为是压迫者。[22] 赫雷斯事件引发了对革命幽灵的恐惧，残酷的镇压接踵而至，很快在安达卢西亚西部蔓延开来。随后当局组织了军事审判，尽管除了格拉瓦洛在胁迫之下所做的证词之外没有任何确凿证据，依然有 4 名劳工被判终身监禁，另有 4 人被判死刑，绞死在赫雷斯的市集上。[23]

这次镇压的后果之一就是出现了一位无政府主义烈士，即受人尊敬的费尔明·萨尔沃奇亚。当局指控他是整个赫雷斯事件的幕后策划者，尽管他在事发前就已经身陷囹圄了。1873 年，他被任命为加的斯的市长，长期以来一直是当局的眼中钉，当局对他的巨大声望心存恐惧。1891年4月，当局查封了他的《社会革命报》，并在五一节庆祝活动后逮捕了他。在监狱里，占领赫雷斯行动的组织者拜访了萨尔沃奇亚，但是他认为这些人的计划与自杀无异，试图劝说他们放弃行动。当局称他操纵"马德里人"组织了对赫雷斯的袭击，并挑出几名囚犯施以酷刑，让他们指认萨尔沃奇亚支持了参加赫雷斯行动的加的斯无政府主义者。他被判处12年劳役，但在服刑8年后，于1899年被改判无罪。[24]

当局刑讯逼供的行为被曝光之后，西班牙其他地区的无政府主义运动愈演愈烈。特别是在巴塞罗那，许多人声援安达卢西亚的无地劳工，而这些行动反过来挑起了国家的暴力镇压，当局在巴塞罗那进行了肆意的逮捕、酷刑和处决。起初，无政府主义者模仿法国和俄国的恐怖活动，却屡屡失败。[25] 1893年9月24日，作为对赫雷斯镇压的直接报复，他们策划刺杀巴塞罗那军区司令阿塞尼奥·马丁内斯·坎波斯，但未能成功。在1874年12月领导军事政变，恢复君主制的正是马丁内斯·坎波斯，他因公开反对工人运动而出名。这次炸弹袭击发生在为纪念巴塞罗那守护神——仁慈圣母圣梅尔塞而举行的游行中，而这也成为巴塞罗那恐怖主义最血腥的三年的肇始。1名国民警卫队队员和几匹马被炸死，16人受重伤。马丁内斯·坎波斯从马上摔了下来，腿上中了弹片，但并无大碍。杀手是一名印刷工，也是"同道小组"成员，名为保利·帕利亚斯，31岁，是3个孩子的父亲，他没有试图逃跑，当场被捕。

帕利亚斯是第一个被抓的爆炸犯，这显示了警方能力的低下。他在被逮捕5天后受审，并宣称自己唯一的遗憾是没有成功地杀死

"那个滥用权力的反动势力代言人"。1893 年 9 月 30 日，他被判处死刑，10 月 6 日被行刑队处决。处决时，一大群人聚集在一起，有人在现场大喊"炸药万岁！"和"无政府主义万岁！"。处决帕利亚斯只是一场大规模镇压的开始。在接下来的几年里，警察迫害了他无辜的妻子。刺杀失败直接导致 60 名无政府主义者遭到逮捕，6 名无辜的人于 1894 年 5 月 21 日被处决，理由是与帕利亚斯共谋刺杀马丁内斯·坎波斯，但实际上这次刺杀根本没有同谋。其中的两人在当时已经入狱了，一人名叫曼努埃尔·阿尔斯－索拉纳拉斯。多年后，他的儿子拉蒙刺杀了首相爱德华多·达托，为他报仇雪恨。在接下来的两年里，被监禁的男女超过 2 万名，许多人遭受了酷刑。警察实施肆意的镇压，这就坐实了工人阶级的看法：国家已经对他们宣战。与此同时，在无政府主义者的圈子里，帕利亚斯被视为烈士。据说他的遗言是："让复仇来得猛烈些吧！"为他报仇的呼声开始在无政府主义者的圈子里回响。最血腥的报复很快将会上演，地点就在加泰罗尼亚资产阶级的圣殿——利赛乌大剧院。[26]

直到 1895 年，巴塞罗那的警察薪酬微薄、领导不力、照片档案匮乏，甚至连基本的档案管理系统都没有，这些都助长了恐怖主义行动。警方尽管管理无能，行事却很残暴。工人阶级看不起这些警察，称他们"和稀泥"或"恶臭"。直到 1896 年 9 月，坎比斯诺斯街发生了严重的恐怖袭击，卡诺瓦斯·德尔卡斯蒂略领导的保守党政府才对知名人士的抗议做出回应，当局成立了一个大队，专门调查政治和社会犯罪。由于警察效率低下，政府越来越依赖军队。而军队高层则认为，全面镇压无政府主义恐怖主义的威胁，才是唯一有效的反击手段。这种无差别的镇压，打击了无政府主义组织里那些谴责暴力的成员。无政府主义者本就痛恨军国主义，这既是由于立场的不同，也是因为应征入伍者及其家属为非正义的殖民战争付出了惨痛的代价。正如一份无政府主义报纸所说："如果资产阶级想要战争，就让他们参军去古巴好了。"镇压加剧了无政府主义者对军队的仇视。[27]

保利·帕利亚斯被处决后不到一个月，1893 年 11 月 7 日，富有的资产阶级经常光顾的利赛乌大剧院发生了一场惨烈的暴行。由于之前曾有各种关于无政府主义袭击的警告，穿着晚礼服去看歌剧变成一种不负责任的挑衅行为。当晚演出的是罗西尼的歌剧《威廉·退尔》，能容纳 3600 人的剧院座无虚席。在第二幕中，正当威廉·退尔发誓要将国家从压迫中解放出来的那一刻，无政府主义者圣地亚哥·萨尔瓦多－弗兰奇从五楼看台向贵宾座投掷了两枚奥尔西尼炸弹①。幸运的是，只有 1 枚炸弹爆炸，但仍导致 20 人死亡，其中包括 1 名 14 岁的女孩和 9 名妇女，另有 35 人被弹片、玻璃碎片和炸飞的座椅碎片击伤。据估计，如果当时两枚炸弹都爆炸，死者可能会非常多。[28]

58 岁的巴莱里亚诺·魏勒将军随后实施了无情镇压，他于 1893 年 12 月 5 日被任命为加泰罗尼亚军区司令。[29] 他不分青红皂白地逮捕了 400 多人，并将 6 名无辜的人送上了审判席。这 6 人被严刑拷打，在供认参与了对马丁内斯·坎波斯的袭击后被判处死刑。处以死刑是对无政府主义者的警告，表明当局严厉打击恐怖主

①　由意大利人费利切·奥尔西尼（Felice Orsini）发明的简易爆炸装置，19世纪下半叶的欧洲无政府主义者常常用其实施恐怖袭击。

义的决心。圣地亚哥·萨尔瓦多直到 1894 年 1 月 1 日才被抓获。他是一个有暴力倾向的小混混，以前曾因抢劫和打架而被捕。他的家庭背景不明。1878 年，13 岁的他曾试图谋杀自己的父亲——一个声名狼藉、后来在 1891 年被国民警卫队击毙的暴力狂。1893 年初，萨尔瓦多在巴伦西亚遭到警方毒打，之后他说："我挨的每一棍子，今后都要他们血偿。"他否认自己是为了给帕利亚斯报仇。然而，他曾在另外一个场合声称："帕利亚斯的死对我影响很大，为了替他报仇，我决定做一些事情来纪念他，我要吓唬吓唬那些以他的死为乐、认为从此可以高枕无忧的家伙。我要让他们清醒一下，捎带着也能给自己找点乐子。"

萨尔瓦多对一名记者说，爆炸发生后，他一直待在大剧院外的街上，看着惊慌失措的资产阶级，感到满心欢喜。他本来想要参加 11 月 9 日遇难者的葬礼，向哀悼的人群扔更多的炸弹，但他的战友们慌了神，拒绝给他提供必要的炸药。他和另外两人直到 1894 年 7 月 11 日才受审。在监狱里，他假装与天主教会达成和解，以此来获得更舒适的生活条件。他的牢房里设备齐全，到处是虔诚的书籍、圣像和十字架。当判决公布后，他放弃了伪装，声称他只不过是对资产阶级开了最后一个玩笑。11 月 21 日，当着一大群人的面，他被绞死，死前还高喊着"无政府主义和社会革命万岁"和"打倒宗教"。尽管他杀害了许多无辜者，一度逍遥法外，但一些无政府主义报刊仍把他奉为英雄。也有其他人严厉地谴责他的暴行。和之前的帕利亚斯一样，萨尔瓦多似乎也没有意识到：他的行动不仅害死了那么多无辜的人，还导致了当局对无政府主义运动的疯狂镇压，而无政府主义运动的许多成员是反对恐怖主义的。[30]

　　大剧院爆炸同期还发生了多起大事，这些事件导致公众对政治领导集团的信心进一步瓦解。1893 年 10 月，摩洛哥爆发了小规模冲突。驻军梅利利亚市的军政长官胡安·马加略将军在当地柏柏尔部落的圣地上修筑了防御工事。由于一位里夫①圣徒的坟墓被亵渎，6000 名手持雷明顿步枪的里夫部落成员于 10 月 3 日袭击了梅利利亚。他们被炮火击退，但一座清真寺被摧毁，致使冲突升级为圣战，急需大量西班牙援军。后来，马加略将军因一个战略失误，导致西班牙军队在一次军事行动中损失惨重，他本人也因此丧命。有传言说，他是被后来在 1923 年建立独裁政权、当时还是一名年轻中尉的米格尔·普里莫·德里韦拉用左轮手枪打死的。当时社会上谣言四起，称摩尔人的步枪是马加略将军卖给他们的，德里韦拉对此感到十分气愤。尽管这则谣言并无确凿证据，却揭示了一个完全合理的看法：军队高层腐败盛行。顺便说一句，德里韦拉被授予了西班牙最高军事勋章——圣斐迪南勋章，并被提升为上尉。这场战役最后也只是沦为了一场西班牙无力承担的大规模武力展示。[31]

　　利塞乌大剧院暴行发生的 4 天前，西班牙刚刚发生了 19 世纪里最惨重的一起平民灾难。1893 年 11 月 3 日，载有炸药的货船"马奇查科角号"在北部桑坦德港起火。附近船只上的船员和当地消防员试图扑灭大火，而一大群人聚集在那里围观。不料货船发生剧烈爆炸，爆炸掀起的巨大水柱把许多人冲进大海。冲击波摧毁了镇上的许多建筑物，铁片和残肢被吹到了很远的地方。590 人在事故中

---

　　① 里夫人（Rif）是柏柏尔人的一支，分布在摩洛哥北部里夫山区、中阿特拉斯山东北部和乌季地区，信仰伊斯兰教。

死亡，另有 525 人重伤，占该市人口的近 2%。死者中有军要和政要，包括民政长官本人，人们在几公里外发现了他的权杖。

在大剧院爆炸案之后，要求压制无政府主义运动的呼声高涨。11 月 9 日，政府开始在巴塞罗那省暂停宪法保障，一直持续到次年 12 月 31 日。在一段短暂的时期内，中产阶级居住区的街道上都有治安维持会巡逻。1894 年 7 月，法律得到进一步加强，在公共场所放置炸弹或者致人死亡的罪犯可被判处终身监禁或死刑，还对那些涉嫌参与恐怖主义活动的人加重了惩罚。这些特殊措施不仅限制了无政府主义者的权利，而且还为逮捕共和派工人、非教会学校教师和其他自由思想者的行为提供了法律基础。魏勒将军实施的措施十分严厉，巴塞罗那获得了近两年的安宁。这在很大程度上是因为利塞乌大剧院袭击事件所引发的恐惧，导致无人再去批评警察的手段。[32]

1896 年 1 月，魏勒被派往古巴，接替他的是较为温和的欧洛希·德斯普约尔－杜赛将军。然而，那一年 6 月 7 日又发生了恐怖主义暴行，随后又有大批人被逮捕。这次炸弹袭击发生在巴塞罗那波恩区的圣体圣血瞻礼游行队伍中。游行队伍当时正向美丽的哥特式海洋圣母教堂行进，这项壮观的年度庆典是当地的传统，人们常常盛装打扮，游行也总能吸引大量的人群。这项宗教仪式有其独特之处，簇拥着圣体匣①的主持人和教会要人并不走在最前面，而是跟在主横幅后面，而主横幅则由军区司令举着，民政长官和市

---

① 举行仪式时由教士举起的一个通常饰有金或银的玻璃容器，内放圣体以供信徒观看。

长在一旁捧着绶带。当主横幅进入大教堂时，游行队伍后面响起了炸弹爆炸的声音。爆炸发生在坎比斯诺斯街，当时人群正在圣体匣面前跪拜。而不久前刚刚开始下雨，主教和其他教会要人已经进入教堂。爆炸造成 12 人死亡，包括一名 6 岁的女孩和一名 11 岁的男孩，另有 54 人重伤。由于主教和其他要人没有受伤，而且所有受害者都来自工人阶级，所以有人怀疑行凶者其实是警方派来的事端制造者。另一种说法是，行凶者不知道这次游行的具体安排，还以为军政和民政官员会跟在圣体匣的后面。尽管众说纷纭，但是这种残暴无道的行为，使得巴塞罗那和马德里的公众舆论和资产阶级报刊——无论自由派还是保守派的报刊——立场空前一致。整个巴塞罗那全城哀悼，街灯黯淡。[33]

人们普遍认为罪魁祸首是无政府主义者，要求对他们实施严厉报复。要求报复的呼声几乎是众口一词，接下来的几个月自然发生了残酷的镇压。西班牙不顾国际社会的谴责，在 9 月颁布了镇压无政府主义的法律，当局可采取的法律手段变得更加强硬。政府新设立了一支警队，仿效的是沙俄公共安全和秩序保卫部的手段，鼓励贿赂、告密者和煽动者，指挥官是国民警卫队中尉纳西索·波塔斯·阿斯卡尼奥。[34] 军区司令将调查工作交给了军事法官恩里克·玛索·迪亚兹巴尔迪维索中校负责，他在马丁内斯·坎波斯遇袭事件后曾主持过审判，那次审判中有 6 名无政府主义者被处决。拷打囚犯是在波塔斯中尉的指挥下进行的。当局承认他们没有任何线索，于是逮捕了不少无政府主义者、共和派人士和自由思想者，共计 500 多人。其中包括之前被处决的无政府主义者（比如保利·帕利亚斯）的遗孀、作家和为那些已被监禁的人提供食物的妇女，甚至还有左翼分子经常光顾的咖啡馆的工作人员。每逮捕一人，警察都会得到奖金，所以当地监狱人满为患。大批工人中心被关闭。被囚禁的无政府主义者和其他左翼人士大多被关押在蒙特惠奇山山顶阴郁的要塞里，这里是西班牙的"巴士底狱"，可以俯瞰整个巴塞罗那。他们当中有著名的无政府主义知识分子，如安塞尔莫·洛伦索、费德里科·乌拉尔斯、费尔南多·塔里达·马莫尔和特雷莎·克拉拉蒙特；还有律师，如佩雷·科罗米内斯。他们详细地向外界讲述了囚犯经受的恶劣待遇。[35]

关于这桩丑闻，最博人眼球的要数亚历杭德罗·勒鲁克斯。勒鲁克斯于 1864 年出生于科尔多瓦。早年间，他把军事学院的学费在赌场挥霍一空，随后当了逃兵。1893 年，他在与一名报纸编辑的决斗中侥幸取胜，并因此博得虚名。勒鲁克斯后来升任当时喜欢搬弄是非的左翼报纸《国家报》的主编，由于他揭露了蒙特惠奇监狱里的酷刑，赢得了大批追随者。随后他又曝光了一系列军事镇压和政府丑闻，名声越来越大。1899 年 3 月，他创办了一份新的周报《进步报》，再次刊文谴责了在蒙特惠奇监狱里发生的暴行。[36]

坎比斯诺斯街爆炸案很可能是一名法国无政府主义者所为，此人名为让·吉罗，也有人称他为弗朗索瓦·吉罗。吉罗后来躲在伦敦，接着逃到阿根廷的布宜诺斯艾利斯。[37] 而当局指控的主犯是法国人托马·阿什里，他是警方的线人，在爆炸发生两天后被逮捕。经他告发，两名加泰罗尼亚无政府主义者何塞普·莫拉斯和安东尼·诺格斯被捕。他们遭受了酷刑折磨，之后供出了其他人的名字。后来被逮捕的人也遭受了可怕的酷刑，比如打碎骨头，拔掉手脚指甲，还有用烧红的烙铁烫身体以及割舌。在百般折磨之下，一名囚犯——路易斯·马斯——被逼疯，5人死亡，另外28人承认自己安放了炸弹。由于爆炸遇害者里有一名军人，被告们于1896年12月11日至15日在军事法庭受审。检察官要求对28人判处死刑。结果，根据刑讯逼供获得的供词，66人被判处长期徒刑，8人被判处死刑。其中有3例死刑和46例长期徒刑被最高军事法院予以减刑。在被判处流放的194人中，有许多因犯的名声很大，因此西班牙当局的调查行为引起了国际社会的关注。最后，尽管人们怀疑存在刑讯逼供，但还是有5人被处决了。1897年5月4日凌晨，在围观人群面前，被指控安装炸弹的阿什里和作为共犯被指控制造炸弹的莫拉斯、诺格斯、马斯和霍安·阿尔西纳，在蒙特惠奇要塞的护城河边被行刑队枪毙。4名被处决的共犯坚称自己无罪。被判处苦役的因犯在西班牙的非洲殖民地也遭受了非人的对待。[38]

当时正值西班牙镇压古巴和菲律宾独立运动，再加上国际媒体对上述酷刑的揭露，使得整个国家颜面扫地，特别是法国的媒体将西班牙的镇压比作沙皇俄国的暴行。而在英国，一个西班牙暴行委员会组织了大规模游行示威。被流放的因犯参加了群众集会，展示身上的伤口，讲述蒙特惠奇监狱的恐怖经历，一时间群情激愤。这些宣传引发了公众对古巴和菲律宾起义者的支持。不过，至少在几年内，镇压还是成功地制止了巴塞罗那的恐怖主义行动。一些更暴力的恐怖分子逃之夭夭，而像塔里达和安塞尔莫·洛伦索这样的知识分子则主张非暴力行动。这一时期最后的暴力行动发生在1897年9月。记者拉蒙·森帕在加泰罗尼亚广场的公共厕所开枪打伤了纳西索·波塔斯和他的副手霍安·特西多。然而，尽管两天后军事法庭判处了森帕死刑，但他的案子却被移交给了民事法庭——这表明关于蒙特惠奇监狱暴行的曝光对公众舆论影响之大。次年 10 月，他的行为被判定为自卫，这一判决广受公众赞同。波塔斯接着成为众矢之的，他走进咖啡馆时，咖啡馆里的其他人就会走光。他在马德里还差点遭到暗杀，不得不随时带着几个保镖。勒鲁克斯在巴塞罗那最受欢迎的日子里，把波塔斯叫作"刽子手和杀手"，把他比作罗马暴君尼禄和卡利古拉。波塔斯向勒鲁克斯提出决斗，但被勒鲁克斯拒绝，理由是绅士不与施虐者为伍。后来波塔斯在马德里的阿尔卡拉街遇到了勒鲁克斯，两人拿起手杖互殴，最终也没分出胜负。[39]

　　蒙特惠奇监狱事件和先前的镇压在无政府主义运动的历史上开辟了一个新阶段。1897 年 8 月 8 日，一名 26 岁的意大利无政府主义记者米凯莱·安焦利洛为了报复，暗杀了时任首相卡诺瓦斯·德尔卡斯蒂略，这是蒙特惠奇监狱事件的直接后果。有一则谣言在巴黎和伦敦举行的抗议虐待囚犯的示威活动中产生，并广为流传，称刑讯逼供是由卡诺瓦斯直接下令实施的。安焦利洛参加了在伦敦特拉法加广场举行的大型集会，集会上一些受害者展示了蒙特惠奇监狱给他们留下的烧伤和疤痕。在与他们会面后，安焦利洛去了西班牙。他到了巴斯克地区蒙德拉贡附近的圣阿格达，当时卡诺瓦斯正在那里的温泉疗养。他朝卡诺瓦斯开了三枪。当卡诺瓦斯的妻子华金纳·奥斯马对着他尖叫"刺客"时，他彬彬有礼地鞠了一躬，说道："我尊敬你，因为你是一位可敬的女士，但我已经尽了我的责任，我很平静。我已经替我那些蒙特惠奇监狱的兄弟报仇了。"无政府主义者遭到野蛮镇压之后，个人恐怖主义行动逐渐平息，运动转向采用大罢工的方式。[40]替代卡诺瓦斯的是当时 72 岁的萨加斯塔，萨加斯塔立即结束了在古巴的全面战争战略。从这个意义上说，这次暗杀可能促进了古巴、菲律宾和波多黎各的解放运动。

米格尔·毛拉①的孙子、历史学家华金·罗梅罗·毛拉说过：

> 蒙特惠奇监狱事件值得重视的地方也许并不在此。警察暴行并不能简单归咎为负责人的心狠手辣。西班牙政府上层机构臃肿，行动迟缓，纪律涣散，腐败成风。正直的公务员只能凭着良心来控制自己不去滥用权力。规范公务员职责的法律十分混乱，而且很少得到真正执行，也缺少有效的监督机制。警察部队的薪金同大多数低级公务员一样低，招聘过程非常随意，而且没有终身职位的保障，在这种情况下，没有人会公正行事。政府其他部门索贿成风，办事拖沓，导致警察们骚扰个人，无端逮捕。警察部门越是效率低下，就越是缺乏自信，办事时就更加专横。[41]

随着帝国版图内残留的殖民地局势恶化，西班牙国内的社会暴力日益蔓延。1895年，古巴起义卷土重来，当局派遣了大批军队，消耗了大量的国家资源。古巴当地的游击队员被称为"曼比斯"（mambises），他们行动敏捷，灵活机动，实力比西班牙驻军强得多，还从佛罗里达的同情者那里获得了武器、弹药和其他物资。到1896年初，他们实际上已经赢得了这场战争。马德里当局任命了

---

① 即米格尔·毛拉·加马索（Miguel Maura Gamazo），保守派政治人物，1930年与阿尔卡拉－萨莫拉共同建立右翼自由共和党。父亲是著名保守派政治家安东尼奥·毛拉。

残暴的魏勒将军以作应对。为了破坏游击队的后勤支持，魏勒采取了集中人口的政策。大批农民被强行转移到集中营，那里没有足够的食物、卫生设施和医疗，约有 16 万人死亡，占古巴岛总人口的近 10%。魏勒的残暴计划加剧了起义者对殖民势力的仇恨，美国对起义者的支持力度也在增大。国际社会不断谴责，萨加斯塔也希望与起义军和解，1897 年 10 月，魏勒被迫辞职。然而，他的离开为时已晚，一切已成定局。[42]

　　1897 年，菲律宾也开始反抗，防御起义者的行动进一步消耗了西班牙的资源。更糟糕的是，1898 年 2 月 15 日，美国军舰"缅因号"在哈瓦那港爆炸，造成 266 名美国水兵丧生。这次爆炸很可能是一次偶然，也可能是古巴无政府主义煽动者所为，这些人企图嫁祸给西班牙，而西班牙自然是难辞其咎。爆炸事件后，美国公众舆论进一步支持古巴起义军。对于魏勒的暴行及其对美国与古巴之间贸易的影响，美国感到十分不满。美国总统威廉·麦金利重申了 1848 年首次提出的要求，即西班牙放弃古巴，把该岛卖给美国。而在西班牙，除了不得不去打仗的义务兵以外，各派势力盲目主张强硬政策，支持与美国开战。[43]

　　4 月 25 日，麦金利总统在西奥多·罗斯福的施压下向西班牙宣战。西班牙在古巴、菲律宾和波多黎各的军队人数远远超过美国军队的总人数，接近 25 万人对 2.8 万人。然而，他们的驻地非常分散。在古巴，战斗力更强的美国军队与强大的当地游击队联手，迅速袭击了关键的战略目标。他们装备了加特林机枪，利用这个优势，战胜了士气低落的西班牙义务兵。此外，美国人的补给线要短得多，而且把持海路的英国舰队也给了他们特殊对待。在海军方面，两国的区别不仅在于资源优势，还在于美国的重装战列舰拥有远程火力，使西班牙轻型火炮快速巡洋舰的弱点暴露无遗。1898年5月1日早晨，在马尼拉湾的甲米地海军基地，美国海军准将杜威一举歼灭了西班牙太平洋舰队。7月3日，西班牙大西洋舰队也在古巴圣地亚哥湾外被歼灭。战争持续了不到两个月。西班牙海军军力至此溃灭，辉煌声名一去不返。在随后的和平条约中，西班牙失去了除摩洛哥以外的所有殖民地。[44]

尽管被击败的西班牙军队人数比对手多得多，但还是有越来越多的人认为，西班牙英雄们在压倒性的困难面前顽强作战，最后只是败在装备技术上，佛朗哥将军就是这么认为的。当时西班牙人认为，脑满肠肥的资本主义猪正在践踏垂死的西班牙狮子，而美国人则自认占据道德优势，凭借技术知识完胜了行将就木的敌人，这两种观点形成了鲜明对比。佛朗哥的上述观点一直影响着他的职业生涯。在他5岁半的时候，西班牙败于美国之手。尽管年纪尚小的他不可能明白事件的重要影响，但他目睹了棺材和伤员被抬入他居住的海军要塞小城埃尔费罗尔。这场惨败对他产生了深远的影响。他的许多同学身披丧服，有的成了孤儿，有的失去了亲人。在很多年里，城里到处可见肢体残缺的人。他生活在一个军人家庭，听惯了他父亲和海军基地同事们的愤愤之言，父辈把失败归咎于邪恶势力，比如共济会。共济会本质上是一场中产阶级的知识分子运动，因反神职主义而遭到天主教会的诋毁，也因其与外国的联系而遭到军官的诋毁。这种论调自1898年之后甚嚣尘上，对步入军事学院的佛朗哥影响很大。正如在埃尔费罗尔的舆论一样，在托莱多步兵军事学院里，大家认为失败源自美英共济会的阴谋诡计和西班牙政客的背叛，这些政客派遣海军和陆军投入战斗，却没有拨给他们足够的装备。[45]

战败导致西班牙的大国幻想破灭，民众哀痛，舆论懊恼。英国首相索尔兹伯里于 1898 年 5 月 4 日在皇家阿尔伯特音乐厅向保守党协会樱草会发表了所谓的"垂死的国家"演讲，引起了报纸社论、知识分子和政界人士的热议。索尔兹伯里此前说过，"活着的国家将逐渐侵占垂死国家的领土"。他的话被认为是对西班牙命运的准确预言。

痛苦的争论持续的同时，帝国没落后的经济崩溃却并没有出现。回归和平后，在更低的通胀、更少的公共债务和更高的资本投资水平带动下，经济出现了小规模的繁荣。比塞塔因战败而贬值，刺激了西班牙对其他欧洲国家的出口繁荣。一些产品，如鞋类、橄榄油和大蒜，在古巴和波多黎各仍有需求。此外，1898 年和 1899 年的农业出人意料地获得丰收，农村对工业品的需求增加，20 万殖民地军人返乡后购买衣服也推高了需求。最重要的是，大量资本从西属美洲回流。殖民定居者返回他们的老家后，给加利西亚等地区带来了投资和经营知识。尽管 1898 年战败的后果没有人们所担心的那么严重，但它依然对大西洋港口和加泰罗尼亚纺织业造成了严重的破坏。加泰罗尼亚纺织业已经变得低效，要依靠装备着老式机器的小型家族企业保证生产，靠着免受外国竞争和有保障的海外市场勉强生存。而在失去古巴殖民地后，这两个优势都不复存在。[46]

此外，战败后尽管存在少量有利因素，但也都好景不长。部队所发的欠薪很快就花光了。由于随后的收成不佳，国内需求大幅下滑。到 1900 年秋，加泰罗尼亚有 30 多家工厂倒闭，其他地方也有工人被解雇。工业领域的怨气不断增加。失去古巴后，对马德里政府的怨恨也与日俱增，加泰罗尼亚民族主义快速发展。政府采取措施平衡预算和偿还战争债务，却导致抗税斗争、店铺关张和骚乱。支持独立的地方主义同盟①也借机不断壮大。当然，加泰罗尼亚工业终究会找到新的市场，特别是阿根廷，还会向汽车、电力和化工领域多元化发展。然而，问题仍然存在，军队将公众愤怒全部引向加泰罗尼亚，以此减轻自身责任。自 18 世纪中叶以来，西班牙军队除了败于外敌之手以外一事无成，只会在内战中耀武扬威。这一点毫不奇怪，当帝国失去了最后的殖民地，军队会抱定决心，把捍卫国家完整当作最后的战斗，这一仗不容失败。而颇具讽刺意味的是，这场战败不仅助长了西班牙民族主义的火焰，也给它最大的敌人带来了生机。[47]

这场后来被称为"1898 年灾难"的巨大耻辱，成为一次全国范围的反省的契机。知识分子和政治家借助聚会、文章、书籍和私人信件对西班牙问题进行内省分析，这在当时被称作复兴主义。"九八年一代"②试图解决所谓的国家问题。19 世纪内战、1868 年革命、1873 年第一共和国的混乱以及 1898 年丢掉古巴，这些动荡

---

① 地方主义同盟（Lliga Regionalista），加泰罗尼亚地区的政党，活跃于波旁王朝复辟期间，立场保守，主张维护加泰罗尼亚的利益，弗朗西斯科·坎博长期担任该党领导人。

② 西班牙文学史上一个重要的流派，代表作家有维森特·布拉斯科·伊巴涅斯、巴列－因克兰、乌纳穆诺、安东尼奥·马查多等，他们都生于 1864—1880 年之间，其作品具有鲜明的忧患意识。

激起了国家内部无休止的斗争。主张革新的共和派知识分子里卡多·马西阿斯·皮指出，西班牙君主复辟时期的制度和民主议会虽然表面上合法，但实际上不过是"绘有议会制度图案的墙纸，而地方豪强传统则是墙纸下面的砖墙，这就是西班牙治理制度的残酷现实"[48]。复兴主义运动的杰出人物是具有远见卓识的阿拉贡学者、律师和农学家华金·科斯塔·马丁内斯，他以"学校、食品柜和熙德坟墓上的双锁"来回应战败——也就是说，反对更多的军事冒险。1902 年，56 岁的他向知名的知识分子俱乐部马德里科技文艺社提交了他的报告《寡头政治和地方豪强传统——西班牙目前的治理形式》。他指出，西班牙的政治阶层、政治制度、地方豪强和寡头统治是国家的主要问题。他把地方豪强比作癌症或肿瘤，是国家肌体上的一种异常的赘生物。也就是说，政治阶层借助地方豪强及其腐败行径腐化并摧残了西班牙，阻碍了进步的力量，整个国家因此深陷奴役、无知和痛苦之中。解决这些问题必须要有一位"铁血外科医生"，把罪恶扫除，促进民主改革："我再说一遍，这个手术必须由一个'铁血外科医生'操刀，他得十分清楚西班牙人民的生理结构，同时对他们怀有无限的同情……如果西班牙想在明天成为议会制国家，她今天就必须放弃现有的这一套。"[49] 其实，科斯塔坚称，他的外科手术方案与议会制是一致的，这方案并不意味着独裁。[50] 从根本上说，左翼和右翼都可以利用复兴主义。复兴主义的支持者众多，既有人支持民主改革，希望把根植于地方豪强传统的落后政治制度扫除一空，也有人虽然支持根除地方豪强传统，但只是为了以"铁血外科医生"式的威权制度取而代之，取消代议制政治，恢复国家统一、天主教和等级制度，他们认为这些价值观才是此前西班牙强盛之根本。

哲学家何塞·奥尔特加－加塞特对卡诺瓦斯及其缔造的制度进行了反思："诸位，复辟时期是一场幻影的全景剧，卡诺瓦斯是演出的策划者。先生们，卡诺瓦斯不仅是一位厉害的演说家和思想家，还是一位出众的制造腐败的人，恕我直言，他是一位传授政治腐败的大师，甚至不可腐蚀之物都被他侵蚀了。"[51]

第三章

革命和战争：从 1898 年的惨败
到 1909 年的"悲惨一周"

如前所述，与美国之间的战争持续了 8 个月，西班牙兵败如山倒，颜面扫地，镇压古巴和菲律宾起义的军事行动也以失败而告终。西班牙的大国幻想破灭，这个曾经好斗的民族如今人人哀痛不已，公众舆论充斥着懊恼。英国首相索尔兹伯里勋爵发表关于"垂死国家"的演讲，在报纸社论和政治舞台上得到了呼应。正如英国历史学家塞瓦斯蒂安·鲍尔弗所说，"危机发生在帝国时代的最高点，在当时，拥有殖民地被视为一个国家生存能力的标准"。[1] 然而，西班牙的立宪君主——参战时深信自己的存亡危在旦夕——并没有重蹈 1870 年拿破仑三世或 1918 年德皇威廉二世的覆辙[①]。这反映了一个事实，即政治纷争的主要仲裁者——军队，正忙着舔舐伤口和安排复杂的复员工作。西班牙社会的其余群体被排除在混乱黑暗的政治制度之外，在这种制度下，工人和无依无靠的农民要么选择暴力抵抗，要么选择沉默。

1898 年大败的余波最终冲击了西班牙的多个经济部门，尤其是在加泰罗尼亚地区，因为那里的产品此前一直输往受保护的古巴市场。尽管拓展出口目的地和改进技术最终缓解了困境，但最依赖殖民贸易的经济部门遭受了严重打击。殖民地定居者返回西班牙

---

① 指拿破仑三世和德皇威廉二世战败后都流亡他国，王朝覆灭，改制共和。

时，带来了创业技能和大量资本。尽管如此，加泰罗尼亚的工厂主们还是不得不为政治变革和现代化运动而努力，以增加国内消费。此外，1898 年西班牙大败之后，加泰罗尼亚中产阶级与西班牙政府之间愈发疏远。持无政府主义立场的无地劳工纷纷离开安达卢西亚、穆尔西亚和加泰罗尼亚腹地的庄园，迁往巴塞罗那。那里的社会气氛本已十分紧张，而无政府主义者和当局派出的破坏分子还在发动罢工和恐怖袭击。尽管西班牙经济仍以农业为主，但在 20 世纪初，现代资本主义经济围绕着加泰罗尼亚的纺织和化学工业、巴斯克地区的钢铁铸造厂和阿斯图里亚斯的矿山发展了起来。[2] 与英国产的煤炭相比，阿斯图里亚斯的煤炭品质低，价格贵。在国际市场上，无论是加泰罗尼亚的纺织品还是巴斯克的冶金制品，都无法与英国或德国的产品竞争，而西班牙国内市场需求不足，也抑制了这些工业的增长。尽管这些工业增长缓慢，但仍催生了激进的工业无产阶级，以及加泰罗尼亚和巴斯克的民族主义运动。虽然巴斯克和加泰罗尼亚的工厂主所缴税金占西班牙税收收入的比例很高，但是这两个地区在由农业寡头统治的政府中几乎没有发言权，人们对此十分不满。

在 1901 年 5 月 19 日有名的选举舞弊中，地方豪强的舞弊运作机制从"以惠换票"变成了"直接购买"，或者使用暴力逼迫选民投票给特定候选人，或者干脆拦阻选民投票。尽管如此，主张加泰罗尼亚高度自治的政党——地方主义同盟还是赢得了它的第一次选举胜利。它是在 3 个星期前刚刚建立的，成员来自加泰罗尼亚民族主义者中最保守的分子，口号为"以一切合法手段在西班牙国家之内争取加泰罗尼亚人民自治"。它的领导人是精明的银行家弗兰塞斯克·坎博，他是雇主组织——工商促进会——的主席。1901年至1905年期间，地方主义同盟和共和派携手在巴塞罗那破除了政权在政党之间和平轮替的积弊。在1901年的选举中，地方主义同盟的4名候选人和2名共和派候选人赢得了席位。自此之后，选举在左右两派，即各种左翼共和派团体与保守派和加泰罗尼亚地方主义同盟之间展开。[3]

然而在其他地方，复辟时期的黑暗制度幸存下来，舞弊行为不断加剧，选举竞争也愈发激烈。在世纪之交，"三月兄弟"公司的账目显示，他们不仅向边防警卫队、国民警卫队和政府派出的破坏者支付了大笔钱款，而且还提供雪茄和蜗牛面包当作选举支出。[4] 1905年，阿利坎特的选民在前往投票的路上遭人绑架。而瓜达拉哈拉和其他省份，在1905年选举以及当时的大多数选举中，罗马诺内斯伯爵利用他的巨额财富制定了恩威并施的各种手段，他的代理人可以利用这些手段来获取选票。[5] 至于是购买选票还是使用暴力，在某种程度上取决于相关政治集团的财力大小。巴斯克地区富有的工厂主和矿主经常愿意花钱贿选，而旧卡斯蒂利亚地区的小麦种植者则经常使用各种强硬手段，尤其是威胁没收抵押物，或者拒买小种植者的小麦。为了实现这一切，候选人必须首先得到内政部的同意。而内政部负责根据当时的政治需要和重要人物的推荐，列出将要赢得席位的候选人名单。[6] 这种选举舞弊会导致各次选举的选票结果剧烈波动，特别是在农村地区。在一些贫困地区，如安达卢西亚和加利西亚，政府能够确保对选举的控制。在安达卢西亚，1899年至1923年期间，议会席位约有49%由自由派候选人获得，44%由保守派候选人获得。只有7%的席位是由反对派成员"赢得"的，他们之所以能当选，也只是因为内政部把他们列入了事前已经安排好的名单中。[7]

1898 年对左右两派的知识分子影响巨大，他们对政治制度的缺陷提出了毫不留情的批评。其中包括严肃不苟的保守派人士安东尼奥·毛拉，他在 1900 年到 1910 年期间试图通过所谓"自上而下的革命"来改革西班牙政治。毛拉于 1853 年出生在帕尔马，1868 年来到马德里学习法律时，还几乎不会说西班牙语。而当他在政坛上声名鹊起时，其口才已经是妇孺皆知了。最初，他作为政治家赫尔曼·加马索的妹夫加入了自由党，之后一直致力于改革复辟时期的政治制度。他是一个刻板自制的天主教徒，如果哪一天在自省时发现自己违反了戒律，会以不吸烟以示自罚。[8] 他常常能凭借毫不留情的演讲技巧击垮对手，是一个充满争议的人物。事实上，他表面傲慢和专横，但思想却偏向自由主义。然而，由于害怕群众，他改革政治制度的理想并未充分实现。[9]

毛拉曾 5 次担任首相，第一次任期为 1903 年 12 月至 1904 年 12 月。最长的一次是 1907 年 1 月至 1909 年 10 月（1907 年 3 月有一个月的短暂中断），最后三次短暂执政是在复辟体制垂死挣扎期间，分别是 1918 年 3 月至 11 月，1919 年 4 月至 7 月和 1921 年 8 月至 1922 年 3 月。他的成功，甚至他的失败，都说明了复辟体制的问题。他第一次领导的政府曾被寄予厚望，而到 1918 年，用他的朋友塞萨尔·西利奥的话来说，他已经成了"君主制的救火员"。[10] 加马索死后，他在 1902 年把加马索的残余势力带入了弗朗西斯科·西尔韦拉的保守党。他逐渐认为，与自由党人相比，西尔韦拉更容易接受民族复兴主义的思想。1899 年，西尔韦拉强调，"应当进行一场自上而下的真正的革命，彻底改变我们的政治、行政和社会生活方式"。1901年7月，毛拉在议会中宣布，必须要有一场由政府推动的革命，以防止更具灾难性的革命发生。[11]

1903年4月，作为西尔韦拉内阁的内政大臣，毛拉组织了复辟时期第一次"干净"的选举。他任命了与地方豪强没有牵连的省级民政长官，打击了裙带关系网，还对贿赂新闻界的行为实施了限制，也不再搞内定名单，即把政府指定的候选人强加给选民。他对媒体始终不屑一顾，媒体对他也是嗤之以鼻，这种局面一直是一个严重的不利因素。由于他的演讲经常被歪曲，毛拉干脆声称"议会议事日志就是我的报纸"。在政府干预下，保守党仍然依仗地方豪强根深蒂固的势力赢得了多数席位，但在1903年的选举中，34名共和派候选人在巴塞罗那、马德里和巴伦西亚重新当选。摄政女王大发雷霆，她认为毛拉的说教只是一种自我陶醉，这种行为危害了君主制。虽然她的儿子刚刚即位，但摄政女王仍然有巨大的影响力，于是她鼓动国王反对首相西尔韦拉。年轻的国王要求西尔韦拉要么强迫毛拉接受各种选举舞弊的手段，要么解除其内政大臣职务。西尔韦拉拒绝了。事实上，由于健康状况不佳，他已经做好了辞职的准备，有意思的是，他的辞职让毛拉成了保守党的领袖。[12]毛拉与王室关系紧张，加上为人严苛，因此阿方索十三世对毛拉没有以非正式的"你"相称，而是称呼"您"和"安东尼奥先生"。用毛拉的门生安赫尔·奥索里奥-加利亚多的话说，"国王非常尊重他，但又对他怀有难以抑制的反感"，根本的矛盾就在于此。[13]

从他们的交往一开始，毛拉就一直试图让年轻的阿方索十三世按照国王应该有的样子行事，阿方索对此心怀愤恨。当时，这位

18 岁的国王迷上了法国跑车。1904 年 9 月初，几位大臣在内阁会议上表示，他们担心阿方索驾驶动力如此强大的交通工具会有生命危险。毛拉说："我们只有他一人，如果他出了意外，我们找不到人来代替。"国王对此怀恨在心。当毛拉政府的战争大臣打算任命一位新的总参谋长时，阿方索坚持起用他自己的候选人卡米洛·加西亚·德波拉维哈将军。他反对整个内阁的意见，拒绝让步，并迫使毛拉政府辞职。阿方索带着毛拉的继任者——71 岁的马塞洛·阿斯卡拉加·帕尔梅罗将军，让其看着自己驾驶汽车在燃烧的木头上驶过，然后告诉将军，一定要把看到的事情告诉毛拉，简直就像一个小孩子发脾气一样。阿斯卡拉加将军领导的政府只维持了一个多月的时间。[14]

在这短暂的中断之后，毛拉在 1907 年 4 月 21 日的选举后重新掌权，而选举恰恰是由凶狠的内政大臣胡安·德拉谢尔瓦组织的。这次选举成为西班牙历史上最黑暗的选举。尽管毛拉厌恶德拉谢尔瓦公开搞选举舞弊，但最后还是不得不依赖他。这种合作一直损害着毛拉的职业生涯。虽然无政府主义者回避权贵政治，但社会主义者和共和派人士在动员工人阶级投票以争取议会席位方面已经越来越熟练。在 1901 年和 1903 年的选举中，勒鲁克斯领导的激进共和党在加泰罗尼亚也取得了一些成功。[15]因此，德拉谢尔瓦的"技能"似乎变得不可或缺。

撇开选举不谈，在第一次世界大战之前的 20 年里，现存制度面临的主要挑战来自迅速发展的无政府工团主义和发展较为缓慢的社会主义运动。成立于 1879 年的工社党和其工会组织"工总"的队伍日益壮大，大量工人阶级代表加入，其中既有马德里建筑和金属行业的印刷工人和技术工人，也有毕尔巴鄂的炼钢工人和造船工人，还有阿斯图里亚斯的煤矿工人。但是，由于无政府主义和社会主义在意识形态上存在差异，工人运动的组织内部不太可能全面结盟。1899 年，工社党强硬的领导人巴勃罗·伊格莱西亚斯决定将工总的总部从工业中心巴塞罗那迁至行政中心马德里，这一决定更是彻底断绝了达成上述结盟的可能性。在很大程度上，这一决定使许多加泰罗尼亚工人放弃了社会主义。此外，由于巴勃罗·伊格莱西亚斯对法国马克思主义的诠释陈旧过时，所以在这种教条化、简单化的理解影响下，工社党的发展愈发步履维艰。他坚持认为社会主义者应该合法地争取工人的利益，坚信革命是不可避免的，却没有为此做好准备，因此使该党处于孤立无援的境地。[16]

1902 年 2 月中旬的大罢工使巴塞罗那陷入瘫痪，这次罢工体现出社会主义者和无政府工团主义者之间的区别。1901 年 5 月，针对有轨电车工人的罢工，政府宣布实行戒严。许多工人被逮捕，监狱人满为患，许多人被拘禁在战列巡洋舰“佩拉约号”上。[17] 12 月，冶金工人罢工，要求将每天的工作时间从 10 小时减少到 9 小时。罢工的冶金工人面临巨大困难。他们没有罢工基金，而且在普遍失业的情形下，工厂老板很容易找到顶替他们的人。尽管如此，还是有一万名工人在接下来的 8 个星期里坚持罢工。1902 年 2 月 17 日，无政府主义工会宣布举行总罢工，声援冶金工会。几天之内，巴塞罗那 14.4 万名工人中，约有 8 万人参与了这一场声援活动。巴塞罗那有一个星期公共交通停运，报纸停刊，商店、银行和咖啡馆纷纷歇业。当局实施了残酷镇压。一周内政府宣布实施戒严令。罢工领导人被逮捕，罢工纠察队被骑兵冲散。至少 12 名工人死亡，数十人受伤。罢工者被击溃，于 2 月 24 日复工。加泰罗尼亚有组织的工人运动遭到重创。工会遭到镇压，无政府主义运动被迫转入地下。工社党领导层曾要求党员袖手旁观，害怕遭受镇压。巴勃罗·伊格莱西亚斯后来还谴责无政府主义者不负责任，工社党党报《社会主义者报》指责无政府主义者是"资产阶级的帮凶"。虽然遭遇失败，但 1902 年的罢工最终增强了无政府主义者的力量，同时对社会主义运动也愈发不满。[18]

随着工业现代化进程推进，土地寡头对政治权力的长期垄断逐渐崩坏，但他们不会轻易认输。工业化造就了实力雄厚的工厂主和有组织的工人阶级运动，土地寡头因此面临来自两边的挑战。此外，土地寡头的统治还遇到了影响力逐渐壮大的中产阶级共和党人的反对。除了像华金·科斯塔、哲学家米格尔·乌纳穆诺和小说家比森特·布拉斯科·伊巴涅斯这样的知名人士之外，还有一些新的活跃政治集团。在阿斯图里亚斯，温和的自由主义者梅尔基亚德斯·阿尔瓦雷斯推动了君主制的民主化改造，并于 1912 年创建了改良党。阿尔瓦雷斯的改良计划吸引了许多年轻的知识分子，他们后来在第二共和国中崭露头角。其中最引人注目的是博学的作家曼努埃尔·阿萨尼亚，他后来成为第二共和国的总理和总统。

工社党内部有些人认为，社会主义要想取得非暴力胜利，必须先建立自由民主制度，阿斯图里亚斯的年轻记者因达莱西奥·普列托是这些人的代表。共和主义兴起后，他们倾向于争取与中产阶级共和派人士结成选举联盟。由于在反教权主义、反军国主义和反对在摩洛哥的军事冒险方面立场相近，两者越走越近。普列托在毕尔巴鄂的经历表明，单凭自己的力量，工社党在选举中获胜的机会微乎其微，而如果联合共和党，则可能获得成功。1909年，他呼吁共和派和工社党组成选举联盟，这为采用议会斗争手段建设社会主义开辟了长期发展前景。然而，他因此与党的地方领导人产生矛盾，比如法昆多·佩雷萨瓜。比斯开省的社会主义联盟内部经过长期而艰苦的斗争之后，普列托最终击败了佩雷萨瓜，此后该省省府毕尔巴鄂市成为共和派－工社党合作的中心。结果，这让普列托受到工总副主席弗朗西斯科·拉尔戈·卡瓦列罗的终生敌视。卡瓦列罗和佩雷萨瓜一样不信任资产阶级的共和党人。共和派和工社党的合作为工社党最终的成功奠定了基础。巴勃罗·伊格莱西亚斯本人在1910年就被选为议员。然而，由于拉尔戈·卡瓦列罗一直心怀怨恨，普列托深受其累，这在20世纪30年代给西班牙带来了毁灭性的后果。[19]

另一场似乎威胁到这个体系的共和派运动，则是无耻之徒、投机高手勒鲁克斯的主意。他在蒙特惠奇虐囚事件中捞得了好处，之后又揭露了一个名叫莫拉莱斯的国民警卫队上尉制造事端的行为，声名进一步得到巩固。1903年，莫拉莱斯编造了一个所谓的无政府主义阴谋，称有人要在东北部的塔拉戈纳引爆炸弹。他"发现"了这批藏匿的炸弹，"挫败"了这场"阴谋"，之后当局逮捕了许多工人，而这些人在受到拷打后，承认参与了这场"阴谋"。在勒鲁克斯的推动下，这场闹剧被揭穿，囚犯得以释放，莫拉莱斯被逮捕、审判并锒铛入狱。[20]勒鲁克斯擅长煽动群众，他领导了巴塞罗那贫民窟的大规模共和派运动。凭借其组织能力，他建立了一个强大的选举机器。他一直从中央政府拿钱，这种做法在那个时代十分普遍，当时的政客们常常花钱来买通媒体。人们因此普遍认为，他是萨加斯塔政府内政大臣塞希斯孟多·莫雷特派到巴塞罗那的，目的是利用他的煽动本领来分裂无政府工团主义，破坏加泰罗尼亚民族主义的崛起。

可能没有哪个政府的非法基金能使人做到他取得的成就。他与反君主制的恐怖主义活动有瓜葛，也不适合担任马德里的代理人。在 1901 年的大选中，他被召至巴塞罗那，成为共和党的一名议会候选人。他后来被称作"帕拉雷罗的皇帝"，这片地区民不聊生，娼匪遍地，要想干得好，光靠坐在马德里中央政府衙门里想出的蠢办法可远远不够。他真诚地关心工人阶级所遭受的不公正待遇，这种关心是买不来的。有助他聚拢人气的除了激进党人提供的各种城市服务，包括图书馆和辩论俱乐部，还有他在发布反教权演讲时使用的近乎淫秽的煽动技巧，尽管不那么得体，但却成效明显。与移民劳工一样，反教权主义思想深深扎根在勒鲁克斯心中。来到城市之前，移民劳工逃离了残酷不公的农村社会秩序，对他们来说，教会就是那个旧秩序的捍卫者。直到后来，由于唯利是图的本性，勒鲁克斯的演讲才开始反对加泰罗尼亚独立主义和支持军国主义。[21]

农村和城市的无产阶级认为，教会不仅是经济压迫的同盟者，而且把压迫合法化。助长这一观念的原因之一是他们一直深信，神父们常常把在告解室听到的隐私泄露给有钱人。人们认为，有钱人把家仆送去告解，那是为了方便女主人向神父打听女仆做错了什么，而且神职人员的私生子即使犯了罪也不会被追究。宗教团体被视为寄生虫。拉斐尔·肖在评论工人的"沉默反抗"时写道："过去几年里，我没看到一个工人阶级成员在街上向神父或修士行礼。"公众产生敌意的另一个原因是，修道院出售商品的价格比从事烘焙、洗衣或针线活的小手艺人的更低廉。而敌意不是单方面的。借助其报刊和讲道坛，教会也开展了反对世俗教育的恶毒攻击和煽动性批判。[22]

1904 年，首相毛拉遭到两次暗杀，一次是 4 月 12 日在巴塞罗那，另一次是两周后在阿利坎特。为了离间加泰罗尼亚的保守派、共和党人和无政府主义者之间的关系，毛拉决定让阿方索十三世访问加泰罗尼亚。由于担心恐怖主义袭击，阿方索十三世的母亲玛丽亚·克里斯蒂娜自 1888 年以来就没有去过巴塞罗那，阿方索十三世自 1902 年 5 月加冕以来也没有去过。这是一场赌博。1904 年 4 月 4 日，勒鲁克斯在《宣传报》上发表了一篇文章，号召"穷人、瘫痪者和乞丐"穿上最破烂的衣服迎接国王的车马，"让他们走近，让他们近距离地看看，仔细看一看这个历史怪物长着怎样一张孩子的脸和一双充满疑问的眼睛"。那一天，巴塞罗那市中心挤满了衣衫褴褛的流浪汉和残疾人。国王做出了一些对加泰罗尼亚示好的姿态，比如要求地主协会的成员用加泰罗尼亚语对他致辞。毛拉赌赢了。阿方索十三世受到了一定程度的公众赞扬，这次访问似乎也没有发生什么大的意外。然而，4 月 12 日，当王室一行人在一场礼拜仪式结束后离开大教堂时，一位持无政府主义立场的 19 岁石匠华金·米克尔·阿塔尔跳上了毛拉乘坐的马车的踏板，高喊"无政府主义万岁！"。他靠上前用厨刀捅了毛拉一下，毛拉受了轻伤。这个人手里拿着一份报纸，上面有勒鲁克斯的文章，就像在演一出独角戏。他被判 17 年徒刑，1909 年 11 月在休达的监狱中死亡，据称死因是遭受了暴打。两周后，在阿利坎特发生了第二次暗杀，毛拉没有受伤，袭击者身份不明，当局也没能抓到他。躲过了这几次暗杀后，毛拉愈发声名显赫。[23]

在巴塞罗那之行取得成功后，毛拉认为，出国访问可以进一步改善阿方索十三世的形象。西班牙的革命者，尤其是勒鲁克斯，把西班牙君主制描绘为专制和教士统治的制度，毛拉的这个计划对革命者实属不利。但也有人将此行视为机会，希望除掉国王并加速共和国的到来。勒鲁克斯的言辞和无政府主义者一样激进，到 1903 年，他成功地把大多数共和派团体联合成共和同盟。流亡巴黎的西班牙革命者在共和党人尼古拉斯·埃斯特瓦涅斯的领导下创建了一个类似的团体，名为"共和行动和联盟委员会"。埃斯特瓦涅斯曾短暂地担任过第一共和国时期的皮 – 马加尔内阁的战争部部长。从 1904 年初开始，这些流亡革命者就一直在出版小册子，猛烈谴责君主制，认为国王要为蒙特惠奇虐囚事件承担责任，并号召效仿阿塔尔的做法进行刺杀。作者中有持无政府主义立场的医学院学生佩德罗·巴利纳，他是费尔明·萨尔沃奇亚的追随者，曾被警方陷害参与 1902 年 5 月阿方索十三世加冕典礼上的刺杀行动，在监狱里被关了几个月。为了避免引起警方更多的注意，巴利纳在 10 月带着一封萨尔沃奇亚写给埃斯特瓦涅斯的介绍信逃到了法国。在那里，他学会了一些制造炸弹的技能。

在听到阿方索十三世将对法国进行国事访问的消息后，该组织当即开始策划暗杀国王。这场行动的策划者和出资人是强烈反对教权的教育家弗兰塞斯克·费雷尔 – 瓜尔迪亚，他家境富有，在坚持理性主义的现代学校和巴塞罗那几所非教会学校担任校长。表面上，费雷尔是个受人尊敬的学究，暗地里他却在用自己的财富来资助重大的恐怖主义行动。巴黎和巴塞罗那的无政府主义者和激进的共和党人团体之间联系密切。事实上，巴利纳曾在1905年2月到过巴塞罗那，在那里他说服了勒鲁克斯，使其相信这位未婚且无子女的国王死后，军队内部的分歧将公开化，并且会引发一场共和派政变。为此，费雷尔出资在巴塞罗那建立了一个实验室，打算在那里生产粗制的奥尔西尼炸弹。勒鲁克斯和埃斯特瓦涅斯与军队中的支持者一起制订了行动计划。勒鲁克斯还派他的朋友、前《国家报》主编里卡多·富恩特前往巴黎，表面上是去报道这次王室之行，但实际上是为了能把弑君行动成功与否的消息告知他。在巴黎使用的炸弹是由巴利纳准备的。投掷炸弹的是马特奥·莫拉尔·罗加，一位富有的加泰罗尼亚纺织厂主的儿子，生活简朴，受过高等教育。莫拉尔是费雷尔的亲密伙伴，在现代学校担任图书管理员和从事学校出版工作。他也是埃斯特瓦涅斯的忠实崇拜者，出版了埃斯特瓦涅斯的小册子《革命思想》，费雷尔支付了出版的费用。5月25日，法国警察逮捕了巴利纳和其他几名同谋。尽管如此，1905年5月31日晚上，当阿方索十三世和埃米尔·卢贝总统从歌剧院回来的时候，莫拉尔向经过罗昂街的骑兵投掷了两枚炸弹。只有一枚炸弹爆炸，造成17人受伤，但国王和总统安然无恙。[24]

莫拉尔成功逃脱，但西班牙的政变却无果而终。与巴利纳一起被捕的无政府主义者包括意大利人卡洛·马拉托、英国人伯纳德·哈维和法国人尤金·科萨纳尔。尽管哈维是一名英语教师，但他用自己的化学知识帮助巴利纳和莫拉尔制造了炸弹。他们蹲了6个月监狱，于1906年10月受审。马拉托是共济会的高级成员，在法国政界有一些能够呼风唤雨的朋友。他们发起了一场大规模宣传，把这次审判与蒙特惠奇虐囚丑闻联系起来，称这次暗杀是西班牙警方为抹黑西班牙共和党人而蓄意制造的事端。除了勒鲁克斯和埃斯特瓦涅斯之外，为被告辩护的人还有法国社会主义者让·饶勒斯和阿里斯蒂德·白里安。尽管有大量证据表明他们参与了此次刺杀计划，但巴利纳和其他三人均被判无罪。[25]

因此，在 20 世纪的头几年，一方面，地主、工厂主和军方秉持着不妥协的态度，另一方面，形形色色的无政府主义者、勒鲁克斯的激进分子、温和的共和党人和地区民族主义者不断发动破坏行动，这些构成了一种爆炸性的混合体。这个时期工业化勃兴，但发展并不平衡，劳工组织不断增加，恐怖主义复活，而军队仍在舔舐后帝国时代的创伤。失望于古巴战败和随后的军费限制，愤愤不平的军队转向国内，决心不再输掉任何战斗。自尊心受到伤害后，他们对维护军队荣誉怀有神经质般的敏感。战败后不久，西尔韦拉领导的保守派政府的战争大臣卡米洛·加西亚·德波拉维哈把失败归咎于政客无能，并提出了军事独裁的想法。

阿方索十三世视自己为军人之王，这夸大了军队在国内政治中的重要性。国王曾经在军事学院接受教育。像他所尊敬的表兄德皇威廉二世一样，他喜欢穿制服，主持游行，并且接见自己喜欢的军官。他鼓励高级将领直接与他讨论问题，而不是通过战争部的正式渠道。他超越了宪法赋予他的权力，干涉军事任命、晋升和授勋，公开偏袒他所宠爱的军官，甚至到了任人唯亲的程度。据一位大臣，即未来第二共和国的总统阿尔卡拉－萨莫拉说，国王表现得好像自己才是战争大臣，在这个位置上，他经常要小性子，甚至将被废黜的奥匈帝国皇室的开支纳入了战争部的预算。国王不仅以军人自居，而且坚持个人特权，这阻碍了复辟政体的现代化进程。面对政府和军队之间的一系列冲突，国王破坏了政府的权威，助长了军队的叛逆。[26]

军官们一心保卫国家统一和维持现有的社会秩序，因此越来越敌视左翼和地方民族主义者。他们与巴斯克和加泰罗尼亚民族主义者都有冲突。军方对加泰罗尼亚的立场特别激进，几乎到了种族主义的程度。加泰罗尼亚人被谴责为懦弱的卖国贼和守财奴。反犹太右翼经常把加泰罗尼亚人描述成西班牙的犹太人，军事报刊常常这样叫嚣。军方报纸《军事通信报》刊文，要求强迫加泰罗尼亚和巴斯克民族主义者离开西班牙，"让他们漂流世界，没有祖国，就像被诅咒的犹太人一样。让这成为永恒的惩罚"[27]。由于古巴一直被视为西班牙的海外领土，丢掉古巴被认为是国家的衰落。成千上万的军官曾在古巴和菲律宾服役，为了捍卫西班牙的霸权，许多人战死或负伤。曾在殖民地服役的这些军官深受失败的创伤，他们觉得崛起的加泰罗尼亚和巴斯克民族主义运动跟古巴独立运动一样危险，认为这种挑衅是不可容忍的。还有一个现实的考虑——如果加泰罗尼亚的财富和税收流失，重建武装部队和复兴西班牙的军事抱负将受到致命打击。即便加泰罗尼亚自治被遏止，军官们还是认为加泰罗尼亚独立主义分子是反军队的，是热衷于压缩军队预算和裁减庞大军官队伍的人。[28]

被谴责为"分裂分子"的巴塞罗那资产阶级，以嘲笑驻扎在加泰罗尼亚的军官是一群乡下娃予以反击。军官们作为右翼和中间派，很容易被加泰罗尼亚政客的反军国主义观点和报刊的讽刺挖苦所激怒。地方主义同盟的讽刺周刊《杜鹃》经常刊登漫画，把陆军和海军军官描绘成自负的小丑。1905 年 11 月，为庆祝其在巴塞罗那市政选举中的胜利，地方主义同盟举办了庆功宴会，宾客达到2500 人。《杜鹃》报道了这次宴会，在文章配的漫画中，一个士兵问平民在庆祝什么喜事。"胜利宴会。"平民回答道。士兵说："啊，那他们一定是平民了。"这明显针对的是 1898 年殖民地战败，嘲笑军队在近一个世纪里没打过胜仗。为了报复，11 月 25 日晚上，300 名身穿制服的武装军人袭击了《杜鹃》的印刷厂、办公室，以及地方主义同盟的日报《加泰罗尼亚之声》的办公室，事件导致46 人重伤。[29]虽然这次针对报界的袭击最为猛烈，但也仅仅是多次袭击中的一次，其他还有 1895 年在马德里对《环球报》和《简报》的攻击，以及 1900 年在哈蒂瓦对《进步报》、1901 年对《吉普斯夸邮报》的袭击等。[30]

《杜鹃》杂志社遭袭事件发生后，军队高层和国王本人都为巴塞罗那驻军践踏纪律的行为叫好。不仅肇事者没有受到惩罚，而且西班牙和摩洛哥殖民地各地的部队都向他们发来了贺信。巴塞罗那军区司令曼努埃尔·德尔加多·苏卢埃塔将军向一群军官发表讲话，对他们表示祝贺，仿佛袭击报界是一次英勇的作战。当议员们讨论应当采取何种行动时，有人威胁说，马德里的驻军将进攻议会。军方报纸《军事通信报》以"军队保卫祖国"为标题发表文章，要求"立即将加泰罗尼亚独立主义众议员和参议员逐出议会"，理由是反对国家统一思想的代言人在西班牙议会里不应有容身之地。[31]阿方索十三世的干预最具破坏性。他纵容军事煽动，并在多个方面削弱了民众对政府的信任。他称军队为"国家最重要的战士"，不仅向军人"致敬"，而且表达了对所谓"军队的合理愿望"的赞同。他当时正要求欧亨尼奥·蒙特罗·里奥斯领导的政府宣布在巴塞罗那省暂停宪法保障。军方报纸把军队描述为"祖国之崇高和庄严的化身"。据罗马诺内斯回忆，当内阁在国王的主持下召开紧急会议时，"国王的表情表明，他的心早已不在内阁的会议室，他关心的是军官餐厅正在举行的会议"。在那些会议上，越来越多的军官呼吁立法禁止冒犯武装部队的言行。事实上，当时普通法庭就可以提供这种保障，但军官们现在要求的是，涉嫌冒犯军队、王室或祖国的罪行应由军事法庭审理。

中层军官团体甚至向战争大臣施压。蒙特罗·里奥斯决心维持普通法庭对武装部队的司法管辖。蒙特罗后来说："政府力量太弱！我们没有任何东西来保卫它！"因为拒绝批准拟议中的司法管辖法，蒙特罗·里奥斯选择了辞职。他的继任者塞希斯孟多·莫雷特是由阿方索十三世任命的，任务就是批准这部法律。莫雷特的自由派联合政府本质上是军队的傀儡。阿古斯丁·卢克将军被任命为战争大臣。他曾经担任安达卢西亚军区司令，在对巴塞罗那驻军袭击加泰罗尼亚报界的褒扬声中，他的言论最为极端。结果，司法管辖法并没有像军队狂热分子所期望的那样影响广泛，但它仍是危险的一步，导致军官们越来越认为军队是政治生活的最终仲裁者。它在加泰罗尼亚内部也产生了一些后果，但是这后果却并非政府之前所希望看到的。[32]

一个意想不到的人表达了对军队的支持。勒鲁克斯从巴黎返回国内后，发表了一篇维护巴利纳、题为《发自内心的讲话》的文章，文章言辞十分激烈。他抨击加泰罗尼亚分裂主义是"泛滥的下水道，感染了这个城市"。他赞扬军官们为祖国复仇，并声称："如果我是战士，我会去烧了加泰罗尼亚之声报社和杜鹃杂志社，至少要烧了地方主义同盟的办公室和主教的房子。"他要求巴塞罗那的共和党人不要与他所称"可耻败类"的地方主义者结盟。他后来想改口，但已经太晚了。他犯了一个大错，暴露了自己支持军队以及痛恨加泰罗尼亚独立主义、维护中央集权的立场，让人们看清了他激进主义的欺骗性，他无法再指望从中产阶级里获得任何支持。[33]

西班牙军队不甘于捍卫一个他们所鄙视的政府。军官们希望在摩洛哥以帝国之名进行新的军事活动，以此重建自己的声誉。在当时的情况下，这种计划是可行的。英国希望西班牙成为缓冲区，抵御法国在直布罗陀海峡南部海岸的扩张行动。其结果严重损害了西班牙的政治稳定。新的冒险行动引起了流血事件，激起了民众对征兵的强烈敌意，这反过来加剧了军人对工人阶级的蔑视。此外，军事上的失败可以归咎于糟糕的备战工作，这反过来又使军官们对政治阶层大加鞭挞。

西班牙政局的动荡并没有减弱。1905 年 5 月刺杀行动失败后，无政府主义者刺杀国王并引发共和派政变的计划并未终止，而是在一年之后又复活了。这一次，费雷尔、勒鲁克斯、埃斯特瓦涅斯和莫拉尔再次卷入其中。国王计划于 1906 年 5 月 31 日在马德里举行婚礼，新娘是英国公主——巴腾堡的维多利亚·尤金妮亚。他们打算趁机刺杀国王。借口埃斯特瓦涅斯要去古巴而且不大可能返回欧洲，勒鲁克斯请求加泰罗尼亚民政长官比沃纳公爵允许埃斯特瓦涅斯在 5 月中旬进入西班牙，从巴塞罗那乘船到哈瓦那。因此，68 岁的埃斯特瓦涅斯得以与其他三名同谋者会面，讨论暗杀计划，打算随后占领蒙特惠奇要塞，以此作为全国起义的第一步。据说，莫拉尔用来刺杀国王夫妇的炸弹是埃斯特瓦涅斯捎来的。[34]

国王夫妇的行进队伍计划从普拉多博物馆后面的圣赫罗尼莫教堂出发，最后抵达皇宫。沿线几乎看不到安保人员。当队伍经过马尔约大街时，莫拉尔将藏在花束中的炸弹扔向国王夫妇乘坐的马车。爆炸造成 23 人死亡，108 人重伤，但国王夫妇没有受伤。莫拉尔随后逃离现场。后来，在托雷洪村附近，他射杀了一名与他对峙的庄园警卫，然后饮弹自尽。婚礼那天，费雷尔主持了一场无政府主义者的会议，他给这些无政府主义者提供了一些资金，让他们为期待中的起义购买武器。在巴塞罗那，他和勒鲁克斯坐在加泰罗尼亚广场同一家咖啡馆的不同桌子旁，等待着消息，他们坚信这将会引发一场共和派起义。然而，等待是徒劳的。费雷尔于 6 月 4 日被捕，他的财产被查封。当局只有间接证据证明他参与了两次暗杀。然而，他在君主主义者和教会阵营里的对头人数多，势力大，他们都相信费雷尔是罪魁祸首。在这些人的影响下，费雷尔在监狱里待了一年，可能被判处死刑。不过在大规模的支持费雷尔的国际呼声面前，西班牙政府最终退却了。勒鲁克斯通过已经改成日报的《进步报》发挥了关键作用。1907 年 6 月 3 日至 7 日，经过 4 天的审理，费雷尔被判无罪。[35]

刺杀国王夫妇的行动能够得以实施，这反映了一个现实，即 1896 年 9 月坎比斯诺斯街炸弹袭击事件之后，尽管实行了社会改革，但西班牙警方的效率几乎没有提高。他们缺乏专业技术和现代化设备，而且人手不够。此外，他们预算不足，工资太低，新警员甚至没有受过教育。[36] 1903 年，刚刚被任命为马德里民政长官的德拉谢尔瓦在他的回忆录中写道："当时警察部队的工作肮脏而危险，民政长官和大臣对警官的任命和解雇十分随意。尽管加入警队不要求特别条件，但是他们也没有终身职位，更没有任何形式的保障。一年的工资只有 1250、1500 或 2000 比塞塔。而这些警官浸染在各种恶行和腐败之中，很容易想到他们会做些什么。"[37] 巴塞罗那警察局局长名叫安东尼·特雷索尔斯，绰号"醋拌蒜头"，几乎不认字，道德败坏，因为对无政府主义者好施酷刑和伪造证据而遭人憎恨。特雷索尔斯在成为一名警方线人之前，最初干的是垃圾回收。他在警队中步步高升，靠勒索罪犯发了财。1903 年 10 月 18 日，有人在他的房子里放置了一枚炸弹，不过罪犯可能不是遭他迫害的人，而是窥视他职位的其他官员。爆炸发生后，特雷索尔斯的妻子因受到惊吓而离世。[38]

巴塞罗那仍然是恐怖主义活动的中心。当地人认为，造成这一局面的部分原因是警察实在无能。1906 年 12 月，加泰罗尼亚民族主义者昂里克·普拉特·德拉里巴写道："在人口稠密的地区，西班牙警察就是一个摆设，西班牙政府的其他机构也是一样。警队装备落后，就像化石一样毫无用处。让他们对付加泰罗尼亚的无政府主义这一现代恶势力，就像用燧石长矛和石斧对付装备毛瑟枪和克虏伯大炮的暴民。我们无法依靠警察，因为国家无能，没法建立一支合格的警队。"要求重组警队的呼声越来越高，普拉特的抱怨只是其中之一。[39]

据估计，从 1909 年 4 月到 10 月毛拉内阁倒台，巴塞罗那街头至少安置了 66 枚炸弹，有的爆炸了，有的在爆炸之前被发现。这些爆炸造成 11 人死亡，71 人重伤。1906 年 2 月，25 岁的加泰罗尼亚无政府主义者霍安·鲁利·克拉尔托找上保守派的巴塞罗那民政长官比沃纳公爵（特里斯坦·阿尔瓦雷斯·托莱多 – 古铁雷斯·孔查），称愿意提供有偿情报。鲁利此时刚从监狱获释，之前因涉嫌安放炸弹而等待审理。炸弹起先于 1904 年 9 月 4 日被安放在兰布拉大街的一个公共小便池里，后来被一名警察带到了正义宫，并在那里发生了爆炸。事件发生的前一天，勒鲁克斯刚结束加利西亚的造势之旅返回巴塞罗那，这引发了他与此事有关的传言。1905 年 12 月，在监狱等待审理 15 个月之后，尽管证据确凿，鲁利还是被判无罪。起诉状起草得很糟糕，一些无政府主义密友作证说，炸弹爆炸当天鲁利和他们在一起，而且陪审团还受到了恐吓。鲁利还被指控制造了 1904 年 11 月和 1905 年 5 月的炸弹爆炸事件，尽管当时他还身处监狱之中。[40]

鲁利随后的遭遇生动展现了西班牙的行政腐败、政府无能和社会暴力之间的关系。1908 年 3 月，在等待为其他罪行接受审判期间，鲁利声称在监狱的几年改变了他，现在他认为，无政府主义恐怖分子是"追逐人血的鬣狗"。因此他说自己决定用一生之力追捕这些恐怖分子。但事实却有所不同。一位名叫安东尼·安德列斯·罗伊格（又名"纳瓦罗"）的熟人建议他做线人来赚钱。纳瓦罗把他介绍给了富有的加泰罗尼亚工厂主尤西比·格尔。格尔不情愿地为他俩写了一封介绍信给比沃纳公爵。鲁利穿着用特雷索尔斯的钱买的衣服，在纳瓦罗的陪同下见了比沃纳。二人告诉比沃纳，他们知道最近的炸弹袭击是谁所为，并且知道下一次暴行发生的时间和地点，可以让当地政府当场抓获罪犯。比沃纳支付了一大笔钱，而且此后一直到 1906 年 6 月 28 日他不再担任民政长官为止，他都持续付钱给鲁利。在此期间，巴塞罗那只发生了一起爆炸。炸弹被放在有轨电车上，没有伤到任何人。爆炸事件的减少与鲁利没有任何关系——也许除了他自己没放炸弹以外。由于没有逮到肇事者，比沃纳很快就抱怨光花钱没结果。然而，他还没来得及向鲁利发难就被解职了。他的继任者弗朗西斯科·曼萨诺·阿尔法罗继续向鲁利付了几个月的钱。[41]

加泰罗尼亚那时局势日益紧张。在鲁利自荐的 6 周前，老资格的共和党人尼古拉斯·萨尔梅龙为了响应司法管辖法的通过，创建了加泰罗尼亚团结联盟，这是一个由加泰罗尼亚独立主义政党组成的联盟，联合了地方主义同盟、卡洛斯派、共和派联邦主义者、其他加泰罗尼亚民族主义者以及共和同盟的一部分。鉴于勒鲁克斯强烈反对加泰罗尼亚独立主义，他的追随者离开了共和同盟，成立了激进党。1906 年 5 月 20 日，大约 20 万人聚集在巴塞罗那，欢迎那些对司法管辖法投了反对票的加泰罗尼亚议员返回巴塞罗那。由于内部的左右矛盾，加泰罗尼亚团结联盟仅仅维持了 4 年。然而，它的诞生标志着加泰罗尼亚民族主义真正开始发挥影响力。在 1905年 11 月的选举中，只有 7 名加泰罗尼亚人当选，而在 1907 年 4 月的选举中，他们在总共 44 个席位中赢得了 41 个席位。他们的竞选以地区自治和国家复兴为口号，不搞作弊那一套。勒鲁克斯失去了他的议席，于是他更加敌视加泰罗尼亚团结联盟。此后，加泰罗尼亚分裂主义成为马德里中央政府更加关注的问题。此外，地方主义同盟的领导人坎博开始成为西班牙政坛的重要人物。[42]

阿斯卡拉加将军的短命内阁垮台后，54 岁的安东尼奥·毛拉组织了 1907 年 4 月大选。毛拉是一位令人敬畏的演说家，人人都知道他品格纯正，毫不妥协。他于 1 月份上台，希望扫除复辟体制下腐败的选举制度，推动选民广泛参与选举。他计划通过三部法律来结束政治腐败：一部用来规范市镇司法系统，一部用来规范选举制度，一部用来规范地方行政制度。为了让法案得到批准，他需要议会的多数票。由于加泰罗尼亚独立人士、工社党人和共和派不断发起挑战，毛拉不得不依赖有名的选举掮客德拉谢尔瓦。毛拉希望打击的选举手段，恰恰是德拉谢尔瓦的拿手好戏。此后，尽管德拉谢尔瓦常常吹捧毛拉，但是他也逐渐成了毛拉难以摆脱的累赘。[43] 毛拉的第一个法案旨在分离行政和司法权力，剥夺地方豪强最强大的武器——通过任命初级法官和中级法官，让他们为主子徇私裁判，并以此向竞选对手施加压力甚至实施勒索。毛拉宣称"恣意妄为的时代结束了"，那些地方豪强今后将不得不靠行贿打通关系，他们对此非常恼怒。结果，这部法律最终也只沦为了毛拉的一个美好愿景。[44]

选举法则过于复杂（有 409 个条款），而且漏洞百出。例如，选举法第 29 条规定，如果没有竞争对手，那么候选人可以直接当选，这条款就是送给有权有势的地方豪强的礼物。依照第 29 条的规定，1910 年直接当选的议员达 119 人，占议席总数的四分之一以上。1923 年，据此"当选"的议员达到 146 人。要知道在地方一级根本不存在监督机制，无法保证选举法得到切实执行。毛拉的自由派对手何塞·卡纳莱加斯指出，西班牙各地平均 40% 以上的选民不识字，南部农村地区文盲比例甚至达到 70%，要选举就必须先普及教育。科斯塔指出，地方豪强之所以能够奴役人民，而人民尚不自知，根源在于人民普遍未接受教育。毛拉遇到的难题，与卡诺瓦斯在 1876 年首次提出该制度时遇到的问题是一样的——如果民众投票支持左翼，该怎么办？此外，和他之前的其他人一样，他更关心的是压制工人阶级的不满情绪，而不是向下层阶级开放这个制度。[45] 酝酿中的地方行政法旨在赋予市镇当局更大的自主权，但法案在议会经历多番修改，最终仍未能通过。[46]

毛拉是坚定的君主主义者和爱国者。尽管出生在地中海上的马略卡岛，但他一直反对加泰罗尼亚民族主义。他相信，加泰罗尼亚团结联盟内部存在的分歧可加以利用。他承诺改革政治，决心终结恐怖主义，这吸引了地方主义同盟的工厂主们。因此，他与地方主义同盟领导人坎博相互之间十分了解。他有关严肃法治的建议遭到加泰罗尼亚团结联盟内部共和派的反对，加速了同盟的瓦解。耐人寻味的是，毛拉一心消除选举舞弊，却损害了自由党和保守党的利益，并且招来地方主义同盟、激进党和工社党的批评。此外，德拉谢尔瓦提出的一项严厉的反恐怖主义法激起了反对，结果法案胎死腹中。反对该法案和反对摩洛哥战争的人发起了反对毛拉运动，运动口号是"不要毛拉"。[47]

由于加泰罗尼亚团结联盟中社会保守主义占主导地位，勒鲁克斯摇身一变，厚颜无耻地从反加泰罗尼亚独立主义的立场转变为争取工人阶级的支持。对于 11 月袭击加泰罗尼亚独立主义报纸的军官们，勒鲁克斯声明予以支持，因为加泰罗尼亚团结联盟成立以来，勒鲁克斯一直对其大加鞭挞。他的追随者向参加联盟集会的人扔石头，还捣毁了加泰罗尼亚独立主义刊物的印刷厂。1907 年 4 月 18 日，载着尼古拉斯·萨尔梅龙和坎博去参加加泰罗尼亚团结联盟选举会议的汽车遭到伏击。萨尔梅龙没有受伤，但是坎博中弹，身受重伤。人们普遍认为勒鲁克斯或他的支持者是这次袭击的幕后主使。尽管缺少证据，但是对勒鲁克斯的支持者们的反感很可能导致加泰罗尼亚团结联盟在选举中取得胜利。[48]

勒鲁克斯的立场模棱两可。他希望吸引的选民是日益激进的工人阶级，以及和他一样反对加泰罗尼亚独立的新移民。然而，由于他狂热地支持镇压工人阶级的主要工具——军队，其支持者很容易倒向无政府主义。1906 年 9 月 1 日，为了不顾一切地争取左翼的支持，勒鲁克斯在共和同盟的报纸《起义者》上发表了使他名誉扫地的文章《斗争吧，起义者》，给他带来恶名的主要是下面这段呼吁：

> 今天的年轻勇士们，去洗劫这个不幸国家的颓废和悲惨的文明吧，摧毁它的庙宇，干掉它的神祇，掀起修女的面纱，助她们怀上孩子，让后代更有男子气概。攻下不动产登记局吧，把那里的文件付之一炬，让火焰净化这个万恶的社会组织。去卑贱者的家里，培养无产者军团，让这世界在它觉醒的审判者面前颤抖吧。[49]

这种近乎淫秽的号召所产生的影响难以估计，特别是对不识字的外来工人而言。从那以后，只要发生可能被归咎于他的煽动言论的事件，勒鲁克斯就得付出相当大的力气，为自己撇清干系。

当加泰罗尼亚团结联盟、马德里中央政府和勒鲁克斯三方还在继续缠斗时，恐怖主义仍在巴塞罗那肆虐。1906 年冬天，由于无法根据鲁利提供的情报抓到人，弗朗西斯科·曼萨诺告诉鲁利，看不到成果就不会给钱。鲁利恼羞成怒，包括他家人在内的团伙开始放置炸弹。他主要的帮凶是他的母亲玛丽亚·克拉尔托。从 1906

年平安夜到 1907 年 1 月下旬，共有 6 枚炸弹爆炸，造成 1 人死亡，11 人受伤。[50] 当安东尼奥·毛拉领导的保守党政府在 1907 年 1 月掌权时，强硬的新内政大臣德拉谢尔瓦解雇了曼萨诺，换上了才华横溢的年轻律师安赫尔·奥索里奥－加利亚多。德拉谢尔瓦和奥索里奥都决心清除恐怖主义问题。然而，他们面临两个主要问题。首先，国际舆论支持被告，而且还有人以暴力报复相威胁，因此法院不愿意做出严厉的判决。于是政府从多方面向法官施加压力，并制定了一项更为严厉的反无政府主义法，被称作"毛拉法"。然而，这种做法引发了一片反对，破坏了毛拉政府的威信。在这种情况下，司法废弛的问题仍然没有解决。[51] 另一个问题在于警队的低效和腐败。

1 月 31 日，也就是奥索里奥抵达巴塞罗那的第二天，他写信给德拉谢尔瓦说，他面对的警察队伍"主要不是恶棍，而是一些不知道自己该做什么的可怜人。如果严格问责，所有人都应该被解雇……应该尽快采取强有力的措施"。尽管撤掉了一批最无能的官员并普遍提高了标准，奥索里奥还是面临着以特雷索尔斯为首的保守势力的内部阻挠。此外，改革腐败和混乱的警察队伍的艰巨任务，还包括清除线人网络和准警察组织。[52]

鲁利表示愿意为新上任的民政长官提供服务，而奥索里奥正急于找到扑灭恐怖行径的良方，于是也接受了鲁利为其效力。就在这时，爆炸袭击销声匿迹了。鲁利之前召集了一大群他所称的调查员和线人。事实上，这是一群门客和潜在爆炸犯。鲁利信心爆棚，用类似敲诈的手法不断要求给钱，用来支付门客们的酬金、旅费和生活费。由于始终不见成果并怀疑鲁利是幕后主使，1907 年 4 月初，奥索里奥只提供了鲁利索要金额的一半。鲁利要求必须付钱，"不然会发生大事情"。作为对这一威胁的兑现，4月8日便有两起炸弹爆炸发生。7月初，奥索里奥下令警方逮捕鲁利、他的兄弟埃梅内希尔多、他的父母和团伙的其他成员，这令巴塞罗那的许多无政府主义者欢欣鼓舞。当局指控1906年12月、1907年1月和4月的8起爆炸事件以及随后的敲诈是鲁利一伙所为。但事实上，在此期间还发生了其他恐怖袭击。因此，除了认为肇事者是鲁利团伙和其他无政府主义者，一些相互矛盾的猜疑也在流传。

在给德拉谢尔瓦的信中，奥索里奥列出了他怀疑的对象，并解释了他们发动爆炸袭击的目的：

> 无政府主义者，是为了不冒任何风险毁灭一个强大的资产阶级社会。勒鲁克斯主义者，将其作为对付加泰罗尼亚民族主义者的武器。分裂主义者，把它当作破坏国家权威的手段（加泰罗尼亚独立联盟中一些杰出而态度严肃的成员长期以来认为，必须摧毁当前富有的加泰罗尼亚，才可能复兴加泰罗尼亚的民族身份）。变节的无政府主义者，用它伤害自己的同志。贪婪的人，像莫拉莱斯和鲁利，只为贪图他们自己的方便。他们中的一些人是幕后黑手，也许是几个，也许全部都是。但是，他们的主子，犯罪专家，爆炸能手，要抓住他们的话，我们只能在无政府主义的乌合之众中寻找……如果这些雇佣兵不存在，他们的老板要找人卖命就不会那么容易了。[53]

特雷索尔斯和勒鲁克斯主义者声称爆炸是分裂分子所为，但一直没有找到任何证据。[54] 许多加泰罗尼亚独立主义分子认为，是马德里中央政府付钱给破坏者们制造事端，目的是证明对加泰罗尼亚团结联盟的镇压是正当的。勒鲁克斯发起了一场舆论攻势，指责鲁利是 1907 年 4 月坎博遭枪击事件的主使。更有可能的是，大多数事件都是无政府主义者所为，甚至可能是警察所为。直到 12 月才有此类事件发生，造成 2 人死亡，7 人受伤。经过 12 个月的审判，鲁利被判处死刑，他的主要亲信被判长期监禁。安东尼·达尔毛口中的"恐怖主义的贩子"鲁利于 1908 年 8 月 8 日被绞死。那天，巴塞罗那港发生了一起爆炸。在 1909 年 7 月的"悲惨一周"（见第四章）之前，又有 9 枚炸弹爆炸。而在 10 月 22 日毛拉领导的政府下台之前的 3 个月里，由于 7 月事件之后的镇压，又有 17 枚炸弹爆炸。[55] 这表明，鲁利的死既是罪有应得，也是为其他人做了替罪羊。[56]

　　1907 年 5 月开始有 6 个月的短暂平静。到 12 月，爆炸声再次响起。长久以来，加泰罗尼亚的主要政客们一直怀疑警方没有能力保护他们的利益。1907 年 4 月，巴塞罗那省政府主席、著名建筑师何塞普·普伊赫－加达法尔在英国驻巴塞罗那领事的陪同下前往伦敦。他聘请了伦敦警察厅刑事调查局的负责人查尔斯·阿罗。阿罗提前退休，签署了一份为期 3 年的合同，负责组建一支秘密的准警察队伍。这个机构被称为犯罪调查科，在城里各处拥有许多办公场所。当局向阿罗和他的助手们许诺了丰厚的薪水，但从未兑现。阿罗被比作大侦探夏洛克·福尔摩斯，但他既不会说加泰罗尼亚语，也不会说西班牙语，从一开始就处处碰壁。他的赞助人和他在当地的工作人员之间矛盾不断，无政府主义者、共和党人和勒鲁克斯的激进党人也时时掣肘，特雷索尔斯对从伦敦引进的这一套不屑一顾，阿罗的队伍根本无法开展工作。据温和的无政府主义者霍安·佩罗说，阿罗发现一些爆炸袭击的背后金主是加泰罗尼亚上层社会的成员，他们想煽动民众对中央政府的敌意，调查工作于是止步不前。尽管如此，犯罪调查科的成立还是强化了奥索里奥改革警察部队的决心。在 1908 年 3 月写给毛拉的一封信中，他说该市的警队"直到最近还是一个粪堆"。他提高了工资，加强了训练，并且还打算根除酷刑，这让特雷索尔斯十分反感。阿罗于 1909 年 8 月被解除了职务。[57]

1907 年年中，以安东尼·法布拉－里瓦斯为首的一些社会主义者和以安塞尔莫·洛伦索、托马斯·埃雷罗斯为首的无政府主义团体联合起来，组成了一个非政治性的工会，名为"团结工会"。1911 年 9 月，这一组织发展为全国劳工联盟（简称"全劳联"）。全劳联最初汇聚了无政府主义各派、社会主义者和共和党人。无政府主义者坚持把罢工和破坏工厂作为对付资产阶级的最好武器，社会主义者和共和党人势单力薄，很快就被排斥在外。结果，全劳联迅速变成一个完全的无政府工团主义组织。[58] 不久，它成为西班牙最大的工会。

第四章

革命和战争：从 1909 年的"悲惨一周"到 1917—1918 年的危机

加泰罗尼亚团结联盟相对短暂的蜜月期结束于 1909 年 5 月，由于联盟各派本质上相互矛盾，在地方选举中被勒鲁克斯击败。两个月后的 7 月，巴塞罗那发生的事件决定了该组织的命运。在那关键的一周里，暴力横行，教堂被烧，这强化了地方主义同盟的保守本能，反过来又帮勒鲁克斯赢得了工人阶级的支持。"悲惨一周"起源于工人阶级的反战主义，1898 年的战败加深了这种反战立场。在这种情况下，西班牙更难以效仿法国、英国、德国和意大利——这些国家利用帝国主义军事冒险来转移人们对国内社会冲突的注意力。在菲律宾和古巴漫长的殖民战争期间，几乎所有的穷人家庭都有男丁战死或落下残疾。战争幸存者带回了他们的可怕经历。这些故事激起了民众对那些应当为战败承担责任的统治阶级的普遍敌意。部队饮食糟糕，装备不足，领导不善，人们认为那些义务兵只是政治腐败的炮灰。即便这样，许多军官仍然渴望再干一番事业，弥补 1898 年丢掉殖民地的屈辱。人们普遍认为，后来西班牙与摩洛哥的纠纷是由国王和铁矿矿主推动的，传言称耶稣会也参与其中。[1]

1909 年 7 月的第一个星期，里夫部落的人袭击了正在修建的从梅利利亚开始的铁路，这条铁路是用来为一个"大型矿藏"运输矿石的，但其实这个"大型矿藏"只是一个误会，它并不存在。在与阿方索十三世关系密切的军官、国王本人和矿场投资者施加的压力下，毛拉内阁的战争大臣阿塞尼奥·利纳雷斯将军不得已派遣了一支远征军，他声称这次只是"治安行动"，没有升级为军事侵略的打算。而议会正在休会，以避免议员们提出尴尬的问题。从 7 月 11 日起，大批被征召的后备军人从巴塞罗那出发，大都是有子女的已婚男子。政府没有为他们的家庭提供生活费。对富人来说，他们可以通过一种现金赎买的程序免受征召，价格是 1500 比塞塔，相当于一个工人一年的工资。对于那些付不起钱的人，这种特殊待遇十分不得人心。工社党打出了"要么所有人，要么没有人"的口号，无政府主义者和共和派报刊也掀起了抗议浪潮。[2] 在 1895 年之前和 1898 年之后，这一手段给国库带来了 900 万到 1200 万比塞塔的收入，逃避服兵役的规模由此可见一斑。在 3 年的古巴战争期间，它每年能给国库带来 4000 万比塞塔的收入。[3]

　　这次远征没有足够的时间充分准备，这些预备役人员面临的是死亡。他们不愿为腐败的寡头政治利益当炮灰，也不愿卖命为军队洗刷 1898 年战败的耻辱。1909 年 7 月 18 日星期日，在巴塞罗那，义务兵们被押往港口时爆发了和平示威，毛拉政府不得不宣布停止登船出发。然而，在勒鲁克斯的激进党人和安东尼奥·罗维拉·比尔希利领导的加泰罗尼亚民族主义者的鼓动下，共和派报刊发起造势运动，反战情绪持续沸腾。激进党里的青年派，即"年轻野蛮人"，在警力不逮的夜间纷纷上街示威。两天之内，马德里和其他一些城市也发生了类似的骚乱，因为这些城市的火车站负责把义务兵送往巴塞罗那。与此同时，一大批加泰罗尼亚政客给毛拉发了一封电报，要求他停止战争，同时工社党也计划举行大罢工。毛拉直接拒绝了这一要求。接着，参加周日示威的 10 名预备役人员被军事法庭审判，可能还要被处决。这一消息加剧了局势的紧张。社会主义者的罢工计划得到无政府工团主义者的支持。民政长官奥索里奥拒绝动用人人厌恶的国民警卫队，这导致他与毛拉政府残暴的内政大臣德拉谢尔瓦产生了矛盾，德拉谢尔瓦认为，一场全面革命正在酝酿，必须予以粉碎。[4]

就在那个星期天，里夫部落成员对西班牙远征军的抵抗进一步升级。西班牙义务兵装备简陋，几乎没有受过训练，不断受到远比他们老练的当地部队的骚扰。在接下来的一周中，反战情绪在民众中蔓延，他们认为正是腐败的政客造成了军队武器不足。西班牙驻摩洛哥指挥官何塞·马里诺·维加将军要求增援获得了批准，但他的部队在 7 月 27 日星期二的狼谷之役中战败。[5] 在前一天，巴塞罗那爆发了大罢工，罢工一直持续到 8 月 1 日，这 7 天后来被称为“悲惨一周”。德拉谢尔瓦把罢工定性为暴动，命令该地区军区司令宣布戒严。为抵抗政府，工人们挖出了数千块铺路石，并且垒起了路障。最初的反征兵抗议不断升级，演变为反教权骚乱，人们开始焚烧教堂。维持秩序起初很困难，因为许多部队与罢工者交好。21 座教堂和 30 座修道院被纵火焚烧，但袭击神职人员的事件很少发生。值得注意的是，公共建筑、银行和富人豪宅没有受到攻击。到 7 月 29 日星期四，随着更多部队和国民警卫队到来，形势发生了逆转。当局攻击了工人阶级居住区，罢工运动遭到镇压。拉斐尔·肖把镇压行动称为“毛拉先生领导的为教士服务的政府所实施的恐怖主义行径”。这一周内有 104 名男性和 6 名女性死亡，约300 人受伤。5 名士兵和 2 名国民警卫队士兵丧生。大多数的暴力不是针对个别的神职人员，而是针对教会权力的象征，但仍有 3 名修士在骚乱中身亡，其中一人藏在修道院地下室里窒息而死。暴徒们被勒鲁克斯耸人听闻的宣传挑起了怒火，他们冲进修道院，深信这样可以把修女们从酷刑和性奴役中解放出来。在加泰罗尼亚大多数城镇，罢工仍在继续，一些地方甚至宣布成立共和国。[6]

"悲惨一周"对西班牙政局产生了重大影响。陆军军官团决心掩盖自己在狼谷之役的差劲表现，越来越起劲地鼓吹起殖民来。在非洲驻军高层的推动之下，摩洛哥境内的军事行动进一步扩大，成本迅速增加，且不仅仅局限在财政方面。由于自由派和保守派政府都不得不求助于军队来压制无产阶级的不满情绪，并且这种不满情绪在很大程度上与摩洛哥军事冒险造成的重大伤亡有关，所以军官们越来越不能容忍任何民政官员的监督。[7]此外，7 月和 8 月的事件引发了一场激烈的镇压，这场镇压塑造了未来工人阶级的斗争策略。在巴塞罗那，奉行强硬路线的埃瓦里斯托·克雷斯波·阿索林取代了行事周全的奥索里奥成为民政长官。阿索林实行戒严令，取缔了大多数左翼组织，团结工会和激进党受到的打击尤其严厉。大约 3000 人被逮捕，其中 1725 人被送交军事法庭审理。17 人被判处死刑，其中 5 人最后被执行了死刑。其中包括弗兰塞斯克·费雷尔和一个烧炭工，烧炭工的罪行是在街上扯起一具修女的干尸跳舞。

费雷尔的非教会学校，就像西班牙为数不多的新教学校一样，遭到了天主教媒体猛烈和无休止的抨击。尽管证据十分无力，但法庭认定费雷尔本人策划了巴塞罗那事件。不过，他确实参与策划并资助了对阿方索十三世的两次未遂刺杀。政府和军方高层认为镇压是必要的，因为这场动乱结合了反军队主义、反教权主义和加泰罗尼亚分裂主义的力量。在这个意义上，"悲惨一周"期间军队和劳工运动之间的敌对，预示了内战中的暴力敌对行动。耐人寻味的是，"悲惨一周"期间，加泰罗尼亚的资产阶级惊慌失措，回头向马德里中央政府寻求保护。

1909 年 10 月 13 日，费雷尔被处决，西班牙和几个欧洲国家的首都发生大规模抗议示威。示威运动以"不要毛拉"为口号。在德拉谢尔瓦的威吓之下，示威运动的声势反而不断高涨。自由派领导人塞希斯孟多·莫雷特在议会发言，抗议镇压行动并要求毛拉辞职。德拉谢尔瓦则语带挑衅地暗示，莫雷特对他的反对导致此前发生了针对国王的暗杀。德拉谢尔瓦的论调受到广泛谴责，但毛拉对他的发言表示赞赏。尽管毛拉在议会中拥有多数席位的支持，但当这位遭受重压的首相象征性地提出辞呈之后，阿方索十三世还是抓住了这个机会，于 10 月 21 日匆忙接受了辞呈，从而摆脱了毛拉。[8] 国王借此确保了保守党今后将掌握在反对实质性改革的人手中。[9] 阿方索国王随后把政府交给了莫雷特，而莫雷特并不能团结内斗不断的自由党，1910 年 2 月，自由派左翼领导人、真正关心社会正义的政治家何塞·卡纳莱哈斯取代了莫雷特。1911 年夏，巴塞罗那发生了一次针对毛拉的未遂暗杀。[10]

1908 年 10 月，为了避免因参与暗杀阿方索十三世而入狱，勒鲁克斯逃到了阿根廷，并在那里一直待到了 1909 年 8 月。他归来时，迎接他的是欢呼的人群。在阿根廷期间，他收到了相当多的馈赠，包括肉类出口公司和游乐园的股份以及现金。于是，他开始投资公共服务公司，这些公司随后从激进党控制的市镇政府手中拿到了利润丰厚的合同。依靠在地方行政部门任职的激进党成员的腐败所得，勒鲁克斯不仅自己变得非常富有，还为他的政党输送资金。他在中北部塞哥维亚省的圣拉斐尔积累了大量财产，包括汽车、珠宝和一处房产，言辞也随之变得越来越保守。他还参与了水泥和建筑材料贸易中的腐败活动。[11]

1910年5月8日，卡纳莱哈斯组织了第一次大选，首次有工社党代表当选议员。有人认为，卡纳莱哈斯在内心深处是一个共和党人，他对君主制的接受纯粹是着眼于实际的。[12] 当然，他一上台就决心实施复兴计划，希望工人阶级逐渐摆脱无政府主义和社会主义。他在工资问题上支持国家仲裁，计划立法以保障工作条件，甚至考虑以社会福利为理由没收大庄园财产。他提出了一些重要的改革，包括普遍兵役制，结束了富人靠花钱免服兵役这一引发社会分裂的做法。他还把对食品、饮料和燃料消费征收的不公平税（被称为"消费税"）换成了对大额财产征税。

然而，尽管他有改革的雄心，但反对势力仍在日益增长。反战风潮持续不断，1911年8月，"努曼西亚号"军舰的一些船员哗变，以轰炸马拉加相威胁，支持共和派政变。左翼和工会的不断煽动，反而激发了卡纳莱哈斯心里崇尚秩序的本色。他动用军队镇压罢工，特别是1911年9月的全国大罢工，之后他命令全劳联暂停活动。无政府主义运动内部有一种观点，认为他与勒鲁克斯勾结，准备先摧毁团结工会，然后搞掉全劳联。事实上，左翼和极右翼一直视他为眼中钉。1912年11月12日，卡纳莱哈斯在马德里太阳门广场圣马丁书店门前被一名无政府主义者开枪打死。[13]

毛拉告诉阿方索十三世，他不会与自由党人合作，因为他们太偏向共和主义。这一决定，加上卡纳莱哈斯之死，使得两个保王政党陷入混乱，之后再没有人真正推动复辟体制的改革。1913 年，罗马诺内斯伯爵领导的政府倒台。阿方索十三世无视毛拉的保守党领袖身份，直接与籍籍无名但愿意与自由党人合作的律师爱德华多·达托讨论组阁之事。毛拉的热情追随者认为毛拉受到了轻视，为表示抗议，他们成立了一个组织，名为"毛拉派青年"。就像更广泛的复兴主义运动一样，毛拉派分裂成两个互不相容的派系。一派由奥索里奥领导，这一派和他们的领导人一样，希望通过结束地方豪强的统治以推进政治改革。另一派占多数，由安东尼奥·戈伊科切亚领导，后来成为重要的右翼反共和团体。[14]

自由党也分成了两个主要派系。其中一派由阿卢塞马斯侯爵曼努埃尔·加西亚·普列托领导，另一派由罗马诺内斯伯爵阿尔瓦罗·菲格罗亚领导，此人是个精明的地方豪强，比起搞改革，他更擅长盘剥百姓。尽管如此，1915 年，罗马诺内斯伯爵还是任命了积极肯干的圣地亚哥·阿尔瓦为内政大臣，阿尔瓦决心削减官僚机构和军队的规模，以便为农业和工业提供资金。受此鼓舞，梅尔基亚德斯·阿尔瓦雷斯领导下的改革派共和党人与工社党人分道扬镳。

随着工社党人和共和派逐渐变得温和，全劳联的立场变得更加激进。第一次世界大战期间，劳资冲突十分激烈，该组织演变为完全的无政府工团主义团体。与西班牙迅速发展的工业基础相呼应，到 1919 年，它的成员从最初的 1.5 万名迅速壮大到超过 70 万名。从事非农业活动的工人人数从 1887 年的 24.4 万人增加到 1900 年的99.5 万人，增加了三倍。[15] 新组织的领导人既反对个人暴力，也反对议会政治，他们选择了所谓的"革命工团主义"。这就牵扯到一个一直到西班牙内战爆发时都始终困扰全劳联的核心矛盾：随着新成员的大量涌入，全劳联不得不像一个传统的工会一样，在现有秩序下保护其成员的利益，但同时又要倡导采取直接行动推翻现有秩序。由于其成员参与破坏工厂和革命罢工，这个新组织经常被宣布为非法。

然而，令人惊讶的是，当复辟体制再次面临挑战时，发起挑战的不是农村的无政府主义者或城市的工人阶级，而是工业资产阶级。一旦危机出现，无产阶级的野心就开始发挥作用，导致西班牙政治领导集团内部的根本矛盾比以往任何时候都更加尖锐。几十年来，由于掌握政治权力的人同样垄断着经济权力，复辟体制所面临的社会问题一直在加剧。第一次世界大战爆发后，这些问题到了崩溃的边缘。鉴于西班牙国家濒临破产，武装部队状况糟糕，富有的律师达托领导的保守党政府别无选择，只能立即宣布严格中立。然而，在写信向毛拉解释他的决定时，达托表达了他对奥德同盟的支持。[16] 围绕西班牙是否应该参战以及如果参战应当站在哪一方，人们展开了激烈辩论，引发了不同的政治热情。军队里大多是保守派、毛拉派和卡洛斯派，他们钦佩普鲁士的纪律和效率，因此支持同盟国。自由党人、勒鲁克斯的激进党人、左翼和大多数知识分子视参战的德国为野蛮人，他们把协约国与文明联系在一起，对协约国表示支持。罗马诺内斯伯爵极力支持协约国，在其影响下，有人发表了标题为"致命的中立"的文章，引发了广泛争议。然而，罗马诺内斯伯爵很快就承认，西班牙除了中立之外别无选择。伴随报刊上的激烈争论（其中大部分报刊为德国人所有或接受了德国人的大额资助）和群众集会，自由党和保守党内部的分歧日益加剧。尽管没有选择的余地，但西班牙的政治体系还是被战争的经济后果、随之而来的大规模社会动荡以及俄国革命的余波撕裂。[17] 对于西班牙是否参与战争有不少争论，从中可以看出部分政客的个人利益。不用说，哪里有腐败，哪里就有勒鲁克斯。他热情支持西班牙派遣军队加入协约国一方，这使他遭到亲德派的攻击。尽管他的态度可能出于真心，但其立场与他的公司从事的对法国的肉类出口贸易不无关系。[18]

作为一个非参战国，西班牙在经济上具有优势地位，能够同时向英法协约国和同盟国提供农业和工业产品。一方面，国内市场受到进口替代政策影响；另一方面，参战大国在其本国出口市场上的空白需要填补，这些使得西班牙生产者受益匪浅。阿斯图里亚斯的煤矿、巴斯克地区的铁矿和航运业、加泰罗尼亚的纺织和化工业、巴伦西亚和马略卡的皮革业都经历了爆炸式增长，西班牙经济获得腾飞。巴斯克航运企业的利润从 1913 年的 443 万比塞塔增加到 1915 年的 5269 万比塞塔。在毕尔巴鄂，对新企业的投资从 1913 年的 1450 万比塞塔猛增到战争结束时的 4.275 亿比塞塔。[19]

在经济繁荣的背景下，农村劳动力涌入矿山和城里的工厂，这里的资本主义处于早期阶段，工作条件非常恶劣，阿斯图里亚斯和巴斯克地区的情况尤其如此。产业工人人数不断增加，很快对复辟体制构成了严重挑战。从 1910 年到 1918 年，矿工人数从 9 万人增加到 13.3 万人，冶金工人从 6.1 万人增加到 20 万人，纺织工人从 12.5 万人增加到 21.3 万人。与此同时，大量出口导致国内物资短缺，通货膨胀加剧，生活水平直线下降。在战争年代，由于物价飞涨，小麦、大米、鹰嘴豆和土豆等基本食品的人均消费量急剧下降。加泰罗尼亚的资产阶级没有把利润用去建设现代化的工厂。相反，他们把这些钱浪费在建造豪华住宅，购买豪华汽车，光顾如雨后春笋般出现的赌场、夜总会和妓院上。新富起来的资产阶级一边沉迷于炫耀性消费，一边拒绝增加工资，这激起了民众的普遍憎恨，工人阶级的斗争情绪由此而生。[20] 结果，1915 年 12 月，达托政府垮台，国王要求罗马诺内斯接替出任首相。尽管当局承诺公正选举，但 1916 年 4 月 9 日的选举仍被操纵，罗马诺内斯控制了大多数席位。新议会被称为"亲戚议会"，因为所有主要的保守派和自由派领导人都把家里人送进了议会。各党领导人任人唯亲，大搞利益交换，放任他人掠夺国家资源以便维持自己的地位，种种恶行路人皆知。工社党报纸披露，政治大佬们同时也在西班牙最赚钱的公司的董事会里任职，并以此作为证据，证明西班牙实际被控制在少数特权精英手中。

　　内阁大臣们争先恐后地搞起了腐败。战争期间，财政大臣圣地亚哥·阿尔瓦从他与马略卡岛流氓大亨马奇的联盟中赚了一大笔钱。马奇向交战双方出口粮食，另外他的主要业务是走私香烟，在这方面，马奇利用了西班牙人普遍的烟瘾。约 75 年前，理查德·福特曾指出"雪茄是每个西班牙人必不可少的东西，否则他们就像房子没了烟囱，轮船没有排气管"[21]。马奇的走私活动非常成功，政府从烟草税中获得的收入直线下降，以至于政府决定向他收取一定费用，授予他官方垄断地位。[22] 阿尔瓦素有贪腐之名，当他被任命为大臣时，一些记者对马奇说："大臣的大门现在可算是敞开了。"马奇笑了笑，沾沾自喜地说："不是我去拜访他。当我认为合适时，他会来拜访我。"[23]

对阿尔瓦这位年轻的自由派政治家，马奇的"极端友谊"表现在很多方面。有一次，马奇在帕尔马为他举办了一个宴会，并向阿尔瓦的妻子赠送了一束鲜花，里面藏着 10 张 1000 比塞塔的钞票。关于阿尔瓦如何表达他对这种友谊的感激之情有一个突出的例子：政府于 1915 年颁布了《生活必需品法》，其目的是控制向交战国大规模出口必要的食物并获得高额利润的行为。阿尔瓦给马奇弄到了几份额外的出口许可证，使得这位马略卡岛的有钱人能够合法地绕开该法施加的限制。1916 年，政府禁止巴伦西亚出口大米。马奇在巴伦西亚地区的代理人便开始大量囤积大米，并申请特别出口许可，理由是市场消化不了过剩的大米。既没有要求提供任何证明，也没有实施任何检查，阿尔瓦便给马奇弄到了许可证，允许他以虚高的价格在欧洲销售之前以极低价格购入的大米。阿尔瓦和罗马诺内斯伯爵没有采取任何有效措施来阻碍马奇从事的大规模香烟走私活动，于是二人与马奇的关系更加紧密。为实现政治抱负，阿尔瓦从马奇那里得到了大量的资金支持，尤其是在马略卡岛。作为回报，阿尔瓦在 1923 年安排马奇获得了议会席位。一些极具影响力的政府高官被指责收受了马奇的贿赂，其中自然也包括勒鲁克斯，马奇为勒鲁克斯的选举出了一大笔钱。[24]

在处理由第一次世界大战引起的社会问题方面，罗马诺内斯伯爵的表现与达托一样糟糕。1916 年，罢工共损失了 2 415 304 个工作日，是前一年的 6 倍多，此外，饥饿还引发了一些骚乱。[25] 罢工使得工人工资有了一些上涨，但远远赶不上食品价格上涨的速度。从 1913 年到 1917 年，物价上涨了 50%，利润增长了 88%，而工资仅增长了 10%。在基层党员的压力下，5 月 12 日至 13 日举行的工总第十二次代表大会决定，呼吁无政府工团主义的全劳联采取联合行动以解决社会问题。这项决议被载入 1916 年 7 月 17 日签署的《萨拉戈萨协定》中。与此同时，工社党领导的铁路工人成功举行了一次罢工，要求承认他们的工会。尽管拒绝了全劳联提出的更具革命性的建议，但在 1916 年 12 月，为期一天的工总罢工获得成功，人们对联合大罢工可能带来自由选举和改革产生了希望。因此，在经济危机之下，持改革立场的工总与持革命立场的全劳联结成了联盟。然而，工总立场谨慎，全劳联则充满斗争激情，两个组织之间存在摩擦。[26] 联盟之所以能够维持，原因在于当时的全劳联由两位心思缜密的人来领导，其中一位是钟表匠安赫尔·佩斯塔纳，另一位是油漆工萨尔瓦多·塞吉。塞吉爱吃甜食，被称为"糖果男孩"。他为人和蔼可亲，在公共场合总是很优雅，常常戴着一顶帽子，衣领是浆洗过的，胸前的口袋里插着一块丝绸手帕。佩斯塔纳脾气暴躁，比处事机敏的塞吉更敢言。虽然二人被后世认为是温和派，但到了 1917 年，他们认为君主制即将垮台，革命就要来临，应当用暴力来推进这些目标。[27]

经济繁荣的结果是，经济精英内部的权力平衡开始发生变化。虽然土地利益集团仍然居于主导地位，但工厂主们不愿意在政治上继续仰人鼻息。工厂主们的不满在 6 月达到了顶点。当时，罗马诺内斯伯爵的财政大臣阿尔瓦提出，为了给激进的经济改革提供支持，计划对北方工厂主借战争取得的横财征税，但却没有对地主征税的计划。因此，巴斯克、加泰罗尼亚和阿斯图里亚斯的工厂主纷纷谴责这项措施专横无理，是对从事生产的阶级的惩罚。代表这些人表达愤怒的是坎博和巴斯克工厂主拉蒙·索塔，事实上，他们发声主要是因为政策威胁到了自己的利益。在坎博的阻挠下，阿尔瓦的计划于12月在议会受阻，改善大众困境的希望落空。[28] 尽管如此，阿尔瓦的计划还是凸显了地主精英的傲慢，这将推动工业资产阶级努力实现政治现代化。与此同时，罗马诺内斯伯爵正面临越来越大的压力。压力一方面来自左翼，因为他无力解决经济危机，另一方面来自右翼，因为他对协约国表示支持。由于西班牙船只受到德国潜艇的攻击，他曾计划中断与同盟国的关系。作为回应，亲德的阿方索十三世迫使他辞职，并邀请加西亚·普列托组建政府。

1917年，工人阶级、军人和工业资产阶级同时对现存秩序发难。尽管表面上存在时间上的巧合，但他们的目标却是针锋相对的。巴斯克和加泰罗尼亚的工厂主们反对复辟体制，由工厂主支持的强大的地方主义团体——巴斯克民族主义党和地方主义同盟已经登上了舞台。在阿斯图里亚斯，与之相当的是梅尔基亚德斯·阿尔瓦雷斯领导的改良党。尽管这些团体反对农村寡头政治在经济上的死气沉沉和政治上的无能，但对待自己的工人，他们同样实行落后和压迫性的政策。精明的金融家坎博是地方主义同盟的领导人，也是北方工厂主和银行家的代言人。他认为必须采取激烈的行动，防止复辟体制被革命的狂潮吞没。他设想的是由政府控制的从上到下的革命，这计划的基础是一个自治的加泰罗尼亚，并将其作为新西班牙的发动机。[29] 具有讽刺意味的是，那些因战争而富裕起来的工厂主们渴望改革，这种热情使他们与因战争而日渐贫困的无产阶级结成了短暂联盟。工厂主和工人各有各的小算盘，但此时为了变革而共同奔走，而中层军官仍在抗议低工资、过时的晋升机制和政治腐败。

三者之间的联盟既虚假又短暂，部分原因是前两者对军队的政治立场存在误解。

军人工资本来就很微薄。到 1916 年，受到战时通货膨胀的打击，军人的境况甚至比产业工人还要糟糕，因为工人还可以通过罢工来争取让雇主涨一些工资，而西班牙的底层和中层军官则不得不在军队之外找些活儿来维持家庭开支。这导致了军队内部的分裂，一部分是自愿去摩洛哥服役的人，也就是所谓"非洲派"，另一部分是留在西班牙本土的人，即"本土派"。对非洲派军官来说，尽管风险巨大，但是可以积累军事经验，还可以快速晋升，回报也十分丰厚。经历了与摩洛哥部落的残酷战争，这些非洲派军官已经形成了一种自觉，即他们是一群英勇的战士，只有他们才真正关心祖国的命运。这些人鄙视职业政客，鄙视反战主义的左翼群众，鄙视加泰罗尼亚独立主义分子，在一定程度上，他们还鄙视本土派同僚。本土派收入较低，生活更舒适、更安逸，必须通过严格的资历晋升。本土派难免对非洲派心怀怨恨，因为非洲派能够凭借战功迅速晋升并获得更高的薪水。[30] 于是，本土派创建了"军人委员会"，这是一个工会，既是为了保护他们严格的资历制度，也是为了谋求更好的薪酬，以摆脱他们所谓的"一点一滴的痛苦"。用坎博的话说，"军人委员会就像死水里的青蛙和蚊子"[31]。

军人委员会以当时流行的复兴主义话语来表达意见，尽管整个运动最后只是朝着军事独裁迈出了重要的一步。1917 年 5 月下旬，加西亚·普列托下令解散军人委员会，逮捕其领导人。6 月 1 日，军人委员会威胁说，如果政府不释放他们的同伴，不承认他们的组织为合法的军人工会，他们就将发动政变。6 月 9 日，加西亚·普列托被迫下台。尽管阿尔瓦和坎博彼此憎恶，事事插手的国王却一直考虑让二人搭档建立联合政府。然而，如今他用达托取代了加西亚·普列托，因为达托的保守派政府承认军人委员会。[32] 这些政府官员满口复兴主义的陈词滥调，被誉为是伟大的国家改革运动名义上的领袖，而实际上，他们只是在巩固军队的信念，即军队是政治生活的最终仲裁者。尽管短暂而虚幻，但工人、资本家和军方似乎团结在一起，计划清除西班牙政治中地方豪强统治的腐败。如果这场三管齐下的运动能够成功地建立一个政治制度来实施社会改革，那么内战也许是可以避免的。事实上，1917 年的危机事件只是给了工业和银行业资产阶级稍多一点的权力，并没有削弱根深蒂固的土地寡头统治。[33]

这场危机的尾声是漫长的，始于达托中止了议会工作。坎博还使用了复兴主义的话语，声称代表革新的加泰罗尼亚资本主义经济可以使处在落后农业社会中的西班牙步入现代化。他的计划遭到阿尔瓦的反对。为了推动这一进程，并对达托拒绝召开议会的行为做出反应，坎博组织了一次加泰罗尼亚议员的临时代表大会，大会于 1917 年 7 月 5 日在巴塞罗那市政府举行，代表大会要求议会恢复运作。他们宣布，如果政府不同意，那么将在巴塞罗那组织一次更广泛的大会，由来自西班牙各地的持改革立场的议员参加，类似影子议会。达托称第一次代表大会是煽动叛乱。然而，坎博继续发出威胁，并将下一次大会的会议安排在 7 月 19 日。奥索里奥相信，代表大会可以从上向下推行毛拉的革命。坎博急于获得毛拉本人的支持，以防止代表大会被抹黑为图谋分裂和革命。因为代表大会是非法的，毛拉拒绝与其合作。在给他儿子的信中，毛拉谴责代表大会是"荒唐的"，它的成员是"专业的跳蚤市场"。

如果毛拉同意的话，代表大会就会把军人委员会拉进来，改革运动的势头就可能把君主制推翻。然而，毛拉已经谴责军人委员会是"老掉牙的堕落丑八怪"。尽管常与坎博有书信往来，但军人委员会的领导人贝尼托·马克斯上校以及他的同伴们并不愿意与代表大会合作，因为代表大会支持加泰罗尼亚独立主义，而且他们更不愿意支持任何形式的罢工革命。他们希望看到毛拉领导的政府，但令他的追随者失望的是，毛拉不愿复出。在给奥索里奥的信中，毛拉称坎博的计划属于"暗中破坏"，并接着说"但我不是那种生来就有这种本领的人"。达托的手段十分强硬，查封了许多加泰罗尼亚报刊，还要求马德里的报刊把代表大会描绘成加泰罗尼亚分裂主义的阴谋。增援部队和国民警卫队被派往巴塞罗那，一艘战列巡洋舰也停靠在了港口。尽管如此，代表大会仍在城堡公园召开，并呼吁结束腐败的中央集权寡头统治，如果能够举行干净的选举，西班牙就有希望拥有一个支持革新的议会。此时达托下令解散代表大会。民政长官将手放在代表大会议员的肩膀上，象征性做了做逮捕的样子，随后立即将他们释放。议员们在一大群人的欢呼声中离开了大楼。[34]

尽管表面上改革辞令是一致的，但工人、工厂主和军官们的最终利益是矛盾的，达托巧妙地利用了他们的分歧。尽管群众支持代表大会，但代表大会和军人委员会之间已经产生了很大的分歧。工总和全劳联一直在酝酿罢工革命，它们以为会得到地方主义同盟和军人委员会的支持。然而这几乎是不可能的，因为俄国二月革命使人们记起了"悲惨一周"期间的恐惧。军官们更不可能支持罢工革命。而且，工总和全劳联的合作困难重重。无政府主义者怀有不切实际的极端野心，比如解散武装部队和将土地国有化，而社会主义者的最大目标是建立临时政府，结束政治腐败，解决通货膨胀和粮食短缺问题。1917 年 3 月，一个由佩斯塔纳、塞吉和安赫尔·拉科特组成的全劳联代表团前往马德里与工总开会。抵达马德里后，他们参加了一个公开会议。在会上，他们和工总的代表发表了一份宣言，强烈谴责政府未能对工总在 1916 年 12 月罢工中提出的要求做出回应。这是一份檄文，达托随即将他们逮捕，但是在公众的强烈抗议下，政府又将他们提前释放。[35]

政府的强硬态度，将全劳联和工总推向了更激进的立场，但是社会主义者仍然是这两方中较为谨慎的一群人。他们感到不安的原因是，从 1916 年 8 月起，全劳联的边缘极端团体偶尔会对不服从的雇主、工头和破坏罢工者实施暗杀。以佩斯塔纳和塞吉为代表的温和派也许并不赞成暗杀行为，但也不得不支持这些行动。佩斯塔纳写道："我们热爱这个组织，我们不仅不谴责这种暴行，而且如果有必要，我们还会走上街头，在这个组织受到攻击时保卫它。"全劳联的零星恐怖活动遭到了一个组织更加得力的反恐部门的阻击，这个组织得到了工厂主们的慷慨资助。这个团伙由腐败的前警察头子曼努埃尔·布拉沃·波蒂略和德国警探弗里德里希·施塔尔曼（人称柯尼希男爵）领导，在接下来的 7 年里，该组织实施了多起谋杀。布拉沃·波蒂略为人高傲，身材高大，皮肤黝黑，留着大卷胡子，总是把自己装扮成贵族。他在战争期间靠为德国人工作发了财。后来有人发现布拉沃·波蒂略泄露了协约国船只离开巴塞罗那的时间，使得德国潜艇能够用鱼雷攻击它们，于是他不仅丢了差事，还吃了 6 个月牢饭。布拉沃·波蒂略和柯尼希还指示团伙攻击了把货物出口到法国的工厂主。[36]

在结束马德里的会议回到巴塞罗那时，佩斯塔纳和塞吉发现，他们的追随者正在狂热地策划武装起义。佩斯塔纳后来写道，"工会的钱箱都掏空了，最后一分钱都用来购买手枪和制造炸弹"。俄国革命家维克托·泽格这样描述那些日子：

> 帕拉雷罗大道上人头攒动，夜晚灯火通明，埃斯帕尼奥尔咖啡馆就在大街一旁，那些工会成员正在为即将到来的战斗做准备，我就是在咖啡馆里见到他们的。工会成员们热烈谈论着会在战斗中干掉哪些人。他们一边分发勃朗宁左轮手枪，一边像我们大家一样，逗弄邻桌坐立不安的政府密探们。大街旁有一条小巷，巷子一边是国民警卫队的营房，另一边是简陋的公寓，我在小巷里见到了巴塞罗那当时的风云人物，他精神抖擞，是一位无冕领袖，一位不相信政客的无畏的政治人物：萨尔瓦多·塞吉……

塞吉和泽格讨论了泽格所说的工人和加泰罗尼亚资产阶级之间"不可靠的联盟"，二人谈了很长时间。塞吉知道坎博正在利用全劳联，他说"我们在他们的政治敲诈游戏中很有用"。尽管如此，他还是很乐观，他说："没有我们，他们什么也干不了。我们控制了街上的人群，我们拥有突击队，我们还有勇敢的人民。我们知道他们在利用我们，但我们也需要他们。他们代表金钱、生意、可能的合法地位（起码在开始时）、报刊、公众舆论等。"[37]

　　相反，社会主义者最初支持代表大会的目的是建立临时政府，由梅尔基亚德斯·阿尔瓦雷斯担任首相，由勒鲁克斯、巴勃罗·伊格莱西亚斯和拉尔戈·卡瓦列罗担任内阁成员。然后由临时政府组织大选，选举制宪议会，由制宪议会决定未来的国家形式。这些目标与坎博的目标是一致的。社会主义者的目标有限，这与全劳联的目的之间存在分歧，紧张局势不断加剧。[38] 当全劳联准备在 6 月 20 日召开大会，决定立即宣布总罢工革命时，拉尔戈·卡瓦列罗急忙赶到巴塞罗那，试图劝说无政府主义者。他习惯了在马德里公开活动，而这次不得不在城外山上的瓦维德拉区参加秘密会面，他有些惊讶。当他面对一群拿着手枪的武装分子时，更是大吃一惊。这些武装分子宣称，他们准备用这些武器来击退警察或国民警卫队。他们指责社会主义者与资产阶级政客勾结，并要求立即宣布罢工。

　　结果，拉尔戈·卡瓦列罗成功说服了这群人，告诫他们在准备充分之前不应该宣布罢工。温和派的塞吉和佩斯塔纳介入后才挽救了联盟。[39] 就在代表大会按计划在巴塞罗那举行的那一天，社会主义者的领袖巴勃罗·伊格莱西亚斯在前往城堡公园参加代表大会的途中，会见了佩斯塔纳、塞吉和全劳联另外两名领导人弗兰塞斯克·米兰达和昂里克·瓦莱罗。他们解释说，全劳联急于发动总罢工以支持制宪会议。但伊格莱西亚斯 "带着轻蔑和冷漠" 听着他们说话，并对全劳联的计划如此激进表示惊讶，由于担心加剧军事敌对，他还试图说服他们放弃罢工计划。当他们争辩说时机已经成熟时，伊格莱西亚斯以高人一等的姿态说："你们这些体力劳动者是这样看问题，而我们这些知识分子有不同的看法。"于是，全劳联的几位领导人对社会主义者的立场彻底失望，甚至感到厌恶，与伊格莱西亚斯分道扬镳。[40]

　　此外，全劳联的普通成员对于代表大会也抱有戒心，认为它是资产阶级的工具。特别是，人们对坎博有相当大的怀疑，认为他代表着遭人憎恨的雇主阶层。尽管如此，全劳联还是推迟了行动，想看看代表大会是否会要求推翻君主制。社会主义者的想法也是一样，如果代表大会遭到镇压，他们才会采取行动。[41] 然而，在巴伦西亚，左翼共和党人马塞利诺·多明戈和费利克斯·阿萨蒂说服铁路工人相信，这次代表大会是发动总罢工的信号。会场也有政府派来的破坏者，不断煽动罢工。随后的罢工并没有得到工总在全国范围内的支持，而是被当局镇压下去，两人死亡，数人受伤。铁路公司采取了严厉的报复措施，解雇了数百名工人。[42]

　　为了纪念夏天取得的成功，工总铁路工会威胁要举行全国性罢工，以支持他们让被解雇工人复职的要求。这个问题本来很容易解决，但达托政府抓住机会，在反对政府的势力之间挑拨离间。达托向铁路公司的股东们施压，让他们拒绝了谈判。铁路工人工会秘书长丹尼尔·安吉亚诺不得不履行这一威胁，于 8 月 10 日宣布举行罢工。达托估计，铁路业主的不妥协将迫使工总提高赌注，举行总罢工以声援铁路工人。他的盘算是，这将使军人委员会和地方主义同盟脱离改革运动。事实也正是如此，工总领导层盲目地相信军人委员会和代表大会的支持，在三天后乐观地决定支持铁路工人举行全国性罢工。出于本能的政治考虑，军官们——无论是本土派还是非洲派——都乐于维护现有的秩序。[43]

　　罢工于 1917 年 8 月 10 日举行，罢工宣言极其温和。宣言由工社党副主席、法学教授胡利安·贝斯泰罗起草，它重申了代表大会的纲领，同时要求罢工者不要使用任何形式的暴力。然而，政府把罢工者描述成嗜血的革命者。由于工总被迫仓促采取行动支持铁路工人，导致罢工准备不足，没有扩大到农民，因此遭到野蛮的军事镇压。巴塞罗那的罢工范围很广，政府用大炮对付无政府主义者，导致 37 人死亡。阿斯图里亚斯的罢工得到了曾被选为临时政府领导人的梅尔基亚德斯·阿尔瓦雷斯的支持，持续的时间最长。阿斯图里亚斯和巴斯克地区的罢工镇压起来并不困难，这两个地区是社会主义者的主要据点，第三个据点是马德里。毕尔巴鄂被军队占领，在何塞·索萨将军的命令下，军队肆意攻击居民。在阿斯图里亚斯，军政长官里卡多·布尔格特 – 拉纳将军于 8 月 13 日宣布戒严。他指责罢工组织者是外国势力收买的代理人。他宣布将"像野兽一样"追捕罢工者，并派遣正规军和国民警卫队小分队进入矿区山谷。在那里，他们大肆强奸、抢劫、殴打和折磨罢工者。80 人死亡，152 人受伤，2000 人被捕，罢工最终失败。[44]

布尔格特将军指挥的小分队里有一支队伍，指挥官是年轻的少校弗朗西斯科·佛朗哥。阿斯图里亚斯矿工工会的温和派领导人曼努埃尔·利亚内萨说这支队伍的镇压行动如同"非洲之恨"。这说明，非洲派军官对待无产阶级的方式与他们对待摩洛哥殖民地居民的方式完全一样。在马德里，"毛拉派青年"成了准警察部队，士兵则用机关枪向拿着石块的工人开火。达托的盘算取得了短期成功，但加剧了军队和无产阶级之间的仇恨，以及对他领导下的政府的敌意。就这样，他给他的政府和整个体制都造成了致命伤害。[45]

马塞利诺·多明戈虽然身为议员，却遭到了有意处决他的国民警卫队的逮捕和虐待。[46] 工总的全国罢工四人委员会成员在马德里的一间公寓里被捕，包括贝斯泰罗（工总副主席）、拉尔戈·卡瓦列罗、安德烈斯·萨沃里特（印刷工会领导人、工社党报纸《社会主义者报》主编）和铁路工人领袖丹尼尔·安吉亚诺。他们正在愉快地吃晚饭，没有采取足够的安全措施。为了诋毁他们，内政大臣何塞·桑切斯·格拉谎称他们当时东躲西藏，一个藏在衣橱里，一个藏在床下，另外两个藏在大花盆里，还说在他们的财物中发现了大量的西班牙币和外币。他们差一点就被即时处决，从他们肮脏的牢房里都可以听到搭建绞刑架的声音。这四人都被送上了军事法庭。军人委员会要求判处他们死刑，最终四人被判处无期徒刑。结果，他们只在监狱里待了几个月。达托没有坚决制止军人委员会，这严重损害了他的声誉，而军人委员会参与了镇压行动，这同样埋葬了他们在前几个月赢得的声望。全国各地掀起赦免他们四人的宣传之后，罢工委员会的这四人在 1918 年 2 月 24 日的大选中当选为议员，同时获得释放。贝斯泰罗代表马德里，萨沃里特代表奥维耶多，安吉亚诺代表巴伦西亚，拉尔戈·卡瓦列罗则代表巴塞罗那。整个事件将对这四人后来的发展轨迹产生破坏性的影响。总的来说，社会主义运动的领导层，尤其是工总的领导人受到了影响，他们认为 1917 年该组织犯了毫无意义的冒险主义错误。[47] 罢工失败后，自下而上的改革告一段落。然而，这表明面对大众政治的挑战，保王政党只能求助军队。用弗朗西斯科·罗梅罗的话来说："军队已经阻止了革命，但是谁来阻止军队呢？"[48]

军人委员会意识到，在镇压中所扮演的角色已经严重损害了他们作为改革分子的公众形象，于是令人难以置信地否认曾对平民实施暴行。他们发表了一份声明，声称是政府导致他们陷入进退两难的境地。[49] 尽管达托极力讨好军人委员会，但 10 月 26 日军人委员会还是致函国王，谴责政府的无能，并敦促国王组建新的政府。公众舆论广泛认为，政权在政党之间和平轮替的传统必须打破。[50] 尽管扑灭了罢工，但在 8 月之前，达托仍没有解决他所面临的任何社会问题。阿方索十三世解散了达托政府，但不久之后，他对达托说："亲爱的爱德华多，我确实对不住你。"尽管受尽了屈辱，但达托还是试图保护国王，他向媒体说，他的辞职并不是迫于军人委员会的最后通牒。罗马诺内斯伯爵宣称，整个事件意味着政党轮流坐庄的传统已经结束。坎博在报纸上写道："我坚信，这不是一个政府的垮台，而是政党轮流执政这一传统的崩溃。"[51] 这还标志着，阿方索十三世显然丧失了缓和局面的作用，军队成为这片土地上真正的决定者。

在随后发生的危机中，西班牙在 8 天内没有政府，代表大会于 10 月 30 日在马德里科技文艺社举行会议，要求制定新宪法。在会议进行过程中，坎博被邀请去见国王。参加代表大会的代表们以为这场运动取得了胜利，但实际上坎博被收买了。国王答应地方主义同盟加入新的联合政府，于是坎博退出了这场运动，这令代表大会中立场偏向自由派的代表和左翼代表惊愕不已。军人委员会要求由德拉谢尔瓦代表军人利益出任战争大臣，而这遭到了左翼和代表大会的反对，组阁谈判一度陷入困境。最终，两位加泰罗尼亚人——霍安·本托萨和费利普·罗德斯入阁，分别担任财政大臣和教育大臣。作为回报，坎博放弃了召集制宪议会的想法，并于 11 月 1 日接受了由加西亚·普列托领导的全国性联合政府。面对代表大会里激烈的批评，坎博宣称，他能够从内部改革现行体制，确保加泰罗尼亚成为复兴后的西班牙的普鲁士。这番话难以令人信服。然而，他的粗鲁和专横早已招人不满，人们普遍认为他背叛了改革力量。他把地方主义同盟与土地寡头政治和军队联合起来，相当于阻断了在法律框架之内对这一制度实施任何改革的可能性。他相信，在下一次选举之后，地方主义同盟将有 70 到 80 名代表当选议员，他也能被任命为首相。坎博还向同事们吹嘘说，他可以通过本托萨控制加西亚·普列托。然而，首相的政治经验老到，远胜于缺乏经验的本托萨和罗德斯。没过多久，坎博就觉得自己被骗了，后悔当初没有亲自加入内阁。[52]

　　事实上，联合政府没有共同的目标，各股势力都有自己的盘算。此外，它还遭到左翼各阶层的反对。罗马诺内斯认为，达托所犯的错误导致联合政府不可能成功。[53] 军人委员会的代表德拉谢尔瓦则尽一切可能阻挠两位来自加泰罗尼亚的大臣实施改革。1918 年 2 月 24 日举行的选举是整个复辟时期最腐败的。这表明，寡头政治操纵选举的能力根本没有被削弱。有些城市的选举相对干净，但农村地区的地方豪强力量依然强大。因此，虽然坎博的地方主义同盟在加泰罗尼亚获胜，但是要获得足够的席位来实施彻底的改革还远远不够。没有一个政党获得绝对多数。尽管达托的保守派获得的席位最多，但是落后于罗马诺内斯和加西亚·普列托的自由派团体获得的议席之和。选举结果形成了僵局，议会分裂成几个派别。此外，所谓的"左翼联盟"对当局构成了重大挑战，该联盟由梅尔基亚德斯·阿尔瓦雷斯领导，包括改良党（9 名议员）、共和派各党（20 名议员）、社会主义者（6 名议员）以及地方主义同盟（21 名议员）。

　　德拉谢尔瓦借助皇家法令全面提高了军官的工资，并提拔了军人委员会的头目，这令政府其他阁员和毛拉十分不满。他没有征询议会意见，在一个财政资金匮乏的国家大规模增加军事预算，这颠覆了民选政府对武装部队的领导权。他关心的是为君主制争取军队支持。在到处巡视兵营、赞扬军人委员会爱国精神的同时，他取缔了底层士官委员会，驱逐了以贝尼托·马克斯为首的复兴主义分子。马克斯当时发出了抗议，说大臣迎合军人委员会最终会导致军队疏远这个政治体系，于是德拉谢尔瓦想法子把他赶出了军队。1918 年 2 月，邮政和电报工人开始罢工。德拉谢尔瓦以其特有的强硬手段，下令军队接管了这些公司，罢工者于是变成了反抗者。由于军队缺乏管理这些设施的专业知识，结果造成了全国通信的混乱。此外，德拉谢尔瓦屈服于军队，却对平民使用武力，这也引起了公愤。德拉谢尔瓦最终辞职，政府倒台。当时有传言称，他计划和一群上校建立一个独裁政权。他后来予以否认。[54]

　　阿方索十三世威胁说，如果不加紧成立全国政府，他就要退位。1918 年 3 月 21 日，在坎博的游说下，毛拉同意领导一个包括主要政党领导人的广泛的全国性联合政府，这才消弭了德拉谢尔瓦建立独裁统治的可能。不满毛拉回归的达托出任了外交大臣，加西亚·普列托出任了内政大臣，罗马诺内斯出任了司法大臣，坎博出任了公共工程大臣，而教育大臣则由阿尔瓦担任。公众欣喜若狂，就好像西班牙得救了，一个新时代开始了。而另一方面，毛拉则极度悲观。他写信给儿子说："他们把我拴在那里接近十年，这可能是我一生中最有利可图的十年，但我没法做任何有用的事情，而现在他们要我来管理他们所有人。让我们看看这种毫无意义的局面能持续多久。"[55]

坎博 4 月 17 日在议会发言，为他入阁进行辩护，说这样才能避免无政府状态。[56] 看到街上的革命工人，工厂主们十分紧张，他们放弃了政治改革诉求，在毛拉的经济体制现代化改造的诱惑下，同意他们的领导人支持毛拉的政府。工业资产阶级出于对革命的恐惧，又一次放弃了自己的政治抱负，转而与地主寡头结盟。结盟后，尽管这个极端保守的联盟仍然由土地利益集团主导，但工厂主们在联盟中的地位略有改善。

然而，尽管联合政府团队表面上广纳人才，开始时极有希望，团结了各派力量，但最终只是昙花一现。由于德拉谢尔瓦出局，通信行业工人的罢工很快得到了解决。他的军事改革法案获得修订，赦免了 1917 年 8 月事件的当事人。尽管如此，在政府内部，尤其是在达托和毛拉之间，以及在阿尔瓦和坎博之间（后面二人相互猜忌的破坏力最大），存在着相当大的不信任，而坎博正试图在推进加泰罗尼亚自治的同时振兴西班牙经济。德国升级了对西班牙船只的攻击，这引发了一场危机。政府向柏林发出了最后通牒，但亲德的国王拒绝采取进一步行动，于是内部分歧愈演愈烈。此外，阿尔瓦和坎博之间的不满日益增长，这导致毛拉政府于 1918 年 11 月 6 日垮台，而两天前刚刚停战，很快第一次世界大战结束了。被罗马诺内斯取代后，恼羞成怒的毛拉似乎得出了结论，军事独裁是唯一的解决办法。事实上，第二次全国政府倒台后，已经没有机会对上述体制实施任何真正的改革了。[57]

第五章

混乱的体制：混乱与镇压，1918—1921 年

1918 年 11 月和平的到来加剧了西班牙的政治危机。矿业、钢铁生产和纺织业获得的巨额利润，基本没有投资在新技术上。在食品短缺时期，报刊广泛地报道了暴发户在奢侈品上的消费。工人阶级把这些富豪视为寄生虫，不满情绪日益积累。英国、法国和美国工业恢复和平时期的生产，使得西班牙经济陷入危机。[1] 因此，这个信誉扫地的政权虽然依靠军事镇压熬过了 1917 年危机，但在战争结束后的大规模饥荒和失业下，这个体制面临的压力与日俱增。早在 1918 年就发生了罢工、饥饿导致的骚乱和商店抢劫。然而，对 1917 年 8 月罢工的镇压，破坏了社会主义者和无政府主义者之间的关系，两股力量的内部也发生了分裂。这次罢工也给工社党带来了巨大打击，该党始终没有联合全劳联采取进一步的革命行动，而是寻求与共和党人就选举开展合作。激进分子纷纷脱离工社党，并且最终成立了共产党。布尔什维克在俄国取得的成功，让工社党领导人忧心忡忡，而强硬派的无政府主义者却兴奋不已。他们认为俄国发生的事件预示着一个全球无政府主义乌托邦的到来。然而，像安赫尔·佩斯塔纳和萨尔瓦多·塞吉这样更有思想的工团主义者会更愿意与工总举行联合罢工。[2]

1917 年之后，工总的成员数量停滞不前，而全劳联却有了长足发展。原因之一在于无政府工团主义者的斗争性更强。在此之前，由于加泰罗尼亚工人阶级分散在各个行业和地区的无数小工会中，这种激进主义一直没有获得成功。1917 年，仅在巴塞罗那就有 475 个工会。由于工人难以展开共同行动，雇主们坐收渔利。之后情况发生了变化，1918 年 6 月 28 日至 7 月 1 日在巴塞罗那南边的桑斯举行了全劳联加泰罗尼亚代表大会，会议制订了一项更有效的策略。这就是创立"统一工会"，目的是把每个行业的所有工人团结到一个统一的组织中去。会议还决定，把特定地区的所有中小企业工会组成统一的地方工会。此外，为了防止官僚主义滋长，会议取消了工会会费，并把领薪水的工会行政职位减少到最低限度。对一些不情愿的工人采用暴力胁迫之后，巴塞罗那的 475 个小型工会被精简为 13 个大型工会。罢工次数减少，但持续的时间更长，其中许多罢工最初都取得了成功。在战争年代，成千上万的移民劳工来到加泰罗尼亚，住着肮脏的廉租房，工资不够果腹，如今统一工会给了他们一个表达心中不满的渠道。新的工会结构有效地将广大非熟练工人的斗争吸收入工人阶级阵营，这样可以使劳资争端迅速升级。统一工会是塞吉和佩斯塔纳的主意，很快就被全劳联在全国范围内推广。到 1918 年底，全劳联在加泰罗尼亚有 7 万名成员，在全国有 11.4 万名成员。一年之内，这个数字增加到了 80 万。[3]

然而，由于工人阶级内部存在分歧，加上地方主义同盟提供帮助，政权的和平轮替传统仍在苟延残喘。在第二次全国政府倒台后，阿方索十三世任命了一个自由派政府，由阿卢塞马斯侯爵曼努埃尔·加西亚·普列托领导。1918 年 11 月至 1923 年 9 月间先后共有 10 届短命的政府，这一个不过是其中之一，一些政府只持续了几周。德拉谢尔瓦的存在制造了分裂，但这对于控制军队是必要的，尽管代价高昂。德拉谢尔瓦同意军人委员会成为军队的工会，实际上是在放任军队破坏秩序，纵容军队为所欲为，这是迈向军事独裁的一步。各方纠缠于党派之争，无法达成共同目标，于是政府换了一拨又一拨，面对日渐严重的问题，却拿不出任何解决办法。[4]

复辟体制布满裂痕，而国王的私心进一步加深了危机。阿方索十三世担心自己重蹈欧洲其他君主倒台的命运，害怕巴塞罗那爆发革命会加速自己的垮台，于是 11 月 15 日他试图获得坎博的信任。国王对坎博说，他认为加泰罗尼亚自治是转移革命威胁的唯一方法。这个源于私心的想法，却让坎博信以为真，动手为自治制订方案。尽管在 1918 年 12 月 10 日组成新政府的罗马诺内斯那里获得了支持，但自治方案在议会遭到自由派和毛拉的激烈反对。阿尔卡拉－萨莫拉指出坎博的两个抱负——加泰罗尼亚的自治和西班牙国家的支配权——之间存在矛盾，这可谓一语中的。他说："坎博的问题在于，他想同时成为加泰罗尼亚的玻利瓦尔和西班牙的俾斯麦。"后来坎博自己也承认这句话所言非虚。加泰罗尼亚自治的期望落空后，坎博满心怨愤，带领加泰罗尼亚议员中止议会活动，时间长达 6 周。坎博自己也不得不与阿方索十三世决裂。12 月 16 日，他在巴塞罗那发表讲话，题为《君主制？共和国？加泰罗尼亚！》。他在讲话中宣称，地方主义同盟虽然不指望共和国能同意加泰罗尼亚自治，但绝不会放弃争取自治，哪怕这会导致君主制垮台。[5]

1919 年，自由派参议员阿莫斯·萨尔瓦多暗指阿方索十三世像一个顽皮的孩子。他说："和国王们打交道就像带孩子一样。我们往往放任孩子们任性胡为，尽管也明白放任对孩子很不好。"[6]保守派人士布尔戈斯·马索在回忆录里写道："1919 年以后，我向自己保证，如果一个背信弃义的国王得不到任何一个顾问的信任，那我也绝不再为他服务。"[7]坎博的观点也类似，他认为国王是居心叵测的全国君主制联盟的幕后推手，该组织反对加泰罗尼亚自治，在后来推翻第二共和国的运动中发挥了关键作用。实际上，阿方索十三世的干预将有助于保守的加泰罗尼亚独立主义阵营和君主制彻底决裂。[8]

　　尽管联合政府内部存在种种分歧和争夺，但到第一次世界大战结束时，西班牙大致分为两个相互敌对的社会群体，一方是地主和工厂主，另一方是工人和无地劳工。这是一种概括性的划分，其中只有一个庞大的社会群体没有明确地与其他势力结盟——小农。值得注意的是，在 20 世纪第二个 10 年中，旧卡斯蒂利亚的天主教农民被动员起来保护大土地主。随着左翼意识形态赢得城市工人阶级的支持，部分有先见之明的地主意识到，必须努力防止这种意识形态扩散到农村。由地主赞助、立场极端保守的土地联合会从 1906 年开始出现。在安赫尔·埃雷拉的推动下，这一过程有计划有步骤地得以实施。他在背后操纵着西班牙政坛的天主教势力，并且在 1909 年创立了西班牙全国布道者协会，协会成员是一群活跃的、充满抱负的天主教徒。从 1912 年开始，埃雷拉和帕伦西亚的地主安东尼奥·莫内德罗·马丁计划通过实践教皇利奥十三世的教皇通谕，把小农从社会主义运动和无政府主义运动中剥离出来。在接下来的 5 年里，西班牙全国布道者协会的积极分子不断活动，莱昂、萨拉曼卡和卡斯蒂利亚出现了一系列天主教农会，这些农会通过向贫困农民提供信贷、农学知识、仓储和机械设备，防止他们转向左翼。获得这类援助的条件很明确，就是支持强硬且保守的天主教势力。从逻辑上来说，这些农会的话语体系暗含了对大地主经济利益的挑战。只有在比较繁荣的北方，才有可能在减轻贫困和维持社会经济现状之间维持一种脆弱的平衡。到 1917 年，各地方农会合并，组成全国天主教农会，但在莱昂和旧卡斯蒂利亚以外的地方，建立农会组织的工作时断时续。这不难理解，因为在南方，要想让短工们听话，地主们只有出让土地，但这涉及财富的转移，是地主们无法接受的。[9] 而在饥饿的劳工们看来，有钱的地主坐着豪华轿车来建立农会，毫无信誉可言。[10]

　　如果不是因为 1917 年以后南部农村无产阶级的革命斗争高涨，全国天主教农会肯定还会局限在西班牙中部和北部的小块土地上。自从教会被剥夺财产之后，社会紧张局势一直在加剧。一方面，教会和贵族土地的新主人们对土地的剥削更残酷；另一方面，公共土地被围了起来，之前对农村贫困起到缓解作用的老办法难以为继。南方大庄园的经济模式是对农村无地无产阶级劳动力的剥削。[11] 对于大多数人来说，只有收获季节才能找到工作，工作辛苦，劳动时间长，从日出到日落，而工资还不够果腹。第一次世界大战期间，这种情况急剧恶化。地主们通过大量出口农产品而富裕起来，短工们的工资却跟不上飞涨的食品价格，纷纷陷入贫困。[12]

　　最终的结果是安达卢西亚发生的一波罢工、占地和饥饿引发的骚乱，1918 年至 1920 年期间特别严重，尤其在科尔多瓦、哈恩、马拉加和塞维利亚。这段时期被来自科尔多布哈兰塞的自由派公证人、编年史作者胡安·迪亚斯·莫拉尔称为"布尔什维克的三年"。尽管受到俄国革命的鼓舞，一些激进领导人认为"红色黎明"即将到来，但运动最初的目标仅仅是提高工资和改善工作条件。[13] 尽管大多数罢工者的意图与其说是革命，不如说是改革，但大地主们认为人心思变的农民与俄国革命的情况别无二致。由于担心发生叛乱，一些大庄园对全国天主教农会发生了兴趣。这一点也不奇怪，因为著名的农业经济学家帕斯夸尔·卡里翁敏锐地观察到 1919 年春天的革命风潮，他指出："我们要记住工人运动的广度和强度。科尔多瓦的罢工参与范围广，取得成果大，成功地镇住了地主，使他们甘愿交出自己的庄园。"[14]

从 1919 年初到 1920 年底，全国天主教农会每个月都得到阿方索十三世本人的资助。然而，随着阶级冲突的加剧，国王转而支持更激进的地主组织——安达卢西亚地主联盟。尽管指望这个组织筹集资金对抗"红色浪潮"确实希望渺茫，但在"布尔什维克的三年"期间，该组织实施了更多的暴力措施。在安达卢西亚各地，地主的儿子们组成了骑兵部队，支持国民警卫队镇压无地劳工。[15] 在安达卢西亚，国王对促进社会凝聚力几乎没有兴趣，这一点与加泰罗尼亚的情形一样，而且大多数大庄园主也是如此，他们对待罢工毫不妥协，造成南方农村地区的社会怨恨不断加剧。后来 1923 年至 1930 年的军事独裁统治掩盖了"布尔什维克的三年"造成的后果。尽管如此，在 1919 年至 1921 年的冲突过后，南方农村地区先前脆弱的妥协关系已不复存在。伴随着镇压，人们对大地主及其土地管理者愈发憎恨。原先，生活悲惨的短工们还可以从仁慈的专制中讨得些残羹冷炙，如今连这些也已经荡然无存。

1919 年 1 月，全国天主教农会在安达卢西亚实施了一场大范围的宣传，谴责地主的盲目利己主义，称他们"尽管是天主教徒，但只会吹嘘自己的慈善仁心，而实际支付的工资很低，收取的地租却很高，与他们向神父告解时所说的完全不符"。全国天主教农会的代表视察了南部各省，全国布道者协会的报纸《安达卢西亚邮报》刊文称："无政府主义正在下层民众中蔓延，上层民众的冷漠更是助长了这种混乱状态。当前形势很严峻。要么安达卢西亚听从你们的号召从而得救，要么永远死在仇恨和革命的魔爪下……如果安达卢西亚的地主听从你们，他们就会得救。如果拒绝你们，他们就会淹溺在自己的血里。"在那年的头几个月里，全国天主教农会的活动成效很大，但是，派往农业工人俱乐部的演讲者却常被嘘下台。少数大庄园主陷入恐慌，他们掏了钱，还提供小块荒地，好让那些一贯恭顺的劳工安家。然而，大多数地主并不愿做出实质性的让步，他们更希望在国民警卫队的支持下，通过庄园卫队滥施暴力来制止罢工者。在一些城镇，如科尔多瓦南边的蓬特赫尼尔，当地的资产阶级建立了一支装备精良的民兵队伍，协助国民警卫队打击罢工者，这与 1936 年夏秋两季许多安达卢西亚城镇发生的情况如出一辙。一些地主放弃了土地，逃到马德里，而那些留下来的地主为自己和手下的仆人们购买了武器。全国天主教农会继续宣扬阶级合作的福音，但随着冲突的加剧，它的真正立场暴露无遗。[16]

1919 年 4 月 18 日，安东尼奥·莫内德罗·马丁被任命为农业大臣，工社党《社会主义者报》为此刊文，标题是"工贼上台"。全国天主教农会宣称要建立一个小农阶级，而无产阶级根本不信这一套。很快，莫内德罗呼吁解散工人阶级组织，驱逐和监禁罢工领袖，这证实了社会主义者的观点：莫内德罗实际是地主的傀儡。4 月中旬，安东尼奥·毛拉的政府加强了镇压，暂停了宪法保障，宣布在科尔多瓦实行戒严，并派遣骑兵部队增援国民警卫队。非洲派将军曼努埃尔·德拉巴雷拉奉命指挥 2 万人的军队镇压无地劳工。他宣称："如果不对组织群众的布道者进行残酷而有力的镇压，安达卢西亚问题就无法解决。"[17] 超过 2000 人遭到逮捕。除了安东尼奥·莫内德罗的天主教农会外，所有工会的领导人都遭到逮捕。共和党和工社党领导人与此次罢工没有任何关系，也被驱逐出了该省，目的是干扰 1919 年 4 月的大选。由于这一地区实际上处于军事管制之下，而且地主可以随意恫吓罢工者，革命运动逐渐式微。[18] 然而，1919—1920 年的镇压和 1923—1930 年期间普里莫·德里韦拉的独裁统治，只不过浇灭了一场持续发酵的变革运动，对土地改革的恐慌将在第二共和国时重回这片土地。

帕斯夸尔·卡里翁指出，"布尔什维克的三年"期间，地主本能地采取不妥协的态度而且动不动就诉诸镇压，这导致农民的反叛不可能很快结束：

> 对那些运动的历史一无所知的人想不到，在那之后，地方豪强和地主们将重新取得支配地位。1919 年 5 月，政府向安达卢西亚派遣 [曼努埃尔·德拉巴雷拉] 将军，使用镇压、驱逐和报复手段，扑灭了这场无产阶级运动。当局没有疏导这场运动，反而像以前一样予以残酷镇压。底层人民对大庄园主的仇恨愈演愈烈，现在 [1932 年]，骚动和反抗不仅死灰复燃，而且暴力程度也在升级。[19]

一方面，西班牙农村冲突不断；另一方面，在第一次世界大战结束后，工业城市也爆发了社会危机，1918 年两届政府失败的后果变得愈发严重。巴斯克地区钢铁业受到英国和美国倾销战时物资的打击。依赖向英国运输铁矿石的航运业，则受到了战后英国钢铁业衰退的拖累。战争期间，阿斯图里亚斯的矿山和加泰罗尼亚的纺织业的规模有所扩张，但并没有把利润投入到提高生产效率上。战争结束后，工业和农业的各个领域工资下降，大量工人失业。[20] 工人阶级的战斗性不断升级，并遭到了军队的镇压。西班牙政府面临着与那些战败的欧洲交战国类似的挑战。马德里发生了罢工和因饥饿引发的骚乱，骚乱中有人点燃了电车。根据被严重低估的官方数字，罢工的次数从 1917 年的 71 440 次迅速增加到 1920 年的 244 684 次，罢工中损失的工作日数量从 175 万个增加到 725 万个。[21] 西班牙统治阶级已经被俄国革命和德国、奥匈帝国的崩溃吓坏了，1919 年 3 月共产国际在莫斯科成立，更使他们惶惶不安。虽然工社党领导层在 1917 年失败之后备受打击，但对体制的攻击仍在继续。从 1918 年末到 1921 年初，西班牙北部的产业工人纷纷仿效南部的无政府主义短工。工厂主限制生产，削减工资，大量裁员，以应对经济衰退。这不可避免地激起了更大规模的工人斗争，于是，加泰罗尼亚的工厂主和南方的地主们转向军队寻求保护。

1919 年在加泰罗尼亚，顽固的工厂主们决心彻底打垮全劳联，他们得到了强硬的中将华金·米兰斯·博施·卡里奥的支持，他是第四军区的军区司令，背后有军人委员会的支持。2 月 8 日，英国和加拿大资本控制的巴塞罗那牵引照明电力公司（巴塞罗那当地称其为"加拿大公司"）爆发罢工，冲突随之加剧。罢工最开始是为了抗议公司的 8 名行政人员试图成立工会但被无理解雇，之后罢工便像雨后春笋般，先是被解雇员工所在的部门，然后是整个工厂，最后，加泰罗尼亚的所有电力工人参加了罢工，显示了煤气水电统一工会的号召力。到 2 月 21 日，加泰罗尼亚四分之三的工厂因缺电而被迫停产。电车停在街上，咖啡馆和剧院也不得不关门。米兰斯·博施本人就是加泰罗尼亚上层人士，他与工厂主们来往密切，呼吁实施戒严令。3 月 1 日，罗马诺内斯政府犹犹豫豫地同意实施戒严。工人们被征召入伍，如果坚持罢工，就会因涉嫌叛乱罪而面临 4 年监禁。3000 名工人遭到逮捕，但罢工并没有停止。罗马诺内斯任命有名的刑事律师赫拉尔多·多瓦尔为警察局局长。他还任命了手段怀柔的卡洛斯·蒙塔涅斯担任民政长官，并且派遣首相府副大臣何塞·莫罗特与罢工者谈判。在塞吉的斡旋之下，经过调解，加拿大公司在 3 月中旬同意重新雇用工人并提高工资。3 月 19 日，3 万名工人参加了一次大规模集会，这些工人原本情绪激动，但在塞吉发表演讲之后同意重返工作岗位，条件是政府要释放被捕的工人。然而，休战只是短暂的。5 天之后，这座城市再次陷入瘫痪。[22]

耐人寻味的是，1919 年，勒鲁克斯也成为加拿大公司的资助对象（勒鲁克斯的收入来源还有许多），公司希望他发挥煽动群众的口才，破坏工人阶级的团结以帮助扑灭罢工。此后至少 15 年里，该公司一直每月向他支付津贴。1934 年，当他担任第二共和国总理的时候，加拿大公司的伦敦办事处请他想办法，希望能少缴一些税金，至于勒鲁克斯后来怎么处理就不得而知了。[23]虽然 1919 年春天的罢工并不激烈，但全劳联使巴塞罗那陷入瘫痪，这种号召力使工厂主们胆战心惊，他们决心要摧毁该联盟。此外，罗马诺内斯愿意为和平结束罢工而努力，米兰斯和军人委员会对此也十分恼怒。工厂主们相信军队会支持他们，于是更加有恃无恐，加拿大公司发生罢工之前的情况就是这样。1919 年 2 月，新成立的全国君主制联盟呼吁对罢工者和加泰罗尼亚独立主义人士采取行动。由于担心失去保守派的支持，以地方主义同盟为主导的雇主组织——加泰罗尼亚工商促进会缓和了加泰罗尼亚独立主义的口径，转而支持军队和工厂主，军队和工厂主们此时决心摧毁全劳联的加泰罗尼亚分支——地区工作联合会。工厂主们的组织是加泰罗尼亚雇主联合会，其领导人是激进的费利克斯·克劳佩拉。该组织的主要任务就是打击统一工会，为了达到这一目的，它照搬了统一工会的结构和策略。面对全面罢工，工厂主们计划全面停工。加泰罗尼亚雇主联合会隶属于由同样好斗的弗朗西斯科·胡诺伊领导的西班牙雇主联合会。在巴塞罗那，西班牙雇主联合会成员中立场最强硬的是冶金、建筑和木工等行业中小企业的老板，毕尔巴鄂、马德里和巴伦西亚等地的情况也差不多，这些企业在战后经济危机和劳工抗争的崛起中受到了沉重打击。[24]

在工厂主和商人的大力支持下，米兰斯·博施已经开始了与全劳联的战斗。3 月 22 日，他批准成立了民防队。民防队起源于中世纪，主要用来击退穆斯林的袭击，它的名字"somatén"原义是召唤民兵的铃声，来源于加泰罗尼亚语，字面意思是"发出声音"，也就是拉响警报。事实上，重建民防队已经准备了很长时间。然而，由于它是由米兰斯·博施武装起来的，所以尽管这支拥有 8000 人的强大后备军使罗马诺内斯非常担忧，但他并没有要求民防队接受民政当局的辖制。3 月 25 日，米兰斯颁布命令，任何不是民防队成员的人，若被抓到携带武器，都将被判军事叛乱罪。[25] 民防队负责管理公共交通，并在街上巡逻，逮捕和虐待罢工者，并强迫商店和咖啡馆继续营业。米兰斯还批准动用准警察部队，这支部队由加泰罗尼亚雇主联合会资助，领导人是刚刚获释的曼努埃尔·布拉沃·波蒂略。这帮从黑社会招募来的枪手和杀手拿着高薪，对工会领导人实施殴打甚至谋杀，手段无所不用其极。为了辅助这些行动，军方出资编制了一个庞大的名单，其中包括全劳联的知名成员，这个目录即所谓的"拉萨尔特名单"，编制者是国民警卫队成员胡利奥·拉萨尔特·佩西诺上尉，他曾与柯尼希男爵合作。在刚刚上任的军政长官塞韦里亚诺·马丁内斯·阿尼多将军的纵容下，拉萨尔特经常捏造信息，这些信息被用来实施逮捕，有时甚至是制造谋杀。[26]

米兰斯·博施和雇主联合会都对与工人和解不感兴趣。米兰斯拒绝释放被捕工人，这破坏了复工的条件，全劳联一怒之下宣布在3月24日举行破坏性的大罢工。在巴塞罗那驻军的支持下，当局重新实施戒严令，全劳联办公室遭到关闭，数百名工会领袖被捕，其中包括佩斯塔纳。对全劳联的袭击是由马丁内斯·阿尼多领导的，他是一个残暴的非洲派军官，也是阿方索十三世的亲信，他在2月刚被任命为军政长官。和军队相比，温和的工团主义者和由罗马诺内斯任命的蒙塔涅斯和多瓦尔棋差一着。当多瓦尔要求米兰斯解散布拉沃·波蒂略的团伙时，米兰斯勃然大怒。他指示凶神恶煞的马丁内斯·阿尼多和国民警卫队的胡利奥·阿尔迪尔上校威胁蒙塔涅斯和多瓦尔，称他们如果不立即离开巴塞罗那就会被监禁。罢工几近失败之时，塞吉在又一次大规模集会上发表演讲，说服人们相信，要避免彻底失败就必须复工。不出所料，军队的主要报纸含糊地否认巴塞罗那驻军与驱逐蒙塔涅斯和多瓦尔有任何关系。[27]

蒙塔涅斯和多瓦尔的遭遇证明了政府的无能，这导致了罗马诺内斯内阁垮台，并引发了一场重大的政治危机，而阿方索十三世在这场危机中扮演了重要角色。[28] 罗马诺内斯请求国王撤换掉米兰斯，但是当米兰斯象征性地提出辞职后，国王拒绝了他的辞职请求。鉴于国王对米兰斯的无条件支持，罗马诺内斯别无选择，只能辞职。[29] 既然阿方索十三世支持军队和教会中最为极端保守的分子，政府采取的调和社会政策的任何措施都将无法奏效。事实上，国王对军事独裁的想法越来越感兴趣。他选择在 4 月 15 日用不情愿的毛拉取代罗马诺内斯。这是一个临时方案，因为毛拉此时已不再代表保守党的主流，保守党现在由爱德华多·达托领导。保守党内权力易手，是因为担心德拉谢尔瓦的手腕以及他与军人委员会的联系。达托和其他人希望与温和的工会领导人谈判。由于健康状况不佳，达托支持由他的盟友、温和的保守派华金·桑切斯·托卡组成政府。然而，国王同意了毛拉解散议会的请求。尽管毛拉反对选举舞弊，但为了在 1919 年 6 月 1 日的选举中获得成功，他还是选择了利用地方豪强里最糟糕的那帮人。然而他的妥协没有取得成功。由于遭到保守党内部多数人的反对，毛拉未能赢得绝对多数。他的声誉因此受到损害，不得不于 7 月 20 日辞职。[30]

尽管全劳联的大罢工失败了，但毛拉政府在位期间和下台之后，加泰罗尼亚针对该组织的肮脏战争仍在继续。在米兰斯·博施的命令下，布拉沃·波蒂略领导的团伙继续对工会领导人实施攻击，为了破坏劳资谈判，他们清除了温和派领导人。被杀害的人中有波·萨瓦特（人称"埃尔托罗"），他是纺织业统一工会的杰出领导人，7 月 20 日，有人发现了他的尸体，身上布满弹孔。复仇的想法自然无可避免。此外，残酷的镇压也使得温和的工会领导人在下属机构中丧失了号召力。而且，随着经济萧条的加剧，工人不断被解雇，为了微薄的酬金而愿意去当枪手的人越来越多。[31] 布拉沃·波蒂略于9月5日被暗杀，他的团伙由心狠手辣的普鲁士人弗里德里希·施塔尔曼所接管，这个人使用的假名是柯尼希男爵。保守派政治家弗朗西斯科·巴斯托斯·安萨尔称他为"流氓亲王"。柯尼希得到了法国情报部门的资助，一些有权势的人也付钱让他谋杀工会领导人。他还以提供"保护"为名对工厂主实施敲诈。最终，他于1920年5月被驱逐出西班牙。[32]

令工厂主和地主高兴的是，在毛拉领导政府的12个星期里，在强硬的内政大臣安东尼奥·戈伊科切亚的帮助下，毛拉动用残酷的手段镇压了加泰罗尼亚和南方地区紧张的社会局势。当局暂停了宪法保障，工会领导人遭到监禁。正如前文所讲过的，毛拉曾派德拉巴雷拉将军到安达卢西亚去镇压雇工的反抗。当达托再次建议由温和派的华金·桑切斯·托卡接替毛拉时，阿方索十三世表示反对，坚持要求毛拉组阁，甚至威胁任命相对左翼的梅尔基亚德斯·阿尔瓦雷斯。最终，达托仍促成了华金·桑切斯·托卡出任首相。桑切斯·托卡组建了一个开明的政府团队，内政大臣由虔诚的社会天主教人士曼努埃尔·布尔戈斯–马索担任，巴塞罗那的新任民政长官由胡利奥·阿马多担任，他们对工会采取了和解的路线。据胡利奥·阿马多说，监狱里有43 000名工会成员。这一届政府认为镇压只会鼓励全劳联走向极端主义路线，因此愿意承认工会是工人与工厂主对话的合法代表。政府释放了因犯，解除了戒严令，实行8小时工作制。政府明智地转向和解后，巴伦西亚和马拉加的罢工冲突解决了，巴塞罗那的暗杀事件也显著减少了。作为回应，塞吉、曼努埃尔·布埃纳卡萨和其他温和派的工会领导人发表了一份声明，宣布如果政府承认全劳联合法，罢工将以和平方式进行。他们还指责国家暴力是左翼恐怖主义的根源。[33]

与此同时，东北部萨瓦德尔的 39 岁共和党众议员弗兰塞斯克·莱雷特在议会发表了一篇破坏性的演讲。莱雷特两岁时因患小儿麻痹症落下严重残疾，他留着胡子，需要用铁腿支架和两根拐杖才能行走。[34] 莱雷特不仅是塞吉的密友，还是一位出色的律师，经常在法庭上为工会领导人辩护。在 1919 年 8 月 7 日的演讲中，莱雷特谴责米兰斯和军人委员会在巴塞罗那为所欲为。他揭露了马丁内斯·阿尼多和阿尔迪尔上校对赫拉尔多·多瓦尔和卡洛斯·蒙塔涅斯实施恐吓，并说明驱逐二人的行为如何加速了罗马诺内斯政府的倒台。他进一步指责罗马诺内斯竟没有解雇米兰斯·博施，反而选择了辞职，称其懦弱无能。莱雷特如此敢言，如同已经签署了自己的死刑执行令。当时，布尔戈斯-马索并没有反驳莱雷特，而是继续贯彻他的和解措施。[35]

桑切斯·托卡、布尔戈斯-马索和巴塞罗那的民政长官胡利奥·阿马多试图与工会达成协议，而这远非德拉谢尔瓦、惊慌失措的工厂主和军队所希望看到的。1919 年 10 月的最后一个星期，西班牙雇主联合会第二次代表大会在巴塞罗那举行，会上决定对产业工人实施停工（公共服务和食品行业除外），诱使挨饿的工人要么脱离全劳联，要么举行暴动，为军事镇压制造口实。这次停工持续到 1920 年 1 月，20 多万人失业，停工加剧了阶级仇恨。[36] 全劳联中温和派的声誉受到了损害，工人们越来越相信所谓的"同道小组"，即组织严密的行动组织。在布埃纳文图拉·杜鲁蒂、胡安·加西亚－奥利弗、弗朗西斯科·阿斯卡索和里卡多·桑斯等强硬派的领导下，"团结者"和"我们"等组织最终合并为伊比利亚无政府主义者联盟。[37]在左翼极端主义盛行的同时，工厂主和军人委员会也不断发起挑衅。一些在高等军事学院学习的军官因为拒绝加入军人委员会而受到荣誉法庭的审判，并最终在战争大臣的同意下被学院开除。[38]

这导致桑切斯·托卡政府于 1919 年 12 月 9 日垮台。接替他的是另一位保守派的毛拉追随者曼努埃尔·阿连德萨拉萨尔，他与德拉谢尔瓦关系密切。阿连德萨拉萨尔任命性情乖戾的萨尔瓦铁拉伯爵弗朗西斯科·马埃斯特雷·拉沃尔德－博伊斯为巴塞罗那的民政长官，他在塞维利亚担任民政长官时因手段残暴而为人所知。卸任的胡利奥·阿马多碰见了刚从马德里开会回来的塞吉和全劳联的其他几位温和派领导人。"一定要万分小心，"他告诫他们，"那些先生想要流血，可我不想。"[39]由于工厂主仍在实施停工，萨尔瓦铁拉的镇压政策导致街头暴力加剧。由于停工和几个月没有工资，这些无政府工团主义者和他们的家人饥肠辘辘，付不起房租，已经疲惫不堪。这种情况使温和的工会领导人信誉扫地，并导致刺杀组织的兴起。他们的领导人里，行动最坚决的是冶金工人工会的秘书长拉蒙·阿尔赫斯－塞拉。1920 年 1 月 4 日，萨尔瓦多·塞吉险遭暗杀。第二天，雇主联合会的主席费利克斯·克劳佩拉受伤。萨尔瓦铁拉逮捕了 100 多名工会领导人，并关闭了大量工人俱乐部和工会报纸《团结工人报》。1 月 23 日，萨尔瓦铁拉下令关闭所有的全劳联分支——地区工作联合会。在没有与政府商量的情况下，米兰斯·博施实施戒严，对萨尔瓦铁拉表示支持。而后，他要求给予民防队完全的军事权力。尽管不太情愿，但是在来自西班牙各地驻军和民防队的压力下，阿连德萨拉萨尔不得不同意。[40]

2月，由于前几年不法行为的信件曝光，米兰斯·博施被解职。有传言说他当时正在准备发动政变，但他的野心不够大。重要的是，他得到了国王的"奖赏"，获得了享有盛誉的王室主管这一职位。在他担任加泰罗尼亚军区司令期间，这一职务曾短暂地由82岁的强硬派将军巴莱里亚诺·魏勒接替。[41]

爱德华多·达托于1920年5月5日掌权，柯尼希被驱逐出西班牙。在阿连德萨拉萨尔内阁实施镇压政策之后，达托用回了桑切斯·托卡的温和政策。他任命温和派弗朗西斯科·贝尔加明担任内政大臣，任命同样理性行事的费德里科·卡洛斯·巴斯担任巴塞罗那的民政长官。巴斯指出，大多数暗杀是针对工人的。因此，他相信恐怖主义得以存活的根源正是雇主联合会的报复手段。他开始释放囚犯，取消新闻审查。由于工厂主的反对，巴斯在位仅6个月。因此，达托的温和政策几乎没有发挥作用。8月4日，前巴塞罗那民政长官萨尔瓦铁拉伯爵在乘坐马车从港口返回时，在巴伦西亚被刺杀。[42]达托被迫任命强硬的加维诺·布加利亚尔伯爵接替内政大臣贝尔加明。10月中旬，巴塞罗那地区发生了冶金行业的大罢工，局势进一步紧张。10月31日，正当塞吉几乎能按照雇主的条件结束罢工时，电力行业雇主联合会的主席豪梅·普霍尔被刺杀。

军政长官塞韦里亚诺·马丁内斯·阿尼多将军亲自上门拜访巴斯，当时巴斯正在与塞吉谈判。二人言辞激烈，马丁内斯·阿尼多称，巴塞罗那街头所有暴力都是由俄国雇用的无政府主义者制造的。他向巴斯提交了一份名单，上面有 78 名无政府主义者，其中包括塞吉和佩斯塔纳。他要求立即把这些人枪毙。巴斯拒绝说："我不是刽子手，更不是暴君。"随后向布加利亚尔递交了辞呈。1920年 11 月 8 日，马丁内斯·阿尼多取代巴斯成为民政长官，达托告诉他："你想怎么干就怎么干，政府不会妨碍你做事。"塞吉得知这一任命时哀叹："他们马上要对我们大开杀戒了。"巴斯在离开巴塞罗那时说："他们要把我赶走，因为我不愿意当一个杀人的地方长官。"他的前任胡利奥·阿马多也说过类似的话。[43]

摆脱巴斯的整个行动是由一群商人和军官精心策划的，其中包括马丁内斯·阿尼多本人、担任警察局局长的国民警卫队米格尔·阿莱吉·巴永莱斯上校和拉萨尔特上尉。刚刚当上民政长官的马丁内斯·阿尼多对安德鲁·尼恩——全劳联的一名后起之秀——发表的一篇揭露真相的文章十分恼火，文章中写道："如今来了一个谋杀犯当民政长官。老板们这下要开心了。"[44]

尽管加拿大公司工人的罢工取得了短暂胜利，但到了 1920 年初，全劳联的情况就不妙了。除了工厂主采取的各种打击手段之外，战后经济也在收缩。鲁莽的罢工并不是防止裁员和抗议减薪的最佳策略。由于雇主停工，20 万人失业。更糟糕的是，残暴的马丁内斯·阿尼多被提升为巴塞罗那的民政长官。现在，在米格尔·阿莱吉的协助下，马丁内斯·阿尼多全面负责公共秩序，有权对全劳联实施全面打击，建立一个恐怖政权。那个身材高大的阿莱吉，鹰钩鼻下面长着一撮小胡子，甚至比马丁内斯·阿尼多还要残暴，他喜欢折磨囚犯。巴塞罗那的上层和中产阶级对这对新人的上任欣喜若狂。按照拉萨尔特的名单，当局抓到了 64 名工会成员和自由主义者，包括佩斯塔纳、塞吉和他的朋友记者路易·孔帕尼斯，并把他们投入监狱。其中36人被关在米诺卡岛马翁市的拉莫拉监狱。马丁内斯·阿尼多居然厚着脸皮说这是为了保证他们的安全。在巴塞罗那，监狱里又关押了1000名普通的运动分子，许多人被关在港口的船上。街头枪击事件的增加不能归咎于无政府主义者，因为大多数嫌疑人都在监狱里。数百名全劳联成员被驱逐到西班牙的边远省份，被迫戴着镣铐长途跋涉，脚上只穿着麻鞋。他们没有食物来源，只能勉强活下去，每天还不得不到国民警卫队报到。运动分子里有200人逃离了巴塞罗那，加入西班牙外籍军团，在摩洛哥作战。工贼组织"自由工会"的武装人员在军营接受了军事训练。[45]

1920年9月12日午夜后不久，一枚炸弹在帕拉雷罗大道上挤满了工人的庞贝夜总会里爆炸，6名工人死亡，18人重伤，其中包括许多反对暴力的温和派。全劳联认为炸弹是雇主协会雇用的刺客安放的，声称愿意协助将罪犯绳之以法。然而，警察还是开始逮捕统一工会的成员。近15万名工人参加了遇难者的葬礼。最终查明，行凶者是来自东北部阿拉贡地区特鲁埃尔的前无政府主义者伊诺森西奥·费塞德·卡尔沃，此人身材矮小，体弱多病，患有肺结核。在停工期间，由于急需赚钱买药，他同意当一名告密者。后来他受人要挟成为破坏分子，因为不答应的话，其真实身份就会被泄露给工会的同志。[46]

阿莱吉实施了所谓的逃跑规则（强迫囚犯逃跑，然后在囚犯背后开枪，说成"企图逃跑"）。军方高层赞同采用这一手段。米格尔·普里莫·德里韦拉将军在担任巴伦西亚军区司令期间，于1921年1月21日写信给爱德华多·达托："应该围捕那些寻衅滋事分子，然后在他们去监狱的路上开几枪，问题就解决了。普通的司法和法律手段都是无效的，处理这种事没有其他的方法。"[47]例如，11 月 17 日，塞吉的密友何塞·卡内拉就遭到暗杀。在马丁内斯·阿尼多接手后的三个星期里，双方各有 22 人死亡。11 月 30日，共和党议员弗兰塞斯克·莱雷特要求释放孔帕尼斯，途中被刺杀。大批人跟随着莱雷特的送葬队伍。[48]费塞德后来透露，这次暗杀的策划者是马丁内斯·阿尼多和阿莱吉，提供协助的有自由工会的领导人拉蒙·萨莱斯·阿梅诺斯和胡安·拉吉亚·伊特拉斯。给三名枪手付钱的是工厂主马蒂斯·蒙塔达斯，他之前还资助过布拉沃·波蒂略。[49]除了蒙塔达斯之外，资助马丁内斯·阿尼多搞暗杀的还有其他人。在阿方索十三世统治期间担任数个大臣职位，包括在 1918 年末短暂担任内政大臣一职的路易斯·西尔韦拉，指责马丁内斯·阿尼多用非法赌场老板的贿金给枪手付钱。[50]

巴斯克小说家皮尤·巴罗哈笔下的马丁内斯·阿尼多可谓凶神恶煞："塞韦里亚诺将军五短身材，矮胖，红脸，面孔阴沉，就像刽子手，形象着实让人难受：他的脑袋大，头发剪得短短的，胳膊不长，双手四四方方。他口齿不清，两眼无神，做尽坏事。他是君主制的走狗。"皮尤·巴罗哈称，马丁内斯·阿尼多是"像红毛猩猩一样的色狼"，囚犯的妻子、女儿和姐妹来哀求放人，他就性侵她们。肉欲得到满足后，他既可能下令处死囚犯，也可能释放他们。还有人认为他极其腐败，利用职权进行"肮脏交易"。[51]

对于阿莱吉，巴罗哈的描写更加尖刻，他形容阿莱吉"粗鲁、笨拙、自负，国民警卫队的士官升任要职后都是这样的德行。这个家伙爱吹牛，总是吹嘘自己多有男子气概。内心深处，他只是个胆小鬼。比起他，塞韦里亚诺倒要有趣得多。阿莱吉是个忧郁、神经质、易激动的人，他的胃、心脏和神经都有问题"。1921年1月19日，由拉蒙·阿尔赫斯和佩雷·班德略斯带领的一个小组射杀了阿莱吉手下一名成员安东尼奥·埃斯佩霍，此人曾是布拉沃·波蒂略和柯尼希匪帮的成员。阿莱吉下令报复。他去了停尸房，埃斯佩霍的尸体被摆放在十几个无政府主义者的尸体中间，这十几人是奉阿莱吉的命令被枪杀的。阿莱吉歇斯底里地对着尸体说："埃斯佩霍，现在你没法抱怨我了。我把他们摆在这儿，他们就是装饰你身体的花瓣。"阿莱吉糟糕的脾气可能与胃溃疡引起的疼痛有关，他经常因为疼痛而吐血。[52]

马丁内斯·阿尼多最有效的武器之一就是工贼联盟——自由工会。由于这位民政长官组织的镇压，全劳联实际上已经瘫痪，许多工人加入了自由工会，尽管该工会的劳工记录不佳，但7年来它一直是加泰罗尼亚地区的第二大工会。[53]自由工会是由一群工业巨头秘密资助的，他们的头儿是科米利亚斯侯爵克劳迪奥·洛佩斯·布鲁，他是西班牙的大富翁之一。在此之前，在教廷大使的建议下，科米利亚斯还资助了阿斯图里亚斯的天主教矿工工会和巴利亚多利德的铁路工人工会，这两个工会在1917年都是罢工活动的破坏者。他还赞助了所谓的专业人士同盟，该组织主要由他的雇员组成，其中大部分是店员，他们从未举行过罢工，领导人通常是教士而非工人。就在这些组织势力减弱的时候，卡洛斯派在巴塞罗那卷土重来，这是勒鲁克斯的激进党进行的民粹性反教权煽动的后果。自由工会成立于1919年10月，它是一个流氓团伙，由受雇的暴徒组成，采用恐怖手段替民政长官和雇主组织破坏罢工。马丁内斯·阿尼多要求，自由工会成员每被杀一个人，要杀掉十个无政府主义者作为报复。[54] 1921 年，雇主里有 4 人被杀，9 人受伤，工人中有 69 人被杀，59 人受伤。全劳联的刺杀小队同样以牙还牙。随着较为温和的成员被刺杀或遭监禁，由年轻成员组成的刺杀小队在全劳联内部的影响力越来越大。马丁内斯·阿尼多可以理所当然地吹嘘自己摧毁了全劳联的恐怖主义分子，但后果将一直持续下去。他使得无政府主义团体分裂成温和的工会主义者和暴动恐怖组织，后者在日后将对第二共和国造成巨大的破坏。[55]

与全劳联相反，由于镇压十分残酷，在接下来的 15 年里，社会主义运动始终小心翼翼，避免与国家机器发生冲突。在 1917 年罢工失败后，社会主义者愈发采用渐进的、改革的策略。当无政府主义者热情欢迎俄国革命时，社会主义者却认为俄国式的革命不合时机，充满风险。优柔寡断的巴勃罗·伊格莱西亚斯更担心布尔什维克可能会与德国单独媾和，影响协约国取得最后胜利。十月革命后不久，《社会主义者报》刊文称："俄国传来消息后，我们十分痛苦。我们真诚地相信，而且也一直表示，这个伟大国家的使命应该是把她的全部力量投入到粉碎德意志帝国主义的事业中去。"直到 1918 年 3 月，该报才开始刊发对布尔什维克革命有利的评论。这反映了社会主义者内部存在分歧，一些人认为 1917 年的失败意味着应该改良，另一些人则认为应该积极为下一次革命做好准备。[56]

1919 年至 1921 年期间，工社党因与布尔什维克的关系而陷入内讧。1918 年 10 月以来，工总的秘书长拉尔戈·卡瓦列罗更关心工会组织眼前的物质福利，而不是未来可能的革命目标。他决心守护现有的立法成果，维持该组织的建筑和资产，不去冒险与政府直接对抗。[57] 贝斯泰罗和萨沃里特也逐渐变得不那么激进。尽管角度不同，但是他们三人都认为，西班牙软弱的社会主义运动难以对国家发起正面攻击。在俄国革命之后，西班牙国内通货膨胀持续，1918 年后大萧条时期的失业率不断上升，社会主义运动团体开始出现革命团体，特别是在阿斯图里亚斯和巴斯克地区。安吉亚诺和其他人认为，俄国革命和 1917 年罢工的失败证明，改良主义毫无意义。结果，在 1918 年到 1921 年之间，社会主义运动经历了一场关于工社党与共产国际关系的激烈辩论，辩论持续了近三年，运动陷于分裂状态。亲布尔什维克的一派在 1919 年 12 月、1920 年 6 月和 1921 年 4 月举行的三次党代会中被击败。在激烈的斗争中，靠着工总那些由领薪水的领导人组成的强大官僚阶层的投票支持，工社党领导层获得了胜利。安吉亚诺和亲俄分子离开后组成了西班牙共产党。[58] 从人数上看，这次损失并不明显，但在经济和社会经历严重危机的时期，这次分裂凸显了社会主义者在意识形态上的弱点。党的基本温和派得到加强，领导层小心翼翼，只顾眼前，造成党的士气一落千丈，这种状况持续了近十年。在阿斯图里亚斯煤矿和巴斯克地区钢铁工业发生的一系列罢工中，人们立即感受到了共产党的影响。1917 年失败后，1921 年的分裂让社会主义运动的领导层失去了明确的方向感，在许多方面都远离了眼下的紧迫问题。这些人更重视在议会开展斗争，反对摩洛哥战争，不赞成国王介入冲突，至于对其他地方工团斗争的关注则要少得多。温和的改良主义反而愈发成为社会主义运动的基本面。[59]

　　然而，在 1920 年的夏天，工总希望与全劳联统一立场。结果，谈判没有成功，因为全劳联领导层认为社会主义者在议会寻求"与资本主义政权合作"。尽管如此，在 9 月初签署的一项临时协定对镇压做出了反应。协定称：

> 政府满足了资产阶级的一切要求，在资产阶级各种团体的威胁面前，它已经屈服了。为了关闭工会和解散重要的工人团体，他们暂停了宪法保障；他们无视一切正义和法律，采用野蛮手段，把成千上万的人投入监狱，罪名是这些人联合起来捍卫自己的生存权。人们对这些专横措施表示抗议，可能危及了雇主控制下的政治集团的非法利益，于是他们就批准封停我们在那些地区发行的报纸。他们颁布了可耻的法令，把征收工会会费定为欺诈罪。政府使资产阶级的武装合法化，并给了他们特权，这就相当于给了他们杀人的许可证。

但是，当全劳联要求举行大罢工以抗议马丁内斯·阿尼多在巴塞罗那实施的镇压时，社会主义者拒绝予以支持，这个协定就这样无果而终了。这引起了全劳联内部对拉尔戈·卡瓦列罗的不满。[60]

马丁内斯·阿尼多的残暴政策也遭遇了一些报复，其中最极端的行动发生在 1921 年 3 月 8 日，首相达托在马德里的独立广场被 3 名加泰罗尼亚无政府主义者刺杀。他是复辟时期第 3 位被刺杀的首相。然而，与卡诺瓦斯和卡纳莱哈斯不同的是，他的死并不是孤立的个人所为。无政府主义者内部曾有过相当多的争论，即有必要"干一票大的"以回击镇压。最初的计划是刺杀布加利亚尔伯爵，但因过于困难而未实施。对达托的刺杀由 3 名成员实施，团伙中的第 4 名成员中途退出，其身份最后也未查明。刺客从一辆带挎斗的摩托车上开枪，把达托乘坐的汽车打得满是弹孔。驾驶摩托车的名叫拉蒙·卡萨内利亚斯，利用挎斗摩托车做掩护来行刺达托的想法，正是他提出来的。枪手是坐在挎斗里的佩德罗·马特乌和坐在后座上的路易斯·尼古劳。[61]

刺杀行动是对马丁内斯·阿尼多和阿莱吉的报复，行动由拉蒙·阿尔赫斯策划，在拉蒙·卡萨内利亚斯的请求下，拉蒙·阿尔赫斯还给他们弄到了摩托车和挎斗。在此之前，阿尔赫斯曾被逮捕，并遭到警察的毒打。他参与刺杀还有另外一个动机。1893 年 9 月，保利·帕利亚斯刺杀巴塞罗那军区司令阿塞尼奥·马丁内斯·坎波斯的行动失败。结果，阿尔赫斯的父亲曼努埃尔·阿斯·索拉内亚斯于 1898 年 5 月在蒙特惠奇监狱被处决。那时阿尔赫斯只有 7 岁。作为巴塞罗那全劳联冶金工人工会的秘书长和全劳联自卫组织的领导人，拉蒙·阿尔赫斯在反对雇主、警察和自由工会的斗争中成了一名积极的工会斗士。具有讽刺意味的是，他之所以能接触到自由工会的领导人，是因为他的母亲在马丁内斯·阿尼多家当厨娘。1921 年 5 月下旬，阿尔赫斯和佩雷·班德略斯被捕。两人在被枪杀前都遭受了折磨。几天后，人们在街上发现了阿尔赫斯的尸体，尸体上布满了弹孔和刺伤，生殖器也被割掉。在 3 名已知的肇事者中，马特乌于 3 月 13 日被捕，尼古劳于几个月后在柏林被拘留。两人都逃脱了死刑，这是德国当局撮合的一项交易的结果，作为交换，尼古劳被引渡回国。拉蒙·卡萨内利亚斯这个坚持使用带挎斗的摩托车的大胆驾驶者，后来逃到苏联，加入了红军，在那里他成了一名飞行员。1931 年，他回到西班牙，组织加泰罗尼亚共产党。

1933 年，他前往马德里参加西班牙共产党大会，途中遭遇摩托车事故身亡。[62]

值得注意的是，恰恰是 1920 年末至 1922 年 10 月马丁内斯·阿尼多担任民政长官期间，自由工会开始成为一个有影响力的工会组织。马丁内斯·阿尼多以暴力残酷镇压全劳联，使这一切成为可能，他授权实施大规模逮捕，拷打囚犯，并允许阿莱吉使用逃跑规则，是他给自由工会提供了庇护。他们的队伍中有许多杀手，塞吉和莱雷特都是他们的手下冤魂。[63] 随着全劳联被禁，成员被捕，许多人被驱逐到南方，无政府工团主义者失去了组织，开始加入自由工会。到 1921 年 10 月，自由工会成员达到 10 万名，到第二年 7 月，成员增至 17.5 万名。直到那时，他们才开始组织真正的罢工。然而，自由工会从未真正与全劳联争夺过工人阶级利益捍卫者的地位。考虑到自由工会在马丁内斯·阿尼多的恐怖行径中扮演的核心角色，这一点毫不奇怪。该组织的一位领导人称他们是长官的"突击队"，为了让他留在巴塞罗那"甘冒一切风险"。用消息灵通的记者弗朗西斯科·马德里的话说："他们的右手握着马丁内斯·阿尼多将军的个人权力。"[64]

自由工会的领导人随身携带手枪，习惯使用暴力的辞令。他们的头儿是加泰罗尼亚人拉蒙·萨莱斯·阿梅诺斯，他又矮又胖，是唐人街妓院里的常客。尽管外表不讨人喜欢，但他却是一个咄咄逼人的演说家。他的副手是狂热的前耶稣会士胡安·拉吉亚·伊特拉斯，于 1925 年被自由工会开除，原因是他无法控制自己的攻击行为，比如 3 年前他曾在议会殴打因达莱西奥·普列托。和萨莱斯一样，拉吉亚是马丁内斯·阿尼多的密友。此外，这位领导人还是厨师和服务员工会的名誉主席，该工会是自由工会的成员之一，会员人数众多。在他的批准下，该工会的枪手得到了警察的保护，警察经常把从全劳联缴获的手枪交给自由工会以快速脱手。[65] 马丁内斯·阿尼多策划的"和解"达到了目的。无数全劳联的成员身陷囹圄，联盟几乎无法运作。重要领导人遭到攻击和暗杀。然而，由于马丁内斯·阿尼多吹嘘自己可以为所欲为，政府管不着他，这在马德里引起了越来越多的不安。有人怀疑他与莱雷特的遇刺事件有关，而且他也没有采取措施来防止班德略斯在关押期间遭受虐待。自由工会的影响力在 1922 年夏天达到了顶峰，此时马丁内斯·阿尼多卷入了一起自由工会策划的刺杀全劳联领导人安赫尔·佩斯塔纳的阴谋，还伪造了一次对自己的暗杀，因此最终被罢免。随着全劳联获得法律承认，新的民政长官对自由工会的武装分子展开打击，群众离开自由工会，战斗再次开始。[66]

巴塞罗那的动乱持续不断，凸显出复辟时期的政治制度已不再能有效地维护统治阶级的经济利益。在这种情况下，国王越来越支持军队右翼分子提出的建议，他对宪政制度发表的敌意言论越来越多。1921 年 5 月访问科尔多瓦时，他和一群当地大庄园主在友谊赌场用餐。谈话中透露出他对议会制度的不耐烦。在议会制度下，他的任务仅限于签署那些法律草案，而这些草案大多数最终无法成为正式法律：

> 国王并不是拥有绝对权力的君主，他所能做的就是在法律草案上签字，然后法律草案就可以拿到议会讨论，但他无法确保草案得到通过。我很乐意不用承担这种责任。与这份责任

相比，我宁愿为国家献出我的生命。这份责任很早之前就被从国王手中拿走，交到了议会肩上。但是，政客尚权谋，好蛮触之争，而事关每个人利益的重要法案反而举步维艰，这种情况很难让人袖手旁观。往往我的政府提出了一个法案，遭到否决，结果政府下台。但是新政府上台后，法案仍然无法获得通过，因为旧政府的成员成为在野党后，继续反对自己之前提出的法案。他们去帮助那些把他们赶下了台的人，这是什么道理？！……有些人会说我超越了宪法赋予我的职责，但我已经做了 19 年的立宪君主，冒了很多次生命危险，怎么现在才有人说我违反了宪政规定？……我认为各省应该发起一场支持国王和有益法案的运动，这样议会就会记住它得服从人民的呼声。那样，国王签署的就是行政命令，能够保证有利于西班牙的法案获得通过。

为了掩盖这一失言，陪同他的德拉谢尔瓦迅速写下了一篇平淡无奇的演讲稿，并说服随行的记者团使用他的稿子。然而，科尔多瓦的当地媒体却转载了阿方索国王的原话。德拉谢尔瓦在他的回忆录中替国王所说的话辩解，声称国王只是被听众的热情冲昏了头脑。当然，国王是对的——议会制度完全没有效率——但国王的话对于立宪君主来说是完全失当的。他受到了右翼的广泛赞扬，因此也助长了独裁的趋势。[67]

第六章

从殖民地惨败到独裁统治，
1921—1923 年

1921 年 6 月，在摩洛哥东北部的安瓦勒，摩洛哥部落大胜西班牙军队，因巴塞罗那动乱而麻烦缠身的西班牙政治领导集团，信誉再遭打击。战斗是 1919 年爆发的，此前是长时间的休兵，偶尔发生小规模冲突。维持这样的和平局面，很大程度上靠的是长期贿赂部落首领，这种做法助长了西班牙军官的唯利是图和自满情绪。一方面不用打仗，另一方面赌博、嫖娼和赚黑钱的行径比比皆是。包括向当地部落私售军事装备，编造本地雇佣军人数以便冒领军饷，以及与当地商人合谋，在筑路项目使用的材料上以次充好。[1]当地居民开始有计划、有组织地发动抵抗时，西班牙占领军的武装和训练仍同 1909 年一样落后。最具威胁性的叛乱是由赖苏尼领导的，这个人是贝尼－阿罗斯卡比拉部落的首领，也是西北部吉巴拉山区柏柏尔人的领袖，在当地有很大的号召力。[2]

殖民者们的处境不妙，他们虽然占据了一些重要城镇，但对腹地的控制少之又少。这些城镇之间由一些木质碉堡相连，每座碉堡由 21 人组成的排驻守，这些士兵生活在令人恐惧的与世隔绝的环境中，每隔几天才有水、食物和柴火送来，士气因此大受打击。无意义的伤亡加剧了西班牙国内民众的不满情绪，马德里越来越不愿意把资源投入到一场殖民战争中。除了在休达和梅利利亚这两个沿海飞地附近采取行动外，政府对任何军事行动都没有兴趣。政客们选择保卫城镇的防御策略，而非洲派军官团却急于全面占领里夫地区，二者之间存在严重分歧。情况在 1919 年末有所改善，当时新上任的高级专员达马索·贝伦格尔将军启动了一项逐步占领的长期政策，意在从休达向外扩散。他的策略之一是与部落谈判，以此安抚殖民地。[3]

这一政策的最大胜利是于 1920 年 10 月 14 日占领了赖苏尼的大本营——建在山上的风景如画的"圣城"舍夫沙万。然而，要想控制住舍夫沙万和北部得土安以及西部阿拉伊什（拉腊什）之间的敌对部落，必须花费巨资来维持治安。部分军官认为解决办法只有迅速全面地实施占领，其中有急躁的总司令曼努埃尔·费尔南德斯·西尔韦斯特雷将军，他是贝伦格尔的朋友，也是阿方索十三世的亲信，在国王的推动下，他采取了鲁莽的行动。[4] 当贝伦格尔集中精力在西部挤压赖苏尼的地盘时，急躁的西尔韦斯特雷在 1921 年初实施了一场野心更大、更激进的战役，从梅利利亚迅速向西挺进，占领了以南 40 公里的阿鲁伊山。这里地势险要，当地人对西班牙人充满敌意，他的部队与里夫地区贝尼－乌里亚格尔部落的头目阿卜杜勒·克里姆发生冲突。克里姆此前已开始统一该山区的其他柏柏尔部落。1921 年 7 月的第 3 个星期，克里姆在梅利利亚附近击溃了西尔韦斯特雷的军队。[5]

从安瓦勒村开始，在 3 个星期里，西班牙人的阵地一个接着一个地丢失，就像多米诺骨牌倒下一样，一直退到梅利利亚。当西班牙军队逃离时，部落成员纷纷加入了叛乱。一波又一波的驻军遭到了屠杀。西班牙军队装备和伙食都很差，这一缺陷暴露无遗。[6] 要知道 1921 年的军事预算占到了国家总预算的 35% 以上，如今这种反差更加令人震惊。政客无能，军队同样低效。与普通士兵的人数以及国家的实际军事需要和承受力相比，西班牙军官的规模过于庞大。与罗马尼亚、黑山或葡萄牙的军队相比，西班牙军队每千人对应的军官更多，而大炮反而更少。每四个普通士兵对应一个军官。因此，军事预算总额的70%都用来支付军官薪金，装备当然无法实现现代化。[7]

从西班牙在摩洛哥的长期战争中获益的只有那些在摩洛哥拥有商业利益的人，尤其是阿方索十三世。其必然结果是削弱了社会对君主制的支持。随着对摩洛哥军事行动的不满，民众对军队的不满也日益增加，这进一步加剧了对整个复辟体制所有机构的不满。[8]之前，当地部落已经被占领者的暴行激怒，如今在梅利利亚、代尔尤什、阿鲁伊山和纳祖尔附近的哨所都遭到可怕的报复性屠杀。在几周内，死亡的西班牙士兵超过9000人，大量的战争物资被夺走。西尔韦斯特雷被认为是自杀的。部落武装已经抵达惊慌失措的梅利利亚郊区。然而，由于太过专注于掠夺，当地部落没有攻打这座城镇，他们没意识到这个城镇实际上没有设防。[9]在接下来的两年里，西班牙人一步步重新控制这块土地，但之后的问题是——撤退还是继续占领？

达托遇刺后，曼努埃尔·阿连德萨拉萨尔在3月13日重掌政权，他是强硬派阵线的头领，决心结束无政府主义的威胁。然而，组阁不到3个月就发生了安瓦勒惨败，人们将军事失败归咎于他的内阁，尤其是战争大臣埃萨子爵的无能，复辟体制的危机进一步加剧。正当一场近乎内战的冲突席卷巴塞罗那街头之际，各地开始辩论谁应当为安瓦勒惨败承担责任，这场辩论产生了极大的破坏力。

非洲派军官指责政府没有提供足够的资金，导致战斗不利，左翼则指责国王和军队高层无能。[10] 深陷困境的阿方索十三世再次求助于毛拉。然而，毛拉早已放弃改革复辟制度的宏图大志，不愿意再积极参与政治活动。他再次组阁只是因为觉得君主制受到了威胁，甘心做这个制度的救火员。组建政府面临的困难相当大，除了达托和德拉谢尔瓦的追随者相互敌视外，强烈反对加泰罗尼亚独立主义的德拉谢尔瓦与坎博之间更是势同水火。最终，德拉谢尔瓦出任战争大臣，坎博出任财政大臣，毛拉这一届不同寻常的内阁直到 8 月 14 日才确定下来。[11]

事实上，这场非常不得人心的殖民战争的失败，已经引发了公众对国王和保王政党的不满浪潮。人们普遍认为，在西尔韦斯特雷灾难性的冒进背后，有国王在煽风点火。摩洛哥的局势使得几届政府都面临着巨大的军费需求。[12] 另外，这次失败还加剧了军人委员会成员与非洲派军官之间的分歧。这种不稳定的局面直到 1923 年 9 月建立军事独裁才结束。[13]

毛拉面临着一系列老问题：工人阶级的不满和颠覆活动，巴塞罗那在这方面情况尤其严重，以及加泰罗尼亚问题和世界大战结束后的严重经济困难，而摩洛哥发生的军事惨败更是雪上加霜。军事冒险的费用必须支付，战败的责任也得有人承担。毛拉于 1921 年 8 月 26 日写信给他的儿子说："我们要看看这个利益格局能维持多久。目前舆论压倒性地对我们有利。只要我们不出昏招，避免舆论转向那些乐见政府大败的人，这个格局就会一直持续下去。"他在议会闭会的情况下施政，一直到 1921 年 10 月。不过，在接下来的几个月里，他实际上取得了相当大的成功。从军事上讲，1921 年 7

月失去的领土很快就收复了。作为财政大臣，坎博改革了银行系统。[14] 此外，左翼的反对浪潮已经被埃萨子爵最近采取的有效行动所平息。埃萨最关心的是证明自己不应对这次惨败负责。1921 年 8 月 4 日，他任命 64 岁的胡安·毕加索·冈萨雷斯将军负责追查安瓦勒惨败的责任。这位备受赞誉的将军是艺术家毕加索的叔叔。[15]

人们普遍支持展开大规模的军事报复，收复安瓦勒惨败后丢失的土地。西班牙士兵惨遭折磨，尸横遍野，引发了军官团恣意的野蛮报复，后来内战期间左翼人士遭受的镇压与此如出一辙。[16] 尽管中心任务是重新收复摩洛哥殖民地，但对于坎博雄心勃勃的经济改革计划，大家的意见并不一致，坎博与德拉谢尔瓦经常发生冲突。在国王的纵容下，德拉谢尔瓦推行政策讨好军队，还支持全国君主制联盟。德拉谢尔瓦和坎博之间以及德拉谢尔瓦和其他大臣之间关系紧张，政府在 1922 年 3 月的第二周就崩溃了。[17] 为了避免毛拉辞职，阿方索十三世通过坎博向毛拉提议二人组成新的内阁，以政令实施统治。毛拉以年龄为由拒绝了，称"对我来说已经太迟了"。[18]

接替毛拉的是何塞·桑切斯·格拉。而他的政府一直处在对即将发布的摩洛哥惨败责任调查报告的恐惧之中。工社党的因达莱西奥·普列托于 1921 年 8 月 24 日前往北非，不知疲倦地在该地区旅行了 7 个星期。他与幸存者攀谈，与部队同吃同住，目睹了最可怕的景象。8 月 30 日至 10 月 18 日期间，他在左翼报纸《自由党人报》上发表了一系列文章，一共 28 篇，阐述安瓦勒惨败的影响，文笔生动，首次可靠地描述了这场惨败的严重程度。这些文章笔调客观，对战场士兵充满同情，被其他报纸广泛转载。普列托还在议会发表了精彩演讲，他的讲话和文章产生了巨大的影响。[19]

议会就毕加索将军主持的官方调查展开辩论时主要有三种立场。桑切斯·格拉的政府希望失败的责任仅由在摩洛哥的最高军事指挥官承担。军队高层的第一个牺牲者是贝伦格尔将军，他于1922年7月10日辞去高级专员职务，由里卡多·布尔格特将军接替。[20] 然而，自由党人希望扩大范围，把安瓦勒惨败时执政的阿连德萨拉萨尔政府也囊括进去。而普列托和工社党人则希望更进一步，把国王也算上。[21] 普列托率先在议会发表了几次强有力的演讲，第一次演讲是在他从摩洛哥回国后8天。毕加索的报告揭露了军队高层的无能和腐败，他们侵吞资金，向酒店和餐馆出售食品，甚至向敌人出售武器。更恶劣的是，西班牙寡头政治在矿业、电力、铁路和航运方面的经济利益受到军队的保护，而国家却没有因此获得任何好处。军方高层与他们所保护的经济利益之间有不少腐败行径。[22] 这并不是什么新鲜事。多年来，左翼报刊一直谴责腐败行径，尤其是由马塞利诺·多明戈、路易·孔帕尼斯和弗兰塞斯克·莱雷特于1917年创办的加泰罗尼亚共和党党报——《斗争报》。[23] 但如今毕加索将军的报告引起了全国对这一问题的关注，公众还要求采取行动，这不啻为一枚重磅炸弹。

在梅利利亚，用于修建道路、营房和购买装备的大量资金落入校官们和将官们的腰包。有时为了侵吞贿金，他们甚至会捏造出子虚乌有的柏柏尔部落首领。依靠这些办法，加上大量出售武器，高级军官们积累了可观的财富。与收入低的政府官员依靠索贿一样，军衔较低的军官常常盗卖军队供应的肥皂、建筑材料、食品、武器和弹药。调查发现，仅一个军械库就花掉了7700万比塞塔，而相关账目却一塌糊涂。在摩洛哥，西班牙军官和他们的妻子用枪支和弹药在市场上交换新鲜蔬菜。而身受劣质食物和装备之苦的往往是普通士兵，他们经常不得不光着脚行军。军队医院的糟糕状况更令人震惊，那里缺乏药品的情况是众所周知的。管理殖民事务的各个方面都由军队说了算，这意味着驻军建设的合同常常被签给了军官的亲属。想要建造房屋的个人必须雇用军事工程师，而他们收费极高。尽管报刊可能偶尔曝光政客们的腐败勾当，但由于司法管辖法的规定，对军方的不当行为发表评论是十分危险的。[24]

普列托的演讲在全国产生了巨大影响。谈到梅利利亚的"腐败"，他强调了政府的无能、军队的腐败以及非洲派军官对摩洛哥人民犯下的暴行，尤其指控妇女常常遭到强奸。他说："梅利利亚是个妓院，是个贼窝。"他指责德拉谢尔瓦偏袒军人委员会，削弱了军队的效率，还曾给他的摩洛哥之旅制造障碍。普列托谴责政府没有公布死亡人数，他估测死亡人数为 8000 人。在讨论责任时，他指责国王怂恿西尔韦斯特雷，并谴责"这种卑鄙的统治"。普列托最后咒骂道："那些殖民地现在成了死亡之地；8000 具尸体堆在王座的台阶上，他们要讨个公道。"[25] 毕加索的最终报告称，战争伤亡人数超过 1.3 万。

1921 年，圣地亚哥·阿尔瓦在担任外交大臣期间，在胡安·马奇的帮助下，通过向摩洛哥叛乱分子出售武器并获得巨额财富，腐败之猖獗可见一斑。这些武器是从荷兰和葡萄牙的港口以及直布罗陀运送过来的。当时，跨地中海航运公司在战争期间垄断了北非海岸的军队和物资运输，而马奇是该公司的主要股东之一。[26] 军队腐败并不局限于摩洛哥殖民地。自由派的阿尔卡拉-萨莫拉担任战争大臣期间，于 1923 年发现军队后勤部门卷入了一场大规模的涉及购买面粉的骗局。[27]

尽管桑切斯·格拉一直忙于调查安瓦勒惨败的责任问题，但也开始着手实施怀柔的社会政策。他恢复了宪法保障，并为全劳联的合法化开辟了道路。加泰罗尼亚的工厂主对此十分不满，马丁内斯·阿尼多更是怒不可遏。事实上，此时全劳联内部也倾向更大的节制。联盟派出代表团前去拜访马丁内斯·阿尼多，要求重新开放工人俱乐部并给予工会合法地位。他答道："桑切斯·格拉要恢复宪法保障，我才不理他。在巴塞罗那和这个省，我说了算，他说了不算。如果你们不想难堪，马上给我滚。"由于众多领导人要么死亡，要么被监禁，全劳联的组织领导层处于动荡之中，马丁内斯·阿尼多的回应使激进派的声音越来越大。这些新生力量极其向往俄国革命，导致领导层内部在全劳联与共产国际的关系问题上矛盾更加激烈。[28]

全劳联秘书长埃韦利奥·博阿尔·洛佩斯于 1921 年 3 月被捕，随后警察利用"逃跑规则"将其杀害。接替博阿尔的是年轻记者安德鲁·尼恩。他支持共产国际，这一点与 1921 年 4 月成为列伊达省地区工作联合会负责人的华金·毛林不谋而合。尼恩于 1892年出生在东北部塔拉戈纳省的埃尔本德雷利，曾是大提琴家帕布罗·卡萨尔斯的学生。1896 年，毛林出生在东北部韦斯卡省的一个小村庄博南萨。1921 年 4 月，全劳联决定派遣一个小规模代表团，参加 1921 年 7 月在莫斯科举行的赤色职工国际的首届大会。通过这次访问，尼恩和毛林相信全劳联应该加入共产国际。尼恩留在了苏俄，最终成为托洛茨基的亲密合作者。毛林回到加泰罗尼亚后，接替尼恩担任地区工作联合会的秘书长，随后便面临着一波反对加

入共产国际的浪潮。他在 1922 年 2 月被捕。[29] 1922 年 6 月 11 日至
12 日，全劳联在萨拉戈萨举行代表会议，温和派再次取得优势。
安赫尔·佩斯塔纳曾于 1920 年访问过苏联，大失所望后回国，但
一到西班牙就遭逮捕，因此无法向组织提出他的意见。现在，他和
塞吉反对加入赤色职工国际，并获得多数支持。他们都认为，应当
重新团结无政府主义组织，寻求获得合法地位。他们甚至愿意与自
由派政治团体合作。立场温和的工会领导人霍安·佩罗取代了毛林。[30]

全劳联重新活跃起来，这让马丁内斯·阿尼多和雇主联合会感
到恼火，他们认为是桑切斯·格拉的自由派政策造成的。然而，由
于民政长官的不妥协态度，全劳联的工会在取得胜利的同时，该组
织的各个刺杀小组也卷土重来。不用说，自由工会迅速实施了报
复。从 1922 年 3 月到 10 月，自由工会实施了 8 次暗杀，无政府主
义者实施了 5 次。马丁内斯·阿尼多蓄意挑衅，企图制造反对桑切
斯·格拉的势力。普列托在议会发言抨击自由工会之后，该组织的
二把手胡安·拉吉亚·伊特拉斯前往马德里，于 5 月 16 日殴打了
普列托。8 月 7 日，马丁内斯·阿尼多象征性地提出辞呈，在普里
莫·德里韦拉的威胁和工厂主组织的支持下，桑切斯·格拉不得已
拒绝了辞呈，要求其留任。[31]

几周后，马丁内斯·阿尼多听说佩斯塔纳要在加泰罗尼亚的曼
雷萨发表演讲，感到非常愤怒。8 月 25 日，包括拉吉亚·伊特拉
斯在内的一伙持枪歹徒伏击了佩斯塔纳。该行动由马丁内斯·阿尼
多下令，工厂主蒙塔达斯提供资金。佩斯塔纳受了重伤，被一颗子
弹打穿了肺，在病床上躺了两个月，在这期间，阿莱吉让自由工会
派了另一个小队去包围医院，想要将他干掉。结果这队人在当地的

妓院里吹牛，暴露了自己的计划。左翼和自由派报刊报道了这一事件，普列托在议会发表讲话以示抗议。桑切斯·格拉指示内政大臣比森特·皮涅斯派遣国民警卫队守卫医院，与其说是为了挽救佩斯塔纳的生命，不如说是为了防止丑闻的曝光。他还要求马丁内斯·阿尼多每天汇报佩斯塔纳的健康状况。他们没有采取任何行动来逮捕自由工会的袭击小队。[32]

无政府主义者的刺杀小组曾几次试图杀死马丁内斯·阿尼多，但均以失败告终。最阴险的一次实际上是警察设下的圈套。为了证明屠杀无政府主义武装分子是正当的，阿莱吉指示卧底伊诺森西奥·费塞德和他买通的劳工律师佩雷·马蒂尔·奥姆斯实施了一次针对马丁内斯·阿尼多的假暗杀。据里卡多·桑斯说，此前对莱雷特的暗杀是由奥姆斯组织的。在与包括拉萨尔特上尉在内的警察总部人员的协调下，奥姆斯负责联络自由工会花钱雇来的杀手。然后，费塞德和一个名叫弗洛伦蒂诺·佩列赫罗的警察潜入了一个由何塞·克拉拉蒙特领导的巴伦西亚无政府主义组织，通过欺骗让他们相信杀死马丁内斯·阿尼多很容易。费塞德提供了实际装填了锯屑的假炸弹，让其他人以为这些炸弹将在马丁内斯·阿尼多从剧院返回时扔向他坐的车。

就在这群人埋伏的时候，佩列赫罗向他们开枪，射杀了克拉拉蒙特，克拉拉蒙特也开枪击中了他。另一名无政府主义者阿马利奥·塞德尼奥被警方利用"逃跑规则"击中，但并没有立即死亡。他和其他早些时候被拘押的无政府主义者共同接受一位法官审问，这位法官很快就看穿了阿莱吉的计划。他通知了高级检察官迭戈·梅迪纳。凌晨时分，梅迪纳打电话给桑切斯·格拉，告诉他事情的细节，并透露阿莱吉和马丁内斯·阿尼多已经计划杀害大约200名无政府主义者，作为对这一起"暗杀计划"的报复。首相终于抓住了把柄摆脱这两人。他打电话给马丁内斯·阿尼多，告诉他，鉴于这些令人遗憾的事件，他要解雇阿莱吉。马丁内斯·阿尼多为杀害佩斯塔纳的企图辩护，他说："只要不清除掉这些年来笼罩在巴塞罗那上空的堕落，不清除来自各地的渣滓，就啥也做不成。"由于不习惯有人挑战他，马丁内斯·阿尼多怒火中烧，宣布如果阿莱吉被解雇，他就辞职。令他错愕的是，桑切斯·格拉接受了这一辞呈。[33]

加泰罗尼亚的金融和工业界上层人士被激怒了，他们利用巴塞罗那的保守报刊宣称桑切斯·格拉的行为已经使这个城市失去了防御能力。一个星期后，10月31日，巴塞罗那资产阶级上层在丽兹酒店举行盛大的欢送活动。[34] 然而，桑切斯·格拉在1922年3月14日又任命了米格尔·普里莫·德里韦拉为军区司令，因此，马丁内斯·阿尼多辞职的影响并没有那么大。普里莫对全劳联非常仇视，对于好友马丁内斯·阿尼多和阿莱吉被解雇，他十分不满。雇主组织派出代表团于10月27日拜访了普里莫，普里莫的谈话使他们消除了疑虑，普里莫说自己和他们一样为失去两名"最值得尊敬的官员"感到痛心。当政府承认工人享有自由结社的权利时，紧张局势便加剧了。新任民政长官胡利奥·阿达纳斯将军批准开放工人俱乐部，允许加泰罗尼亚工会开展活动。[35]

工厂主们感觉受到了威胁，但此时意大利法西斯主义的胜利鼓舞了他们。马德里建筑行业头面人物主持的杂志《雇主之声》宣称，西班牙应该效仿法西斯主义。社论说墨索里尼"为人谦逊"，还因他曾是一名建筑工人而称其为"我们自己的人"。他因使意大利政治生活"恢复正常"而受到赞扬，这只是对左翼势力实施打压的委婉说法。民防队被拿来与法西斯党做比较，社论甚至发问能不能找到西班牙的墨索里尼。他们心怀羡慕，将墨索里尼视为西班牙所需的"铁血外科医生"的榜样。这种热情自然会引起左翼的担忧。西班牙雇主联合会甚至创办了一份报纸，名为《黑衫军报》①。尽管这份报纸并不成功，但在编辑方面得到了极右翼的毛拉派人士曼努埃尔·德尔加多·巴雷托的支持。雇主协会的主席是立场强硬的费利克斯·克劳佩拉，他呼吁西班牙各地的商人效仿意大利同行。不出意外的是，亲雇主的报刊赞成法西斯分子使用暴力镇压意大利工人阶级运动，并称之为"必要和不可避免的恶事"。[36]

然而，坎博指出意大利法西斯主义侵夺民主，只是时间上与西班牙的事件相似，但并不适合效仿。[37]罗马诺内斯伯爵获知，有人企图在自由工会党之外建立一个法西斯政党。巴塞罗那驻军部队司令巴托洛梅·罗塞略在 1923 年春召开了一次军事会议，"讨论以自由工会为基础建立一个法西斯政党，秘书长为此已经在意大利了"。自由工会的秘书长、恶名昭著的胡安·拉吉亚·伊特拉斯确实早就到了罗马。他与法西斯分子会面，只不过会谈一无所获，与意大利人民党的会面倒是取得了一些成果。重要的右翼民间人士出席了在军人俱乐部举行的会议。来自巴塞罗那驻军部队的亲法西斯军官组成了一个名为"方案"的组织，同时与其他地方的驻军部队保持着联系。他们模仿墨索里尼的黑衫军，穿一件蓝色衬衫作为制

① 黑衫军是意大利的一个民兵组织，创建人是意大利法西斯党领袖墨索里尼。

服。他们想成为全国性组织，但这个设想完全失败了。直到内战之前，西班牙从未有过可以与意大利法西斯主义等量齐观的法西斯组织，这主要是因为西班牙在第一次世界大战中保持中立，战后没有那么多的参战老兵。[38]

由于政治制度持续动荡，加泰罗尼亚精英对马丁内斯·阿尼多离职的担忧不断加剧，安瓦勒惨败的追责问题始终缠绕着政界。两个主要政党内部出现了分歧，桑切斯·格拉的内阁未能获得议会多数票来通过预算。1922 年 5 月 4 日，普列托[①]对军队的失败进行了尖锐的分析，使这个问题在议会再次处于风口浪尖。[39]之后普列托采取的行动影响更大。当时，被迫接替战争大臣职务的桑切斯·格拉面对着要求采取行动的广泛呼声，于 7 月 19 日同意把毕加索将军的报告提交给议会专门委员会分析，之后提交议会讨论。普列托感谢他对议会的尊重。相反，罗马诺内斯对此感到震惊。他正计划与四个主要的自由派组成大联盟，其中包括他领导的倾向保守的团体、加西亚·普列托领导的温和中间立场的自由民主派、个人腐败但主张革新的圣地亚哥·阿尔瓦领导的追随者，以及梅尔基亚德斯·阿尔瓦雷斯领导的改革派。因此，桑切斯·格拉做出这样的让步让他感到不可思议，因为这会使加西亚·普列托和其他大臣被当成导致战争惨败的责任人。[40]

毕加索的最终报告于 11 月 15 日提交给议会，但直到一周后才得到充分讨论。[41]普列托是专门委员会的成员，他于 11 月 21 日和

---

①　此处指工社党的因达莱西奥·普列托（Indalecio Prieto），不是自由党的加西亚·普列托（Manuel García Prieto）。

22 日在议会发表了慷慨激昂的讲话。他罗列了 1909 年以来每一届政府的失败之处，对阿连德萨拉萨尔的批评尤其尖锐。他还批评了安瓦勒战役时的三名高级将领：贝伦格尔、被克里姆俘虏的纳瓦罗，以及已经战死的费尔南德斯·西尔韦斯特雷。普列托引用西尔韦斯特雷的话，称是"国王授权并极力敦促"，才促使西尔韦斯特雷想在摩洛哥占领位于地中海岸边的里夫地区门户阿卢塞马斯，这番话让议长感到十分愤慨。最后，普列托语带嘲讽地提到了国王在法国的时尚海滩上寻欢作乐的情景。[42]

对首相的政治智慧提出质疑的并非只有罗马诺内斯。国王告诉罗马诺内斯，在议会讨论毕加索报告既鲁莽又愚蠢。[43] 国王迫切需要更稳定的政府，他含蓄地将桑切斯·格拉与毛拉做比较，进一步透露了对桑切斯·格拉的不信任。他对毛拉的朋友塞萨尔·西利奥说："我们以前住的是丽兹酒店，现在住的是梳子旅馆。"（梳子旅馆是马德里老城一家历史悠久、陈设简陋的旅馆。）[44] 国王希望由坎博来组阁，他是少数几个似乎不受腐败、选举或其他方面影响的杰出政治家之一。11 月 30 日，阿方索十三世提出由坎博出任首相，并称无论有无议会，政府均可施政。国王表示毛拉已无力参政，政府问题丛生，而坎博在公共工程部和财政部任上曾表现出色。不过国王还提出，要想获得绝对权力，坎博必须放弃加泰罗尼亚独立主义立场，并在马德里定居。这个提议可不怎么样。即使坎博放弃了他对加泰罗尼亚自治的追求，保王政党也必定会反对，并且如果他放弃加泰罗尼亚独立主义立场，地方主义同盟也将土崩瓦解。

阿方索国王认为坎博会以背叛原则为代价来换取权力，这极大地激怒了坎博，觉得国王此举与 1918 年 11 月劝诱他时一样口是心非，于是决定实施报复。[45]那天晚上，机会出现了。坎博像往常一样去了议会，那里正在就毕加索的报告进行辩论。他听到毛拉宣布，一旦明确了战败责任，应将报告提交参议院，由参议院作为法院进行审判。坎博后来写道，在那一刻，他看到了"一个机会，来反击国王那天早上给我的打击"。他知道国王不顾一切地希望阻止调查安瓦勒惨败的责任问题。因此，当晚和第二天（12月1日），经过慎重考虑，坎博发表了讲话，他表示，赞同对战争期间的阿连德萨拉萨尔政府的责任进行调查，但隐晦地暗示，应当承担责任的是其他人。"我认为，如果参议院想真正履行职责，那么应当在某些问题上做出判决；如果参议院不这么做，这个国家及其威望会遭受毁灭性打击，除非参议院同意战败时的政府无须承担责任，或者确定应当承担战败责任的另有其人。"后来在议会走廊上，罗马诺内斯问坎博，他和国王之间发生了什么事。坎博已经在担心自己是否做得过火了，于是没有回答。[46]

虽然坎博的愤怒完全可以理解，但他拒绝国王的组阁提议，便决定了复辟制度的命运。[47]桑切斯·格拉内阁三名大臣和议会议长都曾在阿连德萨拉萨尔政府任职，他们感到自己有必要辞职。在某种程度上，由于坎博的介入，12月5日再次审议毕加索报告时，争论变得更加激烈。德拉谢尔瓦也曾是阿连德萨拉萨尔内阁的成员，他猛烈抨击了坎博，指控他利用财政大臣的职位支持巴塞罗那银行。议员们互相推搡时发生了肢体冲突。桑切斯·格拉的内阁于12月7日倒台。[48]这是自1918年11月安东尼奥·毛拉第三次组阁以来第十个垮台的政府。取而代之的是加西亚·普列托第五次组织的内阁，这是一个联合政府，核心是他与罗马诺内斯和阿尔瓦。联合政府中最有影响力的是圣地亚哥·阿尔瓦，他再次担任外交大臣。
联合政府由来自自由派和改革派的代表组成，何塞·曼努埃尔·佩
德雷加尔担任财政大臣。罗马诺内斯成为司法大臣和参议院议长。
梅尔基亚德斯·阿尔瓦雷斯成为众议院议长。人们认为改革派可能
推动民主化起步，并且真正对安瓦勒惨败追责，因此本届内阁广受
认可。然而，大多数参与者更感兴趣的是职务上的好处，而不是解
决当前的重大问题。正如罗马诺内斯所说："我们像孩子们在野餐时
瓜分糖果一样，把政府的各个部门划分给每个人。"摩洛哥和军队、
无政府主义和社会动乱、失业和生活费用猛涨以及加泰罗尼亚分裂
主义，这些问题如此棘手，无力的大联合政府只维持了 9 个月。[49]

摩洛哥问题可能是这些问题里最棘手的。为了减少国力消耗，
降低公众对伤亡的不满，布尔格特之前曾受命通过贿赂而不是军事
行动来平息叛乱。9 月 22 日，他与已经肥胖不堪、精力耗尽的赖
苏尼达成协议，由赖苏尼负责控制住吉巴拉山区柏柏尔人各部落，
布尔格特则给予赖苏尼自治权和一大笔钱作为回报。而此时赖苏尼
在塔扎鲁特的新总部已经被包围，万一西班牙人集中力量对付他，
他的权力可能被彻底粉碎。从一个濒临失败的人的地盘上撤军，不
过是方便了他大发横财，保证他的声望和权力可以不断膨胀。

布尔格特在摩洛哥西部采取和解政策，目的是腾出手来打击东
部更危险的克里姆。布尔格特先是与他进行谈判，要求他释放安瓦
勒战争以来的 375 名战俘，等到 8 月，布尔格特开始进攻。[50] 他打
算在安瓦勒以南一线构筑工事，以提兹亚扎为前沿基地，而这里食
物、水和弹药的供给极为困难。克里姆在附近的蒂法鲁因对一个后
勤纵队发动了袭击，尽管进攻被击退，却造成了许多伤亡。里夫部

落在 1922 年 11 月初发动了大规模进攻。他们隐蔽在镇边的山坡上，向守备部队开火，造成 2000 人伤亡，整个冬天西班牙部队都不得不据守工事。[51]

这时，坎博与阿方索十三世决裂，不仅导致政府持续不稳定，也为他自己的政治生涯画上了句号。1923 年 6 月，由于对阿方索十三世不满，厌恶政治斗争的徒劳无功和阴谋诡计，坎博最终辞去了他在议会的席位，宣布退出政治舞台。敏锐的观察家们正确地预测到，他的离开将为加泰罗尼亚独立主义走向激进铺平道路。实际上，地方主义同盟的温和派已经被更激进的"加泰罗尼亚行动"的民族主义者盖住了风头。"加泰罗尼亚行动"在一年前脱离了地方主义同盟，并开始在地方选举中取得成功。"加泰罗尼亚行动"之所以组建，原因就在于人们认为 1917 年坎博背叛了巴塞罗那代表大会。[52] 具有讽刺意味的是，这位曾大力倡导整顿西班牙政治生活的坎博，此后将作为拉丁美洲主要电力公司 CHADE-CADE 的总裁，专心累积自己那已经十分可观的个人财富。[53]

加西亚·普列托领导的政府采用了较为自由的路线，但与雷蒙德·卡尔提出的大胆的民主化改革相去甚远，这届政府被普里莫·德里韦拉的军事政变推翻时，雷蒙德·卡尔写道："这不是第一次，也不会是最后一次，一位将军声称他要解决掉的不过是一具病入膏肓的躯体，而实际上他是在扼杀一个新生儿。"但是哈维尔·图塞利的观点似乎更有道理："这位加泰罗尼亚军区司令并不是勒死新生儿，他只不过埋葬了一具尸体。这个政治体系死于癌症晚期，而不是心脏病突发。"[54] 实际上，当加西亚·普列托宣布他的政府绝不会推动修订宪法时，所谓改革雄心的局限性就已经暴露无遗。再比如，在国王的支持下，教士们发起了猛烈抨击，罗马诺内斯不得不撤回了一项禁止将艺术珍宝卖到国外的法令，这进一步暴露了内阁的软弱。这些艺术品大部分属于教会。

更糟糕的是，政府明确表示，它绝不同意修改宪法第 11 条，该条禁止公开举行其他宗教的仪式。罗马诺内斯退让时，财政大臣何塞·曼努埃尔·佩德雷加尔辞职以示抗议，但他所在政党的领导人梅尔基亚德斯·阿尔瓦雷斯却没有辞职，对他和他的自由派同事们来说，权力比原则更重要。[55] 当政府终于着手于 1923 年 4 月组织选举时，这一点最明显不过了。在整个复辟时期，这一次选举最不民主，操纵选举的十八般武艺齐上阵。因为没有竞争对手而根据选举法第 29 条直接当选的议员人数创历史新高。政府内部的各种自由派势力为获得内定席位展开了不顾廉耻的争斗。贿选成风，圣地亚哥·阿尔瓦为他的捐助者马奇争取到了一个席位，马奇为此花了一大笔钱。和以往一样，获胜者是老狐狸罗马诺内斯。他和加西亚·普列托都设法为各自的九个近亲在议会弄到了席位。讽刺的是，工社党只赢得了七个席位。[56] 西普里亚诺·里瓦斯·谢里夫代表朋友曼努埃尔·阿萨尼亚在西班牙中部托莱多的蓬特阿索维斯波镇参加竞选，他描述了那里的腐败情形。在与当地豪强的竞争中，阿萨尼亚得到了毕尔巴鄂一家造船厂的资助。两边的选票都是买来的，但到了选举日，当地豪强买通地方官员，直接伪造选票。后来，当地豪强开始打击当地支持阿萨尼亚的共和党人。[57] 政府的做法正是纳塔略·里瓦斯在日记中记述的潜规则，"一场干净的投票，意味着在政坛上被人迅速遗忘"[58]

联合政府为解决当时的严重问题采取的种种尝试统统徒劳无

功。阿尔瓦希望结束对西属摩洛哥的军事统治，代之以文职政府，以解决摩洛哥问题。这需要首先解决殖民地冲突，但又涉及究竟是现在撤退还是先彻底征服。由于这两种方法都不可行，阿尔瓦招致极右翼势力和军方的不满。在1923年1月下旬和整个2月，在巴斯克银行家奥拉西奥·埃切瓦列塔的资助下，阿尔瓦设法让克里姆手里的战俘获得释放，而这引起了越来越多的不满。由于为此付出了巨款，有人认为这侮辱了军队的尊严，就像是说军队无能，没办法拯救自己的士兵。当获释的士兵抵达南部港口马拉加时，国王并没有向他们表示慰问，而是去了韦尔瓦的塔里法公爵的庄园打猎。这并不奇怪，因为他抓住每个机会享乐，尤其是在多维尔的赌场。有传言说，他听说了这次赎金的数额后，轻蔑地说："鸡肉越来越贵了。"然而，许多军官要求对摩洛哥人进行报复，国王没有拦阻他们。[59] 相反，2月1日，米格尔·普里莫·德里韦拉将军给阿尔瓦写了一封贺信："虽然，你说得对，这既不是什么胜利，也不是什么值得高兴的事，但它确实值得祝贺，因为我们摆脱了噩梦，再也不用担心战俘死掉。要让他们获得释放，现在这种办法是最好的。愿上帝保佑，这场鲁莽的非洲冒险到此结束，我们再也不用受到伤害和羞辱。"[60]

阿尔瓦和西班牙高级专员路易斯·西尔韦拉试图通过在克里姆的亲西班牙朋友德里斯·本·赛义德居中媾和。德里斯·本·赛义德此前已经获准在里夫地区承建大量公共工程项目，这让军方高层大多数人十分不满。阿尔瓦决心和平解决摩洛哥问题，这使得他与战争大臣阿尔卡拉－萨莫拉发生了冲突，阿尔卡拉－萨莫拉于5月25日辞职。同一天，克里姆对西班牙军队阵地展开了猛烈攻击。

新的战争大臣路易斯·艾斯普鲁将军于 6 月 7 日任命马丁内斯·阿尼多为梅利利亚的指挥官。几天后，德里斯·本·赛义德被神秘枪杀。考虑到马丁内斯·阿尼多在巴塞罗那的恶行，人们普遍认为他是谋杀的幕后黑手，目的是扼杀和平谈判。马丁内斯·阿尼多制订了计划，要进行一次两栖远征，夺取阿卢塞马斯。阿尔瓦十分担心，左翼也发出了抗议。巴勃罗·伊格莱西亚斯发表了一篇有影响力的文章，称其为"疯狂的冒险"，文章将整个摩洛哥行动称为"埋葬西班牙年轻人的巨大坟墓"。总参谋部经过详细研究，计算出这次行动会造成无法接受的重大伤亡，内阁因此拒绝了马丁内斯·阿尼多的计划。马丁内斯·阿尼多一怒之下于 8 月 10 日辞职。部分军官将马丁内斯·阿尼多视为英雄，认为政府无端插手军事政策，对此十分反感。在马丁内斯·阿尼多离职后，右翼人士的反感很快加深。而战斗愈演愈烈，伤亡人数不断增加。非洲派军官的积极支持者散布耸人听闻的谣言，说由于阿尔瓦坚持反战主义政策并削减军费，安瓦勒惨败可能再次发生。[61]

8 月 23 日，与"悲惨一周"类似，在马拉加港，一队应征入伍的士兵发生哗变。在场的妇女们高呼"不要去摩洛哥。他们要你去送死"。平民挤成一团，有军官遭到袭击。混乱中的一些新兵只是喝醉了，另一些是加泰罗尼亚和巴斯克地区的民族主义分子借机表达政治主张。国民警卫队出面恢复了秩序。按照计划，这一事件发生的同时，西班牙北部港口毕尔巴鄂也爆发了共产党组织的大罢工。工兵团的一名士官何塞·阿尔多斯被杀，罪行被归咎于下士何塞·桑切斯·巴罗索，他是加利西亚人，很快被军事法庭审判并判处死刑。当时公众对摩洛哥行动普遍反感，因此对死刑判决表示了强烈抗议。8 月 28 日，在内阁的请求下，桑切斯·巴罗索得到了国王的赦免。由于发生了马拉加事件，随后公众也不支持在摩洛哥发动军事行动，军官们十分不满，认为桑切斯·巴罗索获得赦免是对他们的轻视。高级将领们认为，这进一步证明了自由派政府的软弱无能。[62]

随着摩洛哥紧张局势进一步恶化，巴塞罗那的情况也变得更加糟糕。在选举之前，为了解决社会问题，加西亚·普列托任命自己所在的自由党的加泰罗尼亚议员萨尔瓦多·拉文托斯·克利维耶斯出任巴塞罗那民政长官，顶替阿达纳斯将军。由于这一任命，加上政府在劳资纠纷中引入仲裁委员会，全劳联中较为温和的势力得以在塞吉的领导下继续重建工会。在与胡安·拉吉亚·伊特拉斯秘密会晤后，全劳联在塞吉的主导下与自由工会心照不宣地达成休战协定。自由工会不再由马丁内斯·阿尼多提供庇护，因此也倾向于和解。全劳联的复兴激怒了雇主们，没有了马丁内斯·阿尼多，他们便向军区司令米格尔·普里莫·德里韦拉求助，他是马丁内斯·阿尼多的朋友。此外，强硬的埃拉克利奥·埃尔南德斯·马利略斯上校成为巴塞罗那警察局局长，还任命胡利奥·拉萨尔特上尉为他的副手，这更令雇主们感到安心。[63]当塞吉宣布他准备与工社党人合作，推动西班牙从摩洛哥撤军时，普里莫和大部分军队高层对全劳联的敌意就板上钉钉了。全劳联和自由工会之间的短暂休战于 1923 年 3 月结束。在佩斯塔纳、佩罗和塞吉的领导下，全劳联获得新生，许多在马丁内斯·阿尼多迫害期间加入自由工会以寻求保护的工人重新回到了自己的阵营。自由工会的强硬派准备再次发动斗争，阻止全劳联作为一个合法组织继续发展壮大。[64]他们把温和的无政府工团主义者作为打击目标。2 月 24 日，自由工会纺织加工工会的一位领导人阿马德乌·坎皮遭到枪杀。虽然有人指控是全劳联所为，但坎皮更有可能是被拉蒙·萨莱斯枪杀的，之前二人已经失和。另外两名脱离自由工会的人也被枪杀。[65]

3 月 10 日，塞吉和他的朋友弗兰塞斯克·科马斯被一群自由工会的人开枪打死，凶手包括伊诺森西奥·费塞德。在拉萨尔特上尉带领的警察掩护下，刺客们逃之夭夭。这次行动是由佩雷·马蒂尔·奥姆斯组织的，他之前策划了对莱雷特的刺杀和对马丁内斯·阿尼多的假袭击。同以前一样，这次行动也是由工厂主马蒂斯·蒙塔达斯资助的。马丁内斯·阿尼多评论道："我并不感到惊讶。玩火者必自焚。"费塞德后来透露，雇主联合会资助了这次枪击事件。当然，蒙塔达斯和雇主联合会的其他主要成员希望能有一场军事政变，并认为杀害塞吉将会激起全劳联的报复，反过来会有更多人支持军队接管。虽然塞吉之死影响重大，但还有更多全劳联和自由工会成员死于相互仇杀。在随后的十周内，16 名全劳联成员和 10 名自由工会成员被枪杀，另有多人受伤。[66] 为了避免大规模的示威游行，民政长官萨尔瓦多·拉文托斯安排将塞吉的遗体从医院带走并秘密埋葬。这在巴塞罗那、希洪和萨拉戈萨引发了警察和刺杀小队之间的战斗。3 月 18 日，当科马斯下葬时，有接近 20 万人为他送葬。[67]

塞吉被杀对全劳联的打击是毁灭性的，全劳联失去了方向，再没有人能够弥合工会主义者和刺杀小队之间的鸿沟。[68] 在他死后，佩斯塔纳和全劳联秘书长霍安·佩罗为制止流血而不断奔走，但都徒劳无功。值得注意的是，自由工会打击的无政府主义者，恰恰是那些试图结束暴力的人。之后，佩罗自己两次被袭。其他人想为塞吉和科马斯报仇。佩斯塔纳和佩罗尽管不愿支持，但还是默许了，一心指望以暴制暴，迫使自由工会停止攻击。他们成立了行动委员会，选择主要的袭击目标，其中一个是马丁内斯·阿尼多。具体的脏活儿交给了一个专门的单位。它的起源可以追溯到 1920 年，当时曼努埃尔·布埃纳卡萨和布埃纳文图拉·杜鲁蒂参与了一个名为"主持正义者"的组织，该组织试图在巴斯克地区杀死国王，但没有成功。他们在 1921 年初逃到萨拉戈萨，在那里，弗朗西斯科·阿斯卡索加入了他们。1922 年 9 月，该组织搬到了巴塞罗那，并与胡安·加西亚－奥利弗取得了联系。这些人与里卡多·桑斯和奥雷利奥·费尔南德斯一道在 1922 年底成立了"团结者"组织。他们当时都很年轻。杜鲁蒂和费尔南德斯是技工，阿斯卡索是服务员，桑斯是纺织工人。1923 年 5 月，他们两次试图抓住马丁内斯·阿尼多，先是在北部港口城市圣塞瓦斯蒂安，后来又在西北部加利西亚的阿科鲁尼亚，但均未得手。[69]

1923 年 5 月 17 日，他们在西北部的莱昂杀死了毕尔巴鄂的前民政长官福斯蒂诺·冈萨雷斯·雷格拉尔。6 月 4 日，弗朗西斯科·阿斯卡索和拉斐尔·托雷斯·埃斯卡廷枪杀了立场传统的萨拉戈萨大主教何塞·索尔德维拉·罗梅罗。索尔德维拉大主教立场极端保守，非常不得人心，无政府主义者认为他资助了自由工会的成员，还和马丁内斯·阿尼多、阿莱吉一道密谋杀害了塞吉。他还被指经营妓院、赌场和一家建筑公司并从中大发横财。据说凭借腐败所得，他过着奢华的生活，周边有一群年轻修女伺候。他是按照每日惯例去修道院探访时被枪杀的，据传他在那里与一名修女保持着不正当关系，还给她留下了一笔财产。[70] 暗杀事件在西班牙的中上层阶级中引发了恐惧浪潮。

佩斯塔纳和佩罗意识到，这类刺杀给工厂主和军官们提供了发动政变的借口，于是二人解散了委员会，并要求"团结者"组织也自行解散，但未能成功。相反，"团结者"组织计划建立一个革命性团体，取名"伊比利亚无政府主义者联盟"，并开始明目张胆地抢劫，以筹集资金。由于全劳联曾多年被视为非法组织，而工人们试图恢复他们的生活水平，导致罢工大幅升级，温和派的处境因此更加不利。[71] 在建筑行业发生劳资冲突后，5月初爆发了自加拿大公司工人罢工以来规模最大的罢工行动，这一次是港口工人。为了挑起大规模对抗，雇主们针对码头工人实施停工。统一工会中了圈套，发动了包括垃圾收集工在内的运输工人大罢工。由于街道上垃圾成堆，食品运输陷入停顿，中产阶级便倾向于采取威权方式解决问题。普里莫·德里韦拉被上层和中产阶级视为自马丁内斯·阿尼多离职以来所缺少的救世主，他打算宣布戒严，并授权组织民防队。民政长官萨尔瓦多·拉文托斯解决罢工的措施被嘲笑为无法容忍的软弱。他辞职后，接替他的是议会的一名自由派议员弗朗西斯科·巴尔韦尔。[72]

新上任的民政长官继续前任的做法，想通过谈判解决罢工问题，这很快就激怒了雇主们。他们越过他，直接向普里莫·德里韦拉求助。加拿大公司罢工期间发生的事情再次重演。正如米兰斯·博施当时所做的那样，普里莫对他们的想法表示支持。6月8日，在遇刺身亡的自由工会和民防队双料成员何塞普·弗兰克萨的葬礼上，两个组织共有5000名成员参加。巴尔韦尔受到了威胁和推搡，靠着普里莫才解了围。普里莫支持加泰罗尼亚工厂主们策划更极端的计划，这让加西亚·普列托感到警惕并打算解除他的职务。于是，加西亚·普列托把他和巴尔韦尔都叫到了马德里。然而，国王拒绝签署命令解除普里莫的职务。巴尔韦尔已经身心交瘁，上任仅3周后就辞职了，由于精神深受打击，他于两个月后去世。普里莫则利用在马德里停留之机为军事政变寻求支持。他会见了四名将军，人称"四人帮"，分别是何塞·卡瓦尔坎蒂、安东尼奥·达万、莱奥波尔多·萨罗和达马索的弟弟费德里科·贝伦格尔，此外他还见了马德里的军政长官得土安公爵。他们所关心的是，不应从摩洛哥撤军，巴塞罗那的混乱也必须得到解决。这五个人都是坚定的保王党。实际上，国王曾经对阿尔卡拉－萨莫拉说，除非自己下令，否则达万和萨罗不会动一兵一卒。由于"四人帮"与国王联系密切，国王对普里莫的阴谋了如指掌，由于怀疑普里莫的能力，他对批准普里莫的计划犹豫不决。普里莫把他的计划告诉了罗马诺内斯，但声称短期内不打算动手。[73]

事实上，在整个1923年，阿方索十三世听到了相当多的怂恿之词，希望他领导一场军事政变。那一年的某个时候，他对加西亚·普列托内阁的教育和艺术大臣华金·萨尔瓦特利亚说，他认为解决这个国家问题的唯一办法是建立一个军人政府。一直有传言说，领导政变的会是66岁的弗朗西斯科·阿吉莱拉－埃赫亚将军。1917年春天，他曾短暂担任加西亚·普列托政府的战争大臣，并在军队里有相当多的支持者。作为最高战争委员会的主席，阿吉莱拉认为殖民地最高指挥部应该为军事惨败承担责任，但他也不愿意政客们把责任撇得一干二净。1923年7月初，他写信给保守派的前首相华金·桑切斯·托卡，信中言辞激烈，指责桑切斯·托卡祖护政府免受追责。他还拒绝道歉，并向桑切斯·托卡提出决斗。此时，桑切斯·格拉和罗马诺内斯试图劝和，但阿吉莱拉火气越来越大，甚至跟桑切斯·格拉扭打在了一起，结果反而是这位将军落了下风。这次难看的冲突之后，阿吉莱拉不再可能成为未来的独裁者。[74] 不管怎样，阿吉莱拉此前已经向普里莫·德里韦拉明确表示，自己认为政变的想法不切实际。[75]

8 月，阿方索十三世与不少人讨论了发动政变的想法，其中包括安东尼奥·毛拉的儿子加夫列尔·毛拉，加夫列尔·毛拉将此事告诉了他的父亲。安东尼奥·毛拉知道国王执迷于布尔什维克主义并担心毕加索报告的影响，并仍旧把独裁当成儿戏。他给国王写了一封信，信中分析："我的所有结论都来自我长期以来的观点，而且这个想法越来越坚定，即当前的政党无一例外地表现出执政无能，尽管这种集体无能并非由其领导人个人失败所造成。"毛拉声称，即使再换另一个联合政府也于事无补，问题在于复辟体制本身的腐坏。然而他认为，如果国王接管政府职能，承担起日常职责，等于让君主制引火上身。因此，他认为解决问题的办法在于军队："对于那些在危急情况下曾经将自己的意志强加于别人的军人来说，由他们承担起执政的全部责任，由此遭受的损害会少一些。"[76] 国王认为，这封信意味着毛拉支持他让军队接管政府。然而，他没有理会毛拉的提醒，即如果国王自己插手随后的独裁统治，君主制将面临覆灭。

巴尔韦尔辞职后，取而代之的是来自加利西亚的曼努埃尔·波特拉·巴利亚达雷斯，他当时 56 岁，非常富有，爱吹长号，是一个自由主义者，还曾是加泰罗尼亚工商促进会的成员。他上任后立即对全劳联展开大规模打击，白天在街上部署军队，晚上授权民防队巡逻。结果，佩罗随即失势，加西亚·奥利弗和刺杀小队得势，中产阶级因此愈发担心社会冲突会愈演愈烈，希望军队进行干预。[77]

普里莫离开马德里时，心里明白他的计划已经为人所知。他向一位朋友透露，他很惊讶返回途中没有遭到逮捕，而且回到巴塞罗那后也没有被解除职务。[78] 当普里莫在 6 月 23 日到达巴塞罗那时，许多人聚集在火车站对他表示欢迎，他的虚荣心得到很大满足。在私下的会面中，一些大工厂主们劝说普里莫，希望普里莫成为他们渴望已久的"铁血外科医生"。甚至在他去马德里之前，雇主们就给他发了一封公开信，要求镇压罢工，恢复苛刻的工作条件。普里莫在 6 月 28 日搜查了全劳联总部，逮捕了 18 名领导人。这次行动超出了他的权限，但他认为这是鉴于全劳联即将发动武装起义的军事需要。波特拉·巴利亚达雷斯没有反对。在这样的打击下，7 月 12 日，全劳联下令停止罢工，这次罢工涉及约 14 万名工人，已经造成 22 人死亡。[79]

普里莫采取强硬手段结束了罢工，使得加泰罗尼亚的上层精英们认为应当采取更多强硬措施，彻底粉碎全劳联。与此同时，刺杀小队继续鼓动社会冲突，实施了一系列的银行抢劫案，其中最轰动的是 9 月 1 日在西北部港口城市希洪对西班牙银行发动袭击。[80] 两天后，内阁改组，人们普遍认为这显示了政府的软弱无能。[81] 紧接着，9 月 11 日加泰罗尼亚民族日当天发生了一连串事件，紧张局势进一步加剧。当时，加泰罗尼亚、巴斯克和加利西亚的民族主义者团体聚集在巴塞罗那，他们举行示威，要求在这三个地区实行自治。有人喊出"打倒西班牙"的口号，还有人高喊支持摩洛哥里夫地区的起义者，他们与警方发生了冲突。不出所料，巴塞罗那驻军部队的军官们勃然大怒。作为加泰罗尼亚军区司令，普里莫·德里韦拉宣布戒严。[82]

对自己的大计划，普里莫·德里韦拉几乎没有保密。他明显去过国王在圣塞瓦斯蒂安的避暑别墅，二人讨论过该计划。后来，在科尔多瓦的一次宴会上，阿方索十三世向他的东道主透露，普里莫正在准备发起一场运动以解决当时的问题。[83] 普里莫于 9 月 7 日返回马德里，与"四人帮"将军们会面，为一周后的政变做最后的安排。这得到了资深非洲派军官们的支持。在此之前，萨拉戈萨的军事长官何塞·圣胡尔霍将军对他表达了含混的支持。6 月 23 日从马德里返回后，他立即争取了军人委员会的支持。普里莫向共济会成员、共和党人爱德华多·洛佩斯·奥乔亚将军承认，对于不同的说服对象，他使用的方法各不相同。他告诉洛佩斯·奥乔亚，为了解决摩洛哥、刺杀横行和加泰罗尼亚民族主义的问题，政变后将建立一个有军队支持的称职文官政府，军队掌权只是临时的。洛佩斯·奥乔亚后来说，他了解到普里莫与加泰罗尼亚独立主义运动领导人物达成了协议，给予加泰罗尼亚自治权，批准实施优惠的关税，以换取他们的支持。他告诉巴塞罗那驻军部队的另一名高级军官、国王的朋友梅卡德尔将军，称他的计划是为了拯救君主制度，同时向洛佩斯·奥乔亚保证，"之后的事情将会非常不同"。[84] 这似乎得到了波特拉·巴利亚达雷斯的证实，他说普里莫·德里韦拉回到巴塞罗那后不久便向他透露了政变计划。据说，波特拉提醒，对于政变计划，国王这个障碍是无法克服的，普里莫回答："只要他妨碍我，我就把他赶出西班牙。"[85] 在马德里第二次逗留期间，他写信给休达的指挥官（恩里克·马索·巴拉格尔）和梅利利亚的指挥官（曼努埃尔·蒙特罗·纳瓦罗），以确保他们予以支持。这些信的内容显示，他决心继续打击克里姆。[86]

1923 年 9 月 13 日凌晨，普里莫发动了政变。他早就巴结上了加泰罗尼亚的精英们。据称，当时他与胡诺伊、建筑师何塞普·普伊赫－加达法尔（加泰罗尼亚地方市镇政府团体——加泰罗尼亚联盟的主席）以及其他加泰罗尼亚工商业领袖在边境靠法国一侧的丰罗默水疗中心举行了秘密会议。在会谈中，为争取他们的支持，普里莫可能允诺了将支持他们争取更大程度的自治、实施保护主义政策和重建公共秩序。[87]就如同表演哑剧一般，他努力在公共活动中说加泰罗尼亚语，处处表现出对加泰罗尼亚文化的钦佩，尤其对当地民间舞蹈萨达纳舞大加称赞。当遇到坎博时，他总是这样打招呼："领导，您好！"他经常与地方主义同盟中最保守的工业巨头们共进晚餐，比如雇主联合会的费利克斯·克劳佩拉，加泰罗尼亚工商促进会的多明戈·塞特、科米利亚斯侯爵和费兰·法布拉·普伊赫（阿莱利亚侯爵）。[88]从这个意义上说，普里莫的政变更多是为了满足加泰罗尼亚精英粉碎全劳联的目标，而不是为了摆平毕加索将军有关安瓦勒惨败报告引发的追责问题，尽管非洲派军官和阿方索十三世肯定会在这方面支持他。国王发挥的重要作用，并非因为他积极参与这项行动，而是因为他不负责任地袖手旁观。当政变来临时，政府的反应十分无力，因为他们要想扭转整个政治形势，只能采取孤注一掷的措施。因此，尽管政府清楚普里莫和"四人帮"的图谋，但没有采取任何措施阻止普里莫返回巴塞罗那。而普里莫对于计划成功其实根本没有把握。他很担心在回来的路上被逮捕，就像在

6 月时担心的那样。据洛佩斯·奥乔亚称，加泰罗尼亚独立主义的支持者们早已备好汽车，一旦事情进展不顺，就把普里莫送往法国。[89]

与此同时，国王正驰骋在圣塞瓦斯蒂安和法国西南部比亚里茨之间的公路上，逍遥快活地试驾他的新跑车。9 月 12 日，作为陪同阿方索度假的大臣，圣地亚哥·阿尔瓦获悉政变迫在眉睫。阿尔瓦明白自己是军队的眼中钉，他决定辞职。此外，政变阴谋的主要同谋者马丁内斯·阿尼多此时正在圣塞瓦斯蒂安，他接到命令，一旦政变成功，就立即逮捕阿尔瓦，交给军事法庭迅速审判并枪决。阿尔瓦获悉情况后，为避免杀身之祸，他跨过边境大桥逃入法国。[90] 在马德里，中央政府面对变局犹豫不决。加西亚·普列托赞成逮捕普里莫，但战争大臣路易斯·艾斯普鲁将军不相信普里莫发动了政变。在政府争论的时候，普里莫·德里韦拉已经发布命令，要求在巴塞罗那实施戒严，占领所有主要的公共建筑，并要求民防队上街执行巡逻任务。与此同时，他向全国发表公开声明，称自己是人们期待已久的"铁血外科医生"，作为复兴西班牙的第一步，他将清除腐败无能的职业政客。为达成目标，他将对病入膏肓的政治体制实施大手术。在需要解决的问题中，他列出了武力颠覆、街头暴力、公共秩序混乱和分裂主义，但没有明确对摩洛哥问题提出解决方案，只是宣称他将设法迅速和体面地解决问题。[91]

由于没有民众的支持，政府几乎无法阻挡军队前进的步伐。政府更不可能反对阿方索十三世。国王可能确实并未积极参与政变，但肯定知道对政变的图谋并且乐观其成。对于政府治理的无能和面对革命威胁时的软弱，国王一直心怀不满。与那些腐败的民选政府相比，他相信自己更能代表国家意志。早在 1921 年 5 月，他就在科尔多瓦发表了一次鲁莽的演讲。1923 年 2 月和 3 月，右翼《行动报》发表文章，一时间国王考虑独裁统治的谣言甚嚣尘上。该报的主编曼努埃尔·德尔加多·巴雷托是极右翼的代表人物。阻止议会讨论毕加索报告如今有了直接好处。[92] 9 月 14 日，阿方索十三世喜气洋洋地穿着军装抵达马德里，宣布支持军事政变分子。由于他拒绝解除参与政变的将军们的职务，政府不得不下台。然后，他在马德里召见普里莫·德里韦拉，任命他为拥有行政和立法权的军人督政府的领导人。加西亚·普列托似乎松了一大口气，他对记者说："我有了一个新的可以向其祈祷的圣人，他便是圣米格尔·普里莫·德里韦拉，因为他把我从政府的噩梦中解救了出来。"[93] 9 月 14 日晚上，大约 4000 名加泰罗尼亚人挤满火车站。他们穿着正式，为普里莫赴马德里上任送行。[94] 队伍领头的是巴塞罗那市长阿莱利亚侯爵、加泰罗尼亚联盟主席何塞普·普伊赫－加达法尔以及主要的工厂主。政变的意义被比作外科手术，原因很明显，普里莫自己认领了"铁血外科医生"这一复兴主义的经典形象。英国历史学家雷蒙德·卡尔和以色列历史学家什洛莫·本·阿米认为，普里莫扼杀了加西亚·普列托政府代表的民主之婴，而对于西班牙历史学家哈维尔·图塞利和何塞·路易斯·加西亚·纳瓦罗来说，普里莫埋葬的不过是一具尸体。两种观点都让阿方索十三逃脱了责任。毕竟，如果没有他的干预，政变很容易就可被挫败。由于执迷于军人政府，当军队也束手无策的时候，国王就无路可退了。弗朗西斯科·罗梅罗说得更妙："事实上，这位'铁血外科医生'刚刚关掉了昏迷病人的生命维持系统。作为病房主管，国王之前就打算自己去关掉那个机器，现在当然毫不犹豫地在死亡证明上签了名字。"[95]

第七章

普里莫·德里韦拉的独裁统治：
成功的几年，1923—1926 年

9月12日，普里莫·德里韦拉发表施政宣言，抨击君主立宪制政体裙带关系横行，官僚腐败。普里莫呼吁民众揭发"司法不公、贿赂或丑行"，并承诺将"严厉惩罚这些伤害、毒化西班牙或者使西班牙蒙羞的人"。[1]这样的雄心壮志看似值得赞赏，但与他的经历并不相符。普里莫在军事生涯方面的迅速蹿升，恰恰得益于他的叔叔费尔南多·普里莫·德里韦拉的提携，而且他在加的斯谋求议员席位时，并非通过选举而是经由内定，尽管最后并未成功。安赫尔·奥索里奥说这份宣言是"粗鄙的陈词滥调和愚蠢粗俗的大杂烩"，并嘲笑这是想把军队对西班牙现状的责任洗白。脾气暴躁的哲学家米格尔·乌纳穆诺直接称这份宣言是"色情文学"。正派的政治家们被激怒了。其他人如德拉谢尔瓦，只把这些批评当作是针对其他人的。[2]

阿方索十三世一贯轻浮，他没有意识到，服务于旧体制的政客们都是他任命的，因此批评的泥点子同样会溅到他身上。加夫列尔·毛拉写道："很有可能他［普里莫］和国王当时都没有意识到，与被新政权推翻的旧制度一样，君主制也会被一同埋葬，对于这一点，大多数普通的西班牙人也是直到很久以后才明白。"[3]因此，阿方索十三世漫不经心地做出了实际上影响深远的决定——不支持立宪政府，而是把权力交给普里莫。他不顾政府的恳求，推迟了返回马德里的时间，声称是由于天气恶劣耽误了行程。事实上，他是在访问北部的布尔戈斯、巴利亚多利德和萨拉戈萨，以了解那里驻军部队的动向。在圣胡尔霍将军的建议下，他对这次访问守口如瓶。访问结束后，他先回到圣塞瓦斯蒂安，然后才动身返回马德里。[4]

　　几乎没有人反对政变，这表明加西亚·普列托领导的政府并没有带来真民主。政变并未引发激烈反应。在城镇、咖啡馆和报刊亭，有的人冷眼旁观，有的人热情欢迎。[5]上层阶级、高级将领都非常高兴，国王本人尤甚。最高战争委员会原定于 9 月 15 日开会，审理安瓦勒惨败的涉案军官。负责审查毕加索报告的议会专门委员会也计划于 9 月 20 日开会确定其最终结论，并将于 10 月 1 日在议会上进行辩论。如今，这场政变终止了上述司法程序，对于这一结果，整个夏天里都惴惴不安的国王感到十分欣慰。作为普里莫的同谋之一，卡瓦尔坎蒂将军说："米格尔，你会明白的，我搞革命可不是为了进监狱。"

　　实际上，普里莫首先做的就是获取报告文本和相关证据。然而，委员会主席贝尔纳多·马特奥·萨加斯塔早已有所预料，他从议会的档案中抽走了上述材料，并将其藏了起来。[6]1924 年 6 月 27 日，最高战争委员会认定贝伦格尔将军对梅利利亚地区战事崩溃负有责任，他被开除军籍。结果，一周后实施了大范围特赦，导致这一判决形同无效，并为安瓦勒惨败的进一步调查工作画上了句号。普里莫轻描淡写地把这场惨败说成是"最优秀的军队也会偶尔遭遇的不幸"。获得特赦的还包括政治犯。[7]

　　普里莫到达马德里的第一天，阿方索十三世签署了建立军人督政府的法令，新政权的性质昭然若揭。督政府由普里莫领导，成员包括一名海军上将（安东尼奥·马加斯）和八个军区各自派出的一位将军。安东尼奥·马加斯担任督政府名义上的副主席。就在同一天，戒严令开始实施，直到 1925 年 3 月 16 日才解除。新闻受到严格审查，议会休会，宪法保障的权利暂停。政府各部保留，但均由副大臣领导，普里莫本人成为超级大臣，全面负责所有部门。9 月 22 日，他的密友马丁内斯·阿尼多被任命为"内政部副大臣"，实际上主管内政部工作，代替象征性的海军上将马加斯，成为普里莫的二把手。马丁内斯·阿尼多以前的副手米格尔·阿莱吉在担任巴塞罗那警察局局长期间名誉扫地，如今复出，成为手握大权的公共秩序局局长。阿莱吉的副手则是阴险狡诈的上尉胡利奥·德拉萨尔特·佩西诺，他擅长捏造各种"信息"。[8]

新政权面临的主要问题有三个：一是巴塞罗那的阶级斗争；二是政治制度的腐败低效；三是西属摩洛哥的困局。普里莫的表态重点在治理腐败。然而，普里莫的这一群亲信基本没有这方面的经验，很难解决腐败问题，尤其是他们自己也在享受职权带来的各种好处。哲学家何塞·奥尔特加－加塞特的哥哥爱德华多·奥尔特加－加塞特尖锐地指出："这些人头脑如此平庸，哪里能指望他们正经做事？这种安排太任性了，简直可笑。"[9]

由于之前的立宪政府无力解决这些问题，普里莫·德里韦拉的政变给人们带来了希望。第一批表示支持新政权的人期望新政权能够减少社会混乱，结束地方豪强统治。加泰罗尼亚工商促进会很快就向普里莫表示忠心，"施政宣言庄严、权威，我们坚决拥护宣言提出的政策和国家复兴目标"[10]。加泰罗尼亚工厂主和地主的各类组织也不甘落后。普里莫之前曾秘密会晤地方主义同盟和加泰罗尼亚工商促进会的高级领导人。他明确承诺，自己一旦掌权，将扩大加泰罗尼亚自治，以换取这些人对他发动政变的支持。[11] 加泰罗尼亚联盟主席何塞普·普伊赫－加达法尔写信给普里莫，对政变表示乐观其成，他在信里说："如果要在违法和腐败之间做选择，我们选择前者。"这并不奇怪。普里莫早前发表了许多支持加泰罗尼亚和联邦主义立场的言论。因此，普伊赫－加达法尔确信可以利用普里莫在西班牙国家内提高加泰罗尼亚的重要性。他在信中进一步承诺，"我们将配合这个慷慨的新计划"。[12]

然而，弗兰塞斯克·坎博要谨慎得多。尽管他暗指政变是"多年苦难后唯一尝到的甜味"，但他还是建议自己的追随者不要对督政府表明态度。确实，他表示自己一直认为独裁统治对国家来说是一场灾难。[13] 坎博一向精明，他清楚地意识到，普里莫支持加泰罗尼亚独立主义充其量不过是表面文章，实际只是用来为自己的政变计划争取支持。普里莫绝对无法说服军队其他人接受加泰罗尼亚自治。9 月 18 日，他开始采取措施打击各地区的民族主义，加夫列尔·毛拉认为其主要目标是打击加泰罗尼亚。普里莫下令公共建筑只能悬挂西班牙国旗，公共活动和学校里只能使用卡斯蒂利亚语①。在巴斯克地区，巴斯克民族主义党被取缔，该组织的聚会场所也被关闭。在加泰罗尼亚，主张斗争的民族主义政党"加泰罗尼亚国"和"加泰罗尼亚行动"被解散。人们不得跳萨达纳舞，不得唱非官方国歌《收割者》，连街道名牌里用加泰罗尼亚语标注的那

---

① 指在卡斯蒂利亚方言的基础上形成的现代标准西班牙语。西班牙的巴斯克、加泰罗尼亚和加利西亚等地还通行各自的方言。

一半也被抹掉了。普里莫宣称，在工团主义、共产主义和分裂主义中，分裂主义的罪行最严重。在他的安排下，全国君主制联盟持中央集权立场的阿方索·萨拉顶替普伊赫－加达法尔，成为加泰罗尼亚联盟的新主席。随着他自己领导的西班牙民族主义愈演愈烈，他不顾地方管理局局长何塞·卡尔沃·索特洛的建议，于 1924 年夏天解散了加泰罗尼亚联盟。坎博在流亡中对中央政府提出了尖锐的批评。而加泰罗尼亚人则愤怒地认为新政府背叛了地方主义同盟，加泰罗尼亚独立运动的领导权于是转到了左翼组织手中，这对未来的影响更加深远。[14]

事实上，普里莫迅速背弃对加泰罗尼亚自治的承诺，再次重用马丁内斯·阿尼多和阿莱吉，这表明他最重要的任务就是打击革命力量。二人回归后，自由工会顺利还魂。该组织的成员于 1925 年达到 111 252 人，1929 年达到 197 853 人，主要分布在加泰罗尼亚和巴伦西亚。这表明，在全劳联被禁的情况下，任何组织只要能够保护工人的荷包，那些不死守意识形态教条的无政府主义者就会投奔其门下以求庇护。然而，等到 1930 年普里莫·德里韦拉倒台，自由工会的拥趸便再一次作鸟兽散，全劳联反而人数激增，这清楚地揭示了加泰罗尼亚工人的政治倾向。1931 年 4 月，当加泰罗尼亚左翼共和党凭借全劳联的支持在加泰罗尼亚上台后，自由工会便土崩瓦解了。[15]

9 月 18 日的法令是社会走向军事化的一步，根据该法令，西班牙每个城镇建立了民防队，加泰罗尼亚资产阶级因此兴高采烈。保守派的公民受到邀请，在军队的监督下加入这些武装民兵、辅助警察和军队，以结束横行街头多年的刺杀行径。[16] 民防队是一支武装民兵，属于新政权的镇压机关。尽管绝不能把独裁政权等同于血腥暴政，但在许多方面（比如允许民防队自由行动），独裁政权会不断侵蚀法治。根据 1926 年 10 月 14 日发布的法令，政府如果认为司法判决可能"损害"行政当局的利益，便有权要求暂缓执行该司法判决。民防队的成员也经常犯下暴力罪行。有些人利用民防队成员的身份来偷猎甚至杀人。有一次，一名民防队队员拒付房租又不愿搬走，然后杀死了房主。在受审时，他问道："那么，他们为什么给我这支步枪呢？"即便民防队队员因犯罪受到审判，当局 1927 年 5 月 16 日发布的法令也赦免了他们。著名的犯罪学家金蒂利亚诺·萨尔达尼亚称该法令为"司法怪兽"。[17] 在加泰罗尼亚之外的其他地方，民防队并没有取得普里莫预期的成功。许多人加入民防队只是为了免缴狩猎许可证的费用。随着全国范围内的组建热潮，民防队人数达到 21 868 名。这个数字在 1925 年顶峰时达到 100 425 名，然后迅速下降，1928 年下降到 22 492 名。此外，他们还负责参加官方游行和仪式队伍以壮声势。[18]

有一位政治人物对施政宣言的目标心知肚明，他就是圣地亚哥·阿尔瓦，因为宣言里说已经准备好起诉这位"道德堕落和心狠手辣的大臣"。普里莫和阿尔瓦二人都主张放弃摩洛哥殖民地，而且以前关系不错，但现在普里莫却提出一个既卑鄙又毫无根据的指控，说阿尔瓦为了流亡境外而偷了一辆属于政府的汽车。他甚至指责阿尔瓦是军事政变的罪魁祸首，并对自由派报纸《公正报》的记者说："这位政治人物的行为引发了这场运动。我们有确凿的证据能证明他的罪行，会根据这些证据起诉他。"[19]

这些言辞十分含混，暗指阿尔瓦与富豪胡安·马奇之间关系暖昧。在政变三天后，普里莫接受采访，再次指责阿尔瓦是他发动政变的肇因："阿尔瓦先生为了私利与资本主义分子签订了商业合同……阿尔瓦先生与走私活动有牵连。"马奇大肆走私，这一点众所周知，但是普里莫和他的将军们没有确凿的证据来对付阿尔瓦。警察搜查了他的房子，冻结了他的银行账户。他们派一位预审法官前往巴利亚多利德搜罗罪证，意图指控阿尔瓦涉嫌参与巴利亚多利德至托罗铁路的腐败交易，这条铁路已经付款，但尚未建成。这位法官没有发现阿尔瓦牵连此案的证据。最高法院最终驳回了41项指控，并指地方法官无端编造。然而，由于当局的审查制度，这项判决没有公布。[20]

由于之前二人有着不错的交情，普里莫迫害阿尔瓦的动机就很值得分析。阿尔瓦遭到军方和加泰罗尼亚工厂主两方的憎恨。在第一次世界大战期间，作为财政大臣，他提出对北方工厂主通过战争获取的巨额利润征税，却没有对地主采取相同的措施——地主是他的盟友，这种厚此薄彼的做法激怒了北方工厂主。阿尔瓦试图削减摩洛哥和西班牙本土的军事预算，遭到了军方的猛烈抨击。而且，阿尔瓦允许给克里姆提供赎金，换取安瓦勒之役后被俘的西班牙士兵，非洲派军官一直对此心存芥蒂。佛朗哥曾经透露，当西班牙外籍军团冲向摩洛哥起义部落的阵地时，他们高呼的是："西班牙万岁！打倒阿尔瓦！"因此，攻击阿尔瓦是普里莫为巩固其早期重要支持者而采取的策略。[21]此外，这里也有一些个人恩怨的成分，普里莫曾指责阿尔瓦未能帮助他获得议员席位。他以为，阿尔瓦曾经拒绝说服加的斯的当地自由派权贵——也是阿尔瓦的政治盟友——让他们不要反对普里莫在当地竞选议员。[22]但事实并非如此。有鉴于此，阿尔瓦在流亡期间向无政府主义者和其他积极推翻独裁政权的人提供资金，也就毫不奇怪了。[23]

由于当时烟草走私活动猖獗，烟草专营公司的收入大大减少，普里莫向腐败和走私宣战的第一个行动便是着手调查走私活动。不可避免地，马奇成为调查的重点。多个政府部门向预审法官提供了相关材料，当局对马略卡岛的房屋进行了 400 多次搜查。媒体报道，马奇和他的傀儡亚历杭德罗·勒鲁克斯、阿尔瓦一样流亡国外，他在外国银行存有 100 万英镑（3400 万比塞塔）。边防警察已接到了逮捕马奇的命令。但其实他们注定逮不到人，因为马奇一直留在马德里。事实上，早在 10 月 19 日或 20 日，马奇就已经大胆地请求拜访普里莫。在第一次会面中，马奇竟然说服了普里莫，说他的烟草生意有益于国家，因此比起展开调查，政府与他开展合作的好处更多。

于是，尽管马奇照旧大搞走私，但人们很快发现，独裁政权不再把马奇当作打击目标。马奇的跨地中海航运公司开始得到大量的政府补贴，他的石油公司 Petróleos Porto Pi 从燃料进口税的调整中收益颇丰，并且 1927 年他还获得了在摩洛哥的国家烟草专卖权。在向马奇授予烟草专卖权之前，普里莫还设法打消了一些内阁成员的疑虑，主要是何塞·卡尔沃·索特洛。作为代价，在普里莫的明确要求下，马奇不仅负责向驻扎在摩洛哥的西班牙军队提供烟草制品，还资助了亲政府的报纸《军事通信报》和《国家报》，甚至出钱在摩洛哥港口城市丹吉尔为西班牙政府买了些土地，并且在那里修建了一座天主教堂。

1931 年，西班牙议会成立了责任委员会，调查马奇在独裁时期及之前的腐败行径。1934 年 5 月 8 日，该委员会的一名成员、工社党人特奥多米罗·梅嫩德斯发表了长篇演讲，详细揭露了1911 年以来马奇为把控烟草专卖权而长期从事腐败活动的罪行。梅嫩德斯称，责任委员会经过调查发现，在普里莫的要求下，马奇出钱帮助《军事通信报》脱困，这期间他的烟草专卖权恰好获得续约。梅嫩德斯还披露，王后维多利亚·尤金妮亚在巴黎多家珠宝店欠下了巨额债务，是马奇出钱还清了欠款。

会议结束后，记者们在议会走廊里无意中听到坎博对梅嫩德斯的发言表示赞许，他还说，梅嫩德斯并不是第一个试图制止马奇腐败行径的政治家。坎博随后告诉记者，在担任财政大臣期间他就发现，为了方便走私，马奇给许多边防警卫队的官员发钱。为了制止这种做法，坎博曾警告高级指挥官收手，否则他就解散边防警卫队。坎博还发现，当马奇的船只被海军扣押后，海军法院驳回了针对他提起的诉讼，还向他归还了被扣押的船只。因此，坎博颁布了一项法律，把走私罪纳入普通法院的审理范围。海军上将们担心失去马奇的贿金，对此举表达不满，于是坎博托人给他们带话，宣称如果他们不收手，就将揭露他们的丑事。坎博还曾专门派人监视马奇，使得前首相和前大臣们都不再敢去他的家了。坎博最后以一段爆炸性的宣言作结："马奇的丑行乃世所罕见，他操纵前首相和大臣们，通过他们管理西班牙，前后长达 11 年。他可以随时把内阁拉下马，甚至还染指议会。"[24]

由于为西班牙争取到丹吉尔是普里莫主要的心愿之一，因此他为马奇举办了晚宴，对马奇在丹吉尔购地建房表示赞赏。第二天，普里莫去王宫拜见国王，离开王宫时，他对在场的侍臣们说："一位伟大的爱国者把他的钱用去建设祖国的事业。你们都应该以他为榜样。"从此，阿方索十三世的贵族密友们更加厌恶普里莫。在普里莫的要求下，马奇不仅偿还了王后的珠宝欠款，更重要的是，他还资助了王后担任名誉主席的癌症研究所，并在马略卡岛建造了一座结核病疗养院（这座疗养院直到 1936 年仍未完工）。1924 年，普里莫干涉司法系统，并且在公开场合频繁向马奇表达感谢，马奇因此受益匪浅。[25]

乌纳穆诺敏锐地意识到：普里莫曾说建立独裁政权不是长期目标，并假称这样做的目的只是荡涤政治黑暗，其实这种说辞不过是一种掩饰罢了，打击革命才是他的主要目标。他指出"铲除地方豪强统治并重建权威"这种承诺经过了复兴主义语言的包装，其实只是一个"幌子"，"用来吸引那些被共产主义和工会运动吓破胆的白痴"。[26] 至于说有什么效果，那就是实现这个目标比想象中要简单得多。几乎没有工人阶级反对建立独裁政权，工会组织也不愿为保卫黑暗的立宪政体而战。全劳联已经不堪倚靠。[27]

工社党人关心的主要是保护自己的工会。政变消息传来，他们最初十分谨慎。鉴于前几年的社会动荡、公众对摩洛哥军事行动的强烈不满和对安瓦勒惨败的愤怒，人人都能预见到军队将干预政局。然而，工社党既没有预见到政变，也没有在政变到来时表现出重视，而新政权已经迅速着手去迫害其他的工人组织。当国王从圣塞瓦斯蒂安不慌不忙地返回马德里时，坊间里流传着圣地亚哥·阿尔瓦已被逮捕的消息，工社党报纸《社会主义者》刊发了工社党和工总领导人的联合声明，宣称"我们毫不支持当权者阶层"，还说"对政客们违背政治诺言的行为表示最严厉的谴责"。当普里莫声称将消灭腐败和徇私舞弊时，工社党领导层表示怀疑："那些人借由王室示意而获得政治支持，并最终登上权力顶峰，他们有什么资格做出这样的声明呢？"该声明还要求工人们，没有工社党和工会执行委员会的指示，不得采取任何行动。普里莫马上任命马丁内斯·阿尼多担任实际上的内政大臣，这也是导致社会主义者们行事谨慎的另一个因素。

工社党发布了第二份通知，指示工人不得采取行动，"避免使无产阶级卷入毫无结果的运动，不给反动势力任何实施镇压的口实"[28]。社会主义者很快拒绝了全劳联和共产党发出的举行大罢工的建议。工社党领导人不仅没有试图阻止独裁政权的建立，而且很快就与之开展合作。这些事实反映出，工社党领导人已经从1917年的打击中得出结论，认为应当采用合法的斗争策略，避免与国家机关正面冲突，不愿因此伤及工会组织本身，而且不惜一切代价维护已经取得的有关社会保障的立法成果。[29]

工社党之所以不愿反对普里莫发动政变，是因为他们相信，尽管政治斗争已经无法继续，但工会的日常活动仍必须开展下去。弗朗西斯科·拉尔戈·卡瓦列罗和工会领导层认为，他们的首要任务是使用一切可能的手段，保护工会成员的物质利益。很快，工社党与独裁政权的合作方式从实用的现实主义蜕变成了一股投机的欲望：打倒无政府工团主义，窃取他们的部分成果。自从1920年12月与全劳联的协定破裂以来，拉尔戈·卡瓦列罗就一直决心吸引全劳联的普通成员加入工总。[30] 因此，当全劳联和共产党被取缔，这些组织的数百名成员被监禁的时候，拉尔戈·卡瓦列罗认为时机已经到来。

在官方的说法中，普里莫对工人阶级并没有敌意，只是不满工人阶级中的激进分子。然而，在马丁内斯·阿尼多的指挥下，被囚禁的无政府主义者遭受了残酷虐待。他们被野蛮殴打，监狱肮脏不堪，牢饭也不够果腹。[31] 普里莫为提高工人生活水平，制订了家长式的计划，他自己也提出可能与社会主义组织合作。

普里莫是在 1923 年 9 月 29 日向工人发表的一份声明中提出上述计划的。他呼吁工人们为身为西班牙人而感到自豪，并敦促他们好好工作，这些显然是说给社会主义者听的。声明一方面支持社会保障方面的立法，这对工总内的改革派来说再动听不过，另一方面又呼吁工人们"远离那些表面上能提供好处，但实际上只会把他们引向毁灭之路的组织"。取缔全劳联和西班牙共产党，如同是向工总抛出橄榄枝，即只要工总同意与新政权合作，它就可以成为工人阶级的唯一组织，消灭无政府主义和共产主义这些竞争对手。社会主义者的第一反应是要求新政权提出社会保障立法方面的详细计划。[32]

巴勃罗·伊格莱西亚斯既是工社党的主席，也是工总的主席，他很快就高兴地预言全劳联将走向衰落，暗指全劳联的工人成员不是头脑发昏就是被胁迫入会的。在他发表声明两天后，普里莫亲自向阿斯图里亚斯矿工工会秘书长曼努埃尔·利亚内萨提出邀请，欢迎他参加一个委员会来研究矿业面临的问题。第二天，工社党和工总的领导人举行联席会议，会议预先就倾向与政府合作。考虑到阿斯图里亚斯矿工工会参加该委员会之后能够在工资和工时方面捍卫自己的利益，利亚内萨在会上说服这些人支持参加委员会。会上有3 票反对这项决议，包括因达莱西奥·普列托和格拉纳达大学著名法学教授费尔南多·德洛斯里奥斯。1923 年底，里奥斯和普列托写信给工社党和工总的副主席胡利安·贝斯泰罗，信中谴责了与政府合作的方案，但在 1924 年 1 月 9 日，工社党全国委员会还是批准了上述与敌人合作的路线。[33]

工社党的领导层彻底融入了新政权，工总在政府的几个委员会中获得了位置。[34] 工社党的活动中心得以继续开放，工总的大多数部门得以继续运作，而与之形成对比的是，全劳联和西班牙共产党的活动遭到全面取缔。然而，1924 年 3 月，在计划中的五一庆祝活动举行之前，政府禁止工人上街游行。作为对工人们顺从当局禁令的回报，工总获得了国务委员会的一个席位，由拉尔戈·卡瓦列罗作为其代表参加。工总内部没有异议，因为拉尔戈是工总的秘书长。普列托和里奥斯都谴责拉尔戈的机会主义，并警告说普里莫会利用它来鼓吹政权的合法性。他们说得没错。1926 年 4 月 25 日，普里莫在埃纳雷斯堡发表讲话，以拉尔戈参加了国务委员会为理由，为自己不重建民主政治而辩护。"为什么我们非得选个人出来？"他反问道。他列举了各种政治协商组织，之后说："我们有国务委员会，它的组织非常民主，拉尔戈·卡瓦列罗就是其中一员，他可以代表工人，坦率地指出国家治理存在的任何问题。既然这样，我们为什么要重建那个被称为议会的玩意儿呢？许多国家仍在遭受议会制度的折磨，正在想方设法地摆脱它。"[35]

1923 年 12 月 10 日，工社党全国委员会全体会议以 14 票对 5 票批准拉尔戈加入国务委员会。普列托辞职，里奥斯要求在基层党员中进行公投，但会议没有采纳。党内分歧产生了个人恩怨，其影响一直持续到内战。面对党内发生分裂的传言，普列托公开宣称，策略上的分歧并没有影响党的领导人之间的热诚和团结。然而，很明显，无论是在当时还是之后的许多年里，拉尔戈·卡瓦列罗都对普列托怀有极大的个人恩怨。[36]

尽管来自阿斯图里亚斯的迹象表明，与政府合作对保护工人利益帮助很小，但这种合作依然在不断加强。矿主采取激进行动，他们不仅降低了工资，在引发罢工时还解雇了 350 名工人。尽管普里莫向利亚内萨做出过承诺，但矿工工会并没有从政府那里得到任何帮助。工总拒绝参加反抗独裁的运动。巴勃罗·伊格莱西亚斯声称，尽管集会和罢工受到审查和限制，但工总和工社党在独裁统治下仍然继续壮大。工总 1926 年给予政府的合作影响最大。拉尔戈·卡瓦列罗在马德里的工社党活动中心发表讲话，严厉批评破坏生产设施、怠工和罢工等行为，认为这些行为可能会导致工厂停工。他宣称，反对现政权可能会给工人阶级组织带来严重后果。贝斯泰罗不批准任何反对政权的行动，除非行动不会给社会主义者们带来任何风险。[37]

工人阶级放弃斗争后，反对政权的声音主要来自自由派知识分子，比如乌纳穆诺、富有的小说家比森特·布拉斯科·伊瓦涅斯、共和派记者卡洛斯·埃斯普拉以及爱德华多·奥尔特加－加塞特，这种局面一直持续到 20 世纪 20 年代中期。尽管 1924 年 7 月政府发布了特赦令，但这些人仍然选择流亡国外。他们常在巴黎的圆亭咖啡馆会面，列宁也曾多次出入这里，如今反对西班牙独裁者的人也会经常来这儿。这些人里既有圣地亚哥·阿尔瓦、达马索·贝伦格尔将军和何塞·米连·阿斯特赖将军，也有马塞利诺·多明戈、华金·毛林和安德鲁·尼恩。1924 年 12 月至 1925 年 11 月，埃斯普拉、乌纳穆诺和奥尔特加在布拉斯科·伊瓦涅斯的资助下，出版了立场鲜明的共和派讽刺杂志《光荣西班牙》，每期印数达 5 万份，在西班牙国内得到了广泛发行，读者众多。布拉斯科·伊瓦涅斯的《揭秘阿方索十三世》一书在巴黎销量惊人，影响广泛，不久之后还以其他几种语言出版。

　　该书大量走私到西班牙，国王的形象因此受到严重影响，因为该书指责国王对安瓦勒惨败负有直接责任，并帮助独裁政府阻止议会谈论毕加索报告。阿方索国王因为轻浮和专制野心而受到嘲笑，布拉斯科给他起了个外号，叫"斐迪南七世半"，意指他是他的曾祖父、那个不负责任的专制主义者——斐迪南七世的蹩脚翻版。布拉斯科还引用了国王自己的言论，即把赎回的战俘比作价格过高的鸡肉，这种轻蔑的态度同样使国王的形象大受影响。由于阿方索十三世在第一次世界大战中支持德国，这本书在法国产生了相当大的影响。依据圣地亚哥·阿尔瓦提供的信息，布拉斯科·伊瓦涅斯声称国王曾积极安排德国的 U 型潜艇在西班牙港口加油，并向德国透露英国、法国、意大利和美国船只的动向。国王的享乐活动丰富多彩——马球、游艇、赌博（尤其是在多维尔赌场）、赛马、女人，这与国王经常喊穷的形象对比鲜明。他的开销巨大，超出了从国家得到的慷慨的政府津贴。他卷入了腐败的商业交易，还经常用自己的名字为一些可疑的企业背书。[38] 布拉斯科·伊瓦涅斯提出的指控涉及许多方面。据称，一个名叫伊西德罗·佩德拉萨·德拉帕斯夸的骗子曾贿赂国王，企图获得政府资金，用于西班牙工业和电力牵引公司的豪华铁路建设计划。[39]

　　1925 年 1 月，西班牙驻巴黎大使馆起诉布拉斯科·伊瓦涅斯破坏阿方索十三世的名誉。据称，大使何塞·马里亚·基尼奥内斯·莱昂曾对朋友们说："最糟糕的是，布拉斯科说的一切都是真的。"[40]法国议会为此进行了辩论，辩论内容广为人知，议员们基本上都支持布拉斯科·伊瓦涅斯。辩论过后，买这本书的人更多，独裁政权也遭到了嘲笑。普里莫不满共和派讽刺杂志《光荣西班牙》，1925年12月，政府以冒犯君主的罪名起诉布拉斯科·伊瓦涅斯、奥尔特加和乌纳穆诺。那时，乌纳穆诺已经搬到了与西班牙接壤的法国城市昂代，从1927年4月开始，他与奥尔特加一起参与制作杂志《活页》。这是一份刊登时事评论的小册子，在巴黎出版，通过全劳联和共济会的渠道在西班牙广泛传播。普里莫企图通过撰写和刊登公告对这些人大加鞭挞，然而这种批评软弱无力，与如今[①]美国总统唐纳德·特朗普的推文没什么不同。这些公告经常是他在凌晨酩酊大醉回家后写下的。他对《活页》的攻击反而增加了这份杂志的销量。《活页》诞生的时候，公告里罗列了该杂志的文章并予以抨击，而这恰恰成为极好的宣传。借着普里莫的点评和抨击，该杂志提出的指控反而被西班牙读者所接受。[41]1926年9月，普里莫威胁说，如果西班牙不能成为国际联盟的常任理事国，西班牙就退出国际联盟，引发国际舆论哗然。[42]

地方豪强治理的传统瓦解了，然而几乎无人对此感到惋惜。普里莫·德里韦拉受到追捧，仿佛他就是复兴之梦所盼望的"铁血外科医生"。普里莫很想在这方面表现自己。他向一群记者保证，军人督政府只是一个"宪法附款"，有效期只有三个月。他还宣布：

---

① 即本书英文版出版的2020年。

"我们正在进行外科手术……但我们不是医生，当病人处于康复期，也就是我刚才提到的这段时间，我们会带他去疗养院，在那里他可以变得更强壮，完全康复。"[43] 军人督政府不会持续很长时间，未来会给议会选举让路，这一说辞很快就被现实击碎，因为承诺的变革不可能在三个月内实现。

为了兑现打击地方豪强统治的诺言，9月30日，政府发布法令，解散了西班牙每一个市镇的政府。各省的民政长官均由将军担任。即使1925年军人督政府被文官督政府取代之后，其中大多数人仍留任原职。政府派出近500名军官前往各省主要城镇，作为政府特派员监督新市（镇）长和市镇政府成员的选举。马丁内斯·阿尼多在给这些人的指示中要求，新的市镇政府成员应当"社会声望高，人品可靠，如果可能的话，具备专业资格，或者至少纳税最多"——换句话说，就是之前那帮腐败制度的最大受益者。于是，以前的豪强们只要不与督政府为敌，仍旧控制着每一个城镇。当局鼓励政府特派员严格调查地方豪强统治的情况，对政府持批评意见的权贵成为调查的重点。政府特派员如果调查了与政府交好的权贵，通常会被调离。许多地方豪强躲过了调查，最有名的包括哈恩的莱奥波尔多·萨罗和穆尔西亚的德拉谢尔瓦，二人竟然还在回忆录中声称自己遭到了迫害。相比之下，该政权的批评者所在市镇受到的调查十分仔细，这些人包括科尔多瓦的尼塞托·阿尔卡拉－萨莫拉和何塞·桑切斯·格拉、巴利亚多利德的圣地亚哥·阿尔瓦、瓜达拉哈拉的罗马诺内斯，以及韦尔瓦的曼努埃尔·布尔戈斯－马索。督政府僭取特权，只要是人口超过10万的城市，市长均由督政府提名。在马德里，阿尔韦托·阿尔科塞尔·里瓦科瓦由于长期缺勤，刚被发展部解职，普里莫就立刻委任他为马德里市长。[44]

理论上讲，作为政府特派员的官员是打击地方豪强传统的突击队，他们的任务是铲除腐败，监督地方行政和选举。普里莫对于实现复兴使命十分乐观，看法也经常简单化，这一次同样如此。按照要求，政府特派员还负责教导村里的孩子们要爱国，要搞好个人卫生，还要说服村民们做体操，多养蜜蜂多喂鸡。他们号召居民表达对地方官员及其滥用职权的不满，于是大批人仅是基于指控而非证据遭到逮捕和审判，而这些不满通常只是敌对派系之间的口水战。根据工社党人安东尼奥·拉莫斯·奥利韦拉的说法，如今每个城镇都有两个大佬，而以前只有一个。玩法还是以前那一套，只不过换上了军装而已。被捕的不是省级别的豪强，而是他们的喽啰或小地方的官员。当腐败行径曝光后，大量资金归还市政国库。结果往往是坐几天班房和罚点小钱了事。对地方豪强的揭发数量太多，当地政府几乎陷入瘫痪，于是打击声势逐渐停息，甚至许多政府特派员被解职，因为他们所揭发的豪强在当地一手遮天。[45]

许多接受检查的市政府被指存在多种违规行为。在调查过程中，至少有三名市政府工作人员自杀，一些官员逃到拉丁美洲国家，许多档案在查阅之前就被付之一炬。这些政府特派员习惯依靠他们交往的社会名流、国民警卫队指挥官、教区牧师、法官、医生和当地乡绅，无可避免地会对主要的地方豪强网开一面。政府特派员常常无意中被一派豪强当枪使，去打击另一派豪强。那些对政府弊端揭露最激烈的人，实际上往往对那些职位垂涎三尺。还有一些特派员利用手中权力建立了自己的豪强地位，借此大发横财。普里莫自己也不断利用这种新的体制。他清楚，在自己出身的加的斯省，他领导的爱国联盟有国家资助，在当地一家独大，其领导人不是他的朋友就是他的家人，包括他的表弟右翼诗人何塞·马里亚·佩曼、安第斯伯爵以及加的斯境内的众多豪强，比如海军上将、比利亚佩萨蒂亚侯爵拉蒙·卡兰萨以及他的儿子索托埃尔莫索侯爵拉蒙·卡兰萨。[46] 这群人势力强大，新政府的特派员要想根除那里的腐败，几乎没有胜算。实际上，在大多数地方，特派员不得不在某派大佬们与其对手之间做出选择。独裁政权的审查制度滴水不漏，失势的豪强们无法控诉其所遭受的不公待遇。[47]

新政权采取的其他一些措施，表面上旨在根除地方豪强统治，实际上却巩固了这一制度，腐败得以继续为害地方。政府成立了司法人员检查委员会，负责审理历经五年仍未解决的案件。但是，这样的卷宗汗牛充栋，工作难以取得进展。有些人相信普里莫的最初承诺，以为他计划清理司法系统，他们把更大的希望寄托在成立司法组织委员会上，该委员会负责评估所有任命和晋升决定，上至最高法院院长，下至基层法官。然而，这个措施貌似在维护司法独立，实际效果却适得其反。凡是法律与普里莫的意愿发生冲突的情况，司法必须让道。这方面有名的案子包括 1924 年 2 月的"桃花心木"案（见下文）、同年 4 月的胡安·马奇案，以及 1925 年矿业联合信贷银行重大诈骗案。由于政府施压，所有这些案子最后都不了了之。1925 年 12 月，文官督政府成立时，上述委员会的权力移交给了司法部。

针对初级法官和中级法官的职责冲突问题，1924 年 2 月颁布了另一项法令，似乎能够限制豪强们，使他们无法操纵地方一级的司法系统。法令加强了政府的现有权力，政府有权把司法人员调离其工作地区。但是在实践中，该法令只不过让政府更容易干涉司法运作，更方便为自己或自己偏护的豪强牟取好处。1925 年 1 月 5 日，马丁内斯·阿尼多要求各地的政府特派员提交秘密报告，汇报当地哪些法官实施政令不力。南部格拉纳达省洛哈镇的特派员报告，"司法机构是督政府最主要的敌人，是我们开展工作的最大障碍"[48]。

督政府面临的这些问题原本就不可能在三个月内得到解决，更何况独裁政权在很多方面治理无方，加夫列尔·毛拉称其简直算得上是治理无方的百科全书。[49]重要的是，国王对短期解决方案不感兴趣。这一点很明显。1923 年 11 月 12 日，众议院和参议院主席——罗马诺内斯伯爵和梅尔加德斯·阿尔瓦雷斯二人天真地递交了一份文件提醒国王，根据宪法，议会休会后三个月内应当复会，而国王却十分不耐烦。国王接见二人时，漫不经心地靠在门框上，甚至没有请他们进屋，而是冷冷地把人打发走了。他把文件交给了普里莫，普里莫尖刻地说："这个政治体制曾经几乎毁了西班牙，人人都唾弃它。所有的选举都充斥贿选、造假和暴力，我们把这整个体制打翻，可不是为了重回那样的日子。"[50]

不久之后，新政权再次得到巩固，普里莫和国王在 1923 年 11 月的最后一周访问了意大利。阿方索十三世把普里莫介绍给意大利国王维托里奥·埃曼努埃尔，称普里莫是自己的墨索里尼，而普里莫深深为墨索里尼所倾倒，曾称赞墨索里尼说："您的地位非常重要，不仅对于意大利，在全世界也是如此。您领导的反对国家解体和反对无政府主义的运动已经在欧洲掀起了浪潮。"与教皇庇护十一世会面时，阿方索十三世自告奋勇要求领导新的十字军东征，这些激进的天主教言辞连教皇都感到吃惊。他对墨索里尼赞不绝口，法国媒体甚至称他为"黑衫国王"。[51]

1923 年 12 月 22 日颁布了一项法令，独裁政权这种特殊体制得以续命。普里莫执笔的一份公告称，这项法令响应了人民的呼声。[52] 除了罗马诺内斯和梅尔基亚德斯·阿尔瓦雷斯，其他人也在质问为何承诺的三个月已经过去而独裁政权还不让位。几天后，乌纳穆诺给在巴黎出版的《日报》的主编写信，这份报纸经常刊登他对普里莫政权的抨击言论。

> 那个将军的智力低于平均水平，他贪图享乐，醉心于自私的抱负，其发表的施政宣言成为那个国家最大的耻辱。他在宣言中煽动宗教裁判时期暴民的狂热和嫉妒。这种狂热在 14 世纪的西班牙引发了可怕的宗教裁判。正如当时一样，这种狂热招致了抨击。无数知识分子因此持续遭到迫害。西班牙人热爱自由、正义，崇尚人性，但从那时起，他们的个人生活堕入了黑暗。[53]

乌纳穆诺的文章成为普里莫的眼中钉。最初激怒普里莫的是乌纳穆诺和马德里科技文艺社主席罗德里戈·索里亚诺，二人曝光了普里莫与人称"桃花心木"（拉古纳）的一位女子之前的瓜葛。如其绰号所示，该女子肤色较深，在南部安达卢西亚的夜总会表演，有人说她不仅卖身而且嗑药。有一次，她因买卖吗啡和可卡因被捕，普里莫要求签发逮捕令的法官普伦德斯·帕尔多把她放了。法官拒绝放人，结果反被司法部门开除，连支持这位法官的最高法院院长布埃纳文图拉·穆尼奥斯都不得不提前退休。[54] 1924 年 2 月，乌纳穆诺和索里亚诺因曝光此案而被捕，被流放到荒芜多石的加那利群岛的富埃特文图拉岛，马德里科技文艺社也被迫停止活动。自从1906年3月索里亚诺在议会上用言语冒犯他之后，普里莫就对索里亚诺怀恨在心。普里莫曾经持剑向他发起决斗，两人都受了轻伤。[55]

督政府解除了乌纳穆诺在萨拉曼卡大学的副校长和希腊语教授两个职务，而且两次都没有与大学商量。明面上的借口是乌纳穆诺在私人信件中称君主制"腐朽堕落"，实际上是对"桃花心木"一案的报复。普里莫宣称，以后如有类似案子，他很乐意再施援手，因为他对待女性一向善良而且仁慈。[56]马德里科技文艺社董事会的两名成员——著名知识分子格雷戈里奥·马拉尼翁和诗人路易斯·塔皮亚找到马丁内斯·阿尼多表达抗议。马丁内斯·阿尼多怒气冲冲地吐了一口唾沫，他对二人说，普里莫太善良了，如果不是普里莫拦着，他早就动用他的老办法："我会砍掉几个'知识分子'的脑袋，叫他们不再讨人嫌。如果让我来管，乌纳穆诺就不会活着到达富埃特文图拉岛。什么'知识分子'，我才不搭理这些人。"知识分子同样瞧不起马丁内斯·阿尼多。在1925年12月29日给朋友的信里，乌纳穆诺写道，"马丁内斯·阿尼多是一只发了癫痫的猪，他的罪行和侵夺公款的劣迹必须得到纠正，而且在9月13日事件中背叛立宪政体的人——如马丁内斯·阿尼多之流——一日不接受审判和惩罚，自由和秩序就一日不会重返西班牙"。[57]

乌纳穆诺在富埃特文图拉岛待的时间很短。6月，在共济会成员以及巴黎《日报》主编和法国人权联盟的营救下，乌纳穆诺逃出了富埃特文图拉岛。[58]到达巴黎之后，他在《日报》上发表文章，这激怒了普里莫。普里莫采取了不明智的做法，他要求法国政府总理爱德华·埃里奥让乌纳穆诺闭嘴。埃里奥明确表示他无法干涉，普里莫的第二个反应更不明智，他直接投书《日报》。在信的开头，他声明尊重他人的意见，接着否认了乌纳穆诺提出的各种指控，包括驻非洲军队内部的腐败。这篇文章和乌纳穆诺的回复一起刊登在该报的头版上。乌纳穆诺在回复里嘲讽说，普里莫太过尊重他的意见，以至把他流放海岛，还剥夺了他的大学教职。乌纳穆诺再次列举了对普里莫的各项指控。乌纳穆诺遭到流放后，声誉反而提升，而索里亚诺因为性格尖刻而被孤立，处于反对派的边缘。[59]

普里莫无法容忍批评意见。1924 年 9 月 11 日，安赫尔·奥索里奥·加利亚多被捕，因为他在给安东尼奥·毛拉的一封私人信件中说，"到处都是丑行和野蛮，无耻的程度无以复加。你知道，独裁者的小子已经给西班牙电信当起了律师，根本没有受到任何竞争，工资好像是 2 万或 2.5 万比塞塔，类似的事这里到处都是"。这说的是普里莫的儿子何塞·安东尼奥，当时他 21 岁，刚刚完成法律学业，正打算在法律行业闯出一片天地。该事件表明，政府拦截了毛拉和许多其他政治人物的通信。这在法律界引起了一场风波，独裁政权因此受到了持久的打击。普里莫装傻说，他的儿子有博士学位，会说英语、法语和西班牙语，而且在大学里总是拿高分，这种回应成为许多人取乐的谈资。当奥索里奥还在监狱时，记者和政客们在监狱外排着长队表达支持，国王不得不建议督政府副主席马加斯释放奥索里奥。9 天后，就在奥索里奥被保释时，前首相之子拉斐尔·桑切斯·格拉因在古巴发表的一篇文章而被捕。对于著名知识分子的攻击，以及他们在流亡期间不断发表的文章，都促进了共和运动的不断发展。[60]

1924 年 8 月，普里莫在与安东尼奥·毛拉的一场论战中，自己曝光了警方非法拦截私人信件。以塞萨尔·西利奥为首的一群毛拉派写信给毛拉，请他谈谈对独裁统治和爱国联盟的看法。尽管毛拉的回信是秘密传阅的，但警方仍截获了此信。在信中，毛拉表达了对独裁统治的憎恶，并批评政府不仅采取的财政措施不当，而且对待批评意见独断专行。他还指出，他的追随者中有一些人认为爱国联盟是复兴主义的工具，而这种看法是错误的。8 月 7 日，督政府考虑把毛拉投入监狱，但普里莫没有这么做，而是决定把毛拉的信公开，还附上了他自己的评论，觉得这会给对毛拉造成沉重打击。但是，普里莫对毛拉批评意见的回驳软弱无力，反而使毛拉的意见广为人知。[61]

对于根除腐败——尤其是普里莫的朋友和同伙的腐败，政府几乎从未认真过。胡安·马奇涉嫌谋杀竞争对手却逃脱诉讼就是一个例子。马奇有个搭档名叫何塞·加劳，二人从事走私香烟的勾当。马奇涉嫌于 1916 年 9 月在巴伦西亚杀害了何塞·加劳之子拉斐尔。1924 年 4 月，一位名叫弗朗西斯科·塞拉的法官下令逮捕马奇。人们普遍认为，马奇之所以参与其中，是因为拉斐尔·加劳与马奇的妻子莱昂诺尔·塞尔韦拉有染。还有传言称，年轻的加劳试图从马奇手里抢走直布罗陀的生意。谋杀发生时，警察没有采取什么行动去逮捕凶手。马奇曾拜访预审法官，想探听法官是否掌握任何不利于他的证据，而法官并没有这方面的证据。尽管如此，由于马奇在政府里的朋友（只可能是阿尔瓦）介入，据说这位法官不久就被调到另一个省去了。跟踪调查此案的记者受到威胁，有人要求他们放弃调查。直到 1923 年 12 月 23 日，拉斐尔·加劳的弟弟弗朗西斯科给普里莫写信，重新提起对马奇的指控。普里莫不得不将案件移交给最高法院，廉洁的弗朗西斯科·塞拉被任命调查此案。然而，马奇得到了密报，伪装成教士逃到了巴黎。在巴黎，他出钱供阿尔瓦在香榭丽舍大道的克拉里奇酒店过着奢华的流亡生活。马奇派出密使造访弗朗西斯科·塞拉，对他提出威胁，同时还提供了大笔贿金。塞拉被解除了职务。7 月，其他法官接替他的职务并搁置了此案。马奇回到了西班牙。[62]

在根除地方腐败方面，工作最认真的是地方管理局局长何塞·卡尔沃·索特洛。他是安东尼奥·毛拉的弟子，曾担任毛拉的秘书。他认为，为了使国家摆脱地方豪强统治，应当改革市镇的管理。他声称，毛拉告诉他，接受这份工作是他的"神圣职责"。为此，他组建了一个团队，里面的人很有才干。成员包括来自全国天主教宣传员协会的人，他们的精神领袖是天主教报纸《争鸣》的主编安赫尔·埃雷拉，这些人后来投身基督教民主主义运动。全国天主教宣传员协会是一个精英组织，深受耶稣会的影响，由约 500 名杰出且有才华的天主教右翼人士组成，其成员广泛分布于新闻界、司法界和其他各行各业。[63] 最著名的是何塞·马里亚·希尔·罗夫莱斯，他是埃雷拉的合作者，二人关系密切，后来成为第二共和国时期非暴力右翼运动的著名领导人。1924 年的《市镇基本法》和 1925 年的《省基本法》在很大程度上要归功于毛拉和卡纳莱哈斯分别于 1907 年和 1911 年推行的改革尝试。根据新的法律，市镇政府里三分之二的成员由选举产生，旨在使基层政治生活更加民主，这样的目标值得称赞。但是，普里莫继续推行中央政府派驻特派员的做法，并且放任地方豪强势力苟延残喘，希望借此控制基层的各个方面，制定新法的目的因此落空。[64]

在独裁政权的反腐辞令背后，经济利益可观，而且不局限于地方层面。1924 年，普里莫创立了国家经济发展理事会，这一机构主要保护工业和大地主的既得利益，而不是促进经济发展。该机构的管理委员会由一些利益集团组成，这些集团代表着加泰罗尼亚和巴斯克地区工厂主和地主上层人士的利益，并坚决主张保护主义政策。与此类似，1926 年成立的工业生产管理理事会要求，任何新的工业企业都必须由国家控制，切实保护现有企业免受新竞争者的影响。两个机构都倾向于建立垄断，腐败随之而来。凭借轻易到手的垄断特权，普里莫的关系户们赚得盆满钵满。马奇在跨地中海航运公司的搭档何塞·胡安·多米内出钱包下专列，把大批人运到马德里游行以支持政府。跨地中海航运公司自然得到了大量的政府补贴。对于参与独裁政府雄心勃勃的铁路建设计划的公司，政府的补贴极其慷慨。[65]

有个特别适合展现西班牙政府对违法、腐败纵容程度的案例。为人贪婪、家财万贯的美国报业大王威廉·伦道夫·赫斯特有一个代理人，名叫阿瑟·拜恩，是一个来自美国的艺术品商人。在拜恩的撮合下，赫斯特买下了几座西班牙历史建筑并将其运送到美国，其中包括塞戈维亚省北部萨克拉梅尼亚的圣母修道院。工人一块石头一块石头地拆解了这些建筑，前后的开销达到天文数字。尽管不符合教育和艺术大臣爱德华多·卡列霍·德拉奎斯塔通过的法律，但这起交易仍然得以实现。拜恩向赫斯特的建筑师朱莉娅·摩根吹嘘，他在内政部官员身上花了大笔钱，据说包括内政大臣本人，他们为他的违法行为开了绿灯。官方默许拜恩的种种勾当，1927 年更是向拜恩授予军功十字勋章，理由竟然是表彰他对西班牙文化所作的贡献。[66]

阿瑟·拜恩的经历说明，普里莫政权的唯一合法政党——爱国联盟的大臣、高级军事人物和其他成员利用自己的地位，趁着反对力量薄弱，就肆无忌惮地捞取油水、收受贿赂，把利润丰厚的政府合同收入囊中。[67]据卡尔沃·索特洛说，爱国联盟里有些人是"狡猾、虚伪和专业的骗子，是为了个人利益而非思想立场才加入组织的"[68]。

不用说，与大企业和政府之间和平轮替所衍生的腐败相比，爱国联盟的腐败微不足道。例如，瓜达洛塞伯爵拉菲尔·本胡梅亚·布林担任发展大臣的同时还是一家水电公司 Canalizacion y Fuerzas del Guadalquivir 董事会的成员。1925 年，该公司用政府的资金来支付公司一半的开支。瓜达洛塞伯爵的兄弟卡洛斯投资了一家公司，该公司修建了数条公路，包括从西北部奥维亚多到希洪的公路，从马德里到巴伦西亚的公路，以及从马德里到北部巴斯克地区伊伦的公路。[69]卡洛斯从中获利颇丰。瓜达洛塞伯爵还成立了一家水电公司 Sociedad Saltos del Alberche，想在马德里西面的阿尔韦奇河上修建水坝，该公司从政府那里获得了优惠的税收待遇。其董事会成员包括担任战争大臣的得土安公爵胡安·奥唐奈，他在担任大臣之前债务缠身，而 1928 年离职时已经成为一位富翁。[70]还有三名文官大臣与银行、工厂主和地主都有往来，三人从中获利匪浅。与何塞·卡尔沃·索特洛（财政大臣）关系密切的有加泰罗尼亚银行和中央银行，他卸下公职后马上去这两家银行当了董事会主席。

何塞·扬瓜斯·梅西亚（外交大臣）与矿主们过从甚密，而安第斯伯爵（经济大臣）的座上客则是地主。普里莫的密友何塞·圣胡尔霍是 Concesionaria de Líneas Aéreas Subvencionadas SA 公司的总裁，该公司垄断了西班牙的民用航空运输，其利润来自政府的补贴。马丁内斯·阿尼多的儿子罗伯托·马丁内斯·巴尔德里奇则垄断了全国的灭鼠和消毒项目，而其父亲负责扫除赤色分子，简直是一种讽刺。[71]

有人指出马丁内斯·阿尼多本人在担任巴塞罗那民政长官期间也聚敛了大笔财富。如今他再次为了私利挪用政府资金。有一次，他想让以前刺杀小组的主要走狗之一佩雷·马蒂尔·奥姆斯闭嘴——奥姆斯握有马丁内斯·阿尼多的犯罪信息。于是，阿尼多让奥姆斯免费住在内政部的一套公寓里，还在西班牙电信给他找了一份高薪的闲差。[72]

普里莫痴迷于打造国家垄断，他在通信和石油行业建立的垄断企业是其中最典型的例子。1924 年 8 月，总部位于美国纽约的国际电话电报公司获得了西班牙电话业务的专营权。国际电话电报公司及其西班牙合作伙伴与普里莫、乌尔基霍银行、西班牙美洲银行、加泰罗尼亚金融家科米利亚斯侯爵和格尔伯爵有来往，获得了慷慨的补贴和免税，并从中获得了巨额利润。[73] 卡尔沃·索特洛同意石油领域的垄断方案，并让其忠实伙伴、律师安德烈斯·阿马多负责实施这个计划。阿马多曾与胡安·马奇的搭档多米内和普里莫的私人秘书、中校何塞·伊瓦涅斯·加西亚共事。这意味着要与荷兰皇家壳牌和标准石油公司开战。不用说，他的计划得到了马奇的石油公司 Petróleos Porto Pi 的大力支持。政府不顾壳牌公司董事长、荷兰出生的亨利·德特丁爵士的警告，把这些外国石油巨头的资产和设施收归国有，成立了"石油专营公司"，并给其所取代的商业实体以丰厚的补偿，据称其中一些补偿进入了普里莫的主要合作者的腰包。石油专营公司的俗名是"马丁内斯·阿尼多和普里莫之友财团公司"。尽管如此，该行动在短期内是成功的，从石油专营公司获得的财政收入是之前海关关税收入的两倍多。[74]

然而，从长远来看，这是一场灾难。把外国企业收归国有所需的补偿资金是从外国银行（尤其是罗斯柴尔德银行）贷款筹得的，而由于 1929 年比塞塔币值崩溃，偿还这笔贷款成为西班牙的沉重负担。有一笔 11 亿英镑的贷款是 1930 年 12 月 24 日到期，贷款时 1 英镑兑换 29.23 比塞塔，还款时汇率升至 1 英镑兑换 46.25 比塞塔，西班牙得为此多付 2140 万比塞塔。腐败和政府无能如影随形。例如，每个省都建立了石油专营公司代表处，这些代表处的职位待遇优厚，都被独裁政府大臣们的亲朋故旧霸占，这些人里既有军人，也有平民。由于石油专营公司属于垄断企业，他们几乎无事可做。1934 年 5 月，普列托和激进党财政大臣曼努埃尔·马拉科在议会发言后，这些情况才为公众知晓。[75]

马丁内斯·阿尼多的密友之一受命到一个省担任专营督察，而他儿子罗伯托·马丁内斯·巴尔德里奇的岳父则被任命为另一个省的专营督察。圣胡尔霍的儿子被任命为萨拉戈萨的专营督察。普里莫在莱昂为自己留了个督察的职位。伊瓦涅斯·加西亚中校和普里莫的另一名副官阿方索·埃洛拉·埃斯平中校被任命为全国督察员，除了领取军饷外，还拿着丰厚的薪金。[76] 马丁内斯·阿尼多的副官罗伯托·巴阿蒙德坐上了供应局局长这个新设立的职位。这为腐败打开了大门，政府供应商必须靠行贿才能获得合同。许多类似的肥差都是专为普里莫在军队的朋党而设的。值得注意的是，获得这些职位的军官没有一个来自炮兵部队。当普通法庭调查某些腐败案件时，有人想方设法要把案件移交给军事法庭。[77]

独裁政权的腐败众所周知。1929年7月5日，报纸上发表了普里莫撰写的一则公告，这可以算是他下笔最草率的作品之一，甚至可以说是相当滑稽。由于《活页》杂志不断刊文揭露胡安·马奇的种种交易，马奇非常恼火，请求普里莫命令边境警察阻止杂志流入西班牙。令他无语的是，普里莫回复说："别担心！我会发一则公告来解决这个问题。"第二天，马奇在报纸上看到了普里莫写的公告。公告内容把马奇吓得不轻，上面写着："不管这位先生的巨额财富来自何处，事实是，为了实现其爱国初心，他已经把这笔钱献给了督政府。"结果，《活页》杂志连续发文揭露马奇的罪行，并抨击普里莫在财政问题上毫无原则，获得了广泛关注。[78]

由于政府的插手，许多欺诈案件的当事人没有受到惩罚。其中突出的例子就是矿业联合信贷银行。1925年，这家银行由于管理混乱、盲目投机和高风险的投资而倒闭，负债达9200万比塞塔。银行的几名高级人员曾挪用客户存款，致使许多人破产。一位名叫佩德罗·纳瓦罗的法官受命调查该银行的总裁胡安·努涅斯以及几位从中获利的董事。被捕者包括阿瓦索洛伯爵、阿尔达马侯爵和盖塔内斯伯爵，三人都是阿方索十三世的朋友。阿尔达马侯爵的女婿佛罗里达布兰卡伯爵向国王求情，国王立即召见了最高法院首席检察官——一贯阿谀奉承的加洛·庞特·埃斯卡廷，命令他从中周旋，释放被捕的三人。庞特去了毕尔巴鄂，不仅下令纳瓦罗把三人放了，还把对他们不利的证据销毁，甚至把纳瓦罗调离以示惩罚。对三人课以重罚的判决被最高法院裁定撤销。据称，国王因参与此事获得了 150 万比塞塔的收益。[79]

随着时间的推移，人们看清这个政权已经来日无多，以权谋私的行为越来越普遍，甚至变得肆无忌惮。臭名昭著的例子一抓一大把，从海军部花大价钱买公寓，到政府组织全国捐款以褒奖普里莫为西班牙做出的"牺牲"。尽管捐款表面上是自愿的，但政府正式告知公司和银行，捐款金额将根据营业额确定。[80] 1929 年 3 月 9 日，普里莫发表的公告既天真又虚伪，他说全国捐款是为了"提供一处宅邸，好让我在这些年辛苦工作后能够有一个像样的地方休息，同时照顾我的家人"。"捐赠"的金额超过 400 万比塞塔。

普里莫说，捐赠计划的组织者粗暴地鼓动捐款，导致人们认为捐款是强制性的，他感到不好意思，所以以此写公告解释。他说，任何人如果觉得自己被迫捐了钱，可以把钱要回去。对于那些不敢要求退钱的人，普里莫向他们承诺，一部分钱将用于在自己新宅附近为爱国联盟和本地民防队修建办公室，另一些钱则用于救济穷人。他解释，自己收下捐款是因为：

> 先前我的生活不富裕，现在也没什么钱，但是我并不介意。我之所以接受了捐赠，首先是因为我完全相信，我自己对国家的贡献完全配得上这种崇高的敬意；其次，我还相信后人可以以此为榜样和激励；再次，我在马德里曾经搬了十几次家，我希望我的孩子不必像我一样带着家具什物搬来搬去，我觉得这个愿望合情合理；最后，我不想让爱国联盟和民防队只能在租

来的房子里凑合着办公。

　　普里莫拥有埃斯特利亚侯爵的贵族头衔，他不仅是安达卢西亚地区的地主，还是一名高级将领，竟然需要依靠捐赠才能让自己和家人免于贫困，这个说法成了许多人的笑柄。[81] 9 月底，有消息称大众募捐的部分资金已用来为普里莫在赫雷斯买了一套宅子。[82] 4 个月后，他又一次暴露了对于自己所处职位幼稚的理解。普里莫和马丁内斯·阿尼多的儿子们作为新成立的旅游促进理事会的"代表"赴美国公费旅游，遭到《活页》杂志刊文抨击，普里莫予以回应。他赞扬了这些年轻人，称他们为了这趟差事吃了不少苦。[83]

　　普里莫曾是巴塞罗那的军区司令，他与加泰罗尼亚纺织业大亨关系密切，而且他的祖辈在赫雷斯拥有大量土地，这种身份使他成为捍卫工厂主和地主利益的坚定盟友。换句话说，这种背景导致普里莫无法解决他所面临的问题。尽管如此，起初他还是非常受欢迎的。他和蔼可亲，是个大胃王，嗜赌成性且嗜酒如命，经常纵酒狂欢。令人难以置信的是，他的女儿声称普里莫一生中从未沾过一滴酒。[84] 普里莫的妻子卡西尔达·萨恩斯·德埃雷迪亚于 1909 年 6 月去世后，他就成了一个鳏夫，但他并不排斥为喜欢的女人而破费。有一次，他在一家夜总会骚扰一名女服务员，结果引发了一场斗殴，还因此受伤。[85] 与唐纳德·特朗普类似，普里莫吹嘘自己是一个成功的浪荡子，写下了下面这段话，并坚持要把这段话写进一部半官方的传记里：

　　　　他一直是个好情人。他的情人中既有贵妇，也有平常人家的女子。与贵妇之间的罗曼史，他守口如瓶，为人所知的只有他的妻子……至于与平常女子的交往，成为鳏夫之后，他和一个马德里女人有过一段风流韵事。她是一个服务员，活力四射，妖媚动人，在马德里一家有名的酒吧卖弄风情，调笑酒客。人们说他很容易坠入爱河，爱过很多人，但他们也说他喜欢调情，但用情不专。

据他的朋友哈辛托·卡佩利亚说，普里莫说自己丧失了性能力，导致寻芳猎艳时不能随心所欲。[86]

普里莫的表弟何塞·马里亚·佩曼说这位独裁者一生都是狂热的爱国者，但读书太少。萨尔瓦多·德马达里亚加认为普里莫是一个咖啡馆政治家，"凭直觉行事，无师自通，急于行动，富有想象力，爱国心强烈，习惯简单化地看待事物"[87]。一个典型的例子是他曾公开宣布，打算终止官员们面对问题总是"明天再说"的习惯。在军人督政府建立两天之后，他颁布了一项法令，命令政府各部门公布一份过去五年所有未解决事项的清单，并要求他们对这些事项的拖延不决做出合理的解释。当然，他最后也没找到一个能胜任且有文化的工作人员来处理这些问题。此外，普里莫花了大把时间周游全国，博取声望，特别愿意花时间去接待那些慕名而来的女人，他还喜爱发表爱国演讲，几乎每天都抽出时间来写公告发给报纸。[88]

普里莫对谁都敞开大门，讲话还特别啰唆。卡尔沃·索特洛说："他办公室的门从来没有对任何人关闭过。"还认为"时钟是没用的垃圾"。卡尔沃·索特洛认为普里莫能言善辩，而乌纳穆诺则认为普里莫是"王室鹅"或"就是一只鹦鹉"。[89]普里莫认为自己是从"社会大学"毕业的。1926年10月，他被萨拉曼卡大学授予名誉法学博士学位，据称是由于政府为该大学偿还了一大笔欠款。他发表获聘感言时说："请原谅我的冒昧，我拥有社会这门学问的博士学位，我从中得到了许多经验，锻炼了治国理政的能力。"[90] 有一些显然是他基于常识提出的解决办法还是颇具吸引力的。例如，1927年，卡尔沃·索特洛告诉普里莫，他做了两份预算，一份是正常预算，另一份是"特别"预算，里面列支了政府大手大脚花掉的资金，一部分用于建设公共工程，一部分用于塞维利亚和巴塞罗那世界博览会的筹备工作，卡尔沃·索特洛凭借这个手段抹掉了赤字，使预算出现了结余。为了庆祝预算结余，普里莫把"结余"的一部分资金用来替穷人赎回典当的床垫和衣服。他还为许多家庭提供了补贴，并创建"赈济基金"供穷人申请。还有一次，他决定对收费过高的酒店处以罚款。[91]

这个独裁者起初受到广泛欢迎，主要原因有两个，一是民众对前六年的混乱普遍不满，二是恰逢战后危机结束，经济出现复苏。马丁内斯·阿尼多镇压了全劳联和西班牙共产党，加上社会主义者与政权展开合作，社会局势平稳，一直持续到1928年。工资上涨，社会服务改善，失业率下降，这在一定程度上要归功于普里莫推出的大规模公共工程计划，包括建设廉价住房。在这种经济繁荣之下，工人阶级不再坚持斗争。独裁统治的头几年，国际形势普遍好转，建筑业、化工业、钢铁业和电力业都有了显著的发展。独裁政府大力兴修灌溉设施，改造交通和通信基础设施，复兴主义思想家的许多梦想得以实现。1928年，有人指控国王和普里莫的朋友借大型灌溉工程大赚特赚。据称，在瓜达拉哈拉的埃纳雷斯河引水渠和莱昂的埃斯拉河引水渠工程上，政府公开支付的开销远远高于工程实际成本，差额落入了私人的腰包。[92] 当局修建了港口和机场，连通了公路和铁路，交通基础设施得到改善，这些工程在 30 年后才开始发挥效益。1929 年，塞维利亚举行了伊比利亚美洲博览会，巴塞罗那举行了世界博览会，尽管开销巨大，但活动取得了成功，大受欢迎。[93]

然而，各种开发计划的投资几乎不受控制。腐败盛行，新成立的公司赚取了巨额利润。有人指控国王收受贿赂，帮助这些公司获得利润丰厚的合同，而普里莫本人则凭借项目分配捞了不少好处。科尔蒂纳侯爵在一家专业的经济周刊上揭露了其中的一些丑闻，该杂志随后被取缔，科尔蒂纳侯爵本人也遭逮捕并被流放到加那利群岛。在审查制度之下，报道不得涉及腐败交易。流亡人士发行的报刊经走私进入西班牙后，人们如饥似渴地阅读那些曝光腐败的文章。[94]

何塞·马里亚·佩曼说，普里莫渴望民众的敬仰，他称之为"对群众的渴望"。[95] 普里莫短时间内所拥有的民望，很大程度上也要归功于其施政手段。他实施了全面的新闻审查制度，组织了大规模的支持游行，借此宣称他受到所有真正的西班牙人的普遍爱戴，"公众舆论站在我这一边"，即使在 1926 年不满情绪不断增长之后，他依然这么做。民防队和爱国联盟在游行中负责组织欢呼的人群，可以视为该政权的隐性腐败。这些工作给有关的市、省或中央政府带来了巨大的财务负担。[96] 因此，这就产生了一个双向的效果：普里莫采取各种手段影响公众舆论，结果自己却把这些操纵的结果当真了，以为所有正派的西班牙人都爱戴他。操纵舆论的关键是对 60 份地方报纸实行强制收购，并且由马丁内斯·阿尼多创办了《民族报》，由亲法西斯的曼努埃·德尔加多·巴雷托担任主编，该行动的部分资金由马奇提供。尽管如此，《民族报》的印数从来没有超过 5 万份，其中许多报纸要么卖不掉，要么被送到爱国联盟的各办事处。爱国联盟的官方双月刊《爱国联盟》售出份数从未超过 1.5 万份。[97]尽管销售情况不佳，但是德尔加多·巴雷托的兄弟莱昂西奥在马丁内斯·阿尼多的同意下，向地方当局敲诈勒索，威胁要在报上刊文批评他们的城镇或省份，以此牟取钱财。[98]

　　所有报刊变成了政权宣传的工具。独立报刊的多样化言论逐渐消失，普里莫执笔的公告取而代之，篇篇的内容都以自我为中心，漫无边际。他的自高自大招致许多嘲笑。举个例子。他在一篇公告中说，阿方索十三世曾问他在哪里学来的治国的本事，他回答说："在赫雷斯赌场（当地地主的俱乐部）。"国王惊呼道："对呀，确实是这样的，你体验过人民的生活。"在另一则公告中，他写道："当我走近时，女士们分成两队，以便能看到祖国的救世主。"他一直相信女人们崇拜他。1926 年 1 月，在一次为他举行的宴会上，一位达官显贵恳求他不要放弃权力。普里莫满脸不解地回答："我为什么要放弃权力？只要我出门，女士们便抱起她们的孩子，好让孩子们看见我，看见祖国的救世主。星期天，我穿着披风出去散步，人们鼓掌欢呼，年轻漂亮的女裁缝拉扯我的披风，看看我是不是真的普里莫·德里韦拉将军。"他甚至在他的《我的情人》一书中发表不满，说对于女性对他的倾慕之情，报纸报道得还不够充分。[99]所有西班牙报纸都必须免费刊登他的公告，这些公告还会花高价在外国报纸上刊登。[100]

普里莫禁止西班牙媒体批评意大利法西斯政权。尽管喜欢把自己与墨索里尼相提并论，但对仿效法西斯政权在表面上反资本主义秩序，普里莫却毫无兴趣。普里莫的保守威权主义的基本观念是：军队是国家的化身，因此，军队要负责建立一个强大的国家，抵抗无政府主义和布尔什维克共产主义的威胁，并且把议会制度的低效和腐败抛在身后。与意大利法西斯党最接近的是他的政党——爱国联盟，该组织是唯一合法的政党。该组织的基础包括安赫尔·埃雷拉的追随者在卡斯蒂利亚地区几个省建立的几个爱国联盟支部，在意识形态借鉴了全国天主教农会和全国天主教宣传员协会的社会天主教思想。埃雷拉积极支持新政权，很想建立一个群众组织以巩固它。然而，该组织的许多论调十分极端。普里莫的朋友何塞·马里亚·佩曼说："西班牙大众现在必须决定，要么皈依耶稣，要么沦为恶人。"佩曼认为，这个国家因分裂而痛苦不堪。一边是反西班牙的，信奉一切异端和外来的东西；另一边是正统西班牙，秉承传统宗教和君主制价值观。[101]

爱国联盟于 1924 年 4 月宣布成立，在随后的 18 个月里进行组织建设，其目的是在军人政府过渡到文官政府后，巩固普里莫已经取得的成果。其实，与其把该组织称为政党，不如说它是一个代表上层和中产阶级的组织，该组织的成员希望表达对独裁政权的支持，并且获得相应的好处。该党的成员每年须缴纳一个比塞塔，而成为党员才能从政府手里获得好处，这成为一条潜规则。政府特派员负责该党的组织工作。全国天主教农会在哪里势力最强（比如在旧卡斯蒂利亚和莱昂），地方豪强在哪里最横行（比如在安达卢西亚和埃斯特雷马杜拉），政府特派员们在哪里的工作就越轻松。该组织的成员里几乎有一半来自西部的卡塞雷斯和西南部的韦尔瓦。最后，特派员们往往不得不偏袒某派豪强或他们的对头，因为哪里的地方豪强统治最弱，哪里的爱国联盟活动也就最弱。例如在巴塞罗那，那里的成员人数不到该组织成员总人数的 4%，许多成员只是到党部看看报、打打牌。[102]

罗马诺内斯和其他人坚持要求恢复宪法秩序，这使国王十分不满。1925 年 4 月，阿方索十三世接受法国报纸《巴黎午报》采访，口不择言地宣称："宪法！与刚刚恢复的安全与平静相比，这个字眼多么空洞啊！……如果重新召开议会，我们很快就会看到那些把国家引向毁灭的老党派再次挑起以前的争端，重回普里莫将军采取行动之前的局面，继续毫无意义地喋喋不休。"他告诉罗马诺内斯的儿子们，他"决心让目前的情况永久化"。他没有意识到，由于自己的表态，许多自由主义者和保守主义者的立场正在从被动反对独裁，转变为积极反对独裁。[103]

然而，独裁政权的最初几个月，更有可能威胁普里莫地位的是军队，而不是工人。对于政变，非洲派军官一点也不感兴趣，其他许多人也是一样。据报道，有人向督政府报告称，凯波·利亚诺将军听到消息后喊道："他们让米格尔·普里莫掌权了！他会把我们带入无政府状态的！"这些人曾经是普里莫的忠实盟友，但此后反目成仇。凯波一贯性情暴躁，他拒绝对普里莫唯命是从。[104] 非洲派军官得知普里莫到处宣讲西班牙应该放弃西属摩洛哥，对此非常反感。他们认为，对于在爱国战争中牺牲的战友而言，这是一种侮辱。[105] 这些非洲派军官里面，陆军中校弗朗西斯科·佛朗哥·巴阿蒙德是代表人物，他是外籍军团的一颗新星。作为国王的宠臣，

1923 年 1 月，他被授予内廷侍从的头衔，成为军事精英集团的成员。1923 年 10 月 22 日星期一，他与玛丽亚·卡门·波洛在新娘的故乡——西北部城市奥维耶多——举行婚礼，阿方索十三世是他不在场的伴郎。按照传统，高级军官结婚时应当"亲吻"国王的手。10 月下旬，佛朗哥履行了这一仪式。

后来几年里，佛朗哥声称，在他们会面时国王曾问过他，非洲驻军对最近的政变和摩洛哥的军事形势有什么看法。佛朗哥说，当时他告诉国王，军队不信任普里莫，因为普里莫认为必须放弃西属摩洛哥。当国王说摩洛哥问题没有解决办法时，据说佛朗哥提出了相反的看法，称驻军可以打败"叛乱分子"，捍卫西属摩洛哥。他对国王解释说，之前西班牙军队的攻势一直是零零星星的，不过是从一小块一小块的土地上赶走部落叛军，坚守一阵，丢失了再夺回来。1917 年，普里莫因发表相同的意见而被解除了加的斯军事长官的职务。1921 年 11 月 25 日，普里莫在参议院曾轻蔑地说，这场战争只是一系列的小冲突。他说："我认为，从战略角度看，只要海峡对岸还驻有一名西班牙士兵，就会损害西班牙的利益。"1919 年，普里莫曾宣称西属摩洛哥的唯一价值是用来换取直布罗陀，因此他又被免去了马德里军区司令的职务。[106] 现在，佛朗哥与国王谈话时主张的不是普里莫的放弃主义。与此相反，佛朗哥认为，西班牙不应该继续无休止地消耗人力和物力，而是应该对克里姆的老巢发动全面进攻。最直接的路线是乘船登陆摩洛哥北部位于地中海岸边的阿卢塞马斯海湾。据称，阿方索十三世随后安排佛朗哥与刚刚成为独裁者的普里莫共进晚餐，并告诉他这一计划。[107]

如果二人真的会过面，普里莫一定会领教佛朗哥身上典型的非洲派军官立场。佛朗哥自己之前出版过一本日记，表露了他的观点，即所有的问题都可以在阿卢塞马斯得到解决，那里是"叛乱的中心，从那里可以直抵非斯"[108]。尽管后来佛朗哥提出了在阿卢塞马斯登陆的想法，但实际上总参谋部早在佛朗哥与国王对话之前就已经制订了登陆计划。[109] 因此，佛朗哥向普里莫建议的，都是普里莫早就心知肚明之事。普里莫十分担心殖民战争造成的经济损失，但还不至于鲁莽到认为自己可以悖逆非洲派军官的意见。因此，普里莫指示驻伦敦的大使梅里巴尔侯爵向英国政府提出，用西班牙在北非的飞地休达来交换英国控制的地中海咽喉直布罗陀。如果英国接受这个方案，那么普里莫就可以把从摩洛哥撤军说成是一场胜利。然而，出于明显的战略考量，英国政府认为直布罗陀是无法替代的防守阵地，无意放弃那里。[110] 此外，到了 1924 年春，克里姆的势力也已大大增强，他以泛柏柏尔民族主义运动的领袖自居，希望建立一个独立的社会主义共和国。3 月，克里姆再次袭击了提兹亚扎。许多部落接受了他的领导，他自称"里夫的埃米尔"，6 月正式申请加入国际联盟。[111]

　　克里姆如此自信，反映出西班牙在摩洛哥的形势岌岌可危。在安瓦勒惨败之后，西班牙军队发起数次攻势，重新占领了梅利利亚周围地区，但除此之外，只有休达、得土安、拉腊什和舍夫沙万等城镇在西班牙的掌控之中。高级专员路易斯·艾斯普鲁·蒙德哈尔将军提议以梅利利亚为起点发起大规模进攻。普里莫·德里韦拉则回应说无法发动这种攻势，因为在摩洛哥维持 11.5 万人的驻军开销是西班牙根本负担不起的。他相信，西班牙无法完全平息西属摩洛哥的局势，要靠一座座既没有水也不坚固的碉堡坚守下去，简直荒唐可笑。他认为 9 万人足以击退克里姆的进攻。在萨拉戈萨的一次演讲中，普里莫宣布立即撤出 2.5 万人。1924 年的征兵人数减少了 20%，5 万多名新兵提前休假。[112] 许多驻军部队内部谣言满天，说即将接到撤退的命令。有传言说，如果从舍夫沙万撤退，包括佛朗哥在内的许多军官会申请调往西班牙本土。意识到这一点后，1924 年 7 月，普里莫决定亲自视察战场，而地方最高指挥部担心外籍军团会对普里莫报以敌意。后来有人说，包括佛朗哥在内的一些官员曾密谋，如果当时普里莫讲话鼓动放弃西属摩洛哥，就把他劫持作为人质。[113]

在普里莫的摩洛哥之行期间，1924 年 7 月 19 日在本－塔伊布镇发生了一桩有名的事件，人们把它演绎为关于佛朗哥的又一则故事。据说，佛朗哥为招待普里莫而准备的晚餐里每道菜都有鸡蛋。[114] 西班牙俚语里用鸡蛋指睾丸，这里的意思很明确，暗讽普里莫没有胆魄，夸耀当地西班牙军团勇猛无敌。1972 年，佛朗哥对此予以否认，但当时人们都深信不疑。佛朗哥确实发表了激昂的演讲，主张不应该放弃西属摩洛哥。尽管知道听众对自己心怀不满，但普里莫并没有胆怯，他不动声色地批评了佛朗哥违逆政令，还语气坚定地分析了全面撤军计划背后的原因。他认为，征服阿卢塞马斯将不可避免地导致重大伤亡，相比之下这并不值得，他问道："你们以为只有自己是爱国者吗？"现场引来一片嘘声。作为普里莫的陪同人员，圣胡尔霍后来告诉何塞·卡尔沃·索特洛，由于担心场面失控，整个演讲过程中他一直把手放在手枪的握把上。在普里莫讲话过后，现场一片寂静。记者埃米利奥·埃雷罗也在现场，他说看到一名军人拔出手枪打算开火。由于埃雷罗把本－塔伊布镇发生的事公之于众，导致后来他在马德里被逮捕。[115] 佛朗哥多年以后回忆了当时的情景，他告诉自己的官方传记作者里卡多·德拉谢尔瓦，普里莫对当时的情况不以为然，还把佛朗哥邀请到了自己的住处，针对有无必要登陆阿卢塞马斯，二人争论了两小时。但这是极不可能发生的。事实上，当时一些军官认为佛朗哥应该被送上军事法庭。[116]

普里莫的撤军政策并不是简单的撤退，也不是真的向克里姆投降。他还试图使用一种复杂的策略，希望引起赖苏尼和克里姆互斗。倘若这个策略无法成功，他就把西班牙军队撤到新的防线后面，切断敌人的弹药和粮食补给，同时采取焦土战术，用燃烧弹、光气、氯气和芥子气轰炸里夫地区的村镇和周围的农场，并在飞机上安装能发射毒气弹的机炮。他在萨拉戈萨的演讲中宣称："在接下来的行动中，空军将主动出击，对摩尔人实施严厉惩罚，迫使他们承认我们的主权。我们必须抓住主动权，但投入的士兵人数越少越好。"[117]

尽管佛朗哥和外籍军团的其他军官拒绝撤军，但普里莫仍然坚持放弃西属摩洛哥，主要是因为西班牙社会普遍支持撤军。他打算在 1924 年 9 月底之前将部队人数缩减至大约 5 万人。[118] 然而，西班牙希望与病重的赖苏尼媾和，这反而使克里姆得到更多人的支持，导致与克里姆的和平谈判难以取得进展。在视察摩洛哥之前，普里莫已经同意将西班牙军队撤至新的防线，转而更多地依靠轰炸。为了巩固西班牙控制的领土，他们放弃了东部梅利利亚附近的阵地，并在西部展开了规模更大的行动。沿海和得土安附近有数个据点被包围，必须予以增援，其中最重要的是圣城舍夫沙万。[119]

安瓦勒之役后西班牙军队主动撤离，之后却又以巨大伤亡为代价重新夺回这些阵地，非洲派军官对此非常恼火，但是他们也认识到必须做点什么为舍夫沙万解围。卡斯特罗·希罗纳将军率领一支纵队，用了一个多星期，从得土安向舍夫沙万推进了 65 公里。他们于 10 月 2 日到达舍夫沙万。在接下来的四个星期里，部队纷纷从偏远据点赶来这里，到 11 月初，舍夫沙万已经聚集了 1 万多名士兵，伤兵遍地，人困马乏。撤退刻不容缓。普里莫主动请缨，于 10 月 16 日任命自己为高级专员。他回到摩洛哥，把总参谋部设在得土安，要把舍夫沙万的西班牙人、犹太人和亲西班牙的阿拉伯人都撤出来，这项任务异常艰巨。撤退的卡车上挤满了妇女和老幼病残。这支处境危险的长龙队伍于 11 月 15 日出发。队伍在夜色中缓慢前行，佛朗哥率领部队殿后。由于部落武装不断袭击，再加上暴雨把道路变成了泥潭，这群人花了四周时间才到达得土安。整个撤退过程死亡近 2000 人，5800 人受伤，但没有让舍夫沙万成为第二个安瓦勒。[120]

最终促使普里莫转变政策的，不是非洲派军官的抗拒，而是克里姆在 1925 年 4 月 13 日犯下的严重错误。进入舍夫沙万后，克里姆又于当年 1 月抓获了赖苏尼。克里姆信心满怀，为了实现建立社会主义共和国的雄心壮志，他入侵了法属摩洛哥，起初还取得了成功。他的部队距离非斯不到 30 公里。驻扎摩洛哥的法军总司令于贝尔·利奥泰元帅呼吁与西班牙联手，共同镇压里夫地区的起事者。1925 年 6 月 17 日至 7 月 25 日，西、法两国在马德里举行会议，会上确定了与克里姆媾和的条件。会上还商定，如果克里姆拒绝这些条件，两国就将对他采取联合军事行动。两国都担心克里姆可能建立一个独立的里夫国家。普里莫认为，这场穆斯林反对基督教欧洲的大起义背后有苏联的黑手，最终决定实施酝酿已久的阿卢塞马斯登陆方案。[121] 当西法两国会议举行时，他写信给圣胡尔霍，信里说"我担心有人正在怂恿克里姆建立一个独立的国家"[122]。

联手打击克里姆的会谈在普里莫和法国的菲利普·贝当元帅之间举行。贝当元帅是法国陆军总监，他取代了病重的利奥泰。1925 年 9 月 8 日，一支由 16 万名法国殖民地士兵组成的部队从南部发起进攻，与此同时，7.5 万名西班牙士兵在阿卢塞马斯登陆，随后成功地对克里姆的总部艾季迪尔发起了猛攻。在圣胡尔霍将军全面指挥下的西班牙部队是搭乘胡安·马奇的跨谷中海航运公司的船只登陆的。第一批登陆的部队由佛朗哥指挥，并负责建立滩头阵地。整个行动组织不善，规划不足。尽管如此，进攻部队还是于 10 月 2 日占领了艾季迪尔，把克里姆的宅邸洗劫一空。到 11 月底，尽管克里姆仍然可以自由活动，并且控制着大部分领土，但当地的叛军已经大规模撤退。普里莫返回马德里，任命圣胡尔霍为高级专员。所谓的和平进程开始了，随之而来的是疯狂的镇压。1926 年 5 月 26 日，克里姆向法国当局投降。[123]

1926 年，里夫在农业、经济和行政事务上获得了有限的独立，但仍处于西班牙的军事控制之下。摩洛哥的问题解决了，随之而来的是西班牙财政上的沉重负担。摩洛哥问题的解决后来被视为普里莫最大的成就，并在当时为军人督政府转型为文官督政府开辟了道路。[124] 然而，我们不应该像何塞·卡尔沃·索特罗和一些人那样把全部功劳归于普里莫，索特罗说："这一英雄壮举完全是普里莫·德里韦拉一个人的功劳，其他人没有份。每个人都反对这个计划。"[125] 加夫列尔·毛拉写道："如果没有埃斯特利亚侯爵（指普里莫）个人的介入，西班牙是不可能取得这场胜利的。"事实上，西班牙军队非常幸运，其登陆日期、登陆时间、登陆地点、登陆战术都不同于总参谋部原本的计划。[126]

诚然，从阿卢塞马斯登陆，然后占领贝尼－乌里亚格尔山区一直被认为是控制里夫地区的唯一办法，是普里莫把这一想法付诸行动。普里莫当然觉得这份功劳是自己的，他写信给得土安公爵说，国王对他决定推进登陆计划表示祝贺，并为自己曾经反对过登陆计划而道歉。[127] 胜利之后，他获得了许多荣誉，其中最重要的是被授予圣斐迪南大十字勋章，这是西班牙最高级别的军事荣誉，受勋者每年可以得到 1 万比塞塔的津贴，津贴资格可以世袭。马德里、巴塞罗那和其他几个城市还为普里莫授予"城市之子"地位。赫雷斯市政府请人制作了他的雕像，而且要求各镇政府发动百姓"自发"为制作雕像捐款。甚至有人提议国王任命普里莫为里夫亲王。[128]如果他在 1926 年经济依然繁荣的时候辞职，人们会把他看作一位伟大的政治家和民族英雄。可惜的是，在这次胜利之后，普里莫进一步相信自己是天佑之人，有能力解决西班牙所有的问题。

第八章

普里莫·德里韦拉的独裁统治：
失败的几年，1926—1931 年

正当普里莫的民望似乎达到顶点之时，反对的声音也浮出了水面。由于政府禁止全劳联开展活动，加上马丁内斯·阿尼多残酷打击、逮捕无政府主义激进分子，暴动行为开始回潮。1927 年，立场强硬的伊比利亚无政府主义者联盟成立。安赫尔·佩斯塔纳反对这一运动，这预示着 20 世纪 30 年代无政府主义运动将发生分裂。[1] 1924 年 5 月 7 日，巴塞罗那高等法院新任命的行刑人罗赫略·佩雷斯·西卡里奥被刺杀，政府随后对无政府主义极端分子进行了镇压。佩雷斯·西卡里奥当时几乎无人知晓，他的保镖在袭击中也毫发无伤。因此，这次暗杀很像是马丁内斯·阿尼多所为。几乎可以肯定，这是警方密探干的。同一天晚些时候，工会办事处遭到查封，数十名无政府主义者被逮捕，刺杀行动只不过是他们为此目的而制造的借口。[2]

无政府主义者，还有马塞利诺·多明戈领导的各种流亡的共和派团体，以及刚刚出现的加泰罗尼亚独立主义反对派势力，都对独裁政权发起了抵抗，但影响不大。巴黎成立了一个革命委员会，成员非常混杂，圣地亚哥·阿尔瓦同意为该组织提供资金。[3] 地方主义同盟和加泰罗尼亚工商促进会曾经指望通过支持普里莫政变，以换取加泰罗尼亚的财政自主权。结果普里莫违背了承诺，但尽管如此，他们仍要仰仗马丁内斯·阿尼多的镇压手腕。结果，独裁政权的政策不利于加泰罗尼亚，导致民族主义的旗帜转到更激进的团体手中，比如，加泰罗尼亚左翼共和党和"加泰罗尼亚国"，这些团体还处于秘密活动的状态。后者的领导人是弗兰塞斯克·马西亚，他曾是工程兵部队的一名中校。马西亚是一名虔诚的天主教徒，是天生的保守派。他认为中央政府对加泰罗尼亚背信弃义，遂成为一名狂热的民族主义者。他后来成为安赫尔·佩斯塔纳和塞吉的朋友。塞吉被刺杀之后，他的立场变得更加激进起来。[4]

无政府主义强硬派实施了两次鲁莽的行动，新革命委员会的工作因此受到不利影响。无政府主义强硬派的主要人物是杜鲁蒂和胡安·加西亚－奥利弗。第一次行动是对巴塞罗那的船厂兵营发动袭击，行动失败后许多人被捕，包括安赫尔·佩斯塔纳的人。两名无政府主义者受到即决军事法庭审判，三天后被处决。[5]他们还发动了两次越境袭击，行动同样很鲁莽。警方派来的破坏者谎称大规模革命起义即将来临，几个无政府主义者小团队在获悉假消息之后，在北部纳瓦拉的贝拉镇附近穿过西法两国边境进入西班牙。其中一伙人与国民警卫队和边防警卫队发生冲突。随后爆发枪战，三名平民和两名国民警卫队队员被打死。他们还计划同时穿越边境进入东北部的希罗纳，但行动尚未开始就被法国警方瓦解了。[6]在贝拉镇遭逮捕的人中，有四人在 11 月 14 日被军事法庭审判。由于缺乏证据，他们被判无罪。国民警卫队的负责人里卡多·布尔格特将军对判决结果十分不满。他说服布尔戈斯军区司令，把担任法官的军官关进了监狱，并撤掉了军事司法团检察官卡洛斯·布兰科·佩雷斯。军区司令下令重新审判，要求对其中三名被告判处死刑，对第四名被告判处 6 年监禁。于是，三人被判有罪并处以死刑。其中两人被绞死，第三个人巴勃罗·马丁从一个高高的阳台上头朝下栽到监狱的场院上自杀身亡。[7] 法国境内的无政府主义组织遭到渗透，以及心狠手辣的胡利奥·拉萨尔特上尉的参与，这些都显示警方操纵了这次事件。阿莱吉于1924年1月29日去世后，马丁内斯·阿尼多的另一个密友佩德罗·巴桑·埃斯特万将军接任安全局局长。他保留了阿莱吉的团队，包括圣地亚哥·马丁·巴格纳斯和他的副手路易斯·费诺利·马尔瓦西亚，前者负责领导秘密警察性质的社会调查大队。[8]

贝拉镇血案的三人被处以死刑，但在法律程序上并没有确凿的证据。这表明，尽管普里莫政权不像佛朗哥政权那样嗜血，但是依然喜欢动用军法施加死刑。1924年4月11日晚上，在阿兰胡埃斯附近，一伙人抢劫了从马德里到安达卢西亚的快车，一名铁路工作人员和一名抢匪被其他人开枪打死。马丁内斯·阿尼多将这一普通犯罪案件说成是共产主义者的阴谋，并决定把此案交由军事法庭审判。最高法院检察官加洛·庞特欣然把案件移交军方。法庭对三人处以死刑，其中至少一人可能是错判的。1924年5月在巴达洛纳、1927年7月在萨拉戈萨分别发生了武装抢劫赌场的事件，事后对肇事者也给予了错判。这些人都被军事法庭判处了死刑。[9]

1925年12月3日，借着阿卢塞马斯的胜利所带来的声望，普里莫采取新的措施，企图把当时仍是临时政权的独裁政府正式化。在阿方索十三世的大力支持下，普里莫建立了文官督政府。国王把君主制的未来托付给普里莫，对督政府充满信任，他授权普里莫组建政府并负责领导。[10] 普里莫选择了内阁成员，自己继续充当全能的超级大臣，而马丁内斯·阿尼多被任命为副首相和内政大臣。然而问题是，与之前的军人阁员相比，新上任的部分文官并不那样温顺。劳工部副大臣胡安·弗洛雷斯·波萨达认真践行政府的反腐誓言，结果发生许多尴尬事件。他撰写的批评报告涉及一些政权高层人物（包括国王在内）的可疑财务计划，结果仅仅上任六周即遭解职。[11]

在文官大臣里，权力最大的是发展大臣瓜达洛塞伯爵，工程师拉斐尔·本胡梅亚·布林，财政大臣何塞·卡尔沃·索特洛。劳动、贸易和工业大臣，加泰罗尼亚人爱德华多·奥诺斯也是其中之一，他曾经代表地方主义同盟当选莱里达省的众议员。奥诺斯曾当过坎博的私人秘书，阿马德奥·乌尔塔多把他叫作"那个又胖又懒的小子"[12]。普里莫对司法机构的控制，是通过任命因腐败无能而出名的加洛·庞特来实现的。1923 年，庞特在塞维利亚担任法官，他给普里莫发了一封热情洋溢的电报，祝贺他的政变成功。作为对其阿谀奉承的奖赏，庞特被任命为最高法院的检察官。庞特操纵司法机构以便军事法庭接手审理安达卢西亚快车劫案，还在矿业联合信贷银行诈骗案中施加影响，通过这一系列操作，他再次获得奖赏，被任命为文官督政府的司法大臣。[13]

作为司法大臣，加洛·庞特的主要任务是限制司法独立。1926 年 5 月 16 日的一项法令授权政府可以在不损害"国家利益"的前提下做出裁决。此外，妨碍这项措施的所有法律均被暂停实施，除了直接向内阁会议提出申诉外，不得提出其他申诉。1926 年 6 月 14 日的另一项法令建立了所谓的司法理事会，有权修改任何司法决定，而且有权开除任何触怒政府的法官。1926 年 10 月 14 日的另一项法令授权政府推翻最高法院的各项决定，并排除了将政府决定诉诸法庭的一切可能性。随着对该政权的反对声浪日益增长，任何对行政部门进行司法约束的可能性均被掐灭。1928 年 12 月 22 日的一项法令规定，政府有权罢免和调任任何初级法官、中级法官或检察官，或者强迫其退休。1929 年 2 月 3 日的另一项法令扩大了这一权力，该法令允许政府调任、责令停职或解雇任何对该政权表示不满或以任何方式阻碍其政策的政府工作人员。[14]

加洛·庞特多行不义，在第二共和国成立初期被捕。后来担任过第二共和国总理和总统的曼努埃尔·阿萨尼亚曾在庞特的部门里担任一个不起眼的职务。1931 年 9 月 2 日，阿萨尼亚在日记中写道，他为庞特感到难过，因为不仅庞特丢掉了官职，而且共和国也剥夺了这些普里莫政府大臣的遣散补偿。那些律师过去被庞特呼来喝去，如今则想方设法让他找不到工作："他身无分文，以前那些帮他干脏活的杀手和同伙都帮不了他。他得吃牢饭了。"庞特受审时，普里莫之子何塞·安东尼奥是他的律师。[15]

1926 年初，普里莫开始说他身心俱疲，希望国王任命继任者，接替他领导文官督政府。他与胡安·德拉谢尔瓦和瓜达洛塞伯爵讨论了这个问题。[16] 但是，讨论没有任何结果，到 1926 年夏，普里莫还在玩弄一个假的议会解决方案，以使他的政权合法化。他计划建立一个社团主义的、非选举产生的国民议会，"将不会与国王或政府分享主权，而国王或政府可以继续以温和的方式实施独裁，就像它迄今为止所做的那样"。1926 年 9 月，在政变的周年纪念日，普里莫政府举行了一次公民投票，想看看民众是否支持该计划。政府没有采取任何措施避免投票舞弊。投票站由爱国联盟成员和民防队成员管理，负责发放空白选票。尽管选举缺乏监督，而且当局控制之下的报纸和爱国联盟发动了大规模亲政府宣传，但在合格选民里只有 57% 投了支持票。国民议会将只作为一个政治协商机构而存在，成员都经过仔细挑选，来自军队、教会、公务员、大学、工社党工会和雇主组织。值得注意的是，在 1902 年至 1923 年担任大臣的 159 名政治人物中，只有 14 名被选为议员。普里莫邀请 6 名工社党人加入新议会，但 6 人均予以拒绝。[17]

桑切斯·格拉对阿方索十三世说，所谓的国民议会是"非法的宗派性行为"，表明了对独裁统治的长久保证。他提醒国王，如果批准该计划，君主制将失去人心。由于存在审查制度，他的观点无法公之于众，但普里莫发表了他自己的回复，反而使桑切斯·格拉的观点广为人知。颇有影响力的拥王派的日报《阿贝赛报》的老板托尔夸托·卢卡·特纳拒绝发表普里莫的公告，除非一并附上桑切斯·格拉的声明。当国王批准这个计划时，桑切斯·格拉离开了西班牙，前往巴黎，他的住所成为反对现政权的保守派的聚会中心。在接下来的两年里他发现，支持他的人不仅包括一心要恢复 1876 年宪法的罗马诺内斯和其他前任大臣，还包括想要建立制宪议会以决定国家前途的共和党人，甚至不乏军官以及一些像佩斯塔纳一样的无政府主义者。而其他左翼人士，比如毛林，认为他实际上是一个极端保守派。[18]

那些抵抗组织以法国为基地，发起了几次越境袭击，1924 年的贝拉·德比达索亚镇事件只是他们的第一次尝试。更严重的是，尤其是从长远来看，由马西亚中校领导的加泰罗尼亚反对派的介入越来越深。"加泰罗尼亚国"采取行动之初，该党两个分支——"黑旗"和"小队"的年轻成员策划了一次刺杀。据称，他们计划在

1925 年 6 月趁阿方索十三世访问巴塞罗那后返回马德里的途中实施刺杀。按照计划，载有国王的火车经过锡切斯附近的科斯特·德加拉夫的一处隧道时，他们准备将其炸毁。由于告密者的出卖，他们遭到逮捕，被监禁数月并遭受酷刑。经军事法庭非法审判后，其中 4 人被判终身监禁，他们声称供词是刑讯逼供所得。[19]

贝拉镇的第二次袭击事件是巴桑·埃斯特万将军和路易斯·费诺利二人策划的。费诺利此前已经接替马丁·巴格纳斯出任秘密警察性质的社会调查大队的负责人。他们在西法两国边境捏造了一起事件，将其归罪于布拉斯科·伊巴涅斯、乌纳穆诺和奥尔特加·加塞特，并以此为由向法国政府提出引渡请求。把这些人弄回西班牙是他们一直以来的目标。1927 年 12 月，这一企图终于暴露无遗。乌纳穆诺的妻子孔查赴法国昂代探望丈夫，返回西班牙后在伊伦被逮捕。当局把她短暂关押在圣塞瓦斯蒂安，罪名是携带有四本《活页》杂志。24 小时后她被释放，但护照被没收，以阻止她探望丈夫，并迫使乌纳穆诺返回西班牙。[20]

乌纳穆诺和奥尔特加·加塞特在《活页》发文，揭露"第二次贝拉镇事件"纯属警方构陷。他们说，1925 年 10 月 8 日，费诺利率领秘密警察在昂代购买了 50 支手枪。当局后来从越境的无政府主义者身上"发现"了这批手枪。古巴报纸《马里纳报》刊登了贝拉镇边防警卫队指挥官胡安·奎托上尉的信件，他后来还接受了《活页》杂志采访，据他说，整个事件是费诺利一手策划的阴谋。当时，奎托已经向上级报告了他的发现。作为惩罚，他先是被调任阿斯图里亚斯。由于他继续揭发费诺利，接着又被逮捕，并被送上军事法庭受审。巴桑将军获得了普里莫授予的大十字军功勋章，而费诺利也因为"发现"了这个阴谋而被授予勋章。[21]

1926年6月24日发生了一起军事政变，尽管政变失败，但显示出反对派的阵营正在扩大。因为那天是圣胡安·包蒂斯塔（施洗约翰）的生日，所以它被称为"圣胡安日政变"。89岁的将军巴莱里亚诺·魏勒反对普里莫，因为普里莫公然干涉晋升制度。长期以来，他一直鄙视普里莫，认为普里莫是一个"宫廷里的马屁精和满口脏话的恶霸"。魏勒被解除了负责监督将官和校官晋升的评定委员会主席的职务，他对此十分不满。[22]普里莫无耻地绕过该委员会，直接向战争副大臣得土安公爵下达指示，要求提拔自己的盟友，惩罚批评者，其中最有名的是爱德华多·洛佩斯·奥乔亚将军。普里莫还利用一切机会羞辱魏勒。在写给马德里军区司令阿道弗·巴列斯皮诺萨的信中，他称魏勒"嫉妒心强""老得路都走不稳"，是一只"披着狼皮的羊"。由于普里莫肆无忌惮的干涉，弗朗西斯科·阿吉莱拉－埃赫亚将军也辞去了最高战争委员会主席的职务。[23]

这两位经验丰富的将军策划了一场政变，目的是恢复1876年宪法，共同起事者还有罗马诺内斯和梅尔基亚德斯。但是，这次政变不太可能得到广泛支持，他们这次计划与各共和派团体之间的关系并不牢固。1926年2月，这些团体已经组成了"共和联盟"，主要人物包括加泰罗尼亚的马塞利诺·多明戈、亚历杭德罗·勒鲁克斯麾下的激进党人以及乌纳穆诺、奥尔特加·加塞特和格雷戈里奥·马拉尼翁。尽管共和联盟对将军们的政变计划表示支持，但没有积极参与。更严重的是，"圣胡安日政变"参与者保密不严，并且目的各不相同。这些人里既有凯波·利亚诺将军、洛佩斯·奥乔亚将军、罗马诺内斯、布拉斯科·伊瓦涅斯，还有工社党青年团的胡安·西梅翁·比达特以及勒鲁克斯（有人怀疑他当时替普里莫效命，而且许多人确信他接受了胡安·马奇的资助）。当局很容易就破获了政变计划。[24]

普里莫嘲笑说，策划政变的这些人"被激情、野心或怨恨蒙蔽了双眼"。他还讥讽政变参与者们像是一幅"怪诞的镶嵌画"，指责他们对独裁政权之前的时代念念不忘："他们喜欢恐怖主义，向往地方分裂，享受坑蒙拐骗，不管货币失信和国际社会鄙视，漠视摩洛哥乱局，放任农业和工业生产颓毁。"他十分精明，为了避免制造烈士，对那些被判有罪的人只是处以巨额罚金。罗马诺内斯被罚高达 50 万比塞塔。[25]

不久之后，1926 年 11 月，马西亚中校与无政府主义者和一些流亡的意大利反法西斯主义者一起，从位于法国普拉·德莫洛的大本营出发，越过边境发动了一场突袭。与贝拉镇袭击事件一样，他们希望在西班牙掀起一场起义。法国和西班牙两国的警察对此计划了如指掌。这些装备简陋的起事者伪装成徒步旅行者，但很快在边境和佩皮尼昂市被法国警察拦截。少数人越过了边境，但随即被西班牙警察扣留。尽管如此，这次行动还是受到了广泛关注，舆论一边倒地支持马西亚。他和其他大约 90 人被驱逐到比利时。[26]

"圣胡安日政变"并没有动摇独裁政权，但它反映了一个现实，即除了来自自由派和左翼的反对势力之外，军队内部的一些派别也开始反对该政权。正是在军队方面，普里莫犯了严重错误。普里莫曾经支持从摩洛哥撤军，他知道，军队里军官人数分庞大是造成军费支出高昂的主要原因，这种局面难以为继。即便充实机械化部队数量的成果远远低于预期，但普里莫政权在军事现代化上的花费确实与在公共工程上的投入几乎一样多。[27] 精简军官人数的政策严重削弱了政权。军官里有人支持战场晋升制度，有人反对战场晋升制度，这一争议在 1917 年催生了军人委员会。普里莫采取措施以解决分歧，但由于缺乏策略性，产生了灾难性的后果。

非洲派军官和受过更多教育的炮兵和工兵之间存在分歧，这是因为与工兵或炮兵军官相比，与摩洛哥里夫部落作战的步兵或骑兵军官更容易获得晋升。1901 年，炮兵部队宣布，晋升必须严格按照年资办理，但可以用其他奖励或勋章代替晋升。在 1925 年 10 月 21 日和 1926 年 1 月 30 日的法令中，普里莫无视炮兵的传统，授予自己提拔勇敢或有能力的军官的权力。人们认为这打开了腐败之门。普里莫的迅速崛起在很大程度上归功于他叔叔的帮衬，现在他利用晋升制度，就像他利用司法制度一样，偏袒支持者，惩罚批评者。1926 年 6 月 9 日，他颁布了一项法令，要求炮兵接受论功晋升，这加剧了紧张局势。那些之前已经接受奖章代替晋升的人，现在都获得了追认晋升。普里莫采取的一系列措施和手段有些笨拙，不断刺激着军队的神经，本土派军官内部十分不满，于是他们与"圣胡安日政变"背后浮现的反对派势力加强了联系。[28]

8 月，由于不满论功晋升制度，炮兵军官几乎发动了一场兵变。在国王的支持下，普里莫宣布戒严，并对所有炮兵军官实施无薪停职。在东北部的潘普洛纳，为了回击炮兵发起的"攻击"，步兵开了枪。国民警卫队逮捕了涉事军官并给他们戴上了手铐。镇压是由马丁内斯·阿尼多指挥的。他为这项任务尽心尽力，普里莫称赞他为"带着马刺的修女"。塞戈维亚炮兵学院院长因拒绝交出学院而被判处死刑，后来减为无期徒刑。[29] 在这场武装冲突中扮演二号人物的是凯波·利亚诺将军。此前他被免去了科尔多瓦军事长官的职务，原因只是在一次晚餐上讲了一个笑话。这个笑话当时在塞维利亚地区很流行，说的是爱国联盟在城里连一间办公室也没有，但却在圣斐迪南广场设有一处活动中心。这是暗指圣斐迪南广场几个豪华的公共便池，那些便池的标志与爱国联盟名称缩写"U.P."的字母正好是一样的。结果，当局拒绝他晋升少将，并于 1928 年 3 月 31 日将他编入预备役名单，理由是他"无纪律，蔑视政府，不服从命令"。普里莫邀请他出任待遇优厚的文官职位，他愤怒地拒绝了。此外，由于国王曾答应过不签署把他编入预备役的军令，于是，凯波加入了共和派运动，并在马德里安家，积极鼓动炮兵反对现政权。[30]

由于不愿对现政权采取军事行动，炮兵军官最终于 9 月 6 日投降。然而，尽管普里莫取得了胜利，但不仅军队内部发生了分裂，甚至连军队对国王的忠诚也发生了动摇。在这次冲突发生后，炮兵、工兵和医疗部队的许多军官开始转向共和派运动。正因如此，军队的重要成员在 1930 年 1 月袖手旁观，坐视普里莫垮台。阿方索十三世在军官中的地位受到严重动摇，即使是非洲派也不愿花太多力气阻止 1931 年 4 月第二共和国的成立。[31]

国民议会成立一年后才开始运作。这在一定程度上是由于在"圣胡安日政变"、普拉·德莫洛越境突袭和炮兵冲突中显现的反对力量所产生的效果。此外，很多受邀人拒绝参加这一毫无意义的机构，普里莫为此焦头烂额。工社党在 1927 年拒绝了这一邀请，因为当局不允许工社党自己选择议会代表。他们在 1929 年再次拒绝了邀请，因为越来越多的证据表明，与政府的合作对工总的会员人数产生了不利影响。1926年11月，爱德华多·奥诺斯建立了全国劳资合作组织。他赴法西斯意大利进行了考察，并结合了许多现有的社会保障方面的法律，以此为基础建立了该组织，其长远目标是消除阶级斗争，所采取的实际措施是建立劳资纠纷仲裁委员会。[32] 工总决定参与其中，希望马上获得物质上的好处。一旦在仲裁委员会的协调下通过协商争取到更好的工资和工作条件，并且工总完全掌握工人的代表权，那么社会主义运动之外的工人就会蜂拥加入工总。然而，他们的预判落空了，工总的成员人数并没有大幅增加。即便如此，雇主们，尤其是加泰罗尼亚地区的雇主们，还是对政府支持的工会组织感到不满。[33]

有点奇怪的是，1928年初，普里莫计划与一位出身贵族家庭、名叫梅塞德斯·妮妮·卡斯特利亚诺斯的志愿护士结婚。在恋情曝光后，他的形象反而受到了损害。这位大块头鳏夫已经58岁了，而这位女士40岁，是圣费利克斯伯爵的继女。在各类小报上满是二人的爱情故事。4月和5月间，报纸上几乎每天都有对她阿谀奉承的报道。他们一起出席公开活动，未婚妻还陪同他公务旅行，受到了公众的欢迎，穆尔西亚、奥维耶多和阿尔马格罗的市政府极尽奉承，任命她为名誉市长。婚礼原定于9月举行，但是6月9日，婚礼宣布取消，当事人没有任何解释。声明如此唐突，而且就这样抛弃了"妮妮"，普里莫又一次成为公众嘲笑和贵族鄙视的对象。[34]

在这段时间里，反对现政权的声音越来越大。由于政府对著名教授和知识分子实施迫害，学生中一直酝酿着动乱。1926年4月底，持社会主义立场的萨拉曼卡大学法学教授路易斯·希门尼斯·阿苏亚被逮捕，之后被流放到梅利利亚附近舍法林群岛的小岛，为期三个月。当局的理由是他为6名学生提供辩护，这些学生抗议当局解除乌纳穆诺的希腊语教授一职并任命一名教士接替，被监禁了两个星期。1925年5月20日，学生领袖安东尼·马里亚·斯伯特被捕，普里莫对他说："学生跟士兵一样，你无权代表其他学生，向政府提出申诉时必须通过你的上级。"斯伯特在1929年3月还被逮捕过一次。[35]

1929年4月，大学生联合会抗议政府允许天主教私立大学授予学位。由于大学学位是应聘政府工作岗位的必要文凭，政府的这一决定威胁到了大多数非教会学校学生的利益。随后爆发了罢课、集会和示威。到1928年4月初，这场抗议已经蔓延到萨拉戈萨以外的所有大学。普里莫无视抗议，下令军队占领了一些大学，学生里行动最激进的一些人遭到了逮捕。当局勒令马德里大学、巴塞罗那大学和奥维耶多大学停课。学生发起抗议活动，极大地支持了流亡知识分子的抵抗。乌纳穆诺成为学生造反派的英雄，他发表公开信，用其一贯的激烈言辞痛斥普里莫是"可怜的强盗、卑鄙无耻的骗子、懦夫和残暴统治西班牙的罪犯"。普里莫曾说西班牙的律师和医生太多，应当减少大学的数量。他说，教授们经常不来上课，而学生们天生懒惰。[36]

各种反对派团体对现政权的威胁越来越严重。一方面是由于国际因素；另一方面是由于巨大的预算赤字，西班牙货币比塞塔持续贬值。对此，胡安·马奇一如既往地两头下注，一边继续为流亡中的阿尔瓦和勒鲁克斯提供资金，一边开始支持桑切斯·格拉开展活动。有一场兵谏正在策划中，原计划的领导者是巴伦西亚军区司令阿尔贝托·卡斯特罗·希罗纳将军。计划的响应者众多，既有以共和联盟和马西亚以及路易·孔帕尼斯等加泰罗尼亚独立主义人士为代表的保守势力，也有全劳联和军官。兵谏的政治领袖是桑切斯·格拉。保密是不可能的，因为涉及的团体太多，无论目标还是参与程度均各不相同。秘密警察对许多可疑人士实施了跟踪，1928 年 9 月 11 日，马丁内斯·阿尼多下令逮捕了 4000 多名共和党派人士和军官。[37]

　　1929 年 1 月 19 日晚，桑切斯·格拉在巴伦西亚登陆，计划指挥 18 支驻军炮兵部队。事实上，只有雷阿尔城的部队成功起事。当地民防队和爱国联盟均未发起抵抗，这令普里莫十分震惊。他告诉卡尔沃·索特洛，当他发现爱国联盟没有奋力保卫政权时，感到心灰意冷。[38] 兵谏失败了。起事者曾经指望巴伦西亚军区司令卡斯特罗·希罗纳将军振臂响应，但他怀疑兵谏无法成功，在最后一刻改变了主意。桑切斯·格拉没有逃跑，而是选择向实际上已经背叛了他的卡斯特罗投降。卡斯特罗·希罗纳处境尴尬，他建议桑切斯·格拉逃走，但遭到了拒绝。普里莫发表了一份据说是在他喝醉之后一挥而就的公告，公告里把兵谏称为"滑稽之举"。普里莫说，兵谏失败是因为政府事先就掌握了情况，而且整个行动组织混乱，参与者都是些"乌合之众"。他还说，巴伦西亚人当时更关心西班牙小姐选美比赛的名次，在那次比赛中，巴伦西亚小姐珀皮塔·桑佩尔最后赢得了桂冠。有人称发动兵谏是由于现政权是非法政权，这让普里莫十分恼火，他罗列了自己的成就："独裁政府捍卫国家的宗教传统，提升妇女地位，保护穷人利益，这些方面比任何一届政府做得都要多。"他还夸耀自己为鳏寡孤独做了许多实事。

为了向政府施加压力，桑切斯·格拉不断宣称他的目标就是发动叛乱，在描述他的活动时故意使用刑法中定义煽动叛乱和需要判处死刑的措辞。1929 年 10 月之前，他一直被关押在军舰上，但最终当局不得不把他送交法庭审判。军事法庭由 6 位将军担任法官，法庭判决他无罪，其中隐含的理由就是为推翻非法政府而发动叛乱不应受到谴责。大约 30 名参与了雷阿尔城起事的军官被判入狱。载着他们的火车从马德里出发，计划抵达潘普洛纳。火车每到一站，人群都向这些军官欢呼致意。抵达潘普洛纳时，他们受到许多人的欢迎。判决桑切斯·格拉无罪，这是对独裁政权的挑战，它清楚地表明，军队最高层已经对普里莫失去了信心。兵谏计划本身已经表明，君主制正面临着非常严重的危机。旧政治体制的许多重要人物都愿意与共和派势力合作，他们是梅尔基亚德斯·阿尔瓦雷斯、桑切斯·格拉、圣地亚哥·阿尔瓦、曼努埃尔·布尔戈斯－马索，甚至罗马诺内斯也包括在内。[39]

3 月初，罗马诺内斯指出反对势力的三个主要派别团体已经站在一起，他敦促阿方索十三世恢复 1876 年宪法，但国王没有同意，危机一触即发。国王与普里莫的关系不断恶化，尽管如此，国王打算搁置疑虑，指望普里莫的宪政改革计划能够提供一条出路。[40]另一边，普里莫越来越频繁地说他想挂印辞官。随着经济形势恶化，社会各阶层不再拥护他，他感到心灰意冷，茕茕孑立。工总反对他，主要是因为该组织在农村地区的成员正在流失。普里莫提出为劳工提供贷款的计划也没有下文。奥诺斯半心半意地想要在农村建立劳资纠纷仲裁委员会，但遭到南方地主和全国天主教农会的激烈反对。[41]到 1928 年，工总在农村地区关闭了 65 处支部，流失会员达 1.5

万名。在独裁政府建立之前，工总的成员超过 6.5 万名，到了 1929
年 12 月，成员数下降到了 3 万。虽然工总在国家的劳资仲裁机构
内占据实际上的垄断地位，但这并没有吸引更多人加入。阿斯图里
亚斯地区的矿工是支持工总最坚定的力量，这些人在独裁统治期间
遭受了巨大损失。因此，拉尔戈·卡瓦列罗开始转向普列托的立场，
打算与反对独裁政权的共和派联手。[42]

另外，随着比塞塔币值崩溃，右翼对劳资纠纷仲裁委员会愈发
不满。全球经济衰退，移民汇款减少，出口直线下降，物价飞涨。
生活水平下降不可避免地影响到社会各阶层，尤其是工人阶级。然
而，对政权影响最直接的是武装部队的军官们，他们是独裁政权仅
存的支柱，但是现在他们的支持也已经摇摇欲坠了。加夫列尔·毛
拉说："军官们的朋友和家人的抱怨越来越激烈，他们一致指责军
人，要么说是军人导致了独裁，要么说是军人没有去推翻独裁，军
官们也被挑动了起来。"[43]

1929 年秋，普里莫把更多的权力交给了现为国民警卫队领导
人的圣胡尔霍，并且重组国民议会和爱国联盟，希望以此巩固他的
政权，但并没有达到预期的效果。前任首相里没有人接受提名加入
国民议会。律师协会从知名的反对派人士中选出成员。巴利亚多利
德大学选择了乌纳穆诺。[44] 12 月 3 日，督政府内阁成员在马德里的
拉迪餐厅聚餐，庆祝建政四周年。普里莫谈到了辞职，打算把督政
府的领导职位交给瓜达洛塞伯爵。[45] 众人预感危机将至，12 月 30
日的内阁会议上，普里莫又提出了一些不切实际的过渡建议，希望
改组国民议会，从不同业界选举产生部分代表，而其他代表仍由政
府指定。第二天，该方案提交给国王。国王这才意识到，君主制要

想续命，普里莫必须走人。由于找不到确定的接替者，国王不敢将普里莫解职，而只是告诉普里莫自己需要一些时间考虑这些建议。然而，用卡尔沃·索特罗的话说，"在那一天，独裁政权的死刑令就已经签署了"[46]。

阿方索十三世开始积极回应朝臣们的谏言，这批人不满普里莫举止粗鲁，怠慢贵族，私通胡安·马奇，以及卑劣地抛弃了梅塞德斯·卡斯特利亚诺斯。[47] 在与国王会晤的第二天，普里莫发表了一篇文章《我们直说吧》，在这篇文不对题的文章里，他承认政府更替迫在眉睫。尽管承认自己已经失去了社会主要阶层的支持，但普里莫给他们统统贴上了自私的标签：贵族不支持他，是因为不满失去了特权；旧党派的领导人不支持他，是因为这些人与1876年宪法这个"破玩意"紧紧绑在一起；政府工作人员不支持他，是因为虽然工资涨了，但还是不想上班；银行家们不支持他，是因为讨厌纳税；至于工厂主不支持他，是因为他尊重工人的权利。他声称，尽管有人指责他敛财，但他和他的合作者从未中饱私囊。令人意想不到的是，普里莫坚称，他可以随心所欲地支配从全国募捐来的400万比塞塔，但他并没有拿这笔钱在西班牙国内或者境外投资。[48]

1930年1月，危机进一步加剧。普里莫拒绝解除对学生和教授的制裁，罢课随后再次发生。为了阻止国民警卫队闯入校园，马德里大学的校长下令关闭学校。路易斯·费诺利带领安全部门的一个小组正在南方调查加的斯军事长官曼努埃尔·戈代德将军的政变计划。戈代德在军队、支持宪政的反对派和共和派之中拥趸众多。第二军区司令卡洛斯·马里亚·波旁－西西里亚是戈代德的上级，也是国王的姐夫，他敦促国王解除普里莫的职务。普里莫没有主动出击，以免加速引发政变，而是选择发表公告，把政变计划称为"一桩小事"。[49]

比塞塔的崩溃对普里莫政权的影响最大。普里莫愚蠢地捍卫比塞塔兑英镑的汇率，以此展现国家威望，他让卡尔沃·索特洛动用西班牙的黄金和外汇储备在国际市场上购买比塞塔。这种政策只不过让投机者赚了个盆满钵满，比塞塔最终仍不得不贬值，从 1928年 7 月的 29.5 比塞塔兑换 1 英镑，跌到 1930 年 1 月的 38 比塞塔兑换 1 英镑。坎博称，政府的政策带来了通货膨胀，而且卡尔沃·索特洛管理无能，这些都是汇率暴跌的原因。坎博指出，更明智的做法是出售比塞塔并且建立英镑和美元储备，而普里莫却编制"特别"预算并维持比塞塔汇率，这简直荒谬。[50]

1929 年 12 月 3 日，也就是拉迪餐厅聚餐的那一天，政府决定发行政府债券，数额为 3.5 亿金比塞塔，希望以此稳定比塞塔币值，但目的没有达成。普里莫在 12 月 21 日对这次发债的成功表示祝贺，但实际上这些债券并没有找到买家。三天后，他承认，尽管显然应当出售比塞塔而买入英镑和美元，而他和卡尔沃·索特洛却出于爱国而表现得"好像接连输钱的赌徒，谁都会想孤注一掷地赢回来"[51]。他发表了一份十分差劲的声明，说比塞塔的下跌有三个原因——经济原因、政治原因和难以估计的其他原因。他宣称，无论如何，经济崩溃后遭受打击的只有富人。他告诉记者，比塞塔的下跌没有任何原因。卡尔沃·索特洛给出了一个同样站不住脚的解释，他将汇率暴跌归因于暂时的"股市疯狂"。这显示，坎博指责他管理无能并没有说错。这个表态引发了舆论的嘲笑。《先锋报》

刊文称，希望卡尔沃·索特洛能祈祷上天给他一些指点。[52] 1月20日，卡尔沃·索特洛以身体原因为由辞职，安第斯伯爵取而代之。卡尔沃·索特洛仍然相信他的"特别"预算作用巨大，他声称国库仍有盈余。而且，他声称比塞塔危机是由国际风暴导致的，而这场风暴即将过去。在卡尔沃·索特洛制造的乱局之下，普里莫政权距离垮台更近了一步。[53]

普里莫精疲力竭，而且患上了与酗酒有关的糖尿病。1930年1月26日，经过一个不眠之夜，他向记者们坦承对学生骚乱和比塞塔危机的担忧。他声称，大多数人仍然支持他。由于这一点无法得到证明，而且他是"通过军事公告"上台的，因此他现在提议，请十位军区司令以及陆军、海军和国民警卫队的其他高级将领表态，看他们是否还支持自己。只有国王有权罢免普里莫，但是普里莫没有事先和国王商量，这一点表明了普里莫对阿方索十三世的态度。国王怒气冲冲，把普里莫召进了宫。普里莫被国王愤怒的斥责搞得晕头晕脑，他声称自己并不是在篡夺王室特权，而只是想破坏戈代德策划的政变。这已经无关紧要了。高级军官们在1月27日做出答复，尽管言辞比较含糊，但却清楚地表明，他们决心与普里莫政权保持距离。即使他那些亲密的朋友，如加泰罗尼亚军区司令埃米利奥·巴雷拉、塞韦里亚诺·马丁内斯·阿尼多和圣胡尔霍，都表示他们忠于国王。即便这样，普里莫仍然坚信公众舆论站在他这一边，他没有辞职。于是，国王派了普里莫的朋友、新任财政大臣安第斯伯爵前去劝退。普里莫深受打击，第二天宣布辞职。[54]

普里莫与阿方索十三世会面时谈了些什么，可以从他最后令人哭笑不得的公告里读出来。他对引起公众不安表示道歉。他解释说，

"周日刊登的公告是我在周六凌晨匆忙写下的。没有请任何人检查，连我自己也没有多读一遍。送稿的人已经在门口，等着把稿子送到新闻办公室去，我一分钟也没耽搁，好像国家存亡取决于它一样，我确实有点晕了头"。他感谢军方高层的回复，称该回复体现了爱国精神，但他没有透露回复的内容。他说，依照军方高层的态度，考虑自己的病情，"我只能立即退出政府"。内阁其他成员跟随他一起宣布辞职。普里莫给了国王一份对下一届政府的建议名单。他推荐由埃米利奥·巴雷拉、马丁内斯·阿尼多或达马索·贝伦格尔这三名将军中的一位出任首相。国王要求贝伦格尔组建内阁。贝伦格尔考虑了很久，最后接受了组阁任务。在整个危机期间，王宫前和马德里其他地方都有支持共和派的示威活动。[55]

尽管已经辞职，但普里莫似乎没有意识到他已经失败了。他留在了马德里，并于1月31日与他的前内阁成员会面。在会面过程中，他接到了一个电话，得知圣地亚哥·德巴列被任命为最高法院首席检察官，这个人经常发表激烈的批评言论。普里莫说："他肯定会把我们告上法庭。"这番话显示，普里莫完全清楚自己在执政期间有过严重违规行为。报界纷纷谈论对普里莫政权的责任启动追查。普里莫开始私下讨论发动新的政变。2月13日，他去了巴塞罗那。抵达巴塞罗那之后，埃米利奥·巴雷拉说服他相信现在考虑复出还为时过早，并且建议普里莫避走巴黎。四个星期后的3月16日，普里莫因病情加重去世。[56]

当时共和派不断发动示威，国王面临着严重的危机。贝伦格尔比起普里莫更诚实，更有教养，但他接过的职位看上去笼罩着光环，实则是一个深坑。普里莫曾设想，未来国家的基石是国民议会和爱国联盟。既然事实证明这种设想不切实际，但眼下只有三种选择——要么建立更专制的独裁政权，要么逐渐回到1923年以前的宪政体制，要么冒着走向共和国的风险举行自由选举。由于军队四分五裂，第一条道路走不通，第三条道路为现有体制所不容，只有第二条道路可以接受。流亡的反对派尽管没能推翻独裁政权，但却鼓起了他们对独裁政权的鄙视和对共和主义的支持。当局未能妥善处理与炮兵和工兵的利益冲突，也导致了军方对君主制的支持减弱，一些军中大佬加入了共和派的行列。比塞塔危机耗尽了银行业和工业上层人士的支持。劳资纠纷仲裁委员会的作用越来越小，导致社会主义运动不再支持现政权，但工厂主和地主对该体制的不满依然存在。

旧的保王政党已经凋零，他们依赖的地方豪强已经一蹶不振。保王党领袖们对国王一意孤行地抛弃1876年宪法依然心存芥蒂。在独裁统治期间，国王对待他们不是拒之千里，就是视而不见。地方主义同盟原本是君主制的另一个堡垒，但是普里莫政权实施政策削弱加泰罗尼亚，因此该同盟的影响力也大不如前。1931年3月中旬，主要的加泰罗尼亚左翼团体，"加泰罗尼亚行动"和"加泰罗尼亚国"合并为加泰罗尼亚左翼共和党，领导人为弗兰塞斯克·马西亚和路易·孔帕尼斯。梅尔基亚德斯·阿尔瓦雷斯的改良党的大部分成员很快加入了共和派团体。爱国联盟的大多数成员渐渐疏远了组织，立场坚定的成员加入了全国天主教农会、全国天主教宣传员协会或全国君主制联盟。由于没有党组织，1930年时，这些组织的影响都不大。[57]

对于像卡尔沃·索特洛这样更右翼的毛拉派人士来说，由于他们曾经全心全意地为普里莫效力，如今已经没有回头路了。他们加入了全国君主制联盟，认为右翼所面临的挑战只有通过建立军事君主制才能解决。等到第二共和国，这些人成为极右翼的总参谋部，后来佛朗哥独裁政权的意识形态大多来自于他们。1930 年夏末，卡尔沃·索特洛、瓜达洛塞和何塞·安东尼奥·普里莫·德里韦拉在加利西亚巡回宣传，结果全国君主制联盟获得的支持寥寥。其间发生了许多暴力事件，最严重的发生在卢戈，人们纷纷投掷石块。警察出面平息事态并打伤了 5 名抗议者，这在加利西亚全境引发了罢工。在巴利亚多利德，西班牙国民党（由何塞·马里亚·阿尔维尼亚纳博士建立）举行的一次集会被学生们破坏。立场极端的阿尔维尼亚纳是从全国君主制联盟出来的，他认为全国君主制联盟既没有认真执行其重要的任务，也没有把潜藏的危害西班牙的势力赶尽杀绝。[58]

没有了独裁政权的庇护，阿方索十三世开始为捍卫王位而战，但获胜的希望渺茫。普里莫没有利用 1923 年至 1927 年的经济喘息间隙，为腐朽的立宪君主制寻找一条持久的政治生存之道。人们普遍反对普里莫的独裁统治，促成了一场迅速发展的共和运动。1926 年，各种共和派团体联合成一个松散的联盟——共和联盟，建立了组织完善的基层、地区和省级体系。具有讽刺意味的是，政府推动现代化建设后，学生人数增加了一倍，大学成了反抗独裁政权的中心。

贝伦格尔的第一个困难是组织内阁。坎博患了喉癌，正在恢复，他拒绝出任财政大臣。自愿的候选人少之又少，以至国王的牙医弗洛雷斯坦·阿吉拉尔一度可能被任命为教育大臣。[59] 贝伦格尔开始时态度开放，共和派报纸《马德里先驱报》主编曼努埃尔·冯德维拉·克鲁伊森特曾经拿他当炒作的噱头，贝伦格尔也没有见怪。这位报纸主编以首相办公室的名义打去电话，要求马德里消防队把议会大楼外墙上巨大的国民议会的牌匾拆走。第二天早上消防队拆除议会牌匾时，他又派了一位摄影记者到场拍照。贝伦格尔取消了对大学教授、军官和学生的制裁。流亡者逐渐返回西班牙。许多被普里莫政权推翻的省市当局恢复运作。贝伦格尔公布计划，承诺恢复1876年宪法并且组织选举。如果早日选举，兴许能挽救君主制，但他担心失败，谨慎犹豫，导致共和成为人心所向。[60]

　　不幸的是，新任财政大臣曼努埃尔·阿圭列斯的政策无意间导致世界经济大萧条引起的经济衰退加速到来。曼努埃尔·阿圭列斯猛烈抨击卡尔沃·索特洛的通胀政策，他实施了严格的预算紧缩政策，立即禁止新建公共工程项目。这项政策带来了灾难性的后果。新建铁路项目全部下马，所有新机车的订单都被取消，整个冶金行业遭受沉重打击。冶金行业和其他行业的订单减少，很快就激起了工人阶级的斗争情绪。此外，巴塞罗那和塞维利亚的博览会落幕，加上移民回国，危险的局面已经出现，特别是在建筑业。在巴塞罗那，全劳联和自由工会之间爆发了冲突。[61]

　　君主制似乎转眼就面临四面楚歌的处境。2月20日，在圣塞瓦斯蒂安，安东尼奥·毛拉的次子米格尔·毛拉宣布转向共和主义。几天前，他把自己的决定告诉了国王。阿方索十三世自以为是地嘲笑他说："你疯了！只要我活着，君主制就没有危险。Après moi，le déluge[①]。"而跟 2 月 27 日桑切斯·格拉在马德里萨苏埃拉剧院发表的演讲相比，毛拉表态的影响就算不上什么了。桑切斯·格拉受到英雄般的欢迎。虽然没有宣布自己是共和派，但他说自己对阿方索十三世已经失去了信心，并主张通过选举组成制宪议会。他称国王"嘲笑、羞辱和践踏"宪法，并说"我不是共和党人，但我认为西班牙有这样做的权利，如果西班牙愿意的话"，人们对他的观点报以热烈的欢呼。在活动结束后，周围街道出现大规模的支持共和派的游行。新任安全大臣埃米利奥·莫拉将军把这次演讲和公众的反应视为"君主制的死刑"。[62]

更具破坏力的是 4 月 13 日在巴伦西亚的一次演讲，演讲者是曾经的战争大臣、科尔多瓦省普列戈的豪强——尼塞托·阿尔卡拉－萨莫拉。他以其特有的华丽辞藻谴责了独裁政权的腐败，并呼吁进行自由选举并建立共和国。他的转变在很大程度上是由于独裁政权损害了他的个人利益。这只是西班牙国内影响广泛的几次演讲中最具破坏性的一次。安赫尔·奥索里奥·加利亚多于 5 月 4 日在萨拉戈萨发表演讲，把自己说成"没有国王的君主主义者"，要求阿方索十三世退位，并要求组织透明的选举。[63] 这些转向拥护共和的保守主义者都有一种本能的愿望，那就是确保君主制自生自灭且不至于引发社会革命。5 月 30 日，阿尔卡拉－萨莫拉在马德里科技文艺社发言，发言引起了《阿贝赛报》的不安，该报报道说："他

---

①　法文，意为"在我之后，洪水滔天"。

打算用文字埋葬西班牙君主制。他在西班牙各地旅行，播撒盐①和诅咒，以铲除君主制的根基。他的演讲破坏力巨大，所到之处，君主制的根茎无不枯萎和死亡。"[64]

尽管健康状况不佳，贝伦格尔还是努力安抚独裁政权下的各派受害者，但他无法阻止共和主义的浪潮。7月14日，阿尔卡拉-萨莫拉和米格尔·毛拉创建右翼自由共和党，《阿贝赛报》的担忧仿佛成了现实。由于新的共和派政党还处于萌芽阶段，工社党是唯一一个组织完备的政党。工总也处于强势，因为全劳联和西班牙共产党遭受过马丁内斯·阿尼多的镇压，需要时间恢复元气。工总和工社党发表联合声明，谴责贝伦格尔政权是非法的，但从声明上看不出强力反对的意思，只是呼吁重建政治自由。在贝伦格尔上台的当天，他收到了安全局局长巴桑将军送来的报告，报告称社会主义者在独裁统治下"表明了自己的可合作意向"，仍然是政治秩序的保障，而全劳联和伊比利亚无政府主义者联盟则危险得多。[65]

安全局局长巴桑的继任者是莫拉将军，他曾经在摩洛哥军事行动期间从事反间谍活动，并以此成名。他认为自己的主要任务是镇压政治颠覆活动。弗朗西斯科·佛朗哥的弟弟拉蒙是有名的飞行员，他认为莫拉会像对待摩洛哥里夫部落的人一样对待西班牙人。[66]为此，莫拉保留了大部分曾在巴桑手下的秘密警察。更名后的社会调查部仍由圣地亚哥·马丁·巴格纳斯领导，路易斯·费诺利任其副手。莫拉错误地认为，只要让地方主义同盟复兴，并且解除对加

---

① 《圣经·士师记》记载，统治以色列的亚比米勒攻下城池后，杀了城里的居民，拆毁了城垣，并且把盐撒在地上。

泰罗尼亚语和当地旗帜的禁令，加泰罗尼亚的反对力量就会销声匿迹。他认为，可以利用工总的工会官僚体制防止斗争行动，甚至借以打击无政府主义者和共产主义者的骚动。由于工总的许多高级领导人在劳资纠纷仲裁委员会和其他国家机关任职并且薪水不菲，他相信这些既得利益者将会保证劳资仲裁机制正常运行。[67]

早期的共和派势力逐渐合并成政党，勒鲁克斯的激进党就是第一个加入的。这位煽动家曾经激情澎湃，但随着财富和年龄的增长，他逐渐改弦更张，成为反对王室的温和派代表。知识分子曼努埃尔·阿萨尼亚领导下的"共和行动"党既对勒鲁克斯的温和反对派构成竞争，也开始与刚刚转向支持共和、信仰"没有国王的君主制"的保守派阵营争夺影响力。弗兰塞斯克·马西亚如同英雄一般不顾禁令从流放地返回西班牙，但几天后再次被流放，"加泰罗尼亚国"的支持者因此增加。其他重要的地区性共和派团体正在形成，其中包括圣地亚哥·卡萨雷斯·基罗加的"加利西亚自治共和组织"以及"巴伦西亚自治共和同盟"。巴伦西亚自治共和同盟成员是已故的布拉斯科·伊瓦涅斯的追随者，他的儿子西格弗里多是该组织的领导人。早在 2 月中旬，在马塞利诺·多明戈领导的坚决反教权的激进社会共和党的领导下，一大批支持共和的左派、中间派和保守派人士加入了共和联盟。5 月，当卡萨雷斯·基罗加的"加利西亚自治共和组织"加入后，徘徊在共和联盟之外的只剩下社会主义者和加泰罗尼亚地方自治党派。[68]

在新生的共和运动中，普列托最有号召力，此外，他在军队内外的关系也无人能及。共和派向工社党施加压力，要求工社党加入反对君主制的运动，普列托此时成了他们最重要的盟友。4 月 25

日，他在马德里科技文艺社发表了题为《政治时刻》的精彩演讲，演讲产生了巨大的影响。在演讲中，他将揭露安瓦勒惨败责任的运动与揭露普里莫及其合作者（包括国王在内）腐败的运动联系起来。普列托严厉地批评了他们的腐败行为，尤其是铁路丑闻以及对电话和汽油行业的垄断。在谴责普里莫政府内阁成员及其亲属和姻亲收受贿赂时，他提到了马丁内斯·阿尼多的儿子获得的灭鼠项目专营权，指责这种垄断"没有消灭掉那些政府和军队里的老鼠，反而让它们长得更肥了"，这让听众们大呼过瘾。新闻报道不可避免地受到严格审查。普列托主张社会主义群众参与反对君主制的革命运动，这让贝斯泰罗的团体和拉尔戈·卡瓦列罗十分窝火。[69]

当乌纳穆诺于5月1日抵达马德里时，局势变得非常紧张。人群迎接他的到来，然后聚集在马德里科技文艺社和欧洲电影院听他演讲。由于警察干预，学生爆发了示威游行。马德里、巴伦西亚、萨拉戈萨、萨拉曼卡、巴利亚多利德和格拉纳达等地的大学纷纷关闭。[70] 夏天过后，拉尔戈·卡瓦列罗开始转向普列托的立场，支持工社党与共和派联手。由于经济危机不断加剧，矿业和农业领域的情况尤其堪忧，工总的队伍开始发生动摇。4月30日，全劳联获得合法地位，之后该组织以惊人的速度恢复了其原有的力量。莫拉和警方非常担心自由工会和无政府主义者之间再起冲突。莫拉见了安赫尔·佩斯塔纳和自由工会的拉蒙·萨拉斯，明确表示他不会容忍任何一方重操刺杀斗争手段。他加强了秘密警察部队，密切调查西班牙共产党和全劳联的活动，还扩大了他的线人网络。[71] 到6月，在全劳联的鼓动下，加泰罗尼亚、莱万特、阿拉贡和安达卢西亚爆发了一些罢工。共产主义者的影响力尽管没有这样大，但他们在巴

斯克地区和塞维利亚有大量会众。1930 年的罢工次数是 1929 年的
4 倍，涉及的罢工人数是 1929 年的 5 倍，损失的工作日是 1929 年
的 10 倍。由于春季遭遇强烈风暴，安达卢西亚地区的橄榄歉收，
夏季又逢大旱，谷物作物受到严重影响。失业人口飙升。加的斯的
失业率为 12%，在哈恩和塞维利亚，劳动人口里有一半找不到工作。
伴随着罢工的此起彼伏，人们越来越感到，只有建立共和国，才能
实现根本性的土地改革，最终解决西班牙的经济和社会问题。[72]

　　由于担心成员流向更激进的全劳联（尤其是在南部），工总在
塞维利亚、格拉纳达和马拉加发动了大罢工。到 9 月，加利西亚、
阿斯图里亚斯和巴斯克地区的斗争也活跃起来，人们从要求实现经
济目标转为要求政权更迭。[73]拉尔戈突然发现，他限制社会主义者
的斗争规模，而全劳联的成员却因此越来越多，甚至连共产党的队
伍也因此有所扩大。他还意识到，"阿斯图里亚斯社会主义联盟"
正在效仿普列托的做法，与共和派结成地方联盟。[74]当得知普列托
以个人身份参加了 8 月 17 日在圣塞瓦斯蒂安举行的会议时，他很
恼火。在那次会议上，包括加泰罗尼亚地方自治派人士在内的许多
共和派领导人签署了《圣塞瓦斯蒂安协定》。该协定将为建立共和
革命委员会和未来临时政府奠定基础。加泰罗尼亚地方自治势力的
代表要求给予加泰罗尼亚完全自治地位。经过激烈辩论，与会者
一致同意，共和派将把自治条例草案提交给未来的制宪议会。[75]

　　在会议结束几天后，阿萨尼亚和普列托在圣塞瓦斯蒂安著名的
尼科拉萨餐厅与胡安·马奇相遇。普列托开玩笑说："你可以拿出
200 万比塞塔来讨好革命，确保革命不会找你麻烦。"和往常一样，
马奇身边带着一个年轻漂亮的金发女郎，他只是得意地笑了一下。

1930年，毛拉和勒鲁克斯相继提出，如果马奇愿意资助共和派运动，他们可以把房产抵押给马奇。当勒鲁克斯来找马奇时，马奇回答说："我成不了，也不应当成为革命的银行家。"阿萨尼亚后来琢磨，马奇之所以拒绝，是因为他不相信革命会成功。然而，他与资深共和派人士保持着联系，了解他们的计划和实力，以便向政府通风报信。[76]

尽管极不情愿，但拉尔戈·卡瓦列罗还是转向了普列托的立场，与共和派建立合作。后来他写道："我从来不相信资产阶级共和国能够解决资本主义制度的一切弊端，但我认为这是历史的必然。"[77]面对一连串支持共和派的大型集会上所体现出的公众舆论压力，他只能进一步向共和派靠拢。9月28日，来自西班牙各地的2万人来到马德里斗牛场，聆听阿萨尼亚、毛拉、阿尔卡拉－萨莫拉、勒鲁克斯、马塞利诺·多明戈和其他共和派领导人的演讲，他们都呼吁加强团结。西班牙各地都举行了类似的集会，其中最大的一次集会于10月20日在巴伦西亚举行，吸引了2.5万人参加。接下来，10月16日和18日，工社党和工总执行委员会会议接受了革命委员会的建议，未来的共和国政府将为工社党保留两个大臣位置，条件是工社党发动大罢工支持政变。以佩斯塔纳为首的温和派无政府主义者也支持泛共和派同盟。[78]

尽管贝伦格尔承诺最终将组织选举，但共和派领导人并不相信，因为君主立宪政体的选举历来腐败横行。他们相信，政变是唯一出路。政变需要军官们予以配合，而之前普里莫与炮兵和工兵之间发生纠葛，他肆意插手军官晋升，还与军中大佬如洛佩斯·奥乔亚将军和凯波·利亚诺将军不和，现在共和派不费力气就获得了军官们的支持。他们成立了军事革命委员会，由凯波担任委员会主席。凯波与拉蒙·佛朗哥一起制订了详细计划以夺取主要通信中心和军营。拉蒙·佛朗哥在西班牙各地与其他起事者联络，说服他的无政府主义朋友加入，购买武器，制造炸弹，而莫拉派出的密探一直跟踪着他。[79]

10 月，临时政府的组成人员公布了。尽管名为革命委员会，但是为了让人相信临时政府不谋求社会革命，两个重要的职位由立场保守的天主教人士担任，阿尔卡拉－萨莫拉和毛拉分别担任首相和内政大臣。曾有人提议让勒鲁克斯担任司法大臣，后来没有成真，毛拉曾这样说，倘若勒鲁克斯当了司法大臣，勒鲁克斯的朋友们就敢把法院的判决书摆到马德里市中心的太阳门广场去拍卖。[80] 在马德里科技文艺社或是毛拉住处举行过会议之后，委员会在 10 月下旬决定，趁工总大罢工之际发动军事政变。经过多次推迟，行动最终定在 12 月 15 日。罢工次数稳步增加，这使委员会感到信心十足。莫拉后来称，共和运动得到了工人、学生、政府官员、军官、商人、工厂主、医生、律师和其他专业人士的支持，其中甚至包括一些神职人员。尽管支持该运动的人数众多，但莫拉广布密探，对起事的准备情况了如指掌。[81]

11 月 13 日，政府遭受了一次沉重打击。马德里阿隆索卡诺街的一幢建筑倒塌，4 名建筑工人死亡，送葬游行队伍的人数超过 15万。治安部队朝人群开火，造成 2 人死亡，49 人受伤。为表示抗议，工总在全国范围内发起了 48 小时大罢工，政府为之震动。[82] 11 月 15 日，何塞·奥尔特加－加塞特发表了一篇言辞激烈的文章，使紧张局面愈发加剧。文章标题是《贝伦格尔之误》。他说，过去七年中社会持续动荡，如今政府推出的稳定局势的计划毫无实现的可能。[83]

共和派在马德里起事的关键是控制四风军用机场。然而，在韦斯卡省北部的比利牛斯山小镇哈卡的驻军发动起义后，这一计划成功的希望变得渺茫。12月12日，驻守哈卡的费尔明·加兰、安赫尔·加西亚·埃尔南德斯和萨尔瓦多·塞迪莱斯上尉抢先行动，比约定的全国起事日期提前了三天。他们宣布成立共和国，然后开始在韦斯卡、萨拉戈萨和莱里达的驻军中发动起义。然而，全劳联原本承诺在萨拉戈萨发动罢工，但罢工并没有发生。加兰率领的官兵浑身湿冷，饥肠辘辘，他们抵达距韦斯卡3公里的西利亚斯时，被阿拉贡军区司令费尔南德斯·埃雷迪亚将军的部队阻截。[84]哈卡行动被镇压了。12月13日，加兰和加西亚·埃尔南德斯作为主犯由即决军事法庭审判并被判处死刑。在国王施压下，贝伦格尔犯了一个非常严重的错误，他批准执行判决，第二天几人就被枪毙了。在曼努埃尔·布尔戈斯－马索看来，共和派的计划原本可能因为哈卡行动的流产而一败涂地，但这次处决却拱手为共和派送上了一座烈士纪念碑。[85]

尽管如此，哈卡的失败对政变策划者而言仍是一次打击，许多军官退出，炮兵部队的退缩最明显。政变依旧按照计划于12月15日发动，但取得成功的希望显然不大。起事的飞行员占领了四风空军基地，但是大罢工未能如期发生，起事者很快就陷入孤立无援的境地。为了抢占先机，拉蒙·佛朗哥驾驶飞机起飞前去轰炸王宫。阿方索十三世从阳台上眼看着飞机飞过宫殿上空，然而佛朗哥看到孩子们在花园里玩耍，不得不放弃行动，返回四风机场。其他飞行员撒下传单，宣布开始大罢工。控制机场后，下一步应当攻占附近的坎帕门托兵营，但凯波迟迟不动，延误了战机，结果机场很快又丢掉了。尽管后来主要起事者被奉为英雄，但整个计划以惨败告终。主要策划者先逃到了葡萄牙，然后遁走巴黎。[86]

贝斯泰罗领导下的工总拖拖拉拉，使罢工未能如期举行。12月 10 日，安德烈斯·萨沃里特拒绝在社会主义者控制的印刷厂印刷罢工当天要用的革命宣言。[87] 12 月 14 日上午，拉尔戈·卡瓦列罗向贝斯泰罗的追随者、工社党地区活动中心主席曼努埃尔·穆伊尼奥发出最后指示，要求在马德里发动罢工。穆伊尼奥没有把罢工指示传达下去，甚至向莫拉透露工总不会在第二天参加罢工。多年以后，贝斯泰罗承认自己要为 1930 年 12 月的失败负责。[88] 在马德里，贝斯泰罗领导的工会官僚机构控制下的强大工会没有一个参加罢工。工总在阿斯图里亚斯、巴斯克地区甚至在巴塞罗那的罢工中表现突出。在巴塞罗那，由于得知了来自马德里的消息，全劳联对于要不要号召罢工犹豫不决。[89]

政府逮捕了革命委员会的部分成员，包括毛拉、阿尔卡拉－萨莫拉、拉尔戈·卡瓦列罗、费尔南多·德洛斯里奥斯、阿尔瓦罗·德阿尔沃诺斯和卡萨雷斯·基罗加。普列托在毕尔巴鄂设法逃脱了追捕，越过比斯开湾到了法国。在巴黎，他生活拮据，但与西班牙来的人频繁通信、会晤，继续发挥着重要影响，维系着共和派和社会主义者之间的同盟。奇怪的是，当局没有下令逮捕勒鲁克斯。[90]

公众对加兰和加西亚·埃尔南德斯之死的愤怒给了君主制致命一击。与此相反，许多高级军事将领，包括弗朗西斯科·佛朗哥在内，认为处决是合法的，特别是在拉斯·埃拉斯将军死后，他是在他的部队和哈卡起事者的冲突中受伤的。[91] 自由党资深人士罗马诺内斯和加西亚·普列托撤回了对政府的支持，一方面是由于公众对处决的愤怒，另一方面是担心未来选举会被保守派操纵，贝伦格尔随后于 2 月 14 日辞职。桑切斯·格拉试图组建政府，甚至拜访了被囚禁的共和派领导人，谋求与他们合作。可想而知，这次尝试未能成功。[92]

2 月 17 日，海军司令、上将胡安·包蒂斯塔·阿斯纳尔组成了一个由旧君主制政党高级官员组成的内阁，外交大臣由罗马诺内斯担任，发展大臣由德拉谢尔瓦担任，贝伦格尔出任陆军大臣，加夫列尔·毛拉出任劳工大臣。[93] 加夫列尔形容这个不谙世故的阿斯纳尔"政治上来自月球，地理上来自卡塔赫纳"，他后来写道："之前我一直猜测，我的政治生涯将以王室的送葬队伍为终点。"他弟弟米格尔的立场更加自由，称阿斯纳尔的内阁成员是"君主制的掘墓人"。[94]

1931 年 3 月 13 日至 16 日，哈卡的法庭对萨尔瓦多·塞迪莱斯上尉和参与 12 月起义的其他 71 名官兵进行审理。阿斯纳尔将军宣布，无论判决如何，他都会请求国王宽大处理。然而，判决最终公布，塞迪莱斯上尉被处以死刑，四人被判终身监禁，其他人获得较轻的判决。随后爆发了大规模公众请愿活动，要求当局宽大处理。西班牙各地的大学骚动不安。3 月 6 日，当局已经宣布，市镇选举将于 4 月 12 日举行。在选举预备阶段，没有比处决加兰和加西亚·埃尔南德斯更有影响力的议题了。因此，3 月 18 日，上述所有人获得减刑。[95] 3 月 20 日，对革命宣言非军人签署者的审判开始。当局把受审者从模范监狱押送到拉斯萨莱萨斯广场的法院，欢呼的人群在路边排成行，把押送队伍变成了共和派胜利游行。律师们对君主制提出了质问，辩称反对非法政权的起义不构成犯罪。法庭的主审法官是里卡多·布尔格特将军，毛拉的律师奥索里奥·加利亚多是他的朋友，素与贝伦格尔不和。他允许受审者自由发言。法庭判决被告无罪。被告们在热情的工人和学生的簇拥下走出法院。[96]

　　政府的主要工作是筹备定于 4 月 12 日举行的市政选举，但阿斯纳尔海军上将和他的内政大臣奥约斯侯爵都没有在这方面投入太多精力。奥约斯侯爵还拥有索诺萨侯爵、维南特侯爵和曼萨内拉子爵的贵族头衔，他与日常政治生活完全隔绝。只剩罗马诺内斯拼命联合各派，希望采取统一立场推出代表君主制的候选人。然而，要把保守派、自由派、爱国联盟、君主制联盟和阿尔维尼亚纳的极右翼"西班牙军团"拧在一起，这个活儿吃力不讨好。各个老党派的代表为各自席位的多寡争论不休。[97]在各个方面，共和派和社会主义者之间的同盟在竞选活动运作方式上更加团结，效率也更高。给君主制唱的赞歌，说服力不及共和派口中对"悲惨一周"、安瓦勒惨败和独裁的指控。君主制支持者撒着弥天大谎，说什么共和派是犹太血统的布尔什维克手中的傀儡，他们要实行共产共妻，但米格尔·毛拉和阿尔卡拉 - 萨莫拉等天主教保守派人士加入了共和派和社会主义者同盟之后，这种谣言的影响日渐式微。[98]

　　国王和他的支持者实在过于自信。许多贵族干脆懒得去投票。4 月 12 日是一个星期天，阳光普照，马德里家境富裕的人大多进山休憩去了。[99]计票结果显示，在 45 个省会城市中，共和派和社会主义者同盟大获全胜，君主主义者只在地方豪强仍控制局面的农村地区取得了胜利。在城镇里，这一次选举实际上是一次反对君主制的公民投票。让罗马诺内斯和德拉谢尔瓦大吃一惊的是，他们在瓜达拉哈拉和穆尔西亚的领地落入同盟手中。当身材魁梧的共和派人士佩德罗·里科出现在马德里斗牛场时，人们像对待英雄一样对他致以欢呼。[100] 在巴塞罗那，加泰罗尼亚左翼结成广泛联盟，由马西亚和孔帕尼斯领导，在选举中取得了压倒性胜利。地方主义同盟黯然失色，人群高呼："马西亚万岁！""打倒坎博！"[101] 圣胡尔霍通知内阁成员，如果爆发大规模反对君主制的示威活动，他将无法保证国民警卫队忠于政府。

最后，在 4 月 13 日的内阁会议上，贝伦格尔宣布他反对使用武力。他给 8 个军区的军区司令发去电报，要求他们保持克制，辖下部队不得妄动，保证祖国的发展遵从国家最高意志的安排，避免国家遭受动乱的严重伤害。大街上支持共和派的示威接连不断，一个又一个城市宣布共和，内阁中越来越多的人同意国王应该短暂流亡。阿方索十三世直到最后一刻才意识到自己处境堪忧，最终同意离开西班牙。在听到这个决定后，圣胡尔霍拜访了米格尔·毛拉，只对他说了句："我听从您的吩咐，大臣阁下。"君主制至此终结。国王没有退位，离开西班牙时他对未来并不悲观，觉得他的追随者很快就能控制住局面，到时人们会求他返回西班牙。第二共和国于 4 月 14 日成立。[102]

在后来的几年里，普里莫·德里韦拉的独裁统治被西班牙的中产阶级视为黄金时代，并成为右翼极端保守分子口中经常重复的神话。爱德华多·奥诺斯把 1923 年 9 月 13 日称为"普里莫的不朽之日"。更可笑的是，在 1942 年，佛朗哥将这一段黑暗腐败时期称为"光荣的普里莫·德里韦拉将军带来的快乐时光，人民迎来善政，6 年时间里西班牙不仅在摩洛哥取得了胜利，还获得了和平和发展，堪称典范"[103]

第九章

第二共和国：改革和挫折，1931—1933 年

1931 年 4 月 14 日，各主要城镇的民众上街庆祝，西班牙第二共和国成立了。群众高声痛斥国王行为败坏。小说家拉蒙·巴列·因克兰写道："人们驱逐国王不是因为他违反宪法，而是因为他是一个贼。"[1] 由于人们对君主制和独裁统治的暴行满怀愤怒，他们对新政权所能实现的目标产生了过高的期望。[2]事实上，在世界大萧条的背景下，共和国面临的问题十分严重。随着独裁政府的公共工程纷纷完工，非熟练建筑工失去了工作，大批回到西班牙农村。社会福利和土地所有权改革愈发迫切，但是普里莫遗留下的庞大财政负担让国际上的银行也对西班牙心存疑虑。面对改革所需的大规模资金，共和国政府实在捉襟见肘。

曼努埃尔·阿萨尼亚担任新政府的战争部部长，他在议会中自豪地宣布，推翻君主制的过程里没有爆发任何冲突。[3]城市广场上兴高采烈的人群对共和国诞生时面对的敌对气氛浑然不觉。在极右势力中，瓜达洛塞伯爵领导的君主制联盟和卡洛斯派的正统派联盟里，独裁政权的信徒们已经在密谋颠覆共和国。在安赫尔·埃雷拉影响下的立场较为温和的团体使用"合法范围内的一切手段以恢复失去的一切"[4]。米格尔·毛拉将埃雷拉称为"不祥之鸟"。温和的保守派希望做出象征性的牺牲，即由一位总统取代名誉扫地的阿方索十三世，认为这足以安抚思变的民心。[5]但是，当他们的期望落空后，就转向了右翼政党。此外，之前拉尔戈·卡瓦列罗和工总的工会官僚选择与独裁政权合作，这导致全劳联对社会主义者产生不满，对共和国造成严重损害。无政府主义对共和国的态度可以总结为"所有政府都是可憎的，我们的任务就是推翻它们"[6]。

西班牙南部的紧张局势最急迫。由于发生多年不遇的洪水，当年的橄榄颗粒无收，地里的工作机会少了，而地主还削减工资以弥补损失，南方无地雇农的日子越发难过。当局试图通过兴建公共工程项目来吸收过剩劳动力，但仍无法应付如此规模的失业人群。地主强烈反对在庄园为雇农提供临时住所的政策。动乱随之而来。在加的斯省的村庄，人们攻击面包房。在哈恩，有人抢劫了商店。1930年11月5日至20日，约有1800名工人占领了南部马拉加的安特克拉，当局派遣国民警卫队，还从摩洛哥调来正规步兵和骑兵才把工人驱散。[7]南方不断爆发零星的大规模冲突，极大地削弱了共和国建立各派共存体制的能力。

1931年4月，没多少西班牙人相信仅凭暴力就能解决这个国家的问题。社会上特权最多的那群人视共和国为威胁，而最底层的百姓却对共和国寄予了过高的期待。这样下去，最终新政权将因为改革失利而覆灭。共和国成立后的几周里，普里莫的昔日支持者和相当数量的无政府主义者一直在大搞破坏。他们的手段尽管各不相同，但结果是一样的，在5年零3个月内，大部分民众都相信战争不可避免。

新政权的建立并没有改变社会和经济结构。地主、工厂主和银行家的财富和影响在4月14日没有减少。与此形成对比的是，政权落入了一个总体上立场温和的联盟手中，这个联盟的成员包括组织起来的工人阶级中最支持改革的那部分人、社会主义者以及立场各异的中产阶级共和派政党。这个联盟实际上外强中干。在独裁统治的后期，如今联合政府里各派的直接目标都是废除君主制，但实际上都有各自的打算。联合政府的右翼势力里，保守派的领导人是尼塞托·阿尔卡拉－萨莫拉，他自己拥有土地，曾在君主制下担任自由党政府的战争大臣。保守派和米格尔·毛拉的主要目的已经实现，即赶走阿方索十三世。[8] 比他们更偏向左翼的是勒鲁克斯的激进党。勒鲁克斯不再是昔日的煽动者，而是成为胡安·马奇的亲信，暴露出其腐败的本质，他不断发表反对革命的言论，因此，临时政府的其他成员并不信任他。并不是所有的激进派都像他们的领袖勒鲁克斯及其追随者埃米利亚诺·伊格莱西亚斯那样贪赃舞弊，但许多人从政就是为了利用权力换取利益。[9] 联合政府的左翼势力包括社会主义者和共和联盟，包括雅各宾式的激进社会共和党人。这些人的改革目标雄心勃勃，既要摧毁教会和军队这些极端保守势力，还要满足巴斯克和加泰罗尼亚的自治要求，并且要实施土地改革并争取更公平的劳资关系。然而，像曼努埃尔·阿萨尼亚和马塞利诺·多明戈这样的共和派人士认为，比起社会主义者所追求的社会变革，实现政治目的更重要。

　　既然经济权力（银行、工业和土地的所有权）并未易手，社会权力（对新闻、广播和大部分私立教育系统的控制权）也丝毫未变，联合政府的这些改革任务实在难以完成。这次市镇选举相对自由，头一次让寡头政治受到了威胁，但他们仍花样百出地奋力反抗。军队和国民警卫队全力保卫私有财产、宗教和国家统一，同时，天主教会对很大一部分人的价值观和思想仍有巨大的影响力。这些势力联合起来阻挠改革，于是左翼势力的立场愈发激进；反过来，为压制激进的左翼运动，这些势力后来在 1931 年发动了军事政变。

反君主制斗争的遗留问题之一是惩罚旧政权的受益者。1930 年 7 月，马德里科技文艺社成立了一个非正式的"责任调查委员会"，希望把阿方索十三世和独裁政权的同伙绳之以法。临时政府的 6 名成员——阿萨尼亚、费尔南多·德洛斯里奥斯、普列托、马塞利诺·多明戈、毛拉和阿尔卡拉－萨莫拉——是该委员会的成员，而一直猛烈抨击独裁腐败的爱德华多·奥尔特加－加塞特则担任了马德里的民政长官。职位分配是一个象征性的程序，但也是一个有毒的圣杯①，不仅导致共和派内部四分五裂，还制造了敌人。1931 年 5 月 8 日，委员会把调查结果交给了新任总检察官安赫尔·加拉尔萨。他下令没收国王的财产，逮捕加洛·庞特、贝伦格尔将军和莫拉将军，因为他们参与处决了加兰和加西亚·埃尔南德斯。委员会认为国王德行不佳。然而，国王已经从西班牙带走了价值 8500 万比塞塔的财富，委员会没能阻止他的行为。像国王一样，其他可能被惩罚的人都跑到了国外，其中包括卡尔沃·索特洛和马丁内斯·阿尼多。[10]

由于追责委员会在共和政权成立后最初几个月表现突出，民众对共和派的热情始终高涨，但从长期来看，这些措施代价沉重。不仅很少有人被成功地起诉，而且尽管委员会独立于政府，但它的追责工作使共和国背上了睚眦必报的恶名。9 月 2 日，阿萨尼亚对大量逮捕年老将军的行为十分愤怒，他认为这是当局渴望制造耸人听

---

① 指看上去诱人，但实则有害的东西。

闻的头条新闻。阿萨尼亚说，加洛·庞特的朋友们先是抛弃了他，现在又纷纷吹嘘自己是共和派："最卑鄙的人藏身于肮脏的政府部门。"右翼报刊很快把被捕的将军们说成是受害者。阿萨尼亚写道："大部分将军并没有被人们记住。现在我们不仅帮助反革命势力创造了一个集体符号，甚至连他们的领导人都找好了。"[11]

拉尔戈·卡瓦列罗担任劳工部部长之后，无地雇农开始涌入社会主义者的土地劳动者同盟——全国土地劳动者协会。到1932年底，无地雇农占了工总成员总数的近40%。工总曾经是具备手艺的手工业者联盟，逐渐成为南方阶级斗争前线纯朴的短工们的政治代表。[12]在地主中，虽然很多人资助各种组织，希望通过暴力捍卫旧秩序，但是也有一些人寻求更务实、更合法的解决办法。一些人重新关注起全国天主教农会及其政治分支，先是人民行动党，到1933年则是"右翼自治团体协会"。另一些人的立场更倾向自由派，或者可以说更加愤世嫉俗，他们站在保守的共和派一边，尤其是其中的激进分子。因此，农村地区的对抗就这样分为两条路线传递到中央政府：一方面，无地雇农的愿望经全国土地劳动者协会传递到工社党；另一方面，大地主的愿望通过各种地方组织传递到人民行动党和农民党少数派。

1931年的变化不仅远远低于街上欣欣鼓舞的人群所期待的，而且也远不及上层阶级所担心的。临时政府的两个关键职务由阿尔卡拉-萨莫拉和毛拉担任，而经济部部长则由加泰罗尼亚人、自由派人士路易·尼古劳·奥尔沃担任。勒鲁克斯被任命为外交部长，因为这样子他搞贪污的机会最少。1930年12月革命委员会的成员入狱时，他为他们组织了一次捐款，而筹来的钱却不知去向。据拉

尔戈·卡瓦列罗说，阿尔卡拉－萨莫拉瞧不起勒鲁克斯。前文说过，
1930 年 10 月，毛拉曾反对勒鲁克斯担任当时临时政府的司法大臣，
理由是如果勒鲁克斯当了司法大臣，那么同他一起搞腐败的人会把
法院的判决书摆到马德里的太阳门广场去拍卖。[13] 而如今让勒鲁克
斯担任外交部部长也很糟糕，出席日内瓦国际联盟会议时，他出尽
了洋相。他的法语水平有限，既听不懂会议内容，也看不懂萨尔瓦
多·德马达里亚加为他写的发言稿。[14] 勒鲁克斯的副手迭戈·马丁
内斯·巴里奥总体来说为人更加诚实，他担任了交通大臣。内阁其
余成员包括 4 名左翼共和派人士和 3 名改革派社会主义者，他们都
希望建立一个代表全体西班牙人的共和国。然而，阿萨尼亚不久后
发现，激进社会共和党的发展部部长阿尔瓦罗·德阿尔沃诺斯和教
育部部长马塞利诺·多明戈无法控制本党的极端分子。何塞·奥尔
特加－加塞特把这些人叫作"野猪"。[15]

　　工社党领导人希望，获得政治权力后将可以改善南部短工、阿
斯图里亚斯矿工和其他产业工人的生活条件。他们意识到，推翻资
本主义是一个遥远的梦想。最初他们没有认识到，大地主和大矿主
会把每一项改革措施都当作是来自革命的挑战。然而，一边是多数
人对改革的迫切要求，一边是富人对改革的顽固敌意，工社党抱着
自我牺牲和乐观的态度处理共和国问题。4 月 14 日在马德里，社
会主义青年团的成员阻止了焚烧莫拉将军宅邸的行为，并在王宫周
围组织人墙，保护阿方索十三世的家人。[16] 作为财政部部长，普列
托采取措施，保证王室获得足够的时间和便利，妥善打包其财物，
然后从王宫运出。此外，作为对富人阶层的一种姿态，他宣布将履
行先前独裁政权的所有财政义务。[17] 在米格尔·毛拉看来，最初的

几个月里，普列托是共和派－工社党联合政府里的推动者。然而，随着前进的障碍逐渐增加，社会主义运动很快就遇到了挫折。

右翼对共和国的敌意很快显露出来。普列托在第一次内阁会议上宣布，比塞塔正受到资本大规模外逃的影响。由于害怕对经济活动造成破坏，他没有采取贝伦格尔内阁的经济大臣曼努埃尔·阿圭列斯采用过的稳定措施，而是耗费了巨大的财力来维持比塞塔的币值，但没有取得成效。比塞塔兑美元汇率下跌了22%，这倒是有利于出口，并减轻了全球危机对西班牙的部分影响。普列托根除腐败的决心招致了商界的不满。他经常威胁和侮辱银行家，把他们称作"小偷"。[18]他多次对胡安·马奇提出指控。11月6日，怒火中烧的马奇回应了总检察官加拉尔萨的指控，阿萨尼亚把此时的马奇比作一头走投无路的困兽。也许这一天是马奇向共和国宣战的日子。一周后，11月13日，当议会提到马奇时，普列托在内阁成员座席上高喊："他们早该把他吊死在太阳门广场。我会很高兴地在他脚上荡秋千。"过去两人的关系一度热络，而如今普列托却放出这种狠话，这种突然的转变反映出，普列托已经发现马奇的种种勾当对政府的财政收入造成了恶劣影响。[19]

从一开始，全国君主制联盟就在为抵制共和国而厉兵秣马。他们从贵族、地主、银行家和工厂主那里筹集资金，宣传独裁思想，资助阴谋活动并且购买武器。共和国希望改善社会最贫穷成员的生活条件，这需要对财富进行重大的再分配。当下世界经济萧条，增加工资和改善工作条件所需的投入，无法通过争取更高利润来填补。在经济萎缩的情况下，这些措施是对经济秩序的颠覆性挑战。

政府于4月下旬到7月上旬颁布了一系列法令，这些法令是由工社党劳工部部长拉尔戈·卡瓦列罗和司法部部长费尔南多·德洛斯里奥斯制定的，对大庄园制度构成了威胁。德洛斯里奥斯对农村租约中偏向地主之处做出了修正。根据新规定，地主几乎无权驱赶佃户，不仅如此，只要价格处于跌势，租金就不得上涨。拉尔戈·卡瓦列罗的措施影响更大。依照所谓的市镇边界令，只要市镇本地工人里还有人找不到工作，城里雇主就不得雇用外来劳工。这项法令成了打击地主最有力的武器，这些人常常通过招募廉价的替代劳工来打击本地罢工并压低工资。5 月初，他建立了仲裁委员会，希望提高农村工资并改善工作条件，普里莫·德里韦拉曾经尝试过这项制度，但没有成功。当局对多项劳工权利予以保护，其中之一便是新制定的 8 小时工作制。以前，雇主要求工人们从日出工作到日落，但现在雇主再也无权这样做，他们要么支付加班费，要么雇用更多工人来做同样的工作。最后，政府还颁布了强制耕作令，防止地主通过休耕来破坏新措施的施行。然而，这些法令都没有严格执行。对于那些无视新规的地主，当局没有采取任何制裁措施。相反，庄园的武装护卫殴打了敢于表达不满的工会负责人。此外，在土地改革法的起草过程中，地主们惊惶不已，他们纷纷提出抗议，指责新措施会破坏农业生产。[20]

　　这些改革法令要取得实效，取决于各省民政长官的切实组织和努力推进。然而共和国政府在寻找称职的官员时遇到了很大的困难。内阁同僚们向内政部部长米格尔·毛拉推荐了不少省长人选，但这些人的能力往往低得可笑。米格尔·毛拉否决的人选里有一个曾经是擦鞋匠，这个人在马塞利诺·多明戈揭不开锅的时候接济过他。有一个人还说，他想成为塞哥维亚的省长，这样就可以帮助朋友在教堂广场开一家咖啡馆。毛拉在回忆录中写道："那些省长！30 年过去了，我一想到他们就浑身起鸡皮疙瘩。"对那些公然藐视法律的地主，很少有省长能挺身而出。由于本身存在弱点，比起中央政府，这些省长往往对地方上层人士更加俯首帖耳。[21]

对于改革新政，右翼的反应分为两类，一类是"修补派"，一类是"勇武派"。西班牙立场最现代的右翼日报是《争鸣报》。受该报主编安赫尔·埃雷拉的影响，务实人士采取合法的斗争手段。他们认为，共和制也好，君主制也罢，只是政权的具体形式，都是次要的，无关宏旨。而政权的社会性内容才是真正重要的，并且可以通过法律手段予以调控。修补派是全国天主教宣传员协会的成员，其中大多数是普里莫·德里韦拉创建的爱国联盟的成员。他们在新闻、司法和专业人士里影响广泛。头脑精明的律师何塞·马里亚·希尔·罗夫莱斯把这些专业人士组织起来，创立了人民行动党。在米格尔·毛拉眼中，"这个年轻人圆脸庞，看起来像刻着花纹的鹰嘴豆，衣着不甚合体，但非常自负，有时简直像一个学究，具有演说家的气质"。该党的普通成员都是信仰天主教的小农，来自全国天主教农会分布在各省的组织。尽管该党当选议员的人数不多，但这些人想方设法在议会阻碍改革。在广泛而巧妙的宣传活动灌输下，西班牙北部和中部的天主教小农相信，共和国实施的土地改革损害了他们和大地主的利益。共和国被抹黑成苏维埃共产主义的工具，这个政权不信神，煽动民众，随时准备窃取他们的土地，霸占他们的老婆和女儿纵欲狂欢。有了他们的选票支持，到 1933 年，非暴力的右翼势力将从左翼手中夺回政权。[22]

勇武派团体主要有三派，他们只想通过军事暴动来推翻共和国。其中历史最长的是卡洛斯派人士组成的正统派联盟, 他们反对现代化, 拥护神权政治, 期待由勇武的教士治理国家。尽管这一派的思想已经过时, 但在北部纳瓦拉的农民和安达卢西亚的一些地主中, 这一派的拥趸仍然不少。卡洛斯派拥有一支狂热的民兵组织, 名为"呼啸兵"。1934 年至 1936 年间, 这支部队在墨索里尼统治下的意大利接受训练。勇武派之中资金最充足、影响力最大的是支持阿方索国王的一派。他们创办了期刊《西班牙行动》, 组建了西班牙复兴运动党, 是极右翼势力的总参谋部和资助者。无论是 1936 年的暴动, 还是佛朗哥政权的结构和意识形态, 很大程度上都受其影响。

勇武派里的最后一派是西班牙的法西斯势力, 这一派的领导人里有疯狂的超现实主义者埃内斯托·希门尼斯·卡瓦列罗, 有古怪的何塞·马里亚·阿尔维尼亚纳博士, 有后来成为纳粹分子的《我的奋斗》译者奥内西莫·雷东多·奥尔特加, 还有亲德的邮吏拉米罗·莱德斯马·拉莫斯。[23] 阿尔维尼亚纳创建了西班牙国民党, 他领导的军事组织"西班牙军团"身穿蓝衣, 敬礼方式采用罗马式, 尽管他们鼓吹法西斯和反犹太主义, 但最终与君主主义者融合在一起。[24] 1931 年 2 月, 莱德斯马·拉莫斯创建了"征服国家"组织, 这是第一个公开的法西斯组织。[25] 三个月后, 甜菜种植者协会的一位工作人员奥内西莫·雷东多在巴利亚多利德建立了一个法西斯组织, 名字叫作"西班牙行动卡斯蒂利亚委员会"。1931 年 10月, 这两个小型组织合并成"民族工团主义奋进会"(简称"民奋会"), 这个组织成员很少, 经费匮乏, 其最大的资产就是该组织的标志——枷锁和一束箭。[26] 在希特勒的影响下, 该组织最终在

1934年初与何塞·安东尼奥·普里莫·德里韦拉领导的西班牙长枪党合并，改称"西班牙民族工团主义奋进会长枪党"。在支持阿方索的君主主义者和墨索里尼的资助下，长枪党的普通成员不断成为勇武派的炮灰，他们袭击左翼，引发街头冲突，这样其他团体就可以谴责共和国"局势混乱"。[27]

在共和国的敌人中，教会和军队势力最大。教会和军队都很容易被拉入反对共和的右翼阵营，一方面是因为共和派政客们自己策略失误，还有部分原因是教会内部立场强硬的原教旨主义者（传统派）的鼓动：这些人决心建立一个"单一信仰国家"，规定必须信仰天主教，禁止所有其他的宗教，即使诉诸内战也在所不惜。其中最重要的是西班牙教区的首席主教、托莱多大主教佩德罗·塞古拉和萨拉戈萨省塔拉索纳的主教伊西德罗·戈马。他们在教会内部组成了一个半秘密的团体，成员之间用密信联络，左翼分子于1936年7月在托莱多大主教官邸的伊西德罗·戈马秘密档案里发现了这些密信。[28]

5月1日，野心勃勃、脾气暴躁的大主教塞古拉发布的牧函引发了一桩重大丑闻，信中充斥着妄念，比如，允许舞伴之间有身体接触的舞蹈一律要禁止。他在神学问题上十分喜欢争论，君主主义知识分子何塞·马里亚·佩曼称其为"教义和宗教问题上的斗牛士"。[29]塞古拉的牧函面向西班牙各地主教和信众，呼吁他们要团结起来，"认真和切实保证那些教会权利和社会秩序的真正卫士经过选举进入制宪议会"。民众对共和国热情高涨，在此背景下，他称颂君主制，鼓吹君主制与教会的联系，这种行为是不负责任的挑衅。巴塞罗那主教曼努埃尔·伊鲁里塔同样好斗，他宣称教会需要剑和火炮。[30]

政府请求梵蒂冈将塞古拉免职。但在收到教廷答复之前，害怕遭到报复的塞古拉就逃到了罗马。然而，6 月 11 日，他又回到西班牙，组织了一场教士秘密会议。米格尔·毛拉在没有与内阁其他成员商量的情况便下令把他驱逐。报纸上刊登了这位西班牙首席主教在警察和国民警卫队的护送下走出瓜达拉哈拉一所修士院的照片。这些照片立即成为证据，用来证明共和国政府充斥着"共济会成员、无神论者和犹太教徒"，这些人就是要迫害天主教教会。一周后，毛拉还驱逐了北部巴斯克地区比托里亚的主教马特奥·穆希卡，此人是一个会说巴斯克语的激进民族主义者，因为他拒绝取消卡洛斯派和巴斯克民族主义者在毕尔巴鄂举行的大规模示威活动，而这一决定可能引发街头暴力。[31]

与塞古拉和穆希卡发生冲突后，共和派愈发认为，教会是为反革命活动提供庇护的堡垒。5 月 10 日星期日，独立君主制俱乐部的年轻君主主义者在马德里的阿尔卡拉大街挑起了一场骚乱。他们在俱乐部总部的窗户上演奏《王室进行曲》，并且高喊口号"国王万岁！""打倒共和国！"。一群人向这座建筑发起袭击，但没有成功，于是转而涌向支持君主制的《阿贝赛报》的办公室。毛拉打算动用国民警卫队，但被阿萨尼亚和普列托拦下了。在接下来的两天里，马德里、马拉加、塞维利亚、加的斯和阿利坎特的教堂和修女院被人纵火。其他内阁成员再次阻止毛拉调动国民警卫队平乱。阿萨尼亚宣称，"马德里的修女院加起来也抵不上一个共和党人的性命"。政府最后还是颁布了戒严令，社会秩序很快得以恢复。纵火的年轻人来自马德里科技文艺社和无政府主义团体，他们认为教堂是西班牙极端保守政治体系的核心。共和派媒体当时声称，参与纵火的人中有右翼势力安插的事端制造者，毛拉后来也这么说。目击者称，独立君主制俱乐部成员付钱给年轻人，让他们购买汽油和焚烧宗教建筑。5 月 22 日，当局宣布施行充分的宗教自由。支持君主制的《阿贝赛报》和支持天主教的《争鸣报》因刊登激烈的不满言论而被政府短暂关闭。[32]

在引起共和国政府和军队之间摩擦的几个问题里，最严重的莫过于新政权准备批准地区自治。在 4 月 12 日的选举中，马西亚中校领导的加泰罗尼亚左翼共和党获得了胜利，全劳联的许多成员投了支持票。[33] 4 月 14 日，路易·孔帕尼斯宣布成立共和国。不久之后，马西亚宣布成立独立的加泰罗尼亚共和国并且担任总统。无论在以前还是在后来，这种局势都导致了血腥的对抗。然而当时中央政府的三名部长组成代表团抵达巴塞罗那，与马西亚达成了和平解决方案。三人中的一名是费尔南多·德洛斯里奥斯，另外两名均为加泰罗尼亚人，分别是教育部部长马塞利诺·多明戈和经济部部长路易·尼古劳·奥尔沃。三人提出给予加泰罗尼亚政府一个象征意义上的名号"Generalitat"，时代久远的中世纪当地政府曾经用过这个称呼。此外，他们还承诺迅速制定有关自治的法律。在这种情况下，马西亚做出了他所说的"一生中最大的牺牲"。加泰罗尼亚政府派出一个小组开始起草自治条例。[34]

极端中央集权主义的军队当然因此起了疑心。此外，战争部部长阿萨尼亚希望消减军队规模，使其与国家经济实力相称，以提高军队效率，同时从西班牙政治生活中铲除强势军队的威胁。阿萨尼亚受到了反对独裁的军中势力的影响，主要是炮兵和空军。非洲派军官怒火中烧，他们指责阿萨尼亚被一群"黑内阁"军官控制。[35]
阿萨尼亚推行了必要的改革，政策十分优惠，8000 名富余军官自
愿全薪退休。然而，阿萨尼亚于 1931 年 6 月 3 日颁布了所谓的军
事晋升审查法令，重新审议摩洛哥战争期间一些"因功晋升"的决
定，军队因此不安起来。许多右翼将军，包括弗朗西斯科·佛朗哥，
可能因此被降级为上校。审议委员会用了 18 个月才做出审议结果，
这给近 1000 名受影响的军官造成了不必要的焦虑，而实际上只有
一半人的晋升接受了审查。6 月 30 日，阿萨尼亚关闭了位于萨拉
戈萨的军事学院，这既是出于预算的考虑，也因为那里是军国主义
的温床。这项措施招致该学院院长佛朗哥把阿萨尼亚视为永远的仇
敌。[36]

许多军官都认为阿萨尼亚的改革严重侵犯了他们的切身利益，
因为依照新的政策，对于那些他们认为冒犯了军队的平民，军事法
庭不再拥有管辖权。那些拒绝宣誓效忠共和国的退休军官现在有大
把的时间去密谋反对现政权。大多数军官阅读的保守派报纸鼓动反
对共和国，比如《阿贝赛报》《时代报》《军事通信报》，这些报
纸上的文章说，法律和秩序崩溃，军队威信扫地，教权受到攻击，
而共和国应当对此承担责任。特别值得一提的是，有人发起宣传运
动，声称阿萨尼亚的目的是把军队搞垮。阿萨尼亚从未发表过这样
的言论。事实上，他并没有剥夺军队的资金和装备，反而一生都在
研究军民关系，只为确保财政资金能用到实处。他希望为西班牙打
造一支免受政治影响的军队，而右翼分子则需要军队捍卫他们的社
会和经济利益。因此，右翼的宣传把阿萨尼亚描绘成腐败的怪物，
似乎是铁了心要摧毁军队和教会。[37]在共和国成立之初，右翼极端

分子就散布这样一种理论，即新政权是邪恶的外国联盟的玩物，这个联盟由犹太人、共济会和布尔什维克组成，他们相互勾结，必须予以消灭。[38]

这种宣传将在未来发挥效果。在1931年6月28日的大选中，工社党联合共和派团体获胜。这是一次重大的胜利，因为右翼团体组织不善，许多天主教徒和保守派根本没有投票，或者投票支持勒鲁克斯的激进党。尽管激进党是联盟的一部分，但它已经走上了反社会主义的道路。在选举之前，《争鸣报》曾宣称右翼人士把希望寄托在勒鲁克斯身上，并将支持他，直到组织起自己的力量。保守派发起厚颜无耻的造势运动，激进派获得了94个席位，成为制宪议会的第二大党。不过，马丁内斯·巴里奥告诉阿萨尼亚，这些代表中真正的共和派只有不到四五十人，其余的人"是君主主义者，跟希尔·罗夫莱斯的追随者没什么不同，甚至更甚"[39]。不难理解的是，勒鲁克斯抨击土地改革，称其为"乌托邦"。1931年8月，他公开承认激进党现在基本上是保守的，并向前君主主义者敞开了怀抱。在南方的许多地方，许多君主主义者认为，在共和派政党内部他们可以更有效地捍卫自己的利益，因此纷纷加入激进党人的行列，这令右翼媒体惶恐不已。[40]

在6月选举之前，毛拉废除了1876年宪法第29条。根据该条规定，如果没有竞争对手，那么候选人可以直接当选，这条款就是送给有权有势的地方豪强的礼物。废除此条让右翼感到十分窝火。为了确保强有力的政府获得多数席位，避免出现政治分裂局面导致类似魏玛共和国那样的崩坏结局，当局针对选举制定了一些规则。每个省里，得票超过40%的候选人名单将获得80%的席位，其余

20% 的席位由排在之后的候选人名单获得。在这一制度下，各党派必须组成联盟。最终选出了拥有 470 个席位的制宪议会，这是临时政府各党派的重大胜利。尽管确切数字仍有疑问，但大体来说，工社党赢得了 116 个席位，左翼共和派政党赢得了 82 个席位（其中马塞利诺·多明戈的激进社会共和党赢得了 56 个席位，阿萨尼亚的共和行动党赢得了 26 个席位），而加泰罗尼亚和加利西亚的地方主义者赢得了 57 个席位。在中间派中，激进派赢得了 94 个席位，阿尔卡拉－萨莫拉的右翼自由共和党赢得了 22 个席位，而被称为"效忠共和国协会"的知识分子团体赢得了 13 个席位。分裂的右翼团体只获得了 48 个席位。其中势力最大的是人民行动党，以及由 24 名卡斯蒂利亚地区代表组成的议会团体，称为农民党少数派。在新的选举制度下，只要投票数量发生小幅波动，议会席位就会大量易手，未来的政府更迭将十分剧烈。1931 年选举中，左翼大获全胜，后来 1933 年，右翼赢得选举的优势也同样明显，这种钟摆效应带来了两极分化，在一定程度上是激进派转变阵营的结果。[41]

1931 年成立的议会面临着巨大的困难。为了让共和国生存下去，它必须克服世界大萧条的影响，提高工资，降低失业率。由于农产品价格下跌，地主选择让土地撂荒。雇农没有土地，以前即便是好年景都食不果腹，如今更是快要揭竿而起。工业和建筑工人的境况也类似。雪上加霜的是，富裕阶层要么囤积资本，要么把资本输往国外。共和派政府因此陷入可怕的两难境地。如果满足劳工的要求，没收大庄园和接管工厂，军队很可能会介入，推翻共和国。如果平息革命动乱以安抚上层阶级，工人们就会联合起来反对政府。共和派－工社党联盟试图走中间路线，造成两端势力都不满意。

在议会举行第一次会议时，这一分歧就表露无遗。5 月 1 日，全劳联联合伊比利亚无政府主义者联盟发动示威，示威遭到了暴力镇压，无政府主义者与共和国的短暂蜜月期便宣告终结。接着，无政府主义者在 7 月 18 日发起了一场大罢工，成千上万的全劳联电话工人离开工作岗位，塞维利亚和巴塞罗那的罢工人数最多。政府急于展示维持秩序的能力。拉尔戈·卡瓦列罗决心压制住全劳联，他宣布这次罢工是非法的。在塞维利亚，全劳联计划把罢工升级为起义，于是毛拉颁布了戒严令并派遣军队镇压。在民政长官的允许下，当地右翼志愿者组成"公民警卫队"，该组织杀害了多名左翼分子，其中包括 7 月 24 日在塞维利亚的玛丽亚·路易莎公园残酷地射杀了 4 名无政府主义者。毛拉还批准炮击科尔内略俱乐部，那里是无政府主义者的聚会地。这些事件严重地削弱了共和国的团结。一方面，大罢工吓坏了富人；另一方面，暴力镇压造成 30 人死亡，200 人受伤，无政府主义者因此对共和国充满了敌意。[42]

全劳联逐渐被立场极端的伊比利亚无政府主义者联盟所掌控，这个无政府主义者组织成立于 1927 年。伊比利亚无政府主义者联盟的部分领导者认为，罢工是革命性的手段，他们一心想要夺取全劳联的控制权。其他立场激进的无政府主义分子同样希望把全劳联带入革命狂想，他们对安赫尔·佩斯塔纳为首的务实工会领导人横加指责，称其为反革命分子。他们发动罢工，不是为了提高工资或改善工作条件，而是作为反抗国家的武器。这场分裂不可避免，1931 年 6 月召开的全劳联大会特别会议是分裂的起点。作为对伊比利亚无政府主义者联盟胜利的回应，安赫尔·佩斯塔纳、霍安·佩罗和其他 28 人在 8 月发表了《三十人宣言》。他们要求发起工会运动，全劳联改良派的一些人脱离了该组织，其他人遭到驱逐。无政府工团主义运动的主要力量落入那些革命狂人手中，这些人打算与工总展开激烈竞争，对过去工总与普里莫·德里韦拉建立合作予以报复。由于失业人数众多，紧张局势一触即发，共和派应对社会动乱的措施与君主制政府差不了太多。1931 年 10 月，在拉尔戈·卡瓦列罗的坚决支持下，国家通过了《保卫共和国法》。1933 年 8 月又出台了更为严厉的《反游手好闲和流氓法》。这样的法律自然有助于伊比利亚无政府主义者联盟推行强硬路线。此后，伊比利亚无政府主义者联盟始终执行起义罢工的政策——直到全劳联在 1936 年艰难地重新联合起来，但由于缺乏协调，加上政府强力镇压，这些罢工无一例外都失败了，但却给了右翼媒体以口实，把共和国与暴力和动乱联系在一起。[43]

　　然而，1931 年秋，在无政府主义风潮还没有完全掀起的时候，议会已经忙于制定新宪法了。7 月 28 日召开了一个委员会会议，委员会由社会主义者法学教授路易斯·希门尼斯·阿苏亚主持，负责在不到一个月的时间里起草一份宪法草案。由于草案中的一些措辞十分笨拙，因此引起了长达三个月的激烈辩论。法案于 8 月 27 日提交，希门尼斯·阿苏亚称法案体现了民主和自由，社会福利方面的条款占了很大篇幅。第 1 条写着：西班牙是属于各阶级工人的共和国。第 44 条规定，国家的一切财富必须服从国家的经济利益，国家为了公共利益的需要可以征收任何私有财产，征收须给予补偿。12 月 9 日通过的文本体现了民主、世俗、改良的精神，并且对于地区自治问题采用了自由主义的立场。这样的草案自然激怒了西班牙最有权势的利益集团：地主、工厂主、教士和军官。[44]

右翼对宪法的反对集中于第 26 条和第 44 条。第 26 条涉及切断国家对神职人员和宗教团体的财政资助，解散耶稣会等受外国控制的教会，并且对教会拥有的财富权利予以限制。共和派 – 工社党联合政府认为，要建立一个现代西班牙，就必须打破教会对社会许多方面的控制。这种认识是正确的，但却忽略了西班牙千百万天主教徒的宗教感情。尽管草案没有攻击天主教本身，但第 26 条的锋芒直指教会的特权地位，右翼认为这是对传统价值观的恶毒进攻。阿萨尼亚刚刚推行了军队改革，关于第 26 条的辩论又导致眼下的两极分化局面愈发严重。

实际上，在宪法通过后，新政权与掌握议会多数席位的雅各宾主义绑在了一起，而这一多数派很难代表整个西班牙。信奉天主教的中产阶级被激进社会共和党"野猪"的煽动性言论无情地攻击了，这些"野猪"包括胡安·博特利亚·阿森西、何塞·安东尼奥·巴尔邦廷、爱德华多·奥尔特加·加塞特和拉蒙·佛朗哥。其中一位是华金·佩雷斯·马德里加尔（后来成为狂热的佛朗哥主义者），他呼吁囚禁所有的神职人员。对于这样"一群不守规矩、冲动的家伙"，阿萨尼亚十分担心。阿尔卡拉 – 萨莫拉后来写道，对共和国损害最深的是这个"短命而又贻害巨大的政党"所搞出的"那些无人比肩的痴呆行为"。[45]

毛拉和阿尔卡拉 – 萨莫拉看到宪法草案成为宗教战争的宣言，但却无能为力。预感到其反教权主义的猛烈，共和派 – 工社党执政联盟很快陷于瓦解，迄今分裂的右翼却团结起来。[46] 在 10 月 13 日的辩论中（后来被阿尔卡拉 – 萨莫拉称为他一生中最悲伤的夜晚），对宪法宗教条款的辩护责任落到了阿萨尼亚身上。他在演讲中说，

"西班牙已经不再是天主教国家"[47]。右翼和许多神职人员认为这番挑衅性的言论是一名复仇心切的世俗裁判官发出的邪恶呐喊。事实上，阿萨尼亚对教会的态度是相当不错的，而且他的演讲说服了左翼多数派不要推动宗教秩序的彻底瓦解，这令激进社会共和党人十分恼火。阿萨尼亚与枢机主教比达尔·巴拉克尔等自由派教会人士关系密切，这说明所谓教会正遭到无情迫害的说法并不属实。然而，即使是比达尔也对宪法中的宗教条款的宗派主义性质发出了警告。[48]

阿萨尼亚的言论尽管不合时宜，但反映了社会现实，对宗教的信仰正在减弱。教会为大庄园制度的不公正提供合法的根据，偶尔有雇农因此向教士投掷石块。尽管取得了对伊斯兰教的军事胜利，但安达卢西亚和埃斯特雷马杜拉从来没有完全被教会征服。在西南部巴达霍斯的阿苏阿加，这个拥有 1.8 万人口的小镇里，只有 10 名男性和 200 名女性参加周日的弥撒。据报道，埃斯特雷马杜拉地区 80% 的人不知道天主教祷文"万福马利亚"和"我们在天上的父亲"。[49]1932 年秋，塞维利亚大主教、枢机主教欧斯塔基奥·伊隆达因根据堂区教士提供的信息，编写了一份关于其大主教辖区内宗教活动的报告提交给教皇。据称在西南部韦尔瓦的莱佩，80% 的镇民没有参加周日弥撒，也没有履行他们复活节忏悔和领圣餐的义务，而帕洛斯－德拉弗龙特拉镇则没有人参加弥撒。伊隆达因指示堂区教士成立由具有良好品德的成年男性天主教徒组成的委员会，以负责筹集资金来支持神职人员，但几乎所有教士都说满足这样要求的人根本不存在。工业城镇和城市里的工人阶级聚居区与教会的疏离甚至更甚。[50]

　　尽管阿萨尼亚的演讲有效地挽救了宪法，但由于内阁成员里资深天主教徒阿尔卡拉－萨莫拉和毛拉辞职，内阁危机爆发。阿萨尼亚的演讲以及随之而来长时间的掌声，使他成为总理的不二人选，得到了社会主义者和左翼共和党人的支持。勒鲁克斯惯于腐败，这一点人所共知，本没有被选上的可能，但他被激怒了。他后来写道："共和国需要有历史、经验和权威的共和党人来领导政府，而我拥有所有这些条件，比任何人都强。"阿萨尼亚不情愿地接受了这个职位，但无意中与勒鲁克斯以及12月10日当选共和国总统的阿尔卡拉－萨莫拉结下了梁子。对于10月13日发生的事情，阿尔卡拉－萨莫拉从未原谅阿萨尼亚。更重要的是，阿萨尼亚极度自负，在政治圈中被称为"阿方索十四世"和"平装版阿方索"。12月17日政府成立，激进党没有获得任何职位，于是他们加入了反对派。阿萨尼亚不得不更多地依靠工社党人和头脑容易发热的激进社会共和党人。这反过来又使他更加难以避免激起右翼的敌意。[51]

　　随着追责委员会对腐败的继续调查，勒鲁克斯与共和派－工社党联合政府其他成员之间的裂痕进一步加深。调查的主要目标之一是胡安·马奇。4月底，毛拉下令逮捕胡安·马奇。5月10日，总检察官加拉尔萨指控马奇从事走私并且在1927年卡尔沃·索特罗授予他烟草专卖权的过程中有贿赂行为。为了避免被起诉，马奇动用他的大量财富在6月议会选举中获得了代表东部巴利阿里群岛的议员席位，从而拥有了议员豁免权。马奇一再派出密使警告加拉尔萨和委员会的其他成员赫罗尼莫·布赫达和爱德华多·奥尔特加·加塞特，称如果不停止调查这个案子，他们就会被杀掉。然而，烟草专营还是被废止了。11月5日，在议会上，在已转任安全局局长的加拉尔萨的追问下，马奇十分紧张，无意中暴露出他知道追责委员会的工作内情。代表拉斯帕尔马斯的激进党议员拉斐尔·格拉·里奥一直向马奇透露调查的进展。此外，马奇还表示愿意向追责委员会马奇问题调查小组的主席、塔拉戈纳的激进党议员霍安·西莫·博法鲁利提供 2.5 万比塞塔，条件是让他阻挠调查的进行。马奇在巴塞罗那的律师埃米利亚·伊格莱西亚斯是中间人，他可能是勒鲁克斯的亲信里最唯利是图的一个。为了贿赂西莫，马奇给了伊格莱西亚斯 20 万比塞塔，而他却打算把这笔钱装进自己的腰包。[52]

整个事件使社会党下定决心不再与勒鲁克斯在内阁中合作。由于当时没有足够证据证明应对马奇和卡尔沃·索特洛给予永久禁令，二人的议员豁免权直到 1932 年 6 月 8 日才被撤销。流亡法国的卡尔沃·索特洛受到希尔·罗夫莱斯的极力保护。在等待审判期间，马奇被关押在模范监狱，后来又被关押在埃纳雷斯堡省监狱，生活条件与一流酒店相比不相上下。他住一个套间，有一名由他支付工资的厨师提供服务，晚上还能以"夫妻探视"之名召妓。无论对官员还是对其他囚犯，他都慷慨解囊。受他恩惠的囚犯中还包括伊比利亚无政府主义者联盟的成员。据说，他计划借他们之手干掉阿萨尼亚。马奇的一名员工后来还成为伊比利亚无政府主义者联盟华金·阿斯卡索的秘书。共和国为自己树立了一个极其富有的敌人。正如豪梅·卡纳在 6 月 14 日议会上所说："如果共和国不控制他，他就会控制共和国。"从 1933 年起，马奇利用他对几家有影响力的马德里报纸（《信息报》《自由报》《太阳报》《阳光之声报》）的资金控制，向阿萨尼亚政府发起挑战。这些报纸不仅刊文对贝斯泰罗和里奥斯提出荒谬的指控，还指责阿萨尼亚和普列托积累了巨额财富。[53]事实上，到这一年秋天，追责委员会的工作已经陷于停顿。委员会调查工作的收获不多，其中判处重刑的只剩下马丁内斯·阿尼多的案子，他被判处12年监禁，剥夺所有政治权利和养恤金。实际上，他正流亡国外。后来内战爆发，他成为佛朗哥手下安全和公共秩序负责人，实施了毫不留情的报复。[54]

同时与激进党和马奇为敌，这使共和派－工社党联合政府陷于孤立困境。新宪法不仅允许离婚，还取缔了部分宗教修会，这激怒了天主教的领导集团，右翼媒体把这些政策说成是邪恶的犹太人和共济会的阴谋。1931年10月13日，议会辩论持续到深夜，希尔·罗夫莱斯对共和派－工社党多数派说："如今，信奉天主教的西班牙站在了反对宪法的立场上。你们要为即将在西班牙爆发的宗教战争承担责任。"5天后，在萨拉曼卡的莱德斯马的斗牛场上，他号召发起反对共和国的十字军讨伐，声称"当无政府主义势力拿着枪在政府里散播恐慌时，政府却在践踏像可怜的修女那样手无寸铁的人"。[55]在随后的修宪运动中，右翼对共和国的不满得到了广泛支持。反对宗教条款的声音与反对加泰罗尼亚区域自治和土地改革条款的声音一样激烈。

此外，农村的暴力活动也是阿萨尼亚内阁面临的难题。由于雇农极度贫困，在无政府主义者的鼓动下，农村的暴力问题一直十分突出。全劳联和全国土地劳动者协会号召征收土地，建立合作社。中产阶级的共和党人尊重私有财产，不愿意采取那样激烈的手段。拉尔戈·卡瓦列罗在某种程度上缓解了社会紧张局势，他在春天颁布了四项法令。然而，1931年12月，西南部巴达霍斯的全国土地劳动者协会分会号召大罢工，于是这种零敲碎打的改革的局限性暴露无遗。总的来说，这一次是和平罢工。然而，在偏远的卡斯蒂尔布兰科村发生了流血事件。那里的全国土地劳动者协会成员在整个冬天里都没有找到工作。12 月 31 日，当他们举行和平示威时，国民警卫队开始驱散人群。扭打之后，一名国民警卫队队员开火，造成 1 人死亡，2 人受伤。饥饿的村民们惊恐万状，扑上去打死了 4 名国民警卫队队员。[56]

国民警卫队当时的局长是圣胡尔霍将军，他把当地工人比作自己曾经在摩洛哥打击过的摩尔人部落，说"在巴达霍斯省的一角，里夫部落建立了一个基地"，还谎称国民警卫队队员的尸体遭到残忍肢解。这种把雇农与里夫叛民联系在一起的做法表明，对于非洲派军官而言，西班牙无产阶级就是"敌人"。也许是受圣胡尔霍这番话的影响，他的手下实施了血腥报复，杀死了 18 人。在卡斯蒂尔布兰科村事件发生三天后，国民警卫队在巴达霍斯的萨拉梅阿 – 德拉塞雷纳杀死 2 名工人，打伤 3 名工人。两天后，卡拉特拉瓦村有一名罢工者被枪杀，另一人受伤，普埃托利亚诺村有一名罢工者受到枪击，两个村都属于雷阿尔城。另外，萨拉戈萨的埃皮拉有两名罢工者被杀，11 人受伤，巴伦西亚的赫雷萨有两名罢工者被杀，10 人受伤。1932 年 1 月 5 日发生了最令人震惊的一幕，28 名国民警卫队队员在阿尔内多向正在和平示威的人群开枪，阿尔内多是北部卡斯蒂利亚地区洛格罗尼奥省的一个小镇。1931 年底，当地一家鞋厂解雇了几名工人，理由是他们是工总成员。随后发生公众抗议，国民警卫队开枪打死了一名工人、四名妇女和其中一名妇女的两岁儿子，以及一名 26 岁的孕妇。另有 50 名市民受枪伤，其中包括许多妇女、儿童和婴儿。在接下来的几天里，又有 5 人伤重不治身亡，许多人不得不截肢，其中包括一名 5 岁的男孩和一名有 6 个孩子的寡妇。[57]

1932 年初，当局采用极度的暴力镇压了一次无政府主义罢工，在加泰罗尼亚的上略夫雷加特的镇压力度最强。一方面，逮捕和驱逐使无政府主义者和信仰社会主义的工人对共和国失去了信心，而另一方面，右翼坚持认为，共和国只能带来混乱和暴力。在萨拉曼卡、埃斯特雷马杜拉和安达卢西亚的大庄园地区，加入工会组织的劳工找不到工作，要么是因为土地已经撂荒，要么是直接被拒之门外，地主告诉这些人去"comed República"（字面意思是"吃共和国"，也就是"找共和国要饭吃"）。[58] 右翼媒体纷纷发表文章，称改革将带来厄运。在南方偏远的村庄，没有政府机构去执行新的法令。地主是唯一的雇主，因此他们仍然可以号令各方。国民警卫队是由农村上层阶级精心栽培的，一直对主子忠心耿耿。来自南方的社会党代表经常在议会发出抗议，称地方政府官员没有执行法律规定，也没有阻止国民警卫队保护地主的利益。在哈恩，采集栎树果实（通常用作猪粮），捡拾木柴或飘落的橄榄，甚至喂牲口，统统被称为"集体盗窃癖"。做这种事的农民会遭到国民警卫队或庄园武装警卫的野蛮殴打。[59]

整个 1932 年，全国土地劳动者协会都在努力遏制南方普通民众日益增长的绝望情绪。有关强制耕作的法律形同虚设，地主也没有雇用工人来准备春耕。短工如果加入全国土地劳动者协会，地主们就不会给他们工作。尽管如此，该协会坚持温和路线，并且呼吁基层成员克制极端主义，对议会正在讨论的土地改革法案不用期望过高。整个 1933 年，人民行动党和希尔·罗夫莱斯领导的农民党少数派不断阻挠改革。在对农村土地租赁法草案进行辩论时，反对者提出了 250 项修正意见，希望以这种技术性的手段给辩论制造障碍。辩论充满挫折，参加议会会议的人数因此很少，以至于到了投票的时候，无法达到法定人数。[60] 说到底，土地改革法案几乎起不到什么作用，因为它的条款十分谨慎，是由保守的农学家和财产律师为农业部起草的。7 月至 9 月，经过极其缓慢的程序，议会设立了一个土地改革研究所，负责对面积 22.5 公顷以上的土地的分割工作实施监督。因此，这项措施对北方的小农没有任何帮助。它对南方的劳工也起不到作用，因为改革法案的条款中存在不少漏洞和例外。与此同时，右翼地主对共和国的敌意却丝毫未减。[61]

激烈反对共和国的另一个原因是《加泰罗尼亚自治法》，军队和保守阶级认为该法是对国家统一的打击。议会中，尽管阿萨尼亚有坚定的决心，但他必须面对大约 40 名右翼代表和 30 名激进分子的阻挠，这些人提出了 200 项修正意见。卡斯蒂利亚地区各省掀起了一场抵制加泰罗尼亚产品的运动。事实上，《加泰罗尼亚自治法》并非追求毕其功于一役。尽管如此，部长们还是不愿意让加泰罗尼亚政府尤其是马西亚上校获得真正的自治权，他们认为加泰罗尼亚左翼共和党是一个机会主义的联盟，靠的是全劳联普通成员的支持票。尽管如此，右翼仍说阿萨尼亚一心想要破坏西班牙统一。[62]

然而，右翼掌握着宗教这一最有力的武器，而共和党和社会党的反教权主义立场使这一武器的威力不断增强。历史上，教会一贯勾结西班牙社会最极端保守的分子们，社会不公正行为经教会之口变得合情合理，因此，民众中反教权的思想十分普遍。然而，对普通的天主教徒来说，他们无端的痛苦并非当局针对教会组织所采取的政策，而是针对民间信仰仪式的政策，这些仪式在地方生活中的地位非常重要。一些左翼市长对天主教葬礼征税或禁止葬礼游行。人们拆除了学校和公立医院的十字架和宗教雕像，禁止教堂敲响钟声，普通天主教徒因此觉得共和国是他们的敌人。政府禁止市镇当局向教堂或其节日提供财政捐助，一些城镇和村庄甚至挑衅性地禁止了宗教游行。在塞维利亚，由于担心遭到攻击，40 多个传统教友会退出了圣周游行。尽管共和国政府努力保护游行队伍，这个问题仍被用来制造宗教迫害的印象。教友会里有一些人是人民行动党和卡洛斯派正统派联盟的成员，这些人开始使用"塞维利亚烈士"这个短语。越来越多的人相信共和国是犹太人、共济会和布尔什维克手中的傀儡这一鬼话。[63]

这样很容易得出结论，即必须摧毁共和国，消灭其支持者。军官们不满军事改革和自治法，他们和君主主义阴谋分子一起在圣胡尔霍将军耳边喋喋不休，称这个国家正处于无政府状态的边缘，需要在他的指挥之下复兴。在卡斯蒂尔布兰科村和阿尔内多镇事件之后，圣胡尔霍于 1932 年 1 月被解除了国民警卫队的指挥权，并被任命为边防警卫队的总指挥官。[64] 他计划于 1932 年 8 月 10 日发动政变，为政变提供资金的是胡安·马奇，为政变摇旗呐喊的包括勒鲁克斯，甚至墨索里尼。政变没有计划周全，在塞维利亚被全劳联、工总和共产主义工人的大罢工挫败，而在马德里，政府提前获得消息，迅速围捕了阴谋者，政变很快就失败了。从某种意义上说，旧政权的这位英雄发起的这场攻击，反而激起了一股支持共和制的热情，让现政府受益匪浅。激进派放弃了对土地改革法案和《加泰罗尼亚自治法》的阻挠。9 月，这两个法案都在议会获得通过。然而，参与政变的人当中也包括 1931 年在玛丽亚路易莎公园开枪的那批右翼分子。他们很快获释，后来在 1936 年重操恶行。[65]

政府的声望此时达到了顶峰，但形势并不像看上去那么有利。许多右翼媒体，包括《西班牙行动》杂志，本应被暂停运营，但实际没有执行。阿萨尼亚成功说服内阁实施赦免，圣胡尔霍等人被监禁后于 1934 年 4 月改判无罪。[66] 圣胡尔霍在牢房里经常接受右翼崇拜者的拜访。他写信给《西班牙行动》杂志，称自己从拜访中获得了"心灵慰藉"。[67] 由于当局的惩罚措施软弱无力，阴谋者们更加大胆，开始为将来的冒险行动厉兵秣马。他们吸取了不少教训。圣胡尔霍政变失败后一个月内，"西班牙行动"的成员和总参谋部的豪尔赫·比贡上尉成立了一个委员会，开始为政变做准备。在流亡的阿方索十三世的支持下，他们从右翼支持者那里筹集了少量资金，用来购买武器和破坏政治稳定，为此还从全劳联－伊比利亚无政府主义者联盟那里雇人来搞破坏。胡安·马奇捐助了 200 万比塞塔。该委员会有一个情报网，由圣地亚哥·马林·巴格纳斯管理，他曾在莫拉将军手下负责秘密警察工作。他们打算把马丁内斯·阿尼多也拉进来，但马丁内斯·阿尼多没答应，他在 20 世纪 20 年代大搞腐败捞了不少好处，此时更愿意在尼斯享受他奢华的退休生活。[68] 该委员会的主要目标是在军队中培植颠覆分子，这项任务由总参谋部的巴伦廷·加拉尔萨·莫兰特中校负责。加拉尔萨成为君主制阴谋分子和秘密军官协会——西班牙军事同盟之间的联系桥梁，西班牙军事同盟是由退休上校埃米利奥·罗德里格斯·塔杜奇于 1933 年底创建的，他是圣胡尔霍的密友，也是西班牙长枪党的早期成员。

塔杜奇很快就被总参谋部的巴托洛梅·巴尔瓦·埃尔南德斯上尉接替了，他是非洲派军官，也是佛朗哥的朋友。[69]

圣胡尔霍政变失败的同时，希尔·罗夫莱斯却成功地通过议会阻碍改革进程。政变的失败表明，勇武派的策略损害了右翼的切身利益，正面攻击只能使共和国更加稳固。人民行动党于 10 月 22 日召开了一次代表大会，目的是缓和该组织内主张合法斗争的一派与勇武派之间的紧张关系。尽管《争鸣报》予以否认，但希尔·罗夫莱斯知道有人准备发动政变，而且乐观其成。[70] 经过激烈辩论，大会一致认为，针对共和国发动暴力叛乱只会适得其反，并投票赞成采取合法斗争手段。于是，人民行动党开始筹备创建一个联邦天主教政党，并准备于 1933 年初举行创建大会。右翼中图谋不轨的势力创建了自己的政党——西班牙复兴运动党。[71] 分立既没有引起尖刻的评论，也没有妨碍两个团体的成员继续交往，参加彼此的会议，阅读彼此的报纸，有些人甚至同时隶属于两个组织。

正当右翼重组的时候，联合政府却在瓦解，全劳联坚持暴动斗争，这使政府瓦解的过程不断加速。右翼媒体没有区分全劳联、工总和全国土地劳动者协会，而是把它们都描述成"共产主义者"。尽管全劳联对共和国怀有不满，但它发动的罢工和暴动被归咎于共和派－工社党联合政府，而联合政府实际上正在努力控制罢工和暴动。在全劳联号召之下，1933 年 1 月 8 日全国范围爆发革命罢工，加的斯省的卡萨斯别哈村发生流血事件，农村的极右势力对动乱予以猛烈谴责。1932 年由于雇主拒绝开工，卡萨斯别哈村雇农里五分之四的人一年中大部分时间都无活可干，生活靠施舍，偶尔靠维护道路、在乡间四处寻找野芦笋和兔子果腹。随着面包价格上涨，他们愈发绝望，纷纷响应全劳联的革命号召。村民们不情愿地宣布实行绝对自由的共产主义，结果招致了血腥镇压，24 人因此丧生。[72]

右翼媒体最初支持国民警卫队镇压罢工。[73]但是，当明显可以捞取政治资本的机会来临时，他们又替受害者流下鳄鱼的眼泪。西班牙军事同盟的巴尔瓦·埃尔南德斯谎称是阿萨尼亚亲自下令实施了屠杀，以便为随后的抹黑行动造势。右翼报纸和胡安·马奇的报纸纷纷发声，称共和国与之前君主制一样野蛮、不公正和腐败。一直渴望权力的勒鲁克斯进一步向右转，在议会采取掣肘行动。议会中充斥尖刻的辩论，政府几乎瘫痪。尽管社会党人仍然支持阿萨尼亚，但卡萨斯别哈村事件破坏了联合政府的团结。阿萨尼亚对激进党和"野猪"们的行为深恶痛绝，甚至打算退出政坛。[74]

卡萨斯别哈村事件证明，工社党加入政府后终将付出代价。由于保卫资产阶级共和国免遭无政府主义者攻击，工社党在农村支持者中间的信誉遭受损失。而与此同时，无政府主义者却加快了发动革命的步伐。地方一级潜伏着暴力，这导致工社党和希尔·罗夫莱斯领导的新政党——右翼自治团体协会（简称"右协"）之间的敌意日益增长。右协的思想源自安赫尔·埃雷拉，是在人民行动党、农民党和大约 40 个其他右翼团体的基础上组建的。1933 年 2 月底，在马德里举行的成立大会上，希尔·罗夫莱斯将他极端保守的目标与德国希特勒的目标相提并论。同一天，在马德里的另一次会议上，他称法西斯主义是治愈西班牙各种罪恶的良方。[75]社会主义者自然认为右协的目的是在西班牙实施法西斯主义，而希尔·罗夫莱斯只是在非正式场合否认过这一指责。在这种情况下，拉尔戈·卡瓦列罗追随者的立场愈发激进。[76]

希尔·罗夫莱斯的演讲中夹杂着双刃剑式的言论，这让社会主义者对法西斯主义的危险更加担忧。魏玛共和国一直被右翼当作榜样，被左翼当作警告。天主教报刊为纳粹击垮德国社会主义和共产主义运动而欢呼，它们称赞纳粹主义强调权威、国家和等级制度——这也是右协宣传中经常重复的三句口号。《争鸣报》甚至说希特勒已经合法地获得了权力，引起了舆论的担忧。报纸上不断重复，西班牙需要一个组织去像德国和意大利那样粉碎左翼势力，以此暗示右协可以充当这个角色。[77]

除了报刊炒作卡萨斯别哈村事件之外，为落实宪法第 26 条的规定，议会还通过了集会法，这不仅惹怒了教会神职人员，还导致保守派更加反对政府。阿尔卡拉－萨莫拉意识到反对的声音越来越大，而且他个人对集会法也不满意，因此很希望解除阿萨尼亚的总理职务。二人的关系日益紧张。阿萨尼亚直言："他容不下我。"[78] 阿尔卡拉－萨莫拉想方设法用勒鲁克斯取代阿萨尼亚。记者塞萨尔·哈隆说，阿尔卡拉－萨莫拉好像"袖珍版的马基雅弗利"。6 月初，阿萨尼亚提出改组内阁，以替换身患绝症的财政部部长豪梅·卡纳，这是一个机会。传言称，普列托会组建一个广泛的联合政府，但勒鲁克斯和拉尔戈·卡瓦列罗都拒绝加入该内阁。于是，拉尔戈·卡瓦列罗对普列托的反感使工社党失去了一次良机：既可以避免立即选举，又可以影响未来选举的时间和方式。阿萨尼亚不得不在 6 月 6 日拼凑出一个略有不同的共和派－工社党内阁。[79]

由于右翼对改革的阻挠愈演愈烈，社会主义青年团中拉尔戈·卡瓦列罗的追随者要求工社党停止与共和党合作。7 月 23 日，拉尔戈·卡瓦列罗在马德里向他们发表讲话，宣称社会主义者应当争取单独执政。[80] 8 月 6 日，在位于马德里附近托雷洛多内斯的社会主义青年团暑期学校，普列托为工社党人在政府里与共和派开展合作进行了辩护。他批评那种立即实现社会变革的愿望是一种"幼稚的乐观主义"。他指出，右翼死而复生后实力强大，完全由社会主义者来组成政府的这种愿望不切实际。普列托的年轻听众听不进这番话，甚至《社会主义者报》也拒绝予以发表。[81]

9 月初举行了宪法保障法庭的选举，该法庭有权对法律是否符合宪法和各自治区与中央政府之间的冲突做出裁决。卡尔沃·索特洛、胡安·马奇和其他保守派人士当选。胡安·马奇当选是因为在巴利阿里群岛豪掷千金，与他的司法业务水平其实毫无关系。然而，因为贿赂罪和叛国罪刑期未满，他依然身陷囹圄。[82] 出乎社会主义者意料的是，9 月 12 日，阿尔卡拉－萨莫拉以法庭选举结果为根据，要求勒鲁克斯组建政府。为了避免因议会的阻挠而遭受挫败，在勒鲁克斯执政期间，议会处于闭会状态。到了 9 月 19 日，工社党领导层投票决定与左翼共和党人分道扬镳。拉尔戈·卡瓦列罗在马德里发表演讲，积极为这一决定辩护。[83] 当议会于 10 月 2 日重新开会时，普列托仍履行了职责，他痛苦地宣布共和派－社会主义者联盟已经瓦解，他将一生的大部分光阴都投入了这番事业，如今却付之东流。勒鲁克斯最终没有赢得信任票，阿尔卡拉－萨莫拉要求马丁内斯·巴里奥组建政府，主持新的选举。[84]

11 月 19 日举行选举与 1931 年选举的情形相反，左翼一团混乱，而右翼却团结一致。希尔·罗夫莱斯刚从纳粹党纽伦堡党代会上回来，一路的所见所闻对他影响很大。右协选举委员会决心不惜一切代价取得胜利，建立统一的极端保守战线。于是，右协在一些地区与诸如西班牙复兴运动党和卡洛斯派这样的勇武派团体联合竞选，在另一些地区则与腐败的激进党合作。法国天主教哲学家乔治·贝纳诺斯后来讥讽说，勒鲁克斯送给希尔·罗夫莱斯和安赫尔·埃雷拉的是激进党的残兵败将，而此二人则"对这个回头浪子敞开怀抱，只要他能带来肥牛犊①"。[85]

拉尔戈·卡瓦列罗有关社会保障的法律经过一个夏天就几乎被置之一旁，这让社会主义者很是恼火。普通民众对共和国的信心大大减弱。[86]激进分子一方面把改革的局限性归咎于左翼共和党人，另一方面又一厢情愿地认为，1931年6月投给共和派-社会主义者联盟的选票这一次都会投向工社党。激进党现在站在了右翼，而共和派推动的许多法律招致了民众的不满，导致许多无政府主义者放弃投票。普列托对联盟的辩护立即遭到驳斥，于是他不负责任地决定单干。这是一个致命的战略错误。[87]选举法偏向政党联合，而希尔·罗夫莱斯组成了战术联盟，拥有一大票盟友，如今要选上一名议员，社会主义者所需的选票是右翼的两倍。工社党的备选工作没什么亮点，可圈可点的也就是普列托把阿萨尼亚和马塞利诺·多明戈同时列入北部比斯卡亚的工社党选举名单。[88]

右协的选举资金十分充足，资金来自富裕阶层的大量捐赠，胡安·马奇是主要捐赠人。右协造势活动的高潮是希尔·罗夫莱斯

---

① 源自《圣经·路加福音》第 15 章"浪子回头"的故事。耶稣说，有一个年轻人把从父亲那里提前分来的财富挥霍殆尽，为求活命返回家中，父亲宰杀肥牛犊设宴庆祝。

在马德里发表的一篇充满火药味的演讲："现在必须坚决地打败社会主义。我们必须建立一个新的国家，把犹太人的共济会赶出祖国……我们抛头颅洒热血，在所不惜！……到时候，要么议会听我们号令，要么我们就关闭议会。"[89]

11 月 3 日，选战刚刚开始，马奇就从监狱里逃了出来。后来，他对英国大使馆的一名官员说，11 月 2 日，他当着一名狱吏的面，对一名来访的朋友说："我明天早晨 6 点钟逃走，到了直布罗陀，我会给你发电报。"朋友惊慌地望着狱吏，马奇安慰他说："我已经收买了那位先生和门口的卫兵。"他由两名伊比利亚无政府主义者联盟派来的保镖陪同。这次逃亡被右翼和无政府主义媒体塑造成一个受迫害者（而且品行高尚）的英雄行为。[90] 最初，马奇在直布罗陀寻求庇护，后来住进了巴黎的一家豪华酒店。他的财富助他当选，很快他就利用议员豁免权回到西班牙，并投入大笔款项代表马略卡岛赢得了一个议席。[91]

工社党的竞选活动无法与资金充足的右翼相匹敌。希尔·罗夫莱多领导着右翼竞选活动，而拉尔戈·卡瓦列罗是社会主义者竞选活动的掌舵人。为了吸引支持者，拉尔戈·卡瓦列罗号召实施无产阶级专政，对资产阶级予以经济剥夺。他的激进立场不仅惹怒了中产阶级选民，而且为右翼发出的警告提供了佐证。[92] 选举结果让社会主义者大失所望。右协和激进党之间针对各地选举活动达成一致，两党利用选举法的规定，分别获得了 115 个和 104 个议席。在激进党的纵容下，右翼重新控制了议会这一国家机器。右翼决心操纵议会，废除前两年的改革。然而，在这段时间里，人们的期望提高了，右翼打算开历史的倒车，回到 1930 年，这只会点燃民众的怒火。

11 月选举之后的两年，人称"黑暗两年"，西班牙政治生活中的冲突迅速加剧。权力如今掌握在右翼手中，他们发誓要为自己在议会里遭受过的损害和侮辱实施报复。激烈的两极分化不可避免。1931 年至 1933 年的改革措施很快束之高阁，产业工人和雇农已经走投无路。有证据表明，得益于仲裁委员会的工作，80% 的罢工得以避免，但尽管如此，拉尔戈·卡瓦列罗提出的法令遭到南部地主的坚决阻挠。[93] 完全废止这些改革势必引发暴力。1933 年底，失业人数多达 61.9 万人，占西班牙劳动人口的 12%，而在南部，失业人数接近 20%。借助仲裁委员会，工总在协商加薪方面取得了成功，这在雇主中引发了强烈不满。马德里雇主联合会对此的反应尤其激烈。在马德里，失业率平均为 30%，建筑业的失业率很快将达到 40%。雇主们庆祝选举取胜，他们纷纷削减工资并解雇工人，而地主则驱逐佃户并提高租金。地主完全无视劳动法的规定，对前两年遭受的打击进行报复，失业率因此进一步上升。到 1934 年 4 月，失业人数达到 70.3 万。[94]

社会主义者对此义愤填膺。除了没有与共和派结盟这一战术上的错误之外，导致社会主义者失败的还有其他重要原因。失去 40 个席位在某种程度上可能要归咎于无政府主义者的弃权。这些人之所以弃权，可能与马奇资助无政府主义媒体有关，尤其是《土地报》，其主编是萨尔瓦多·卡诺瓦斯·塞万提斯，这个人对贿赂一贯来者不拒。曾是全劳联主要成员，后来创建了马克思主义统一工人党（简称"马统工党"）的华金·毛林，在评论马奇对无政府主义媒体的影响时曾经说，"共和派－工社党联合政府执政时，全劳联还搞了几次愚蠢的暴动。等到反动的勒鲁克斯 – 希尔·罗夫莱多合作掌权，全劳联反倒安分守己了"[95]。

当然，全劳联放弃投票并不完全是因为胡安·马奇的活动。共和国采取的打压政策也是他们心怀不满的原因之一。著名的伊萨克·普恩特博士说："无论赢的是谁，左翼和右翼一样，他们都是我们的敌人，会把我们投入监狱，送我们上刑场。无论谁赢得选举，都将指挥突击警察挥舞警棍，命令警察实施恫吓，要求国民警卫队开枪镇压，他的心态与监狱警卫都是一样。无论谁赢得选举，无产阶级的遭遇与现在没有两样：狱卒的阴影、间谍、饥饿、瘀伤和鞭痕。"突击警察也是共和国建立的一支警察队伍，但它比国民警卫队更加支持革新。全劳联媒体谴责候选人全都是可鄙、自私的右翼分子，呼吁工人不要投票。除了马奇，鼓动弃权的还有其他人。[96]在加的斯，何塞·安东尼奥·普里莫·德里韦拉的支持者还出钱去收买当地无政府主义者，让他们不去投票。[97]由于宪法第 36 条规定女性享有选举权，在极端保守的神职人员的鼓动下，大多数信仰天主教的妇女投票支持右翼候选人。尽管如此，社会主义阵营的普通成员认为选举结果并不真实。在南方，他们有充分的理由相信，地方豪强们挟制了饥肠辘辘的短工，借此从他们手中窃走了议席。在失业率高的农村地区，只要承诺给活儿干或以解雇相威胁，就能获得选票。代表巴达霍斯的议员玛加丽塔·内尔肯看到当地豪强用香肠和面包从饥饿的农民手中购买选票，而上层阶级的妇女在持枪的国民警卫队的护送下，在妓院和投票站购买选票。在一些竞选集会上，地方豪强收买武装流氓，阻止为工社党候选人造势的人，而且选举日当天，这些人干脆守在玻璃投票箱旁边监视。[98]

工社党获得 150 万张选票，赢得议会 58 个席位，而激进党获得 80 万张选票，却赢得了 104 个席位。根据工社党的统计，统一行动的右翼各党派共获得 3 345 504 票、212 个席位，每席 15 780 票，而四分五裂的左翼各党派共获得 3 375 432 票，却只赢得 99 个席位，每席 34 095 票。在南部一些地区，例如巴达霍斯、科尔多瓦和马拉加，右翼领先的幅度很小，只要在选举中耍些手腕就能左右选举结果。在巴达霍斯，选票的多寡意味着 2 个议席和 11 个议席之间差距，激进党从 2 个议席上升到 10 个席位。[99] 阿萨尼亚后来谴责右翼的选举活动"腐败可鄙"，是"惊人的丑行"。[100]

1935 年 5 月 8 日，在议会的一场激烈的辩论中，有人提出胡安·马奇向右翼提供竞选资金的问题。工社党议员特奥多米罗·梅嫩德斯发表了长篇讲话，报告了追责委员会的工作，详细列举了 1911 年 3 月以来发生的腐败行为。他把这一系列不光彩的行为指向右翼为争取马奇提供资金资助而实施的种种活动，他说："这种做法严重损害西班牙的利益，获益的只有你们如今在这里拥戴的这个人，他就是胡安·马奇，他为刚刚举行的选举捐了款……胡安·马奇是西班牙的'苏丹'，而你们是他的臣民。"[101]

第十章

黑暗年代和战争的到来，
1933—1936 年

激进党自私地和右协结盟，这在社会主义者中激起了强烈的不满，雇主们很快加紧了攻势，导致局势进一步恶化。1931年至1933年，社会主义者采取克制和自我牺牲的策略，大众的愤怒因此更加强烈。阿萨尼亚、博特利亚·阿森西等政治人物呼吁举行新的选举。博特利亚·阿森西现在是激进党成员。拉尔戈·卡瓦列罗的反应最疯狂。他十分了解工总普通成员经历过的生活苦难，于是冒险赌了一把，采用一种看似革命性的言辞，把它当作空洞的威胁，旨在警告右翼不要过火，同时说服阿尔卡拉－萨莫拉重新组织选举。而实际上，他并没有制订任何起事计划。结果，阿尔卡拉－萨莫拉并没有屈从这种外强中干的叫嚣。于是，社会主义者现在必须升级威胁的力度，否则就将失去己方成员的信任。这种局面只对右协有利。[1]

即便右协是议会的最大党，不愿意重新选举的阿尔卡拉－萨莫拉也并没有邀请希尔·罗夫莱斯组建政府。希尔·罗夫莱斯想要建立一个威权的、社团主义的国家，这让阿尔卡拉－萨莫拉不太放心。其实，希尔·罗夫莱斯的胜利果实比表面上脆弱得多。即使总统邀请他来组建政府，他也不可能答应。议会中所有的右翼分子加起来也没有占绝对多数。此外，如果众所周知的共和国之敌进入内阁，必将激起左翼激进分子的狂热，其中也自然包括激进党的许多成员。只要左翼消除分歧，就能击败任何这样的右翼政府，照这样发展下去，要么是左派和中间派共和党人组成联合政府，要么举行新的选举。不可思议的是，社会主义者居然再次犯了同样的战术错误。这种情况下，希尔·罗夫莱斯担心新的选举会葬送手中脆弱的胜利果实，于是想出了另一种解决方案。由于缺乏通过暴力夺取政权的力量，他转而主张由右协间接操纵政府。由作为第二大党领袖的勒鲁克斯担任总理，让激进党成为右协的傀儡。《争鸣报》解释："首先支持勒鲁克斯，然后与勒鲁克斯合作，最后换掉勒鲁克斯。"[2]

至于右协提供支持之后需要怎样的回报，希尔·罗夫莱斯向勒鲁克斯讲得清清楚楚。他提的要求对平息社会紧张局势几乎不起作用。12 月 19 日，他在议会发表讲话，声称选举结果已经说明国人不满这两年的政策，他呼吁特赦圣胡尔霍政变后被囚禁的犯人，调整制宪议会制定的宗教相关法律，废除大大改善雇农生活的种种政策，这些政策包括限制雇用外地劳工、强制耕作、8 小时工作制和仲裁委员会制度。他还要求减少依照土地改革法予以征收的土地的面积。右协的富裕支持者期望政府在社会福利方面苛刻一点。作为回报，右协放任激进党成员在政府里以权谋私。激进党的竞选运动原本是削减这两年的改革结果，不是把改革成果清零。右协所提的要求让许多持自由主义立场的激进党成员难以接受，其中包括临时政府总理马丁内斯·巴里奥。然而，勒鲁克斯此时已经 69 岁了，不可能放弃这最后一次获得权力的机会。[3]

社会主义者对此非常反感。竞选期间，拉尔戈·卡瓦列罗就曾说，激进党中有些人"还没有进过监狱，他们应该被关进去"。他指的是勒鲁克斯长期搞金融腐败，以及他在 1932 年圣胡尔霍政变中的共谋行径。[4] 米格尔·毛拉也有同样想法，他后来写了很多关于勒鲁克斯亲戚朋友的丑事。1933 年夏天，勒鲁克斯预料到他很快就会掌权，于是邀请毛拉进入内阁任职。毛拉拒绝了他的邀请，对他说自己永远不可能参与他领导的政府，"不是因为你，而是因为你周围的那些家伙，那些人早晚会把你拖垮"。勒鲁克斯满不在乎地说，他总得关照他的朋友，这是"为获取名誉所付出的代价"。他把这些人的所作所为看成"小过错"。不久之后，勒鲁克斯的秘书问毛拉是否愿意从内政部一笔交易中发点财。毛拉转头就将此事告诉了勒鲁克斯，而勒鲁克斯却轻描淡写地说："这小子！看我不拧他的耳朵。"[5]

勒鲁克斯在廉洁方面毫不讲究，除了毛拉之外，还有一些保守派政治人物对此也忧心忡忡，如阿尔卡拉－萨莫拉、希尔·罗夫莱斯和华金·查帕普列塔。华金·查帕普列塔是代表阿利坎特的保守派共和党独立议员。众所周知，勒鲁克斯一直渴望奢侈的生活。刚进入内阁，勒鲁克斯就连珠炮似的要求其他部长为他的亲属和亲信安排官位。阿尔卡拉－萨莫拉说，勒鲁克斯在确定人选时只看候选人对金钱的胃口以及是否讨人喜欢。终于，在银行高级职位的人选问题上，勒鲁克斯的这种做法引起了阿尔卡拉－萨莫拉真正的警惕。[6]

阿萨尼亚后来苦笑着回忆说，进入政府后不久，勒鲁克斯的议员们就设立了一个部门，专门分发政府优惠条件、专营权、政府采购订单和各种许可证。阿萨尼亚将其称为"职位的接生室"，认为其腐败规模与罗梅罗·罗夫莱多最腐败的日子相去不远，"他们想要的不仅仅是那些随着政府更迭而时有时无的政府职位。他们既无比贪婪，又十分精明耐心，把政府和其他官方和半官方职位统统拿来瓜分，无论是在西班牙国内还是什么其他地方。他们的黑手无处不在，部委、专营机构、特派处、行政单位、财团、联合会、特许经销商、担当公共管理职能的私营公司和事业单位概莫能外"[7]。与此类似，在 1934 年 9 月和迭戈·马丁内斯·巴里奥一起创建共和同盟①的费利克斯·戈登·奥尔达斯也于 1935 年 5 月底在毕尔巴鄂说："勒鲁克斯领导下的大多数政府班子，尤其现在这一届，其实就是一个垄断大买卖的企业同盟。"[8]

整个 1935 年，极端腐败不断增加。《社会主义者报》声称，三名激进党议员——费尔南多·雷伊·莫拉、巴西利奥·阿尔瓦雷斯和埃米利亚诺·伊格莱西亚斯——每人从一个名叫塞拉诺·佩雷斯的人那里索取了 3 万比塞塔的贿赂，来让他的儿子当上宪法保障法院的书记员。许多人揭发，称激进党的市镇议员挪用市政资金，该党的高官还收取回扣，为非法赌场运营者提供方便，其中包括勒鲁克斯的养子奥雷利奥。大搞腐败的人还包括勒鲁克斯的密友埃米利亚诺·伊格莱西亚斯、胡安·皮奇－庞和曼努埃尔·马拉科。还有人揭发勒鲁克斯自己的企业以非法手段获得政府合同。颇具讽刺意味的是，勒鲁克斯曾经对君主主义者佩德罗·赛恩斯·罗德里格斯说，他手下的员工并不老实，甚至偷了他的衬衫。[9]

社会主义者认为，激进党人承诺保护土地寡头的经济利益，好

---

①　此处所说的"共和同盟"是成立于 1934 年的西班牙共和党组织，是由勒鲁克斯的"激进党"分裂出来的，后于 1936 年并入人民阵线。而第三章所提到的勒鲁克斯成立的共和同盟，已于 1910 年解体。

让自己肆意腐败，这已经背叛了共和国的基本理念。[10] 尽管规模不同，但可以肯定的是，第二共和国头两年间，也有社会主义者和左翼共和党人网罗了大量公职。1933 年 2 月，一名与全劳联关系暧昧的右翼律师华金·莫拉尔发表了一篇文章，抨击共和派 - 工社党联合政府，声称他们违反了 1931 年宪法，并且以权谋私。这本书受到极右势力的欢迎，成了畅销书。国民党领导人阿尔维尼亚纳博士发表了更多恶毒的诽谤。[11] 然而，这些对莫拉尔褒扬有加的君主主义者在独裁政权期间为所欲为，相比之下，他们口中共和党人的以权谋私简直是小巫见大巫。[12]

尽管拉尔戈·卡瓦列罗发出了威胁，但第一次工人阶级暴力抗议还是在无政府主义者的策动下到来了。其领导人以不负责任的态度一厢情愿地于 1933 年 12 月 8 日号召发起暴动，结果以失败收场。政府事先得到了预先警告，迅速宣布进入紧急状态。全劳联和伊比利亚无政府主义者联盟的领导人被逮捕，当局实施新闻审查，工会被关闭。在传统的无政府主义活跃地区，比如阿拉贡、里奥哈、加泰罗尼亚、莱万特以及安达卢西亚和加利西亚的部分地区，爆发了零星罢工，一些火车被炸毁，人们还袭击了国民警卫队的哨所。在巴塞罗那、马德里和巴伦西亚，运动很快结束。然而，阿拉贡的首府萨拉戈萨爆发了真正的起义。工人们竖起路障，袭击公共建筑，参与巷战。政府派出军队，在坦克的帮助下，用 4 天时间镇压了这次暴动。[13]

由于全劳联参与了暴力活动，这转移了人们对南方日益加剧的社会问题的关注。南方社会问题一方面是因为地主削减工资和拒绝雇用工会成员，另一方面则是基本生活必需品大幅涨价的结果。激进党政府取消了对面包的价格管制，结果价格飙升了 25%—70%。饥饿的妇女、儿童和老人纷纷上街游行，要求得到面包。失业人数增加，工资急剧下降，人们饥肠辘辘，该区域的许多儿童因此患上贫血和肺结核。举行抗议活动或打算捡拾飘落庄稼的雇农会遭到国民警卫队殴打。全国土地劳动者协会的会员人数大幅增长，从中可以看出南方饥饿人口正在不断增加。该组织的主席原本是立场温和的卢西奥·马丁内斯·希尔，现在由里卡多·萨瓦尔萨·埃洛加取代。他年轻，立场激进，是拉尔戈·卡瓦列罗的追随者。1933 年底，卡瓦列罗加强了他的威胁，以应对日益高涨的斗争浪潮，但是他的辞令背后始终没有任何真正的革命意图。[14]

由于掌权的激进党政府听任摆布，人民行动党的"务实"策略无疑取得了成功。尽管如此，即便强硬的右翼政府能够掌权，在那些笃信"勇武"的人看来也是不足以得偿其愿的。佛朗哥的好友华金·阿拉拉斯声称，"秩序和祖国的保卫者与无政府主义和祖国叛逆者"之间的斗争是你死我活的，对于革命必须予以彻底粉碎。卡尔沃·索特洛也认为，应当建立强力国家对工人阶级施加"管教"。[15]于是，为了准备最后武力摊牌，极右势力在相互关联并不紧密的三条战线上积极准备：策动军队，动员卡洛斯派民兵，以及组织法西斯街头武装。1934 年 2 月中旬，力量薄弱的民族工团主义奋进会最终与何塞·安东尼奥·普里莫·德里韦拉创建的西班牙长枪党合并。[16]西班牙长枪党成立于 1933 年 10 月 29 日星期日。此前两个月，西班牙复兴运动党的君主主义者向它提供了资助。所谓的《埃斯科里亚尔协议》签订后，长枪党与反对共和的军事叛乱活动绑到了一起。[17]长枪党以"子弹和鲜血"为口号，鼓吹"枪林弹雨为天籁"，君主主义者们因此将长枪党视为制造政治动荡的利器。此外，长枪党的领导人何塞·安东尼奥·普里莫·德里韦拉既是地主贵族，又是社会名流，还继承了他父亲普里莫·德里韦拉的政治衣钵，应当不至于失去控制而走上德国和意大利前辈的老路，君主主义者对此坚信不疑。长枪党可以挑起街头骚乱，制造法纪废弛的局面，加上右翼报纸添油加醋，军事叛乱便可借此披上合情合理的外衣。[18]

此外，保王党和卡洛斯派组成联合代表团，于 3 月 31 日前往罗马，寻求资金援助和武器装备。代表团成员包括西班牙复兴党领导人安东尼奥·戈伊科切亚和西班牙军事同盟领导人埃米利奥·巴雷拉将军，还有卡洛斯派"呼啸兵"武装民兵组织的发起者安东尼奥·利萨尔萨·伊里瓦伦。巴雷拉首先说，有幸与墨索里尼会面，令他十分感动，"感谢意大利为 8 月 10 日政变提供的帮助，尽管政变失败，但收获了很多经验"。这一次墨索里尼援助了 150 万比塞塔，并通过的黎波里和葡萄牙运去了 2 万支步枪、2 万枚手榴弹和 200 挺机枪。双方还约定由意大利军队负责训练数百名"呼啸兵"民兵。[19]卡洛斯派的正统派联盟方面，在其新任领导人曼努埃尔·法勒·孔德领导下，也正在组建一支由平民组成的齐装满员的部队。经过非洲派上校何塞·恩里克·巴雷训练，训练有素、装备精良的 3 万人"红色贝雷帽"将在 1936 年春交由密谋起事的军官们调遣。[20]

君主主义者眼前的目标是争取到对独裁政权合作者和圣胡尔霍政变参与者的特赦。1934 年 4 月 24 日获得特赦之后，他们的重要领导人何塞·卡尔沃·索特洛回到西班牙，取代了不堪大用的纨绔公子戈伊科切亚。卡尔沃·索特洛认为长枪党能够创造未来，于是试图加入该组织，使其为己所用。怎奈何塞·安东尼奥·普里莫·德里韦拉瞧不起索特洛，拒绝了他的请求，甚至嘲笑他永远不可能成为"caudillo"，因为"他连骑马都不会"。[21]"caudillo"这个词的原义是"强盗首领"，后来被佛朗哥采纳，作为西班牙语中的"元首"使用。不久，君主主义报纸在拼命攻击希尔·罗夫莱斯的软弱之外，还谈到要"迎立"新的专制君主，却对阿方索十三世复辟避而不提。这意味着夺取国家政权，建立新的威权统治。[22]

　　事态如此发展令社会主义者十分担忧，他们决心采取行动，避免重蹈德国和奥地利左翼的命运。1934 年，日子一天天过去，街头冲突越来越多，然而传统政治舞台上的你来我往并没有使这种情绪降温。勒鲁克斯政府的政策开始向右转，他任命立场极其保守的、萨莫拉省的农民党议员何塞·马里亚·锡德·鲁伊斯·索里利亚担任交通部部长，这让马丁内斯·巴里奥带头的一个激进党内部的重要派别十分不满。等到农民党领导人何塞·马丁内斯·德贝拉斯科宣布农民党将接受共和国之后，眼看希尔·罗夫莱斯始终不接受共和国，农民党的 31 名议员中有 8 人加入右协以示抗议。2 月，马丁内斯·巴里奥在接受君主主义杂志《白与黑》采访时称，一个中右翼组成的大联合政府要强过被承诺捆住手脚的激进党少数政府。但是，这需要右协和农民党明确接受共和国。希尔·罗夫莱斯则在议会里暗示他的党已经做出了太多牺牲，他还语带威胁地表示，任何借法律手段阻碍他实现政纲的举动都将引发暴力。[23]

　　他还要求对像饥饿的劳工偷窃橡子和橄榄这样的"犯罪行为"进行更严厉的镇压。社会主义者发现，为了维持右协的支持，激进党政府正在废除1931年以来制定的许多改革措施。希尔·罗夫莱斯正在一步步挤走内阁里立场温和的成员。在2月19日和26日的演讲中，他曾威胁说，除非让批评右协的人闭嘴，否则他就把政府赶下台。《争鸣报》刊文说，恩格尔贝特·陶尔斐斯[①]在2月对奥地利社会主义运动的镇压值得效仿，人们的担忧进一步加剧。[24]3月1日，希尔·罗夫莱斯撤回了对政府的支持，确保了他所说的"击败激进党的极端势力"，并要求组建一个更符合议会席位多寡分布的内阁。马丁内斯·巴里奥和另外两名立场温和的激进党部长安东尼奥·拉腊·萨拉特（财政部部长）和何塞·帕雷哈·耶韦内斯（教育部部长）被迫辞职。[25]

让希尔·罗夫莱斯高兴的是，立场极端保守、反复无常的拉斐尔·萨拉萨尔·阿隆索成为内政部部长，这个人与埃斯特雷马杜拉地区的地主寡头过从甚密。萨拉萨尔立即制订了计划，为打击革命而对整个公共秩序机器进行整合，包括国民警卫队、警察和突击警察。[26]希尔·罗夫莱斯宣称，只要萨拉萨尔采取这样的措施维护社会秩序，右协就会继续支持政府。右协媒体刊文呼吁制定类似法西斯意大利、纳粹德国、葡萄牙和奥地利的反罢工法律。尽管勒鲁克斯没有把所有的罢工定为非法，但他宣布将严厉镇压政治性罢工，这让右翼欣喜不已。对于右协和萨拉萨尔·阿隆索来说，所有的罢工都是政治性的。1934年春天和夏天，萨拉萨尔·阿隆索故意挑起了一系列罢工，这使他能够一个接一个地清除势力最大的那

---

① 奥地利政治家，基督社会党人，1932—1934年担任奥地利总理。1933年，他解散了议会和部分政党，进行独裁。

些工会，从 3 月份的印刷工人罢工开始。政府增加了国民警卫队和
突击警察的人数，并且恢复了死刑，以此扩大用于镇压的队伍。[27]

然而，这对右协来说还不够。希尔·罗夫莱斯向勒鲁克斯施压，
要求立法恢复国家对神职人员的支持，然后推进特赦法案，考虑到
他与圣胡尔霍素有交往，他对特赦的热心就不足为奇了。特赦文本
的起草者包括希尔·罗夫莱斯、安东尼奥·戈伊科切亚、何塞·马
丁内斯·德贝拉斯科和卡洛斯派领导人罗德斯诺伯爵。社会主义者
和共和派担心那些一心推翻现政权的军官获得特赦返回部队，于是
反对该法案，但却未能阻止其通过。在最后签字颁布之前，总统阿
尔卡拉－萨莫拉在 4 月 20 日至 23 日的那个周末一直未表示同意。

当阿尔卡拉－萨莫拉犹豫不决之时，希尔·罗夫莱斯施加了压
力。1934 年 4 月 22 日，右协的青年组织——人民行动党青年团宣布，
5 万名成员将参加在费利佩二世[①]修建的埃尔埃斯科里亚尔修道院
举行的集会，这个举动显示出的反共和姿态挑衅意味十足。在墨索
里尼的先例[②]的影响下，人们希望发起"向马德里进军"的游行以
夺取政权。阿尔卡拉－萨莫拉忧心忡忡地问萨拉萨尔·阿隆索："他
们会挥舞旗帜吗？他们敬礼时会伸出胳膊吗？"由于担心出现纳粹
式的集会，社会主义者试图通过在马德里举行大罢工和扰乱交通
等手段来阻止集会。集会当天，只有 2 万人参加，其中一些人是小

---

① 哈布斯堡王朝的西班牙国王。其在位期间，西班牙王国实力跃居欧洲之
首，西班牙帝国进入鼎盛时期，成为第一个世界性帝国。

② 1922 年 10 月，墨索里尼在意大利发动"向罗马进军"的游行，号召 3 万
名支持者（多数是所谓的"黑衫军"）进入罗马示威，左翼政府很快倒台，墨索里
尼被国王任命为首相，法西斯势力未经流血就获得了政权。

农，由他们的东家支付当天的费用。拉蒙·塞拉诺·苏涅尔强烈反对"退化的民主"，他是代表萨拉戈萨的右协议员，后来成为佛朗哥的国家工团主义的缔造者。代表巴利亚多利德的右协议员卢西亚诺·卡尔萨达称以下这些人无权自称为西班牙人——"犹太人、异教徒、新教徒、公社社员、摩里斯科人［改信基督教的摩尔人］、百科全书派成员、法国大革命崇拜者、共济会会员、克劳泽主义者、自由主义者和马克思主义者"。希尔·罗夫莱斯演讲时，人们欢呼："领袖！领袖！领袖！"（Jefe，相当于意大利语的"Duce"，即法西斯统治意大利时期对墨索里尼的称呼。）[28]

由于与阿尔卡拉－萨莫拉在特赦问题上意见不合，勒鲁克斯按照习惯象征性地提出辞职。令他没有想到的是，阿尔卡拉－萨莫拉接受了辞呈，并且任命默默无名、缺乏能力的劳工部部长里卡多·桑佩尔出任总理。[29]勒鲁克斯只得同意桑佩尔组建政府，他担心的是如果自己不同意，总统将解散议会并重新选举。希尔·罗夫莱斯看到了可乘之机。来自萨拉曼卡的右协议员坎迪多·卡萨努埃瓦提议，由右协、君主主义者和激进党议员联合发起并通过对勒鲁克斯的信任投票，迫使总统阿尔卡拉－萨莫拉辞职，然后由勒鲁克斯出任共和国总统。这项计划的目的是当勒鲁克斯成为总统后，邀请希尔·罗夫莱斯担任总理并组建政府。由于坚信自己很快就会再次成为总理，老谋深算的勒鲁克斯没有上当。[30]

阿尔卡拉－萨莫拉引发的远不止内阁改组。他对特赦的反对是完全合理的，但是挤走勒鲁克斯却是一个错误。阿尔卡拉－萨莫拉不仅从来没有信任过勒鲁克斯，而且可能还把他视为总统竞选的潜在对手。这一情绪化的决定引发了一系列意想不到的后果，导致了共和国的两极分化。他与勒鲁克斯为敌，并在激进党内部引发了危机。马丁内斯·巴里奥带领 20 名议员于 5 月份退出了激进党，使得该党的残余势力更加唯右协马首是瞻。[31]

勒鲁克斯对特赦法案的支持暴露了他与 1932 年政变起事者关系暧昧。现在，桑佩尔担任总理，加上好斗的内政部部长，这样的政府，希尔·罗夫莱斯再喜欢不过了。5 月 4 日，议会颁布法令，废除了圣胡尔霍政变之后实施的财产征收政策，5 月 23 日颁布的另一项法令废除了市政界限法。[32] 对社会主义运动领导人来说，要阻止追随者发动斗争就变得越来越难了。拉尔戈·卡瓦列罗倾向于迎合群众的急躁革命情绪，尽管他的言辞除了陈词滥调外几乎没有别的内容。拉尔戈的演讲中没有具体提到当下的政治，也没有给出未来革命的时间表。然而，社会主义运动越来越激进，特别是社会主义青年团及其马德里分部——马德里社会主义者集团的活动在 1934 年愈演愈烈。贝斯泰罗试图减缓该组织布尔什维克化的进程，但引发了激进青年的不满。出于对党的忠诚，普列托勉强同意了革命策略。[33]

自 3 月份以来，麻烦一直不断。由于雇主逐渐加大压迫，农村劳工正遭受巨大的苦难。就在收获季节前，市政界限法被废除，这使得地主可以引入廉价的葡萄牙和加利西亚移民以降低当地工资。农村无产阶级的自卫行动在右翼的猛攻面前迅速瓦解。对无地劳工的工作和工资提供最后一道保护的是工社党的市长们，他们要求当地的地主遵守劳动法，或者使用市政公共工程基金提供一些就业机会。萨拉萨尔·阿隆索把这些市长一个接一个赶走，解职的理由往往站不住脚，比如"行政违规"，通常指的是从君主主义前任市长那里遗留的债务，或者"未能使公众对公共秩序建立信心"，通常指的是社会主义者。[34]

在巴达霍斯，饥饿的劳工在城镇里沿街乞讨。佝偻病和肺结核随处可见。工人如果不撕掉工会卡就找不到工作。雇主们拒绝雇用工会工人，还发动臭名昭著的"Comed República"（找共和国要饭吃）宣传，希望重回 1931 年以前的社会控制形式。全国土地劳动者协会的领导阶层比较克制，他们向劳工部、农业部和内政部部长发出了一系列合理的呼吁，要求他们执行关于强制耕种、集体劳动合同、严格的岗位轮换和职业介绍所方面的法律。[35]

然而，当局没有采取任何行动。全国土地劳动者协会的全国委员会于 5 月 11 日和 12 日举行了一次会议，决定从 6 月 5 日开始以罢工行动反击雇主的压迫。工总的元老们认为这次罢工会浪费工人的斗争热情，是一种鲁莽的举动，他们并不支持。各地的收割时间不同，因此选择同一日发动罢工存在协调问题。此外，与针对大庄园发动的时间交错的罢工不同，大罢工会给需要雇用一两个工人的租地者和佃农带来麻烦。拉尔戈·卡瓦列罗指出，全国性的农民罢工会被指责为颠覆政权，并有可能招致血腥镇压。因此，产业工人不会响应罢工。饥饿的基层会员在地方豪强和国民警卫队的不断挑衅下已经忍无可忍，全国土地劳动者协会面临极大的压力。协会领导人对工总说，如果忽视其成员的要求，不采取行动，他们就会陷入工资不够糊口以及工作机会朝不保夕的境地。正如全国土地劳动者协会的报纸所称，"整个西班牙都在变成卡萨斯别哈村"。罢工宣言是严格按照法律发布的，而且提前十天发出通知，发起者希望通过威胁罢工，迫使政府采取行动来解决大规模的饥饿。[36]

不出所料的是，内政部部长萨拉萨尔·阿隆索抓住机会，对工总领导下最大的组织实施了打击。他此前与国民警卫队负责人和安全局局长会面，已经为镇压这样的罢工制订了具体计划。因此，正当萨瓦尔萨所期待的全国土地劳动者协会与农业部部长和劳工部部长之间的谈判即将实现之时，萨拉萨尔·阿隆索宣布庄稼收割属于国家公共服务，这一次罢工是"颠覆政权的冲突"，属于非法行动。这些地区的自由派和左翼人士遭到大规模逮捕，其中包括 4 名工社党议员，而对议员的逮捕公然违反了宪法第 55 条和第 56 条的规定。数千名农民在枪口之下被赶上卡车，从他们的家被载到数百公里外的地方，然后被丢到路边，没有食物，也没有钱回家。工人中心遭到关闭，许多民选的市镇政府成员被政府提名的人取代。虽然大多数被捕劳工很快就被释放，但紧急情况法庭对重要工人领袖判处了 4 年甚至更久的有期徒刑。每个村庄的工人协会——即工人俱乐部都遭到关闭，全国土地劳动者协会实际陷入瘫痪，一直持续到 1936 年。这是一场实力悬殊的战斗，全国土地劳动者协会遭受了惨败。萨拉萨尔·阿隆索成功地将西班牙农村的时钟拨回到了20 世纪 20 年代。[37]

萨拉萨尔·阿隆索的行径使左翼更加坚信，桑佩尔政府只不过是希尔·罗夫莱斯打造的特洛伊木马。随着政府与加泰罗尼亚人和巴斯克人接连发生冲突，激进党和右协下定决心对这些共和国最大的支持力量实施打击。制宪议会曾表现出的对自治愿望的同情，现在被右翼的中央集权主义取代，加泰罗尼亚的情况尤其如此。4 月，加泰罗尼亚政府通过了一项土地改革措施，即《耕种合同法》，这是一项开明的措施，旨在保护租户不被地主赶走，并且土地耕种满

18 年后他们有权购买。6 月 8 日，主要由右翼人士组成的宪法保障法宣布这项法律无效，地方主义同盟的地主因此高兴万分。但 6 月 12 日加泰罗尼亚政府主席路易·孔帕尼斯向加泰罗尼亚议会提交的法案文本只字未动，并称宪法保障法院的决定再一次体现出了削弱加泰罗尼亚自治的中央集权企图。[38] 政治紧张局势随之而来，在希尔·罗夫莱斯巧妙的操纵下，左翼被激怒了。在一场激烈的议会辩论中，他呼吁依照法律以最严厉的方式惩罚这位打着"反抗旗帜"的加泰罗尼亚政府主席。由于桑佩尔犹豫不决，希尔·罗夫莱斯对政府的支持也开始动摇。在整个危机期间，《争鸣报》一直呼吁政府施压让加泰罗尼亚人屈服。与此同时，政府开始干涉巴斯克地区的税收自主权，并且为了平息抗议，他们取消了 8 月 12 日的市镇选举，并监禁了数百名巴斯克地区的市镇政府成员。这种中央集权主义的高压措施下，人们所担忧的左翼加速右转的情况不幸成为现实。[39]

叫嚣报复的声音已开始形成一种政治气候，就算没有很快爆发内战，也肯定会加剧暴力。右翼的每一次行动中，左翼都看到了法西斯主义；左翼的每一次行动中，右翼都嗅到了革命的气息。议会不断出现鼓吹暴力的言论，枪支一度泛滥。在街上，工社党和长枪党的年轻成员互相开枪。胡安·安东尼奥·安萨尔多家境富裕，会开飞机，是一个信奉君主主义的花花公子。他在春天加入了长枪党，负责组织被称为"鲜血长枪党"的恐怖袭击小队。警方发现了大量武器和炸药，挫败了炸毁马德里工社党活动中心的计划。长枪党杀手队的行动激起了社会主义青年团的报复。[40]

在打击地区自治的同时，希尔·罗夫莱斯发表的言论越来越具威胁性，这是为了向阿尔卡拉－萨莫拉施压，迫使他邀请右协加入联合政府。早在 8 月中旬，希尔·罗夫莱斯告诉桑佩尔，内阁不再符合右协的期待，也不再拥有右协在议会的支持。9 月 5 日，他警告桑佩尔和萨拉萨尔·阿隆索，在 4 天后举行的人民行动党青年团集会上，他将公开宣布对政府公共秩序措施的不满。这次集会于 9 月 9 日在阿斯图里亚斯的科瓦东加举行，这里是基督教势力从信奉伊斯兰教的摩尔人手中收复伊比利亚半岛失地的起点。这个象征充满斗争意味，暗合了圣胡尔霍将农村无产阶级比作摩洛哥部落的观点，预示了佛朗哥后来的暴力征伐论调。希尔·罗夫莱斯积极呼吁消灭加泰罗尼亚和巴斯克地区民族主义者的"分裂主义叛乱"。希尔·罗夫莱斯陶醉于集会上人民行动党青年团成员的溢美之词，纵情宣泄肤浅的爱国辞令，号召"用狂热，用激情，用任何东西"发扬民族主义，"我宁愿要一个疯子的国家，也不愿要一个可怜虫的国家"。在这种明显是心血来潮的激烈情绪背后，却隐藏着冷血的目的——想要点燃左翼阻止右协掌权的决心。[41]

他和萨拉萨尔·阿隆索都认为左翼不会成功。年轻的社会主义者为革命所做的准备主要是在马德里的田园之家公园组织周日野餐，并在其间进行不带武器的军事操练。警察轻而易举地找到了几支左轮手枪和步枪，是工社党年轻人之前花了大价钱从狡猾的枪支贩子手里买到的。由于工社党内部的线人或是枪支贩子通风报信，警察随后突袭了这些人的住所和工社党活动中心，警察清楚地知道枪藏在隔墙后或地板下。最出名的一笔武器采购是普列托定下的。这些军火最初是由反对葡萄牙独裁政权的流亡者订购的，由于他们当时无力支付费用，后来这些军火由 *Turquesa* 号轮船运到阿斯图里亚斯。接着这批货物大部分却离奇地落入了警方之手，而普列托则成功摆脱了干系。只有阿斯图里亚斯的工人阶级武装了起来——用的是来自矿山的炸药和从当地工厂偷来的轻武器。[42]

与希尔·罗夫莱斯一样，萨拉萨尔·阿隆索也预料右协进入政府后会引发工社党的反击，而工社党的反击反过来又将证明对左翼采取先发制人的策略是正确的。在 9 月 11 日的一次内阁会议上，他提议右协加入政府，以激起革命性罢工，这样就能借机宣布戒严令。桑佩尔和其他部长都认为这种不负责任的冷酷太不可思议。6 个星期前，萨拉萨尔·阿隆索写信给他的情人——埃斯特雷马杜拉的一个大庄园主的妻子，吹嘘说自己就是要挑起左翼采取行动，以便将他们粉碎："人民相信我，他们求助于身材瘦小的我，认为我是代表上帝拯救他们的人。"9 月 11 日晚上，他再次写信给她，细说了他在内阁会议上的计划。他公开谈及自己的角色，说："发动反对革命的攻势来消灭罪恶，问题就是这么简单。"萨拉萨尔·阿隆索决心粉碎眼下这场革命行动，并且让左翼永远不再抬头。[43]

希尔·罗夫莱斯后来承认，他也跟萨拉萨尔·阿隆索有一样的挑衅企图。二人都知道，如果要建立奥地利陶尔斐斯式的政权，工社党将激烈反对，而二人都认为革命成功的机会渺茫。12 月，在人民行动党办公室，他得意扬扬地回忆道：

> 我坚信，我们加入政府会立即引发一场革命运动……当我想到要流的血时，我问自己这个问题："如果我不进入政府，我可以带给西班牙三个月表面上的风平浪静。如果我们加入政府，革命会爆发吗？最好是在革命准备充分之前，在它能打败

我们之前，推动革命发生。"这就是人民行动党所做的：加速了这场运动，与之对抗，并在政府内部无情地粉碎这场革命。[44]

9 月 26 日，希尔·罗夫莱斯宣布他不再支持少数派政府，触发了这场危机。马丁内斯·巴里奥、阿萨尼亚和拉尔戈·卡瓦列罗这些支持共和制度的人士期望阿尔卡拉－萨莫拉组织选举来解决这一问题，工社党也开始升级他们的革命辞令，希望说服阿尔卡拉－萨莫拉相信，右协进入政府是十分危险的。[45] 但是，社会党人并未准备采取行动，唯一合理的解释是，他们坚信革命只用嘴上说说，不至于付诸行动。作为内政部部长，萨拉萨尔·阿隆索非常清楚这一点，但他继续声称革命即将爆发。[46]

10 月 1 日，在议会中，希尔·罗夫莱斯发出威胁，要求政府允许右协加入，"这里和其他地方都有我们的势力，这一点我们很清楚"。桑佩尔被迫辞职，阿尔卡拉－萨莫拉要求勒鲁克斯组建政府。这位激进党的领导人犹豫了，他担心与希尔·罗夫莱斯结盟后将更难利用公职捞取经济好处，他还担心自己的政党被进一步推向右翼。阿尔卡拉－萨莫拉希望限制右协的参与，只让该党掌管一个部门，但希尔·罗夫莱斯坚持要掌管三个部，因为他知道这会引起左翼的强烈不满。因此，10 月 3 日深夜宣布成立的勒鲁克斯内阁包括三名右协的部长。[47]

三名部长分别是拉斐尔·艾斯蓬（司法部部长）、曼努埃尔·希门尼斯·费尔南德斯（农业部部长）和何塞·奥里奥尔·安格拉·德索霍（劳工部部长）。艾斯蓬是代表潘普洛纳的右协议员，也是卡洛斯派的支持者，但他对共和制度毫无热忱。希门尼斯·费尔南德斯是代表巴达霍斯的议员，人们认为他与萨拉萨尔·阿隆索一样，也是该省激进地主们的忠实代表，而且作为农业部部长，他将进一步推动上一次收割季罢工后当局实施的血腥镇压。然而，这种预测并不准确，他是一个立场温和的基督教民主派人士。在左翼人士看来，安格拉·德索霍出任部长最令人担忧。他是一位传统派的天主教徒，梵蒂冈教廷正要认定他的母亲为圣徒，他本人还是蒙塞拉特本笃会修道院的律师。他曾担任检察官，负责对《社会主义者报》进行 100 多项没收和无数项罚款。此外，他属于加泰罗尼亚右翼，是孔帕尼斯的加泰罗尼亚左翼共和党的死敌。1931 年，作为巴塞罗那的强硬派民政长官，他采取强硬措施破坏罢工，促使全劳联转向采用暴动作为斗争手段。此前，加泰罗尼亚左翼共和党曾经正式要求阿尔卡拉－萨莫拉拒绝安格拉·德索霍入阁。然而希尔·罗夫莱斯没有答应。于是，阿尔卡拉－萨莫拉坚持要求萨拉萨尔·阿隆索不得继续担任内政部部长，以此作为报复。萨拉萨尔·阿隆索因此十分失望，勒鲁克斯于是任命他为马德里市长，作为对他的补偿。[48]

左翼认为新内阁是走向法西斯主义的第一步。支持共和制度的主要人物谴责这一举动，甚至连保守派的米格尔·毛拉也与总统断绝了关系。阿萨尼亚领导的左翼共和党宣称："共和国政府向敌人缴械投降的荒谬行为是一种背信弃义。"[49]工社党人呆若木鸡，不知所措。[50]他们嘴上的革命威胁没能说服阿尔卡拉－萨莫拉举行新的选举。现在，工总准备以和平方式发动大罢工，并提前 24 小时做出通知，而警察却利用这段时间逮捕工人阶级领导人和可疑的军官。工总的领导层拒绝配合无政府主义者和托洛茨基主义者。在西班牙的大部分地区，由于政府迅速采取行动宣布戒严，并调动军队接管基本社会服务，这次罢工失败了。设法逃脱逮捕的社会主义运动领导人要么躲藏起来，如拉尔戈·卡瓦列罗，要么流亡国外，如普列托。他们的追随者只能站在街角等待指示，于是不到一个星期，罢工就逐渐平息了。有关革命民兵夺取政权的传言被证实是虚张声势。[51]

其他地方发生的事件反而更加激烈。在阿斯图里亚斯，矿工与国民警卫队在 10 月 5 日至 6 日发生激烈冲突，矿工们控制了煤矿并占领了奥维耶多市。[52] 在巴塞罗那，为了避开加泰罗尼亚极端民族主义者的锋芒，孔帕尼斯宣布加泰罗尼亚为"西班牙联邦共和国"范围内的独立国家，以此来抗议共和国对加泰罗尼亚的背叛。全劳联则袖手旁观，它认为加泰罗尼亚左翼共和党的问题完全是资产阶级自己的事情。事实上，当孔帕尼斯拒绝武装工人时，加泰罗尼亚政府的独立举措已经注定要失败。[53]

10 月 6 日召开了内阁会议，评估应对加泰罗尼亚和阿斯图里亚斯事件的最佳办法。在三位右协部长的积极支持下，战争部部长迭戈·伊达尔戈提议派佛朗哥将军接管阿斯图里亚斯的镇压行动。然而，阿尔卡拉－萨莫拉、勒鲁克斯和他更开明的内阁同僚的意见占了上风，爱德华多·洛佩斯·奥乔亚将军被派去了阿斯图里亚斯。[54] 结果，局面并没有不同，因为迭戈·伊达尔戈随后便任命佛朗哥为非正式的总参谋长，让他实际全面指挥镇压。迭戈·伊达尔戈把自己的参谋人员晾在一边，却对佛朗哥起草的命令照单全收并签字发布。佛朗哥因此享受到了之前从未体验过的军政大权握于手中的那种醉人滋味。[55] 维护法律和秩序的责任通常归内政部，戒严令宣布后，这一职责实际转移到了战争部手中。迭戈·伊达尔戈对佛朗哥言听计从，使得佛朗哥实际控制了这两个部的职能。佛朗哥坐镇马德里指挥镇压，镇压的残酷程度超过了实际需要，这导致阿斯图里亚斯之后发生了一系列事件。如果伊达尔戈当初把事情交给战争部正式的参谋人员处理，那些事件就不会发生。[56]

在加泰罗尼亚，由于孔帕尼斯和加泰罗尼亚军区指挥官多明戈·巴泰特将军出面调解，当地没有发生流血事件。在重建中央政府权威的过程中，巴泰特将军表现出极大的克制。他命令他的部下在面对挑衅时要"装聋作哑扮瞎子"。因此，他招致了佛朗哥的不满。佛朗哥之前曾派遣军舰轰炸该市，还调来了外籍军团。巴泰特拒绝出动外籍军团，伤亡人数因此降到了最低。佛朗哥认为必须动用武力以示惩戒，而巴泰特却没有执行，他的这些决策为内战期间自己遭受处决的惨剧种下了祸因。[57]

佛朗哥对待阿斯图里亚斯起事矿工时，好像是在镇压摩洛哥的反抗部落，这种态度让右翼很高兴。其他军官出于人道主义考虑而犹豫不决，他却毫不顾忌，调动了非洲军团中经验丰富的雇佣军来对付矿工。矿工们组织了革命公社，安排交通、通信、医院设施和食品，但除了炸药，他们几乎没有其他武器。在炮火和空袭轰炸下，他们不得不投降。外籍军团由陆军上校胡安·亚格·布兰科指挥，他是佛朗哥的亲信，这支部队随后犯下了骇人听闻的暴行。他们强奸妇女，折磨囚犯。主要城市希洪和奥维耶多沦陷后，军队立即处决了左翼分子。[58] 洛佩斯·奥乔亚后来哀叹未能阻止暴行。当时，亚格向佛朗哥和希尔·罗夫莱斯抱怨洛佩斯·奥乔亚对待矿工手段仁慈。佛朗哥对记者说："这是一场自卫战争，我们的对手是社会主义、共产主义，以及一切攻击文明、企图以野蛮取代文明的势力。"[59]10 月 17 日，胡安·马奇向参与阿斯图里亚斯地区镇压行动的武装部队捐了 10 万比塞塔。[60]

阿斯图里亚斯所发生的镇压表明，左翼要实施变革只能通过合法的手段。镇压还使右翼相信，防止变革的最佳手段在于武装部队的暴力。虽然社会主义者重拾对民主制度的信心，但右翼却转向发动军事政变。10 月间发动的革命吓坏了中产阶级和上层阶级，随后的报复镇压迫使左翼重新团结起来，以便在选举中赢得权力。1934 年 10 月的事件使社会主义运动遭受重创。随后的镇压十分残酷，大约 3 万名工人被监禁，工总的整个领导层都被关进了监狱。社会主义报刊遭到压制。《加泰罗尼亚自治法》暂停实施，孔帕尼斯被判处 30 年监禁。阿萨尼亚也遭到逮捕，理由是他为加泰罗尼亚革命进行了准备工作。当局说他在 9 月底去巴塞罗那参加了豪梅·卡纳的葬礼，然而这一指控是站不住脚的，事实上，他在巴塞罗那的时候，曾经试图说服将军们不要以发动起义来回击马德里的挑衅。当局不顾他享有的议员豁免权，于 10 月 8 日在巴塞罗那将其逮捕，并将其监禁在港口的一艘船上，一直关到 12 月底。由于阿萨尼亚受到右翼报刊的诋毁，成为西班牙境内在激进党和右协联合政府高压政治下所有受苦之人的象征。他最终获释，并且赢得了大量支持。[61]

右翼不满革命，左翼不满镇压，10 月以后的 15 个月里，当局没有采取任何行动来调和两派之间的矛盾。希尔·罗夫莱斯要求采取最严厉的惩罚措施。10 月 12 日的内阁会议上，勒鲁克斯提议赦免那些参与了加泰罗尼亚自治政府宣布独立的军官。阿尔卡拉－萨莫拉拒绝批准他们的死刑判决，在 1932 年圣胡尔霍政变涉事人员的处理过程中，他的态度也是如此。阿尔卡拉－萨莫拉承受着来自三名右协部长的巨大压力，这些人以辞职相威胁。但是，令他们没有想到的是，阿尔卡拉－萨莫拉却如希门尼斯·费尔南德斯所说，在威胁面前保持着"惊人的镇定"。10 月 18 日，因阿尔卡拉－萨莫拉以辞去总统职务相威胁，内阁同意赦免。一气之下，希尔·罗夫莱斯甚至想发动军事政变，但曼努埃尔·戈代德将军和华金·凡胡尔将军对他说，并没有把握击败左翼。[62]

议会在 11 月 5 日重新开会。希尔·罗夫莱斯要求对 10 月发生的革命追究责任。这为君主主义者攻击前政府的所谓玩忽职守开辟了道路。戈伊科切亚呼吁议会宣布其与左翼"道德不相容"，这是工社党被取缔的前奏。第二天，卡尔沃·索特洛对桑佩尔和迭戈·伊达尔戈发起了抨击。随着相互攻讦的加剧，希尔·罗夫莱斯出面干预，二人于 11 月 15 日辞职。接下来，希尔·罗夫莱斯要求"沉着、坚决执法但不能残酷无情"，他还要求政府采取一些措施以示惩戒。但是这些要求，连同解散与反抗行动有牵连的工会的要求，都被激进党拒绝了。[63]

很快，希尔·罗夫莱斯进一步动手清除"自由派"分子，并按照右协更容易接受的方式重组内阁。他的下一个目标是公共教育部部长菲利韦托·比利亚洛沃斯，他认为这个人的自由主义近乎宗派主义。由于质疑右协对共和国是否忠诚，比利亚洛沃斯于 12 月 21 日被迫辞职。希尔·罗夫莱斯宣称，"这是我第二次被迫改组政府"[64]。

　　希尔·罗夫莱斯计划通过一项社会保障改革计划来挫败革命。这一计划虽然备受吹嘘，实则假心假意，在他的纵容下，改革方案因为右翼的不妥协而流产。新农业部部长曼努埃尔·希门尼斯·费尔南德斯是右协里为数不多的真正的社会天主教徒。报纸刊文称，他曾经对手下说："影响国家动乱的不是街上的反抗者，而是我们自己，因为国家一直对其公民不闻不问，制造了这样那样的敌人。"1934 年 11 月至 1935 年 3 月，他提出了一系列温和的改良主义措施。这些措施不是解决土地分配这一关键问题，而是试图减轻一些最严重的弊端。这激起了君主主义者和右协内部的强烈反对，特别是来自萨拉曼卡的希尔·罗夫莱斯的议员们。面对来自地主组织的压力，这些议员叫停了一些偏向革新的提案，比如赋予长期佃户购买所耕种的土地的权利。曼努埃尔·希门尼斯在议会遭到了他所谓的"恶毒的"人身攻击，他被称为"身披伪装的马克思主义者"，甚至在塞维利亚的地主俱乐部里被斥为列宁主义者。希尔·罗夫莱斯在 1935 年 3 月底再次挑起内阁危机，并用一个听话的激进党人胡安·何塞·贝纳亚斯取代了希门尼斯·费尔南德斯。[65]

　　接下来的危机发生在 3 月，军事法庭对参与 10 月反抗行动的社会主义者中的 20 人判处死刑，其中包括普列托的两位重要追随者特奥多米罗·梅嫩德斯和拉蒙·冈萨雷斯·培尼亚。勒鲁克斯和阿尔卡拉－萨莫拉支持予以宽大处理。右协没能搞定死刑判决，愤怒的希尔·罗夫莱斯便命令他的三名部长辞职。[66] 由于勒鲁克斯对日常政府工作缺乏兴趣，也很少在议会中露面，希尔·罗夫莱斯轻松地一步步掌握了权力。希尔·罗夫莱斯经常含沙射影地指责激进党官员滥用公共资金，借此来严格约束勒鲁克斯。[67]

在整个 4 月的曲折谈判中，由勒鲁克斯和阿尔卡拉－萨莫拉的朋友组成的内阁在议会休会的情况下管理着国家。有一次，勒鲁克斯打算吸引一位年轻的经济学家入阁，他透露了对公职的态度："我要你当的不是部长，而是一个更好的职位：前部长。"他的意思是，无论在任时间长短，部长离职后终身享有丰厚的退职金。这种态度在一定程度上解释了激进党内阁部长们走马灯似的更替。[68] 阿尔卡拉－萨莫拉想要一个包括更多共和派成员的大联合内阁，但希尔·罗夫莱斯毫不让步。他想成为总理，并让右协成员出任六个部门的部长。最终，由于担心总统可能举行新的选举，害怕在镇压之下，这样会导致左翼的支持率激增，希尔·罗夫莱斯做出了一些让步。最终，勒鲁克斯新政府于 5 月 6 日宣布成立，内阁里有 5 名右协成员，其中包括希尔·罗夫莱斯，他担任战争部部长，而激进党只占 3 名。[69] 这预示着公开的反动行动即将到来。

地主们把工资减半，农村的秩序被冷酷无情地恢复了。希尔·罗夫莱斯决心加强政府的镇压力量。他把军队看作是对抗群众改善社会福利愿望的堡垒，但是军队之前在阿斯图里亚斯身陷困境，将军们在 1934 年 10 月的政变中也无力提供支持，这让他感到不满。于是，他清洗了忠诚的共和派军官，提拔反对现政权的军官。阿尔卡拉－萨莫拉不满这些措施，并说："年轻的将军们如今都渴望成为法西斯头目。"希尔·罗夫莱斯不顾阿尔卡拉－萨莫拉的反对，任命佛朗哥为总参谋长，曼努埃尔·戈代德为督察长，华金·凡胡尔为战争部副部长。希尔·罗夫莱斯知道自己不懂军事，便放手让佛朗哥去管理战争部。阿萨尼亚制定的军事改革措施遭到废除。战争部实施了大量军事准备工作，为后来的叛乱战争提供了有利条件。尤其是，当局修建了俯瞰马德里的防御工事，并把工人阶级当成敌人，在阿斯图里亚斯组织了针对性的演习。令圣胡尔霍高兴的是，佛朗哥把摩洛哥驻军的指挥官莫拉将军秘密调到马德里，准备在西班牙本土使用殖民地军队，以便在爆发更多左翼动乱时予以镇压。佛朗哥支持他的总参谋部副手之一巴伦廷·加拉尔萨组织阴谋活动。[70]

右协成员对激进党在金钱方面的勾当睁一只眼闭一只眼，自己的手脚也不干净。卡萨努埃瓦有一位密友名叫迭戈·马丁·维罗兹，这个人是一个赌徒，很有钱，在萨拉曼卡购置了土地和楼房。他出钱开办赌场和妓院，成为萨拉曼卡、巴利亚多利德、萨莫拉和帕伦西亚当地妓院、赌场圈子的重要人物。他是萨拉曼卡最富有的人，拥有这个省会城市的大部分土地，被称为"萨拉曼卡的老板"。当政府开始关闭他的赌场时，他收购了《卡斯蒂利亚之声报》作为政治基地，并创建了农民和养牛者联盟，这个党在全省得到了广泛支持。卡萨努埃瓦是他的政治助手，也是他与希尔·罗夫莱斯的联系桥梁。有人说，马丁·维洛兹出钱为卡萨努埃瓦买了选票；也有人说，卡萨努埃瓦出钱为希尔·罗夫莱斯买了选票。1936 年春，马丁·维洛兹和卡萨努埃瓦与当地军队一起准备发动叛乱。[71]

1935 年的夏天，卡萨努埃瓦卷入了另一桩见不得人的勾当。希尔·罗夫莱斯希望大规模重整军备，以此增强军事打击力量。政府打算从德国购买所需的大部分装备，首要的是机枪、装甲车和用于快速运输大炮的车辆。在与德国工业联合会的谈判中，右协的联系人是爱德华多·莱格莱西亚，他接受卡萨努埃瓦的领导，任务是利用这笔交易向战争部收取高价，从而为右协筹集竞选资金。莱格莱西亚一直按此行事，但他索要的佣金太高，最后连德国企业都担心起来，终止了交易。至于在完成卡萨诺瓦[①]的指令之外，莱格莱西亚是否还另外揩油，目前还不清楚。在另行达成协议之前，政府已经倒台，新的选举即将举行。[72]

无论如何，卡萨努埃瓦和莱格莱西亚的勾当被一系列其他丑闻掩盖，这些丑闻牵连到戈登·奥尔达斯所说的"勒鲁克斯和他的盗贼团伙"。1935年10月，"轮盘赌"和"农贝拉"丑闻曝光，给勒鲁克斯的政治生命画上了句号。其实在此之前，阿尔卡拉－萨莫拉就已经发觉勒鲁克斯计划将1934年10月反抗行动后发起的全国性捐款所得收入囊中。当总统指出问题时，勒鲁克斯回答说，他个人收下的只是本党成员的捐款。至于银行、企业及其员工已经捐赠的其他资金，已计划用在"特定目的"上。勒鲁克斯没有具体说是何目的，而总统怀疑所谓"特定目的"恐怕也是填一填勒鲁克斯个人的腰包。[73]

9月中旬爆发的事件更加耸人听闻。当时发生了一场危机，而这一次不是由希尔·罗夫莱斯策划的。他原本计划利用激进党人夺取权力，而不用冒险举行选举。危机爆发后，他的计划落空了。农民党两名部长辞职，而同时，一项由财政部部长华金·查帕普列塔制定的措施即将实施，计划通过减少政府部门的数量以削减开支。阿尔卡拉－萨莫拉知道"轮盘赌"丑闻即将爆发，于是邀请查帕普列塔组建政府以解决危机。勒鲁克斯被降职担任外交部部长。按照查帕普列塔的紧缩计划，内阁成员从13人减少到9人，其中，

---

① 原文如此，疑为作者笔误，应为卡萨努埃瓦。

右协成员减少到 3 人。然而，通过扩大部长的职权，右协继续控制的部门仍然相当于之前的五个部门。此外，查帕普列塔也很愿意由希尔·罗夫莱斯掌控局面。[74]

"轮盘赌"（estraperlo）一词后来在西班牙语中用作"腐败"的同义词，这个词源于一个非法勾当，涉及丹尼尔·斯特劳斯、乔基姆·佩罗维茨和弗里达·洛万三人。他们发明了一种可以由赌场老板操纵的电动轮盘。西班牙法律禁止轮盘赌博，但斯特劳斯和佩罗维茨通过关系把他们的机器装进了两个赌场，一个赌场在马略卡岛的福门托尔角，另一个在圣塞瓦斯蒂安，他们通过提供现金和金表等昂贵礼物给勒鲁克斯、萨拉萨尔·阿隆索（时任内政部部长）和激进党的其他重要成员来达到自己的目的，勒鲁克斯的养子奥雷利奥和胡安·皮奇－庞在这个过程中充当掮客。萨拉萨尔·阿隆索和其他受贿者后来食言，并且要采取措施拆除轮盘设备，丑闻就这样曝光了。斯特劳斯声称自己为了安装轮盘机花了一大笔钱，为了反击，他揭露了整个腐败链，向阿尔卡拉－萨莫拉提供了一份控告材料，阿尔卡拉－萨莫拉把材料转给了查帕普列塔和其他党派的领导人。勒鲁克斯因此被迫辞职，萨拉萨尔·阿隆索被免去马德里市长的职务。然而，该党不久又卷入了另一桩丑闻，起因是他们试图用公款给勒鲁克斯的朋友安东尼奥·塔亚付钱，此人是一家船运公司的老板。塔亚原本承担殖民地赤道几内亚和费尔南多波岛之间的航运，1929 年，他的合同被取消，原因据称是未提供其所承诺的服务，但他否认了这一指责。勒鲁克斯希望塔亚获得补偿，但又极力避免议会的审查，于是提议直接从"殖民地国库"拨款给他。然而，殖民地督察长安东尼奥·农贝拉认为此举不妥，拒绝批准拨款。结果，农贝拉于 1935 年 7 月被解除职务。由于觉得自己受到了不公正的对待，农贝拉把这件事告到查帕普列塔那里，而查帕普列塔早已有充分的理由怀疑勒鲁克斯在金钱方面行为不检。他知道，勒鲁克斯的公司试图通过一桩涉及烟草垄断的不正当交易牟取私利。[75]

当时，查帕普列塔提出的税收改革计划遭到右协掣肘，而一桩桩丑闻也把政局的混乱推到了顶点，心灰意冷的查帕普列塔于 12月 9 日辞职。[76] 希尔·罗夫莱斯坚信权力实际上掌握在自己手中，于是拒绝与其他党派领导的内阁合作，执意由自己组建新内阁。阿尔卡拉 - 萨莫拉不相信希尔·罗夫莱斯对民主制度的真心。毕竟，就在几周前，希尔·罗夫莱斯的人民行动党青年团追随者还赤裸裸地说，这种法律斗争策略不过是获取权力的手段，"西班牙必须做好准备，把选举权和民主当作武器，彻底埋葬自由主义那腐烂的尸体。人民行动党青年团不相信普选，不相信议会制度，也不相信民主"[77]。

阿尔卡拉 - 萨莫拉对希尔·罗夫莱斯有很深的戒心，政治危机爆发后，他甚至让国民警卫队包围了战争部，并且对主要驻军和机场安排特别警戒。希尔·罗夫莱斯对此十分恼火。正如他后来向葡萄牙记者阿曼多·博阿文图拉承认的那样，他和他的密友坎迪多·卡萨努埃瓦研究了发动政变的可能性。凡胡尔、戈代德、巴雷拉和佛朗哥这些将军再次表示，阿斯图里亚斯事件期间，工人阶级展现了强大的抵抗力量，军队此时并没有做好准备。[78] 对于自己的力量，希尔·罗夫莱斯估计过高了。12 月 11 日，总统表示不会请求他组建政府。当阿尔卡拉 - 萨莫拉声称以目前的议会形势无力维持稳定的政府时，希尔·罗夫莱斯也很难回答说如果自己被任命为总理，就有把握摆脱这场为了夺取权力而故意制造的混乱局面。令他恼火的是，阿尔卡拉－萨莫拉请求他的朋友曼努埃尔·波特拉·巴利亚达雷斯出面，组建以共和派大联盟为基础的政府，然后举行选举。

阿尔卡拉－萨莫拉对希尔·罗夫莱斯如此不信任，他甚至准备赌上自己的职业生涯。根据宪法，他有权要求组织两次临时选举，而他已经在 1933 年 11 月举行过一次。而要阻止希尔·罗夫莱斯，使用他的第二次"机会"是唯一的方法。波特拉被视为管理选举的奇才，阿尔卡拉－萨莫拉希望选出一个自己可以掌控的新的中间派政党，成为议会斗争的调停人。要实现这个目标，就必须牺牲右协。因此，希尔·罗夫莱斯下定决心阻止这种情况发生。12 月 30 日，他宣布右协不会与任何支持波特拉的团体结成选举联盟，从而在事实上推翻了内阁。所有这些团体都知道，在投票里反对右协等于在选举中自寻死路。随后由波特拉的友人组成了新内阁，新内阁没有得到议会的支持，只得指望下次选举。为此，波特拉更换了大量的民政长官。[79]

由于激进党和右协联合政府在过去两年里行事强硬，左翼力量变得更强、更团结，斗争性也更强了。高墙里，政治犯们接受了革命理论。高墙外，大量农民和工人陷入贫穷，10 月暴动的起事者和曼努埃尔·阿萨尼亚所遭受的迫害，让左翼各派别之间的团结不断巩固。阿萨尼亚从监狱获释后，普列托仍在比利时流亡，二人在竞选过程中承诺 1933 年选举失利后内部失和的局面不会重演。阿萨尼亚努力使共和派一些小党派重新团结起来，而普列托则集中遏制拉尔戈·卡瓦列罗领导下的社会主义左翼的革命极端主义。5月26日在巴伦西亚、7月14日在毕尔巴鄂和10月20日在马德里举行了三次大型群众集会，成千上万的人为阿萨尼亚号召建立选举联盟而鼓掌。参加这些露天演讲的人从西班牙各地赶来，他们积极支持左翼团结一致，这种热情促使拉尔戈·卡瓦列罗放弃了对后来成立的人民阵线的反对。

作为工人阶级的良心，拉尔戈面临的另一个压力是，他意识到，无政府主义运动的重要人物也支持人民阵线，因为人民阵线承诺释放政治犯。[80] 与此同时，苏联希望与民主国家结盟，在此路线的驱使下，西班牙共产党也利用对拉尔戈的影响力支持人民阵线，毕竟共产党也不愿被排除在外。他们知道，为了使人民阵线的无产阶级味道更浓，拉尔戈·卡瓦列罗会要求共产党一同加入。通过这种方式，共产党在选战里找到了自己的位置。与右翼的宣传相反，在西班牙，这条战线不是共产国际操纵的结果，而是1931年共和派和社会主义者大联盟的重现。左翼和中左翼都支持大赦囚犯，推动社会和教育改革，并且允许工人组织工会。1933年选举中，他们忽视了选举制度的规则，结果造成灾难性后果。这一次，他们成功利用了相关制度。[81]

当局宣布选举计划于2月举行。希尔·罗夫莱斯已无力拉起右翼联盟。巴斯克民族主义党领导人何塞·马里亚·阿吉雷不愿与右协合作，因为希尔·罗夫莱斯反对巴斯克的自治法。巴斯克民族主义者既没有加入人民阵线，也没有与右协结盟。[82] 在联合参选方面，勇武派君主主义者提出的要求过多。希尔·罗夫莱斯拒绝了这些人的要求。他意识到，一旦选举获胜，得到壮大的西班牙复兴运动党将会操纵右协，就像之前右协操纵激进党一样。而且，如果接受这些人的强硬主张，右协不仅在许多领域无法与共和派右翼合作，而且在另外一些问题上也难以与卡洛斯派或长枪党结盟。因此，竞选活动中右翼人士组成了五花八门的地方性联盟。在左翼势力强大的地区，如巴达霍斯、哈恩、科尔多瓦和阿斯图里亚斯，右协与人民阵线之外的任何团体结盟。在反动情绪最强烈的地区，即萨拉曼卡、纳瓦拉和卡斯蒂利亚的大部分地区，希尔·罗夫莱斯发现，如果与极右团体之外的政党结盟，就会失去选票。在巴达霍斯，曼努埃尔·希门尼斯失去了候选人资格，因为在当地右翼看来，他的社会天主教信仰属于危险的左翼立场。在萨拉曼卡，右协的选举伙伴只有卡洛斯派和农民党。在阿斯图里亚斯，右协与当地的自由民主派梅尔基亚德斯·阿尔瓦雷斯合作。在西北部的蓬特韦德拉，右协的伙伴是激进党。在纳瓦拉，他们与卡洛斯派联合参选。在巴利阿里群岛，右协的搭档是无所不能的胡安·马奇。在共和派的大本营加泰罗尼亚，右协、激进党、卡洛斯派和地方主义同盟竟然结成了联盟，名为"法律和秩序"阵线。[83]

　　不出所料，竞选活动的气氛十分狂热。10月下旬，希尔·罗夫莱斯要求将一整套纳粹反马克思主义的宣传小册子和海报作为右协宣传材料的样板。实际上，比左翼相比，右翼拥有巨大优势。胡安·马奇向右翼选举基金捐款的数额巨大，远远超过了左翼微薄的选举基金。[84]为右协印制的海报达 1 万张，传单有 5000 万张。卡车车队把这些宣传品分发到各地小村庄，至于偏远的农场则用飞机空投，这些宣传品把这次选举说成善良与邪恶、生存与毁灭之间的生死角逐；同时还说，左翼如果在选举中获胜，就会打土豪、共妻女。人民阵线的竞选纲领主要是警示法西斯主义的迫近，以及要求特赦10月暴动的囚犯。[85] 包括杜鲁蒂在内的无政府主义主要领导人则号召摒弃过往一贯的弃权斗争政策，积极投票反对法西斯主义。[86]

竞选过程中，46人在敌对团体之间或与治安部队的冲突中被杀，或被枪手杀害，另有40人受重伤。86名受害者中，工社党或西班牙共产党的成员超过一半。事实上，暴力事件的发生率并不比一些评论人士所谓的标杆选举，即1933年选举时高多少。2月16日选举当天，由于政府采取了预防措施，投票没有受到暴力活动干扰。[87] 选举制度对联合参选有利，因此，人民阵线尽管在选票上优势微弱，但在议会席位上获得了巨大胜利。人民阵线赢得了所有大城市的支持——马德里、巴塞罗那、毕尔巴鄂、巴伦西亚、萨拉戈萨和穆尔西亚，还获得了埃斯特雷马杜拉、阿斯图里亚斯、安达卢西亚（格拉纳达除外）、加泰罗尼亚、加那利群岛各地的主要城市以及加利西亚沿海城镇的支持。即使在几个非常保守的省份，如巴利亚多利德省、莱昂省、雷阿尔城省和阿尔瓦塞特省，人民阵线也赢得了选举。在总共473个席位中，人民阵线获得了259个议席。针对没有候选人获得多数的席位，3月4日举行了第二轮投票，结果人民阵线又赢得8个席位。随后在41个有争议席位的选举中，人民阵线又获得了19个议席，席位总数达到286个。[88]

右翼政党的选票增幅超过75万张，这主要是由于激进党解体，大量选票转投给了右协或中间路线的共和派各政党。勒鲁克斯失去了他的议员席位，议会中只有5名激进党的代表。[89] 尽管右翼花费了大量资金，左翼的选票还是增加了100万张。就宣传费用而言，右翼在每张选票上花的钱是左翼的五倍多。此外，右翼还使用了选举欺诈的所有惯用伎俩，他们拥有更多的资源，向穷人施加社会福利方面的压力。[90] 1939 年，获胜的佛朗哥政权设立了一个委员会，该委员会称，是选举欺诈导致了军事政变。[91]

1971 年，哈维尔·图塞利领导一个小组进行了彻底调查，调查结果证实这次选举过程合法有效，选举结果真实无误。该小组的这一结论在近 50 年里占据主导地位，直到最近才受到一部著作的挑战。这部著作引发了激烈争论，书名为《1936：舞弊和暴力》，作者是曼努埃尔·阿尔瓦雷斯·塔迪奥和罗伯托·比利亚·加西亚。这本书的书名和结论说，人民阵线是通过欺诈和暴力夺取政权的，但和 1939 年佛朗哥委员会一样，它的详细研究结果并没有证实这一论点。该书作者在当地进行了详细调查，结果发现左翼重新掌权的第二轮选举期间，一些选区的选举结果受到了操纵。然而，作者没有同样详细地审查第一轮选举中右翼操纵选票的行为，而这种行为连希尔·罗夫莱斯自己都承认了。他在回忆录中写道，他对实施波特拉的舞弊手段感到"极度"厌恶，"但我们如何才能避免在拥有大量选民的选区遭遇失败呢？"[92] 该书作者得出的选票结果与图塞利调查小组的总体投票数字相差不大，他们承认 2 月 19 日之后通过操纵获得的额外席位并没有改变人民阵线获胜的事实。[93]

选举结果清楚地表明，民众希望建立一个强大的共和派和社会主义者联合政府。许多右翼人士因此认为，选举结果证明合法斗争达不到目的。前两年右翼的施政如此野蛮，左翼不太可能重复 1933 年拉尔戈·卡瓦列罗的错误，无政府主义者里不去投票的人数也减少了。正是因为左翼在选举中团结一致，人民阵线每获得一个议员席位平均仅需约 19 150 票，而右翼每赢得一个议员席位需要 23 700 票。这个结果与 1933 年选举的情况正好颠倒过来，勇武派相信自己该出手了。右协的青年组织和该组织众多有钱的支持者也相信，劝说不管用，就得动拳头。此后，夺取共和国的控制权不再是右翼的首要目标，他们的目标变为摧毁共和国。军事阴谋正式开始了。

希尔·罗夫莱斯自己也承认，这种议会斗争的策略已经失去了效用。2 月 17 日凌晨，他叫醒了总理波特拉。希尔·罗夫莱斯声称他代表所有右翼势力表态，人民阵线的胜利意味着无政府状态，波特拉应当宣布戒严。波特拉表示反对，但同意宣布进入警戒状态（戒严前的阶段），并且与阿尔卡拉－萨莫拉讨论实施戒严。与此同时，希尔·罗夫莱斯通过他的秘书敦促仍在担任总参谋长的佛朗哥，希望佛朗哥请求波特拉不要辞职，并且请求波特拉部署军队。佛朗哥随后采取了一系列举措。他指示巴伦廷·加拉尔萨要求各省驻军中西班牙军事同盟的主要军官做好行动准备。佛朗哥还试图说服国民警卫队局长塞瓦斯蒂安·波萨斯，让他的手下发动政变，但塞瓦斯蒂安·波萨斯没有听从。他还要求战争部部长尼古拉斯·莫莱罗将军宣布戒严，莫莱罗拒绝宣布戒严，但同意敦促波特拉召开内阁会议，讨论宣布戒严。

佛朗哥下一步计划说服波特拉命令波萨斯调动国民警卫队对付民众，但直到 18 日下午 7 点才见到他。在此之前，中午，内阁在阿尔卡拉－萨莫拉的主持下召开会议，宣布进入警戒状态，为期 8 天。会议还批准了一项戒严令草案，并且有了总统的签字，只有在波特拉认为有必要时才予以宣布。与此同时，戈代德将军试图调动马德里的蒙塔尼亚军营的部队，但由于缺少国民警卫队的配合，那里的军官和其他地方驻军的军官都拒绝起兵。佛朗哥从莫莱罗那里得知戒严令已经签署，随时可以实施，因此称有理由命令地方指挥官宣布戒严。在未获授权的情况下，他目中无人地行使起战争部部长和内政部部长的权力，这是阿斯图里亚斯危机期间他曾扮演过的角色。他丝毫不顾虑自己的越界行为是否合法，就下令在萨拉戈萨、巴伦西亚、奥维亚多和阿利坎特宣布戒严，并计划在韦斯卡、科尔多瓦和格拉纳达宣布戒严。与此同时，希尔·罗夫莱斯在右协总部等待有关政变的消息，以便夺取政权。然而，大多数国民警卫队指挥官都询问了波萨斯，并得知没有宣布戒严。佛朗哥晚些时候见到波特拉并敦促其执行戒严令，他还假称自己没有参与任何阴谋。

政变谣言蜂起。国民警卫队局长波萨斯获得陆军督察长米格尔·努涅斯·普拉多将军的支持，他在 18 日就向波特拉保证，国民警卫队将打击任何政变企图。波萨斯调动国民警卫队小分队包围了所有可疑的驻军营地。18 日午夜前，何塞·卡尔沃·索特洛和立场激进的卡洛斯派人士华金·巴乌找到波特拉，力劝他授权佛朗哥和马德里驻军部队以及国民警卫队的军官维持秩序。波特拉拒绝了这一请求。希尔·罗夫莱斯于是做了最后一次绝望的努力，第二天早上 8 点半，他在马德里的郊区秘密与波特拉会面。[94] 尽管希尔·罗夫莱斯、卡尔沃·索特洛和佛朗哥纷纷行动，但这并没有使波特拉和其他惊慌失措的内阁成员打消辞职的想法，相反，这些行动可能会导致他们更匆忙地宣布辞职。10 点 30 分，他们同意不再等待议会开会，立即将权力移交给阿萨尼亚。人民阵线选举获胜似乎已成定局，阿尔卡拉 – 萨莫拉要求阿萨尼亚组建政府。波特拉没有把佛朗哥的反叛告诉阿萨尼亚，佛朗哥的叛乱活动没有受到惩罚。他不仅没有受到追究，而且在 5 个月后的军事政变中再次发挥了关键作用。[95]

由于政变策动失败，希尔·罗夫莱斯没能阻止右协成员流向更极端的组织。对于军事政变阴谋的筹备情况，他了如指掌。军人和文职官员之间的主要联络工作是右协成员负责的。3 月 8 日，莫拉、佛朗哥、奥尔加斯、比列加斯、凡胡尔和巴雷拉将军会面，这次会面意义重大，地点在何塞·德尔加多的家中。何塞·德尔加多是一位有名的股票经纪人，他在 2 月份选举中曾代表右协参选，但未获成功。[96]胡安·马奇可能是通过他在摩洛哥与非洲派将军们的老关系，或者通过弗朗西斯科·埃雷拉和希尔·罗夫莱斯知道了这次会议。他不仅打算提供急需的鼓励，还计划出钱资助。[97]整个 1936 年的春天，希尔·罗夫莱斯在议会和媒体奔走呼号，他制造了一种气氛，诱使中产阶级相信，军事叛乱是避免灾难的唯一办法。[98]

人民阵线胜利后，农村几乎立刻回到了 1933 年的停工状态，工厂主和地主再度实施压迫，他们还转而向阴谋起事的右翼提供资金支持。农业工人和产业工人斗争情绪同样高涨，誓要为过去两年工会遭受的压制讨回一些补偿。政府夹在冲突之中束手无策。事实上，造成 1936 年春天这种局面的关键原因是人民阵线内阁的虚弱，而这种虚弱是注定的。不仅右翼对政府充满敌意，甚至拉尔戈·卡瓦列罗也反对工社党人出任部长职务。普列托知道解决当前局面需要工社党进入内阁提供支持，但是拉尔戈·卡瓦列罗担心普通民众会转向支持全劳联。在卡瓦列罗的阻挠之下，一个强有力的共和派及社会主义者联合政府无法建立起来。之前他支持为选举组成联盟，只是为了确保 10 月事件后遭受镇压的受害者获得特赦。他认为，只有一个纯粹的工社党内阁才能改变社会，他坚持共和派独自执政以兑现人民阵线的选举纲领。一旦共和派到他们作为资产阶级的政策极限，工社党再去取而代之。倘若这激起了法西斯叛乱，他天真地以为无产阶级革命可以轻易地把他们击溃。[99]

然而，拉尔戈·卡瓦列罗空洞的革命辞令却加剧了中产阶级的恐惧，他们已经被右翼的宣传和愈发频繁的街头骚乱吓坏了。南方农村之前受极右势力的压迫最为严重，但如今形势正在逆转。阿萨尼亚写道，对于攻击监狱、焚烧教堂和袭击右翼分子的行为，他感到"深深的绝望"。人们发动示威游行，呼吁对1934年农业大罢工后被捕入狱的人实施特赦，富人俱乐部和人民行动党的地方办事处在示威中被洗劫一空。在萨拉萨尔·阿隆索于1934年建立的市镇政府中，归来的工社党人和共和派取代了地方豪强的人。他们不仅重建了劳资仲裁委员会，而且开征本地税以便为失业者提供工作，这就惹恼了地主。当局取缔了一些宗教节庆活动。再次获得合法地位后，全国土地劳动者协会号召占领位于非法圈占的公共土地之上的庄园。还有一些示威者焚烧了市政土地登记处的财产登记簿。[100]

阿萨尼亚面临的任务十分严峻。3月的上半个月，知名的左翼和自由派政治人物开始遭到武装袭击，袭击的目的是挑起报复。过去两年，右翼获得的持枪许可证超过27万份，长枪党出人、君主主义者出钱组织的杀手队借此大搞恐怖活动。3月9日至10日在格拉纳达实施的挑衅行动最成功。长枪党武装分子向一群工人及其家人开火，致使许多妇女和儿童受伤。为了反击，当地工会组织了一次大罢工，烧了长枪党和人民行动党的办公室，捣毁了全国天主教宣传员协会的《理念报》报社，还焚烧了两座教堂。在格拉纳达和其他地方，这类事件往往是由外来的人挑起的，这些人来得快，撤得也快。后来发现许多"无政府主义者"和"共产主义者"都是长枪党成员假扮的。3 月 12 日，长枪党成员企图干掉工社党成员、法学教授路易斯·希门尼斯·阿苏亚。4 天之后，拉尔戈·卡瓦列罗的住所遭到右翼恐怖组织枪击。[101] 与此同时，右翼势力加紧印刷传单，并栽赃说传单是工总制作的，传单上有发动革命的详细计划和左翼敌人的黑名单。[102]

选举有效性审查委员会的讨论被右协用来说服右翼舆论，称在民主制度下和其他阵营不可能共处。佛朗哥政权后来的做法也如出一辙。经过委员会讨论，人民阵线获得的议席又增加了大约 37 个，这实际是纠正了竞选和实际选举过程中发生的真实舞弊行为的结果。[103] 尽管委员会经常偏向左翼，但有时也有利于右翼。例如，在桑坦德和阿尔瓦塞特，由于证词没有经过公证，委员会没有受理共和派选民遭受恐吓的案件，右翼的胜选得以维持。出于类似的原因，雷阿尔城、托莱多和中部的阿维拉等省的其他决定也有利于右翼。在萨拉戈萨省，抛开证明存在恐吓情形的证据不谈，78 个村庄的选举结果都是由民政长官编造的。然而，由于缺乏书面证据，右翼的胜选依然得以维持。在胡安·马奇的老巢巴利阿里群岛，选举结果甚至未受任何质疑。[104]

右协设法掩盖自己参与选举舞弊的事实，声称自己受到了迫害。可能失去议席的包括代表萨拉曼卡当选议员的希尔·罗夫莱斯和坎迪多·卡萨努埃瓦，代表奥伦塞当选议员的卡尔沃·索特洛，以及代表昆卡当选议员的戈伊科切亚。格拉纳达的选举舞弊行为最为明目张胆，如果被宣布无效，右协将失去 5 名议员。为了防止这种情况发生，委员会的右协代表希门尼斯·费尔南德斯领导右协议员临时退出议会，而《阿贝赛报》则声称右翼势力遭到打压，不得不退出议会。[105]

　　面对重重问题，阿萨尼亚的内阁几乎无力应付。友好的内政部部长阿莫斯·萨尔瓦多无法阻止不断升级的挑衅和报复。4 月 15 日，阿萨尼亚向议会提交了他的方案。他首先受到卡尔沃·索特洛的攻击，然后又受到希尔·罗夫莱斯的攻击。卡尔沃·索特洛宣称，任何政府的生存如果仰赖工社党的选票，那么距离做苏联的傀儡只有一步之遥。希尔·罗夫莱斯则称，既然政府无能，那就只能使用武力解决。他肆意夸大无政府主义的威胁，完全不提参与政治暴力的右翼分子，他威胁说："这个国家有一半的人不会听任自己死去。对于这些人而言，如果没办法用某一种办法来保护自己，就会用另一种办法来保护自己。"他声称，人民阵线的革命分子正在酝酿内战。他还咄咄逼人地说："如果西班牙爆发内战，人们应当明白，政府无力履行责任保护那些严守法律的人群，这才是导致暴力发生的原因。知道如何上街斗争而牺牲，总比被人当作懦夫而遭受践踏要好。"[106]

　　曾经资助希尔·罗夫莱斯、把这个人看作自己利益最有力的捍卫者的富有保守派，如今开始将资金转向长枪党和拉蒙·萨莱斯（此人与卡尔沃·索特洛关系密切）的自由工会。3 月初，《阿贝赛报》开始为刚刚成立的西班牙劳动者协会募捐，这是萨莱斯的主意。截至 4 月底，捐款已达 35 万比塞塔，资金来自贵族、地主、工厂主和许多不知名的"法西斯分子"和"长枪党人"。这些钱从来没有用于与工会相关的事务上。而且，后来发现许多因暴力行为被捕的人是自由工会的成员，因此，这笔钱毫无疑问是用来资助职业枪手的。[107]

希尔·罗夫莱斯和卡尔沃·索特洛对暴力的谴责是完全损人利己的。媒体对议会辩论的报道没有遭到审查，报道十分全面，列出了每一个可能发生的犯罪和骚乱事件，不管该事件背后是否存在政治动机，统统被用来证明共和国正被左翼暴力所包围，却只字不提长枪党杀手队的事迹。在马德里，右翼分子向美国大使克劳德·鲍尔斯讲述了捏造的故事，这些故事令人毛骨悚然，说失控的暴民不仅杀戮君主主义者，还把他们的残肢喂给猪吃。[108]毫无疑问，1936年春天的局势一团混乱，当时双方互相指责，这种情况下要分清责任是不可能的。但是，人民阵线已经赢得选举，其成员没有必要为了掌权而挑起暴力。另外，制造一种动乱和无秩序的气氛，可以为诉诸武力建立右翼独裁政权提供理由。

最近的研究表明，左翼遭受的暴力更多。事实上，能从无法无天的暴行中获益的只有两个群体——左翼极端势力和右翼勇武派势力。在法律和秩序全面崩溃的情况下，共产党没有夺取政权的计划。它的政策旨在扩大中产阶级的支持，这是莫斯科要求人民阵线执行的策略的一部分，并计划联合社会主义青年团和工总，最终联合工社党的左翼力量，以此方式逐渐控制西班牙的社会主义运动。社会主义报纸《社会主义者报》和《明晰报》不断提醒读者不要理会右翼的挑衅。一些无政府主义者喜欢滥用暴力，但这不是他们总体战略的一部分。[109]然而，卡萨雷斯·基罗加在担任内政部部长和总理期间在议会答复卡尔沃·索特洛时言辞尖锐，这证实了右翼的论点，即人民阵线政府以党为壑，如果要推翻它就必须使用暴力。[110]

只要阿萨尼亚仍然是总理，政府就能保持一定程度的权威。然而，这种局面很快发生了变化，灾难接踵而至。为了组建一个强大的政府团队，阿萨尼亚和普列托密谋将阿尔卡拉－萨莫拉从总统座椅上拉下来。阿尔卡拉－萨莫拉经常干预政府的工作，对阿萨尼亚没有什么好感。1934 年 10 月，他邀请右协参加政府，因此招致左翼不满，右翼也因他未能在 1935 年底任命希尔·罗夫莱斯为总理而讨厌他。在 4 月 7 日的议会中，阿萨尼亚和普列托联合弹劾了总统，理由是他解散议会，超出了宪法赋予总统的权力。阿尔卡拉－萨莫拉去职后，拉尔戈·卡瓦列罗反对工社党加入政府的立场似乎得以松动。凭借政治手腕和民望，普列托和阿萨尼亚二人合力稳定了 1936 年春季的紧张局势。普列托出任总理，阿萨尼亚出任总统，这种合作一方面可以继续改革措施，使左翼斗争情绪降温，另一方面可以有力打击右翼的政变阴谋和恐怖主义。[111]

他们的乐观是建立在误判的基础上的。他们计划的第一部分成功了，但第二部分却失败了。阿萨尼亚于 5 月 10 日升任总统，并立即请求普列托组阁。普列托对社会改革和打击极右势力有详细的计划。然而，普列托需要拉尔戈·卡瓦列罗的支持，因为他既是工总的主席，也是强大的马德里社会主义者集团的领导人，而且铁腕统领着工社党议会党团。普列托于 5 月 11 日和 12 日两次会见本党议员。当他之前支持阿萨尼亚出任总统时，就知道拉尔戈·卡瓦列罗和他的追随者会反对他组建政府。他本可以联合共和派和三分之一的工社党议员组成内阁，但他不愿分裂自己为之奋斗了一生的政党。而且，普列托后来遗憾地说，阿萨尼亚更喜欢自己创立的左翼共和党的卡萨雷斯·基罗加，这个人更加顺从，并且成为最终的总理人选。[112] 没有比这更糟糕的结果了。国家失去了一个精明而有力的总理。转任总统后，阿萨尼亚越来越远离日常政治。他倾心于出席礼仪活动，修缮古迹和宫殿，为各类艺术活动提供帮助。[113]

自然灾害加剧了南方的社会苦难。1935 年大旱之后，1936 年初暴雨泛滥，橄榄、小麦和大麦产量大幅下降。随着失业率飙升，全国土地劳动者协会开始说服其成员，让他们相信人民阵线宣布的快速改革的承诺。在萨拉曼卡和托莱多，在科尔多瓦和哈恩，农民闯入庄园，偷盗橄榄，砍伐树木。最严重的土地没收事件发生在巴达霍斯。5 月 29 日，在阿尔瓦塞特省的耶斯特，17 名农民被国民警卫队枪杀，许多人受伤。他们试图在一块曾经的公共土地上砍柴，这块土地是 19 世纪时地主巧借法律手段从村民手里夺去的。最令地主们惶恐不安的是，曾经过着奴隶般生活的这些劳工如今却充满自信，决心不再像 1931 年到 1933 年那样被骗走改革果实。许多地主退居塞维利亚或马德里，甚至躲到法国西南部的比亚里茨或巴黎。他们在那里积极加入、资助极右分子反对共和国的阴谋活动，或者静等阴谋起事的消息。[114]

希尔·罗夫莱斯在政变的准备过程中发挥了相当大的作用。正如他后来自夸的那样，在激发右翼大规模斗争情绪方面，他的作用不可估量："我为他们提供建议，加油鼓劲，暗地协调，甚至还提供了金钱援助，这些钱都是从党的选举基金中划拨来的，数额很大。"这项援助包括给莫拉将军的 50 万比塞塔，他后来还想予以否认。他之前阻止改革，后来又试图废除改革，这在很大程度上动摇了工社党对于资产阶级民主的信心。他的时代已经过去，而眼下他专心推动军事政变。没有什么比长枪党的崛起更能清楚地显示出政治气氛的变化。利用中产阶级对右协合法斗争策略的失望，长枪党迅速扩张，人民行动党青年团的大部分成员也加入其中。[115]

长枪党杀手队四处活动，盲目的暴力行为愈演愈烈，理性的讨论失去立足之地。年轻的左翼和右翼成员在街头打打杀杀，而西班牙军事同盟则密谋推翻现政权。当时迫切需要一个果断的政府，而卡萨雷斯·基罗加患了结核病，无力承担这一重任。普列托呼吁谨慎行事，拉尔戈·卡瓦列罗却背道而行。拉尔戈·卡瓦列罗陶醉于共产党的奉承，苏联共产党《真理报》称他为"西班牙的列宁"。他周游西班牙，在欢呼的工人群众面前预言革命即将获胜。他的忠实追随者们决心把普列托从工社党中赶出去，把该党变成革命的工具。[116] 拉尔戈·卡瓦列罗最大的抱负是把整个工人运动置于工社党的控制之下。但是，他犯了一个天真的错误，就是同意把社会主义青年运动团体和共产主义青年运动团体合并起来。共产党人愉快地同意这个新组织的名称应该给人一种社会主义主导一切的印象——统一社会主义青年团（简称"统社青"）。统社青很快就被这些更有力的共产主义者完全控制。这意味着社会主义青年团把 4 万名年轻成员拱手让给了西班牙共产党。社会主义青年团领导人圣地亚哥·卡里略早就投向了莫斯科。事实上，他已经开始参加共产党中央委员会的会议。[117]

拉尔戈·卡瓦列罗始终是一个实用主义者，他关心工总成员的利益，倾向于"幕后指挥"，与基层成员一起进退，始终保持步调一致。尽管他善于鼓动人心，但却从未使用过 1936 年初左翼真正掌握的唯一武器——革命大罢工。4 月，准托洛茨基主义的马统工党领导人之一华金·毛拉提出发动革命，结果被卡瓦列罗的支持者嘲笑为危险的乌托邦主义者。卡瓦列罗的支持者们不断发表言论，宣称资本主义正在垂死挣扎，社会主义的胜利无可阻挡，普列托认为这些属于疯狂的挑衅。五一节游行、握拳致敬、革命辞令以及对普列托的猛烈攻击，都使得中产阶级提心吊胆。5 月 31 日，普列托和其他工社党温和派参加了在塞维利亚的埃西哈举行的集会，结果支持卡瓦列罗的青年用子弹、石块和瓶子"欢迎"了他们。[118]

尽管拉尔戈·卡瓦列罗的革命威胁空洞无物，但是这些言论却把立场保守的选民推向了另一边，导致他们支持右翼实施暴力手段，把他们从看起来马上就要降临的末日中拯救出来。拉尔戈和普列托之间的政治和个人分歧使人民阵线最强大的政党实际上陷于瘫痪，而卡萨雷斯·基罗加似乎也没有意识到应当利用国家机器来保卫共和国。由于长枪党和无政府主义者破坏社会秩序，卡萨雷斯在议会中不断受到愤怒的右翼分子的攻击，但工社党人拒绝提供支持。尽管如此，他似乎仍未意识到局势的严重性。普列托提醒他有人正在策划军事政变，但他不仅毫不在意，反而说："你这种更年期情绪，我可受不了。"他认为那些无聊和愤懑的官员口中全是耸人听闻的传闻，让拉尔戈·卡瓦列罗不要理会。[119]

政治活动退化为公开冲突，对此政府几乎无法阻止。西班牙军事同盟和长枪党的阴谋策划者、卡洛斯派、人民行动党青年团和右协各派之间的联系越来越密切。安赫尔·埃雷拉的弟弟弗朗西斯科把自己的住所提供给密谋者作为会面场所。希尔·罗夫莱斯充当了庇护者，他后来承认自己在议会中的工作是配合同伙发动政变："我的任务是拖垮议会的左翼。"[120] 作为对卡瓦列罗空洞革命预言的回应，卡尔沃·索特洛使用了令人恐惧的论调谈论动用暴力反击革命，并为军队提供了一套政治行动理论，以对抗"共产主义"和"分裂主义"的双重威胁，他认为这两种威胁是共和国与生俱来的。他的演讲在议会引发了混战。卡萨雷斯·基罗加推出他的新政府的当天，卡尔沃·索特洛把代表桑坦德的工社党议员布鲁诺·阿隆索称为"无足轻重的侏儒"。布鲁诺·阿隆索愤怒地提出和他到外面决斗，并喊道："这位可敬的议员是个吹牛大王。"[121] 在 6 月 16 日的最后一次重要讲话中，卡尔沃·索特洛宣称自己是法西斯分子，并向军队明确表态："一个士兵，在自己的命运面前，如果不愿奋起保卫西班牙和打击无政府主义，那他就是疯了。"[122]

　　这些混乱局面虽然被归咎于人民阵线，但大部分其实是由军队的右翼盟友精心策划的。许多高级军官目睹眼前的政治乱局，很乐意出手干预。经过 3 月 8 日的会面，1936 年 7 月 17 日至 18 日的军事叛乱的前期准备比以往任何一次政变都更为周密。他们已经完全吸取了 1932 年 8 月 10 日圣胡尔霍政变失败的教训。政变计划的主谋莫拉将军已经准备好，协调控制西班牙全部 50 个省的驻军，并迅速消灭工人阶级组织。他在 1936 年 4 月发布第一个秘密指令，强调了制造恐怖的重要性："应当意识到，要想迅速消灭强大而有组织的敌人，就必须采取极端暴力。所有与我们的运动无关的政党、组织和工会的领导人都应当监禁起来，并接受惩戒性处罚，以扼杀任何不服从或罢工。"[123] 在行动开始时的第一次演讲中，他宣布："我们应当散布恐怖。我们必须创造一种掌控感，毫不犹豫地消灭所有与我们想法不同的人。"[124]

　　为了阻止政变的准备活动，政府已经于 2 月 21 日解除了佛朗

哥的总参谋长职务，把他调往加纳利群岛担任司令。政府还解除了
戈代德的督察长职务，把他调往巴利阿里群岛担任司令。此外，莫
拉也从非洲部队司令的职位上被调往纳瓦拉省会潘普洛纳担任军事
长官。把他调往潘普洛纳的决定并没有考虑周全，潘普洛纳是卡洛
斯派运动及其民兵组织"呼啸兵"的总部。因此，对莫拉来说，这
里是组织西班牙本土叛乱计划的绝佳地点。叛乱计划名义上的领导
人是圣胡尔霍，他参加过摩洛哥战争和早期政变。然而，发动阴谋
的关键推动力来自底层军官，他们中的许多人曾经在萨拉戈萨军事
学院接受训练，当时学院的院长正是佛朗哥。[125]

　　叛乱信号反复出现，政府却依然自以为是，阴谋得以畅通无阻。
安全局局长何塞·阿隆索·马洛尔奋力打击长枪党恐怖行动，对心
怀不满的官员实施监视。5月，他向阿萨尼亚和卡萨雷斯·基罗加
提供了一份名单，列出了 500 多名政变密谋者，他认为这些人应该
立即予以逮捕。由于害怕可能出现的动乱，阿萨尼亚和卡萨雷斯没
有动手。马洛尔将矛头指向莫拉，但当局仍未采取任何行动。卡萨
雷斯被任命为总理后不久，来自纳瓦拉的共产党人赫苏斯·蒙松报
告说，卡洛斯派正在囤积武器，但卡萨雷斯并未予以重视。西班牙
共产党收集了关于军中阴谋活动的情况，恩里克·利斯特定期把这
些信息提交给卡萨雷斯，但他同样置之不理。[126] 他的军事助手、
空军少校伊格纳西奥·伊达尔戈·西斯内罗斯向他报告，一群反对
共和国的飞行员正在囤积机枪和炸弹。当他们向阿萨尼亚报告此事
时，总统立刻打断了伊达尔戈，说这样的指责是危险的。在返回马
德里的路上，卡萨雷斯说，"在你看到这些之后，你就会明白，对
我来说，要对那些人采取行动太困难了"。

驻休达的外籍军团指挥官胡安·亚格上校正在组织摩洛哥境内的军事叛乱计划，由于传言甚嚣尘上，6 月 12 日，卡萨雷斯把他召回了战争部。伊达尔戈·西斯内罗斯力劝卡萨雷斯用一个值得信赖的军官来代替亚格。对亚格许诺的职位非常理想，他既可以待在西班牙本土，也可以出任驻外武官，但亚格说，他宁愿烧毁自己的制服也绝不离开军团。开了很长时间的会议之后，卡萨雷斯来了，他对伊达尔戈说："亚格是个绅士，一个品行完美的军官，我相信他永远不会辜负共和国。他已经向我保证，并作为一个军官向我承诺，他将永远忠诚地为共和国服务，像亚格这样的人是信守诺言的。"卡萨雷斯同意亚格重返摩洛哥，这是一个十分愚蠢的政治失误。[127]

三天后，卡萨雷斯再次犯了同样的错误。6 月 15 日，在纳瓦拉省埃斯特利亚附近的伊拉切修士院，莫拉同潘普洛纳、洛格罗尼奥、比托里亚和圣塞瓦斯蒂安的驻军司令举行了一次秘密会议。当地发现了他们的会议，埃斯特利亚的镇长通知了纳瓦拉的民政长官，后者在修士院周围部署了国民警卫队。当他打电话给卡萨雷斯·基罗加请求进一步指示时，这位总理愤怒地命令他们撤离，说："莫拉将军忠诚地拥护共和国，他应该得到政府的尊重。"由于担心动乱，阿萨尼亚和卡萨雷斯没有对马洛尔名单上的密谋者采取行动。[128]

一个多星期刚过去，当局似乎又犯了一个错误。后来有人声称，佛朗哥将军本人曾经向政府发出过异乎寻常的警告。军事政变几周后，佛朗哥当局的报纸刊登了一封信，这封信据称是政变发生之前的 6 月 23 日寄给卡萨雷斯·基罗加的。这封信里的言辞模棱两可，一边说，如果政府处理得当，军队会忠于共和国，另一边还暗指，军队对共和国心怀不满。很明显的暗示是，只要卡萨雷斯让佛朗哥指挥军队，他就能瓦解这些阴谋。在后来的几年里，佛朗哥的辩护者们把这封信说成是一种巧妙的手段，目的是转移卡萨雷斯的注意力，或者以和平姿态表现一种最后的宽宏大量。没有证据表明卡萨雷斯收到了这封信。即便卡萨雷斯收到了这封信，他对佛朗哥也不会太加注意，跟他对其他警告的态度一样，他既没有拉拢佛朗哥，也没有逮捕佛朗哥，并没有抓住机会来消除佛朗哥这个隐患。[129]同样，当共和国反法西斯军事同盟的军官策划对摩洛哥境内密谋政变的高级军官实施绑架时，卡萨雷斯出手阻止了他们。共和国反法西斯军事同盟领导人谴责了戈代德、莫拉、凡胡尔、巴雷拉、佛朗哥、亚格等人的活动，但卡萨雷斯向他们保证叛乱不可能爆发。[130]

君主主义的阴谋家们已经朝着成功的政变迈出了巨大的一步。戈伊科切亚一直努力与墨索里尼政府就落实 1934 年达成的协议保持着联系。6 月中旬，他代表西班牙复兴运动党和长枪党向埃内斯托·卡皮提交了一份报告。埃内斯托·卡皮既是阿方索十三世的儿子堂胡安的朋友，也是著名的法西斯主义者伊塔洛·巴尔博的朋友。卡皮是西班牙君主主义者与意大利法西斯政权的联络人。该报告证实，政变的计划已经很成熟，并请求为那些犹豫不决的政变策划者提供 100 万比塞塔作为担保金，一旦政变失败，策划者的家人可以获得经济支持。一星期前，在丹吉尔的意大利武官通知罗马，摩洛哥境内的政变即将爆发。7 月 1 日，佩德罗·赛恩斯·罗德里格斯与墨索里尼政府签署合同购买大量武器，包括 40 架飞机、炸弹、炮弹和机枪。购买武器的钱由胡安·马奇支付。这些准备工作表明，政变密谋者预期的行动比单纯的兵谏要复杂许多。[131]

　　佛朗哥的立场非常模糊，但是莫拉和其他密谋者不愿在没有佛朗哥参与的情况下起事。佛朗哥曾经担任萨拉戈萨军事学院院长，还曾在希尔·罗夫莱斯政府中担任总参谋长，在军官团里拥有巨大的影响力，特别是他在摩洛哥驻军中备受尊敬。没有殖民地军队的参与，政变就难以取得成功，而佛朗哥显然是领导殖民地军队的合适人选。此外，1934 年，他在镇压阿斯图里亚斯起义中发挥了重要作用，成为中上层阶级较为保守的那群人心中的英雄。然而，佛朗哥没有参加 1932 年政变，对这件事圣胡尔霍仍然怀恨在心，他不放心地说："佛朗哥不会兑现任何承诺。他总是躲在暗处，狡猾得很。"[132] 策划政变计划需要以佛朗哥为核心，但这个人是否可靠却无从确认，这种风险让莫拉和圣胡尔霍十分恼火但又无可奈何。他们准确地意识到，佛朗哥的加入将带动其他许多人一同参与。

　　当佛朗哥最终决定加入时，他得到了一个非常重要，但仍只能算次等的位置。政变胜利后的国家元首原本是圣胡尔霍。而作为政变行动具体策划者的莫拉，当时计划在新政权的政治生活中扮演决定性的角色。然后是一些将军，他们每个人获得一个地区，其中，佛朗哥分到摩洛哥。负责马德里叛乱的华金·凡胡尔和负责巴塞罗那叛乱的曼努埃尔·戈代德的地位将愈发重要。然而，局势骤变，在一些观察人士看来，颇有些阴谋论的意味。

　　佛朗哥参与政变的交通安排甚至在他最终确认参与之前就已经组织好了。希尔·罗夫莱斯的朋友弗朗西斯科·埃雷拉安排胡安·马奇出了包租一架飞机的费用，好把佛朗哥从加纳利群岛送到摩洛哥，在那里接管非洲驻军的指挥权。[133] 这些安排是由西班牙航空专家胡安·德拉谢尔瓦 ① 和君主主义日报《阿贝赛报》记者路易斯·博林于7月初在伦敦准备好的。20世纪20年代，路易斯·博林在摩洛哥开始与佛朗哥往来。博林在英格兰东南部的克罗伊登租用了一架德哈维兰公司制造的DH89"迅龙"运输机，安排了一群度假的旅客，以掩盖租用飞机的真实目的。英国外交部已经获悉此事，英国军情六处也可能知道内情。飞机于7月11日离开克罗伊登，4天后抵达了大加那利岛拉斯帕尔马斯附近的甘多机场。[134]

　　与此同时，西班牙本土爆发了激烈冲突。7月12日下午，长枪党的枪手打死了共和国突击警察部队的何塞·卡斯蒂略中尉。在西班牙军事同盟起草的支持共和国的军官黑名单上，卡斯蒂略排名第二。名单上排在第一位的是协助训练工社党民兵的卡洛斯·法劳多上尉，他已于5月7日被西班牙军事同盟和长枪党共同派遣的杀手队杀害了。卡斯蒂略的同志们满腔怒火，他们实施了大规模的、过激的报复。7月13日凌晨，他们打算逮捕一名重要的右翼政治家，为死去的卡斯蒂略报仇。希尔·罗夫莱斯此时在比亚里茨度假，他们没能找到希尔·罗夫莱斯，于是绑架并枪杀了卡尔沃·索特洛。尸体被发现后，在政界引发了巨大愤慨，此事为策划政变的军人们提供了有力借口。13日晚，因达莱西奥·普列托率领工社党和共产党代表团向卡萨雷斯·基罗加提出要求，请政府在军队起事之前向工人发放武器。尽管卡萨雷斯没有答应，但全面战争实际上已经打响了。[135]

---

　　① 胡安·德拉谢尔瓦·科多纽，西班牙航空发明家和工程师，自转旋翼机的发明者。与同时期的政治人物胡安·德拉谢尔瓦－佩尼亚费尔并非一人。

极右势力的狂热分子也有一些狂妄的计划。欧亨尼奥·维加斯·拉塔皮（后来成为未来国王胡安·卡洛斯的老师）与西班牙复兴运动党的其他成员和年轻军官一起，甚至打算刺杀阿萨尼亚，并使用毒气对议会发起自杀式袭击。这两个计划都没有实现。第一个计划未成是因为密谋者无法弄到机关枪，第二个计划未成是因为他们搞不到气罐。[136] 卡尔沃·索特洛被杀后，那些认为"只有军事干预才能将西班牙从无政府状态中拯救出来"的人找到了充分的理由。这一事件不仅赢得了包括佛朗哥在内的许多犹豫不决者的支持，而且还掩盖了这场政变其实已经酝酿已久的事实。这一事件还导致政变密谋者失去了一位重要领导人。卡尔沃·索特洛在国际上结交了许多名人，本来可以成为政变后的高级文官领导人。现在他死了，佛朗哥少了一个重要的政治对手。

从短期来看，这次谋杀后，政变密谋者加快了步伐。在考虑长远目标之前，佛朗哥眼前还有棘手的问题需要处理。由于起事日期定在 7 月 18 日，他最迟要 17 日动身去摩洛哥。作为加那利群岛的司令，他的指挥部在特内里费岛东北岸的圣克鲁斯，但是从克罗伊登来的飞机是在大加那利岛着陆的，飞机避开圣克鲁斯也许是因为特内里费岛上空云层低垂，或者是担心佛朗哥正受到当局监视。佛朗哥是否能够去大加那利岛还不确定，因为他需要获得战争部的同意才能离开位于圣克鲁斯的指挥部。他请求赴大加那利岛视察，但政府没有同意。最终他还是登上了那一架飞机，这要么是惊人的巧合，要么就是要诈。

7 月 16 日上午，大加那利岛的司令、优秀的射手阿马多·巴尔梅斯将军在腹部受到枪击之后身亡，据称他当时正在射击场试验各种手枪。佛朗哥当局的历史书将这次事件描述为一次事故，尽管结果以悲剧收场，但却幸运地适逢其时。为了反驳巴尔梅斯死于政变军人之手的传言，佛朗哥的官方传记作者声称巴尔梅斯本人也是参与政变阴谋的重要人物。事实上，巴尔梅斯是一名忠诚的军官，他不惜冒着生命危险顶住了巨大压力拒绝加入叛乱。最新的研究证明他死于谋杀。于是，佛朗哥"不得不"主持巴尔梅斯的葬礼，这是 7 月 17 日乘飞机前往大加那利岛东北岸拉斯帕尔马斯的绝好借口。[137] 全国各地的起事者已经准备就绪，第二天一早，政变就会席卷整个西班牙。但是，由于担心当局马上会逮捕位于摩洛哥的政变密谋者，行动提前到 7 月 17 日傍晚。梅利利亚、得土安和休达的驻军率先发起行动。7 月 18 日清晨，佛朗哥和路易斯·奥尔加斯将军接管了拉斯帕尔马斯。

无政府主义立场的记者萨尔瓦多·卡诺瓦斯·塞万提斯声称，一群记者在议会的走廊上拦住了卡萨雷斯·基罗加，告诉他军事叛乱即将发生，而他回答说："让他们造反吧。我反正要去睡觉了。"当摩洛哥发生叛乱的消息传到马德里时，阿萨尼亚问卡萨雷斯，想知道佛朗哥在做什么，卡萨雷斯自以为是地回答："他老老实实待在加那利呢。"卡萨雷斯还打电话给他的朋友、著名生理学家胡安·内格林教授，告诉他："这次政变肯定不会成功。形势全在政府掌控之中。政变将很快结束。"[138] 西班牙内战已经开始，而政府面对的形势已经非常不利。

第十一章

内战：仇恨、无能和利益，1936—1939 年

1936 年 7 月 17 日晚，叛乱首先在西班牙的摩洛哥殖民地爆发，第二天早上西班牙本土也行动起来。政变策划者认为，几天内政变就会结束。如果他们面对的只是共和国政府，这种预测也许就能成真。这次政变在天主教的小农地区取得了成功，这些地区投票给了右协，包括以农业生产为主的莱昂和旧卡斯蒂利亚地区的省会城市，以及设有主教座堂和大集市的城市，如阿维拉、布尔戈斯、萨拉曼卡和巴利亚多利德。然而，在左翼控制的以工业生产为主的地区和南部的大庄园，工人阶级的各类组织自发行动起来击败了叛军。但不幸的是，在加的斯、科尔多瓦、格拉纳达和塞维利亚等城镇，左翼的抵抗遭到迅速且残酷的镇压。

对政变军人而言，策划和准备政变最重要的目的就是制造恐怖和消灭他们的对手。为了消除城市和农村的工人阶级在人数上的优势，他们认为立即实行恐怖统治至关重要。南方的政变由贡萨洛·凯波·德利亚诺将军指挥，他们动用了在非洲殖民战争中刀口舔血的部队，而且争取到了当地地主的支持。在纳瓦拉、加利西亚、旧卡斯蒂利亚和莱昂等极为保守的地区，军事政变几乎立刻获得了成功，左翼的抵抗微乎其微，但莫拉将军在这些地区仍实施了残酷的恐怖镇压。[1]

凡是叛乱成功的地方，就会对共和国支持者实施血腥镇压，无论无政府主义者、共产主义者和托洛茨基主义者的左翼革命派，还是立场温和的社会主义者和中间偏左的共和派，统统遭到残酷打击。凡是被认为反对 1931 年以前的社会、经济和政治秩序的人都会遭殃。妇女也成为打击的目标。杀害、酷刑和强奸横行，共和国时期许多拥护性别解放的自由派和左翼女性遭受厄运。遭到虐待的人成千上万，有的被强奸，有的被剃光头发，有的被迫喝下蓖麻油①，忍不住当众拉在了裤子里。那些从监狱里活着出来的人终身受到生理和心理问题的折磨。[2] 在潘普洛纳省市长会议上，莫拉发表讲话，对恐怖行径大加肯定："我们应当散布恐怖。我们必须创造一种掌控感，毫不犹豫地消除所有与我们想法不同的人。"[3] 7 月底，莫拉获悉法国媒体报道称，普列托提议通过谈判解决冲突，避免更多流血事件，莫拉厉声问道："谈判？决不！这场战争必须彻底消灭西班牙的敌人。"[4] 叛乱势力实施的镇压十分残酷，这反映了来自军事纪律的力量。与此完全相反的是，人民阵线政府并不团结，如果普列托出任总理，拉尔戈·卡瓦列罗就拒绝工社党加入。

卡萨雷斯·基罗加领导的立场温和的自由派内阁毫无决断能力。尽管令人不安的消息不断传来，他还是没有意识到形势的严重程度。7 月 18 日下午 6 点，他拒绝了拉尔戈·卡瓦列罗关于把工人武装起来的呼吁，如果实施这一措施，许多地区的叛乱可能就不会成功。晚上 9 点，卡萨雷斯已经辞职，阿萨尼亚向温和派共和党人迭戈·马丁内斯·巴里奥、保守派共和党人费利佩·桑切斯·罗

---

①　蓖麻油有低毒性，医学上用作致泻剂，口服可引发恶心、呕吐、急腹痛和严重腹泻，对皮肤和眼睛有轻微刺激。

曼、拉尔戈·卡瓦列罗和普列托征求意见，讨论组建新内阁的问题。普列托建议工社党加入内阁，而拉尔戈·卡瓦列罗固执地予以拒绝。桑切斯·罗曼为了安抚叛军，建议禁止罢工，彻底取缔左翼民兵。最终结果是成立了一个中间派内阁，由马丁内斯·巴里奥出任总理。马丁内斯·巴里奥在 7 月 19 日凌晨 2 点打电话给莫拉提议和解，但莫拉立即拒绝了这位新总理的建议。[5]

　　不过，协商的想法同样是左翼群众所不能接受的。几小时后，海军部部长何塞·希拉尔取代马丁内斯·巴里奥成为总理，他是一位化学教授，还是阿萨尼亚的朋友。希拉尔勇敢地下令把工人武装起来，这个决定意义重大。[6] 否则，华金·凡胡尔将军在蒙塔尼亚军营发动的马德里政变是不可能被击溃的。[7] 戈代德将军在巴塞罗那的失败更是如此，因为无政府主义工人占领了军火库，这也使得路易斯·孔帕尼斯将军领导的加泰罗尼亚自治政府几乎无所作为。[8] 由于街头秩序掌握在工人手中，希拉尔的政府与卡萨雷斯·基罗加的政府几乎没有区别。由于拉尔戈·卡瓦列罗的反对，同时也考虑到敌对的国际环境，工人阶级政党没有派员担任新政府的部长。然而，从 7 月 20 日到 9 月 4 日，普列托虽然名义上只是希拉尔内阁的顾问，但却是实际上的幕后总理，这让拉尔戈·卡瓦列罗十分恼火。在海军部的办公室里，普列托日夜不停地工作，在政府的废墟上维持秩序。[9]

　　几天之内，这个国家就分裂成两个相互对立的区域。叛军控制了西班牙北部加利西亚、莱昂、旧卡斯蒂利亚、阿拉贡以及埃斯特雷马杜拉的部分地区，还有西南部韦尔瓦省、塞维利亚省、科尔多瓦省组成的安达卢西亚三角地带，占全部国土的三分之一。虽然他们拥有大片的小麦种植区，但主要的工业中心仍掌握在共和国手中。对希拉尔有利的是，他的内阁控制了国家的黄金和外汇储备，以及西班牙的大部分工业产能。虽然叛军声称政变的目的是阻止革命，但是政变恰恰促成了革命。在每一个没有被叛乱分子占领的城市，政变都引发了国家机器的崩溃，工人在帮助平定叛乱的过程中掌握了权力。几个月以后，代表中产阶级的左翼共和派、立场温和的社会主义者和共产党才联合起来控制住革命形势，将权力交还给资产阶级共和国。在这期间，随着国家机器的崩溃，民众对那些被视为叛乱支持者的人施加了各种各样的暴力，这是难以避免的。各政党、工会和民兵组织设立了各类"革命"法庭、自治警察部队和被称为"契卡"的拘留营。由于司法和秩序机构大都陷于瘫痪，还发生了一些纯粹的犯罪行为。人们对多年的社会不公心怀不满，监狱里放出来成千上万的普通罪犯，在这些因素的共同作用下，局面十分混乱，很快就会削弱共和国的国际声望。[10]

反叛者本以为会立即取得胜利，但共和国组织起了大规模的抵抗，这出乎他们的意料。北部山区的工人民兵组织挡住了莫拉向马德里派出的部队。民兵虽然缺乏训练，但他们斗志昂扬，叛军士兵的士气远远不及。在海军中，左翼水兵发起斗争反对右翼军官。[11]然而，最终决定这场冲突结果的是双方之间的几个主要区别：非洲军团、西班牙境内军官的地域之分以及大国的影响。起初，佛朗哥指挥的残暴殖民地部队是叛军的王牌，但却被共和国舰队封锁在摩洛哥无法参战。然而，规模前所未有的空运和突破封锁的"胜利护运"行动之后，局势发生了扭转。[12]嗜血成性的外籍军团和"土著正规兵"雇佣兵登陆西班牙的消息传来，共和国控制的各个地区人心惶惶。[13]

共和国 18 位军阶最高的将军中只有 4 人参加了政变。但是，32 名准将中有 18 人参与了政变，总参谋部的大部分，上校及以下人员的 80% 以上也加入了叛军。各地主要驻军部队中有 44 支部队背叛了共和国，治安部队里有一半人也站到了叛军一边。政变密谋者指挥的人员中，有 15 万人武装完备、接受过训练，非洲部队就是其中一部分。相比之下，共和国依靠的是未经训练的志愿民兵。即使由忠诚的共和国军官指挥，这些志愿民兵的战斗力也不高，而且他们不信任这些军官，有时甚至会把军官杀死。战争开始时，西班牙有 60 万支步枪，其中大约一半在共和国控制的地区，但这些武器往往没有用于前线平叛，而是用于后方的革命和镇压活动，这一情况在无政府主义者控制的地区尤其明显。战争双方拥有的海军实力同样悬殊。共和国拥有的飞机数量更多，但这一优势只维持了很短时间。叛军很快从德国和意大利获得了最新式的飞机，轻易胜过了共和国的老旧飞机。叛军的军事体制是现成的，还拥有大量职业军官，可以吸收志愿兵和义务兵组建新的部队。而在好几个月的时间里，这项任务对共和国来说都是不可能完成的。[14]

佛朗哥虽然只是起事者之一，但仅凭军事胜利是满足不了他的野心的。在抵达摩洛哥的几天内，他设立了外交和新闻办公室。国际媒体很快就收到公报，称他为"国民军"的最高指挥官。叛乱分子采用"国民"一词，暗示他们在与外敌作战。佛朗哥很快说服了纳粹德国和法西斯意大利的当地代表，让他们相信应当向他提供支持。7 月 25 日，他告诉意大利武官朱塞佩·卢卡尔迪少校，西班牙的 8 个军区中的 5 个"在其控制之下"，此外还包括巴利阿里群岛、加那利群岛和西属摩洛哥。到 7 月底，德国制造的容克 52 型运输机和意大利制造的萨伏亚 – 马切蒂 81 型运输机将部队运送到了塞维利亚，这是历史上第一次跨越直布罗陀海峡的大规模军事空运任务。[15] 十天内，1.5 万人越过边境参战，一场出了岔子的政变变成了一场漫长而血腥的内战。在冷酷无情的上校胡安·亚格的指挥下，佛朗哥的部队几天之内就将向北部的马德里进发。在离开塞维利亚的路上，非洲军团占领了一个又一个村庄，沿途尸横遍野。[16]

法西斯意大利和纳粹德国在初期提供了重要支援，随后更是源源不断地提供了现代技术援助。德国和意大利运来了最先进的装备，技术人员和备件一应俱全。1936 年 11 月 1 日，墨索里尼在米兰大教堂发表演讲，把法西斯势力之间日益增强的合作称为"轴心"。此后，对佛朗哥的援助进一步增加。相比之下，民主国家则是对共和国避犹不及。在苏联援助到来之前，共和国只能依靠从军火贩子那里买到的武器勉强支撑，这些军火贩子中很多人是奸商，负责采购武器的政客们经常迷迷糊糊地就买了高价、过时的武器。更糟糕的是，他们不得不与银行合作，这些银行的董事支持叛乱军人。[17] 共和国的控制地区掌握在工会及其民兵组织手中，这种局面之下，希拉尔在向西方民主国家请求援助方面频频受挫。

相比之下，佛朗哥获得资金支持要更容易。他威胁银行家和商人说："资本家！国民军是西班牙的救星，支持它，你才能继续享有你的收入。如果有片刻犹豫，不愿意慷慨和无私地给予道德和物质上的帮助，你就不仅是一个糟糕的爱国者，还是一个可怜人，不配在即将开始重生的强大的西班牙占有一席之地。你的金银珠宝必须立即上缴布尔戈斯政府^①的国库。"凡是不积极响应的，都被指控为犹太人。[18]

胡安·马奇就是一个慷慨大方的资本家，佛朗哥急切地向他寻求资金支持。共和派媒体刊登了他的电报请求，并评论说："马奇这个下流胚就是颠覆行动的资助者……胡安·马奇就是为叛乱提供资金的人。"[19]这些指控有充分的根据，佛朗哥不得不跳出来为马奇和他自己辩护："像胡安·马奇这样支持我们运动的人并不是为了获得好处，我们从来没有说过要给他们任何好处。他们这样做是为了建设一个更好的西班牙，他们已经为一个更公正的西班牙付出了自己的一份力量。"不用说，在接下来的几年里，马奇会在许多方面获得回报。[20] 1942 年 8 月 21 日，在西北部城市卢戈的一次演讲中，佛朗哥透露了更多关于他的"一个更公正的西班牙"的构想，他宣称"我们的斗争是前所未有的，参加战争的富人变得更富有了"[21]。

甚至在 1936 年 2 月的选举结果出来之前，马奇就已经因为担心人民阵线胜利后会再次遭受追究而逃亡巴黎。他对共和国心怀不满，当得知 3 月 8 日起事将军们会面后，他非常高兴。但是，这些人也害怕事败受损，特别是莫拉，这种态度让马奇很担心。他给莫拉送去一个口信："您不必为您的家庭担心。如果您遇到了任何不测，胡安·马奇会照顾他们。而且，胡安·马奇保证预先给你 100 万比塞塔。"于是，莫拉把他的妻子和 4 个孩子安顿在法国西南部

---

① 1936 年 7 月 24 日，政变将领于北部城市布尔戈斯组建国防委员会，宣称由该委员会行使国家一切权力。

的比亚里茨，而佛朗哥则在几天后把他的妻女送上德国船"瓦尔迪号"驶向法国北部港口城市勒阿弗尔。马奇联系莫拉的中间人是退役上校托马斯·佩雷，与佛朗哥联系的中间人是外交官何塞·安东尼奥·桑格罗尼斯。在马奇的帮助下，佩雷曾经于 1931 年和 1933 年代表激进党先后成为代表韦斯卡和休达的议员。[22]

早在 6 月中旬，戈伊科切亚就已经认识到马奇提供的资金保证非常重要。他给在意大利的主要联络人、秘密特工埃内斯托·卡皮写信，谈到许多犹豫不决的军官。他在信里透露了这方面的准备工作："为了赢得他们的支持，马奇专门给他们提供了资金，保证他们的家人不会陷入经济困顿。虽然这些军官参与起事不是为了钱，但如果未来的生活得不到保障，他们就不会采取行动。"戈伊科切亚还要求再出 100 万比塞塔分给其他持怀疑态度的人。[23] 1936 年春，为了使几位关键将领下定决心继续参与政变阴谋，马奇承诺提供资金。3 月，为了购买武器，他还通过克兰沃特银行向佛朗哥和莫拉提供了 50 万英镑的贷款。这一数字在 8 月份升至 80 万英镑，在 12 月份升至 94.2 万英镑。1936 年春天，莫拉和马奇在比亚里茨频繁会面，主要是商谈购买武器，马奇通常会提出苛刻的还款和利息条件。[24] 他还花 2 万多英镑买下了把佛朗哥从加那利群岛送到摩洛哥的那一架 DH89"迅龙"运输机。[25] 佛朗哥主义者后来声称政变所用资金极其有限，但实际上马奇为政变的准备工作花了大钱。[26] 马奇后来在英国大使馆一位官员面前吹嘘，说自己对佛朗哥的胜利贡献巨大，称自己"主要负责说服摇摆不定的金融家和显贵出钱支持佛朗哥，在许多情况下，他们知道马奇愿意把他们的好处增至三倍（而不是因为佛朗哥将军的军事胜负），这才踏实地拿出钱来"[27]。

叛乱伊始，马奇就从伦敦的克兰沃特银行转移资金，从意大利政府购买了 12 架萨伏亚－马切蒂飞机，用于把佛朗哥部队从摩洛哥运到西班牙本土。根据该银行官方撰史人的说法，马奇"在意大利银行存放了数量惊人的金条，用于为意大利参与战争提供资金"。9 月 3 日，他存入了 49.5 吨黄金（1 吨黄金现在价值 123.5 万欧元），6 天后又存入了 72 吨。[28] 现今有资料显示，为了保证向佛朗哥交付飞机，马奇甚至购买了萨伏亚－马切蒂公司的大部分股份。几乎可以肯定的是，在战争的最初几个月里，马奇是叛乱的主要资助者。他利用自己的外汇来源为叛乱分子购买装备，从中获得了可观的利润。据计算，马奇提前支付的资金大约占佛朗哥战争费用的 8% 至 10%。[29] 尽管佛朗哥矢口否认，但这既非一笔"小钱"，也不是无私的馈赠。马奇要求偿还债务时，据称佛朗哥批准把萨拉戈萨大教堂的珍宝卖了来还债。此外，得益于对叛军的经济援助，到战争结束时，马奇的财产增加了一倍多。西班牙贵族为叛乱活动捐赠的大量现金、股票和珠宝，都存在马奇在克兰沃特银行的账户中。[30] 马奇的财富翻倍与这些事实不无关系。后来成为马奇主要代表人之一的希尔·罗夫莱斯，是叛军在里斯本的代理人。希尔·罗夫莱斯的活动以及佛朗哥的哥哥尼古拉斯作为非正式大使开展活动，都是马奇资助的。在迭戈·伊达尔戈看来，佛朗哥实际上是马奇的傀儡，当时二人接触频繁。当然，作为一名海军工程师，佛朗哥早在 1914 年就在马奇的航运公司里工作过。[31]

叛军控制住马略卡岛，靠的是从意大利运来的战斗机和其他军事装备，这些都是马奇出的钱。事实上，墨索里尼也非常希望控制一座岛屿，借此控制地中海的海上交通。马略卡岛的政变最初取得

了成功，而巴利阿里群岛其他地方的政变行动却没有得逞。8 月 5
日，阿尔韦托·巴约上尉率领的一支效忠共和国的部队开始进攻，
成功占领了一些小岛。巴约对马略卡岛的进攻一开始进行得很顺
利。伴随进攻的还有宣传，其中大部分都是针对马奇的："我们只
想把这个岛从马奇匪帮的魔爪中解放出来。"但是，进攻部队特别
是无政府主义者分队的组织十分混乱，叛乱分子凭借用马奇的钱购
买的意大利飞机和其他装备，在 9 月初重新占领了该岛。此后，马
略卡岛成为重要军事基地，叛军利用它轰炸加泰罗尼亚和巴伦西亚
海岸，佛朗哥海军也依靠这里阻止食物和武器运往共和国控制的港
口。[32] 从意大利来了一支人数不多的部队，部队的头头是疯狂的法
西斯分子阿科诺瓦尔多·博纳科尔西，也就是人们所知的"红胡子
伯爵"。在接下来的 4 个月里，他组织了一场残酷的镇压行动。[33]

马奇的老朋友勒鲁克斯没有参与内战。他与政变军人有接触，
因此事先知道叛乱即将发生。他于 7 月 17 日晚上离开在圣拉斐尔
的家前往葡萄牙。勒鲁克斯抵达葡萄牙后，他在西班牙银行的大部
分财产被共和国没收，但凭借先前藏匿的资金，加上胡安·马奇的
帮助，他的流放生活似乎过得不错。在整个战争期间，他不断给佛
朗哥写信，言辞谄媚，希望获准回到西班牙，但没有成功。战争结
束后，他在回忆录中为这次军事政变辩护，仍想获得回国的许
可。[34]

弗兰塞斯克·坎博给予叛军的资金援助几乎与胡安·马奇提供
的援助同等重要。他听说军事政变的消息时，正乘坐着自己的 100
吨游艇"加泰罗尼亚号"，航行在亚得里亚海上。据说当时他说："有
钱的应当出钱，到了服役年龄的应当出力。"他把他的大笔财产交

给叛乱分子使用。他们用这些钱在巴黎开展宣传活动，支持叛乱，造成巨大影响。通过他的合作者何塞·贝尔特兰·穆西图，坎博资助了叛军的一个间谍机构——西班牙西北边境信息局。[35] 为了使温和的国际舆论相信这场叛乱具有正当性，支持叛乱的势力组织了游说活动，而坎博发挥了主要作用。[36] 后来，坎博表示后悔，说他为了经济利益，不得不支持佛朗哥的"任性和无知的政治活动"。他看不起佛朗哥，认为佛朗哥跟普里莫·德里韦拉将军一样，"但才华要差得多"。随着战争的发展，他越来越担心，如果叛军取得胜利，会采取不利于加泰罗尼亚的政策。然而，他仍然还是把自己的经济利益置于他的加泰罗尼亚自治理念之上。[37]

在很大程度上，其他大国的反应后来决定了内战的进程。五个主要国家中，英国、法国、德国和意大利敌视苏联，四国的政策深受这一点的影响。自 1917 年 10 月革命以来，西方大国对苏联的猜疑一直是国际外交的主要决定因素，而西班牙冲突则是欧洲内战最新的一场战斗。[38]

英国驻马德里大使亨利·奇尔顿爵士立场激进，是一名右翼人士，而驻巴塞罗那领事诺曼·金也是激进的反共和派，在二人的煽动之下，伦敦有一种普遍的看法，认为 2 月份人民阵线的胜利标志着危机的开始，这场危机可能引发革命。奇尔顿拍发了一份又一份电报，他断言，人民阵线内阁是极左的社会主义者和共产主义者的傀儡。3 月 26 日，在政变密谋者会面后不到三个星期，他写道："人们普遍相信军事政变正在酝酿之中，如果政变失败，情况将非常糟糕。"[39] 这些电报恰逢其时。7 月 20 日，极为保守的英国内阁秘书长莫里斯·汉基为英国政府起草了一份关于国际联盟的备忘录，备忘录说："目前，法国和西班牙受到布尔什维克主义的威胁，在欧洲这种形势下，不难想象，不久之后，我们可能会与德国和意大利同流合污，我们离欧洲的纠纷越远越好。"[40] 这为英国对西班牙危机采取不干涉政策铺平了道路。这种伪善的态度在英国十分普遍，是对法国所提建议的回应。7 月 19 日，希拉尔给法国人民阵线联合政府的总理莱昂·布鲁姆发了一份电报："惊逢军事政变危局。盼速援武器飞机。弟希拉尔谨启。"最初，布鲁姆计划向合法的西班牙人民阵线政府提供帮助，这符合法国的战略利益，因为比利牛斯山边界和北非殖民地的安全都依赖于一个友好或中立的西班牙政权。法西斯意大利和纳粹德国是法国的敌人，如果西班牙叛乱军人获胜，那么右翼的西班牙就有可能与意大利和德国建立密切联系。7 月 22 日，希拉尔发来更具体的正式要求，请求提供 20 架轰炸机、50 挺轻机枪、8 门大炮、1000 支步枪、2.5 万发机关枪子弹、400万发普通子弹和 2 万枚炸弹。[41]

　　驻伦敦的法国大使夏尔·科尔班向英国政府通报了希拉尔的请求和布鲁姆的回应。布鲁姆 7 月 25 日在伦敦讨论英国、法国和比利时对德国占领莱茵兰地区如何反应。首相斯坦利·鲍德温和外交大臣安东尼·艾登把英国的担忧清楚地告诉了布鲁姆。布鲁姆十分信任艾登。据布鲁姆自己说，在克拉瑞芝酒店的前厅，艾登问他是否打算向马德里提供武器。当布鲁姆表明正有此意时，艾登说："这可是你的事儿。我只求你一件事，我请求你，一定要小心。"[42]

　　法国国内的突发事件无疑使布鲁姆更加担忧。西班牙武官安东尼奥·巴罗索中校支持叛军，他向法国右翼媒体透露了布鲁姆对希拉尔的允诺。这导致媒体圈发起了对布鲁姆、对西班牙共和国的恶意舆论攻势。经过一场内阁会议后，在 7 月 25 日，由于担心左翼和右翼之间因西班牙事件爆发国内暴力冲突，会议发表了一份公报，大意是法国不会向西班牙提供战争物资。在接下来的两周里，布鲁姆对西班牙共和国的援助承诺彻底改变。到 8 月 1 日，法国政府决定提出一项言辞含混的不干涉协定，8 月 8 日决定实行全面武器禁运。[43]

毫无疑问，一旦战争爆发，英国不支持而唯独法国支持的状况若出现，便自然而然地透露着一些意味深长的信号。[44] 伦敦希望实施不干预政策之后，西班牙战争会因缺乏武器弹药而逐渐平息。8 月 15 日，伦敦和巴黎交换了外交照会，同意不对西班牙实施干预。双方宣布，一旦德国、意大利、苏联和葡萄牙政府同意，将立即对西班牙实施严格的武器弹药禁运。[45]

与法国一样，英国政府也承诺不惜一切代价降低欧洲燃起战火的风险。此外，就西班牙战争而言，伦敦的保守派决策者往往更坚持阶级成见，而非以英国战略利益为重。一位英国外交官曾经对记者亨利·巴克利说，"在西班牙事件中，最重要的是要记住，这是一场国内冲突，我们应当支持我们自己的阶级"[46]。墨索里尼和意大利外交大臣加莱亚佐·齐亚诺伯爵相信英国肯定认可了他们的行动。1936 年 7 月 28 日，齐亚诺告诉法国大使，"葡萄牙和英国的联盟由来已久，没有英国点头同意，葡萄牙很少公开表态。而这一次葡萄牙宣布支持叛乱分子，可见英国也支持叛军"[47]。就在第一架意大利飞机飞往摩洛哥的途中，驻伦敦的意大利使馆临时代办莱奥纳尔多·维泰蒂报告说，英国保守党高层会有很多人支持西班牙叛军和意大利法西斯主义。[48]

"背信弃义的阿尔比恩"① 对佛朗哥最终获胜的作用很大，只不过佛朗哥从未公开承认这一点。然而，仓促成立的叛军政府——国防委员会的成员都坚信，英国肯定是支持叛乱的，因为伦敦放任葡萄牙支持叛乱分子。[49] 8 月初，曾帮助安排飞机把佛朗哥从加那利群岛送到摩洛哥、旋翼飞机（现代直升机的前身）的发明者西班牙人胡安·德拉谢尔瓦告诉维泰蒂，他替莫拉将军把英国可供自由买卖的飞机全部买了下来，"这些飞机是给西班牙叛军的，这一点英国当局心知肚明，但他们还是为他采购飞机提供了各种方便"[50]。

英国人在西班牙拥有巨大的商业利益，导致他们敌视西班牙共和国。商界认为，无政府主义者和西班牙其他革命者有可能夺取英国人的财产并将其转为公有。[51] 同样，由于阶级和教育的原因，英国政府和外交使团的成员也认同民族主义者的反革命目标，正如他们认同希特勒和墨索里尼的目标一样。此外，西班牙贵族和从事雪利酒出口的大家族常常把子孙送往英国的天主教贵族公学接受教育，比如博蒙特学院、唐塞德学校、安普尔福思学院和斯托尼赫斯特学院。两国上层的交情造成英国保守派对西班牙共和国的潜在敌意不断加深。[52] 不干涉政策表面上是要使西班牙战争中立化、地方化，但实际上它对西班牙共和国的不利影响远远大于对叛乱分子的阻碍。一个明显的例子是，英国的银行支持叛乱分子，而金融管理

---

① 即"perfidious Albion"，是欧洲自 13 世纪以来的一种常用表达，在国际外交关系中也被广泛使用，讽刺英国君主或政府只为追求自身利益而采取背信弃义的行为。

当局对银行的相关行为却睁一只眼闭一只眼。[53]

叛乱分子的国际环境日益有利，他们便发动了两次战役，处境大大改善。佛朗哥指挥的非洲部队利用在摩洛哥战争中磨炼出来的恐怖手段迅速推进。抵挡他们前进的劳工没受过军事训练，手里只有猎枪、老式短枪、小刀和斧子。西班牙殖民地部队的突击分队占领了塞维利亚省和巴达霍斯省的村庄和城镇。他们不仅配备了大炮，还有意大利空军飞行员驾驶萨伏亚－马切蒂81型飞机和纳粹德国空军飞行员驾驶容克52型飞机所提供的空中优势。到8月10日，他们占领了西南部的梅里达，国民军控制区连为一片。亚格的部队随后折回，攻占了埃斯特雷马杜拉省省会城市巴达霍斯，这里靠近葡萄牙边境。巴达霍斯位置孤立，叛军随时可以重新杀回来，所以占领巴达霍斯在战略上并非必要。在猛烈的炮火和轰炸之后，城墙沦陷，残酷的镇压开始了，近2000人被射杀，其中包括许多无辜的平民。街道上血流遍地，尸体成堆，葡萄牙记者马里奥·内维斯用"荒凉和恐惧"来描述当时的场景。佛朗哥这是在警告马德里的居民，如果在非洲军团到来之前不投降，他们将会面临同样的下场。[54]

与此同时，8月初，莫拉发动攻势以切断巴斯克地区与法国边界的联系。小镇伊伦和丰特拉维亚不仅遭到来自海上的炮击，每天还受到德国和意大利轰炸机的攻击。这些飞机撒下宣传叛军的小册子，威胁让巴达霍斯的暴行重演。守卫伊伦的民兵装备简陋，毫无战斗经验，尽管作战十分勇敢，但还是在9月3日被击溃。成千上万的难民惊恐万状地从伊伦跨过比达索亚河，经国际大桥逃入法国。巴斯克地区、桑坦德和阿斯图里亚斯与法国以及西班牙共和军控制地区的联系如今已被割断。叛军于 1936 年 9 月 13 日星期日占领了紧邻法国边境的圣塞瓦斯蒂安。[55]

叛军在 8 月和 9 月间巩固了他们的阵地，在何塞·恩里克·巴雷拉将军的指挥下，塞维利亚、科尔多瓦、格拉纳达和加的斯连在了一起。共和军不断撤退，其间只发起了两次进攻，进攻不仅失败，而且消耗了不少资源。从 7 月 21 日起的两个多月里，共和军民兵包围了龟缩在托莱多城堡里的托莱多省驻军，但在浪费了大量时间、精力和弹药之后，民兵部队还是没有成功夺取这个在战略上并不重要的目标。[56] 同样，7 月 23 日，狂热的无政府主义民兵部队从巴塞罗那出发，计划重新夺回萨拉戈萨。与塞维利亚一样，阿拉贡首府萨拉戈萨是全劳联的据点，很快也落入叛军手中。因此，对于全劳联来说，夺回萨拉戈萨成为一场荣誉之战。他们进入了攻击距离，却因为武器不足而停了下来。部队行进路上，他们强行将小农场收归集体所有，导致了严重的抗议。[57]

8 月下旬，佛朗哥的非洲军团向东北方向朝着西班牙中部城市塔拉韦拉－德拉雷纳迅速推进。希拉尔发现，没有全劳联和工总的支持，政府无力抵抗。他呼吁改组政府，邀请其他派别加入内阁。要想生存下去，需要一个代表工人阶级力量的内阁成员。这就意味着邀请拉尔戈·卡瓦列罗入阁。然而，即便共和国已经四面受敌，拉尔戈·卡瓦列罗仍然不赞同普列托的主张，他不认为为了安抚西方列强和巩固民众支持，内阁需要得到工人阶级政党和资产阶级共和派政党的共同拥护。8 月 26 日，在接受苏联记者米哈伊尔·科尔佐夫的采访时，普列托坦率地谈到他的这个对手："他是一个傻瓜，却处处让别人以为他很精明。他是一个冷酷的官僚，却把自己打扮成狂热分子。他是一个麻烦制造者，却假装很有办法，到处管闲事。他能葬送一切，毁掉所有人……尽管如此，至少在今天，只有他，或者更确切地说，只有以他之名，才能领导新政府。"[58]

拉尔戈·卡瓦列罗拒绝只担任战争部部长，还要求兼任总理。如果拉尔戈·卡瓦列罗成为总理，想一想都让阿萨尼亚害怕。他对自己的内兄西普里亚诺·里瓦斯·谢里夫说："他不是西班牙的列宁。他会彻底失败，共和国也将随之崩溃。"[59]当不得不任命他为总理时，科尔佐夫写道，人们普遍担心"由于粗鲁、不善交际和缺乏耐心，任何人都不可能与他合作"。普列托的朋友、著名生理学家胡安·内格林博士评论这一任命说："无论从本国还是国际角度来看，我无法想象还有比这更荒唐的错误了。想输掉战争吗？还是打算挑战欧洲？"[60]

对于阿萨尼亚、普列托、西班牙共产党人和斯大林来说，现实的选择是组建纯粹的共和派和社会主义者联合政府。但是，拉尔戈·卡瓦列罗把自己当作整个工人阶级的英雄，自信能够团结工人阶级，他要求两个部长职位由共产党人担任，否则便不接受任命。他还坚持另外三名工社党人入阁，普列托也许可以担任国防部部长。然而，卡瓦列罗想自己掌管国防部，因此，9月4日新政府宣布成立时，三个工社党人入阁。其中，普列托担任海军部和空军部部长，学识过人的内格林担任财政部部长，阿纳斯塔西奥担任工业部部长。[61]尽管工人爱戴拉尔戈·卡瓦列罗，但他缺乏精力、决心和远见，难以领导战争走向胜利。他的无能后来对共和国造成了严重损害。由于各种左翼势力相互争权，组阁过程并不轻松，但在分配职务时，他甚至没有与党内同僚协商。[62]在接任战争部部长一职时，他的第一项命令是撤掉堆满电话、地图和作战计划的桌子，这些都是他的前任胡安·埃尔南德斯·萨拉维亚将军使用过的。总参谋部在没有预约的情况下不能打扰他，这使得出现问题时无法迅速、灵活地解决。他的电话号码严格保密。拉尔戈严守作息时间。上午8点，他到办公室，午饭后只休息一小会儿，晚上8点上床睡觉。除非有最严重的紧急情况，否则决不允许别人叫醒他。[63]

希拉尔不仅要与佛朗哥及其军队作战，还要与希特勒和墨索里尼的军事和经济影响周旋，在遭到法国和英国冷落之后，他转向莫斯科求助。然而苏联的最初反应是极度令人尴尬的，因为克里姆林宫不希望西班牙发生的事件破坏其精心制订的与法国结盟的计划。然而，到8月中旬，希特勒和墨索里尼继续送来大量援助，如果西班牙共和国垮台，一场更大的灾难就会来临。这将严重改变欧洲的力量平衡，法国在其边境上将面对三个敌对的法西斯国家。[64]斯大林还希望苏联的援助得到回报。事实上，到9月底，内格林已经决定把西班牙的黄金储备送往苏联，既因为国际银行体系对西班牙不怀好意，还因为西班牙国内黄金储备的处境危险，而且苏联是唯一可能帮助共和国的大国。于是，克里姆林宫发起了所谓的"X行动"。[65]由于距离遥远，组织混乱，9月底，援助的装备才开始运往西班牙。第一批老旧步枪和机枪于10月4日运抵。后来，斯大林决定运去现代化的飞机和坦克，而这些都必须以高昂的价格支付。[66]

共和国苦苦寻求外国援助，缺乏组织的民兵撤退到首都，叛军此时加强了他们的指挥体系。9月21日，在萨拉曼卡附近的一个机场，叛军主要将帅开会选择一位总司令，这既是为方便统一指挥，也是为了推动进行中的谈判，以便从希特勒和墨索里尼那里争取援助。佛朗哥分别通过阿尔弗雷多·金德兰将军和胡安·亚格上校说服君主主义者和长枪党人，使其相信自己会帮助他们实现目标。金德兰召集了 9 月 21 日的会议。除位于布尔戈斯的国防委员会主席米格尔·卡瓦内利亚斯外，所有人都同意由一名总司令接替 7 月 20 日在葡萄牙飞机失事中丧生的圣胡尔霍。在萨拉曼卡会议上，尽管一些同事并不情愿，佛朗哥仍被选为总指挥。[67]

就在同一天，他的非洲军团到达马克达，南来的道路在此分叉，向北通往马德里，向东通往托莱多。部队可以向马德里前进，也可以向托莱多前进，以解救被包围的当地驻军。他决定率部前往托莱多，这表明，迅速取得战场胜利并不是佛朗哥的首要目标。此时马德里的守备尚未就绪，他失去了一次绝佳的进攻机会。9 月 26 日，托莱多城堡解围，经过这一场激动人心的胜利，加上大规模的媒体宣传，佛朗哥的权力愈发巩固。大屠杀随之而来。[68] 第二天，解围的场景被重演了一遍，并用新闻摄影机拍摄下来。世界各地的观众看到了佛朗哥在城堡的废墟中巡视，他在国际社会眼中成了发起叛乱的代表人物。9 月 28 日举行的第二次将军会议上，金德兰将军和佛朗哥的哥哥尼古拉斯使尽各种手段，会议一致同意授予佛朗哥大元帅军衔，在战争期间担任"西班牙国政府首脑"。然而，一贯狡猾的佛朗哥篡改了正式任命决定，自此僭取了国家元首的全部权力。[69]

10 月 7 日，非洲军团向马德里继续推进。优柔寡断的拉尔戈·卡瓦列罗除了组织民兵之外，没有任何保卫首都的计划。[70] 为了团结民众，11 月 4 日，他在内阁中增加了两名支持无政府主义的部长。然而，佛朗哥延迟了进攻。11 月初，苏联的飞机和坦克送到了，志愿者组成的国际纵队也抵达了马德里，守军士气大振。民主国家的志愿者参战，是担心西班牙共和国被绞杀后，世界其他国家可能会跟着遭殃。有些人来自意大利、德国和奥地利，他们之前逃离了法西斯主义和纳粹主义的控制，如今在西班牙他们第一次真正有机会反击并找到回家之路。志愿者最初于 10 月抵达西班牙，在阿尔瓦塞特接受训练。有些人是无业游民，有些人是知识分子，有些人是冒险家，他们的共同目的是打倒法西斯。[71]

　　他们到达马德里时，这里被恐怖笼罩，到处是逃难的人，供应十分匮乏。来自南部的难民带来了关于非洲军团实施暴行的可怕故事，这些部队如今就在马德里郊区。[72] 11 月 6 日，考虑到马德里可能陷落，卡瓦列罗审慎下令政府撤离到巴伦西亚，他的民望因此下降，再也没有恢复。马德里由一个半自治的政府接管，即共产党控制的保卫马德里委员会，名义上由何塞·米亚哈将军领导。[73] 在这一背景下，无政府主义者和共产党人联手处决了右翼囚犯，尤其是承诺参加叛乱的军官。共和军控制地区最大规模的一起暴行发生在马德里郊外的哈拉马河畔帕拉库埃略斯村，无政府主义者和共产主义者共同杀死了 2500 名囚犯。[74] 不修边幅的米亚哈鼓舞了民众的士气，而他手下才能出众的参谋长比森特·罗霍上校负责指挥守城的军队。国际纵队的先头部队于 11 月 8 日抵达马德里。其中有些人参加过第一次世界大战，有些人则在部队受过训。纵队战士被编入马德里守军，与当地士兵的比例是一比四，这些人不仅鼓舞了守军的士气，还教给他们基本的军事技能。守军阻止了佛朗哥非洲军团的进攻。到 11 月底，佛朗哥不得不承认自己的失败。马德里陷入包围之后仍坚持了两年半才被攻陷。

然而，共和军内部不和，缺少正规部队，共和国未能扩大在马德里取得的胜利果实。不断的炸弹袭击之下，越来越多的人沦为难民。仅在12月4日，德国飞机就抛下了36吨炸弹。许多人无家可归，还有一些人饥肠辘辘，排了几小时的队，只为获得一点点豆子、大米和面包，但是往往什么也买不到。[75] 然而，1936年12月中旬至1937年2月中旬运抵西班牙的意大利"志愿者"就达到近5万名，佛朗哥的部队很快得到了加强。这支军队由意大利志愿军、仓促招募的工人和一些正规部队组成。[76] 佛朗哥开始采取一系列行动以彻底包围马德里。在博阿迪利亚战役（1936年12月）、哈拉马战役（1937年2月）和瓜达拉哈拉战役（1937年3月）中，共和军虽然击退了佛朗哥的部队，但己方也伤亡惨重。共和军集中保卫马德里，这意味着他们放弃了其他战线，尤其是南部的马拉加。马拉加只有装备简陋的民兵守卫，2月初在意大利志愿军的进攻下陷落，算得上是墨索里尼的战功，这让佛朗哥感到非常恼火。[77] 马拉加陷落后，人们不再迷信拉尔戈·卡瓦列罗，认为他并非一位有力的战争领导者。马拉加陷落前的几小时里，他一直在酣睡，其无能暴露无遗，共产党决定把他赶下台。[78]

佛朗哥仍在马德里近郊苦战。在哈拉马，尽管国民军把阵线推进了几公里，但未能切断通往巴伦西亚的道路，没有取得重大进展。大雨滂沱，寒风刺骨，加上通信不畅，叛军损失了2万人，共和军损失了2.5万人，其中包括一些来自英国和美国的优秀的国际纵队成员。英国纵队在一个下午内几乎全军覆没。[79] 3月，佛朗哥在马德里东北60公里处的瓜达拉哈拉附近发起进攻，计划进一步包围马德里。他既需要意大利的援助，又担心罗马指挥下的意大利军发起源源不断的进攻，不愿蒙羞接受墨索里尼仁慈赐予的胜利。墨索里尼想要取得大胜，而佛朗哥置意大利部队于不顾，仿佛他们只能够为受困于哈拉马的西班牙叛军提振士气而已。意大利人认为这是一项重大的联合行动，而佛朗哥却没有向意大利人提供所期望的配合。在大雪和冻雨中，这些行动迟缓的意大利志愿者缺乏装备和衣服，许多人还穿着殖民地的单薄军装。共和军战斗机可以从永久跑道上起飞，而他们的飞机却被困在泥泞的临时机场，完全成了靶子。结果，意大利志愿军被击败。[80]

叛军在瓜达拉哈拉遭到失败后，佛朗哥不得不接受重大的战略转变。情报显示，西班牙共和军把其战斗力最强的部队集中在西班牙中部，其他战线的守备力量薄弱。于是，佛朗哥不情愿地放弃了攻占马德里的执念，把军力转向其他地方，计划一步一步摧毁共和军。到 3 月下旬，进攻重点转移到北部，目的是夺取巴斯克地区各省的军工厂和煤炭、钢铁储备。[81] 3 月，莫拉率领 4 万士兵袭击了巴斯克地区，同时，国民军虚张声势地采取海上封锁措施，目的是让毕尔巴鄂的居民陷于饥饿，这是对国际水域航行自由的侵犯。这得到了英国保守党政府的支持，该政府向英国商船施压，以实际上并不存在的封锁为由，要求它们不要向毕尔巴鄂运送补给品。英国政府这一举措帮了佛朗哥一个大忙。《泰晤士报》记者乔治·斯蒂尔、工党和自由党议员揭露了英国政府的这种虚伪行径。[82]

佛朗哥每一次受挫后，他的轴心国盟友都予以新的支持，因此，即使在瓜达拉哈拉遭受失败，主动权仍然在叛军手中。因为急于推动佛朗哥加快战争进程，轴心国盟友支持发动以散播恐怖为目的的轰炸。于是，格尔尼卡于 1937 年 4 月 26 日在轰炸中遭到彻底摧毁，这次空袭也是对波兰和法国实施的闪电战的预演。这次轰炸的目的是造成尽可能多的平民伤亡，选择的炸弹是高爆弹和燃烧弹，其用心险恶可见一斑。轰炸的第一个目标是市政水箱和消防站，以阻止当地人扑灭大火。惊慌失措的市民逃到周围的田地里，却在亨克尔 He-51 型战斗机的机枪扫射之下退回了城里。这些战斗机在城镇的上方盘旋，德军指挥官沃尔弗拉姆·冯·里希特霍芬称其为"火环"。这次轰炸打击了巴斯克地区的士气，首府毕尔巴鄂的防御也被动摇，并于 6 月 19 日陷落。[83]

在巴斯克地区取得胜利的同时，佛朗哥在政治上也高奏凯歌，他不仅消除了与支持者之间的分歧，而且发起了一个大型政治运动。这起运动的策划者是他的哥哥尼古拉斯和内兄拉蒙·塞拉诺·苏涅尔。他们实施狡计，把叛军联盟中最大的两个组织统一起来，一个是长枪党，一个是卡洛斯派的正统派联盟。首先，他们利用长枪党内部两个主要群体之间的激烈权力斗争，这两个群体分别是由产业工人曼努埃尔·埃迪利亚领导的立场更激进的法西斯主义者，以及长枪党创始人何塞·安东尼奥·普里莫·德里韦拉的亲友组成的所谓正统派，领导人是阿古斯丁·阿斯纳尔。在尼古拉斯和塞拉诺·苏涅尔二人的策划下，两派于 4 月中旬在萨拉曼卡爆发冲突，佛朗哥于是借机抓捕阿斯纳尔领导的一派。4 月 18 日，埃迪利亚被任命为长枪党的全国首领。然而在第二天，佛朗哥发布统一法令，宣布成立统一的"西班牙民族工团主义奋进会正统派长枪党"。这一决定之前既没有与埃迪利亚商量，也没有告知卡洛斯派。埃迪利亚提出了抗议，之后于 4 月 25 日被捕，经审判后被判死刑，后减刑为四年监禁。新成立的这个唯一合法的政党后来被称为"运动党"，该党几乎没有政治自主权，只不过是一台用于政治分赃的机器。[84] 佛朗哥在军队中也几乎没有竞争对手。圣胡尔霍在政变一开始就死掉了，戈代德和凡胡尔在 1936 年 8 月被共和派处死。唯一的潜在对手是莫拉，而他在 1937 年 6 月 3 日的空难中丧生。

佛朗哥不断铲除内部异己，而共和国除了面对境外强敌，还面临着大量的内部问题。战争最初几天，资产阶级政府迅速崩溃，平行行使权力的革命机构迅速涌现，多是与左翼工会和政党有联系的委员会和民兵。农业和工业设施被收归集体所有。让英国作家乔治·奥威尔等参与者和外国观察人士感到高兴的是，始于 1936 年秋季的大规模集体主义实验并没有制造出战争机器。战争优先还是革命优先，不同派别的主张相互对立，一场小规模内战不断酝酿，直到 1937 年 5 月革命分子被击败。[85] 自由派共和党人和温和派工社党人认为，要想有效地组织战争，必须要有一个传统的国家机构，由中央控制经济和群众动员。共产党人和苏联顾问都同意这一点。苏联正在寻求资产阶级民主国家的支持，这些人希望叫停托洛茨基主义者和无政府主义者的革命活动，以换取资产阶级民主国家的安心。[86]

然而，他们没法通过总理拉尔戈·卡瓦列罗这一关。英国记者菲利普·乔丹说，拉尔戈·卡瓦列罗"是一个劣质的神话，由于他的虚荣心，共和国早期的力量遭到大大损耗"[87]。从 1937 年 2 月开始，共产党人就在想方设法赶走他，但他们也知道，无政府主义者决心让这位"西班牙的列宁"继续掌权。[88] 具有讽刺意味的是，正是他发起行动稳住了革命分子。1937 年 2 月 1 日，在对议会的一次演讲中，他暴露了自己曾为革命吹下的海口的局限性，宣称"实验已经足够了"。他之前把集体化的工厂收归国有，把民兵编成军队，中央政府重获 1936 年夏天的革命成果。[89] 然而，他现在面对的是由共和党人、温和的工社党人和共产党人组成的联盟，这个联盟计划进一步遏制无产阶级革命。

马拉加的沦陷让共产党人和他们的苏联顾问相信，当前存在的除了抵抗上的无能，还有蓄意破坏和背信弃义。本地的"托洛茨基主义者"即马克思主义统一工人党（"马统工党"）成为焦点，该党由安德鲁·尼恩领导，他曾经担任托洛茨基的秘书，但现在已与其疏远。1937 年 5 月，由于经济和社会困境，巴塞罗那的政治角力不断加剧，冲突达到了顶点。这里的难民人数达到 35 万，供应短缺，通货膨胀，人们为了吃饱而抢劫。在兵器工业控制权、农村和工业合作社、无政府主义民兵自治权和维持公共秩序的问题上，加泰罗尼亚自治政府和共产主义政党——加泰罗尼亚统一社会党为一个阵营，全劳联和马统工党为另一个阵营，双方之间的冲突一触即发。自治政府主席孔帕尼斯在 10 月已经重建警察部队，计划阻止无政府主义者的过激行动。[90]

5 月 3 日，危机在巴塞罗那爆发。加泰罗尼亚自治政府发起突然袭击，从全劳联手中夺回电话大楼，巷战随即点燃，成为内战中的内战，只是规模较小。市中心竖起了路障。全劳联、马统工党和革命无政府主义团体"杜鲁蒂之友"对抗加泰罗尼亚自治政府和加泰罗尼亚统一社会党的部队，冲突持续了数日。从巴塞罗那发往莫斯科的报告显示，共产党根本不是这些事件的策划者，冲突反而大大出乎他们的意料。尽管如此，共产党和温和派的工社党人抓住机会击溃了全劳联的势力，并且限制了加泰罗尼亚自治政府的权力。

全劳联进退两难，要想赢得巴塞罗那，就要与加泰罗尼亚自治政府作战，并且既要打败共和国中央政府，又要战胜佛朗哥势力。加泰罗尼亚自治政府的国防部由全劳联的弗朗西斯科·伊斯格列阿斯·皮埃尔诺和他的副手胡安·曼努埃尔·莫利纳控制。他们不仅控制着巴塞罗那的主要要塞，并且拥有防空炮和岸炮，炮口直指加泰罗尼亚自治政府大楼，因此他们信心满满，指示全劳联的民兵部队留在阿拉贡，不用回援巴塞罗那。然而，由于事态极其严重，全劳联领导层不情愿地命令他们的成员放下武器。巴伦西亚的政府在 5 月 7 日派出警察增援，动乱由此结束。巴塞罗那动乱之时，巴斯克地区正在落入佛朗哥之手。[91]

　　整个内阁、共和派、工社党和共产党的部长们，包括总统阿萨尼亚，现在都因拉尔戈·卡瓦列罗的无能而怒火中烧。希拉尔告诉阿萨尼亚，他和其他部长询问拉尔戈·卡瓦列罗关于战争的进展，拉尔戈·卡瓦列罗回答说："您看一看报纸就知道了。"[92] 在 5 月 13 日的一次激烈的内阁会议上，西班牙共产党的部长赫苏斯·埃尔安德斯和比森特·乌里韦建议政府采取更强硬的措施维护公共秩序，解散马统工党并逮捕其领导人。拉尔戈·卡瓦列罗一心赶走共产党的部长，拒绝了他们的建议，结果如他所愿，这两名共产党部长随后辞职。然而，普列托和内格林宣布，如果他们辞职，自己也将一同辞职。拉尔戈于是被迫辞职。[93] 斯大林曾希望拉尔戈·卡瓦列罗仅仅辞去战争部部长的职务，继续担任总理。拉尔戈的工社党同僚也希望普列托取代他，成为战争部部长。[94] 普列托拒绝出任总理，他更愿意去由陆军部、海军部和空军部合并而成的新国防部任部长，全面负责指挥战争，总理职位则由胡安·内格林博士担任。

两周后，阿萨尼亚对内格林的精力和决断力感到满意，他写道："现在我和总理讨论时，我不再觉得自己是在和一个死人说话。"[95]

此后，拉尔戈·卡瓦列罗一心给共和国政府拆台。战后，工社党的秘书长拉蒙·拉莫内达写道："卡瓦列罗工于心计，偷奸耍滑玩出了新高度，他把自己在1933年至1937年间给党带来灾难的责任嫁祸给了别人。这样一来，他就摆脱了战争时期的责任，流亡国外，跳进了反对内格林的阵营，成为共和国的敌人，就好像他执政期间的西班牙是人间天堂一样。"拉莫内达认为，卡瓦列罗下台后的所作所为是为自己和追随者们提前准备后路。他预感到反共风潮即将来临，"于是选择流亡，洗去红色印记，违背亲苏立场——哦，西班牙的列宁——并且使自己见容于警察、资产阶级和极端保守的政府"[96]。

1937年5月危机之后，全劳联的成员纷纷被捕，甚至连马统工党成员都未能幸免。安德鲁·尼恩和马统工党其他领导人发表的革命宣言的战斗性远远超过了全劳联。然而，马统工党只是被暂停活动，等待接受犯罪活动调查，1938年10月审判后才被正式解散。[97]苏联安全部门把消灭尼恩作为主要目标。苏联人民内务委员部在西班牙的头头亚历山大·奥尔洛夫精心策划了一场阴谋，把尼恩陷害为德国特工。尼恩遭到逮捕，被关押在埃纳雷斯堡，由奥尔洛夫负责看管。1937年7月下旬，一场装模作样的表演后，尼恩被指系盖世太保释放的人员，随后人民内务委员部的人将他杀害。[98]

阿萨尼亚明白普列托绝对是负责战争事务的合适人选，但是担心他的脾气暴躁，不适合担任总理。他更喜欢内格林，"年轻，聪明，有教养，他知道问题在哪儿，能够区分事情的轻重缓急，看问题很全面"[99]。内格林很快意识到任务之复杂。仅仅两周后，毕尔巴鄂就陷落了，他不得不应付普列托的反应。普列托伤心欲绝，他说："我把责任全部揽下，不仅给总理发了辞职信，甚至想过自杀。"[100]内格林设法说服他继续担任国防部部长。佛朗哥部队的优势日益增长，内格林把希望放在了杰出的战略家比森特·罗霍上校身上。比森特·罗霍试图采取一系列进攻，转移敌人注意力，以此阻止叛军的不断前进。7 月 6 日，在马德里西部干旱丛林地带的布鲁内特，5 万名士兵冲破了敌人的防线，但佛朗哥不仅拥有大量增援部队来填补缺口，还拥有巨大的空中优势。这场战争中最血腥的遭遇战持续了 10 天，共和军遭到了空袭和炮火的猛烈攻击。尽管付出了巨大的人员和装备代价，布鲁内特战役只不过稍微延缓了北方地区最终的崩溃。参加这场战役的人数达到 9 万，其中近 4 万人死亡或受伤。布鲁内特被夷为平地。[101]在随后的战斗中，佛朗哥利用从福特汽车公司赊购的一队卡车运来了增援部队。德士古石油公司的董事长托基尔·里贝尔支持纳粹，他向叛军赊售了燃料。担保是由马奇提供的，他还从其他地方为叛军购买了燃料。[102]

　　内格林担任总理后，拉尔戈·卡瓦列罗领导政府时的混乱、低效和腐败尽管没有一扫而光，但情况已经有所好转。内格林的内阁部长有 9 人，而拉尔戈的内阁有 18 人。何塞·希拉尔在接手外交部时发现几乎找不到任何档案。他发现，1937 年前 5 个月该部已经签发了 600 本外交护照，外交邮袋被用于私人事务甚至夹带私货，这让他感到十分震惊。更危险的是，他发现西班牙驻外使馆向佛朗哥支持者提供入籍证明、护照和庇护，从中赚取巨额利润。内格林向阿萨尼亚报告了与激进党有关的腐败风气，并指出议会议长迭戈·马丁内斯·巴里奥正利用其影响力为共和同盟的同僚牟取油水丰厚的政府职位。阿萨尼亚并不感到惊讶，因为所有政治团体都在做同样的事情，甚至全劳联－伊比利亚无政府主义者联盟也不例外。[103]

阿萨尼亚认为武装部队中充斥着第五纵队的成员，佛朗哥的总参谋部经常提前知道罗霍的进攻计划。[104] 但情况并非总是如此。1937 年 8 月，罗霍大胆进攻萨拉戈萨。在小镇贝尔奇特，就像在布鲁内特一样，共和军先是占据了优势，却无力给予叛军致命一击。其后，叛军凭借意大利运来的大量兵员和装备，于 8 月 26 日占领桑坦德，俘虏 4.5 万人。[105] 9 月和 10 月间，阿斯图里亚斯也全部沦陷。叛军掌握了北方的工厂，他们原本在人员、坦克和飞机上已经优势明显，如今占据了决定性的优势。普列托再次提出辞呈，但被内格林拒绝。战场平衡逐渐向佛朗哥倾斜，共和国政府 1937 年 11 月初从巴伦西亚迁往巴塞罗那。此举是为更好动员加泰罗尼亚为战争投入资源，但当时叛军眼看着就要进攻巴伦西亚，此时把政府迁往离法国边境更近的巴塞罗那，肯定也有失败情绪的成分。[106]

1937 年 12 月，罗霍主动出击东北部的特鲁埃尔，希望能扰乱佛朗哥刚刚对马德里发动的攻击。得益于严寒天气，他的计划最初是奏效的。叛军飞机因天气而停飞，出其不意的进攻把叛军打得措手不及。1938 年 1 月 8 日，共和军攻入特鲁埃尔，这是共和军首次占领敌人控制的省会城市。从战略角度看，佛朗哥应当放弃特鲁埃尔，继续推进军事行动以孤立马德里。由于罗霍已经把一切力量投入特鲁埃尔战役，一旦叛军占领马德里，战争可以更快地结束。但是，以这样的方式取胜不是佛朗哥所追求的。1937 年 4 月，他曾告诉意大利大使，"为了救赎和安抚，必须慢慢来"。共和军必须被彻底粉碎，占领区必须镇压，通过这一计划为建立持久的独裁政权奠定基础。对于这个战略构想，佛朗哥的轴心国盟友和他手下的许多将军大惑不解。[107]只要有机会摧毁共和国最强的部队，佛朗哥绝不犹豫，哪怕自己的部队会因此蒙受巨大损失。因此，共和军的胜利转瞬即逝，在大炮和轰炸机的重击下，罗霍的部队六周后被击退。在为保卫微不足道的胜利而又一次付出高昂代价之后，特鲁埃尔即将陷入包围，共和军不得不在 1938 年 2 月 21 日撤退。双方的伤亡都是巨大的。即便取胜，也没有什么战略意义，共和军在人员和装备上损失惨重。[108]

特鲁埃尔一役之后，共和军人困马乏，缺枪少炮，士气低落。罗霍在布鲁内特、贝尔奇特和特鲁埃尔的三次进攻连遭失败，这表明，在佛朗哥部队的绝对物质优势面前，忠于共和国的部队的勇气将一再遭受碾压。每一次，共和军都无法延续他们最初取得的优势。到 1938 年初，佛朗哥在部队人数方面超出 20%，在飞机、大炮和其他装备方面的优势更是压倒性的。[109]他利用这种优势夺回了特鲁埃尔，此役成为战争的转折点。佛朗哥主动出击，横扫阿拉贡和卡斯特利翁，兵锋直指地中海。10 万军队、200 辆坦克和近 1000 架德国和意大利飞机在 3 月 7 日开始快速推进。4 月初，叛军到达莱里达，然后沿着埃布罗河谷向下进军，切断了加泰罗尼亚与共和国其他地区的联系。到 4 月 15 日，他们占领的领土达到 6400 平方公里，部队抵达了地中海。佛朗哥部队大约有 350 人死亡，1200人受伤。共和军死亡人数接近 5000 人，超过 5500 人被俘。[110]佛朗哥部队接连攻入莱里达和塔拉戈纳之后展开残酷镇压，打击加泰罗尼亚独立主义势力。面对这场意料之中的镇压，坎博预测说，这将使加泰罗尼亚和西班牙之间的未来关系更加恶化。[111]

在共和军连遭失利的同时，国内的粮食短缺也在加剧，难民的涌入使情况更加恶化。[112] 在地中海沿岸，轰炸越来越频繁和猛烈，士气大受打击。巴塞罗那在 1937 年 12 月和 1938 年 3 月遭受重创。平民区挤满了难民，成为袭击目标。[113] 由于共和国的外汇储备和黄金储备都被用于武器采购，食品进口受到了影响。相反，叛军控制了安达卢西亚西部、埃斯特雷马杜拉和卡斯蒂利亚的小麦和畜牧产区。共和国控制的农地越来越少。此外，1938 年春天，在从阿拉贡仓皇撤退到加泰罗尼亚的路上，部队到处寻找鸡蛋、家禽、水果和蔬菜。尽管贵格会伸出了援手，但由于大米、豆类或扁豆的定量为 150 克，1936 年至 1938 年期间，因营养不良而死亡的儿童和老人人数翻了两番。[114]

比起速战速决，佛朗哥更想彻底打垮共和军。阿拉贡一役胜利后，他没有乘胜进攻防守薄弱的巴塞罗那。[115] 相反，7 月，他对巴伦西亚发起了猛攻。由于共和军顽强抵抗，攻势进展缓慢，部队精疲力竭。到 1938 年 7 月 23 日，国民军抵达离城只有 40 公里的地方，巴伦西亚面临直接的威胁。[116] 比森特·罗霍做出惊人决定，指挥部队跨过埃布罗河，恢复与加泰罗尼亚的联系，以此分散敌军力量。罗霍投入战场的军队包括刚刚征召的士兵，年龄最大的 35 岁，最小的 16 岁，他们只接受了 5 天的训练。这对加泰罗尼亚的经济和社会产生了负面影响。饥饿和部队借宿已经造成了厌战情绪，而征兵又占用了劳动力，厌战情绪因此进一步加剧。

这是整场战争中最艰苦的战役，8 万人成功渡河，突破了佛朗哥的防线，而国际纵队为此蒙受了巨大伤亡。8 月 1 日，部队抵达塔拉戈纳省的甘德萨。然而，借助大量卡车，佛朗哥的增援部队迅速赶到。他出动强大的空军和大炮，共和军在酷热中遭受了三个月的猛烈轰炸。到 11 月中旬，佛朗哥部队在付出巨大伤亡之后，终于把共和军赶出了 7 月占领的地区。大约有 6100 名佛朗哥方士兵和 7150 名共和军士兵死亡。受伤的人数约为 11 万，双方伤者的比例也大致类似。共和军不仅丧失了大量士兵，还丢掉了宝贵的物资。[117]

除了战场上的损失，共和国遭遇的最大失败发生在慕尼黑。共和军发动埃布罗河战役，有一部分原因是想让战争继续下去，拖到西方民主国家意识到轴心国的危险。内格林希望，欧洲全面战争的爆发能促使共和国与法国、英国和苏联结盟，共同对抗德国和意大利。结果，面对捷克斯洛伐克危机，英国采取了绥靖政策，这几乎将共和国判处了死刑，内格林的希望破灭。长期以来，英国的外交政策一直倾向于支持佛朗哥取胜。为了避免与希特勒开战，英国首相张伯伦在 1938 年 9 月 29 日的慕尼黑协定中向纳粹德国出卖了捷克斯洛伐克。这种局面迫使斯大林重新思考他对西班牙的策略。共和国现在面临着溃败。在空中掩护、火炮和部队人数方面，佛朗哥拥有的后勤优势比以往任何时候都明显。佛朗哥坚信，慕尼黑事件之后共和国不可能指望借助欧洲战争扭转颓势，于是召集了 3 万多名新兵。他给予纳粹德国广泛的采矿特许权，以换取大量装备。[118]埃布罗河战役影响了共和国的整个战局，战斗中消耗了大量装备，给叛军占领加泰罗尼亚提供了可乘之机。1939 年 1 月 26 日，巴塞罗那沦陷，45 万名共和国支持者开始流亡。[119]

西班牙约 30% 的领土仍在共和国控制之下，位于中部和东南部。内格林仍然希望坚持到欧洲战争打响。然而，3 月 5 日在马德里，共和军中央集团军指挥官塞希斯孟多·卡萨多上校起事推翻了共和国政府。他的回忆录里充满谎言，声称他这样做是为了阻止更多无谓的屠杀，但他与佛朗哥第五纵队关系密切，他的主要目的是确保自己的出路。他利用了拉尔戈·卡瓦列罗的支持者和无政府主义者对内格林和共产党的不满。他还说服了许多军官，让他们相信，他可以在佛朗哥未来的国家保证他们获得养老金。马德里百姓饥肠辘辘，部队士气低落，卡萨多利用了这一局面，他的行动得到了广泛的支持。知名的社会主义者、法学教授胡利安·贝斯泰罗也参与了政变活动，政变因此显得合法正当。在与第五纵队的接触中，他天真地认为战后不会有大规模的镇压。政变在共和国控制区内引发了一场持续 6 天的内战，过去三年的流血和牺牲因此变得毫无意义。内格林被迫流亡，卡萨多打败了亲共势力。他承诺佛朗哥会慈悲为怀，结果承诺变成了泡影，此外，他的国防委员会也没能撤走那些数以万计、受到佛朗哥分子威胁的人。他酿成了一场重大的人道灾难。[120]

3 月 27 日，佛朗哥的部队开进了马德里，街巷上安静得令人发毛。他们的胜利铸成了佛朗哥的独裁。由于害怕共和国支持者夺回权力后施加报复，在对战败者的镇压过程中，支持佛朗哥的各派人马陷入了所谓的"血盟"。对许多西班牙人来说，战争还没有结束。直到 20 世纪 50 年代早期，佛朗哥的部队仍在打击各类武装组织，这些武装组织一直在徒劳地试图转败为胜。值得注意的是，除了单纯的消极抵抗之外，还有人积极反抗。西班牙左翼在军事上遭受失败，他们最有影响力、最有群众基础的干部在三年的流血斗争中被大量杀害。大约有 45 万共和国支持者流亡海外，那些没能到达拉丁美洲避祸的人，很快就被第二次世界大战的旋风吞噬。留在西班牙的人很快意识到，佛朗哥对待战败者的政策与战时在占领地区实施清洗的政策一样残酷。此外，反对佛朗哥的各派势力内部分崩离析。左翼内部早已冲突不断，如今各方更是激烈地指责其他人应承担失败的责任，矛盾愈演愈烈。20 世纪 40 年代，反对佛朗哥的运动就是一段不停分裂和逐步衰弱的历史。

第十二章

世界大战：生存、虚伪和利益，1939—1945 年

从 1939 年到 1944 年，反对独裁的武装斗争来自所谓的"掉队者"，即宁愿躲到山里也不愿投降的共和国支持者。镇压、饥饿、被死亡和流放摧毁的家庭，以及更重要的——前三年的大战造成的极度疲惫，确保了不会发生大规模造反。"掉队者"从未对独裁政权构成威胁。他们的首要目标是生存。[1] 情况在 1944 年发生了变化，当时在法国抵抗运动中起到重要作用的流亡者们把目光转向了西班牙，因为德国人即将战败。

在那之前，佛朗哥担心的主要是自己联盟内的对手。他施展高超的手腕，操纵"家人"，让他们卷入腐败，煽动他们相互猜疑，让他们依赖自己这个最高仲裁者。佛朗哥能够一眼看出一个人的弱点，并且知道收买他的代价。他会允诺部长和大使这样的职位，提供军事晋升机会和在国企工作的岗位，或是给予一枚勋章和一项进口许可，甚至有时只是送去一盒雪茄。他选择部长不是看他们的潜在能力，而是取决于自己在政治棋盘上的行动。弗兰塞斯克·坎博把佛朗哥的成功归功于"他灵活的左手。他凭借高超的技巧摆布众人，尤其把他的将军们操纵于股掌之间"[2]。

对于他人不断的奉承，佛朗哥很是受用，不仅把自己看作神圣罗马帝国皇帝查理五世和其子西班牙国王费利佩二世的继承人，而且是希特勒和墨索里尼的天然搭档，有能力在北非建立新的殖民帝国。1939 年 8 月 8 日，他凭借《国家元首法》拥有了绝对权力，该法赋予他"颁布普遍性法律的最高权力"，并且"在紧急情况下"无须事先与内阁讨论即可颁布专门的法令和法律。[3] 这是一种以前只有中世纪西班牙国王才享有的权力。他认为自己是沐浴帝国辉煌荣光的所有伟大马背君主的继承者，并将这一点体现在政权的仪式和活动编排之中。然而，早在内战结束之前的 2 月 9 日，他就颁布了一项法律，以刺激出口为名建立了一项特别基金，这项法律甚至没有依法在官方公报上公告。根据这部法律，工业和贸易部部长实际有权分配这些"奖金、补偿和退费"，用来抵消一系列神秘因素对出口造成的负面影响。这些都被归咎于敌人所造成的破坏，但实际上是内部通货膨胀和严重高估比塞塔的后果。由于所有的进出口业务都要经过政府部门的批准，所以那些手握审批权的人拥有巨大的寻租空间。[4]

政权的核心支柱是镇压，这种情形延续到第二次世界大战后的很长一段时间。超过 100 万西班牙人被投入监狱或劳改营，成千上万人被处决。正如佛朗哥故意放慢战争进程和接受采访时的明确表态所揭示的那样，他是在对实施恐怖独裁进行投资。战争结束后，当局继续打击共和国的支持者，战场转移到了军事法庭、监狱、集中营和劳工营，并且在盖世太保的帮助下追捕并处决了著名的流亡者，如路易·孔帕尼斯和胡利安·苏加萨戈伊蒂亚。佛朗哥的当务之急是对困在东部各个港口城市的人实施甄别和惩罚，并肃清新占领的省份。成千上万的囚犯关在拥挤、肮脏的营地和临时监狱里，无数人死于营养不良、疾病、酷刑和殴打。妇女被监禁后遭受强奸，孩子被夺走。佛朗哥要想长期巩固取得的胜利，必须完善国家恐怖机器，以保护和巩固之前的恐怖统治。正是出于这个原因，1936年7月宣布的戒严直到1948年才解除。[5]

成千上万的工人被流放或关进监狱或集中营，西班牙面临着严重的劳动力短缺。为了解决这一问题，佛朗哥政权对囚犯实施无情剥削，还假借宗教之名，宣称战败者需要通过奉献劳动来寻求救赎，以此为剥削辩护。当局把减刑当作努力工作的回报，这促进了资本积累，带来了20世纪60年代的经济繁荣。当局把囚犯出租给私人公司。矿山、铁路建设和所谓受灾地区的重建工作使用了强迫劳工（实际上就是苦役），不少企业因此赚取了巨额财富。这些企业里，既有建筑业巨头，比如 Banús Hermanos、San Román、Huarte、Agromán 和 Dragados y Construcciones，也有铁路公司，比如 Norte、MZA 和 Renfe，还有矿业企业，比如 Carbones Asturianos、Minera Estaño Silleda、Duro Felguera、Minería Industrial Pirenaica 和 Minas de Sillada，以及冶金和造船企业，比如 Babcock & Wilcox、Astilleros de Cádiz 和 La Maquinista Terrestreano。煤矿和汞矿的工作环境极其危险，许多囚犯死于井下。[6]

规模庞大的瓜达尔基维尔河下游灌渠工程就是由囚犯在恶劣的关押条件下建造的。面对持续干旱，灌渠所在地区的地主之前几乎没有任何作为，而如今灌渠大大提高了大片土地的生产力和地主的利润。[7]工会瓦解后，工资直线走低，银行、工业和地主阶级的利润因此获得惊人的增长。佛朗哥执意在烈士谷陵墓兴建了巨大的教堂和高耸的十字架，以纪念自己的胜利，这不仅暴露出他对自己的历史地位自大成狂，也是对身陷囹圄的共和国支持者实施剥削的极端例子。这项工程雇用了两万名囚犯，他们的工资很低。许多人死于营养不良，还有一些人在事故中死亡或身受重伤。[8]

以行政机制和伪法律框架为基础，当局建立了一套高压司法制度。随后开展的审判活动，其逻辑十分离奇，拉蒙·塞拉诺·苏涅尔称其为"前后颠倒的司法"。[9] 按照这个逻辑，那些依法反抗1936年政变的人倒是犯了军事叛乱罪，他们在接受军事法庭审判后被判处死刑。从1934年10月开始，这种诡辩更进了一步，所有的左翼或工会活动都被认为是"支持军事叛乱"，理由是这些活动引发了所谓的动乱，这才导致佛朗哥等人不得不发动军事政变。当然，军事政变才是真正的叛乱。[10] 这种法律上的无稽之谈竟然成为此后数以千计的即决军事法庭开展审判工作的依据。被告通常被剥夺了为自己辩护的权利。法官、检察官和被告的"律师"由军方选择，担任被告"律师"的军官总是比法官和检察官级别低。一起受审的一批批囚犯相互既不认识，被控罪名也明显不同。检察官只是宣读起诉书，往往不出示证据。法庭不允许被告方传唤证人或出示任何证据。属于"紧急即决审理"的，甚至不用宣读指控。这些案件也都不允许上诉。[11]

镇压手段并不限于制造恐怖。独裁政权掠夺成性。成千上万的人失去了生计，只因独裁政权的支持者垄断了政府职位，而这些人往往并不称职。根据1939年2月9日在布尔戈斯颁布的《政治责任法》，当局没收了大量财产。凡是反对军事叛乱的共和派人士，或以"消极"方式不支持军事叛乱、"犯罪"情节严重的共和派人士统统因此遭到报复。这些处罚包括沉重的罚金或没收财产，财产的范围大到企业和房屋、银行储蓄和股权，小到居家家具、餐具和刀具。通过有组织的敲诈勒索，法律不仅惩罚了战败者，还让他们为强加于他们的战争付出代价。当局不仅根据新的法律追诉旧账，甚至把过去完全合法的行为定为犯罪，比如加入政党或者出任公职。被处以罚金的共和派人士如果已故或流亡国外，当局就没收他们家人的财产。[12]

直到 20 世纪 50 年代，有组织有计划的迫害几乎在日常生活的各个方面仍然继续。共和派人士遭受难以忍受的贫困，家庭被夺走了男丁，妇女被迫卖淫，工人的工资不够维持最低生活所需，配给制度导致社会分裂。评估战败者的遭遇应当结合战争的经济后果。基础设施遭受破坏，战争伤亡和流放人口数量众多，代价无法估量。第二次世界大战期间的西班牙饱受干旱和歉收之苦，不仅食物严重匮乏（尤其是对战败者而言），而且腐败现象十分普遍。剥夺社会地位，制造经济贫困，这是打击战败者的另一种手段。[13]

由于农机和畜力缺失，气候恶劣，劳动力市场瓦解，农业生产降至 1914 年以前的水平。第二次世界大战期间，急需的农产品被用于出口，以偿还佛朗哥欠希特勒的债务。佛朗哥自诩为天才经济学家，他草率地采取了法西斯式的自给自足政策，却没有考虑到西班牙实际上并不具备必要的技术和工业基础。[14] 战争结束后，他的第一届政府于 1939 年 8 月 9 日宣布成立。胡安·安东尼奥·苏安塞斯是佛朗哥的终生好友，也是战时的工业和贸易部部长。取代他的人是更加无能的路易斯·阿拉尔孔·德拉斯特拉，他是贵族地主，曾在内战期间担任炮兵司令。让颇具才能的新任财政部部长何塞·拉腊斯震惊的是，就在入主工业和贸易部的前几天，阿拉尔孔竟然还在"钻研"基础的经济学知识。阿拉尔孔凡事都服从佛朗哥，后来成了他手下最无能的部长，只干了 14 个月。[15]

当佛朗哥与拉腊斯大谈他的自给自足计划，谈他相信西班牙将很快成为一个重要军事强国之时，拉腊斯都听傻了。佛朗哥没完没了地说他不会寻求外国贷款，陆军、海军和空军的大规模现代化建设可以通过印钞来支付。拉腊斯被佛朗哥的无知和偏见惊呆了。佛朗哥在无关紧要的内阁会议上宣布他的计划，而会议只讨论了像鞋价这样的问题，这让拉腊斯更加震惊。拉腊斯计划实施严格而现实的经济政策，这与佛朗哥不着边际的幻想发生了冲突。[16] 例如，1939 年 9 月 1 日，佛朗哥宣布建造近 200 艘海军舰艇，包括 4 艘战列舰、54 艘驱逐舰和 50 艘潜艇。他经常告诉拉腊斯，为公共工程增发的货币不会引起通货膨胀。其他一些从未付诸实施的计划，包括直布罗陀海峡隧道、连通比斯开湾和地中海的运河以及一项大规模的住宅工程。[17] 拉腊斯把这些计划比作儒勒·凡尔纳的小说构思，让他感到瞠目结舌，而佛朗哥自信对经济问题无所不知，这一点让他觉得实在可笑。拉腊斯意识到与佛朗哥争论没有意义，于是计划推动税收系统的根本性改革，统一两个战时区域的货币体制。在这两项政策的实施过程中，在内战中战败的共和派人士的积蓄被完全剥夺。战争期间在共和派地区发行的所有纸币都变成了废纸，银行账户里的金额被大打折扣。拉腊斯于 1941 年 5 月被替换。[18]

1939 年 10 月，佛朗哥宣布了一项简单化的十年计划，旨在为西班牙打造未来的繁荣。尽管西班牙缺乏燃料来源，该计划仍然错误地认为，西班牙有能力搞进口替代，增加出口，依赖本国的原材料，并且不必依赖外国投资。中立地位在第一次世界大战期间给西班牙带来了经济增长，而佛朗哥却对此置之不理，这里既有意识形态的因素，也有苏安塞斯建议的影响（此人和佛朗哥一样对经济学一知半解）。佛朗哥相信自给自足和公共工程并举，可以把西班牙改造为军事强国。他把比塞塔维持在一个被严重高估的汇率水平，这个糟糕的决定损害了出口。外汇的缺乏限制了进口，并引发了严重的短缺。[19]

除了这些令人惊愕的错误政策之外，佛朗哥还对一些骗人的把戏深信不疑，其态度之天真简直让人啼笑皆非。20 世纪 30 年代末，有人说服他相信可以利用一位炼金术士提供的无限量的黄金储备，打造领先的国际地位。这位炼金术士是一位神秘的印度人，名叫萨瓦波迪·哈玛拉特，可能曾给英国当过特工。为了方便哈玛拉特施展法术，佛朗哥把萨拉曼卡大学的科学实验室交给他使用。也许正因如此，佛朗哥在 1939 年末讲话中轻率地宣称西班牙拥有巨额黄金储备，而这显然与事实不符。[20]同样令人错愕的是，他竟然相信奥地利人阿尔贝特·冯·菲莱克会给他提供子虚乌有的合成汽油，这个家伙不过是一个小贼兼骗子。佛朗哥坚信菲莱克对他有无限崇拜，因此拒绝了国际上的巨额出价，而把这项发明贡献给了他这位首领。深信这个说法的包括佛朗哥的妻子卡门和内兄费利佩·波洛。据称，佛朗哥家族从这个项目中获得了巨额利润。最终，在大量的政府资金投入这个项目后，拉腊斯以及长枪党人、商人德梅特里奥·卡塞列尔对此表示怀疑，经过试验，骗局被揭穿，菲莱克也被关了起来。[21]

政府无力对财富进行再分配，甚至无法弥补税收体系的系统性欺诈，自给自足政策对大多数西班牙人造成的影响由此进一步加重。[22]实施自给自足政策主要靠的是苏安塞斯领导下的国家工业联合会。1941 年 9 月 25 日，苏安塞斯告诉佛朗哥，他可以轻松使西班牙实现工业化，他还告诉德国工业界的代表，他计划"消除英国资本的影响"。他的干涉主义政策，特别是在进口控制方面，后来产生了灾难性的后果。[23]

短缺带来定量配给，导致黑市交易和腐败猖獗。西班牙人民在20世纪40年代的饥饿岁月中所遭受的痛苦难以估量，而这很大程度上是佛朗哥的经济空想造成的。[24]战败者眼看就要饿死，而相比之下，那些为他发动战争提供资金的人却得到了慷慨的回报。主要的支持者获得了合同，得以向政府各部提供货物、服务或承建公共工程。另一些人则通过卖官获益，这些职位的获得者往往没有经验，难以称职，比不上那些已故的、流亡的、坐牢的或挨饿的前任。最大的制度化腐败是利用国家机器牟取私利。主要受益者是那些在各部有关系的人和那些贿赂部长的人。要与佛朗哥搭上关系，需要通过他的哥哥尼古拉斯·佛朗哥、妹妹皮拉尔和内兄费利佩·波洛，从他们手里都可以买到用于谒见部长的介绍信。[25]

那些能够获得稀缺产品进口许可证的企业获得了巨额利润，胡安·马奇当然就在其中。Segarra鞋业公司就是一个例子，该公司垄断了军需供应，有资格进口皮革用于生产民用品。独裁政权里作风较为简朴的将领之一拉斐尔·拉托雷·罗哈这样评论尼古拉斯·佛朗哥：

> 除了在奢华的里斯本大使馆里尽情享乐，放纵无度之外，他还是无数公司的董事长、副董事长或董事，这些公司都是在政府的支持和保护下创建的。这背后的坏事讲都讲不完！尼古拉斯·佛朗哥在工业和金融领域究竟是怎样的大角色？1936

年里，他的经济地位如何重要？举个例子：在巴利亚多利德有一家工厂，他是董事会的主席，厂子的经营本来每况愈下，结果有一天政府颁布法令，规定该厂需要进口的外国产品可以免征关税。[26]

到处都是腐败。长枪党的间谍部门向佛朗哥报告说，时任马德里的民政长官米格尔·普里莫·德里韦拉从替蓝色师团[①]筹集的捐款里揩油，用来补贴自己的奢侈生活。[27]1942年4月底，理想主义气息很浓的长枪党诗人迪奥尼西奥·里德鲁埃霍因病从蓝色师团返回西班牙，佛朗哥接见了他，他报告说，他的战友之中有很多人批评西班牙境内的腐败风气。佛朗哥不以为然地回答说，换作其他时代，胜利者得到的是贵族头衔和土地。既然如今给不了头衔和土地，他就对腐败睁一只眼闭一只眼，以此来取悦他的支持者。7月7日，里德鲁埃霍写信给佛朗哥，再次提出批评意见，并指出那些掌握政权的人是无能、反动和虚伪的平庸之辈。他认为现政权的行径是对西班牙"可悲的愚弄"，于是辞去了所有职务。里德鲁埃霍的坦诚换来的是在偏远小镇龙达8个月的牢狱之灾。[28]

一边是支持者大肆腐败，另一边是自给自足政策给穷人带来痛苦，佛朗哥却对此视而不见。一些长期以来被认为已经根除的疾病，如今由于营养不良而卷土重来。饥饿的人们从垃圾桶和恶臭的垃圾

---

① 蓝色师团（西班牙语：División Azul，德语：Blaue Division），二战时期西班牙派遣到东线给德军助战的志愿师，其成员均是西班牙现役军人或长枪党党徒，后文也会提及。

堆中翻找食物，英国和德国的外交官以及佛朗哥的安全部门都提到了这种让人触目惊心的现象。[29] 战争部部长何塞·巴雷拉将军收到了一些资深同僚的来信，抱怨士兵们的口粮严重不足。[30] 穷人只能依靠黑市续命。即使不是有意为之，黑市也是一种额外的镇压手段。腐败的地方政府一边严厉惩罚小企业主，另一边却几乎没有对那些暴利者加以约束。对富人来说，这种政策使其能够维持体面的食物和奢侈品，对许多农业生产者来说，这种政策带来了巨大的利润。[31]

黑市催生了一个全新的腐败商人阶层。他们与政权关系密切，可以积累大量财富。其中最有名的是胡利奥·穆尼奥斯·拉莫内特。由于穆尼奥斯·拉莫内特的家族与路易斯·奥尔加斯将军关系密切，他和他的哥哥获得了棉花销售许可证。他们利用这些许可证进行投机买卖，逼迫大约 20 家纺织厂破产，然后他们以最低价格买下这些工厂，重新开工。他们买通了工作人员和法官，建立了一个商业帝国，他们旗下的产业包含了巴塞罗那的丽兹酒店，以及西班牙境内的连锁百货公司和保险公司，还有在瑞士和多米尼加共和国的多家银行。[32]

佛朗哥对战败的共和派毫无宽宏之心，认为镇压应当长期维持。事实上，他在这方面的政策符合他对纳粹德国反犹主义的认同。1939 年 5 月 19 日的马德里，在壮观的胜利庆典上，他宣布有必要保持警惕，不让"大资本和马克思主义通过犹太精神结合在一起"，这种精神"不可能在一天之内被消灭"。[33] 这正好体现了 8 天前外交部在入境西班牙方面制定实施的明目张胆的种族主义政策。西班牙人和外国人入境都须获得签证，任何不支持佛朗哥的人都没能获得签证，那些"犹太特征明显的人、共济会成员以及那些不愿与佛朗哥治下的西班牙交好的犹太人"自然无法获得签证。至于领事们收到签证申请之后如何确定"明显的犹太特征"，该政策并未具体说明。[34]1939 年 9 月，佛朗哥将"红色团伙"对神职人员实施的暴行比作"遭诅咒的家伙们犯下的滔天罪行"。在新年前夜的广播中，他发表了一通言辞恶毒，充满反犹主义情绪的演讲，还对伊莎贝拉一世在 1492 年驱逐犹太人表达了感谢。1942 年 5 月 29 日，他自豪地把自己比作伊莎贝拉女王，称赞她实现了"种族团结"，为"极权主义和种族主义政策"奠定了基础。[35]

佛朗哥的核心信条之一是防范"犹太 – 共济会 – 布尔什维克阴谋"。他坚信犹太教是美国资本主义和苏联共产主义的盟友。[36]尽管佛朗哥的三个敌人里最大的一直是共济会，官方媒体传达出的却是强烈的反犹主义。对于纳粹占领欧洲期间犹太人的遭遇，佛朗哥统治集团是知道的。就算直到 1944 年才完全了解到犹太人的恐怖遭遇，但是佛朗哥政府使用"肮脏、患病"来形容犹太人，称"犹太血统的人就是最大的寄生虫"，还不厌其烦地使用诸如"摧毁""终结""消灭"等词汇，该政权的反犹立场也暴露无遗。[37]

1941 年 5 月 5 日，为了应对所谓居住在西班牙的犹太人所构成的危险，在支持纳粹的安全局局长、马亚尔德伯爵何塞·菲纳特·埃斯克里瓦·罗马尼的要求下，当局建立了一份档案，记录这些犹太人的姓名。这一份"第 11 号通知"发给了所有的民政长官，要求他们逐个上报"居住在本省的以色列人，无论他们属于西班牙国籍还是外国国籍"，注明他们的政治立场、收入、潜在危险以及警方掌握的有关他们的任何信息。该通知特别指出，要尤其留心在西班牙出生的西班牙裔犹太人，因为他们接受了西班牙的习惯和文化，更有可能"隐藏自己的出身"，于是更容易策划"阴谋"。[38]

1940 年 6 月 24 日，佛朗哥统治下的西班牙当局阻止了数千名持有葡萄牙签证的法国犹太难民从西班牙过境。此外，从 1940 年底开始，当局开始逮捕犹太人。很有可能的是，编制这份"档案"就是为了在西班牙加入轴心国参战之后把犹太人驱逐出境。据称，1941 年 6 月，马亚尔德伯爵以大使身份抵达柏林后，把这份名单交给了希姆莱①。[39]自 1937 年以来，法国警方和盖世太保一直合作密切。[40]在佛朗哥的要求下，他的司令部设立了军事情报局反犹太共济会分部，该分部使用了神父胡安·图斯克编制的所谓犹太人和共济会成员名单。[41]

尽管这位独裁者和他的政权表现出明显的反犹立场，但他们精心编造了一个谎言，声称佛朗哥的政权拯救了许多犹太人，使他们免遭灭绝。[42]后来，独裁政权为数百名纳粹战犯和数千名维希法国的民兵提供庇护，导致这一谎言愈发站不住脚。当局给予他们西班牙国籍，这样就能否认他们获得过庇护。以前受雇于盖世太保的西班牙人被纳入佛朗哥的安全部门。[43]佛朗哥自己还无耻地篡改历史。1947 年 8 月 18 日，他在圣塞瓦斯蒂安向美国记者默温·K. 哈特道出了这个离谱的谎言："在收到接纳数千名犹太儿童的请求之后，西班牙提供了条件良好的住所，具有相同信仰的医生愿意陪伴他们，在这些医生的监督下，孩子们的宗教自由可以获得保障。但因

_____

① 即海因里希·路易波德·希姆莱（Heinrich Himmler），纳粹德国的重要政治头目，曾任党卫队队长、盖世太保首脑、内政部部长等要职，是犹太人大屠杀的鼓吹者和实际执行者，被称为"有史以来最大的刽子手"。

国际阴谋势力的阻挠，这一计划未能实现，让不幸的孩子们受到了严重伤害。尽管如此，西班牙的高尚和宽容的立场却得到了清楚的证明。"[44]

佛朗哥渴望摆脱反犹的污名，1949年秋表现得更加明显，当局用法语、英语和西班牙语出版了一本冗长的小册子《西班牙和犹太人》。这本小册子是用来回击以色列大使阿巴·埃班在联合国大会上发表的一番讲话的。阿巴·埃班说，佛朗哥的独裁政府不仅"认同和积极支持"导致犹太人灭绝的那个政权，而且"对于纳粹可能称霸欧洲表示欢迎、接受、祝贺和支持"。[45] 对此，小册子回应称，和冷漠的盟军英国不同，佛朗哥从法国、法属摩洛哥、匈牙利、保加利亚、罗马尼亚和希腊救出了成千上万的犹太人。[46] 纳粹德国崩溃后，西班牙国内马上开始造势，企图证明佛朗哥的睿智非凡人能比，西班牙不能缺少这样的首领。由于西方大国急于将佛朗哥纳入冷战反共阵线，而这种宣传在国际上提供了一个站不住脚的借口，帮助这些国家忘掉佛朗哥在战争期间的无数恶言恶行，佛朗哥于是得以继续掌权。西班牙的中立对第二次世界大战的最终结果确实至关重要，但这不是佛朗哥的英勇成就，而是盟军燃料和粮食外交的结果。[47]

佛朗哥谴责犹太人贪得无厌，然而1937年至1940年间，他的个人财富却达到3400万比塞塔（约合2010年的3.88亿欧元）。其中有一项庞大的房产投资始于1937年11月。为了感谢佛朗哥"重新征服西班牙的辉煌胜利"，阿尔梅纳尔伯爵何塞·马里亚·帕拉西奥·阿瓦苏萨把瓜达拉马山里的一处房产赠给了佛朗哥，位于马德里西北边的托雷洛多内斯附近，当地称为"喙歌园"。这里占地

82万平方米，一栋大宅坐落其上，称为"风之屋"，里面有许多珍贵的艺术品。阿尔梅纳尔伯爵于1940年去世。1988年，该房产被佛朗哥家族以3.2亿比塞塔的价格出售。[48]

由于这份礼物得等到伯爵死后才能转让，1938年12月5日，佛朗哥从战场上抽出时间，回到家乡拉科鲁尼亚，收下了另一份"礼物"。这份礼物既是腐败的表现，又体现出奴性的奉承。该省民政长官胡利奥·穆尼奥斯·阿吉拉尔和当地商人佩德罗·巴里耶·马萨组织了一项"民众"捐款，表面上是为了让本省人民表达对佛朗哥拯救他们的感激之情。捐赠所得用于购买和大规模翻修一座富丽堂皇的乡间别墅，名为梅拉斯宅邸，它曾属于加利西亚小说家埃米莉亚·帕尔多·巴桑，占地11万平方米。翻修工作由佛朗哥的妻子卡门·波洛负责，在翻修过程中，她收到了很多馈赠。该计划的一些捐款是自愿的，然而，许多人是被迫捐款。公职人员的"捐款"是直接从他们的工资中扣除的，另一些人捐款是因为害怕被指责为不忠。穆尼奥斯·阿吉拉尔后来担任了佛朗哥的管家，并且成为国家文物局负责人，管理王室的财产和艺术珍宝，这都是油水丰厚的职位。巴里耶·马萨后来被佛朗哥授予荣誉勋章。1939年5月，佛朗哥的宣传者维克托·鲁伊斯·阿尔韦尼斯（人称"会阿拉伯语的基督徒医生"）写了一篇文章赞扬佛朗哥的节俭，并声称佛朗哥唯一的财富就是每月1500比塞塔的军饷。在省政府和中央政府的资助之下，梅拉斯宅邸被改造成一个营利的农业企业和豪华的夏季住宅，理论上供国家元首使用。[49] 1941年，佛朗哥以欺骗性手段将这处房产据为己有，他的家人随后对其进行了开发。[50]

佛朗哥挪用了以支付战争费用为名募集的捐款，这是其名下财富的一个重要来源。这些捐款通常是强制性的。募集的金额一般都是保密的，这样就可以方便地将资金转移到佛朗哥的一个个银行账户上，账户名字是"由弗朗西斯科·佛朗哥·巴阿蒙德将军支配的国家捐款"。这个账户名后来被改为"由国家元首支配的赠品"。内战结束后，佛朗哥用其中一部分钱在马德里附近的莫斯托莱斯镇买下了名为巴尔德丰特斯的大片地产。这里占地1000万平方米，价格为250万比塞塔。到1953年，他投资近800万比塞塔对其进行了大范围改建，增添了机械和房屋。改建之后，这处地产每年收入颇丰。这片地产中有三分之一后来由佛朗哥家族以1000万欧元的价格出售。

这些财产只是冰山一角。佛朗哥收受的馈赠种类繁多，既有金质奖章，也有豪华汽车。这些汽车包括两辆西斯帕罗苏扎、一辆克莱斯勒、一辆奔驰、一辆凯迪拉克、一辆帕卡德和一辆林肯。佛朗哥从希特勒那里收到的一辆戴姆勒－奔驰公司制造的四轮驱动汽车，在2015年的价格接近40万欧元。1940年，西班牙电信公司开始每月向佛朗哥支付1万比塞塔，相当于2010年的10万欧元。佛朗哥还在黑市销售咖啡，获得了750多万比塞塔。所售咖啡中最大的一部分来自巴西独裁者热图利奥·瓦尔加斯于1939年送给西班牙人民的600吨咖啡，佛朗哥把这些咖啡卖给了西班牙工业部下属的供给办公室。这一数字的现值很难估算，但不会少于4亿欧元。[51] 这样那样的财产继续增值，并在1945年以后带来十分可观的收入。同样，佛朗哥积累了大量现金投资股份和股票。他去世后留下的财产在2010年的价值超过10亿欧元。[52]

佛朗哥并不是唯一在内战期间获得巨额财富的将军。在贡萨洛·凯波·德利亚诺的恐怖统治之下，位于塞维利亚的人民陷入彻底的贫困。他治下的政权被鲁文·塞伦称作"盗贼统治的国家"，是"非洲殖民军曾经采取的军事焦土政策的经济翻版"，把塞维利亚作为叛军控制之下西班牙其余地区的试验场。[53] 家境殷实的人捐赠的金银通常是自愿的。然而，当局让当地工人协会交出资金时采用了纯粹的恐吓手段。政府发明了许多借口以实施经济掠夺。强制性的筹款实际上就是有组织的勒索，一方面可以资助战争，另一方面可以惩罚共和国的支持者。"捐赠"的名头种类繁多，有的为了购买飞机，有的为了支持军队，还有的是用来购买"西班牙号"战列巡洋舰。凯波称赞那些捐出工资的工人具有爱国精神，语中丝毫不带讽刺。拒绝合作属于颠覆国家政权，有钱人得接受罚款，穷人得坐牢甚至被处死。[54]

凯波是这个制度的主要受益者之一。1937 年 8 月，一项以实质性馈赠向他表示敬意的募捐正式启动，而这显然是出自他本人的倡议。在广播讲话中，他不断宣称自己不需要赞扬。然而，8 月 16日，在提到"捐赠是对我个人的一种致敬"时，他说漏嘴补充道："在我自己的积极建议之下。" 4 个月之内，捐款达到惊人的 200万比塞塔，其中包括穷人的捐款。他用这笔钱在特里亚纳附近的卡马斯买下了一处名为甘波加斯的豪华庄园。为了掩人耳目，他用剩下的钱为伤残军人和穷人购买了土地。在 1937 年 12 月 24 日的广播中，他还声称甘波加斯庄园将用于"福利目的，以改善农业劳工的处境并且落实土地改革政策"。事实上，这是他的私人休养所，尤其是退休后在这里养马养牛。[55]

佛朗哥及其支持者获得了大量个人财富。在维护国家利益方面，他却寄希望于轴心国。事实上，为进攻英国控制的直布罗陀，早在 1939 年 8 月战争爆发之前，佛朗哥就主动做了准备。一年后，他与葡萄牙进行谈判，打算腾出手来实施进攻计划。1940 年 9 月 22 日的一封信中，佛朗哥向希特勒介绍了他的准备工作。[56] 德国入侵波兰仅仅两个月后，他向总参谋长和陆军部部长、海军部部长和空军部部长提出了一个雄心勃勃的重整军备计划，打算动员 200 万名男性并且封锁直布罗陀海峡，打击西班牙主要敌人——英国和法国的海上贸易。[57] 1940 年夏天，佛朗哥几乎就要把西班牙卷入轴心国战争，之后还发生过数次这种情况。虽然到 1940 年末，最可行的时刻已经过去了，但 1941 年夏天德国入侵苏联后，"轴心国诱惑"对佛朗哥的影响最为强烈。然而，归根结底，他在外交政策上的雄心受到两个压倒性因素的制约：他自己在国内的生存，以及西班牙有限的经济和军事作战能力。佛朗哥热切希望轴心国取胜，至于他自己未能参与战争这件事，却被他的宣传机构重新渲染成一个谎言，称他凭借敏锐的谨慎，蒙骗了希特勒，并勇敢地把西班牙排除在第二次世界大战之外。[58]

1940 年，西班牙所具有的重要战略意义，不可避免地让佛朗哥成为大战双方追求的对象，德国人希望他参战，英国人希望他不要参战。英国人拥有海上优势，他们使出胡萝卜加大棒的政策，控制了西班牙的食物和燃料供应。另外，德国人想当然地认为，不需要任何特别的努力，就可以让佛朗哥按他们的想法来做。德国人之所以会有这种态度，很大程度上是由于佛朗哥频繁而积极地表示支持轴心国。于是，德国人毫不客气地收回了西班牙内战时期所放的债务，西班牙还债的方式是向纳粹德国出口食品和矿产。例如，

1941 年，西班牙生产的橄榄油被全部送往德国。[59]佛朗哥政权还从阿根廷向纳粹德国走私麻醉剂。据称，1940 年与阿根廷进行贸易协定谈判期间，布宜诺斯艾利斯发出逮捕令，逮捕西班牙谈判代表团团长爱德华多·奥诺斯，罪名是非法出口 5 千克可卡因。[60]

在战争的最后日子里，佛朗哥相信纳粹科学家已经掌握了宇宙射线的力量，于是继续鼓动人心，暗地希望希特勒研制出神奇武器以挽德意志于既倒。[61]柏林陷落时，受到当局严格控制的西班牙报刊发表文章，赞扬希特勒现身鼓舞了柏林守军的士气，而《信息报》更宣称，希特勒为了欧洲的福祉而没有使出他的秘密武器，为此选择了自我牺牲。盟军的胜利被说成是唯物主义对英雄主义的胜利。[62]

当局宣称佛朗哥英勇地击退了纳粹军队，为西班牙和盟军做出了贡献。直到他去世，这番话语一直是宣传的中心主题，然而这不过是一个谎言。佛朗哥认为纳粹德国即将取得胜利，1940 年 6 月 10 日，他派总参谋长胡安·比贡将军带着一封写给希特勒的热情洋溢的贺信前往柏林。[63]而事实上，希特勒与西班牙保持着距离。[64]希特勒预料英国即将投降，所以不打算为那些他认为没有必要的帮助付出高昂的代价。佛朗哥知道，经济上萎靡不振的西班牙无法维持长期作战，而如果法国和英国被德国建立的新的世界秩序所摧毁，他希望在最后一刻参战，以获得一张分配战利品的入场券。

佛朗哥在 1940 年秋再次提出让西班牙参战。希特勒只想借道西班牙攻击直布罗陀，不愿意重建西班牙的经济和武装力量，没想过把西班牙变成真正的盟友，因为这个代价过于高昂。此外，佛朗哥对法国殖民帝国的大片领土存有野心，希特勒如果想满足佛朗哥的要求，势必破坏与维希政府和意大利的关系。德国没有提供任何东西，却享受着西班牙的慷慨。受到控制的西班牙新闻界积极地支持轴心国的战争。参与大西洋上战争行动的德国驱逐舰和潜艇在西班牙港口获得补给。德国侦察机涂抹西班牙的标记升空。德国空军在西北的卢戈和西南的塞维利亚设有导航站。西班牙向纳粹德国出口宝贵的原材料，虽然在 1944 年春天出口有所减少，但一直持续到 1945 年。西班牙商船队被用来向北非的德国军队运送补给，西班牙海军还在地中海护送德国船队。德国军事情报部门获准在西班牙领土上开展大量活动，从事侦查和破坏直布罗陀的行动。[65] 同时，计划远程轰炸直布罗陀的意大利轰炸机获准使用西班牙境内的加油站，以便返回意大利。[66]

出乎意料的是，由于英国人顽强抵抗，加上德国空军在英伦空战中失利，希特勒放弃了入侵英国的"海狮行动"。接着，德国人把取胜希望寄托在升级潜艇战和占领大英帝国的神经中枢——直布罗陀和苏伊士上。既然德国希望夺取直布罗陀，西班牙是否参战就显得更加重要了。[67] 然而，分析了成本和收益之后，德国就不再那么盼望西班牙参战。原因是，西班牙参战后，尽管德国可能会获得海峡的控制权，但也可能会引发英国对加那利群岛、丹吉尔、巴利阿里群岛甚至直布罗陀地区的反攻，或促使英国登陆葡萄牙或摩洛哥。而且，西班牙参战之后，轴心国的食物和燃料供应将陷入枯竭，这是难以承受的。德国最高统帅部报告说，西班牙军队只能维持几天的攻势。[68] 德国官员开始计算西班牙基本的民用和军用需求。马德里提供的针对燃料、小麦和各种各样的原材料等民用需求数据，数字十分庞大，实实在在，也就是说，这并不是胡编出来吓唬德国人的。[69] 到 1940 年冬天，随着英国的顽强抵抗和西班牙经济的恶化，英、美压力和各种谄媚对佛朗哥的影响也越来越大。[70]

1940 年 9 月中旬在柏林，时任内政部部长、佛朗哥的内兄拉蒙·塞拉诺·苏涅尔清楚地认识到西班牙的地位岌岌可危。德国外交部部长约阿希姆·冯·里宾特洛甫告诉他，作为对德国提供军事装备的回报，西班牙必须提供原材料以偿还所欠德国的内战债务。德国人要求控制法国和英国在西班牙和西属摩洛哥的矿场和军事基地。西班牙将被纳入德国主导的欧洲经济体系，处于从属地位，仅从事农业、原材料生产和"西班牙本土"工业。西班牙的殖民野心被里宾特洛甫粗暴地驳回了，他要求用加那利群岛中的一个岛作为德国的基地，并在西属摩洛哥建立更多的基地。[71] 尽管塞拉诺·苏涅尔报告佛朗哥，在希特勒的新秩序下西班牙将仅仅是一个卫星国，但佛朗哥依然希望西班牙参与战利品的瓜分，这个决心没有动摇。他非但没有机敏地牵制住德国人，反而急于使他们相信自己是一个值得信任的盟友。[72] 从佛朗哥在塞拉诺逗留柏林期间写给希特勒的信可以看出，佛朗哥不仅盲目相信轴心国将取胜，而且完全有决心加入轴心国的战争，语气中充满了对希特勒的谄媚。[73] 由于英国不懈抵抗，佛朗哥自己的最高指挥部里有越来越多的人反对西班牙参战，他的好战野心因此受到牵制。总参谋部报告说，海军没有燃料，空军无法正常作战，也没有真正的机械化部队，况且内战后百姓普遍吃不饱肚子，无法承受更多的牺牲。此外，君主主义者和长枪党人之间的矛盾也在酝酿之中。然而，佛朗哥比德国人自己还有信心，认为他们在二战的胜利即将到来。[74]

1940 年 9 月 28 日，希特勒在柏林对齐亚诺说，西班牙参战会

"得不偿失"。佛朗哥、贝当和墨索里尼三人的目标相互冲突，希特勒必须维持平衡。[75] 与此同时，西班牙食品短缺的局面日益严重，佛朗哥也不得不向英国和美国示好。10 月 7 日，他给罗斯福发了一份电报，说如果美国向西班牙输送小麦，西班牙将保持中立。[76] 然而，仅仅一周之内，佛朗哥又解雇了亲同盟国立场最明显的两名部长，凸显了他对纳粹德国的支持。立场亲英的外交部部长胡安·贝格韦德尔被塞拉诺·苏涅尔取代。老谋深算的德梅特里奥·卡塞列尔代替了跟佛朗哥一样对经济一无所知的路易斯·阿拉尔孔·德拉斯特拉，出任工业和贸易部部长。阿拉尔孔匆匆离职，是由于卡塞列尔揭发了菲莱克的骗局。[77] 1940 年 10 月 23 日，希特勒和佛朗哥在昂代举行了历史性的会面，尽管会上没有确定西班牙加入轴心国，但佛朗哥反复表达了参战的承诺。希特勒并没有计划要求佛朗哥立即参战。相反，他担心墨索里尼即将攻击希腊，进而被拖入代价高昂的巴尔干战争。他此行是为了预先摸清情况，在前往会见佛朗哥的路上，10 月 22 日在图尔附近的卢瓦河畔蒙图瓦尔，他会见了法国维希政府副总理皮埃尔·拉瓦尔，并且在回程中于 10 月 24 日在蒙图瓦尔会见了贝当。希特勒开始认为，与其满足佛朗哥，不如让法国人去保卫他们自己的殖民地。[78] 德国最高统帅部确信，西班牙的经济处于崩溃边缘，其国内形势非常糟糕，无法指望其承担盟友的角色。[79]

佛朗哥和希特勒这两位独裁者的会面，成为构建佛朗哥神话的支柱，佛朗哥被说成是勇敢抵抗希特勒的威胁以确保西班牙中立的英雄。用他的传记作者的话说，"［佛朗哥］一个人凭借他的老练，遏止了欧洲各国军队包括法国军队全都没有做到的事情"[80]。实际上，对于西班牙的战争冲动，希特勒几乎没有发挥什么推动作用，是佛朗哥自己一心想加入未来轴心国领导的世界秩序。他没能如愿，因为希特勒认为法国维希政府承诺的条件更有吸引力。佛朗哥喋喋不休地提出自己的要求，还吹嘘西班牙有能力单独占领直布罗陀，而希特勒却不为所动。[81] 希特勒与佛朗哥共处了近 9 小时，后来希特勒对墨索里尼说："与其再经历一次和他的会面，我宁愿拔掉三四颗牙"[82]。多年后，塞拉诺·苏涅尔暗示，佛朗哥一心想占领非洲殖民地，如果当时希特勒把法属摩洛哥许给他，他早就参战了。[83] 总之，昂代会议上没有做出什么决定。双方签署了一份会谈记录，西班牙承诺加入轴心国，但具体日期要在军事准备完成后才能确定。1940 年 10 月 31 日，塞拉诺·苏涅尔三次向美国大使重申，"希特勒或墨索里尼没有施加压力甚至没有暗示西班牙参战"[84]。

　　德国从未对西班牙采取敌对的行动。希特勒最关心的是瓦解苏联。从 1940 年夏天开始，纳粹德国的国防军就开始计划进攻苏联，没有多余的力量来进攻西班牙。希特勒已经从佛朗哥那里得到了宝贵的合作，没有必要策划针对西班牙的敌对行动。[85] 此后在第二次世界大战的整个过程中，1940 年是西班牙最接近轴心国的时候。佛朗哥一如既往地支持德国和意大利。如果希特勒满足了要价，佛朗哥几乎肯定会加入纳粹德国的行列。尽管如此，自己的生存始终是佛朗哥的最高目标，而军队和长枪党之间关于是否参战意见不一，这种紧张局面使他不得不谨慎行事。这种谨慎与国内的各种问题关系密切，最明显的例子发生在 1942 年 11 月，盟军当时准备发动"火炬行动"攻打法属北非，而佛朗哥采取了不干涉立场。

　　佛朗哥仍然表现出亲轴心国的热情，但西班牙国内的经济危机急剧加重，有迹象表明轴心国的胜利正在放缓。1940 年 11 月，英国海军在意大利东南部的塔兰托战胜了意大利人，这使希特勒大为震惊，进攻直布罗陀的愿望更加强烈。[86] 然而，德国进攻计划的制订者很快发现，佛朗哥并没有夸大西班牙经济的疲弱状况。众所周知，法国和西班牙边界两边的铁路轨距不同，并且西班牙铁路和铁路车辆普遍年久失修。此外，由于严重歉收，西班牙如今缺少的粮食甚至超出了此前向德国提出要求的数量。由于许多地区都陷入饥荒，佛朗哥别无选择，只能从美国购买食物，宣战必然因此推迟。他能为希特勒做的，最多不过是允许德国油轮驻扎在北部海岸的偏远海湾，为德国驱逐舰加油。西班牙的粮食严重短缺，这使得佛朗哥不得不承认，西班牙只有在英国快要崩溃的时候才能参战。[87]

尽管在关键时刻不得不抽身而退，但 1941 年 1 月 20 日，佛朗哥仍向德国大使埃伯哈德·冯·施托雷尔热切地表示，他对希特勒取胜的信心丝毫未减，而且"西班牙是否会参战根本不是问题，这是在昂代就决定了的。参战只是时间问题"[88]。1941 年 2 月 5 日，希特勒写信给墨索里尼，请他设法说服佛朗哥改变主意，允许德国对直布罗陀发起进攻。[89] 然而，随着西班牙经济形势日益恶化，答应德国进攻直布罗陀的可能性微乎其微。德国领事报告说，西班牙部分地区完全买不到面包，而且发生了拦路抢劫和盗匪的情况。西班牙因此提出了经济援助的要求，但德国经济政策部门的负责人认为，满足这些要求是完全不现实的。[90]

佛朗哥与墨索里尼于 2 月 12 日和 13 日在意大利西北部的博尔迪盖拉举行会晤。[91] 不久之前，佛朗哥得知意大利格拉齐亚尼元帅的部队在班加西被英军歼灭。意大利军队在昔兰尼加地区被人数远不及自己的英国部队击溃，2 月 8 日，英国海军又轰击了意大利西北部的热那亚，这使得佛朗哥统治集团内部的意见受到重大影响。[92] 在博尔迪盖拉，佛朗哥向墨索里尼吹嘘他可以轻松占领直布罗陀，但承认"西班牙希望加入战争，但怕是很晚才会参战"。墨索里尼问佛朗哥，如果提供足够的物资并且保证满足他对殖民地的要求，西班牙是否会宣战。佛朗哥回答说，即使所有要求的物资都能送到（这是有可能实现的），鉴于希特勒还有其他计划，而且西班牙军事准备不足，各地仍为饥荒所困，要几个月后才能参战。[93]于是墨索里尼告诉希特勒，不用试图说服佛朗哥在短期内加入轴心国的战争行动，那样做毫无意义。此时正好德国经济计划部报告说，西班牙的要求不可能得到满足，因为这会危及德国自身的军事能力。里宾特洛甫指示施托雷尔不要采取进一步的措施来推动西班牙参战。[94]

希特勒已经承诺出动德国军队，帮助意大利从巴尔干半岛的糟糕战事中脱身，因此，他此时不可能推动西班牙参战。[95] 不过，他对佛朗哥的态度在 2 月底有所改变，德国更坚决地要求西班牙偿还内战债务，这笔债务金额为 3.72 亿德国马克。[96] 与之形成鲜明对比的是，为了孤立塞拉诺·苏涅尔，英国政府于 4 月 7 日向西班牙提供了 250 万英镑的贷款。[97] 此时，比贡将军告诉佛朗哥，如果不遏制塞拉诺·苏涅尔的权力，主管军事的部长们将集体辞职，这场规模虽小但影响很大的权力斗争在 4 月下旬爆发，佛朗哥面对的压力进一步加大。[98]

这场危机的结果是，英国 10 个月前制订的一项计划取得初步成果，即贿赂西班牙最高指挥部的重要人物。谈到贿赂，胡安·马奇当然不会置身事外。在揣测胜负趋势方面，马奇从未失手。他不仅坚信英国将取得最后的胜利，并且已经决定动用自己的财力支持伦敦。该计划的核心人物是艾伦·希尔加思上尉。1939 年至 1943 年秋，他担任英国驻西班牙大使馆的海军武官，是英国驻西班牙情报部门的实际负责人。希尔加思在马略卡岛担任领事期间，对胡安·马奇有了很多了解，他认为胡安·马奇是"十足的无赖"。[99] 英国大使塞缪尔·霍尔爵士在抵达马德里后不久，从希尔加思那里收到一份极其坦率的报告，报告分析了大使馆工作人员的失败主义立场以及使馆安全工作的缺陷。霍尔写信给丘吉尔，说报告给他留下了深刻的印象。[100]

希尔加思不仅与马奇相识，而且与丘吉尔有交情，加上霍尔的赏识，他得以指挥贿赂行动，策动主要的将军们孤立塞拉诺·苏涅尔并且反对西班牙参战。负责转送贿金的是安东尼奥·阿兰达，金额总共有 1400 万美元，分得贿金的包括何塞·巴雷拉将军、路易斯·奥尔加斯将军、阿尔弗雷多·金德兰将军、卡洛斯·阿森西奥将军、巴伦廷·加拉尔萨上校和佛朗哥的哥哥尼古拉斯。[101] 贿赂西班牙将军的想法可能起源于马奇而非希尔加思，因为马奇对贿赂的魔力可是再清楚不过了。[102] 1936 年春，马奇向军事政变密谋者提供过金钱担保，早已知道这些人乐意从他那里捞钱。霍尔十分高兴，他采纳了行贿的想法。安东尼·艾登后来称接受这笔巨款的人为"腐败的将军帮"，是"一群可耻的人"。第一次付款是在 1940 年 6 月，收款人不知道钱是来自英国政府，只知道是来自马奇。其中，尼古拉斯·佛朗哥收了 200 万美元，阿兰达收了 200 万美元，巴雷拉收了 200 万美元，加拉尔萨收了 100 万美元，金德兰收了 50 万美元。[103] 伦敦在这方面的总支出，以现在的标准计算，大约相当于 2.7 亿至 8.99 亿英镑。[104]

1941 年 9 月到 1942 年 2 月间出了一个问题，因为这些钱都来自纽约的一家银行。美国参战后，对非美国居民在美国和其他地方持有的美元账户实施了限制措施。讽刺的是，其中包括佛朗哥持有的一个非法账户，这情形违反了他自己颁布的反货币犯罪法。这个账户里存有当年支持叛乱的部分捐款，这笔被冻结的资金最终通过极其复杂的程序得到了解决，涉及马奇、霍尔、希尔加思、丘吉尔、哈利法克斯、艾登等。[105]

当比贡对塞拉诺·苏涅尔发出威胁时，这些将军已经极其反对西班牙加入轴心国一方参战。[106] 金德兰和巴雷拉一直在收集关于西班牙军队缺乏战力的材料。令人担忧的报告越来越多，其中只有一部分是受到了贿赂的影响。这种情况让塞拉诺·苏涅尔开始怀疑有人"暗地作祟"。[107] 1940 年 10 月 17 日取代贝格韦德尔成为外交部部长之后，塞拉诺·苏涅尔仍然一直通过副部长何塞·洛伦特·桑斯控制着之前领导的内政部。他还控制了长枪党。佛朗哥开始怀疑自己的这位内兄势力过于强大。塞拉诺不仅呼吁赋予长枪党更大的权力，并且想方设法安排自己的人担任公职，这让佛朗哥警惕起来。由于最高指挥部越来越多的人批评塞拉诺，1941 年 5 月 5 日，佛朗哥任命加拉尔萨为内政部部长，其总理府副部长的位置由 36 岁的海军总参谋部上尉路易斯·卡雷罗·布兰科接替。[108] 英国经济作战部大臣休·多尔顿评论道："在西班牙，圣乔治骑兵[①] 一直在冲锋，最近发生了一些变化，H武官担心起了 J.M. 的马口铁。"（H 指希尔加思，J.M. 指胡安·马奇）[109]

巴伦廷·加拉尔萨撤换了内政部副部长洛伦特·桑斯、安全局局长马亚尔德伯爵和负责新闻和宣传事务的长枪党人，这些人都是塞拉诺·苏涅尔的心腹。塞拉诺·苏涅尔随后辞去了外交部部长的职务。当军队和长枪党之间的相互不满达到白热化的程度时，警察和长枪党分子之间发生了冲突。这严重削弱了塞拉诺·苏涅尔在佛朗哥眼中的地位。[110] 在德国大使施托雷尔的干预下，媒体的控制权再次交到塞拉诺·苏涅尔手中，于是他撤回了辞呈。[111] 5 月 19 日内阁改组，危机得以解决，这似乎表明他取得了胜利，但终将削弱他的地位。佛朗哥担心塞拉诺·苏涅尔去职后自己会受君主主义将军们的摆布，因此任命了两名长枪党人为部长，其中，米格尔·普里莫·德里韦拉担任农业部部长，何塞·路易斯·阿雷塞担任长枪党党务部部长。亲纳粹的何塞·安东尼奥·希龙已经是劳动部部长。然而，佛朗哥以允诺升职的办法获得了这三个人的效忠。[112] 1941 年 5 月的危机是塞拉诺垮台的开始。此外，在危机期间，佛朗哥意识到换取长枪党的支持所需的代价很低。[113]

然而，1941 年春天，德国在北非、南斯拉夫和希腊取得胜利，这重新点燃了佛朗哥亲轴心国的热情，并且巩固了塞拉诺·苏涅尔的地位。霍尔在 5 月 31 日给艾登的信中写道，金融危机之后，塞

---

① 18 世纪至 19 世纪，英国花钱换取欧洲大陆国家的支持时经常使用金镑。这种钱币背面刻画了圣乔治骑马屠龙的场景。圣乔治是英格兰的主保圣人。

拉诺"决心完全控制政府，并在夏季结束前将西班牙推向战争。我们最可靠的线人报告说，为了实现这两个目标，他正在与德国人密谋除掉佛朗哥"[114]。然而，英国于 5 月最后一周撤离克里特岛后，佛朗哥认为苏伊士很快就会落入轴心国之手。[115] 6 月 8 日，霍尔写信给艾登说："包括比贡在内的将军们现在认为，苏涅尔的政策正在危及西班牙的中立地位，必须将他铲除。他们正在认真考虑各种方法和手段，一方面不能坐以待毙，另一方面也不能冒险激怒德国。"[116] 1941 年 6 月 22 日，纳粹德国入侵苏联，佛朗哥愈发相信轴心国将取得胜利。这与塞拉诺在 5 月危机中遭受的挫折形成了对比，塞拉诺通知施托雷尔，他和佛朗哥计划派遣长枪党的志愿部队到东线作战。[117]

当局控制下的新闻报刊欢欣鼓舞，6 月 24 日，英国大使馆还遭到了长枪党人的袭击，当局为袭击者提供了一辆装满石头的卡车。3 天后，西班牙从非交战状态转为塞拉诺·苏涅尔所说的"精神交战状态"，准备派遣近 5 万名长枪党志愿者组成的蓝色师团与德国侵略者一同作战。此外，1941 年 8 月 21 日，德国劳工阵线和长枪党工会达成协议，长枪党工会向德国派遣 10 万名西班牙工人。从理论上讲，他们是"志愿者"，但大多数是被征召来的，人数为1.5 万至 2 万名，以满足德国的工业生产的需求。[118] 征召工作由长枪党负责。派遣蓝色师团是为了显示对轴心国事业的积极支持，换取未来参与分配战利品的资格。出于同样的原因，佛朗哥全力支持德国在西班牙本土开展间谍和各种破坏活动，以打击同盟国。[119]

7 月 9 日，霍尔向艾登汇报了英国经济作战部驻伊比利亚半岛代表戴维·埃克尔斯与德梅特里奥·卡塞列尔及其主要顾问之间的谈话内容。两人都告诉埃克尔斯"苏涅尔实在叫人难以忍受，他应该被清算"，这种凶狠的口气，显然是要把苏涅尔除掉。霍尔继续说："从一个几乎同样重要的线人那里，我得到了进一步的信息，将军们正在考虑在未来一两个星期内除掉苏涅尔并立即与轴心国签约加入三国同盟条约，以避免除掉苏涅尔后遭到德国的报复。"他的线人几乎可以肯定有此筹谋的将军是阿兰达或金德兰。霍尔曾向将军们传话，说这样做无异于自杀。[120] 事实上，卡塞列尔已经向埃克尔斯承认，暗杀塞拉诺很危险，可能招致德国人和佛朗哥自己的反弹。

卡塞列尔的话反映出，他希望保持与英国和美国的商业联系，小麦和燃料供应至关重要，获得这些供应必须获得伦敦和华盛顿的批准，而佛朗哥和塞拉诺·苏涅尔支持轴心国的政策对这种供应造成了威胁。几周后，卡塞列尔与美国大使馆经济参赞威拉德·博拉克的谈话证实了这一点。卡塞列尔没有提到任何暗杀计划，他只是对美国人说，塞拉诺"野心极大，是一个邪恶的人"，应该被取代。[121] 9月，卡塞列尔告诉德国外交部经济政策主管埃米尔·卡尔·约瑟夫·维尔，佛朗哥政权眼前要想维持下去，就必须与英美集团和解。[122] 在这三段对话中，卡塞列尔都表达了他对谈话对象所代表国家的热情。

与此相反，佛朗哥继续声称盟军已经输掉了战争。西班牙内战爆发五周年之际，1941 年 7 月 17 日，他在长枪党全国委员会发表讲话，赞扬希特勒入侵苏联，称"德军的行动是整个欧洲和基督教的多年渴望，西班牙的青年将与轴心国的战友们共同浴血战斗"。他还说："我对战争的结局没有任何怀疑。事已定局，第一场战役是在西班牙打赢的。同盟国已经败了。"他谈到了对"财阀民主"的蔑视，他坚信德国已经赢得了战争，美国的干预是一种"可耻的疯狂"，只会导致冲突毫无意义地延长，让美国蒙受灾难。[123]

佛朗哥控制的报刊一边对英国和美国发起连篇累牍的攻击，一边对德国的胜利大加称赞，于是西班牙越来越难以获得美国发放的出口许可证和英国发放的海上禁区通行证（允许中立国船只穿越封锁区的安全通行权），基本物资的进口开始枯竭。[124] 由于煤炭、铜、锡、橡胶和纺织纤维短缺，西班牙的工业生产即将崩溃。由于德国没有提供西班牙所要求的物资，到 1941 年 10 月 6 日，佛朗哥不得不向美国大使亚历山大·韦德尔表示，鉴于西班牙的小麦、棉花和汽油短缺，他希望改善与美国的经济关系。[125]

1941 年 12 月 7 日，日本偷袭珍珠港，佛朗哥最初欣喜不已，但美国宣战后，这种喜悦心情随之消散。此外，德军在苏联的战况使他第二次幻想轴心国获胜的美梦很快破灭。美国参战意味着德国现在面临着一场过程漫长、规模庞大的战争，佛朗哥花了不少时间才接受这一现实。他是何时决定无限期推迟西班牙参战的，至今很难确定，原因很简单，他从未就此下定过决心。1942 年 2 月 13 日，他仍然在塞维利亚告诉葡萄牙总理安东尼奥·奥利韦拉·萨拉查，称盟军不可能取得胜利，还说他将派遣 100 万西班牙军队保卫德国不受布尔什维克的侵略。[126] 表面上他对德军在苏联陷入的危机毫不担心，第二天他对一些高级军官说，自己"绝对相信"纳粹德国将最终获得胜利，并且重申了对萨拉查的表态，即如果柏林愿意，他派去的援军不会仅仅是一个师，而是 100 万人。[127]

西班牙保持中立，这远非源自英明的治国之道或远见卓识，而是因为德国不愿或无法应付西班牙参战所需的代价罢了。西班牙国内的政治局势也发挥了作用。军队对塞拉诺·苏涅尔的不满一触即发。[128] 此外，尽管佛朗哥最初对日本袭击美国满怀欣喜，但经济和政治上的现实主义后来占了上风。媒体上刊发的反美材料减少了。佛朗哥善于平衡政权联盟内部各种势力，这是这位独裁者的主要政治才干。长期以来，塞拉诺一直饱受高级军官的猛烈抨击，接受了圣乔治骑兵贿金的军官们对他的批评尤为猛烈。然而，当传言说塞拉诺才是西班牙的真正统治者时，佛朗哥才真正恼火起来，权力天平这才倒向了塞拉诺的对立面。谣言起自佛朗哥的女儿卡门提出的一个天真的问题，这些精心编造的谣言来自阿雷塞和卡雷罗·布兰科，二人是塞拉诺的政敌。佛朗哥的妻子卡门对种种含沙射影更为不满，因为马德里的上流社会充斥着关于塞拉诺和孔苏埃洛（松索雷斯）·伊卡萨·莱昂之间的绯闻，后者是利安索尔侯爵、陆军中校弗朗西斯科·迭斯·里韦拉的妻子。

这场危机肇因于 8 月中旬在毕尔巴鄂的贝戈尼亚圣母大教堂发生的一次事件，当时一名长枪党分子企图刺杀巴雷拉，结果致使 72 名旁人受重伤。战争部部长巴雷拉和内政部部长加拉尔萨决定利用一下这次事件。二人借机限制长枪党的势力，而佛朗哥却解除了二人的职务。二人是英国的贿赂重点，佛朗哥此举使该贿赂计划遭受了打击。然而，内阁府秘书长路易斯·卡雷罗·布兰科在佛朗哥耳边吹风，称这场危机里既有"赢家"也有"输家"，因为这两位部长的去职可能会被解读为塞拉诺·苏涅尔要更厉害。于是，1942 年 9 月 3 日，塞拉诺不再担任外交部部长，被弗朗西斯科·霍尔达纳将军取而代之。这并不意味着佛朗哥采取了亲同盟国的立场。而且德国人和意大利人也并不觉得难受，他们都认为塞拉诺·苏涅尔太过执拗。[129] 1942 年 9 月 18 日，佛朗哥写信给墨索里尼，声称这一决定是出于国内政治的需要，"丝毫没有影响我们在外交事务中的立场"[130]。

1942 年秋，有明确迹象显示盟军准备实施"火炬行动"，于是人们开始怀疑轴心国能否取得最终胜利，因此，佛朗哥此时的反应不是源自对于战局的先见之明，而是出于谨慎，这很好理解。[131] 也许他的态度反映了将军们的影响，而这些人从伦敦拿了巨额贿赂，英国给钱正是为了这个目的（例如，金德兰收到了 400 万比塞塔，相当于 2017 年的 3400 多万欧元。奥尔加斯收的钱可能是这个数字的 4 倍）。[132] 此时西班牙边境上正在集结部队，此时与盟国交锋可不是最佳时机，尤其是在隆美尔兵败埃及之后。1942 年 11 月 8 日，当英美联军在佛朗哥觊觎的法属摩洛哥和阿尔及利亚登陆时，佛朗哥指示他在伦敦的大使寻求与西方盟国和解。这并不意味着他对轴心国的最终胜利失去了信心。相反，这是利用德国陷于困境的典型的小人行径。

佛朗哥现在打算要求柏林提供军事援助，以便他抵抗盟军。登陆后的第四天，他的外交部起草了一份文件，要求德国无条件提供武器，既不接受向德国支付相应报酬，也不接受德国派遣军官或技术人员监督。12 月 4 日，西班牙大使同希特勒讨论了这个问题，霍尔达纳于 29 日告诉希特勒的特使——海军上将卡纳里斯说，如果德国不提供军备，西班牙就到别处去寻找。佛朗哥企图利用轴心国遇到的困难，正如他夸大德国的威胁以便从盟国那里榨取好处一样。[133] 1943 年 1 月下旬，佛朗哥告诉新任德国大使汉斯·阿道夫·冯·莫尔特克，德国是他的朋友，英国、美国和布尔什维克则是他的敌人。他承诺将"在这场命中注定的战斗中支持德国"[134]。然而，武器并没有送来。此外，在"火炬行动"和塞拉诺·苏涅尔去职之后，英国的贿赂变得更容易了。没有了巴雷拉和加拉尔萨，如今是佛朗哥的哥哥尼古拉斯负责实施贿赂。[135]

　　1943年初，国际形势发生了明显变化。火炬行动改变了战略平衡，但直到墨索里尼在夏季倒台之前，佛朗哥仍坚信盟军不可能获胜，以为他们在非洲取得的成功无足轻重。然而，2月德军兵败斯大林格勒，佛朗哥于3月派遣代表团前往柏林，提交了一份所需的军备清单，代表团由卡洛斯·马丁内斯·坎波斯将军率领。德国无法提供这些物资，却安排了10天时间让代表团访问纳粹军工设施。访问中，德方吹嘘他们拥有新型的神奇武器，可让纳粹德国轻松赢得战争，这深深吸引了马丁内斯·坎波斯。回到西班牙后，他说服了头脑发昏的佛朗哥，称德国的战争机器仍然是不可战胜的。[136]佛朗哥听了马丁内斯·坎波斯的报告，深受鼓舞，1943年夏天盟军准备进攻西西里的时候，佛朗哥再次表达了对轴心国战争的支持。当时英国策划了一项军事欺骗计划，代号为"肉馅行动"。佛朗哥原想帮助纳粹德国，却不小心酿成大错，导致"肉馅行动"大获成功。这次行动中，英国人在西班牙韦尔瓦附近水域安放了一具尸体，这具尸体漂浮在海面上，被伪装成马丁少校（后来人称"从未存在的人"），尸体携带的文件内容表明盟军将在地中海东部发动进攻。经佛朗哥亲自批准，当局把这些带有误导信息的文件交给了德国大使馆的反间谍专家威廉·莱斯纳上尉，由他报告给了柏林。[137]

1943 年 1 月，霍尔达纳的副手何塞·马里亚·多西纳格指示西班牙外交官不要承诺挽救犹太人，并且要避免西班牙裔犹太人被认定为西班牙人。然而，当局要求犹太人登记他们的财产，因为"在某种意义上，这些财产属于国家财产"。几周后，德国驻西班牙大使馆通知佛朗哥政府，纳粹德国将暂停对西班牙籍犹太人的"特殊待遇"。从 3 月底开始，西班牙籍犹太人必须离开德国占领区，否则将面临与其他犹太人同样的待遇。多西纳格对霍尔达纳说，这一政策让人十分为难。如果西班牙放任德国迫害西班牙籍犹太人，西班牙可能被指责是共犯，尤其是美国的指责。通过多西纳格的笔记可知，德国对犹太人的暴行他不仅完全了解，而且不认为这么做有什么不妥。他写道："把这些犹太人带到西班牙的方案是不可接受的，他们的种族、他们的金钱、他们的亲英立场和共济会身份，会使他们成为各种阴谋的背后推手。"

多西纳格建议，只允许这些人借道西班牙前往任何一个给他们入境签证的国家。两个月后，佛朗哥很不情愿地提出了这个建议。依照这个政策，犹太人可以在西班牙停留，直到获得他国的入境签证，因为不这样做将会损害西班牙的国际形象。内阁会议决定："他们进入西班牙之前必须出具书面保证，保证只是过境，而且只停留几天。"内政部部长布拉斯·佩雷斯要求确保对过境的犹太人采取最严格的控制措施。整个过程中，政府办事十分拖沓。每次只允许 25 名犹太人入境，只有在他们离开后，才会允许另外 25 名犹太人入境。在西班牙停留期间，犹太人必须由国际难民机构照管。佛朗哥担心他在国际媒体上的形象，所以不情愿地接受了他哥哥尼古拉斯和霍尔达纳的建议：必须改善与世界犹太人大会的关系。佛朗哥对待犹太人的政策完全谈不上人道主义的考量。他接受霍尔达纳的建议，只是因为担心倘若纳粹德国战败，整个世界会落入犹太人、布尔什维克和共济会的掌控之中。[138] 有些犹太人得救，但靠的不是佛朗哥，而是西班牙驻雅典领事塞瓦斯蒂安·罗梅罗·拉迪加莱斯和驻布达佩斯的安赫尔·桑斯·布里斯的义举。[139]

5 月初，在视察安达卢西亚途中，佛朗哥发表了演讲，主题是他希望中立与和平。[140] 7 月，盟军攻入西西里岛，墨索里尼随后倒台，高级将领们因此认为，必须紧急考虑出路。9 月 15 日，其中 8 人向佛朗哥递交了一封措辞谨慎的信，请求他考虑复辟君主制。这些人里包括金德兰、巴雷拉和奥尔加斯，他们是英国行贿的主要对象。希尔·罗夫莱斯认为，他们的胆怯源于他们不愿脱离"佛朗哥勾当"带来的利益。佛朗哥既担心局势变化，也意识到君主主义者怀揣小心思，于是他宣布撤出蓝色师团，但允许志愿人员继续留在德国部队。1943 年 10 月 1 日，佛朗哥对长枪党发表讲话，把西班牙的立场描述为"小心的中立"。但是，英国驻萨拉戈萨的副领事馆和美国驻巴伦西亚的领事馆并未因此而免遭恐怖袭击，[141] 西班牙也没有因此停止向纳粹德国出口至关重要的钨。

部长们的腐败勾当是众所周知的，其中，卡塞列尔和希龙二人名声最糟糕。据称，卡塞列尔先是开了一家公司，然后利用部长职权向该公司发放了 2000 份轿车和卡车进口许可证。他以 1 美元兑换 11 比塞塔的汇率购汇，每换到 5000 美元，他就拿去买一辆卡车，然后在西班牙境内以 100 万比塞塔的价格出售。1944 年 1 月 10 日，居然连胡安·马奇这个腐败大玩家都向希尔·罗夫莱斯反映，"明目张胆的行政腐败手段花样翻新，金额令人咋舌"。两个月后，马奇告诉希尔·罗夫莱斯，腐败越来越猖獗，"金额十分庞大，英国和美国的外交官甚至向各自的政府报告，称某些部长正在偷窃国家财产"。[142] 4 月初，马奇告诉英国使馆新闻专员汤姆·伯恩斯，称希龙和卡塞列尔对他不满，要求加拉尔萨没收马奇本人的护照并把他软禁在家。加拉尔萨马上通知马奇，让他离开西班牙。马奇给佛朗哥写信，否认他们对自己的指控，并提出与他们对质，条件是召开内阁会议，由他在会上证明三名部长的腐败行径，然后由内阁决定究竟是他还是那几个部长该进班房。他这封信没有得到回复，但警方解除了对他的监视，而且他的护照也没有被收走。马奇向伯恩斯详细讲述了佛朗哥政府的腐败程度。[143] 这揭示出一个问题，佛朗哥怎么可能不知道英国的贿赂计划？毕竟贿金数额如此巨大，而且他的哥哥尼古拉斯也参与其中，更何况佛朗哥监视着麾下所有的将军。例如，阿兰达这个有名的长舌之人，他既与英国勾搭，也和德国眉来眼去，跟反政府的力量也有联系，这些佛朗哥都清楚。他经常声称一场反对自己的政变即将发生，英国外交官因此称他为"风信鸡"，"不可靠且行为悖理"。[144] 尽管如此，阿兰达和希尔·罗夫莱斯在里斯本策划君主复辟阴谋时，胡安·马奇给他们提供了100 万瑞士法郎。[145]

奥尔加斯专搞歪门邪道，品行败坏，是拥护君主主义的"反对派"成员，但他并不可靠。部分原因在于，早在 1943 年 9 月初，佛朗哥就收到报告，称奥尔加斯参与在北非的腐败商业交易。[146] 1944 年，他得知奥尔加斯不满巴雷拉盯着他的财产和投资不放。[147] 巴雷拉的财富显然也不只是来自他的妻子卡西尔达·安普埃罗。因此，佛朗哥必定知道他手下将军们的敛财行径，也当然清楚有些人正从德国那里收钱。有些德国人出资的采矿公司为了装成是西班牙人所有的公司，表面上假装聘请一些政府高官担任公司董事，并给他们可观的佣金。[148] 事实上，佛朗哥不仅了解腐败行径，而且还利用这些情报来操纵他的团伙成员。对于防止腐败，他毫无兴趣，反而更愿意借助了解到的信息制衡相关人员。对于举报腐败行径的人，佛朗哥通常不是惩处其告发的对象，而是向被告者透露谁在背后举报了他们。[149]

在军队中，从事经营活动的许多军官把士兵和共和派战俘作为廉价甚至免费的劳动力。还有一些人私用军车，高级军官走私的案件也时有发生。将军华金·里奥斯·卡帕佩是佛朗哥的朋友，在马德里的格兰大道拥有一个酒吧。他利用西班牙空军的飞机从丹吉尔免税港运来烈酒、咖啡和雪茄，他的妻子利用酒吧出售汽油券。其他将军则从加那利群岛进口违禁品。部队经费被用于私人目的，例如在战争期间，卡洛斯·阿森西奥将军用部队的钱为他的女儿举办步入上流社交界的豪华聚会。军区司令们纷纷送来了大礼，而整个军官团不得不为此凑份子。高级军官在政府或私人企业的董事会中担任高薪职位，收入可以增加一倍甚至两倍。拉斐尔·加西亚·巴利尼奥等一些将领生活奢华，作风较为简朴的一些军队同僚都难以相信。[150] 至于较低级别的军官，则使唤义务兵当用人、勤杂工或者保姆等。佛朗哥不仅知道这些情况，并且很乐意让别人明白他知道这些情况。只有两次他借此将高级军官开除出部队。其中一人是弗朗西斯科·博尔冯·托雷将军，他涉嫌非法贩运粮食。另一位是海利·罗兰多·特利亚·坎托斯将军，他是有名的非洲派军官。尽管战功显赫，但仍被剥夺了所有的勋章，原因是他在担任卢戈的军事长官期间使用军车和军队人员帮助搞自己的面粉厂并重建其乡村别墅。特利亚随后遭到袭击，还有人企图刺杀他。由于佛朗哥不怎么把腐败当成严重犯罪，特利亚认为，他受迫害是因为从事了支持君主主义的活动。[151]

钨是生产用于制造武器的高质量钢的关键材料，钨矿开采和出口便成为滋生腐败的肥沃土壤。美国通过抢先购买西班牙的钨，以限制佛朗哥对德国的出口。1943 年 12 月 3 日，佛朗哥告诉德国大使莫尔特克的继任者汉斯·海因里希·迪克霍夫，他自己的存亡取决于轴心国的胜利，盟军的胜利"将意味着他的毁灭"。他宣称，"比起被拖入战争，西班牙保持中立并为德国提供钨和其他产品，眼下来说对德国的作用更大"[152]。同盟国对钨出口的限制为腐败提供了机会。据称，卡塞列尔为向纳粹德国的非法出口活动大开绿灯，借此赚了很多钱。当然除此以外，作为部长，他的生财之道还有许多。[153]马奇告诉汤姆·伯恩斯："钨只占一小部分，几乎西班牙的每一笔进出口交易都得向卡塞列尔先生交钱。回忆一下，成为部长之前，卡塞列尔先生没有多少财产，当了部长后，他表面上不从事谋求私利的经营活动，结果反而发了财。"伯恩斯后来评论说："没错，马奇对卡塞列尔的批评，就像银行抢劫犯抨击扒手一样，但他所言非虚。"[154]

1944 年初，随着北非战局平定，意大利退出战争，华盛顿对德国继续从西班牙进口钨感到恼火，购买钨的钱来自从集中营囚犯身上抢来的黄金。[155]佛朗哥向何塞·帕西亚诺·劳雷尔表示祝贺，祝贺他被日本人任命为菲律宾的傀儡统治者，美国国内一片哗然。1944 年 1 月 27 日，霍尔会见佛朗哥并表达不满。第一，马德里正为德国购钨提供新的便利。第二，尽管蓝色师团表面上已经撤退，但长枪党仍在招募新兵派往继续留在苏联的西班牙部队，其中还包括西班牙空军的一支部队。第三，德国间谍仍在西班牙军事人员的协助之下实施反对同盟国的间谍和破坏活动。[156]

由于佛朗哥在钨矿出口问题上采取冒险政策，美国突然减少了对西班牙的石油出口。[157]佛朗哥被迫限制每月交付的钨，只保持一个近乎象征性的数量。1944 年 5 月 2 日，佛朗哥签署了一项协议，关闭德国在丹吉尔的领事馆，把西班牙军队从苏联撤出，并把从事间谍和破坏活动的德国人逐出西班牙。在 1944 年剩下的时间里，霍尔几乎每天都在抗议佛朗哥没有驱逐德国特工。德国的观察哨和无线电拦截站在西班牙一直维持到战争结束。[158]许多蓝色师团的前成员自愿加入了纳粹国防军和党卫队，并参加了保卫柏林和总理府的行动。[159]

佛朗哥也错过了一个机会，未能减少盟军对他的敌意。霍尔达纳死于 1944 年 8 月，佛朗哥需要任命新的外交部部长，他原本可以借此与亲轴心国的过去一刀两断，结果却任命何塞·费利克斯·莱克里卡取代霍尔达纳，这个人是驻维希法国的大使，积极支持纳粹。尽管如此，西班牙当局还是开始实施一项两面三刀的外交行动，企图说服同盟国，称佛朗哥从未对同盟国造成任何伤害，他与轴心国交往的目的是对付苏联。10 月 18 日，他提议与英美建立一个反布尔什维克联盟，以摧毁共产主义。他把自己的亲轴心国活动称为小事。令人难以相信的是，他宣称，前几年妨碍英西关系改善的唯一原因是英国对西班牙内政的干涉。[160]

讽刺的是，在第二天，即 10 月 19 日，大约 5000 名西班牙共和派游击战士开始越过比利牛斯山脉进入西班牙，进攻的重点是积雪覆盖的阿兰山谷。这次行动过于乐观，正中佛朗哥庞大地面部队的下怀。在接下来的三个星期里，游击队取得了一些胜利，一些部队深入内陆 100 多公里，另一些打败了西班牙军队并俘虏了大批士兵。然而，4 万名曾经驻扎摩洛哥的部队在佛朗哥麾下经验丰富的将军何塞·莫纳斯泰里奥、胡安·亚格、拉斐尔·加西亚·巴利尼奥和何塞·莫斯卡多的率领下，战胜了跨境而来、寡不敌众的游击队。燃起反抗佛朗哥的起义这一希望从来就不存在。政府对媒体采取铁腕控制，游击队实施跨境袭击迎来的是一片死寂的沉默。[161]

除去禁卫军的保护之外，把佛朗哥从他自己的妄想中拯救出来的，不是高超的技巧或远见，而是一组机缘巧合的碰撞：英美采取的胡萝卜加大棒式的经济外交政策，加上希特勒投入庞大资源去救援意大利并且一心进攻苏联。正如外交部副部长胡安·佩切所说："我们不参战，不是因为佛朗哥抵制德国施压拒绝参战，而是因为希特勒不希望我们参战，或者他根本没考虑过让我们参战。"[162]

正如德国大使埃伯哈德·冯·施托雷尔在 1941 年 10 月对克拉佩将军所透露的，希特勒认为，作为德国摆脱英国封锁的唯一出口，西班牙伪装中立对德国更有用。这一点在 1945 年 2 月 10 日得到了希特勒本人的证实，当时他告诉他的私人秘书马丁·鲍曼：

> 西班牙正渴望效仿意大利，成为胜利者俱乐部的一员。当然，佛朗哥过于高看了西班牙参战的意义。不过，我相信，就算他那个狡猾虚伪的连襟一直从中作梗，他还是会同意与我们一同战斗并接受相当公道的条件——把法国的一小部分拿给

他满足他的虚荣心，再把阿尔及利亚分给他一块，作为实实在在、真正的犒赏。但是，西班牙确实帮不上忙，我得出的结论是，没必要让西班牙直接参战。当然，如果西班牙参战，我们就可以占领直布罗陀。但是另一方面，西班牙参战后，我们必须守卫的大西洋海岸线会大大延长，从圣塞瓦斯蒂安直到加的斯……只要确保伊比利亚半岛保持中立，西班牙已经在这场冲突中向我们提供了它唯一力所能及的贡献。拖上意大利已经是一个很沉重的负担了。无论西班牙士兵的素质如何，西班牙穷困不堪，军备又不足，这是一个沉重的债务，算不上财富。[163]

第十三章

佛朗哥政权：腐败和恐怖，
1945—1953 年

第二次世界大战接近尾声时，政府控制的媒体开始宣称"佛朗哥取得胜利"。[1]然而，这种谎话很难让得胜的同盟国信服，让西班牙百姓接受倒是相对容易一些。在国内，佛朗哥的宣传机器声称，西班牙在国际上遭受无情围困。[2]佛朗哥从比斯开湾的西班牙港口向法国南部的最后一批德国驻军提供了食品和弹药，英国外交官对此十分清楚。他们也知道，尽管国际社会曝光了德国种族灭绝集中营的恐怖，但不仅纳粹官员依然获得了西班牙国籍证明，佛朗哥的媒体还称赞希特勒英勇保卫柏林。佛朗哥政权直到5月8日（盟军欧战胜利日）才正式断绝与纳粹德国的外交关系，直到那时纳粹党徽才从德国大使馆大楼中移走。[3]

佛朗哥和他的宣传机器之所以粉饰二战中的行径，部分原因源自恐惧。当局编造了他在第二次世界大战期间的活动，并且大肆传播这种无耻的谎言。此后直到去世，佛朗哥坚称自己从未背离保持西班牙中立地位的政策。他对他的医生拉蒙·索里亚诺说，"我从来没考虑过参战"。他告诉他的朋友马克斯·博雷利，在1940年10月昂代的会议上，他非常喜欢让希特勒惴惴不安。事实上，有很多照片和新闻短片显示，在强人希特勒面前，佛朗哥才是紧张的那个人。[4]

纳粹德国失败后，佛朗哥建立新帝国的野心也随之破灭。然而，佛朗哥是最正宗的实用主义者，只要能保证政权生存，他从不会受制于任何意识形态的长期愿景。他觉得自己没有义务死在地堡的废墟中[①]，厚着脸皮无视同盟国的不满，其狡猾程度让人很难低估他超群的政治智慧。他经常提醒西班牙人民，自己为服务人民付出了巨大代价。他公开露面的镜头总是出现在由国家控制的每日新闻短片《西班牙新闻联播》和后来的《新闻联播和纪录片》之前。镜头里的这位首领总是一副不知疲倦、全神贯注的模样："国家元首，我们的战争与和平、重建以及劳动的胜利的首领，他为了统治和管理我们的人民而勤奋工作。"[5]

从 1945 年到 1950 年，佛朗哥认定自己和西班牙正处于危险的包围之中。在被称为"佛朗哥统治暗夜"的一段时间里，反对派卷土重来并希望得到同盟国的支持，佛朗哥的许多追随者纷纷动摇。[6]这种情况下，为了应付外部强国，他篡改自己在第二次世界大战中扮演的角色；为了安抚国内百姓，他歪曲当下的国际形势。近十年来天天听到的都是顺耳之言，对于自己的个人政治需求与西班牙的政治需求之间存在何种不同，佛朗哥已经失去了分辨能力。对于外国对他的批评，他一概嗤之以鼻，认为那都是共济会对西班牙施加的阴谋。整个冷战期间，他不知羞耻地把公共新闻媒体当作自己的工具以求生存。新闻媒体几乎每天都重复说，这个曾经觍着脸讨好希特勒的人，凭一己之力使西班牙免遭世界大战的战火蹂躏。因为勾结轴心国，他遭到国际社会的排斥，却将此说成是民主国家嫉妒他为西班牙所做的贡献，因此无理地围困西班牙。

---

①　希特勒是在柏林的元首地堡中自杀的。

他无视当时还在反抗他的政权的游击队，也不顾很多人仍吃不饱肚子，认为"西班牙的秩序、和平和欢乐使其成为战后欧洲为数不多的几个仍能微笑的国家之一"，并且将此当作自己的功劳。[7]他相信民众的贫苦并非客观原因所致，而只是共产主义煽动者和邪恶的共济会成员造成的。这种与现实的距离给了佛朗哥完全的自信。他不懂自我批评为何物，坚信自己永远正确，于是可以灵活地不断适应国内和国际环境的变化。

在国内政策方面，他采取措施巩固政权的三大支柱——教会、军队和长枪党——的忠诚。与此同时，他在外交政策中强调政权的天主教和君主政体成分，并宣称这是西班牙独属的。打造这一形象的同时，他用轴心国的坚定成员组织禁卫军，伴随自己左右以便小心护卫。他不让支持君主制的将军们担任高级职务，而让长枪党成员担任初级军官。他还创建了一个由长枪党狂热分子组成的准军事组织——佛朗哥卫队。[8]他把长枪党称为"抵御颠覆的堡垒"，一个"为政府的错误承担责任"的安全阀。在他视察西班牙各地时，长枪党也负责去组织欢迎他的人群。[9]

佛朗哥具有被自己的谎言所说服的天赋。他很快就把自己的政权打扮成君主立宪制的模样。1945 年 7 月 17 日，当局颁布了《西班牙人权利法》，这部伪宪法表面上保护公民自由，但规定不得反对"国家的基本原则"，也不得组织政党或工会。佛朗哥宣布他的政权最终将由一个传统的君主制政体继承。第二天，他撤掉了内阁中那些明显带有轴心国色彩的部长，并任命保守的基督教民主党人担任部长，如让阿尔韦托·马丁·阿塔霍出任外交部部长，好让外界更相信他新打造的威权天主教徒的形象。他任命胡安·安东尼奥·苏安塞斯为贸易和工业部部长，这预示着西班牙经济状况将会恶化。对马丁·阿塔霍的任命很关键，佛朗哥向他保证在其协助下向承诺的君主制过渡。阿塔霍不知道的是，佛朗哥同时也向长枪党人保证什么都不会改变。事实上，佛朗哥只是利用阿塔霍这个面孔来确保国际社会接受西班牙，以此控制外交政策。[10]

为了制衡他的集团中的君主主义者，并且让西方国家更能接受他，佛朗哥计划制订一项法律，让西班牙成为一个王国。然而，他并不打算复辟一个他认为沾染宪政污点并且妨碍自己掌权的王室家族。[11] 他相信，盟军与苏联的战时联盟必然破裂，西班牙之后将成为西方潜在的一笔宝贵资产，他因此可以继续掌权。这需要很大的耐心。[12] 1945 年 4 月 25 日至 6 月 26 日在美国旧金山举行的联合国成立会议上，墨西哥提出，那些在曾对抗联合国的国家帮助下建政的国家，应当被排除在联合国之外。该议案针对的只有佛朗哥统治的西班牙。[13] 佛朗哥无耻地予以否认。在接受美国合众社采访时，他说："当德国似乎要赢得战争时，一些长枪党成员想操纵西班牙与德国和意大利共同进退，但他们马上就被我赶走了。我从未想过要让西班牙卷入战争。"[14] 三大国在波茨坦会议上通过了墨西哥的议案，8 月 2 日，鉴于佛朗哥政权的起源、性质、过往劣迹以及与轴心国的牵连，西班牙被排除在联合国之外。[15]

佛朗哥于 8 月 5 日厚颜无耻地说，西班牙不请求加入任何国际组织，西班牙所接受的国际地位必须与其历史重要性、人口规模及其在维护和平与发展文化方面所做的贡献相称。他称赞西班牙战时的中立是"彪炳史册的义举"。[16] 他频繁发表声明，把国际社会描绘成一个共产主义大军四处出没的动荡世界，而西班牙则是其中一个统一的和平绿洲。[17]马丁·阿塔霍也相信，西班牙具有特殊的地缘战略地位，对西方大国来说非常宝贵。"西班牙，"他说，"只要在门前坐等，就能看到她在1939年击败的敌人的送葬队伍。"[18]

8月，佛朗哥更有影响力的助手路易斯·卡雷罗·布兰科提交了一份关于该政权存续的谄媚报告。报告称颂了佛朗哥的成就，也重述了他的成见。报告把君主主义者斥为几个野心勃勃的利己主义者，还把伦敦和华盛顿的批评态度斥为对"独立的、政治自由的、充满活力的、正在崛起的西班牙"心怀不满。卡雷罗·布兰科坚信，英国和美国绝不会支持流亡的共和派人士，因为这样就可能让共产主义染指西班牙。他对佛朗哥建议说："对我们来说，唯一可能的方法就是秩序、团结和坚持。我们要通过有效的警察行动提早发现颠覆图谋。在颠覆活动发生后要予以有力镇压。我们不用担心外国的批评。与其放任这种恶行，不如一劳永逸地严厉惩罚。"佛朗哥认为任何要求民主变革的外国压力都是"共济会的进攻"。他在9月8日的内阁会议上说，英格兰有1500万共济会会员，他们都把选票投给了工党。[19]然而，凭借两面三刀的一贯伎俩，他让马丁·阿塔霍向各国外交官保证，自己将在"未来两年内"把权力移交给王储堂胡安，从而为自己赢得了时间。[20]

卡雷罗·布兰科的报告提出的策略完全合理。英国的丘吉尔和后来克莱门特·艾德礼政府的外交大臣欧内斯特·贝文都明确表示，英国永远不会干涉西班牙。法国方面，尽管公众十分反感佛朗哥，但总统戴高乐将军还是给佛朗哥发了一封密信，意思是他会顶住压力，与佛朗哥保持外交关系。[21]没有了外部反对，佛朗哥便能够集中精力维护自己在国内的地位。他在1945年末和1946年初向军队高层发表了重要讲话，呼吁捍卫国家的统一，这实际上意味着捍卫他自己的地位。[22] 同时，他拒绝减少对长枪党的依赖。[23] 1945年 10 月 1 日，佛朗哥晋升国家元首九周年纪念日，西班牙各地举行了庆祝仪式，包括教会、武装部队和长枪党成员，活动经过精心策划，以营造佛朗哥广受公众和机构支持的印象。[24]

解散长枪党不会缓和西方民主国家对佛朗哥的广泛敌视，而保留长枪党就能保留成千上万的喽啰们随时表达忠心。这些人依附于运动党的庞大官僚机构，这个组织的成员无处可去，其生存完全依赖于对佛朗哥的忠诚。在 10 月 3 日至 11 日为期一周的内阁会议上，佛朗哥只同意了禁止法西斯敬礼等表面上的新规，而其他改革方案一律未予考虑。他提到"穿上民主的外衣当作保险"，下令重点宣传《西班牙人权利法》和国家元首更替的法律。当阿塔霍建议赦免部分政治犯时，佛朗哥回答，"那些旧账我们不能一笔勾掉"。[25] 他接着威胁说，如果他被推翻，西班牙将发生另一场内战。[26] 要推翻佛朗哥就必须依靠军队，而为了巩固军队的支持，他不断暗示，如果没有了他，"好日子"就到头了。[27]

他对左翼实行了无情镇压。支持共和制的反对派遭受了残酷的打击，他们面临的是监禁、处决、酷刑和流放。这些人不仅饿着肚子，而且因为没有安全通行证和政治可靠证明而找不到工作，抵抗能力进一步削弱。佛朗哥政府闭关自守、腐败且治理无能，其影响可以从食品价格中看出来。在 1936 年，一千克牛肉的价格是 2比塞塔 40 分，一千克土豆 30 分，一升橄榄油 1 比塞塔 70 分。到1945 年，一千克牛肉的价格在 35 到 40 比塞塔之间，一千克土豆价格为 5 比塞塔，一升橄榄油价格为 68 比塞塔 70 分，而且有时根本买不到。就食用油而言，第二次世界大战期间西班牙一直出口橄榄油，而进口的是劣质豆油，导致了几起食品中毒事件。[28]

在1945年到1951年之间，当局对左翼游击队进行了残酷围剿。1946年的预算当中，用于教育的公共支出只占6%，用于镇压工具如警察、国民警卫队和军队的支出占45%。[29]在围剿游击队的过程中，国民警卫队实施焦土政策，许多村庄被整个夷为平地。国民警卫队派出特种分队实施破坏，导致真正的游击队遭到越来越多农民的抵制。破坏者伪装成游击队员，进入村庄寻找食物和庇护所。如果有同情者出来提供帮助，就会被逮捕或处死。有时，假冒的游击队员会袭击村庄，奸淫掳掠。到了20世纪40年代末，真正的游击队员再也得不到农民的支持，只能靠偷窃过活。[30]

经济继续萎靡不振，但对佛朗哥政策的批评被斥为"典型的轻信经济学的傻瓜"。[31]美国公布了一批德国文件，文件显示佛朗哥支持轴心国，但这些文件都被当作共产主义者和共济会阴谋摧毁西班牙的证据，后来被扔到了一边。在1945年9月一次不同寻常的演讲中，佛朗哥宣称，尽管西班牙打败了共济会成员的"邪恶阴谋"，但正遭到来自"共济会超级国家"的攻击。"共济会超级国家"不仅控制着世界各地的新闻和广播电台，而且控制着西方民主国家的许多重要政治家。佛朗哥把这个信息灌输给全国各地的人们，由长枪党召集的人群对他的演讲报以热烈欢呼。[32]

西班牙王位继承人堂胡安拒绝回国，除非当局同意由他重登王位。尽管在外部世界面前把西班牙打扮成了君主制国家，但佛朗哥得知这一表态时依然勃然大怒。1946年2月初，堂胡安定居于葡萄牙里斯本附近的埃什托里尔。西班牙的一些头面人物签署了一封联名信，其中包括 20 名前政府部长，还有五大银行的董事长，以及许多贵族和著名的大学教授，人数多达 458 名。他们向堂胡安表示希望君主制复辟，"由陛下您担任国君"[33]。在 2 月 15 日的内阁会议上，佛朗哥愤怒地说："这简直是宣战。必须把这些蛆虫踩死。"他原打算不经审判直接把所有签署者投入监狱，只不过资深部长们劝说这样做会造成恶劣的国际影响，他才作罢。他不仅吊销了这些人的护照，还派税务官彻查他们的收入，让一些人丢掉工作，以示惩罚。佛朗哥认为金德兰是罪魁祸首，于是把他流放到了加那利群岛。[34]

与左翼的命运相比，佛朗哥对待君主主义者算是温和的。2 月 21 日，游击队的领导人之一、法国抵抗运动的英雄克里斯蒂诺·加西亚和其他 9 人在简单审判后被处决。[35] 为了突显在参加长枪党集会时表达的信息，佛朗哥拒绝了法国政府提出的从宽发落的请求。几天后，37 名工社党成员因策划重组该党而被判处重刑。[36]

法国政府非常愤怒，计划把西班牙问题提交联合国安理会讨论。英、美两国政府不愿做任何可能引发西班牙内战的事情，于是说服法国接受了一个不痛不痒的妥协方案。3 月 4 日，美国、英国和法国发表联合声明称："西班牙现政权是在德国纳粹和意大利法西斯的帮助下掌权的，如今德国纳粹和意大利法西斯已被各国合力击败，而只要佛朗哥将军继续控制西班牙，西班牙人民就无法与战胜国建立全面和友好的关系。"声明中还说，"我们无意干涉西班牙内政。从长远来看，西班牙人民必须自己决定自己的命运"。在避免内战重燃的前提下，"爱国和开明的西班牙人可能很快会找到方法，促使佛朗哥和平引退，废除长枪党，建立一个临时或看守政府"，这种希望其实是不可能实现的，说明《波茨坦公告》所体现的西方大国对佛朗哥的不满实际上具有局限性。[37] 尽管如此，在内阁会议上，佛朗哥愤怒地指责苏联是三方声明的幕后黑手，而法国是"内奸"。他把民主国家的领导人称为"那些强盗"。[38]

佛朗哥认为，英、美之所以采取不干涉政策，目的是防止伊比利亚半岛受到苏联的影响。[39] 三方宣言发表后的第二天，丘吉尔在密苏里州富尔顿发表了著名的"铁幕"演说，佛朗哥确信西方国家迟早会承认他的价值。两天后在陆军博物馆，佛朗哥提醒他的支持者们，左翼报仇心切，要想防止这些人回来，最好的办法就是团结在他周围。他谈到了他们共同"殚心竭力，箪食瓢饮，枕戈待旦。在这样的辛勤工作中，诸位可以偶尔休息，而我不能休息。我是一个哨兵，从不能放松警惕。收到坏消息后我得拿出解决办法。别人熟睡时，我还得保持聚精会神"。他从自吹自擂转为自怜，哀叹自己无私奉献背后付出的代价："作为国家元首，我的私人生活和爱好受到严重限制，工作和思考占据了我的整个生活。"[40]

4月1日，每年一度的内战胜利阅兵变成了支持佛朗哥的大规模游行。[41] 4月6日，长枪党人、劳工部部长何塞·安东尼奥·希龙·贝拉斯科和一个内战老兵代表团向心情大好的佛朗哥赠送了50本签名簿，收集了30万份签名表达对佛朗哥的感谢和忠诚。[42] 4月中旬，苏联和波兰驻联合国代表团联合提议中止与西班牙的外交关系，理由是轴心国的盟友是对世界和平的威胁。英国和美国的代表对此进行了反驳，他们仅仅建议由一个小组委员会对这些指控进行调查。[43] 5月14日，佛朗哥在议会中发言予以回应。在长达两个多小时的讲话中，佛朗哥否认自己是在轴心国的帮助下上台的，并声称西班牙之所以受到攻击，是因为它镇压了共济会并击败了共产主义。他自夸在 1940 年对战败的法国十分慷慨，并声称是西班牙使英国免于沦陷。[44]

在 5 月 31 日的报告中，小组委员会确认，佛朗哥政权上台得益于轴心国的支持，该政权具有法西斯性质，它不仅在第二次世界大战期间支持轴心国，而且一直为纳粹战犯提供帮助，还对其政治对手实施处决、监禁和镇压。然而，由于佛朗哥没有威胁到国际和平，小组委员会不建议安理会对西班牙施加干预。[45]尽管如此，小组委员会认为，佛朗哥统治下的西班牙是"对国际和平与安全的潜在威胁"，因此建议联合国呼吁其成员国断绝与西班牙的关系。佛朗哥通过外交部部长阿塔霍发出愤怒的抗议，称这是对西班牙内政不可容忍的干涉。事实上，小组委员会的报告除了一个微弱的一致意见，即安理会应当对西班牙问题保持警惕之外，没有达成任何其他成果。[46]

与此同时，佛朗哥的宣传机器开足马力说服西班牙人，称他们受到外国围困，并说外国围困导致国内经济状况恶劣。但真正的罪魁祸首是闭关锁国的政策，在这一政策下，西班牙制造商必须获得政府许可证才能进口关键的原材料和机械。这一政策滋生了腐败和治理无能。[47]要想让西班牙去分战后国际经济重建的蛋糕，佛朗哥就必须接受政治改革，这是他会断然拒绝的事。这个政权每一次失败，都把"围困"当作方便的借口。[48]

佛朗哥越来越自以为是，他告诉阿塔霍，"世界在争吵，而西班牙因此得以保持和平"[49]。奉承之声依旧不绝于耳。10 月 1 日是第十个首领日，当局在布尔戈斯举行盛大庆典。在大教堂参加礼拜仪式之后，佛朗哥收到了一块黄金和铂金制成的盾牌，上面镶有红宝石、钻石和绿宝石，是西班牙 50 个省的政府送来的礼物。[50] 1946 年底，联合国呼吁他让位给临时代议制政府，而他将此斥为苏联授意的阴谋。[51] 身为长枪党人的部长希龙和部长费尔南德斯·奎斯塔组织了一场大规模宣传，制造全国上下团结一心的表象。[52] 1946 年 12 月 9 日，一群长枪党成员和老兵聚集在马德里的东方广场，他们挥舞着横幅，上面写着攻击苏联、法国和外国人的口号。佛朗哥讲话时言辞激烈，如同西班牙内战仍未结束一样，恶毒地攻击共产主义和民主国家。他呼吁支持者们"凝聚正义的力量，打造团结的堡垒"，结束演讲时他说："西班牙复兴之日，就是世界其他国家匍匐于我们脚下之时。""佛朗哥！佛朗哥！佛朗哥！"的欢呼声不绝于耳，演讲结束后一个小时都没有停息。[53]

1946 年 12 月 12 日，联合国大会通过决议，将西班牙排除在联合国之外，并呼吁所有会员国撤回驻西班牙的大使。[54] 4 天后，在萨拉戈萨举行的庆祝西班牙抵抗拿破仑入侵的仪式上，佛朗哥宣布他的优越制度使西班牙在道德水准和社会发展方面领先其他国家十年。他还批准铸造一种新货币，上面有他的头像和"蒙上帝恩典的首领"字样。[55] 他一直假称西班牙面临国际围攻，而联合国实际上支持英美的不干涉政策，不会采取经济或军事制裁。大多数国家撤回了大使，但使馆仍在临时代办的主持下正常工作。然而，佛朗哥却很乐意利用这毫无杀伤力的国际制裁来创造一个假象，即他是遭到敌人围困的守军的统领。[56] 联合国决议通过后不到两天，他开始在长枪党机关报《奋起》上发表系列文章。在接下来的五年里，他以笔名 Jakim Boor（共济会圣殿的两根柱子）发表了这些文章，表达对"这世上的犹太人，一伙投机倒把者"的宿怨。[57] 联合国秘书长、挪威人特吕格韦·赖伊和联合国大会主席、比利时人保罗-亨利·斯巴克被佛朗哥斥为共济会会员和莫斯科的走狗。在佛朗哥看来，共济会与自由民主是同根同源的，文章认为共济会正与共产主义者密谋摧毁西班牙。[58] 他从一些间谍那里得到的情报使他一直怀疑共济会。尽管这些情报极不可靠，他却完全相信。[59]

尽管佛朗哥蔑视西方民主，但他仍与卡雷罗·布兰科一同制订计划，试图让国际社会接受他的政权。该计划包括建立制度化的君主制政权，而佛朗哥继续担任终身国家元首和摄政者。即便政权更名为"王国"，也不会改变其实质。1947 年 3 月 22 日，卡雷罗·布兰科建议佛朗哥自己任命未来接替他的君主。[60]

就在这个时候，胡安·马奇访问西班牙，他对希尔·罗夫莱斯说他看到的都是"懦弱、利己主义和腐败"。[61] 佛朗哥自己在 1947 年 1 月初承认了这一点。德高望重的安德烈斯·萨利克特率领一个由老将军组成的代表团拜访，向佛朗哥表达对联合国决定的担忧。佛朗哥毫不留情地说："没什么好担心的。再说，你的肥皂厂不是生意不错吗？"他完全清楚自己的地位是依靠着腐败链条的支撑。许多将军在一些公司中享有董事身份，他们在稀有原材料或电力方面颇有影响力，这些公司乐于为此掏腰包。佛朗哥还告诉将军们，美国和苏联之间的敌对状态日益增长，华盛顿很快会向他示好。[62] 他办公桌上的外交报告证实，英国保守派人士和五角大楼的重要人物把他视为抵御苏联进攻的堡垒。[63]

局势的发展确实有利于佛朗哥。由于英国无力维持对希腊和土耳其的军事援助，1947 年 3 月 12 日，杜鲁门宣布支持"自由人民以自己的方式决定自己的命运"[64]。随着国际环境变得更加有利，佛朗哥继续给他的政权披上合法的外衣。4月初，《国家元首继承法》草案公布。该法宣布西班牙为天主教王国，国家元首是佛朗哥。与轴心国勾勾搭搭的历史则被轻描淡写地掩盖了起来，而从法案规定的附属细则来看，这个国家的独裁特性没有任何改变。佛朗哥将一直执政，直到死亡或丧失能力，还有权自行指定继任者。理想情况下，这个法案需要得到堂胡安的默许。然而，4月7日，愤怒的堂胡安发表了《埃什托里尔声明》，谴责《国家元首继承法》既没有征求王位继承人的意见，也没有征求人民的意见，该法案是非法的。佛朗哥、阿塔霍和卡雷罗一致认为，堂胡安发表这个声明相当于放弃了自己接替佛朗哥的机会。堂胡安的声明发表之后，佛朗哥的媒体谴责他是国际共济会和共产主义的工具。[65]伦敦和华盛顿尽管完全不相信佛朗哥的法案，但是，在冷战的背景下，两国并不愿对此做出任何反应。[66]

尽管警察严厉镇压，但随着工人阶级生活条件急剧下降，1947年5月初还是爆发了工潮。全国各地爆发了一系列罢工，巴斯克地区影响最大，加泰罗尼亚、马德里和埃尔费罗尔等地的造船厂的工人也纷纷停止工作。[67]独裁政权以其一贯的残暴手段予以镇压。在毕尔巴鄂，政府调集了外籍军团、国民警卫队和另外2500名武装警察。当局要求雇主解雇罢工者，不听从要求的人被关进了监狱。[68]1946年12月，伦敦和华盛顿没有把罢工浪潮看作是联合国谴责佛朗哥政权所引发的反对该政权的民众行动，而是将其解释为共产党煽动的闹剧。[69]

1947年6月，美国国务卿马歇尔将军宣布了马歇尔计划——

也叫欧洲复兴计划——而西班牙被排除在外。西班牙政府对此的回应则是在华盛顿分发小册子，声称如果没有西班牙，马歇尔计划注定会失败。[70] 值得注意的是，即使西班牙被排除在外，马歇尔计划仍然有利于佛朗哥政权的存续。莫斯科阻止其东欧附属国接受美国援助，欧洲分裂为两大集团的进程因此加速，西班牙对西方的战略价值进一步上升。

与此同时，在美国最终转变态度之前，从阿根廷运来的粮食对维持佛朗哥政权发挥了至关重要的作用。阿根廷总统胡安·多明戈·庇隆违反联合国决议，于 1947 年 1 月派遣新的驻西班牙大使。这位大使到来时受到精心准备的欢迎，媒体欢欣鼓舞地予以报道。[71] 当迷人的庇隆夫人（艾薇塔）在夏天访问西班牙时，宣传声势更加壮大。每当艾薇塔和佛朗哥一起出现在公共场合，长枪党就会动员大量人群。[72] 这次访问正值《国家元首继承法》的全民公投阶段，投票活动的组织者是内政部部长布拉斯·佩雷斯。[73] 报上呼吁在公投中投赞成票的广告与艾薇塔访问活动的报道并肩而列。访问结束之前，双方签署了佛朗哥 - 庇隆议定书，约定 1951 年之前进一步提供贷款和发运小麦。[74]

当局为配合全民公投进行了铺天盖地的宣传，宣称投反对票等于将信奉天主教的西班牙拱手让给国际马克思主义。[75] 不仅教会开足了马力，政府官员还规定，食品配给卡只有经投票站盖章后才有效。投票的官方数据备受争议，数字显示，在 7 月 6 日星期一举行的公投中，投票的西班牙人为 15 219 565 名，占合格选民的 89%。其中，14 145 163 人也就是 93% 的人投了赞成票，4.7%（722 656 人）投了反对票，2.3%（351 746 人）的票是空白或损毁的。尽管存在大城市选民的弃权、宣传攻势、恐吓和弄虚作假，选举结果依然表明佛朗哥如今获得了相当多民众的支持。[76] 英国和美国的高级官员不相信这次公投的民主合法性，但到 1947 年 7 月中旬，他们已经开始认同佛朗哥还将存在一段时间。[77] 他们不情愿地承认了这个人在冷战中的价值。当年 10 月，美国国务院决定与西班牙迅速实现经济和政治关系正常化。[78]

联合国在位于纽约边上的成功湖的临时总部召开大会，会上讨论了西班牙的问题。尽管有证据表明佛朗哥的《国家元首继承法》是一个骗局，有数千名反对者处于条件恶劣的监禁之中，而且他还继续为大量纳粹战犯提供庇护，但有关实施全面经济制裁的提议没有在大会上获得通过。许多国家的大使纷纷违反 1946 年联合国决议回到马德里。1948 年 1 月，美国国务院官员开始讨论向马德里派遣大使的可能性，佛朗哥已经度过了最艰难的时期。而 1948 年 2 月共产党接管捷克斯洛伐克，紧接着 1948 年 6 月至 1949 年 5 月苏联封锁柏林，西班牙的国际境况因此愈发改善。[79] 佛朗哥觉得自己可以抽身去享受生活了。整个复活节假期他在阿斯图里亚斯钓鱼，夏天的大部分时间则乘坐"苍鹰号"游艇在大西洋深海钓鱼。他还抽出时间四处狩猎，该政权的许多腐败交易都是在他狩猎期间敲定的。[80]

尽管美国国会在 1948 年 3 月 30 日批准将西班牙纳入马歇尔计划，但杜鲁门总统指出，只有马歇尔计划的成员国才有权做决定。当时他正在考虑英国和法国的民意，对佛朗哥治下的西班牙缺乏宗教自由的情况也感到十分震惊。[81] 同时，在佛朗哥安排下，8 月 25 日在停泊于比斯开湾的"苍鹰号"游艇上，佛朗哥与堂胡安会面，二人单独交谈了 3 小时，多数时间是佛朗哥在讲话。佛朗哥的目标是让堂胡安 10 岁的儿子胡安·卡洛斯能够在西班牙完成学业。[82] 他想要这个男孩作为人质，既是为了自己合理合法地继续担任摄政者角色，也是为了对最终的君主复辟施加决定性影响。[83] 堂胡安告诉一位美国大使馆的官员说，会议之前他和佛朗哥之间的关系仍处于僵局，而现在他已经迈出了第一步。他也十分清楚，针对胡安·卡洛斯达成的任何协议都会被佛朗哥利用，用来显示堂胡安已经放弃了王位继承权。[84]

这次会面的好处全都被佛朗哥占了。他破坏了君主主义者和社会主义者之间正在恢复的关系。[85] 他放风说胡安·卡洛斯将在西班牙接受教育，并且堂胡安被迫同意把他的这个儿子送到西班牙。胡安·卡洛斯于 11 月 9 日抵达西班牙。当局召集了一群坚定支持佛朗哥的教师。当胡安·卡洛斯来到马德里郊区埃尔帕尔多宫的官邸拜访佛朗哥时，政府控制下的媒体予以了报道，给人印象是王室也要从属于独裁者。[86] 在国际紧张局势不断恶化的背景下，西班牙政治表面上的"正常化"受到西方大国的热烈欢迎。堂胡安很快意识到自己被骗了，但为时已晚。从二人表面上的亲近关系中，佛朗哥榨取了每一滴好处。[87]

为了巩固自己在华盛顿的地位，1948 年 3 月，佛朗哥把何塞·费利克斯·莱克里卡派到了华盛顿，给了他一个"使馆和使团督察员"的漂亮头衔，并提供了大量现金，用来为独裁政权争取政治、军事、宗教和金融方面的支持。莱克里卡组织了一个积极支持佛朗哥的游说团体，成员包括有影响力的天主教徒、反共产主义者、军事决策人员、反杜鲁门的共和党人以及与西班牙有利益关联的商人。[88] 他成功地安排了美军代表团于 9 月 30 日访问。[89] 由于访问恰逢每年一度的首领日庆典，媒体将其描述为美国对佛朗哥统治的认可。[90] 堂胡安已经被驯服，美国高级军事人员也开始纷纷上门，最糟糕的时期过去了。10 月 4 日，马歇尔将军在巴黎告诉英国外交大臣欧内斯特·贝文和法国外交部部长罗贝尔·舒曼，称承认佛朗哥政权对美国来说不是问题。但让英国和法国的公众舆论接受这一点还为时过早，尽管如此，西班牙加入联合国的问题很快就被提上了议程。[91]

佛朗哥急于与美国搞好关系，他提出了一项与美国的双边经济协议，内容甚至包括在西班牙本土、加那利群岛和巴利阿里群岛建立军事基地，但未获成功。[92] 由于英国当时是工党执政，佛朗哥的外交活动都集中在了美国和梵蒂冈。1948 年 11 月底，虔诚的天主教徒华金·鲁伊斯·希门尼斯被派往罗马教廷，其任务是达成一项政教协定，佛朗哥希望以此作为神权对其政权的公开认可。

佛朗哥的镇压手段非常强大，他几乎没有担心过左翼的影响。在主要城镇的工人阶级聚居区，衣衫褴褛的人们到处寻找残羹剩饭，街上挤满了乞丐。大多数大城市的郊区都有棚户区，那里人们的生活条件极其简陋。在巴塞罗那和马拉加的郊区，一些人住在用硬纸板或瓦楞铁皮搭建的小屋里，还有人住在洞穴里。国家公共医疗和社会福利制度也基本不存在。1945 年之后，由于大规模的国内移民和工业城市的无节制增长，情况进一步恶化。城市缺乏规划，为了满足新移民的需求，建筑商盲目建造了许多简陋、拥挤的居民点，赚取了巨额财富。这些居民点大多没有基本服务设施，缺少诊所、学校、公共交通、电梯以及安全设施，被称为垂直贫民窟。腐败之门无处不在。要想变更用地分类和规划就必须贿赂政府官员。此外，基本建筑材料，如水泥、钢铁和木材的配给制度一直维持到了 1959 年，要弄到这些材料的许可证也得用钱买通关系。[93] 在独裁政权的政策之下，贫困、营养不良、流行病、卖淫和黑市等问题越来越严峻，而佛朗哥并不为这些人的困境而忧心。[94] 尽管他在演讲中声称给人民带来了繁荣，但当人们猜测西班牙将加入即将成立的北约时，佛朗哥还是表示建立军事合作后应得到一些援助，以缓解西班牙的经济困境。[95]

西班牙的经济形势非常糟糕，工业和贸易部部长胡安·安东尼奥·苏安塞斯预测，如果没有美国的资金援助，西班牙将在 6 个月内彻底崩溃。由于持续的干旱，政府采取严格的限电措施，工业生产大受影响。对小麦收成的预测持续降低。由于西班牙未履行对阿根廷的承诺，庇隆拒绝向西班牙运送更多的小麦，面包配给量随之减少到每天 150 克。[96] 然而，西班牙的游说工作得力，使得佛朗哥面对如此危局仍然无限乐观。1949 年 2 月 8 日，当局宣布，两家纽约银行向西班牙政府贷款 2500 万美元。[97] 1949 年 4 月初，北约成立，没有接纳西班牙，而萨拉查统治下的葡萄牙却加入其中。这既反映出葡萄牙在大西洋上的亚速尔群岛具有战略价值，也体现大多数欧洲国家对佛朗哥的不满，还说明萨拉查在处理战时中立问题上的手段要比佛朗哥更为巧妙。[98] 尽管如此，佛朗哥还是看到了一些好兆头。当年 5 月初，联合国大会在纽约举行，会议讨论维持对西班牙的孤立，英国、法国和美国对拉丁美洲国家提出的恢复全面外交关系的提案投了弃权票。在 5 月 11 日和 16 日的激烈辩论之后，拉丁美洲国家的议案仅以 4 票之差没有达到所需的三分之二多数。[99]

两天后，佛朗哥在议会发表演讲，为自己的过去辩护，并声称自己在国际社会中的地位举足轻重。他吹嘘自己的政权引领世界，说他取得的社会成就使其有别于自由资本主义和马克思唯物主义。他在演讲中夸耀了他想象中的经济成就，还暗示说，他希望与美国达成谅解，但英国和法国对西班牙心怀恶意，成为美西关系中唯一的障碍。[100]

此时，西班牙政府卷入了一场恶意商业收购，这次收购的主角是胡安·马奇，他借此大赚了一笔。[101] 收购涉及加泰罗尼亚的主要供电商——巴塞罗那牵引照明电力公司，该公司在加拿大注册，因此人称"加拿大公司"，其大股东是一家比利时公司 SOFINA，该公司还拥有拉丁美洲最大的发电公司——西班牙美洲电力公司。虽然西班牙美洲电力公司在西班牙并不活跃，但它在拉丁美洲取得的利润都汇往西班牙总部，并享受佛朗哥给予的非常优惠的税收条件。自二战结束以来，马奇一直通过一家在丹吉尔的公司购买巴塞罗那牵引照明电力公司的股票。1947 年 4 月，他派人给公司董事长、美国人丹尼尔·海涅曼传话，威胁如果西班牙美洲电力公司不把巴塞罗那牵引照明电力公司卖给他，西班牙政府就会找西班牙美洲电力公司的麻烦。为了准备这次行动，马奇抛弃了对堂胡安的支持，转而修复他与佛朗哥的关系。

马奇的第一个目标是内政部部长布拉斯·佩雷斯，他经佛朗哥同意接见了马奇。因为布拉斯·佩雷斯也是卫生部部长，马奇要求会面的借口是讨论马略卡岛的公共卫生问题。会面结束离开时，他说："他是佛朗哥手下最聪明的部长，我简直要爱上他了。"二人讨论的报偿是什么至今尚不清楚，但在内阁和议会中，佩雷斯和苏安塞斯很快开始对西班牙美洲电力公司提出批评，这两个人与马奇的关系很密切。马奇告诉海涅曼，自己可以让当局放他一马，但是得用巴塞罗那牵引照明电力公司的控股权作为交换。1947 年 7 月，由于海涅曼拒绝要挟，苏安塞斯对西班牙美洲电力公司实施了限制性的财政手段。据称，马奇向西班牙政府提供了大量股票。不出所料，布拉斯·佩雷斯后来果然成了马奇的跨地中海航运公司的董事。

巴塞罗那牵引照明电力公司是一家盈利的公司，其资产约为 1000 万英镑（约合 2010 年的 5 亿美元）。然而，为了方便一些外国投资者，公司发行了一些英镑债券，其利息以英镑支付。由于苏安塞斯承诺坚持经济独立，西班牙外汇管理局实施了外汇管制政策，巴塞罗那牵引照明电力公司因此无法获得足够英镑来支付利息。只要放宽限制，该公司的资产足以支付拖欠的利息。然而，马奇的代理人秘密买进了这些债券，指望未付利息越积越多，股价会随之下跌。当拥有的份额足够时（21%），马奇便要求支付利息。1948 年 2 月，他的代理人向雷乌斯地方法院起诉，指责巴塞罗那牵引照明电力公司拖欠债务，要求立即获得救济。据称接受贿赂的法官支持了起诉，并将巴塞罗那牵引照明电力公司全部资产的所有权判给了各位原告（实际上都归了马奇）。该公司的外国股东提出上诉，但未能从西班牙法院得到任何救济。尽管他们得到了比利时、加拿大和美国政府的支持，但马奇的律师略施手腕，他们的算盘就都全部落空了。

到 1951 年 6 月，马奇拥有了巴塞罗那牵引照明电力公司的大部分股份，并要强行出售公司，条件是买家必须支付公司所欠的全部利息，其中大部分是欠马奇的。马奇的行动得到了布拉斯·佩雷斯、苏安塞斯和佛朗哥的支持，他们都认为这是把该公司收归国有的机会。1951 年 7 月，曼努埃尔·阿武鲁亚接替了苏安塞斯的职务，马奇把他也拉拢进来。唯一满足收购条件的买家是属于马奇的加泰罗尼亚电力公司，因此马奇以 1000 万比塞塔的价格收购了一家估值至少为 15 亿比塞塔并且可能高达 60 亿比塞塔的公司。佛朗哥听到消息后，将这次收购称之为"民族主义的勇敢胜利"。有人认为，佛朗哥给予支持是为了报答马奇在内战期间对他的帮助。但是公司并没有被国有化，所有的利润都落入了马奇的腰包，苏安塞斯对此非常生气。曾担任财政部部长的拉腊斯把此事称为"世纪骗局"。[102]比利时政府于 1958 年向位于海牙的国际法院上诉，但无果而终。塞拉诺·苏涅尔作为代表比利时政府的律师之一，称这是"商法史上最令人难以置信的诡计"。[103]

虽然巴塞罗那牵引照明电力公司的利润归了马奇，但佛朗哥在其他方面仍然顺风顺水。当堂胡安暗示不准备让他的儿子在 1949 年暑假后返回西班牙时，佛朗哥威胁要通过一项法律，明确地将堂胡安排除在王位继承者之外，堂胡安因此屈服了。[104]苏联于 8 月试爆原子弹，消息传来，美国国内愈发要求与西班牙和解，以确保美国空军和海军基地的安全。[105]支持与佛朗哥结盟的是海军上将福里斯特·谢尔曼，他深信西班牙在地缘战略上对美国十分重要。作为美国第六舰队的司令，他访问了许多西班牙港口。他的女婿于 1947 年担任驻马德里的海军助理武官。当谢尔曼和他的妻子去马德里探望女儿时，佛朗哥指示地方当局好好招待他们。[106]美国国防部门的其他关键人物则盼望在西班牙建立基地。莱克里卡在华盛顿的游说团体获得了一些军政要人的支持，并且在佛朗哥的授意下，越来越多的美国参议员和众议员前来马德里参观，费用一律由西班牙国库报销。[107]

1949 年 10 月初，中华人民共和国成立了，佛朗哥因此进一步获益。尽管新中国并不是莫斯科的傀儡，但在西方决策者看来，世界上似乎又有一大片地区落入了苏联的轨道。在此背景之下，1949 年 10 月 22 日至 27 日，佛朗哥开展了一项行动，向西方同盟国彰显伊比利亚半岛的重要性。11 艘西班牙战舰组成一支舰队访问葡萄牙，佛朗哥乘坐旗舰"米格尔·塞万提斯号"战列巡洋舰。在塔古斯河口，他受到 4 艘葡萄牙驱逐舰的迎接，在它们的护送下抵达里斯本。里斯本举行了飓风式和喷火式战斗机的飞行欢迎仪式，1.5 万名葡萄牙士兵参加了欢迎游行。西班牙把 10 月 27 日列为公共假日，为了迎接佛朗哥回国，马德里的街道两旁站满了从卡斯蒂利亚地区各省来的长枪党成员和农民。[108]

与此同时，西班牙的粮食危机正在恶化。1949 年圣诞节后不久，巴雷拉告诉佛朗哥，他不仅担心政府腐败，还担心小麦严重短缺。佛朗哥自以为是地回答说，只要推动政治改革，他可以很容易地弄到外国贷款以购买粮食，但他不愿实施改革，而是宁愿等待，因为他深信"世界需要西班牙甚于西班牙需要世界"。巴雷拉建议他通过给予媒体更多自由来制衡腐败。佛朗哥则反对说，这么做的负面后果会更糟。腐败是他行使权力的主要手段。会面结束时，佛朗哥对巴雷拉说："在未来十年里，我不会给西班牙任何自由。在那以后，我的手会松一些。"[109]

佛朗哥的自信反映出，他意识到英国和美国政府面对压力，不得不采取对西班牙更有利的政策。[110] 由于 1946 年决议的目的已经无法达成，1950 年 1 月 18 日，杜鲁门的国务卿迪安·艾奇逊在一封被广泛转载的信中表示，美国愿意投票支持联合国通过决议，方便各成员国向马德里派出大使，并且吸收西班牙加入技术性的国际机构。艾奇逊指出，西班牙要想更全面地融入西欧的机构（甚至包括加入北约），就必须实现政治自由化。[111] 现在已经有不祥之兆了。当艾奇逊的信在西班牙公布时，当局把它当作证明，显示美国承认佛朗哥自始至终是正确的。至于信里对自由化的呼吁，当局则将其斥为对西班牙内政的无礼干涉。[112] 佛朗哥知道，独裁政权最困难的时期已经过去。此外，尽管西欧各国政府仍然指责佛朗哥在过去勾结过轴心国，但如今它们想要的是西班牙的农产品。[113]

媒体打造了关于佛朗哥为国奉献的烟幕，实际上精英阶层生活奢侈，腐败横行，而工人阶级生活水平之低劣令人震惊。一些作风较为简朴的将军对此表达了不满。然而，正如佛朗哥对萨利克特所说的，在高层，生活简朴的只是少数，这样的人在佛朗哥自己的家族中更是凤毛麟角。1950 年 3 月，第六军区（布尔戈斯）司令胡安·亚格将军在一次讲话中发出抨击："这些不学无术、缺少教养的家伙，除了会败坏良知之外一无是处，他们不仅大捞特捞，甚至还吹嘘自己的无耻。其他人还霸占了重要的岗位，没人知道哪儿来的黑手，不仅提拔了他们，还让他们保住了位子。"[114]

佛朗哥认为自己是作风简朴的模范。当然，佛朗哥自己既不玩女人，也不抽烟，吃饭时才喝口小酒，除了在官办彩票上小赌一把或与朋友打牌以外，他也不赌博，至于后来投注比赛，也不过是玩一玩而已。然而，所有的资源、古董和艺术品以及曾经属于王室的宫殿和地产，如今完全由他的家族支配。他充分利用了这一特权，尤其是利用这些便利条件来打猎。他在狩猎和钓鱼上的开销巨大。深海钓鱼需要常年保养"苍鹰号"游艇，当他在大西洋深处追逐金枪鱼和鲸鱼时，还需要海军护航。至于打猎和钓淡水鱼，则需要在西班牙各地运送大量的随从。而且，不仅佛朗哥，他的几个部长也会参与这些活动，因此除了明面上人力物力的耗费以外，政事也会被耽搁。此外，为确保在打猎中能有收获，他还在大片海域投放诱饵，并且在狩猎保护区的重要区域给鹿和其他猎物投放食物。

1950 年 4 月 10 日，他的女儿内努卡（卡门）嫁给了来自哈恩上流社会的花花公子克里斯托瓦尔·马丁内斯－博尔迪乌。此后，佛朗哥家族的腐败程度急剧加深。这个不久之后就要继承比利亚韦德侯爵头衔的女婿，深受佛朗哥的妻子——势利的卡门·波洛所喜爱。[115] 婚礼准备工作规模庞大，收到的礼物数不胜数，当局甚至要求媒体对此噤声，以免被用来与困扰该国大部分地区的饥荒和贫困做对比，引起人们的反感。[116] 为了挑选最合适的礼物，那些想讨好卡门夫人的人纷纷从她那形影不离的陪侍——韦托尔侯爵夫人普拉那里打听建议。这场婚礼极尽奢华，换作任何一个欧洲王室都是不小的负担。婚礼成了重大的国事活动，不仅动用了仪仗队、军乐队，还邀请了内阁成员、外交使节和衣着光鲜的贵族，仪式上冠盖如云。婚礼在埃尔帕尔多教堂举行，有关婚礼的报道对赠礼只字不提。报纸的头版社论说，婚礼朴素节俭，但可笑的是，其他版面却报道了在埃尔帕尔多宫为 800 人举办的宴会。

吸引公众眼球的是新娘佩戴的夺目珠宝和新郎身上圣墓骑士的精致制服，包括剑和冠饰头盔。佛朗哥身着司令的华服把女儿送出阁。[117]内努卡的婚姻将改变佛朗哥的后半生。1951 年到 1964 年之间，她给佛朗哥生了 7 个外孙子女，佛朗哥给了这些孩子他自己从未得到过的溺爱。马丁内斯－博尔迪乌把和未婚妻谈恋爱时所骑的旧摩托车换成了克莱斯勒和帕卡德敞篷车，马德里的太太团很快把他称作"别人家的侯爵"。他充分利用与佛朗哥家族的关系来为自己牟取商业利益。拉托雷·罗加将军说："比利亚韦德侯爵手法高明，为人自负，在很多方面远远超过尼古拉斯·佛朗哥，但他主要是替几家外国公司四处出差，这些企业为西班牙政府部门供货，他在这方面能力很强。"马丁内斯－博尔迪乌与普拉的丈夫、佛朗哥的管家韦托尔侯爵合作，通过各种途径发了财，特别是获得了从意大利进口韦士柏摩托车的独家许可证，当时西班牙几乎没有外币可以用于进口。这些摩托车都是标准的绿色，于是在马德里他的绰号又变成了"绿摩托侯爵"。马德里的好事者戏称，VESPA 代表"Villaverde（比利亚韦德侯爵）Entra（进货）Sin Pagar Aduana（免缴关税）"。[118]

比利亚韦德侯爵夫妇身边形成了一个圈子，这些人的财务智囊是马丁内斯－博尔迪乌的姨夫兼教父何塞·马里亚·桑奇斯·桑乔。桑奇斯的父亲何塞·马丁内斯·奥尔特加，也就是阿希略伯爵，在第二次世界大战期间为纳粹德国工作，并在二战后帮助隐藏了纳粹的资金。[119]桑奇斯很快就开始处理佛朗哥的财务事务。通过房地产投机和进出口许可证，他为比利亚韦德夫妇的圈子成员赚了大钱，自己也获得了可观的银行利润。桑奇斯帮助佛朗哥买下了莫斯托莱斯附近的巴尔德丰特斯的一大片地产，位置在马德里出城往埃斯特雷马杜拉方向去的公路旁，并由自己担任管理人。最终，佛朗哥身边的人变成了比利亚韦德侯爵圈子里的成员，而之前佛朗哥的哥哥尼古拉斯和妹妹皮拉尔的家人则被他们取而代之。[120] 一名长枪党高级成员一直记录佛朗哥身边核心成员的贿赂和腐败情形，他形容桑奇斯是"性如豺狼的冒险家"，对于桑奇斯而言，"政治不是投身公益的无私服务，而是肮脏柜台后的尔虞我诈，这些钞票沾满油污，到手后要立即存入自己的银行账户。这个人会弄脏他所碰到的一切东西，走到哪里都会留下黏糊糊的油渍"。[121] 在从佛朗哥的私人关系里牟利的众多人物中，比利亚韦德侯爵夫妇的圈子可能是最成功的。佛朗哥本人对桑奇斯的看法目前尚不为人所知。尽管桑奇斯替他办过事，但他一直坚持让桑奇斯称呼自己为"阁下"，交谈时也必须尊称"您"。佛朗哥对调查腐败没有兴趣，因为他自己也参与其中，还以此确保核心成员对他忠心耿耿。

据统计，佛朗哥在其统治期间收下的礼物总价值达到 40 亿比塞塔（约合 400 万英镑或者 750 万美元）。这个数字可能还不包括西班牙各地城镇和各类组织给佛朗哥颁发的数百枚金质纪念章，这些金章被佛朗哥夫人卡门熔化成了金锭。[122] 除了在巴尔德丰特斯的地产，佛朗哥家族另外还有 15 处地产。1945 年，卡门在马德里买下了一整栋公寓大楼。1962 年 8 月，她买下了位于加利西亚拉科鲁尼亚市的科尔尼德公馆。这一收购计划复杂而可疑，牵涉加利西亚的大商人佩德罗·巴里耶·马萨和该市市长操纵的一桩非法拍卖。[123]

等到与比利亚韦德侯爵夫妇圈子的关系确定之后，卡门开始尽情地释放她对古董和珠宝的热情。在这方面，她受了韦托尔侯爵夫人普拉的怂恿，普拉告诉她，在西班牙，凡是生活水平很高的人，都要把一切归功于佛朗哥。[124] 佛朗哥这位夫人的吝啬和贪得无厌是出了名的。据称，马德里和巴塞罗那的珠宝商成立了非正式的保险联盟，以便在她光顾后多少能获得些补偿。在拉科鲁尼亚和奥维亚多，珠宝商和古董商听说她要来时常常关门谢客。接待她的店主被告知，账单要送到埃尔帕尔多宫的管理处，敢这么做的店主才能得到应得的货款。值得注意的是，当局一边宣传佛朗哥家族如何正直和节俭，另一边却用公共资金支付卡门购置私人珠宝的账单。[125]以普拉为首的埃尔帕尔多宫圈子成员成了先锋，他们与古董商一起商量，决定应该给夫人送去哪些珠宝。普拉和她丈夫在总管位置上的副手费尔南多·富埃尔特斯·比利亚维森西奥将军也会向那些野心勃勃的阿谀奉承者提出建议，告诉他们应该准备什么样的礼物。如果礼物不合心意，可以换成更想要的。[126]韦托尔侯爵夫妇凭借与夫人卡门的关系，利用与佛朗哥表面上的密切往来牟取私利。何塞·安东尼奥·希龙原本是一个对道德问题并不苛求的人，就连他都向佛朗哥的堂兄弗朗西斯科·佛朗哥·萨尔加多-阿劳霍（人称"帕孔"）告状，对韦托尔侯爵夫人普拉的生意表示不满。帕孔无可奈何地告诉他，夫人卡门喜欢，并且认为这无关紧要。佛朗哥的妹妹皮拉尔自己不反对这些灰色交易，但据称，连她都对夫人卡门与普拉的往来感到难以置信。[127]

皮拉尔总是把自己描述成一个穷寡妇，自称从来没有利用过独裁者妹妹的身份。事实上，凭借与哥哥的关系，她得以在几家公司的董事会中占据一席之地。这些公司之所以兴旺发达，正是因为人们认为佛朗哥本人在这些公司中也有股份。她的丈夫于1941年去世，作为遗孀，皮拉尔只得到了一小笔抚恤金，但到了20世纪50年代，她已经非常富有。她在时尚的马德里街区有一处住宅，价值 1200 万比塞塔。她为 10 个孩子每人各买了一套公寓，还另有两套用来收租。她在拉科鲁尼亚附近的蓬特德乌梅镇还拥有一处大宅子，此外还拥有大量股票。她最赚钱的买卖是在 1957 年。81 岁的骗子曼努埃尔·布鲁格拉·穆尼奥斯伪造了地图和地契，借此出售了马德里一处他人所有的土地。这是一场骗局，如同出售埃菲尔铁塔或自由女神像一样。

皮拉尔·佛朗哥花了 10 万比塞塔，为自己和朋友玛丽亚·凯波·德利亚诺（凯波·德利亚诺将军的侄女）买下了这片土地。这片土地所在地区将实施大规模开发（奥唐奈将军大街和赛恩斯巴兰达街的扩建工程，工程穿过埃斯克多大街）。希尔·罗夫莱斯的律师事务所受托代表土地实际所有人打官司。据接手此案的律师海梅·桑切斯·布兰科说，皮拉尔利用自己的政治影响力从这起欺诈中攫取了最大利益。首先，她设法让马德里市政府和财产登记处把土地登记到她的名下。当调查开始时，那些载明土地实际所有权的文件却在最高法院神秘消失了，当时的内政部部长是卡米洛·阿隆索·维加，他是佛朗哥的毕生好友。布鲁格拉死后不久，当局宣布他的伪造罪已超过追诉时效期限。1964 年，预期的城市建设项目开始动工，这片土地被征购。此时，在公共工程部部长和财政部部长的运作下，皮拉尔获得了巨额补偿，一部分土地获得 300 万比塞塔，另一部分土地获得了 1500 万比塞塔。1973 年 7 月，她又获得了 1.34 亿比塞塔的补偿。估价人员知道了这块土地"属于"皮拉尔·佛朗哥，于是夸大了估值。[128]

这次交易可谓一次奇观，通过非法变更用地分类牟取了巨大财富。长枪党人希龙敛财的过程则是另一个例子。1941 年 5 月，他被任命为劳工部部长，并在这个职位上待了 16 年。政府同僚揭发他在创建所谓劳动大学（职业技术学院）的过程中滥用公款，他的朋友们则从利润丰厚的建筑合同中捞钱。长枪党老党员何塞·索利斯指责他比西西里黑手党还坏。在离开内阁之前，他为退出政坛后的职业生涯做了精心的准备。他在马拉加省的丰希罗拉买了一处宅子，并在那里从事房地产交易。这是由德国人汉斯·霍夫曼促成的，希龙在第二次世界大战期间与霍夫曼建立了密切的联系。霍夫曼曾在蓝色师团担任翻译，后来任职于纳粹德国驻西班牙大使馆。霍夫曼利用自己与希龙的联系获得了有关西班牙政府的内幕，然后向柏林报告。1945 年后，他是西班牙境内纳粹流亡团体的重要成员，并成为联邦德国总理康拉德·阿登纳与佛朗哥政府之间的重要联络人。为此，他先是被任命为联邦德国驻西班牙南部阿尔赫西拉斯的领事，后来又担任驻马拉加的领事。

整个 20 世纪 60 年代，霍夫曼作为中间人，以希龙妻子玛利亚·何塞法·拉鲁塞亚·萨马涅戈的名义购买了大量土地。希龙于1949 年在丰希罗拉安了家。当时，他的朋友萨尔瓦多·萨恩斯·特哈达·莫雷诺担任市长，还是当地长枪党组织的负责人。在他的威吓之下，一些农民把一处名为圣阿马利娅庄园的农场卖给了霍夫曼的妻子，价格为 1.5 万比塞塔。一年后，他把这块地以同样的价格卖给了希龙的妻子。然后希龙开始在部分土地上建造豪华住宅，工程侵占了当地的苏海尔城堡考古保护区。霍夫曼和希龙有计划地购买别墅、公寓、商店和土地。[129] 希龙利用自己的政治影响力把土地从农业用途转变为建筑用地后，这些土地的价格便会飙升。他还与另一位长枪党市长克莱门特·迪亚斯·鲁伊斯交好，从中获益不少。1964 年，他担任新成立的阳光海岸开发商联合企业的董事长，此后他所持地产升值更快。这个组织带来了大型的开发商、银行家和酒店经营者，比如 Banus 集团、Marsans 集团、梅利亚集团和银行家伊格纳西奥·科卡·加斯孔，这些人与佛朗哥家族关系密切。[130] 西班牙大片海岸变成混凝土城墙就是从这时开始的。[131]

尽管西班牙国内腐败横行，但是美国军方和英国保守党依然准备把佛朗哥纳入西方的防御范围。然而，英国工党和美国的杜鲁门总统仍然认为佛朗哥政权是一个令人厌恶的极权国家。[132] 佛朗哥十分不满，他把英国和美国的敌意归结于共济会的阴谋，来自莱克里卡的电报助长了他的这一看法。[133] 然而，西方对佛朗哥的反感即将成为过去。由于担心苏联控制欧洲，美国参谋长联席会议催促政府与西班牙结盟，把西班牙当作"欧洲大陆的最后一个立足点"，并从那里发动反击。一开始，杜鲁门认为这在政治上是不现实的，但是当 1950 年朝鲜战争爆发之后，他就不再迟疑了。[134]

随着对苏联野心之烈的猜测不断疯长，杜鲁门政府从遏制战略转向采取更积极的对策。如果像许多人相信的那样发生第三次世界大战，就不会存在对佛朗哥采取行动的问题了。[135] 1950 年 9 月 26 日，随着美国军队投入朝鲜半岛战争，加上联合国重新考虑与西班牙的外交关系，佛朗哥提出派遣 50 万部队去朝鲜半岛作战。[136] 11 月 4 日，联合国大会投票，同意成员国重新向马德里派遣大使，并允许西班牙加入联合国粮农组织。英国和法国投了弃权票，美国投了赞成票。佛朗哥称赞该决定是国际社会对其政策的全面认可。[137]

佛朗哥决心从变化的形势中攫取一切可能的好处，声称西班牙应该因战后的经济困难而得到赔偿，他将其归咎于国际社会的孤立。[138] 这是一派胡言。西班牙的经济困难在很大程度上是由于他拒绝进行政治改革，而这种改革本可以带来国际援助。相反，他坚持实行自给自足和高汇率的政策，对经济造成了严重损害。不管怎样，经济援助还是来了，因为美国政府也认为佛朗哥的军队需要重新武装。1950 年 11 月中旬，杜鲁门政府批准向西班牙提供 6250 万美元的贷款，并秘密同意任命一位驻西班牙大使。[139] 12 月 27 日，斯坦顿·格里菲斯被任命为美国驻西班牙大使的消息公布后，西班牙正式加入反苏阵营。[140]

这一决定成为佛朗哥英勇摆脱国际孤立的证明，在西班牙国内受到热烈欢迎。12 月 31 日的年终致辞中，佛朗哥为自己击败削弱西班牙的国际阴谋，并带领西班牙取得巨大社会和经济进步而表示自豪。他声称，纵观西班牙历史，没有哪个政权比他创造的财富更多。佛朗哥把国际社会对西班牙毫无杀伤力的轻蔑态度描述为一场无情的围攻，称西方国家企图挑起另一场内战，这种宣传手段大大巩固了民众对他的支持。他驯服了支持君主制的反对派，粉碎了游击队的抵抗，说服教会和军队变得更加相信和支持自己。政权以此方式维持着一套可怕的镇压机器。佛朗哥自信地任命莱克里卡为驻华盛顿大使。1945 年杜鲁门曾拒绝此人担任驻华盛顿大使，如今这一宿怨已经了结。[141] 两国互派大使后，1952 年 11 月西班牙被教科文组织接纳，1953 年 8 月与梵蒂冈签署政教协议，1953 年 9 月与美国签署马德里条约，1955 年 12 月加入联合国。

佛朗哥意识到欧洲国家在政治上反感他，西班牙不太可能加入北约，于是集中力量确保与美国的双边关系。[142] 1951 年 2 月，在接受赫斯特报业集团的采访时，他吹嘘西班牙是欧洲唯一消灭共产主义的国家，声称他钦佩美国的伟大，并呼吁在北约之外与美国直接合作。[143] 美国寻求与西班牙军方开展合作，并在西班牙领土上建立美国的空军和海军基地，这既是因为佛朗哥的鼓动，更重要的还是出于地缘政治的考量。由于西班牙军力孱弱而战略地位重要，同时欧洲国家又反对它加入北约，英国总参谋部同意唯一的解决办法是美国和西班牙单独签署双边协议。[144]

佛朗哥吹嘘自己在国内外取得了巨大成就，但实际上由于镇压和糟糕的经济政策，西班牙国内食品短缺，通货膨胀严重，劳工斗争不断高涨。1950年，西班牙的人均肉类消费量只有1926年的一半，面包消费量也只有1936年的一半。自1939年以来，物价上涨速度是工人工资增加速度的两倍多。此外，由于配给不足，工薪阶层家庭不得不在黑市购买食品，而黑市价格是官方价格的两倍多。[145] 农业生产效率低，造成西班牙在外汇储备减少的时候仍然不得不依赖于食品进口。由于朝鲜半岛陷入战火，原材料的价格飞涨。能源短缺导致工厂闲置，工人下岗。在佛朗哥眼中，随之而来的劳工暴动是共产主义煽动者招致的法律与秩序问题。然而，由于生活条件不断恶化，他不得不在1951年3月11日举行的全国工人大会上说出了惊人的实话。他不再夸口自己带来了前所未有的繁荣，相反，他宣称："我们必须从西班牙人的头脑中抹去那种认为西班牙是富裕国家的幼稚的错误认识。"[146]

工人阶级的生活水平直线下降，这导致巴塞罗那的社会紧张局势最终爆发。此前，佛朗哥的内阁允许人人讨厌的巴塞罗那民政长官、长枪党人爱德华多·巴埃萨·阿莱格里亚把巴塞罗那破旧的有轨电车的票价提高40%，达到马德里票价的两倍。到2月底，有民众开始抵制公共交通，有人用石块打砸有轨电车。[147] 截至 3 月 12 日，超过 30 万工人罢工，导致全市瘫痪，罢工者包括共产党人、一些长枪党成员、天主教行动工人联谊会的积极分子和中产阶级成员。有人掀翻私人汽车和公共汽车，巴埃萨·阿莱格里亚要求出动部队，而佛朗哥反应过度，派出了三艘驱逐舰和一艘扫雷艇到巴塞罗那。海军陆战队上街巡逻。幸运的是，巴塞罗那军区司令、君主主义者胡安·包蒂斯塔·桑切斯拒绝动用军队镇压这场由巴埃萨的鲁莽所引发的骚乱。他保持冷静，要求驻军部队留守兵营，避免了流血事件的发生。事实上，在两三天之内，由于担心失去工作，大多数工人都开始返回工作岗位。尽管如此，还是有近千人被捕。[148]

巴埃萨于 3 月 17 日被解职。马亚尔德伯爵是接替他的第一人选，他询问是否可以向市场投放面包和橄榄油，而内政部部长布拉斯·佩雷斯让他不必采取怀柔措施，而是直接动用国民警卫队。马亚尔德伯爵完全没料到会有这样的答复，于是没有就职。立场强硬的费利佩·阿塞多·科伦加将军接替了巴埃萨的职位。[149] 电车停运期间，格拉纳达和马德里的学生举行罢课以示声援。加泰罗尼亚的曼雷萨的纺织厂仍未开张，4 月 23 日，巴斯克地区的造船厂、钢铁厂和矿山的 25 万工人又开始了 48 小时罢工。长枪党人和天主教行动工人联谊会成员再次加入左翼分子和巴斯克民族主义者的行列。当局谴责这次罢工是外国势力煽动的。雇主不愿失去熟练工人，他们没有按照政府的命令解雇罢工者。警察采取暴力手段，罢工领导人被关进了北部城市维多利亚附近的集中营。尽管如此，罢工活动仍然持续了数周。5 月底，马德里发生了另一起交通业罢工。

在 4 月 5 日的内阁会议上，佛朗哥将西班牙的经济形势归咎于外国敌人，还将劳工的不满斥为兵变。[150] 5 月，他称罢工是"犯罪"，并声称英国广播公司对这些罢工的报道是假新闻，背后受到了共济会的指使。他发动媒体口诛笔伐，谴责罢工是法国和英国的共济会策动的。[151] 在冷战的大环境中，他的反应在美国受到称赞，美国据此更加相信他强烈反对共产主义。此外，他制定的压榨性的劳工法有利于获得高利润率，西班牙因此成为外国投资者的理想目的地。与此同时，佛朗哥和美国大使格里菲斯讨论西班牙是否可以加入北约。格里菲斯告诉他，与美国签订双边条约十分困难，佛朗哥于是同意加入更广泛的防御机制，并同意美国设立空军、陆军和海军基地。[152]

堂胡安意识到佛朗哥和华盛顿之间的关系日益密切，他在 7 月 10 日写信给佛朗哥，信里提出，鉴于最近发生的罢工、经济形势不佳和政府腐败，佛朗哥应该协商安排向君主制过渡。两个月后，佛朗哥回复，声称他的政权清正廉洁，经济状况也完全良好。[153]

1951 年 6 月下旬，北约总司令艾森豪威尔将军、五角大楼和参谋长联席会议同意派遣美国军事使团到西班牙就双边协定开展谈判。军事需要压倒了英国、法国和北约其他欧洲成员国的担忧。[154] 杜鲁门对已经担任海军作战部部长的谢尔曼上将说，"我不喜欢佛朗哥，以后也不会喜欢这个人，但我不会让我的个人好恶凌驾于你们军人的意见之上"[155]。到 7 月中旬，谢尔曼和他的参谋人员已经到达西班牙，开始讨论租借空军和海军基地的事宜。佛朗哥声称，由于美国在西班牙设立基地会引发苏联的进攻，西班牙军队需要提升水平，保证其军力足以抵抗苏联人。这个计划代价不菲，西班牙军队不但没有雷达，飞机、重型坦克、防空设施和反坦克装备也非常缺乏。他还告诉谢尔曼协同作战无法实现，因为西班牙没有足够的燃料、小麦和其他物资储备，无力投入战争。谢尔曼承诺，美国总参谋部和国防部将向国会申请贷款。尽管免不了讨价还价，佛朗哥还是一心想要达成协议。当谢尔曼问军事任务何时开始时，他回答说："马上。"不到一个月，美国高级别军事和经济调查团就来到了西班牙。[156]

与谢尔曼会面两天后，佛朗哥改组了他的内阁。除了任命虔诚的天主教徒华金·鲁伊斯·希门尼斯为教育部部长之外，日益增长的信心让他重新确立了长枪党在政府里的基调。战争部被交给了阿古斯丁·穆尼奥斯·格兰德斯将军，他曾是蓝色师团的指挥官，希特勒曾授予他铁十字勋章。他将负责与美国人进行军事协议的谈判。新成立的新闻部负责向全国宣传这项协议。新闻部部长是加夫列尔·阿里亚斯·萨尔加多，他在二战期间负责管理政府控制下的媒体，采取支持纳粹德国的立场。佛朗哥拉拢长枪党人一同向美国出让主权，以此减少任何可能的来自民族主义势力的反弹。卡雷罗·布兰科晋升为部长级。在美国人对经济自由化的迫切要求之下，苏安塞斯这位自给自足政策的设计师仍然留在内阁之中，担任国家工业联合会的主席，卸任工业和贸易部部长一职。机智灵敏的经济学家曼努埃尔·阿武鲁亚出任贸易部部长，华金·普拉内利出任工业部部长。[157]

新内阁将试探性地开始向外部市场力量开放经济。佛朗哥不愿意实施政治改革，认为那样等同于自杀，于是牺牲自给自足政策来换取美国的支持。回报将是非常可观的：短期内，与美国交好；从长远来看，经济获得增长。[158] 然而，这一变化意味着佛朗哥和他的政权之间开始出现距离。新的经济形态越来越超出他的理解能力，很快他就需要用训练有素的技术官僚取代那些老战友来管理经济。被派来研究西班牙经济和军事准备情况的美国小组对这两方面的困难之大感到十分意外。在莱克里卡的鼓动下，佛朗哥期望美国的资金能让一切恢复正常，于是拖长了谈判过程。[159] 1952 年 5 月 17 日议会复会时，佛朗哥宣布：与美国合作后，西班牙将获得经济和军事援助，并且这种合作不会损害西班牙主权。佛朗哥对他所认为的自己治下独一无二的民主制度大加赞扬。前一年罢工后，当局实施了残酷镇压，他的这番话成为镇压行动的残酷注脚。[160]

1953 年 1 月 20 日，艾森豪威尔就任总统，之后派詹姆斯·克莱芒·邓恩担任驻马德里大使。邓恩主张与西班牙达成协议。尽管佛朗哥在拖延谈判，希望得到更好的条件，但在美国的压力下，为了不葬送两国联盟，他还是不得不放弃了自己的过分要求，达成的协议基本采用了美方的文本。[161] 想到可能会向外部大国提供基地，导致国家主权受损，佛朗哥有些担心。因此，他利用刚刚加冕的女王伊丽莎白二世将于 1954 年访问直布罗陀这一消息制造烟幕。居住在西班牙的英国公民受到骚扰。佛朗哥在接受《奋起报》采访时发表了挑衅性的反英言论，强调英帝国主义的险恶意图，转移人们对西班牙与美国签订协议所需代价的关注，这是为了煽动民族主义以便获得支持，不仅成本低，而且效果好。[162]

1953 年 8 月底，与梵蒂冈漫长的政教协议谈判圆满结束。尽管没有政府宣称的那么重要，但该协议是佛朗哥获得国际承认的重要一步。作为回报，他同意教会在教育和社会道德方面拥有最终评判权，并确认天主教为正式国教。[163] 佛朗哥的合法性获得了教皇的认可，不仅他的半君主统治以及印有"蒙上帝恩典的首领"的硬币得以正名，他在进入和离开教堂时也终于可以像君主一样使用原为西班牙国王使用的罩篷了。然而，他与教会之间的关系有时会引发冲突。他获得了从教廷大使提供的三人名单中挑选主教的王室特权，此事后来引发了与神职人员的冲突，尤其是在加泰罗尼亚和巴斯克等地方民族主义强烈的地区。[164]

1953 年 9 月 26 日西班牙与美国签署的防御条约，其影响力超过了政教协议。关于美国在战时使用基地的条件，以及西班牙对这些基地的最终管辖权，协议留有许多细节等待以后商定。[165] 最终协议存在不少对美国有利的模棱两可之处和灰色地带。佛朗哥发表声明称自己捍卫了国家主权，但其实他还是放弃了相当一部分国家主权。未来发生战争紧急情况时，只有几分钟的时间让战斗机升空，这就排除了进一步协商的可能。美西双方私底下确认，根据协议的附加条款，在苏联入侵的情况下，美国只需向马德里"通报美方掌握的信息和美方的意图"。如果攻击西班牙的不是共产主义国家，美国便无须向其提供援助。事实上，西班牙的大片地区仍然不具备足够的防御覆盖。佛朗哥没有接受卫星国的地位，但他的所作所为显示出，为了保住自己的权力，他愿意付出巨大的代价。[166]

在讨价还价的最后阶段，佛朗哥告诉谈判人员，"不得已时，如果你们得不到想要的，不管他们在你们面前摆的是什么，你们在上面签字就行。我们需要这份协议"[167]。协议一公布，佛朗哥就把这种绝望抛到脑后去了。通过照片拼接，佛朗哥成了艾森豪威尔的平等伙伴。媒体声称，世界各国都惊叹佛朗哥取得的胜利。[168] 这项共同防御协议带来了 2.26 亿美元的军事和技术援助。经济援助一般限于具有军事用途的基础设施项目，修建公路、港口以及建设国防工业。运来的军事装备主要包括在第二次世界大战和朝鲜战争中使用过的武器、飞机和车辆。作为回报，佛朗哥允许美国在靠近马德里附近的托雷洪、塞维利亚、萨拉戈萨和莫龙 – 德拉弗龙特拉建立空军基地，在加的斯省的罗塔镇建立一个小型海军基地，并且利用西班牙港口建立一系列空军小型设施和海军燃料补给站。驻扎在西班牙的美国军事人员不必遵守西班牙的法律和纳税要求。佛朗哥出卖了西班牙的中立地位和国家主权，国家利益和个人利益被他混为一谈。特别是在大城市附近设立基地，这是完全不负责任的行为。[169]

在原子时代，西班牙虽然摆脱了国际孤立，却牺牲了主权，还埋下了战争的隐患。作为回报，西班牙被纳入了西方的体系，军方高层对此非常高兴。经济援助带来了一些要求，例如比塞塔采用实际汇率和平衡预算，这意味着该政权必须发生本质改变。[170]实际上，迫使佛朗哥允许经济自由化的不是美国的压力，而是西班牙经济的崩溃。他又坚持了 6 年才无奈地放弃了自给自足政策，直到最后也没搞清楚问题出在哪里。值得注意的是，这些协议提供了经济刺激，而这些经济刺激进一步暴露了佛朗哥的自给自足政策在结构上的僵化。这些协议推动西班牙走向了经济发展和社会进步，却最终导致佛朗哥变得无关紧要。

1953 年 10 月 1 日，佛朗哥把基础协议提交给议会审议，以此作为他从 1936 年以来不断捍卫西方文明的无私努力的巅峰之作。那一天是首领日，运动党在东方广场举行了盛大集会。他们用车把工人和农民从西班牙各地运来，还发给他们一天的酬劳和盒饭。报纸主编路易斯·加林索加习惯阿谀奉承，他称赞佛朗哥是"西方世界的领袖"，20世纪唯一真正的伟人，是远超丘吉尔和罗斯福这样的小矮人的巨人。[171] 西班牙遭受苏联侵略的风险如今变得更大，而佛朗哥对此闭口不提。[172] 即使如此，由于成了美国的盟友，即便西班牙处于附属地位，但佛朗哥的国内统治变得更容易，加入联合国和获得完全的国际承认也因此成为可能。

为了避免屈从美国和梵蒂冈后招致长枪党人的抵触，佛朗哥安排了一次大规模的公开游行，以表明他对运动党的支持。1953年10月29日，西班牙长枪党成立20周年纪念日，佛朗哥在皇家马德里俱乐部的查马丁球场向12.5万名"长枪党员"发表讲话。法国《世界报》的记者估计，人群中80%是从各省运来的农民或失业的农业劳工，参会的人拿到了一天的工资。佛朗哥扬扬得意地把这些协议说成是对共产主义的第二次胜利。[173]

与美国签订的《马德里协议》减缓了生活水平的下降，减轻了佛朗哥的压力。当局还利用协议再次发动反共宣传，以保存内战的火种。另外，如今多数民众对政治漠不关心，1936年至1945年期间花费巨大气力实施的恐怖政策，总算得到了回报。反对佛朗哥的人已经尝过了苦果。如果有人忘了疼，等待他们的是酷刑和监禁，有时还会遭受处决。对于试图重建政党和工会的人，国民警卫队、武装警察和秘密警察使出了血腥手腕，开足马力予以打击。

第十四章

佛朗哥政权：腐败和自以为是，1953—1969 年

在与美国和梵蒂冈签订协议后，佛朗哥愈发自信，开始把更多时间投入到自己的爱好上——打猎，跟他的钓友马克斯·博雷利一起钓鱼，打高尔夫，在埃尔帕尔多宫的私人电影院看西部片、画画，以及经营他在巴尔德丰特斯的地产。他能够利用农业部的人力和机器种植小麦、土豆甚至烟草，这笔生意利润不菲。住在埃尔帕尔多宫的时候，佛朗哥经常在吃完午饭后去巴尔德丰特斯呼吸新鲜空气。[1] 他手下的部长们处理各自部门的具体事务，有的忙着发财，有的勤奋工作，有的混吃混喝，他一概放任，自己只把握政策大方向的制定权，尤其是外交政策。1953 年以后，他越来越多地把政府日常的苦差事交给别人去做，并继续对腐败现象听之任之，无论是他的政治仆人还是他大家庭的成员，只要对他保持绝对忠诚就行。

1944 年，烈士谷的地穴工程完工。如同对待情妇一样，从 1940 年动工开始，佛朗哥对于这项工程一直很执着。与他在位期间留下的其他遗产相比，这项工程更能反映出佛朗哥把自己视为与费利佩二世平齐的历史人物。地穴于 8 月 31 日完工，在他的要求之下，容积比最初设想的扩大了一倍。这项工程规模庞大，地穴是从坚硬的花岗岩中开凿出来，长 262 米，高 41 米。佛朗哥时代经济繁荣催生的许多大建筑公司都是从这里起步的，比如 Banus 公司、

Agromán 公司，尤其是 Huarte 公司，它们拿到了建造巨大十字架的合同，直到 1956 年 9 月才完成。十字架重 181 620 吨，高 150 米，臂长 46 米。[2]

佛朗哥面临的最大问题是君主主义者的无声反对。这些人仿佛在提醒他，恢复君主制的承诺尚未兑现，这让他有些不爽。1954年 7 月，在希尔·罗夫莱斯的影响下，堂胡安在儿子胡安·卡洛斯的教育问题上与佛朗哥发生了冲突。堂胡安想让儿子进入比利时鲁汶大学接受大学教育，而佛朗哥希望胡安·卡洛斯先在西班牙萨拉戈萨军事学院学习，然后去加利西亚的马林海军学院和穆尔西亚的圣哈维尔空军学院进修，接着去马德里的康普顿斯大学社会科学学院和工程学院深造，之后再跟随佛朗哥了解国政。佛朗哥对堂胡安表示，要当西班牙的统治者，必须在西班牙接受教育，这轻蔑地暗示了堂胡安不在佛朗哥的复辟计划考虑之中，也是威胁他可能根本不想恢复君主制。佛朗哥使用了"建立"一词，以此强调西班牙不会复辟传统的波旁王室血统，只会在未来迎立一个继承佛朗哥事业的国王，并且这个国王必须经过挑选和训练，以确保佛朗哥制度的延续。由于担心会与佛朗哥彻底决裂，堂胡安做出了让步。[3]

1945 年以来，佛朗哥一直声称西班牙遭到国际围困，并利用这一谎话巩固自己的政权，而既然已经签订了政教协议和《马德里协议》，继续撒谎就变得不那么容易了。把支持者玩弄于股掌之间曾是他最擅长的本事，如今这套把戏也渐渐不太好使了。通过提供职衔和职位，1945 年之前，他平息了军队中长枪党和君主主义者之间的对立，1945 年之后，他又处理了长枪党和天主教君主主义者之间的斗争。现在，没有参加过内战的几代人已经成长起来，对于佛朗哥这位西班牙"救世主"所缔造的成就，这些人不再关心。年轻人不太在意佛朗哥的光环，他们开始公开争夺职位。除了长枪党和马丁·阿塔霍的保守派基督教民主党人之外，还有堂胡安的支持者，以及属于主业会①的知名银行家、律师和教授，他们一心减少独裁对国家治理的影响，推动经济实现现代化。[4]

许多佛朗哥的支持者开始考虑未来，而佛朗哥本人关注的则是堂胡安的支持者。1954 年 2 月，他接待了几位将军的来访，其中包括胡安·包蒂斯塔·桑切斯。桑切斯敦促他为自己死后的君主继承事宜做准备。堂胡安在埃什托里尔为女儿举办步入上流社会的聚会时，许多中上层阶级的西班牙人前去庆祝，这让佛朗哥有所警惕。[5]虽然佛朗哥的地位几乎没有受到威胁，但 1954 年 11 月 21 日，马德里举行了内战以来的第一次地方选举，这表明情况正在发生变化。尽管选民极其有限，4 名君主主义候选人还是受到了长枪党暴徒和警察的恐吓。为了确保运动党的 4 名候选人能够获胜，卡雷罗·布兰科、布拉斯·佩雷斯、加夫列尔·阿里亚斯·萨尔加多以及长枪党党务部部长雷蒙多·费尔南德斯·奎斯塔商量后决定，通过安排周密的选举造假来确保胜利。尽管官方结果显示佛朗哥派候选人获得了大胜，但君主主义者声称己方候选人赢得了超过 60%的选票。[6]布拉斯·佩雷斯对佛朗哥说，选举结果受到了广泛的好评，但有影响力的君主主义者，例如司法部部长、传统主义者安东尼奥·伊图尔门迪却表示强烈不满。更糟糕的是，军事情报部门发现，马德里驻军部队的大部分人都投票支持君主主义候选人。佛朗

---

① 天主教会内的半修会性质的组织，1928 年成立于马德里。

哥私下里承认布拉斯·佩雷斯撒了谎，尽管官方的选举结果仍然有效，但现政权实际输掉了选举。为了争取军队中的君主主义势力，他准备会见堂胡安。[7]

佛朗哥的国际地位已得到巩固，镇压机构也确保了国内的安全，他现在主要关注的是确保他的继任者是一个继承自己事业的国王。然而，长枪党越来越不合时宜，堂胡安的自由君主主义方案也似乎与外部世界更合拍。此外，与长枪党密切关联的自给自足政策加剧了西班牙的经济问题。佛朗哥之所以要会见堂胡安，只是为了让君主主义者相信他的诚意。1954 年 12 月 2 日，他在给堂胡安的信中重申，只有在他死亡或完全丧失能力时，他才会将权力移交给无条件维护独裁政权的国王。因此，他坚持让胡安·卡洛斯接受运动党纲领的教育。这封信的结尾批评堂胡安的支持者在市政选举中反对运动党。[8]

会面在拉斯卡韦萨斯庄园举行，其主人是鲁伊塞尼亚达伯爵，此人是堂胡安在西班牙的代表人。佛朗哥重申了自己在信中所说的话，并称堂胡安之所以支持新闻自由、司法独立、社会正义、工会自由和代议制政治，是因为其身边的顾问是共济会成员。佛朗哥传达的信息很明确，如果堂胡安不允许儿子胡安·卡洛斯在佛朗哥的监护下接受教育，就等于放弃王位。于是，堂胡安同意让胡安·卡洛斯留在西班牙，继续在三个军事学院、大学和佛朗哥身边接受教育。佛朗哥极不情愿地同意发表一项联合公报，在其中含蓄地承认了波旁王朝对于西班牙王位的世袭权利。[9]这次会面给人的印象是有一些进展，但是在 1954 年 12 月 31 日的年终致辞中，佛朗哥明确表示没有向堂胡安让步。他在讲话中使用"我们"，强调不会复辟君主立宪制，并强调他有权选择能够保证其政权连续性的继承人。他指责呼吁改革的人是"西班牙奸细"，背后是邪恶的外部敌人。随后他接受了采访，他的讲话打消了人们的幻想，西班牙不可能早日过渡到君主制。[10]

长枪党的官员们获得了高薪职务和闲差，以此作为他们接受君主制过渡的回报，而且运动党的一党地位也得以保持。[11]另一方面，君主主义者也不得不同意复辟君主制必须在运动党内部进行。媒体发表了一篇杜撰的采访，这篇采访给人的印象是堂胡安已附身于运动党，这让堂胡安感到受到了羞辱。[12]当局多年来精心实施国家恐怖主义，公众对政治十分冷漠，如今正逐渐转化为对该政权的广泛接受，这种现象也被称为"社会学上的佛朗哥主义"（sociological Francoism）。[13]佛朗哥可以把更多事务放手让别人打理，自己投入更多时间去打猎和钓鱼。他的密友开始注意到他不愿关心日常的政局动向。[14]尽管出现危机时仍需要处理，但他在政事上投入的时间越来越少。他处理的官方事务上大部分只是仪式性的，对重要的国计民生问题（其中最严重的是持续的通货膨胀和经济停滞），他似乎不感兴趣。[15]1954年底，碰到狩猎季节，所有的周六、周日和周一都被他用于打猎，偶尔有整个星期都不理政。围绕着佛朗哥这个中心，也有不少狩猎活动组织起来，很多人以此为平台大搞腐败交易。部长们也纷纷打起了猎，因为他们必须融入佛朗哥的朋友圈。至于因为打猎耽误了政务，佛朗哥似乎并不关心。狩猎期间，有人拍他马屁，有人针对不在场的人说一些不怀好意的流言蜚语，当然还有不少人请他帮忙。这些活动开销巨大，但为了接近部长们，商人纷纷慷慨解囊。[16]

20 世纪 50 年代中期，佛朗哥花在政治上的时间不多，更多的是和家人在一起以及享受自己的爱好。他深信所有的问题都是由极少数人在共济会分会和境外国际左翼势力的遥控之下制造的。尽管如此，1954 年 11 月的市政选举和拉斯卡韦萨斯庄园会面之后，佛朗哥身后的继承人的问题还是被稳稳地提上了议程。佛朗哥无意放弃权力，但对于社会变革的明显现实和大多数西班牙人的心声，他缺乏了解。佛朗哥一直灌输的那条咒语"内战里得胜的西班牙人是好人，失败的西班牙人是反对佛朗哥的坏蛋"，经过世代更替已变得无关紧要。在卡雷罗·布兰科等人的鼓动下，他相信自己是西班牙人民敬爱的父亲，有责任保护他们不受共济会和共产党的迫害。

整个 20 世纪 50 年代，反对法国和西班牙的摩洛哥独立运动风起云涌。1956 年 4 月 7 日，这两个欧洲国家终于放弃了各自的摩洛哥属地。佛朗哥不得不在独立宣言上签字，他感到痛苦万分。[17] 伴随摩洛哥危机的还有国内政治问题。他意识到不能同意国家重回政党政治，因为其中的风险太大了。自从拉斯卡韦萨斯庄园会面以后，他一直不愿正视长枪党内部零星的不满迹象。不仅党的伟大抱负，即所谓的"正在进行的革命"迟迟未能实现，长枪党甚至沦为佛朗哥的捧场党，一些党员面对这种局面已经失去了耐心。1955 年 2 月，长枪党极端民兵组织"佛朗哥卫队"出言侮辱胡安·卡洛斯，还指责佛朗哥是跟堂胡安勾勾搭搭的叛徒。[18] 运动党之前对佛朗哥一直忠心耿耿，如今这种忠心已发生了动摇，这次事件就是明显的证据。

在政权划一的专制表象背后，情况正在发生变化。教育部部长鲁伊斯·希门尼斯制定了自由主义色彩的大学政策，这加剧了运动党内部的紧张局势。相较早期军队中的君主主义者与长枪党高级成员之间的对立，20世纪50年代中期的矛盾有所不同。西班牙的学生，即使是左翼和自由主义的学生，也几乎都来自生活安逸的中产阶级家庭，对待他们不可能像对待罢工工人一样，动辄实施野蛮镇压是行不通的。然而，佛朗哥既没有时间也不愿意去了解这些新生力量。因此，他没有认真分析学生动乱的原因，长枪党对国家滑向保守君主制的抗拒情绪他也没有严肃对待。1955年11月，长枪党创始人何塞·安东尼奥·普里莫·德里韦拉忌辰纪念活动在埃尔埃斯科里亚尔修士院举行，仪仗队中响起了一个声音："我们不要白痴国王。"对此佛朗哥并没有放在心上。[19] 他严重误读了学生动乱，没有认识到这是政权与西班牙社会严重脱节的征兆。他认为所有的反对声音都是共产主义者或共济会在捣乱，然而这种自欺欺人的说法已经不足以解释现实了。

佛朗哥不得不逐渐面对这一事实，即大多数学生认为政界和军队不仅能力平庸，而且道德败坏。[20] 在1955年的年终广播讲话中，他提到了大学里的紧张局势。面对根本不存在的国际围困，他依旧强调精诚团结，这种借口如今已经没人相信了。由于不打算进行改革，所以佛朗哥没有像往常一样回顾他的伟大成就，而是利用这场每年一度的讲话强调颠覆活动的威胁。他暗示，在他领导下取得的成功让西班牙人变得自满，很容易成为那些企图分裂西班牙的外国势力的猎物。他指的是电台节目里传播的自由思想。[21] 佛朗哥的讲话回避现实，只受到了长枪党内部最强硬分子的欢迎。佛朗哥赞同他们的言论中反自由、反共济会、反共产主义的成分，而且他知道，对君主主义者的任何让步都会削弱自己的地位，因为这些人效忠的不是他。相比之下，长枪党的生存完全依赖于他。心存不满的不仅是长枪党人，工人阶级对恶劣的住房条件和生活水平也越来越不满。[22]

2 月 8 日，要求改革的学生在马德里大学举行示威，结果被一帮长枪党暴徒驱散。[23]立场极端的"佛朗哥卫队"制定了"叛徒"黑名单，教育部部长鲁伊斯·希门尼斯也被列入其中。包括陆军部部长穆尼奥斯·格兰德斯在内的高级将领怒气冲冲地拜访了佛朗哥并表达不满。[24]佛朗哥支持长枪党人，并认为这场危机是共产主义煽动者所为，因此打算袖手旁观。[25]然而，穆尼奥斯·格兰德斯告诉他，如果黑名单上的人受到伤害，军队将会接管马德里。佛朗哥这才答应逮捕长枪党肇事者。[26]尽管如此，他并没有把这些放在心上，而是跟穆尼奥斯·格兰德斯、阿武鲁亚和一群贵族、商人一起，带领狩猎队浩浩荡荡出发打猎去了。

佛朗哥对鲁伊斯·希门尼斯非常不满，认为他倾向自由主义，导致左翼分子在大学里蓬勃发展。他对费尔南德斯·奎斯塔也十分不满，觉得是他使得组织内部出现反佛朗哥的苗头。[27]令他特别恼火的是，长枪党和军队最高指挥官之间的敌对情绪再度抬头，打搅了他狩猎的兴致。在他的安排下，极有抱负的阿雷塞取代了费尔南德斯·奎斯塔，赫苏斯·鲁维奥·加西亚·米纳取代了鲁伊斯·希门尼斯。加西亚·米纳是长枪党成员，在大学任教授，对于近期的动乱，他的观点是"学生应该学习"。[28]1956 年 2 月发生的事件证实，佛朗哥正在与不断变化的政治形势脱节。他低估了危机的严重性，部分原因是他一直专注于西属摩洛哥的问题。他的解决方案只是短期的。他别无选择，只能紧紧依靠长枪党，否则他将把自己的命运交到那些想要恢复君主制的高级军官手中。[29]

自拉斯卡韦萨斯庄园会面以来，强硬派长枪党人的不满情绪一直在积聚。1955 年底，佛朗哥收到了一份备忘录，要求采取更加集权的方式迅速实施长枪党革命。[30] 他同意阿雷塞作为党务部部长去落实备忘录中的要求，这导致他的政权与国际和国内形势的变化更加脱节。4 月，在失去摩洛哥的打击下，佛朗哥抓住阿雷塞实施的重振长枪党地位的计划，希望以此巩固他的统治。[31] 然而，阿雷塞的计划非但没有平息分裂，反而引起了强烈的两极分化。传统主义者、支持堂胡安的君主主义者和天主教徒将该计划视为新纳粹主义，认为它意图扼杀君主制复辟后可能实施的自由化改革，从而延续长枪党主导的独裁政权。

也许是被一个用谄媚外表呈现的计划所迷惑，佛朗哥并没有怀疑阿雷塞的野心，这正是佛朗哥政治敏锐度下降的表现。自由君主制的堕落是佛朗哥最喜欢的话题。于是阿雷塞告诉佛朗哥，他正在制订关键措施，防止在一个软弱的国王统治下发生民主改革。[32] 整个 3 月，阿塞雷精心设计他的计划，而佛朗哥则因西属摩洛哥即将脱离殖民地状态以及日益增长的经济和社会上的不满而心烦意乱。过去的 12 个月，生活成本指数上涨了 50%。3 月 3 日，当内阁开会讨论工人阶级日益高涨的斗争情绪时，长枪党劳工部部长希龙提出加薪 23%。贸易部部长曼努埃尔·阿武鲁亚指出这将导致通货膨胀，然而他的意见未获采纳。[33] 工资上涨来得太晚，不足以阻止一系列罢工的爆发，4 月，潘普洛纳的制鞋厂工人开始罢工，随后蔓延到巴斯克地区的钢铁厂和阿斯图里亚斯的煤矿。[34]

佛朗哥最厉害的地方在于，他能让长枪党联盟中的每一个团体都相信他真正支持的是己方。值得注意的是，1956 年，他同意阿雷塞制定办法，规定除长枪党以外其他任何势力都无法继承政权。他既想享受现在，也想保证他的政权永固。随着他逐渐耽于舒适的日常生活，政权内部的各种力量尝试更主动地保障自己的未来。矛盾的是，这却再次显示佛朗哥是维系整个体系的仲裁者。当然，佛朗哥自己也很乐意继续成为不可或缺的人物。阿雷塞想让长枪党垄断佛朗哥主义政权，这一计划激起了君主主义者的行动。鲁伊塞尼亚达伯爵制订了一项计划，想要提前恢复君主制，而让佛朗哥担任临时摄政者，政府的日常事务则由包蒂斯塔·桑切斯将军掌管。由于有备受尊敬的包蒂斯塔·桑切斯的参与，其他反对阿雷塞的君主主义将军也打算提供支持。[35]

佛朗哥获悉了这些花招，他前往安达卢西亚开始宣传之旅。在阿雷塞的怂恿下，他的演讲变得越来越激进。到达塞维利亚后，4月 24 日，佛朗哥宣称他的政权的优秀性在人类史上都可说是空前绝后。在阿雷塞的安排下，佛朗哥受到一群狂热的长枪党人的欢迎。然后，阿雷塞对佛朗哥说，这反映了群众期待更强硬的佛朗哥主义路线。4 月 25 日在韦尔瓦，佛朗哥出言侮辱君主主义者和胡安·卡洛斯，以此取悦他的听众。他宣称"对于那几十个政治阴谋者或者他们孩子的笨拙阴谋，我们根本不予理睬"，并威胁要"派出大批蓝衫军和红色贝雷帽把他们打垮"。5 月 1 日在塞维利亚组织的一场长枪党集会上，他激烈指控长枪党革命的敌人是共济会分会和国际共产主义组织手中的工具。他的调门越来越高，放言说"没有君主制，长枪党可以活；没有长枪党，君主制活不了"。[36]

此前一贯靠含糊不清地掩盖自己的意图来维持政治平衡的佛朗

哥，如今竟然会走到这一步，实在令人意想不到。阿雷塞谈到了长枪党的美好前景。在阿雷塞言论的鼓舞下，佛朗哥一反常态地发表了明确声明，这令许多君主主义者感到意外。这些人之前一直安于接受这个政权，只要他们的政治抱负尚有实现的可能。此外，阿雷塞如今语带傲慢，好像他可以左右下一届内阁人选一样，这激起了更大的不安。[37] 费尔南德斯·奎斯塔告诉英国大使，阿雷塞的宪法草案赋予长枪党以类似苏联共产党那样的领导地位。[38] 甚至连卡雷罗·布兰科都对此表示担心。司法部部长安东尼奥·伊图尔门迪也是忧心忡忡，他对阿雷塞的行动十分不满。他委托杰出的加泰罗尼亚君主主义者劳雷亚诺·洛佩斯·罗多撰写了一份报告，这个人不仅是行政学教授，还是主业会成员。[39]

佛朗哥起初支持阿雷塞的计划。[40] 然而，高级将领们对 5 月 1 日的讲话感到不安。7 月 1 日，刚刚上任为佛朗哥打理军队事务的安东尼奥·巴罗索将军，针对阿雷塞的计划向佛朗哥提出抗议。他和另外两名将军向佛朗哥提出了鲁伊塞尼亚达伯爵的方案，建议由军人督政府接任，并就选择君主制或共和制举行公民投票，他相信君主制将获得压倒性的支持。[41] 佛朗哥担心起来，对阿雷塞表现出明显的冷淡。[42] 然而，1956 年 7 月 17 日，也就是军事叛乱 20 周年纪念日，佛朗哥面向长枪党全国委员会发表了一篇演讲，其中有一部分是由阿雷塞起草的，这篇演讲仍然倾向长枪党。全国委员会是一个象征性的机构，自 1945 年以来就没有召开过会议，它的重启是阿雷塞计划的一部分，用来充当佛朗哥继任者在意识形态纯洁性上的监督者。[43] 演讲重申了运动党在政权更替过程中处于中心位置，同时平息了长枪党的担心，即未来的国王可能凭借他的权力实现向民主的过渡。[44] 佛朗哥在演讲中不仅赞扬了法西斯意大利和纳粹德国，还嘲讽同盟国出于恐惧和嫉妒，把战后民主制度"强加"给战败的轴心国，这些言论把外交部部长马丁·阿塔霍吓得够呛。演讲发表时，当局删除了这些反民主的言论。[45]

就像其他生活较简朴的高级指挥官一样，巴罗索将军也对佛朗哥家族肆无忌惮的炫耀感到不满。自1950年佛朗哥之女内努卡和马丁内斯－博尔迪乌结婚以来，夫人卡门就一头扎进了上流社会，沉迷于对珠宝和古董的热爱。这使她获得了一个流行的绰号"项链夫人"，[46] 她甚至篡改了丈夫的过去，将佛朗哥家族位于老家的宅子建成了博物馆——不仅改变了建筑格局，还重新布置了一番。这所房子和里面朴素的家具原本真实反映了一个家有四子的中级海军军官的收入水平。如今，夫人卡门在里面摆上了昂贵的古玩和瓷器，开始为丈夫创造一个中上层或半贵族的旧日子。[47]

9月29日，萨拉曼卡举行了盛大的佛朗哥主义者大会，纪念佛朗哥成为国家元首。佛朗哥的演讲没有提到阿雷塞正在起草的"基本法"。[48] 最终稿传阅时在佛朗哥领导集团内引起了轩然大波。虽然法案承认佛朗哥的绝对权力是终身的，但是它把决定继任者的权力交给了长枪党全国委员会和长枪党秘书长，阿雷塞想再次担任秘书长一职。法案授权运动党以极权方式控制西班牙生活的方方面面，君主主义者、天主教徒、大主教和将军们对此齐声反对。[49] 法案试图阻止君主制复辟的倾向，也引起了军队的强烈不满。西班牙的4名大主教中，有3人联名向佛朗哥去信，称宪法草案与纳粹主义、法西斯主义和庇隆主义的纲领类似，指责阿雷塞起草的这一法案蔑视教皇通谕。[50] 尽管内心支持阿雷塞的计划，但为了平息抗议，佛朗哥不得不要求阿雷塞缓和法案的措辞。[51]此番事件表明，佛朗哥已不再是政权体系里政治事务的最终仲裁者。

鲁伊塞尼亚达伯爵的方案是通过谈判过渡到堂胡安，阿雷塞的计划是退守长枪党法西斯主义。在这两个极端之间，还出现了卡雷罗·布兰科所青睐的中间道路。这条道路旨在为威权君主制创设立法框架，保证佛朗哥死后，其政策也能得以延续。佛朗哥最终采纳的是这一方案。制定蓝图的工作交给了洛佩斯·罗多。[52]作为总理府秘书长，卡雷罗·布兰科不仅是佛朗哥的政治幕僚长，而且逐渐承担了总理的部分工作。洛佩斯·罗多又是卡雷罗的首席幕僚，他当时正在负责创建一个班子，以应对现代经济里佛朗哥无力管理的复杂而具体的问题。

与此同时，包蒂斯塔·桑切斯正在网罗支持者，以实现鲁伊塞尼亚达伯爵的计划，让佛朗哥靠边站，扶助堂胡安登上王位。而佛朗哥怀疑虔诚的天主教徒包蒂斯塔·桑切斯是共济会会员，于是让秘密情报部门对他实施跟踪。[53]1957年1月中旬，巴塞罗那发生了公共交通用户示威，学生也发起了反政府游行，紧张局势一触即发。[54]民政长官费利佩·阿塞多·科伦加动用暴力手段强行清空了大学，以防止学生发起支持罢工者的示威活动。包蒂斯塔·桑切斯对阿塞多·科伦加采取的暴力手段提出了批评，而佛朗哥对此感到十分恼火。[55]佛朗哥认为，包蒂斯塔·桑切斯正在策动罢工，企图以此为借口发动政变，复辟君主制。[56]佛朗哥从外籍军团里增调了两个团，对桑切斯指挥下的部队调动予以监视，并派穆尼奥斯·格兰德斯通知桑切斯，解除了他加泰罗尼亚军区司令的职务。[57]第二天，1月29日，人们发现桑切斯已经死亡。尽管有传闻说他死于他杀，但更大的可能是在与穆尼奥斯·格兰德斯进行痛苦的面谈后死于心脏病发作。[58]

阿雷塞引发了反对的声浪，巴塞罗那发生罢工，经济遭受严重困难，佛朗哥因此不得不重组内阁。尽管佛朗哥支持希龙反对阿武鲁亚，但他不得不承认，不仅通胀水平已经飙升，而且国际收支严重失衡。这在一定程度上是由于他手下部长们的无能，但也是他坚持自给自足的后果，同时苏安塞斯领导的国家工业联合会的核心作用也是原因之一。公共工程部部长何塞·马里亚·费尔南德斯·拉德雷达将军严厉地提醒他："把几年的国家预算资金合起来也不足以维持这个恶魔般的怪物。"[59]资金和原材料本来就很稀缺，而国家工业联合会的样板项目需求巨大。佛朗哥不注意管理细节，于是部长们的政策纷纷超支，政府只能以印刷钞票来解决。此外，希龙批准工资上涨后，工农业的成本涨幅已经超过 40%。[60]

由于担心无人可以替代阿武鲁亚担任贸易部部长，佛朗哥对改组内阁犹豫不决。他认为这位部长在国际贸易和金融方面拥有丰富的专业知识，并为此深深折服。[61]他的确很钦佩阿武鲁亚，这个人从银行底层从业者干起，最终成为千万富翁。据称，他的第一桶金靠的是向朋友和有影响力的熟人发放进口许可证。西班牙每年需要 4 万辆汽车，但进口许可证只有 6 000 张，这些许可证一转手就可以卖到天价。这还催生了一句口头语"谢了，小伙儿"。有一次，副部长办公室承认，"上级机关"颁发的许多进口许可证手续不全。[62]佛朗哥既不理解自给自足政策造成的损害，也不理解西班牙需要专门的经济手段。他不情愿地同意了贸易自由化的想法，批准了西班牙加入欧洲经济合作组织和国际货币基金组织的计划。

最后，经过相应地调整内阁，他还是进一步放弃了对西班牙政治的控制。

1957年2月，内阁改组，这标志着佛朗哥开始从独裁者过渡到有名无实的象征性领导人。改组的细节是他与卡雷罗·布兰科合作制定的，布兰科的影响力比以前更大了。布兰科对经济的理解只是初级水平，和他的导师一样。然而，他可以依靠天赋过人的洛佩斯·罗多。[63] 他们建议的内阁改组方案产生了长期的影响，超出了佛朗哥的预期。内阁改组后，不仅长枪党在政治势力上被全面削弱，而且西班牙在两年内就放弃了佛朗哥的经济政策，转向拥抱现代资本主义。这将带来大量外国投资、工业化、人口迁移、城市化和教育的大发展。这些社会后果导致佛朗哥和长枪党变成了时代的落伍者。无论怎样，佛朗哥最后都会把经济发展的成果归功于自己，如同他认为西班牙的战时中立和挺过冷战都是拜他所赐一样。

阿雷塞的党务部部长职位被善于逢迎的何塞·索利斯·鲁伊斯取代，他是长枪党工会的头目。[64] 希龙被缺乏个性的费尔明·桑斯·奥里奥取代。为了讨好长枪党，阿雷塞继续担任住房部部长这一无关紧要的职位。[65] 马丁·阿塔霍被费尔南多·马里亚·卡斯铁利亚取代，这位曾经的长枪党人现在是基督教民主党人。"技术官僚"的加入标志着自给自足政策即将终结，他们的任务是引导西班牙融入世界经济。新任财政部部长马里亚诺·纳瓦罗·鲁维奥是一名信奉天主教的律师，也是主业会控制的"人民银行"的董事。阿武鲁亚的贸易部部长职位被阿尔韦托·乌利亚斯特雷斯·卡尔沃取代。这个人是经济学教授，和洛佩斯·罗多一样，也是主业会的成员，他立誓保持清贫，与其前任完全不同。有人猜测这三人是由天主教共济会控制的邪恶集团。在接下来的几年里，他们实施经济和政治改革，为政府的生存奠定了基础。失势的长枪党人因此愈发怨恨，认为是他们控制了佛朗哥和运动党。[66]

1957 年，政府面临政治和经济破产，技术官僚的到来是对这一现实的回应。佛朗哥和卡雷罗·布兰科需要新鲜血液和新鲜想法。洛佩斯·罗多是卡雷罗·布兰科推荐的人。纳瓦罗·鲁维奥是佛朗哥挑选的人。洛佩斯·罗多和纳瓦罗·鲁维奥都推荐了乌利亚斯特雷斯。这三人之间并非紧密无间，甚至偶尔会有摩擦，但他们还是作为团队一起推动行政和经济的现代化。[67]洛佩斯·罗多没有成为部长，但他的影响力巨大，佛朗哥退出日常政治的速度因此加快。虽然佛朗哥不仅仅是形式上的国家元首，但他对政府日常运作的参与较少。洛佩斯·罗多起草的《国家行政制度法》对政府进行了重组。新法于 1957 年 7 月中旬由议会批准，卡雷罗·布兰科领导的总理府升格为部。洛佩斯·罗多担任总理府技术秘书后，总理府成为总理直属的部门，有权发起、起草和规划立法。由洛佩斯·罗多领导的经济协调和规划办公室后来为主要的经济部门提供专门的服务。政府变得更加行政化而非政治化。佛朗哥沉迷狩猎和捕鱼，这意味着今后的战略政策更有可能由卡雷罗·布兰科和洛佩斯·罗多二人制定。[68]

最初，技术官僚们花了很大气力解决无能的前任们遗留下来的经济问题。1956 年，佛朗哥接受了希龙的主张，即大幅上涨工资可以避免罢工并且物价不会受到任何影响，结果引发了恶性通货膨胀。到了 1957 年春，生活水平下降引发了另一波罢工浪潮。佛朗哥认为，工业动荡是共产主义煽动者和共济会成员所为。他把有关工资低和食不果腹的言论视为外国的宣传。[69] 技术官僚们知道，经济要想实现现代化，必须减少佛朗哥的影响。在内阁换届后不久，洛佩斯·罗多告诉鲁伊塞尼亚达伯爵："没法跟佛朗哥谈政治，在他眼里，他们要么是想赶他下台，要么是为他的继任者铺路。要想法子让他接受一项下放经济权力的行政计划。那样他就不会认为是针对他个人。他会放手让我们干，然后，一旦进入政府，我们就能看到我们的政治目标能实现多少，这些目标必须尽量避免被人发觉。"[70] 洛佩斯·罗多的计划是建立一个部门分工明确、以根本法为基础的稳定架构，然后在 1968 年正式宣布胡安·卡洛斯为王位继承人，那时他将年满 30 岁，根据《国家元首继承法》，有资格继承王位。[71]

失势的长枪党人怀疑，经济自由化背后是政治改革的企图。乌利亚斯特雷斯把汇率从 1 美元兑换 5 比塞塔贬值到更现实的 1 美元兑换 42 比塞塔，并宣布取消价格管制，此后长枪党人的担心愈发加重。佛朗哥似乎既不关心这些经济变化，也不关心洛佩斯·罗多在卡雷罗·布兰科的指示下起草宪法文本以最终确立君主制。[72] 正如洛佩斯·罗多 9 月 17 日在里斯本向堂胡安说明的那样，这些文本是为了平息佛朗哥的担忧，他害怕自己的继任者会毁掉他毕生的成就。因此，根据《国家元首继承法》，无论谁当选，都必须接受佛朗哥式国家的基本原则，而堂胡安并不情愿就范。[73]

1958 年春天，阿斯图里亚斯煤矿和加泰罗尼亚发生了另一波罢工。佛朗哥再次把罢工归咎于外国煽动者和工人阶级的懒惰。[74] 他越来越多地放手让他的部长们处理政务，自己则去打猎和钓鱼。他的工作越来越限于仪式活动。5 月 17 日在议会，佛朗哥在宣读洛佩斯·罗多撰写的演讲稿时，公布了宪法草案的第一项成果，即"国家运动基本原则宣言"。它宣称"西班牙采取传统的、天主教的、社会的和代议制君主政体的政治形式"，从而使政权与长枪党脱钩。[75]

1958 年 6 月 10 日，随着西班牙的外汇储备不断减少，纳瓦罗·鲁维奥向内阁提交报告，对将要采取的严格的稳定货币计划做出说明，该计划为西班牙随后的经济发展奠定了基础。尽管没有意识到这会颠覆 20 年来的佛朗哥主义统治，佛朗哥还是对其政治影响十分警觉，要求对该报告保密。[76]然而到了夏天，他的关注点又回到了钓鱼和打猎上。佛朗哥耽于享乐的同时，困难局势正在酝酿。[77]那年秋天将要结束时，新教皇约翰二十三世推动了天主教的自由化，这会给佛朗哥带来严重的问题。再加上西班牙神职人员越来越多地参与工人和教士运动，这标志着教会结束了亲佛朗哥主义的单一立场。随着通货膨胀飙升，工人阶级的不满日益增长，西班牙经济陷入崩溃，这成为更加紧迫的问题。佛朗哥似乎没有意识到情况的严重性。[78]他更关心的是，1959 年 1 月 29 日，堂胡安的支持者在马德里门菲斯酒店的晚餐上发起成立了一个名为"西班牙同盟"的组织。在君主主义律师和工厂主华金·萨特鲁斯特吉的影响下，晚餐上的发言者纷纷指出，君主政体要想生存下去，不能由独裁者来建立，而是必须在大多数西班牙人的支持之下获得复辟。佛朗哥大发雷霆，罚了萨特鲁斯特吉 5 万比塞塔。[79]"西班牙同盟"旗下只有几个基本属于基督教民主主义的团体，它们是跟随大学和劳工运动里的左翼和地方主义反对派一同崛起的。惊慌的长枪党人组织起"老卫士"和"何塞·安东尼奥追随者协会"这样的极端组织，借此捍卫佛朗哥独裁主义的强硬路线。[80]

佛朗哥似乎乐于把问题留给他的技术官僚，直到1959年初，国际货币基金组织派员前来对西班牙经济问题开展调查，这种局面才发生变化。代表团和纳瓦罗·鲁维奥都认为，比塞塔的自由兑换是西班牙经济融入国际体系的关键一步。[81] 乌利亚斯特雷斯同意接受国际货币基金组织提出的西班牙经济稳定计划，但佛朗哥反对比塞塔进一步贬值，并在2月18日否决了乌利亚斯特雷斯的意见，因为佛朗哥不信任外国人。在纳瓦罗·鲁维奥用有关西班牙金融危险状况的数据炮轰了他一顿之后，佛朗哥才耸耸肩，同意开始与国际货币基金组织进行正式会谈。[82] 佛朗哥担心的是，一旦在经济上依赖国际善意，他可能会被迫进行政治改革，甚至辞职。[83] 在与国际货币基金组织建立联系之后，比塞塔汇率从42比1进一步贬值到60比1的压力变得难以抗拒。当乌利亚斯特雷斯称西班牙即将破产时，佛朗哥终于放下了敌意。[84]

1959年3月6日，当局通过了稳定计划，进一步使比塞塔贬值，削减公共开支，这些措施造成了严重的社会后果。许多公司被迫关闭，失业率不断上升。然而，尽管部长们反对削减预算，佛朗哥还是支持这项政策。[85] 这些问题的复杂性远远超出了他的知识范围，因此他对技术意见采取接受的态度。[86] 与此同时，他允许内阁中的君主主义者制订他们自己的宪政继承方案。卡雷罗·布兰科于3月7日向他提交了第一份草案，并附上了一份言辞谄媚的说明，敦促其完成"宪法程序，以免国王继承领袖的权力，防止国王把一切推倒"。卡雷罗就像在对中世纪的国王讲话一样，他写道："我们必须确立阁下的终身执政官的地位，您是首领，重要性远超国王，因为您是君主政体的创建者。"[87] 由于担心加快自己的去职，在接下来的 8 年时间里，佛朗哥一直把宪法草案搁在一边。

内战结束 20 周年的庆祝活动，包括 4 月 1 日烈士谷的落成典礼，使佛朗哥深信岁月静好，一切如旧。佛朗哥的喜悦与大多数西班牙人的心情相去甚远。稳定计划是在国际货币基金组织和欧洲经济合作组织的监督下制订的，旨在通过比塞塔大幅贬值、严格的信贷限制和削减公共开支来抑制国内消费。汇率贬值的目的是促进出口，引入硬通货为资本货物的进口提供资金，以及加速经济现代化。工资冻结，失业率上升，基本消费品短缺，工人阶级承担了改革的社会代价。到 20 世纪 50 年代末，在天主教团体、共产党和其他左翼组织的精心策划下，秘密工会活动再度兴起。佛朗哥认为西班牙再次受到国际共产主义和共济会的围攻。[88]

12 月 21 日，心情激动的佛朗哥接待了艾森豪威尔总统的短暂访问。他公开表示对美国的崇拜，他的妹妹甚至评价说："要是希特勒和墨索里尼能听到他的话就好了！"[89]乌利亚斯特雷斯和纳瓦罗·鲁维奥的措施在 1960 年后开始产生效果。佛朗哥及其支持者将"经济奇迹"归功于他的天才和远见，而实际这是自由经济和融入国际资本主义体系的结果，这两者自 1939 年以来一直受到佛朗哥的严厉批评。实际上，他和卡雷罗·布兰科依旧一心回归自给自足政策。[90]

西班牙的繁荣发生在国际经济持续增长的时期。西班牙得以输出过剩的劳动力，目的地主要是北欧。移民工人把他们的收入用外币汇回国内。德国、法国和英国工人用口袋里的可支配收入推动了西班牙旅游业的繁荣，带来了宝贵的外汇。佛朗哥无意间做出了贡献。20 世纪 50 年代中期的反共产主义带来了美国援助，镇压性的劳动法则引来了外国投资者。由于当局镇压罢工，并且把所得利润汇出国外十分便利，西班牙在 20 世纪 60 年代初对外国资本吸引力十足。佛朗哥让这些技术官僚走马上任，结果自己愈发被边缘化。他乐于把自己不完全理解的政策带来的经济成就归功于自己。

当他接近 70 岁时，有传言称他的健康每况愈下，人们因此对未来开始担忧。与堂胡安的第三次会晤定于 1960 年 3 月下旬举行，这消息激起了毫无根据的谣言，说他计划将权力移交给堂胡安。事实上，佛朗哥并不信任堂胡安，因为堂胡安宣称要成为所有西班牙人的国王，不分左翼还是右翼。相比之下，他对胡安·卡洛斯更有信心，因为他是在佛朗哥统治下的西班牙接受的教育。[91] 3 月 29 日的会面时间短暂，缺少重要成果。佛朗哥没有提及他的意图，以免失去君主主义势力的支持。然而，他再次指责堂胡安身边都是共济会会员。[92] 二人达成了一项联合声明，不仅宣称会谈气氛是友好的，还说胡安·卡洛斯在西班牙接受教育这件事并不影响政权继承问题。但是，在 3 月 29 日晚些时候回到马德里时，佛朗哥索性修改了文本，使其看起来像是堂胡安已经接受了《国家元首继承法》的规定。对于佛朗哥的小伎俩，堂胡安自然感到十分恼火。[93]

确实，佛朗哥正不知不觉地远离政治生活的中心。随着经济走向现代化，如果一个人仍然固守在内战及其后果的思维定式里，就无法理解社会上不断涌现的呼声。此外，他越来越多地将治理的细节问题交给卡雷罗·布兰科和技术官僚处理，一方面是由于他沉迷自己的爱好，另一方面是由于治理工作错综复杂。整个夏天，经济稳定计划压低了劳动部、教育部、内政部和运动党的预算，长枪党在政治上收买人心的关键力量因此受到削弱，导致技术官僚和身为长枪党成员的部长们之间冲突不断。西班牙人关心生活水平，急于忘记内战及其影响，而佛朗哥却一直重弹过去取得胜利的老调，让他显得无足轻重。政治精英们仍然需要他作为最终的仲裁者，但越来越不需要他作为日常的统治者。稳定计划取得了相对成功，这大大增强了技术官僚的分量。政策中隐含着政治和经济变革，这不仅激起了长枪党内部的绝望，有人还在官方活动中表达了一些不易察觉的不满。[94]

1960 年 12 月 19 日，纳瓦罗·鲁维奥宣布了与世界银行合作起草的第一个发展计划。佛朗哥仍然渴望自给自足，并认为世界银行在制订发展计划过程里提供的咨询是共济会阴谋的一部分。[95]他对共济会阴谋和内战心存执念，把希特勒和墨索里尼当成偶像，因此与他的部长们越来越疏远，而部长中的许多人比他小二三十岁。他认为，美国政府被共济会成员控制了，而这些人准备向共产主义敞开大门。他还认为新当选的美国总统肯尼迪是危险的自由主义者。[96] 1961 年 2 月，卡雷罗·布兰科发表了一份报告，称美国施压要求政治自由化，对此必须予以抵制。[97]

1961 年，稳定计划开始产生效果。这一年也是 1936 年发生军事叛乱后的第 25 个年头。佛朗哥发表了演讲，演讲缅怀了过往，但与 20 世纪 60 年代的国内和国际现实脱节。他似乎没有意识到，他的敌人并不是 1936 年的那些人，而是准备罢工反对长时间工作、低工资和危险环境的年轻工人和学生，还包括巴斯克和加泰罗尼亚的自由派教士，他们谴责当局对地方主义运动的压制。肯尼迪决心积极宣扬资本主义的好处，以此击败共产主义，与其相比，佛朗哥就像一个冥顽不化的幸存者。6 月 3 日，在议会的揭幕仪式上，佛朗哥发表了将近两小时的演讲，吹嘘自己的成就，谴责政治党派。[98]

这一年组织的各种活动，都是为了强调佛朗哥不会很快下台。10月1日，他在布尔戈斯发表了一篇怀旧而又自吹自擂的演讲，然后启动了多场精心策划的庆祝活动，纪念自己当选为国家首领。[99] 同时，洛佩斯·罗多和卡雷罗·布兰科敦促他宣布，1957年起草的宪法即《国家组织法》将提交议会审议。然而，佛朗哥还没有准备定下继承人，他认为这个问题不需要着急确定。[100] 这一点在10月2日为纪念他举行的长枪党全国委员会会议上表现得十分清楚。[101] 会议开始时，党务部部长何塞·索利斯直接称佛朗哥为"主上"（Señor），这是国王专用的称呼，运动党卑躬屈膝的从属地位展现无遗。在傲慢的自吹自擂的演讲中，佛朗哥依然把最近的经济增长归功于自己。[102]

长枪党和技术官僚之间你争我赶地"为佛朗哥的脑袋提供想法"。[103] 在阿雷塞、费尔南德斯·奎斯塔和索利斯的领导下，运动党已经被彻底驯服了。聪明、勤奋的官员不断涌现，他们更关心在国家机器中获得高级职位，而不是贯彻长枪党的意识形态。一般人把洛佩斯·罗多和纳瓦罗·鲁维奥当作主业会成员对待，但也有人把他们称为最早的一批"天之骄子"。后一种看法更加符合实际，这些人年纪轻轻就通过竞争性考试获得了公务员职位或大学教职。同样，20世纪60年代，政府里还有一些著名的管理者，如曼努埃尔·弗拉加和托尔夸托·费尔南德斯－米兰达，人们通常把他们称为长枪党人。但更恰当地说，他们属于精英管理者。[104]

这些在1957年至1973年崭露头角的有技术能力的官员，认为自己是"不关心政治的"，因为他们的核心关注点是高效管理，而不是对运动党某个派系的忠诚。由于他们的专业能力强，佛朗哥在日益复杂的政府日常运作中被边缘化了，但矛盾的是，他们通过两种方式巩固了佛朗哥的地位。首先，他们在经济上取得的巨大成就被归功于佛朗哥。其次，由于没有政治庇护，他们那高薪的地位是否牢靠完全取决于佛朗哥。尽管当时仍有派系存在，但没有一个具有以前那样的影响力。佛朗哥是佛朗哥体系的基石，他的地位坚不可摧。随着技术官僚的政策发挥作用，这个体系里任何派系都不会冒险破坏这种利益均沾的局面。每个人都希望得到佛朗哥的支持，以便排挤其他人。随着经济的日益繁荣，威胁到佛朗哥地位的似乎只有他自己的健康。此外，经济变革引发了社会动荡，工厂、大学和地区的反对声音越来越大。

1961 年底打猎时发生的一次事故，引发了人们对于佛朗哥死亡的恐慌。他的猎枪爆炸，左手严重受伤。[105] 但是，佛朗哥并没有启动《国家元首继承法》规定的任何机制，而只是打了个电话给卡雷罗·布兰科，命令他只通知与军队有关的几位部长和陆军总参谋部。他要求他的朋友、强硬派内政部部长卡米洛·阿隆索·维加"密切关注事态发展"。佛朗哥有理由相信，阿隆索·维加、安全局局长卡洛斯·阿里亚斯·纳瓦罗和国民警卫队局长有能力共同维护公共秩序。关于有人企图暗杀他的谣言是没有根据的。爆炸的原因是他错装了他女儿的枪所使用的弹药。[106] 尽管如此，这一事件后，许多佛朗哥的拥护者开始关注继承问题。[107] 1962 年春天，大规模罢工席卷阿斯图里亚斯和北部大部分工业区，他们愈发担忧未来。

佛朗哥本人并没有表露出担心。他给阿隆索·维加下达的指示就像任命一个强硬的摄政王，负责保证最终成为君主的人不会偏离威权统治的路线。监管职责先是交给穆尼奥斯·格兰德斯，后来又交给了卡雷罗·布兰科，但最后佛朗哥活得比这两人都长。尽管佛朗哥和卡雷罗关系密切，但卡雷罗效忠于胡安·卡洛斯，尽管如此，对于由他选择王室继承人仍有不少疑问。与此同时，1962 年 1月，洛佩斯·罗多开始掌管发展计划委员会，这是一个中央计划部门，在世界银行顾问的建议下设立，该部门负责人的权力很大。洛佩斯·罗多的晋升意味着长枪党在佛朗哥身后权力的争夺战中输掉了关键一役。洛佩斯·罗多认为，在行政和经济领域实施改革比阻挠改革更能维持政权，而佛朗哥不愿确定继任人选，正体现了他对改革的这种抵触心理。[108]

佛朗哥已经 69 岁了，未来他将更加远离政治中心舞台。由于他和卡雷罗都不完全了解洛佩斯·罗多的改革政策的复杂性，洛佩斯·罗多作为委员会主任有相当大的自主权。此外，在接下来的几年里，他开始主导由佛朗哥担任主席的内阁经济事务专门小组。不久，参加小组会议的人员不仅限于负责经济事务的部长们。由于它成为真正的权力中心，会上还会讨论经济以外的问题，因此其他的部长们都寻找借口参加。和以前一样，担任总理府秘书长时，洛佩斯·罗多一直张罗并优先处理内阁事务，现在他在策划和协调经济政策方面拥有了类似甚至更大的影响力。这些问题只是在整理好后提交小组讨论时才向佛朗哥报告。[109]佛朗哥没有理由质疑这位卡雷罗·布兰科的门生的忠诚，因此，他很乐意能从令人厌烦的经济细节中解脱出来，这样就可以经常参加狩猎聚会了。此外，埃尔帕尔多宫各处摆放了电视机，他花了很多时间看电影和比赛。他开始每周赌两次球赛，甚至还赢了两次。[110]

为了使技术官僚发起的经济改革保持势头，卡斯铁利亚和负责经济事务的部长们说服不情愿的佛朗哥，希望他同意西班牙申请加入欧洲经济共同体。佛朗哥认为欧共体掌握在共济会手中，担心西班牙加入欧共体后，将会身不由己地走向政治自由化。最后，欧共体同意举行谈判，以图达成某种形式的经济协议，但坚称在正式考虑与西班牙建立任何形式的政治关系之前，西班牙必须对宪法进行重大修改。[111] 欧共体拒绝与西班牙开启政治谈判，佛朗哥因此相信，西班牙仍被决心推翻他的敌对势力所包围。1962 年春天，阿斯图里亚斯矿山和巴斯克钢铁行业爆发罢工，导致这种看法被进一步强化。国民警卫队和武装警察对矿工及其女眷进行了大规模的残酷镇压。尽管如此，罢工还是蔓延到了加泰罗尼亚和马德里。最终促使他们停止罢工的不是镇压，而是涨薪，对于新的工人阶级秘密运动而言，这是一场胜利。[112] 1959 年至 1961 年实行严格的稳定计划后，经济得以复苏，而工人们取得的胜利表明，由于生产能够带来高额利润，国有企业和私营工厂主们此时都愿意多掏腰包，避免生产因罢工而中断。佛朗哥再次将动乱归咎于外部煽动者。此外，许多教士支持工人，尤其在巴斯克地区，这让佛朗哥感到困惑不解。私下和公开场合里，他在讲话中又开始使用内战时期使用的"敌人"、外国共产主义和共济会煽动者等说法。[113]

由于佛朗哥政权与欧洲经济共同体建立关系的计划流产，以及 1962 年发生罢工，反佛朗哥的势力获得了欧洲国家的同情。为了利用这一点，1962 年 6 月 5 日至 8 日在慕尼黑举行的"欧洲运动"①

---

① 即 European Movement，一个推动欧洲一体化进程的游说团体。

第四次大会上，来自西班牙国内的约 80 名君主主义者、天主教徒和悔过自新的长枪党人会见了 38 名流亡的社会主义者及巴斯克和加泰罗尼亚民族主义者。这次会议由美国中央情报局组织的文化自由代表大会秘密提供资助，会议发表了一份立场温和的最后公报，呼吁在西班牙推动变革。然而，佛朗哥却大发雷霆，认为这是共济会成员、犹太人和天主教徒在密谋破坏政权。他下令暂停实施《西班牙人权利法》里原本脆弱的宪法权利保障。[114] 参加大会的许多西班牙代表遭到逮捕并被流放，其中包括迪奥尼西奥·里德鲁埃霍和希尔·罗夫莱斯，罪名仅仅是参加了此次会议。国家媒体的宣传和佛朗哥的演讲都把这次会议称为"肮脏的慕尼黑勾结"。[115] 佛朗哥的猎枪爆炸事故以及罢工浪潮击碎了有关独裁政权刀枪不入的神话。西班牙共产党声称，通过建立广泛的反佛朗哥阵线，他们在 1956 年提出的"民族和解"政策即将取得成果，这次慕尼黑会议似乎为他们的论断提供了佐证。此外，自 1959 年梵蒂冈第二届大公会议以来，政权与天主教会的冲突已经隐约可见。教皇于 1961 年发布通谕《慈母与导师》，谈到工农业劳动者的公正工资和人道待遇、税收再分配以及工会权利等问题，这令佛朗哥内阁中的强硬派感到十分不安。[116]

佛朗哥对慕尼黑会议的反应是一个严重错误。卡斯铁利亚、驻巴黎大使何塞·马里亚·阿雷尔萨和驻华盛顿大使安东尼奥·加里格斯纷纷向他报告，称改善西班牙国际地位的工作受到了损害。对于威胁自己生存的情势，佛朗哥一直十分警惕。于是，7 月 10 日，他大幅调整了内阁，38 岁的格雷戈里奥·洛佩斯·布拉沃被任命为工业部部长，技术官僚的经济路线得到了进一步巩固。其他更"主张革新"的出自主业会的技术官僚取代了长枪党人。[117] 曼努埃尔·洛拉·塔马约担任教育部部长，赫苏斯·罗密欧·戈马担任劳工部部长。索利斯被留了下来，这既是一种对长枪党的安慰，也是对他在罢工期间积极出力的一种奖赏。佛朗哥已经年逾古稀，既需要充满活力的技术官僚，也离不开熟悉的面孔。因此，他委任 73 岁的阿隆索·维加继续担任内政部部长，任命 64 岁的海军上将涅托·安图内斯为海军部部长，任命 66 岁的强硬派将军阿古斯丁·穆尼奥斯·格兰德斯为副总理。副总理的工作主要由卡雷罗·布兰科完成，他的权力因此进一步扩大。[118] 一个关键的变化是 40 岁的曼努埃尔·弗拉加被提拔成新闻部部长，负责对慕尼黑会议之后在错误原则指导下实施的新闻宣传予以补救。人们通常把弗拉加视为长枪党人，他精力充沛，有政治野心，是一个能力全面、善于应变的官僚。随着技术官僚推动经济变革，弗拉加也对媒体采取部分松绑的策略，后来他就像技术官僚们一样，无意中成为独裁政权的掘墓人。[119]

为了确保掌握最高权力，佛朗哥把希望寄托在残酷镇压和经济增长上。逮捕和拷打左翼激进分子依旧司空见惯。8 月和 9 月期间，阿斯图里亚斯和加泰罗尼亚发生了新的罢工浪潮，警方采取了严厉措施予以反击。受益于发展计划的推动，国内生产总值在 20 世纪 60 年代翻了一番，但仍落后于意大利。西班牙仍然极度贫困。此外，工业化还造成了一些社会问题。随着国内移民增多，高楼住宅不断拔地而起，但楼房质量低劣，住户拥挤不堪。不可避免地，为了改变贫困状态，生活在这些街区的新工人阶级斗争意志更加高涨。[120] 这一过程中，投机的建筑商与政府官员相互勾结，赚取了巨额财富。例如，在巴塞罗那，在市长何塞普·马里亚·波西奥雷斯的领导下，市政府变更了私人和公共土地的用地规划，比如运动场和征购的土地。然后，波西奥雷斯自己的公证处为何塞普·马里亚·菲格拉斯名下的建筑公司获得必要的建筑许可证提供方便，菲格拉斯的一位姻亲碰巧也是市政府城市服务部门的负责人。[121]在巴伦西亚，阿道弗·林孔·阿雷利亚诺担任民政长官期间，人口在1960年到1975年期间增加了100万人，达到300万人。城市扩张随之而来，投机性建筑如雨后春笋，参与非法买卖许可和执照的人从中赚取了大量财富。[122]

弗拉加放松了审查制度，维护佛朗哥和政权的形象时更加讲求技巧。佛朗哥在公开场合（至少是在人前）更多地谈论经济成就，而不是共济会成员和西班牙真正的敌人。除了声称目前的增长是之前计划好的结果，弗拉加和洛佩斯·罗多还反复强调"西班牙奇迹"。[123]现代化推手们的成功使佛朗哥可以花更多的时间在休闲活动上，而把日常管理留给他的部长们。[124]然而，新内阁里有两派主张，他们对未来的计划各不相同。卡雷罗·布兰科、保守派军人和技术官僚的目标是恢复君主制，他们把经济现代化视为政治稳定的前提条件。[125]卡斯铁利亚、弗拉加、索利斯和涅托·安图内斯更热衷于实现政治现代化。弗拉加希望新闻政策更加自由化，以此推动政权走向开放，而索利斯也建议在运动党内部采取有限的多元主义，允许组建政治团体。索利斯和卡雷罗·布兰科之间的关系因此更为紧张，但佛朗哥放任不管，很少出面调解。[126]梵蒂冈第二届大公会议之后，佛朗哥坚信共济会会员和共产主义者渗透了教廷，他还十分反感堂胡安想要成为所有西班牙人的国王的这个想法，因此，对于推动改革他毫无兴趣。他说："战争的胜利者把权力让给失败者，这怎么说得过去？"[127]

伴随经济发展而来的社会混乱加剧了罢工和骚乱，当局实施了严厉的镇压。然而，佛朗哥坚信他的西班牙是个人自由的天堂。[128] 1963 年，当局审判并处决了共产党员胡利安·格里莫·加西亚，此事暴露了这个政权的野蛮本性，特别是佛朗哥的本性。[129] 欧洲和美国的主要城市因此爆发了反对佛朗哥的示威浪潮。佛朗哥政权运气不好，对格里莫的审判恰逢教皇约翰二十三世发表充满改革精神的通谕《和平于世》，该通谕倡导诸如结社自由、言论自由和政治参与自由等人权。这证实了佛朗哥的执念，即梵蒂冈是共济会会员和共产主义者的巢穴。[130] 他没有理睬教会要人和政治领袖们向他提出的对格里莫进行宽大处理的请求，这些人包括赫鲁晓夫、勃兰特①、哈罗德·威尔逊和伊丽莎白女王二世。尽管激起了国际反对，但佛朗哥还是坚持认为格里莫必须死，由此引发的国际社会反感使西班牙改善政权形象的努力遭受破坏。[131] 在法国，民众的愤怒破坏了戴高乐将军推动西班牙与欧洲经济共同体建立紧密联系的计划。[132] 4 个月后，经过简短的审判，两名无政府主义者弗朗西斯科·格拉纳多斯·加塔和华金·德尔加多·马丁内斯因涉嫌参与马德里警察总部的爆炸事件而被绞死。尽管与格里莫事件相比，对于此次审判，国际上的呼声要低一些，但声势仍然不小。[133] 这种政治上的处置不当，加上经济上推进改革发展，佛朗哥政权正受到进

---

① 即维利·勃兰特（Willy Brandt），德国政治家，曾以战地记者的身份参与过西班牙内战。时任西柏林市长，是社会民主党推举的总理候选人，并于 1969 年当选德国总理，1971 年获诺贝尔和平奖。

一步削弱。就连长枪党也不那么可靠，该组织的高级成员日渐老朽，道德腐败，而年轻成员都是自私自利和野心勃勃的官僚。梵蒂冈第二届大公会议的自由化改革后来对政权产生了影响。1963 年 6 月 21 日，自由派大主教蒙蒂尼被选为教皇保罗六世的消息传到佛朗哥，当时内阁正在开会，佛朗哥狠狠地说："真是一壶冷水。"[134]

整个 1964 年举行了庆祝内战结束的一系列大型活动。弗拉加把活动口号定为"25 年和平"。庆祝活动花销巨大。此前，佛朗哥政权的合法性建立在战争的基础上，而如今媒体出版了一系列歌功颂德的传记书籍和文章，把佛朗哥打造成和平的象征。[135] 1964 年本来是他宣布接班人人选的合适时机，但他错过了这个机会。佛朗哥相信，他可以放手让技术官僚推进经济繁荣、进行有效管理，因此，除了兴趣之外，他主要关心的是确保他身后政权的延续。佛朗哥需要很长时间才能做出决定。这在一定程度上反映出，要找到一位候选人，既坚持延续佛朗哥式统治，又能让多方都接受，这实在很难。与此同时，他仍不愿考虑安排身后事或放弃权力。尽管如此，他能够花费数年时间来思考这个问题，足以显示其地位稳固。然而，在五年内，这种局面将发生巨大变化。

1964 年 4 月 9 日，佛朗哥在全国委员会会议上发表讲话，对自己的统治自鸣得意，把经济发展归功于自己的远见。他强调，为了在身后维持政权连续性，自己做出了许多努力，但他没有就未来的安排做出具体说明。[136] 内阁中的改革派希望"和平"庆典能够促使他颁布《国家组织法》并指定他的继任者，但佛朗哥没有这样做。看着佛朗哥朗读演讲稿，弗拉加为他如此羸弱而暗暗吃惊。一周后，在一次私人聚会中，人们深深感受到佛朗哥正在迅速衰老。[137]

1964 年 4 月 30 日，佛朗哥获得一枚纪念内战结束 25 周年的奖章。他在致谢词中说，他期待 25 年后再举行一次这类仪式。[138]

4 月，阿斯图里亚斯煤矿抗议新劳动法的罢工再度抬头，罢工破坏了庆祝活动。当局实施野蛮镇压，许多人被解雇，罢工者遭到逮捕，其中许多人在监狱里备受煎熬，直到 1970 年才解脱。这导致了内阁内部的冲突。劳工部部长罗密欧·戈马指责工业部部长洛佩斯·布拉沃动辄出钱收买罢工者。佛朗哥支持洛佩斯·布拉沃，他说劳工部和长枪党工会已经被共产党渗透。他告诉他的堂兄帕孔，许多矿工"听命于背后的力量"。阿隆索·维加想要升级镇压手段，但弗拉加、卡斯铁利亚和改革派设法说服了佛朗哥，称升级暴力会适得其反。[139]

1964 年，庆祝活动让佛朗哥十分高兴，他不仅愈发不愿意安排身后之事，而且更加相信自己是不可或缺的。那年夏天，他的部长们建议改革，而他说自己公开露面时人们报以热烈掌声，把这当作无须推动改革的主要论据。由于沉迷于大众的敬仰，他对改革越来越不感兴趣。[140] 国内的好评使他对国外的批评更加敏感。各地罢工不断高涨，学生示威和骚动频发，欧洲新闻界包括一些天主教出版物对此进行了广泛报道。[141] 佛朗哥认为，西班牙境内的颠覆活动是危险的境外势力所为。至于从梵蒂冈第二届大公会议传来的对他统治的含蓄批评，佛朗哥也感到困惑不解。他对自己神圣使命的信心从未动摇，西班牙教会的某些阶层经常对他大加赞赏。[142] 教廷对监禁、酷刑、流放甚至处决政敌的不安，以及天主教工人组织——天主教行动工人联谊会的不断壮大，在他眼里成为共产主义渗透的证据。1964 年 7 月 8 日，佛朗哥称自由民主制度已是穷途末路，已经被大众抛弃，政权的改革者们因此再次失望。[143] 佛朗哥和卡雷罗·布兰科一直认为西班牙受到国际围攻，这种心态与罗马阐述的天主教的人文主义和多元复兴格格不入。[144] 政权高层许多成员的态度不断摇摆，而工人神父①的立场却越来越激进。他们亲眼见识了大城市贫民窟里移民工人的贫困。在巴斯克地区和加泰罗尼亚，神职人员和信众之间关系密切，教会对地方主义愿望的支持日益增长。[145] 9 月，梵蒂冈第二届大公会议通过一项决议，要求各国放弃干预主教提名的特权，佛朗哥断然拒绝谈判，他担心教廷大使任命的主教服务于当地的社区利益，而不再为国家服务。

佛朗哥一直热衷于累人的狩猎和钓鱼旅行，但他的健康状况正在恶化。他患上了帕金森病。[146] 在公共场合，他说话的次数越来越少，时间也越来越短，因为要掩饰他的症状越来越难——僵硬的站姿、不自信的走路姿势和张着嘴、一脸茫然的表情。政权各方面催促他推动《国家组织法》立法，而他却对这些呼声置之不理，假称自己埋头在这项法案的相关工作中。[147]1965 年春天，马德里和巴塞罗那发生严重的大学骚乱，局势愈发紧迫。3 月 5 日的内阁会议上，卡雷罗·布兰科在所有部长的支持下提议尽快起草《国家组织法》。佛朗哥声称，他之所以拖延是因为很难找到一个能让每个人都满意的解决方案。[148] 4 月 1 日，佛朗哥向卡雷罗·布兰科读了《国家组织法》的接近最终完成的草案，但之后几周没有进一步的进展。[149] 7 月，在无休止的怀疑和犹豫之后，他对内阁进行了改组。由于加强与欧共体的关系成为重点工作，乌利亚斯特雷斯成为驻欧

---

① 指罗马天主教中身为神父但过工人生活的神父。

共体的大使，原来贸易部部长的职位由另一名主业会成员福斯蒂诺·加西亚·蒙科接替。洛佩斯·罗多留任发展计划委员会主任，并成为一名没有部长职的部长。卡雷罗与索利斯的争斗如今直接交到了洛佩斯·罗多的肩上。[150]

1965 年 8 月 13 日的内阁会议开始讨论弗拉加的《新闻和出版法》。接下来的几个月里，文本经过了反复讨论，阿隆索·维加和其他拒绝改革的人强烈反对，他们试图说服佛朗哥，称该法会威胁政权的根基。尽管如此，1966 年 2 月，法案文本已经随时可以提交议会审议通过。除此以外，有关提名胡安·卡洛斯作为佛朗哥继任者的问题引起了更大的争议。[151] 1966 年，洛佩斯·布拉沃和洛佩斯·罗多为一方，索利斯和罗密欧·戈里亚为另一方，双方发生了激烈的冲突，而佛朗哥作壁上观。长枪党支持阿方索·波旁·当皮埃尔作为继承人，他是堂胡安的哥哥海梅的儿子。佛朗哥放任争吵持续，他既不关心，也不愿让政府再经历一次重组，并且存心为难堂胡安。当政府的经济政策受到索利斯控制的运动党媒体的攻击时，佛朗哥也只是袖手旁观。[152]内阁会议的次数越来越少，时间越来越短，希龙对佛朗哥放松控制表示不满。[153]

未来往哪里走，这仍然是分歧最大的问题。1966 年 2 月 9 日，洛佩斯·罗多敦促佛朗哥确定继承问题，以避免他死后发生混乱。佛朗哥同意了，但随后又说候选人太多，打算以此为借口为自己保留选择的余地。[154] 他清楚，一旦自己指定了继任者，就会有一大批机会主义者急着去讨好获得提名的人，这只会削弱他自己的权力。此外，秘密警察报告，胡安·卡洛斯与革新分子进行接触，这让佛朗哥感到不安。[155] 胡安·卡洛斯必须发誓遵守运动党的纲领，如果这一点无法保证，佛朗哥是不会继续的。在 6 月初，他告诉弗拉加，堂胡安是绝无可能做继任者的。[156] 他之所以这么生气，是因为堂胡安在没有被指定为继任者的情况下，竟然在绝望之余建起了一个秘书班子，一个实质上的影子内阁，由何塞·马里亚·阿雷尔萨领导。阿雷尔萨看见了慕尼黑会议和格里莫事件引发的国际风暴，以及佛朗哥接见他时表现出的冷淡，他因此确信这个政权已走入死胡同。[157] 佛朗哥健康的恶化是毫无疑问的，但出现衰老征兆后，他又常常是长期健康无事，如此交替反复。[158] 尽管如此，为了安排身后之事和政权继承问题，他还是在 6 月 13 日把《国家组织法》的最终草案交给了卡雷罗。[159] 这个法案的结构十分复杂，不会有人深入讨论。法案首先被提交给议会，然后公布给西班牙人民，没有任何公开的理由或说明。[160]

1966 年 11 月 22 日，向议会提交《国家组织法》时，佛朗哥断断续续地微声宣读了一篇关于他一生成就的自吹自播的演讲。他的语气像是在告别，但又声称无意退休。演讲逐渐变成了让人听不懂的喃喃自语。议会没有就该法案的 10 章共 66 条规定和其他附加条款进行讨论，佛朗哥只是要求代表们以鼓掌方式表示同意。[161] 3 周后，他通过电视和广播向全国发表讲话，希望人们在即将到来的关于《国家组织法》的全民公投中投赞成票。官方公投口号是"佛朗哥，支持"，这次公投成了对他个人的信任投票。佛朗哥说，民主华而不实，境外势力的敌意证明国际上对他的政权是钦佩的。他要求人们投赞成票，以回报他为西班牙所做的一切。[162] 这次演讲是弗拉加在媒体的全力支持下发起的大规模宣传活动的首秀。街道和高速公路上贴满了巨大的标语，标语上是一位面带微笑的慈祥的老前辈。当局反复宣传，称投否决票就是把票投给莫斯科。12 月 14 日，88% 的合格选民投了票，其中投反对票的人不到 2%。没有人讨论这个几乎无法理解的法律。反对派遭到嘘声。不仅存在重复投票的情况，有的地方在当局的高效组织下，赞成票的数量甚至超过选民人数的 120%。另一些地方甚至没有计算选票，而是直接填上想要的结果。投弃权票和反对票最多的是工业城镇。[163] 尽管存在大量的选举舞弊和社会压力，对佛朗哥来说，这次公投依然是一场胜利。投赞成票的许多人对过去和日益繁荣的经济心存感激，但也有许多人是希望让佛朗哥的独裁统治更接近君主政体。

到 1967 年，继承的具体安排已经就绪，佛朗哥除了确定继承人之外，几乎没有什么可做的了。他已经 74 岁了，有时看起来完全没有以前的影子。在新闻短片中，他的动作越来越僵硬，讲话也有气无力。即使有了《国家组织法》，由于继承人仍未确定，许多政权精英继续表现得好像佛朗哥仍然完全掌控着政权一样。政府机构掌握在卡雷罗·布兰科和洛佩斯·罗多手中。1936 年到 1944 年期间的国家恐怖主义导致民众对待政治普遍态度冷漠。政治的核心问题是佛朗哥身后的西班牙何去何从。人们开始争夺他的地位，尽管如今他在其中仅仅扮演着边缘角色。他不再是西班牙政治棋局中的主要玩家，媒体上如今更多的是他与孙辈玩耍、打猎或钓鱼的照片。佛朗哥羞怯地微笑着，更像是一位长辈、一位老爷爷。

技术官僚们所希望的是依照新的《国家组织法》，佛朗哥将任命卡雷罗·布兰科为部长会议的主席。终于，佛朗哥在 9 月 21 日任命他为副总理，实际上将政权交到了卡雷罗的手中。卡雷罗自 1941 年以来一直忠心耿耿地为他服务，二人的观点几乎没有区别。

然而，卡雷罗支持胡安·卡洛斯，这引起了长枪党人的警惕。他们担心如果佛朗哥支持胡安·卡洛斯，那么将为自由君主政体开辟道路，他们的特权将由此终结。20世纪60年代中期，他们通过运动党的媒体与主业会打了一仗。一群右翼分子聚集在埃尔帕尔多宫，他们暗中策划了一场斗争，试图推动日益衰老的佛朗哥支持让改革停步。[164] 这些人包括马丁内斯 – 博尔迪乌、夫人卡门和希龙这样的强硬派长枪党人，他们与强硬派军官有联系，后者视军队为政权的禁卫军。到20世纪60年代末，在所谓的"蓝色将军"（也就是长枪党人将军）里，一些重要人物逐渐升到了关键的实权位置，如阿方索·佩雷斯·比涅塔、托马斯·加西亚·雷武利、卡洛斯·伊涅斯塔·卡诺和安赫尔·坎帕诺·洛佩斯。生命的最后几年里，由于疾病和药物的影响，佛朗哥成了这两派势力之间推来挡去的羽毛球。他原则上支持卡雷罗·布兰科和洛佩斯·罗多二人关于向独裁君主制过渡的计划。然而，随着整个人日益衰老，在直觉的影响下，他更倾向于听取这个小集团危言耸听的报告。[165]

刚过75岁的佛朗哥被1968年初发生的大学骚乱激怒了。他坚信骚乱是境外煽动者策划的，而立场激进的教士就是伪装起来的共产主义者。巴塞罗那军区司令佩雷斯·比涅塔将军对左翼和自由派教士和大学生实施暴力镇压，佛朗哥对此感到高兴。[166] 他不可能与敌人和解。天主教会的自由主义日益增长，主教们开始谴责警察镇压，佛朗哥感到困惑不解。[167] 随着越来越多的教士起来支持劳工和地方主义势力反对政权，1968年夏天，佛朗哥授权在萨莫拉设立了一座教士监狱，里面关押了50多名教士。[168] 随着教会的部分势力转向左翼，政权内部、长枪党、卡洛斯派和军队中出现了极端右翼的反教权声音。一些新纳粹小团体纠集恐怖袭击武装小队，攻击一切自由派或左翼人士，受害者既有工人也有教士。这些小团体包括西班牙国民工团党、布拉斯·皮尼亚尔的新力量党、"基督王的武士"组织以及西班牙欧洲之友协会。[169]

由于长枪党人和技术官僚相互敌视，内阁实际上已经瘫痪，但佛朗哥似乎并未表现出担心。1968年下半年，他不顾卡雷罗、弗拉加和其他人的劝谏，改组了政府。[170]他的精力不断下降，表现十分明显。[171]他又拖延了5年，才回应了几位部长的要求，任命了政府主席。[172]1968年11月18日，在与美国国务卿迪安·腊斯克讨论续签基地协议的会议上，佛朗哥已经不太清醒，只能咕哝出几个音节。[173]在12月30日的年终广播中，他谴责了大学里的骚乱，但语气虚弱无力。[174]种种迹象表明佛朗哥打算继续掌权，但他现在只能参加每两周才召开一次的内阁会议。尽管如此，1968年秋天，他对接班问题犹豫不决的情况基本上得到了解决。[175]1969年1月8日，胡安·卡洛斯在接受官方通讯社埃菲社的采访时，毫无保留地接受了建立佛朗哥式君主政体的想法。佛朗哥很高兴，1月15日，他差不多跟胡安·卡洛斯讲明了，年底前将指定他为继任者。[176]然而，大学动荡再起，阿隆索·维加、卡雷罗·布兰科、涅托·安图内斯和索利斯的反应十分激烈，平稳过渡的机会险些因此葬送。1月24日的内阁会议上，他们要求宣布国家进入紧急状态，等于承认了政府在工人、学生和巴斯克激进分子日益高涨的呼声面前束手无策。政权里的顽固派试图阻止社会变革的影响，而洛佩斯·罗多和支持现代化改革的人则担心，如果紧急状态继续，胡安·卡洛斯就无法被指定为国家元首的继任者，这可能导致佛朗哥再次推迟指定。[177] 3 月 21 日的内阁会议上，弗拉加声称紧急状态将损害旅游业，佛朗哥这才不情愿地解除了紧急状态，在他眼中，维护公共秩序总是重于赢得国际善意。尽管如此，他仍未下定决心指定继任者。[178]

其他问题不断涌现。5 月初，卡雷罗对佛朗哥说，巴斯克革命分裂组织"巴斯克祖国和自由"（"埃塔"组织）的威胁越来越大。卡雷罗提醒，消灭埃塔必须非常谨慎，才能避免损害与巴斯克地区和教会的关系。[179] 佛朗哥对事态缺乏完全了解，将打击埃塔的任务留给了军队中的强硬派，结果卡雷罗的担心也不幸言中。

5 月底，佛朗哥告诉卡雷罗·布兰科，他将在夏天之前指定胡安·卡洛斯为自己的接班人。[180] 后来，在长枪党人的鼓动下，他又犹豫了，对卡雷罗·布兰科说他担心会疏远忠实的追随者。由于技术官僚出身的部长们越来越不耐烦，他计划在 7 月 17 日宣布指定继任者的决定。佛朗哥没有告诉正要去葡萄牙探望父亲的胡安·卡洛斯，而是直到 7 月 12 日胡安返回时才通知他，从而狡猾地制造了一次父子失和。他让堂胡安以为，胡安·卡洛斯之前已经知道继任的决定却没有对父亲如实相告，是一种背叛。此后一段时间，父子之间的关系紧张。[181] 胡安·卡洛斯被授予"西班牙亲王"头衔，而不是传统上西班牙储君使用的"阿斯图里亚斯亲王"头衔。佛朗哥以此切断了波旁血统的连续性和合法性。新的君主政体将会奉佛朗哥时代为正统。[182] 7 月 22 日，在向议会讲话时，佛朗哥对自己精心安排的继承表示自豪。胡安·卡洛斯宣誓忠于运动党的原则，而他的顾问托尔夸托·费尔南德斯 – 米兰达之前已经对他保证，他的誓言不会妨碍未来推进民主改革进程。[183] 佛朗哥十分信任胡安·卡洛斯，让他放手去做。[184] 胡安·卡洛斯也似乎已经从佛朗哥那里学会了如何守口如瓶，从一开始就计划骗取佛朗哥的信任，以便在他死后实现民主过渡。

胡安·卡洛斯被指定为继任者后不久，索利斯向全国委员会提交了一份组织章程，试图规定政权的"有限多元主义"，并阻止实质性的变革。章程允许组建的不是政党，而是可以有"不同的合理意见"的团体。任何情况下都不允许以全民投票的方式左右这些团体的决策。这些团体的成员至少应达到 2.5 万名，并且必须得到全国委员会的批准。由于遭到民主派的反对，这个意见只得到了支持佛朗哥的各派采纳。其中最保守的是布拉斯·皮尼亚尔领导的属于长枪党的新力量党，该组织的立场十分极端。佛朗哥并不反对为取悦外国而用自由主义来粉饰现实，但是他强烈憎恨政党政治，索利斯的改革因此仍然毫无意义。[185]

佛朗哥认为，继任问题解决后，他的未来将一帆风顺，但这一愿望在 1969 年下半年被粗暴地粉碎了。埃塔如同一片乌云，显示出坏天气就要来了。更直接的是，1969 年 8 月中旬，Matesa 丑闻这一政治火山爆发了。Matesa（西班牙北部纺织机械股份有限公司）是潘普洛纳的一家纺织机械制造商。在其经理胡安·比拉·雷耶斯的带领下，Matesa 开发了一种无梭织机，并向欧洲、拉丁美洲和美国出口。比拉·雷耶斯表面上所取得的成功，使他成为技术官僚们眼中的大红人。为了获得出口信贷支持，他在拉丁美洲设立了多家子公司，订购了大量织机。1968 年晚些时候，该公司在资金上存在的违规行为被曝光。据称，这些子公司和它们提出的订单都是用来骗取贷款的幌子，该公司的国家注入资金达到 100 亿比塞塔，这些钱已被用于主业会在境外开展活动，还有的落入了比拉·雷耶斯的腰包。被指控参与此事的部长有贸易部部长福斯蒂诺·加西亚·蒙科、财政部部长胡安·何塞·埃斯皮诺萨·圣马丁和工业部部长格雷戈里奥·洛佩斯·布拉沃，此外还有西班牙央行行长马里亚诺·纳瓦罗·鲁维奥。[186] 在比拉·雷耶斯的说服下，佛朗哥对此并不在意，他认为该公司只是为了促进急需的出口而曲解了陈旧的规定。[187]

然而，运动党媒体利用此事发难，猛烈抨击主业会，其机关报《奋起报》甚至称这是一场全国性的灾难，Matesa 公司的麻烦因此加剧。[188] 索利斯希望在佛朗哥死后、胡安·卡洛斯时代开始之前，打破主业会技术官僚的垄断地位，但他的这个策略适得其反，结果自己深受打击。佛朗哥和卡雷罗二人都极端古板，对弗拉加的新闻自由政策早就十分心烦。现在弗拉加公然企图推翻主业会要员们制定的胡安·卡洛斯继位方案，二人对此非常不满。于是，卡雷罗和洛佩斯·罗多不费多大力气就能把 Matesa 危机可能产生的破坏力转变为自己的优势。卡雷罗为佛朗哥撰写的报告称，媒体的围剿对西班牙国际声誉造成了巨大损害，而部长们的过错只是"令人遗憾的疏忽"。佛朗哥也不认为这些罪行有多严重，对主业会部长们的绝对忠诚他还十分受用。为了治疗帕金森病，他正在服用大量药物，无暇关注这件事的所有后果，而且很容易被卡雷罗的报告说服，即索利斯控制的媒体和弗拉加的新闻部存心给政府拆台。埃斯皮诺萨·圣马丁和加西亚·蒙科引咎辞职，但佛朗哥并不怀疑他们的忠诚。[189]

卡雷罗·布兰科决心把弗拉加和索利斯也赶下台。他说服佛朗哥相信索利斯正打算另起炉灶，建立权力班底，而弗拉加的《新闻和出版法》则允许传播色情。[190] 于是，佛朗哥于 1969 年 10 月 29 日改组内阁。这次改组中，在洛佩斯·罗多的帮助下，卡雷罗首次在部长人选方面发挥了作用。佛朗哥的总理职位有名无实；精悍的格雷戈里奥·洛佩斯·布拉沃接替卡斯铁利亚担任外交部部长；接替弗拉加出任新闻部部长的是主业会的阿尔弗雷多·桑切斯·贝莉亚，而接替索利斯出任运动党党务部部长的是捉摸不定且聪明过人的费尔南德斯–米兰达，他不仅是主业会的成员，也是胡安·卡洛斯的重要顾问。主业会控制着教育部、新闻部和外交部，以及财政、贸易、工业和发展计划这四个负责经济事务的部门。接替阿隆索·维加的是久经宦海的军队律师托马斯·加里卡诺·戈尼。这个所谓的单色政府因其成员都支持胡安·卡洛斯而团结在一起。[191]

政权内部关于 Matesa 丑闻的争论远远超出了权力的争夺，还反映出人们对劳工、学生和地方主义动荡日益加剧的担忧。佛朗哥的支持者开始分裂成不同的派系。这些新派系不再是以长枪党人、君主主义者和天主教支持者的传统类别划分，其相互区分的根据在于佛朗哥身后对自身生存方式的不同选择。技术官僚们相信，有了繁荣和高效的政府，西班牙将会毫不费力地过渡到胡安·卡洛斯领导下的佛朗哥式君主政体。其他人则认为，反对势力是洪水猛兽，而现代化改革则为其打开了闸门，因此他们主张回归强硬的佛朗哥式的独裁统治。佛朗哥没有意识到他的独裁模式无法应对一个已经截然不同的西班牙，认为新内阁有能力解决这些已经提上日程的严重问题。然而，新团队很快便无力解决西班牙社会的动荡，佛朗哥和卡雷罗本能地回到了 20 世纪 40 年代那种遭受围攻的心态。然而，

在 1969 年 12 月 30 日的年终致辞中，佛朗哥自信地宣称"一切都
绑牢了"。这句话显示，他相信胡安·卡洛斯未来将不得不维持现
有制度。换句话说，他认为这位亲王已经被绑定了。[192]

第十五章

腐败政权的暮年，
1969—1982 年

1969 年 2 月，教皇保罗六世任命比森特·恩里克·塔兰孔为西班牙的首席主教，在佛朗哥眼中，这一决定最明确地显示出情势正在发生变化。恩里克·塔兰孔支持梵蒂冈第二届大公会议的自由主义立场，罗马教廷将通过他与佛朗哥政权拉开距离。与此同时，来自大学、工厂和地方上的反对声音日益强烈，反映出 20 世纪 60 年代的经济增长存在缺陷。发展计划实施过程中，无效率、腐败现象频发，社会成本高昂，而且发展计划对重新分配财富或减少地区间的不平衡没有起到任何作用。西班牙向世界贸易开放国门，经济随之增长，当局开始制定短期政策取代长期计划，以控制通货膨胀和国际收支赤字。因此，当 20 世纪 60 年代的繁荣开始放缓时，技术官僚们采取了紧缩措施。罢工的次数不可避免地开始增加。经济增长创造了一个新的工人阶级，只有不断提高生活水平或实施更严厉的镇压，才能控制他们的斗争性。

即使是落败的长枪党人，也将卡雷罗视为佛朗哥主义精髓的最佳保证人，尽管他与技术官僚也有往来。他们相信卡雷罗能够阻止胡安·卡洛斯的任何改革图谋。他们还相信他的单色内阁会理所当然地推动持续繁荣，拒绝任何自由化的政治改革，以此为基础在佛朗哥身后坚持佛朗哥主义。因此，1969 年结束之前，费尔南德斯－米兰达被迫放弃了由索利斯组建政治团体的方案，大概是担心从这些政治团体里会产生真正的政党。最后，卡雷罗后来于 1973 年遭暗杀，加上大规模的经济危机，他的计划因此告终。由于全球经济衰退，加之西班牙经济存在结构性弱点，经济繁荣褪去后，到 1974 年，昔日的佛朗哥主义者转而玩弄政治自由化。由于卡雷罗的团队无法解决政权和不断变化的社会之间的矛盾，1970 年里劳资关系不断恶化。那年伊始，阿斯图里亚斯有 2 万名矿工举行罢工，钢铁行业急需进口煤炭才能维持运转。

到了夏天，造船厂、格拉纳达和马德里建筑业以及马德里地铁发生了严重的劳资纠纷。内阁颁布军事动员法令，威胁以叛变罪将罢工工人送上军事法庭，大约 3800 名地铁工人被迫返回工作岗位。当局的反应如此严厉，反映出政权的权威已遭遇危机。阿斯图里亚斯大罢工期间，奥维亚多的大主教加维诺·迪亚斯·梅尔昌对政府镇压矿工予以谴责。7 月 21 日，警察在格拉纳达向大约 2000 名建筑工人开枪，造成 3 人死亡，数人受伤。格拉纳达大教堂和一些本地教堂为罢工者提供庇护，帮助他们躲避警察追捕。运动党报纸指责当地神职人员挑起罢工，而格拉纳达大主教贝纳文特·埃斯库因在 7 月 28 日谴责警察对工人采取暴力行为。[1] 当局把支持工人或地方主义诉求的教士送上了法庭，这也在天主教徒和佛朗哥主义政权之间造成了裂痕。骚乱在银行业和工业界引发了焦虑，政界高层也感到不安。他们对当局处理这么多问题的能力感到担忧，尤其是在巴斯克地区，埃塔的恐怖活动正在打破当局坚不可摧的神话。周围人正在为佛朗哥身后情势各自做准备，而佛朗哥的身体每况愈下，对此毫不在意。

秋天的停工是由飞涨的物价引起的。交通、取暖、衣物和食品成本不断增加，有两个孩子的家庭平均每月需要 1.2 万比塞塔的收入才能生存。法定最低工资是每天 120 比塞塔，许多工人的工资比这还要更低。最困难的是非熟练工人和临时工。全国各地都发生了罢工，其中反应最激烈的是马德里建筑行业的 2 万名工人。当局固守受围心态而实施了残酷镇压，这使得许多工人和中产阶级专业人士相信了推动政治变革的必要性。

共产党认为，这些罢工表明，他们采取的广泛团结反政府力量这一战略得到了民众的支持，该阵线被称为"争取自由协定"。整个 20 世纪 60 年代，共产党扩大了在大学和工厂的党员人数，在这些地方，共产党组织的秘密工人委员会与长枪党工会展开了竞争。[2]高度政治化的学生运动和强大的半秘密工会的声势不断增长，反映出 60 年代西班牙经济获得了令人炫目的增长。西班牙共产党越来越多地卷入了反对政权的群众斗争中。1970 年，圣地亚哥·卡里略谈到该党从地下活动中崛起，并与学生、工人和社区团体中的其他自由派和左翼团体合作。西班牙共产党党员越来越多地参与由家庭主妇、消费者、居民、家长和教师组成的合法社团，而党的律师则在法庭上为工会成员辩护并获得了广泛关注。[3]

该党号召 11 月 3 日举行全国大罢工，要求赦免政治犯。由于缺少直接的经济诱因，加上警察可能实施大规模镇压，人们对于罢工的号召反应不一。响应号召最积极的是马德里和巴塞罗那的冶金工人、巴斯克地区和埃尔费罗尔的造船厂工人，以及塞维利亚的建筑工人。尽管如此，即使官方大大压低了实际数字，也承认全国有 2.5 万人参加了罢工。许多知识分子、艺术家、学生和家庭主妇首次公开表示支持，显示出反对派力量之间的团结日益加深。[4] 相比之下，佛朗哥政权内部的分歧正在扩大。佛朗哥日渐衰老，而经济形势也在恶化，技术官僚们因此变得焦躁不安。卡雷罗又恢复了他的强硬本性。3 月，他写了一篇文章，把西班牙民主化的努力比作试图让一个已经戒除酒瘾的人重新喝酒。[5] 围绕 Matesa 丑闻的斗争使得长枪党里的改良派不复存在，甚至像曼努埃尔·弗拉加这样顽固的佛朗哥主义者，其立场也开始更偏向革新。

1969 年到 1975 年，人们一直有佛朗哥就要过世的猜测，使得政权的不同派别之间发生了分裂。在充满活力的企业中，管理者和政客们担任着董事和顾问，这些年轻有为的人意识到，变革势在必行。与这些充满远见的人形成对比的是，另外一些人人满心恐惧，担心腐败和恣意镇压的好日子就要结束了。政权力量划分为由弗拉加领导的所谓"开放派"，人称"维持派"的老练技术官僚，以及毫不妥协的极端主义者或称"顽固派"。老一辈的强硬派长枪党人、布拉斯·皮尼亚尔的新力量党、警队官员、陆军和国民警卫队以及佛朗哥的家族站在一起，打算与进步势力斗争到底。人们以与希特勒有关的绰号"地堡"来称呼这一股势力。技术官僚们拥护胡安·卡洛斯，但"地堡"这些人拥护的是堂胡安的哥哥海梅的儿子阿方索·波旁·当皮埃尔。阿方索本人很快也将成为佛朗哥长孙女玛利亚·卡门·马丁内斯－博尔迪乌的未婚夫，夫人卡门十分喜爱孙女玛利亚·卡门。[6]

1970 年 9 月底，美国尼克松总统在亨利·基辛格的陪同下到访马德里，基辛格感觉佛朗哥治下的西班牙"仿佛暂停了脚步，等待一段生命的结束，然后重新加入欧洲的历史"。华盛顿在战略上仍对西班牙感兴趣，并希望看到佛朗哥死后出现温和的演变。美国的政策是与佛朗哥政权保持工作沟通，同时多结交立场温和的反对派人士。美国谨慎地向佛朗哥施压，劝他在因失去行动能力而丧失对过渡进程的控制之前，将权力移交给胡安·卡洛斯。当尼克松和基辛格与佛朗哥进行所谓的"实质性会谈"时，他们惊讶地发现，就在尼克松开始讲话时，这位78岁的独裁者竟然还在打瞌睡。很快，当尼克松与洛佩斯·布拉沃交谈时，佛朗哥和基辛格开始轻声地打起盹来。[7]

佛朗哥的判断能力如今大大下降，卡雷罗也缺乏政治敏感。一个明显的例子是，立场强硬的"蓝色将军"们说服了佛朗哥，对包括两名教士在内的16名巴斯克囚犯进行公审，以此向埃塔表明立场。该政权的司法闹剧通常是在庭下进行的，由于此次被告中有教士，梵蒂冈要求公开审理。12月3日在布尔戈斯开始的审判是独裁统治时期历时最长的一桩。由于军事检察官的态度，全世界都注意到了16名被告和其他许多巴斯克人的民族主义追求。当局在吉普斯夸省实施了紧急状态，这无意中强化了上述后果。在法庭上，被告们称在狱中受到了折磨。在法庭上，实际是独裁政权在接受被告"埃塔"和世界媒体的审判。巴斯克地区高官谴责审判程序，要求赦免任何被判处死刑的人，运动党的媒体做出了歇斯底里的反击。[8]

马德里、巴塞罗那、毕尔巴鄂、奥维亚多、塞维利亚和潘普洛纳先后发生警察与抗议者的暴力冲突，之后4名将军于12月14日访问佛朗哥，要求组建更有活力的政府。在内政部部长加里卡诺·戈尼将军和3名军方部长的压力下，佛朗哥同意暂停实施宪法保障，当局强硬派随之开始反攻，内阁的分歧进一步加剧。[9]强硬派可以求助于政权中那些认为自己特权受到威胁的人。他们不仅谴责主业会，也抨击反对派里的"赤色分子"和"分裂分子"。12月 16 日和 17 日，布尔戈斯和马德里出现了大量支持佛朗哥的示威活动。政府雇员们有一天的假期来参加示威活动。农民们从卡斯蒂利亚的农村坐着公共汽车进入马德里，组织者发给他们一天的酬劳和盒饭。组织人们在这一天表达"全国性支持"的是一群长枪党高级成员、军官和前部长们，他们被技术官僚夺走了位置。在马德里的东方广场上，人群高呼口号支持佛朗哥。不知所措的佛朗哥和他的妻子从埃尔帕尔多宫出发。卡门夫人行了法西斯礼，佛朗哥则举起双手对人群中反对主业会的喊声表示感谢。[10] 经过审判，三名埃塔成员各被判两项死罪，并各被处以两次死刑。洛佩斯·罗多和卡雷罗·布兰科都认为，如果佛朗哥批准死刑，那将带来一场政治灾难。12 月 30 日的内阁会议上，洛佩斯·布拉沃主张减刑。佛朗哥不情愿地做了一个宽宏大量的姿态，将他们减刑为监禁。[11] 那天，他在年终致辞就要结束时承诺说："只要上帝让我活着，让我继续为我们的祖国把舵，我一定会全力以赴，不负你们的信任。"[12]

　　政权对审判的笨拙处理和教会的态度助长了反对的声音。立场更加偏向革新的佛朗哥主义者纷纷逃离他们眼中正在不断下沉的旧船。佛朗哥和卡雷罗依赖的是最保守的顽固派，对于现代化改革推动者而言，在短期内这是一个坏兆头，但实际上，这意味着佛朗哥逐渐失去了控制力，因为政权的选项已经不多了。佛朗哥身处埃尔帕尔多宫，身边全是立场极端的人，他逐渐失去了支配政局的能力。到了 20 世纪 70 年代早期，帕金森病的症状——手抖、动作僵硬、表情茫然——变得越来越明显。1971 年 2 月，美国中央情报局副局长弗农·安东尼·沃尔特斯将军被尼克松派到马德里，向佛朗哥了解他身后的局势如何发展。佛朗哥对他说，胡安·卡洛斯将平稳继任国家元首，而且"有军队保证事情绝不会失控"。沃尔特斯发现，佛朗哥"既老且弱。他的左手有时抖得很厉害，所以他会用右手按住左手。有时他的谈话听上去离题很远，但有时却又言之成理"。[13]

1971 年 1 月，胡安·卡洛斯和他的妻子索菲亚公主访问华盛顿。他在接受媒体采访时谈到了未来，暗示要做出改变。胡安·卡洛斯在返回西班牙时，本以为佛朗哥会大发雷霆，却惊讶地发现，佛朗哥认为他的表态只是为了欺骗受众。[14]事实上，佛朗哥夹在老练的技术官僚和"地堡"极右势力之间，对他而言，来自埃尔帕尔多宫小集团和强硬派长枪党人的压力影响更大，尤其是希龙。他和卡雷罗诉诸军队来保卫政权。"蓝色将军"们的晋升就是证明。托马斯·加西亚·雷武利成为马德里军区司令。卡洛斯·伊涅斯塔·卡诺成为国民警卫队局长。安赫尔·坎帕诺·洛佩斯成为马德里的军事长官。[15]

提升政权的防御武装并不能解决政府所面临的巨大社会问题。警察对工人施暴的情况已是司空见惯。塞维利亚的罢工中，警察闯入工厂并逮捕工人。律师、教授、医生、建筑师和工人联合就警察的暴行向塞维利亚的枢机大主教提交了内容详细的指控。在潘普洛纳，1 月份的冶金工人罢工遭到了警察的暴力镇压。在 4 月 8 日濯足节那天，纳瓦拉有 80% 的教堂宣读了一份由 200 名教士签名的文件，简述了工人遭受的酷刑。在潘普洛纳大教堂，辅理主教当着当地佛朗哥政权要人的面说："在潘普洛纳，我目睹了那种酷刑，那种任意的审讯和毫无道理的逮捕。实施、部署、纵容或无视这些暴行的人，等于切断了自己与教会的联系。"[16]

由于对政权退回到20世纪40年代的老路感到绝望，连那些重要的佛朗哥拥护者也公开表示对政治变革缺乏进展感到担忧。7月，塞拉诺·苏涅尔在布尔戈斯谈到，应当逐步回归政党制度。11月，胡安·曼努埃尔·凡胡尔·塞德尼奥称，政权要想存续，必须实施民主改革。他是运动党的重要成员，属于主业会里支持君主主义的人。正是他无意中帮忙创造了"地堡"这个说法，他在6个月后说道："等你撤退到总理府的地下室，接下来只能是总理府的坍塌，而这正是你所引发的。"曾经的长枪党青年组织领导人曼努埃尔·坎塔雷罗·卡斯蒂略也很快发出呼吁，要求当权者实施政治开放。[17]

然而这些都没有成效。为了应对不断高涨的反对浪潮，卡雷罗采取了更严厉的措施，罪行越来越多地被交给军事法庭审判。当局越来越频繁地对立场较为自由的媒体处以罚款、责令停刊或关闭。[18] 10月1日，内政部利用运动党的组织体系策划了一场盛大的庆祝活动，纪念佛朗哥上台35周年。长枪党人希望借此重申强硬的佛朗哥主义，佛朗哥在活动上声明："敌人没有远去，他们正在试图分裂我们。"第二天，《奋起报》兴高采烈地发表了评论称："活着的和死去的人与我们一起欢呼和庆祝。"技术官僚们的目的是结束 Matesa 公司丑闻。据称比拉·雷耶斯曾威胁说，如果不释放他，他就会曝光有关主业会官僚的丑事。[19]

数百辆火车和公交车免费把人们送到马德里，数千名士兵身着便服参加庆祝活动。运动党声称当时有100万人在场，尽管东方广场只能容纳这个数字的四分之一。在欢呼和旗帜的鼓舞下，佛朗哥发表了演讲。他的演讲中不仅夹杂着陈词滥调，还坚称未来是光明的。正如预期的那样，他宣布赦免大部分因 Matesa 公司事件而受审的人，这一举措证实了他对腐败的态度："如果出于政治原因我不得不赦免埃塔组织的杀手，那么我为什么不能赦免那些品德良好而只是犯了过错或疏忽大意的同事们呢？"[20]

11 月 19 日议会复会时，他把这次庆祝活动当作对他多年执政的肯定。他接受了索利斯提出的允许在运动党内部结社和鼓励不同意见的计划，但断然拒绝了可能催生政党的任何建议。跟以往一样，他以国有的西雅特汽车厂最近的罢工为例，证明国际社会一直在围困西班牙。至于罢工者受到的残酷对待，他却只字不提。[21]

在首席主教恩里克·塔兰孔的领导下，教会的政策越来越自由化，当局感到十分不安。9 月 13 日，塔兰孔主持了一个主教和教士联合大会，会上反对独裁统治坚持的制造分裂的内战意识形态。他说："我们谦卑地承认，我们在情势需要的时候却未能真正担当和解的职责，我们请求宽恕。"1971 年 12 月，梵蒂冈任命塔兰孔为马德里 – 阿尔卡拉总教区的大主教，从而确认该教区是教会权力的中心。他的首席主教的职位由巴塞罗那大主教马塞洛·冈萨雷斯·马丁接替，而巴塞罗那的空缺则由加泰罗尼亚自由派大主教纳尔西斯·尤巴尼·阿尔瑙填补。[22] 在韦尔瓦主教拉斐尔·冈萨雷斯·莫拉莱霍的领导下，教会的和平和正义委员会谴责了政权的暴行。佛朗哥对待塔兰孔、尤巴尼和冈萨雷斯·莫拉莱霍的态度十分严厉，如同教会已经加入了敌对阵营一样。在 1971 年 12 月 31 日的年终致辞中，他暗示政府将采取行动，反击自由派主教所采取的自由立场。他的威胁使自由派的立场变得强硬起来。马拉加主教称，全体神职人员不会在压制下噤声。[23]

　　由于工资低，住房条件差，教育设施不足，工人阶级的不满继续加剧。西班牙共产党做了许多工作，通过表面上非政治性的邻里协会帮助解决日常社会问题。邻里协会将成为越来越强大的反对力量。马德里、巴塞罗那和阿斯图里亚斯的罢工遭到警方的暴力镇压。[24] 由于政府干预加剧了劳资纠纷，许多雇主感到不满。在那些更先进的行业里，雇主们开始认为，政权的压制手段起到了阻碍作用，难以建立真正可行的劳资关系。许多人开始绕过官方工会，直接与工人委员会谈判。由于政权采取了不妥协的立场，共产党提出的"争取自由协定"策略获得广泛影响，加泰罗尼亚的情况尤其如此。整个 1971 年，加泰罗尼亚所有主要反对派力量的代表都在联合起来。11 月 7 日，大约 300 名代表秘密抵达巴塞罗那，参加第一次加泰罗尼亚大会。这次大会聚集了广泛的政治派别，包括信奉共产主义的加泰罗尼亚统一社会党和工人委员会，以及持自由派立场的君主主义者、天主教徒、专业组织和妇女团体。大会通过了一项争取政治大赦和政治自由的行动计划，得到了加泰罗尼亚工业和银行业资产阶级一些重要人士的支持。[25] 由于政权重拾过往的手段，西班牙经济寡头中有影响力的部门开始为未来做起了准备。其他地方很快也组织起类似的大会，尤其是马德里和塞维利亚。

　　卡雷罗默许对那些被视为政权敌人的人施以更暴力的镇压。一些新法西斯恐怖袭击小组纷纷出现，比如"基督王的武士""西班牙民族社会党""反马克思主义斗争司令部"以及其他一些看似自发组织起来的团体，它们团聚在《新力量》杂志和杂志主编、卡雷罗的朋友布拉斯·皮尼亚尔周围。他们闯入主张革新的教士的教堂，攻击神职人员和教众。在大学里，自由主义者和左翼分子受到恐吓。在工人阶级聚居区，工会领导人遭到袭击。美术馆和书店被毁。这些组织的成员里既有收钱卖命的暴徒，也有长枪党极端分子和一些不当班的警察。他们的暴行没有受到追究，暗示着官方对他们是默许的。事实上，他们是由总理府档案处组织起来的，那是卡雷罗的情报机构。这种诉诸暴力的极右势力表面上是独立的，让政府看起来像是中间派。甚至连内政部部长加里卡诺·戈尼都向佛朗哥反映，称这些极端分子十分危险。[26]

右翼恐怖主义蹿升，这表明佛朗哥政权已经无法控制正在发生的社会变化。另一个迹象是警察对罢工者和学生的暴行不断增加。1972 年 1 月中旬，50 多人在马德里大学的冲突中受伤。[27] 3 月，埃尔费罗尔的国有巴桑造船厂发生罢工，警察向示威的 3000 名罢工者开火，造成 2 人死亡、15 人受伤。加利西亚、阿斯图里亚斯矿区、加泰罗尼亚和巴斯克地区工人举行罢工以示支持。[28] 埃塔组织成员实施爆炸、抢劫，并对工厂主和安全部队成员发动袭击，政权开始感到疲于应付。1973 年 1 月 12 日，为了支持潘普洛纳 Torfinosa 公司的罢工工人，埃塔组织绑架了公司老板费利克斯·瓦尔特。这是一个聪明的宣传策略，因为大多数西班牙城镇都有瓦尔特的建筑工地。当局逐渐把与埃塔组织的斗争视为军事行动，交给警察处理的越来越少，更多是交给军队和国民警卫队处理。作为回应，埃塔组织开始策划绑架卡雷罗·布兰科。[29]

与此同时，整个 1972 年，佛朗哥政权法院里的腐败气味越来越浓。得益于与佛朗哥的关系，他的哥哥尼古拉斯建立了一个庞大的商业利益网络。他卷入了独裁时期影响最大的金融丑闻之一，即所谓的"雷东德拉油料事件"。存放于西北油料精炼股份有限公司存储罐中的 400 万千克国家储备橄榄油不翼而飞。这家公司料想当局不会动用这些储备油，于是一直用这些油进行投机买卖。尼古拉斯是该公司的大股东。在随后的调查中，6 名爆料人死于非命。为了掩盖尼古拉斯和那些被控欺诈的人之间的联系，当事人实施了大规模的掩盖措施。[30]

佛朗哥对腐败行为不以为然，除了打猎和钓鱼外，如今他也不再长时间工作，而是只顾看电视。午饭之后，他需要休息很久。不论在内阁会议上还是在观众面前，他几乎一言不发，而且经常打起瞌睡来。他醒着的时候，双手还不由自主地颤抖。他的视力正在减退，深受口腔感染和腿部疼痛所困，出门打猎也受到了影响。由于他不能长时间站立，每年一次的 10 月 1 日招待会也缩短了时间。由于接受帕金森病药物治疗，他变得越来越犹疑不决。[31] 私下里，他总是念叨"叛徒"或"忘恩负义的人"，通常说的是技术官僚。[32] 他的家人越来越不满卡雷罗·布兰科、洛佩斯·罗多和胡安·卡洛斯为核心的三人治理结构。随着佛朗哥越来越虚弱，他的妻子在"蓝色将军"们和希龙等强硬派长枪党人的妻子的怂恿下，在埃尔帕尔多宫的每周茶会上扮演了更重要的角色。她言辞激烈地对卡雷罗说，加里卡诺·戈尼性格软弱，而洛佩斯·布拉沃则朝秦暮楚。在埃尔帕尔多宫，她和女婿马丁内斯-博尔迪乌公开批评卡雷罗·布兰科行事不坚决，还说胡安·卡洛斯是靠不住的。[33]

1972 年 12 月 4 日，佛朗哥过 80 岁生日。夫人卡门对他的健康十分担心，为了使她宽心，佛朗哥把更多的时间用来看电视。[34] 他的双腿肿胀，为了休息，在录制年终讲话时不得不多次中断。这次讲话中，他显得老态龙钟，然而，他仍以一种几乎听不见的咕哝声，再次禁止教会对政权擅加评判。他向观众保证将无限期地坚持下去："只要上帝希望我继续下去，我就会坚守岗位，一如既往地坚决地为祖国的未来掌舵。"[35] 社会和政治局势紧张，人们愈发担心佛朗哥的健康状况。比如，卡雷罗不断诉诸极右恐怖袭击小组。[36] 当局升级了镇压的暴力程度，既有明面上的也有隐秘的手段，却只导致政权内部进一步分裂，而且反对派的力量反而不断壮大。

当局对罢工的镇压在工业城镇引发了越来越广泛的支持罢工的行动，共产党因此越来越相信，如果发动全国大罢工，"争取自由协定"阵线就能够推动独裁走向民主。人们期待的是，佛朗哥政权被罢工压垮，然后"争取自由协定"阵线的各派势力组成临时政府并举行立宪选举。[37] 相比之下，工社党没有具体的计划，多年无所事事之后，该党仍在忙于重建工作。1972 年 8 月中旬，在法国图卢兹举行的工社党第十二届流亡代表大会上，来自塞维利亚的费利佩·冈萨雷斯和来自毕尔巴鄂的尼古拉斯·雷东多领导的有影响力的党员团体取代了年迈的流亡领导人。如今他们的策略与工社党 1931 年为获得政权所采取的策略一样，依赖工人阶级发挥关键作用，而领导层则寻求与其他反对派力量结盟，在这个方面他们与共产党没有不同。[38]

除了诉诸暴力之外，卡雷罗拿不出其他办法来解决社会紧张局势，这显示佛朗哥主义在政治上已经破产，一些离开政权的人也提出了立场温和的反对之声。这些人通常寻求的是过渡，而不是左翼策略中隐含的那种直接冲突。学术理论家和政治家开始认为，佛朗哥式的宪法存在漏洞，可以用来允许真正的改革。[39] 站在最前线的

是托尔夸托·费尔南德斯－米兰达，他曾是胡安·卡洛斯的政治
导师，并成为他身边的顾问。与此同时，阿雷尔萨、安东尼奥·加
里格斯（他已经辞去了驻罗马教廷大使的职务）和其他温和反对派
的领导人物开始认为，胡安·卡洛斯是确保政体以"合法"方式向
民主过渡的关键人物。这个被胡安·卡洛斯接受的计划，后来在
1976 年发挥了决定性的影响。

　　1973 年 4 月初，在圣阿德里安德贝索斯，警察枪杀了一名罢
工者，加泰罗尼亚各地爆发罢工以示抗议。[40] 在马德里的五一游行
中，反法西斯爱国革命阵线的一名成员刺死了秘密警察胡安·安东
尼奥·费尔南德斯·古铁雷斯。反法西斯爱国革命阵线坚持极左立
场，后来有人发现组织中混入了警方派来的事端制造者，另外两名
秘密警察也在袭击中受伤。这一事件为政权强硬派实施报复提供
了最好的借口。当局大肆逮捕并对左翼分子施加酷刑。费尔南德
斯·古铁雷斯的葬礼影响最大，送葬队伍由伊涅斯塔将军带领。葬
礼过程中，警察举行游行，要求采取更严厉的措施，而 3000 名长
枪党老兵则高呼口号要求复仇。他们的标语赞扬新纳粹激进分子，
并要求枪毙"赤色大主教"。警察在卡雷罗·布兰科眼皮子底下举
行游行而当局不予追究，这清楚地表明，形势正在朝着有利于激进
分子的方向发展。5 月 7 日那天，形势变得更加明显，内政部部长
加里卡诺·戈尼决定辞职。做出这一决定既是因为对高层缺乏改革
意愿感到无奈，也是因为对极右势力的日益增长感到忧心忡忡。[41]

　　埃尔帕尔多宫小集团终于说服佛朗哥相信，在维持公共秩序这
一首要任务上，内阁是失败的。5 月 3 日，佛朗哥告诉卡雷罗·布
兰科，他将被任命为内阁总理，要开始计划组阁。卡雷罗·布兰科

对此并不情愿。这一决定终结了技术官僚的统治地位。为了取悦夫人卡门，洛佩斯·罗多被流放到外交部，负责给本质保守的内阁披上温和的外衣。此外，何塞·乌特雷拉·莫利纳被任命为住房部部长，弗朗西斯科·鲁伊斯－哈拉沃被任命为司法部部长，二人是长枪党强硬派，奉希龙为导师。立场激进的胡利奥·罗德里格斯担任教育部部长。从这些任命中可以进一步看出，埃尔帕尔多宫小集团的影响力很强。令人不解的是，卡雷罗选择托尔夸托·费尔南德斯－米兰达出任内阁副总理和运动党党务部部长。佛朗哥接受了组阁方案，但只做了一个更改。在妻子和女婿的鼓动下，佛朗哥也认为政府过于软弱，他坚持任命卡米洛·阿隆索·维加任内政部部长期间作风强硬的安全局局长卡洛斯·阿里亚斯·纳瓦罗担任新的内政部部长。阿里亚斯自 1963 年以来担任马德里市长，早已成为夫人卡门的红人。内战期间，他担任检察官时冷酷无情，被人称作"马拉加屠夫"。卡雷罗年届 70，既缺少民众的支持，也没有军队的拥护。马德里好说俏皮话的人把这一届内阁戏称为"出殡内阁"，这样的阁员安排使人们难以指望其推动变革。[42]

　　倘若佛朗哥死在他前面，在接棒长期统治方面，卡雷罗看上去既没有意愿，也没有威信，更缺少想法。为遏制通货膨胀，政府采取了紧缩措施，加泰罗尼亚、阿斯图里亚斯和巴斯克地区因此爆发工业骚乱，到 1973 年 11 月，他的内阁已经无能为力。由于第一次能源危机正在酝酿之中，加之西班牙严重依赖进口能源，技术官僚借助经济繁荣拉拢政治异议人士的策略如今也行不通了。卡雷罗·布兰科采取的唯一办法就是加大镇压力度，"1001 号审判"就是一个典型案例。在本案中，工人委员会的 10 名成员接受公审，被控非法结社，内阁以此显示粉碎地下工会的决心。埃塔组织的一个小组在卡雷罗·布兰科的汽车下面安装了炸弹，12月20日审判开始那天，他们趁卡雷罗结束每日礼拜返回之时引爆炸弹刺杀了他。埃塔的盘算是，干掉卡雷罗将破坏佛朗哥延续其政权的计划，并加剧其内部分裂。[43]

佛朗哥似乎有些不知所措。他吃不下饭，只是躲在书房里。在埃尔帕尔多宫小集团面前，他比6个月前更加脆弱。[44]费尔南德斯－米兰达自动成为临时总理。然而，有人已为即将到来的权力斗争做好了准备。国民警卫队局长卡洛斯·伊涅斯塔公然越权，电令手下不受限制地使用武器镇压示威者和颠覆分子。然而，头脑冷静的人占了上风。在听取总参谋长曼努埃尔·迭斯·阿莱格里亚的建议后，费尔南德斯－米兰达、阿里亚斯·纳瓦罗、资深军人部长加夫列尔·皮塔·贝加海军上将和卡雷罗的私人情报机构负责人何塞·伊格纳西奥·圣·马丁中校联手阻止了一场大屠杀。伊涅斯塔被迫撤销了下达镇压命令的电报，随后被暂时软禁起来。教育部部长胡利奥·罗德里格斯和住房部部长何塞·乌特雷拉·莫利纳造访马德里警察首长费德里科·金特罗·莫伦特上校的办公室，提出组织复仇小组，寻找并杀掉刺杀卡雷罗的凶手。布拉斯·皮尼亚尔收到命令，禁止追随者轻举妄动。[45]

刺杀事件发生后的第二天，人们的情绪激烈。在为卡雷罗举行的弥撒上，大主教恩里克·塔兰孔遭到极端右翼分子的推搡和辱骂。佛朗哥主持了内阁会议，会上他泪流满面，盯着卡雷罗的空椅子。他很快镇定下来，开始了会议，会议的唯一议程就是追封卡雷罗为卡雷罗·布兰科公爵。第二天，也就是12月22日，佛朗哥参加了在圣弗朗西斯科埃尔格兰德教堂举行的另一场葬礼弥撒，仪式上他自始至终都在默默哭泣和呻吟。佛朗哥只能独自决定未来的道路，在这第一波打击过去后，他感受到了来自极端集团的压力。其最终结果更多是这些人造成的，而不是出于佛朗哥的选择。在卡雷罗·布兰科的继任者方面，费尔南德斯－米兰达接任的主要障碍是夫人卡门和她女婿马丁内斯－博尔迪乌，他们认为米兰达是胡安·卡洛斯未来领导下推进自由化的帮手。[46] 他们轻易说服了佛朗哥不任命费尔南德斯－米兰达。佛朗哥希望操纵复杂的继承程序，以便让他的老朋友、海军上将佩德罗·涅托·安图内斯（佛朗哥及其身边人昵称他为"佩德罗洛"）得到任命。佩德罗洛长期追随佛朗哥，是一名资深军人，此时似乎是一个稳妥的选择。然而，政权中的"极端分子"和埃尔帕尔多宫小集团却有不同的看法。由于佩德罗洛只比佛朗哥小 6 岁，比卡雷罗·布兰科大 5 岁，可能很快需要再次找人替换。佩德罗洛打算公开任命改革派人士弗拉加为副总理（尽管只是暂时的），这也引起了该集团的警觉。

因此，在夫人卡门和私人医生兼顾问比森特·希尔的劝说下，佛朗哥改变主意，支持立场强硬的阿里亚斯·纳瓦罗出任总理，原因是他在安全问题上的毫不妥协。[47] 在他担任内政部长的 6 个月里，其公共秩序政策一直受到他的导师阿隆索·维加将军的影响。他不仅对埃塔发动了大规模进攻，击毙了 9 名武装分子，还大力打击西班牙共产党，摧毁了几个地区的党组织，此外，工人委员会也成为镇压的目标。另外，卡雷罗遇刺前后安全工作的失利，他应当承担责任。爆炸发生后的 5 小时里，当局对巴拉哈斯机场和马德里出城的道路没有采取任何管制。埃塔突击队在美国大使馆和其他守卫森严的政府大楼附近的街道下挖隧道时没有费多大气力，这不免让人起疑。阿里亚斯曾经提醒卡雷罗改变其一成不变的每日路线，而卡雷罗没有理睬，这在一定程度上替阿里亚斯挽回了一些脸面。[48]

1973 年 12 月 30 日的年终致辞中，佛朗哥简短地赞扬了卡雷罗·布兰科。他将暗杀事件简单说成受境外电台控制的一小撮人所为，并且为国家在危机期间维持运作感到自豪。谈到 37 年的执政历程时，他表示还要无限期地继续下去："无论过去、现在还是将来，我的一生都致力于为西班牙人服务，我会永远为西班牙服务下去。"他在致辞的打印稿上用笔写下了"no hay mal que por bien no venga"（祸兮福所倚）。政权的核心圈认为这等于佛朗哥如今承认卡雷罗·布兰科时期是个错误。[49] 任命阿里亚斯及其内阁成员是佛朗哥在政治上的最后一个重大决定。民主过渡现在已经开始，而他基本上是一个旁观者。触发这一进程的不是卡雷罗的遇刺，而是技术官僚的经济改革使佛朗哥主义被淘汰了。一方面，他身体和意志力日益衰弱，而另一方面，反对派蓬勃发展，国际局势发展到关键阶段。

阿里亚斯内阁于 1974 年 1 月 3 日宣布成立，这在强硬派和革新派之间架起了一座并不牢固的桥梁。内阁的 3 名部长——内政部部长、财政部部长和劳工部部长——升格为副总理，这表明政府担忧的主要问题是公共秩序、通货膨胀和工人阶级骚动，它们之间关联密切。阿里亚斯在他的新内阁中保留了卡雷罗内阁的 8 位部长，并增加了一些强硬的长枪党人。自由派包括总理府部长安东尼奥·卡罗和新闻部部长皮奥·卡瓦尼利亚斯，二人都是弗拉加的追随者，以及财政部部长兼负责经济事务的副总理巴雷拉·伊里莫，他代表的是西班牙资本主义经济里更具活力的部门，是胡安·卡洛斯的忠实追随者。立场最保守的是两个狂热的长枪党分子，何塞·乌特雷拉·莫利纳担任党务部部长，弗朗西斯科·鲁伊斯－哈拉沃担任司法部部长。二人入阁反映了希龙的影响力。费尔南德斯－米兰达担任党务部部长期间，曾经小心翼翼地提出对运动党的机构进行改革。乌特雷拉此次出任党务部部长，就是为了阻止任何此类改革发生。何塞·加西亚·埃尔南德斯担任内政部部长兼负责国内安全事务的副总理。他和阿里亚斯一样，曾经是阿隆索·维加的助手。[50] 阿里亚斯希望弗拉加担任外交部长，但是佛朗哥不同意，他希望洛佩斯·罗多留任这一职位。由于坚持让洛佩斯·罗多走人，阿里亚斯和佛朗哥达成妥协，由外交官佩德罗·科尔蒂纳·毛里接任外交部部长，他也是埃尔帕尔多宫小集团中意的人。[51]

乌特雷拉·莫利纳上任是得益于希龙在埃尔帕尔多宫的影响力。他对阿里亚斯说，运动党在自己的领导下不会成为政治绵羊。一群"地堡"要员出席了他的正式就职仪式，其中包括长枪党人阿雷塞、费尔南德斯·奎斯塔、索利斯和希龙，此外还有"蓝色将军"们，如伊涅斯塔·卡诺和加西亚·雷武利。[52] 阿里亚斯没有花时间与胡安·卡洛斯就内阁成员进行磋商，埃尔帕尔多宫小集团对此十分高兴。然而，阿里亚斯·纳瓦罗未能满足他们的期望。由于政权存在结构性问题，阿里亚斯不得不接受比卡雷罗时期更多的变革。他必须继续处理阿斯图里亚斯矿山、巴斯克钢铁工业、加泰罗尼亚纺织业以及萨拉戈萨、巴利亚多利德和阿尔科伊等地的劳资纠纷。

导致这些纠纷的一方面是即将超过 25% 的年通胀率，另一方面是工资冻结 15%。由于国内能源储备不足，飙升的原油价格给西班牙带来了沉重打击。能源成本被直接转嫁到消费者身上。1974年第一季度，电价上涨了 15%，汽油上涨了 70%，广泛使用的取暖和做饭用的煤气上涨了 60%，运输费用上涨了 33%。罢工浪潮不会提前结束。更糟糕的是，随着能源危机冲击北欧，外汇的两大主要来源——旅游业和国外打工者的汇款——很快大幅减少。[53] 阿里亚斯让卡雷罗内阁的劳工部部长、长枪党人利西尼奥·德拉富恩特担任负责社会事务的副总理。尽管德拉富恩特以关心社会问题著称，但是处理劳工方面的问题急需采取灵活的政策，而在阿里亚斯的内阁里，德拉富恩特是没办法做到这一点的。[54]

卡罗·马丁内斯是总理府部长，他实际管理着行政部门。跟政府里的许多有才华的官员一样，他与塔西托压力集团有来往。这个集团的成员都是保守的基督教民主主义者，致力对现有制度实施和平的改革，与天主教压力集团——全国天主教宣传员协会来往频繁。他们自 1972 年起在天主教报纸《Ya 日报》上以"塔西托"为名发表了许多有影响力的文章，主张从内部改革现有制度，这一集团也因此得名。这些人与银行业、工业界以及教会联系广泛，阿里亚斯无法忽视他们的声音。该团体的主要人物阿方索·奥索里奥·加西亚向阿里亚斯提出，如果阿里亚斯愿意推动改革，就会得到塔西托的支持。阿里亚斯接受了这一条件。根据卡罗的建议，他任命了集团的 4 名成员为副部长。[55]

尽管阿里亚斯骨子里信奉威权主义，但他非常虚荣，十分关心自己的公众形象。在卡罗、奥索里奥和皮奥·卡瓦尼利亚斯的说服下，他认为要想生存下去，自己和佛朗哥政权必须改变形象。于是，1974年2月12日，他公布了一个勉强称得上革新的计划。该计划的文本由卡罗办公室起草，后来被称为"2月12日精神"，提出了更广泛的政治参与，前提是遵守佛朗哥时代所制定的法律。市长和地方官员将由选举产生，而不再由政府任命。提高由符合严格限制条件的选民选举产生而非经指定产生的议会代表的比例，从17%增加到35%。官方工会在谈判中将拥有更强的力量。当局将允许成立政治性团体，但不包括政党。在依照习惯对佛朗哥歌功颂德一番之后，该计划声称，推动政治变革不再只是佛朗哥一个人的责任。尽管该计划称将坚决镇压"颠覆企图"，但这已经是佛朗哥的部长发表的最倾向自由的政策宣言了。然而反对派仍然不为所动。[56]

皮奥·卡瓦尼利亚斯领导的新闻部对媒体和出版商采取了更为自由的态度，当局对立场更加温和的反对团体也保持宽容，这些似乎印证了阿里亚斯的讲话。然而，在实践中，在自由化承诺的背后，阿里亚斯回应社会动荡时毫不手软。这既反映了他自己的本性，也反映了"地堡"势力可以轻而易举地动员佛朗哥反对改革，只要在他耳边说些什么共济会正把西班牙推向色情和混乱的深渊。阿里亚斯之后，佛朗哥在政府中关系最密切的人是乌特雷拉·莫利纳。1974年1月，乌特雷拉提出了运动党意识形态重整计划的纲要，佛朗哥很高兴。阿里亚斯发言后，佛朗哥请乌特雷拉对"2月12日精神"加以阐述。听完乌特雷拉的发言，佛朗哥十分不安，说："如果政权放任它的理论基础遭受攻击，而且政权的捍卫者无法捍卫其根本，那么我们不得不怀疑，这是一些懦弱的人在搞自杀。"[57]

能源危机后，物价飙升，工人们的斗争情绪在1974年初加剧了。由于无法推动更大的变革，阿里亚斯的地位也变得摇摇欲坠。而矛盾的是，佛朗哥的第一次干预却是为了抑制总理极端保守的本能。极右翼报纸《要塞报》甚至号召使用暴力反击它所认为的自由教会神职人员对政权的"背叛"。一定程度上这是由于反对政权的神职人员中有许多巴斯克人。巴斯克地区的神职人员和他们的教区居民之间一贯联系紧密，埃塔组织和政府之间的战火难免殃及这些神职人员。阿里亚斯差一点把毕尔巴鄂主教安东尼奥·阿诺韦罗斯赶出西班牙，因为他允许在2月24日发表的布道词里引用教皇约翰二十三世的话以维护少数族裔权利。塔兰孔和教皇保罗六世都表态支持阿诺韦罗斯。由于阿里亚斯可能因此被逐出教会，佛朗哥不想冒这个险，因此不得不要求他的这位总理妥协。[58]

这只是一个例外。1974年的头两个月，警方已经从工人阶级组织、埃塔组织和左翼组织中逮捕了150多名成员。佛朗哥拒绝对被判死刑的加泰罗尼亚无政府主义者萨尔瓦多·普伊赫·安蒂克和波兰人海因茨·谢予以宽大处理，当局指控这两人杀害治安部队成员。国际舆论重提格里莫和布尔戈斯审判，借以对此表示强烈反对，而且梵蒂冈、欧洲经济共同体和几个国家的元首也表达了不满。尽管如此，3月2日二人还是被执行绞刑。[59]欧洲议会对西班牙政权发出了谴责。如果这还不足以让住在"地堡"里的人感到惊讶的话，4月25日葡萄牙独裁政权的垮台则更加令他们忐忑不安，西班牙反对派却因此大受鼓舞。极端分子对葡萄牙事件的影响忧心忡忡，3天后，也就是4月28日，希龙在《奋起报》上对阿里亚斯和自由派阁员发起了猛烈抨击。佛朗哥对乌特雷拉表示，对这次所谓的"希龙呛声"自己并没有感到不快。[60]

　　与此同时，退休将军加西亚·雷武利也谴责了政党政治和政客。他们的计划是，伊涅斯塔不久后从国民警卫队负责人岗位下来后没有退休，而是顶替自由派的曼努埃尔·迭斯·阿莱格里亚去担任总参谋长。上述抨击是启动这个计划的第一枪。"地堡"势力担心，安东尼奥·斯皮诺拉将军[①]在葡萄牙所做的事情，可能借迭斯·阿莱格里亚将军之手在西班牙重演。事实确实如此，自从葡萄牙发生革命[②]以来，据报道，他从邮局收到了数以百计的单片眼镜，与斯皮诺拉将军所佩戴的一样。如果伊涅斯塔担任总参谋长，再加上安赫尔·坎帕诺将军接管国民警卫队，他们就可以清洗那些被怀疑持自由主义立场的军官。这个计划得到了埃尔帕尔多宫小集团的支持，但没有告诉日薄西山的佛朗哥本人。当阿里亚斯从陆军部长弗朗西斯科·科洛马·加列戈斯将军那里得知这个阴谋后，他赶忙去见佛朗哥并威胁要辞职。佛朗哥十分不满，按服役年头进退的规矩在他眼中是神圣不可侵犯的。他支持阿里亚斯，迫使伊涅斯塔在5月12日按时退休。[61]

　　阿里亚斯试图在"地堡"势力和反对派之间找到一条中间道路，但没有成功。一方面，当局加大力度逮捕左翼人士；另一方面，他半心半意地提出了一项允许政治性结社的计划，该计划严格限于运动党内部的团体。[62]与此同时，佛朗哥似乎并不了解发生了什么。6月26日，弗拉加发现佛朗哥神情倦怠，心不在焉。[63] 7月9日，

---

　　①　葡萄牙保守派军官，1974年间短暂担任葡萄牙总统，在向民主过渡中发挥了重要作用。

　　②　1974年4月，葡萄牙发生政变，独裁政权被推翻，史称"康乃馨革命"。

他因右腿静脉炎住院。缓解帕金森病的药物治疗导致了胃溃疡，而治疗静脉炎血凝块的抗凝剂又使胃溃疡恶化，治疗因此变得十分麻烦。随着病情恶化，7 月 19 日，阿里亚斯和议会议长说服佛朗哥实施《国家组织法》第 11 条，由胡安·卡洛斯担任临时国家元首。夫人卡门和女婿比利亚韦德侯爵大发雷霆。由于安蒂克被处决和阿诺韦罗斯事件刚发生不久，胡安·卡洛斯也不愿意此时接手。他担心自己会与一个不受欢迎的政府绑在一起，而且这个政府不是他选择的，其总理人选也从未征求过他的意见。[64] 然而，他别无选择，否则就会失去接班的可能。

这是一次很丢脸的经历。自诩为一家之主的马丁内斯 - 博尔迪乌公开对胡安·卡洛斯做出无礼的行为。[65] 佛朗哥于 7 月 30 日出院，但没有返回工作岗位。比森特·希尔劝他为了健康放弃权力。愤怒的马丁内斯打了希尔，不再让他担任佛朗哥的医生。埃尔帕尔多宫小集团因可能失去他们的特权而心烦意乱，他们让佛朗哥觉得胡安·卡洛斯不值得信任，并敦促他重返政坛，于是佛朗哥于 9 月 2 日恢复行使权力。[66] 这些人的恐慌不是没有根据的。佛朗哥的病情鼓舞了反对派的士气。民主团体和讨论会的数量大大增长。最成功的是加泰罗尼亚大会，除了得到广泛的民众支持外，其领导人中还包括银行家和工厂主。佛朗哥患病的消息促使圣地亚哥·卡里略于 1974 年 7 月 30 日在巴黎发起了民主委员会。民主委员会的成员包括工人委员会、恩里克·铁尔诺·加尔万领导的小党——社会主义人民党、几个地方主义团体、卡洛斯派和一些著名的无党派人士，包括主业会成员拉斐尔·卡尔沃·塞雷尔。[67] 委员会计划要求成立临时政府接管权力，大赦所有政治犯，给予政党和工会合法地位，开放言论和出版自由，保障司法独立，实施区域自治，并在 18 个月内落实政教分离和举行自由选举。尽管基督教民主派人士和工社党没有加入，但民主委员会及其与现政权彻底决裂的纲领激发了反对派圈子的活力，"地堡"势力愈发感到四面楚歌。[68]

由于在战略上存在分歧，工社党拒绝加入委员会。经过多年的沉寂，工社党正在经历复兴。1974 年 10 月中旬，在巴黎附近的叙雷讷举行的该党第 13 届流亡代表大会上，老领导层失去了话语权。来自毕尔巴鄂的尼古拉斯·雷东多和来自塞维利亚的费利佩·冈萨雷斯、阿方索·格拉组成有力的联盟，接管了党的领导权。他们认为，西班牙共产党计划以全国大罢工来推翻佛朗哥政权是不现实的。新任总书记费利佩·冈萨雷斯不情愿地认为，有必要与政权改革者进行谈判。[69]

埃尔帕尔多宫小集团成功说服佛朗哥从胡安·卡洛斯手中收回权力，紧接着，他们又对内阁中立场最自由的部长皮奥·卡瓦尼利亚斯发起了攻击。他们给佛朗哥递上了一本西班牙杂志摘编，杂志上刊登着海滩用品和露营装备广告，以身着比基尼的模特为特色，其间精心地插入了《花花公子》杂志的露骨照片，让人以为这些照片就是在西班牙出版的。这个手段很容易说服了佛朗哥，皮奥·卡瓦尼利亚斯必须走人。尤其令佛朗哥恼火的是，杂志摘编所载文章表明，就像弗拉加在 Matesa 公司丑闻事件中所做的那样，皮奥·卡瓦尼利亚斯允许媒体公开报道最终进入审判的"雷东德拉油料事件"一案。10 月 24 日，他要求阿里亚斯解除卡瓦尼利亚斯的职务。为了表示团结一致，安东尼奥·巴雷拉·伊里莫一同辞去了职务。为求平衡，阿里亚斯提议解除乌特雷拉和弗朗西斯科·鲁伊斯－哈拉沃的职务。佛朗哥断然拒绝，理由是他们都"非常忠诚"。[70]

对于极端分子来说，这次胜利只是加速了政权的崩溃，实际上得不偿失。随着股价下跌，寡头政治中有影响力的部门开始要求改革。整个 1974 年，主要的工厂主和金融业者与温和的反对派成员实际上公开举行了会议。其中最引人注目的是由律师华金·加里格斯·瓦尔克组织的会议，他是阿雷尔萨的女婿，也是商界的关键人物。[71] 巴雷拉和卡瓦尼利亚斯二人退出内阁引发的危机暴露了该政权已经破产。危机证明阿里亚斯没有能力推进真正的变革。随后，塔西托集团以新闻部部长皮奥·卡瓦尼利亚斯的副手马塞利诺·奥雷哈为首的重要官员纷纷辞职。他们宣布阿里亚斯"2 月 12 日精神"改革计划已经死亡。[72]

作为回应，"地堡"势力广泛动员起它的力量，以希龙为领导人成立了人数众多的全国老兵联盟。警方在 11 月底逮捕了温和反对派的领导人，逮捕行动未经阿里亚斯授权，这表明阿里亚斯正在失去对局势的控制。之前他们一直在马德里开会，讨论建立一个阵线与民主委员会展开竞争。与阿诺韦罗斯事件类似，这一事件在国际上引发了另一波谴责。几天后，当局释放了他们。但阿里亚斯的地位已经因此遭受了巨大破坏。[73]

所有这些发生时，佛朗哥似乎都是一个局外人。到 1974 年底，他的衰老迹象越来越明显。他的嘴张着，像是一直在打哈欠。虽偶尔会恢复正常，但大家感觉他心不在焉，不知道究竟在想些什么。[74] 然而，由于政治原因，他不得不坚持参加一系列活动，他的医生们因此十分担心。他对打猎和钓鱼充满热情，加上埃尔帕尔多宫小集团执意让他经常露面，于是他顶着恶劣天气参加了许多十分辛苦的远行。1975 年初的冬天，他参加了几次射击聚会，天气潮湿，大风肆虐，气温经常接近或低于零度。第一次活动安排在 1975 年 1 月初，地点在南部的莫雷纳山脉。为了不惊扰猎物，他需要长时间站立不动，结果引发了肾炎。[75] 佛朗哥的健康状况迅速恶化，最大的困扰是牙齿问题。[76] 1974 年 12 月 30 日的年终广播中，他感谢自己从最近的疾病中完全康复，并吹嘘在他离开期间，他的机构运作得多么好。[77] 他似乎没有意识到佛朗哥联盟的解体。

1975 年的第一次小规模冲突发生在 2 月份。运动党媒体没有就阿里亚斯 2 月 12 日讲话组织周年纪念活动，阿里亚斯十分生气，下令乌特雷拉解除安东尼奥·卡斯特罗·比利亚卡尼斯和安东尼奥·伊斯基耶多的职务，二人中一个是运动党出版和广播部门负责人，另一个是《奋起报》主编。乌特雷拉表示拒绝，并急忙将此事报告给佛朗哥。结果，虚弱而胆怯的佛朗哥要他服从阿里亚斯，以免制造麻烦。[78] 治疗帕金森病的药物让他变得胆小怕事起来。乌特雷拉不仅带来了阿里亚斯打算解散运动党的证据，还有阿里亚斯批评佛朗哥的录音带。当乌特雷拉说"阿里亚斯是个叛徒"时，佛朗哥哭了起来，抽泣着说："对，就是的，阿里亚斯是个叛徒，但别告诉其他人。我们得小心。"[79] 极端势力的活动大大增加。内阁中的强硬派阻止了赋予人们有限罢工权利的立法进程。2 月 24 日，利西尼奥·德拉富恩特在失望中辞职，他自 1969 年起担任劳工部部长，是一名自由立场鲜明的佛朗哥主义者。[80]

最后，阿里亚斯不得不向"地堡"势力发动反击。他告诉佛朗哥，除了德拉富恩特以外，他还想把其他部长也换掉。佛朗哥没有同意，阿里亚斯于是威胁要辞职，声称那些于他不利的证据是乌特雷拉捏造的。在他的威逼之下，虚弱的老人同意改组内阁，鲁伊斯－哈拉沃和乌特雷拉都被解除了职务。最高法院首席检察官费尔南多·埃雷罗·特赫多尔被任命为党务部部长，成为自由派新获得的一大希望。埃雷罗·特赫多尔是一个灵活的机会主义者，与佛朗哥关系良好，是主业会成员，他在运动党内的资历无可指摘。许多人把他当作阿里亚斯的最终继任者，也是向君主制过渡的组织者。埃雷罗与宽容的温和反对派进行了接触，包括基督教民主派和里德鲁埃霍的社会民主党。他还着手完成一项吃力不讨好的任务，即为这个允许政治结社的空洞计划添加可信性。[81] 佛朗哥读到弗拉加为组建一个团体起草的建议草案时，据说他问涅托·安图内斯，弗拉加究竟想要打造一个什么样的国家。[82]

当乌特雷拉于 3 月 11 日前往埃尔帕尔多宫告别时，佛朗哥动情地表扬了他的忠诚。见面结束时，佛朗哥请他要永远忠诚。乌特雷拉深受感动，他发誓站岗到生命最后一刻。听到这个，佛朗哥拥抱了他，然后大哭起来。乌特雷拉向后退了几步，立正，手臂前伸，行起法西斯式的军礼，大声喊出了长枪党人见面的问候语："首领，我们遵您号令。西班牙，雄起！"佛朗哥可怜地站着，举起自己颤抖的手臂以示回应。[83] 美国国务院的政策正在从佛朗哥转向胡安·卡洛斯，这也印证了佛朗哥的地位已经衰落。美国总统福特于 5 月 31 日抵达西班牙进行为期两天的访问，他和胡安·卡洛斯在一起的时间比和佛朗哥在一起的时间要多。[84]

1975 年 6 月 23 日，埃雷罗·特赫多尔死于车祸。佛朗哥深受触动，他认为这是天意，表明结社改革没有得到神的认可。[85] 埃雷罗的副手阿道弗·苏亚雷斯理所当然地成为继任者。苏亚雷斯一心改革，他之前加入了主业会，通过与埃雷罗交好，跟关键的政权人物建立了联系。在阿隆索·维加将军的安排下，他在 1968 年担任了塞哥维亚的民政长官。在接近高层的过程中，苏亚雷斯努力吸引佛朗哥的注意，并积极与胡安·卡洛斯成为朋友。胡安·卡洛斯把他引荐给卡雷罗·布兰科，后者于 1969 年任命他为西班牙国家广播电视台的台长。在这个职位上，他提升了胡安·卡洛斯的形象。他还讨好部长们和高级将领，让他们上电视，给他们的妻子送花。1975 年 2 月，他被晋升为运动党副秘书长。[86]

看到埃雷罗·特赫多尔死于天意，佛朗哥没打算提拔苏亚雷斯。相反，佛朗哥坚持认为新任党务部部长应该是何塞·索利斯。他的想法反映了埃尔帕尔多宫小集团的想法：为了击退反对派，自己身边应当多一些可靠的老战友保护他。马丁内斯 – 博尔迪乌和夫人卡门伙同希龙和议长亚历杭德罗·罗德里格斯·巴尔卡塞尔一起，劝说佛朗哥把本届议会会期延长 6 个月。他们希望借此获得必要的时间，好把阿里亚斯赶下台，并确保索利斯、罗德里格斯·巴尔卡塞尔甚至希龙登上总理的位置。[87] 然而，其他人认为苏亚雷斯才是领导西班牙建设未来的人。敏锐的评论员路易·马里亚·安森于 7 月 2 日在《白与黑》杂志上称他为"本月最佳政治家"。眼下，要想推动未来的改革，必须按照费尔南德斯 – 米兰达所设想的路线在佛朗哥体系内开展工作。在接下来的 18 个月里，工人阶级、地方主义者和学生施加了巨大压力，迫使当局把全面民主改革纳入政治议程。[88]

那些想要阻止哪怕是最低程度的改革的人，都对自己的未来忧心忡忡，这些人得靠着佛朗哥才能生存下去。[89] 佛朗哥筋疲力尽，迫切想要休息，甚至谈到要效仿查理五世，隐居到修士院等待死亡。佛朗哥的妻子惊恐万状，劝他不要撒手政治，而他的女婿同样忧心忡忡，通过电子设备维持着他的生命。[90] 在他生命的最后几个月里，"地堡"势力一直在利用他的恐惧和偏见，而他本人也始终认为共济会的邪恶威胁依旧存在，这也助长了他心里的恐惧和偏见。[91] 7月15日，佛朗哥对全国战时下士联合会（"地堡"势力的据点之一）的代表团说，他们必须誓死捍卫内战的胜利果实。[92]

1975年夏天，人们感觉政权行将崩溃，政治结社改革计划变得无关紧要。右翼恐怖分子加大了对左翼律师、教士、书店和工人的袭击。比斯开和吉普斯夸两省的情况尤其如此，在4月26日格尔尼卡轰炸纪念日，当地挑衅性地宣布进入紧急状态。这样做是为了表达对埃塔组织连续成功实施恐怖袭击的反击。然而，这一措施适得其反，它加强了反对派的团结，而且教会中自由主义派教士们因此下定决心与政权保持距离。[93] 在紧急状态期间，警方对这两个省实施了恐怖镇压。犯罪嫌疑人的家和办公室遭到破坏。毕尔巴鄂斗牛场不得不充当临时监狱来关押大量被拘留者。酷刑和殴打司空见惯。通缉犯的女眷被抓作人质并受到虐待。极右恐怖主义小组的活动加剧了大规模恐吓。他们使用诸如"反埃塔恐怖组织"或"西班牙－巴斯克营"之类的名字，用机枪扫射并用炸弹袭击了巴斯克民族主义分子经常前往的酒吧、律师事务所、出版社和埃塔支持者的企业。右翼的恐怖活动非但没有吓退人民，反而在巴斯克地区引起了大规模反弹，西班牙各地都对此表示了声援。[94]

当局执行严格的审查制度，许多报纸和杂志遭到查封。重拾大肆镇压的手段并不能抑制汹涌的罢工浪潮。自由派的佛朗哥分子对

"地堡"势力的野蛮行径及其造成的国际影响感到十分不安。由弗拉加、阿雷尔萨和卡瓦尼利亚斯创立的政治性的"FEDISA研究会"呼吁推动民主进程。这一愿望反映了越来越多银行家和工厂主的心声。由于人们担心当局实施血腥镇压，西班牙股市暴跌，西班牙加入欧洲经济共同体的机会也随之变得渺茫。[95]

当佛朗哥在加利西亚度假时，有传言说，回到马德里后他将用索利斯取代阿里亚斯。8月22日，梅拉斯宅邸举行的一次内阁会议上通过了一项严厉的反恐怖主义法律，涉及反政权活动的方方面面。[96] 法律一经实施，当局即组织了多次审判，开启了佛朗哥生命中最后的黑暗时期。8月28日，布尔戈斯的军事法庭判处埃塔组织两名成员死刑，9月19日巴塞罗那的另一个军事法庭做出了第三个死刑判决。在此期间，9月11日和17日，另外两个军事法庭在马德里附近的军事基地组织审理，判处反法西斯爱国革命阵线的8名成员死刑。这在世界各地引发了激烈抗议浪潮，15个欧洲国家政府召回了他们的大使。大多数欧洲国家都发生了针对西班牙大使馆的示威和袭击。墨西哥总统路易斯·埃切瓦里亚呼吁将西班牙驱逐出联合国。教皇保罗六世和每一位西班牙主教都呼吁宽大处理。堂胡安通过他的儿子提出了请求。各国政府也提出了类似的要求。愤怒的佛朗哥没有理会他们。在已经极其虚弱的佛朗哥主持下，9月26日举行的内阁会议确认了5项死刑判决。第二天拂晓时，死刑犯被枪决。国际抗议活动愈演愈烈，教皇等人也毫不客气地加以谴责。欧洲各共同体委员会呼吁暂停与西班牙的贸易。西班牙在里斯本的大使馆遭到洗劫。[97]

当局的残暴行径越是激起民众的厌恶，反对派的威望就越是高涨。在民主委员会成立之后，1975 年 6 月诞生了"民主团结论坛"组织，该组织成员包括工社党、迪奥尼西奥·里德鲁埃霍的西班牙社会民主联盟、华金·鲁伊斯·希门尼斯的基督教民主左翼党以及包括巴斯克民族主义党在内的几个地区主义团体。民主委员会坚持西班牙共产党的罢工和大规模示威策略，而"民主团结论坛"组织更愿意与政权里的改革派进行对话。然而，发生处决事件后，双方克服了猜疑，开始谈判合并事宜。堂胡安支持"民主团结论坛"组织，这在政权改革者中引起了恐慌。[98]

佛朗哥的死期即将来临。由于身体虚弱，加之"地堡"势力的影响，他的体重不断下降，睡眠也很困难。10 月 1 日是他就任国家首领的第 39 周年纪念日，他出现在马德里王宫，接受大批人群的祝贺，许多人是经运动党安排乘坐公共汽车到达现场的。此前几天，国家电台和电视台就一直在敦促人们参加庆祝仪式。政府机关、工厂和商店这一天都关张歇业。这是佛朗哥最后一次公开露面，这位身材短小、弓着背的领袖用低沉的声音重复了那些永远不变的偏执的陈词滥调。他宣称西班牙的问题源自"政治阶层里共济会左翼阴谋分子与社会上的共产主义恐怖颠覆分子相互勾结"。他举起双手，流着眼泪向人群告别。[99]

同日，4 名警察被一个新出现的恐怖组织"十月一日反法西斯抵抗团体"枪杀。该组织与警方存在可疑联系，在接下来的 5 年里成了危险的事端制造者。[100] 随着示威、罢工和枪击事件不断发生，佛朗哥的健康状况也迅速恶化。反法西斯爱国革命阵线和埃塔组织实施的暗杀行动很快遭到极右恐怖分子的报复。10 月 1 日在东方广场露面时，马德里秋风如刀，导致佛朗哥的病情急转直下。

10 月 14 日，他出现急性流感症状。第二天早上，佛朗哥醒来时感觉胸部和肩部疼痛，心脏病发作。尽管如此，他还是继续工作，在 16 日星期四举行了 11 场正式活动。[101] 他不顾医生的劝告，坚持在第二天主持内阁会议。医生们万分担心，坚持让他佩戴连接着心脏监测器的电极。会议期间，有消息称摩洛哥民族主义者正在西属撒哈拉举行"绿色进军"①。这消息导致他病情复发。[102]

10 月 18 日，佛朗哥起床后来到书房，这是他最后一次在书房工作，可能是写他的遗嘱。19 日星期天，他参加了弥撒和圣餐礼。20 日晚上 11 点，他又一次心脏病发作，在接下来的几天里，他的病情开始严重恶化。10 月 22 日第三次心脏病发作，24 日第四次发作。他的牙齿问题再次加剧，而且由于胃出血开始出现腹胀。在 10 月 25 日星期六，他接受了涂油礼。由于继发性内出血，到 10 月 29 日他还在不断接受输血。这期间，尽管佛朗哥处于剧痛之中，马丁内斯－博尔迪乌还是拼命阻止公众了解他的真实情况。10 月 30 日佛朗哥出现了腹膜炎的迹象。当医生报告病情严重时，佛朗哥下令实施《国家组织法》第 11 条。按照这一条的规定，他停止摄政，并将国家领导权传给胡安·卡洛斯。马丁内斯－博尔迪乌和阿里亚斯陷入了恐慌，他们劝说佛朗哥接受一个临时职位，但遭到了拒绝。几天后，胡安·卡洛斯在《新闻周刊》表态，希望自己成为"国家团结与和解的象征"。立场更为自由的媒体开始宣传他的形象，报道佛朗哥时已经是谈论过去的语气。[103]

---

① 摩洛哥政府在 1975 年 11 月发起的大型群众游行活动，迫使西班牙放弃对西撒哈拉地区的控制。

立场自由的佛朗哥派人士纷纷造访胡安·卡洛斯居住的萨苏埃拉宫。阿里亚斯为应对佛朗哥身后局势而提出的半心半意的解决方案遇上了"地堡"势力的顽固抵制，已经宣告破灭。9 月份实施的处决不仅暴露出政权落后于时代，并且激发了更广泛的变革愿望，民主反对派与经济寡头、中产阶级和行政部门因为这种愿望而广泛地联结起来。各界的希望现在集中在胡安·卡洛斯身上。整个 11 月，马德里证券交易所的股价都在上涨。对于胡安·卡洛斯会在多大程度上受制于佛朗哥统治集团，左翼人士心里并不确定。然而，在佛朗哥的最后几周，胡安·卡洛斯接触了欧洲多国特使以及西班牙国内自由派人士，这表明他可能试图引导西班牙走向民主。[104]

11 月 2 日晚间至 3 日凌晨，佛朗哥的心脏、牙齿和腹部问题频发，在剧痛中苦苦挣扎。缓解一种病的药物使另一种病恶化。他的肠道出血加剧。在场的 24 名专家认为他已无药可救。然而，在马丁内斯 - 博尔迪乌的坚持下，他们在埃尔帕尔多宫警卫急救站的一个临时手术室实施了紧急手术。手术持续了 3 小时，他们发现溃疡已经打开了一条动脉。佛朗哥活了下来，但出现了尿毒症现象。[105]由于需要透析，他被军用救护车送到设备齐全的拉巴斯医院。三天后，随着尿毒症加剧，11 月 5 日下午 5 时 30 分又开始了一次手术。手术持续了 4.5 个小时，三分之二的胃被切除。[106]此后，他靠一套庞大的设备维持生命，偶尔清醒时，他低声说："死太难了。"比森特·希尔建议，应当让佛朗哥有尊严地死去，而马丁内斯 - 博尔迪乌听了却勃然大怒。[107]记者们把医院团团围住。有人开出大价钱购买这位垂死的独裁者的照片。接替希尔担任佛朗哥私人医生的比森特 - 波苏埃洛医生愤然拒绝了丰厚的酬金，结果后来发现，马丁内斯·博尔迪乌这位比利亚韦德侯爵已经用他自己的相机把这笔钱赚了。[108]11月15日，佛朗哥又开始大出血，腹膜炎导致他的胃膨胀起来。第三次手术于当天凌晨开始。手术后，曼努埃尔·伊达尔戈·韦尔塔医生的团队认为情况非常不妙。[109]尽管佛朗哥备受折磨，但是埃尔帕尔多宫的这些侍从一心不让他咽气，这与亚历杭德罗·罗德里格斯·巴尔卡塞尔作为王国理事会主席和议会议长的任期将于11月26日结束有关。如果佛朗哥能够坚持一阵子，批准罗德里格斯·巴尔卡塞尔继续任职，那么这个小集团就会拥有一个重要人物，能确保胡安·卡洛斯选出的首相是"可靠之人"。[110]

佛朗哥还活着，但只是勉强支撑，意识已经不清醒，完全依赖复杂的生命维持装置。最后是他的女儿内努卡坚持让他平静地死去。11月19日晚上11时15分，马丁内斯-博尔迪乌才不情愿地下指示，摘除连接他和机器的各种管子。他可能在不久后就断气了。官方公布的死亡时间是1975年11月20日上午5时25分。官方公布的病因是急性细菌性腹膜炎、肾衰竭、支气管肺炎、心脏骤停、胃溃疡、血栓性静脉炎和帕金森病引起的内毒素休克。[111]去世时他拥有的财富按2015年水平计算合4亿欧元左右。[112]

关于夫人卡门会遭到报复的担心纯属多余。当上国王后没过几天，胡安·卡洛斯便授予她梅拉斯女领主头衔，并授予她女儿佛朗哥女公爵头衔。无数箱珠宝、古董、画作和挂毯，连同佛朗哥的文件，一起打包、装车并运往其家族位于西班牙各地的宅邸，或者被偷偷转移到国外安全的地方。整个过程都在她的监督之下进行。据称，一些无价之宝本应属于国家，而国家文物局的官员却没有过问。[113]尽管失去了佛朗哥，这个家庭仍然非常富有。卡门的珠宝不计其数。

她的住处有一间屋子，屋子里的抽屉排成 40 列，每列上下有 20 个小抽屉，从地板一直垒到天花板。有些抽屉里"杂乱无章地堆着珠宝：项链、镶宝石的头饰、耳环、花冠、胸针和浮雕玉石"。其他抽屉里装满了金银和单个儿的宝石、珍珠、钻石、红宝石、绿宝石和黄玉。而最有价值的部分存在银行的保险库里。这些都是西班牙人和外国人为了讨好独裁者而赠送的礼物。1937 年佛朗哥家族得到的大房子"喀歌园"里，存有大量送给佛朗哥和他妻子的礼物。[114] 其他地方还有不少整间的仓库，里面都是别人送给他们的礼物。除了她个人积累的财富之外，作为国家元首、军队司令和多项勋章持有者的遗孀，卡门还获得了丰厚的养老金。据估计，把这些养老金归总后，她的收入是首相收入的两倍（按 2019 年水平计算约为每年 35 万欧元）。[115]

当佛朗哥的死讯传来时，人们在巴斯克地区城镇的街道上跳起舞来。尽管空气中弥漫着忧虑情绪，但马德里和巴塞罗那的人们还是静静地喝干了香槟。除了智利独裁者皮诺切特将军，没有任何重要国家的元首参加佛朗哥的葬礼。相比之下，打算出席胡安·卡洛斯加冕典礼的有法国总统和西德总统、英国爱丁堡公爵、美国副总统。来宾里还有西德总理维利·勃兰特，他曾是国际纵队的一名战士。胡安·卡洛斯初登王座，受到西班牙国内外的热烈欢迎。然而，前方道路上仍有巨大的障碍。巴斯克地区遗留下来的仇恨将在未来多年里困扰西班牙政治。军队、警察和国民警卫队里的"地堡"势力盘根错节。10 万多名长枪党成员仍然合法持有枪支。11 月 22 日，胡安·卡洛斯在议会宣布成为国王，他面临的困难在仪式上显露无遗。按照要求，他宣誓忠于佛朗哥时代的基本法和运动党纲领，但在这次语调温和、放眼未来的讲话中，他没有提到叛军在内战中取得的胜利。议会成员们对此冷眼相对。在他的加冕典礼上，首席主教恩里克·塔兰孔呼吁他成为"全体西班牙人的国王"，这让"地堡"分子们愤怒不已。[116]

这一进程没有流血，胡安·卡洛斯的技巧（特别是在武装部队方面）和他选择的部长以及反对派领导人，都是关键因素。他的顾问告诉他，西班牙资本主义的重要部门希望抛弃佛朗哥式的政治机制。他的妻子是一位希腊公主，他很清楚妻子的家族未能顺应大众的民主诉求潮流所造成的严重后果[①]。他同样知道"地堡"势力尚存且居心叵测。此外，他所做的任何事情都必须符合佛朗哥时代宪法的严格规定，因为他能够登基也是依照这一宪法的规定。因此，在统治的初期，他的行动十分谨慎。一边是民众在街头要求改革的压力愈演愈烈，另一边他却在闭门进行复杂的谈判。他成功地将罗德里格斯·巴尔卡塞尔从议长的位置上撤下来，并让自己挑选的候选人、身边顾问费尔南德斯－米兰达接替了他的位置。至于首相的位置，尽管不情愿，他仍留下了阿里亚斯，他觉得这个人固执己见，目光短浅。他非常清楚，如果同时换掉罗德里格斯·巴尔卡塞尔和阿里亚斯，"地堡"势力将认为他是在蓄意挑衅。[117]

有人说，佛朗哥知道并且同意胡安·卡洛斯推进西班牙民主化的计划。如果确实如此的话，他根本没有让自己的支持者们为未来

---

① 1967 年 4 月，希腊发动军人政变。12 月，国王康斯坦丁二世与王室出奔罗马。1974 年，希腊举行公投，正式确认废除君主制。胡安·卡洛斯的妻子索菲亚是康斯坦丁二世的姐姐。

做好准备这一点就很奇怪了。事实上，恰恰相反，他对部长们保证，在他创立的体制下，未来的国王必须紧紧跟随运动党纲领和"1936年7月18日精神"。[118] 阿里亚斯接受了首相职务，并傲慢地表示，自己是经佛朗哥提名的，而不是胡安·卡洛斯。阿里亚斯留任首相，再加上当局围捕左翼分子并赦免了少数政治犯，"地堡"势力的乐观情绪高涨，认为胡安·卡洛斯将不得不忠于他的誓言和他的导师。佛朗哥是以自己的名义指定的继任者，而不是承认王室的合法继承人，因此，胡安·卡洛斯似乎难以保持政治中立。[119] 地下的左翼媒体也持同样的观点，在国王加冕时，这些媒体登出"我们不要强加的国王""我们不要佛朗哥式的国王"这样的标题。[120] 胡安·卡洛斯最初的行动意在巩固自己在军队中的地位，于是反对派愈发怀疑起来。11月22日，胡安·卡洛斯向军队发话，重申他对旗帜的誓言，并承认军队是佛朗哥制定的基本法的捍卫者。[121]

第十六章

民主的痛苦创建，1975—1982 年

1975 年 12 月 10 日宣布成立的阿里亚斯内阁里，佛朗哥主义强硬派人士不少，"地堡"势力十分满意，而反对派忧心忡忡。然而，在国王的压力下，按照费尔南德斯－米兰达的建议，阿里亚斯吸收了一些著名的改革者。内政大臣弗拉加、外交大臣阿雷尔萨、司法大臣安东尼奥·加里格斯等人与西班牙知名公司以及重要的跨国公司（例如美国钢铁公司、IBM、施乐公司和通用电气公司）都有联系。[1] 在胡安·卡洛斯的建议下，阿方索·奥索里奥出任首相府大臣这一要职，有权控制内阁议程以及管理国家文物，能够以此为掩护与国王经常会面。然而，胡安·卡洛斯全部计划的关键在于任命费尔南德斯－米兰达为议会议长和王国理事会主席。此人了解佛朗哥时期的宪法和整个政权精英群体，可以帮助胡安·卡洛斯在推动改革时不至于违背就任国王时的誓言。国王说服阿里亚斯让他的门生阿道弗·苏亚雷斯担任党务大臣，这个职位十分重要，这样胡安·卡洛斯在内阁里就有了内应。阿里亚斯认为佛朗哥之前是想让何塞·索利斯留任这一职位，于是费尔南德斯－米兰达建议，把劳工部交给索利斯，从而化解了这个问题。尽管苏亚雷斯在表面上符合"地堡"势力的期望，但实际上他并不是看上去的那样。年轻的长枪党人鲁道夫·马丁·比利亚也是如此，如今他是负责运动党官方工会的大臣。[2]

1976 年 1 月 19 日，阿里亚斯在运动党全国委员会发表讲话，讲话完全继承了佛朗哥的衣钵。由此可见，胡安·卡洛斯和费尔南德斯－米兰达面对很大困难。阿里亚斯称赞佛朗哥的丰功伟绩，并宣布自己决心以他为榜样。他对听众说，他"既反对修正主义的阴险图谋，也反对因为一味逐新或好高骛远而动摇我国制度的自毁妄念"。1 月 28 日，阿里亚斯在议会发表电视讲话介绍他的计划。最可以预料的是，他可能会试图做出足够的民主姿态，以此削弱左翼而又不至于触怒"地堡"势力。[3]

当局设立了一个由内阁资深大臣和全国委员会成员组成的联合委员会，负责审查未来的制度改革方案。在 1976 年 2 月 11 日的第一次会议上，阿里亚斯重申要坚持佛朗哥主义，并且要与佛朗哥主义的敌人战斗到底。他的计划仅仅包括一些装点门面的小修小改。[4]反对派要求大赦所有政治犯，给予所有政党合法的地位，允许组织工会，解散运动党和官方工会，并且组织自由选举。阿里亚斯坚持顽固立场，费尔南德斯－米兰达和国王则抱定改革雄心，接下来的 6 个月中，双方之间将发生一场角力。西班牙各地大规模的斗争情绪和巴斯克地区的暴力冲突将有利于推动改革。1976 年初，要求特赦的示威和大规模罢工蔓延开来，巴斯克地区的激烈程度超过了其他地方。民众的斗争情绪是因 1975 年实施紧急状态时治安部队的暴力行径而引发的。阿里亚斯和身为内政大臣的弗拉加本质上是佛朗哥主义者，如今面对要求特赦的游行队伍以及罢工者团体，二人都下令警察予以暴力镇压。邮递员、马德里地铁和国家铁路工作人员都已接受了军事化改编，而军队常常接管服务的运营。[5]

暗地里，内阁中的自由派试图与反对派接触并寻求外国支持。

胡安·卡洛斯本人在加泰罗尼亚之旅中赢得了相当大的欢迎。[6]但是，阿里亚斯和弗拉加的威权主义破坏了改革派的公信力。马德里罢工之后，巴塞罗那在 2 月的连续几个周日举行了呼吁特赦的游行。[7]在巴斯克地区，斗争情绪还要更强。加冕日的特赦决定释放的人只占 750 名巴斯克囚犯中的不到 10%。许多巴斯克人认为，面对佛朗哥主义的国家暴力，埃塔组织的暴力反击理所当然。劳资纠纷、静坐、绝食抗议、市政官员大批辞职，这些使得要求特赦的示威行动的影响愈发扩大。埃塔组织仍然十分活跃。1976 年的前三个月，几名国民警卫队成员扯下巴斯克旗帜时触发饵雷身亡，许多被认为向政府告密的人被枪杀，还有一名工厂主遭到绑架和杀害。这不可避免地激怒了"地堡"势力和弗拉加，他们对巴斯克人的敌意已在 3 月初暴露了出来。3 月 3 日，比托里亚镇发生了大规模示威，持续了两个月的罢工达到高潮。防暴警察在突袭中杀死了 5 人，70 多人受伤。结果，巴斯克地区全境发生大罢工。比托里亚事件后，政府在该地区的信誉丧失殆尽。弗拉加于 4 月 8 日对埃塔组织宣战。警察的活动不断升级，加上极右翼袭击小队重新出现，民众愈发支持埃塔组织。尽管民主来临后西班牙其他地方的斗争可能会减少，但是在巴斯克地区，恢复正常状态仍需很长时间。[8]西班牙其他地区建立的民主阵线不断扩大，温和派也包括在内，但这种阵线从未在巴斯克地区扎下根来。[9]

同时，共产党不得不接受现实，要想在马德里和巴塞罗那以外的地区通过一场"全国民主行动"推翻佛朗哥体制，希望十分渺茫。共产党总书记圣地亚哥·卡里略认为，要实现"民主式决裂"，必须在政府改革派与反对派里立场温和的人士之间展开协商。尽管相对于其他反对派而言，西班牙共产党的党员群众在人数和纪律性上具有优势，但是工社党和基督教民主派人士显然更"受人尊重"，这些人将从谈判中获益。为了避免西班牙共产党被边缘化，卡里略接受了民主委员会和"民主团结论坛"团结起来的必要性。这意味着放弃"民主式决裂"，转而支持"民主团结论坛"的策略，即"协商式改革"。3 月下旬，他们联合成立了民主协调机制，人称"论坛委员会"。该联盟成员的政治立场各异，难以采取果断的行动，但它的成立不仅促进了与佛朗哥体制里改革派的协商，并且凸显了政府内部的分裂。[10]

　　阿里亚斯没有注意到这些事态的发展。阿雷尔萨、苏亚雷斯和奥索里奥等立场更灵活的大臣们愿意进行对话，但弗拉加对他们的建议嗤之以鼻。依着专制的本能，他逮捕了 3 月 29 日开会发起成立论坛委员会的反对派领导人。[11] 由于比托里亚的事件让自己声名狼藉，他开始讨好立场强硬的佛朗哥主义者，尤其是在军队内部。他告诉巴伦西亚的基督教民主派人士埃米利奥·阿塔德，他打算在巴伦西亚的一次呼吁特赦的集会上把那些示威者"捣碎"。在一次晚宴上，他告诉费利佩·冈萨雷斯，工社党在 8 年内都拿不到合法地位，而共产党则永远别想，其威权本质由此更加暴露无遗。"记住，我代表权力，而你什么都不是。"放弃改革属于判断失误，他因此不可能成为阿里亚斯的继任者。[12] 相反，比托里亚危机既团结了左翼，又推动了阿道弗·苏亚雷斯的仕途。作为内政部代理大臣（弗拉加当时人在德国），他阻止了军队干预，随后在阿方索·奥索里奥的帮助下，他说服国王相信，自己的果断处置避免了更多的流血事件。[13]

　　苏亚雷斯在巩固自己地位的同时，并未引起阿里亚斯或"地堡"势力的疑心。他们坚信他是一名长枪党人，以为他不过是打算利用运动党来制造民主变革的假象。然而，与费尔南德斯－米兰达打过交道后，苏亚雷斯确信，要想赢得未来，自己必须更加积极地支持民主。他已经在与基督教民主派里的"获得宽容的反对派"建立联系，这些人与费尔南多·阿尔瓦雷斯·德米兰达也有来往。他们和国王的来往也很密切。国王开始把苏亚雷斯视为可以把佛朗哥主义不同派系联系起来的人。[14]当他以雄辩的口才向议会介绍阿里亚斯制定的《政治结社法》时，国王的这一看法更是得到了印证。他本来缺少同左翼的往来，行动因此受到束缚，而恰好此时论坛委员会正打算扩大反对派阵营，吸纳中间甚至中间偏右的势力，同时孤立政府。[15]

　　阿里亚斯不仅阻挠改革，还自以为是地把自己当作不二之选。尽管一直小心谨慎，避免激起"地堡"势力的反弹，但胡安·卡洛斯还是对阿里亚斯非常不满。阿里亚斯毫不掩饰对国王的蔑视。为了激起阿里亚斯辞职，胡安·卡洛斯在接受《新闻周刊》采访时说，首相是"地堡"势力的代言人，他就像一场"十足的灾难"。6月9日，在苏亚雷斯发表讲话后，议会通过了《政治结社法》，但拒绝修改刑法典，《政治结社法》所设想的政党合法化因此仍旧无法实现。胡安·卡洛斯明白自己的生存取决于向民主的过渡，这反过来需要一个能够同时与"地堡"势力和反对派打交道的政治人物。6月初，他访问美国，此行非常成功，他向白宫寻求支持。得到美国政府的保证后，胡安·卡洛斯于7月1日要求阿里亚斯辞职。[16]

　　由于国王行动迟缓，许多观察者怀疑他对民主化的支持靠不住。他们低估了整个"地堡"势力的能量，尤其是武装部队的力量。此后出现的军事政变企图更加显示出，在涉及军队方面，胡安·卡洛斯必须谨慎行事。他在这方面的成功是对民主制度的重大贡献。同样，阿里亚斯改革的规模有限，而且"地堡"势力抵制这些改革措施，在其余佛朗哥主义重要人物的眼中，极右翼已经信誉扫地。由于阿里亚斯推进改革不力，许多佛朗哥体制的官僚和商人加入了改革派阵营。同时，弗拉加实施镇压的手段笨拙，结果进一步巩固了反对派的团结。在这种团结及其背后民众支持的压力下，体制内头脑灵活、不愿守旧的那些人纷纷开始思考未来。阿里亚斯时期，极右翼招致了许多恶名，这也造成国际舆论偏向支持民主左翼。

民主计划的成功将取决于选择谁来接替阿里亚斯。阿雷尔萨和弗拉加都认为他们二人之一将成为继任者，但胡安·卡洛斯认为这二人一个妄自尊大，另一个威权独断，都不是合适的人选。按照规定，国王要从王国理事会建议的三人名单中选择。费尔南德斯－米兰达巧妙地安排了 7 月 3 日的关键会议，把阿道弗·苏亚雷斯、主业会的技术官僚格雷戈里奥·洛佩斯·布拉沃以及立场保守的基督教民主派人士费德里科·席尔瓦·穆尼奥斯列入了名单。王国理事会提交了名单，确信其中两名资深候选人之一将成为继任者。最后，苏亚雷斯于 7 月 3 日获得任命，让阿雷尔萨和弗拉加大失所望。[17]苏亚雷斯获得任命得益于他对运动党的了解，能够在费尔南德斯－米兰达的指导下利用这个系统来发起改革。他在佛朗哥体制内担任要职的经历尽管不能让反对派放心，但在短期内可以平息"地堡"势力的反弹。随后，7 月第二周爆发了呼吁特赦的示威。苏亚雷斯后来承认，这时他确信必须迅速实施彻底的改革。[18]

　　眼前的困难是，阿雷尔萨和弗拉加拒绝加入新的内阁。而苏亚雷斯又不能以运动党内自己的亲信为成员组建内阁团队，因为那将带来致命的后果。费尔南德斯－米兰达和国王说服阿方索·奥索里奥成为副首相兼首相府大臣。然后，奥索里奥说服塔西托集团的其他成员接受职位。进入苏亚雷斯最终组阁名单的是立场保守的天主教人士，他们与西班牙资本主义的革新派素有往来。其中，马塞利诺·奥雷哈出任外交大臣，兰德利诺·拉维利亚出任司法大臣。在推进改革方面，这些人将比批评人士所认为的要更加成功。[19] 苏亚雷斯在电视上清楚地阐述了自己的政纲，承认主权在民，并承诺在 1977 年 6 月 30 日之前就政治改革和选举进行全民投票。尽管这些表态让他赢得了广泛支持，但他仍然需要在反对派和"地堡"势力之间周旋。卡里略在西班牙没有公开亮相，而共产党站在了变革的呼吁者最前列。罢工的次数达到了 1976 年的十倍。在不招惹军队的前提下，苏亚雷斯采取的策略是在强硬派还来不及反应之前快速推出一系列措施。尽管如此，他必须让反对派接受一点，即民主化进程不得超出佛朗哥主义的"法统"。[20]

　　为了从左翼手中夺回主动权，苏亚雷斯不得不做出重大让步，同时在反对派统一战线中制造分裂。当务之急是迫使共产党人退却，不能让他们决定反对派的步调，要迫使该党转入守势以避免被孤立。8 月里，苏亚雷斯成功地与包括费利佩·冈萨雷斯在内的反对派人士进行了接触。费利佩·冈萨雷斯这位工社党的领导人此前已经承认，自由选举产生的议会所制定的宪法本身将意味着一次转型，但需要与政府进行谈判。苏亚雷斯愿意倾听和考虑建立一个真正的民主政权，这一点给他留下了深刻的印象。[21] 通过第三方，苏亚雷斯从卡里略那里获得保证，他不会破坏和平过渡。

　　9 月 4 日，几个自由派、社会民主派和基督教民主派的团体在马德里聚会，与论坛委员会和其他地区性反对派组织讨论制定统一策略。离开当权派投奔反对派的人越来越多。联络委员会的成立足以迫使苏亚雷斯加快推进政治改革法案。[22] 这引起了军队的担心。副首相兼国防大臣费尔南多·圣地亚哥·迪亚斯·门迪维尔将军反对改革，他成为属于"地堡"势力的军人和文官联手阻止民主改革的关键纽带。自由派的古铁雷斯·梅利亚多将军被任命为总参谋长，某种程度上对他的影响力形成了制约。9 月 8 日，苏亚雷斯向负责军事的大臣们、9 名军区司令和三军参谋长寻求支持以推动改革法案。由于得到了胡安·卡洛斯的支持，苏亚雷斯以令人信服的方式阐述了计划，这些人勉强表示接受，但要求共产党不得参与未来的任何改革。苏亚雷斯向他们保证，由于西班牙共产党党章的国际主义路线，该党不可能获得合法地位。苏亚雷斯没有告诉他们，通过与卡里略的秘密接触，他正在努力推动修改党章，并最终使共产党合法化。[23]

　　两天后，内阁在 4 位负责军事的大臣没有反对的情况下批准了《政治改革法》。然而没过几天，圣地亚哥将军激烈反对一项工会改革法案，于是苏亚雷斯于 9 月 21 日迫使他辞职，并任命古铁雷斯·梅利亚多将军代替他。奥索里奥担心这是一个错误决定，因为圣地亚哥将军在反对改革的右翼中影响力巨大。奥索里奥没有说错，此后，苏亚雷斯与军队的关系迅速恶化。圣地亚哥和伊涅斯塔·卡诺做出了激烈反应，相当于对古铁雷斯·梅利亚多宣战。10 月 1 日的内阁会议决定，把圣地亚哥和伊涅斯塔编入预备役以示惩罚。伊涅斯塔提出申诉并获得支持，政府的决定被宣布为失当。"地堡"势力很高兴，苏亚雷斯的内阁反而看上去荒唐可笑、睚眦必报。此事过后，伊涅斯塔和圣地亚哥通过《奋起报》刊发文章，在军队内部鼓动起反民主改革的颠覆活动。[24] 不过，古铁雷斯·梅利亚多也开始紧急提拔支持未来民主政权的新一代军官。[25]

改革的内容公开后，反对派成员的反应不一。承诺的选举将由现任政府主持，人们因此担心选举再现舞弊。共产党谴责这次改革是"反民主的欺诈"。其他团体则更容易被说服，因为他们看到报刊运作方式已经改革，而且共产党以外的左翼已经获得自由，这些就是证据。当局允许工社党筹划召开内战结束以来在西班牙举行的第一次代表大会。如今担任内政大臣的马丁·比利亚曾禁止共产党开展任何活动，但现在对西班牙共产党却睁只眼闭只眼。苏亚雷斯向工社党和左翼基督教民主主义者暗示，只要他们不坚持西班牙共产党合法化，避免因此激怒军队，他就会做出更大的让步。他巧妙地让工社党总书记费利佩·冈萨雷斯明白，仓促实现合法化并不现实。[26]

凭借自己的老练和费尔南德斯－米兰达的手腕，苏亚雷斯设法让改革法案在佛朗哥体制内各个机构获得了通过。10月8日，全国委员会对法案稍做调整后予以通过，11月中旬议会也批准了该法案，同意的人数两次都大大超过法定多数。对于一些强硬派人士，当局安排他们取道加勒比海前往巴拿马公款旅行。对于其他人，当局许诺他们在未来的参议院中担任参议员。议会的许多成员天真地相信自己将在即将举行的选举中再次当选。苏亚雷斯后来说，这简直是"切腹派"议会成员搞的一场集体自杀。当然，他们选择的这种自杀只是相对的，因为在工业、银行和金融实体里，他们依旧占据着高薪岗位，而且经常在地区和省级政府部门中把持着肥差。[27]

反对派仍然半信半疑。11 月 4 日在拉斯帕尔马斯举行的会议上，反对派组成的广泛联盟拒绝了苏亚雷斯提出的就其政治改革法案进行全民公投的建议。他们呼吁放弃投票，但响应者寥寥。罢工浪潮并没有影响改革向前推进，因为大多数人都欢迎苏亚雷斯提出的改革。尽管参与其中的工人超过 100 万人，但 11 月 12 日的大罢工并没有成为共产党人所希望的反对苏亚雷斯改革的宏大的全国行动。这主要是由于内政大臣精心制定了预防措施。马丁·比利亚的对策是逮捕马德里、巴塞罗那、巴伦西亚、毕尔巴鄂和塞维利亚的工人领导，工人运动的神经中枢因此陷于瘫痪，影响力大大削弱。[28]

罢工的相对失败，为 3 天后苏亚雷斯成功向议会提交法案创造了有利条件。现在，反对派的许多团体相信，与苏亚雷斯合作可以推动真正的改革。[29] 工社党选择了温和的立场。这一态度在 12 月初马德里举行的工社党第二十七届代表大会上表现出来。该党领导人担心，即使与共产党人一道拒绝参加选举，人们还是会前去投票，那样的话，工社党的选票将流失到竞争对手一边。欧洲主要社会党领导人出席了大会，借此支持费利佩·冈萨雷斯明显的温和路线。他明确表示，即使任何政党都尚未取得合法地位，工社党也将参加选举。[30]

12 月 15 日，政治改革法案在全民投票中以 94% 的票数获得通过，这证明了社会党人采取温和立场是明智的。左翼组织的基层成员没有理会反对派抵制选举的号召。这一结果不仅是苏亚雷斯的胜利，也是整个 1976 年巨大民意的胜利，这种压力把政府推向民主化。[31] 苏亚雷斯与军队之间的休战局面并不稳定，这方面他仍然面临两个主要问题，一个是西班牙共产党的合法化，另一个是恐怖主义。解决前一个问题最终靠的是他独具特色的长袖善舞，尽管这在军界引发了不满，并且这种不满情绪后来还带来了祸患。而后一个问题十分棘手，后来导致了苏亚雷斯的失败。他已经被通往民主之路的艰巨任务所淹没，对埃塔组织的诉求几乎一无所知。他没有意识到，佛朗哥体制的暴行才是埃塔组织发展壮大的根源。不幸的是，他把解决恐怖主义的任务留给了马丁·比利亚，马丁·比利亚在1975年9月出任巴塞罗那民政长官，而埃塔成员胡安·帕雷德斯（人称"Txiki"）在那个月被执行枪决。于是，巴斯克人十分厌恶他。要解决该问题，必须特赦所有遭到逮捕的埃塔组织成员，并给予巴斯克旗帜以合法的地位。这种和解的姿态超出了他和马丁·比利亚的容忍限度。[32]

相反，西班牙共产党的合法化相对简单。卡里略意识到，其他反对派不太可能牺牲自身利益来帮助共产党人，因此他大胆地开始从苏亚雷斯手里夺回部分主动权。他一直隐身于马德里，但决定在12月10日邀请70多名西班牙和外国记者举行新闻发布会，以加快行动的步伐。这次新闻发布会是一次挑衅，让马丁·比利亚感到非常尴尬，但卡里略对记者的表态是和解的语气。他说，只要允许西班牙共产党参加选举，共产党就将合作拟定应对经济危机的社会契约。考虑到共产党对工人委员会的影响力，这一提议的意义不小。马丁·比利亚下令逮捕了卡里略，并将他拘禁了8天，但最终苏亚雷斯不得不将其释放，因为把卡里略送上法庭将损害他改革的声誉。通过释放卡里略，苏亚雷斯在使西班牙共产党合法化的道路上迈出了实质性的一步。[33]

对此恼羞成怒的是"地堡"势力，特别是武装部队里那些被恐怖袭击搞得神经紧张的上层人物。苏亚雷斯首次宣布其改革方案后，"十月一日反法西斯抵抗团体"开始效仿南美洲和意大利极右翼势力的路数，精心策划行动以破坏西班牙的稳定。开始时他们制造炸弹袭击，在全民公投的前夕，他们又绑架了国务咨询委员会主席安东尼奥·马里亚·奥里奥尔·乌尔基霍，破坏行动不断升级，但并未妨碍大量民众在公投中支持改革。由于不满公投结果，该组织于 1977 年 1 月 24 日进一步升级破坏行动，绑架了高等军事法院院长埃米利奥·比利亚埃斯库萨·基利斯将军。同一天，右翼恐怖分子在马德里阿托查区的一家办公室杀害了 5 人，其中 4 人是为共产党服务的劳工律师。卡里略没有上当，而是呼吁保持冷静。在遇难者的葬礼上，西班牙共产党组织了一场参与人数众多的静默声援活动。不仅苏亚雷斯对共产党的力量和纪律印象深刻，而且共产党合法化所面对的普遍敌意也减少了。当局承诺遏制"地堡"势力的暴力行径，作为回报，反对派派出代表团与苏亚雷斯发出联合声明，谴责恐怖主义并呼吁全国支持政府。苏亚雷斯暗指自己属于民主势力，他的地位因此得到了巩固。[34]

苏亚雷斯正在推进承诺的选举，但这只是迈向他最终目标的其中一步。这个方案的目的是保证佛朗哥政治领导集团的政治和经济利益，与"地堡"势力不同，这些人已经决心与君主制合作。为此，有必要建立一个具有良好选举前景的中右政党。对于这些如今投身民主阵营支持改革的前佛朗哥主义者，这样就能把他们组织起来为即将进行的选举进行积极的准备。[35]弗拉加选择与包括洛佩斯·罗多在内的其他六位前佛朗哥主义者合作，一起创建右翼政党。他们被称为"七君子"，希望吸引过去 40 年间受佛朗哥政治宣传而形成的那个社会阶层。曾经，当局严格控制媒体和教育系统，导致形成了所谓"社会学上的佛朗哥主义"。在银行的大力支持下，弗拉加的人民联盟党在 1976 年 9 月下旬迅速成立。[36]

资金的一部分来自西德，由弗朗茨·约瑟夫·施特劳斯的基督教社会联盟提供，这违反了法律规定。希龙在马拉加的亲信汉斯·霍夫曼创立了汉斯·塞德尔基金会，并通过该基金会将资金汇给了人民联盟党。[37]与后来继承其衣钵的西班牙人民党一样，弗拉加的这个政党此后经常被指控参与腐败活动。工社党也从弗里德里希·埃伯特基金会获得了来自德国的资金。此后，为了寻求选举资金，其他政治团体也卷入了腐败。[38]

人民联盟党成立后，苏亚雷斯认为自己最好利用中间政党达成目标。当时许多小规模的中右翼政党迫切希望联合，他利用这种需求创建了"中间民主联盟"。他手中的王牌是政府控制的西班牙广播电视台和地方行政机构。[39]中间民主联盟主要由五个团体合并组成，而每个团体又是由其他几个团体组成的。最重要的包括立场保守的基督教民主派人士的两个团体，一个是阿方索·奥索里奥的追随者，另一个是费尔南多·阿尔瓦雷斯·德米兰达的拥趸。此外，成员里还有一些塔西托人士和人民党成员，包括巴伦西亚的律师埃米利奥·阿塔德、皮奥·卡瓦尼利亚斯和阿雷尔萨。他们于 1977 年 1 月中旬合并为中间民主派。比中间民主联盟立场偏左的是由弗朗西斯科·费尔南德斯·奥多涅斯领导的各色社会民主党人以及在华金·加里格斯领导下的几个自由派团体。这两者最终都将在该党的分裂中发挥作用，但那一年，所有人都迫切希望加入一个可能赢得选举的政党。意识形态分歧、个人恩怨和道德考量统统先放一边，大家下定决心寻求组成有利可图的联盟。第五个团体也十分重要，由于其长枪党背景而被称为"蓝色派"，他们是运动党的重要官员，为了在将来政权里获得一席之地而愿意加入进来。[40]

　　1977 年 5 月 3 日，各方签署正式协议，建立了中间民主联盟。由于候选人名单必须在 5 月 9 日之前提交，因此在接下来的五天内发生了激烈的讨价还价。由于控制了国家选举机器，苏亚雷斯掌握了巨大的权力。他排挤走了阿雷尔萨。尽管如此，他还是对"蓝色派"做出了多项承诺，以换取他们在议会投票支持他的改革法案。不可避免地，中间民主联盟的候选人名单里全是佛朗哥时期的议会成员，还有省市政府、国有企业或西班牙国家广播电视台的官员或高层工作人员。掌握中间民主联盟实权的是苏亚雷斯和这些运动党时期的亲信，以及联盟各派"大佬"。苏亚雷斯的核心圈子被称为"公司"。[41]掌权的中间民主联盟的代表们个个野心勃勃，除了自己的仕途以外，对其他的事情他们毫不在乎。大多数人与工商界尤其是银行界过从甚密。因此，中间民主联盟成为一个理想的工具，可确保在独裁政权过渡到民主政权的过程中，掌握政府实权的即便不是原来的那批人，其立场也足够保守，能够维持经济和社会力量的现有结构不动摇。[42]

　　随着中间民主联盟完成合并，其他政党也纷纷获得合法地位。问题是西班牙共产党。"地堡"势力和军队强烈反对其合法化，但没有它，民主将是不完整的。苏亚雷斯尽其所能地推迟将西班牙共产党合法化，但在 2 月 27 日，他会见了卡里略。为了获得合法地位，卡里略承诺认可君主制，接受西班牙的红黄红君主制国旗，并为将来的社会契约提供支持。4月9日，马德里大多数政治和军事领导人出城过复活节周末，苏亚雷斯相信军队不至于明确反对，于是宣布给予西班牙共产党合法地位。这一决定使"地堡"势力与他不共戴天，他们认为这是对佛朗哥内战胜利的卑鄙背叛。海军大臣皮塔·贝加海军上将愤而辞职。苏亚雷斯在4月11日向军队的最高领导班子解释了他的决定，但军队里反对他的人不在少数。为了安全起见，军方高层没有给主要军事单位配发足够的汽油。尽管西班牙共产党的合法化是过渡的必要部分，但对于极端势力而言，这就是一份礼物。在众多的"爱国委员会"的鼓动之下，谴责苏亚雷斯"背叛"的宣传在军营中广为传播，人们认为这是希龙、乌特雷拉·莫利纳和布拉斯·皮尼亚尔等极端主义者的主意。军方得出的结论是，必须对政治进行干预。《要塞报》《公正报》《新力量》等"地堡"势力报刊每天都在煽动军事颠覆活动。[43]

由于埃塔组织的存在，"地堡"势力愈发反对民主进程。尽管如此，竞选活动依旧展开，民众如同过节一般。工社党和西班牙共产党组织了大型集会。中间民主联盟的竞选活动则集中在电视、报刊和广播上。[44] 1800万人参加了投票，几乎占全体合格选民的80%，其中90%明确地投票赞成改革。民众普遍渴望改变，厌恶对抗，这使苏亚雷斯和费利佩·冈萨雷斯受益不浅。相比之下，卡里略和弗拉加则让人们想起了过去。阿里亚斯·纳瓦罗对佛朗哥时代执迷不悟的怀念，再加上弗拉加的狂热，尽管资金充裕，但人民联盟党内那些知名的佛朗哥主义者并没有起到拉票的作用。[45] 至于西班牙共产党，由于该党竞选人名单里包括战时的人物，例如卡里略和多洛雷丝·伊巴露丽，右翼媒体借此大加炒作，企图引发选民对新一轮内战的恐惧。相比之下，工社党的费利佩·冈萨雷斯的形象更加现代，加上欧洲社会党领导人的支持，他成为苏亚雷斯的主要竞争对手。[46]

苏亚雷斯依靠的是媒体宣传以及规模大、资金充足的造势活动，他拒绝与其他政党领导人展开任何辩论。苏亚雷斯相貌如同影星，中间民主联盟的宣传机器在此基础上又打造了一个忠于家庭的男人和天主教信徒的形象，以此努力吸引女性选民。不出所料，中间民主联盟以34.3%的选票赢得了选举，但工社党紧随其后获得了28.5%的选票。西班牙共产党赢得9.3%的选票位居第三，而人民联盟党则以8.4%的选票位居第四。[47]1977年6月15日，佛朗哥政体宣告正式结束，然而佛朗哥主义却尚未寿终正寝。由于洗脑已经持续了40年，佛朗哥主义的思维方式还将存在几十年。在这种情况下，民主政体之所以终归建成，依靠的不仅是苏亚雷斯及其参谋们的手腕，也不仅是胡安·卡洛斯的果敢，更重要的是工社党的冈萨雷斯、共产党的卡里略和其他反对派领导人表现出的克制。为了建成民主这一首要目标，反对派做出了巨大的牺牲。

终结历时38年的独裁统治，建成形式上的民主政治，这是一项伟大的成就，但这只是先迈出的一小步。更何况，在铲除佛朗哥政权及之前政权沿袭下来的腐败行为方面，形式上的民主政治并没有发挥任何作用。在国家和地方两级推荐候选人时，往往没有认真审查新人的道德操守。在佛朗哥时代，公车私用以及在旅行和招待方面大手大脚的做法可谓司空见惯，而如今这种现象依然存在，许多人认为"总算轮到我们了"。既然赢得选举是首要任务，那么这些腐败就不可避免，特别是在筹集政党资金方面。对社会经济改革的期待被悄然抛诸脑后。内战后享受了胜利果实的人没有受到惩罚，内战受害者也没有获得正义。从运动党转投到中间民主联盟后，许多长枪党干部轻松保住了职位。由于通货膨胀和失业率上升，未来四年里民众的热情逐渐消散，这也许在所难免。[48]

6月15日，选民以压倒性多数选择了温和路线。民调显示，80%的西班牙人称自己的政治立场属于中右和中左之间。[49]但是，单靠立场温和的选民无法解决军事颠覆、恐怖主义和经济停滞问题，这些问题在未来四年里将动摇民主制度。此外，由于与金融和工业精英联系紧密，中间民主联盟自然对结构性改革没有兴趣。新内阁的首要任务是维持一个四分五裂的政党的团结，该党的干部主要关心的是如何求得高官厚禄。政府里很多人私下里是苏亚雷斯的朋友，负责政治事务的副首相费尔南多·阿夫里尔·马托雷利就是其中的典型。此人是一位农学家，苏亚雷斯在塞哥维亚担任民政长官时与他相识。[50]

苏亚雷斯必须将内部派系林立的党派联盟团结在一起。他在议会缺少多数席位，需要制定一个能被普遍接受的宪法框架。自治地区提出的诉求，他也不能忽视。最重要的是，极右和极左势力的反民主暴力行为每天侵蚀着他的力量。这些都限制着苏亚雷斯施展拳脚，导致他很难满足选民的期望。议会在举行重要投票之前，中间民主联盟内部以及与其他党派之间总是需要讨价还价。由于他的个人秉性，加上所面临的问题，苏亚雷斯越来越多地退而与少数人协商后做出决策。他习惯私底下达成交易，加上埃塔组织的恐怖袭击不断增多，导致平日里人们感到忧虑和恐惧，1977年的乐观因此变成 1980 年的失望。

　　治安部队尚未进行改革，正是他们的恶劣行径曾导致佛朗哥治下巴斯克地区的紧张局势进一步恶化。西班牙其他地方的人们相信，尽管许多内阁成员都有佛朗哥政权的背景，但真正的改变正在发生。但是，许多巴斯克人认为法西斯主义的压迫持续存在。警察的暴力习惯根深蒂固，甚至在巴斯克地区以外，在 1977 年里也发生了几起引发公愤的事件。8 月 27 日，代表桑坦德的工社党议员海梅·布兰科在一次政治集会上遭到警察殴打。12 月，在马拉加举行的一次安达卢西亚民族主义者的集会上，警察开枪打死了一名男子，打伤了 6 人。几天后，一名学生在特内里费岛的拉拉古纳大学被枪杀。由于马丁·比利亚支持警察并且对肇事者不采取任何追究行为，阿方索·格拉再次在议会上谴责他是佛朗哥主义者。马丁·比利亚在警队方面遇到的困难和古铁雷斯·梅利亚多在军队方面遇到的问题是完全一样的，他们所依靠的人员早已被训练成习惯性地反对民主。由于担心兵变，当局对实施必要的改革措施避而不谈。直到 1979 年，马丁·比利亚一直无法实行警队改革。[51]

　　西班牙共产党合法化后，部队高层加紧了密谋反对民主改革的步伐。立场极端的报刊充当了煽动者，军营里充斥着鼓动军事干预的小册子。情报部门没有汇报有关密谋者的信息。军事情报部门最初是为了消除军队中的自由主义而创建的，在人员、目标和方法上都奉行强硬的佛朗哥主义路线。军队中反对民主政权的人得到了难以估量的援助。后来，多个军事情报部门都有人参与了 1981 年 2 月 23 日特赫罗中校发动的未遂政变。苏亚雷斯政府设立了国防高级情报中心，试图改革情报工作。该中心的人员来自佛朗哥政权的情报机构，他们形成了一个平行的权力结构。与古铁雷斯·梅利亚多领导下的军官队伍不同，这个机构并不效忠国王。有证据表明，国防高级情报中心不仅没有调查军事颠覆阴谋，反而在监视内阁成员和其他政客。尽管如此，政府依然对此视而不见。[52]

1977 年秋天，军队中发生了反对民主的骚动。引发反民主骚动的原因很多：西班牙共产党获得合法地位；政府未能平息巴斯克地区的恐怖主义活动；有人谣传大龄军官即将遭到整肃，不仅无法晋升，还将失去退休金。9 月中旬，费尔南多·圣地亚哥将军在巴伦西亚省的哈蒂瓦主持了为期三天的高级将领会议。他们希望国王任命一个全国救亡政府，由圣地亚哥担任新政府的领导人。尽管官方予以否认，但关于这一不流血政变的谣言漫天飞，军事政变的威胁随之公开化。[53] 政府里支持颠覆活动的人也正在联合之中。据称，那些组织"爱国委员会"宣传运动的人正在动员其追随者，计划在发生政变时接管政府部门、地方政府和通信部门。[54] 由于担心提前诱发军事政变，政府没有对参加哈蒂瓦会议的人采取任何行动。

倒是主管军队事务的古铁雷斯·梅利亚多做出了策略性的派任和晋升决定，希望达到控制军队的目的。例如，他把极端右翼分子海梅·米兰斯·德尔·博施从布鲁内特装甲师指挥官的位置上调离。这支装备精良的部队驻扎在马德里周边，要想发动政变，它的作用举足轻重。米兰斯被任命为以巴伦西亚为中心的第三军区司令，这个职务的权力更大。结果，古铁雷斯·梅利亚多的决定只不过增强了军队内部的一种感觉，即政府不仅缺少决断，爱管闲事，而且容易记仇。尽管 10 月 8 日差点在马拉加挑起一场屠杀，但特赫罗中校仅仅在军营里被关了一个月，这显示出政府软弱无力。根据特赫罗的命令，全副武装的国民警卫队驱散了一个合法的示威活动，示威者支持把投票年龄降低到 18 周岁。他这种野蛮行径是不负责任的，却使他成为极端分子膜拜的偶像。[55]

尽管军事颠覆和巴斯克地区恐怖主义的问题日趋严重，但苏亚雷斯却在解决加泰罗尼亚的潜在问题方面取得了显著成果。在银行家曼努埃尔·奥蒂内斯的斡旋下，苏亚雷斯与 77 岁的加泰罗尼亚自治政府主席何塞普·塔拉德利亚斯建立了密切联系，最终却助长了一场政变。6 月 15 日，加泰罗尼亚选举的结果使苏亚雷斯对"加泰罗尼亚问题"有了认识。中间民主联盟被所谓"分支党"的胜利所吞没，其中包括工社党和共产党在加泰罗尼亚的分支——加泰罗尼亚社会主义者党（简称"加泰社会党"）和加泰罗尼亚统一社会党。6 月下旬，塔拉德利亚斯受邀抵达马德里，与苏亚雷斯开始了艰苦的谈判。胡安·卡洛斯在达成协议上发挥了关键的疏通作用。通过修订 1932 年加泰罗尼亚自治法，加泰罗尼亚自治政府得以重建，而作为回报，塔拉德利亚斯保证加泰罗尼亚忠于君主制，接受西班牙的统一，并且尊重武装部队。这次会议是一场戏剧性的表演，它削弱了加泰罗尼亚左翼政党选举获胜产生的影响，并且再次说明苏亚雷斯习惯私下谈判。尽管与塔拉德利亚斯达成的交易获得了巨大成功，但在军队中引发了不满，代价巨大。塔拉德利亚斯于 10 月 23 日凯旋。[56]

由于存在被监禁的埃塔成员的特赦问题，解决巴斯克问题的进展要慢得多。到 10 月初，反对派施加的压力越来越大，他们不仅要求特赦埃塔组织成员，而且要求特赦内战期间为共和国作战的军官，甚至还包括制造了阿托查屠杀事件的极右翼恐怖分子。苏亚雷斯于 10 月 8 日至 9 日会见了所有政党的代表，他告诉他们，他面对的是实际掌握权力的势力，包括军队、银行、教会，这些实力派监视着民主政体的一举一动。10 月 14 日议会通过的特赦法里，内战中为共和国而战的军官和"民主军队联盟"组织的参与者都被排除在外，原因就在这里。尽管如此，特赦在议会获得几乎全票通过，这似乎象征着和解。作为所谓大赦令的基础，它成为向民主过渡的支柱之一。该法规定，反对佛朗哥独裁的恐怖主义行为和捍卫佛朗哥独裁的侵犯人权行为都不受司法追究。它基于绝大多数西班牙人没有明言的共识，即不再对佛朗哥政权实施任何清算。由于参与反对独裁政权的暴力行为的人数相对较少，而参与独裁政权残酷统治和保卫独裁政权的人数众多，可以说，为了避免更多的鲜血，民主力量做出了巨大牺牲。与此同时，佛朗哥政权镇压机构的档案被有计划、有步骤地销毁了。[57]

军队的不满情绪笼罩着关于巴斯克自治的谈判过程。塔拉德利亚斯代表的加泰罗尼亚自治政府具有象征性，而巴斯克流亡政府更具实质意义。苏亚雷斯不会与巴斯克地区政府主席赫苏斯·马里亚·雷萨奥拉达成一项塔拉德利亚斯那样的协议。相反，在如此复杂的情况下，地区事务大臣、安达卢西亚人曼努埃尔·克拉韦罗·阿雷瓦洛与巴斯克民族主义党以及工社党和中间民主联盟在巴斯克地区的分支党的议会代表举行了谈判，意图建立巴斯克委员会，方便与中央政府协商自治问题。强硬的分裂主义分子被排除在外，于是他们对这次谈判心存猜忌。[58] 在纳瓦拉省的地位问题上，各方之间矛盾很大。对于巴斯克民族主义者而言，该省属于巴斯克地区的一部分；对于军队、中间民主联盟以及右翼而言，尤其在纳

瓦拉本地的右翼眼中，这里是西班牙民族意识的发源地。此外，工
社党和西班牙共产党都不赞成将纳瓦拉纳入巴斯克地区。因此，
1979 年 10 月 25 日最终实施的《巴斯克自治法》只限于公认属于
巴斯克地区的三个省，即比斯开省、吉普斯夸省和阿拉瓦省。尽管
朝着巴斯克地区和平迈出了一步，但该自治法却招致了军队和巴斯
克民族主义分子两方面的公开不满。[59]

对于大多数军官而言，对自治权做出任何让步都是破坏西班牙
国家统一的行为。对于巴斯克民族主义分子而言，中间民主联盟把
巴斯克自治区混在一大片自治区当中，是在让巴斯克自治区看上去
人畜无害。实际上，提出自治要求的正是西班牙那些似乎最不可能
要求自治的地区，而他们要求自治的原因在于佛朗哥治下地方政府
的腐败无能，以及独裁政权遗留下来的经济失衡。地区事务大臣克
拉韦罗·阿雷瓦洛计划打造双层体系，既满足当地的自治愿望，又
不会激怒军队。中央政府允许加泰罗尼亚、巴斯克和加利西亚这三
个历史悠久的民族地区起草自治法案，然后提交地方公投。而对于
其他 13 个地区，小的像坎塔布里亚，大的像安达卢西亚，如何安
排并不清晰。不用说，它激起了军队对民主政权的不满。

尽管如此，在其他问题上，主要政党之间在 1977 年秋天和冬
天达成了合作与妥协。10 月下旬，来自几乎所有政党的 31 位代表
签署了这份社会契约，被称为《蒙克洛亚协议》，成为合作和妥协
的象征。协议签字仪式的地点位于首相官邸蒙克洛亚宫。西班牙共
产党总书记圣地亚哥·卡里略认为，西班牙的经济太弱，新生的民
主政权还很脆弱，难以承受左翼和右翼之间的分裂，这一立场被
苏亚雷斯加以利用。[60] 尽管目的是在恐怖主义、通货膨胀、失业和

日益增长的贸易赤字问题上制定共同对策，但该协议在实质上是一份紧缩方案。[61] 由于通货膨胀率已经高达 29%，左翼政党接受了 20%—22% 的工资上限调整幅度，同意采取多种货币政策来限制信贷和控制公共支出。作为回报，政府承诺进行重大的结构性改革，特别是在农业和税收制度方面，并且重组警队，以及归还内战后被佛朗哥分子没收的属于工会的房屋、报纸和资金。结果，政府的诺言没有几条能够兑现，而经济危机中工人阶级遭受的打击最重。接下来的三年中，通货膨胀率尽管仍然是经合组织国家平均水平的近两倍，但毕竟下降到了 15%。而在货币政策影响下，公司破产，工厂倒闭，失业率也从 7% 飙升至近 13%。[62] 在人们寄希望于民主能够解决西班牙的所有弊病的情况下，如此严厉的紧缩政策，其后果导致人们普遍产生了幻灭感。

制定宪法涉及复杂的法律事务，自然无法像终结佛朗哥主义和组织竞选那样引发强烈关注。政党之间的休战即制宪协议，促成这一重任最终完成。1977 年 8 月，议会的制宪委员会选举产生了宪法起草委员会。起草委员会由 7 位议员组成，其中 3 人来自中间民主联盟，其余 4 人分别来自工社党、加泰罗尼亚保守派的统一与联合党、加泰罗尼亚统一社会党和人民联盟党。他们本着妥协的精神，于 11 月中旬完成了草案。1978 年初，进一步完善后的草案被提交给制宪委员会的 36 名成员审议。尽管在堕胎、自治、私立教育和死刑等问题上存在一些摩擦，但在埃米利奥·阿塔德的主持下，委员会的工作稳步推进。[63] 审议工作于 6 月 20 日完成，草案于 1978 年 10 月 31 日获得众议院和参议院批准。这部宪法没有满足当时的右翼激进主义者和巴斯克民族主义者的要求，也没有满足 40 年后的加泰罗尼亚民族主义者的要求，但是该文本言语温和，对基本自由提供了保障，受到民众的广泛欢迎。[64] 在巴斯克地区，人们普遍认为内政大臣马丁·比利亚支持警察和国民警卫队的残暴行径，埃塔组织因此获得了更多的支持。1978年1月11日，一名警察和两名埃塔组织的成员在潘普洛纳的枪战中死亡。当记者要求发表评论时，马丁·比利亚竟然轻言道"我们二比一"。[65]

苏亚雷斯的成功之路在1978年走到了尽头。街头犯罪的增多反映了失业率的急剧上升，而极端报刊利用这一点来煽动中产阶级对法律和秩序崩溃的恐慌。极右翼声称，搞事的是特赦后从监狱放出来的左翼分子。左翼则说，警察想通过纵容犯罪来破坏民主。佛朗哥领导下的警队手段残忍，镇压果断，而在民主政权时期，警队看上去束手无策，其间反差十分明显。[66] 治安问题正在侵蚀苏亚雷斯政府在公众心中的信誉，而最终摧毁苏亚雷斯的是埃塔组织的恐怖主义和军队对埃塔组织恐怖主义的反击。从短期来看，由于失业率持续上升，而且政府未能履行《蒙克洛亚协议》所承诺的改革，工社党和自由派报刊认为，中间民主联盟不过是右翼雇主组织"西班牙企业组织联合会"手中的傀儡。苏亚雷斯的人气开始暴跌。[67]

许多军官厌恶苏亚雷斯。时间的流逝并未使武装部队与民主政权达成和解。为了提拔自由派军官，如今担任负责国防事务的副首相古铁雷斯·梅利亚多不得不绕开严格依照资历获得晋升的制度，那些不一定是颠覆分子的传统主义者却因此心怀不满。军事预算大幅度增加，军人薪金提高了21%，而这对提高军队的忠诚度却没有起到多大作用。一方面，高级军官对地方权力下放的进程充满敌意，而另一方面，巴斯克人却要求加速推进这一过程，政府因此陷入了两难境地。1978 年，在恐怖袭击中死亡的人数达到 85 人，是前两年的 3 倍。尽管存在其他情况，但埃塔组织的军事部门负有主要责任。埃塔组织仍然坚持建立一个独立的巴斯克国家，包括西班牙的 4 个省和法国巴斯克地区的 3 个省。埃塔组织对警察和士兵实施的暴力不断升级，这引发了当局的残酷镇压，而镇压反过来帮助埃塔组织博取了同情。埃塔军事组织和极右势力之间的恐怖和镇压势同水火。1978 年下半年，警察和国民警卫队部分脱离了政府的控制。马丁·比利亚在议会表示，他将试图整肃警察部队，后来还说他信任的警官只有 20 人。[68]

对于治安部队实施的残酷镇压，马丁·比利亚无能为力，这使许多巴斯克人更加相信，他们是一支凶残的外国占领军，而埃塔的行动则属于合法的自卫。几乎每周都有警察或国民警卫队成员死于埃塔发动的袭击，政府似乎已经吓得失去了反应能力。滥杀的恐怖主义行为开始削弱民众对于埃塔组织的支持，尽管如此，这不足以帮助苏亚雷斯。在不断发生的杀人事件的压迫下，政府进行了多次尝试，希望与埃塔组织谈判休战。政府的努力都没有什么成效，埃塔军事组织想要挑动军队占领巴斯克地区，进而引发民族革命暴动。[69] 在这种情况下，军事干预是完全有可能的，而民众发起革命行动则几乎不可能。埃塔组织之所以一直有人支持，很大程度上是因为右翼恐怖袭击团体的攻击以及警队的涣散。埃塔军事组织的活动似乎无人能够阻止，他们对巴斯克商人征收"革命税"，并在 1978 年秋冬期间继续袭击军官。极右报刊不仅把这比作 1936 年军事叛乱之前的情况，而且谴责新宪法受了共产党的影响，是对国家团结的破坏。在国家堕入暴力的情形下，议会于 1978 年 10 月 31

日以 363 票赞成、6 票反对、13 票弃权的结果批准了宪法。[70]

尽管持续不断的暴力事件助长了极端势力的声势，但古铁雷斯·梅利亚多实施的策略性的提拔政策逐渐削弱了军队里极端势力的力量。宪法公投将于 12 月 6 日举行，这会进一步巩固民主制度，一些人因此认为必须在那之前动手。他们计划于 11 月 17 日绑架苏亚雷斯及其内阁，朝着建立"全国救亡政府"迈出第一步，企图让议会休会并且升级对埃塔组织的"肮脏战争"。这次绑架名为"银河行动"，策划者是国民警卫队的特赫罗中校和警队的里卡多·萨恩斯·德内斯特里利亚斯上尉，"银河"是二人策划行动时所在的咖啡馆的名字。日期选定在 11 月 20 日，那一天是佛朗哥逝世一周年，国王和许多主要官员计划去马德里城外，而且会有大量右翼分子赶到马德里参加纪念活动，其中许多人会携带武器。结果，这个阴谋被及时发现了。特赫罗和萨恩斯·内斯特里利亚斯二人被捕，但当局没有采取任何措施来阻止这场与未遂政变相关的阴谋活动。许多军官和情报部门都知道这一阴谋，但没有上报，而是宁愿等等看会发生什么。特赫罗公然逃脱了惩罚，于是人们相信调查者拿他和他的同伙没有办法。此外，出于恐惧，包括政府在内的各派政治力量越来越屈从于军官队伍。[71]

尽管有关军事政变的传言不少，但埃塔军事组织对警察和国民警卫队的袭击依然不断增加。因此，12 月 6 日举行的全民投票笼罩在惶恐的情绪之中。全国有 32.3％ 的选民没有参加投票，尽管如此，投票结果仍表明宪法获得广泛支持。[72] 不参加投票表现出民众对政治日益不满。巴斯克地区的计票结果显示，放弃投票的占选民总数的 51.1％，投反对票的占 23.5％，这引起了政府的担忧。在许多地方，光是参加投票都可能被指责为勾结中央政府。尽管如此，76.5%的赞成率使埃塔组织所谓巴斯克人民拒绝宪法的论断再也难以立足。[73] 政府仍然需要马上制定一部令巴斯克人民满意的自治法。为了获得议会授权，苏亚雷斯要求在 1979 年 3 月 1 日举行大选。一边是极右翼政变分子猖狂叫嚣，一边是埃塔组织不断袭击警察、国民警卫队和军官，竞选活动的气氛十分紧张。大众比较失望，许多人没有参加投票。尽管如此，中间民主联盟还是获得了胜利。一方面，教会给予该党以支持，另一方面，由于工社党自我标榜为马克思主义政党，苏亚雷斯巧妙利用了这一点，从恐惧的选民手中获得了选票。[74]

在苏亚雷斯发起的猛烈攻击下，工社党的调整不断加快，抛弃了马克思主义，确立了费利佩·冈萨雷斯的领导地位，并且认为当务之急是赢得选举，而不是建立社会主义制度。选举获胜后，苏亚雷斯的影响力一路下滑。1979 年 4 月 3 日的市政选举中，中间民主联盟的成绩不佳，而工社党和西班牙共产党控制了代表 1050 万人的 27 个省会城市。相比之下，中间民主联盟仅赢得了 23 个城市，人口只有 250 万。苏亚雷斯在议会提出施政纲领时，费利佩·冈萨雷斯引用了苏亚雷斯在担任运动党秘书长时曾说过的支持佛朗哥的话，导致苏亚雷斯的声望严重受损。[75] 在解决地区自治、恐怖主义、失业和军事颠覆问题上，苏亚雷斯的新内阁既没有动力也缺乏想象力。在内政部工作了三年之后，鲁道夫·马丁·比利亚身心俱疲，挂冠而去。这样一个主要人物的离去，让人感觉政府已经丧失了工作能力。此外，由于严重的牙病，苏亚雷斯不在岗位的时间也越来越多。大多数日子里，报纸上充斥着恐怖主义、犯罪和军事颠覆的报道。埃塔军事组织比以往任何时候都更加喜欢使用暴力，而军队中极右分子的支配地位也愈发巩固，情报部门和装甲师等关键部队的情形尤其如此。[76]

苏亚雷斯无力解决在政治和经济方面困扰西班牙的许多急需解决的问题，这加剧了人们对他的不满。在议会里，中间民主联盟并不占据绝对多数，这导致他面临的困难愈发难以解决。该联盟内部的团结也很脆弱，这一直威胁着联盟的地位。这是一个 1977 年临时成立的选举联盟，联盟各个组成团体之间的意识形态差异如今正在浮出水面。[77]埃塔组织不断袭击高级军事人员，"十月一日反法西斯抵抗团体"等破坏分子也经常诉诸暴行，导致发动政变的呼声越来越强烈。作为回应，政府一般是去安抚军队内的极端势力。也有例外情况。自由派的何塞·加韦拉斯·蒙特罗被任命为陆军总参谋长，吉列尔莫·金塔纳·拉卡西被任命为马德里军区司令，极右分子因此更加恼羞成怒。[78]在《巴斯克自治法》的谈判过程中，一面是巴斯克民族主义分子的自治追求，一面是极右分子的敌视，苏亚雷斯陷入两难。最后，自治法文本获得掌握多数议席的巴斯克民族主义党的同意，并于 1979 年 10 月 25 日经巴斯克人民公投获得批准。[79]尽管这给和平带来了希望，但埃塔武装组织的袭击依然十分活跃。极端右翼恐怖组织实施的恐怖袭击反而使埃塔组织获得了广泛支持，这些行动的参与者中常常有不当班的警员和国民警卫队成员。[80]

米兰斯·博施和加那利群岛军区司令赫苏斯·冈萨雷斯·耶罗等大多数右翼高级将领站了出来，公开谴责民主政体是恐怖主义、社会动荡、通货膨胀、失业和色情问题背后的罪魁祸首，他们这样说毫不奇怪。[81] 军事政变的策划已经开始了，驻扎马德里的主要部队——布鲁内特装甲师首当其冲。该装甲师是由立场极端的将军路易斯·托雷斯·罗哈斯将军指挥的。他组织部队进行了演习，练习夺取马德里的中枢机构并控制主要的进出道路。[82] 驻扎在埃纳雷斯堡的伞兵旅计划在直升机的支援下占领首相官邸蒙克洛亚宫，而装甲师的装甲车部队则负责控制马德里，托雷斯·罗哈斯参与了这一计划的制订。密谋者无力为政变计划争取到足够的支持。1980 年 1 月 24 日，托雷斯仅仅被革除装甲部队的指挥权，调往拉科鲁尼亚担任军事长官。[83] 在军队的自尊心面前，政府继续曲意逢迎。5 月初，"银河"行动参与者接受了审判，特赫罗和刚刚获得晋升的萨恩斯·内斯特里亚斯少校分别被处以 7 个月和 6 个月的监禁。将等待审判的时间折抵刑期之后，他们立即获得释放。难以想象还有什么比这更能刺激政变阴谋者的野心。

苏亚雷斯一边因为牙病备受折磨，一边因为恐怖主义、街头犯罪、通货膨胀和失业问题而丧失民众的支持。议会里的工社党议员和媒体还不断攻击他无所作为和单打独斗。[84] 在私下里，工社党正在与中间民主联盟里的社会民主党进行谈判，该党的领导人是费尔南德斯·奥多涅斯。该党可能脱离联盟，这显示出中间民主联盟正在瓦解。组成中间民主联盟的是四个主要团体——基督教民主派、与鲁道夫·马丁内斯·比利亚相关联的前运动党官僚、社会民主派以及华金·加里格斯领导下的自由主义者。他们在一系列社会、经济和宗教问题上存在分歧。随着苏亚雷斯的支持率下降，这些人琢磨如果撇开苏亚雷斯能否有更好的出路。费尔南德斯·奥多涅斯正在重新考虑他的未来。基督教民主派是中间民主联盟里立场最一致的团体，他们希望该党更加公开地主张保守和宗教立场，并反对苏亚雷斯起草的离婚制度改革。[85] 由于内部分歧、治理无能和竞选活动计划不周，在安达卢西亚、巴斯克地区、加泰罗尼亚和加利西亚，中间民主联盟在选举中遭遇了一系列挫败。[86]

中间民主联盟的民众支持正在崩溃，1979 年时近一半的选民称不会再投票支持该联盟。国家已经笼罩在巴斯克恐怖主义和军事颠覆的阴影之下，失业率高涨，能源限制越来越严格，紧张局势因此愈发加剧。苏亚雷斯很少出席议会会议、新闻发布会甚至内阁会议，许多人感觉不到政府的存在。他退回到首相府，与真实的政治隔绝，甚至疏远了自己政党的同僚，围绕他的是一群顾问（人称"水管工"）。[87] 1980 年春天到来时，党内的异议已无法掩盖。5 月 2 日宣布的新内阁里，加里格斯的自由派和费尔南德斯·奥多涅斯的社会民主派人士都已不见了踪影，基督教民主派成为内阁的主要派系。5 月 28 日至 30 日，工社党发起不信任投票。在这场电视直播的议会斗争中，中间民主联盟勉强过关，而费利佩·冈萨雷斯则表现出色，成为有望登顶的首相候选人。[88]

中间民主联盟内部团体的大佬们密谋赶走苏亚雷斯。苏亚雷斯则通过给予他们更多的政策控制权来暂时避免威胁。然而，由于内部分裂，阿夫里尔·马托雷利于夏天辞去了职务，苏亚雷斯失去了最重要的盟友。到了 1980 年秋天，一面是费利佩·冈萨雷斯直接挑战，一面是面对失业率飙升却束手无策，苏亚雷斯与内阁、党和新闻界之间已经渐行渐远。埃塔武装组织一心希望将纳瓦拉省并入巴斯克地区，这等于对军队宣战。[89] 1980 年春天和夏天，埃塔武装组织和"十月一日反法西斯抵抗团体"企图暗杀高级将领，军事颠覆一触即发。[90]

为了重新控制他的政党，苏亚雷斯于9月9日改组内阁，建立了一个"大佬政府"。他以此暂时获得了其中一些人的支持。然而，他任命坚持改革离婚制度的弗朗西斯科·费尔南德斯·奥多涅斯为司法大臣，同时负责处理教会与国家的关系，这导致基督教民主党派与他疏远。此外，阿夫里尔·马托雷利担任副首相时是苏亚雷斯在议会的盾牌，他离开之后，苏亚雷斯眼下在议会备受攻讦。何塞·奥内托说，没了阿夫里尔这名救火员，"大火很快烧到了首相府的大门"。[91]10月1日、10月6日和10月12日，苏亚雷斯先后会晤了冈萨雷斯、卡里略和巴斯克地区政府主席卡洛斯·加赖科埃切耶。人们以为苏亚雷斯即将达成新的《蒙克洛亚协议》。[92]但是，埃塔组织袭击和军事政变阴谋已经引发了熊熊大火。苏亚雷斯的这些磋商已经太晚了。

局势很快开始一路恶化。军队里的阴谋活动几乎是公开进行的。右翼媒体正在猜测，军队里谁最适合组建政府。10月17日，西班牙最知名的26个极端派人士在马德里开会，讨论如何为政变获取资金和社会支持。会上谈论了"戴高乐行动"，这是阿方索·阿马达将军的活动的代称，他曾是国王的军队事务总管，现在则是莱里达的军事长官，正在寻求支持，通过非暴力方式赶走中间民主联盟，组建全国救亡政府，由自己担任首相。10月22日，阿马达到莱里达市长、工社党人安东尼·休拉纳家里参加午宴，与工社党的恩里克·穆希卡和加泰社会党的霍安·拉文托斯提出了这个想法。费利佩·冈萨雷斯立即得到了通知，并将此事告诉了苏亚雷斯。11月17日，阿马达与米兰斯·博施也说了类似的话，而且暗示他是依照国王的指示行事。[93]

　　随着工社党敌对态度的升级，苏亚雷斯已经进退维谷。10月
23日，比斯开省奥尔图埃利亚镇的学校意外发生液化气爆炸，48
名儿童和3名成人死亡，此外巴斯克地区的中间民主联盟的3名成
员被埃塔武装组织的一个分支暗杀。苏亚雷斯的回应明显很冷漠。
他只是冷冷地待在首相府，没有就灾难或恐怖袭击发表任何议会声
明，没有访问发生事故的村庄，也没有参加同僚的葬礼。[94]谋杀案
发生后，巴斯克地区发生了更多的无端暴力事件。10月31日，埃
塔政治军事组织又杀害了中间民主联盟的1名成员。11月3日，
埃塔军事组织在萨劳斯镇的一家酒吧杀害了4名国民警卫队队员和
1名巴斯克民族主义党成员，并打伤了其他6名顾客。同样，苏亚
雷斯也没有参加之后的葬礼。由于1980年秋天的暴力事件，巴斯
克地区爆发了反对埃塔组织的行动。11月9日，在巴斯克地区吉
普斯夸省的省会圣塞瓦斯蒂安，3万人参加了各党派共同组织的静
默游行，游行队伍穿城而过，工社党、中间民主联盟和巴斯克民族
主义党当地的领导人手挽手走在队伍当中。越来越多的商人开始拒
绝支付埃塔组织要求的"革命税"。工社党、西班牙共产党、巴斯
克地区立场温和的党派、中间民主联盟和卡洛斯派意识到，必须尽
早压制埃塔组织攻击西班牙民主体制的行为，于是创立了巴斯克和
平阵线。然而，这个暂时性的尝试并没有减少军队里的不满。[95]

　　9月12日，土耳其发生军事政变，西班牙军官们羡慕不已。
媒体开始谈论"土耳其之惑"和"安卡拉综合征"的话题。[96]曼努
埃尔·弗拉加和费利佩·冈萨雷斯对此感到担忧，他们告知国王，
如果局势危急，二人愿意加入过渡联合政府。他们认为这是为阻止

全面政变而必须做出的牺牲。[97]人们猜测，将出现以阿马达或他的朋友阿方索·奥索里奥为首的广泛联盟，这让苏亚雷斯感到不安。奥索里奥此前曾经提议组建强大的涵盖所有政党的政府，知道这一想法的包括工社党的主要成员、中间民主联盟内部奥索里奥的基督教民主派，甚至西班牙共产党的海梅·巴列斯特罗斯。传言说，中层军官准备起事，并且苏亚雷斯无力解决埃塔问题和失业问题。这种情况下，组建联合政府并由一位将军出任首相看上去是一个不错的方案。[98]

与此同时，中间民主联盟成了一个钩心斗角的地方。苏亚雷斯受到基督教民主派的攻击，这些人也与弗拉加的人民联盟党有勾结。1981 年 1 月 12 日，当时的议长兰德利诺·拉维利亚在一次报纸采访中指责苏亚雷斯专权。这番评论传播很广，影响极坏。按照计划，中间民主联盟第二次代表大会将于 1 月 29 日在马略卡岛举行，预计这次代表大会上将会是各方一决雌雄的场面。[99]经过四年半的煎熬之后，1981 年 1 月 24 日至 25 日的那个周末，身心俱疲的苏亚雷斯决定辞职。他知道，1 月 23 日，17 名高级将领召开会议，讨论了以军事手段干预政治，而且国王已经十分警觉，提前中断了一次狩猎之旅。即便在议会取得胜利，苏亚雷斯也只能获得短暂的喘息之机。由于自己所属的党派分崩离析，他已经没有组织联合政府的想法。此外，民意测验的数据显示，他只拥有 26% 的民众支持率，而费利佩·冈萨雷斯的支持率则为 43%。他认为自己已经没有其他选择，计划在党代会上宣布辞职。[100]

但是，空中管制人员举行罢工，使得党代会推迟举行，苏亚雷斯先是通知了内阁、党的领导层和国王，然后在 1 月 29 日的电视广播中宣布了辞职决定。极右翼欢欣鼓舞。通过曾经的导师阿马达等人，胡安·卡洛斯一直知晓军队中存在反对民主的情绪。尽管如此，像苏亚雷斯一样，国王也希望避免对民主政权进行军事干预。[101]马德里坊间传闻存在两种可能：一种方案不那么激烈，即在阿马达的领导下成立联合政府；另一种是由中层校官发动一场类似土耳其那样的强硬政变。[102]苏亚雷斯因地位衰落而颜面尽失，他的形象恶化，在议会备受攻讦，最终退缩到了"水管工"顾问们的背后，但瑕不掩瑜，他毕竟取得过很大成就。上台之初，他面临大量的遗留问题，而 1977 年至 1980 年，他在建立宪政民主制度、促进议会合作和达成区域自治方面做出了巨大贡献。无论他的缺点如何，在西班牙民主史上，苏亚雷斯始终占有光荣的一席之地。

另外，他的离开未能阻止中间民主联盟继续瓦解。由于相互竞争导致党内派系大佬们实力大减，副首相莱奥波尔多·卡尔沃·索特洛成为苏亚雷斯的继任者。他在银行业人脉多，行政管理能力出色，理所当然成为相互妥协后的人选。[103]但是，他仍然面临内部的权力斗争和军队干政的冲动。2 月 3 日至 5 日，胡安·卡洛斯和索菲亚王后在巴斯克地区展开以怀柔为目的的访问，这期间情况更加恶化。由于比托里亚机场和巴斯克议会所在地——格尔尼卡议会宫发生了反西班牙的零星示威，这次访问遭到了严重干扰。巴斯克民族主义团体——人民团结党的成员数次打断国王的讲话，国王态度庄重，反应沉着。他的反应在巴斯克舆论中产生了极有利的影响。然而，最高统帅蒙受侮辱，主张政变的分子因此怒火中烧。[104]

埃塔组织实施了两次绑架，使局势愈发严峻。一次是绑架富裕的工厂主路易斯·苏涅尔，目的是勒索。另一个遭到绑架的是雷莫尼兹核电站的首席工程师何塞·马里亚·里安。埃塔武装组织称该电站是西班牙实施剥削的象征，并要求将其拆除。尽管国际社会呼吁释放里安，并且爆发了大规模示威活动，但他仍然于 2 月 6 日遭到杀害。埃塔组织的行动引发了抗议活动，巴斯克地区爆发了大罢工和大规模示威。[105] 正如埃塔武装组织似乎希望看到的那样，里安之死点燃了军队里极端右翼的怒火。退休将军费尔南多·圣地亚哥·迪亚斯·门迪维尔发表了一篇煽动性的文章，愤怒的情绪在其中表露无遗。文章题为《情势已到极限》，面对埃塔组织实施的一连串绑架和暗杀，他批评政府无能。他举出放弃投票的选民越来越多这一事实，以此证明专事权谋的政治已经被人民唾弃，人民希望由军队来拯救西班牙。[106]

1980 年 12 月中旬以来《要塞报》一直在刊文，几乎是公开呼吁发动军事政变。这些文章署名"阿尔门德罗斯"（亦指扁桃树），这是在暗示按照计划，2 月下旬将要发生一些事情，通常那时扁桃树将会开花。除该报纸的工作人员外，"阿尔门德罗斯"团体还包括几位知名的极端派官员，比如圣地亚哥将军和装甲部队现任参谋长圣马丁上校。这个团体得到了有影响力的极端派文人的支持，包括希龙·贝拉斯科和胡安·加西亚·卡雷斯。他们希望的政变不是以阿马达为联合政府首相的温和方案，也不是中层校官发动的"土耳其式"政变，而是更公开的佛朗哥式政变。他们把希望寄托在米兰斯·博施身上。[107] 尽管中间民主联盟代表大会最终于 2 月 6 日在马略卡岛的帕尔马举行，但军队仍然认为政府是软弱无力的。在政府之外，苏亚雷斯不再享有政治献金资源，可能也没有意愿将他松散的联盟团结在一起。深层的分歧十分明显。基督教民主派人士想将中间民主联盟推向更宗教化、更保守的立场，以反对该党内部更加倾向改革的各种意见。党内分歧使得军方更加认为政府无能。[108]

2 月 20 日，卡尔沃·索特洛到议会为正式就职程序做准备，此时政变的谣言已经甚嚣尘上。埃塔成员何塞·伊格纳西奥·阿雷吉·伊萨吉雷在警方拘留期间离奇死亡，这不仅消弭了里安之死激起的反对埃塔组织的情绪，而且还引发了激烈的反对西班牙政府的示威游行。不仅如此，卡尔沃·索特洛还因此失去了巴斯克民族主义党的选票。他以 169 票赞成、158 票反对、17 票弃权赢得简单多数，但没有达到就任首相所必需的 176 票的绝对多数。[109] 他不得不等待两天后接受第二次投票，那时只需简单多数即可。2 月 23 日，投票刚刚开始，下午 6 点 20 分，特赫罗中校率领 320 名国民警卫队队员冲进会议厅，声称以国王的名义行事，并把所有议员和内阁成员劫持为人质。特赫罗致电米兰斯·博施的总部，报告目标已经实现。他向议会宣布，一位军队高级人物将很快到达，以控制局面。[110]

特赫罗到达议会后不久，米兰斯·博施下令巴伦西亚地区进入紧急状态，公共服务人员听从军队指挥，晚上 9 点实施宵禁，并且禁止任何政治活动。坦克在重要的公共建筑旁占据了位置。西班牙各地都有部队调动。例如，在马德里，装甲师的一支分队一度接管了国家广播电视台的演播室。他们要求广播只能播放军队进行曲。这一切的幕后操纵者其实是阿马达将军，作为总参谋部的二把手，表面上他是在努力争取让特赫罗释放议员。事实上，阿马达是在下一盘险棋，他打算利用狂热的特赫罗建立自己的戴高乐式全国救亡政府。为了结束议会的危局，他将"临危受命"组建政府，让自己看上去与发动政变毫无干系。

政变后来之所以遭受挫败，是因为国王及其身边助手行动果断，同时也暴露了政变发动者立场不明并且准备不足。三方面的图谋在 1980 年慢慢积累，这次猛地会合到了一起。米兰斯和装甲部队中层校官策划实施土耳其式政变，对左翼进行残酷清洗，对埃塔组织发动"肮脏战争"，并恢复严厉的中央集权。由于希望得到国王的支持，这批人与阿马达联起手来，而阿马达希望用校官们发出的威胁来要挟政治阶层，支持他建立各政党参与的全国救亡政府。特赫罗和米兰斯都坚信会得到国王的支持，这种想法只可能来自阿马达。[111]

粉碎政变的是国王本人、王室事务总管萨比诺·费尔南德斯·坎波斯将军以及新任安全局长弗朗西斯科·拉伊纳·加西亚。支持他们的有陆军总参谋长何塞·加韦拉斯·蒙特罗将军、马德里军区司令吉列尔莫·金塔纳·拉卡西、警队局长何塞·萨恩斯·圣玛丽亚将军和国民警卫队局长何塞·阿兰布鲁·托佩特将军。各部副大臣组成了临时政府，由内政部的拉伊纳领导。胡安·卡洛斯和他的助手们通过电话加入战斗，确保其他军区司令的忠诚。支持米兰斯的人占多数，只有国王能够使西班牙的民主免遭毁灭。由于阿马达的布局较为复杂，国王团队在萨苏埃拉王宫展开的反击并不顺利。

事实证明，阿马达正是特赫罗一直在等待的"军队高级人物"。阿马达于 24 日深夜 12 点 30 分步入议会，并与特赫罗交谈了大约

45 分钟。他想向被绑架的议员们提议组成他领导下的全国救亡政府，然后由议员们将这种"合乎宪法的解决方案"提交国王批准。特赫罗要的是皮诺切特式的军政府，以便击溃左翼势力并撤销地区自治权，因此他愤怒地拒绝了由费利佩·冈萨雷斯担任政府副主席、共产党人霍尔迪·索莱·图拉担任劳工大臣的联合政府的想法。显然他了解阿马达的意图。结果，胡安·卡洛斯于 2 月 24 日凌晨 1 点 15 分在电视上露面，声明反对武力推翻以民主方式产生的国体，政变于是开始动摇。国王告诉米兰斯，自己反对政变，不会退位，也不会离开西班牙，并且说除非枪毙了自己，否则政变休想得逞。米兰斯于凌晨 4 点下令部队撤回营地。[112] 特赫罗既疲惫又沮丧，在与阿马达达成协议后投降，而阿马达本人也在几天后被捕。[113]

　　2 月 23 日事件引起了巨大的猜测和争议。人们最想知道的是胡安·卡洛斯起到的作用。包括笔者在内的许多人都认为，为了挽救民主，国王赌上了身家性命。[114] 其他人则指责国王在国防高级情报中心策划的政变中串通一气，企图威吓议会同意由阿马达担任首相并组建联合政府。国王当然知道巴斯克问题在军队里引发了不满，公众抱怨经济形势，而且中间民主联盟显然无力解决国内问题。他很可能对阿马达和米兰斯的图谋也有所察觉，并且感觉到自己的缄默可能会助长颠覆活动。但是，即使所有这些都是真实的，也不构成主动的共谋。苏亚雷斯辞职后，由阿马达组成联合政府的目标很容易合法地达到。毕竟，阿马达在议会给特赫罗看了内阁名单，名单上的人选已经表示愿意任职。既然如此，面对西班牙国际地位可能因此蒙受的负面影响，很难理解一场军事政变对于胡安·卡洛斯有什么好处。[115]

　　第二天，卡尔沃·索特洛以 186 票赞成、158 票反对的结果得以出任首相。2 月 27 日，除巴斯克地区以外，有 300 万人在马德里和其他城市游行示威，支持民主。所谓的特赫罗政变或 23-F 政变破产，尽管这并未解除民主政府的困境，但确实提供了第二次机会。2 月 24 日晚，胡安·卡洛斯接待主要政党的领导人时指出，他原本不必赌上自己的身家性命。面对军事颠覆，西班牙政治阶层尤其是中间民主联盟采取绥靖政策，但并未取得预期效果。苏亚雷斯的政府在 1976 年至 1979 年取得了不少成绩，但在通货膨胀、失业、恐怖主义和军事颠覆面前已经无力应对。卡尔沃·索特洛第一届内阁的职位被平均地分配给了中间民主联盟内部各派势力。但是，由于基督教民主派反对费尔南德斯·奥多涅斯推动的离婚合法化改革，分歧很快越来越大，最终造成严重的后果。短期内，新内阁的首要工作是根除政变势力，这项任务被交给了新任国防大臣阿尔韦托·奥利亚特·索索尔。2 月 23 日事件之后，国王提醒议会党团领导人不要采取严厉的报复行动，以免招致军队的反弹。然而，奥利亚特却一心修好，甚至让人感觉阿马达已经成功使军队暗中成为另一个政府。[116]

　　实际上，政变带来了一些意外的积极影响。西班牙人民开始重估民主制度。卡尔沃·索特洛比苏亚雷斯更平易近人，更加频繁地参加议会会议并接受媒体采访。他还定期与其他政党领导人和高级将领进行磋商。作为回报，冈萨雷斯、弗拉加和卡里略在议会支持政府。埃塔武装组织宣布无限期停火。眼见特赫罗、米兰斯和其他人诉诸流血的政变决心，加上西班牙经济面临严重问题，1977 年至 1979 年期间的乐观不复存在。现在，各阶层都认为民主已是攸关生死。然而，卡尔沃·索特洛的政策却令人感到乏味，比如加入北约、减少公共支出、吸引私人投资、限制工资、重启反恐行动和放缓区域自治步伐，再加上中间民主联盟内部分裂，这些导致他难以好好利用国内合作的新局面。典型的例子就是 1981 年 9 月 29 日广受诟病的《自治进程协调组织法》，军方的一个主要目的借此得以实现。[117]

政府一直在努力争取加入北约，希望融入西方的防卫体系，促使武装部队不再执着于国内政治。工社党反对加入北约。许多军官愿意获得北约的现代化武器，但认为执政党低估了西班牙可能带给北约的贡献，在这种情况下，一心加入北约有失国格。[118] 由于参与 2 月 23 日政变的低阶军官里有许多人获得释放，人们愈发感觉到民主处于军队的监视之中。政变策划者里头面人物的拘禁条件极为舒适。《要塞报》公开为这次未遂政变辩护。[119] 由于埃塔武装组织持续实施恐怖袭击，加上"十月一日反法西斯抵抗团体"不断挑衅，激起了人们对于发生军事颠覆的担心。[120]

武装分子一度控制了位于巴塞罗那的名为"中央银行"的一家私人银行总部，有传言说这其实是国民警卫队所为，类似的这些事件导致大众非常焦虑。这伙人要求释放特赫罗和 2 月 23 日政变的其他参与者。特种部队最终夺回了该银行。[121] 有人担心，在政变涉及的近 300 名军官中，将接受审判的只有 30 名。此外，还有人声称国王和政治阶层涉嫌参与政变，企图以此破坏民众对国王和参政阶层的信任。然后，6 月 21 日，两名上校因企图发动另一次政变而被捕。[122] 对政府造成进一步打击的是公共卫生领域一起骇人听闻的事件。自 5 月初以来，有 48 人死于一种被诊断为"非典型肺炎"（atypical pneumonia）的神秘疾病，其中还包括几个孩子。医院中还有 8000 多名患者遭受痛苦症状的折磨。疾病起因是菜籽油，其中掺入了工业油和各种化学物质，使其闻起来像橄榄油，然后通过街边小摊出售。曾有人对这些非法食用油发出过警告，农业部没有认真处理。西班牙保护消费者的相关法律力度有限，加上卫生部未尽职守，这在公众中激起了一波对政府的不满。[123]

计划于 6 月发动的一桩阴谋曝光，情节令人震惊。策划者企图于 6 月 23 日在巴塞罗那诺坎普足球场制造爆炸，以血腥方式破坏在那里举行的加泰罗尼亚独立派人士大型集会。他们还计划劫持国王并强迫国王退位，打算建立军政府。这些人还拟定了民主人士刺杀黑名单。[124] 特赫罗政变流产后，中间民主联盟开始分裂，卡尔沃·索特洛面临的问题越来越多。基督教民主派进一步与弗拉加的人民联盟党达成一致，与此同时，费尔南德斯·奥多涅斯的社会民主派于 11 月离开中间民主联盟加入工社党。[125]10 月 20 日在加利西亚举行的地方选举中，人民联盟党失去了大量选票，暴露出该党已经式微。工社党的费利佩·冈萨雷斯高居民意调查榜首，成为西班牙最受欢迎的领导人，这推动了该党的壮大。[126]

劣质菜籽油事件中死亡的人数已超过 130 人，工社党揭露了政府对该事件处理不力，而此党作为负责任的反对派的形象因此得到巩固。反对西班牙加入北约的运动也提高了工社党的民望。此外，由于卡里略的共产党正陷于内部清洗，左翼阵营里再没有势力能够挑战工社党。[127] 整个 11 月，中间民主联盟已经濒临解体。[128] 随着该党崩溃，国防大臣阿尔韦托·奥利亚特可悲地向军方强硬派表现出逢迎之心。在准备审判参与 2 月政变的人时，针对国王的无礼行为没有受到惩罚。忠诚可疑的高级军官获得提拔，当局甚至向米兰斯·博施授予勋章，以表彰其"为了祖国勇于担当"。"阿尔门德罗斯"系列文章的署名人发表宣言谴责宪法。人们认为，这些行动为的是复活校官政变阴谋，或者迫使成立类似阿马达方案的联合政府，由冈萨雷斯·耶罗将军担任联合政府领导人。[129]

1982 年初，有关政变的讨论再起，此时埃塔武装组织发起了一场大规模的勒索运动，在巴斯克地区引发了一波怒火。而与此同时，中间民主联盟继续分崩离析，逃兵越来越多。[130] 讽刺的是，持续的军事颠覆和埃塔恐怖主义正在改变公众的情绪。对政变分子的审理从 2 月 19 日开始，在此后三个半月的时间里始终是媒体报道的重点。[131] 出乎意料的是，审理过程巩固了对国王和西班牙民主体制的信心。在审理中，被告们表现得不知礼数、强横霸道、态度傲慢和道德沦丧，让公众惊掉了下巴。《要塞报》的报道把这次庭审写成了对整个军队的审判。尽管如此，由于被告们把 2 月 23 日政变的责任推卸给国王，许多军官对此深感厌恶。[132] 考虑到军队的面子，负责审理的是军事法庭而不是普通法庭。因此，声称审理针对的是整个军队的那些论调失去了说服力，尽管这样的安排原本不是为了达成这样的效果。之前，反对民主的言论受到默许，甚至有人公开赞扬，而这次审判过后，这些言论如今更可能遭到军事当局的严厉谴责。古铁雷斯·梅利亚多将军制订的提拔政策也是促使许多人态度发生转变的原因之一。

卡尔沃·索特洛的处境一天比一天糟糕。埃塔武装组织不断发动勒索行动，4 月中旬还破坏了马德里电话交换所，并引发巨大的麻烦，人们因此愈发感觉政府无能。民意调查结果显示，工社党将轻松赢得下届大选。5月23日，安达卢西亚议会举行选举，工社党赢得了52%的选票和66个席位。人民联盟党以17个席位排名第二，而中间民主联盟仅获得15个席位，排名第三。[133]党内相互指责，撕裂加重，中间民主联盟已经处在垂死挣扎之中。各家银行对待中间民主联盟的态度如今越来越冷漠，它们选择向人民联盟党注入资金，该党每周有1000名新成员加入。6月3日，对2月23日政变分子的判决结果公布，这份判决相对宽大，但卡尔沃·索特洛的境况并未因此改善。尽管特赫罗和米兰斯·博施被处以最高刑期30年，但阿马达仅被判处6年刑期。32名被告中，有22人被判处三年以下的有期徒刑，服刑后得以重获原来的军阶。后来政府向最高法院提出上诉，刑期大大增加，尤其是对阿马达而言。但是在当时，参政阶层感到目瞪口呆，他们认为判决结果表明什么都没改变。[134]

精力充沛的卡尔沃·索特洛看上去像1981年1月的苏亚雷斯一样孤独。1982年夏天，随着弗拉加和冈萨雷斯的人气飙升，他的声望直线下降。费利佩·冈萨雷斯尽力避免提前举行大选，并强调工社党的使命是维护民主政权，从而树立了有力且温和的形象，赢得了信誉。苏亚雷斯于6月28日宣布退出中间民主联盟。众所周知，费利佩·冈萨雷斯正在与苏亚雷斯讨论组建中左翼联盟。卡尔沃·索特洛在7月30日宣布，他不会在下届选举中代表中间民主联盟争夺首相的位置。[135]相比之下，费利佩·冈萨雷斯给人的印象就是未来的首相。西班牙共产党的自毁与中间民主联盟的自毁不相上下。共产主义者之间的内部争执已经达到顶点，卡里略于 6 月 7 日短暂辞职，靠着这种危险的姿态才得以继续掌权。[136]

7 月底，中间民主联盟分崩离析，彻底乱作一团。较为保守的基督教民主派组成了人民民主党，并宣布与弗拉加组成选举联盟。苏亚雷斯组建了一个新的政党，名为"民主和社会中心"，并宣布投票结束之后，他将支持工社党政府。[137] 参加选举的中间民主联盟这一次实力大减，民意调查显示，社会主义者将在选举里获得大胜，而人民联盟党的表现也会不错。[138] 工社党的竞选纲领求稳，承诺在与私营企业达成协议的基础上，通过国家投资创造 80 万个新的就业机会。[139] 中间阵营自毁之后，唯一能真正挑战工社党的是弗拉加的人民联盟党，该党的纲领属于传统主义的保守立场，以法律和秩序为核心，建设以自由市场为基础的经济，捍卫家庭和国内团结。

10 月 3 日，新闻曝光有人计划在 10 月 28 日选举前夕发动政变。透露政变阴谋的是军事情报部门，这次阴谋受了米兰斯·博施的影响，是一场精心筹划的校官政变。按照计划，政变分子将控制王宫、首相府、参谋总部、各部委、主要公共建筑、火车站、机场、广播电视发射站和报社，并在各路政治人物的家中采取行动，使其无力还手。政变分子还将废黜国王，理由是国王违背了忠于运动党的誓言。[140] 即便军事干预的威胁仍然存在，选举还是照常举行，民众投票的结果显示，他们普遍抛弃了那些主张政变治国的人，也不赞同那些人所说的政变最符合西班牙利益的鬼话。工社党赢得 10 127 092 票，占投票总数的 47.3%，获得 202 个席位。人民联盟党赢得 5 548 335 票，占总数的 25.9%，获得 107 个议席，排名第二。

中间民主联盟落后于统一与联合党，只赢得 1 323 339 票，占 6.2%，获得 11 个议席。卡尔沃·索特洛未能当选议员。尽管卡里略当选，但西班牙共产党的得票率从近 11% 跌至 3.6%，失去了四分之三的议席。[141]

工社党取得大胜，所谓军队比民选政治家更能诠释国家意志的说辞因此彻底破产。尽管如此，费利佩·冈萨雷斯面临的任务仍然艰巨。埃塔恐怖主义与军事颠覆密切关联，解决起来既需要技巧，也需要威信。工社党与立场温和的巴斯克各派政治势力关系良好，同中间民主联盟相比，在打击埃塔组织方面的胜率更大。担任国防大臣的纳西斯·塞拉头脑精明，手段老练，他将实施军事改革计划，以现代化建设、重新部署和专业化发展为内容，最终在武装部队内部彻底清除具有第三世界特色的政变治国的思想。西班牙工业门类陈旧过时，对能源高度依赖，区域间发展失衡，而且技术落后，要想重组西班牙工业，需要远见和牺牲。土地改革也是如此。没有人指望能在短期内取得胜利。尽管如此，由于工社党愿意担起中间民主联盟撂下的这一副挑子，因此，在政府马上实施的诸如比塞塔贬值、加税和上调燃油价格之类的措施面前，公众的态度相当宽容。工社党是由经历了恐怖主义和军事政变折磨的选民认真选上台的。

1969 年以来的道路崎岖不平。尽管佛朗哥遗留的政局充满敌意，但本着牺牲和合作的精神，宪政框架和地区自治的结构终究建立了起来。在军事颠覆和极端民族主义立场的恐怖主义的阻吓之下，1982 年 10 月 28 日的选举中，民意取得了胜利。过渡期结束了。政治阶层现在可以着手处理社会和经济领域的长期性问题，修补内战遗留问题上的分歧，弥合西班牙民族主义和加泰罗尼亚民族主义之间的敌对，以及解决绵延的腐败之祸。

第十七章

新生民主的辉煌和苦痛，1982—2004 年

1982 年 6 月，西班牙加入北约，外部对西班牙民主的支持将迎来重大变化。这一变化确实至关重要，不仅推动西班牙最终成为欧洲经济共同体成员，并促使西班牙军队摆脱了对国内政治的执着。最初，工社党反对加入北约，但上台执政后，费利佩·冈萨雷斯并没有退出北约，而只是冻结了加入军事一体化机构的进程。在未遂政变后的整整一年中，国王不仅最坚定地呼吁遵守军纪，而且积极支持西班牙加入欧洲经济共同体。[1] 过去，中间民主联盟一味讨好军队，而国王不得不时常出面充当"救火员"。随着 1982 年 10 月 28 日的选举，那一个时代已经结束。工社党赢得了 47.3% 的选票，在议会的 350 个席位中赢得了 202 个席位，此前没有哪一个政党获得过这样的多数地位。后来，费利佩·冈萨雷斯还赢得了 1982 年、1986 年、1989 年和 1993 年四次大选，前三次都是以绝对多数当选。

尽管工社党取得大胜，费利佩·冈萨雷斯仍然面临着巨大的困难。他的政党获得合法地位迄今只有 6 年时间，而放弃其马克思主义的标签仅仅过了 3 年。他的政府所面对的国家机器和经济都迫切需要改革。冈萨雷斯上台之前放弃了社会主义改造的抱负，转而追求实用主义或所谓的"适应现实"。[2] 他和阿方索·格拉都认为，民主制度要想存续，必须接受紧缩政策，甚至还要宽大处理佛朗哥时代的遗老。所以，对于 1936 年军事政变和佛朗哥政权的镇压，他不会继续相应的司法调查，也不会予以惩罚。军队和安全部队的高级官员仍然主要由佛朗哥主义者构成。相应地，工社党秉承实用主义导致他们遵循其前任的政策，并默许针对埃塔组织实施的国家恐怖主义行动，这是一场肮脏的战争，后来成为导致他们下台的原因之一。尽管如此，1982 年大选之后，西班牙的民主获得巩固，国家取得了一长串成就，遏止军事颠覆和经济改革方面的成果尤其明显。

改革需要远见和牺牲。失业率达到 16%，高到令人无法接受，通货膨胀率也高达 14%。财政大臣米格尔·博耶尔采取了保守政策，比塞塔贬值 8%，货币政策收紧，工会不得不压低工资要求。西班牙大部重工业都缺乏竞争力，其中大多数属于佛朗哥庞大的自给自足的国有公司——国家工业联合会。通过将一些国有公司进行私有化改造，其他的予以关停，工业转型的过程才摆脱了国家工业联合会的束缚。立场同样保守的工业大臣卡洛斯·索尔查加开始处置亏损部门，包括把汽车制造商西雅特出售给大众汽车公司。激烈的去工业化进程中，阿尔托斯奥尔诺斯钢铁公司以及巴斯克地区、坎塔布里亚、阿斯图里亚斯、加利西亚和巴伦西亚地区的其他一些钢铁生产厂接连关闭，50 万个工作岗位流失，随之带来了高昂的社会成本。运动党遗留的家长式治理方式已经终结，劳动力市场因此更加灵活。三年内，失业率上升至 21.5%，通货膨胀率下降至 8.8%。当工社党于 1996 年下台时，通货膨胀率接近 2%，但失业率仍高于 20%。[3]

但是，在工社党政府成立的头三年，出口增加了，外国投资也增加了。1986 年至 1990 年的经济增长率维持在 5% 左右，远远超过了欧洲经济共同体其他成员的增长率。1988 年，如今担任经济和财政大臣的卡洛斯·索尔查加夸口说："西班牙是欧洲乃至世界上在最短时间内能够赚到最多钱的国家。"他的话无意间佐证了这一事实——利用投机活动而迅速致富（往往通过腐败手段）正在西班牙成为普遍现象，后来被称为"一夜暴富文化"。[4] 西班牙于 1986 年 1 月加入欧洲经济共同体，经济上的成功得到进一步巩固。既然借由加入北约取得了成功，那么工社党就必须调整反对北约的立场。依照 1982 年竞选时的承诺，1986 年 3 月 12 日举行了全民投票。工社党克服了内部的不同意见，以"留在北约符合西班牙利益"为口号，争取选民投赞成票。这次公投的投票率为 59.4%，赞成留在北约占 53%，反对票为 40.3%。在巴斯克地区，反对票的比例最高，为 67.6%。费利佩·冈萨雷斯抓住这次机会，将原定于 11 月下旬举行的大选提前至 6 月 22 日。工社党赢得 184 个席位，尽管比 1982 年减少了 18 个席位，但仍然在议会拥有绝对多数。[5]

除了对外贸易和投资增多以外，加入欧洲经济共同体还带来了其他好处。欧洲经济共同体的凝聚基金于 1992 年 12 月设立，旨在使较贫穷国家的经济达到欧洲经济共同体平均水平，而结构基金的注入则改造了西班牙的交通基础设施，包括道路、机场，并且新建了高速铁路系统。但是，这也助长了投机倒把。随着当局采取紧缩措施，经济的繁荣从 1993 年开始消退。此外，西班牙深受腐败的困扰，从王室到所有主要的政党、银行和雇主组织，再到工会和地方政府，腐败几乎无处不在。在工社党的领导下，公共支出几乎翻了一番。部分原因是公共部门的就业人数增加了 40%。1982 年至 1994 年间新增岗位 50 万个，其中部分岗位给了党员和支持者，这部分人占党员和支持者总人数的 70%。这种现象使人们愈发认为，替公家干活可以为个人捞到油水。[6] 另外，佛朗哥时代国家提供的福利少得可怜，如今政府增加了福利供给，这也导致 1982 年至 1996 年财政支出的增加。医疗保健、养老金和教育领域尤其如此。[7]

可惜，工社党的政绩受到两个难题的影响：恐怖主义和腐败。先是中间民主联盟，后是工社党人，他们都让尚未改革的安全部队，特别是国民警卫队去对付埃塔组织，这就使得埃塔还继续与中央政府敌对。为了反击埃塔的暗杀行动，中间民主联盟启用了右翼的暗杀队，这些暗杀小组与法国和巴斯克边境两侧的安全部门都有联系。这些人里有法国、意大利和阿根廷的右翼分子以及佣兵杀手，他们用过的名称很多，其中最常见的是西班牙巴斯克营。工社党人、内政大臣何塞·巴里奥努埃沃和他手下负责安全事务的国务秘书拉斐尔·贝拉保留了佛朗哥时代的秘密警察人员。1983 年 10 月至 1987 年 7 月之间，他们使用政府的非法基金资助这些团体，这些团体当时被称为反恐怖主义解放组织。该组织在法国的巴斯克地区暗杀了 27 名埃塔组织分子，希望迫使法国当局打击埃塔组织在该地区的藏身之所。1983 年 12 月 4 日，反恐怖主义解放组织误绑架了与埃塔组织无关的无辜法国公民塞贡多·马雷。最终发现，拉斐尔·贝拉和比斯开省的民政长官胡利安·圣克里斯托瓦尔也参与了这次行动，指挥行动的是曾在佛朗哥统治时期担任警察局局长的何塞·阿梅多·福塞。预审法官巴尔塔萨·加尔松对反恐怖主义解放组织的资金来源及其活动（包括绑架马雷）进行了艰苦的调查，最终，巴里奥努埃沃、贝拉、圣克里斯托瓦尔和阿梅多全部被判处监禁。这次政治事件牵涉了反恐怖主义解放组织和政府同谋，巴斯克地区反对中央政府的情绪因此高涨，对首相费利佩·冈萨雷斯造成了巨大影响。加尔松怀疑对反恐怖主义解放组织予以批准和支持的是一位"X先生"，但他并未点名"X先生"是谁。有人暗指冈萨雷斯就是"X先生"，但冈萨雷斯一直予以否认。他被广泛报道的"就算在下水道里也必须捍卫法治"这一表态，也并未平息传言。[8]

为了减少农村就业不足的情况，当局提高了救济金标准，并按照"农村劳动力计划"提供补贴，腐败行为由此滋生。政策催生了欺诈，格拉纳达省皮诺斯蓬特镇的案子就是一个典型。1987年至1991年期间，该镇的镇长是胡安·费兰迪斯。据称，他在当地一家银行开了一个账户，人们只要存入300比塞塔，就可以购买工作满60天的证明，凭此证明就能够按照"农村劳动力计划"政策领取2.8万比塞塔的失业救济金。1988年至1990年，该镇政府为当地4000名居民出具了证明，总工作天数为20万，国家就业局因此蒙受的损失达9.9亿比塞塔。1986年6月，费兰迪斯被判处18个月监禁，并处罚金10万比塞塔。类似的案子还有很多。[9]

在安达卢西亚，工社党连续执政至2018年。这里发生了许多丑闻，所谓"裁员救助基金案"影响最大。在本案中，2000年至2012年，很多人从一个失业和提前退休救助基金里骗走了近10亿欧元。有一个例子很有名，在计算某人应得的退休金时，他竟然从出生那天起就在同一家公司工作。这场骗局的核心人物是哈维尔·格雷罗，他是安达卢西亚自治区政府劳动和社会保障局的局长。在他的批准下，他的司机和岳母获得了丰厚的补助金，分别达到 130 万欧元和 43 万欧元。另有 266 人被指控参与挪用救助基金，其中包括当地政府的两名前主席、众多资深政治人物和官员。[10]

1985 年，一起腐败要案被公之于众。该案涉及加泰罗尼亚金融业者哈维尔·德拉罗萨·马蒂，他来自一个骗子世家，爱好游艇、私人飞机和豪华汽车，他的父亲安东尼奥当时还躲在南美洲。根据曝光出来的情况，1975 年至 1979 年，他担任巴塞罗那自贸区联盟秘书期间，制造虚假交易买入虚构的土地，贪污了 12 亿比塞塔。自贸区联盟当时正借助市政府和中央政府的资助，着手在巴塞罗那自由港和机场之间建设一个大型的物流和工业中心。赃款被用来嫖妓和购买大量豪车。哈维尔·德拉罗萨的儿子后来涉嫌霍尔迪·普霍尔的腐败交易。霍尔迪·普霍尔从 1980 年至 2003 年担任加泰罗尼亚自治政府主席。[11]

1974 年，哈维尔·德拉罗萨在金融界平步青云，成为 Banca Garriga Nogués 银行的董事，该银行是西班牙信贷银行的子公司，专门从事投资业务。在他的管理下，银行蒙受了毁灭性的损失，对一个投机性农业企业 Quash-Tierras de Almeria 的投资导致的结果尤其严重。西班牙信贷银行在 1988 年对 Banca Garriga Nogués 银行进行调查，发现了 985 亿比塞塔的财务黑洞，是该银行名义资本的 16 倍。[12] 当该银行倒闭时，西班牙信贷银行新上任的负责人马里奥·孔德启动的调查被搁置。据称在那之前，德拉罗萨拿出了一份档案，载有孔德自己见不得人的交易证据。[13] 那时，德拉罗萨已经是科威特投资局在西班牙的代表，收购了许多公司，其中一些公司在化工、化肥、造纸、食品生产和房地产方面有些盈利，而另一些则处境不妙，后来接受了资产剥离。德拉罗萨经营的企业集团称为 Torras 集团。在萨达姆·侯赛因 1990 年 8 月入侵科威特后，总共有 1670 亿比塞塔从 Torras 集团转移到了泽西岛、直布罗陀、开曼群岛、瑞士和巴拿马等避税地。这笔钱中约有 700 亿似乎已经存入了德拉罗萨的账户。后来他声称已将钱捐给各政党以促进科威特事业。科威特投资局声称已向 Torras 集团投资 50 亿美元，其中 9.5 亿美元已被非法转移，其余则因管理不善而不知所终。Torras 集团的控股公司是 Grand Tibidabo 公司，该公司曾经投资位于加泰罗尼亚的冒险港大型游乐园等项目。Grand Tibidabo 公司垮台后，Torras 集团宣布破产，成千上万的员工失业，多达 10 500 名股东失去了积蓄。德拉罗萨和科威特王室成员被指控欺诈、滥用公共资金和贿赂政客。1994 年 10 月，德拉罗萨被判犯有欺诈罪、伪造文件罪，以及从 Grand Tibidabo 公司侵占了 10 亿比塞塔。他被判入狱，但在 1995 年 2 月，他以 10 亿比塞塔的保释金获释。[14]

王室后来也没有逃脱腐败的污点。在工社党执政初期，尽管埃塔组织一直与政府敌对，而且也有数次暗杀发生，但国王的声望依旧不断提高。[15] 1997 年 10 月 4 日，他访问了巴斯克地区，并让女儿克里斯蒂娜在巴塞罗那大教堂与巴斯克手球明星伊纳基·乌丹加林·利巴尔特结婚。克里斯蒂娜在巴塞罗那生活并且会说加泰罗尼亚语，婚礼当天有 20 万人上街为这对夫妇及其父母表达祝福。[16] 与巴斯克地区相比，国王与加泰罗尼亚之间虽然也存在芥蒂，但总体还算融洽。他还积极支持巴塞罗那申办 1992 年奥运会。[17] 胡安·卡洛斯还与国防大臣纳西斯·塞拉充分合作，共同对付军事颠覆问题。例如，在 1984 年 1 月 6 日举行的三军庆典上，作为最高统帅，他呼吁武装部队保持团结，并积极配合政府推动的军事改革。次年，他强调作为北约成员国在保持军队现代化方面的好处。[18] 塞拉精力充沛，在国王的全力支持下，着手把军队纳入国家的文官政府管理体系。加入北约后，西班牙武装部队与其他民主国家的军官保持定期接触，这有利于推动上述改革。塞拉裁撤了军队冗员，特别是高层人员。[19]

从长远来看，部队的情况必将大大改善。然而，与此同时，西班牙主要的情报机构——国防高级情报中心于 1985 年复活节期间破获了反对改革的又一次政变。这一次政变原定于 6 月 2 日发动，国王届时将主持在拉科鲁尼亚举行的武装部队纪念日庆祝活动，而政变分子将在主席台下引爆炸弹。如果阴谋得逞，不仅胡安·卡洛斯、索菲亚王后和两位公主会惨遭厄运，连费利佩·冈萨雷斯、纳西斯·塞拉、武装部队高层以及其他来宾都将毙命。届时人们会把爆炸归咎于埃塔组织，这将为军政府上台提供口实。此后再没有发生真正能威胁到国王的阴谋。[20]

1986 年，工社党再次赢得大选后，下一次选举按计划要到 1990 年 7 月才举行。但是，由于几个方面的不安日渐增长，费利佩·冈萨雷斯提前于 1989 年 10 月组织大选。其中，工社党政府与工总之间的分歧最让人始料未及。1985 年至 1992 年，政府关闭已被淘汰的产业，减少冗员，降低报酬，削减职业保障，实施工资上限，从而实现了劳动力市场的自由化，促进了经济增长。养恤金的最低缴款期限从 10 年增加到 15 年，推迟实行每周 40 小时工作制，并广泛采用临时劳动合同，工人阶级对此不满，工人与治安部队之间因此发生了对抗。工总领导人尼古拉斯·雷东多公开反对政府，导致 1988 年 12 月 14 日的大规模罢工。当时，工总和工人委员会联手，参加罢工的工人人数达到 800 万，整个国家陷入瘫痪。[21]

　　这次选举中，工社党赢得了 175 个席位，比 1986 年减少了 9 个席位，比绝对多数少了一个席位。由于人民团结党的 4 名代表拒绝就任议员，费利佩·冈萨雷斯得以如同拥有绝对多数那样继续执政。人民联盟党已重组并更名为人民党，由 43 岁的何塞·马里亚·阿斯纳尔领导。阿斯纳尔缺乏魅力，不擅长公开讲话，曾担任过税务督察员，年轻时是佛朗哥主义者。他曾担任卡斯蒂利亚－莱昂自治区政府主席。人民联盟党秘书长豪尔赫·贝尔斯特林赫曾经是弗拉加的密友，他说阿斯纳尔"越来越多地谈论与圣女德肋撒的对话，每次都会把对手们称为'犹太狗'"。尽管如此，阿斯纳尔是一个认真高效的管理者，贝尔斯特林赫对此十分佩服。[22]

　　人民党赢得了 107 个席位，比 1986 年增加了 2 个。工社党与工总之间冲突不断，反恐怖主义解放组织的相关内幕报道越来越多并且引发不安，再加上民众对腐败问题感到失望，这些都反映在工社党不断下降的支持率上。选民不愿投票给被认为受佛朗哥主义影响的人民党，若非如此，工社党的地位还会变得更糟糕。[23] 以损害工人阶级生活水平为代价，经济状况实现好转，马里奥·孔德和哈维尔·德拉罗萨等人纷纷"一夜暴富"。由于这些人牵连到一些知名的工社党人，"一夜暴富"现象损害了该党的声名。

　　随着一系列引起轰动的腐败丑闻浮出水面，情况很快变得越来越糟。工社党遭受的第一次打击来自胡安·格拉案。胡安·格拉是副首相阿方索·格拉的兄弟。此后，记者们开始纷纷调查其他类似案件。工社党上台后，失业中的胡安·格拉开始担任阿方索的助手，薪水不多，可以使用在塞维利亚的中央政府代表处的办公室。丑闻在 1989 年年中曝光，胡安的妻子被抛弃后，为了报复，她向曼努埃尔·弗拉加透露自己的丈夫已成为几家公司的重要股东，并购买了一处地产、许多马匹和价格不菲的汽车。到了年底，报纸爆出了很多消息。为了承揽合同、变更用地规划和获取建设许可证，胡安曾代表公司和个人在当地、该省或各个市镇委员会之间奔走。他被指控行贿受贿、偷逃税金、以权谋私、挪用公款、洗钱和破坏司法公正。阿方索最初否认他兄弟的不当行为，但最终不得不在 1991 年 1 月辞去副首相职务，这标志着政府与工社党之间开始分裂。最初，工社党支持胡安·格拉，理由是至少在 1994 年之前他没有被法院判有罪。跟以往一样，司法机构的行动极为缓慢，有人指责司法程序受到政治干预。工社党政府和之后的人民党政府都任命了支持本党的人出任宪法法院、最高法院特别是最高司法委员会的要职。最高司法委员会负责管理西班牙的法律系统。20 世纪 90 年代初期，工社党在司法机构拥有影响力，因此，胡安·格拉在官司里的处境相对轻松。这导致工社党与人民党之间的关系十分紧张。然而，人民党上台后，对于任命己方支持者出任司法要职，并且确保被指控犯有腐败行为的人在刑事判决之前不必承认政治责任这些方法和手段，同样也是照搬不误。[24]

除牟取私利的案件外，许多事件还与工社党和人民党的筹资活动有关。1991 年 5 月底，根据一位心怀不满的前雇员提供的材料，《世界报》披露，1988 年至 1991 年，该地区大约 10 亿比塞塔的非法资金来自三家用来充当掩护的小公司，这些公司相互关联，分别是 Filesa、Malesa 和 Time Export。最后一家公司几乎没有员工，是 Filesa 以 400 比塞塔的价格收购的。通过向大型公营和私营企业

（包括大型银行）出售虚构的咨询报告，工社党获取了巨额利润，并用这笔钱支付 1989 年大选的宣传费用。据称，管理该党资金的吉列尔莫·加莱奥特负责指导这次行动。有一次，该党为一家连锁超市制作了一份长达 17 页的报告，收费 25 万美元，其中有 14 页仅仅是地方政府规划文件的复印件。随后的调查持续了 6 年，最终工社党的几名高级成员入狱。[25] 1992 年还有一起丑闻与之类似，但所涉金额较小，据称在马德里至塞维利亚的高铁谈判中，曾有人试图向投标公司收取好处费，用来充实工社党的资金实力。自 1985 年起担任西班牙国家铁路公司总裁，现在是卫生大臣的胡利安·加西亚·巴尔韦德不得不辞职。实际上，他随后被免于追责。[26]

　　针对 Filesa 的调查拖沓冗长，调查过程中关键证据不翼而飞。不过，报纸已经刊登了详细的报道。由于在此之前曝光了一起人民党利用非法手段筹集资金的类似案子，本案对工社党的实际损害要小一些。1990 年 4 月，一名预审法官下令逮捕部分人民党高级成员，包括全国财务主管罗森多·纳赛罗、他的前任安赫尔·桑奇斯和巴伦西亚市政会成员萨尔瓦多·帕洛普，后者是该市采购委员会的负责人。他们被指控利用帕洛普提供的内部信息，安排建筑公司获得公共工程合同，借此提前收取好处费以充实该党资金。在调查涉及帕洛普的弟弟拉斐尔的另一宗贩毒案件时，当局上了电话监听手段，意外获悉巴伦西亚地区政党竟然如此筹资，上述不法勾当这才曝光。但是，这些电话监听的内容无法作为证据，随后被人销毁，法院因此没有受理此案。尽管人民党的涉案个人未受到刑事指控，但由于监听的内容早已在报纸上曝光，这不仅彻底毁掉了他们的政治生涯，而且还对阿斯纳尔赢得大选造成了不利影响。丑闻所涉资金有多少落入人民党手中，这一点到现在也不完全清楚。[27] 纳赛罗在监狱里待了几天，之后在阿利坎特向律师提交了一系列文件，证明人民党内部存在非法基金。这些文件中有一份宣誓的声明，说他在担任财务主管期间所做出的每项决定都"受到何塞·马里亚·阿斯纳尔的监督，服从他的指示，并且听取他的意见"。然后，他用律师办公室的传真机将文件发送给阿斯纳尔，威胁如果人民党把他当作替罪羊，他就公开这些文件。[28]

无法作为呈堂证供的这批录音里，最引人注意的是 1990 年 2 月 11 日帕洛普与爱德华多·萨普拉纳之间的交谈。不久后，爱德华多·萨普拉纳成为人民党阿利坎特分部的主席，1991 年成为贝尼多姆市的市长，1995 年，巴伦西亚自治政府主席，2002 年在阿斯纳尔第二届内阁出任劳工大臣。这次交谈时间很长，二人讨论了出售地产的非法佣金，萨普拉纳对帕洛普说，他需要搞到钱，因为他所有的钱都花在了仕途上，"我必须搞到钱。我必须搞到很多钱。我需要很多钱才能活下去。现在我需要买辆车"[29]。2018 年 5 月所谓的"荒地行动"中，萨普拉纳被逮捕，罪名是 1995 年至 2002 年担任自治政府主席期间涉嫌腐败。案件主要涉及神奇乐园主题公园项目，该项目规模庞大，但最终没有建成，项目过程中存在非法回扣和伪造发票行为。这些指控包括行贿受贿、妨碍司法公正、挪用公款、以权谋私、伪造证件、洗钱、共谋和偷逃税金，以及在安道尔、乌拉圭和巴拉圭的银行账户中存有钱款。[30]

工总通过名为"住宅公共发展"的合作社筹集资金，名义上旨在为工会会员建造 22 000 套廉价房屋。合作社于 1994 年 2 月宣布破产，原因是媒体曝光它存在会计造假行为，并且把合作社资金用于不相关的投机交易。工总秘书长尼古拉斯·雷东多被迫辞职。[31] 这类腐败案件的曝光，加上公众再次要求对反恐怖主义解放组织相关案件予以调查，给人的感觉是工社党已经腐坏变质。当财政部于1993年3月发布 Filesa 公司的调查结果时，马德里自治大学的学生纷纷嘲笑费利佩·冈萨雷斯，大喊"小偷"和"伪君子"。1993年6月6日的选举十分激烈。为了抵消新曝光丑闻的不利影响，工社党在选举前着力宣传自己执政以来所取得的巨大成就，比如刚举行的1992年巴塞罗那奥运会和塞维利亚世界博览会，筹备过程中，政府投入了大量资金用于建设这两个城市的基础设施。工社党的宣传还点出人民党具有佛朗哥主义的传统。为了使选民相信政府正在采取反腐行动，反恐怖主义解放组织案的调查法官巴尔塔萨·加尔松作为独立候选人也加入了工社党候选人的阵营。工社党最终取得了胜利，但仅获得159个席位和38%的选票，失去了绝对多数地位。人民党的支持率飙升，获得近35%的选票以及141个席位，真正成为权力的争夺者。[32]

1993年6月大选后，工社党领导下第四任内阁上台。但是，费利佩·冈萨雷斯的现代化主义者与党内的阿方索·格拉的追随者之间的分歧加重，削弱了这一届内阁的领导能力。几乎每天都有涉及腐败的消息，当事人们被称为"那些漂亮家伙"，他们经常炫富，其中一些人与工社党有关联，很长时间里，这些报道把工社党搞得苦不堪言。这些人包括前财政大臣米格尔·博耶尔，他娶了伊莎贝尔·普赖斯勒，这个女人是歌手胡利奥·伊格莱西亚斯的前妻，不仅魅力四射，而且十分富有。另一位与工社党政府有关联的人是西班牙信贷银行总裁马里奥·孔德。这个人热衷投机，由于地位迅速提升，处事毫不留情，人送绰号"鲨鱼"。在胡安·格拉案之后，1994 年 4 月和 5 月又有多起事件被披露出来，这些新的丑闻沉重打击了政府的声誉，多名前任或现任大臣辞职。破坏力最大的事件牵涉备受尊敬的国家机构的负责人，一个是西班牙中央银行行长马里亚诺·鲁维奥，另一个是国民警卫队首位文官负责人路易斯·罗尔丹。用马德里自治区政府主席华金·莱吉纳的话说，"负责警卫的人携款潜逃，而负责管钱的人身陷囹圄"。在庆祝国民警卫队成立 150 周年的典礼上，群众向冈萨雷斯报以嘘声，还有人大喊"伪君子！"。[33]

因偷逃税款和为 Ibercorp 投资银行提供内幕交易信息，鲁维奥被判入狱，但刑期不长。Ibercorp 银行总裁曼努埃尔·孔查也被判入狱，他是前马德里证券交易所总裁。骗局的受益者包括米格尔·博耶尔、伊莎贝尔·普赖斯勒和金融界的几位头面人物。事件导致政府的议会事务发言人卡洛斯·索尔查加辞职，正是他在财政大臣任上提拔了鲁维奥。辞职的还有农业大臣比森特·阿尔贝罗，他承认参与了孔查的偷逃税款勾当。[34] 他的辞职与马里奥·孔德的倒台一样引得舆论哗然。1993 年 12 月，临时审计发现西班牙信贷银行账户存在 30 亿欧元的黑洞，马里奥·孔德因欺诈和挪用公款而遭逮捕，并被判处 20 年徒刑，还须向被骗的股东偿还 2260 万欧元。[35]

路易斯·罗尔丹本来是萨拉戈萨市的一个政客，他通过学历造假进入省政府，并被任命为中央政府驻纳瓦拉自治区的代表。这项工作并不简单，而他讨得了国民警卫队的喜欢。1986 年 11 月，他被任命为国民警卫队局长，其任务是推动机构现代化建设。[36] 他采取的措施之一是整修国民警卫队的营房。1993年11月，《十六日报》记者调查发现，在过去的7年中，他积蓄了4亿比塞塔，大量投资西班牙和法国的房地产，还在瑞士银行设有账户。这笔钱来源广泛，既有建造国民警卫队大楼的回扣，支付给虚构线人的钱，国民警卫队孤儿院的资金，还有借口保护其免受埃塔袭击而向商人们收取的保护费（所谓保护其实根本子虚乌有），以及在安哥拉销售武器。到12月初，罗尔丹被解职并且接受调查。1994年4月，他逃离西班牙，时任内政大臣安东尼·亚松森辞职。[37]

4月29日在巴黎接受《世界报》采访时，罗尔丹声称，使用非法基金提高内政部高级官员的薪水得到了国家安全首长拉斐尔·贝拉的同意，而拉斐尔·贝拉也是主要受益人之一。他说，亚松森之前的两位内政大臣何塞·巴里奥努埃沃和何塞·路易斯·科奎拉也从中拿了钱，但他没有提供证据。罗尔丹于1995年2月被捕，被捕的地点据称在老挝，但几乎可以肯定是在巴黎。他被押解回西班牙，并被判处31年监禁，罪名包括贿赂、伪造证件、滥用公共资金、勒索和偷逃税金。只有大约三分之一的赃款被追回。[38]

此时，有关国王的传闻也开始传开了。萨比诺·费尔南德斯·坎波于1993年1月起不再担任王室总管，马里奥·孔德和其他想利用王室恩宠的金融阔佬们如今与国王之间不再存在障碍。[39]与马里奥·孔德一样，哈维尔·德拉罗萨也试图接近国王，但没有取得显著成果。从1993年底开始，孔德和德拉罗萨都与当局交恶。他们似乎相信，因为自己与胡安·卡洛斯的朋友和非正式代表曼努埃尔·普拉多-科隆·德卡瓦哈尔有生意往来，因此可以期望得到王室的某些保护，免受司法制裁。他们希望国王拯救他们，结果希望落空。据称，因挪用公款而被监禁后，德拉罗萨怒火中烧，在 1994 年 10 月中旬试图就科威特投资局资金失踪一事勒索普拉多－科隆·德卡瓦哈尔。为了达成勒索的目的，他还隐晦地放出话来，称要曝光国王的秘密。1997 年，他声称他已将部分欺诈所得捐赠给人民党在加泰罗尼亚的分部。[40]

　　1993 年大选后，工社党与人民党之间的对抗到达了一定的程度，以至于工社党开始执政后的三年里一直被称为"不断制造紧张态势的立法机构"。阿方索·格拉出局，纳西斯·塞拉担任副首相，哈维尔·索拉纳担任外交大臣，佩德罗·索尔韦斯担任财政大臣，工社党的内部团结因此得到了巩固。但是，阿斯纳尔得以利用索尔查加、科奎拉、亚松森和阿尔贝罗的辞职来对政府大加指责，并要求提前举行大选。1994 年 6 月欧洲议会选举中，他不断发布的攻击言论取得了成果，工社党的得票率从 1989 年的 39.6% 降至 30.7%，而人民党的得票率从 21.4% 增至 40.2%。形势转向有利于人民党，阿斯纳尔似乎很有可能组成下一届政府。几周后开始的工社党年度暑期培训班上，费利佩·冈萨雷斯承认，腐败丑闻造成工社党表现不佳。特别是，最近被解职的国防高级情报中心副局长胡安·阿尔贝托·佩罗特上校窃取的文件显示，政府卷入了反恐怖主义解放组织案件，公众对此越来越担心。[41]

　　1993 年当选议员之后，加尔松被任命为打击毒品的特使。但是，为了抗议政府在反腐败斗争中的不作为，他在 5 月辞职，并重新开始调查反恐怖主义解放组织案和罗尔丹案。令他失望的是，他没有被任命为司法大臣，无法指挥调查进程。[42] 获得任命的是胡安·阿尔贝托·贝略奇，他于 1995 年创立了反腐败和有组织犯罪检察局。随着加尔松的调查不断推进，《世界报》和《阿贝赛报》公开了反恐怖主义解放组织案的不少情况，这对政府声誉造成的损害超过了以往任何其他丑闻。此时正好赶上马里奥·孔德的欺诈案调查，人们于是怀疑，马里奥·孔德正在利用自己的财富来影响媒体并勒索政府。孔德与陷入困境的佩罗特上校有联系。佩罗特从国防高级情报中心带走的材料不仅包括机密文件，还包括与政府要员进行电话交谈的录音带。这些材料在报纸上曝光时，孔德和佩罗特正在接受司法调查，这对工社党造成了严重损害。重要的是，《世界报》主编佩德罗·何塞·拉米雷斯与阿斯纳尔未来的副手弗朗西斯科·阿尔瓦雷斯·卡斯科斯有过沟通。这些信息曝光后，国防高级情报中心负责人埃米利奥·阿隆索·曼格拉诺将军和副首相纳西斯·塞拉辞职。录下这些录音带的时候，纳西斯·塞拉担任的是国防大臣一职。辞职的还有他的继任者胡利安·加西亚·巴尔加斯。[43]

经济急剧下滑也使政府的名望蒙受了损失。自1992年6月以来，比塞塔贬值了3倍，失业率上升到23%。得益于欧盟的资金注入以及财政大臣佩德罗·索尔韦斯推行的结构性改革，经济衰退的严峻局面后来在1994年底开始好转。但是，工社党在加利西亚地区选举和欧洲议会选举中连遭失败，加上许多市镇里人民党赢得的选票大量增加，工社党长期把持内阁的局面即将结束。1996年初，费利佩·冈萨雷斯被迫于3月3日举行大选。这一次选举原定于1997年7月才举行。变化的起因发生在1995年秋天，他的同盟伙伴霍尔迪·普霍尔领导的统一与联合党撤回了对下一年度工社党政府预算案的支持。工社党以微弱的差距输掉了选举，获得了37.6%

的选票和 141 个议席，而人民党获得 38.8% 的选票和 156 个议席，仍比绝对多数少 20 个席位。由于党内要人卷入 Ibercorp 银行案、罗尔丹案和反恐怖主义解放组织案，加上人们普遍认为是政府的疏忽导致马里奥·孔德和哈维尔·德拉罗萨得以渎职枉法，工社党的信誉受到严重损害。

埃塔组织发动了一系列暴行，企图迫使工社党加速巴斯克独立的进程，这却使人民党从中获益。特别是，1995 年 4 月逃过埃塔组织的一次暗杀后，阿斯纳尔表现冷静，这位不苟言笑的政治人物因此赢得了一些个人声望。但是，尽管有人预言人民党会大获全胜，但工社党的败绩比预期的要小得多，这是由于冈萨雷斯比阿斯纳尔更受青睐，更有魅力。[44] 费利佩·冈萨雷斯在 1997 年 6 月的工社党第三十四届大会上出人意料地辞去了总书记的职务。华金·阿尔穆尼亚接任总书记一职，此时的工社党不仅内部分歧严重，并且由于 Filesa 公司案、罗尔丹案和反恐怖主义解放组织案已被公之于众，阿尔穆尼亚不得不应付社会各界对该党发起的又一波责难。[45]

由于没有获得绝对多数地位，阿斯纳尔不得不向普霍尔领导的加泰罗尼亚统一与联合党、巴斯克民族主义党和加那利联盟寻求支持，它们分别拥有 16 个席位、5 个席位和 4 个席位。巴斯克地区和加泰罗尼亚均自此开始获得对其自身事务更多的控制权。经过近两个月谈判，普霍尔指示经济大臣马西亚·阿拉韦德拉、统一与联合党在议会的负责人华金·莫林斯与马里亚诺·拉霍伊和罗德里戈·拉托达成了协议。4 月 28 日，阿斯纳尔和普霍尔最终敲定了所谓"美琪酒店协议"。人民党和巴斯克民族主义党之间也举行了类似的谈判。这些协议取消了民政长官一职，终止了义务兵役制，加泰罗尼亚可以留存的税收百分比翻了一番（从15%增至30%），并被授予了对治安、交通基础设施和港口的控制权。[46]阿斯纳尔的副首相兼首相府大臣由弗朗西斯科·阿尔瓦雷斯·卡斯科斯担任，第二副首相兼经济和财政大臣由罗德里戈·拉托担任。阿斯纳尔后来的继任者拉霍伊成为公共行政大臣。人民党开始推行经济自由化并且放松管制。为了拉近与普霍尔的关系，弥补人民党在加泰罗尼亚地区的劣势，加泰罗尼亚经济学家何塞普·皮克被任命为工业大臣，负责将公共部门私有化。上届立法机关存续期间与工社党的相互敌视如今愈演愈烈。与工社党有任何牵连的人都被清除出了公务员系统。当局的第一项行动是对国家工业联合会实施清算，清算工作之前已经启动，推动清算的人是卡洛斯·索尔查加和佩德罗·索尔韦斯。他们之前将国家工业联合会分为两个部分。其中一部分包括可出售资产，例如西班牙电信、石油巨头雷普索尔、国家电力和天然气公司Endesa和Enagas，以及国家银行Argentaria。这些企业被划归西班牙国家工业股份公司管理，亏损企业则并入国家工业局。总共有43家公司完成私有化改造，损失的工作岗位约为6万个。人民党第一任政府期间，出售国有资产为经济增长做出了贡献，通货膨胀率下降到2%以下，失业率从23%下降到15%。[47]

尽管签订了"美琪酒店协议"，但中央政府明显希望限制权力下放的进程，加泰罗尼亚、巴斯克地区和加利西亚对此相当不满。1998年7月，统一与联合党、巴斯克民族主义党和加利西亚民族主义集团的代表签署了《巴塞罗那宣言》，抗议阿斯纳尔政府明显的中央集权立场。这三个地区希望中央政府承认他们不仅是地区，更是"国族"。之前"自治大区"一词正式使用后，这一区分变得模糊起来。这并不意味着极端民族主义政党在加泰罗尼亚占了上风。在 1999 年 10 月的地区选举中，加泰社会党赢得的选票大增，该党的领导人是人气很高的前巴塞罗那市长帕斯卡尔·马拉加利，奇怪的是，这却导致统一与联合党得以仅凭加泰罗尼亚人民党的支持继续执政。[48]

阿斯纳尔上台时承诺打造"廉洁政府"，并聘用足够有钱的人经营国有企业，因为他们无须从中窃取资产。结果他选的人（通常是他的朋友）似乎使他的反腐败光环黯淡失色。例如，何塞普·皮克与哈维尔·德拉罗萨的关系惹来重重怀疑。1989 年至 1992 年，皮克曾担任 Ertoil 炼油公司总裁，该公司是石油公司 Ercros 的子公司，而后者又是 Torras-KIO 集团的一部分。有人质疑皮克在德拉罗萨的幕后操纵下，参与了 1991 年出售 Ertoil 公司的可疑交易。十年后，当局终于开始调查该案，而法官却因缺乏证据而将调查搁置。皮克先后在多个部门任职，最终于 2003 年离开政府，随后在 25 个不同的国有和私营企业中担任总裁、董事或顾问，前程似锦。[49]

阿斯纳尔的一位朋友胡安·比利亚隆加被任命为西班牙电信的负责人。比利亚隆加将业务扩展到拉丁美洲，并与英国和美国的电信公司达成了几笔交易，将西班牙电信转变为一家引人注目的国际电信公司。其股价随之大幅上涨。但是，2000 年 6 月，《世界报》调查后称，比利亚隆加和银行、建筑业巨头阿尔贝托·科尔蒂娜·阿尔科塞尔一起，在 1998 年通过内幕交易发了一笔横财。科尔蒂娜·阿尔科塞尔是"那些漂亮家伙"里的一员。据称，在西班牙电信大规模扩张之前，二人曾使用股票期权购入股票，股价大涨后再出售套现。7 月 24 日，全国证券市场委员会启动了独立调查。

传言随之而来，阿斯纳尔政府因此施压，要求比利亚隆加辞去董事长职务。全国证券市场委员会的调查于 8 月 2 日结束。调查得出结论，没有足够的内幕交易证据，立案缺乏依据。[50]

塞萨尔·阿列尔塔代替比利亚隆加担任国家烟草专卖公司 Tabacalera 的总裁。阿列尔塔的所作所为与他的前任没有两样。2002 年初，《世界报》再次调查发现，阿列尔塔和他的妻子已经组建了一家投资公司，并于 1997 年将公司卖给了外甥路易斯·哈维尔·普拉塞尔。1997 年末，Tabacalera 收购了美国佛罗里达州的烟草公司 Havatampa，Tabacalera 的股价大涨。从舅舅那里获悉收购的内部信息后，普拉塞尔的公司购入了 Tabacalera 的大量股份。6 个月后出售股票时，他们的获利达 3.09 亿比塞塔。《世界报》的报道刊登之后，反腐败和有组织犯罪检察局开始调查阿列尔塔的以权谋私和内部交易行为。此案被提交马德里省法院审理，但由于时效已过，案件于 2005 年 11 月被撤销。但是，最高法院坚持该案应当继续审理。由于发生多次延误，该案在 2009 年 7 月最终被撤销。阿列尔塔在西班牙电信的事业收获了巨大成功。[51]

让我们回到 1999 年。由于指控人民党成员腐败的材料被广泛传播，1999 年 3 月 10 日阿斯纳尔在议会对工社党进行反击时称："与你们执政的时候不同，西班牙如今没有大的腐败问题。"那一天以及一个星期后，他不得不反复强调工社党执政时期的腐败情况更加严重，而眼下人民党的腐败案例仅仅是些"过错"。[52]实际上，人民党执政期间的腐败之严重，后来使阿斯纳尔的此番声明显得滑稽可笑。1999 年 9 月，人民党拒绝谴责 1936 年军事叛乱，这样的立场在议会中唯此一家，人民党和工社党之间的矛盾进一步加深。[53]

人民党第一届政府期间，当局对埃塔组织宣战。内政大臣海梅·马约尔·奥雷哈争取到了法国的合作。1996 年 1 月，埃塔组织绑架了监狱官员、人民党党员何塞·安东尼奥·奥尔特加·拉腊，绑架行为激怒了民众。奥尔特加在一个小小的地牢中被囚禁了 532 天。埃塔组织要求当局将在押的所有埃塔成员转移到巴斯克地区的监狱，但这个要求没有得到满足。奥尔特加·拉腊于 1997 年 7 月 1 日获救。埃塔组织再次寻找袭击目标，并在一周之后绑架了比斯开省埃尔穆阿镇政府官员、人民党成员米格尔·安赫尔·布兰科，并提出了同样的要求。政府拒绝满足这一要求，布兰科于 7 月 13 日被残忍杀害。这起谋杀引发了大规模示威游行，并激发了所谓的"埃尔穆阿精神"，这一股民众的憎恶之潮极大削弱了埃塔组织的群众基础。尽管如此，在人民党第一任政府期间，埃塔组织的囚犯里不仅有 135 名被转移到巴斯克地区的监狱中，而且 535 名囚犯中有 207 人获得释放。[54]

由于经济形势向好，而且工社党头上仍然笼罩着腐败阴云，特别是人民党主要人物的腐败行为尚未见诸报端，阿斯纳尔借机宣布于 2000 年 3 月 12 日举行大选。他赢得了 1030 万张选票和 183 个席位，比 1996 年增加了 27 个席位，占据了议会绝对多数地位。工社党仅赢得 125 个席位，比四年前少了 16 个席位。接过共产主义衣钵的联合左翼联盟也从 21 席跌至 8 席。[55] 华金·阿尔穆尼亚辞去了工社党总书记的职务，并由何塞·路易斯·罗德里格斯·萨帕特罗接任。2001 年 9 月，人民党经济事务发言人比森特·马丁内斯·普哈尔特声称，人民党执政期间不可能发生腐败。然而，很快人民党高级官员就纷纷被指控涉嫌受贿和腐败，马丁内斯·普哈尔特也于2016年深陷丑闻。[56] 甚至在选举之前，媒体就对所谓的"亚麻事件"给予了极大关注。

亚麻可用于生产亚麻籽油和亚麻布。种植亚麻得到了欧盟的资助，每公顷高达12万欧元。1996年至1998年在洛约拉·帕拉西奥·巴列·勒松迪担任农业大臣期间，农业部高级官员亲属以及一些名人的土地大面积播种了亚麻，这些名人包括阿尔瓦女公爵和马里奥·孔德。这些地区不适合种植亚麻，而且种植亚麻占用了以前用于小麦和其他有用作物的土地。1994年的亚麻种植面积仅为200公顷，1998年激增至3万公顷。种植的大部分亚麻无法出售，要么在田里烂掉，要么被烧掉。负责与欧盟进行补贴谈判的是西班牙农业保障基金，该机构负责人尼古拉斯·洛佩斯·科卡于1999年4月辞职，原因是他的亲属里有人接受过该补贴。2000年12月，反腐败检察机关启动刑事调查，并告知欧盟委员会，称在纺织用途亚麻的欧盟补贴上存在欺诈行为。人民党坚决否认洛约拉·帕拉西奥有错，他当时是欧盟委员会副主席。2007年4月，西班牙国家法院判决，从欧盟补贴里占便宜并不违法。[57]

2001年的Gescartera公司案和2002年的BBVA银行案陆续曝光，与政府有关的腐败问题一直占据报纸头条。2001年6月，全国证券市场委员会发现一家股票经纪公司Gescartera欺骗客户，受害者包括几位主教、30个教团，以及警察共同基金，根据后来的计算，涉案总额为8800万欧元。人民党的财政副大臣恩里克·希门尼斯·雷纳于7月21日辞职。他的姐姐皮拉尔是该公司的董事总经理，被指控挪用资金。9月，由于协助其姐姐结识全国证券市场委员会负责人皮拉尔·巴连特，恩里克·希门尼斯·雷纳受到调查。结果，皮拉尔·巴连特被指控向 Gescartera 公司泄露机密信息并收受其礼物，9 月 21 日他决定辞职。该案最终于 2007 年开始审理。法院判决该公司所有者安东尼奥·卡马乔·弗利萨入狱 11 年，而其总裁皮拉尔·希门尼斯·雷纳则被判处 3 年徒刑。[58] 2002 年 1 月，据透露，巴尔塔萨·加尔松已开始对 BBVA 银行在避税国的秘密账户展开调查。BBVA 银行的两名董事于 2001 年 12 月辞职，另外四名董事于 2002 年 4 月辞职。据称，他们全部涉嫌逃税和挪用养老金，并在避税国开设秘密账户。[59]

阿斯纳尔的女儿安娜与他的顾问之一亚历杭德罗·阿加格举行婚礼，公众对阿斯纳尔所吹嘘的简朴作风表示质疑。婚礼于 2002 年 9 月 5 日在埃尔埃斯科里亚尔修士院举行，仪式的规模如同王室婚礼。宾客达到 1100 人，包括国王和王后，以及英国、意大利和葡萄牙的政府首长，还有众多西班牙政治人物和名人。证婚人达到 25 位，其中一人是弗朗西斯科·科雷亚，他后来成为轰动一时的居特勒案的核心人物。2009 年，阿加格否认曾与科雷亚有过任何商业往来，但科雷亚的主要合伙人、会计师何塞·路易斯·伊斯基耶多·洛佩斯手里的秘密账本上有他的名字。科雷亚拥有数家旅行和活动策划公司，业绩都不错，曾经为人民党的高级成员安排过假期。介绍科雷亚与他们结识的是人民党青年组织"新世代"里的朋友，而"新世代"组织的秘书正是阿加格。人们质疑曾经当过税务督察员的阿斯纳尔如何能负担得起豪华招待会的费用，而招待费用部分是用葡萄酒生产商的赠礼资助的。11 年后，对居特勒案的调查显示，科雷亚不仅支付了 32 452 欧元用于支付音响和灯光费用，而且新婚夫妇的礼物也是他支付的。阿斯纳尔始终否认这次婚礼用了公共资金。然而，不仅婚礼招待会开支巨大，客人们的交通、安保和停车开支也不少，这笔钱是埃尔埃斯科里亚尔当地政府承担的。[60]

在这种背景下，规模较小的腐败案，特别是建筑业和土地销售相关的腐败案层出不穷。阿斯纳尔首任政府实施的一些关键措施最终造成了极坏的影响，放松用地限制就是其中之一。西班牙加入欧元区之后，低息贷款涌来，加上法律的这一变化，建筑业逐渐繁荣，成为西班牙未来十年经济增长的引擎。便宜的资金十分充裕，这引发了一系列可疑的做法，包括利用变更用地分类实施欺诈，为了承揽项目向政策制定者提供非法回扣，以及建设不必要的基础设施和标志性项目，例如巴伦西亚的艺术科学城。艺术科学城耗资近13亿欧元，是预算金额的4倍多，作家安东尼奥·穆尼奥斯·莫利纳称其为"欧洲最无用和最昂贵的建筑"。在地方一级，公共机构和私营实体之间乱作一团，在缺少政府控制或监督的情况下，大量的工作被外包给私营实体，从城市规划、垃圾收集、街道清洁、水和能源供应到公共交通，还包括组织公共活动。最精于此道的运营商就是弗朗西斯科·科雷亚，他说服地方官员精心设计一些合同，好让他所控制的公司从中获益。他们夸大合同的价格，这样政客们就可以获得回报。[61]凭借某个政党的党员身份，完全不合格的人也得以在省级的储蓄银行担任高级职位。由于这些人贪得无厌，或他们背后政治大佬利欲熏心，银行最终倒闭，小投资者的积蓄血本无归，这种情况经常发生。[62]

最近有一份调查报告分析了浪费、公共资源的低效使用和腐败之间的复杂关联。报告显示，1995 年至 2016 年，西班牙浪费了 800 亿到 900 亿欧元，用于"不必要、废弃的、使用不足或计划不周的基础设施"。由于缺乏监管、透明度和核算，许多不必要的公共工程价格虚高，获得合同的都是那些企业联盟，这被称为"裙带资本主义"。其中的三分之一（262 亿欧元）流入了没有必要的高速铁路项目，包括由于使用不足或未完工而迅速关闭的铁路车站。巴伦西亚北边的卡斯特利翁机场于 2011 年 3 月开放，开放时尚未获得起降飞机的许可，好几年里损失巨大。雷阿尔城机场的跑道长达 4000 米，是西班牙最长的跑道。当地居民不到 7.4 万人，但该机场计划每年可运送 250 万人次。机场于 2008 年 10 月开业，累计负债 3 亿欧元，4 年后关闭。2016 年，它被出售时，价格只有 10 亿欧元成本的二十分之一。[63]

建筑公司把装满钱的手提箱塞给市政官员，好让他们批准变更用地分类。人民党两届政府期间，建筑业的繁荣创造了大量就业机会，失业率下降到 11.5%。1998 年 4 月颁布的《土地法》全面放宽管制，可开发土地面积大大增加，但建筑公司仍然得经常通过腐败手段拿地。人民党执政期间，房屋开工数量增加了 3 倍。2010 年，超过 150 个市镇政府受到税务机关的调查，涉及偷逃税款、洗钱和公职人员受贿。大部分案件发生在安达卢西亚和巴伦西亚的地中海沿岸。[64]建筑行业最常见的腐败形式是，无利可图的农用地所有者贿赂相关的市里或省里的官员，以非法手段把土地用途变更为"可供城市建设使用"，使土地价值大大增加。官员们还向开发商出售非法的建筑许可证，用来在农用地上非法建造数千套房屋。接着，市里其他官员威胁那些买了非法许可证的开发商，强令其必须拆除违建房屋。在阿利坎特省卡特拉尔镇，镇官员向开发商提供非法许可证后，开发商建造了 1200 余栋房屋，其中一些开发商是镇官员的亲戚。[65] 许多受害者是外国人，他们上了律师的当，而这些律师是开发商花钱雇来的。[66] 安达卢西亚自治区政府承认，该地区的违建房屋大约有 25 万处，大量业主陷入法律困境。[67]

另一个典型的例子是在马略卡岛的安德拉奇镇发生的事。2006年 11 月，安德拉奇镇镇长欧亨尼奥·伊达尔戈等人被捕，其中包括马略卡岛城市事务负责人豪梅·马索特、负责公共工程的镇政府官员豪梅·希韦特以及镇政府法律顾问伊格纳西奥·米尔。他们被控接受贿赂，发证给开发商在受保护的乡村土地上为镇长建造了一处小别墅，以及一家餐厅和 11 栋带游泳池的房屋。起初，人民党内有名的腐败户——豪梅·马塔斯所领导的巴利阿里群岛政府在接到检举后拒绝采取行动。[68] 最后，法院认定涉案人伪造文件、收受贿赂、危害环境并且故意违反城市规划相关法律，伊达尔戈、马索特和希韦特因此被判入狱，米尔被处以罚金。[69]

豪梅·马塔斯于 2003 年到 2007 年在阿斯纳尔内阁担任环境大臣，这期间他和妻子玛利亚·特雷莎·阿雷亚尔在豪华物业和奢侈品上豪掷千金，其中包括一块价值 2.3 万欧元的劳力士手表，引起广泛关注。作为巴利阿里群岛政府的主席，马塔斯曾参与过数个问题项目。最有名的是帕尔玛竞技场体育中心，该项目原预算为2700 万欧元，实际开销多出了 8300 万欧元。除了个人从中谋利以外，这笔钱还被用来支付人民党在 2007 年的选举费用。后来，他因涉嫌挪用公款、洗钱和妨碍司法公正而受到审判。对帕尔玛竞技场体育中心案的调查发现，项目背后的腐败交易十分复杂，不仅涉及包括马塔斯在内的许多人，甚至还牵涉国王的女婿伊纳基·乌丹加林。[70]

另一个牵连人民党的重大丑闻就是所谓的 Brugal 案。"Brugal"是警方起的名字，指"Basuras Rurales Gestion Alicante（阿利坎特农村垃圾处理案）"。这起案子起初涉及阿利坎特省垃圾收集项目授标过程中的腐败行为，项目合同利润可观。调查始于 2006 年 3 月，并很快扩展到勒索和贿赂公职人员的行为，案情超过了垃圾收集合同的范围，进一步牵涉了将农用地变更为建设用地，这一块的利益要大得多。Brugal 案的核心人物是安赫尔·费诺利，他在阿利坎特省奥里维拉市拥有好几家企业，从事垃圾收集和土地投机活动。后来他不仅成了事件的主角，还成为举报人。在他提供线索之后，当局对阿利坎特地区的腐败展开了长达 13 年的大规模调查。费诺利在办公室里安装了隐藏的摄像头，把多年以来与市、省有关部门的业务交谈都录了下来。事件爆发是在 2006 年，当时，奥里韦拉市正在进行垃圾收集项目招标。竞标者里有费诺利的公司以及包括 Urbaser 公司在内的其他四家企业，Urbaser 是他的死对头。费诺利相信 Urbaser 会赢得合同，因为 Urbaser 给人民党的市长何塞·曼努埃尔·梅迪纳和政府其他成员塞了红包。此外，费诺利还担心梅迪纳将变更一片农用地的用途，以便建造 3000 所房屋。对于这种违法行为，他通常是不以为意的。但是，这一次涉及的地块毗邻他自己的土地，在那里他不仅有一处垃圾场，还有一个大规模的动物园，喂养来自非洲和亚洲的大量动物。

因此，为了给梅迪纳施加压力，费诺利不仅支持莫妮卡·洛伦特作为市长候选人参加即将举行的奥里韦拉市政府选举，而且威胁要把那些有损当事人颜面的录音带公之于众。打击梅迪纳的行动结果好坏参半。尽管洛伦特于 2007 年 6 月当选为市长，但几周前，费诺利和包括他的儿子在内的其他 5 人因涉嫌勒索被捕。获得保释后，陷入困境的费诺利暗示可能会公开自己与阿利坎特的商人和政治人物会晤的录音。他透露了自己与路易斯·费尔南多·卡塔赫纳的交往，作为一个例子，以证明自己并非虚张声势。卡塔赫纳属于人民党，曾于 1986 年至 1995 年担任奥里韦拉市市长，并于 1995 年至 1998 年担任巴伦西亚自治政府公共工程部部长，当时政府主席是爱德华多·萨普拉纳。1997 年，卡塔赫纳把该市整个海岸地区的垃圾收集合同都给了费诺利，让他帮忙掩盖一项罪行。1993 年，卡塔赫纳侵占了 4.9 万欧元，费诺利为他提供了虚假发票。这笔钱是由圣胡安·迪奥斯市立老年人临终关怀中心的圣衣会修女们捐赠的，用于在奥里韦拉兴建社会项目。事情于 1997 年败露，卡塔赫纳需要发票，以使这笔钱看上去好像确实花在了社会事业上。二人因此案受到审判，卡塔赫纳入狱，费诺利被处罚金。从卡塔赫纳手里拿到这个大合同之后，费诺利为表示感谢，在自己的企业里给人民党官员的一些亲戚安排了闲差，其中包括爱德华多·萨普拉纳的姐妹卡门·萨普拉纳。他还向一家支持人民党的当地广播电台提供了资金。有一次，他还出钱用两辆车把人民党支持者送去某处集会参加投票。时过境迁，费诺利如今威胁说："我手里的录音还有很多。但愿我用不着它们。如果我的公司有麻烦，我就会把它们抖搂出来。"

2010 年 2 月，费诺利和其他 17 名商人和市政府官员被指控大规模偷逃税款，涉及数千张虚假发票，案件变得更加复杂。进一步调查之后，6 月份有 9 人被捕，其中包括阿利坎特省议会议长何塞·华金·里波利，他也是人民党在阿利坎特省的领导人。反腐败检察官对里波利、阿利坎特市市长索尼娅·卡斯特多以及其前任路易斯·迪亚斯·阿尔佩里提出指控，罪名是在该省新的变更用地分类办法——《城市总体规划》的实施过程中涉嫌腐败。他们被指控索贿、以权谋私，并将保密信息出售给了以非法活动闻名的当地建筑大亨恩里克·奥尔蒂斯。奥尔蒂斯的生意不少，还是大力神足球俱乐部的大股东。他还被指控贿赂包括科尔多瓦足球俱乐部在内的其他球队，好让它们在 2009 年至 2010 年赛季里放水，确保他的大力神足球俱乐部升入甲级联赛。索尼娅·卡斯特多否认了这一指控，但承认自己接受邀请乘坐奥尔蒂斯的游艇前往巴利阿里群岛旅游。遭到反腐败检察官指控的还有 Bancaja 银行的董事以及地中海储蓄银行的董事长和一名董事，他们涉嫌借变更用地分类牟取非法利益。2012 年，调查范围扩大到了 29 个人，包括奥里韦拉市前任市长梅迪纳和现任市长洛伦特。据称洛伦特收了钱，保证费诺利拿下之前梅迪纳拒绝给他的那份垃圾收集合同。该案情节复杂，直到 2019 年 3 月才开始审判。[71]

2008 年夏天，司法部门开始调查卡斯特利翁议会议长卡洛斯·法布拉的财务状况。法布拉不仅是巴伦西亚地区人民党的重要人物，还是萨普拉纳的盟友。法布拉家族属于地方豪强。在他之前，他的父亲、祖父、曾祖父、曾祖父的两个兄弟和高祖的一个兄弟都曾担任过地方政府主席。调查发现，以他名义开立的银行账户有 100 多个，收款超过 1500 万欧元。这笔钱中至少有 600 万欧元是以现金形式支付的，没有往来记录，也没有支付任何税款。付款笔数很多，每笔金额在 4 万到 10 万欧元之间，总额是他向税务机关申报的收入的 30 倍。例如，1999 年他的申报收入为 7.3 万欧元，但他隐瞒了 80 万欧元。他声称 2000 年至 2004 年期间通过买彩票七次共赚得 220 万欧元。这难得的好运气其实是一种洗钱的把戏，即以虚高的价格购买中奖彩票，达到免缴税金的目的。当法布拉首次遭到指控时，拉霍伊伸出了援手，称他是模范公民。法布拉因推动兴建卡斯特利翁机场而声名狼藉，该机场属于毫无用处的面子工程，使该省损失了大笔资金。2013 年 11 月，法院认定其贿赂、以权谋私和偷逃税款罪名成立，他被判处 4 年徒刑。[72]

卷入腐败的不仅有工社党和人民党，其他政党概莫能外。由于与人民党关系热络，统一与联合党在加泰罗尼亚失去选民支持，之后该党的劣行才被发现。加泰罗尼亚各派势力里，受益的主要是加泰罗尼亚左翼共和党。2003 年 11 月的选举中，加泰社会党的帕斯卡尔·马拉加利击败了普霍尔的继任者、立场温和的经济学家阿图尔·马斯，但并未赢得绝对多数。[73] 12 月，马拉加利出任加泰罗尼亚自治政府主席，其领导下的联合政府包括加泰社会党、加泰罗尼亚左翼共和党和"为了加泰罗尼亚倡议绿党"（共产主义者和绿党组成的联盟）。所谓的三方联合政府从 2003 年开始执政，直到 2010 年。[74]

像人民党一样，统一与联合党也通过从政府合同收取好处费的非法方式筹集资金。巴塞罗那市卡梅尔区地铁工地发生塌陷之后，加泰罗尼亚议会于 2005 年 2 月 24 日就此次事故展开辩论，辩论的消息登上报纸头条。统一与联合党领导人阿图尔·马斯指责政府疏于监督，而自治区政府主席、加泰社会党人帕斯卡尔·马拉加利反驳说："你们才有问题，就是那 3%。"他这里指的是有传言说统一与联合党政府当初在授予公共工程合同时收取 3% 的好处费。在马斯威胁停止支持加泰罗尼亚自治法的改革后，马拉加利不得不撤回了这一指控。随后对该案的司法调查显示，在建筑公司赢得公共工程合同之前，统一与联合党已经收到了好处费。如果一家公司获得了合同，该公司会向文化基金会——加泰罗尼亚合唱团音乐宫基金会提供"慈善捐赠"，金额相当于合同价格的 3%。然后，这笔钱的一部分转给了统一与联合党的智库——特里亚斯·法尔加斯基金会。例如，法罗里奥集团曾通过音乐宫支付了总计 510 万欧元的好处费，针对的合同包括"司法城"法院建筑群项目和规模庞大的巴塞罗那地铁九号线项目。[75]

　　经过对统一与联合党非法融资行为的长期调查，霍尔迪·普霍尔的个人腐败行为于 2013 年被曝光。当时，其长子霍尔迪·普霍尔·费鲁索拉的前情人玛丽亚·维多利亚·阿尔瓦雷斯披露，普霍尔家族在避税国安道尔拥有大量银行账户。在媒体的不断曝光压力之下，2014 年 7 月，霍尔迪·普霍尔声称那些钱是从父亲那里获得的一笔遗产，还说自己只不过是因为实在太忙了，没有时间向税务机关申报。但是，玛丽亚·维多利亚·阿尔瓦雷斯断言，这笔钱来自授予公共工程合同所换得的好处费。这在加泰罗尼亚政坛引起了一场小规模地震。有人又把这一事件与 Banca Catalana 银行的倒闭联系起来，更多人由此想到的是对普霍尔家族的指控，人们说他在担任加泰罗尼亚自治政府主席的 23 年间一直在向商人收取好处费。负责该案的西班牙国家法院法官何塞·德拉马塔发现，从加泰罗尼亚自治政府和统一与联合党控制的市镇政府手中拿到合同的公司里，100 多家为此向普霍尔一家支付过好处费，金额总计 1150 万欧元，这也证明了之前马拉加利提出的指控属实。[76]

　　加泰罗尼亚的另一起大案涉及统一与联合党和加泰社会党的数名重要人物。2009 年，加尔松开始调查"Caso Pretoria"案。此案涉及城市建设领域的腐败行为，巴塞罗那省内三个市镇政府牵涉其中，涉案人包括统一与联合党和加泰社会党的几名前任政府高官。腐败勾当开始于 2002 年，涉及密谋操纵公共合同和非法变更巴塞罗那北部市镇土地的用地分类，主要是在圣科洛马 – 德格拉马内特市，也包括巴达洛纳市和圣安德烈斯 – 德利亚瓦内拉斯市。有 20 名市镇官员和自治区政府官员受到调查，他们结成了一个相互勾连的网络，为获取高额好处费而操纵公共合同的授标结果。案件涉及路易·普雷纳费塔，这个人曾是霍尔迪·普霍尔的得力助手，也是第一任自治区政府内阁部长。涉案的还有马西亚·阿拉韦德拉，1982 年至 1987 年他在以普霍尔为首的自治区政府担任内政部长，1987 年至 1989 年担任工业部长，1989 年至 1996 年担任经济部长，前后长达 15 年。两人被指控共谋、以权谋私和洗钱。同时，被捕的还有担任过圣科洛马市市长的加泰社会党人巴托梅乌·穆尼奥斯，他被指控共谋、索贿受贿、欺诈和伪造公文。接受调查的还有负责城市建设的市政府官员曼努埃尔·多瓦尔科，以及城市公共服务局局长帕斯夸尔·贝拉，他们负责与建筑公司达成交易，然后建筑公司据此支付好处费。事件背后的策划者是人称"路易吉"的路易斯·加西亚·赛斯，曾是代表加泰社会党的议员。除了面临与穆尼奥斯相同的指控之外，他还被指控洗钱和以权谋私。调查名单上还包括为拿下合同而支付好处费的公司的负责人，以及相关官员的亲属，其中包括阿拉韦德拉和普雷纳费塔的妻子。法院审理此案的过程十分缓慢。2018 年，法院终于宣判，主要涉事人被处以长期监禁和巨额罚金。[77]

第十八章

腐败和无能的胜利，
2004—2018 年

阿斯纳尔担任首相期间发生了大规模的腐败行为，这些丑闻在十多年之后才渐渐曝光。阿斯纳尔于 1989 年选择路易斯·巴尔塞纳斯担任人民党干事。爱德华多·萨普拉纳是他的门生。他任命罗德里戈·拉托为 Bankia 银行总裁，该银行是 2011 年大规模腐败丑闻的主角。[1] 这三人成为大规模腐败案件的核心。第一起丑闻于 2009 年曝光。在对人民党资金使用情况的居特勒案调查过程中，加尔松询问瑞士当局，巴尔塞纳斯是否在日内瓦的银行中存有资金。调查显示，他在那里持有的个人财富高达 4825 万欧元，人民党领导层对此十分震惊。这些钱是他在 1993 年至 2008 年取得的，其间，他与人民党财务主管阿尔瓦罗·拉普艾尔塔共事。之后，他接替了拉普艾尔塔的职务。两人采用账外账的方式，把大量未申报的和非法的现金赠款汇给人民党。这种账外账的手段是在纳赛罗案中首次发现的。除了巴尔塞纳斯自己留存的款项外，这笔钱还用于建立非法基金，来支付党的各种开支以及给高级官员加薪。巴尔塞纳斯首次受到调查时，拉霍伊声称对人民党的这种攻击是出于政治目的。瑞士账目曝光后，他迫使巴尔塞纳斯辞去了人民党财务主管和参议院议员的职务。为了减轻给巴尔塞纳斯的打击，人民党同意给予他顾问的头衔，不仅提供 255 600 欧元年薪，还为他支付 20 万欧元以内的官司费用，并且继续为他提供汽车和秘书。[2]

反腐败部门加大了调查力度，2012 年西班牙法院与瑞士当局之间加强了合作。结果，人民党选择放弃巴尔塞纳斯，因为牵涉罗德里戈·拉托的 Bankia 银行危机不断发酵，已经使人民党压力重重。[3] 2013 年 1 月 31 日，《国家报》刊登文章，披露了巴尔塞纳斯的账外账的许多手写材料，时间涵盖 1990 年至 1993 年和 1996 年至 2008 年。其中的收入主要来自建筑公司的献金，还包括来自弗朗西斯科·科雷亚商业帝国的资金，这违反了有关政党筹集资金的法律规定。其中的支出用于补贴人民党高级官员的薪水，同样属于非法行为。主要受益人是马里亚诺·拉霍伊，他在巴尔塞纳斯的账本中出现了 35 次，11 年中共获得 322 231 欧元，包括他在阿斯纳尔内阁任职的 3 年。1990 年至 2008 年的其他主要受益者包括阿尔瓦雷斯·卡斯科斯（据称收到了相当于 321 391 欧元的补助）、罗德里戈·拉托（216 711 欧元）和海梅·马约尔·奥雷哈（181 440 欧元）。1990 年，阿斯纳尔只得到了 9198 欧元，当时他是人民党的 6 名副主席之一，全面负责党的财务工作。这些秘密文件披露出来后，巴尔塞纳斯于当日予以否认。4 个月后，他向《世界报》主编佩德罗·何塞·拉米雷斯承认这些文件是真实的。他说，他和他的前任阿尔瓦罗·拉普艾尔塔在担任党的财务主管期间都是利用从商人那里获得的现金来设立非法基金的。接下来的 5 年中，拉霍伊声称对于巴尔塞纳斯——他的朋友和党内同事——的上述行为一无所知。然而，《世界报》已经披露了他发给巴尔塞纳斯以及妻子的支持短信，例如"要勇敢"和"要坚强"，证明拉霍伊知晓非法基金之事。[4]

居特勒案是人民党高官所涉嫌的最大的案子，与巴尔塞纳斯案关系密切。居特勒案在 2009 年初就引起了公众注意，但由于人民党对法官资格提出种种质疑，直到 2016 年 10 月才开始审判。警方使用代号"居特勒"（德语中的腰带）来指称主要嫌疑人弗朗西斯科·科雷亚·桑切斯，因为"科雷亚"在西班牙语里也是指腰带。科雷亚善于迎合权贵，他的影响力不断扩大，受命组织选举活动，包括在斗牛场举行的大规模集会。巴尔塔萨·加尔松的调查始于两名举报人向警方提供的信息，这两人都是马德里地区的市政府官员，其中一人是马哈达翁达镇的何塞·路易斯·佩纳斯，另一人是博阿迪利亚-德尔蒙特镇的安娜·加里多·拉莫斯。博阿迪利亚镇镇长阿图罗·冈萨雷斯·帕内洛随后受到指控，他选择辞职并前往国外。警方要求逮捕他的继任者胡安·西格罗。马哈达翁达镇、博阿迪利亚镇、波苏埃洛-德阿拉尔孔镇和阿尔甘达-德尔雷伊镇的人民党镇长，以及人民党执政的马德里地区政府的前任成员，这些人被指控非法订立合同和签发建筑许可，借此收受 400 余万欧元的贿赂。[5]

　　与大多数此类案件一样，指控的主要罪名是贿赂、洗钱和逃税。此案中，受到指控的是一批相互勾结的商人和人民党政客，背后的组织者正是科雷亚。这些人参与了人民党的非法筹资活动，在人民党控制的地区（主要是巴伦西亚和马德里）以及加利西亚操纵公共合同招标。[6] 通过科雷亚控制的活动策划公司 Orange Market，他们向人民党政客提供礼物和现金，包括为弗朗西斯科·坎普斯、里卡多·科斯塔和巴伦西亚人民党的其他官员购置高档西装。付款时使用的是 500 欧元面值的纸币，付款人是巴勃罗·克雷斯波，此人曾经担任人民党在加利西亚的秘书长，是 Orange Market 的董事，还是科雷亚的主要合作伙伴之一。揭露西装赠礼勾当的裁缝为此丢掉了工作。[7] 据估计，由于逃税以及建筑工程和市政服务领域的无用或价格虚高项目，这伙人给公共财政造成的损失至少为 1.2 亿欧元。[8] 据估计，科雷亚获利接近 900 万欧元。[9]

这帮人挥霍无度，据说科雷亚（他的朋友们称他为"唐维托"）甚至在他经常光顾的高档餐馆"索罗利亚"一边吃晚饭，一边公开点数大量现金。据称，他不仅为政客安排淫乱派对，还流连于附近一家名为 Pigmalion 的妓院，他和他的合伙人甚至将那里称为"办公室"。[10] 他的帝国日趋复杂，为了便于管理，科雷亚不仅组建了由会计师组成的顾问团队，负责记录贿赂和礼物，而且请律师在西班牙和其他地方设立层层叠叠的公司，以便掩盖资金去向。通过巴勃罗·克雷斯波，这个关系网从马德里地区扩展到了人民党在巴伦西亚的分支。

Orange Market 的不正当商业交易受到巴伦西亚议会的社会党议员何塞·卡马拉萨·阿尔韦托斯的质疑，于是当局展开了调查。该公司在巴伦西亚的业务负责人是科雷亚的合伙人阿尔瓦罗·佩雷斯·阿隆索，人称"八字须"，公司业务包括组织宣传集会、会议和大会，并聘请宣传专家帮助人民党角逐 2007 年巴伦西亚地区选举和 2008 年大选。"八字须"2018 年接受审理时称，该公司刚开始为阿斯纳尔工作时，"是我们给了他新鲜、充满活力的形象。人们都以为他做了整容手术，是我帮他摆脱了那一副倒霉的长相"。这项调查的重点是巴勃罗·克雷斯波和人民党在巴伦西亚的前秘书长里卡多·科斯塔。人民党辩称，这些都是工社党的阴谋。[11]

科雷亚于 2009 年 2 月与一些合伙人一起被捕。他无力支付

1500 万欧元的保释金。调查进行期间，他被囚禁了三年。之后，保释金减少到 100 万欧元。[12] 2009 年 6 月，当局开始对巴尔塞纳斯进行调查。调查过程中，司法人员经常变动，包括加尔松在内。由于批准对被告与其律师之间的对话实施监听，加尔松被剥夺了从事司法职业的资格。

最终，2016 年 1 月，法庭对其中 37 人进行了审理。科雷亚作证说，他与人民党的关系始于 1993 年，中间人是阿尔瓦雷斯·卡斯科斯和巴尔塞纳斯。他承认，他给过波苏埃洛镇镇长赫苏斯·塞普尔韦达、巴尔塞纳斯和其他高官装有现金的信封，并为波苏埃洛镇、马哈达翁达镇和巴伦西亚的竞选活动提供了资金。他还向塞普尔韦达和他的妻子安娜·马托赠送了大量礼物，包括两辆豪华轿车。安娜·马托是人民党议员，2011 年至 2014 年曾经担任卫生大臣。科雷亚谈到位于赫诺瓦街 13 号的人民党总部时说："我曾经整天待在赫诺瓦街。我在那里的时间比在自己办公室待的时间还多。那里就是我的家。"他说，在巴尔塞纳斯的建议下，他曾经在人民党和大公司之间充当中间人，就大型公共项目的合同进行谈判，以换取大量的现金好处费。他留下了部分好处费，并将剩余的交给了巴尔塞纳斯。[13] 审理过程最重要的时刻发生在 2017 年 6 月，拉霍伊出庭作证。他是第一位应要求出庭的首相，尽管只是作为证人。虽然有巴尔塞纳斯的文件作为证据，他仍否认自己在薪水之外接受补贴，并声称对于人民党参与科雷亚供认之勾当的情况并不知晓。他坚称，他只负责制定党的政策，党的资金运作与他没有任何干系。[14] 2019 年 1 月，巴尔塞纳斯声称警方已经查获了相关文件，证明拉霍伊和人民党其他领导人收了钱。[15]

2018 年 5 月 17 日，西班牙国家法院做出判决，27 个人连同人民党的欺诈和洗钱罪名成立。科雷亚被判 51 年零 11 个月徒刑。克雷斯波，37 年零 6 个月徒刑。巴尔塞纳斯，33 年零 4 个月徒刑，罚金 4400 万欧元。他的妻子罗萨莉亚·伊格莱西亚斯·比利亚尔，15 年零 1 个月徒刑。吉列尔莫·奥尔特加（马哈达翁达镇前任镇长），38 年零 3 个月徒刑。何塞·路易斯·伊斯基耶多·洛佩斯，17 年零 7 个月徒刑。赫苏斯·塞普尔韦达，14 年零 4 个月徒刑。何塞·路易斯·佩纳斯（马哈达翁达镇前任镇政府官员，曾经告发居特勒案），4 年零 9 个月徒刑。法庭宣布阿尔瓦罗·佩雷斯·阿隆索无罪。人民党因参与居特勒案被处罚金 2.45 亿欧元。通过账外账的手段，涉案人一边把商业公司提供的好处费用来资助党的活动并充实个人党员的腰包，一边与商业公司订立公共合同作为回报。拉霍伊声称对这些非法资金一无所知，法官表示，这种说法"没有足够的可信度"。人民党声誉遭受的打击是无法估量的。不到一个月，在 6 月 1 日议会的不信任动议投票中，人民党失去了权力，工社党重新上台执政。[16] 在有关不信任动议的辩论中，反对紧缩政策的"我们能"党的议员伊雷妮·蒙特罗列举了 60 起重大腐败案件。巴伦西亚人民党非法筹款案的审判中，法庭认定有 350 万欧元用于人民党的选举费用，包括对工社党总书记萨帕特罗进行诽谤。[17]

2005 年，警方发起"白鲸行动"，广泛调查涉及毒品、卖淫、军火交易和绑架等有组织犯罪的洗钱活动，搜查了马拉加省马尔韦利亚市的几家律师事务所。曝光的案例中，有的涉及马尼尔瓦市市长佩德罗·蒂拉多。2005 年 10 月 13 日，他与他的姻亲兄弟弗朗西斯科·卡列一起被捕。搜查他们的房屋时，警方从蒂拉多的塑料垃圾袋中发现了 77 万欧元，而卡列则有 2 万欧元。他们与据称从事洗钱的 Royal Marbella Estates 公司有关联。2003 年，蒂拉多通过运作，改变了一处 130 万平方米的农田 Cortijo La Parrada 的用地规划，大幅增加了可以在其上建造的房屋数量。Royal Marbella Estates 公司以 1200 万欧元的价格买下了这块土地，然后以 1.6 亿欧元的价格卖给了 5 个开发商。蒂拉多被指控行贿、妨碍司法公正、以权谋私以及为徇私裁断而接受礼物。他声称这笔钱来自匿名捐赠，最终被判处 1.2 万欧元罚金。[18]

"白鲸行动"的主要发现是马尔韦利亚市政府内部发生的所谓 Malaya 案。1991 年至 2002 年之间，该市市长是赫苏斯·希尔，这个人是从事可疑买卖的地产大亨。在他创建的政党"自由独立团体"控制该市的时代，这个市政府的腐败之风远近闻名。那年的 4 月，法庭禁止他在 28 年内担任公职，要求他辞去市长职务，并对其处以 6 个月监禁，罪名包括以权谋私、伪造证件、挪用公共资金以及从马德里竞技俱乐部和马尔韦利亚市政府诈取资金。他从市政府手中拿走了 4.5 亿比塞塔（约合 270 万欧元），声称用于把该市的名字印制在马德里竞技俱乐部的球衫上。这场骗局不仅使他在财务上获利，而且还推动了他的竞选活动，使他于 1991 年成为该市市长。1991 年至 1995 年，希尔和 6 个同伙从市政府手里骗走了 3520 万欧元，为 4 家不存在的公司的费用付款。其中一名同伙是马尔韦利亚市的城市规划负责人胡安·安东尼奥·罗加。[19]

2005 年 11 月，反腐败部门开始调查，而希尔在此之前已经去世。在他的保护下，罗加在 20 世纪 90 年代通过贿赂和勒索，利用驻马拉加的德国领事汉斯·霍夫曼和他儿子胡安的关系，建立起一个包括商人、律师、警察甚至法官的利益网络。汉斯·霍夫曼是附近丰希罗拉镇土地交易的表面上的经办人，这笔交易所得实际上落入何塞·安东尼奥·希龙·贝拉斯科的腰包，他在佛朗哥时期担任过劳工部部长。[20] 在房地产繁荣时期，罗加想出了点子，以违反城市规划法规的方式，为他本人以及数位市长和市政府官员牟取财富。罗加用商人提供的现金来收买议员，确保获得规划和建筑许可，以便自己和希尔从中牟利。对他们的调查发现了大约 100 起腐败案件，包括 Saqueo I 案、Saqueo II 案、Minutas 案、Belmonsa 案、Urquía 案，最重要的则是 Malaya 案，罗加因此被判入狱 11 年。案件经过几次审理，第一轮审理显示罗加已经获得了超过 10 亿欧元的非法财产。[21]

2006 年 3 月，警察对马尔韦利亚、马拉加、马德里、穆尔西亚、加的斯和韦尔瓦的房屋和办公室进行了突击搜查，查获了文件、大量贵重物品和现金，总额达 24 亿欧元。警方搜查了罗加名下的众多物业，从大片地产到酒店和公寓楼，一应俱全。他在马尔韦利亚拥有大面积地产，名为卡里达庄园。2006 年 3 月，警方在庄园发现了几箱珠宝、几辆豪华汽车、245 幅珍贵画作（其中有一幅挂在浴室的米罗① 画作）。警方还找到一架直升机，一个装满猎物标本的展厅，里面有大象、斑马、长颈鹿和豹子的标本。庄园里还有一处养马场，其中饲养了 100 多匹纯种马。在位于加的斯省希梅

---

① 即胡安·米罗（Joan Miró），西班牙画家、雕塑家、超现实主义的代表人物，和毕加索、达利齐名的 20 世纪超现实主义绘画大师之一。

纳－德拉弗龙特拉镇的莫里斯卡庄园，警方找到100头斗牛和一整套保留至今的具有历史价值的斗牛用具。[22] 警方还搜查了马尔韦利亚镇负责交通事务的镇政府官员维多利亚诺·罗德里格斯在马德里的住所，从中发现了大概30万至40万欧元现金，这些钱被装在标有金额和姓名的信封中，可能准备用于行贿。搜查结束后，当局逮捕了罗加、罗德里格斯、马尔韦利亚镇镇长玛丽索尔·亚格和她的副手伊莎贝尔·加西亚·马科斯。当局做出了史无前例的决定，于4月解散了镇政府，并成立了一个应急管理委员会，一直执政到2007年5月人民党在选举中获胜。[23]

行动的第二阶段于2006年6月27日开始。300名金融犯罪调查人员突击搜查了马拉加、格拉纳达、科尔多瓦、塞维利亚、马德里和潘普洛纳的场所。调查人员逮捕了30人，其中13人曾经是马尔韦利亚镇政府官员和建筑业大亨。[24] 7月17日，当局进一步逮捕了其他一些人，包括接替赫苏斯·希尔出任镇长的胡利安·费利佩·穆尼奥斯。后来，穆尼奥斯的情人歌手伊莎贝尔·潘托哈因洗钱被判入狱两年。此案十分有名，卷入其中的还有其他的政治人物和名人，甚至被制作成电视短剧。[25] 在调查的第三阶段，当局于11月14日逮捕了11人，包括穆尼奥斯的前妻马伊特·萨尔迪瓦，她在电视露面时轻言"曾有一袋又一袋的钱运到我们家"。[26] 2007年7月，当局起诉了95人，其中52人于2013年10月被判有罪。罗加被判处有期徒刑11年，并被处以2.4亿欧元罚金。亚格被判入狱6年，穆尼奥斯被判入狱2年。[27]

自从一年前决定支持美国总统布什和英国首相布莱尔并带领西班牙加入伊拉克战争，阿斯纳尔的声望便直线下降。意识到这一情况后，他决定不参加定于2004年3月14日举行的选举。他似乎笃信自己选择的候选人拉霍伊不会因为人民党政府加入伊拉克战争而被选民抛弃，因此，尽管曝光的腐败案件层出不穷，但他仍然相信人民党会取得胜利。[28] 意外的是，在投票开始前3天，进入马德里阿托查车站的4列通勤火车发生了爆炸，死亡192人，受伤人数超过1800人。这次袭击是基地组织分支所为，目的是报复西班牙加入伊拉克战争。一个与基地组织有联系的网站号召对西班牙发动袭击，并声称袭击行动将帮助工社党在选举中取胜，西班牙军队将因此从伊拉克撤军。这一论断是基于工社党人萨帕特罗在2003年的一番表态。当时他宣称，如果赢得下届选举，他将把西班牙军队撤出伊拉克。袭击发生不久，巴斯克自治政府主席胡安·何塞·伊瓦雷切指责埃塔组织是肇事者，阿斯纳尔也做出这样的指控，他还亲自给报纸主编们打电话，称埃塔组织就是此次事件的元凶。政府还指示西班牙驻外大使们强调这一点。这个推论貌似合理，因为埃塔组织曾经计划袭击马德里的火车站，尽管没有成功。但是，随着法医调查证据不断增多，基地组织终于浮出水面。调查人员发现了《古兰经》录音带和一辆装有7支引爆装置的货车，3名摩洛哥人随后被捕。由于政府没有及时公布这一新消息，在最终公布时，人们越来越怀疑此举是为了增加人民党在选举里获胜的机会。选举结果与阿斯纳尔的期望大相径庭。工社党赢得164个席位，比2000年增加了39个席位，比拉霍伊代表的人民党多16个席位。人民党赢得了148个席位，比此前减少了35个席位。[29]

政府没有公布的重磅信息是，3月13日，在马德里内主要的清真寺附近发现了一盒录像带，一名基地组织发言人声称袭击事件是他们所为，目的是对西班牙卷入阿富汗和伊拉克战争予以报复。人民党西班牙各地机构门前均爆发了示威活动，抗议者高呼"开战你光荣，受死我倒霉"。工社党发起成立了所谓"三一一"事件调查委员会，调查证实，爆炸确是伊斯兰恐怖分子所为，与埃塔组织无关。这也表明，阿斯纳尔政府确实为选举隐瞒了真相。它还表明，政府低估了伊斯兰恐怖分子对西班牙的威胁。当"三一一"事件调查委员会把报告提交议会时，其结论得到了除人民党之外所有各党的认可。直到两年后，人民党的大人物们仍然拒绝承认埃塔组织与此次暴行无关。[30]

由于在议会没有获得绝对多数，萨帕特罗不得不寻求联合左翼联盟和加泰罗尼亚左翼共和党的支持。促成他采取革新政策的原因不止一个，还有历史旧账。萨帕特罗的祖父曾经是西班牙陆军的一名上尉，由于拒绝与共和国为敌，1936年被叛乱军人处死。萨帕特罗内阁里女性成员和男性一样多，他的副手是玛丽亚·特雷莎·费尔南德斯·德拉维加。议会制定了一项性别平等法。依照该法，各政党推出的候选人里女性比例至少为40%，而在雇员人数250名以上的公司，董事会里女性比例同样至少为40%。议会制定了一项反家庭暴力法，保护家暴受害者，为他们提供帮助，并且对施暴者处以重罚。同性恋婚姻于2005年获得合法地位，这引起了右翼人士的愤怒。议会还放宽了堕胎的法律，引入了快速离婚，并为因疾病、残疾或年龄而无法独立生活的人提供了前所未有的福利帮助。这些自由主义的措施激起了天主教会的强烈反对。马德里保守派枢机大主教安东尼奥·罗科·巴雷拉指责萨帕特罗将西班牙变成了索多玛和蛾摩拉——《旧约》里记载的因居民罪恶深重而被神毁灭的古城。[31]

最具争议的措施是《历史记忆法》。这一法律做得太少，来得太晚，即便如此，还是遭到人民党的阻止和破坏。[32] 在过渡期的最初几年，由于担心再次爆发内战并重返独裁，人们无意调查内战期间及之后佛朗哥主义者所犯下的罪行。为了保护脆弱的民主制度，往事被蒙上了沉默之纱，尽管如此，许多历史学家仍在继续研究内战和随后的镇压。佛朗哥政权对左翼分子在共和派地区犯下的暴行进行了充分调查，并对受害者进行了纪念。但是，经历过战争的共和派人士及其子女仍然生活在恐惧之中。警察、国民警卫队和司法部门多年都没有实施改革，这是引发恐惧的一个重要因素。即便工社党于 1982 年上台执政，政府也没有意愿采取措施满足潜在的调查需求。当局认为启动调查风险太大。此外，清理战争期间和战后遭到掳掠的财产，为成千上万无端遭受处决或监禁的人平反，其中牵涉的法律问题太过复杂。

调查的动力来自受害者的孙辈们。尽管阿斯纳尔政府制造了一种敌对氛围，但人们开始觉得民主制度已经逐渐巩固，能够经受对刚过去的历史展开辩论。来自纳瓦拉的一位年轻的社会学家埃米利奥·席尔瓦·巴雷拉开始调查内战爆发后最初几个月在莱昂失踪的祖父的遭遇。受此影响，2000 年后已经有群众运动支持这种调查，如今被称为"恢复历史记忆"运动。西班牙全国各地都出现了恢复历史记忆协会的分支机构。他们收到了成千上万请求帮助寻找亲属遗体的来信。志愿者开始发掘乱葬岗，并记录幸存者的证词。地区（而非全国性）电视公司制作了有关镇压历史的触目惊心的纪录片。萨帕特罗政府宣布 2006 年为"历史记忆年"。2007 年，西班牙议会通过了《历史记忆法》。地方上也有一些重要的举措，例如加泰罗尼亚自治政府创立了民主纪念馆，加利西亚则为"历史记忆"研究工作提供公共资金，安达卢西亚启动了大型项目"一个都不能少"。但是，《历史记忆法》的初衷逐渐破灭。保守的市镇政府不愿资助挖掘工作。此外，1936年至1939年之间的失踪案件成千上万，西班牙司法机构对于推动调查工作毫无意愿。[33]

对于历史记忆运动感到不安的不仅是施暴者或其亲属，还有那些怀念佛朗哥时代的人，以及随着时间流逝从独裁政权中受益的更广泛的社会阶层。许多引发争论的成功作品迎合了这些观众。一小撮非主流的作家和电台闹闹哄哄，嘴脸如足球流氓一般，对西班牙许多从事严肃研究的人士横加指责。他们声称，共和派受害者的苦难不过是搞政治正确的历史学家的刻意夸大，还说这些遭遇完全是受害者自找的。这些自称为"修正主义"的著作里，新的研究成果很少，实质上是在重复佛朗哥式宣传的基本论点。在出版物和电台访谈节目中，这些人把新的批判史学的作者们说成是骗子和白痴。[34]《历史记忆法》实施后启动的大多数相关活动本就缺少资金，当人民党于2011年重新掌权时，这些资金就完全断绝了。相应的，至今既没有对死亡者进行全国性统计，也没有为DNA测试提供资金。相反，在人民党政府的帮助下，东部前线与德国人并肩作战的长枪党志愿者的坟墓得到了修缮。[35]

萨帕特罗上台时，西班牙经济表现强劲，这在很大程度上要归功于西班牙加入了欧元区。这推动了市场自由化，并带来低息贷款，欧盟资金和外国投资大量流入西班牙。国内生产总值的增长主要归因于建筑业的繁荣，该行业创造了数百万个就业机会，同时也成了腐败的温床。加入欧元区之后，利率从 14% 下降到接近 3%，西班牙开始迎来宽松货币时代。德国和法国的银行向西班牙的银行提供了贷款，而这些西班牙的银行则允许其客户购买德国和法国的消费品以及第一套或第二套住房。在萨帕特罗的第一个任期内，西班牙经济以每年约 3% 的速度增长，失业率从 2004 年 3 月的 11.5% 降至 2007 年的 8%。西班牙人均收入超过了欧盟的平均水平，领先于意大利，但公共和私人债务水平高企，而且整个经济过于依赖建筑业。危机的最初迹象出现在 2007 年年中，当时西班牙经济发展的速度已经开始放缓。2008 年国际金融危机爆发后，泡沫破裂。到 2009 年底，西班牙的国内生产总值下降了 4.6%，衰退一直持续到 2013 年。经济增长率从 2007 年的 3.6% 降至 2008 年的 1% 以下。2007 年至 2010 年，建筑业缩水了 35%。西班牙失去了 100 万个工作岗位，整个经济因此发生了连锁反应。失业率飙升至 25%，年轻人的失业率更高达 55%。[36]

除经济危机外，萨帕特罗的第一个任期还播下了加泰罗尼亚政治危机的种子，这场危机将撕裂整个西班牙。加泰罗尼亚的人口占西班牙的 16%，但经济约占西班牙的 20%。从马德里到巴塞罗那的权力转移不可避免地十分缓慢，这一过程既不情愿，也不顺利，在加泰罗尼亚引起了不满。普霍尔很久以来一直都在巩固基于语言和文化的民族认同感。在 1990 年，他委托一群加泰罗尼亚知识分子起草了"加泰罗尼亚化战略"。这个方案的目的是向民众证明加泰罗尼亚在文化和经济上都受到西班牙国家的歧视。[37] 加泰罗尼亚当局打造了自主教育体系，扩大了加泰罗尼亚语的广播和电视覆盖范围，而且许多加泰罗尼亚人都依赖加泰罗尼亚自治政府中的工作，这些都助长了独立思想。在巴塞罗那，越来越多的人要求解决1978年《西班牙宪法》和1979年《加泰罗尼亚自治法》的不足之处。[38] 2005年至2006年，主张完全脱离西班牙的加泰罗尼亚人约有14%，赞成在西班牙联邦框架内谋求独立的有34%。[39] 马拉加利领导的第一个三方联合政府起草了《自治法》修订稿。法案在加泰罗尼亚议会辩论并得到批准，然后提交给西班牙议会审批。除人民党以外的所有各党派都同意审议该提案。工社党的多数人感到不安，因为该文本将加泰罗尼亚明确定义为一个"国族"。拉霍伊对此的表态是毫不含糊的。2005年12月，在马德里太阳门广场举行的近5万名人民党成员的集会上，他宣称："我们的国族只有一个，那就是西班牙。"[40]

经过艰苦谈判，新的《加泰罗尼亚自治法》于2006年6月在西班牙议会获得通过。尽管在财政等事务上做出了让步，但加泰罗尼亚主要政党仍接受了马德里批准的自治法文本，因为新的自治法承认加泰罗尼亚是一个"国族"。加泰罗尼亚人随后于6月18日通过全民公投批准了该法。放弃投票的人很多，合格选民里实际投票的只有不到一半。在参加投票的人中，投了赞成票的有74%。主要的民族主义政党加泰罗尼亚左翼共和党认为修订稿仍不够充分，号召大家投反对票。人民党则认为，投票结果表明，独立并不是一个迫切需要解决的问题。[41] 新的《加泰罗尼亚自治法》已经较为缓和，尽管如此，西班牙大部分地区的右翼报刊仍然对其大加抨击。人民党斥资50万欧元发动宣传，号召抵制加泰罗尼亚的产品，活动引发了社会不和。除此之外，一些媒体还播发敌意言论，立场近乎种族仇恨，其中包括主教团设立的广受欢迎的

COPE 电台。[42]

2006 年 7 月末，就在新自治法即将生效之际，人民党提出其内容违反西班牙宪法，请求立场极为保守的宪法法院予以审查。[43]司法程序随后持续了 4 年，引发了强硬的独立情绪。宪法法院最终于 2010 年 6 月 28 日发布了长达 881 页的判决书，宣布该法 233 个条款里有 14 条违反宪法，其中包括给予加泰罗尼亚语优先地位并授权加泰罗尼亚控制其税收所得的条款，此外还在该法里加入了"西班牙国家统一不可分割"的提法。加泰罗尼亚议会主席欧内斯特·贝纳赫指责法院的判决引发了"国家危机"，并辩称该判决"破坏了加泰罗尼亚和西班牙之间的约定，是对加泰罗尼亚人民意志的蔑视"。7 月 10 日，巴塞罗那爆发了大规模抗议示威，人们高喊"我们的国家，我们做主"，赞成独立的情绪越来越强烈。[44]

法庭做出判决之际，马德里中央政府为应对金融危机采取了紧缩政策，各地失业率上升，民众对腐败日益不满。支持在西班牙联邦框架内谋求加泰罗尼亚独立的人数有所减少，比例下降至 31%。以此相对，支持完全独立的人数大幅增加到 24.5%，这一比例后来还稳步上升。[45]自治法被宪法法院"掐头去尾"，加泰罗尼亚民众普遍感到失望。利用这一形势，马斯在 2010 年 11 月 28 日的加泰罗尼亚选举中采取支持独立的竞选路线，强调加泰罗尼亚对西班牙经济的巨大贡献。何塞·蒙蒂利亚自 2006 年以来领导的第二个三方联合政府在竞选中落败。统一与联合党获得了 62 个席位。在议会 135 个席位中，马斯获得的议席比绝对多数少了 6 个，因此与独立人士联合上台执政。[46]在加泰罗尼亚人民党的支持下，面对三方联合政府之前遗留的巨额债务，马斯不得不实施严厉的紧缩政策。他采取的裁员措施导致失业加剧，引发广泛不满。加泰罗尼亚人口仅占全国的16%，贡献的税金却占全国税收总收入的21%，而在基础设施建设方面得到的国家投资只占总投资的8%，民众原本就有很多不满，在失业大潮之下，这种情绪愈发强烈。实际上，西班牙最富有的马德里地区也存在类似的不平等。[47]

　　面对经济危机蔓延全球的迹象，萨帕特罗政府反应迟钝。政府制定新政策，使全体纳税人获得了大量退税。在这些措施的帮助下，萨帕特罗政府再次赢得2008年3月9日的大选。工社党赢得了169个席位，比2004年增加了5个。人民党获得154个席位，增加了4个。由于不占据绝对多数，萨帕特罗需要建立临时联盟，但他信心满满。雷曼兄弟倒闭事件爆发9天后，他在纽约与一群跨国公司和投资银行的董事们进行了交谈。根据西班牙央行行长米格尔·安赫尔·费尔南德斯·奥多涅斯和政府经济和财政大臣佩德罗·索尔韦斯提交的报告，他吹嘘说"西班牙的金融体系也许是国际上最稳固的。它的监管制度高效而严格，得到国际认可"[48]。随着经济衰退的开始，2009年税收减少，预算赤字上升至国内生产总值的11.1%。2010年5月11日，美国总统奥巴马致电萨帕特罗，因为西班牙随后将成为欧盟的轮值主席国。奥巴马敦促他推动改革，以解决西班牙和欧盟的经济问题。就在宪法法院将要就《加泰罗尼亚自治法》提出报告的同时，欧盟和国际货币基金组织也传来了压力，迫使萨帕特罗采取紧缩政策以减少赤字。于是，2011年里，280万公务员的工资冻结了5%，增值税从16%增加到18%，裁员补偿金缩水，养老金的年度调增也被冻结。[49]

　　萨帕特罗并没有立即意识到西班牙银行系统面临巨大的危机。

许多地方银行的房地产开发贷款方面的风险敞口过大，这些项目通常还牵涉腐败。而当经济衰退袭来时，许多开发商和建筑公司拖欠债务。这侵蚀了整个银行业的基础，45 个省和地区的储蓄银行受损尤其惨重，它们几乎是西班牙银行体系的半壁江山。这些银行的董事会主要由政府任命的人和当地商人组成，因此，那些看上去来钱快或者可以带来政治声望的项目对这些银行具有很大诱惑力。2009 年 3 月，卡西蒂利亚拉曼恰储蓄银行成为第一家倒闭的银行。该银行不仅向建筑业提供了巨额贷款，而且为修建没什么用处的雷阿尔城机场提供了资金。2009 年 6 月下旬，政府不得不采取措施，重组受损最严重的中小型银行，恢复其偿付能力。为此，政府设立了银行业重组基金。接下来被接管的是总部位于科尔多瓦、由教会拥有的 CajaSur 银行和总部位于巴伦西亚的地中海储蓄银行。这两家银行的房地产不良贷款缺口过大。不仅如此，其高级管理人员薪资高，能力低，并且董事会成员也通过大规模发放无息贷款谋求个人利益。[50]

尽管桑坦德银行和 BBVA 银行这两家主要的商业银行在危机中幸存下来，但是，由于西班牙央行监管不力，大量储蓄银行的状况进一步恶化。借助银行业重组基金，在西班牙央行的指导下，储蓄银行大量合并，数量从 45 个减少到 2012 年的 11 个。地中海储蓄银行卖给了萨瓦德尔银行。[51] 2010 年 12 月，包括马德里储蓄银行在内的 7 家储蓄银行合并成立 BFA-Bankia 银行。该银行的零售业务部门是 Bankia 银行，新任命的总裁是罗德里戈·拉托。这个人曾经在阿斯纳尔内阁里担任经济大臣，后来又出任国际货币基金组织总裁。在他的领导下，Bankia 银行成功上市。拉托就 Bankia 银行表面上的资产大做文章。而现实情况是，该银行背负着318亿欧元的不良债务，只不过这些债务已经剥离，导致母公司BFA银行集团成了"有问题的银行"。这一办法原本是为了替这些储蓄银行纾困，结果却引发了巨大的银行业灾难。2012年3月，Bankia银行宣布2011年的利润为3.05亿欧元，但没过几天，人们发现银行蒙受了27.9亿欧元的亏损。2011年，Bankia银行的股价下跌了80%，347 338名小投资者的大部分积蓄付诸东流，银行需要总计235亿欧元的纾困资金。最终，该银行在2012年5月被收为国有，罗德里戈·拉托和其他32名董事涉嫌商业欺诈和伪造账目，反腐败部门对他们展开了调查。[52]

银行高管给自己支付虚高的薪水，牵涉腐败案件的人逍遥法外，公众本已义愤填膺，对于高失业率、紧缩政策和储蓄银行合并后的倒闭，大家更是牢骚满腹。[53] 2011年5月15日，马德里的太阳门广场被占领，前后长达一个月，其中主要是对政客和银行家彻底失望的年轻人。效仿这一"愤怒者运动"，巴塞罗那的加泰罗尼亚广场以及西班牙的各地都出现了"愤怒者"聚集的抗议营帐。抗议活动的支持者不仅包括失业工人，还有养老金缩水的老人以及失去了房产的私房业主。这些无家可归的私房业主是西班牙严苛的抵押贷款法律的受害者。根据法律，他们拖欠还款后，不仅将失去房产，而且得继续偿还拖欠的贷款。"5·15"抗议运动不仅反映了许多人对唯利是图的政治阶层的厌恶之情，还激发了美国的"占领华尔街"运动。[54] 此次运动之后诞生了左翼政党"我们能"，领导人是好斗的巴勃罗·伊格莱西亚斯①，该党一直致力于揭露政治和商业精英的罪行，并把这些人称为"政商圈子"。从对政治阶层和经济部门的不满中获得力量的并非只有左翼阵营。这种不满还催生了西班牙民族主义政党——公民党。该党最初于 2006 年在加泰罗尼亚声名鹊起，是一个反对加泰罗尼亚民族主义的中间派政党，其领导人是精悍的年轻律师阿尔韦特·里韦拉。

　　面对经济衰退和金融丑闻，萨帕特罗宣布 2011 年 11 月 20 日举行大选。他没有把自己列为首相候选人，而是将这项任务交给了阿尔弗雷多·佩雷斯·鲁瓦尔卡瓦。人民党的拉霍伊有力地指出，经济颓势必须重大扭转。以鲁瓦尔卡瓦为首相人选的工社党在议会仅获得 110 个席位，比 2008 年减少了 59 个，只得下台。拉霍伊的人民党获得了 186 个席位。在欧盟委员会、欧洲央行和国际货币基金组织的压力下，拉霍伊继续执行萨帕特罗推出的紧缩政策。实际上，西班牙央行和全国证券市场委员会疏于监督，这是导致银行业危机的原因。2012 年 7 月，西班牙央行行长路易斯·林德出席了议会经济委员会的会议，他在会上承认监管不力，因为"存在一种亢奋的情绪，导致我们看不到或不愿看到风险正在不断累积"。西班牙的外债占国内生产总值的 92%，相当于葡萄牙、爱尔兰和希腊的外债总和。林德要求对银行体系实施重组，那些缺乏实力、无法保证持续经营的银行必须合并或被清算。[55]

　　人民党在 2011 年 11 月的西班牙大选中取得压倒性胜利，之后

---

　　①　全名巴勃罗·伊格莱西亚斯·图里翁（Pablol Iglesias Turrión）。与 20 世纪的工人领导巴勃罗·伊格莱西亚斯·波塞并非一人。

再次将权力收归中央政府，并且维持紧缩政策，加泰罗尼亚自治政府因此不得不削减公共服务特别是健康和教育领域的支出。这加剧了酝酿中的加泰罗尼亚危机，支持独立的力量迅速增长。失业率高涨，许多住房被贷款机构收回。由于经济衰退和紧缩政策的影响，"5·15"全国性抗议运动爆发，与此相呼应的是，2012 年 3 月，"加泰罗尼亚国民大会"组织成立，汇聚对于社会和经济局势的不满情绪，要求就加泰罗尼亚全面独立举行全民公决。这种经济形势下，支持独立的情绪不断升温，支持者的人数比例上升至 34%，而支持在联邦框架之内谋求独立的人数比例下降至 28.7%。[56] 是继续执行不受欢迎的经济政策，还是留住统一与联合党的支持者，马斯陷入了两难境地。他的解决办法是升级分裂主义言论。9 月 11 日，加泰罗尼亚民族日，在加泰罗尼亚国民大会的号召下，超过 100 万人参加了独立游行，口号是"加泰罗尼亚，欧洲新国家"。马斯试图与马德里谈判一项财政协定，会议计划在 9 月 20 日召开。然而，在会议召开之前，拉霍伊放话称，鉴于加泰罗尼亚债务沉重并且失业者达到 70 万人，现在不是"胡扯、搅浑、辩论和争吵"的时候。在巴塞罗那，人们认为这番表态就是一种挑衅。加泰罗尼亚自治政府认为，加泰罗尼亚之所以需要中央政府提供 50 亿欧元的一揽子救援方案，恰恰是因为自 2010 年宪法法院做出判决以来，该地区蒙受了不公平的财政安排之苦。会议召开时，拉霍伊断然拒绝对财政安排做出任何改动。[57]

面对拉霍伊的拒绝，马斯予以反击，加紧了统一与联合党、支持独立的加泰罗尼亚左翼共和党和"为了加泰罗尼亚倡议绿党"三者之间的联合。民众对联邦解决方案的支持率下降至 25.5%，而对完全独立的支持率则上升至 44%。[58] 9 月 27 日，马斯支持加泰罗尼亚左翼共和党和"为了加泰罗尼亚倡议绿党"发起一项动议，要求就加泰罗尼亚的独立问题征询全民意见，并提前举行大选。[59] 人民党本身存在腐败问题，而拉霍伊还拒绝谈判达成财政协议，这一点被马斯的保守派代表利用，在 2012 年 11 月 25 日选举的竞选活动中对此大加抨击。基督教民主派的加泰罗尼亚民主联盟领导人何塞普·安东尼·杜兰·列伊达声称："西班牙国家就是一个阴沟。"[60] 但是，由于强化了支持独立的路线，马斯失去了反对脱离西班牙的本党人士的支持。统一与联合党的席位从 62 个减少到 50 个，而加泰罗尼亚左翼共和党获得了 21 个席位（比 2010 年增加了 11 个），"为了加泰罗尼亚倡议绿党"获得了 13 个席位（增加了 3 个）。最激进的分裂主义政党"人民团结候选人"保住了原来的 3 个席位。总体而言，统一与联合党、加泰罗尼亚左翼共和党、"为了加泰罗尼亚倡议绿党"以及"人民团结候选人"的席位已从 85 个增加到 87 个。马斯于 12 月 19 日被任命为自治政府主席，获得任命之前，他与其他党派签署了一项协议，承诺就加泰罗尼亚的未来地位问题征询公众意见。[61]

2013 年里，这几个民族主义政党不顾西班牙宪法法院的警告，持续推进 2014 年 11 月独立公投的筹备工作。加泰罗尼亚当局于 2014 年 4 月将公投计划提交西班牙议会审批，以 299 票对 47 票被否决。加泰罗尼亚议会中支持独立的政党随后制定了一项法律，允许举行象征性的公民投票。拉霍伊则诉诸宪法法院，结果宪法法院禁止举行此次公投。马斯辩称这次公投旨在征询公民意见，由志愿者负责组织。[62] 结果，11 月 9 日的投票率只有 37%，这反映出，加泰罗尼亚工人阶级里许多人的祖辈其实是说卡斯蒂利亚语的移民。由于人民党丑闻缠身，公民党利用了这一弱点，表示坚决反对这次公投。尽管赞成加泰罗尼亚独立的比例达到 80.8%，但由于投票率太低，投票结果不足以证明马斯口中所谓公投为完全独立铺平了道路的说法。[63] 没过几天，国家检察官对马斯、自治区政府副主席华纳·奥尔特加和教育部部长伊雷妮·里高提出指控，罪名包括非暴力反抗、妨碍司法公正和滥用公共资金。[64]

借 11 月 9 日公投结果的东风，马斯宣布 2015 年 9 月 27 日再一次提前举行选举。他声称，如果支持独立的政党把独立目标纳入其竞选纲领，那么这一次选举本身就将成为一次公决。[65] 3 月 30 日，统一与联合党、加泰罗尼亚左翼共和党以及支持独立的民间团体的代表——加泰罗尼亚国民大会的卡梅·福卡德利和加泰罗尼亚文化遗产保护委员会的穆列尔·卡萨尔斯——共同商定了"加泰罗尼亚争取主权路线图"。按照路线图，他们组成"一起说是"竞选联盟参加选举，如果取胜，就会在 18 个月内单方面宣布独立。次日，拉霍伊警告说，任何中央政府都不会允许破坏国家统一的行为。[66] 由于杜兰·列伊达不支持任何反对马德里政府的非法分裂行动，加泰罗尼亚民主联盟的部长于 2015 年 6 月退出加泰罗尼亚自治政府，统一与联合党被解散。加泰罗尼亚民主统一党和加泰罗尼亚民主联盟之后分别参加选举。[67] 选举前 9 天，《世界报》重提旧事，称多家公司获得公共合同后，作为回报，必须捐赠"善款"给加泰罗尼亚合唱团音乐宫，金额相当于合同金额的 3%，这笔钱随后又会被汇入特里亚斯·法尔加斯基金会。这一次，该报纸误称，其中一部分钱已经存入了马斯和他的父亲、普霍尔及其妻子玛尔塔·费鲁索拉的私人账户。[68] 随后的消息显示，自 2012 年加泰罗尼亚民族日以来，人民党政府一直安排警方秘密实施非法行动，以调查和抹黑加泰罗尼亚政治人物，对于此事，拉霍伊不仅清楚而且表示支持。这项所谓加泰罗尼亚行动的策划者之一是何塞·曼努埃尔·比利亚雷霍，此人诡计多端，曾经是一名警察。[69]

9 月 27 日，"一起说是"竞选联盟以 39％ 的选票和 62 个席位，在议会中赢得简单多数地位，远远没有实现公民投票支持独立的效果。"我们能"和"为了加泰罗尼亚倡议绿党"组成的竞选联盟——"加泰罗尼亚能"——获得了 8.9％ 的选票和 11 个席位。主张联邦解决方案的社会党获得了 12.7％ 的选票和 16 个席位。立场中右的公民党赢得 17.9％ 的选票和 25 个议席，加泰罗尼亚人民党获得 8.5％ 的选票和 11 个议席，这两党坚决反对任何支持独立的主张。极端民族主义和激烈反对资本主义的"人民团结候选人"党获得了 8.2％ 的选票和 10 个议席。马斯认为，可以联合该党共同推进"主权程序"。由于占据这 10 个议席，"人民团结候选人"成为加泰罗尼亚政治的决定者，一心以提供议会支持为条件，争取早日宣布独立。10 月 27 日，"加泰罗尼亚能"和"人民团结候选人"在议会呼吁启动建立独立的加泰罗尼亚共和国的程序。尽管人民党、公民党和加泰罗尼亚社会党表示反对，但该提案仍于 11 月 9 日获得通过。拉霍伊立即将这一独立议案诉至宪法法院，宪法法院宣布该议案违宪。[70]

尽管马斯制订了争取独立的时间表，但在"人民团结候选人"、加泰罗尼亚国民大会的基层力量以及加泰罗尼亚文化遗产保护委员会的共同推动之下，事情的进展不断加速。正如一位评论员所说，这一进程既没有方向盘，也没有刹车。为了报复自治区政府实施的紧缩政策，"人民团结候选人"拒绝支持马斯担任下一届政府主席，并要求"加泰罗尼亚能"提出其他人选。因此，马斯在 2016 年 1 月被曾经担任希罗纳市市长的卡莱斯·普伊格德蒙特取代。[71] 2016 年 7 月的大会上，加泰罗尼亚民主统一党决定更改党名。改名一方面是为了减小 2014 年腐败曝光造成的损害，当时普霍尔承认在多个避税国隐藏了大量财富；另一方面也是为了弥补 2015 年与加泰罗尼亚民主联盟分道扬镳所造成的影响。经过漫长的谈判，加泰罗尼亚民主统一党于 2016 年 9 月更名为加泰罗尼亚欧洲民主党。[72] 2017 年 1 月，马斯由于 2014 年组织非法公投而即将受审，他辞去了加泰罗尼亚欧洲民主党主席的职务，以便全力应诉。[73] 法院判决，他触犯了非暴力反抗和妨碍司法公正两项罪名，两年内不得担任公职。法院还要求他补偿政府组织 2014 年公投的费用。[74]

与此同时，Bankia 银行事件导致西班牙其他地区民意沸腾。2014 年 10 月，媒体披露，2003 年至 2012 年之间，马德里储蓄银行和 Bankia 银行的董事们使用"黑卡"刷卡消费了 1550 万欧元用于个人支出。这些人一边拿着薪水，享受着公款报销待遇，一边还刷"黑卡"去旅行、找乐子、买衣服和提现金。花销最大的是罗德里戈·拉托（54 800 欧元）和马德里储蓄银行总裁米格尔·布莱萨（436 700 欧元）。2017 年 2 月，两家银行的 65 名董事被判处共 120 年监禁，其中布莱萨刑期最长，被判处 6 年有期徒刑，其次是拉托，被判处四年半有期徒刑。布莱萨于 2017 年 7 月自杀身亡。[75]

加泰罗尼亚不断恶化的危机并未引起人们的警觉，媒体的注意力更多投向了国王与腐败之间的牵连。过去公众一直不能批评国王，而自 2007 年以来，这一禁忌不再发挥作用。面对经济危机和福利缩水，巴斯克民族主义党和加泰罗尼亚左翼共和党成员咄咄逼人地盘问起王室的预算。[76] 2010 年后的经济危机期间，对君主制的不满开始蔓延，这是腐败现象引起的广泛不满的一部分。2010 年 5 月 8 日，胡安·卡洛斯接受了一次肺部手术，最初被认为是癌症。这之后，国王的身体不断曝出问题，包括膝关节和髋关节置换。国王在 2012 年诸事不顺。先是女婿伊纳基·乌丹加林因涉嫌欺诈，就其财务问题接受调查。国王本人 2012 年 4 月在博茨瓦纳猎杀大象时摔倒，导致事态进一步恶化。这引起了激烈的批评，尤其是因为此事暴露了国王与德裔丹麦女商人科琳娜·拉森之间的婚外情。这次后果严重的狩猎之旅中，她陪同在国王左右。二人是 2004 年 2 月结识的。当时，科琳娜·拉森年方 40，仍是德国贵族卡齐米尔·赛恩－维特根施泰因的妻子，不久后她便与丈夫离婚。[77] 时值金融危机肆虐，失业率超过 25%，而国王离开西班牙去国外狩猎旅行，加上他的外遇，这些大大损害了他的声望。[78]

随着支持共和制的情绪不断升温，"乌丹加林案"进一步损害了君主制的信誉。事件源起于乌丹加林在一家所谓的非营利研究咨询机构 Instituto Noos 中的角色。与克里斯蒂娜公主结婚后，乌丹加林被册封为帕尔马公爵。2004 年，他成为 Instituto Noos 的主任，公主担任董事。2004 年至 2006 年，乌丹加林和他的搭档迭戈·托雷斯组织了一些活动，为此收取的费用达到天文数字。[79] 他们背后这些勾当最初是因帕尔玛竞技场体育中心案的调查而曝光。该案引起舆论哗然，涉及人民党在巴利阿里群岛的前负责人豪梅·马塔斯。调查发现，由于人们认为乌丹加林拥有王室的影响力，

Instituto Noos 得以在无人公开竞争的情况下，在巴利阿里群岛和巴伦西亚获得大量公共资金，用于提供多项服务，而这些服务要么子虚乌有，要么收费虚高。[80]

2005 年和 2006 年，他们为旅游业推广单位 Illes Balears Forum 组织了两次有关旅游业和体育的会议，每次会议的费用均超过 100 万欧元。其中包括为客人提供"4 顿午餐、3 顿晚餐和 6 次茶歇"，此项收费为 8 万欧元。[81] 同样，在巴伦西亚，他们向自治区政府和市政府收取的费用超过 300 万欧元，用于组织 3 次"巴伦西亚峰会"，探讨举办体育赛事给城市带来的益处。每次会议的实际成本只有 10 万欧元。[82] 税务机关调查显示，Instituto Noos 及其关联公司向各种公共和私人单位开出的发票至少达到 1600 万欧元，其利润里近 40% 来自公共财政资金。从 Instituto Noos 查获的文件显示，大量资金已汇入伯利兹等避税地。[83]

2005 年，乌丹加林和他的妻子以 600 万欧元的价格在巴塞罗那高档社区 Pedralbes 买下了一套豪华住宅，有人开始怀疑他们是否利用 Instituto Noos 挪用公共资金。[84] 对于乌丹加林是否在钱财上弄虚作假，王室十分担心，于是给他们一家安排了一次"黄金流放"，让他作为西班牙电信公司的代表于 2009 年 4 月前往华盛顿工作，年薪为 100 万欧元。[85] 2011 年 6 月，当局开始调查乌丹加林的合伙人迭戈·托雷斯。11 月 7 日，反腐败检察官搜查了位于巴塞罗那的 Instituto Noos 总部。两天后，托雷斯和乌丹加林均被控伪造文件、欺诈和挪用公款。由于乌丹加林拒绝采取一致的辩护策略，托雷斯十分愤怒，2012 年 4 月开始公开乌丹加林发来的不光彩的电子邮件。

第十八章　腐败和无能的胜利，2004—2018 年

接下来的几个月中，这些电子邮件不仅透露出国王曾经帮助乌丹加林获得合同，还显示科琳娜·赛恩－维特根施泰因也参与了"巴伦西亚峰会"活动。在与记者安娜·罗梅罗的一次有名的采访中，科琳娜否认与 Instituto Noos 有任何牵连，但承认国王请她在国际体育赞助领域给乌丹加林找一份工作。当克里斯蒂娜公主也被调查时，王室终于横下心，把乌丹加林抛在了一边，任其自行辩护。克里斯蒂娜辩护说自己什么都不知道，所做的一切是因为对丈夫盲目的爱。[86] 国王感到焦虑不安，这种情绪在他 2011 年的圣诞致辞中暴露无遗。面对来自左翼和巴斯克、加泰罗尼亚和加利西亚民族主义者日益激烈的批评，国王没有提及乌丹加林，而是谈到了腐败，并说正义对每个人一视同仁。[87] 2011 年 12 月 29 日，乌丹加林被正式指控犯有妨碍司法公正、滥用公共资金、欺骗行政当局和逃税罪行。2018 年 6 月，他被判处 5 年零 10 个月徒刑。[88] 王室遭受的损害是巨大的。为了保全君主政体，国王不得不批准对自己的女儿提出指控。[89]

1975 年至 1982 年，国王曾经积累了庞大的政治资本，而如今，这些资本正在被他自己逐渐耗尽，这种情势越来越明显。对共和制度的支持不断升温，35 岁以下的人尤其如此。[90] 然而，王室对乌丹加林事件做出了有力处置（尽管姗姗来迟），2012 年春天，形势开始好转。巧的是，4 月 14 日，即西班牙第二共和国成立 81 周年之际，一场危机爆发了。有消息称，国王在博茨瓦纳摔倒，需要手术治疗股骨三重骨折和右髋置换。[91] 国王喜爱狩猎，这早就引起了动物保护人士的不满，加之此次狩猎之旅恰逢削减医疗和教育预算，更引起巴斯克民族主义党和加泰罗尼亚左翼共和党议员们的不

满。[92]

实际上，博茨瓦纳打猎之旅所需的 75 万欧元已经由他的一位沙特阿拉伯朋友支付了。然而，摔伤的消息却被另一个爆料所淹没，即打猎时与他同行的正是那位离异女子科琳娜，如今她已经 48 岁，但还保留着来自前夫的贵族头衔。二人结识时，科琳娜正为伦敦定制枪支制造商 Boss & Co. 公司工作，负责为有钱客户组织豪华的狩猎之旅。2006 年，她开设了自己的咨询公司 Apollonia Associates，从事安排高级体育赛事的赞助活动。从前，媒体一直不报道国王的私人生活，然而博茨瓦纳的大象和这位拥有贵族头衔的德裔丹麦女人共同冲毁了这一堤坝。[93] 多年来，国王与索菲亚王后夫妇失和的传闻一直不断，这逐渐削弱了君主制的民望。随着国王与科琳娜的关系越来越近，他对妻子索菲亚越来越不满。据说，他曾说："我受不了她。我恨她。"[94] 狩猎大象和婚外恋的双重丑闻导致批评声不断增多。巴斯克民族主义党主席伊尼戈·乌尔库鲁声称对国王的行为"感到震惊和尴尬"，博茨瓦纳狩猎之旅"完全是失态之举"。工总和工人委员会称这次打猎旅行不合时宜，并要求王室做出解释。[95] 2012 年 5 月 30 日，联合左翼联盟、加泰罗尼亚左翼共和党和加利西亚民族主义集团在议会联合呼吁建立一个调查委员会，建立一个机制，由议会对国王和王室成员的公开活动实施监督并且保障透明。[96] 除了博茨瓦纳狩猎之旅和乌丹加林事件以外，招致热议的还有胡安·卡洛斯不断恶化的婚姻状况。其中最受诟病的是国王与科琳娜的关系，她经常陪同国王出行，有时承担公务，甚至拥有外交护照。[97]

在国王住院期间，公开谴责的浪潮对国王和他的顾问们影响极大，有人建议国王发表声明。当国王离开医院时，有电视摄像机等在门外。无论是在西班牙王国还是西班牙共和国时期，胡安·卡洛斯这一次表态在该国国家元首里是第一次："我很抱歉。我犯了错，以后不会再发生了。"他道歉后，政府、人民党、工社党和统一与联合党都出来对他表示支持。王室当局告知记者，"对于陪同私人旅行和活动的私人朋友，胡安·卡洛斯今后将会更加谨慎"，这是官方第一次提及科琳娜。然而，国王不会离开这些朋友，科琳娜就是其中之一。这位德裔女商人不仅是他多年的密友，还是狩猎旅行的组织者，并在国王的博茨瓦纳之行里伴其左右。[98] 2013 年 9 月，科琳娜告诉一位美国记者，她和胡安·卡洛斯曾经是情人，但现在，"我们是密友。有些人不明白，有些事可以在某个时间点发生，然后就结束了，但是友谊不会结束"。[99]

随着民望不断下降，胡安·卡洛斯的健康状况也在恶化。2012 年 11 月，他接受了左髋置换手术。2013 年 3 月，他患了椎间盘突出症，6 个月后因左髋关节假体感染住院。公众普遍猜测，国王可能要退位，这不仅是因为他健康不佳，还因为人们认为以他为基础的这个政治体制不仅无能，而且腐败，眼下的经济危机就是证明。2014 年 1 月 5 日是国王的 76 岁生日，《世界报》一项民意调查显示，有 62% 的人支持国王退位。第二天，由于伦敦之行过于劳累，他在武装部队年度庆祝活动上险些无法完成演讲。一天后的 1 月 7 日，克里斯蒂娜被起诉。舆论方面的糟心事一桩接着一桩，国王开始权衡退位之事，并听取了费利佩·冈萨雷斯的建议。人们担心，如果像通常所说的那样，对于西班牙而言，胡安·卡洛斯在君主制之上，那么他的退位可能意味着君主制的终结。[100] 久负盛名的历史学家桑托斯·胡利娅在《国家报》发表了一篇文章，对舆论和国王本人都产生了巨大影响。[101]

民望是君主制赖以生存的基石，而胡安·卡洛斯认为恢复民望机会渺茫，或者只是觉得太累而无力尝试，于是他决定与过往彻底决裂，为儿子费利佩六世创造时机，好让儿子长期坐稳王位。他于 2014 年 6 月 2 日退位。[102] 2018 年 7 月，科琳娜、胡安·比利亚隆加和无处不在的何塞·曼努埃尔·比利亚雷霍之间于 2015 年在伦敦的一次对话录音被曝光，导致这位前国王的形象进一步受损。比利亚雷霍品行败坏，代表私人客户和公共机关干了一些脏活儿，其间依靠洗钱和勒索赚了大钱。[103] 后来声称自己不知道正被人录音的科琳娜说，胡安·卡洛斯曾要她嫁给自己。她对国王财务的一些说法也造成了不利影响。她声称，国王不仅鼓励乌丹加林在 Instituto Noos 开展活动，在瑞士设有秘密银行账户，在摩纳哥以她的名义置业，还从沙特阿拉伯的商业交易中抽取佣金发了大财，尤其是帮助西班牙公司获得了在麦加和麦地那之间修建高铁的合同。[104]

君主制的形象随之恶化，而这并不是胡安·卡洛斯遗留下来的唯一问题。如果在 2014 年情况还不那么明显的话，那么到 2018 年形势就十分清楚了，由于腐败和治理无能，费利佩六世继承的这个国家已经严重分裂，政治体制运转失灵。甚至在其父王的地位受到侵蚀之前，政治腐败导致的民怨已经开始对公众舆论产生严重影响。2015 年，左翼民粹主义政党"我们能"崛起于政坛。12 月 20 日的大选中，工社党和人民党的总得票率降至 51%，为历史最低点。人民党获得了 350 个席位中的 123 个议席，减少了 63 个席位。

工社党也只获得 90 个席位，减少了 20 个席位。"我们能"获得 42 个议席，立场中右的公民党获得 40 个议席，这削弱了人民党和 工社党共治议会的地位。议会陷入僵局，由于没有就组建新政府达 成协议，拉霍伊继续担任代理首相，而 2016 年 6 月 26 日的大选同 样没有产生多数政府。[105] 人民党再次获胜，但只有 137 个席位，仍 不足绝对多数。工社党屈居第二，失去了 5 个席位。"我们能"、 联合左翼联盟和几个小型地区主义政党组成了竞选联盟"联合我们 能"，打着反腐败的旗号，该联盟获得了 71 个议席。[106]

　　受到腐败丑闻的拖累，马德里政府软弱无力，导致加泰罗尼 亚独立情绪高涨。2016 年年中，支持完全独立建国的比例上升至 47%。[107] 在"人民团结候选人"的推动下，2016 年 7 月，借中央 政府涣散无力之机，普伊格德蒙特领导的新一届民族主义联合政府 强行推进宪法法院已经禁止的加泰罗尼亚独立公投。这后来导致马 德里和巴塞罗那在对抗中两败俱伤，西班牙和加泰罗尼亚都陷入痛 苦的分裂。拉霍伊和普伊格德蒙特都对加泰罗尼亚局势处理不当， 灾难随之而来。普伊格德蒙特行动鲁莽，于是拉霍伊采取了坚决反 加泰罗尼亚独立的立场，以此巩固自己的地位，却不去团结那些不 寻求完全独立的多数加泰罗尼亚人。[108] 他孤注一掷，希望利用过 去十年来西班牙各地酝酿的反加泰罗尼亚情绪，借助强硬路线来帮 助人民党在西班牙其他地区捞取民望。这样的做法，完全无视西班 牙近百年来的历史格局——恰恰因为马德里执迷于中央集权，才导 致加泰罗尼亚的分裂主义不断壮大。[109]

　　加泰罗尼亚危机于 10 月 1 日爆发，当日举行了违宪公投。此 举自然激起马德里政府的激烈反应。为阻止公投，治安部队也采取了不恰当的干预措施。参加投票的选民不到总数的一半，也没有可信赖的监票手段，但选举结果显示，多数人支持独立。前途不明，局势紧张。在这种情况下，国王费利佩六世于 10 月 3 日发表电视讲话，支持西班牙统一，对不赞成独立的加泰罗尼亚人表示肯定。10 月 27 日，地方当局宣布成立独立的加泰罗尼亚共和国。中央政府启动了《宪法》第 155 条，由马德里施加直接控制，并举行地区选举。国家检察部门指控当事人犯有煽动叛乱、叛乱和滥用公共资金的罪行。普伊格德蒙特和他的 4 名部长逃往国外，加泰罗尼亚内阁其他成员也被逮捕并面临起诉，检方要求法庭判处他们 30 年徒刑。[110] 2017 年 12 月，加泰罗尼亚举行大选，加泰罗尼亚自治政府其后恢复行使权力。经过曲折的谈判后，2018 年 5 月，激进的分离主义者华金·托拉出任加泰罗尼亚自治政府主席，他拒绝与马德里进行任何妥协，并坚持寻求完全独立。[111]

在公民党的支持下，人民党得以继续掌权。然而，2018 年 5 月，审理居特勒案的法官认为拉霍伊的证词"没有足够可信度"，佩德罗·桑切斯于是大胆出击，于 6 月 1 日发动不信任投票。拉霍伊对加泰罗尼亚危机处理不善，这削弱了他的地位。民意调查显示，对人民党的支持正在直线下降。人民党在不信任投票中落败。尽管居特勒案的调查和审理过程标志着面对腐败束手无策的情况已经结束，但是该案案情严重破坏了民众对公共机构和政治阶层的信任。[112] 随后，极右翼政党在选举中取得成功，这是民主重建以来的第一次。2019 年 4 月 28 日的大选中，人民党惊人地失去了 71 个议席，相对较新的"呼声党"则从中获得了好处。"呼声党"在竞选中坚持极端的反加泰罗尼亚独立、反移民和反女权主义的路线，获得了 10.6% 的选票和 24 个议席。工社党重新掌权，但未能掌握绝对多数，议会再次陷入僵局。[113]

1982 年以来，西班牙经历了很多变化。胡安·卡洛斯卸去了民族英雄的光环。人民党在与工社党交替执政近 40 年后风光不再。工社党重新掌权但如履薄冰。两个政党都曾因腐败和傲慢而遭受挫败。政治精英和司法机构之间缺乏明确的界限——当然，这是佛朗哥时代最可耻的特点。然而，这种局面不仅造成了一种刀枪不入的感觉，而且使人觉得，经历了佛朗哥独裁时期的制度化腐败，现在轮到别人凭借权力捞取好处了。从某种意义上说，贪婪之风是在效法佛朗哥体制里精英们的以权谋私。民主过渡后，由于加入欧洲经济共同体，工社党治下的西班牙取得了巨大的经济增长，由此带来了可观的外来投资，其中大量资金可用于投机。而西班牙加入欧洲共同体后放松了金融管制措施，进一步鼓励了投机行动。进入电视和大众媒体时代，民主政治要消耗大量金钱，这也成为腐败产生的原因。一些最有名的早期的腐败丑闻（例如 Filesa 公司案和纳赛罗案）最初都是为了满足政党选举所需资金。只要资金开始流入，其中一些自然落入了政治金字塔各个层级的私人腰包，高至国王，低至镇长，概莫能外。司法部门对于腐败问题的处理速度如冰川移动一样缓慢。对于久已成习的治理无能，是否有贤人能使沉疴顿愈，目前犹未可知。在这之前，上述两方面的问题仍会对社会产生消极影响，西班牙政治将继续处于分裂之中。

译名表

人物

阿卜杜勒·克里姆　Abd el-Krim

阿道弗·苏亚雷斯　Adolfo Suárez

阿尔弗雷多·金德兰　Alfredo Kindelán

阿尔瓦罗·德阿尔沃诺斯　Álvaro de Albornoz

阿尔瓦罗·菲格罗亚　Álvaro de Figueroa

阿尔瓦罗·拉普艾尔塔　Alvaro Lapuerta

阿尔瓦罗·佩雷斯·阿隆索　Álvaro Pérez Alonso

阿尔韦托·马丁·阿塔霍　Alberto Martín-Artajo

阿方索·奥索里奥　Alfonso Osorio

阿方索·格拉　Alfonso Guerra

阿方索十二世，西班牙　Alfonso XII

阿方索十三世，西班牙　Alfonso XIII

阿古斯丁·穆尼奥斯·格兰德斯　Agustín Muñoz Grandes

阿莫斯·萨尔瓦多　Amós Salvador

阿塞尼奥·马丁内斯·坎波斯　Arsenio Martínez Campos

阿瑟·拜恩　Arthur Byne

阿图尔·马斯　Artur Mas

埃伯哈德·冯·施托雷尔　Eberhard von Stohrer

埃米利奥·阿塔德　Emilio Attard

埃米利奥·巴雷拉　Emilio Barrera

埃米利亚诺·伊格莱西亚斯　Emiliano Iglesias

埃内斯托·卡皮　Ernesto Carpi

爱德华多·奥尔特加－加塞特　Eduardo Ortega y Gasset

爱德华多·奥诺斯　Eduardo Aunós

爱德华多·达托　Eduardo Dato

爱德华多·洛佩斯·奥乔亚　Eduardo López de Ochoa

爱德华多·萨普拉纳　Eduardo Zaplana

安德烈斯·萨沃里特　Andrés Saborit

安德鲁·尼恩　Andreu Nin

安东尼奥·巴雷拉·伊里莫　Antonio Barrera de Irimo

安东尼奥·巴罗索　Antonio Barroso

安东尼奥·戈伊科切亚　Antonio Goicoechea

安东尼奥·卡诺瓦斯·德尔·卡斯蒂略　Antonio Cánovas del Castillo

安东尼奥·马查多　Antonio Machado

安东尼奥·毛拉　Antonio Maura

安东尼奥·莫内德罗·马丁　Antonio Monedero Martín

安东尼奥·伊图尔门迪　Antonio Iturmendi

安赫尔·埃雷拉　Ángel Herrera

安赫尔·奥索里奥－加利亚多　Angel Ossorio y Gallardo

安赫尔·费诺利　Angel Fenoll

安赫尔·加西亚·埃尔南德斯　Ángel García Hernández

安赫尔·坎帕诺·洛佩斯　Ángel Campano López

安赫尔·佩斯塔纳　Ángel Pestaña

安塞尔莫·洛伦索　Anselmo Lorenzo

巴勃罗·克雷斯波　Pablo Crespo

巴勃罗·伊格莱西亚斯　Pablo Iglesias

巴尔塔萨·加尔松　Baltasar Garzón

巴莱里亚诺·魏勒　Valeriano Weyler

巴伦廷·加拉尔萨　Valentín Galarza

贝尼托·马克斯　Benito Marquez

比森特·布拉斯科·伊巴涅斯　Vicente Blasco Ibáñez

比森特·罗霍　Vicente Rojo

比森特·希尔　Vicente Gil

布埃纳文图拉·杜鲁蒂　Buenaventura Durruti

布拉斯·佩雷斯　Blas Pérez

布拉斯·皮尼亚尔　Blas Piñar

布拉斯科·伊瓦涅斯　Blasco Ibanez

查尔斯·阿罗　Charles Arrow

查理五世，神圣罗马帝国　Charles V

达马索·贝伦格尔　Dámaso Berenguer

达维德·维戈茨基　David Vigodsky

丹尼尔·安吉亚诺　Daniel Anguiano

德里斯·本·赛义德　Dris-ben-Sai'd

德梅特里奥·卡塞列尔　Demetrio Carceller

迪奥尼西奥·里德鲁埃霍　Dionisio Ridruejo

迭戈·马丁内斯·巴里奥　Diego Martinez Barrio

迭戈·托雷斯　Diego Torres

迭戈·伊达尔戈　Diego Hidalgo

杜鲁门　Truman

恩里克·希门尼斯·雷纳　Enrique Giménez-Reyna

斐迪南七世　Fernando VII

费尔明·萨尔沃奇亚　Fermín Salvochea

费尔南多·阿尔瓦雷斯·德米兰达　Fernando Álvarez de Miranda

费尔南多·阿夫里尔·马托雷　Fernando Abril Martorell

费尔南多·埃雷罗·特赫多尔　Fernando Herrero Tejedor

费尔南多·德洛斯里奥斯　Fernando de los Rios

费尔南多·圣地亚哥·迪亚斯·门迪维尔　Fernando de Santiago y Díaz de Mendívil

费利克斯·克劳佩拉　Félix Graupera

费利佩·阿塞多·科伦加　Felipe Acedo Colunga

费利佩·波洛　Felipe Polo

费利佩·冈萨雷斯　Felipe González

费利佩二世　Felipe II

费利佩六世　Felipe VI

卡门，佛朗哥夫人　Doña Carmen

弗兰塞斯克·坎博　Francesc Cambó

弗兰塞斯克·莱雷特　Francesc Layret

弗兰塞斯克·马西亚　Francesc Macià

弗朗西斯科·阿尔瓦雷斯－卡斯科斯　Francisco Álvarez-Cascos

弗朗西斯科·阿吉莱拉·埃赫亚　Francisco Aguilera y Egea

弗朗西斯科·阿斯卡索　Francisco Ascaso

弗朗西斯科·埃雷拉　Francisco Herrera

弗朗西斯科·费尔南德斯·奥多涅斯　Francisco Fernández Ordóñez

弗朗西斯科·佛朗哥　Francisco Franco

弗朗西斯科·卡列　Francisco Calle

弗朗西斯科·科雷亚·桑切斯　Francisco Correa Sánchez

弗朗西斯科·拉尔戈·卡瓦列罗　Francisco Largo Caballero

弗朗西斯科·鲁伊斯－哈拉沃　Francisco Ruiz-Jarabo

弗朗西斯科·罗梅罗·罗夫莱多　Francisco Romero Robledo

弗朗西斯科·塞拉　Francisco Serra

弗朗西斯科·西尔韦拉·维埃勒鲁兹　Francisco Silvela y de Le Vielleuze

福斯蒂诺·加西亚·蒙科　Faustino García-Moncó

格雷戈里奥·洛佩斯·布拉沃　Gregorio López Bravo

格雷戈里奥·马拉尼翁　Gregorio Marañón

贡萨洛·凯波·德利亚诺　Gonzalo Queipo de Llano

古铁雷斯·梅利亚多　Gutiérrez Mellado

哈维尔·德拉罗萨　Javier de la Rosa

哈维尔·图塞利　Javier Tusell

海梅·马约尔·奥雷哈　Jaime Mayor Oreja

汉斯·霍夫曼　Hans Hoffmann

豪梅·卡纳　Jaime Carner

豪梅·马塔斯　Jaume Matas

何塞·安东尼奥·普里莫·德里韦拉　José Antonio Primo de Rivera

何塞·安东尼奥·希龙　José Antonio Girón

何塞·奥尔特加－加塞特　José Ortega y Gasset

何塞·奥里奥尔·安格拉·德索霍　José Oriol Anguera de Sojo

何塞·巴雷拉　José Varela

何塞·巴里奥努埃沃　José Barrionuevo

何塞·恩里克·巴雷拉　José Enrique Varela

何塞·胡安·多米内　José Juan Dómine

何塞·加韦拉斯·蒙特罗　José Gabeiras Montero

何塞·卡尔沃·索特洛　Jose Calvo Sotelo

何塞·卡纳莱哈斯　José Canalejas

何塞·路易斯·佩纳斯　José Luis Peñas

何塞·路易斯·伊斯基耶多·洛佩斯　José Luis Izquierdo López

何塞·马丁内斯·德贝拉斯科　José Martínez de Velasco

何塞·马里亚·阿斯纳尔　José María Aznar

何塞·马里亚·佩曼　José María Pemán

何塞·马里亚·希尔·罗夫莱斯　José María Gil Robles

何塞·马里亚·阿雷尔萨　José María de Areilza

何塞·曼努埃尔·梅迪纳　José Manuel Medina

何塞·曼努埃尔·佩德雷加尔　José Manuel Pedregal

何塞·帕西亚诺·劳雷尔　José Paciano Laurel

何塞·桑切斯·格拉　José Sánchez Guerra

何塞·圣胡尔霍　José Sanjurjo

何塞·索利斯　José Solís Ruiz

何塞·乌特雷拉·莫利纳　José Utrera Molina

何塞·希拉尔　José Giral

何塞普·普伊赫–加达法尔 Josep Puig i Cadafalch

赫拉尔多·多瓦尔 Gerardo Doval

赫苏斯·塞普尔韦达 Jesús Sepúlveda

胡安·安东尼奥·罗加 Juan Antonio Roca

胡安·安东尼奥·苏安塞斯 Juan Antonio Suanzes

胡安·包蒂斯塔·桑切斯 Juan Bautista Sánchez

胡安·比贡 Juan Vigón

胡安·比拉·雷耶斯 Juan Vila Reyes

胡安·比利亚隆加 Juan Villalonga

胡安·德拉谢尔瓦 Juan de la Cierva

胡安·格拉 Juan Guerra

胡安·加西亚–奥利弗 Joan Garcia i Oliver

胡安·卡洛斯 Juan Carlos

胡安·拉吉亚·伊特拉斯 Juan Lagma Lliteras

胡安·马奇 Juan March

胡安·内格林 Juan Negrín

胡安·皮奇–庞 Juan Pich y Pon

胡安·亚格 Juan Yague

胡利安·贝斯泰罗 Julián Besteiro

胡利奥·阿马多 Julio Amado

胡利奥·拉萨尔特 Julio de Lasarte

胡利奥·罗德里格斯 Julio Rodríguez

胡利奥·穆尼奥斯·阿吉拉尔 Julio Muñoz Aguilar

华金·科斯塔·马丁内斯 Joaquín Costa Martínez

华金·阿尔穆尼亚 Joaquín Almunia

华金·查帕普列塔 Joaquín Chapaprieta

华金·凡胡尔 Joaquín Fanjul

华金·鲁伊斯·希门尼斯 Joaquín Ruiz Giménez

华金·毛林 Joaquín Maurín

华金·桑切斯·托卡　Joaquín Sánchez de Toca

霍安·佩罗　Joan Peiró

霍尔迪·普霍尔　Jordi Pujol

吉列尔莫·金塔纳·拉卡西　Guillermo Quintana Lacaci

加夫列尔·阿里亚斯·萨尔加多　Gabriel Arias Salgado

加夫列尔·毛拉　Gabriel Maura

加洛·庞特·埃斯卡廷　Galo Ponte y Escartín

教皇保罗六世　Paul VI

教皇约翰二十三世　John XXIII

卡多·布尔格特-拉纳　Ricardo Burguete y Lana

卡洛斯·阿森西奥　Carlos Asensio

卡洛斯·阿里亚斯·纳瓦罗　Carlos Arias Navarro

卡洛斯·蒙塔涅斯　Carlos Montanes

卡洛斯·索尔查加　Carlos Solchaga

卡洛斯·伊涅斯塔·卡诺　Carlos Iniesta Cano

卡米洛·阿隆索·维加　Camilo Alonso Vega

卡米洛·加西亚·德波拉维哈　Camilo García de Polavieja

坎迪多·卡萨努埃瓦　Cándido Casanueva

克里斯托瓦尔·马丁内斯-博尔迪乌　Cristóbal Martínez-Bordiú

莱昂·布鲁姆　Léon Blum

拉菲尔·本胡梅亚·布林　Rafael Benjumea y Burín

拉斐尔·贝拉　Rafael Vera

拉斐尔·萨拉萨尔·阿隆索　Rafael Salazar Alonso

拉斐尔·桑切斯·格拉因　Rafael Sanchez Guerra

拉斐尔·肖　Rafael Shaw

拉蒙·阿尔赫斯-塞拉　Ramon Archs i Serra

拉蒙·佛朗哥　Ramón Franco

拉蒙·卡兰萨　Ramón de Carranza

拉蒙·卡萨内利亚斯　Ramon Casanellas

拉蒙·塞拉诺·苏涅尔　Ramón Serrano Suñer

莱奥波尔多·卡尔沃·索特洛　Leopoldo Calvo Sotelo

莱奥波尔多·萨罗　Leopoldo Saro

赖苏尼　El Raisuni

兰德利诺·拉维利亚　Landelino Lavilla

劳雷亚诺·洛佩斯·罗多　Laureano Lopez Rodo

雷蒙德·卡尔　Raymond Carr

雷蒙多·费尔南德斯－奎斯塔　Raimundo Fernández-Cuesta

里卡多·科斯塔　Ricardo Costa

里卡多·马西阿斯·皮卡韦亚　Ricardo Macías Picavea

里卡多·萨恩斯·德内斯特里利亚斯　Ricardo Sáenz de Ynestrillas

里卡多·桑斯　Ricardo Sanz

理查德·福特　Richard Ford

利西尼奥·德拉富恩特　Licinio de la Fuente

鲁道夫·马丁·比利亚　Rodolfo Martín Villa

路易·孔帕尼斯　Lluís Companys

路易·尼古劳·奥尔沃　Lluís Nicolau i d'Olwer

路易斯·阿拉尔孔·拉斯特拉　Luis Alarcón de la Lastra

路易斯·艾斯普鲁　Luis Aizpuru

路易斯·奥尔加斯　Luis Orgaz

路易斯·巴尔塞纳斯　Luis Bárcenas

路易斯·费诺利·马尔瓦西亚　Luis Fenoll Malvasia

路易斯·卡雷罗·布兰科　Luis Carrero Blanco

路易斯·西尔韦拉　Luis Silvela

路易斯·希门尼斯·阿苏亚　Luis Jiménez de Asúa

罗伯托·马丁内斯·巴尔德里奇　Roberto Martínez Baldrich

罗德里戈·拉托　Rodrigo Rato

洛佩斯·奥乔亚　López Ochoa

洛约拉·帕拉西奥·巴列·勒松迪　Loyola de Palacio

马蒂斯·蒙塔达斯　Maties Muntadas

马克斯·博雷利　Max Borrell

马里奥·孔德　Mario Conde

马里亚诺·拉霍伊　Mariano Rajoy

马里亚诺·纳瓦罗·鲁维奥　Mariano Navarro Rubio

马塞利诺·多明戈　Marcelino Domingo

马西亚·阿拉韦德拉　Macià Alavedra

玛丽亚·克里斯蒂娜　María Cristina

玛丽亚·维多利亚·阿尔瓦雷斯　Maria Victoria Alvarez

曼努埃尔·阿圭列斯　Manuel de Argüelles

曼努埃尔·阿连德萨拉萨尔　Manuel Allendesalazar

曼努埃尔·阿萨尼亚　Manuel Azaña

曼努埃尔·阿武鲁亚　Manuel Arburúa

曼努埃尔·波特拉·巴利亚达雷斯　Manuel Portela Valladares

曼努埃尔·布埃纳卡萨　Manuel Buenacasa

曼努埃尔·布尔戈斯－马索　Manuel Burgos y Mazo

曼努埃尔·布拉沃·波蒂略　Manuel Bravo Portillo

曼努埃尔·德尔加多·巴雷托　Manuel Delgado Barreto

曼努埃尔·德拉巴雷拉　Manuel de la Barrera

曼努埃尔·迭斯·阿莱格里亚　Manuel Díez-Alegría

曼努埃尔·弗拉加　Manuel Fraga

曼努埃尔·戈代德　Manuel Goded

曼努埃尔·加西亚·普列托　Manuel García Prieto

曼努埃尔·利亚内萨　Manuel Llaneza

曼努埃尔·普拉多－科隆·德卡瓦哈尔　Manuel Prado y Colón de Carvajal

曼努埃尔·希门尼斯·费尔南德斯　Manuel Giménez Fernández

梅尔基亚德斯·阿尔瓦雷斯　Melquiades Alvarez

米格尔·安赫尔·费尔南德斯·奥多涅斯　Miguel Ángel Fernández Ordóñez

米格尔·博耶尔　Miguel Boyer

米格尔·毛拉　Miguel Maura

米格尔·普里莫·德里韦拉　Miguel Primo de Rivera

米格尔·乌纳穆诺　Miguel de Unamuno

纳西斯·塞拉　Narcís Serra

纳西索·波塔斯·阿斯卡尼奥　Narciso Portas Ascanio

内努卡，佛朗哥女儿　Nenuca

尼古拉斯·埃斯特瓦涅斯　Nicolás Estévanez

尼古拉斯·佛朗哥　Nicolás Franco

尼古拉斯·雷东多　Nicolás Redondo

尼古拉斯·萨尔梅龙　Nicolás Salmerón Alonso

尼塞托·阿尔卡拉－萨莫拉　Niceto Alcalá-Zamora

欧亨尼奥·蒙特罗·里奥斯　Eugenio Montero Ríos

欧内斯特·贝文　Ernest Bevin

帕斯夸尔·卡里翁　Pascual Carrión

佩德罗·巴里耶·马萨　Pedro Barrié de la Maza

佩德罗·蒂拉多　Pedro Tirado

佩德罗·何塞·拉米雷斯　Pedro J. Ramírez

佩德罗·涅托·安图内斯　Pedro Nieto Antúnez

佩德罗·赛恩斯·罗德里格斯　Pedro Sainz Rodríguez

佩德罗·索尔韦斯　Pedro Solbes

佩雷·班德略斯　Pere Vandellós

佩雷·马蒂尔·奥姆斯　Pere Martir Homs

皮奥·卡瓦尼利亚斯　Pío Cabanillas

皮拉尔·巴连特　Pilar Valiente

普拉克塞德斯·马特奥·萨加斯塔　Práxedes Mateo Sagasta

乔治·奥威尔　George Orwell

萨尔瓦多·德马达里亚加　Salvador de Madariaga

萨尔瓦多·卡诺瓦斯·塞万提斯　Salvador Cánovas Cervantes

萨尔瓦多·塞迪莱斯　Salvador Sediles

萨尔瓦多·塞吉　Salvador Seguí

塞萨尔·阿列尔塔　César Alierta

塞萨尔·西利奥　César Silió

塞斯克·费雷尔－瓜尔迪亚　Francesc Ferrer i Guardia

塞瓦斯蒂安·鲍尔弗　Sebastian Balfour

塞韦里亚诺·马丁内斯·阿尼多　Severiano Martínez Anido

塞希斯孟多·莫雷特　Segismundo Moret

桑托斯·胡利娅　Santos Julia

圣地亚哥·阿尔瓦　Santiago Alba

圣地亚哥·卡里略　Santiago Carrillo

圣地亚哥·卡萨雷斯·基罗加　Santiago Casares Quiroga

圣地亚哥·萨尔瓦多　Santiago Salvador

斯坦顿·格里菲斯　Stanton Griffis

索尼娅·卡斯特多　Sonia Castedo

汤姆·伯恩斯　Tom Burns

堂胡安　Don Juan

特奥多米罗·梅嫩德斯　Teodomiro Menendez

托尔夸托·费尔南德斯－米兰达　Torcuato Fernández-Miranda

托马斯·加里卡诺·戈尼　Tomás Garicano Goñi

威廉二世，德国　Kaiser Wilhelm II

维克托·埃马努埃莱二世，意大利　Victor Emmanuel II

维利·勃兰特　Willy Brandt

亚历杭德罗·勒鲁克斯　Alejandro Lerroux

亚历杭德罗·罗德里格斯·巴尔卡塞尔　Alejandro Rodríguez Valcárcel

伊诺森西奥·费塞德·卡尔沃　Inocencio Feced Calvo

伊莎贝尔·普赖斯勒　Isabel Preysler

伊莎贝拉二世　Isabel II

伊西德罗·戈马　Isidro Gomá

因达莱西奥·普列托　Indalecio Prieto

团体

阿尔托斯奥尔诺斯钢铁公司　Altos Hornos

阿斯图里亚斯矿工工会　SOMA，Sindicato de los Obreros Mineros de Asturias

巴伦西亚自治共和同盟　Union Republicana Autonomista de Valencia

保卫马德里委员会　Junta de Defensa de Madrid

"地堡"极右势力　Búnker

"杜鲁蒂之友"，无政府主义团体　Agrupación de los Amigos de Durruti

大学生联合会　Federación Universitaria de Estudiantes

地区工作联合会　CRT，Confederación Regional de Trabajo

"黑旗"刺杀小组，属"加泰罗尼亚国"党　Bandera Negra

"黑手"，无政府主义秘密组织　Mano Negra

"基督王的武士"组织　Guerrilleros de Cristo Rey

"加泰罗尼亚国"党　Estat Català

"毛拉派青年"　Los Jóvenes Mauristas

"民主团结论坛"组织　Plataforma de Convergencia Democrática

"年轻野蛮人"组织，激进党年轻派　Jóvenes Bárbaros

"穷人"组织　Los Desheredados

"团结者"组织　Los Solidarios

"我们能"党　Podemos

"西班牙军团"，准军事组织　Legionarios de España

"西班牙同盟"组织　Unión Española

"小队"刺杀小组，属"加泰罗尼亚国"党　Els Escamots

"争取自由协定"阵线　Pacto por la Libertad

埃塔军事组织　ETA-M

埃塔组织　ETA, Euskadi Ta Askatasuna

爱国联盟　Unión Patriótica

安达卢西亚地主联盟　Liga de Terratenientes Andaluces

巴塞罗那牵引照明电力公司　BTLP, Barcelona Traction, Light and Power Co.

巴斯克民族主义党　PNV, Partido Nacionalista Vasco

北大西洋公约组织　NATO

布鲁内特装甲师　División Acorazada «Brunete»

德士古石油公司　Texaco

地方主义同盟　Lliga Regionalista

地中海储蓄银行　CAM, Caja de Ahorros del Mediterráneo

独立君主制俱乐部　Círculo Monárquico Independiente

反法西斯爱国革命阵线　FRAP, Frente Revolucionario Antifascista y Patriota

犯罪调查科，巴塞罗那　OIC, Oficina de Investigación Criminal

弗朗西斯科·佛朗哥　Francisco Franco

改良党　Partido Reformista

工人委员会　Comisiones Obreras

工人总同盟，简称"工总"　UGT, Unión General de Trabajadores

工业生产管理理事会　Consejo Regulador de Producción Industrial

公民党　Ciudadanos

共和国反法西斯军事同盟　UMRA, Unión Militar Republicana Antifascista

共和行动党　Acción Republicana

共和行动和联盟委员会　Junta de Acción y Unión Republicana

共和联盟　Alianza Republicana

共和同盟　Unión Republicana

国防高级情报中心　CESID, Centro Superior de Información de la Defensa

国防委员会　Junta de Defensa Nacional

国防委员会，西班牙布尔戈斯　Burgos Junta

国家经济发展理事会　Consejo de Economia Naciona

国际工人协会西班牙分会　FTRE，Federación de Trabajadores de la Región Española

国际电话电报公司　ITT，The International Telephone and Telegraph Corporation

国家工业联合会　INI, Instituto Nacional de Industria

国家就业局　Instituto Nacional de Empleo

国家烟草专卖公司　Tabacalera

国民警卫队　Civil Guard

国务委员会　Consejo de Estado

国务咨询委员会　Consejo del Estado

呼声党　Vox

呼啸兵，卡洛斯派的准军事组织　Requeté

激进党　Partido Radical

激进社会共和党　Partido Republicano Radical-Socialista

加利西亚民族主义集团　Bloque Nacionalista Gallega

加利西亚自治共和组织　ORGA, Organización Republicana Galega Autónoma

加泰罗尼亚独立联盟　Unió Catalanista

加泰罗尼亚工商促进会　Foment del Treball Nacional

加泰罗尼亚共产党　Partit Comunista Català、

加泰罗尼亚共和党　Partit Republica Catala

加泰罗尼亚雇主联合会　Federació Patronal de Catalunya

加泰罗尼亚国民大会　ANC, Assemblea Nacional Catalana

加泰罗尼亚联盟 Mancomunitat

加泰罗尼亚民主联盟　UDC, Unió Democràtica de Catalunya

加泰罗尼亚民主统一党　Convergencia

加泰罗尼亚欧洲民主党　PDeCat, Partit Democrata Europeu Catala

加泰罗尼亚社会主义者党，简称"加泰社会党"　PSC, Partit dels Socialistes
　　de Catalunya

加泰罗尼亚统一社会党　PSUC, Partit Socialista Unificat de Catalunya

加泰罗尼亚团结联盟　Solidaritat Catalana

加泰罗尼亚文化遗产保护委员会　Òmnium Cultural

加泰罗尼亚行动　Accio Catalana

加泰罗尼亚银行　Banco de Cataluna

加泰罗尼亚自治政府　Generalitat de Catalunya

加泰罗尼亚左翼共和党　ERC, Esquerra Republicana de Catalunya

军人委员会　Juntas Militares de Defensa

科威特投资局　KIO, Kuwait Investment Office

跨地中海航运公司　Trasmediterránea

矿业联合信贷银行　Crédito de la Unión Minera

蓝色派　Azules

蓝色师团　División Azul

劳资纠纷仲裁委员会　Comites Paritarios

雷普索尔石油公司　Repsol

联合左翼联盟　Izquierda Unida

论坛委员会　Platajunta

马德里储蓄银行　Caja Madrid

马德里科技文艺社　Ateneo

马克思主义统一工人党，简称"马统工党"　POUM, Partit Obrer d'Unificació
　　Marxista

民主委员会　Junta Democratica

民族工团主义奋进会，简称"民奋会"　JONS, Juntas de Ofensiva Nacional-
　　Sindicalista

名为"中央银行"的一家私有银行　Banco Central

欧洲经济共同体　EEC

全国君主制联盟　UMN, Unión Monárquica Nacional

全国劳工联盟，简称"全劳联"　CNT

全国劳资合作组织　Organización Corporativa Nacional

全国老兵联盟　Confederacion Nacional de Ex-Combatientes

全国天主教农会　CNCA, Confederación Nacional Católico-Agraria

全国天主教宣传员协会　ACNP, Asociación Católica Nacional de Propagandistas

全国土地劳动者协会　FNTT, Federación Nacional de Trabajadores de la Tierra

全国证券市场委员会　CNMV, Comisión Nacional del Mercado de Valores

穷人团　Los Desheredados

人民党　PP, Partido Popular

人民行动党　Acción Popular

人民联盟党　Alianza Popular

人民内务委员会，苏联　NKVD

人民团结党　Herri Batasuna

人民团结候选人党　CUP, Candidatura d'Unitat Popular

人民行动党青年团　JAP

人民阵线　Frente Popular

工社党青年团　Juventud Socialista

社会调查大队　BIS, Brigada de Investigación Social

社会主义青年团　FJS, Federación de Juventudes Socialistas

司法人员检查委员会　Junta Inspectora de Personal Judicial

司法组织委员会　Junta Organizadora del Poder Judicial

十月一日反法西斯抵抗团体　GRAPO, Grupos de Resistencia Antifascista Primero de Octubre

塔西托，意见团体　Tácito

特里亚斯·法尔加斯基金会　Fundació Catdem

天主教行动工人联谊会　HOAC, Hermandad Obrera de Acción Católica

统一工会　Sindicato Único

统一社会主义青年团，简称"统社青"　JSU, Juventudes Socialistas Unificadas

统一与联合党　CiU, Convergència i Unió

突击警察　Guardia de Asalto

土地所有者协会　Institut Català de Sant Isidre

土地所有者协会　Institut Català de Sant Isidre

团结工会　Solidaridad Obrera

为了加泰罗尼亚倡议绿党　ICV, Iniciativa per Catalunya Verds

乌尔基霍银行　Banco Urquijo

西班牙电信　Telefónica

西班牙复兴运动党　Renovación Española

西班牙工人社会党，简称"工社党"　PSOE, Partido Socialista Obrero Español

西班牙共产党　PCE, Partido Comunista de España

西班牙雇主联合会　Confederación Patronal Español

西班牙国家法院　Audiencia Nacional

西班牙国家工业股份公司　SEPI，Sociedad Estatal de Participaciones Industriales

西班牙国民党　Partido Nacionalista Español

西班牙农业保障基金　FEGA，Fondo Español de Garantía Agraria

西班牙行动卡斯蒂利亚委员会　Junta Castellana de Actuación Hispánica

西班牙军事同盟　Unión Militar Española

西班牙美洲电力公司　CHADE, Compañía Hispano Americana de Electricidad

西班牙美洲银行　Banco Hispano-American

西班牙民族工团主义奋进会长枪党　Falange Espanola y de las JONS

西班牙社会民主联盟　Union Social-Democrata Espanola

西班牙石油专营公司　CAMPSA, Compañía Arrendataria del Monopolio del Petróleo

西班牙信贷银行　Banesto, Banco Español de Crédito

西班牙西北边境信息局　Servicio de Información de la Frontera Noroeste España

西班牙长枪党　Falange Española

伊比利亚无政府主义者联盟　FAI, Federación Anarquista Ibérica

意大利志愿军　CTV, Corpo Truppe Volontarie

"一起说是"竞选联盟　Junts pel Sí

右翼自由共和党　Derecha Liberal Republicana

右翼自治团体协会，简称"右协"　CEDA, Confederación Española de Derechas Autónomas

运动党　Movimiento

中间民主联盟　UCD, Unión de Centro Democrático

主业会　Opus Dei

专业人士同盟　Uniones Profesionales

自由工会　Sindicatos Libres

最高战争委员会　Supreme War Council

左翼联盟　Alianza de Izquierdas

正统派联盟　Comunión Tradicionalista

出版物

《1936 年：人民阵线选举舞弊和暴力》　1936. Fraude Y Violencia En Las Elecciones Del Frente Popular

《阿贝赛报》　ABC

《阿尔罕布拉》　Tales of the Alhambra

《安达卢西亚邮报》　El Correo de Andaluaa

《白与黑》杂志　Blanco y Negro

《从巴黎到加的斯》　De Paris à Cadix

《斗争报》　La Lucha

《杜鹃》周刊　¡Cu-Cut!

《奋起报》　Arriba

《公正报》　El Imparcial

《雇主之声》　El Eco Patronal

《寡头政治和地方豪强传统——西班牙目前的治理形式》　Oligarquía y caciquismo como la forma actual de gobierno en España

《国家报》　El País

《行动报》　La Acción

《黑色传说》　La Leyenda Negra

《黑衫军报》　La Camisa Negra

《花花公子》杂志　Playboy

《环球报》　El Globo

《活页》杂志　Hojas Libres

《吉普斯夸邮报》　El Correo de Guipuzcoa

《加泰罗尼亚之声》　La Veu de Catalunya

《简报》　El Resumen

《揭秘阿方索十三世》　Alphonse XIII démasqué

《进步报》　*El Progreso*

《军事通信报》　*La Correspondencia Militar*

《卡门》，歌剧　*Carmen*

《卡斯蒂利亚之声报》　*La Voz de Castilla*

《理念报》　*Ideal*

《马德里先驱报》　*Heraldo de Madrid*

《马里纳报》，古巴　*Diario de la Marina*

《民族报》　*La Nación*

《明晰报》　*Claridad*

《命运之力》　*La forza del destino*

《骗子外传》　*El Buscón*

《起义者》　*La Rebelled*

《日报》　*Le Quotidien*

《社会》周刊　*Revista Social*

《社会主义者报》　*El Socialista*

《十六日报》　*Diario 16*

《时代报》　*La Época*

《世界报》　*El Mundo*

《唐·乔瓦尼》，歌剧　*Don Giovanni*

《土地报》　*La Tierra*

《托梅斯河上的小癞子》　*Lazarillo de Tormes*

《威廉·退尔》，歌剧　*Guillaume Tell*

《西班牙宫廷旧梦》　*Mémoire de la cour d'Espagne*

《西班牙行动》杂志　*Acción Española*

《西班牙行记》　*Rélation du voyage d'Espagne*

《西班牙旅行者手册》　*Handbook for Travelers in Spain*

《西班牙圣经》　*The Bible in Spain*

《西班牙缀拾》　*Gatherings from Spain*

《西班牙新闻联播》，电视节目　*Noticiario Español*

《西班牙游记》　*Un Voyage en Espagne*

《先锋报》　*La Vanguardia*

《现代西班牙的图景》　*Tableau de l'Espagne moderne*

《新力量》杂志　*Fuerza Nueva*

《新闻联播和纪录片》，电视节目　*Noticiarios y Documentales*

《新闻周刊》杂志　*Newsweek*

《信息报》　*Informaciones*

《宣传报》　*La Publicidad*

《要塞报》　*El Alcázar*

《游唱诗人》，歌剧　*Il trovatore*

《真理报》，苏联　*Pravda*

《争鸣报》　*El Debate*

《重游西班牙》　*Nouveau voyage en Espagne*

《自由党人报》　*El Liberal*

法律法规、条约

《保卫共和国法》，1931 年　Ley de Defensa de la República

《反游手好闲和流氓法》，1933 年　Ley de Vagos y Maleantes

《耕种合同法》，1934 年　Llei de Contractes de Conreu

《国家行政制度法》，1957 年　Ley de régimen jurídico de la Administración del Estado

《国家元首法》，1947 年　Ley de Jefatura del Estado

《国家元首继承法》，1947 年　Ley de Sucesión en la Jefatura del Estado

《国家组织法》，1967 年　Ley Orgánica del Estado

《加泰罗尼亚自治法》，1979 年　Estatut d'Autonomia de Catalunya

《历史记忆法》，2007 年　Ley de Memoria Histórica

《帕斯库尔马多斯法》，1855 年　Ley Pascual Madoz

《省基本法》，1925 年　Estatuto Provincial

《市镇基本法》，1924 年　Estatuto Municipal

《土地法》，1998 年　Ley sobre régimen del suelo y valoraciones

《西班牙人权利法》　Fuero de los españoles

《新闻和出版法》，1966 年　Ley de Prensa e Imprenta

《政治改革法》，1976 年　Ley para la Reforma Política

《政治结社法》，1976 年　Ley de Asociaciones Políticas

《政治责任法》，1939 年　Ley de Responsabilidades Políticas

《自治进程协调组织法》，1982 年　Ley Orgánica de Armonización del Proceso
　　Autonómico

《埃什托里尔声明》，1947 年　Manifiesto de Estoril

《埃斯科里亚尔协议》，1933 年　Pacto de El Escorial

《巴塞罗那宣言》，1998 年　Declaración de Barcelona

《马德里条约》，1953 年　Pactos de Madrid

《美琪酒店协议》，1996 年　Pacto del Majestic

《蒙克洛亚协议》，1977 年　Pactos de la Moncloa

《萨拉戈萨协定》，1916 年　Pacto de Zaragoza

《三十人宣言》，1931 年　Manifiesto de los Treinta

《圣塞瓦斯蒂安协定》，1930 年　Pacto de San Sebastián

《西班牙宪法》，1978 年　Constitución española de 1978

地点

阿托查区，西班牙马德里　Atocha

埃尔埃斯科里亚尔，西班牙中部市镇　El Escorial

埃尔费罗尔，西班牙西北港市　El Ferrol

埃尔帕尔多宫，西班牙马德里　El Pardo

埃纳雷斯堡，西班牙马德里自治区　Alcalá de Henares

埃斯帕尼奥尔咖啡馆，西班牙巴塞罗那　Café Espagnol

奥唐奈将军大街，西班牙马德里　O'Donnell

贝拉镇，西班牙北部纳瓦罗　Vera de Bidasoa

富埃特文图拉岛，西班牙加那利群岛　Fuerteventura

喀歌园，西班牙马德里西北面庄园　Canto del Pico

卡萨斯别哈村，西班牙西南加的斯　Casas Viejas

卡斯蒂尔布兰科，西班牙西南巴达霍斯地区村镇　Castilblanco

坎比斯诺斯街，西班牙巴塞罗那　Carrer dels Canvis Nous

雷阿尔城，西班牙马德里北部　Ciudad Real

利赛乌大剧院，西班牙巴塞罗那　Gran Teatre del Liceu

蒙特惠奇山，西班牙巴塞罗那　Montjuic

帕拉雷罗大道，西班牙巴塞罗那　Paralelo

蓬特韦德拉，西班牙西北城市　Pontevedra

萨苏埃拉王宫，西班牙马德里西北郊区　Zarzuela

太阳门广场，西班牙马德里　Puerta del Sol

圆亭咖啡馆，法国巴黎　La Rotonde

四风军用机场，西班牙马德里　Cuatro Vientos

其他

阿卢塞马斯侯爵　Marqués de Alhucemas

埃塔组织成员　Etarras

安第斯伯爵　Conde de los Andes

巴斯克地区政府主席　Lendakari

悲惨一周　Semana Trágica

本土派　peninsulares

比利亚韦德侯爵　Marqués de Villaverde

比沃纳公爵　Duque de Bivona

边防警卫队　Carabineros

兵谏 / 军事政变　pronunciamientos

部长会议　Council of Ministers

赤色职工国际　Profintern

大主教　Archbishop

大庄园　latifundio

党务部部长　Minister Secretary

得土安公爵　Duque de Tetuán

地方管理局局长　Director General of Local Administration

地方豪强统治　caciquismo

梵蒂冈第二届大公会议　Second Vatican Council

非洲派军官　Africanistas

弗拉门戈舞　flamenco

工人俱乐部　Casa del Pueblo

公共土地 common lands

共和派 – 工社党联合政府　Republican Socialist coalition

瓜达洛塞伯爵　Conde de Guadalhorce

国民军　National Movement

荒地行动　Operación Erial

激进党　Radical Party

激进共和党　Radical Republican Party

加泰罗尼亚独立主义　Catalanism

加泰罗尼亚国　Estat Català

加泰罗尼亚民族日　Catalan national day

结构基金　structural funds

旧卡斯蒂利亚　Old Castile

军区司令　Captain General

军人委员会成员　Junteros

军事长官　Military Governor

科米利亚斯侯爵　Marqués de Comillas

库内罗　cuneros

拉萨尔特名单　Fichero Lasarte

狼谷之役　battle of Barranco del Lobo

领袖，指墨索里尼　Duce

陆军部长　Minister for the Army

轮盘赌，后来衍生有腐败、黑市之义　Estraperlo

罗马诺内斯伯爵　Conde de Romanones

民防队　Somatén

民政长官　Civil Governor

牧函　pastoral

内阁府秘书长　Cabinet Secretary

内廷侍从　gentilhombre de camara

凝聚基金　cohesion fund

农民党少数派　Agrarian Minority

欧盟委员会　European Commission

萨尔瓦铁拉伯爵　Conde de Salvatierra

萨伏亚 – 马切蒂 81 型飞机　Savoia-Marchetti

社团主义　corporative

神奇乐园主题公园项目　Terra Mítica

圣胡安日政变　Sanjuanada

圣乔治骑兵　Cavalry of St George

首领，地方豪强，有时特指佛朗哥　Caudillo

首席主教　Cardinal Primate

首相　Prime Minister

枢机大主教　Cardinal Archbishop

枢机主教　Cardinal

"四人帮"，即何塞·卡瓦尔坎蒂、安东尼奥·达万、莱奥波尔多·萨罗、
　　费德里科·贝伦格尔以及得土安公爵　Cuadrilatero

塔西托人士　Tacitos

突击警察　Assault Guard

文官督政府　Civilian Directory

无地劳工　landless labourer

西属摩洛哥　Moroccan protectorate / Spanish Morocco

"迅龙"运输机　Dragon Rapide

议会　Cortes

预审法官　investigating magistrate

元首，指希特勒　Fuhre

责任调查委员会　Responsibilities Commission

无政府工团主义　anarcho-syndicalism

政府特派员　government delegates

制宪议会　Constituent Cortes

治安部队　forces of order

最高指挥部　high command

注 释

前 言

1. José Ortega y Gasset, *España invertebrada*, 15th edn (Madrid: Revista de Occidente, 1967) pp. 68–9.
2. Antonio Machado, 'Carta a David Vigodsky, Valencia, 20 February 1937', *Hora de España*, No. IV, April 1937, pp. 5–10.
3. Richard Ford, *A Handbook for Travellers in Spain*, 3rd edn, 2 vols (London: John Murray, 1855) I, pp. 28, 74, 155, 162, 253, II, 598, 660, 838; Richard Ford, *Gatherings from Spain* (London: John Murray, 1861) pp. 8–9, 46, 55, 332; Raymond Carr, 'Spain through true blue eyes', *Spectator*, 4 March 2004; Tom Burns Marañn, *Hispanomanía* (Barcelona: Plaza y Janés, 2000) pp. 130–3; María Jesús González, *Raymond Carr: The Curiosity of the Fox* (Brighton: Sussex Academic Press, 2013) pp. 133–8.
4. Gerald Brenan, 'Hispanophilia', *New York Review of Books*, 26 January 1967.
5. *La Vanguardia Española*, 18 July 1941.
6. *El País*, 24 February 1981.
7. http://www.cis.es/cis/export/sites/default/-Archivos/Indicadores/documentos_html/TresProblemas.html; http://sociometrica.es/category/valoracion-deinstituciones/.
8. Baltasar Garzón, *El fango. Cuarenta años de corrupción en España* (Barcelona: Debate, 2015) pp. 19, 25.

第一章 激情、暴力和腐败——西班牙的刻板印象？

1. Julián Juderías, *La leyenda negra y la verdad histórica. Contribución al estudio del concepto de España en Europa, de las causas de este concepto y de la tolerancia política y religiosa en los países civilizados* (Madrid: Tipografía de la Revista de Archivos, 1914). References here are to the greatly expanded fourth edition, Julián Juderías, *La leyenda negra. Estudios acerca del concepto de España en el extranjero*, 4th edn (Barcelona: Editorial Araluce, 1917) pp. 208, 333.
2. John Walter Stoye, *English Travellers Abroad 1604–1667* (New York: Octagon Books, 1968) p. 326.
3. Adolfo Bueso, *Recuerdos de un cenetista*, Vol. II: *De la Segunda República al final de la guerra civil* (Barcelona: Ariel, 1978) pp. 74–9.

4. David Mitchell, *Travellers in Spain* (London: Cassell, 1990) pp. 25, 36.

5. *The Memoirs of Jacques Casanova De Seingalt 1725-1798*, Vol. 6: *Spanish Passions*, ch. 3. First English edn 1894, reprinted London, Elek Books, 1960. I have used the digital edition by Project Gutenberg at https://www.gutenberg.org/fi les/2981/2981-h/2981-h.htm. The quotation is from p. 3082. See also Fernando Royuela, 'Casanova o la pasión de amar', *El País - Babelia*, 12 April 2008.

6. Th éophile Gautier, *A Romantic in Spain* (Oxford: Signal Books, 2001) pp. 157-8, 266-8; Mitchell, *Travellers*, pp. 62-4.

7. Alexandre Dumas, *From Paris to Cadiz* (London: Peter Owen, 1958) pp. 25, 37-8, 124-7, 198-9.

8. Prosper Mérimée, *Carmen and Other Stories* (Oxford: Oxford University Press, 1989) pp. 14-15.

9. Madame D'Aulnoy, *The Ingenious and Diverting Letters of the Lady ——: Travels into Spain* (London: Routledge, 1930) pp. 3, 47-8, 222-3, 289-91, 309, 326-33. The long introductory article by R. Foulché-Delbosc analyses her sources and concludes that she was never in Spain. See esp. pp. xxxii-xxxvii, lxi-lxvii.

10. *Ibid.*, pp. 294-5.

11. María Dolores Cabra Loredo, *España en la litografía romántica* (Madrid: Compañía Literaria, 1994)

pp. 34-5, 40-1, 44-6, 51, 53-5, 58, 73-5, 79-81, 107; David Howarth, ed., *The Discovery of Spain: British Artists and Collectors - Goya to Picasso* (Edinburgh: National Galleries of Scotland, 2009) pp. 46-81.

12. Dumas, *From Paris to Cadiz*, pp. 42-3.

13. Germà Bel, *Infrastructure and the Political Economy of Nation Building in Spain, 1720-2010* (Brighton: Sussex Academic Press/Cañada Blanch, 2012) pp. 11-12, 17-18, 40-2.

14. 'Exposición que dirige al Gobierno de SM el Fiscal del Tribunal Supremo, 15 de septiembre de 1883' (Madrid: Ministerio de Justicia, 1883), pp. 17-18, quoted by Gutmaro Gómez Bravo: ' "De las costumbres violentas de la sociedad española": visiones y enfoques para el siglo XIX y primer cuarto del siglo XX', *Bulletin of Spanish Studies*, 2017, p. 1.

15. Maria Thomas, *The Faith and the Fury: Popular Anticlerical Violence and Iconoclasm in Spain, 1931-1936* (Brighton: Sussex Academic Press/ Cañada Blanch, 2012) pp. 71-2.

16. Ángel Herrerín López, *Anarquía, dinamita y revolución social. Violencia y represión en la España de entre siglos (1868-1909)* (Madrid: Los Libros de la Catarata, 2011) pp. 129-30; Nigel Townson, 'Anticlericalism and Secularization: A European Exception?', in Nigel Townson, ed., *Is Spain Diff erent?: A*

Comparative Look at the 19th and 20th Centuries (Eastbourne: Sussex Academic Press, 2015) p. 74.

17. Juan José Linz and Miguel Jérez, 'Los diputados en las Cortes de la Restauración y de la Segunda República', in Obras Escogidas, Vol. 6: Partidos y elites políticas en España (Madrid: Centro de Estudios Políticos y Constitucionales: 2013) p. 31; Juan José Linz, 'Continuidad y discontinuidad en la elite política española: de la Restauración al régimen autoritario', in ibid., pp. 753–5.

18. Richard Ford, Gatherings from Spain (London: John Murray, 1846) p. 248 (Everyman edn, p. 269).

19. Ibid., p. 188 (Everyman edn, p. 204).

20. Diego Garrido López, La Guardia Civil y los orígenes del Estado centralista (Barcelona: Crítica, 1982) pp. 46–59, 73–113, 168–84.

21. Gerald Brenan, The Spanish Labyrinth (Cambridge: Cambridge University Press, 1943) pp. 156–7.

22. Eduardo González Calleja, La razón de la fuerza. órden público, subversión y violencia política en la España de la Restauración (1875–1917) (Madrid: Consejo Superior de Investigaciones Científicas, 1998) pp. 43–5; Michael M. Seidman, Workers against Work: Labor in Paris and Barcelona during the Popular Fronts (Berkeley: University of California, 1991) p. 24.

23. Manuel Ballbé, Orden público y militarismo en la España constitucional (1812–1983) (Madrid: Alianza Editorial, 1983) pp. ii–iv, 141–54; Adrian Shubert, The Road to Revolution in Spain: The Coal Miners of Asturias 1860–1934 (Urbana/Chicago: University of Illinois Press, 1987) pp. 72, 86; Julian A. Pitt-Rivers, The People of the Sierra, 2nd edn (Chicago: University of Chicago Press, 1971) pp. 130–1, 156.

24. Gerald Blaney, 'The Civil Guard and the Spanish Second Republic, 1931–1936', unpublished PhD thesis, London School of Economics, 2010, ch. 1.

25. Ford, Gatherings from Spain, pp. 2–8, 47–9 (Everyman edn, pp. 10–17, 58–60); Bel, Infrastructure, pp. 34–43.

26. Ford, Gatherings from Spain, pp. 280–2 (Everyman edn, pp. 303–6).

27. For example, Ángel Ganivet, Idearium español (Granada: Tip. Lit. Vda. e Hijos de Sabatel, 1897); Joaquín Costa, Oligarquía y caciquismo como la forma actual de gobierno en España. Urgencia y modo de cambiarla (Madrid: Establecimiento Tipográfico de Fortanet, 1901).

28. Manuel Azaña, 'Tres generaciones del Ateneo', 20 November 1930, Obras completas, 4 vols (Mexico City: Ediciones Oasis, 1966–8) II, pp. 619–37.

29. Francisco Martí Gilabert, *La desamortización española* (Madrid: Ediciones Rialp, 2003) p. 151.

30. Francisco Tomás y Valiente, *El Marco Politico de la Desamortizacion en España* (Barcelona: Ariel, 1972) pp. 44–91; Richard Herr, *An Historical Essay on Modern Spain* (Berkeley: University of California Press, 1974) pp. 68, 84–5; Gabriel Tortella, 'Agriculture: A Slow-moving Sector 1830–1935', in Nicolás Sánchez Albornoz, ed., *The Economic Modernization of Spain 1830–1930* (New York: New York University Press, 1987) pp. 44–8; Gabriel Tortella, *The Development of Modern Spain: An Economic History of the Nineteenth and Twentieth Centuries* (Cambridge, Mass.: Harvard University Press, 2000) pp. 53–61.

31. Herr, *An Historical Essay*, pp. 102–3; Tomás y Valiente, *El Marco Politico*, pp. 97–127; Ford, *Gatherings from Spain*, p. 268 (Everyman edn, p. 290).

32. Gómez Bravo, 'De las costumbres violentas', pp. 6–8, 12–13, 16–18.

33. Herr, *An Historical Essay*, pp. 93–4.

34. Albert Balcells, *Cataluña contemporánea I (Siglo XIX)*, 2nd edn (Madrid: Siglo XXI de España, 1979) pp. 85–6, 92; Albert Balcells, *Historia contemporánea de Cataluña* (Barcelona: Edhasa, 1983) pp. 93–7.

35. Edgar Allison Peers, *Catalonia Infelix* (London: Methuen, 1937) pp. 93–4, 136–42; Balcells, *Cataluña contemporánea I*, pp. 73–4, 89–100; Brenan, *The Spanish Labyrinth*, pp. 27–9.

36. Raymond Carr, *Spain 1808–1939* (Oxford: Oxford University Press, 1966) pp. 303–42; Brenan, *The Spanish Labyrinth*, pp. 147–54; Juan Avilés Farré, *La daga y la dinamita. Los anarquistas y el nacimiento del terrorismo* (Barcelona: Tusquets Editores, 2013) pp. 73–7.

37. Avilés Farré, *La daga y la dinamita*, pp. 89–90; Herrerín López, *Anarquía, dinamita y revolución social*, pp. 46–7; Josep Termes, *Anarquismo y Sindicalismo en España. La Primera Internacional (1864–1881)* (Barcelona: Ariel, 1972) pp. 240–1.

38. Earl R. Beck, *A Time of Triumph and of Sorrow: Spanish Politics during the Reign of Alfonso XII 1874–1885* (Carbondale: Southern Illinois University Press, 1979) pp. 101–25.

39. Brenan, *The Spanish Labyrinth*, pp. 2–5; Miguel Martorell, 'El parlamento en el orden constitucional de la Restauración', in Mercedes Cabrera, *Con luz y taquígrafos. El Parlamento en la Restauración (1913–1923)* (Madrid: Taurus, 1998) pp. 23–64; Linz, 'Continuidad y discontinuidad', p. 754.

40. Gumersindo de Azcárate, *La constitución inglesa y la política del continente* (Madrid: Imprenta de Manuel Minuesa de los Ríos, 1878)

pp. 136–8; Joaquín Costa, *Oligarquía y caciquismo como la forma actual de gobierno en España. Urgencia y modo de cambiarla*, 2 vols (Madrid: Ediciones de la Revista de Trabajo, 1975) I, p. 81.

41. Salvador de Madariaga, *Spain: A Modern History* (London: Jonathan Cape, 1961) p. 69.
42. Javier Moreno Luzón, *Romanones. Caciquismo y política liberal* (Madrid: Alianza Editorial, 1998) pp. 31–3, 190–2.
43. Balcells, *Cataluña contemporánea I*, p. 84.
44. Rafael Shaw, *Spain from Within* (London: T. Fisher Unwin, 1910) pp. 228–33.
45. Linz and Jérez, 'Los diputados en las Cortes', pp. 15–18; Mercedes Cabrera, ed., *Con luz y taquígrafos. El Parlamento en la Restauración (1913–1923)* (Madrid: Taurus, 1998) pp. 33–6; Borja de Riquer, *Alfonso XIII y Cambó. La monarquía y el catalanismo político* (Barcelona: RBA, 2013) pp. 27–32.
46. José Varela Ortega, *Los amigos políticos. Partidos, elecciones y caciquismo en la Restauración (1875–1900)* (Madrid: Alianza, 1977) pp. 404–5; Salvador Forner and Mariano García, *Cuneros y caciques* (Alicante: Patronato Municipal del V Centenario de la Ciudad de Alicante, 1990) pp. 67–72; Ramón Villares and Javier Moreno Luzón, *Restauración y Dictadura* (Barcelona: Crítica-

Marcial Pons, 2009) pp. 116–18.
47. Villares and Moreno Luzón, *Restauración y Dictadura*, pp. 96–102; María Gemma Rubí i Casals, *Els catalans i la política en temps del caciquisme. Manresa, 1875–1923* (Vic: Eumo Editorial, 2006) pp. 29–36.
48. Villares and Moreno Luzón, *Restauración y Dictadura*, pp. 110–11.
49. Varela Ortega, *Los amigos políticos*, pp. 121–2, 415; Costa, *Oligarquía y caciquismo*, I, pp. 25–7.
50. Juan de la Cierva y Peñafiel, *Notas de mi vida* (Madrid: Instituto Editorial Reus, 1955) pp. 22–3; Eduardo López de Ochoa, *De la Dictadura a la República* (Madrid: Zeus, 1930) pp. 63–5.
51. Carlos Dardé, Rogelio López Blanco, Javier Moreno Luzón and Alicia Yanini, 'Conclusiones', in José Varela Ortega, ed., *El poder de la influencia. Geografía del caciquismo en España (1875–1923)* (Madrid: Centro de Estudios Políticos y Constitucionales/Marcial Pons, 2001) pp. 563–5.
52. The classic definition of *caciquismo* was presented to the Ateneo de Madrid in 1902 by Joaquín Costa (Madrid: Ateneo, 1902). The edition used here is Joaquín Costa, *Oligarquía y caciquismo como la forma actual de gobierno en España. Urgencia y modo de cambiarla*, 2 vols (Madrid: Ediciones de la Revista de Trabajo, 1975) I, pp. 21–6.

53. *Ibid.*, pp. 35–40.
54. Carr, *Spain 1808–1939*, pp. 366–9; Moreno Luzón, *Romanones*, pp. 445–8; Villares and Moreno Luzón, *Restauración y Dictadura*, pp. 104–7, 118.
55. Varela Ortega, *Los amigos políticos*, pp. 411–16; Forner and García, *Cuneros y caciques*, pp. 135–9.

第二章　暴力、腐败和滑向惨败

1. Juan José Linz and Miguel Jérez, 'Los diputados en las Cortes de la Restauración y de la Segunda República', in *Obras Escogidas*, Vol. 6: *Partidos y elites políticas en España* (Madrid: Centro de Estudios Políticos y Constitucionales: 2013) p. 9; María Gemma Rubí i Casals, *Els catalans i la política en temps del caciquisme. Manresa, 1875–1923* (Vic: Eumo Editorial, 2006) pp. 36–46; Raymond Carr, *Modern Spain 1875–1980* (Oxford: Oxford University Press, 1980) p. 12; Gemma Rubí and Josep Armengol, *Vots, electors i corrupció. Una reflexió sobre l'apatia a Catalunya (1869–1923)* (Barcelona: Publicacions de l'Abadia de Montserrat, 2012) pp. 145–52.
2. José Varela Ortega, *Los amigos políticos. Partidos, elecciones y caciquismo en la Restauración (1875–1900)* (Madrid: Alianza, 1977) pp. 406–11, 415.
3. Salvador Forner and Mariano García, *Cuneros y caciques* (Alicante: Patronato Municipal del V Centenario de la Ciudad de Alicante, 1990) p. 13; Carlos Dardé, Rogelio López Blanco, Javier Moreno Luzón and Alicia Yanini, 'Conclusiones', in José Varela Ortega, ed., *El poder de la influencia. Geografía del caciquismo en España (1875–1923)* (Madrid: Centro de Estudios Políticos y Constitucionales/Marcial Pons, 2001) p. 562; Carr, *Modern Spain*, pp. 10–15; Rubí i Casals, *Els catalans i la política*, p. 49; Varela Ortega, *Los amigos políticos*, pp. 404–3; Dardé et al., 'Conclusiones', in Varela Ortega, ed., *El poder de la influencia*, p. 562.
4. Earl R. Beck, *A Time of Triumph and of Sorrow: Spanish Politics during the Reign of Alfonso XII 1874–1885* (Carbondale: Southern Illinois University Press, 1979) pp. 126–32.
5. *Ibid.*, p. 133.
6. Manuel Tuñón de Lara, *El Movimiento obrero en la historia de España* (Madrid: Taurus, 1972) pp. 276–82; ángel Herrerín López, *Anarquía, dinamita y revolución social. Violencia y represión en la España de entre siglos (1868–1909)* (Madrid: Los Libros de la Catarata, 2011) pp. 53–64; Juan Avilés Farré, *La daga y la dinamita. Los anarquistas y el nacimiento del terrorismo* (Barcelona: Tusquets Editores, 2013) pp. 131–7.
7. Hugh Thomas, *Cuba or the Pursuit of Freedom* (London: Eyre & Spottiswoode, 1971) pp. 136–7, 155;

Ramón Villares and Javier Moreno Luzón, *Restauración y Dictadura* (Barcelona: Crítica-Marcial Pons, 2009) p. 18.

8. Beck, *A Time of Triumph*, pp. 165, 170–2, 191–3.
9. Anselmo Lorenzo, *El proletariado militante* (Madrid: Alianza Editorial, 1974) pp. 38–44; José álvarez Junco, *La ideología política del anarquismo español (1868–1910)* (Madrid: Siglo XXI de España, 1991) pp. 483–510.
10. Rafael Shaw, *Spain from Within* (London: T. Fisher Unwin, 1910), pp. 30–1, 263–82.
11. E. J. Hobsbawm, *Primitive Rebels: Studies in Archaic Forms of Social Movements in the 19th and 20th Centuries* (Manchester: Manchester University Press, 1959) pp. 74–92.
12. Pascual Carrión, *Los latifundios en España* (Madrid: Gráficas Reunidas, 1932) p. 45.
13. George R. Esenwein, *Anarchist Ideology and the Working Class Movement in Spain, 1868–1898* (Berkeley: University of California Press, 1989) pp. 86–92; Avilés Farré, *La daga y la dinamita*, pp. 132–7; Max Nettlau, *La Première Internationale en Espagne (1868–1888)* (Dordrecht: Reider, 1969) pp. 343–4.
14. Demetrio Castro Alfin, *Hambre en Andalucía. Antecedentes y circunstancias de la mano negra* (Cordoba: Ayuntamiento de Córdoba, 1986) pp. 93–114; Avilés Farré, *La daga y la dinamita,*

pp. 137–9.
15. Castro Alfin, *Hambre en Andalucía,* pp. 117–26, 141–6, 151–2.
16. There is some dispute as to whether the Mano Negra really existed and, if it did, its real status. In a celebrated essay published in 1919, Constancio Bernaldo de Quirós, *El espartaquismo agrario y otros ensayos sobre la estructura económica y social de Andalucía* (Madrid: Ediciones de la Revista de Trabajo, 1978) pp. 162–7, took the Mano Negra seriously, although the examples of its alleged crimes that he gave could easily have been the consequence of unrelated and unconnected disputes. Clara E. Lida, 'Agrarian Anarchism in Andalusia. Documents on the Mano Negra', *International Review of Social History*, Vol. 14, No. 3, December 1969, pp. 315–52, provides documentary evidence that the society existed while casting doubt on links with the FTRE and acknowledging that most of those arrested had nothing to do with the FTRE. See also Clara E. Lida, *Anarquismo y revolución en la España del XIX* (Madrid: Siglo XXI de España, 1972) pp. 247–60; Castro Alfin, *Hambre en Andalucía*, pp. 153–63; Eduardo González Calleja, *La razón de la fuerza. órden público, subversión y violencia política en la España de la Restauración (1875–1917)* (Madrid; Consejo Superior de Investigaciones Cientificas, 1998)

pp. 234–6, and Avilés Farré, *La daga y la dinamita*, pp. 139–66. The view that it was an invention of the authorities is also common. See, for example, James Joll, *The Anarchists*, 2nd edn (London: Methuen, 1979) pp. 110, 214; Tuñón de Lara, *El Movimiento obrero*, pp. 278–82; Diego Abad de Santillán, *Contribución a la historia del movimiento obrero* (Puebla, Mexico: Editorial Cajica, 1962) p. 321; Temma Kaplan, *Anarchists of Andalusia 1868–1903* (Princeton, NJ: Princeton University Press, 1977) pp. 126–34; Esenwein, *Anarchist Ideology*, pp. 85–97; María García Alonso, 'Historias de la mano negra', *Boletín de la Institución Libre de Enseñanza*, Nos 40–1, 2001, pp. 149–65.

17. Esenwein, *Anarchist Ideology*, pp. 93–6, 117–22.

18. *Ibid.*, p. 162; Paul Heywood, *Marxism and the Failure of Organised Socialism in Spain 1879–1936* (Cambridge: Cambridge University Press, 1990). Cf. Juan José Morato, *El Partido Socialista Obrero*, 2nd edn (Madrid: Editorial Ayuso, 1976); Juan José Morato, *La cuna de un gigante. Historia de la Asociación General del Arte de Imprimir*, facsimile of 1925 edn (Madrid: Ministerio de Trabajo y Seguridad Social, 1984); Juan José Morato, *Líderes del movimiento obrero español 1868–1921* (Madrid: Edicusa, 1972); Juan José Morato,

Pablo Iglesias Posse. Educador de muchedumbres, 2nd edn (Barcelona: Ariel, 1968); Santos Juliá Díaz, *Los socialistas en la política española 1879–1982* (Madrid: Taurus, 1997).

19. Esenwein, *Anarchist Ideology*, pp. 98–116; álvarez Junco, *La ideología política del anarquismo español*, pp. 341–74; González Calleja, *La razón de la fuerza*, pp. 236–46; Antoni Dalmau, *El procés de Montjuïc. Barcelona al final del segle xix* (Barcelona: Ajuntament de Barcelona/Editorial Base, 2010) pp. 23–5; Avilés Farré, *La daga y la dinamita*, pp. 274–5.

20. Dalmau, *El procés de Montjuïc*, pp. 26–8, 38–50; Avilés Farré, *La daga y la dinamita*, pp. 274–80; Temma Kaplan, *Red City, Blue Period: Social Movements in Picasso's Barcelona* (Berkeley: University of California Press, 1992) pp. 28–35.

21. José Aguilar Villagrán, *El asalto campesino a Jérez de la Frontera en 1892* (Jerez: Centro de Estudios Históricos Jérezanos, 1984) pp. 9–11.

22. *Ibid.*, pp. 28–9, claims that more than 1500 peasants were involved. Enrique Montáñez, 'El anarquismo en Andalucía. De la F.R.E. a la Mano Negra y el asalto campesino a Jérez', in Manuel González de Molina and Diego Caro Cancela, eds, *La utopía racional. Estudios sobre el movimiento obrero andaluz* (Granada: Editoria Universidad de

Granada, 2001) pp. 53–79; Kaplan, *Anarchists of Andalusia*, pp. 170–5; Pascual Carrión, *Los latifundios en España* (Madrid: Gráficas Reunidas, 1932) pp. 27–8; Bernaldo de Quirós, *El espartaquismo agrario*, pp. 169–70.

23. Aguilar Villagrán, *El asalto campesino a Jérez*, pp. 79–104; Kaplan, *Anarchists of Andalusia*, pp. 175–85; Bernaldo de Quirós, *El espartaquismo agrario*, pp. 171–2; Gérard Brey, ed., *Seis estudios sobre el proletariado andaluz (1868–1939)* (Cordoba: Ayuntamiento de Córdoba, 1984) pp. 113–18; Avilés Farré, *La daga y la dinamita*, pp. 213–22.

24. Esenwein, *Anarchist Ideology*, pp. 176–83; Avilés Farré, *La daga y la dinamita*, pp. 222–6.

25. José álvarez Junco, *El Emperador del Paralelo* (Madrid: Alianza, 1990) p. 147.

26. Rafael Núñez Florencio, *El terrorismo anarquista 1888–1909* (Madrid: Siglo XXI de España, 1983) pp. 31–3, 41–2, 48–50; Dalmau, *El procés de Montjuïc*, pp. 52–92, 203–13; Avilés Farré, *La daga y la dinamita*, pp. 280–3; Angel Smith, *Anarchism, Revolution and Reaction: Catalan Labour and the Crisis of the Spanish State, 1898–1923* (New York: Berghahn Books, 2007) pp. 107–8.

27. Dalmau, *El procés de Montjuïc*, pp. 28–36, 247; Álvarez Junco, *La ideología política*, pp. 255–65; Carlos Serrano, *El turno del pueblo.*

Crisis nacional, movimientos populares y populismo en España (1890–1910) (Barcelona: Península, 2000) pp. 143–64.

28. Dalmau, *El procés de Montjuïc*, pp. 99–10, 115–21; Avilés Farré, *La daga y la dinamita*, pp. 283–7. Designed by the Italian Nationalist Felice Orsini, the bombs had first been used in his attempt to kill Napoleon III in 1858.

29. Gabriel Cardona and Juan Carlos Losada, *Weyler. Nuestro hombre en La Habana* (Barcelona: Planeta, 1997) p. 139.

30. Dalmau, *El procés de Montjuïc*, pp. 121–40, 148–84, 187–97, 216–20, 223–35; Avilés Farré, *La daga y la dinamita*, pp. 287–95; Esenwein *Anarchist Ideology*, pp. 186–8.

31. David S. Woolman, *Rebels in the Rif: Abd el Krim and the Rif Rebellion* (Stanford, Calif.: Stanford University Press, 1969) pp. 33–4; Stanley G. Payne, *Politics and the Military in Modern Spain* (Stanford, Calif.: Stanford University Press, 1967) pp. 62–3; Manuel Leguineche, *Annual 1921. El desastre de España en el Rif* (Madrid: Alfaguara, 1996) pp. 166–8; Gerald Brenan, *The Spanish Labyrinth* (Cambridge: Cambridge University Press, 1943) p. 61; Manuel Ciges Aparicio, *España bajo la dinastía de los Borbones* (Madrid: M. Aguilar, 1932) p. 377.

32. Dalmau, *El procés de Montjuïc*,

pp. 141–8, 185–7; Cardona and Losada, *Weyler*, pp. 146–51; Álvarez Junco, *El Emperador del Paralelo*, pp. 148–50; Avilés Farré, *La daga y la dinamita*, pp. 295–7.

33. Dalmau, *El procés de Montjuïc*, pp. 249–74; Amadeo Hurtado, *Quaranta anys d'advocat. Història del meu temps 1894–1936* (Barcelona: Edicions 62, 2011) pp. 25–43; Herrerín López, *Anarquía, dinamita y revolución social*, pp. 130–1; Avilés Farré, *La daga y la dinamita*, pp. 299–303; Esenwein, *Anarchist Ideology*, pp. 191–4; Joaquín Romero Maura, 'Terrorism in Barcelona and its Impact on Spanish Politics 1904–1909', *Past & Present*, No. 41, December 1968, pp. 130–83, esp. pp. 131–2.

34. González Calleja, *La razón de la fuerza*, pp. 281–3; Avilés Farré, *La daga y la dinamita*, pp. 318–24.

35. Esenwein, *Anarchist Ideology*, pp. 194–7; Dalmau, *El procés de Montjuïc*, pp. 364–81; Antoni Dalmau i Ribalta, *Per la causa dels humils. Una biografia de Tarrida del Mármol (1861–1915)* (Barcelona: Publicacions de l'Abadia de Montserrat, 2015) pp. 63–78.

36. Álvarez Junco, *El Emperador del Paralelo*, pp. 148–70; Dalmau, *El procés de Montjuïc*, pp. 456–8; Joan B. Culla i Clarà, *El republicanisme Lerrouxista a Catalunya (1901–1923)* (Barcelona: Curial, 1986) p. 16.

37. Romero Maura, 'Terrorism in Barcelona', p. 131, n. 1; Dalmau, *El procés de Montjuïc*, pp. 424–43; Avilés Farré, *La daga y la dinamita*, pp. 338–9; Herrerín López, *Anarquía, dinamita y revolución social*, pp. 147–52; Joan Peiró, *Escrits 1917–1939* (Barcelona: Edicions 62, 1975) pp. 473–4.

38. Dalmau, *El procés de Montjuïc*, pp. 275–84, 387–90, 432. Lists of those arrested, *ibid.*, pp. 285–340; on tortures and prison conditions, pp. 341–60; on Marzo Díaz-Valdivieso, pp. 364–8; on legal consequences, pp. 382–6; on Ascheri, pp. 391–9; on the trial and executions, pp. 405–20; Hurtado, *Quaranta anys d'advocat*, pp. 31–6; Avilés Farré, *La daga y la dinamita*, pp. 303–18.

39. Dalmau, *El procés de Montjuïc*, pp. 373–9; Álvarez Junco, *El Emperador del Paralelo*, p. 79; Joan B. Culla, *El republicanisme lerrouxista a Catalunya (1901–1923)* (Barcelona: Curial, 1986) p. 61; Alejandro Lerroux, *Mis Memorias* (Madrid: Afrodisio Aguado, 1963) pp. 390–4; González Calleja, *La razón de la fuerza*, pp. 290–2; Herrerín López, *Anarquía, dinamita y revolución social*, pp. 167–72.

40. González Calleja, *La razón de la fuerza*, pp. 293–5; Esenwein, *Anarchist Ideology*, pp. 197–9; Avilés Farré, *La daga y la dinamita*, pp. 324–6; Robert Hughes, *Barcelona* (London: Harvill, 1992) pp. 418–22; *The Times*, 5 May 1897;

Francesco Tamburini, 'Michele Angiolillo, el anarquista que asesinó a Cánovas del Castillo', *Historia 16*, Madrid, 1997, pp. 28–39; Herrerín López, *Anarquía, dinamita y revolución social*, pp. 157–61.

41. Romero Maura, 'Terrorism in Barcelona', pp. 130–83, esp. pp. 131–3.

42. Cardona and Losada, *Weyler*, pp. 173–237; Hugh Thomas, *Cuba or the Pursuit of Freedom* (London: Eyre & Spottiswoode, 1971) pp. 331–53; Fernando J. Padilla Angulo, '*Reconcentración* in Cuba (1895–1898): An Uncomfortable Past', in Fernando Puell de la Villa and David García Hernán, eds, *War and Population Displacement: Lessons of History* (Brighton: Sussex Academic Press, 2018) pp. 117–35.

43. Sebastian Balfour, *The End of the Spanish Empire 1898–1923* (Oxford: Clarendon Press, 1997) pp. 11–28; Conde de Romanones, *Las responsabilidades políticas del antiguo régimen 1875–1923* (Madrid: Renacimiento, 1924) p. 33.

44. Balfour, *The End of the Spanish Empire*, pp. 33–46.

45. Pilar Jaraiz Franco, *Historia de una disidencia* (Barcelona: Planeta, 1981) p. 37; Luis Suárez Fernández, *Francisco Franco y su tiempo*, 8 vols (Madrid: Fundación Nacional Francisco Franco, 1984) I, pp. 71–3; George Hills, *Franco: The Man and his Nation* (New York: Macmillan, 1967) p. 24.

46. Balfour, *The End of the Spanish Empire*, pp. 50–5; R. J. Harrison, 'Catalan Business and the Loss of Cuba, 1898–1914', *Economic History Review*, 2nd Series, Vol. XXVII, No. 3, August 1974, pp. 431–5.

47. Balfour, *The End of the Spanish Empire*, pp. 56–63; Harrison, 'Catalan Business and the Loss of Cuba', pp. 435–41.

48. Ricardo Macías Picavea, *El problema nacional. Hechos, causas, remedios* (Madrid: Librería General de Victoriano Suárez, 1899) pp. 251–2.

49. Costa, *Oligarquía y caciquismo*, I, pp. 5–6, 12–21, 67–75, 152–3; Manuel Azaña, 'El cirujano de hierro, según Costa', *España*, No. 397, 24 November 1923.

50. Costa, *Oligarquía y caciquismo*, I, pp. 152–3.

51. José Ortega y Gasset, *Vieja y nueva política* (Madrid: Renacimiento, 1914), reproduced in *Obras completas*, Vol. I (Madrid: Revista de Occidente, 1950) pp. 281–2.

第三章 革命和战争：从 1898 年的惨败到 1909 年的"悲惨一周"

1. Sebastian Balfour, *The End of the Spanish Empire 1898–1923* (Oxford: Clarendon Press, 1997) pp. 49, 92–131.

2. Xavier Cuadrat, *Socialismo y anarquismo en Cataluña (1899–1911). Los orígenes de la C.N.T.* (Madrid: Ediciones de la Revista de Trabajo, 1976) pp. 51–74; Romero

Maura, *La rosa de fuego*, pp. 87–93.

3. Balfour, *The End of the Spanish Empire*, pp. 145–8.

4. Pere Ferrer, *Juan March. El hombre más misterioso del mundo* (Barcelona: Ediciones B, 2008) pp. 26, 34. See also Frank Jellinek, *The Civil War in Spain* (London: Left Book Club, 1938) pp. 76–82.

5. Salvador Forner and Mariano García, *Cuneros y caciques* (Alicante: Patronato Municipal del V Centenario de la Ciudad de Alicante, 1990) p. 139; Javier Moreno Luzón, *Romanones. Caciquismo y política liberal* (Madrid: Alianza Editorial, 1998) pp. 139, 157–8, 349–51.

6. Juan José Linz and Miguel Jerez, 'Los diputados en las Cortes de la Restauración y de la Segunda República', in Linz, *Obras escogidas (6) Partidos y elites políticas en España* (Madrid: Centro de Estudios Políticos y Constitucionales, 2013) p. 16.

7. M. A. Peña Guerrero and M. Sierra, 'Andalucía', in José Varela Ortega, ed., *El poder de la influencia. Geografía del caciquismo en España (1875–1923)* (Madrid: Centro de Estudios Políticos y Constitucionales/Marcial Pons, 2001) p. 39.

8. María Jesús González Hernández, *El universo conservador de Antonio Maura. Biografía y proyecto de Estado* (Madrid: Biblioteca Nueva, 1997) pp. 7–28; Raymond Carr, *Modern Spain 1875–1980* (Oxford:

Oxford University Press, 1980) pp. 72–3.

9. For perceptive summaries of Maura's character and career, see Francisco J. Romero Salvadó, 'Antonio Maura from Messiah to Fireman', in Alejandro Quiroga and Miguel ángel del Arco, eds, *Right-Wing Spain in the Civil War Era: Soldiers of God and Apostles of the Fatherland* (London: Continuum, 2012) pp. 1–26, and María Jesús González, ' "Neither God Nor Monster": Antonio Maura and the Failure of Conservative Reformism in Restoration Spain (1893–1923)', *European History Quarterly*, Vol. 32, No. 3, pp. 307–34.

10. María Jesús González Hernández, *Ciudadanía y acción. El conservadurismo maurista 1907–1923* (Madrid: Siglo XXI de España, 1990) p. 217.

11. Duque de Maura and Melchor Fernández Almagro, *Por qué cayó Alfonso XIII* (Madrid: Ediciones Ambos Mundos, 1948) pp. 40–2.

12. *Ibid.*, pp. 49–51; González Hernández, *El universo conservador*, pp. 47–57.

13. Ángel Ossorio y Gallardo, *Mis memorias* (Buenos Aires: Losada, 1946) p. 67.

14. Maura and Fernández Almagro, *Por qué cayó Alfonso XIII*, pp. 71–9; Joaquín Romero Maura, *'La rosa de fuego'. El obrerismo barcelonés de 1899 a 1909* (Barcelona: Grijalbo, 1975) pp. 382–3.

15. Carr, *Modern Spain*, pp. 73–5; Joaquín Romero Maura, 'Terrorism in Barcelona and its Impact on Spanish Politics 1904–1909', *Past & Present*, No. 41 (December, 1968), pp. 130–83.

16. Paul Heywood, *Marxism and the Failure of Organised Socialism in Spain 1879–1936* (Cambridge: Cambridge University Press, 1990) pp. 9–28.

17. Cuadrat, *Socialismo y anarquismo en Cataluña*, p. 74.

18. *Ibid.*, pp. 75–92; Romero Maura, '*La rosa de fuego*', p. 207; Alfonso Colodrón, 'La huelga general de Barcelona de 1902', *Revista de Trabajo*, No. 33, 1971, pp. 99–109; *El Socialista*, 21 February 1902.

19. Juan Pablo Fusi, *Política obrera en el País Vasco* (Madrid: Ediciones Turner, 1975) pp. 333–58; Octavio Cabezas, *Indalecio Prieto, socialista y español* (Madrid: Algaba Ediciones, 2005) pp. 56–71.

20. Alejandro Lerroux, *Mis memorias* (Madrid: Afrodisio Aguado, 1963) pp. 390, 646–7.

21. José Álvarez Junco, *El Emperador del Paralelo* (Madrid: Alianza, 1990) pp. 151–69, 315–98; Romero Maura, '*La rosa de fuego*', pp. 111–27; Joan B. Culla Clarà, *El Republicanisme Lerrouxista a Catalunya (1901–1923)* (Barcelona: Curial, 1986) p. 16; Eduardo González Calleja, *La razón de la fuerza. órden público, subversión y violencia política en la España de la Restauración (1875–1917)* (Madrid:

Consejo Superior de Investigaciones Cientificas, 1998) p. 401.

22. Rafael Shaw, *Spain from Within* (London: T. Fisher Unwin, 1910) pp. 73–86, 91–108; Romero Maura, '*La rosa de fuego*', pp. 521–2, 190–5.

23. Lerroux, *Mis memorias*, pp. 452–9; Romero Maura, 'Terrorism in Barcelona', pp. 135–7; González Calleja, *La razón de la fuerza*, pp. 414–15; Ángel Herrerín López, *Anarquía, dinamita y revolución social. Violencia y represión en la España de entre siglos (1868–1909)* (Madrid: Los Libros de la Catarata, 2011) pp. 214–17; González Hernández, *El universo conservador*, pp. 75–6; Álvarez Junco, *El Emperador del Paralelo*, pp. 292–4.

24. Juan Avilés Farré, *Francisco Ferrer y Guardia. Pedagogo, anarquista y mártir* (Madrid: Marcial Pons, 2006) pp. 145–57, 170, 174, 188–91; Romero Maura, 'Terrorism in Barcelona', pp. 137–44; Lerroux, *Mis memorias*, pp. 449–51, 535; Dr Pedro Vallina, *Mis memorias* (Madrid/Seville: Libre Pensamiento/Centro Andaluz del Libro, 2000) pp. 65–79, 232, 267; Herrerín López, *Anarquía, dinamita y revolución social*, pp. 217–23; Álvarez Junco, *El Emperador del Paralelo*, pp. 295–8.

25. Avilés Farré, *Francisco Ferrer*, pp. 157–63; Herrerín López, *Anarquía, dinamita y revolución social*, pp. 223–4; Álvarez Junco, *El*

Emperador del Paralelo,
pp. 298–300.

26. Carolyn P. Boyd, 'El rey-soldado.
    Alfonso XIII y el ejército', in Javier
    Moreno Luzón, ed., *Alfonso XIII.*
    Un político en el trono (Madrid:
    Marcial Pons, 2003) pp. 215–19,
    222–6; María Jesús González
    Hernández, 'El rey de los
    conservadores', in Moreno Luzón,
    ed., *Alfonso XIII*, p. 124; Conde de
    Romanones, *Notas de una vida*
    (Madrid: Marcial Pons Ediciones,
    1999) pp. 160–2; Niceto Alcalá-
    Zamora, *Memorias* (Barcelona:
    Planeta, 1977) pp. 74–8.

27. *La Correspondencia Militar*, 4
    October 1905.

28. On military conceptions of honour,
    see Emilio Mola Vidal, *Obras*
    completas (Valladolid: Librería
    Santarén, 1940) pp. 991–5; Gabriel
    Cardona, *El poder militar en la*
    España contemporánea hasta la
    guerra civil (Madrid: Siglo XXI de
    España, 1983) pp. 41–3, 47–50;
    Balfour, *The End of the Spanish*
    Empire, pp. 175–8.

29. Claudi Ametlla, *Memòries polítiques*
    1890–1917 (Barcelona: Editorial
    Pòrtic, 1963) pp. 238–40; Amadeu
    Hurtado, *Quaranta anys d'advocat.*
    Història del meu temps 1894–1936,
    2nd edn (Barcelona: Edicions 62,
    2011) pp. 79–80; Joaquín Romero
    Maura, *The Spanish Army and*
    Catalonia: The 'Cu-Cut! Incident'
    and the Law of Jurisdictions, 1905-
    1906 (London: Sage, 1976) pp. 5–7,
    13, 18–21; álvarez Junco, *El*

Emperador del Paralelo, pp. 317–18;
Balfour, *The End of the Spanish*
Empire, pp. 178–81.

30. Juan Antonio Lacomba Avellán, *La*
    crisis española de 1917 (Madrid:
    Editorial Ciencia Nueva, 1970)
    p. 105.

31. *La Correspondencia Militar*, 28
    November 1905.

32. Romanones, *Notas de una vida*,
    pp. 208–11; Ametlla, *Memòries*
    polítiques 1890–1917, pp. 241–2;
    Romero Maura, *The Spanish Army*
    and Catalonia, pp. 18–29; Cardona,
    El poder militar, pp. 50–2; Borja de
    Riquer, *Alfonso XIII y Cambó. La*
    monarquía y el catalanismo político
    (Barcelona: RBA, 2013) pp. 49–50.

33. In *La Publicidad*, 9 December 1905;
    álvarez Junco, *El Emperador del*
    Paralelo, pp. 320–6, 356–7.

34. Avilés Farré, *Francisco Ferrer*,
    pp. 167–96; Lerroux, *Mis memorias*,
    pp. 459–67; Romero Maura,
    'Terrorism in Barcelona', pp. 145–6;
    Herrerín López, *Anarquía,*
    dinamita y revolución social,
    pp. 220–7; álvarez Junco, *El*
    Emperador del Paralelo,
    pp. 304–6.

35. Avilés Farré, *Francisco Ferrer*,
    pp. 170–96; Romanones, *Notas de*
    una vida, pp. 220–3; álvarez Junco,
    El Emperador del Paralelo,
    pp. 306–7.

36. Richard Bach Jensen, *The Battle*
    against Anarchist Terrorism: An
    International History, 1878–1934
    (Cambridge: Cambridge University
    Press, 2014) pp. 315–24.

37. Juan de la Cierva y Peñafiel, *Notas de mi vida* (Madrid: Instituto Editorial Reus, 1955) pp. 56-8.

38. Romero Maura, 'Terrorism in Barcelona', pp. 135, 165, 172-3; González Calleja, *La razón de la fuerza*, pp. 279, 283-4, 351, 354-5, 393; Antoni Dalmau Ribalta, *El Cas Rull. Viure del terror a la ciutat de les bombes (1901-1908)* (Barcelona: Columna Edicions, 2008) p. 33. There is some confusion about the spelling of his name. Dalmau uses 'Tresols'; virtually all others use 'Tressols'.

39. González Calleja, *La razón de la fuerza*, pp. 390-2.

40. Romero Maura, 'Terrorism in Barcelona', pp. 149-52; González Calleja, *La razón de la fuerza*, pp. 390, 398; Rafael Núñez Florencio, *El terrorismo anarquista 1888-1909* (Madrid: Siglo XXI de España, 1983) pp. 81-2; Dalmau Ribalta, *El Cas Rull*, pp. 61-6, 81, 109-13, 118-52.

41. Dalmau Ribalta, *El Cas Rull*, pp. 153-72; Núñez Florencio, *El terrorismo anarquista*, pp. 207-9.

42. Ametlla, *Memòries polítiques 1890-1917*, pp. 242-7; Hurtado, *Quaranta anys*, pp. 102-8; Riquer, *Alfonso XIII y Cambó*, pp. 50-3.

43. Romero Salvadó, 'Antonio Maura', in Quiroga and Del Arco, eds., *Right-Wing Spain*, pp. 4-5; González Hernández, *Ciudadanía y acción*, pp. 24-5.

44. González Hernández, *El universo conservador*, pp. 134-7, 143-5.

45. *Ibid.*, pp. 146-50.

46. *Ibid.*, pp. 153-9.

47. González Hernández, *Ciudadanía y acción*, pp. 14-15.

48. Romero Maura, '*La rosa de fuego*', pp. 427-30; Ametlla, *Memòries polítiques 1890-1917*, pp. 248-54; Balfour, *The End of the Spanish Empire*, pp. 155-7.

49. *La Rebeldía*, 1 September 1906; Joan B. Culla y Clarà, 'Ni tan jóvenes, ni tan bárbaros. Juventudes en el republicanismo lerrouxista barcelonés', *Ayer*, No. 59 (3), 2005; Álvarez Junco, *El Emperador del Paralelo*, pp. 324-8; Dalmau Ribalta, *El Cas Rull*, pp. 186-7.

50. Romero Maura, 'Terrorism in Barcelona', pp. 156-7; González Calleja, *La razón de la fuerza*, pp. 392-3, 397-9; Dalmau Ribalta, *El Cas Rull*, pp. 177, 181-202, 211-33; Herrerín López, *Anarquía, dinamita y revolución social*, pp. 265-6.

51. Romero Maura, 'Terrorism in Barcelona', pp. 176-82.

52. *Ibid.*, pp. 170-4.

53. Ossorio to La Cierva on 9 January 1908, *ibid.*, pp. 158-60.

54. Dalmau Ribalta, *El Cas Rull*, pp. 332-5.

55. Herrerín López, *Anarquía, dinamita y revolución social*, pp. 267-72; Dalmau Ribalta, *El Cas Rull*, pp. 236-7, 244-7, 255-60.

56. Dalmau Ribalta, *El Cas Rull*, pp. 329-30.

57. *Ibid.*, pp. 234-44, 265-98, 307-25; González Calleja, *La razón de la*

fuerza, pp. 399–417; Romero Maura, 'Terrorism in Barcelona', pp. 163–7, 171–3; Núñez Florencio, *El terrorismo anarquista*, pp. 101–2; Joan Peiró, *Escrits 1917–1939* (Barcelona: Edicions 62, 1975) pp. 473–4.

58. Cuadrat, *Socialismo y anarquismo en Cataluña*, pp. 179–209.

第四章 革命和战争：从1909年的"悲惨一周"到1917—1918年的危机

1. Rafael Shaw, *Spain from Within* (London: T. Fisher Unwin, 1910) pp. 18, 199–203.

2. María Jesús González Hernández, *El universo conservador de Antonio Maura. Biografía y proyecto de Estado* (Madrid: Biblioteca Nueva, 1997) pp. 108–9, 309–13; Romero Maura, *'La rosa de fuego'*, pp. 501–6; María Rosa de Madariaga, *En el Barranco del Lobo. Las guerras de Marruecos* (Madrid: Alianza Editorial, 2005) pp. 43–52, 60–4; Sebastian Balfour, *Deadly Embrace: Morocco and the Road to the Spanish Civil War* (Oxford: Oxford University Press, 2002) pp. 8–27.

3. Sebastian Balfour, *The End of the Spanish Empire 1898–1923* (Oxford: Clarendon Press, 1997) p. 93.

4. Juan de la Cierva y Peñafiel, *Notas de mi vida* (Madrid: Instituto Editorial Reus, 1955) pp. 136–42; Joan Connelly Ullman, *The Tragic Week: A Study of Anti-Clericalism in Spain 1875–1912* (Cambridge, Mass.: Harvard University Press, 1968) pp. 132–6, 142–63; González Hernández, *El universo conservador*, pp. 320–2; José Álvarez Junco, *El Emperador del Paralelo* (Madrid: Alianza, 1990) pp. 375–8; Madariaga, *En el Barranco del Lobo*, pp. 62–6.

5. Madariaga, *En el Barranco del Lobo*, pp. 53–7.

6. Connelly Ullman, *The Tragic Week*, pp. 141–58, 167–282, 326–8; Álvarez Junco, *El Emperador del Paralelo*, pp. 379–83; Shaw, *Spain from Within*, p. 35; Romero Maura, *'La rosa de fuego'*, pp. 509–19.

7. Carolyn P. Boyd, *Praetorian Politics in Liberal Spain* (Chapel Hill: University of North Carolina Press, 1979) pp. 23–5.

8. La Cierva, *Notas*, pp. 146–52; Duque de Maura and Melchor Fernández Almagro, *Por qué cayó Alfonso XIII* (Madrid: Ediciones Ambos Mundos, 1948) pp. 145–59; Connelly Ullman, *The Tragic Week*, pp. 284–304; Joaquín Romero Maura, 'Terrorism in Barcelona and its Impact on Spanish Politics 1904–1909', *Past & Present*, No. 41, December 1968, pp. 130–83, esp. pp. 141–6; Shaw, *Spain from Within*, pp. 147–8, 190–1; Balfour, *The End of the Spanish Empire*, pp. 128–31, 160–2.

9. González Hernández, *El universo conservador*, pp. 174–5.

10. Alejandro Lerroux, *Mis memorias* (Madrid: Afrodisio Aguado Editores, 1963) pp. 467–9.

11. Álvarez Junco, *El Emperador del Paralelo*, pp. 419–22.

12. Morgan C. Hall, 'El Rey imaginado. La construcción política de la imagen de Alfonso XIII', in Javier Moreno Luzón, ed., *Alfonso XIII. Un político en el trono* (Madrid: Marcial Pons, 2003) p. 65.

13. Conde de Romanones, *Notas de una vida* (Madrid: Marcial Pons Ediciones, 1999) pp. 286–8, 292–8; Raymond Carr, *Spain 1808–1939* (Oxford: Oxford University Press, 1966) pp. 492–5; Balfour, *The End of the Spanish Empire*, pp. 204–9; Xavier Cuadrat, *Socialismo y anarquismo en Cataluña (1899–1911). Los orígenes de la C.N.T.* (Madrid: Ediciones de la Revista de Trabajo, 1976), pp. 457–62, 535–85.

14. Ángel Ossorio y Gallardo, *Mis memorias* (Buenos Aires: Losada, 1946) pp. 102–4; Romanones, *Notas de una vida*, pp. 369–71; María Jesús González Hernández, *Ciudadanía y acción. El conservadurismo maurista 1907–1923* (Madrid: Siglo XXI de España, 1990) pp. 22–3, 44–67, 122.

15. Cuadrat, *Socialismo y anarquismo en Cataluña*, pp. 179–209, 462–92; Manuel Tuñón de Lara, *El movimiento obrero en la historia de España* (Madrid: Taurus, 1972) pp. 305–7.

16. Maura and Fernández Almagro, *Por qué cayó Alfonso XIII*, pp. 472–3.

17. Francisco J. Romero Salvadó, *Spain 1914–1918: Between War and Revolution* (London: Routledge/ Cañada Blanch, 1999) pp. 6–19, 68–70.

18. Álvarez Junco, *El Emperador del Paralelo*, pp. 424–5; Octavio Ruiz Manjón, *El Partido Republicano Radical 1908–1936* (Madrid: Ediciones Giner, 1976) pp. 108–9.

19. Santiago Roldán, José Luis García Delgado and Juan Muñoz, *La formación de la sociedad capitalista en España, 1914–1920*, 2 vols (Madrid: Confederación Española de Cajas de Ahorros, 1973) I, pp. 48–53, 70–4; Joseph Harrison, *An Economic History of Modern Spain* (Manchester: Manchester University Press, 1978) pp. 89–95; Joseph Harrison, 'Heavy Industry, the State and Economic Development in the Basque Region, 1876–1936', *Economic History Review*, 2nd Series, Vol. XXXVI, No. 4, November 1983, pp. 540–1; Romero Salvadó, *Spain 1914–1918*, pp. 22–6.

20. Juan Antonio Lacomba Avellán, *La crisis española de 1917* (Madrid: Editorial Ciencia Nueva, 1970) pp. 31–9; Pedro Gual Villalbi, *Memorias de un industrial de nuestro tiempo* (Barcelona: Sociedad General de Publicaciones, 1923) pp. 104–21; Ángel Pestaña, *Terrorismo en Barcelona (Memorias inéditas)* (Barcelona: Planeta, 1979) pp. 101–2.

21. Richard Ford, *Gatherings from Spain* (London: John Murray, 1846) p. 335 (Everyman edn, p. 362).

22. Jehanne Wake, *Kleinwort Benson: The History of Two Families in*

Banking (New York: Oxford University Press, 1997) p. 251.

23. Pere Ferrer, *Juan March. El hombre más misterioso del mundo* (Barcelona: Ediciones B, 2008) p. 74.

24. *Ibid.*, pp. 75–7; Mercedes Cabrera, *Juan March (1880–1962)* (Madrid: Marcial Pons, 2011) pp. 60–2, 103, 108–11, 126; Bernardo Díaz Nosty, *La irresistible ascensión de Juan March* (Madrid: Sedmay Ediciones, 1977) pp. 31–4, 98–100, 115; Fabián Estapé, *Sin acuse de recibo* (Barcelona: Plaza y Janés, 2000) p. 58.

25. Roldán, García Delgado and Muñoz, *La formación de la sociedad capitalista*, I, pp. 127–43, 239–51.

26. Francisco Largo Caballero, *Mis recuerdos. Cartas a un amigo* (Mexico City: Editores Unidos, 1954) pp. 51–2; Andrés Saborit, *Julián Besteiro* (Buenos Aires: Losada, 1967) pp. 86–9; Angel Smith, *Anarchism, Revolution and Reaction: Catalan Labour and the Crisis of the Spanish State, 1898–1923* (New York: Berghahn Books, 2007) pp. 264–5; Lacomba Avellán, *La crisis española de 1917*, pp. 216–21; Romero Salvadó, *Spain 1914–1918*, pp. 30–40, 86; Benjamin Martin, *The Agony of Modernization: Labor and Industrialization in Spain* (Ithaca, NY: Cornell University Press, 1990) p. 179; Chris Ealham, 'An Impossible Unity: Revolution, Reform and Counter-Revolution

and the Spanish Left, 1917–23', in Francisco J. Romero and Angel Smith, eds, *The Agony of Spanish Liberalism: From Revolution to Dictatorship* (London: Palgrave Macmillan, 2010) pp. 108–9.

27. On Seguí, see Antonio Soler, *Apòstoles y asesinos. Vida, fulgor y muerte del Noi del Sucre* (Barcelona: Galaxia Gutenberg, 2016) pp. 75, 112, 120 and passim; Martin, *The Agony of Modernization*, pp. 184–7.

28. Roldán, García Delgado and Muñoz, *La formación de la sociedad capitalista*, pp. 255–322, 459–77; Francesc Cambó, *Memòries (1876–1936)* (Barcelona: Editorial Alpha, 1981) pp. 236–7, 242–9; José Varela Ortega, *Partidos, elecciones y caciquismo en la Restauración (1875–1900)* (Madrid: Marcial Pons, 2001) p. 286.

29. Jesús Pabón, *Cambó*, 3 vols (Barcelona: Editorial Alpha, 1952–69) I, pp. 501–7; Lacomba Avellán, *La crisis española de 1917*, pp. 169–70.

30. For an Africanista critique of the Juntas, see Emilio Mola Vidal, *Obras completas* (Valladolid: Librería Santarén, 1940) pp. 997–1016; Stanley G. Payne, *Politics and the Military in Modern Spain* (Stanford, Calif.: Stanford University Press, 1967) pp. 125–45; Boyd, *Praetorian Politics*, pp. 51–60.

31. Pabón, *Cambó*, I, p. 491; Cambó, *Memòries*, pp. 259–60.

32. Boyd, *Praetorian Politics*, pp. 61–6; Borja de Riquer, *Alfonso XIII y*

Cambó. *La monarquía y el catalanismo político* (Barcelona: RBA, 2013) pp. 81–3; Cambó, *Memòries*, pp. 231–2, 247–9.

33. Lacomba Avellán, *La crisis española de 1917*, pp. 150–60; Maura and Fernández Almagro, *Por qué cayó Alfonso XIII*, pp. 298–308; J. M. Capo, *Las Juntas Militares de Defensa* (La Habana: Los Rayos X, 1923) pp. 23–33.

34. Pabón, *Cambó*, I, pp. 512–19; Cambó, *Memòries*, pp. 261–5; Lacomba Avellán, *La crisis española de 1917*, pp. 172–87, 190–209; Maura and Fernández Almagro, *Por qué cayó Alfonso XIII*, pp. 298, 486–9, 494–7, 505; Boyd, *Praetorian Politics*, pp. 79–82; Romero Salvadó, *Spain 1914–1918*, pp. 45–54, 105–15.

35. Lacomba Avellán, *La crisis española de 1917*, pp. 226–9; Angel Pestaña, *Lo que aprendí en la vida* (Madrid: M. Aguilar, 1933) pp. 57–8.

36. Pestaña, *Lo que aprendí*, pp. 79–80, 171–7; Ángel Pestaña, *Terrorismo en Barcelona (Memorias inéditas)* (Barcelona: Planeta, 1979) pp. 98–104; Gerald Brenan, *The Spanish Labyrinth* (Cambridge: Cambridge University Press, 1943) pp. 69, 72; Smith, *Anarchism*, pp. 250–3; Francisco J. Romero Salvadó, *The Foundations of Civil War: Revolution, Social Conflict and Reaction in Liberal Spain, 1916–1923* (London: Routledge, 2008) pp. 60–1; Capo, *Las Juntas Militares*, pp. 128–34; Pío Baroja, *El

cabo de las tormentas* (Madrid: Caro Raggio, 1974) pp. 93–7.

37. Pestaña, *Lo que aprendí*, p. 59; Victor Serge, *Memoirs of a Revolutionary 1901–1941* (London: Oxford University Press, 1963) pp. 54–7.

38. Romero Salvadó, *Spain 1914–1918*, pp. 101–4.

39. Largo Caballero, *Mis recuerdos*, pp. 52–4; Pestaña, *Lo que aprendí*, pp. 59–61.

40. Pestaña, *Lo que aprendí*, pp. 62–3.

41. Smith, *Anarchism*, pp. 278–81.

42. Lacomba Avellán, *La crisis española de 1917*, pp. 229–33; Romero Salvadó, *Spain 1914–1918*, pp. 120–1; Juan-Simeón Vidarte, *No queríamos al Rey. Testimonio de un socialista español* (Barcelona: Grijalbo, 1977) pp. 73–4.

43. Lacomba Avellán, *La crisis española de 1917*, pp. 233–47; Largo Caballero, *Mis recuerdos*, pp. 54–7; Saborit, *Julián Besteiro*, pp. 89–102; Romero Salvadó, *Spain 1914–1918*, pp. 123–4; Gerald H. Meaker, *The Revolutionary Left in Spain, 1914–1923* (Stanford, Calif.: Stanford University Press, 1974) pp. 82–6. For the Socialists' strike manifesto, see Vidarte, *No queríamos al Rey*, pp. 74–6.

44. Smith, *Anarchism*, pp. 275–83; Boyd, *Praetorian Politics*, pp. 84–5, 286; Enrique Moradiellos, *El Sindicato de los Obreros Mineros Asturianos 1910–1930* (Oviedo: Universidad de Oviedo, 1986) pp. 58–9; Lacomba Avellán, *La

crisis española de 1917, pp. 247–72; Antonio Bar, *La C.N.T. en los años rojos (del sindicalismo revolucionario al anarcosindicalismo 1910–1926)* (Madrid: Akal, 1981) pp. 417–27; Meaker, *The Revolutionary Left*, pp. 86–91.

45. Llaneza, letters from prison, published in *El Minero de la Hulla*, August and September 1917, reprinted in Manuel Llaneza, *Escritos y discursos* (Oviedo: Fundación José Barreiros, 1985) pp. 206–14; Romero Salvadó, *The Foundations*, pp. 91–5. On Franco's role, see Francisco Aguado Sánchez, *La revolución de octubre de 1934* (Madrid: Editorial San Martín, 1972) p. 193; Luis Galinsoga and Francisco Franco-Salgado, *Centinela de occidente (Semblanza biográfi ca de Francisco Franco)* (Barcelona: Editorial AHR, 1956) pp. 35–6; Brian Crozier, *Franco: A Biographical History* (London: Eyre & Spottiswoode, 1967) p. 50.

46. Capo, *Las Juntas Militares*, pp. 61–5; Claudi Ametlla, *Memòries polítiques 1890–1917* (Barcelona: Editorial Pòrtic, 1963), pp. 388–9.

47. Romero Salvadó, *The Foundations*, p. 91; Largo Caballero, *Mis recuerdos*, pp. 56–63; Vidarte, *No queríamos al Rey*, pp. 78–9, 99–102; Paul Heywood, *Marxism and the Failure of Organised Socialism in Spain 1879–1936* (Cambridge: Cambridge University Press, 1990) pp. 53–4; Romero Salvadó, *Spain 1914–1918*, pp. 137–40.

48. Romero Salvadó, *Spain 1914–1918*, p. 135; Martin, *The Agony of Modernization*, p. 195.

49. Maura and Fernández Almagro, *Por qué cayó Alfonso XIII*, pp. 307–8; Lacomba Avellán, *La crisis española de 1917*, pp. 272–4; Pabón, *Cambó*, I, pp. 546–9.

50. Maura and Fernández Almagro, *Por qué cayó Alfonso XIII*, p. 507; La Cierva, *Notas*, pp. 186–7; Lacomba Avellán, *La crisis española de 1917*, pp. 296–301; Romero Salvadó, *Spain 1914–1918*, pp. 142–5.

51. María Jesús González Hernández, 'El rey de los conservadores', in Moreno Luzón, ed., *Alfonso XIII*, p. 144; Romanones, *Notas de una vida*, pp. 419–20; Lacomba Avellán, *La crisis española de 1917*, pp. 301–4.

52. Lacomba Avellán, *La crisis española de 1917*, pp. 315–20; Riquer, *Alfonso XIII y Cambó*, pp. 88–97; Romanones, *Notas de una vida*, pp. 420–2; Cambó, *Memòries*, pp. 269–71; Pabón, *Cambó*, I, pp. 563–82; Ametlla, *Memòries polítiques 1890–1917*, pp. 384–7; Romero Salvadó, *Spain 1914–1918*, pp. 149–55.

53. Romanones, *Notas de una vida*, p. 420.

54. Maura and Fernández Almagro, *Por qué cayó Alfonso XIII*, p. 320; Capo, *Las Juntas Militares*, pp. 88–9, 103–119; Lacomba Avellán, *La crisis española de 1917*, pp. 323–44; Boyd, *Praetorian Politics*, pp. 94–8;

Payne, *Politics and the Military*, pp. 140–5; Romero Salvadó, *Spain 1914–1918*, pp. 157–63, 215–16; Romero Salvadó, *The Foundations*, pp. 106–10.

55. Romanones, *Notas de una vida*, pp. 427–30; Maura and Fernández Almagro, *Por qué cayó Alfonso XIII*, pp. 309–11; Riquer, *Alfonso XIII y Cambó*, pp. 99–102; Cambó, *Memòries*, pp. 272–5; La Cierva, *Notas*, pp. 187–207; Pabón, *Cambó*, I, pp. 595–609.

56. *Diario de las Sesiones de Cortes*, 17 April 1918, reproduced in Francesc Cambó, *Discursos parlamentarios (1907–1935)* (Barcelona: Editorial Alpha, 1991) pp. 485–8.

57. Cambó, *Memòries*, pp. 275–97; Maura and Fernández Almagro, *Por qué cayó Alfonso XIII*, pp. 312–23; Romanones, *Notas de una vida*, pp. 422–4; Pabón, *Cambó*, I, pp. 640–78; Riquer, *Alfonso XIII y Cambó*, pp. 103–9, 136.

第五章　混乱的体制：混乱与镇压，1918—1921 年

1. Juan Antonio Lacomba Avellán, *La crisis española de 1917* (Madrid: Editorial Ciencia Nueva, 1970) pp. 47–50; José Peirats, *Los anarquistas en la crisis política española* (Buenos Aires: Editorial Alfa, 1964).

2. Gerald H. Meaker, *The Revolutionary Left in Spain, 1914–1923* (Stanford, Calif.: Stanford University Press, 1974) pp. 103–8; Angel Smith, *Anarchism, Revolution and Reaction: Catalan Labour and the Crisis of the Spanish State, 1898–1923* (New York: Berghahn Books, 2007) pp. 284–6.

3. Antonio Bar, *La C.N.T. en los años rojos (del sindicalismo revolucionario al anarcosindicalismo 1910–1926)* (Madrid: Akal, 1981) pp. 356–8, 367–80; Benjamin Martin, *The Agony of Modernization: Labor and Industrialization in Spain* (Ithaca: Cornell University Press, 1990) pp. 196–200; Smith, *Anarchism*, pp. 245–50; Alberto Balcells, *El sindicalismo en Barcelona 1916–1923* (Barcelona: Editorial Nova Terra, 1965) pp. 51–65; Joaquín Romero Maura, 'The Spanish Case', *Government and Opposition*, Vol. 5, No. 4, 1970, pp. 469–72.

4. Francesc Cambó, *Memòries (1876–1936)* (Barcelona: Editorial Alpha, 1981) pp. 275–97; Duque de Maura and Melchor Fernández Almagro, *Por qué cayó Alfonso XIII* (Madrid: Ediciones Ambos Mundos, 1948) pp. 312–20; Jesús Pabón, *Cambó*, 3 vols (Barcelona: Editorial Alpha, 1952–69) I, pp. 640–78; Borja de Riquer, *Alfonso XIII y Cambó. La monarquía y el catalanismo político* (Barcelona: RBA, 2013) pp. 103–9, 136.

5. Diario de las Sesiones de las Cortes, 10 December 1918; Maura and Fernández Almagro, *Por qué cayó Alfonso XIII*, pp. 323–4; Riquer, *Alfonso XIII y Cambó*, pp. 111–26; Cambó, *Memòries*, pp. 298–304;

Pabón, *Cambó*, II: *Parte primera: 1918-1930*, pp. 15-20.

6. Javier Moreno Luzón, 'El Rey de los Liberales' in Javier Moreno Luzón, ed., *Alfonso XIII. Un político en el trono* (Madrid: Marcial Pons, 2003) p. 153.

7. María Jesús González Hernández, 'El rey de los conservadores', in Moreno Luzón, ed., *Alfonso XIII*, pp. 141, 146.

8. Riquer, *Alfonso XIII y Cambó*, pp. 128-36; Cambó, *Memòries*, p. 328.

9. Juan José Castillo, 'Notas sobre los orígenes y primeros años de la Confederación Nacional Católico Agraria', in José Luis García Delgado, ed., *La cuestión agraria en la España contemporánea* (Madrid: Siglo XXI de España, 1976) pp. 203-48; Josefina Cuesta, *Sindicalismo católico agrario en España (1917-1919)* (Madrid: Editorial Narcea, 1978) passim.

10. Juan José Castillo, *El sindicalismo amarillo en España* (Madrid: Edicusa, 1977) p. 41.

11. Pascual Carrión, *Los latifundios en España* (Madrid: Gráficas Reunidas, 1932) p. 45.

12. Francisco Cobo Romero, ' "The Red Dawn" of the Andalusian Countryside: Peasant Protest during the "Bolshevik Triennium", 1918-20', in Francisco J. Romero and Angel Smith, eds, *The Agony of Spanish Liberalism: From Revolution to Dictatorship* (London: Palgrave Macmillan, 2010) pp. 121-43.

13. Juan Diaz del Moral, *Historia de las agitaciones campesinas andaluzas*, 3rd edn (Madrid: Alianza Editorial, 1973) pp. 265-86; ángeles González, 'La construcción de un mito. El trienio bolchevique en Andalucía', in Manuel González de Molina and Diego Caro Cancela, eds, *La utopía racional. Estudios sobre el movimiento obrero andaluz* (Granada: Editoria Universidad de Granada, 2001) pp. 175-219; Francisco Cobo Romero, *Conflicto rural y violencia política. El largo camino hacia la dictadura. JAén, 1917-1950* (Jaén: Publicaciones de la Universidad de Jaén, 1999) pp. 114-27; Sebastian Balfour, *The End of the Spanish Empire 1898-1923* (Oxford: Clarendon Press, 1997) pp. 223-4.

14. Pascual Carrión, *Los latifundios en España* (Madrid: Gráficas Reunidas, 1932) p. 415; Constancio Bernaldo de Quirós, *El espartaquismo agrario y otros ensayos sobre la estructura económica y social de Andalucía* (Madrid: Ediciones de la Revista de Trabajo, 1973) pp. 183-92.

15. González Hernández, 'El rey de los conservadores', in Moreno Luzón, *Alfonso XIII*, p. 146; María Jesús González Hernández, *El universo conservador de Antonio Maura. Biografía y proyecto de Estado* (Madrid: Biblioteca Nueva, 1997) p. 379; Juan José Castillo, *Propietarios muy pobres. Sobre la subordinación política del pequeño campesino* (Madrid: Instituto de

Estudios Agrarias, 1979) pp. 140–2; Eduardo González Calleja, *El máuser y el sufragio. Orden público, subversión y violencia política en la crisis de la Restauración (1917–1931)* (Madrid: Consejo Superior de Investigaciones Científicas, 1999) pp. 44–5; Francisco J. Romero Salvadó, *The Foundations of Civil War: Revolution, Social Conflict and Reaction in Liberal Spain, 1916–1923* (London: Routledge/Cañada Blanch, 2008) p. 199.

16. Castillo, *Propietarios muy pobres*, pp. 202–8.
17. *El Socialista*, 23 July 1919.
18. Diaz del Moral, *Las agitaciones*, pp. 361–76; Edward E. Malefakis, *Agrarian Reform and Peasant Revolution in Spain* (New Haven, Conn.: Yale University Press, 1970) pp. 147–52; Castillo, *Propietarios muy pobres*, pp. 209–20; Ricardo Robledo, 'El Trienio Bolchevique de Díaz del Moral y su visión conservadora del cambio social', in Francisco Acosta Ramírez, ed., *La aurora de rojos dedos. El Trienio Bolchevique desde el sur de España* (Granada, Comares y Diputación Provincial de Córdoba, forthcoming).
19. Carrión, *Los latifundios*, p. 415.
20. Joseph Harrison, 'Heavy Industry, the State and Economic Development in the Basque Region, 1876–1936', *Economic History Review*, 2nd Series, Vol. XXXVI, No. 4, November 1983, pp. 541–2;

Adrian Shubert, *The Road to Revolution in Spain: The Coal Miners of Asturias 1860–1934* (Urbana: University of Illinois Press, 1987) pp. 48–51, 85–6, 114–28; Antonio L. Oliveros, *Asturias en el resurgimiento español (apuntes históricos y biográficos*, 2nd edn (Gijón: Silverio Cañada, 1989) pp. 113–77.
21. Martin, *The Agony of Modernization*, p. 206.
22. 'Historia de la huelga de "La Canadiense" '; 'El Sr Morote explica a los lectores de "El Sol" la historia de todo lo ocurrido'; 'Declaraciones del Sr. Doval', *El Sol*, 3, 20 March, 1 August 1919; Amadeu Hurtado, *Quaranta anys d'advocat. Història del meu temps 1894–1936*, 2nd edn (Barcelona: Edicions 62, 2011) pp. 341–2; Pere Foix, *Apòstols i mercaders. Seixanta anys de lluita social a Catalunya*, 2nd edn (Barcelona: Editorial Nova Terra, 1976) pp. 69–71; Balcells, *El sindicalismo*, pp. 73–84; Smith, *Anarchism*, pp. 290–6; Conde de Romanones, *Notas de una vida* (Madrid: Marcial Pons Ediciones, 1999) pp. 432–6; Javier Moreno Luzón, *Romanones. Caciquismo y política liberal* (Madrid: Alianza Editorial, 1998) pp. 367–9.
23. This was discovered in the company's archives in 1958 by the lawyer Fabián Estapé, who was writing a report for the International Tribunal of The Hague on a long-running case

involving the Barcelona Traction, Light and Power Company. See Fabián Estapé, *Sin acuse de recibo* (Barcelona: Plaza y Janés, 2000) pp. 122–5.

24. Manuel Burgos y Mazo, *El verano de 1919 en Gobernación* (Cuenca: Imprenta de Emilio Pinos, 1921) pp. 500–35; Soledad Bengoechea and Fernando del Rey, 'En vísperas de un golpe de Estado. Radicalización del patronal e imagen del fascismo en España', in Javier Tusell, Julio Gil Pecharromán and Feliciano Montero, eds, *Estudios sobre la derecha española contemporánea* (Madrid: UNED, 1993) pp. 301–26, esp. p. 304; Romero Salvadó, *The Foundations*, pp. 194–5.

25. Eduardo González Calleja and Fernando del Rey Reguillo, *La defensa armada contra la revolución* (Madrid: Consejo Superior de Investigaciones Científicas, 1995) pp. 71–80, 91–6.

26. Pere Foix, *Los archivos del terrorismo blanco. El fichero Lasarte 1918–1936* (Madrid, Ediciones de la Piqueta, 1978) p. 54; Manuel Casal Gómez, *La Banda Negra. Orígen yactuación de los pistoleros en Barcelona (1919–1921)*, 2nd edn (Barcelona: Icaria Editorial, 1977) pp. 66–8, 153–5; González Calleja, *El máuser*, pp. 80–1, 146–7, 152–9, 165; José Peirats, *La CNT en la revolución española*, 2nd edn, 3 vols (Paris: Ediciones Ruedo Ibérico, 1971) I, p. 34.

27. Speech of Francesc Layret, *Diario de Sesiones de las Cortes*, 7 August 1919, pp. 841–2; Smith, *Anarchism*, pp. 297–9; 'Afirmaciones Terminantes', *La Correspondencia Militar*, 17 April 1919; 'Declaraciones del Sr. Doval', *El Sol*, 1 August 1919; 'Nota de Montañés', reprinted in Romanones, *Ntotas de una vida*, pp. 436–40; Casal Gómez, *La Banda Negra*, pp. 59–62.

28. Balcells, *El sindicalismo*, pp. 85–99; Hurtado, *Quaranta anys*, pp. 343–6; Smith, *Anarchism*, pp. 294–5.

29. Carolyn P. Boyd, 'El rey-soldado. Alfonso XIII y el ejército', in Moreno Luzón, ed., *Alfonso XIII*, pp. 232–3. See the ambiguous account of Romanones, *Notas de una vida*, p. 436.

30. Moreno Luzón, *Romanones*, pp. 370–1; Romero Salvadó, *The Foundations*, pp. 199–200; Moreno Luzón, 'El Rey de los Liberales', in Moreno Luzón, *Alfonso XIII*, pp. 178–9.

31. González Calleja, *El máuser*, pp. 118–22; Smith, *Anarchism*, pp. 300–2; Angel Pestaña, *Lo que aprendí en la vida* (Madrid: M. Aguilar, 1933) pp. 76–8, 81–4, 165–7; Casal Gómez, *La Banda Negra*, pp. 68–77; Ángel Pestaña, *Terrorismo en Barcelona (Memorias inéditas)* (Barcelona: Planeta, 1979) pp. 105–12.

32. Casal Gómez, *La Banda Negra*, pp. 62–8, 153–5; Francisco Bastos Ansart, *Pistolerismo (Historia trágica)* (Madrid: Espasa Calpe,

1935) pp. 35–41; Pestaña, *Terrorismo en Barcelona*, pp. 94–6, 102–16; Manuel Buenacasa, *El movimiento obrero español 1886–1926* (Gijón: Ediciones Júcar, 1977) p. 55; Adolfo Bueso, *Recuerdos de un cenetista*, Vol. I: *De la Semana Trágica (1909) a la Segunda República (1931)* (Barcelona: Ariel, 1976) pp. 126–8; González Calleja, *El máuser*, pp. 146–7, 152–5; Pío Baroja, *El cabo de las tormentas* (Madrid: Caro Raggio, 1974) pp. 93–8.

33. Romero Salvadó, *The Foundations*, pp. 202–5; Salvador de Madariaga, *Spain: A Modern History* (London: Jonathan Cape, 1961) pp. 328–31; Smith, *Anarchism*, pp. 302–8.

34. Antonio Soler, *Apóstoles y asesinos. Vida, fulgor y muerte del Noi del Sucre* (Barcelona: Galaxia Gutenberg, 2016) pp. 27–8.

35. *Diario de Sesiones de las Cortes*, 7 August 1919; Romero Salvadó, *The Foundations*, p. 202; Burgos y Mazo, *El verano de 1919*, pp. 305–13.

36. Romero Salvadó, *The Foundations*, pp. 205–9; Smith, *Anarchism*, pp. 308–15.

37. Ricardo Sanz, *El sindicalismo y la política. Los 'Solidarios' y 'Nosotros'* (Toulouse: Imprimerie Dulaurier, 1966) pp. 51–6; Balcells, *El sindicalismo*, pp. 104–6; Juan García Oliver, *El eco de los pasos* (Barcelona: Ruedo Ibérico, 1978) pp. 31–2; Angel Pestaña, *Lo que aprendí en la vida* (Madrid: M. Aguilar, 1933) p. 186; González

Calleja, *El máuser*, pp. 226–36.

38. Madariaga, *Spain*, pp. 331–2.

39. Smith, *Anarchism*, p. 315.

40. *ABC*, 7, 8, 11, 13 January 1920; García Oliver, *El eco*, pp. 30–1; Meaker, *The Revolutionary Left*, pp. 314–19; Smith, *Anarchism*, pp. 315–17, 336–7; Romero Salvadó, *The Foundations*, p. 236.

41. Gabriel Cardona and Juan Carlos Losada, *Weyler. Nuestro hombre en La Habana* (Barcelona: Planeta, 1997) pp. 289–91; Balcells, *El sindicalismo*, pp. 135–6.

42. *ABC*, 5, 6 August; *El Globo*, 6 August 1920; Foix, *Apòstols*, pp. 39–40; Robert Kern, *Red Years/ Black Years: A Political History of Spanish Anarchism, 1911–1937* (Philadelphia: Institute for the Study of Human Issues, 1978) pp. 54–6.

43. Francisco Madrid, *Ocho meses y un día en el gobierno civil de Barcelona* (Barcelona: La Flecha, 1932) pp. 78–93 (for Bas's own account of his period in offi ce) and pp. 93–102 (for Bas's clash with Martínez Anido); Romero Salvadó, *The Foundations*, pp. 222–5; Smith, *Anarchism*, pp. 329–30; Roberto Muñoz Bolaños, 'Severiano Martínez Anido (1862–1937) Militar y represor', *Anatomía de la Historia*, 2013, pp. 7–9.

44. González Calleja, *El máuser*, p. 168; Pelai Pagès i Blanch, *Andreu Nin. Una vida al servicio de la clase obrera* (Barcelona: Laertes, 2011) p. 101.

45. González Calleja, *El máuser*, pp. 182–3; Meaker, *The Revolutionary Left* , pp. 328–36; Albert Pérez Baró, *Els 'feliços' anys vint. Memòries d'un militant obrer 1918–1926* (Palma de Mallorca: Editorial Moll, 1974) pp. 88–106; Jacinto León-Ignacio, *Los años del pistolerismo* (Barcelona: Planeta, 1981) pp. 150–4.

46. Smith, *Anarchism*, pp. 329, 335; León-Ignacio, *Los años del pistolerismo*, pp. 102, 148, 167. On Feced, see Romero Salvadó, *The Foundations*, p. 261; Paco Ignacio Taibo II, *Que sean fuego las estrellas. Barcelona (1917–1923)* (Barcelona: Crítica, 2016) pp. 269–70.

47. Romero Salvadó, *The Foundations*, p. 231.

48. Bueso, *Recuerdos de un cenetista*, p. 139; Madrid, *Ocho meses*, pp. 107–10; Burgos y Mazo, *El verano de 1919*, pp. 553–65; Foix, *Apòstols*, pp. 76–7, 82–3; Romero Salvadó, *The Foundations*, pp. 225–32; Casal Gómez, *La Banda Negra*, pp. 143–9; Smith, *Anarchism*, pp. 331–3, 356; León-Ignacio, *Los años del pistolerismo*, pp. 156–61.

49. The confessions of Feced were reprinted in Peirats, *La CNT*, I, pp. 33–6.

50. Letter of Miguel de Unamuno to *Le Quotidien*, Paris, 29 December 1923, reproduced in Valentín del Arco López, 'Unamuno frente a Primo de Rivera. De Salamanca Al Exilio, 1923–1924', in Dolores Gómez Molleda, ed., *Actas del Congreso Internacional, Cincuentenario de Unamuno* (Salamanca: Ediciones de la Universidad de Salamanca, 1986) pp. 150–1.

51. Baroja, *El cabo*, pp. 75, 79, 103–6.

52. *Ibid.*, pp. 79–80, 104–10; Andreu Navarra Ordoño, 'Pistolas, carnavales y pronunciamientos: Baroja y las rebeliones sociales de los años veinte y treinta', *Sancho el Sabio*, No. 36, 2013, pp. 47–60; Smith, *Anarchism*, pp. 334–7.

53. Pestaña, *Terrorismo en Barcelona*, pp. 159–63; Smith, *Anarchism*, pp. 337–9; Colin M. Winston, *Workers and the Right in Spain, 1900–1936* (Princeton, NJ: Princeton University Press, 1985) pp. 185–208.

54. Madrid, *Ocho meses*, p. 67; Winston, *Workers and the Right*, pp. 49–50, 108–36; Castillo, *El sindicalismo amarillo*, pp. 37–9, 89–90, 126–43. Regarding Comillas's business empire, see Castillo, *El sindicalismo amarillo*, pp. 253–73.

55. Balcells, *El sindicalismo*, p. 162; Smith, *Anarchism*, pp. 335, 337; Romero Salvadó, *The Foundations*, pp. 227–30.

56. 'Sería bien triste …' and 'Los revolucionarios rusos', *El Socialista*, 10 November 1917 and 1 March 1918; Meaker, *The Revolutionary Left* , pp. 108–9.

57. Julio Aróstegui, *Largo Caballero. El tesón y la quimera* (Barcelona:

Debate, 2013) pp. 122–33.

58. *Ibid.*, pp. 148–59; Meaker, *The Revolutionary Left* , pp. 225–384; Heywood, *Marxism*, pp. 54–83; Manuel Tuñón de Lara, *El Movimiento obrero en la historia de España* (Madrid: Taurus, 1972) pp. 681–717.

59. Heywood, *Marxism*, pp. 54–84; Chris Ealham, 'An Impossible Unity: Revolution, Reform and Counter-Revolution and the Spanish Left , 1917–23', in Francisco J. Romero and Angel Smith, eds, *The Agony of Spanish Liberalism: From Revolution to Dictatorship* (London: Palgrave Macmillan, 2010) pp. 112–14.

60. Francisco Largo Caballero, *Presente y futuro de la Unión General de Trabajadores de España* (Madrid: Javier Morata, 1925) pp. 135–59, 176–84; Smith, *Anarchism*, pp. 335–6; Buenacasa, *El movimiento obrero*, pp. 74–80.

61. Antonio Sánchez, 'Anatomía de un magnicidio. Pedro Mateu "Yo maté a Dato" ', *Interviu*, 11–17 November 1976, pp. 35–6; Bueso, *Recuerdos de un cenetista*, pp. 139–45; Sanz, *El sindicalismo y la política*, pp. 73–4; León-Ignacio, *Los años del pistolerismo*, pp. 180–95; Romero Salvadó, *The Foundations*, pp. 211–12; Smith, *Anarchism*, p. 337.

62. Juan Ruiz, 'Manuel y Ramón Archs. Dos militantes de acción', *Tierra y Libertad*, No. 233, December 2007; Antoni Dalmau i Ribalta, 'Manuel

Ars i Solanellas (1859–1894), l'estampador afusellat injustament a Montjuïc', *Revista d'Igualada*, No. 28, April 2008, pp. 16–41, on Ramón, pp. 38–40; Abel Rebollo, 'Dos generaciones: Paulí Pallàs i Latorre (1862–1893) y Ramón Archs (1887–1921)', in Manel Aisa et al., *La Barcelona rebelde. Guía de una ciudad silenciada* (Barcelona: Octaedro, 2004) pp. 277–8; García Oliver, *El eco*, pp. 30–6, 625–6.

63. Meaker, *The Revolutionary Left*, pp. 331–4, 338–9; Winston, *Workers and the Right*, pp. 139–41.

64. Madrid, *Ocho meses*, pp. 108–9.

65. *Ibid.*, pp. 118–19; Winston, *Workers and the Right*, pp. 112–14, 132–3, 142–63.

66. Foix, *Apòstols*, pp. 43–4; Romero Salvadó, *The Foundations*, pp. 234–6.

67. *El Defensor de Córdoba*, 24 May 1921; *ABC*, 24 May 1921; Juan de la Cierva y Peñafiel, *Notas de mi vida* (Madrid: Instituto Editorial Reus, 1955) pp. 233–5; Madariaga, *Spain*, pp. 337–9; González Hernández, *El universo conservador*, p. 379; José María García Escudero, '¿Rey autoritario o rey constitucional?', *Historia y Vida*, No. 56, 1972, pp. 52–62; José Luis Gómez Navarro, *El régimen de Primo de Rivera* (Madrid: Cátedra, 1991) pp. 115–16; Rafael Borràs Betriu, *El Rey perjuro. Alfonso XIII y la caída de la Monarquía* (Barcelona: Los Libros de Abril, 1997) pp. 85–7; Javier Tusell and Genoveva García

Queipo de Llano, *Alfonso XIII. El Rey polémico* (Madrid: Taurus, 2001) pp. 379–84.

第六章　从殖民地惨败到独裁统治，1921—1923 年

1. Francisco J. Romero Salvadó, *The Foundations of Civil War: Revolution, Social Conflict and Reaction in Liberal Spain, 1916–1923* (London: Routledge/Cañada Blanch, 2008) pp. 237–41; Pablo La Porte, *La atracción del imán. El desastre de Annual y sus repercusiones en la política europea (1921–1923)* (Madrid: Biblioteca Nueva, 2001) pp. 60–2; Arturo Barea, *The Forging of a Rebel* (London: Davis-Poynter, 1972) pp. 244–8, 262–5; Arturo Barea, *La forja de un rebelde* (Buenos Aires: Losada, 1951) pp. 253–9, 276–81.

2. On El Raisuni, see David Woolman, *Rebels in the Rif: Abd el Krim and the Rif Rebellion* (Stanford, Calif.: Stanford University Press, 1969) pp. 46–51; María Rosa de Madariaga, *En el Barranco del Lobo. Las guerras de Marruecos* (Madrid: Alianza Editorial, 2005) pp. 104–6, 119–25.

3. Gabriel Cardona, *El poder militar en la España contemporánea hasta la guerra civil* (Madrid: Siglo XXI de España, 1983) pp. 70–1; Carolyn P. Boyd, *Praetorian Politics in Liberal Spain* (Chapel Hill: University of North Carolina Press, 1979) pp. 160, 286.

4. Javier Tusell and Genoveva García

Queipo de Llano, *Alfonso XIII. El Rey polémico* (Madrid: Taurus, 2001), pp. 391, 395–7.

5. For an eloquent account of the background to the defeat, see Romero Salvadó, *The Foundations*, pp. 242–7.

6. Madariaga, *En el Barranco del Lobo*, pp. 118–54; Woolman, *Rebels*, pp. 83–90; Juan Pando, *Historia secreta de Annual* (Madrid: Ediciones Temas de Hoy, 1999) pp. 101–69; Manuel Leguineche, *Annual 1921. El desastre de España en el Rif* (Madrid: Alfaguara, 1996) pp. 169–82, 212–21; La Porte, *La atracción del imán*, pp. 63–73.

7. Fernando Reinlein García-Miranda, 'Del siglo XIX a la guerra civil', in Colectivo Democracia, *Los Ejércitos … más allá del golpe* (Barcelona: Planeta, 1981) pp. 13–33; Pando, *Historia secreta*, pp. 78–9; C. Seco Serrano, *Militarismo y civilismo en la España contemporánea* (Madrid: Instituto de Estudios Econòmicos, 1984), p. 233.

8. Pablo La Porte, 'The Moroccan Quagmire and the Crisis of Spain's Liberal System, 1917–1923', in Francisco J. Romero and Angel Smith, eds, *The Agony of Spanish Liberalism: From Revolution to Dictatorship* (London: Palgrave Macmillan, 2010), pp. 246–7; Eduardo González Calleja, *La España de Primo de Rivera. La modernización autoritaria, 1923–1930* (Madrid: Alianza Editorial, 2005) p. 31; Alberto Bru Sánchez-

Fortún, 'Padrino y patrón. Alfonso XIII y sus oficiales (1902–1923)', *Hispania Nova. Revista de Historia Contemporánea*, No. 6, 2006, p. 2.

9. Madariaga, *En el Barranco del Lobo*, pp. 155–63; Pando, *Historia secreta*, pp. 169–71; Woolman, *Rebels*, pp. 90–5; Sebastian Balfour, *Deadly Embrace: Morocco and the Road to the Spanish Civil War* (Oxford: Oxford University Press, 2002) pp. 71–5.

10. The most widely publicized accusations were those levelled by Vicente Blasco Ibáñez, *Alfonso XIII Unmasked* (London: Eveleigh, Nash & Grayson, 1925) pp. 78–83, and Eduardo Ortega y Gasset, *España encadenada. La verdad sobre la dictadura* (Paris: Juan Dura, 1925) pp. 39–43.

11. Duque de Maura and Melchor Fernández Almagro, *Por qué cayó Alfonso XIII* (Madrid: Ediciones Ambos Mundos, 1948) pp. 338–44; Fidel Gómez Ochoa, 'El gobierno de concentración en el pensamiento y la acción política de Antonio Maura (1918–1922)', *Revista de Estudios Políticos* (Nueva Epoca), No. 69. July–September 1990, pp. 244–9.

12. Juan de la Cierva y Peñafiel, *Notas de mi vida* (Madrid: Instituto Editorial Reus, 1955) pp. 239–40; Carlos Seco Serrano, *Alfonso XIII y la crisis de la restauración* (Barcelona: Ediciones Ariel, 1969) pp. 142–5.

13. La Porte, *La atracción del imán*,

pp. 83–8; Boyd, *Praetorian Politics*, pp. 173, 189–94.

14. Maura and Fernández Almagro, *Por qué cayó Alfonso XIII*, pp. 347–51; Fidel Gómez Ochoa, 'La alianza Maura–Cambó de 1921: una experiencia de reformismo conservador durante el reinado de Alfonso XIII', *Revista de historia contemporánea*, No. 5, 1991, pp. 96–7; Gómez Ochoa, 'El gobierno de concentración', pp. 249–51; La Cierva, *Notas*, pp. 242–58; María Jesús González Hernández, *Ciudadanía y acción. El conservadurismo maurista 1907–1923* (Madrid: Siglo XXI de España, 1990) pp. 113–18; Francisco J. Romero Salvadó, 'Antonio Maura from Messiah to Fireman', in Alejandro Quiroga and Miguel ángel del Arco, eds, *Right-Wing Spain in the Civil War Era: Soldiers of God and Apostles of the Fatherland* (London: Continuum, 2012) pp. 16–17; Francesc Cambó, *Memòries (1876–1936)* (Barcelona: Editorial Alpha, 1981) pp. 337–50.

15. Pando, *Historia secreta*, pp. 268–72.

16. Indalecio Prieto, *Con el Rey o contra el Rey* (Mexico City: Ediciones Oasis, 1972) pp. 101–3; Balfour, *Deadly Embrace*, pp. 84–8; Pando, *Historia secreta*, pp. 272–97.

17. La Cierva, *Notas*, pp. 250–64; Cambó, *Memòries*, pp. 352–4.

18. Jesús Pabón, *Cambó, II: Parte primera 1918–1930* (Barcelona: Editorial Alpha, 1969) pp. 349–55; Cambó, *Memòries*, p. 353; Borja de

Riquer, *Alfonso XIII y Cambó. La monarquía y el catalanismo político* (Barcelona: RBA, 2013) pp. 137–42.

19. The articles were reprinted in Prieto, *Con el Rey*, pp. 9–117.

20. Madariaga, *En el Barranco del Lobo*, pp. 316–17.

21. Javier Moreno Luzón, *Romanones. Caciquismo y política liberal* (Madrid: Alianza Editorial, 1998) p. 388.

22. Maria Teresa González Calbet, *La Dictadura de Primo de Rivera. El Directorio Militar* (Madrid: Ediciones El Arquero, 1987) pp. 185–6.

23. Antonio Soler, *Apóstoles y asesinos. Vida, fulgor y muerte del Noi del Sucre* (Barcelona: Galaxia Gutenberg, 2016) pp. 138–9.

24. Alfred Mendizábal, *Aux origines d'une tragédie: la politique espagnole de 1923 à 1936* (Paris: Desclée de Brouwer, n.d. [1937?]) pp. 69–70; Woolman, *Rebels*, pp. 97–100; Balfour, *Deadly Embrace*, pp. 215–17; Manuel Leguineche, *Annual 1921. El desastre de España en el Rif* (Madrid: Alfaguara, 1996) pp. 142–3; Gerald Brenan, *The Spanish Labyrinth* (Cambridge: Cambridge University Press, 1943) pp. 61–2.

25. Diario de las Sesiones de Cortes, 27 October 1921; Prieto, *Con el Rey*, pp. 121–58; Octavio Cabezas, *Indalecio Prieto, socialista y español* (Madrid: Algaba Ediciones, 2005) pp. 125–9.

26. Jaume Muñoz Jofre, *La España corrupta. Breve historia de la corrupción en España. De la Restauración a nuestros días (1875–2016)* (Granada: Comares, 2016) pp. 38–9; Pere Ferrer, *Juan March. El hombre más misterioso del mundo* (Barcelona: Ediciones B, 2008) pp. 177–8.

27. Nicolás Alcalá-Zamora, *Memorias* (Barcelona: Planeta, 1977) p. 83.

28. Joan Manent i Pesas, *Records d'un sindicalista llibertari català 1916–1943* (Paris: Edicions Catalanes, 1976) pp. 75–8; Manuel Buenacasa, *El movimiento obrero español 1886–1926. Historia y crítica* (Gijón: Ediciones Júcar, 1977) pp. 73–4, 81; Gerald H. Meaker, *The Revolutionary Left in Spain, 1914–1923* (Stanford, Calif.: Stanford University Press, 1974) pp. 390–2.

29. Pelai Pagès i Blanch, *Andreu Nin. Una vida al servicio de la clase obrera* (Barcelona: Laertes, 2011) pp. 98–111; Antoni Monreal, *El pensamiento político de Joaquín Maurín* (Barcelona: Ediciones Península, 1984) pp. 11–18; Meaker, *The Revolutionary Left*, pp. 392–403, 417–26, 440–1; Andrew Charles Durgan, *B.O.C. 1930–1936. El Bloque Obrero y Campesino* (Barcelona: Editorial Laertes, 1996) pp. 21–5.

30. Pere Gabriel, 'Introducció', in Joan Peiró, *Escrits, 1917–1939* (Barcelona: Edicions 62, 19) pp. 13–14; Durgan, *B.O.C. 1930–1936*, pp. 25–8; Ángel Pestaña, *Lo que yo pienso. Setenta días en Rusia,*

2nd edn (Madrid: Doncel, 1976) passim; Juan García Oliver, *El eco de los pasos* (Barcelona: Ruedo Ibérico, 1978) pp. 66–9.

31. Manent, *Records*, pp. 76–8; Eduardo González Calleja, *El máuser y el sufragio. Orden público, subversión y violencia política en la crisis de la Restauración (1917–1931)* (Madrid: Consejo Superior de Investigaciones Científicas, 1999) pp. 211–12.

32. Pere Foix, *Apòstols i mercaders. Seixanta anys de lluita social a Catalunya*, 2nd edn (Barcelona: Editorial Nova Terra, 1976) pp. 188–9; José Peirats, *Los anarquistas en la crisis política española* (Buenos Aires: Editorial Alfa, 1964) p. 35; Manent, *Records*, pp. 78–9; Jacinto León-Ignacio, *Los años del pistolerismo* (Barcelona: Planeta, 1981) pp. 225–36.

33. 'La torva historia de Anido', *Hojas Libres*, Vol. 2, May 1927, pp. 85–6; Manent, *Records*, pp. 79–100; Amadeu Hurtado, *Quaranta anys d'advocat. Història del meu temps 1894–1936*, 2nd edn (Barcelona: Edicions 62, 2011) pp. 398–9; Ricardo Sanz, *El sindicalismo y la política. Los 'Solidarios' y 'Nosotros'* (Toulouse: Imprimerie Dulaurier, 1966), pp. 56–7, 71–2; Juan Oller Piñol, *Martínez Anido. Su vida y su obra* (Madrid: Librería Victoriano Suárez, 1943) pp. 151–7; Peirats, *Los anarquistas*, pp. 36–9; González Calleja, *El máuser*, pp. 197, 212–17; León-Ignacio, *Los años del pistolerismo*, pp. 238–46.

34. *La Correspondencia Militar*, 27 October 1922.

35. Romero Salvadó, *The Foundations*, pp. 261–3, 369 nn. 18, 19 and 20; Angel Smith, *Anarchism, Revolution and Reaction: Catalan Labour and the Crisis of the Spanish State, 1898–1923* (New York: Berghahn Books, 2007) pp. 344–5; Buenacasa, *El movimiento obrero*, pp. 83–8.

36. *ABC*, 19 December 1922; Soledad Bengoechea and Fernando del Rey, 'En vísperas de un golpe de Estado. Radicalización del patronal e imagen del fascismo en España', in Javier Tusell, Julio Gil Pecharromán and Feliciano Montero, eds, *Estudios sobre la derecha española contemporánea* (Madrid: UNED, 1993) pp. 304–12.

37. Francesc Cambó, *En torn del feixisme italià* in *Llibres* (Barcelona: Editorial Alpha, 1984) pp. 211, 225–36.

38. Bengoechea and Del Rey, 'En vísperas de un golpe', pp. 317–24; Colin M. Winston, *Workers and the Right in Spain, 1900–1936* (Princeton, NJ: Princeton University Press, 1985) pp. 157–9; González Calbet, *La dictadura de Primo de Rivera*, pp. 130–1; Javier Tusell, *Radiografía de un golpe de Estado* (Madrid: Alianza, 1987) p. 52; Stanley G. Payne, 'Fascist Italy and Spain, 1922–45', *Mediterranean Historical Review*, Vol. 13, Nos 1–2, June-December 1998, p. 100.

39. Diario de las Sesiones de Cortes, 4

May 1922.

40. *Ibid.*, 19 July 1922; Conde de Romanones, *Notas de una vida* (Madrid: Marcial Pons Ediciones, 1999) pp. 464–6; Moreno Luzón, *Romanones*, pp. 387–90; Ramón Villares and Javier Moreno Luzón, *Restauración y Dictadura* (Barcelona: Crítica-Marcial Pons, 2009) pp. 491–2.

41. Diario de las Sesiones de Cortes, 15 November 1922.

42. *Ibid.*, 21, 22 November 1922; reprinted as Dictamen de la Minoría Socialista, *El desastre de Melilla. Dictamen formulado por Indalecio Prieto como miembro de la Comisión designada por el Congreso de los Diputados para entender en el expediente Picasso* (Madrid: Sucesores de Rivadeneyra, 1922), and in Prieto, *Con el Rey*, pp. 201–63.

43. Romanones, *Notas de una vida*, p. 465.

44. Pabón, *Cambó*, II: *Parte primera*, p. 405.

45. Cambó, *Memòries*, pp. 364–5; Pabón, *Cambó*, II: *Parte primera*, pp. 399–407; Riquer, *Alfonso XIII y Cambó*, pp. 143–50; Tusell and García Queipo de Llano, *Alfonso XIII*, pp. 364–5.

46. Cambó, *Memòries*, p. 364; Diario de las Sesiones de Cortes, 30 November, 1 December 1922; Francesc Cambó, *Discursos parlamentaris* (Barcelona: Editorial Alpha, 1991) pp. 783–8; Pabón, *Cambó*, II: *Parte primera*,

pp. 407–16.

47. Cambó, *Memòries*, p. 365; Seco Serrano, *Alfonso XIII*, p. 148; Riquer, *Alfonso XIII y Cambó*, p. 151.

48. Diario de las Sesiones de Cortes, 5 December 1922; La Cierva, *Notas*, pp. 287–9; Cambó, *Memòries*, pp. 365–6; Pabón, *Cambó*, II: *Parte primera*, pp. 416–18.

49. Romanones, *Notas de una vida*, pp. 467–8; Francisco Hernández Mir, *La Dictadura ante la Historia. Un crimen de lesa patria* (Madrid: Compañía Ibero-Americana de Publicaciones, 1930) pp. 14–20; Romero Salvadó, *The Foundations*, pp. 269–70; Moreno Luzón, *Romanones*, pp. 389–91.

50. See interviews with the prisoners and Abd el-Krim in Luis de Oteyza, *Abd-el-Krim y los prisioneros*, 3rd edn (A Coruña: Ediciones del Viento, 2018) pp. 45–57, 67–81.

51. Woolman, *Rebels*, pp. 106–8, 120; Madariaga, *En el Barranco del Lobo*, pp. 228–9, 317–19.

52. Pabón, *Cambó*, II: *Parte primera*, pp. 369–92; Hurtado, *Quaranta anys*, pp. 387–8.

53. Borja de Riquer, *Cambó en Argentina. Negocios y corrupción política* (Barcelona: Edhasa, 2016) pp. 56ff.; Alberto Balcells, *El sindicalismo en Barcelona 1916–1923* (Barcelona: Editorial Nova Terra, 1965) pp. 164–5.

54. Raymond Carr, *Spain 1808–1975* (Oxford: Clarendon Press, 1982) p. 523; Shlomo Ben-Ami, *Fascism*

from Above: The Dictatorship of Primo de Rivera in Spain 1923–1930 (Oxford: Oxford University Press, 1983) pp. 19–26; José Luis Gómez Navarro, *El régimen de Primo de Rivera* (Madrid: Cátedra, 1991) pp. 490–4; Tusell, *Radiografía*, p. 267.

55. Romero Salvadó, *The Foundations*, pp. 271–2; Romanones, *Notas de una vida*, pp. 468–73; Moreno Luzón, *Romanones*, pp. 390–4; Alcalá–Zamora, *Memorias*, p. 82.

56. Moreno Luzón, *Romanones*, pp. 393–6; Tusell, *Radiografía*, pp. 21–2; Mercedes Cabrera, *Juan March (1880–1962)* (Madrid: Marcial Pons, 2011) pp. 123–30.

57. Cipriano de Rivas Cherif, *Retrato de un desconocido. Vida de Manuel Azaña* (Barcelona: Grijalbo, 1980) pp. 118–24.

58. Francisco J. Romero Salvadó, 'Building Alliances against the New? Monarchy and the Military in Industrializing Spain', in Helen Graham, ed., *Interrogating Francoism: History and Dictatorship in Twentieth-Century Spain* (London: Bloomsbury, 2016) p. 50.

59. *ABC*, 28, 29, 31 January, 2, 24 February 1923; Madariaga, *En el Barranco del Lobo*, pp. 230–1; Pando, *Historia secreta*, p. 338; Woolman, *Rebels*, pp. 112–13; Balfour, *Deadly Embrace*, p. 91. On the King's pleasure-seeking, see Javier Moreno Luzón, 'Fernando Siete y medio. Los escándolos de

corrupción de Alfonso XIII', in Borja de Riquer, Joan Lluís Pérez Francesch, Gemma Rubí, Lluís Ferran Toledano and Oriol Luján, eds, *La corrupción política en la España contemporánea* (Madrid: Marcial Pons Historia, 2018) pp. 262–5.

60. Hernández Mir, *La Dictadura*, p. 21.

61. 'Como fue asesinado Dris-ben-Said', *Hojas Libres*, Vol. 5, August 1927, pp. 50–8; Ortega y Gasset, *España encadenada*, pp. 73–7; Madariaga, *En el Barranco del Lobo*, pp. 286–8; *ABC*, 25, 26, 27, 28, 30, 31; Óscar Pérez Solís, *Memorias de mi amigo óscar Perea* (Madrid: Renacimiento, n.d. [1930?]) pp. 318–19.

62. Alcalá-Zamora, *Memorias*, pp. 71–2, 86–8; Madariaga, *En el Barranco del Lobo*, pp. 178–9, 324–32; Tusell, *Radiografía*, pp. 110–12; Boyd, *Praetorian Politics*, pp. 258–60; Romero Salvadó, *The Foundations*, pp. 273–7.

63. León-Ignacio, *Los años del pistolerismo*, p. 253; González Calleja, *El máuser*, p. 306.

64. Ángel Pestaña, *Terrorismo en Barcelona (Memorias inéditas)* (Barcelona: Planeta, 1979) pp. 148–52.

65. Smith, *Anarchism*, pp. 345–7; Soler, *Apóstles y asesinos*, pp. 400–8.

66. *ABC*, 13, 15 March 1923; Pestaña, *Terrorismo en Barcelona*, pp. 148–51; Manent, *Records*,

pp. 264–74; Foix, *Apòstols*,
pp. 111–18; González Calleja, *El
máuser*, pp. 216–17; Soler, *Apóstoles
y asesinos*, pp. 415–35; José Peirats,
La CNT en la revolución española,
2nd edn, 3 vols (Paris: Ediciones
Ruedo Ibérico, 1971) I, p. 34.

67. *ABC*, 13, 14, 20 March; *La
Vanguardia*, 13, 14, 15, 16, 20
March 1923; Manent, *Records*,
pp. 100–4; León-Ignacio, *Los años
del pistolerismo*, pp. 265–70.

68. Adolfo Bueso, *Recuerdos de un
cenetista*, Vol. I: *De la Semana
Trágica (1909) a la Segunda
República (1931)* (Barcelona: Ariel,
1976) pp. 175–6.

69. Sanz, *El sindicalismo y la política*,
pp. 95–109; García Oliver, *El eco*,
pp. 628–32; Abel Paz, *Durruti en la
revolución española* (Madrid:
Fundación Anselmo Lorenzo, 1996)
pp. 92–3; Smith, *Anarchism*,
pp. 343–4.

70. Jesús Cirac, 'El asesinato del
Cardenal Soldevila por Francisco
Ascaso y Rafael Torres Escartín.
Noventa años después', *El Agitador*,
12 June 2013; Carlos Forcadell, 'El
asesinato del Cardenal Soldevila',
Tiempo de Historia, No. 47, October
1978, pp. 16–23; Paz, *Durruti*,
pp. 47, 92–106; García Oliver, *El
eco*, pp. 631–2; León-Ignacio, *Los
años del pistolerismo*, pp. 284–9.

71. Smith, *Anarchism*, pp. 347–50;
León-Ignacio, *Los años del
pistolerismo*, pp. 287–8; Foix,
Apòstols, pp. 114–16; García Oliver,
El eco, pp. 119, 630–5; Paz, *Durruti*,

pp. 94–106; Sanz, *El sindicalismo y
la política*, pp. 103–18.

72. Hurtado, *Quaranta anys*,
pp. 419–20; Smith, *Anarchism*,
pp. 350–1.

73. Romanones, *Notas de una vida*,
pp. 473–4; González Calleja, *El
máuser*, pp. 260–1; Boyd,
Praetorian Politics, pp. 253–4;
Tusell, *Radiografía*, pp. 74–8.

74. Romanones, *Notas de una vida*,
pp. 473–6; Hurtado *Quaranta anys*,
pp. 418–19; Boyd, *Praetorian
Politics*, pp. 255–7; Francisco Alía
Miranda, *Duelo de sables. El
General Aguilera de ministro a
conspirador contra Primo de Rivera
(1917–1931)* (Madrid: Biblioteca
Nueva, 2006) pp. 127–45; Tusell,
Radiografía, pp. 74–5.

75. Pabón, *Cambó*, II: *Parte primera*,
p. 447.

76. Gabriel Maura, *Bosquejo histórico
de la Dictadura*, Vol. I (Madrid:
Tipografía de Archivos, 1930)
pp. 28–31.

77. González Calleja, *El máuser*, p. 224;
Tusell, *Radiografía*, pp. 80–1; Smith,
Anarchism, pp. 350–4; Manuel
Portela Valladares, *Memorias.
Dentro del drama español* (Madrid:
Alianza Editorial, 1988) pp. 100–3.
Regarding the trombone, see
Portela Valladares, *Memorias*,
p. 19.

78. Hernández Mir, *La Dictadura*,
pp. 40–1.

79. *La Vanguardia*, 23 June 1923;
Romero Salvadó, *The Foundations*,
pp. 287–8.

80. *ABC*, 8 September 1923; Paz, *Durruti*, pp. 110–15.

81. *ABC*, 5 September 1923.

82. Romero Salvadó, *The Foundations*, pp. 288–9; Alejandro Quiroga, *Making Spaniards: Primo de Rivera and the Nationalization of the Masses, 1923–1930* (London: Palgrave Macmillan, 2007) pp. 32–3.

83. Stanley G. Payne, *Politics and the Military in Modern Spain* (Stanford, Calif.: Stanford University Press, 1967) pp. 195, 491 n. 17.

84. General E. López Ochoa, *De la Dictadura a la República* (Madrid: Editorial Zeus, 1930) pp. 22–7; Hernández Mir, *La Dictadura*, pp. 42–4; Gonzalo Queipo de Llano, *El general Queipo de Llano perseguido por la dictadura* (Madrid: Javier Morato, 1930) p. 32; Pabón, *Cambó, II: Parte primera*, pp. 447–50; Tusell, *Radiografía*, p. 154; Boyd, *Praetorian Politics*, pp. 262–5; González Calbet, *La Dictadura*, pp. 55–9; Romero Salvadó, *The Foundations*, pp. 288–9.

85. Portela Valladares, *Memorias*, pp. 102–3.

86. Hernández Mir, *La Dictadura*, pp. 44–6.

87. Ortega y Gasset, *España encadenada*, pp. 328–30; Artur Perucho i Badia, *Catalunya sota la dictadura (Dades per a la Història)*, 2nd edn (Barcelona: Publicacions de l'Abadia de Montserrat, 2018; 1st edn 1930) pp. 53–7; Enrique Ucelay

Da Cal, 'Estat Català: The Strategies of Separation and Revolution of Catalan Radical Nationalism (1919–1933)', PhD thesis, Columbia University, 1979 (Ann Arbor, Michigan: University Microfilms International, 1979) p. 139.

88. Cambó, *Memòries*, p. 375; Maura, *Bosquejo*, I, pp. 101–2; Pabón, *Cambó, II: Parte primera*, pp. 449–50; Francesc Cambó, *Per la concòrdia*, in *Llibres* (Barcelona: Editorial Alpha, 1984) pp. 465–515 at p. 469; Ben-Ami, *Fascism from Above*, pp. 45–6.

89. López Ochoa, *De la Dictadura a la República*, pp. 30–2; Tusell, *Radiografía*, pp. 71–83, 94; González Calbet, *La Dictadura*, pp. 65–72.

90. Ortega y Gasset, *España encadenada*, pp. 81–90, 171–5; Francisco Villanueva, *La dictadura militar (Crónica documentada de la oposición y la represión bajo el directorio) (1923–1926)* (Madrid: Javier Morata Editor, 1931) pp. 75–6; Perucho, *Catalunya sota la dictadura*, pp. 57–9; Angel Ossorio y Gallardo, *Mis memorias* (Buenos Aires: Losada, 1946) p. 130; Salvador de Madariaga, *Spain: A Modern History* (London: Jonathan Cape, 1961) pp. 339–40.

91. *ABC*, 14 September 1923; Tusell, *Radiografía*, pp. 151–7, 163–72; González Calbet, *La Dictadura*, pp. 77–80; Romero Salvadó, *The Foundations*, pp. 290–1.

92. Tusell and García Queipo de Llano,

Alfonso XIII, pp. 411–12; Maura and Fernández Almagro, *Por qué cayó Alfonso XIII*, pp. 361–2; Gómez Navarro, *El régimen de Primo*, pp. 107–21; Tusell, *Radiografía*, pp. 127–33, 236–9, 268–9.

93. *ABC*, 15 September 1923; Tusell, *Radiografía*, pp. 230–1.

94. Fernando del Rey, 'El capitalismo catalán y Primo de Rivera: en torno a un golpe de Estado', *Hispania*, Año 1988, Vol. 48, No. 168, pp. 289–308.

95. Romero Salvadó, *The Foundations*, p. 294; Boyd, *Praetorian Politics*, pp. 236–7.

第七章　普里莫·德里韦拉的独裁统治：成功的几年，1923—1926 年

1. *ABC*, 14 September 1923.

2. Ángel Ossorio y Gallardo, *Mis memorias* (Buenos Aires: Losada, 1946) pp. 131–2; Dionisio Pérez, *La Dictadura a través de sus notas oficiosas* (Madrid: CIAP, 1930) pp. 13–21; Juan de la Cierva y Peñafiel, *Notas de mi vida* (Madrid: Instituto Editorial Reus, 1955) pp. 295–6; Eduardo Ortega y Gasset, *España encadenada. La verdad sobre la dictadura* (Paris: Juan Dura, 1925) pp. 160–3.

3. Gabriel Maura, *Bosquejo histórico de la Dictadura*, Vol. I (Madrid: Tipografía de Archivos, 1930) pp. 45–7.

4. Ortega y Gasset, *España encadenada*, pp. 97–112; Shlomo Ben-Ami, *Fascism from Above: The*

Dictatorship of Primo de Rivera in Spain 1923–1930 (Oxford: Oxford University Press, 1983) pp. 63–5.

5. Francisco Villanueva, *La dictadura militar (Crónica documentada de la oposición y la represión bajo el directorio) (1923–1926)* (Madrid: Javier Morata Editor, 1931) pp. 29–32; Pedro Sainz Rodríguez, *Testimonio y recuerdos* (Barcelona: Planeta, 1978) pp. 82–3.

6. Ortega y Gasset, *España encadenada*, pp. 31, 35–46, 149; Salvador de Madariaga, *Spain: A Modern History* (London: Jonathan Cape, 1961) pp. 346–7; Juan Pando, *Historia secreta de Annual* (Madrid: Ediciones Temas de Hoy, 1999) pp. 312–13.

7. *ABC*, 28, 29 June, 5 July 1924; Maura, *Bosquejo*, I, pp. 138–40.

8. María Teresa González Calbet, *La Dictadura de Primo de Rivera. El Directorio Militar* (Madrid: Ediciones El Arquero, 1987) pp. 117–21, 206–7; Ramiro Gómez Fernández, *La dictadura me honró encarcelándome* (Madrid: Javier Morata Editor, 1930) pp. 24–5.

9. Ortega y Gasset, *España encadenada*, p. 236.

10. Joaquín Maurín, *Los hombres de la Dictadura* (Madrid: Editorial Cenit, 1930) pp. 122–6.

11. Artur Perucho i Badia, *Catalunya sota la dictadura (Dades per a la Història)* (Barcelona: Publicacions de l'Abadia de Montserrat, 2018) pp. 52–6.

12. Ortega y Gasset, *España*

encadenada, pp. 332–4; González Calbet, *La Dictadura*, pp. 81–4; Jesús Pabón, *Cambó*, II: *Parte primera 1918-1930* (Barcelona: Editorial Alpha, 1969) pp. 448–53, 469; Perucho, *Catalunya sota la dictadura*, pp. 82–3.

13. Francesc Cambó, *Memòries (1876-1936)* (Barcelona: Editorial Alpha, 1981) pp. 375–9.

14. Perucho, *Catalunya sota la dictadura*, pp. 131–51; Pabón, *Cambó*, II: *Parte primera 1918-1930*, pp. 459–61; Maura, *Bosquejo*, I, pp. 101–5; José Calvo Sotelo, *Mis servicios al Estado. Seis años de gestión: apuntes para la Historia* (Madrid: Imprenta Clásica Española, 1931) pp. 66–71; González Calbet, *La Dictadura*, pp. 171–82.

15. Colin M. Winston, *Workers and the Right in Spain, 1900-1936* (Princeton, NJ: Princeton University Press, 1985) pp. 284–90.

16. *ABC*, 18 September; *El Socialista*, 15, 18 September 1923; Eduardo González Calleja and Fernando Rey Reguillo, *La defensa armada contra la revolución. Una historia de las Guardias Cívicas en la España del siglo XX* (Madrid: Consejo Superior de Investigaciones Científicas, 1995) pp. 177–200.

17. Q. Saldaña, *Al servicio de la justicia. La orgía áurea de la dictadura* (Madrid: Javier Morata, 1930) pp. 28–9, 34–9; Eduardo González Calleja, *El máuser y el sufragio*.

Orden público, subversión y violencia política en la crisis de la Restauración (1917-1931) (Madrid: Consejo Superior de Investigaciones Científicas, 1999) pp. 166–9, 178–82.

18. See, for example, *ABC*, 21 January, 26 November 1925, 18 August 1927; *La Vanguardia*, 1 June 1926, 13 December 1927, 4 September 1928, 28 March 1929; González Calleja and Rey Reguillo, *La defensa armada*, pp. 200–1; González Calbet, *La Dictadura*, pp. 157–62; Ortega y Gasset, *España encadenada* p. 231; Rosa Martínez Segarra, *El Somatén Nacional en la Dictadura de Primo de Rivera* (Madrid: Editorial de la Universidad Complutense, 1984) pp. 263–77; Alejandro Quiroga, *Making Spaniards: Primo de Rivera and the Nationalization of the Masses, 1923-1930* (London: Palgrave Macmillan, 2007) pp. 146–64.

19. Villanueva, *La dictadura militar*, pp. 76–7.

20. Bernardo Díaz Nosty, *La irresistible ascensión de Juan March* (Madrid: Sedmay Ediciones, 1977) pp. 114–15; Rafael Salazar Alonso, *La justicia bajo la dictadura* (Madrid: CIAP, 1930) pp. 31–42; Ortega y Gasset, *España encadenada*, pp. 263–6; Villanueva, *La dictadura militar*, pp. 76–7.

21. Ben-Ami, *Fascism from Above*, pp. 56–7; Javier Tusell, *La crisis del caciquismo andaluz (1923-1931)* (Madrid: Cupsa Editorial, 1977)

p. 18.

22. Pérez, *Notas oficiosas*, pp. 14–15; Ortega y Gasset, *España encadenada*, pp. 177–9.

23. González Calleja, *El máuser*, p. 319.

24. *Diario de Sesiones de las Cortes*, 8 May; *El Socialista*, 9, 11, 12 May; *El Progreso*, 11 May; *El Diario de la Marina* (Havana), 11 May 1934.

25. Díaz Nosty, *Juan March*, pp. 114–30, 142–9; Manuel Benavides, *El último pirata del mediterráneo* (Barcelona: Imprenta Industrial, 1936) pp. 231–6, 253–4, 296–8; Ramón Garriga, *Juan March y su tiempo* (Barcelona: Planeta, 1976) pp. 186–92, 200–4, 211–16; Pere Ferrer, *Juan March. El hombre más misterioso del mundo* (Barcelona: Ediciones B, 2008) pp. 202–9; Mercedes Cabrera, *Juan March (1880–1962)* (Madrid: Marcial Pons, 2011) pp. 134–7, 150–66, 170–85.

26. Julián Casanova and Carlos Gil Andrés, *Historia de España en el Siglo XX* (Barcelona: Ariel, 2009) p. 92; Valentín del Arco López, 'Unamuno frente a Primo de Rivera. De Salamanca Al Exilio, 1923–1924', in Dolores Gómez Molleda, ed., *Actas del Congreso Internacional, Cincuentenario de Unamuno* (Salamanca: Ediciones de la Universidad de Salamanca, 1986) pp. 129–79; Ortega y Gasset, *España encadenada*, pp. 235–7.

27. José Peirats, *La CNT en la revolución española*, 2nd edn, 3 vols (Paris: Ediciones Ruedo Ibérico,

1971) I, pp. 37.

28. *El Socialista*, 13, 14, 18, 27 September 1923; Antonio Ramos Oliveira, *Nosotros los marxistas. Lenin contra Marx*, 2nd edn (Madrid: Ediciones Júcar, 1979) pp. 145–7; Amaro del Rosal, *Historia de la UGT de España 1901–1939*, 2 vols (Barcelona: Grijalbo, 1977) I, pp. 260–70; Julio Aróstegui, *Largo Caballero. El tesón y la quimera* (Barcelona: Debate, 2013) pp. 171–4; José Luis Martín Ramos, *Historia de la UGT*, Vol. II: *Entre la revolución y el reformismo, 1914–1931* (Madrid: Siglo XXI de España, 2008) pp. 143–6.

29. *El Socialista*, 15 September 1923.

30. Francisco Largo Caballero, *Presente y futuro de la Unión General de Trabajadores* (Madrid: Javier Morata, 1925) pp. 42–3, 176–84; Enrique de Santiago, *La UGT ante la revolución* (Madrid: Tipografía Sáez Hermanos, 1932) pp. 24–5, 44; Manuel Cordero, *Los socialistas y la revolución* (Madrid: Imprenta Torrent, 1932) p. 64; *Convocatoria y orden del día para el XII congreso ordinario del PSOE* (Madrid: Gráfica Socialista, 1927) p. 91.

31. Juan García Oliver, *El eco de los pasos* (Barcelona: Ruedo Ibérico, 1978) pp. 77–9.

32. *El Socialista*, 29 September, 1 October; *ABC*, 29 September 1923.

33. *El Socialista*, 2 October, 1 November 1923; David Ruiz, *El movimiento obrero en Asturias* (Oviedo: Amigos de Asturias, 1968)

pp. 188–9; Martín Ramos, *Historia de la UGT*, pp. 146–8; *Convocatoria*, p. 96.
34. Santiago, *UGT*, p. 39; Ramos Oliveira, *Nosotros los marxistas*, pp. 158–60; Manuel Tuñón de Lara, *El Movimiento obrero en la historia de España* (Madrid: Taurus, 1972) p. 776.
35. *ABC*, 27 April 1926; Manuel Tuñón de Lara, *La España del siglo XX*, 2nd edn (Paris: Librería Española, 1973) p. 151.
36. *Convocatoria*, p. 103; *El Socialista*, 11, 13 December 1923; Virgilio Zapatero, *Fernando de los Ríos. Los problemas del socialismo democrático* (Madrid: Editorial Cuadernos para el Diálogo, 1974) p. 77; Largo Caballero, *Presente y futuro*, pp. 42–7; Francisco Largo Caballero, *Mis recuerdos. Cartas a un amigo* (Mexico City: Editores Unidos, 1954) pp. 90–2.
37. David Ruiz, *El Movimiento obrero en Asturias* (Oviedo: Amigos de Asturias, 1968) pp. 190–1; Cordero, *Socialistas*, p. 74; Ramos Oliveira, *Nosotros los marxistas*, pp. 151–3; *El Socialista*, 12 May 1925, 26 February 1926.
38. Vicente Blasco Ibáñez, *Alfonso XIII Unmasked* (London: Eveleigh, Nash & Grayson, 1925) pp. 24–8, 73–83, 40–50, 60–5.
39. 'La veritat sobre la SEITE o el negoci dels tres millons', in *Pasquin Rev. 000, 1, 3* (Leipzig, 1924), reproduced in Jordi Casassas Ymbert, *La dictadura de Primo de*

Rivera (1923–1930). Textos (Barcelona: Editorial Anthropos, 1983) pp. 226–30.
40. Casassas Ymbert, *La dictadura*, p. 126.
41. *España con honra*, Nos 5, 6, 7, 8, 17, 24, 31 January, 7 February 1925; Francisco Madrid, *Los desterrados de la Dictadura* (Madrid: Editorial España, 1930) pp. 15–16, 28–34, 130–60; Eduardo Comín Colomer, *Unamuno, libelista. Sus campañas contra Alfonso XIII y la Dictadura* (Madrid: Vasallo de Mumbert, 1968) pp. 88–9; Valentín del Arco López, 'La prensa como fuente: España con honra. Un semanario contra la Dictadura de Primo de Rivera', *Studia Histórica. Historia Contemporánea*, Vol. 6, 1988, pp. 113–42.
42. Madrid, *Los desterrados*, pp. 170–6, 182–90; Yolanda Gamarra Chopo, 'La ilusión española de la Sociedad de Naciones', in Yolanda Gamarra Chopo and Carlos R. Fernández Liesa, eds, *Los orígenes del Derecho internacional contemporáneo. Estudios conmemorativos del Centenario de la Primera Guerra Mundial* (Zaragoza: Institución Fernando el Católico, 2015) pp. 289–93.
43. *ABC*, 18 September 1923.
44. Tusell, *La crisis del caciquismo*, pp. 77–84; González Calbet, *La Dictadura*, pp. 152–7, 219–24, 235–6; La Cierva, *Notas*, pp. 295–7; Carmelo Lisón-Tolosana, *Belmonte de los Caballeros: A Sociological*

Study of a Spanish Town (Oxford: Clarendon Press, 1966) pp. 216–17.

45. José Tomás Valverde, *Memorias de un alcalde* (Madrid: Talleres Gráfi cos Escelicer, 1961) pp. 51–4; Ortega y Gasset, *España encadenada*, pp. 224–9; Ramos Oliveira, *Nosotros los marxistas*, pp. 147–8; Tusell, *La crisis del caciquismo*, pp. 85–116; González Calbet, *La Dictadura*, pp. 128–9, 221–6; Casanova and Gil Andrés, *Historia*, pp. 90–2; James H. Rial, *Revolution from Above: The Primo de Rivera Dictatorship in Spain, 1923–1930* (Fairfax, Va.: George Mason University Press, 1986) pp. 80–3; González Calbet, *La Dictadura*, pp. 128–9, 221–6; Ramos Oliveira, *Nosotros los marxistas*, pp. 147–8.

46. Ortega y Gasset, *España encadenada*, pp. 295–8; Gonzalo álvarez Chillida, *José María Pemán. Pensamiento y trayectoria de un monárquico (1897–1941)* (Cadiz: Universidad de Cádiz Servicio de Publicaciones, 1996) pp. 22–9; Xavier Tusell Gómez, 'The Functioning of the Cacique System in Andalusia, 1890–1931', in Stanley G. Payne, ed., *Politics and Society in Twentieth-Century Spain* (New York: New Viewpoints, 1976) pp. 22–3.

47. Carlos Blanco, *La dictadura y los procesos militares* (Madrid: Javier Morata Editor, 1931) pp. 119–21.

48. José Pemartín, *Los valores históricos en la dictadura española*, 2nd edn

(Madrid: Publicaciones de la Junta de Propaganda Patriótica y Ciudadana, 1929) pp. 405–18; Saldaña, *Al servicio de la justicia*, pp. 46–51; González Calbet, *La Dictadura*, pp. 228–37; General E. López Ochoa, *De la Dictadura a la República* (Madrid: Editorial Zeus, 1930) pp. 63–7.

49. Maura, *Bosquejo*, I, p. 110.

50. *ABC*, 14 November 1923; Maura, *Bosquejo*, I, pp. 78–81; Romanones, *Notas*, pp. 480–3; Moreno Luzón, *Romanones*, p. 402.

51. *ABC*, 20, 21, 23, 24, 25 November 1923; Maura, *Bosquejo*, I, pp. 86–92; Ben-Ami, *Fascism from Above*, pp. 131–2; González Calbet, *La Dictadura*, pp. 124–5; Javier Tusell and Genoveva García Queipo de Llano, *Alfonso XIII. El Rey polémico* (Madrid: Taurus, 2001) pp. 446–9.

52. *ABC*, 22 December 1923; Pérez, *Notas oficiosas*, p. 40.

53. Del Arco López, 'Unamuno frente a Primo de Rivera', pp. 150–1.

54. *ABC*, 6 February 1924; Salazar Alonso, *La justicia*, pp. 21–5; Maura, *Bosquejo*, I, pp. 112–15; Pérez, *Notas oficiosas*, pp. 42–8; Ortega y Gasset, *España encadenada*, pp. 269–70; López Ochoa, *De la Dictadura a la República*, pp. 68–9.

55. *ABC*, 23 September 2015; Primo to General Federico Madariaga, 2 April 1925, José Manuel and Luis de Armiñán Odriozola, eds, *Epistolario del Dictador. La figura del General Primo de Rivera*,

trazada por su propia mano (Madrid: Javier Morata, 1930) pp. 87–8.

56. *ABC*, 21, 23, 27, 28 February, 22 March 1924; Villanueva, *La dictadura militar*, pp. 111–34; Salazar Alonso, *La justicia*, pp. 298–307; Comín Colomer, *Unamuno, libelista*, pp. 56–62.

57. Ortega y Gasset, *España encadenada*, pp. 251–8; Arco López, 'La prensa como fuente: *España con honra*', p. 120.

58. Comín Colomer, *Unamuno, libelista*, pp. 65–8.

59. Madrid, *Los desterrados*, pp. 42–51, 237–42.

60. *ABC*, 12, 20 September 1924; Blanco, *La dictadura*, pp. 113–30; Salazar Alonso, *La justicia*, pp. 27–30, 267–9; Ossorio, *Mis memorias*, pp. 138–41; Antonio Miguel López García, Ángel Ossorio y Gallardo. *Biografíá política de un conservador heterodoxo* (Madrid: Reus Editorial, 2017) pp. 166–7; Julio Gil Pecharromán, *José Antonio Primo de Rivera. Retrato de un visionario* (Madrid: Temas de Hoy, 1996) pp. 69–72; Pérez, *Notas oficiosas*, p. 60.

61. *ABC*, 8 August 1924; Maura, *Bosquejo*, I, pp. 149–55; Pérez, *Notas oficiosas*, p. 58; 'Policiaquismo', *Hojas Libres*, No. 5, 1 August 1927, pp. 84–6.

62. Ferrer, *Juan March*, pp. 32, 103–13, 164–5, 189–200; Díaz Nosty, *Juan March*, pp. 42–55, 135–41;

Benavides, *El último pirata*, pp. 255–74; Madrid, *Los desterrados*, pp. 32–4; Cabrera, *Juan March*, pp. 62–75, 139–41, 144–50.

63. A. Sáez Alba (pseudonym of Alfonso Colodron), *La Otra 'cosa nostra'. La Asociación Católica Nacional de Propagandistas* (Paris: Ruedo Ibérico, 1974) pp. ix–xxii; José María García Escudero, *Conversaciones sobre Angel Herrera* (Madrid: Rialp/Biblioteca de Autores Cristianos, 1986) pp. 16–20; Juan Jose Castillo, 'Notas sobre los orígenes y primeros años de la Confederación Nacional Católico Agraria', in José Luis García Delgado, ed., *La cuestión agraria en la España contemporánea* (Madrid: Siglo XXI de España, 1976) pp. 203–48; Pedro Carlos González Cuevas, *Acción Española. Teología política y nacionalismo autoritario en España (1913–1936)* (Madrid: Editorial Tecnos, 1998) pp. 97–100.

64. Calvo Sotelo, *Mis servicios*, pp. 14–21; González Calbet, *La Dictadura*, pp. 238–46.

65. *España con Honra*, No. 9, 14 February 1925; 'Van saliendo los chanchullos', *Hojas Libres*, No. 6, 1 September 1927, pp. 84–7; Maura, *Bosquejo*, I, pp. 340–6; Calvo Sotelo, *Mis servicios*, pp. 256–60; José Luis García Delgado and Juan Carlos Jiménez, *Un siglo de España. La Economía* (Madrid: Marcial Pons, 1999) pp. 62–72; Ben-Ami, *Fascism from Above*, pp. 243–5.

66. *ABC*, 9 June 1927; David Mitchell, *Travellers in Spain* (London: Cassell, 1990) p. 127; Josefa Paredes, 'El americano que expolio España', *El Mundo*, 4 December 2005.

67. 'Algunas sinecuras de los renovadores', *Hojas Libres*, No. 7, 1 October 1927, pp. 75–8.

68. Calvo Sotelo, *Mis servicios*, p. 332.

69. 'Relación de chanchullos de la Dictadura (continuación)', *Hojas Libres*, No. 8, 1 November 1927, pp. 7–10.

70. 'La Inmoralidad de la Dictadura', *Hojas Libres*, No. 15, June 1927, pp. 65–70; Maura, *Bosquejo*, I, p. 345; López Ochoa, *De la Dictadura a la República*, p. 161; Ben-Ami, *Fascism from Above*, pp. 245–6.

71. José Luis Gómez Navarro, *El régimen de Primo de Rivera* (Madrid: Ediciones Cátedra, 1991) p. 170; Jaume Muñoz Jofre, *La España corrupta. Breve historia de la corrupción (de la Restauración a nuestros días, 1976–2016)* (Granada: Comares, 2016) p. 47.

72. 'La torva historia de Anido', *Hojas Libres*, No. 2, 1 May 1927, pp. 81–6.

73. Saldaña, *Al servicio de la justicia*, pp. 169–76.

74. Calvo Sotelo, *Mis servicios*, pp. 194–203; 'Grandes negocios. El monopolio petrolífero', *Hojas Libres*, No. 4, 1 July 1927, pp. 74–6; 'Primo y sus amigos. Estafa de más de dos millones de pesetas', *Hojas Libres*,

No. 9, December 1927, pp. 24–5; Ben-Ami, *Fascism from Above*, pp. 248–50; Ramón Tamames, *Ni Mussolini ni Franco. La dictadura de Primo de Rivera y su tiempo* (Barcelona: Planeta, 2008) pp. 329–31.

75. *Diario de Sesiones de las Cortes*, 18, 22, 23 May 1934.

76. 'La Dictadura de Monipodio', *Hojas Libres*, No. 9, December 1927, pp. 45–8; Artur Perucho i Badia, *Catalunya sota la dictadura* (Barcelona: Publicacions de l'Abadia de Montserrat, 2018) pp. 308–10.

77. 'Primo y sus amigos', *Hojas Libres*, No. 9, December 1927, pp. 24–9.

78. Miguel de Unamuno, 'Democracia y cleptocracia', *Hojas Libres*, No. 19, 1 January 1929; Gabriel Maura, *Al servicio de la historia. Bosquejo histórico de la Dictadura*, Vol. II (Madrid: Javier Morata Editor, 1930) pp. 71–2; Perucho, *Catalunya sota la dictadura*, note by Josep Palomero, pp. 308–9; Pérez, *Notas oficiosas*, pp. 272–3.

79. 'Van saliendo los chanchullos', *Hojas Libres*, No. 6, 1 September 1927, pp. 82–4; Salazar Alonso, *La justicia*, pp. 177–84; López Ochoa, *De la Dictadura a la República*, pp. 69–70; Pedro María Velarde and Fermín Allende Portillo, 'Un año selectivo para la banca en Bilbao', in Pablo Martín Aceña and Montserrat Gárate Ojanguren, eds, *Economía y empresa en el norte de España (Una aproximación*

histórica) (Bilbao: Universidad del País Vasco, 1994) pp. 171–4.

80. 'La Inmoralidad de la Dictadura', *Hojas Libres*, No. 15, June 1927, pp. 70–1; 'El homenaje bochornoso al Dictador', *Hojas Libres*, No. 11, February 1928, pp. 74–81; 'La casa del homenaje y el Código Penal', *Hojas Libres*, No. 12, March 1928, pp. 65–6.

81. Francisco Hernández Mir, *La Dictadura ante la Historia. Un crimen de lesa patria* (Madrid: Compañía Ibero-Americana de Publicaciones, 1930) pp. 245–58; *ABC*, 9 March 1929.

82. *ABC*, 29 September 1929.

83. Pérez, *Notas oficiosas*, pp. 270–2; 'Los últimos chanchullos', *Hojas Libres*, No. 12, March 1928, p. 62.

84. Pilar Primo de Rivera, *Recuerdos de una vida* (Madrid: Ediciones Dyrsa, 1983) p. 29.

85. Miguel de Unamuno, 'Psicología de tafetan', *Hojas Libres*, No. 2, 1 May 1927, pp. 1–9.

86. Jacinto Capella, *La verdad de Primo de Rivera. Intimidades y anécdotas del Dictador* (Madrid: Imprenta Hijos de Tomás Minuesa/Librería San Martín, 1933) pp. 16–17, 27–30, 101–2; Andrés Révesz, *Frente al Dictador* (Madrid: Biblioteca Internacional, n.d. [1926]) p. 44.

87. José María Pemán, *Mis almuerzos con gente importante* (Barcelona: Dopesa, 1970) pp. 17–18; Madariaga, *Spain*, pp. 342–5; Gerald Brenan, *The Spanish*

Labyrinth, 2nd edn (Cambridge: Cambridge University Press, 1950) pp. 78–80.

88. Ortega y Gasset, *España encadenada*, p. 236; González Calbet, *La Dictadura*, pp. 120–1.

89. Calvo Sotelo, *Mis servicios*, pp. 236–7; Antonio Cordón, *Trayectoria (Recuerdos de un artillero)* (Seville: Espuela de Plata, 2008) p. 249; Tusell and García Queipo de Llano, *Alfonso XIII*, p. 452; Brenan, *The Spanish Labyrinth*, pp. 79–80.

90. *ABC*, 1, 2, 3 October 1926; 'Vanidad Triangular', *Hojas Libres*, No. 1, April 1927, p. 71; Gabriele Ranzato, *El eclipse de la democracia. La guerra civil española y sus orígines, 1931–1939* (Madrid: Siglo XXI de España, 2006) p. 103.

91. Saldaña, *Al servicio de la justicia*, pp. 109–11; Calvo Sotelo, *Mis servicios*, pp. 244 (pawnshops), 391 (double budget); Pérez, *Notas oficiosas*, pp. 267–8.

92. 'Los últimos chanchullos', *Hojas Libres*, No. 12, March 1928, pp. 59–61.

93. Tuñón de Lara, *La España del siglo XX*, pp. 135–51; Paul Preston, *The Coming of the Spanish Civil War: Reform, Reaction and Revolution in the Second Spanish Republic*, 2nd edn (London: Routledge, 1994) pp. 12–19; Germà Bel, *Infrastructure and the Political Economy of Nation Building in Spain, 1720–2010* (Brighton: Sussex Academic Press, 2012) pp. 70–1, 78,

118.

94. Ortega y Gasset, *España encadenada*, pp. 237–45, 298–303; Saldaña, *Al servicio de la justicia*, pp. 179–255; Perez, *Notas oficiosas*, pp. 41–2.

95. Pemán, *Mis almuerzos*, p. 41.

96. Hernández Mir, *La Dictadura*, pp. 237–9.

97. *Ibid.*, pp. 237–8; Alejandro Quiroga, 'Cirujano de Hierro. La construcción carismática del general Primo de Rivera', *Revista Ayer*, No. 91, Vol. 3, 2013, pp. 154, 159, 163; Cabrera, *Juan March*, pp. 156–7.

98. 'La gira de "La Nación" '*Hojas Libres*, No. 5, 1 August 1927, pp. 86–9.

99. *ABC*, 24 June 1924; Saldaña, *Al servicio de la justicia*, p. 96; Pérez, *Notas oficiosas*, pp. 75–6, 258.

100. Pérez, *Notas oficiosas*, pp. 17–18, 316–18; Saldaña, *Al servicio de la justicia*, pp. 93–8; Brenan, *The Spanish Labyrinth*, p. 79; Quiroga, *Making Spaniards*, p. 34.

101. José María Pemán, *El hecho y la idea de la Unión Patriótica* (Madrid: Imprenta Artística Sáez Hermanos, 1929) pp. 28–9, 105, 308–9.

102. Quiroga, *Making Spaniards*, pp. 165–71; González Calbet, *La Dictadura*, pp. 130–41; Gómez Navarro, *El régimen de Primo*, pp. 230–4.

103. González Calleja, *El máuser*, pp. 274–5; Moreno Luzón, *Romanones*, pp. 406–8.

104. Hernández Mir, *La Dictadura*,

p. 97; Primo to General Madariaga, 2 April 1925, Armiñán, *Epistolario*, pp. 89–94.

105. Francisco Franco Salgado-Araujo, *Mi vida junto a Franco* (Barcelona: Planeta, 1977) p. 66; Emilio Mola Vidal, *Obras completas* (Valladolid: Librería Santarén, 1940) pp. 1024–5; Ignacio Hidalgo de Cisneros, *Cambio de rumbo (Memorias)*, 2 vols (Bucharest: Colección Ebro, 1964) I, pp. 108–9; Arturo Barea, *The Forging of a Rebel* (London: Davis-Poynter, 1972) pp. 449, 459–61.

106. Francisco Hernández Mir, *La Dictadura en Marruecos. Al margen de una farsa* (Madrid: Javier Morata, 1930) p. 145; Pabón, *Cambó*, II: *Parte primera*, pp. 261, 309; Duque de Maura and Melchor Fernández Almagro, *Por qué cayó Alfonso XIII* (Madrid: Ediciones Ambos Mundos, 1948) p. 356; Javier Tusell, *Radiografía de un golpe de Estado. El ascenso al Poder del General Primo de Rivera* (Madrid: Alianza Editorial, 1987) pp. 35–6.

107. Francisco Franco Salgado-Araujo, *Mis conversaciones privadas con Franco* (Barcelona: Planeta, 1976) pp. 62–3, 377–8; George Hills, *Franco: The Man and his Nation* (New York: Macmillan, 1967) pp. 133–5.

108. Comandante Franco, *Diario de una bandera* (Madrid: Editorial Pueyo, 1922) p. 278.

109. Franco's role was exaggerated by his

hagiographers, Joaquín Arrarás, *Franco* (Burgos: Imprenta Aldecoa, 1938) pp. 113–14; Brian Crozier, *Franco: A Biographical History* (London: Eyre & Spottiswoode, 1967) p. 83. Cf. David S. Woolman, *Rebels in the Rif: Abd el Krim and the Rif Rebellion* (Stanford, Calif.: Stanford University Press, 1969) p. 187.

110. Primo to Merry del Val, 7 June 1925, Armiñán, *Epistolario*, pp. 151–9; Susana Sueiro Seoane, *España en el Mediterráneo. Primo de Rivera y la 'cuestión marroquí' 1923–1930* (Madrid, UNED, 1992) pp. 134–5.

111. Hernández Mir, *La Dictadura en Marruecos*, pp. 144–6; Luis Suárez Fernández, *Francisco Franco y su tiempo*, 8 vols (Madrid: Fundación Nacional Francisco Franco, 1984) I, p. 171.

112. González Calbet, *La Dictadura*, p. 194; Hernández Mir, *La Dictadura en Marruecos*, p. 149; Shannon E. Fleming and Ann K. Fleming, 'Primo de Rivera and Spain's Moroccan Problem, 1923–27', *Journal of Contemporary History*, Vol. 12, No. 1, January 1977, p. 87.

113. Gómez Fernández, *La dictadura me honró*, pp. 115–16; Gonzalo Queipo de Llano, *El general Queipo de Llano perseguido por la dictadura* (Madrid: Javier Morato, 1930) p. 105; González Calbet, *La Dictadura*, pp. 195–6; Ricardo de la Cierva, *Francisco Franco. Biografía*

histórica, 6 vols (Barcelona: Planeta, 1982) I, pp. 225–6, 236–7.

114. Ortega y Gasset, *España encadenada*, pp. 311–14; La Cierva, *Francisco Franco*, I, pp. 232–5; Barea, *Forja*, pp.472–3; Stanley G. Payne, *Politics and the Military in Modern Spain* (Stanford, Calif.: Stanford University Press, 1967) p. 211.

115. Calvo Sotelo, *Mis servicios*, pp. 238–9; Gómez Fernández, *La dictadura me honró*, pp. 116–21, 128–9.

116. Cordón, *Trayectoria*, pp. 249–51; Arrarás, *Franco*, pp. 100–1; Luis de Galinsoga and Francisco Franco Salgado, *Centinela de occidente (Semblanza biográfica de Francisco Franco)* (Barcelona: AHR, 1956) pp. 88–91; General Francisco Javier Mariñas, *General Varela (de soldado a general)* (Barcelona: AHR, 1956) pp. 35–6; Franco Salgado-Araujo, *Mis conversaciones*, pp. 137–8; La Cierva, *Franco*, I, pp. 235, 238–40.

117. Cordón, *Trayectoria*, pp. 251–5; Hernández Mir, *La Dictadura en Marruecos*, p. 149; Fleming, 'Primo de Rivera', pp. 87–8; Sebastian Balfour, *Deadly Embrace. Morocco and the Road to the Spanish Civil War* (Oxford: Oxford University Press, 2002) pp. 94–6. For devastating accounts of the development and consequences of the Spanish chemical war, see Balfour, *Deadly Embrace*, pp. 131–56, and María Rosa de

Madariaga, *En el Barranco del Lobo.*
Las guerras de Marruecos (Madrid:
Alianza, 2005) pp. 351–4; Hidalgo
de Cisneros, *Cambio de rumbo*, I,
pp. 132–5.

118. Fleming, 'Primo de Rivera',
pp. 88–9.
119. Hernández Mir, *La Dictadura ante
la Historia*, pp. 172–9; Informe del
general Primo de Rivera, November
1924, Armiñán, *Epistolario*,
pp. 39–47; Balfour, *Deadly Embrace*,
pp. 96–103.
120. Suárez Fernández, *Franco*, I,
pp. 175–80; Galinsoga and Franco
Salgado, *Centinela*, pp. 93–100;
Payne, *Politics and the Military*,
pp. 214–17; Fleming, 'Primo de
Rivera', pp. 89–90; González Calbet,
La Dictadura, p. 197; Balfour,
Deadly Embrace, pp. 103–4.
General José Millán Astray, *Franco,
el Caudillo* (Salamanca: M. Quero y
Simón Editor, 1939) p. 14, claimed,
absurdly, that the entire operation
had been masterminded by Franco.
121. Primo to Magaz, 21 June, to
Jordana, 23 June 1925, Armiñán,
Epistolario, pp. 227–38; Fleming,
'Primo de Rivera', pp. 90–1;
González Calbet, *La Dictadura*,
pp. 198–200; Balfour, *Deadly
Embrace*, pp. 104–8.
122. Primo to Sanjurjo, 4 June 1925,
Armiñán, *Epistolario*, pp. 123–6.
123. Madariaga, *En el Barranco del Lobo*,
pp. 346–50; Balfour, *Deadly
Embrace*, pp. 109–20; Cabrera, *Juan
March*, pp. 170–1.
124. On the massive costs of the

Moroccan war, see Calvo Sotelo,
Mis servicios, pp. 416–17;
Villanueva, *La dictadura militar*,
pp. 203–4; Pemartín, *Los valores
históricos*, Gráficos Nos 19 and 22,
between pp. 176–7; González
Calbet, *La Dictadura*, pp. 201–3.
125. Calvo Sotelo, *Mis servicios*,
pp. 233–4.
126. Maura, *Bosquejo*, I, pp. 231–3;
Balfour, *Deadly Embrace*,
pp. 110–11; Francisco Franco, diary
entry for 8 September 1925, 'Diario
de Alhucemas', *Revista de Historia
Militar*, No. 40, 1976, p. 229;
Woolman, *Rebels*, pp. 191–3.
127. Woolman, *Rebels*, p. 187. For
Primo's views on the landing, see
his letters from Tetuán, to Magaz, 1,
10, 12 September, to Duque de
Tetuán, 11 September, to Sanjurjo,
15 September 1925, Armiñán,
Epistolario, pp. 257–304. The
comment on the King is on p. 77.
128. *ABC*, 13 October 1925; Armiñán,
Epistolario, pp. 327–30; 'Vanidad
Triangular', *Hojas Libres*, No. 1,
April 1927, pp. 68–70.

第八章　普里莫·德里韦拉的独裁统治：失败的几年，1926—1931 年

1. Antonio Elorza, 'El
anarcosindicalismo español bajo la
dictadura (1923–1930). La génesis
de la Federación Anarquista
Ibérica', *Revista de Trabajo*, Nos
39–40, 1972, pp. 123–477; Eduardo
González Calleja, *El máuser y el
sufragio. Orden público, subversión y
violencia política en la crisis de la*

Restauración (1917–1931) (Madrid: Consejo Superior de Investigaciones Científicas, 1999) pp. 321–44.

2. Ricardo Sanz, *El sindicalismo y la política. Los 'Solidarios' y 'Nosotros'* (Toulouse: Imprimerie Dulaurier, 1966) pp. 150–2; Adolfo Bueso, *Recuerdos de un cenetista*, Vol. I: *De la Semana Trágica (1909) a la Segunda República (1931)* (Barcelona: Ariel, 1976) p. 203.

3. González Calleja, *El máuser*, pp. 306–14.

4. Francisco Madrid, *Los desterrados de la Dictadura* (Madrid: Editorial España, 1930) pp. 193–200; Enrique Ucelay Da Cal, 'Estat Català: The Strategies of Separation and Revolution of Catalan Radical Nationalism (1919–1933)', PhD thesis, Columbia University, 1979 (Ann Arbor, Michigan: University Microfilms International, 1979) pp. 74–91, 95–103, 130–8; Edgar Allison Peers, *Catalonia Infelix* (London: Methuen, 1937) pp. 168, 175; Enric Jardí, *Francesc Macià. El camí de la llibertat (1905–1931)* (Barcelona: Aymà Editora, 1977) pp. 76–123.

5. Sanz, *El sindicalismo y la política*, pp. 140–2; Madrid, *Los desterrados*, pp. 245–50; González Calleja, *El máuser*, p. 315.

6. José Peirats, *La CNT en la revolución española*, 2nd edn, 3 vols (Paris: Ediciones Ruedo Ibérico, 1971) I, pp. 37–42; Juan García Oliver, *El eco de los pasos*

(Barcelona: Ruedo Ibérico, 1978) pp. 99, 111, 115–16; Pío Baroja, *La selva oscura. La familia de Errotacho* (Madrid: Espasa Calpe, 1932) pp. 111–80; González Calleja, *El máuser*, pp. 315–20.

7. Baroja, *La selva oscura*, pp. 201–2, 244–8, 269–82; Ramiro Gómez Fernández, *La dictadura me honró encarcelándome* (Madrid: Javier Morata Editor, 1930) pp. 24–9; Ernest Hemingway, *Death in the Afternoon* (London: Jonathan Cape, 1966) p. 258. The ramifications of the affair are lucidly analysed by Miriam B. Mandel, *Hemingway's 'Death in the Afternoon': The Complete Annotations* (Lanham, Md: Scarecrow Press, 2002) pp. 113–21.

8. *ABC*, 30 January 1924; González Calleja, *El máuser*, pp. 221 n. 370, 286–7; José Luis Vila-San-Juan, *La vida cotidiana en España durante la dictadura de Primo de Rivera* (Madrid: Argos Vergara, 1984) pp. 263–6; Manuel Tuñón de Lara, *La España del siglo XX*, 2nd edn (Paris: Librería Española, 1973) pp. 157–8.

9. *ABC*, 13, 15 May 1924; Carlos Blanco, *La dictadura y los procesos militares* (Madrid: Javier Morata Editor, 1931) pp. 73–112, 209; Rafael Salazar Alonso, *La justicia bajo la dictadura* (Madrid: CIAP, 1930) p. 86; Francisco Villanueva, *La dictadura militar (Crónica documentada de la oposición y la represión bajo el directorio) (1923–*

1926) (Madrid: Javier Morata Editor, 1931) pp. 164–73; María Teresa González Calbet, *La Dictadura de Primo de Rivera. El Directorio Militar* (Madrid: Ediciones El Arquero, 1987) pp. 208–10.

10. *ABC*, 3 December 1925.

11. González Calbet, *La Dictadura*, p. 127. On the King's investments, see Guillermo Cortázar, *Alfonso XIII. Hombre de negocios* (Madrid: Alianza Editorial, 1986).

12. On Aunós, see Amadeu Hurtado, *Quaranta anys d'advocat. Història del meu temps 1894–1936*, 2nd edn (Barcelona: Edicions 62, 2011) p. 488; Pedro Carlos González Cuevas, *Acción Española. Teología política y nacionalismo autoritario en España (1913–1936)* (Madrid: Editorial Tecnos, 1998) pp. 102–5. On Calvo Sotelo, Aurelio Joaniquet, *Calvo Sotelo. Una vida fecunda, un ideario política, una doctrina económica* (Madrid: Espasa Calpe, 1939) pp. 44–91; Eduardo Aunós, *Calvo Sotelo y la política de su tiempo* (Madrid: Ediciones Españolas, 1941) pp. 33–55; Alfonso Bullón de Mendoza, *José Calvo Sotelo* (Barcelona: Ariel, 2004).

13. 'Figuras del régimen – Don Galo Ponte', *Hojas Libres*, Nos 13 and 14, May 1928, pp. 63–4; Q. Saldaña, *Al servicio de la justicia. La orgía áurea de la dictadura* (Madrid: Javier Morata, 1930) pp. 21–2; Salazar Alonso, *La justicia*, pp. 84–7.

14. José Luis Gómez Navarro, *El régimen de Primo de Rivera* (Madrid: Cátedra, 1991) pp. 153–7.

15. Manuel Azaña, *Obras completas*, 4 vols (Mexico City: Ediciones Oasis, 1966–8) IV, p. 116; 'Informe en la defensa de don Galo Ponte', in José Antonio Primo de Rivera, *Obras*, 4th edn (Madrid: Sección Feminina de FET y de las JONS, 1966) pp. 15–36.

16. Juan de la Cierva y Peñafiel, *Notas de mi vida* (Madrid: Instituto Editorial Reus, 1955) pp. 298–300, 305–6.

17. Dionisio Pérez, *La Dictadura a través de sus notas oficiosas* (Madrid: CIAP, 1930) pp. 123–6; Juan José Linz, 'Continuidad y discontinuidad en la elite política española: de la Restauración al régimen autoritario', in *Obras Escogidas: Partidos y elites políticas en España*, 7 vols (Madrid: Centro de Estudios Políticos y Constitucionales, 2008–13) VI, p. 765; Javier Tusell, *La crisis del caciquismo andaluz (1923–1931)* (Madrid: Cupsa Editorial, 1977) pp. 156–64.

18. José Sánchez Guerra, *Al servicio de España. Un manifiesto y un discurso* (Madrid: Javier Morato, 1930) pp. 11–38; Gabriel Maura, *Al servicio de la historia. Bosquejo histórico de la Dictadura*, Vol. II (Madrid: Javier Morata Editor, 1930) pp. 15–26; Pérez, *Notas oficiosas*, pp. 143–9; Gómez Navarro, *El régimen de Primo,*

pp. 265–8; González Calleja, *El máuser*, pp. 471–80; 'Una entrevista con el Conde de Romanones', *Hojas Libres*, No. 7, 1 October 1927, pp. 30–8; Joaquín Maurín, *Los hombres de la Dictadura* (Madrid: Editorial Cenit, 1930) pp. 51–4, 60–6.

19. Blanco, *La dictadura y los procesos*, pp. 131–7; Joan Crexell i Playà, *El complot de Garraf* (Barcelona: Publicacions de l'Abadia de Montserrat, 1988) pp. 51–74, 92–8; Artur Perucho i Badia, *Catalunya sota la dictadura (Dades per a la Història)*, 2nd edn (Barcelona: Publicacions de l'Abadia de Montserrat, 2018; 1st edn 1930) pp. 289–90.

20. Miguel de Unamuno, 'A mis hermanos de España, presos en ella', *Hojas Libres*, No. 10, January 1928, pp. 1–10.

21. 'Los sucesos de Vera', *Hojas Libres*, No. 1, April 1927, pp. 16–26; 'Un interviú con el Capitán Cueto', *Hojas Libres*, No. 3, June 1927; Blanco, *La dictadura y los procesos*, pp. 20–72, 207; Eduardo Ortega y Gasset, *España encadenada. La verdad sobre la dictadura* (Paris: Juan Dura, 1925) pp. 274–81; Perucho, *Catalunya sota la dictadura*, pp. 284–8; Salvador de Madariaga, *Spain: A Modern History* (London: Jonathan Cape, 1961) pp. 356–7; Villanueva, *La dictadura militar*, pp. 174–80; Vicente Marco Miranda, *Las conspiraciones contra la Dictadura*,

2nd edn (Madrid: Tebas, 1975) pp. 35–8; González Calleja, *El máuser*, pp. 288–9; Aurelio Gutiérrez, 'Juan Cueto, Bera sucesos octubre 1925', http:// bidasoaikerketazentroa.blogspot. co.uk/2013/11/juan-cueto-berasucesos-octubre-1925.html.

22. Gabriel Cardona and Juan Carlos Losada, *Weyler. Nuestro hombre en La Habana* (Barcelona: Planeta, 1997) pp. 297–301.

23. Primo to Duque de Tetuán, 2, 23 April, 8 October, to Jordana, 5 June, to Magaz, 6 October, to Vallespinosa, 8 October 1925; José Manuel and Luis de Armiñán Odriozola, eds, *Epistolario del Dictador. La figura del General Primo de Rivera, trazada por su propia mano* (Madrid: Javier Morata, 1930) pp. 77–83, 131–7, 241–5, 309–11, 319–23, 327–30; General E. López Ochoa, *De la Dictadura a la República* (Madrid: Editorial Zeus, 1930) pp. 78–105; Gómez Fernández, *La dictadura me honró*, pp. 167–73.

24. Marco Miranda, *Las conspiraciones*, pp. 53–63; Gómez Fernández, *La dictadura me honró*, pp. 174–5, 189–92; Cardona and Losada, *Weyler*, pp. 302–5; Eduardo González Calleja, *La España de Primo de Rivera. La modernización autoritaria 1923–1930* (Madrid: Alianza Editorial, 2005) pp. 365–7; González Calleja, *El máuser*, pp. 451–66; Shlomo Ben-Ami, *Fascism from Above: The*

Dictatorship of Primo de Rivera in Spain 1923–1930 (Oxford: Oxford University Press, 1983) pp. 360–1; Gabriel Cardona, *El poder militar en la España contemporánea hasta la guerra civil* (Madrid: Siglo XXI de España, 1983) pp. 86–91.

25. *ABC*, 26 June 1926; Maura, *Bosquejo*, I, pp. 317–22; Gómez Fernández, *La dictadura me honró*, pp. 27–47; Pérez, *Notas oficiosas*, pp. 86–7; Javier Moreno Luzón, *Romanones. Caciquismo y política liberal* (Madrid: Alianza Editorial, 1998) pp. 405–11; Conde de Romanones, *Notas de una vida* (Madrid: Marcial Pons Ediciones, 1999) pp. 487–8; José María Pemán, *Mis almuerzos con gente importante* (Barcelona: Dopesa, 1970) pp. 46–9.

26. Blanco, *La dictadura y los procesos*, pp. 73–95, 207; Madrid, *Los desterrados*, pp. 225–33; Jardí, *Francesc Macià*, pp. 136–54; Ucelay Da Cal, 'Estat Català', pp. 268–77; Peers, *Catalonia Infelix*, pp. 184–5; González Calleja, *El máuser*, pp. 388–402.

27. Michael Alpert, *La reforma militar de Azaña (1931–1933)* (Madrid: Siglo XXI de España, 1982) pp. 106–9, 120; Ben-Ami, *Fascism from Above*, pp. 356–8.

28. López Ochoa, *De la Dictadura a la República*, pp. 106–24; Hernández Mir, *La Dictadura ante la Historia*, pp. 259–72; Marco Miranda, *Las conspiraciones*, pp. 75–7.

29. López Ochoa, *De la Dictadura a la República*, pp. 118–24; Maura, *Bosquejo*, I, pp. 325–37, 360–77; González Calleja, *El máuser*, pp. 466–70.

30. Gonzalo Queipo de Llano, *El general Queipo de Llano perseguido por la dictadura* (Madrid: Javier Morato, 1930) pp. 214–29; Antonio Olmedo Delgado and General José Cuesta Monereo, *General Queipo de Llano (Aventura y audacia)* (Barcelona: AHR, 1958) p. 71.

31. Ben-Ami, *Fascism from Above*, pp. 361–4; Duque de Maura and Melchor Fernández Almagro, *Por qué cayó Alfonso XIII* (Madrid: Ediciones Ambos Mundos, 1948), pp. 368, 395.

32. Eduardo Aunós, *La política social de la Dictadura* (Madrid: Real Academia de Ciencias Morales y Políticas, 1944) pp. 46–63.

33. Maurín, *Los hombres*, pp. 188–91; *Boletín de la Unión General de Trabajadores de España*, August, September 1929; *El Socialista*, 1 September 1929; Juan Andrade, *La burocracia reformista en el movimiento obrero* (Madrid: Ediciones Gleba, 1935) pp. 208–9; Sanz, *El sindicalismo y la política*, p. 149; Ben-Ami, *Fascism from Above*, pp. 330–4.

34. Interview with Mercedes Castellanos, *Estampa*, 24 April 1924; *ABC*, 24, 28, 29 April, 1, 2, 8, 15, 22, 23, 27, 29, 30 May, 1, 9 June 1924; Ramón Garriga, *Juan March y su tiempo* (Barcelona: Planeta, 1976) pp. 236–8.

35. Luis Jiménez de Asúa, *Notas de un*

confinado (Madrid: Compañía Ibero-Americana de Publicaciones, 1930) pp. 33–59; Gómez Fernández, *La dictadura me honró*, pp. 134–40, 200–22; Eduardo Comín Colomer, *Unamuno, libelista. Sus campañas contra Alfonso XIII y la Dictadura* (Madrid: Vasallo de Mumbert, 1968) pp. 74–9.

36. 'La reforma universitaria', *Hojas Libres*, No. 15, June 1926, pp. 89–95; Pérez, *Notas oficiosas*, pp. 239–49; Saldaña, *Al servicio de la justicia*, pp. 119–40; Comín Colomer, *Unamuno, libelista*, pp. 79–83; Ben-Ami, *Fascism from Above*, pp. 351–4.

37. Maura, *Bosquejo*, II, pp. 168–70; López Ochoa, *De la Dictadura a la República*, pp. 136–42; González Calleja, *El máuser*, pp. 476–81, 494; Mercedes Cabrera, *Juan March (1880–1962)* (Madrid: Marcial Pons, 2011) pp. 184–6.

38. Joaquín Arrarás, *Historia de la Cruzada española*, 8 vols, 36 tomos (Madrid: Ediciones Españolas, 1939–43) I, tomo 2, p. 177.

39. *ABC*, 30 January, 3 February 1929; Rafael Sánchez Guerra, *El movimiento revolucionario de Valencia (Relato de un procesado)*, 3rd edn (Madrid: CIAP, 1930) pp. 63–72, 89–97, 107–11, 127–33; Madariaga, *Spain*, pp. 358–60; Blanco, *La dictadura y los procesos*, pp. 163–9; Maura, *Bosquejo*, II, pp. 206–20, 294–7, 329–30; Pérez, *Notas oficiosas*, pp. 226–33; López

Ochoa, *De la Dictadura a la República*, pp. 143–68; González Calleja, *El máuser*, pp. 482–93.

40. *ABC*, 5, 27 November, 17 December 1929; Maura, *Bosquejo*, II, pp. 78–86; Pérez, *Notas oficiosas*, pp. 253, 274–5, 293–300; José Calvo Sotelo, *Mis servicios al Estado. Seis años de gestión: apuntes para la Historia* (Madrid: Imprenta Clásica Española, 1931) p. 338.

41. Juan José Castillo, *Propietarios muy pobres: sobre la subordinación política del pequeño campesino* (Madrid: Instituto de Estudios Agrarias, 1979) pp. 337–59; Eduardo Aunós, *Itinerario histórico de la España contemporánea* (Barcelona: Bosch, 1940) pp. 377–9; Eduardo Aunós, *España en crisis (1874–1936)* (Buenos Aires: Librería del Colegio, 1942) pp. 289–93.

42. Enrique de Santiago, *La UGT ante la revolución* (Madrid: Tipografía Sáez Hermanos, 1932) p. 45; Gabriel Morón, *El Partido Socialista ante la realidad política española* (Madrid: Editorial Cénit, 1929) pp. 124–35; Maurín, *Los hombres*, pp. 188–9.

43. Maura, *Bosquejo*, II, p. 309.

44. Dámaso Berenguer, *De la Dictadura a la República* (Madrid: Editorial Plus Ultra, 1946) pp. 9–10; Ben-Ami, *Fascism from Above*, pp. 365–71, 378–82.

45. *ABC*, 4, 10 December 1929; Calvo Sotelo, *Mis servicios*, pp. 338–41; Ben-Ami, *Fascism from Above*, pp. 380–4.

46. Maura, *Bosquejo*, II, pp. 324–8; Calvo Sotelo, *Mis servicios*, pp. 341–52.
47. Ortega y Gasset, *España encadenada*, pp. 246–7; Aunós, *España en crisis*, pp. 310–13; Julián Cortés Cavanillas, *La caída de Alfonso XIII. Causas y episodios de una revolución*, 7th edn (Madrid: Librería de San Martín, 1933) pp. 58–9, 62.
48. *ABC*, 1 January 1930.
49. Maura, *Bosquejo*, II, pp. 331–2; Pérez, *Notas oficiosas*, pp. 305–7; González Calleja, *El máuser*, pp. 494–7; Aunós, *España en crisis*, pp. 313–14.
50. Francesc Cambó, *La valoració de la pesseta* (Barcelona: Llibreria Catalonia, 1929), page references to the edition in *Llibres* (Barcelona: Editorial Alpha, 1984) pp. 302–6, 318–21.
51. *ABC*, 4, 21, 24 December 1929; Pérez, *Notas oficiosas*, pp. 301–4; Calvo Sotelo, *Mis servicios*, p. 214; Maura, *Bosquejo*, II, pp. 274–6; Ben-Ami, *Fascism from Above*, pp. 342–3.
52. *La Vanguardia*, 8, 10 January; *ABC*, 9 January 1930; Pérez, *Notas oficiosas*, pp. 314–16.
53. *ABC*, 21, 22 January 1930; Calvo Sotelo, *Mis servicios*, pp. 354–8; Maura, *Bosquejo*, II, pp. 310–12; Cabrera, *Juan March*, pp. 185–6.
54. *ABC*, 26 January 1930; Maura, *Bosquejo*, II, pp. 334–6; Maura and Fernández Almagro, *Por qué cayó Alfonso XIII*, pp. 369–70; Pérez,

Notas oficiosas, pp. 320–31; Francisco Villanueva, ¿Qué ha pasado aquí? (Madrid: Javier Morata Editor, 1930) pp. 173–9; Berenguer, *De la Dictadura*, pp. 17–18; Ana de Sagrera, *Miguel Primo de Rivera. El hombre, el soldado y el político* (Jerez de la Frontera: Ayuntamiento de Jerez de la Frontera, 1974) p. 348; ángel Ossorio y Gallardo, *Mis memorias* (Buenos Aires: Losada, 1946) p. 154.
55. *ABC*, 29, 30 January 1930; Pérez, *Notas oficiosas*, pp. 324–31; Villanueva, ¿Qué ha pasado aquí?, pp. 185–6; Berenguer, *De la Dictadura*, pp. 20–34.
56. Eduardo Aunós, *Primo de Rivera. Soldado y gobernante* (Madrid: Editorial Alhambra, 1944) pp. 219–25; Calvo Sotelo, *Mis servicios*, pp. 370–3.
57. Miguel Maura, *Así cayó Alfonso XIII* (Mexico City: Imprenta Mañez, 1962) pp. 44–5; Berenguer, *De la Dictadura*, pp. 112–13; Gómez Navarro, *El régimen de Primo*, pp. 520–9.
58. *ABC*, 9 September 1930; Emilio Mola Vidal, *Obras completas* (Valladolid: Librería Santarén, 1940) pp. 396–7; Julio Gil Pecharromán, *José Antonio Primo de Rivera. Retrato de un visionario* (Madrid: Temas de Hoy, 1996) pp. 109–13; Alfonso Bullón de Mendoza, *José Calvo Sotelo* (Barcelona: Ariel, 2004) pp. 261–2; Julio Gil Pecharromán, 'Sobre

España inmortal, sólo Dios'. *José María Albiñana y el Partido Nacionalista Español (1930–1937)* (Madrid: Universidad Nacional de Educación a Distancia, 2000) pp. 77–94.

59. Berenguer, *De la Dictadura*, pp. 44–9, 58–63; Ossorio, *Mis memorias*, p. 155.

60. *ABC*, 7 February 1930; Hurtado, *Quaranta anys*, pp. 531–2; Berenguer, *De la Dictadura*, pp. 68–75, 81–93; López Ochoa, *De la Dictadura a la República*, pp. 219–22.

61. Calvo Sotelo, *Mis servicios*, pp. 361–70, 375–461; Berenguer, *De la Dictadura*, pp. 70–1; Ricardo Robledo, 'Mercado de trabajo, guerra social y "complot" anarquista en el campo sevillano. Las bombas de mayo (1932)', *Historia Social*, No. 92, 2018, pp. 23–45.

62. Maura, *Así cayó*, pp. 50–7; Sánchez Guerra, *Al servicio*, pp. 53–92; Berenguer, *De la Dictadura*, pp. 98–104; Mola, *Obras*, pp. 254–6; Hurtado, *Quaranta anys*, pp. 535–6.

63. *El Sol*, 13, 15, 29, 30 April, 1, 6, 25, 29, 30, 31 May 1930; Niceto Alcalá-Zamora, *Discursos* (Madrid: Editorial Tecnos, 1979) pp. 474–96; Niceto Alcalá-Zamora, *Memorias* (Barcelona: Planeta, 1977) pp. 127–32; Ossorio, *Mis memorias*, pp. 165–6.

64. *ABC*, 1 June 1930; Shlomo Ben-Ami, *The Origins of the Second Republic in Spain* (Oxford: Oxford University Press, 1978) pp. 56–7.

65. Berenguer, *De la Dictadura*, pp. 49–54; Carlos Sambricio, *Memorias inéditas de Secundino Zuazo, 1919–1940. Madrid y sus anhelos urbanísticos* (San Sebastián: Nerea Editorial, 2003) pp. 181–2.

66. Comandante Franco [Ramón], *Madrid bajo las bombas* (Madrid: Zeus S.A. Editorial, 1931) p. 102.

67. Mola, *Obras*, pp. 240–51, 259–60, 276–7, 352–5; González Calleja, *El máuser*, pp. 509–11. On the official posts held by Socialists, see Andrade, *La burocracia reformista*, pp. 242–8.

68. Ben-Ami, *The Origins*, pp. 49–51, 54–6, 59–63, 73–6; Octavio Ruiz Manjón, *El Partido Republicano Radical 1908–1936* (Madrid: Ediciones Giner, 1976) pp. 139–47; Nigel Townson, *The Crisis of Democracy in Spain: Centrist Politics under the Second Republic 1931–1936* (Brighton: Sussex Academic Press, 2000) pp. 12–14; Manuel Azaña, *Obras completas*, 4 vols (Mexico City: Ediciones Oasis, 1966–8) II, pp. 7–17, III, pp. 573–6.

69. *El Sol*, 26, 27, 29 April 1930; Indalecio Prieto, *Con el Rey o contra el Rey* (Mexico City: Ediciones Oasis, 1972) pp. 289–306; Berenguer, *De la Dictadura*, p. 126; Maura, *Así cayó*, pp. 57–9; Gabriel Mario de Coca, *Anti-Caballero. Crítica marxista de la bolchevización del Partido Socialista* (Madrid: Ediciones Engels, 1936)

p. 18.

70. *El Sol*, 2, 3, 4, 6 May 1930; Mola, *Obras*, pp. 329–33.

71. Mola, *Obras*, pp. 282–9, 308–9, 314–25.

72. Constancio Bernaldo de Quirós, 'Informe acerca del paro de los jornaleros del campo de Andalucía durante el otoño de 1930', in Ministerio de Trabajo y Previsión Social, *La Crisis andaluza de 1930-1* (Madrid: Ministerio de Trabajo, 1931) pp. 8–35; Manuel Cordero, *Los socialistas y la revolución* (Madrid: Imprenta Torrent, 1932) pp. 93–4.

73. Cordero, *Socialistas*, p. 88; Mola, *Obras*, pp. 353–4, 373, 394, 399, 404, 421, 437–46.

74. Manuel Tuñón de Lara, *El Movimiento obrero en la historia de España* (Madrid: Taurus, 1972) p. 790; David Ruiz, *El movimiento obrero en Asturias* (Oviedo: Amigos de Asturias, 1968) pp. 214–17.

75. *El Sol*, 19 August 1930; Maura, *Así cayó*, pp. 70–2; Mola, *Obras*, pp. 382–3, 394; Alejandro Lerroux, *La Pequeña historia. Apuntes para la Historia grande vividos y redactados por el autor* (Buenos Aires: Editorial Cimera, 1945) pp. 54–6; Ben-Ami, *The Origins*, pp. 76–84. On the disparate nature of the committee, see Joaquín Pérez Madrigal, *Pérez (Vida y trabajos de uno)* (Madrid: Instituto Editorial Reus, 1955) pp. 68–79.

76. Azaña, diary entry for 3 April 1923, *Obras*, IV, p. 367; Lerroux, *La*

Pequeña historia, pp. 63–4; Bernardo Díaz Nosty, *La irresistible ascensión de Juan March* (Madrid: Sedmay Ediciones, 1977) pp. 164–70.

77. Coca, *Anti-Caballero*, pp. 20–3; Francisco Largo Caballero, *Mis recuerdos. Cartas a un amigo* (Mexico City: Editores Unidos, 1954) p. 109; Ben-Ami, *The Origins*, pp. 76–84.

78. *El Sol*, 27, 30 September, 21 October 1930; Ben-Ami, *The Origins*, pp. 84–6; Aróstegui, *Largo Caballero*, pp. 215–22; José Peirats, *Los anarquistas en la crisis política española* (Buenos Aires: Editorial Alfa, 1964) pp. 53–65.

79. Mola, *Obras*, pp. 349, 394–5, 408–12, 435; Franco, *Madrid bajo las bombas*, pp. 87, 104–14; Ramón Garriga, *Ramón Franco, el hermano maldito* (Barcelona: Planeta, 1978) pp. 173–8, 182–9; Carmen Díaz, *Mi vida con Ramón Franco* (Barcelona: Planeta, 1981) pp. 94–153; Gonzalo Queipo de Llano, *El movimiento reivindicativo de Cuatro Vientos* (Madrid: Tipógrafía Yagües, 1933) pp. 54–5, 63–4.

80. Maura, *Así cayó*, pp. 81–5, 92–3; Indalecio Prieto, *Convulsiones de España. Pequeños detalles de grandes sucesos*, 3 vols (Mexico City: Oasis, 1967–9) II, pp. 323–5.

81. Maura, *Así cayó*, pp. 102–4; Mola, *Obras*, pp. 417–21, 429–35, 471–82.

82. Mola, *Obras*, pp. 437–49; Berenguer, *De la Dictadura*,

pp. 212–15; González Calleja, *El máuser*, pp. 555–8.

83. *El Sol*, 15 November 1930; Berenguer, *De la Dictadura*, pp. 126–8; Hurtado, *Quaranta anys*, pp. 554–6; Ossorio, *Mis memorias*, pp. 157–9.

84. José María Azpíroz Pascual and Fernando Elboj Broto, *La sublevación de Jaca* (Zaragoza: Guara Editorial, 1984) pp. 33–40, 81–7; Graco Marsá, *La sublevación de Jaca. Relato de un rebelde*, 2nd edn (Madrid: Zeus S.A. Editorial, 1931) pp. 57–81, 159–89; Maura, *Así cayó*, pp. 109–12; Mola, *Obras*, pp. 471–5; Berenguer, *De la Dictadura*, pp. 237–46; Franco Salgado-Araujo, *Mi vida*, p. 92; Manuel Tuñón de Lara, 'La sublevación de Jaca', *Historia 16*, No. 1, 1976, pp. 57–64; Ben-Ami, *The Origins*, pp. 94–6.

85. Ossorio, *Mis memorias*, pp. 161–3; Henry Buckley, *Life and Death of the Spanish Republic* (London: Hamish Hamilton, 1940) pp. 29–30; Azpíroz and Elboj, *La sublevación*, pp. 109–17; Julio Alvarez del Vayo, *The Last Optimist* (London: Putnam, 1950) pp. 197–8; Manuel de Burgos y Mazo, *De la República a ...?* (Madrid: Javier Morata, 1931) pp. 83–4.

86. Franco, *Madrid bajo las bombas*, pp. 164–75; Garriga, *Ramón Franco*, pp. 202–4; Queipo de Llano, *El movimiento reivindicativo*, pp. 91–113, 121–8; Ignacio Hidalgo de Cisneros, *Cambio de rumbo*

(Memorias), 2 vols (Bucharest: Colección Ebro, 1964) I, pp. 214–24; Maura, *Así cayó*, pp. 112–13.

87. *El Socialista*, 8–13 October 1932; Alvarez del Vayo, *The Last Optimist*, p. 198.

88. Mola, *Obras*, pp. 447, 543; Largo Caballero, *Mis recuerdos*, pp. 111–13; Andrés Saborit, *Julián Besteiro* (Buenos Aires: Losada, 1967) pp. 195–8; *Diario de sesiones de las Cortes*, 11 April 1934.

89. Peirats, *Los anarquistas*, pp. 67–8; Mola, *Obras*, pp. 544–5, 557–65; Berenguer, *De la Dictadura*, pp. 253–4; Rafael Sánchez Guerra, *Proceso de un cambio de régimen (Historia y murmuración)* (Madrid: CIAP, 1932) pp. 42–4, 49–57, 61–87.

90. Maura, *Así cayó*, pp. 105–9; Buckley, *Life and Death*, p. 168; Indalecio Prieto, *De mi vida. Recuerdos, estampas, siluetas, sombras ...* 2 vols (Mexico City: Ediciones Oasis, 1968) I, pp. 101–5.

91. Azpíroz and Elboj, *La sublevación*, p. 66; *ABC*, 14, 15 February 1931.

92. Maura, *Así cayó*, pp. 119–25; Sánchez Guerra, *Proceso*, pp. 141–6; Joaquín Chapaprieta Torregrosa, *La paz fue posible. Memorias de un político* (Barcelona: Ariel, 1971) pp. 146–8; Burgos y Mazo, *De la República*, pp. 85–95.

93. *ABC*, 17, 18, 19 February 1931; Berenguer, *De la Dictadura*, pp. 320–33; Marqués de Hoyos, *Mi testimonio* (Madrid: Afrodisio

Aguardo, 1962) pp. 47–51; Ben-Ami, *The Origins*, pp. 202–5.

94. Maura, *Así cayó*, pp. 126–7; Maura and Fernández Almagro, *Por qué cayó Alfonso XIII*, pp. 382–5.

95. *ABC*, 14, 17, 19 March 1931; Azpíroz and Elboj, *La sublevación*, pp. 144–9; Mola, *Obras*, pp. 735–8; Maura, *Así cayó*, pp. 131–2; Hoyos, *Mi testimonio*, pp. 73–4.

96. *ABC*, 21, 22, 25 March 1931; Maura, *Así cayó*, pp. 132–8; Mola, *Obras*, pp. 739–50; Berenguer, *De la Dictadura*, pp. 345–8; Hoyos, *Mi testimonio*, pp. 77–100.

97. *ABC*, 7, 8, 10, 20, 21, 24, 25 March 1931; Hoyos, *Mi testimonio*, pp. 107–10; La Cierva, *Notas*, pp. 359–60; Ben-Ami, *The Origins*, pp. 218–27.

98. *ABC*, 8, 10, 12 April; *El Debate*, 8, 9, 10 April 1931; Ben-Ami, *The Origins*, pp. 228–37.

99. Ramón de Alderete, … *y estos borbones nos quieren gobernar* (Paris: Edición del Autor, 1974) p. 31; Mola, *Obras*, pp. 825–31, 836–43, 850–1.

100. Maura, *Así cayó*, pp. 146–50; Conde de Romanones, *Y sucedió así. Aportación para la Historia* (Madrid: Espasa Calpe, 1947) pp. 23–38; La Cierva, *Notas*, pp. 361–2; Conde de Romanones, *Las últimas horas de una monarquía. La República en España* (Madrid: Javier Morata Editor, 1931) pp. 91–3.

101. Hurtado, *Quaranta anys*, pp. 576–7; Peers, *Catalonia Infelix*, pp. 190–2;

Arnau González i Vilalta, *Lluís Companys. Un home de govern* (Barcelona: Editorial Base, 2009) pp. 145–6.

102. Berenguer, *De la Dictadura*, pp. 355–8, 361–71; Hoyos, *Mi testimonio*, pp. 126–43; Maura, *Así cayó*, pp. 165–9; Ben-Ami, *The Origins*, pp. 238–52; Rafael Borràs Betriu, *Cambio de régimen. Caída de la Monarquía y proclamación de la República* (Barcelona: Flor de Viento Ediciones, 2001) p. 233.

103. Eduardo Aunós, *Calvo Sotelo y la política de su tiempo* (Madrid: Ediciones Españolas, 1941) pp. 46–7; Francisco Franco Bahamonde, *Palabras del Caudillo 19 abril 1937-7 diciembre 1942* (Madrid: Ediciones de la Vice-Secretaría de Educación Popular, 1943) p. 214.

第九章　第二共和国：改革和挫折，1931—1933 年

1. Javier Moreno Luzón, 'Fernando Siete y medio. Los escándolos de corrupción de Alfonso XIII', in Borja de Riquer, Joan Lluís Pérez Francesch, Gemma Rubí, Lluís Ferran Toledano y Oriol Luján, eds, *La corrupción política en la España contemporánea* (Madrid: Marcial Pons Historia, 2018) pp. 259–60.

2. Rafael Cruz, *Una revolución elegante. España 1931* (Madrid: Alianza, 2014) pp. 74–101.

3. Azana speech, 19 November 1931, Manuel Azaña, *Obras completas*, 4 vols (Mexico City: Ediciones Oasis,

1966–8) III, pp. 81–3.

4. Shlomo Ben-Ami, *The Origins of the Second Republic in Spain* (Oxford: Oxford University Press, 1978) pp. 169–74, 183–6; Martin Blinkhorn, 'Right-wing Utopianism and Harsh Reality: Carlism, the Republic and the Crusade' and Paul Preston, 'Alfonsist Monarchism and the Coming of the Spanish Civil War', both in Martin Blinkhorn, ed., *Spain in Conflict 1931–1939: Democracy and its Enemies* (London, Sage Publications, 1986) pp. 160–3, 183–90; Julio Gil Pecharromán, *Conservadores subversivos. La derecha autoritaria alfonsina (1913–1936)* (Madrid: Eudema, 1994) pp. 69–86; Miguel Platón, *Alfonso XIII. De Primo de Rivera a Franco. La tentación autoritaria de la Monarquía* (Barcelona: Plaza y Janés, 1998) pp. 271–4.

5. Diego Martínez Barrio, *Memorias* (Barcelona: Planeta, 1983) p. 77; Miguel Maura, *Asi cayó Alfonso XIII. De una dictadura a otra*, 2nd edn by Joaquín Romero Maura (Madrid: Marcial Pons Historia, 2007) p. 404.

6. *Tierra y Libertad*, 15 September 1933.

7. Constancio Bernaldo de Quiros, 'Informe acerca del paro de los jornaleros del campo de Andalucía durante el otoño de 1931', reprinted in his *El espartaquismo agrario y otros ensayos sobre la estructura económica y social de Andalucía*

(Madrid: Ediciones de la Revista de Trabajo, 1973) pp. 99–126; *El Socialista*, 14, 29 January, 18 March 1931; Jacques Maurice, *La reforma agraria en España en el siglo XX* (Madrid: Siglo XXI de España, 1975) pp. 22–4.

8. Niceto Alcalá-Zamora, *Memorias* (Barcelona: Planeta, 1977) pp. 170–4, 203–4; Joaquín Romero Maura, 'Introducción', in Maura, *De una dictadura a otra*, pp. 109–11.

9. Nigel Townson, *The Crisis of Democracy in Spain: Centrist Politics under the Second Republic 1931–1936* (Brighton: Sussex Academic Press, 2000) pp. 13–16.

10. Carolyn P. Boyd, 'Responsibilities and the Second Spanish Republic 1931–6', *European History Quarterly*, Vol. 14 (1984), pp. 151–82; Moreno Luzón, 'Fernando Siete y medio', pp. 260–1, 272–4; Ángel Ossorio y Gallardo, *Mis memorias* (Buenos Aires: Losada, 1946) pp. 185–8.

11. *El Debate*, 3 September; *ABC*, 5 September 1931; Alcalá-Zamora, *Memorias*, pp. 178–9; Azaña, diary entries for 2 and 11 September 1931, *Obras*, IV, pp. 115–16, 124; Boyd, 'Responsibilities', p. 164.

12. *El Obrero de la Tierra*, 10, 17 September 1932; *Boletín de la UGT*, November 1931. The PSOE also grew dramatically in the south. See Actas de la Comision Ejecutiva del PSOE, Fundacion Pablo Iglesias (henceforth FPI, Actas), AH-20-1, 26 May, 4, 10 September 1931, 14,

28, January, 11 February 1932.

13. Francisco Largo Caballero, *Mis recuerdos. Cartas a un amigo* (Mexico City: Editores Unidos, 1954) p. 121; Alcalá-Zamora, *Memorias*, pp. 141–4; Miguel Maura, *Así cayó Alfonso XIII* (Mexico City: Imprenta Mañez, 1962) pp. 84–5.

14. Azaña, diary entry for 9 October 1931, *Obras*, IV, p. 163.

15. Azaña, diary entry for 28 August 1931, *Obras*, IV, p. 107; Joaquín Pérez Madrigal, *Pérez (Vida y trabajos de uno)* (Madrid: Instituto Editorial Reus, 1955) pp. 84–102, 108–16.

16. *Renovación*, 20 April, 10 May 1931; Largo Caballero, *Mis recuerdos*, p. 117; Juan-Simeón Vidarte, *Las Cortes Constituyentes de 1931–1933* (Barcelona: Grijalbo, 1976) p. 22.

17. Maura, *Así cayó*, pp. 209–10, 216–22; Jordi Palafox, *Atraso económico y democracia. La segunda República y la economía española, 1892–1936* (Barcelona: Crítica, 1991) p. 180.

18. Santos Juliá Díaz, *Historia del socialismo español (1931–1939)* (Barcelona: Conjunto Editorial, 1989) pp. 43–4; Palafox, *Atraso económico*, pp. 155, 192–3, 209; Maura, *Así cayó*, p. 201; Azaña, diary entry for 9 January, 11 May 1932, *Obras*, IV, pp. 302, 382.

19. Azaña, diary entries for 6 and 13 November 1931, *Obras*, IV, pp. 216–17, 227.

20. Edward E. Malefakis, *Agrarian Reform and Peasant Revolution in Spain* (New Haven, Conn.: Yale University Press, 1970) pp. 166–71; *BUGT*, May and June 1931; Alejandro López López, *El boicot de las derechas a las reformas de la Segunda República. La minoría agraria, el rechazo constitucional y la cuestión de la tierra* (Madrid: Instituto de Estudios Agrarios, 1984) pp. 245–62.

21. Maura, *Asi cayó*, pp. 264–72.

22. *El Debate*, 21 April, 9, 30 May, 17 June 1931; José Monge Bernal, *Acción Popular (Estudios de biología política)* (Madrid: Imprenta Saez Hermanos, 1936) pp. 114–15, 122, 126–9; Manuel álvarez Tardío, *José María Gil-Robles: Leader of the Catholic Right during the Spanish Second Republic* (Brighton: Sussex Academic Press, 2018) pp. 30–49; Maura, *De una dictadura a otra*, pp. 404, 423–5.

23. Ismael Saz Campos, *Mussolini contra la II República. Hostilidad, conspiraciones, intervención (1931–1936)* (Valencia: Edicions Alfons el Magnànim, 1986) pp. 97–101; Enrique Selva Roca de Togores, 'Giménez Caballero en los orígenes ideológicos del fascismo español', *Estudis d'Història Contemporània del País Valencià*, No. 9, 1991, pp. 183–213.

24. José María Albiñana, *Después de la dictadura. Los cuervos sobre la tumba*, 2nd edn (Madrid: CIAP, 1930) pp. 252–9; Julio Gil Pecharromán, 'Sobre España

*inmortal, sólo Díos'. José María
Albiñana y el Partido Nacionalisa
Español (1930-1937)* (Madrid:
Universidad Nacional de Educación
a Distancia, 2000) pp. 133-7.

25. Ramiro Ledesma Ramos, ¿Fascismo
en España?, 2nd edn (Barcelona:
Ariel, 1968) pp. 77-81; Ferran
Gallego, *Ramiro Ledesma Ramos*
(Madrid: Editorial Síntesis, 2005)
pp. 64-92; Tomás Borrás, *Ramiro
Ledesma Ramos* (Madrid: Editora
Nacional, 1971) pp. 216, 248-50;
Herbert Rutledge Southworth, 'The
Falange: An Analysis of Spain's
Fascist Heritage', in Paul Preston,
ed., *Spain in Crisis: The Evolution
and Decline of the Franco Regime*
(Hassocks: Harvester Press, 1976)
p. 6.

26. *Onésimo Redondo Caudillo de
Castilla* (Valladolid: Ediciones
Libertad, 1937) pp. 18-37; Ledesma
Ramos, ¿Fascismo?, p. 99; Gallego,
Ramiro Ledesma Ramos, pp. 94-
115.

27. Raff aele Guariglia, *Ambasciata in
Spagna e primi passi in diplomazia
1932-1934* (Naples: Edizioni
Scientifi che Italiane, 1972)
pp. 304-5; Saz, *Mussolini contra la
segunda República*, pp. 111-12,
140-5; Pedro Sainz Rodríguez,
Testimonio y recuerdos (Barcelona:
Planeta, 1978) pp. 220-2; José María
Gil Robles, *No fue posible la paz*
(Barcelona: Ariel, 1968) pp. 442-3.

28. Hilari Raguer, *La pólvora y el
incienso. La Iglesia y la guerra civil
española* (Barcelona: Ediciones

Península, 2001) pp. 43-5; Arxiu
Vidal i Barraquer, *Esglesia i Estat
durant la Segona República
espanyola 1931/1936*, 4 volumes in
8 parts (Monestir de Montserrat:
Publicacions de l'Abadia de
Montserrat, 1971-90) I, 1st part,
p. 24.

29. José María Pemán, *Mis almuerzos
con gente importante* (Barcelona:
Dopesa, 1970) p. 143.

30. Santiago Martínez Sánchez, *Los
papeles perdidos del cardenal
Segura, 1880-1957* (Pamplona:
Ediciones Universidad de Navarra,
2004) pp. 238-47; Hilari Raguer,
' "España ha dejado de ser católica".
La Iglesia y el "alzamiento" ', in
Francisco Sánchez Pérez, ed., *Los
mitos del 18 de julio* (Barcelona:
Crítica, 2013) pp. 244-7.

31. Maura, *Así cayó*, pp. 293-307; Juan
de Iturralde (pseudonym of Juan
José Usabiaga Irazustabarrena), *La
guerra de Franco. Los vascos y la
Iglesia*, 2 vols (San Sebastián:
Publicaciones 'Clero Vasco', 1978) I,
pp. 201-3; Raguer, *La pólvora*,
pp. 48-51.

32. Maura, *Así cayó*, pp. 240-64;
Azaña, diary entry for 10 January,
Obras, IV, pp. 302-5; Henry
Buckley, *Life and Death of the
Spanish Republic* (London: Hamish
Hamilton, 1940) pp. 64-6;
interview with Miguel Maura in
Gabriel Jackson, *Historian's Quest*
(New York: Alfred A. Knopf, 1969)
pp. 114-15; evidence of witness no.
30 in the Basque Clergy's

compilation *El Pueblo vasco frente a la cruzada franquista* (Toulouse: Editorial Egi-Indarra, 1966) pp. 23–4; Ossorio, *Mis memorias*, pp. 183–5; Pérez Madrigal, *Pérez*, pp. 102–7.

33. John Brademas, *Anarcosindicalismo y revolución en España 1930–1937* (Barcelona: Ariel, 1974) p. 57; Joan Peiró, *Escrits 1917–1939* (Barcelona: Edicions 62, 1975) pp. 303–6.

34. *ABC*, 15 April; *La Vanguardia*, 15 April 1931; Enric Jardí, *Francesc Macià. President de Catalunya* (Barcelona: Publicacions de l'Abadia de Montserrat, 1981) pp. 15–91; Amadeu Hurtado, *Quaranta anys d'advocat. Història del meu temps 1894–1936*, 2nd edn (Barcelona: Edicions 62, 2011) pp. 592–9; Carles Pi Sunyer, *La República y la guerra. Memorias de un político catalán* (Mexico City: Ediciones Oasis, 1975) pp. 30–4.

35. Ramón Salas Larrazábal, *Historia del Ejército popular de la República*, 4 vols (Madrid, 1973) I, pp. 7, 14, 19–23; Felipe Díaz Sandino, *De la conspiración a la revolución 1929–1937* (Madrid: Libertarias, 1990) pp. 78–82; Santos Juliá Díaz, *Vida y tiempo de Manuel Azaña 1880–1940* (Madrid: Taurus, 2008) pp. 279–84.

36. Mola, *Obras*, pp. 1056–8; Michael Alpert, *La reforma militar de Azaña (1931–1933)* (Madrid: Siglo XXI de España, 1982) pp. 133–50, 216–28; Mariano Aguilar Olivencia, *El Ejército español durante la segunda*

República (Madrid: Econorte, 1986) pp. 65–83.

37. *La Correspondencia Militar*, 18 June, 17, 31 July 1931; Mola, *Obras*, pp. 1045–65; Eduardo Espín, *Azaña en el poder. El partido de Acción Republicana* (Madrid: Centro de Investigaciones Sociológicas, 1980) pp. 323–34; Alpert, *La reforma militar*, pp. 293–7; Maura, *Así cayó*, p. 227.

38. Juan Tusquets, *Orígenes de la revolución española* (Barcelona: Editorial Vilamala, 1932) pp. 30–44, 137–42; Martin Blinkhorn, *Carlism and Crisis in Spain 1931–1939* (Cambridge: Cambridge University Press, 1975) pp. 46, 179; Gonzalo Álvarez Chillida, *El antisemitismo en España. La imagen del judío (1812–2002)* (Madrid: Marcial Pons, 2002) pp. 181, 334–8.

39. Azaña, diary entry for 7 August 1937, *Obras*, IV, p. 717.

40. *El Debate*, 23, 24, 26, 30 June, 25 August; *ABC*, 12, 24, 28 June 1931; *El Socialista*, 26, 28 November, 1 December 1933; *El Pueblo Católico*, 4 May 1933; Joaquín Chapaprieta Torregrosa, *La paz fue posible. Memorias de un político* (Barcelona: Ariel, 1971) pp. 149–58; Octavio Ruiz Manjón, *El Partido Republicano Radical 1908–1936* (Madrid: Ediciones Giner, 1976) pp. 186–91, 205–6; Azaña, diary entry for 2 October 1931, *Obras*, IV, p. 161; Townson, *Crisis of Democracy*, pp. 54–7; Fernando del Rey, *Paisanos en lucha. Exclusión*

política y violencia en la Segunda
República española (Madrid:
Biblioteca Nueva, 2008) pp. 107–11.

41. Maura, De una dictadura a otra,
pp. 393–4, 399–407; Julio Gil
Pecharromán, Historia de la
Segunda República Española 1931–
1936 (Madrid: Biblioteca Nueva,
2002) pp. 55–8; Javier Tusell,
Octavio Ruiz-Manjón and
Genoveva García Queipo de Llano,
'Las Constituyentes de 1931: una
elecciones de transición', Revista de
Derecho Político (Madrid: UNED,
1981–2) Vol. 12, pp. 189–236 and
Vol. 13, pp. 137–95, 237–70.

42. José Manuel Macarro Vera, La
utopía revolucionaria. Sevilla en la
segunda República (Seville: Monte
de Piedad y Caja de Ahorros de
Sevilla, 1985) pp. 147–60; Eduardo
de Guzmán, Sevilla la trágica. Ocho
días que estremecieron a España
(Madrid: Ediciones Minuesa, 1931)
pp. 16–21, 32–48; Francisco
Espinosa Maestre, La justicia de
Queipo. (Violencia selectiva y terror
fascista en la II División en 1936)
Sevilla, Huelva, Cádiz, Córdoba,
Málaga y Badajoz, 2nd edn
(Barcelona: Crítica, 2005)
pp. 19–21; Maura, De una dictadura
a otra, pp. 365–72, 417–21; Manuel
Ballbé, Orden público y militarismo
en la España constitucional 1812–
1983 (Madrid: Alianza Editorial,
1983) pp. 322–3.

43. Julián Casanova, De la calle al
frente. El anarcosindicalismo en
España (1931–1939) (Barcelona:

Crítica, 1997) pp. 20–31; Chris
Ealham, Class, Culture and Conflict
in Barcelona 1898–1937 (London:
Routledge Cañada Blanch, 2004)
pp. 90–101, 131–2; Ballbé, Orden
público, pp. 317–23; José Peirats, La
CNT en la revolución española, 2nd
edn, 3 vols (Paris: Ediciones Ruedo
Ibérico, 1971) I, pp. 51–73; Eulàlia
Vega, El Trentisme a Catalunya.
Divergències ideològiques en la CNT
(1930–1933) (Barcelona: Curial
Edicions Catalanes, 1980)
pp. 132–48; Eulàlia Vega,
Anarquistas y sindicalistas durante
la segunda República. La CNT y los
Sindicatos de Oposición en el País
Valenciano (Valencia: Edicions
Alfons el Magnànim, 1987)
pp. 145–67; Joaquín Romero
Maura, La romana del diablo.
Ensayos sobre la violencia política en
España (1900–1950) (Madrid:
Marcial Pons, 2000) pp. 201–3;
Richard Purkiss, Democracy, Trade
Unions and Political Violence in
Spain: The Valencian Anarchist
Movement, 1918–1936 (Brighton:
Sussex Academic Press, 2010)
pp. 139–40.

44. Luis Jiménez de Asúa, Anécdotas de
las Constituyentes (Buenos Aires:
PHAC, 1942) pp. 21–45; Niceto
Alcalá-Zamora, Los defectos de la
constitución de 1931 y tres años de
experiencia constitucional, 2nd edn
(Madrid: Editorial Civitas, 1981)
pp. 42–8.

45. Azaña, diary entry for 28 August
1931, Obras, IV, p. 107; Alcalá-

Zamora, *Memorias*, p. 175;
Martínez Barrio, *Memorias*,
pp. 70–1; Fernando Vázquez Ocaña,
*Pasión y muerte de la segunda
República española* (Paris: Editorial
Norte, 1940) p. 41; Gabriel Morón,
El fracaso de una revolución
(Madrid: Gráfica Socialista, 1935)
pp. 121–5.

46. Maura, *De una dictadura a otra*,
pp. 433–5.

47. Azaña, speech in Cortes, 13
October 1931 in defence of Article
26 of the Constitution, *Obras*, III,
pp. 49–58; Alcalá-Zamora,
Memorias, pp. 190–4; Raguer,
' "España ha dejado de ser católica" ',
pp. 239–41; Martínez Barrio,
Memorias, pp. 70–7.

48. Cardinal Vidal i Barraquer to
Pacelli, 16 October, to Azaña, 24
and 25 November 1931, Arxiu
Vidal i Barraquer, *Esglesia i Estat*,
II, 1st part, pp. 159–63, 2nd part,
pp. 391–7; Víctor Manuel Arbeloa,
*La semana trágica de la Iglesia en
España (1931)* (Barcelona: Galba
Edicions, 1976) pp. 257–67.

49. William J. Callahan, 'Was Spain
Catholic?', *Revista Canadiense de
Estudios Hispánicos*, Vol. 8, No. 2,
1984, pp. 167–71.

50. Juan Ordóñez Márquez, *La
apostasía de las masas y la
persecución religiosa en la provincia
de Huelva 1931–6* (Madrid:
Instituto Enrique Flórez, 1968)
pp. 26–31, 90, 101, 148–9, 161–2,
172; Frances Lannon, *Privilege,
Persecution, and Prophecy: The
Catholic Church in Spain 1875–
1975* (Oxford: Clarendon Press,
1987) pp. 9–19; William J.
Callahan, *The Catholic Church in
Spain 1875–1998* (Washington,
DC: The Catholic University of
America Press, 2000) pp. 240–50,
289–90.

51. Azaña, diary entry for 14 October
1931, *Obras*, IV, pp. 183–6; Maura,
De una dictadura a otra,
pp. 437–43; Vidarte, *Las Cortes
Constituyentes*, pp. 284–9; César
Jalón, *Memorias políticas.
Periodista, ministro, presidiario*
(Madrid: Guadarrama, 1973) p. 76;
Alejandro Lerroux, *La Pequeña
historia. Apuntes para la Historia
grande vividos y redactados por el
autor* (Buenos Aires: Editorial
Cimera, 1945) pp. 118–21;
Martínez Barrio, *Memorias*,
pp. 77–81, 90–1; Townson, *Crisis of
Democracy*, pp. 77–82.

52. Boyd, 'Responsibilities', pp. 169–72;
*Diario de sesiones de las Cortes
Constituyentes* (henceforth *DSCC*),
5, 6, 10 November 1931; Azaña,
diary entries for 5, 6, 7 and 13
November 1931, *Obras*, IV,
pp. 215–223; Ramón Garriga, *Juan
March y su tiempo* (Barcelona:
Planeta, 1976) pp. 298–313;
Bernardo Díaz Nosty, *La irresistible
ascensión de Juan March* (Madrid:
Sedmay Ediciones, 1977)
pp. 183–210; Pere Ferrer, *Juan
March. El hombre más misterioso
del mundo* (Barcelona: Ediciones B,
2008) pp. 241–62; Townson, *Crisis*

of Democracy, pp. 83–6; Mercedes Cabrera, *Juan March (1880–1962)* (Madrid: Marcial Pons, 2011) pp. 206–13.

53. Manuel Benavides, *El último pirata del mediterráneo* (Barcelona: Imprenta Industrial, 1936) pp. 358–60; Azaña, diary entries for 30 April, 3 May 1933, 19 July 1937, *Diarios, 1932–1933. 'Los cuadernos robados'* (Barcelona: Grijalbo-Mondadori, 1997) pp. 251–2, 261, *Obras*, IV, p. 685; *DSCC*, 8, 14 June 1931; Morón, *El fracaso*, pp. 118–21; Garriga, *Juan March*, pp. 321–31; Ferrer, *Juan March*, pp. 268–77; Cabrera, *Juan March*, pp. 217–32, 243–4; Díaz Nosty, *La irresistible ascensión*, pp. 210–16, 223–50.

54. Paul Preston, *The Spanish Holocaust: Inquisition and Extermination in Twentieth-Century Spain* (London: HarperCollins, 2012) pp. 440, 486, 490–2.

55. *DSCC*, 13 October 1931; *El Debate*, 20, 23 October 1931; Maura, *De una dictadura a otra*, pp. 435–7; Mary Vincent, *Catholicism in the Second Spanish Republic: Religion and Politics in Salamanca 1930–1936* (Oxford: Clarendon Press, 1996) pp. 180–1.

56. Manuel Albar, 'Sobre unos sucesos. El verdadero culpable', *El Socialista*, 2 January 1932; Vidarte, *Las Cortes Constituyentes*, pp. 290–309. The judicial proceedings were published as Luis Jiménez Asúa, Juan-Simeón Vidarte, Antonio Rodríguez Sastre and Anselmo Trejo, *Castilblanco* (Madrid: Editorial España, 1933).

57. *El Socialista*, 6 January; *La Rioja*, 6, 8, 9, 10, 12 January; *El Debate*, 6 January 1932; Carlos Gil Andrés, *La República en la Plaza. Los sucesos de Arnedo de 1932* (Logroño: Instituto de Estudios Riojanos, 2003) pp. 24–33, 43–9; Malefakis, *Agrarian Reform*, pp. 310–11.

58. López López, *El boicot de las derechas*, p. 254; Ricardo Robledo and Luis Enrique Espinosa, ' "l campo en pie!". Política y reforma agraria', in Ricardo Robledo, ed., *Esta salvaje pesadilla. Salamanca en la guerra civil española* (Barcelona: Crítica, 2007) pp. 23–5.

59. *La Mañana* (Jaen), 1 October 1932, 21, 27 January, 3, 18 February, 5 April 1933, 16 January 1934; *El Adelanto* (Salamanca), 19 October 1932; *Región* (Cáceres), 24 February 1933; *El Obrero de la Tierra*, 14 January, 4 March 1933, 6, 13, 20 January, 17 February 1934; *El Socialista*, 21 January, 20 April, 1 July 1933. See also Paul Preston, *The Coming of the Spanish Civil War: Reform, Reaction and Revolution in the Second Spanish Republic 1931–1936*, 2nd edn (London, Routledge, 1994) pp. 101–2, 111, 134–5, 140, 148–9, 184–5.

60. Malefakis, *Agrarian Reform*, pp. 268–73; José María Gil Robles, *Discursos parlamentarios* (Madrid: Taurus, 1971) pp. 263–7.

61. *El Obrero de la Tierra*, 19 November 1932, 14, 28 January, 4 March 1933; *Boletín del Instituto de Reforma Agraria*, March 1933; *Región* (Cáceres), 24 February 1933; *El Pueblo Católico*, 14 March 1933; *ABC*, 26 January, 26 March 1933; *La Mañana*, 21, 27 January, 3, 18 February, 5 April 1933; *El Socialista*, 21 January, 20 April, 1 July 1933.

62. Jardí, *Francesc Macià*, pp. 213–306; Hurtado, *Quaranta anys*, pp. 685–702.

63. Leandro álvarez Rey, *La derecha en la II República. Sevilla, 1931–1936* (Seville: Universidad de Sevilla, 1993) pp. 203–6, 215–35; Vincent, *Catholicism*, pp. 185–6; Lannon, *Privilege, Persecution*, pp. 15, 181–9.

64. Azaña, diary entry for 8 January 1932, *Obras*, IV, pp. 299–301.

65. Espinosa Maestre, *La justicia de Queipo*, pp. 33, 77–9; Álvarez Rey, *La derecha*, pp. 252–60; Martínez Barrio, *Memorias*, pp. 138–48; Emilio Estéban Infantes, *La sublevación del general Sanjurjo* (Madrid: Imprenta de J. Sánchez Ocaña, 1933) pp. 24–37; Eduardo González Calleja, Contrarrevolucionarios. Radicalización violenta de las *derechas durante la Segunda República, 1931–1936* (Madrid: Alianza Editorial, 2011) pp. 82–102; Townson, *Crisis of Democracy*, pp. 136–45; Cabrera, *Juan March*, pp. 235–7.

66. Julio Alvarez del Vayo, *The Last Optimist* (London: Putnam, 1950) p. 228; Manuel Azaña, diary entries for 24–28 August 1932, *Diarios, 1932–1933*, pp. 41–51; Joaquín del Moral, *Lo del '10 de agosto' y la justicia* (Madrid: CIAP, 1933) pp. 99–108; Maura, *De una dictadura a otra*, pp. 457–63.

67. Letter from Sanjurjo, 12 December 1933, *Acción Española*, No. 43, December 1933, p. 629; Pedro Carlos González Cuevas, *Acción Española. Teología política y nacionalismo autoritario en España (1913–1936)* (Madrid: Editorial Tecnos, 1998) p. 172.

68. Juan Antonio Ansaldo, *¿Para qué …? (de Alfonso XIII a Juan III)* (Buenos Aires: Editorial Vasca Ekin, 1951) pp. 47–51; Eugenio Vegas Latapié, *Memorias políticas. El suicidio de la monarquía y la segunda República* (Barcelona: Planeta, 1983) pp. 150–2, 156–8; Azaña, diary entries for 29 August 1932 and 5 March 1933, *Diarios, 1932–1933*, pp. 53, 206; González Cuevas, *Acción Española*, pp. 173–6.

69. Antonio Cacho Zabalza, *La Unión Militar Española* (Alicante: Egasa, 1940) pp. 13–19, 30; Julio Busquets and Juan Carlos Losada, *Ruido de sables. Las conspiraciones militares en la España del siglo XX* (Barcelona: Crítica, 2003) pp. 50–60; Gabriel Cardona, *El poder militar en la España contemporánea hasta la guerra civil* (Madrid: Siglo XXI de España, 1983) pp. 193–5; Stanley G. Payne,

Politics and the Military in Modern Spain (Stanford, Calif.: Stanford University Press, 1967) pp. 293–4.

70. Gil Robles, *No fue posible*, pp. 82–91; *El Debate*, 8 October 1933.

71. *El Debate*, 21, 23, 25 October 1932; José R. Montero, *La CEDA. El catolicismo social y político en la II República*, 2 vols (Madrid: Revista de Trabajo, 1977) I, pp. 259–71.

72. Ramón Sender, *Viaje a la aldea del crimen* (Madrid: Pueyo, 1934) pp. 33–42, 70–130; Eduardo de Guzmán, *La tragedia de Casas Viejas, 1933. Quince crónicas de guerra, 1936* (Madrid: Ediciones Vosa, 2007) pp. 15–48; Gérald Brey and Jacques Maurice, *Historia y leyenda de Casas Viejas* (Bilbao: Editorial Zero/ZYX, 1976) pp. 65–75; Jerome R. Mintz, *The Anarchists of Casas Viejas* (Chicago: University of Chicago Press, 1982) pp. 189–225.

73. *El Debate*, 15 January 1932.

74. *DSCC*, 3, 23, 24 February, 2, 3, 16 March 1933; *El Debate*, 24 February 1933; Azaña, diary entry for 13 January, 23 February 1933, *Diarios, 1932-1933*, pp. 136, 186; Maura, *De una dictadura a otra*, pp. 483–8; Townson, *Crisis of Democracy*, pp. 153–7; Cabrera, *Juan March*, pp. 247–9.

75. *El Debate*, 1, 2, 3, 5, 7, 8 March; *CEDA*, 1 May 1933; Gil Robles, *No fue posible*, pp. 86, 90; Montero, *La CEDA*, I, pp. 271–303.

76. *El Socialista*, 31 January, 5, 10, 11 February, 10 March, 2, 21 April, 1, 4, 6 May 1933.

77. *El Debate*, 28 June, 16, 25 July, 4, 17, 25 August 1933; *El Socialista*, 21 July, 7 September 1933.

78. Azaña, diary entries for 31 May, 1, 2 June 1933, *Diarios, 1932-1933*, pp. 316–17, 323–7.

79. Azaña, diary entries for 5, 10, 11 June 1933, *Diarios, 1932-1933*, pp. 328–9, 345–55; Martínez Barrio, *Memorias*, pp. 176–84; Jalón, *Memorias*, pp. 69–77; Morón, *El fracaso*, pp. 232–40; Vázquez Ocaña, *Pasión y muerte*, pp. 41–2; Santos Juliá Díaz, *Manuel Azaña. Una biografía política* (Madrid: Alianza Editorial, 1990) pp. 262–70; Townson, *Crisis of Democracy*, pp. 162–5.

80. *El Socialista*, 25 June 1933; Julio Aróstegui, *Largo Caballero. El tesón y la quimera* (Barcelona: Debate, 2013) pp. 314–17.

81. Indalecio Prieto, *Discursos fundamentales* (Madrid: Ediciones Turner, 1975) pp. 160–80; Indalecio Prieto, *Cartas a un escultor. Pequeños detalles de grandes sucesos* (Buenos Aires: Editorial Losada, 1961) pp. 83–8.

82. Cabrera, *Juan March*, pp. 251–4; Díaz Nosty, *La irresistible ascensión*, pp. 256–8; Ferrer, *Juan March*, pp. 311–16.

83. *El Socialista*, 20, 24 September, 3 October 1933; Francisco Largo Caballero, *Discursos a los trabajadores* (Madrid: Gráfica Socialista, 1934) pp. 69–85;

Aróstegui, *Largo Caballero*, pp. 317–23.

84. Lerroux, *La Pequeña historia*, pp. 172–84; Alcalá-Zamora, *Memorias*, pp. 244–6; Townson, *Crisis of Democracy*, pp. 180–3; Juliá Díaz, *Historia del socialismo*, pp. 196–8.

85. Georges Bernanos, *Les grands cimitières sous la lune* (Paris: Plon, 1938) p. 93.

86. *El Debate*, 15, 17, 22, 23, 29 August, 2, 15, 19 September; *El Socialista*, 13 August; 3, 8 October; *El Obrero de la Tierra*, 12, 20 August, 9, 16, 23 September 1933; Malefakis, *Agrarian Reform*, pp. 268–73.

87. Juliá Díaz, *Historia del socialismo*, pp. 197–8.

88. Juan Simeón Vidarte, *El bienio negro y la insurrección de Asturias* (Barcelona: Grijalbo, 1978) p. 21; FPI, Actas, AH-20-1, 24, 25, 27, 31 October, 22, 29 November 1933 (Archivo Histórico de la Fundación Pablo Iglesias, Madrid).

89. *El Debate*, 3 November 1933; Díaz Nosty, *La irresistible ascensión*, pp. 271–2; Cabrera, *Juan March*, pp. 265–6.

90. T. F. Burns, Memorandum for Hoare, 11 April 1944, Templewood Papers, Cambridge University Library, XIII/6/28; *Tierra y Libertad*, 10 November 1933; Benavides, *El último pirata*, pp. 56–7; Díaz Nosty, *La irresistible ascensión*, pp. 258–60.

91. *El Socialista*, 5 November, 10 December 1933; Díaz Nosty, *La irresistible ascensión*, pp. 260–75; Cabrera, *Juan March*, pp. 257–64; Ferrer, *Juan March*, pp. 322–36; David Jato, *Gibraltar decidió la guerra* (Barcelona: Acervo, 1971) pp. 198–200.

92. *El Debate*, 12, 17, 18, 24 October, 7, 17, 18 November; *El Socialista*, 7, 14, 15 November 1933; Aróstegui, *Largo Caballero*, pp. 327–33; Santiago Carrillo, *Juez y parte. 15 retratos españoles* (Barcelona: Plaza y Janés, 1996) pp. 44–5.

93. *El Obrero de la Tierra*, 30 January, 5, 13, 20 February, 5, 12, 26 March, 8 October 1932, 8 October 1933; *La Mañana*, 1, 2, 6, 7, 16 April, 11 May, 24 June, 18 November 1932, 27 January, 18 February 1933; Vázquez Ocaña, *Pasión y muerte*, p. 44; Manuel Pérez Yruela, *La conflictividad campesina en la provincia de Córdoba 1931–1936* (Madrid: Servicio de Publicaciones Agrarias, 1979) pp. 111–18, 155–70; Francisco Moreno Gómez, *La República y la guerra civil en Córdoba I* (Córdoba: Ayuntamiento de Córdoba, 1982) pp. 117–19, 131–4, 147–53, 163–74, 199–213; Mario López Martínez, *órden público y luchas agrarias en Andalucía* (Madrid: Ediciones Libertarias/Ayuntamiento de Córdoba, 1995) pp. 273–308.

94. *Boletín del Ministerio de Trabajo*, January 1935; Santos Juliá Díaz, *Madrid, 1931–1934. De la fiesta popular a la lucha de clases*

(Madrid: Siglo XXI de España, 1984) pp. 295–306, 452–3; Malefakis, *Agrarian Reform*, p. 288; Francisco Cobo Romero, *Labradores, campesinos y jornaleros. Protesta social y diferenciación interna del campesinado jiennense en los orígenes de la Guerra Civil (1931–1936)* (Cordoba: Publicaciones del Ayuntamiento de Córdoba, 1992) pp. 400–5.

95. Andrew Durgan, 'The 1933 Elections in Spain', unpublished MA dissertation, Queen Mary College, University of London, 1981, p. 40; Díaz Nosty, *La irresistible ascensión*, pp. 276–7. On Cánovas Cervantes's alleged venality, see Guillermo Cabanellas, *La guerra de los mil días. Nacimiento, vida y muerte de la II República española*, 2 vols (Buenos Aires: Grijalbo, 1973) I, p. 239.

96. 'Ante la agudización del mito electoral, abstención a toda costa', *CNT*, 24 October, 'Ahora toca hablar a los abstenidos', 6 November; ' rabajadores, no votar!', *Tierra y Libertad*, 10 November 1933.

97. Francisco Bravo Martínez, *José Antonio. El hombre, el jefe, el camarada* (Madrid: Ediciones Españolas, 1939) pp. 31–2.

98. Nelken, 'Con el fango hasta la boca', *El Socialista*, 30 November 1933; Margarita Nelken, *Por qué hicimos la revolución* (Barcelona/París/New York: Ediciones Sociales Internacionales, 1936) pp. 69–71.

99. Appendix to Largo Caballero, *Discursos*, pp. 163–6. With a different emphasis, the PSOE's conclusions are broadly confirmed by Roberto Villa García, *La República en las urnas. El despertar de la democracia en España* (Madrid: Marcial Pons, 2011) pp. 336–52, 533–64. See also Juan-Simeón Vidarte, *El bienio negro y la insurrección de Asturias* (Barcelona: Grijalbo, 1978) pp. 32–6; Townson, *Crisis of Democracy*, pp. 192–5.

100. Azaña, speech in Barcelona, 7 January 1934, *Obras*, II, p. 904.

101. *Diario de sesiones de las Cortes*, 8 May 1935; *El Progreso*, 11 May 1934; *El Diario de la Marina* (Havana), 11 May 1934.

第十章　黑暗年代和战争的到来，1933—1936 年

1. Diego Martínez Barrio, *Memorias* (Barcelona: Planeta, 1983) pp. 211–12; Niceto Alcalá-Zamora, *Memorias* (Barcelona: Planeta, 1977) p. 260.

2. *El Debate*, 15 November 1934.

3. *Diario de sesiones de las Cortes* [henceforth *DSC*], *Congreso de los Diputados, comenzaron el 8 de diciembre de 1933*, 19 December 33; Nigel Townson, *The Crisis of Democracy in Spain: Centrist Politics under the Second Republic 1931–1936* (Brighton: Sussex Academic Press, 2000) pp. 184–8, 196–8, 201–4.

4. *El Socialista*, 16 November 1933; Francisco Largo Caballero, *Discursos*

a los trabajadores (Madrid: Gráfi ca Socialista, 1934) pp. 54–9.

5. Miguel Maura, *Así cayó Alfonso XIII* (Mexico City: Imprenta Mañez, 1962) pp. 88–93.

6. Alcalá-Zamora, *Memorias*, p. 310; Joaquín Chapaprieta, *La paz fue posible* (Barcelona: Ariel, 1971) pp. 243–5; José María Gil Robles, *No fue posible la paz* (Barcelona: Ariel, 1968) pp. 163–4.

7. Azaña, diary entry for 28 June 1937, Manuel Azaña, *Obras completas*, 4 vols (Mexico City: Ediciones Oasis, 1966–8) IV, pp. 635–6.

8. *La Libertad*, 29 May 1935.

9. Rafael Salazar Alonso, *Bajo el signo de la revolución* (Madrid: San Martín, 1935) p. 265; Pedro Sainz Rodríguez, *Testimonio y recuerdos* (Barcelona: Planeta, 1978) p. 157; Townson, *Crisis of Democracy*, pp. 208–11.

10. *El Socialista*, 17, 19, 23 January 1934.

11. *ABC*, 10 February 1933; Joaquín del Moral, *Oligarquía y 'enchufi smo'* (Madrid: Imp. Galo Sáez, 1933) pp. 72–81; Doctor Albiñana, *Prisionero de la República* (Madrid: Imprenta El Financiero, 1932) pp. 215–24; Doctor Albiñana, *Confinado en las Hurdes (una víctima de la Inquisición republicana)* (Madrid: Imprenta El Financiero, 1933) pp. 193–7, 231–2, 362–3; Gabriel Morón, *El fracaso de una revolución* (Madrid: Gráfi ca Socialista, 1935) pp. 106–7;

Townson, *Crisis of Democracy*, pp. 205–10; Raymond Carr, *Spain 1808–1939* (Oxford: Oxford University Press, 1966) pp. 625–6, describes the allegations as 'contemptible'.

12. See speech by Prieto, *DSC*, 18 May 1934.

13. Enrique Montañés, *Anarcosindicalismo y cambio político. Zaragoza, 1930–1936* (Zaragoza: Institución Fernando el Católico, 1989) pp. 98–100; José María Azpíroz Pascual, *Poder político y conflictividad social en Huesca durante la II República* (Huesca: Ayuntamiento de Huesca, 1993) pp. 161–9; Enrique Pradas Martínez, ed., *8 de diciembre de 1933. Insurrección anarquista en La Rioja* (Logroño: Cuadernos Riojanos, 1983) passim; Salvador Forner Muñoz, *Industrialización y movimiento obrero. Alicante 1923–1936* (Valencia: Edicions Alfons el Magnànim, 1982) pp. 354–7; Manuel Pérez Yruela, *La conflictividad campesina en la provincia de Córdoba 1931–1936* (Madrid: Servicio de Publicaciones Agrarias, 1979) pp. 169–71; Francisco Moreno Gómez, *La República y la guerra civil en Córdoba I* (Córdoba: Ayuntamiento de Córdoba, 1982) pp. 244–8; José Manuel Macarro Vera, *La utopía revolucionaria. Sevilla en la segunda República* (Seville: Monte de Piedad y Caja de Ahorros de Sevilla, 1985) p. 368.

14. See speech by Margarita Nelken, *DSC*, 25 January 1934.
15. Joaquín Arrarás, 'Actualidad española', *Acción Española*, No. 42, 1 December 1933, pp. 574–5; José Calvo Sotelo, 'Principios informadores de un programa de Gobierno', *Acción Española*, No. 43, 1 December 1933, pp. 664–7.
16. Anon. (Javier Martínez de Bedoya), *Onésimo Redondo Caudillo de Castilla* (Valladolid: Ediciones Libertad, 1937) pp. 85–90.
17. The only reliable contemporary report of this agreement is Guariglia to MAE, 1 September 1933, in Raffaele Guariglia, *Ambasciata in Spagna e primi passi in diplomazia 1932–1934* (Naples: Edizioni Scientifiche Italiani, 1972) pp. 304–5; Ismael Saz Campos, *Mussolini contra la II República. Hostilidad, conspiraciones, intervención (1931–1936)* (Valencia: Edicions Alfons el Magnànim, 1986), pp. 111–12; Sainz Rodríguez, *Testimonio*, pp. 220–2, 375–6; Gil Robles, *No fue posible*, pp. 442–3; Juan Antonio Ansaldo, ¿Para qué …? *(de Alfonso XIII a Juan III)* (Buenos Aires: Editorial Vasca Ekin, 1951) p. 89.
18. Emmet John Hughes, *Report from Spain* (London: Latimer House, 1947) pp. 34–5; Herbert Rutledge Southworth, *Antifalange. Estudio crítico de 'Falange en la guerra de España' de Maximiano García Venero* (Paris: Ediciones Ruedo Ibérico, 1967) pp. 26–9; Felipe

Ximénez de Sandoval, '*José Antonio' (Biografía apasionada)* (Barcelona: Editorial Juventud, 1941) pp. 204–5, 210–12, 299, 316–17, 330, 358, 437–40; Francisco Bravo Martínez, *Historia de Falange Española de las JONS*, 2nd edn (Madrid: Editora Nacional, 1943) pp. 213–14; Sainz Rodríguez, *Testimonio*, p. 220.
19. Colloquio del Capo del Governo con i rappresentanti della destra spagnola, 31 March 1934, *I Documenti Diplomatici Italiani, 7a serie, vol. XV (18 marzo–27 settembre 1934)* (Rome: Istituto Poligrafico e Zecca dello Stato/ Libreria dello Stato, 1990) pp. 64–8; Antonio Lizarza Iribarren, *Memorias de la conspiración*, 4th edn (Pamplona: Editorial Gómez, 1969) pp. 34–41; *How Mussolini Provoked the Spanish Civil War: Documentary Evidence* (London: United Editorial, 1938) pp. 5–10; Eduardo González Calleja, *Contrarrevolucionarios. Radicalización violenta de las derechas durante la Segunda República, 1931–1936* (Madrid: Alianza Editorial, 2011) pp. 184–7; José Ángel Sánchez Asiaín, *La financiación de la guerra civil española. Una aproximación histórica* (Barcelona: Crítica, 2012) pp. 77–89; Ángel Viñas, ¿Quién quiso la guerra civil? Historia de una conspiración (Barcelona: Crítica, 2019) pp. 85–95.
20. Javier Ugarte Telleria, *La nueva*

Covadonga insurgente. Orígenes sociales y culturales de la sublevación de 1936 en Navarra y el País Vasco (Madrid: Editorial Biblioteca Nueva, 1998) pp. 74–8, 266–71; Eduardo González Calleja, 'La violencia y sus discursos. Los límites de la "fascistización" de la derecha española durante el régimen de la Segunda República', *Ayer*, No. 71, 2008 (3), pp. 98–102; Jordi Canal, *Banderas blancas, boinas rojas. Una historia política del carlismo, 1876–1939* (Madrid: Marcial Pons, 2006) pp. 44–6; Martin Blinkhorn, *Carlism and Crisis in Spain 1931–1939* (Cambridge: Cambridge University Press, 1975) pp. 116–18, 131–40.

21. Julio Gil Pecharromán, *Conservadores subversivos. La derecha autoritaria alfonsina (1913–1936)* (Madrid: Eudema, 1994) pp. 178–83; González Cuevas, *Acción Española*, pp. 230–53; Ximénez de Sandoval, *'José Antonio'*, pp. 420–7; Eugenio Vegas Latapié, *Memorias políticas. El suicidio de la monarquía y la segunda República* (Barcelona: Planeta, 1983) pp. 217–18; Ansaldo, *¿Para qué ...?*, pp. 63–5.

22. Joaquín Arrarás, 'Actualidad española', *Acción Española*, 16 June 1934, No. 55, p. 74.

23. *DSC*, 7 February 1934; Alejandro Lerroux, *La Pequeña historia. Apuntes para la Historia grande vividos y redactados por el autor* (Buenos Aires: Editorial Cimera,

1945) pp. 216–21, 232–6; Martínez Barrio, *Memorias*, p. 217.

24. *El Debate*, 7, 14–17, 20, 22, 28 February 1934; *El Socialista*, 13, 18, 20 February, 4, 7 March 1934.

25. Gil Robles, *No fue posible*, p. 118; *El Debate*, 20, 28 February, 2 March 1934; Lerroux, *La Pequeña historia*, pp. 216–38; Martínez Barrio, *Memorias*, pp. 216–17.

26. Salazar Alonso, *Bajo el signo*, pp. 33–5.

27. *El Debate*, 2, 8, 10, 11, 22, 27 March 1934; *El Socialista*, 29 March 1934; *DSC*, 8 March 1934.

28. *El Debate*, 22, 24 April 1934; *El Socialista*, 22, 24 April 1934; José Monge Bernal, *Acción Popular (Estudios de biología política)* (Madrid: Imprenta Saez Hermanos, 1936) pp. 258–60; Salazar Alonso, *Bajo el signo*, pp. 75–8; Henry Buckley, *Life and Death of the Spanish Republic* (London: Hamish Hamilton, 1940) pp. 126–7; Sid Lowe, *Catholicism, War and the Foundation of Francoism: The Juventud de Acción Popular in Spain, 1931–1939* (Brighton: Sussex Academic Press, 2010) pp. 15–19.

29. Gil Robles, *No fue posible*, pp. 119–22; Salazar Alonso, *Bajo el signo*, pp. 85–93; Lerroux, *La Pequeña historia*, pp. 247–59; *DSC*, 20 April; *El Debate*, 12, 21 April; *El Socialista*, 12 April 1934.

30. Lerroux, *La Pequeña historia*, pp. 260–2; Octavio Ruiz Manjón, *El Partido Republicano Radical 1908–*

1936 (Madrid: Ediciones Giner, 1976) pp. 424–32.

31. Martínez Barrio, *Memorias*, pp. 223–8.

32. *DSC*, 17, 23 May 1934.

33. Gabriel Mario de Coca, *Anti-Caballero. Una crítica marxista de la bolchevización del Partido Socialista Obrero Español* (Madrid: Ediciones Engels, 1936) pp. 137–42; *Renovación*, 10, 17 February, 8 March 1934; *El Sol*, 20, 21 April 1934.

34. *El Debate*, 26 May 1934; *El Socialista*, 24, 25 May 1934; Salazar Alonso, *Bajo el signo*, pp. 121–9; Francisco Cobo Romero, *Labradores, campesinos y jornaleros. Protesta social y diferenciación interna del campesinado jiennense en los orígenes de la Guerra Civil (1931–1936)* (Cordoba: Publicaciones del Ayuntamiento de Córdoba, 1992) pp. 17–20; Mario López Martínez, *órden público y luchas agrarias en Andalucía* (Madrid: Ediciones Libertarias/Ayuntamiento de Córdoba, 1995) pp. 330–45.

35. *El Obrero de la Tierra*, 24 February, 3, 24, 31 March, 14, 21 April 1934.

36. *El Obrero de la Tierra*, 19, 26 May 1934.

37. *DSC*, 30 May 1934; Juan-Simeón Vidarte, *El bienio negro y la insurrección de Asturias* (Barcelona: Grijalbo, 1978) pp. 151–9; Paul Preston, *The Coming of the Spanish Civil War: Reform, Reaction and Revolution in the Second Spanish*

Republic, 2nd edn (London: Routledge, 1994) pp. 147–53.

38. Frederic Escofet, *Al servei de Catalunya i de la República*, 2 vols (Paris: Edicions Catalanes, 1973) I, pp. 199–205; Edgar Allison Peers, *Catalonia Infelix* (London: Methuen, 1937) pp. 222–8; Manuel Azaña, *Mi rebelión en Barcelona* (Madrid: Espasa-Calpe, 1935) pp. 28–38.

39. *DSC*, 25 June, 4 July; *El Debate*, 13, 19 June, 8 July 1934; Azaña, *Obras*, II, pp. 902, 977–98; Gil Robles, *No fue posible*, pp. 124–6; *El Socialista*, 2 May, 9, 13, 17 June, 3 July 1934; José Luis de la Granja Sainz, *El oasis vasco. El nacimiento de Euskadi en la República y la guerra civil* (Madrid: Tecnos, 2007) pp. 116–17; Santiago de Pablo, Ludger Mees and José A. Rodríguez Ranz, *El péndulo patriótico. Historia del Partido Nacionalista Vasco I 1895–1936* (Barcelona: Crítica, 1999) pp. 258–60.

40. Ansaldo, *¿Para qué ...?*, pp. 71–3; Ramiro Ledesma Ramos, *¿Fascismo en España?*, 2nd edn (Barcelona: Ariel, 1968) pp.161–4; Miguel Ramos González, *La violencia en Falange Española* (Oviedo: Ediciones Tarfe, 1993) pp. 75–6; David Jato, *La rebelión de los estudiantes (Apuntes para una Historia del alegre S.E.U.)* (Madrid: CIES, 1953) p. 109.

41. *El Debate*, 11 September; *CEDA*, 15 September; *El Socialista*, 11, 20 September 1934; Gil Robles, *No fue*

posible, pp. 127–30; Manuel Grossi, *La insurrección de Asturias (Quince días de revolución socialista)* (Barcelona: Gráficos Alfa, 1935) pp. 17–18.

42. Francisco Largo Caballero, *Escritos de la República* (Madrid: Fundación Pablo Iglesias, 1985) pp. 143–9; Amaro del Rosal, *1934: el movimiento revolucionario de octubre* (Madrid: Akal, 1983) pp. 233–49; Bernardo Díaz Nosty, *La Comuna asturiana. Revolución de octubre de 1934* (Bilbao: ZYX, 1974) pp. 105–7; Indalecio Prieto, 'La noche del Turquesa', in *Convulsiones de España. Pequeños detalles de grandes sucesos*, 3 vols (Mexico City: Ediciones Oasis, 1967–9) I, pp. 109–11; Grossi, *La insurrección*, p. 23; Salazar Alonso, *Bajo el signo*, pp. 226–51; Manuel Benavides, *La revolución fue así (octubre rojo y negro) reportaje* (Barcelona: Imprenta Industrial, 1935) pp. 9–20.

43. *El Sol*, 12 September 1934; Salazar Alonso, *Bajo el signo*, pp. 316–20; Salazar to Amparo, 30 July, 11 September 1934, reprinted in José García Pradas, 'La conversión ejemplar de un "pobre hombre" que llegó a Ministro de la República', *CNT*, 17 January 1937.

44. *CEDA*, nos 36–7, December 1934.

45. *El Socialista*, 25, 27, 30 September 1934.

46. Salazar Alonso, *Bajo el signo*, pp. 324–5.

47. *El Debate*, 26, 27, 28 September;

DSC, 1 October 1934; Gil Robles, *No fue posible*, pp. 134–9; Alcalá-Zamora, *Memorias*, pp. 285–6; Townson, *Crisis of Democracy*, pp. 265–9.

48. Vidarte, *El bienio negro*, p. 233; Coca, *Anti-Caballero*, p. 107; Lerroux, *La Pequeña historia*, p. 302. On Anguera, see Francisco Madrid, *Ocho meses y un día en el gobierno civil de Barcelona* (Barcelona: La Flecha, 1932) pp. 185–98; Ramon Corts Blay, Joan Galtés Pujol and Albert Manent Segimon, eds, *Diccionari d'història eclesiàstica de Catalunya*, 3 vols (Barcelona: Generalitat de Catalunya/Claret, 1998–2001) III, p. 459; Salazar Alonso, *Bajo el signo*, pp. 324–6.

49. *El Sol*, 3 October 1934; Antonio Ramos Oliveira, *La revolución española de octubre* (Madrid: Editorial España, 1935) pp. 55–61; Martínez Barrio, *Memorias*, pp. 251–3.

50. *El Socialista*, 3, 4 October 1934.

51. Grandizo Munis, *Jalones de derrota, promesa de victoria* (Mexico City: Editorial Lucha Obrera, 1948) pp. 130–40; Joaquín Maurín, *Hacia la segunda revolución. El fracaso de la República y la insurrección de octubre* (Barcelona: Gráficos Alfa, 1935) pp. 147–67; testimony of Madrid CNT Secretary, Miguel González Inestal, to the author; Enrique Castro Delgado, *Hombres Made in Moscú* (Barcelona: Luis de Caralt, 1965) pp. 176–83; Andrés

Nin, *Los problemas de la revolución española* (Paris: Ruedo Ibérico, 1971) pp. 156–7; Santos Juliá Díaz, 'Fracaso de una insurrección y derrota de una huelga: los hechos de octubre en Madrid', *Estudios de Historia Social*, No. 31, October–December 1984.

52. Díaz Nosty, *La Comuna asturiana*, pp. 169–99; Adrian Shubert, 'The Epic Failure: The Asturian Revolution of October 1934', in Paul Preston, ed., *Revolution and War in Spain 1931-1939* (London: Methuen, 1984) pp. 128–31.

53. Escofet, *Al servei*, I, pp. 109–17; J. Costa i Deu and Modest Sabaté, *La nit del 6 d'octubre a Barcelona. Reportatge* (Barcelona: Tipografía Emporium, 1935) pp. 43–55; Enrique de ángulo, *Diez horas de Estat català (Reportage)* (Valencia: Librería Fenollera, 1934) pp. 41–5.

54. General López Ochoa, *Campaña militar de Asturias en octubre de 1934 (narración táctico-episódica)* (Madrid: Ediciones Yunque, 1936) pp. 26–30; Gil Robles, *No fue posible*, pp. 140–1; Vidarte, *El bienio negro*, pp. 358–9; César Jalón, *Memorias políticas. Periodista. Ministro. Presidiario.* (Madrid: Guadarrama, 1973) pp. 128–31; Coronel Francisco Aguado Sánchez, *La revolución de octubre de 1934* (Madrid: Editorial San Martín, 1972) pp. 188–93.

55. Diego Hidalgo, *¿Por qué fui lanzado del Ministerio de la Guerra? Diez meses de actuación ministerial* (Madrid, 1934) pp. 77–81; Concha Muñoz Tinoco, *Diego Hidalgo, un notario republicano* (Badajoz: Diputación Provincial, 1986) pp. 93–5; Elsa López, José álvarez Junco, Manuel Espadas Burgos and Concha Muñoz Tinoco, *Diego Hidalgo. Memoria de un tiempo difícil* (Madrid: Alianza Editorial, 1986) pp. 171–5; Alcalá-Zamora, *Memorias*, p. 296; Vidarte, *El bienio negro*, pp. 290–1.

56. Alcalá-Zamora, *Memorias*, p. 296; Vidarte, *El bienio negro*, pp. 290–1; Ballbé, *Orden público*, pp. 371–2; Paul Preston, *Franco. Caudillo de España*, 3rd edn (Barcelona: Debate, 2015) pp. 132–5.

57. Enric Ucelay da Cal, *La Catalunya populista. Imatge, cultura i política en la etapa republicana (1931-1939)* (Barcelona: Edicions de La Magrana, 1982) pp. 208–20; Maurín, *Segunda revolución*, pp. 123–44; Escofet, *Al servei*, I, pp. 109–44; Josep Dencàs, *El 6 d'octubre des del Palau de Governació* (Barcelona: Edicions Mediterrània, 1935) pp. 70–89; Hilari Raguer, *El general Batet. Franco contra Batet. Crónica de una venganza* (Barcelona: Ediciones Península, 1996) pp. 135–86.

58. Díaz Nosty, *La Comuna asturiana*, pp. 355–69. Among the most convincing witness accounts of the atrocities committed by the African Army in Asturias are those collected at the time by two

relatively conservative individuals, Vicente Marco Miranda, a Republican prosecutor, and Félix Gordón Ordás of Martínez Barrio's Unión Republicana. They are reproduced in Margarita Nelken, *Por qué hicimos la revolución* (Barcelona/París/New York: Ediciones Sociales Internacionales, 1936) pp. 172–255. See also Narcis Molins i Fábrega, *UHP. La insurrección proletaria de Asturias*, 2nd edn (Gijón: Ediciones Júcar, 1977) pp. 169–74, 184–7, 196–219; Leah Manning, *What I Saw in Spain* (London: Gollancz, 1935) pp. 167–221; Fernando Solano Palacio, *La revolución de octubre. Quince días de comunismo libertario en Asturias* (Barcelona: Ediciones El Luchador, 1936) pp. 176–82.

59. López Ochoa in Vidarte, *El bienio negro*, pp. 358–62; Franco in Claude Martin, *Franco, soldado y estadista* (Madrid: Fermín Uriarte, 1965) pp. 129–30; Francisco Franco Bahamonde, *'Apuntes' personales sobre la República y la guerra civil* (Madrid: Fundación Nacional Francisco Franco, 1987); Juan José Calleja, *Yagüe, un corazón al rojo* (Barcelona: Editorial Juventud, 1963) pp. 63–7.

60. *La Vanguardia*, 18 October 1934.

61. *DSC*, 5 November 1934; Manuel Azaña, *Mi rebelión en Barcelona* (Madrid: Espasa-Calpe, 1935) pp. 133–64; Cipriano de Rivas-Cherif, *Retrato de un desconocido.*

Vida de Manuel Azaña (Barcelona: Grijalbo, 1980) pp. 294–9; A. C. Márquez Tornero, *Testimonio de mi tiempo (Memorias de un español republicano)* (Madrid: Editorial Orígenes, 1979) pp. 115–16; Townson, *Crisis of Democracy*, pp. 278–9. Lerroux's mendacious account, *La Pequeña historia*, pp. 318–20.

62. *El Debate*, 24 October 1934; Gil Robles, *No fue posible*, pp. 149–8; Jalón, *Memorias*, pp. 141–9; Lerroux, *La Pequeña historia*, pp. 333–40; Alcalá-Zamora, *Memorias*, pp. 292–4; Javier Tusell and José Calvo, *Giménez Fernández. Precursor de la democracia española* (Seville: Mondadori/Diputación de Sevilla, 1990) pp. 60–1.

63. *El Debate*, 16, 17 November 1934; *DSC*, 5, 6, 15 November 1934; Gil Robles, *No fue posible*, pp. 149–53; Hidalgo, *¿Por qué fui lanzado?*, pp. 19–36; Alfonso Bullón de Mendoza, *José Calvo Sotelo* (Barcelona: Ariel, 2004) pp. 462–4.

64. *DSC*, 21 December; *El Debate*, 28 December 1934; Gil Robles, *No fue posible*, pp. 157–8; Santos Juliá, 'Gil Robles contra Villalobos: la cuestión educativa (1934)', in Ricardo Robledo, ed., *Esta salvaje pesadilla. Salamanca en la guerra civil española* (Barcelona: Crítica, 2007) pp. 53–69; Antonio Rodríguez de las Heras, *Filiberto Villalobos, su obra social y política 1900-1936* (Salamanca: Centro de

Estudios Salmantinos, 1985)
pp. 218–20, 233–4, 257–65.

65. *El Debate*, 24 November, 1, 5, 7, 20,
21 December 1934, 2, 6 February, 1,
19 March 1935; *DSC*, 5, 11, 12, 13
December 1934, 23 January, 27
February, 14 March 1935; Gil
Robles, *No fue posible*, pp. 172–88;
Edward E. Malefakis, *Agrarian
Reform and Peasant Revolution in
Spain* (New Haven, Conn.: Yale
University Press, 1970) pp. 347–55;
Tusell and Calvo, *Giménez
Fernández*, pp. 57–60, 70–106, 110;
Leandro Álvarez Rey, *La derecha en
la II República. Sevilla, 1931–1936*
(Seville: Universidad de Sevilla,
1993) p. 420.

66. *El Debate*, 10 February, 19, 27, 30
March 1935; Lerroux, *La Pequeña
historia*, pp. 369–75; Gil Robles, *No
fue posible*, pp. 212–17; Alcalá-
Zamora, *Memorias*, pp. 301–4.

67. *El Debate*, 20 October, 8 November
1934; 5, 26 February, 19, 24, 26, 27
March 1935; Townson, *Crisis of
Democracy*, pp. 282–3, 287.

68. Buckley, *Life and Death*, pp. 186–7;
Townson, *Crisis of Democracy*,
p. 290.

69. *El Debate*, 2, 3, 21, 23, 28, 30 April,
4, 7 May 1935; Gil Robles, *No fue
posible*, pp. 218–31; Lerroux, *La
Pequeña historia*, pp. 387–91.

70. Gil Robles, *No fue posible*,
pp. 234–62; Franco, *Apuntes
personales*, pp. 13–15; José María
Iribarren, *Mola, datos para una
biografía y para la historia del
alzamiento nacional* (Zaragoza:

Librería General, 1938) p. 44;
González Calleja,
Contrarrevolucionarios, pp. 290–6;
Ricardo de la Cierva, *Francisco
Franco. Un siglo de España*, 2 vols
(Madrid: Editora Nacional, 1973)
pp. 392–8; *ABC*, 31 July 1936.

71. On Martín Veloz, see Javier Infante,
'Sables y naipes: Diego Martín
Veloz (1875–1938). De cómo un
matón de casino se convirtió en
caudillo rural', in Robledo, ed., *Esta
salvaje pesadilla*, pp. 264–79, 425,
428; José Venegas, *Andanzas y
recuerdos de España* (Montevideo:
Feria del Libro, 1948) pp. 74–85;
Indalecio Prieto, *De mi vida.
Recuerdos, estampas, siluetas,
sombras* ... 2 vols (Mexico City:
Ediciones Oasis, 1965) I,
pp. 183–92.

72. Reports of Reich Federation of
Industry and of Wilhelmstrasse, 24
September, 4 October, 4 December
1935, *Documents on German
Foreign Policy*, Series C, vol. IV
(London: HMSO, 1964) pp. 641–50,
698–9, 880–6.

73. Félix Gordón Ordás, *Mi política
fuera de España*, 5 vols (Mexico City:
Autor, 1965–72) II, p. 131; Alcalá-
Zamora, *Memorias*, pp. 310–11.

74. *El Debate*, 20, 24–26 September
1935; Lerroux, *La Pequeña historia*,
pp. 411–40; Chapaprieta, *La paz fue
posible*, pp. 207–30, 246–8; Gil
Robles, *No fue posible*, pp. 286–91;
Jalón, *Memorias*, pp. 219–28.

75. *DSC*, 28 October; *El Debate*, 23, 27,
29, 30 October 1935; Gil Robles, *No

fue posible, pp. 304–12; Primo de Rivera, *Obras*, pp. 665–8; Lerroux, *La Pequeña historia*, pp. 446–55; Chapaprieta, *La paz fue posible*, pp. 243–80; Jalón, *Memorias*, pp. 228–32; Townson, *Crisis of Democracy*, pp. 315–29, 332–7.

76. Chapaprieta, *La paz fue posible*, pp. 292–309; Gil Robles, *No fue posible*, pp. 341–58.

77. *JAP*, 12 October 1935; *El Debate*, 10 November 1935; González Calleja, *Contrarrevolucionarios*, pp. 285–9; Lowe, *Catholicism*, pp. 78–80.

78. Armando Boaventura, *Madrid–Moscovo – Da Ditadura a República e a Guerra Civil de Espanha* (Lisbon: Parceria António Maria Pereira, 1937) pp. 191–2; Ansaldo, *¿Para qué …?*, pp. 110–11; Tusell and Calvo, *Giménez Fernández*, pp. 148, 153–9; Chapaprieta, *La paz fue posible*, pp. 315–30; Alcalá-Zamora, *Memorias*, pp. 340–5; Joaquín Arrarás, *Historia de la Cruzada española*, 8 vols, 36 tomos (Madrid: Ediciones Españolas, 1939–43) II, tomo 8, p. 277; Gil Robles, *No fue posible*, pp. 145–8.

79. *El Debate*, 10–15, 17, 18, 28 December 1935; Gil Robles, *No fue posible*, pp. 358–403; Chapaprieta, *La paz fue posible*, pp. 324–32, 343–77; Manuel Portela Valladares, *Memorias. Dentro del drama español* (Madrid: Alianza Editorial, 1988) pp. 152–60; José Luis Martín Ramos, *El Frente Popular. Victoria y derrota de la democracia en España* (Barcelona: Pasado y Presente,

2015) pp. 141–4.

80. Chris Ealham, *Class, Culture and Conflict in Barcelona 1898–1937* (London: Routledge Cañada Blanch, 2004) pp. 167–8.

81. On the roles of Azaña and Prieto, see Paul Preston, *Comrades! Portraits from the Spanish Civil War* (London: HarperCollins, 1999) pp. 217–20, 256–8. For more detail, see Santos Juliá, *La izquierda del PSOE (1935–1936)* (Madrid: Siglo XXI de España, 1977) pp. 53–111; Vidarte, *Bienio negro*, pp. 387–514; Manuel Azaña, *Discursos en campo abierto* (Madrid: Espasa-Calpe, 1936) pp. 103–242; Azaña, *Obras*, III, pp. 229–93; Márquez Tornero, *Testimonio*, pp. 118–21; Buckley, *Life and Death*, pp. 182–5; Azaña to Prieto, 7 August 1935, Azaña, *Obras*, III, pp. 603–4.

82. José Luis de la Granja Sainz and Luis Sala González, *Vidas cruzadas. Prieto y Aguirre. Los padres fundadores de Euskadi en la República y la guerra civil* (Madrid: Biblioteca Nueva, 2017) p. 43; De la Granja, *El Oasis*, pp. 72–3.

83. Gil Robles, *No fue posible*, pp. 404–30; Javier Tusell, *Las elecciones del Frente Popular*, 2 vols (Madrid: Edicusa, 1971) I, pp. 42–133; *El Socialista*, 11, 18 January 1936; Tusell and Calvo, *Giménez Fernández*, pp. 162–5; Blinkhorn, *Carlism*, p. 204.

84. Díaz Nosty, *La irresistible ascensión*, pp. 290–5; Gil Robles, *No fue posible*, p. 472.

85. *El Socialista*, 18, 19, 30 January, 9,
13 February; *El Debate*, 3, 10, 11,
15, 17 January, 2, 7, 9, 11, 14, 16
February; *JAP*, 21, 28 December
1935, 4 January, 14 February; *ABC*,
7 February; *Ideal*, 3, 14, 15, 28, 29
January, 11, 12, 14, 16 February; *El
Defensor*, 14, 19, 22, 23, 24, 28
January, 1, 11, 6, 15–20 February,
5–7 March; *Ideal*, 3, 14, 15, 28, 29
January, 11, 12, 14, 16 February
1936; Gil Robles, *No fue posible*,
pp. 464–73; Tusell, *Las elecciones*, I,
pp. 150, 211–19, 229–47, 273–85,
II, pp. 123–91, Appendix 7,
pp. 371–401; Díaz Nosty, *La
irresistible ascensión*, pp. 290–1.
86. Chris Ealham, *Living Anarchism:
José Peirats and the Spanish
Anarcho-Syndicalist Movement*
(Oakland, Calif.: AK Press, 2016)
pp. 82–3.
87. Manuel Álvarez Tardío and Roberto
Villa García, *1936. Fraude y
violencia en las elecciones del Frente
Popular* (Barcelona: Espasa, 2017)
pp. 254–73, 279–84, 353–61.
88. Eduardo González Calleja, Francisco
Cobo Romero, Ana Martínez Rus
and Francisco Sánchez Pérez, *La
Segunda República Española*
(Barcelona: Pasado y Presente, 2015)
pp. 832–6; Martín Ramos, *El Frente
Popular*, pp. 144–6.
89. Townson, *Crisis of Democracy*,
pp. 339–43; Ruiz Manjón, *El
Partido Republicano Radical*,
pp. 556–77; Jalón, *Memorias*,
pp. 236–42; Martín Ramos, *El
Frente Popular*, pp. 144–50.

90. *El Debate*, 3 January; *El Socialista*,
30 January 1936; Claude G. Bowers,
My Mission to Spain (London:
Gollancz, 1954) pp. 182–7; Buckley,
Life and Death, pp. 190–1;
Constancia de la Mora, *In Place of
Splendour* (New York: Harcourt,
Brace, 1939) p. 207.
91. Ministerio de la Gobernación,
*Dictamen de la Comisión sobre
ilegitimidad de poderes actuantes en
18 de julio de 1936* (Barcelona:
Editora Nacional, 1939) pp.
31–45.
92. Gil Robles, *No fue posible*,
pp. 431–5.
93. Álvarez Tardío and Villa García,
1936. Fraude y violencia, pp. 380–1,
408–9, 419, 423, 491–8, 515–16;
Enrique Moradiellos, 'Las
elecciones generales de febrero de
1936: una reconsideración
historiográfica', *Revista de Libros*, 13
September 2017, pp. 1–38; Santos
Juliá, 'Las cuentas galanas de 1936',
El País (Babelia), 1 April 2017, p. 8;
Stanley G. Payne, '1936. Fraude y
violencia', *ABC*, 7 May 2017.
94. *El Sol*, 19 February; *El Socialista*, 19
February 1936; Gil Robles, *No fue
posible*, pp. 492–8, 500–2; Azaña,
diary entry, 19 February 1936,
Obras, IV, pp. 563–4; Portela,
Memorias, pp. 175–90; Franco,
Apuntes personales, pp. 25–30;
Ricardo de la Cierva, *Historia de la
guerra civil española* (Madrid:
Editorial San Martín, 1969) I,
pp. 639–42; Arrarás, *Cruzada*, II,
tomo 9, pp. 440–3; Juan-Simeón

Vidarte, *Todos fuimos culpables.*
Testimonio de un socialista español
(Mexico City: Fondo de Cultura
Económica, 1973) pp. 40–2, 47–9;
Servicio Histórico Militar, *Historia
de la guerra de liberación* (Madrid:
Editorial San Martín, 1945) I,
p. 421; Manuel Goded, *Un 'faccioso'
cien por cien* (Zaragoza: Heraldo,
1938) pp. 26–7; Martínez Barrio,
Memorias, pp. 303–7; Servicio
Histórico Militar, *Historia de la
guerra de liberación* (Madrid:
Editorial San Martín, 1945) I,
p. 421.
95. Cipriano de Rivas Cherif, *Retrato
de un desconocido. Vida de Manuel
Azaña* (Barcelona: Grijalbo, 1980)
pp. 320–2.
96. Gil Robles, *No fue posible*,
pp. 719–20; Arrarás, *Cruzada*, II,
tomo 9, p. 467; Franco, *Apuntes
personales*, pp. 33–4; Iribarren,
Mola, pp. 45–6; José María
Iribarren, *Con el general Mola.
Escenas y aspectos inéditos de la
guerra civil* (Zaragoza: Librería
General, 1937) pp. 14–15; Felipe
Bertrán Güell, *Preparación y
desarrollo del alzamiento nacional*
(Valladolid, 1939) pp. 116–17.
97. Gil Robles and March were in touch
during the Republic and in later
years had a business relationship,
Gil Robles, *No fue posible*, pp. 772,
780, 789–90, 794, 798. On March's
direct contacts with the generals,
see Gustau Nerín, *La guerra que
vino de África* (Barcelona: Crítica,
2005) pp. 132–3.

98. Lowe, *Catholicism*, pp. 139–47.
99. Louis Fischer, *Men and Politics: An
Autobiography* (London: Jonathan
Cape, 1941) p. 309.
100. Azaña to Rivas Cherif, 17 March
1936, in Rivas Cherif, *Retrato*,
pp. 665–6; Moreno Gómez, *La
República*, pp. 352–68; Pérez Yruela,
La conflictividad, pp. 205–7; Cobo
Romero, *Labradores*, pp. 445–53;
Malefakis, *Agrarian Reform*,
pp. 364–9.
101. *El Socialista*, 7, 8, 15 March 1936;
speech by Rodolfo Llopis, *DSC*, 15
April; *El Debate*, 18, 19 March 1936;
Gil Robles, *No fue posible*,
pp. 575–6; Vidarte, *Todos fuimos
culpables*, p. 53; Lowe, *Catholicism*,
pp. 111–24; González Calleja,
Contrarrevolucionarios, pp. 307–29.
102. *El Socialista*, 22 March; *Claridad*, 6
April, 30 May 1936.
103. Ministerio de la Gobernación,
Dictamen, pp. 33–46, 128–9;
Richard, A. H. Robinson, *The
Origins of Franco's Spain: The Right,
the Republic and Revolution, 1931–
1936* (Newton Abbot: David &
Charles, 1970) pp. 255–7; Stanley
G. Payne, *Spain's First Democracy:
The Second Republic, 1931–1936*
(Madison, Wis.: Wisconsin
University Press, 1993)
pp. 296–301; Tusell, *Las elecciones*,
II, pp. 190–1; Alcalá-Zamora,
Memorias, pp. 350–3; Gil Robles,
No fue posible, pp. 541–7; Álvarez
Tardío and Villa García, *1936.
Fraude y violencia*, pp. 383–409,
454–73, 491–8.

104. *DSC*, 20, 24, 31 March, 1, 2 April; *El Debate*, 28, 29, 31 March 1936; Vidarte, *Todos fuimos culpables*, p. 71; José Venegas, *Las elecciones del Frente Popular* (Buenos Aires: PHAC, 1942) pp. 47–8; Gil Robles, *No fue posible*, pp. 548–9; Prieto, prologue to Luis Romero Solano, *Vísperas de la guerra de España* (Mexico City: El Libro Perfecto, n.d. [1947]) pp. 6–7.

105. *DSC*, 31 March; *ABC*, 1 April 1936; Tusell and Calvo, *Giménez Fernández*, pp. 184–7.

106. *DSC*, 15 April 1936; Bullón de Mendoza, *Calvo Sotelo*, pp. 598–603.

107. *ABC*, 4, 5, 11 March, 2, 19, 29 April 1936; Colin M. Winston, *Workers and the Right in Spain 1900–1936* (Princeton, NJ: Princeton University Press, 1985) pp. 306–22; Ansaldo, ¿*Para qué ...?*, pp. 76–8; Buckley, *Life and Death*, p. 129; De la Mora, *In Place of Splendour*, pp. 214–15; Stanley G. Payne, *Falange: A History of Spanish Fascism* (Stanford, Calif.: Stanford University Press, 1961) pp. 98–105; Stanley G. Payne, *Fascism in Spain 1923–1977* (Madison, Wis.: Wisconsin University Press, 1993) pp. 185–201.

108. Bowers, *My Mission*, pp. 200–10, 224–5.

109. For analyses of political violence during the spring of 1936, see Eduardo González Calleja, *Cifras cruentas. Las víctimas mortales de la violencia sociopolítica en la Segunda República española (1931–1936)* (Granada: Editorial Comares, 2015) pp. 285–93; Rafael Cruz, *En el nombre del pueblo. República, rebelión y guerra en la España de 1936* (Madrid: Siglo XXI de España, 2006) pp. 164–70.

110. Bullón de Mendoza, *Calvo Sotelo*, pp. 612–25, 634–42.

111. Alcalá-Zamora, *Memorias*, pp. 359–71.

112. Vidarte, *Todos fuimos culpables*, pp. 115–18; Indalecio Prieto, *Cartas a un escultor. Pequeños detalles de grandes sucesos* (Buenos Aires: Editorial Losada, 1961) pp. 44–5.

113. Manuel Azaña, *Apuntes de memoria inéditos y cartas 1938–1939–1940* (Valencia: Pre-Textos, 1990) pp. 17–18.

114. *El Obrero de la Tierra*, 18 April 1, 16, 23, 30 May, 13, 20, 27 June; *Claridad*, 6, 9, 18 June; *DSC*, 5 June 1936; Manuel Requena Gallego, *Los sucesos de Yeste (mayo 1936)* (Albacete: Instituto de Estudios Albacetenses, 1983) pp. 83–100; Manuel Ortiz Heras, *Violencia política en la II República y el primer franquismo. Albacete, 1936–1950* (Madrid: Siglo XXI de España, 1996) pp. 58–63.

115. Gil Robles, *No fue posible*, pp. 719, 728–30, 789, 798; Gil Robles to Mola, 29 December 1936 and 1 January 1937, in Francisco Franco Salgado-Araujo, *Mi vida con Franco* (Barcelona: Planeta, 1977) pp. 202–3; Sánchez Asiaín, *La*

financiación, pp. 1143–7.

116. *El Socialista*, 26 March; *Claridad*, 9, 10, 11, 12, 16, 18, 19, 22 April; 11 May, 1, 6, 9, 18 June, 1, 2, 13 July 1936.

117. Paul Preston, *The Last Stalinist: Santiago Carrillo 1915–2012* (London: William Collins, 2014) pp. 58–66.

118. *Claridad*, 20 May, 1 June 1936; Prieto, *Convulsiones*, III, pp. 159–60; Vidarte, *Todos fuimos culpables*, pp. 199–200, 859–61; Helen Graham, *Socialism and War: The Spanish Socialist Party in Power and Crisis, 1936–1939* (Cambridge: Cambridge University Press, 1991) pp. 28–40; José María Varela Rendueles, *Rebelión en Sevilla. Memorias de un Gobernador rebelde* (Seville: Ayuntamiento de Sevilla, 1982) pp. 51–6.

119. Vidarte, *Todos fuimos culpables*, pp. 93–5, 99–100, 146–7, 190–2; Prieto, *Convulsiones*, III, pp. 143–4; Francisco Largo Caballero, *Escritos de la República* (Madrid: Fundación Pablo Iglesias, 1985) pp. 304–6; Prieto, *Cartas a un escultor*, p. 57.

120. Payne, *Falange*, pp. 104–5; Blinkhorn, *Carlism*, pp. 234–5; Rafael Valls, *La Derecha Regional Valenciana 1930–1936* (Valencia: Edicions Alfons el Magnànim, 1992) pp. 227–34; Lowe, *Catholicism*, pp. 131–40; Ugarte, *La nueva Covadonga insurgente*, p. 67; Vincent, *Catholicism*, pp. 242–3; Vicent Comes Iglesia, *En el filo de la navaja. Biografía política de Luis Lucia Lucia* (Madrid: Biblioteca Nueva, 2002) pp. 350–61.

121. *DSC*, 19 May, 16 June; *ABC*, 20 May, 17 June 1936.

122. *DSC*, 16 June; *ABC*, 17 June 1936.

123. Fernando Puell de la Villa, 'La trama militar de la conspiración', in Francisco Sánchez Pérez, ed., *Los mitos del 18 de julio* (Barcelona: Crítica, 2013) pp. 71–7. For all Mola's instructions, see *ibid.*, pp. 341–67.

124. Juan de Iturralde, *La guerra de Franco, los vascos y la Iglesia*, 2 vols (San Sebastián: Publicaciones del Clero Vasco, 1978) I, p. 433.

125. B. Félix Maíz, *Alzamiento en España*, 2nd edn (Pamplona: Editorial Gómez, 1952) pp. 53–6, 61–3, 67.

126. Pedro Luis Angosto, *José Alonso Mallol. El hombre que pudo evitar la guerra* (Alicante: Instituto de Cultura Juan Gil-Albert, 2010) pp. 199, 212–14; Dolores Ibárruri, *El único camino* (Madrid: Editorial Castalia, 1992) p. 349; Enrique Líster, *Nuestra guerra* (Paris: Colección Ebro, 1966) pp. 30–1.

127. Ignacio Hidalgo de Cisneros, *Cambio de rumbo*, 2 vols (Bucharest: Colección Ebro, 1964–70) II, pp. 131–5; Juan José Calleja, *Yagüe, un corazón al rojo* (Barcelona: Editorial Juventud, 1963) pp. 75–6.

128. Mariano Ansó, *Yo fui ministro de Negrín* (Barcelona: Planeta, 1976) pp. 122–3; Carlos Fernández Santander, *Casares Quiroga, una*

pasión republicana (Sada-A Coruña: Ediciós do Castro, 2000) pp. 235–40.

129. *Gaceta de Tenerife*, 26 August; *The Times*, 7 September 1936.

130. For contrasting accounts of the role of Romerales, see Julio Busquets and Juan Carlos Losada, *Ruido de sables. Las conspiraciones militares en la España del siglo XX* (Barcelona: Crítica, 2003) pp. 63–8; Joaquín Gil Honduvilla, 'La sublevación de julio de 1936: Proceso militar al general Romerales 2004', *Historia Actual Online*, No. 4, Spring 2004, pp. 107–8.

131. Saz Campos, *Mussolini contra la II República*, pp. 166–74; Morten Heiberg, *Emperadores del Mediterráneo. Franco, Mussolini y la guerra civil española* (Barcelona: Crítica, 2004) p. 51; Morten Heiberg and Manuel Ros Agudo, *La trama oculta de la guerra civil. Los servicios secretos de Franco 1936–1945* (Barcelona: Crítica, 2006) pp. 30–8; Sainz Rodríguez, *Testimonio*, pp. 232–3; Ángel Viñas, 'La connivencia fascista con la sublevación y otros éxitos de la trama civil', in Sánchez Pérez, ed., *Los mitos*, pp. 90–106. The contracts are reproduced in Sánchez Pérez, ed., *Los mitos*, pp. 169–81.

132. Vegas Latapié, *Memorias*, p. 184; Sainz Rodríguez, *Testimonio*, p. 247; Ansaldo, *¿Para qué …?*, p. 121.

133. Gil Robles, *No fue posible*, p. 780; José Ignacio Luca de Tena, *Mis amigos muertos* (Barcelona: Planeta, 1971) p. 164; Torcuato Luca de Tena, *Papeles para la Pequeña y la gran historia. Memorias de mi padre y mías* (Barcelona: Planeta, 1991) pp. 207–8.

134. Interviews with Bebb and Pollard, *Guardian*, 7 July 1966; Douglas Jerrold, *Georgian Adventure* (London: Right Book Club, 1937) pp. 367–73; Antonio González Betes, *Franco y el Dragón Rapide* (Madrid: Ediciones Rialp, 1987) pp. 96–121; Peter Day, *Franco's Friends: How British Intelligence Helped Bring Franco to Power in Spain* (London: Biteback, 2011) pp. 15–26, 70–88; Graham D. Macklin, 'Major Hugh Pollard, MI6, and the Spanish Civil War', *Historical Journal*, Vol. 49, Issue 1 (2006) pp. 277–80. The definitive forensic analysis of the evidence is by Ángel Viñas, *La conspiración del General Franco y otras revelaciones acerca de una guerra civil desfigurada*, 2nd edn (Barcelona: Crítica, 2012) pp. 30–74. On Bolín in Africa, Nerín, *La guerra*, p. 136.

135. Julián Zugazagoitia, *Guerra y vicisitudes de los españoles*, 2 vols (Paris: Librería Española, 1968) I, pp. 28–32; Prieto, *Convulsiones*, I, pp. 157–63; Vidarte, *Todos fuimos culpables*, pp. 213–17; Ian Gibson, *La noche en que mataron a Calvo Sotelo* (Barcelona: Argos Vergara, 1982) pp. 15–22.

136. Vegas Latapié, *Memorias*, pp. 310–15.

137. ÁngelViñas, Miguel Ull Laita and Cecilio Yusta, *El primer asesinato de Franco. La muerte del general Balmes y el inicio de la sublevación* (Barcelona: Crítica, 2018) pp. 110–24, 175ff.

138. Gil Robles, *No fue posible*, p. 743; *Solidaridad Obrera*, 24 February 1937; S. Cánovas Cervantes, *Apuntes históricos de Solidaridad Obrera* (Barcelona: Ediciones CNT, 1937) p. 447.

第十一章　内战：仇恨、无能和利益，1936—1939 年

1. On the repression behind the lines, see Paul Preston, *The Spanish Holocaust: Inquisition and Extermination in Twentieth-Century Spain* (London: HarperCollins, 2012).

2. *Ibid.*, pp. 137, 139, 156, 169, 187, 212, 310, 315, 321, 326; Pura Sánchez, *Individuas de dudosa moral. La represión de las mujeres en Andalucía (1936–1958)* (Barcelona: Crítica, 2009) pp. 215–31.

3. Juan de Iturralde, *La guerra de Franco, los vascos y la Iglesia*, 2 vols (San Sebastián: Publicaciones del Clero Vasco, 1978) I, p. 433.

4. José María Iribarren, *Con el general Mola. Escenas y aspectos inéditos de la guerra civil* (Zaragoza: Librería General, 1937) p. 169.

5. *Ibid.*, pp. 64–6; Diego Martínez Barrio, *Memorias* (Barcelona: Planeta, 1983) pp. 358–64; Carlos Blanco Escolá, *General Mola. El ególatra que provocó la guerra civil*

(Madrid: La Esfera de los Libros, 2002) pp. 284–6.

6. Julian Zugazagoitia, *Guerra y vicisitudes de los españoles*, 2nd edn, 2 vols (Paris: Librería Española, 1968) I, p. 65; Helen Graham, *The Spanish Republic at War 1936–1939* (Cambridge: Cambridge University Press, 2002) pp. 82–3; Indalecio Prieto, *Convulsiones de España. Pequeños detalles de grandes sucesos*, 3 vols (Mexico City: Ediciones Oasis, 1967–9) p. 149; Manuel Azaña, *Obras completas*, 4 vols (Mexico City: Ediciones Oasis, 1966–8) pp. 487–9.

7. Maximiano García Venero, *El general Fanjul. Madrid en el alzamiento nacional* (Madrid: Ediciones Cid, 1967) pp. 338–44; Luis Enrique Délano, *Cuatro meses de guerra civil en Madrid* (Santiago de Chile: Editorial Panorama, 1937) pp. 12–13; Joaquín Arrarás, *Historia de la Cruzada española*, 8 vols, 36 tomos (Madrid: Ediciones Españolas, 1939–43) IV, tomo 17, pp. 403–9, 434–68; José Martín Blázquez, *I Helped to Build an Army: Civil War Memoirs of a Spanish Staff Officer* (London: Secker & Warburg, 1939) pp. 111–17; Zugazagoitia, *Guerra y vicisitudes*, I, pp. 69–71; Luis Romero, *Tres días de julio (18, 19 y 20 de 1936)*, 2nd edn (Barcelona: Ariel, 1968) pp. 414–16, 432–5, 457–62, 469–91, 543–58.

8. Frederic Escofet, *Al servei de Catalunya i la República*, 2 vols

(Paris: Edicions Catalanes, 1973)
II, pp. 205–435; Manuel Goded,
Un 'faccioso' cien por cien
(Zaragoza: Librería General, 1939)
pp. 44–59.

9. Mijail Koltsov, *Diario de la guerra
de España* (Paris: Ruedo Ibérico,
1963) p. 55; Juan-Simeón Vidarte,
Todos fuimos culpables (Mexico
City: Fondo de Cultura Económica,
1973) p. 476.

10. For more detail on the
consequences of the coup in the
Republican zone, see Preston, *The
Spanish Holocaust*, chs 7 and 8.

11. Michael Alpert, *La guerra civil
española en el mar* (Madrid: Siglo
XXI de España, 1987) pp. 40–55;
Daniel Sueiro, *La fl ota es roja. Papel
clave del radiotelegrafi sta Benjamín
Balboa en julio de 1936* (Barcelona:
Editorial Argos Vergara, 1983)
passim; Manuel D. Benavides, *La
escuadra la mandan los cabos*, 2nd
edn (Mexico City: Ediciones Roca,
1976) pp. 123–58.

12. Arrarás, *Cruzada*, III, tomo 10,
pp. 118–19; Francisco Franco
Salgado-Araujo, *Mi vida junto a
Franco* (Barcelona: Planeta, 1977)
pp. 181–2; José Manuel Martínez
Bande, *La campaña de Andalucía*,
2nd edn (Madrid: Editorial San
Martín, 1986) pp. 55–8; Alfredo
Kindelán Duany, *La verdad de mis
relaciones con Franco*, 2nd edn
(Barcelona: Planeta, 1981)
pp. 176–7.

13. María Rosa de Madariaga, *Los
moros que trajo Franco* (Madrid:

Alianza Editorial, 2015) pp. 187–98;
Francisco Sánchez Ruano, *Islam y
Guerra Civil Española. Moros con
Franco y con la República* (Madrid:
La Esfera de los Libros, 2004)
pp. 149–50; Gustau Nerín, *La
guerra que vino de áfrica*
(Barcelona: Crítica, 2005)
pp. 169–91, 237–42; Sebastian
Balfour, *Deadly Embrace: Morocco
and the Road to the Spanish Civil
War* (Oxford: Oxford University
Press, 2002) pp. 285–94; Ali Al
Tuma, *Guns, Culture and Moors:
Racial Perceptions, Cultural Impact
and the Moroccan Participation in
the Spanish Civil War* (London:
Routledge, 2018) pp. 110–16.

14. Gabriel Cardona, 'Factores militares
esenciales de la guerra civil
española', in Enrique Fuentes
Quintana and Francisco Comín
Comín, eds, *Economía y
economistas españoles en la guerra
civil*, 2 vols (Barcelona: Real
Academia de Ciencias Morales y
Política & Círculo de Lectores,
2008) pp. 279–99.

15. Paul Preston, *Franco: A Biography*
(London: HarperCollins, 1993)
pp. 153–63; Ángel Viñas, *Franco,
Hitler y el estallido de la guerra civil.
Antecedentes y consecuencias*
(Madrid: Alianza Editorial, 2001)
pp. 335–402; Paul Preston,
'Mussolini's Spanish Adventure:
From Limited Risk to War', in Paul
Preston and Ann Mackenzie, eds,
*The Republic Besieged: Civil War in
Spain 1936-1939* (Edinburgh:

Edinburgh University Press, 1996) pp. 21–51.

16. The fullest account is by Francisco Espinosa Maestre, *La columna de la muerte. El avance del ejército franquista de Sevilla a Badajoz*, 2nd edn (Barcelona: Crítica, 2017).

17. Zugazagoitia, *Guerra y vicisitudes*, I, pp. 102–3; Gerald Howson, *Arms for Spain: The Untold Story of the Spanish Civil War*, 2nd edn (New York: St Martin's Press, 1999) pp. 75–80; Ángel Viñas, *El escudo de la República. El Oro de España, la apuesta soviética y los hechos de mayo de 1937* (Barcelona: Crítica, 2007) pp. 89–121.

18. Rafael Abella, *La vida cotidiana durante la guerra civil*, Vol. I: *La España Nacional* (Barcelona: Planeta, 1978) pp. 51–4.

19. *El Socialista*, 25 July 1936; Mercedes Cabrera, *Juan March (1880–1962)* (Madrid: Marcial Pons, 2011) pp. 277–8, 295–307.

20. Bernardo Díaz Nosty, *La irresistible ascensión de Juan March* (Madrid: Sedmay Ediciones, 1977) p. 303.

21. Francisco Franco Bahamonde, *Palabras del Caudillo 19 abril 1937-7 diciembre 1942* (Madrid: Ediciones de la Vice-Secretaría de Educación Popular, 1943) pp. 231–5.

22. Arturo Dixon, *Señor Monopolio. La asombrosa vida de Juan March* (Barcelona: Planeta, 1985) p. 134; Luis Romero, *Tres días de julio (18, 19 y 20 de 1936)*, 2nd edn (Barcelona: Ariel, 1968) p. 20; Franco Salgado-Araujo, *Mi vida*,

p. 150; Pilar Franco Bahamonde, *Nosotros los Franco* (Barcelona: Planeta, 1980) pp. 98–100; Díaz Nosty, *La irresistible ascensión*, pp. 303–7; Ramón Garriga, *Juan March y su tiempo* (Barcelona: Planeta, 1976) pp. 373–6. On March and Sangróniz, see Ramón Garriga, *La Señora de El Pardo* (Barcelona: Planeta, 1979) pp. 90, 120; José Antonio Vaca de Osma, *La larga guerra de Francisco Franco* (Madrid, Ediciones RIALP, 1991) pp. 117–20. On Peire, see Ricardo de la Cierva, *Historia de la guerra civil española*, Vol. I (Madrid: Editorial San Martín, 1969) p. 748.

23. Ismael Saz Campos, *Mussolini contra la II República. Hostilidad, conspiraciones, intervención (1931–1936)* (Valencia: Edicions Alfons el Magnànim, 1986) pp. 166–74.

24. Jehanne Wake, *Kleinwort Benson: The History of Two Families in Banking* (New York: Oxford University Press, 1997) pp. 250–4; José ángel Sánchez Asiaín, *La financiación de la guerra civil española. Una aproximación histórica* (Barcelona: Crítica, 2012) pp. 119–20, 180–5, 199–204.

25. José Ignacio Luca de Tena, *Mis amigos muertos* (Barcelona: Planeta, 1971) pp. 83, 162–4; Torcuato Luca de Tena, *Papeles para la Pequeña y la gran historia. Memorias de mi padre y mías* (Barcelona: Planeta, 1991) pp. 200, 207, 210; Cabrera, *Juan March*, pp. 293–4; Asiaín, *La financiación*, pp. 186–90; Ángel

Viñas, 'La connivencia fascista con la sublevación y otros éxitos de la trama civil', in Francisco Sánchez Pérez, ed., *Los mitos del 18 de julio* (Barcelona: Crítica, 2013) pp. 114–18; Wake, *Kleinwort Benson*, pp. 252–3.

26. Francisco Franco Bahamonde, '*Apuntes' personales sobre la República y la guerra civil* (Madrid: Fundación Francisco Franco, 1987) p. 35; 'La historia del Alzamiento Nacional contada por su Jefe de Estado Mayor', *Falange*, 15 March 1939.

27. T. F. Burns, Memorandum for Hoare, 11 April 1944, Templewood Papers, Cambridge University Library, XIII/6/28, p. 2.

28. Wake, *Kleinwort Benson*, p. 252.

29. On the negotiation and payment for the Italian aircraft, see Paul Preston, 'Mussolini's Spanish Adventure: From Limited Risk to War', in Preston and Mackenzie, eds, *The Republic Besieged*, pp. 33–5; José Gutiérrez Ravé, *Antonio Goicoechea* (Madrid: Celebridades, 1965) pp. 34–6; Díaz Nosty, *La irresistible ascensión*, pp. 307–18, 325–34; Ángel Viñas, *Las armas y el oro. Palancas de la guerra civil, mitos del Franquismo* (Barcelona: Pasado y Presente, 2013) pp. 360–4; Cabrera, *Juan March*, pp. 276–87; Sánchez Asiaín, *La financiación*, pp. 168–9, 177–85, 190–3 199–205, 222–5; Garriga, *Juan March*, pp. 379–82.

30. Wake, *Kleinwort Benson*, pp. 253–4;

Mariano Sánchez Soler, *Ricos por la guerra civil de España* (Madrid: Editorial Raíces, 2007) pp. 41–4; Viñas, *Las armas*, pp. 368–70.

31. Cabrera, *Juan March*, pp. 278–9, 287–8, 302–4; Sánchez Soler, *Ricos*, pp. 85–9; Ramón Garriga, *Nicolás Franco, el hermano brujo* (Barcelona: Planeta, 1980) pp. 19–20.

32. Tomeu Ferrer, *Vint dies de guerra* (Palma de Mallorca: Edicions Documenta Balear, 2005) pp. 216–18; Alberto Bayo, *Mi desembarco en Mallorca (de la guerra civil española)* (Palma de Mallorca: Miquel Font Editor, 1987) pp. 85–150; Josep Massot i Muntaner, *El desembarcament de Bayo a Mallorca, Agost–Setembre de 1936* (Barcelona: Publicacions de l'Abadia de Montserrat, 1987) pp. 60, 92, 110, 138–40, 252, 268; José Manuel Martínez Bande, *La invasión de Aragón y el desembarco en Mallorca*, 2nd edn (Madrid: Editorial San Martín, 1989) pp. 143–211; Sánchez Asiaín, *La financiación*, pp. 206–22.

33. Bayo, *Mi desembarco*, pp. 134–5; Josep Massot i Muntaner, *Arconovaldo Bonacorsi. El 'Conde Rossi'. Mallorca, agost–desembre 1936. Màlaga, gener–febrer 1937* (Barcelona: Publicacions de l'Abadia de Montserrat, 2017) pp. 127–70; Josep Massot i Muntaner, *Guerra civil i repressió a Mallorca* (Barcelona: Publicacions de l'Abadia de Montserrat, 1997)

pp. 59–126.

34. Alejandro Lerroux, *Mis memorias* (Madrid: Afrodisio Aguado, 1963) pp. 637–9; Lerroux to Franco, 18 July 1937, 25 February 1938, 29 March 1939, reprinted in Franco Salgado-Araujo, *Mi vida*, pp. 373, 375, 381–2; Alejandro Lerroux, *La Pequeña historia. Apuntes para la Historia grande vividos y redactados por el autor* (Buenos Aires: Editorial Cimera, 1945) pp. 588–91.

35. Sánchez Asiaín, *La financiación*, pp. 138–49; Borja de Riquer i Permanyer, *L'últim Cambó (1936–1947). La dreta catalanista davant la guerra civil i el franquisme* (Barcelona: Eumo Editorial, 1996) pp. 52–65, 99–102, 178–89; Morten Heiberg and Manuel Ros Agudo, *La trama oculta de la guerra civil. Los servicios secretos de Franco 1936–1945* (Barcelona: Crítica, 2006) pp. 17, 59–60, 100–3, 258–9. The account by José Bertrán y Musitu, *Experiencias de los Servicios de Información del Nordeste de España(S.I.F.N.E.) durante la guerra*(Madrid: Espasa Calpe, 1940) does not mention Cambó.

36. See for example Francesc Cambó, 'Democracy and Spanish Conflict' and 'Spain under Shadow of Anarchist Rule', *Daily Telegraph*, 28, 29 December 1936.

37. Francesc Cambó, diary entries for 13 July 1937, 23, 24 March 1938, *Meditacions: dietari (1936–1940)* (Barcelona: Editorial Alpha, 1982)

pp. 147, 303–4.

38. Paul Preston, 'The Great Civil War: European Politics, 1914–1945', in Tim Blanning, ed., *The Oxford History of Modern Europe* (Oxford: Oxford University Press, 2000) pp. 153–84.

39. Chilton to Eden, 10 January (TNA FO 371/20520, W344/62/41), 21 February 1936 (FO 371/20520, W1639/62/41), 3 March (FO 371/20520, W2014/62/41), 24 March (FO 371/20520, W2868/62/41), 26 March (FO 371/20520, W2888/62/41), 7 April (FO 371/20521, W3224/62/41), 18 April (FO 371/20521, W3449/62/41), 2 May (FO 371/20521, W3947/62/41), Ogilvie-Forbes to Eden, 3 March (FO 371/20520, W2015/62/41), 17 June (FO 371/20522, W5670/62/41); Enrique Moradiellos, *La perfidia de Albión. El Gobierno británico y la guerra civil española* (Madrid: Siglo XXI de España, 1996) pp. 64–87; Douglas Little, *Malevolent Neutrality: The United States, Great Britain, and the Origins of the Spanish Civil War* (Ithaca, NY: Cornell University Press, 1985) pp. 184–220.

40. Sir M. Hankey, 'The Future of the League of Nations', Cabinet minutes, 20 July 1936, TNA CAB 63–51.

41. Jean Lacouture, *Léon Blum* (New York: Holmes & Meier, 1982) pp. 305–6; Hugh Thomas, *The Spanish Civil War*, 3rd edn

(London: Hamish Hamilton, 1977) pp. 337, 343–4; Julian Jackson, *The Popular Front in France: Defending Democracy, 1934–1938* (Cambridge: Cambridge University Press, 1988) p. 202.

42. David Carlton, 'Eden, Blum and the Origins of Non-Intervention', *Journal of Contemporary History*, Vol. VI, No. 3, 1971, pp. 41–5; Anthony Eden, *Facing the Dictators* (London: Cassell, 1962) p. 405; Joel Colton, *Léon Blum: Humanist in Politics* (New York: Alfred A. Knopf, 1966) p. 241.

43. David Wingeate Pike, *La Galia dividida. Los franceses y la Guerra Civil española* (A Coruña: Ediciones del Viento, 2016) pp. 54–7; *The Times*, 26 July 1936; Carlton, 'Eden, Blum', pp. 47–52; John E. Dreifort, *Yvon Delbos at the Quai d'Orsay: French Foreign Policy during the Popular Front* (Lawrence, Kan.: University Press of Kansas, 1973) pp. 44–9; Moradiellos, *La perfidia*, pp. 64–87; Eden, *Facing the Dictators*, pp. 401–3.

44. Lacouture, *Léon Blum*, pp. 311–12; Dreifort, *Yvon Delbos*, pp. 50–1.

45. Moradiellos, *La perfidia*, pp. 71–2.

46. Zara Steiner, *The Triumph of the Dark: European International History 1933–1939* (Oxford: Oxford University Press, 2011) pp. 202–3; Henry Buckley, *Life and Death of the Spanish Republic* (London: Hamish Hamilton, 1940) p. 321.

47. Ingram to Eden, 28 July 1936, *Documents on British Foreign Policy*, 2nd Series, Vol. XVII (London: HMSO, 1979) pp. 31–2; Nino D'Aroma, *Un popolo alla prova. Dieci anni di guerra (1935–1945)*, 4 vols (Palermo: Editore Cusimano, 1967) I, pp. 282–3.

48. Vitetti to Ciano, 29 July, 3 August, Ciano to Vitetti, 30 July 1936, *I Documenti Diplomatici Italiani, 8a serie, vol. IV (10 maggio–31 agosto 1936)* (Rome: Istituto Poligrafico e Zecca dello Stato/Libreria dello Stato, 1993) pp. 711–13, 719–20, 736–7; Saz Campos, *Mussolini contra la II República*, pp. 204–5; Enrique Moradiellos, *Neutralidad benévola. El Gobierno británico y la insurrección militar española de 1936* (Oviedo: Pentalfa Ediciones, 1990) pp. 172–3.

49. Enrique Moradiellos, 'El mundo ante el avispero español. Intervención y no intervención extranjera en la guerra civil', in Santos Juliá, ed., *Historia de España Menéndez Pidal Tomo XL. República y guerra civil* (Madrid: Espasa Calpe, 2004) p. 253; Archivo del Ministerio de Asuntos Exteriores, legajo R-981, Expediente 5 (AMAE: R-981, E-5); José Antonio Durango, 'La política exterior del general Franco, 1938–1940', unpublished doctoral thesis, Universidad de Zaragoza, 1992, pp. 1–5; Francisco Serrat Bonastre, *Salamanca, 1936. Memorias del primer 'ministro' de Asuntos Exteriores de Franco* (Barcelona: Crítica, 2014) pp. 162–3.

50. Vitetti to Ciano, 7 August 1937, *I Documenti Diplomatici Italiani, 8a serie, vol. IV*, p. 774.

51. Moradiellos, *Neutralidad benévola*, pp. 95–103; Steiner, *The Triumph*, p. 201.

52. Paul Preston, 'The Answer lies in the Sewers: Captain Aguilera and the Mentality of the Francoist Officer Corps', *Science & Society*, Vol. 68, No. 3, Fall 2004, p. 289; Peter Day, *Franco's Friends: How British Intelligence Helped Bring Franco to Power in Spain* (London: Biteback, 2011) pp. 10–14.

53. Jean-François Berdah, *La democracia asesinada. La República española y las grandes potencias, 1931–1939* (Barcelona: Crítica, 2002) pp. 247–74; Viñas, *Las armas*, pp. 254–5.

54. Espinosa Maestre, *La columna de la muerte*, pp. 8–95, 205–34; Preston, *The Spanish Holocaust*, pp. 304–24; Mário Neves, *La matanza de Badajoz* (Badajoz: Editora Regional de Extremadura, 1986) pp. 43–53; Herbert Rutledge Southworth, *El mito de la cruzada de Franco* (Paris: éditions Ruedo Ibérico, 1963) pp. 217–31.

55. *The Times*, 29, 31 August, 1, 2, 4, 5 September 1936; José Manuel Martínez Bande, *Nueve meses de guerra en el norte* (Madrid: Editorial San Martín, 1980) pp. 64–86.

56. José María Ruiz Alonso, *La guerra civil en la provincia de Toledo. Utopía, Conflicto y poder en el sur del Tajo (1936–1939)*, 2 vols (Ciudad Real: Almud, Ediciones de Castilla-La Mancha, 2004) I, pp. 166–85; Rafael Casas de la Vega, *El Alcázar* (Madrid: G. del Toro, 1976) pp. 38–77; Antonio Vilanova Fuentes, *La defensa del Alcázar de Toledo (epopeya o mito)* (Mexico City: Editores Mexicanos Unidos, 1963) pp. 107–92; Gregorio Gallego, *Madrid, corazón que se desangra* (Madrid: G. del Toro, 1976) pp. 154–8.

57. José Peirats, *La CNT en la revolución española*, 2nd edn, 3 vols (Paris: Ediciones Ruedo Ibérico, 1971) I, pp. 157–62; Preston, *The Spanish Holocaust*, pp. 242–51; Josep Termes, *Misèria contra pobresa. Els fets de la Fatarella del gener de 1937. Un exemple de la resistència pagesa contra la col·lectivització agrària durant la guerra civil* (Catarroja, Valencia: Editorial Afers, 2005) pp. 53–74, 81–107.

58. Koltsov, *Diario*, p. 55; Franz Borkenau, *The Spanish Cockpit* (London: Faber & Faber, 1937) pp. 130–2.

59. Cipriano de Rivas Cherif, *Retrato de un desconocido. Vida de Manuel Azaña* (Barcelona: Grijalbo, 1980) p. 351.

60. Dolores Ibárruri et al., *Guerra y revolución en España 1936–39*, 4 vols (Moscow: Editorial Progreso, 1966–77) II, pp. 46–8; Koltsov, *Diario*, p. 65; Zugazagoitia, *Guerra y vicisitudes*, I, pp. 144–5.

61. Ángel Viñas, *La soledad de la República. El abandono de las democracias y el viraje hacia la Unión Soviética* (Barcelona: Crítica, 2006) pp. 198, 206–9; Vidarte, *Todos fuimos culpables*, pp. 478–85; Enrique Moradiellos, *Negrín. Una biografía de la figura más difamada de la España del siglo XX* (Barcelona: Ediciones Península, 2015) pp. 194–200.

62. Julio álvarez del Vayo, *Freedom's Battle* (London: Heinemann, 1940) pp. 202–3.

63. Martín Blázquez, *I Helped to Build an Army*, p. 190; Antonio Cordón, *Trayectoria (Recuerdos de un artillero)* (Paris: Colección Ebro, 1971) p. 258.

64. Yuri Rybalkin, *Stalin y España. La ayuda militar soviética a la República* (Madrid: Marcial Pons Historia, 2007) pp. 40–56.

65. The standard work on the gold remains Ángel Viñas, *El Oro español en la guerra civil* (Madrid: Instituto de Estudios Fiscales, 1976). For a broader, updated study, see his *La soledad de la República*, pp. 197–398. See also Boris Volodarsky, *Stalin's Agent: The Life and Death of Alexander Orlov* (Oxford: Oxford University Press, 2015) pp. 156–67; Moradiellos, *Negrín*, pp. 200–13.

66. Howson, *Arms for Spain*, pp. 128–45, 278–84; Viñas, *La soledad de la República*, pp. 345–58.

67. Preston, *Franco*, pp. 173–9; Garriga, *Nicolás Franco*, pp. 97–104;

Guillermo Cabanellas, *La guerra de los mil días*, 2 vols (Buenos Aires: Grijalbo, 1973) pp. 196, 305–6; José María Iribarren, *Mola, datos para una biografía y para la historia del alzamiento nacional* (Zaragoza: Librería General, 1938) pp. 232–3.

68. H. R. Knickerbocker, *The Seige of Alcazar: A War-Log of the Spanish Revolution* (London: Hutchinson, n.d. [1937]) pp. 172–3; Webb Miller, *I Found No Peace* (London: The Book Club, 1937) pp. 329–30, 335–7; Herbert L. Matthews, *The Yoke and the Arrows: A Report on Spain* (London: Heinemann, 1958) p. 176; Alberto Risco SJ, *La epopeya del Alcázar de Toledo*, 2nd edn (Burgos: Editorial Española, 1937) pp. 216–18, 225–6.

69. Preston, *Franco*, pp. 179–86; Ramón Garriga, *La España de Franco. Las relaciones con Hitler*, 2nd edn (Puebla, Mexico: Cajica, 1970) p. 73; Charles Foltz, Jr, *The Masquerade in Spain* (Boston: Houghton Mifflin, 1948) p. 178; Jean Créac'h, *Le coeur et l'épée: chroniques espagnoles* (Paris: Librairie Plon, 1958) p. 182; Ramón Serrano Suñer, *Entre el silencio y la propaganda, la Historia como fue. Memorias* (Barcelona: Planeta, 1977) pp. 163–4.

70. Julio Aróstegui and Jesús A. Martínez, *La Junta de Defensa de Madrid* (Madrid: Comunidad de Madrid, 1984) pp. 26–45; Gallego, *Madrid*, pp. 164–5.

71. The literature on the International

Brigades is enormous. The main study of the entire operation remains Andreu Castells, *Las Brigadas Internacionales de la guerra de España* (Barcelona: Ariel, 1974). The best national studies are Rémi Skoutelsky, *L'Espoir guidait leurs pas. Les volontaires français dans les Brigades internationales, 1936-1939* (Paris: Bernard Grasset, 1998); Peter N. Carroll, *The Odyssey of the Abraham Lincoln Brigade: Americans in the Spanish Civil War* (Stanford, Calif.: Stanford University Press, 1994); Richard Baxell, *Unlikely Warriors: The British in the Spanish Civil War and the Struggle against Fascism* (London: Aurum Press, 2012); Franco Giannantoni and Fabio Minazzi, eds, *Il coraggio della memoria e la guerra civile spagnola, 1936-1939. Studi, documenti inediti e testimonianze* (Milano: Edizioni Arterigere/Amici del Liceo Scientifi co di Varese, 2000).

72. Koltsov, *Diario*, pp. 182, 200.

73. Santiago Carrillo, *Memorias* (Barcelona: Planeta, 1993) p. 189; Aróstegui and Martínez, *La Junta de Defensa de Madrid*, pp. 54-61; Antonio López Fernández, *Defensa de Madrid. Relato histórico* (Mexico City: Editorial A. P. Márquez, 1945) pp. 82-4.

74. Preston, *The Spanish Holocaust*, pp. 341-75; Julius Ruiz, *'Paracuellos': The Elimination of the 'Fifth Column' in Republican Madrid during the Spanish Civil War* (Brighton: Sussex Academic Press, 2017) passim.

75. Koltsov, *Diario*, p. 275; Virginia Cowles, *Looking for Trouble* (London: Hamish Hamilton, 1941) p. 18; Josep Maria Solé i Sabaté and Joan Villarroya i Font, *España en llamas. La guerra civil desde el aire* (Madrid: Ediciones Temas de Hoy, 2003) pp. 45-60; Anthony Beevor, *The Battle for Spain: The Spanish Civil War (1936-1939)* (London: Weidenfeld & Nicolson, 2006) pp. 182-4.

76. Paul Preston, 'Italy and Spain in Civil War and World War, 1936-1943', in Sebastian Balfour and Paul Preston, eds, *Spain and the Great Powers* (London: Routledge, 1999) pp. 160-76.

77. Preston, *Franco*, pp. 205-19; Emilio Faldella, *Venti mesi di guerra in Spagna* (Florence: Le Monnier, 1939) pp. 230-51; Alberto Rovighi and Filippo Stefani, *La partecipazione italiana alla guerra civile Spagnola*, 2 vols, each in two parts Testi & Allegati (Rome: Uffi cio Storico dello Stato Maggiore dell'Esercito, 1992-3) I, Testo, pp. 185-216.

78. Zugazagoitia, *Guerra y vicisitudes*, I, pp. 236-43.

79. José Manuel Martínez Bande, *La lucha en torno a Madrid* (Madrid: Editorial San Martín, 1968) pp. 71-111; Jesús González de Miguel, *La batalla del Jarama. Febrero de 1937, testimonios desde un frente de la guerra civil* (Madrid:

La Esfera de los Libros, 2009) pp. 37–48 and, on the casualties, 707–17; Luis Diez, *La batalla del Jarama* (Madrid: Oberón, 2005) pp. 27–58, 241–4; Beevor, *The Battle*, pp. 189–96, 208–15.

80. Faldella, *Venti mesi di guerra*, pp. 252–75; Rovighi and Stefani, *La partecipazione italiana*, I, Testo, pp. 238–317; Olao Conforti, *Guadalajara. La prima sconfi tta del fascismo* (Milan: Mursia, 1967) pp. 51ff.; Preston, *Franco*, pp. 229–36; Martínez Bande, *La lucha en torno a Madrid*, pp. 117–70; Preston, *Franco*, pp. 221–33; Leonardo Pompeo D'Alessandro, *Guadalajara 1937. I voluntari italiani fascisti e antifascisti nella guerra di Spagna* (Roma: Carocci Editore, 2017) pp. 143–72.

81. Alfredo Kindelán Duany, *Mis cuadernos de guerra*, 2nd edn (Barcelona: Planeta, 1982) pp. 120–3; General Jorge Vigón, *General Mola (el conspirador)* (Barcelona: AHR, 1957) pp. 303–4.

82. Paul Preston, 'Britain and the Basque Campaign of 1937: The Government, the Royal Navy, the Labour Party and the Press', *European History Quarterly*, Vol. 48, No. 3, 2018, pp. 490–515; James Cable, *The Royal Navy and the Siege of Bilbao* (Cambridge: Cambridge University Press, 1979) pp. 35–6, 46–53, 66–76, 88–98.

83. Xabier Irujo, *El Guernica de Richthofen. Un ensayo de*

bombardeo de terror (Guernica-Lumo: Guernicako Bakearen Museoa Fundazioa, 2012) pp. 14, 59–60, 73–4, 257–301; Paul Preston, *The Destruction of Guernica*, e-book 2nd edn (London: William Collins, 2017) pp. 11–22, 31–6; Herbert Rutledge Southworth, *Guernica! Guernica!: A Study of Journalism, Propaganda and History* (Berkeley: University of California Press, 1977) pp. 239–325, 368–84.

84. Preston, *Franco*, pp. 248–71; Martin Blinkhorn, *Carlism and Crisis in Spain (1931–1939)* (Cambridge: Cambridge University Press, 1975) pp. 279–93; Sheelagh Ellwood, *Prietas las filas. Historia de Falange Española, 1933–1983* (Barcelona: Crítica, 1984) pp. 90–110; Ramón Serrano Súñer, *Entre el silencio y la propaganda, la Historia como fue. Memorias* (Barcelona: Planeta, 1977) pp. 169–87, 165; Maximiano García Venero, *Falange en la guerra de España. La Unificación y Hedilla* (Paris: Ruedo Ibérico, 1967) pp. 338–427; Herbert Rutledge Southworth, *Antifalange. Estudio crítico de 'Falange en la guerra de España' de Maximiano García Venero* (Paris: Ruedo Ibérico, 1967) pp. 179–218.

85. For a compelling statement of the revolutionary positions, see, from the anarchist perspective, Vernon Richards, *Lessons of the Spanish Revolution* (London: Freedom Press, 1972) and from the POUM,

Grandizo Munis, *Jalones de derrota, promesa de victoria [España 1930–1939]* (Mexico City: Editorial Lucha Obrera, 1948) pp. 237–319.

86. Helen Graham, '"Against the State": A Genealogy of the Barcelona May Days (1937)', *European History Quarterly*, Vol. 29, No. 4, 1999, pp. 485–542; Paul Preston, 'Lights and Shadows in George Orwell's Homage to Catalonia', *Bulletin of Spanish Studies*, 2018 DOI: 10.1080/14753820.2018.1388550.

87. Philip Jordan, *There Is No Return* (London: Cresset Press, 1938) p. 18.

88. Franz Borkenau, *The Spanish Cockpit* (London: Faber & Faber, 1937) pp. 195–6.

89. Munis, *Jalones*, p. 296; Helen Graham, 'The Spanish Popular Front and the Civil War', in Helen Graham and Paul Preston, eds, *The Popular Front in Europe* (London: Macmillan, 1987) pp. 122–5.

90. Josep Maria Bricall, *Política Económica de la Generalitat (1936–1939). Evolución i formes de la producción industrial* (Barcelona: Edicions 62, 1978) pp. 33–40, 44–50, 138–55; Graham, *The Spanish Republic*, pp. 254–61; Rafael Abella, *La vida cotidiana durante la guerra civil*, Vol. II: *La España Republicana* (Barcelona: Planeta, 1976) pp. 192–6.

91. Graham, *The Spanish Republic*, pp. 261–76; Manuel Cruells, *Mayo sangriento. Barcelona 1937* (Barcelona: Editorial Juventud, 1970) pp. 50–91; Agustín

Guillamón, *Barricadas en Barcelona. La CNT de la victoria de julio de 1936 a la necesaria derrota de mayo de 1937* (Barcelona: Ediciones Espartaco Internacional, 2007) pp. 148–70; Juan García Oliver, *El eco de los pasos* (Barcelona: Ruedo Ibérico, 1978) pp. 420–31; Adolfo Bueso, *Recuerdos de un cenetista*, Vol. II: *De la Segunda República al final de la guerra civil* (Barcelona: Ariel, 1978) pp. 229–446; Burnett Bolloten, *The Spanish Civil War: Revolution and Counterrevolution* (Hemel Hempstead: Harvester Wheatsheaf, 1991) pp. 414–61, 899; Zugazagoitia, *Guerra y vicisitudes*, I, pp. 268, 270–2; Peirats, *La CNT*, II, pp. 138–43. On the artillery, Diego Abad de Santillán, *Por que perdimos la guerra. Una contribución a la historia de la tragedia española*, 2nd edn (Madrid: G. del Toro, 1975) pp. 164–9.

92. Azaña, *Obras*, IV, pp. 591–2.

93. *Ibid.*, pp. 592–8; Viñas, *El escudo de la República*, pp. 549–62; Ibárruri et al., *Guerra y revolución en España 1936–39*, III, pp. 79–84; Francisco Largo Caballero, *Mis recuerdos. Cartas a un amigo* (Mexico City: Editores Unidos, 1954) pp. 217–22; Julio Aróstegui, *Largo Caballero. El tesón y la quimera* (Barcelona: Debate, 2013) pp. 580–606; Graham, *The Spanish Republic*, pp. 299–305.

94. Georgi Dimitrov, *The Diary of Georgi Dimitrov* (New Haven: Yale

University Press, 2003) pp. 58, 60; Fernando Hernández Sánchez, *Guerra o revolución. El Partido Comunista de España en la guerra civil* (Barcelona: Crítica, 2010) pp. 191–206.

95. Azaña, *Obras*, IV, p. 603.

96. Ramón Lamoneda, 'El secreto del anticomunismo' ms, Archivo de la Fundación Pablo Iglesias, ARLF-166-40, pp. 1–4.

97. Bueso, *Recuerdos*, II, pp. 244–51; García Oliver, *El eco*, pp. 431–5; Josep Coll and Josep Pané, *Josep Rovira. Una vida al servei de Catalunya i del socialismo* (Barcelona: Ariel, 1978) pp. 173–5; Zugazagoitia, *Guerra y vicisitudes*, I, p. 272; Antonio Elorza and Marta Bizcarrondo, *Queridos Camaradas. La Internacional Comunista y España, 1919–1939* (Barcelona: Planeta, 1999) pp. 362–73.

98. Volodarsky, *Stalin's Agent*, pp. 280–9; John Costello and Oleg Tsarev, *Deadly Illusions* (New York: Crown Publishers, 1993) pp. 288–92, 470; Preston, *The Spanish Holocaust*, pp. 407–15; Javier Cervera Gil, *Madrid en guerra. La ciudad clandestina 1936–1939*, 2nd edn (Madrid: Alianza Editorial, 2006) pp. 304–10; Zugazagoitia, *Guerra y vicisitudes*, I, pp. 291–4; Vidarte, *Todos fuimos culpables*, pp. 727–9; Pelai Pagès i Blanch, 'El asesinato de Andreu Nin. Más datos para la polémica', in *Ebre 38. Revista Internacional de la Guerra Civil 1936–1939*, No. 4,

2010, pp. 57–76.

99. Azaña, *Obras*, IV, p. 603.

100. Zugazagoitia, *Guerra y vicisitudes*, II, p. 14.

101. Enrique Líster, *Nuestra guerra* (Paris: Colección Ebro, 1966) pp. 132–48; Rafael Casas de la Vega, *Brunete* (Madrid: Fermín Uriarte, 1967) passim; José Manuel Martínez Bande, *La ofensiva sobre Segovia y la batalla de Brunete* (Madrid: Editorial San Martín, 1972) pp. 101–233; Beevor, *The Battle*, pp. 276–86; Severiano Montero Barrado, *La batalla de Brunete* (Madrid: Editorial Raíces, 2010) pp. 42–208; Juan Barceló, *Brunete. El nacimiento del Ejército Popular* (A Coruña: Ediciones del Viento, 2018) pp. 97–293.

102. Sánchez Asiaín, *La financiación*, pp. 194–6; Díaz Nosty, *La irresistible ascensión*, pp. 318–21; Pere Ferrer, *Juan March. El hombre más misterioso del mundo* (Barcelona: Ediciones B, 2008) pp. 361–2; Dixon, *Señor Monopolio*, p. 144.

103. Azaña, diary entry for 28 June 1937, *Obras*, IV, pp. 635–6.

104. *Ibid.*, p. 636.

105. José Manuel Martínez Bande, *El final del frente norte* (Madrid: Editorial San Martín, 1972) pp. 39–105.

106. Martínez Bande, *El final del frente norte*, pp. 107–97; Zugazagoitia, *Guerra y vicisitudes*, II, p. 44.

107. Roberto Cantalupo, *Fu la Spagna. Ambasciata presso Franco.*

Febbraio–Aprile 1937 (Milan: Mondadori, 1948) pp. 230–3; Gabriel Cardona, *Historia militar de una guerra civil. Estrategias y tácticas de la guerra de España* (Barcelona: Flor del Viento, 2006) p. 198.

108. General Vicente Rojo, *España heróica. Diez bocetos de la guerra española*, 3rd edn (Barcelona: Ariel, 1975) pp. 117–25; Beevor, *The Battle*, pp. 316–22; José Manuel Martínez Bande, *La batalla de Teruel*, 2nd edn (Madrid: Editorial San Martín, 1990) pp. 52–64; Vicente Aupí, *El General Invierno y la Batalla de Teruel* (Teruel: Dobleuve Comunicación, 2015) pp. 93–122; Milagro and Fernando Lloréns Casani, *Héroes o traidores. Teruel, la verdad se abre camino* (Linares: Ediciones Lloréns, 2005) pp. 127ff.

109. *Documents on German Foreign Policy* (henceforth *DGFP*), Series D, vol. III (London: HMSO, 1951) pp. 554–7; Gerald Howson, *Aircraft of the Spanish Civil War 1936–1939* (London: Putnam, 1990) pp. 20–8.

110. José Manuel Martínez Bande, *La llegada al mar* (Madrid: Editorial San Martín, 1975) pp. 25–179.

111. Preston, *The Spanish Holocaust*, pp. 458–61; Cambó, diary entries for 1, 6 April, 24 December 1938, 1 January 1939, *Meditacions*, pp. 308–9, 311, 454–5, 461.

112. Joan Serralonga i Urquidi, *Refugiats i desplaçats dins la Catalunya en guerra 1936–1939* (Barcelona:

Editorial Base, 2004) pp. 29–69, 163–212.

113. Solé i Sabaté and Villarroya i Font, *España en llamas*, pp. 139–97; Joan Villarroya i Font, *Els bombardeigs de Barcelona durant la guerra civil (1936–1939)*, 2nd edn (Barcelona: Publicacions de L'Abadia de Montserrat, 1999) pp. 211–80; Pedro Payá López, 'Guerra total y propaganda', in Roque Moreno Fonseret, ed., *La aviación fascista y el bombardeo del 25 de mayo de Alicante* (Alicante: Publicaciones Universitat d'Alacant, 2018) pp.107–28; Gaspar Díez Pomares, '25 de mayo de 1938: el trágico bombardeo del Alicante en la documentación italiana', *Historia Actual Online*, Vol. 46, No. 2, 2018, pp. 123–36.

114. Graham, *The Spanish Republic*, pp. 351–4; Gabriel Jackson, *The Spanish Republic and the Civil War* (Princeton, NJ: Princeton University Press, 1965) pp. 446–50; Julián Casanova, *Anarquismo y revolución en la sociedad rural aragonesa 1936–1938* (Madrid: Siglo XXI de España, 1985) pp. 110–13. On the Quakers, see Farah Mendlesohn, *Quaker Relief Work in the Spanish Civil War* (Lewiston, NY: Edwin Mellen Press, 2002) passim.

115. Cardona, *Historia militar*, pp. 229–37.

116. José Manuel Martínez Bande, *La ofensiva sobre Valencia* (Madrid: Editorial San Martín, 1977)

pp. 11–41.

117. José Manuel Martínez Bande, *La batalla del Ebro*, 2nd edn (Madrid: Editorial San Martín, 1988) pp. 103–269; Beevor, *The Battle*, pp. 349–59; Jorge Martínez Reverte, *La Batalla del Ebro* (Barcelona: Crítica, 2003) passim.

118. *DGFP*, D, III, pp. 760–1, 767–8, 775–9, 782–8, 802.

119. José Manuel Martínez Bande, *La campaña de Cataluña* (Madrid: Editorial San Martín, 1979) pp. 41–53; 189–214; General Vicente Rojo, *¡erta los pueblos! estudio político-militar del período final de la guerra española*, 2nd edn (Barcelona: Ariel, 1974) pp. 79–154; Paul Preston, *L'anti-catalanisme dels rebels militars. De la batalla de l'Ebre a l'ocupació total del país* (Tarragona: Universitat Rovira i Virgili, 2013) pp. 9–23; Helen Graham, 'Casado's Ghosts: Demythologising the End of the Spanish Republic', *Bulletin of Spanish Studies*, Vol. 89, Nos 7–8, 2012, pp. 255–78; Ángel Viñas, 'Playing with History and Hiding Treason: Colonel Casado's Untrustworthy Memoirs and the End of the Spanish Civil War', *Bulletin of Spanish Studies*, Vol. 91, Nos 1–2, 2014, pp. 295–323.

120. On the Casado coup and its consequences, see Paul Preston, *The Last Days of the Spanish Republic: The Final Betrayal* (London: William Collins, 2016); Ángel Bahamonde Magro and Javier Cervera Gil, *Así terminó la Guerra de España* (Madrid: Marcial Pons, 1999); Ángel Bahamonde Magro, *Madrid 1939. La conjura del coronel Casado* (Madrid: Ediciones Cátedra, 2014); Graham, 'Casado's Ghosts: Demythologizing the End of the Spanish Republic', pp. 255–78; Viñas, 'Playing with History and Hiding Treason', pp. 295–323.

第十二章　世界大战：生存、虚伪和利益，1939—1945 年

1. Francisco Moreno Gómez, *La resistencia armada contra Franco. Tragedia del maquis y la guerrilla* (Barcelona: Crítica, 2001) pp. 31–238; Julio Aróstegui and Jorge Marco, eds, *El último frente. La resistencia armada antifranquista en España 1939-1952* (Madrid: Los Libros de la Catarata, 2008) passim.

2. Francesc Cambó, diary entry for 8 May 1944, *Meditacions. Dietari (1941-1946)* (Barcelona: Editorial Alpha, 1982) p. 1449.

3. *Boletín Oficial del Estado*, 9 August; *Arriba*, 9 August; *Ya*, 9 August 1939; Enrique Moradiellos, *Franco. Anatomía de un dictador* (Madrid: Turner, 2018) pp. 174–6.

4. Ángel Viñas, Julio Viñuela, Fernando Eguidazu, Carlos Fernández Pulgar and Senen Florensa, *Política comercial exterior en España (1931-1975)*, 2 vols (Madrid: Banco Exterior de España, 1979) I, pp. 210–11, 258–67.

5. Paul Preston, *The Spanish Holocaust: Inquisition and*

Extermination in Twentieth-Century Spain (London: HarperCollins, 2012) ch. 13. On the treatment of women, see Fernando Hernández Holgado, *Mujeres encárceladas. La prisión de Ventas: de la República al franquismo, 1931–1941* (Madrid: Marcial Pons, 2003) pp. 113–82; Ricard Vinyes, Montse Armengou and Ricard Belis, *Los niños perdidos del franquismo* (Barcelona: Plaza y Janés, 2002) pp. 59–71, 89–92; Antonio D. López Rodríguez, *Cruz, bandera y caudillo. El campo de concentración de Castuera* (Badajoz: CEDER-La Serena, 2007) pp. 226–63, 325–45.

6. Isaías Lafuente, *Esclavos por la patria. La explotación de los presos bajo el franquismo* (Madrid: Ediciones Temas de Hoy, 2002) pp. 57–63, 121–9, 135–70; Rafael Torres, *Los esclavos de Franco* (Madrid: Oberón, 2000) pp. 134–45; Javier Rodrigo, *Hasta la raíz. Violencia durante la guerra civil y la dictadura franquista* (Madrid: Alianza Editorial, 2008) pp. 138–57; Juan Miguel Baquero, '¿Qué empresas usaron a esclavos del franquismo?', *El Diario*, 26 April 2014 (https://www.eldiario.es/andalucia/empresas-usaronesclavos-franquismo_0_251975222.html).

7. Gonzalo Acosta Bono, José Luis Gutiérrez Molina, Lola Martínez Macías and ángel del Río Sánchez, *El canal de los presos (1940–1962). Trabajos forzados: de la represión*

política a la explotación económica (Barcelona: Crítica, 2004) pp. xxxii–xxxvi, 173–88, 204–31.

8. Fernando Olmeda, *El Valle de los Caídos* (Barcelona: Ediciones Península, 2009) pp. 25, 43, 46–8, 54–78; Daniel Sueiro, *El Valle de los Caídos. Los secretos de la cripta franquista*, 2nd edn (Barcelona: Argos Vergara, 1983) pp. 8–24, 44–73, 118–43, 184–205.

9. Ramón Serrano Suñer, *Entre el silencio y la propaganda, la Historia como fue. Memorias* (Barcelona: Planeta, 1977) pp. 244–8.

10. Mónica Lanero Táboas, *Una milicia de la justicia. La política judicial del franquismo (1936–1945)* (Madrid: Centro de Estudios Constitucionales, 1996) pp. 318–19; Manuel Ballbé, *Orden público y militarismo en la España constitucional (1812–1983)* (Madrid: Alianza Editorial, 1983) pp. 402–9.

11. Lanero Táboas, *Una milicia de la justicia*, pp. 320–1; Pablo Gil, *La noche de los generales. Militares y represión en el régimen de Franco* (Barcelona: Ediciones B, 2004) pp. 143–5; Peter Anderson, *The Francoist Military Trials: Terror and Complicity, 1939–1945* (New York: Routledge, 2010) pp. 53–9.

12. Manuel Álvaro Dueñas, *'Por ministerio de la ley y voluntad del Caudillo'. La Jurisdicción Especial de Responsabilidades Políticas (1939–1945)* (Madrid: Centro de Estudios Políticos y Constitucionales, 2006)

pp. 68–80, 97–110; Manuel Ortiz Heras, *Violencia política en la II República y el primer franquismo. Albacete, 1936–1950* (Madrid: Siglo XXI de España, 1996) pp. 393–409; Julián Chaves Palacios, *La represión en la provincia de Cáceres durante la guerra civil (1936–1939)* (Cáceres: Universidad de Extremadura, 1995) pp. 87–91; Elena Franco Lanao, *Denuncias y represión en años de posguerra. El Tribunal de Responsabilidades Políticas en Huesca* (Huesca: Instituto de Estudios Altoaragoneses, 2005) pp. 43–52, 98–119; Santiago Vega Sombría, *De la esperanza a la persecución. La represión franquista en la provincia de Segovia* (Barcelona: Crítica, 2005) pp. 179–96; Glicerio Sánchez Recio, *Las responsabilidades políticas en la posguerra española. El partido judicial de Monóvar* (Alicante: Universidad de Alicante, 1984) pp. 6–40; Conxita Mir, Fabià Corretgé, Judit Farré and Joan Sagués, *Repressió econòmica i franquisme. L'actuació del Tribunal de Responsabilitats Polítiques a la província de Lleida* (Barcelona: Publicacions de l'Abadia de Montserrat, 1997) pp. 63–80; Mercè Barallat i Barés, *La repressió a la postguerra civil a Lleida (1938–1945)* (Barcelona: Publicacions de l'Abadia de Montserrat, 1991) pp. 347–56; Óscar J. Rodríguez Barreira, *Migas con miedo. Prácticas de resistencia en el primer franquismo. Almería 1939–1952* (Almería: Universidad de Almería, 2008) pp. 81–101; Juan Carlos Berlinches Balbucid, *La rendición de la memoria. 200 casos de represión franquista en Guadalajara* (Guadalajara: Ediciones Bornova, 2004) pp. 97–128; Julius Ruiz, *Franco's Justice: Repression in Madrid after the Spanish Civil War* (Oxford: Clarendon Press, 2005) pp. 131–64.

13. Dionisio Ridruejo, *Escrito en España*, 2nd edn (Buenos Aires: Editorial Losada, 1964) pp. 98–104; Conxita Mir, 'El sino de los vencidos: la represión franquista en la Cataluña rural de posguerra', in Julián Casanova, ed., *Morir, matar, sobrevivir. La violencia en la dictadura de Franco* (Barcelona: Crítica, 2002) pp. 123–37; Ángela Cenarro, 'Matar, vigilar y delatar: la quiebra de la sociedad civil durante la guerra y la posguerra en España (1936–1948)', *Historia Social*, No. 44, 2002, pp. 65–86.

14. Borja de Riquer, *La dictadura de Franco* (Barcelona/Madrid: Crítica/Marcial Pons, 2010) pp. 247–89.

15. José Larraz, *Memorias* (Madrid: Real Academia de Ciencias Morales y Políticas, 2006) pp. 256–7.

16. *Ibid.*, pp. 181–6.

17. *Ibid.*, pp. 239–40, 249–55, 260.

18. *Ibid.*, pp. 166–74, 213–38, 283–308, 339–41, 350–1; Carlos Barciela, Inmaculada López, Joaquín Melgarejo and J. A. Miranda, *La*

España de Franco (1939–1975). Economía (Madrid: Síntesis, 2001) pp. 46–52.

19. Francisco Franco Bahamonde, 'Fundamentos y directrices de un Plan de saneamiento de nuestra economía, armónico con nuestra reconstrucción nacional', *Historia 16*, No. 115, November 1985, pp. 44–9; Viñas et al., *Política comercial exterior*, I, pp. 268–81; Manuel Jesús González, *La economía política del franquismo (1940–1970). Dirigismo, mercado y planificación* (Madrid: Tecnos, 1979) pp. 46–7.

20. On Savarpoldi Hammaralt, see Ramón Garriga, *Nicolás Franco, el hermano brujo* (Barcelona: Planeta, 1980) pp. 128–30. On the gold, see *Mensaje del Caudillo a los españoles: discurso pronunciado por S.E. el Jefe del Estado la noche del 31 de diciembre de 1939* (Madrid, n.d.) p. 27; Ramón Garriga, *La España de Franco. Las relaciones con Hitler*, 2nd edn (Puebla, Mexico: Cajica, 1970) pp. 58, 126.

21. On the petrol scam, see *La Voz de Galicia*, 8 February 1940; *La Vanguardia Española*, 21 January, 8 February 1940; Charles Foltz, Jr, *The Masquerade in Spain* (Boston: Houghton Mifflin, 1948) pp. 258–60; Juan Antonio Ansaldo, *¿Para qué …? (de Alfonso XIII a Juan III)* (Buenos Aires: Editorial Vasca-Ekin, 1951) pp. 254–6; Larraz, *Memorias*, pp. 248–9; Ignacio Martínez de Pisón, *Filek. El estafador que engañó a Franco* (Barcelona: Seix Barral, 2018) pp. 141–99 (Felipe Polo at pp. 171–4).

22. Francisco Comín Comín, 'La corrupción permanente: el fraude fiscal en España', *Hispania Nova*, No. 16, 2018, pp. 481–521.

23. Klaus-Jörg Ruhl, Franco, Falange y *III Reich* (Madrid: Akal, 1986) pp. 49–50; José Maria Doussinague, *España tenía razón* (Madrid: Espasa-Calpe, 1949) pp. 85–6; Viñas et al., *Política comercial exterior*, I, pp. 306–12.

24. Ángel Viñas, 'Hambre, corrupción y sobornos en el primer franquismo, 1939–1959', in Borja de Riquer, Joan Lluís Pérez Francesch, Gemma Rubí, Lluís Ferran Toledano and Oriol Luján, eds, *La corrupción política en la España contemporánea* (Madrid: Marcial Pons Historia, 2018) pp. 146–52.

25. Garriga, *Nicolás Franco*, pp. 167–84; Carlos Barciela, 'Franquismo y corrupción política', *Historia Social*, No. 30, 1998, pp. 83–96; 'El trágico final de la reforma agraria. La revolución "fascista" en el campo español', in Ángel Viñas, ed., *En el combate por la historia. La República, la guerra civil, el Franquismo* (Barcelona: Pasado y Presente, 2012) pp. 335–54; Ángel Viñas, 'Autarquía y política exterior en el primer franquismo 1939–1959', *Revista de Estudios Internacionales*, January–March

1980, pp. 61–92; Francisco Comín Comín, 'Presupuesto y corrupción en la España contemporánea (1808–2017): Lecciones de la historia', in Borja de Riquer et al., *La corrupción política*, pp. 93–100.

26. Barciela, 'Franquismo y corrupción', p. 91; Viñas, 'Hambre, corrupción y sobornos', pp. 153–60; Jaume Claret, *Ganar la Guerra, perder la paz. Memorias del general Latorre Roca* (Barcelona: Crítica, 2019) p. 288.

27. *Documentos inéditos para la historia del Generalísimo Franco* (Madrid: Fundación Nacional Francisco Franco, 1992), Vol. II-2, p. 370.

28. Ramón Garriga, *Los validos de Franco* (Barcelona: Planeta, 1981) pp. 163, 189; Jesús Aguirre, ed., *Dionisio Ridruejo, de la Falange a la oposición* (Madrid: Taurus Ediciones, 1976) pp. 91–4, 323–4; Ridruejo to Blas Pérez, 18 October 1942, reprinted in Dionisio Ridruejo, *Casi unas memorias* (Barcelona: Planeta, 1976) pp. 244–5; Ramón Garriga, *Franco-Serrano Suñer. Un drama político* (Barcelona: Planeta, 1986) p. 178.

29. David Eccles, ed., *By Safe Hand: Letters of Sybil and David Eccles 1939–1942* (London: Bodley Head, 1983) p. 206; *Documents on German Foreign Policy* (henceforth *DGFP*), Series D, Vol. XII (London: HMSO, 1962) pp. 36–7; Dirección General de Seguridad Informe, 16 January 1941, *Documentos inéditos*, II-2, pp. 19–22.

30. Carlos Martínez Campos to Varela, 28 August, Fidel Davila to Varela, 2 September 1940, reproduced in Federico Martínez Roda, *Varela. El general antifascista de Franco* (Madrid: La Esfera de los Libros, 2012) pp. 529–31.

31. José Martí Gómez, *La España del estraperlo (1936–1952)* (Barcelona: Planeta, 1995) pp. 127–45; Miguel Ángel del Arco Blanco, 'La corrupción en el franquismo: El fenómeno del "gran estraperlo" ', *Hispania Nova*, No. 16, 2018, pp. 620–45; Laura de Andrés Creus, *El preu de la fam. L'estraperlo a la Catalunya de la postguerra* (Badalona: Ara Llibres, 2010) pp. 51–8, 63–6, 123–7; Rodríguez Barreira, *Migas con miedo*, pp. 167–281; Rafael Abella, *La vida cotidiana bajo el régimen de Franco* (Barcelona: Planeta, 1985) pp. 49–60; Rafael Abella, *Por el Imperio hacia Díos* (Barcelona: Planeta, 1978) pp. 101–32.

32. Barciela, 'Franquismo y corrupción', p. 91; Jaume Muñoz Jofre, *La España corrupta. Breve historia de la corrupción (de la Restauración a nuestros días, 1976–2016)* (Granada: Comares, 2016) pp. 77–8.

33. Francisco Franco Bahamonde, *Palabras del Caudillo 19 abril 1937–7 diciembre 1942* (Madrid: Ediciones de la Vicesecretaría de Educación Popular, 1943) p. 102.

34. 'Normas para el paso de las fronteras españolas y modelo de

solicitud de autorización para entrar en España', Equipo Nikor: http://www.derechos.org/nizkor/espana/doc/franco9.html; Bernd Rother, *Franco y el holocausto* (Madrid: Marcial Pons Historia, 2005) pp. 131–3.

35. Franco, *Palabras del Caudillo 19 abril 1937–7 diciembre 1942,* pp. 145, 213; *Mensaje del Caudillo 31 de diciembre de 1939,* p. 16.

36. José Antonio Ferrer Benimeli, *El contubernio judeo-masónicocomunista* (Madrid: Istmo, 1982) pp. 136–50, 191–3, 273–333; Javier Domínguez Arribas, *El enemigo judeo-masónico en la propaganda franquista (1936–1945)* (Madrid: Marcial Pons Historia, 2009) pp. 84–97.

37. Alfonso Lazo, *La Iglesia, la Falange y el fascismo (un estudio sobre la prensa española de postguerra)* (Seville: Universidad de Sevilla, 1995) pp. 179–220; Rother, *Franco y el holocausto,* pp. 127–9.

38. Jacobo Israel Garzón, 'España y los judíos (1939–1945). Una visión general', in Jacobo Israel Garzón and Alejandro Baer, *España y el Holocausto (1939–1945). Historia y testimonios* (Madrid: Ebraica Ediciones, 2007) pp. 18–23.

39. Pilar Vera, 'La huida silenciosa', *Diario de Cádiz,* 30 August 2009; Javier Dale, 'El éxodo de un judío catalán', *La Vanguardia,* 26 March 2010; Jorge M. Reverte, 'La lista de Franco para el Holocausto', *El País,* 20 June 2010; Pedro Teotónio

Pereira, *Memórias. Postos em que servi e algumas recordações pessoais,* 2 vols (Lisboa: Verbo, 1973) II, pp. 219–21.

40. Manuel Ros Agudo, *La guerra secreta de Franco* (Barcelona: Crítica, 2002) pp. 178–205.

41. On measures against Jews and freemasons during the Spanish Civil War, see Paul Preston, *El holocausto español. Odio y exterminio en la guerra civil y después* (Barcelona: Editorial Debate, 2011) pp. 633–4.

42. Marta Simó Sànchez, 'La memòria de l'Holocaust a l'Estat espanyol', unpublished doctoral thesis, Universitat Autònoma de Barcelona, 2018, pp. 118–48, 212–28.

43. United Nations, Security Council, Official Records, First Year: Second Series, Special Supplement, *Report of the Sub-Committee on the Spanish Question* (New York: Hunter College, 1946) pp. 17–21; Carlos Collado Seidel, *España, refugio nazi* (Madrid: Ediciones Temas de Hoy, 2005) pp. 25–53; Heleno Saña, *El franquismo sin mitos. Conversaciones con Serrano Suñer* (Barcelona: Grijalbo, 1982) pp. 305–8; Foltz, *The Masquerade,* pp. 283–5; Luis Suárez Fernández, *Francisco Franco y su tiempo,* 8 vols (Madrid: Fundación Nacional Francisco Franco, 1984) III, pp. 107–8.

44. *Franco ha dicho. Primer apéndice (contiene de 1o enero 1947 a 1o abril*

1949) (Madrid: Ediciones Voz, 1949) pp. 159–60; Antonio Marquina Barrio and Gloria Inés Ospina, *España y los judíos en el siglo XX* (Madrid: Espasa Calpe, 1987) p. 212.

45. *Foreign Relations of the United States* [henceforth *FRUS*] *1949* (Washington, DC: US Government Printing Office, 1975) IV, pp. 742–3; Raanan Rein, *In the Shadow of the Holocaust and the Inquisition: Israel's Relations with Francoist Spain* (London: Frank Cass, 1997) p. 35.

46. *España y los Judíos* (Madrid: Ofi cina de Información Diplomática, 1949) pp. 29, 43, 47; Isabelle Rohr, *The Spanish Right and the Jews, 1898–1945: Antisemitism and Opportunism* (Brighton: Sussex Academic Press, 2007) pp. 1–2; Rein, *In the Shadow*, pp. 36–47; Federico Ysart, *España y los judíos en la segunda guerra mundial* (Barcelona: Dopesa, 1973); *Franco ha dicho. Primer apéndice*, pp. 159–60.

47. On Spain's strategic importance, see Denis Smyth, *Diplomacy and Strategy of Survival: British Policy and Franco's Spain, 1940–1941* (Cambridge: Cambridge University Press, 1986) pp. 1–4.

48. Mariano Sánchez Soler, *Villaverde. Fortuna y caída de la casa Franco* (Barcelona: Planeta, 1990) pp. 39–42; Javier Otero, 'El patrimonio oculto de Francisco Franco', *Tiempo*, 11 June 2010; Ángel Viñas, *La otra cara del*

Caudillo. Mitos y realidades en la biografía de Franco (Barcelona: Crítica, 2015) pp. 295–6.

49. Carlos Babío Urkidi and Manuel Pérez Lorenzo, *Meirás. Un pazo, un caudillo, un espolio* (A Coruña: Fundación Galiza Sempre, 2017) pp. 57–85, 121–47, 162–83, 223–67; Sánchez Soler, *Villaverde*, pp. 45–8; Ramón Garriga, *La Señora de El Pardo* (Barcelona: Planeta, 1979) pp. 122–6.

50. *El País* and *La Voz de Galicia*, both 12 July 2019.

51. Javier Otero, 'El patrimonio oculto de Francisco Franco', *Tiempo*, 11 June 2010; María Luz de Prado Herrera, *La contribución popular a la financiación de la Guerra Civil. Salamanca, 1936–1939* (Salamanca: Ediciones Universidad de Salamanca, 2012) pp. 156–271, 367–77; Viñas, *La otra cara*, pp. 289, 292–3, 297–310, 316–30, 333–43; José Ángel Sánchez Asiaín, *La financiación de la guerra civil española. Una aproximación histórica* (Barcelona: Crítica, 2012) pp. 157–63, 712, 948–51.

52. Javier Otero, 'La familia Franco, inmune a la crisis', *Tiempo*, 15 November 2012.

53. Julio de Ramón-Laca, *Bajo la férula de Queipo. Como fue gobernada Andalucía* (Seville: Imprenta Comercial del Diario FE, 1939) pp. 36–7; Rúben Serém, *A Laboratory of Terror, Conspiracy, Coup d'état and Civil War in Seville, 1936–1939. History and Myth in*

Francoist Spain (Brighton: Sussex Academic Press, 2017) pp. 149–89.

54. *La Unión*, 26 July 1936, 11 February, 27 May 1937; *ABC* (Seville), 10 August, 5 September, 16 November 1936.

55. *ABC* (Seville), 17 August, 18, 22 September, 9, 24, 25 December 1937; *La Unión*, 18, 22 September 1937; Ana Quevedo and Queipo de Llano, *Queipo de Llano. Gloria e infortunio de un general* (Barcelona: Planeta, 2001) pp. 496–8; Antonio Olmedo Delgado and General José Cuesta Monereo, *General Queipo de Llano (Aventura y audacia)* (Barcelona: AHR, 1958) pp. 335–9.

56. *DGFP*, Series D, vol. X (London: HMSO, 1957) pp. 514–15; *DGFP*, Series D, vol. XI (London: HMSO, 1961) pp. 153–5; Report of General Staff to Franco, October 1940, *Documentos inéditos*, II-1, pp. 371–4.

57. Gustau Nerín and Alfred Bosch, *El imperio que nunca existió. La aventura colonial discutida en Hendaya* (Barcelona: Plaza y Janés, 2001) pp. 19–35; Ros Agudo, *La guerra secreta*, pp. xxiii–xxvi, 35–51, 56–7, 66–71.

58. David Wingeate Pike, 'Franco and the Axis Stigma', *Journal of Contemporary History*, Vol. 17, No. 3, 1982, pp. 369–407. For the neutrality myth, see, *inter alia*, José María Sánchez Silva and José Luis Saenz de Heredia, *Franco … ese hombre* (Madrid: Difusión Librera, 1975) p. 139; José Maria de Areilza, *Embajadores sobre España* (Madrid:

Instituto de Estudios Políticos, 1947) pp. 4–5, 57–8; Doussinague, *España tenía razón*, passim; Brian Crozier, *Franco: A Biographical History* (London: Eyre & Spottiswoode, 1967) pp. 313–75.

59. David Wingeate Pike, *Franco and the Axis Stigma* (London: Palgrave Macmillan, 2008) pp. 11–15; E. O. Iredell, *Franco, valeroso caballero cristiano* (Buenos Aires: Editorial Américalee, 1945) pp. 166–82.

60. Víctor Alba, *Historia de la Segunda República Española* (Mexico City: Libro Mex, 1961) p. 287.

61. Ramon Serrano Suñer, *Entre la propaganda y la historia. La Historia como fue. Memorias* (Barcelona: Planeta, 1977) p. 358.

62. *Arriba*, 2, 3, 5, 10 May; *ABC*, 3, 11 May; *Informaciones*, 3, 7 May; *The Times*, 11 May 1945.

63. *DGFP*, Series D, Vol. IX (London: HMSO, 1956) pp. 396, 509–10, 620–1; Xavier Moreno Julià, *Hitler y Franco. Diplomacia en tiempos de guerra (1936–1945)* (Barcelona: Planeta, 2007) pp. 135–47.

64. Manuel Ros Agudo, *La gran tentación. Franco, el imperio colonial y los planes de intervención en la Segunda Guerra Mundial* (Barcelona: Styria de Ediciones, 2008) pp. 141–55; Jesús Albert Salueña, 'Protectorado español de Marruecos. Aspectos militares durante la II guerra mundial', *Ayeres en discusión Temas claves de Historia Contemporánea hoy. IX Congreso de la Asociación de*

Historia Contemporánea (Murcia: ACH, 2008) pp. 111–15; Nerín and Bosch, *El imperio*, pp. 95–102.

65. *DGFP*, Series D, Vol. IX, pp. 449–53; Vol. XI, p. 445; Ros Agudo, *La guerra secreta*, pp. 72–85, 96–132, 205–17, 231–9, 248–51.

66. Mussolini to Franco, 9 June 1940, *I Documenti Diplomatici Italiani* [henceforth *DDI*] *9a serie, vol. IV (9 aprile–10 giugno 1940)* (Rome: Libreria dello Stato, 1960) p. 60; Galeazzo Ciano, *L'Europa verso la catastrofe* (Milano: Mondadori, 1948) pp. 559–60.

67. *DGFP*, Series D, Vol. X (London: HMSO, 1957) p. 396; Sir Samuel Hoare, *Ambassador on Special Mission* (London: Collins, 1946) p. 44; Ramón Serrano Suñer, *Entre Hendaya y Gibraltar* (Madrid: Ediciones y Publicaciones Españolas, 1947) p. 65.

68. Memorandum by Stohrer, 8 August 1940, Note of the High Command, 10 August 1940, *DGFP*, Series D, Vol. X, pp. 442–5, 461–4.

69. *DGFP*, Series D, Vol. X, pp. 466–7, 499–500, 521.

70. *Ibid.*, pp. 514–15, 521, 561; Franco to Mussolini, 15 August 1940, *DDI 9a serie, vol. V* (Rome: Libreria dello Stato, 1965) pp. 403–5; *DGFP*, Series D, Vol. X, pp. 484–6; Serrano Suñer, *Entre Hendaya y Gibraltar*, pp. 103–4.

71. *DGFP*, Series D, Vol. X, pp. 561–5, Vol. XI, pp. 37–40, 81–2; Walter Schellenberg, *The Schellenberg Memoirs: A Record of the Nazi*

Secret Service (London: André Deutsch, 1956) pp. 135, 143.

72. *DGFP*, Series D, Vol. XI, pp. 83–102, 166–74; Serrano Suñer, *Entre Hendaya y Gibraltar*, pp. 165–83; Norman J. W. Goda, *Tomorrow the World: Hitler, Northwest Africa, and the Path toward America* (College Station, Tex.: A&M University Press, 1998) pp. 71–8; Gerhard L. Weinberg, *World in the Balance: Behind the Scenes of World War II* (Hanover, NH: University Press of New England, 1981) p. 122; Serrano Suñer, *Memorias*, pp. 335–7.

73. Franco to Serrano Suñer, 21 and 23 September 1940, reproduced in Serrano Suñer, *Memorias*, pp. 331–42; Serrano Suñer, *Entre Hendaya y Gibraltar*, p. 183.

74. Paul Preston, *The Politics of Revenge: Fascism and the Military in 20th Century Spain* (London: Unwin Hyman, 1990) pp. 91–3; Denis Smyth, 'The Moor and the Money-lender: Politics and Profits in Anglo-German Relations with Francoist Spain', in Marie-Luise Recker, ed., *Von der Konkurrenz zur Rivalität: Das Britische-Deutsche Verhältnis in den Länden der Europäischen Peripherie* (Stuttgart: Franz Steiner Verlag, 1986) pp. 171–4.

75. *DGFP*, Series D, Vol. XI, pp. 211–14; Galeazzo Ciano, *Diario 1939–1940* (Milano: Rizzoli, 1946) pp. 310–13; Colloquio Mussolini– Serrano Suñer, 1 October;

Colloquio Mussolini–Hitler, 4 October 1940, *DDI, 9a serie, vol. V*, pp. 639–40, 655–8; MacGregor Knox, *Mussolini Unleashed 1939–1941: Politics and Strategy in Fascist Italy's Last War* (Cambridge: Cambridge University Press, 1982) pp. 189, 196.

76. Hugh Dalton, *The Second World War Diary of Hugh Dalton* (London: Jonathan Cape, 1986) 7 October 1940, p. 89; *FRUS 1940* (Washington, DC: US Government Printing Offi ce, 1957) II, pp. 812–17.

77. *DDI, 9a serie, vol. V*, pp. 720–2; *DGFP*, Series D, Vol. XI, pp. 331–4; Foltz, *The Masquerade*, p. 260.

78. Norman Rich, *Hitler's War Aims: Ideology, the Nazi State, and the Course of Expansion*, 2 vols (London: André Deutsch, 1973–4), I, pp. 169–70.

79. Franz Halder, *The Halder War Diary 1931–1942*, ed. Charles Burdick and Hans-Adolf Jacobsen (London: Greenhill, 1988) pp. 262, 273, 277–8.

80. José María Sánchez Silva and José Luis Saenz de Heredia, *Franco ... ese hombre* (Madrid: Difusión Librera, 1975) p. 139.

81. Serrano Suñer, *Memorias*, pp. 283–301; Paul Schmidt, *Hitler's Interpreter: The Secret History of German Diplomacy 1935–1945* (London: Heinemann, 1951) p. 196; *DGFP*, Series D, Vol. XI, pp. 371–9.

82. Ciano, *L'Europa verso la catastrofe*, pp. 603–4.

83. Heleno Saña, *El franquismo sin mitos. Conversaciones con Serrano Suñer* (Barcelona: Grijalbo, 1982) p. 193. See also the polemic between Serrano Suñer and Antonio Marquina in *El País*, 19, 21, 22, 26, 28, 29 November 1978.

84. *FRUS 1940*, II, p. 824.

85. Halder, *Diary*, 31 July 1940, pp. 244–6; Alan Bullock, *Hitler and Stalin: Parallel Lives* (London, 1991) pp. 754–5; Alan Clark, *Barbarossa: The Russian–German Conflict 1941–1945* (London, 1965) pp. 17–26. I am grateful to Professor Brian Bond for clarifying this point.

86. *DGFP*, Series D, Vol. XI, pp. 452, 478–9; Directive No. 18, 12 November 1940, *Hitler's War Directives 1939–1945*, ed. H. R. Trevor-Roper (London: Sidgwick & Jackson, 1964) pp. 39–42.

87. *DGFP*, Series D, Vol. XI, pp. 528–30, 574–6, 581–2, 787–8, 812, 816–17, 852–3, 990–4; *FRUS 1940*, II, pp. 829–38; Charles B. Burdick, *Germany's Military Strategy and Spain in World War II* (Syracuse: Syracuse University Press, 1968) pp. 77ff.; Heinz Höhne, *Canaris* (London: Secker & Warburg, 1979) pp. 440–1; André Brissaud, *Canaris* (London: Weidenfeld & Nicolson, 1973) pp. 224–6; Serrano Suñer, *Entre Hendaya y Gibraltar*, pp. 258–9.

88. *DGFP*, Series D, Vol. XI, pp. 1140–3, 1157–8, 1171–5.

89. *Ibid.*, Vol. XII, p. 30.

90. Stohrer to Wilhelmstrasse, 6 February 1941, *ibid.*, pp. 37–42, 51–3, 58, 78–9.

91. Ciano to Serrano Suñer, 22 January 1941, *DDI, 9a serie, vol. VI (29 ottobre 1940–23 aprile 1941)* (Rome: Libreria dello Stato, 1986) p. 485; Serrano Suñer, *Entre Hendaya y Gibraltar*, pp. 262–3; Roberto Cantalupo, *Fu la Spagna. Ambasciata presso Franco. Febbraio–Aprile 1937* (Milan: Mondadori, 1948) pp. 288–9.

92. Hoare, *Ambassador*, pp. 95, 104.

93. Colloquio Mussolini–Franco, 12 February 1941, *DDI, 9a serie, Vol. VI*, pp. 568–76; Serrano Suñer, *Entre Hendaya y Gibraltar*, pp. 261–4; Cantalupo, *Fu la Spagna*, pp. 291–3.

94. *DGFP*, Series D, Vol. XII, pp. 96–7, 131–2.

95. Burdick, *Germany's Military Strategy*, pp. 103ff.

96. *DGFP*, Series D, Vol. XII, pp. 194–5.

97. *FRUS 1941* (Washington, DC: US Government Printing Office, 1959) Vol. II, pp. 886–7.

98. Pereira to Salazar, 1 May 1941, *Correspondência de Pedro Teotónio Pereira para Oliveira Salazar, II (1940–1941)* (Lisbon: Presidência do Conselho de Ministros, 1989) pp. 286–7.

99. Denis Smyth, 'Hillgarth, Alan Hugh', in *Dictionary of National Biography 1971–1980* (Oxford: Oxford University Press, 1986) pp. 409–10; Josep Massot i Muntaner, *El cònsol Alan Hillgarth i les Illes Baleares (1936–1939)* (Barcelona: Publicacions de l'Abadia de Montserrat, 1995) passim; Ángel Viñas, *Sobornos. De cómo Churchill y March compraron a los generales de Franco* (Barcelona: Crítica, 2016) p. 82.

100. Hillgarth Memorandum to Hoare, 2 June 1940, Templewood Papers, Cambridge University Library (henceforth TP), XIII/2/3; Hoare to Churchill, 12 June 1940, TP, XIII/16/1.

101. Denis Smyth, 'Les Chevaliers de Saint-George: la Grande-Bretagne et la corruption des généraux espagnols (1940–1942)', *Guerres mondiales et confl its contemporains*, No. 162, April 1991, pp. 29–54; Cabrera, *Juan March*, pp. 328–35; Viñas, *Sobornos*, pp. 75–8; Smyth, *Diplomacy*, pp. 225–6.

102. Many of the relevant documents can be found in two large files in TNA, Permanent Under-Secretary of State, Foreign Office, TNA, FO 1093-233 and FO 1093-234.

103. Viñas, *Sobornos*, pp. 83–4, 96–105, 109–13, 119–20, 157–9, 290–3; Richard Wigg, *Churchill and Spain: The Survival of the Franco Regime, 1940–45* (Brighton: Sussex Academic Press, 2008) pp. 45–6, 97, 113.

104. Viñas, *Sobornos*, pp. 454–65.

105. *Ibid.*, pp. 318–33.

106. Stohrer to Wilhelmstrasse, 22 April 1941, *DGFP*, Series D, Vol. XII, pp. 611–16.

107. Alfredo Kindelán, *La verdad de mis relaciones con Franco* (Barcelona: Planeta, 1981) pp. 117–18; Xavier Tusell and Genoveva García Queipo de Llano, *Franco y Mussolini. La política española durante la segunda guerra mundial* (Barcelona: Planeta, 1985) pp. 97–8; Viñas, *Sobornos*, pp. 236–40, 270.

108. Preston, *Franco*, pp. 427–35; Stanley G. Payne, *The Franco Regime 1936–1975* (Madison: University of Wisconsin Press, 1987) pp. 285–90.

109. Smyth, *Diplomacy*, pp. 226–7.

110. Pereira to Salazar, 11 May 1941, *Correspondência*, II, p. 310.

111. *DGFP*, Series D, Vol. XII, pp. 795–6; Pereira to Salazar, 18 June 1941, *Correspondência*, II, p. 366; Hoare, *Ambassador*, p. 112.

112. Pereira to Salazar, 18, 20, 22 May, 9 June 1941; *Correspondência*, II, pp. 314–16, 321–3, 327–8, 349–50.

113. Serrano Suñer, *Memorias*, pp. 200–1.

114. Hoare to Eden, 31 May 1941, TNA FO 954/27A/162.

115. *FRUS 1941*, II, pp. 891–903; *Arriba*, 31 May; *ABC*, 31 May, 6, 9 June 1941.

116. Hoare to Eden, 8 June 1941, TNA FO 954/27A/165.

117. *DGFP*, Series D, Vol. XII, pp. 1080–1.

118. Hoare, *Ambassador*, p. 140; José Luis Rodríguez Jiménez, *Los esclavos españoles de Hitler* (Barcelona: Planeta, 2002).

119. Denis Smyth, *Deathly Deception: The Real Story of Operation Mincemeat* (Oxford: Oxford University Press, 2010) pp. 150–1.

120. Hoare to Eden, 9 July 1941, TNA FO 954/27A/172.

121. 14 August 1941, *FRUS 1941*, II, pp. 911–13.

122. Wiehl, 6 September 1941, *DGFP*, Series D, Vol. XIII, pp. 459–60.

123. *FRUS 1941*, II, pp. 908–11; Serrano Suñer, *Memorias*, pp. 348–9.

124. *FRUS 1941*, II, pp. 913–25.

125. *Ibid.*, pp. 924–9.

126. *DDI, 9a serie, vol. VIII (12 dicembre 1941–20 luglio 1942)* (Rome: Libreria dello Stato, 1988) pp. 322–3, 335–8; *Documents secrets du Ministère des Aff aires Etrangères d'Allemagne: Espagne* (Paris: éditions Paul Dupont, 1946) pp. 86–95; *FRUS 1942* (Washington, DC: US Government Printing Offi ce, 1961) Vol. III, pp. 281–3; *The Times*, 13 February; *ABC*, 13 February 1942. Testimony of Serrano Suñer to the author.

127. Garriga, *La España de Franco*, pp. 345–6; Franco, *Palabras del Caudillo 19 abril 1937–7 diciembre 1942*, pp. 203–5.

128. *DDI, 9a serie, Vol. VIII*, pp. 113, 116–17, 123–4; *Arriba*, 13 January 1942.

129. Preston, *Franco*, pp. 464–9; Saña, *El franquismo*, pp. 271–6; Hoare, *Ambassador*, pp. 140, 164–71; Doussinague, *España tenía razón*, pp. 130–1, and Antonio Marquina Barrio, 'El atentado de Begoña',

Historia 16, No. 76, August 1982, pp. 11–19; Martínez Roda, *Varela*, pp. 338–49. On the rumours about Serrano, Larraz, *Memorias*, p. 340; Garriga, *Franco-Serrano Suñer*, p. 120.

130. *DDI, 9a serie, vol. IX (21 luglio 1942–6 febbraio 1943)* (Rome: Libreria dello Stato, 1989) pp. 138–9; Serrano Suñer, *Entre Hendaya y Gibraltar*, pp. 211–18.

131. Denis Smyth, 'Screening "Torch": Allied Counter-Intelligence and the Spanish Threat to the Secrecy of the Allied Invasion of French North Africa in November 1942', *Intelligence and National Security*, Vol. 4, No. 2, April 1989, pp. 335–56, esp. pp. 344, 350–1.

132. Viñas, *Sobornos*, pp. 377–89.

133. Doussinague, *España tenía razón*, pp. 203–6.

134. Pedro Teotónio Pereira, *Correspondência de Pedro Teotónio Pereira para Oliveira Salazar, III (1942)* (Lisbon: Presidência do Conselho de Ministros, 1990) pp. 280–1; François Piétri, *Mes années d'Espagne 1940–1948* (Paris: Librairie Plon, 1954) p. 86; Ruhl, *Franco, Falange y III Reich*, pp. 49–50; Moltke to Wilhelmstrasse, 13, 24 January 1943, *Documents secrets*, pp. 127–34; Ramón Garriga, *La España de Franco. De la División Azul al pacto con los Estados Unidos (1943 a 1951)* (Puebla, Mexico: Cajica, 1971) p. 30.

135. Viñas, *Sobornos*, pp. 417–21.

136. Carlos Martínez de Campos, *Ayer 1931–1953* (Madrid: Instituto de Estudios Políticos, 1970) pp. 213–52; Gerald R. Kleinfeld and Lewis A. Tambs, *Hitler's Spanish Legion: The Blue Division in Russia* (Carbondale: Southern Illinois University Press, 1979) pp. 310–13.

137. Smyth, *Deathly Deception*, pp. 216–18; TNA, ADM 223/794, 'Mincemeat', Naval Intelligence, Division 12 ('Special Naval Section') History of Naval Intelligence and the Naval Intelligence Department 1939–1945, Vol. III, 'Naval Deception', pp. 1–22; *Documentos inéditos*, IV, pp. 223–5; Ruhl, *Franco, Falange y III Reich*, p. 223.

138. Javier Tusell, *Franco, España y la II guerra mundial. Entre el Eje y la neutralidad* (Madrid: Temas de Hoy, 1995) pp. 585–9; Eduardo Martín de Pozuelo, *El Franquismo, cómplice del Holocausto* (Barcelona: La Vanguardia, 2012) pp. 39–40; Rohr, *The Spanish Right and the Jews*, pp. 123–56.

139. Rother, *Franco y el holocausto*, pp. 128–9, 408–9; Marquina Barrio and Inés Ospina, *España y los judíos*, pp. 212–22; Diego Carcedo, *Un español frente al Holocausto. Así salvó ángel Sanz Briz 5.000 judíos* (Madrid: Temas de Hoy, 2000) pp. 199–268; Rohr, *The Spanish Right and the Jews*, pp. 149–52; Juan Diego Quesada, 'Franco lo Supo. Excelencia, esto ocurre en Auschwitz', *El País*, 21

March 2010.

140. *Arriba*, 18, 19, 20, 21 March, 2, 5, 12 May; *The Times*, 18 March; *ABC*, 2, 5, 7, 8, 9 May 1943; Doussinague, *España tenía razón*, pp. 207–9.

141. *Bulletin of Spanish Studies*, Vol. XXI, No. 82, April 1944, p. 85; Hoare, *Ambassador*, pp. 239–40; Preston, *The Politics of Revenge*, pp. 100–4; José María Gil Robles, *La monarquía por la que yo luché. Páginas de un diario 1941–1954)* (Madrid: Taurus, 1976) p. 55.

142. Abrahán Guillén, *25 años de economía franquista* (Buenos Aires: Periplo, 1963) p. 145; Payne, *The Franco Regime*, pp. 285, 399, 425; Gil Robles, *La monarquía*, pp. 74, 83, 86.

143. T. F. Burns, Memorandum for Hoare, 11 April 1944, TP, XIII/6/28; Viñas, *Sobornos*, pp. 444–6.

144. Ruhl, *Franco, Falange y III Reich*, p. 68; Smyth, *Diplomacy*, p. 215; Foltz, *The Masquerade*, pp. 126–9; Gil Robles, *La monarquía*, pp. 28, 72, 77, 85.

145. Gil Robles, *La monarquía*, pp. 28, 33, 37–8, 53–9, 71, 74, 83.

146. Suárez Fernández, *Franco*, III, p. 432; Claret, *Ganar la Guerra*, pp. 277–8.

147. *Documentos inéditos*, IV, pp. 679–80.

148. Collado Seidel, *España, refugio nazi*, pp. 145–50, 223–5, 277–86.

149. Serrano Súñer, *Memorias*, p. 230; Francisco Franco Salgado-Araujo, *Mis conversaciones privadas con Franco* (Barcelona: Planeta, 1976)

pp. 37, 178.

150. Claret, *Ganar la Guerra*, pp. 244–6, 267, 287–8.

151. Ridruejo, *Escrito en España*, p. 104; Carlos Fernández Santander, *Tensiones militares durante el franquismo* (Barcelona: Plaza y Janés, 1985) pp. 77–85.

152. Department of State, *The Spanish Government and the Axis* (Washington, DC: US Government Printing Office, 1946) pp. 34–7; Hoare, *Ambassador*, p. 258.

153. Rafael García Pérez, *Franquismo y Tercer Reich. Las relaciones económicas hispano–alemanas durante la segunda guerra mundial* (Madrid: Centro de Estudios Constitucionales, 1994) pp. 453–73; Garriga, *De la División Azul*, pp. 338–42; Christian Leitz, *Economic Relations between Nazi Germany and Franco's Spain 1936–1945* (Oxford, Oxford University Press, 1996) pp. 190–2; Viñas et al., *Política comercial exterior*, I, p. 354, 362–3, 393–5, 410, 463–4; Viñas, *Sobornos*, p. 446.

154. Burns, Memorandum, 11 April 1944, TP, XIII/6/28, p. 3.

155. Ramón J. Campo, *El Oro de Canfranc* (Zaragoza: Biblioteca Aragonesa de Cultura, 2002) pp. 65–9, 79–85.

156. *FRUS 1943* (Washington, DC: US Government Printing Office, 1964) II, pp. 631–2, 722–38, 727–31; Doussinague, *España tenía razón*, pp. 88–9, 280–90; Hoare, *Ambassador*, pp. 249–56.

157. Warren F. Kimball, ed., *Churchill & Roosevelt: The Complete Correspondence*, 3 vols (Princeton, NJ: Princeton University Press, 1984) II, pp. 725–6, 728, 751; Sir Alexander Cadogan, *The Diaries of Sir Alexander Cadogan 1938–1945* (London: Cassell, 1971) pp. 602–3; *The Diaries of Edward R. Stettinius, Jr., 1943–1946* (New York: New Viewpoints, 1975) pp. 28–9; Hoare, *Ambassador*, pp. 257–62.

158. Kimball, ed., *Churchill & Roosevelt: Correspondence*, III, pp. 66–8, 99, 106–8, 114; Cadogan, *Diaries*, pp. 622–3; Hoare, *Ambassador*, pp. 262–8; Joan Maria Thomàs, *Roosevelt, Franco and the End of the Second World War* (London: Palgrave Macmillan, 2011) pp. 67–125.

159. Xavier Moreno Julià, *La División Azul. Sangre española en Rusia, 1941–1945* (Barcelona: Crítica, 2004) pp. 204–9, 295–305; Miguel Ezquerra, *Berlin, a vida o muerte* (Barcelona: Ediciones Acervo, 1975), pp. 15, 105–47; Fernando Vadillo, *La gran crónica de la División Azul. Los irreductibles* (Granada: García Hispán, 1993) pp. 225–65.

160. Hoare, *Ambassador*, pp. 283, 300–4.

161. Daniel Arasa, *La invasión de los maquis* (Barcelona: Belacqua de Ediciones, 2004) pp. 243–5, 299–306; Secundino Serrano, *Maquis. Historia de la guerrilla antifranquista* (Madrid: Ediciones Temas de Hoy, 2001) pp. 129–40;

Tomas Cossias, *La lucha contra el 'maquis' en España* (Madrid: Editora Nacional, 1956) pp. 60–3; Fernando Martínez de Baños, *Hasta su total aniquilación. El Ejército contra el maquis en el Valle de Arán y en el Alto Aragón, 1944–1946* (Madrid: Almena Ediciones, 2002) pp. 137–8, 155–6.

162. Tusell, *Franco, España y la II guerra mundial*, p. 200.

163. *The Testament of Adolf Hitler: The Hitler–Bormann Documents* (London: Cassell, 1961) pp. 47–9.

第十三章　佛朗哥政权：腐败和恐怖，1945—1953 年

1. *Arriba*, 8 May; *ABC*, 8 May 1945.

2. Francisco Franco, *Textos de doctrina política. Palabras y escritos de 1945 a 1950* (Madrid: Publicaciones Españolas, 1951) pp. 612–13.

3. Bowker to Eden, 8, 14, 31 May 1945, TNA FO 371/49550, Z6008/2/41, Z6421/7/41 and Z7213/7/41; *ABC*, 26 April, 3, 11 May; *Arriba*, 3, 5, 10 May; *Informaciones*, 3, 7 May; *The Times*, 3, 11 May 1945.

4. Ramón Soriano, *La mano izquierda de Franco* (Barcelona: Planeta, 1981) p. 159; Borrell interview, María Mérida, *Testigos de Franco. Retablo íntimo de una dictadura* (Barcelona: Plaza y Janés, 1977) p. 225.

5. Rafael R. Tranche, 'La imagen de Franco "Caudillo" en la primera propaganda cinematográfica del

Régimen', in Vicente Sánchez Biosca, ed., *Materiales para una iconografía de Francisco Franco*, 2 vols (Madrid: Archivos de la Filmoteca, Nos 42–3, October 2002–February 2003) pp. 92–3.

6. Max Gallo, *Spain under Franco: A History* (London: Allen & Unwin, 1973), pp. 153–9.

7. *La Vanguardia Española*, 18 July; *The Times*, 18 July 1945; Franco, *Textos 1945–1950*, pp. 15–25.

8. Paul Preston, *Franco: A Biography* (London: HarperCollins, 1993) pp. 532–3.

9. Javier Tusell, *Franco y los católicos. La política interior española entre 1945 y 1957* (Madrid: Alianza Editorial, 1984) pp. 56–8.

10. *Ibid.*, pp. 61–77, 84–94, 118; Luis Suárez Fernández, *Francisco Franco y su tiempo*, 8 vols (Madrid: Fundación Nacional Francisco Franco, 1984) IV, p. 44; José María Gil Robles, *La monarquía por la que yo luché. Páginas de un diario 1941–1954)* (Madrid: Taurus, 1976) pp. 126–7; Ramón Garriga, *La España de Franco. De la División Azul al pacto con los Estados Unidos (1943 a 1951)* (Puebla, Mexico: Cajica, 1971) pp. 334–5; Florentino Portero, *Franco aislado. La cuestión española (1945–1950)* (Madrid: Aguilar, 1989) pp. 106–10.

11. Tusell, *Franco y los católicos*, pp. 58–9.

12. Suárez Fernández, *Franco*, I, p.19.

13. A. J. Lleonart y Anselem and Fernando María Castiella y Maiz, *España y ONU*, Vol. I: *1945–46* (Madrid: Consejo Superior de Investigaciones Científi cas, 1978) pp. 30–3.

14. *The Times*, 18 June 1945.

15. Qasim Ahmad, *Britain, Franco Spain, and the Cold War, 1945–1950* (New York: Garland, 1992) pp. 33–40.

16. Lleonart and Castiella, *España y ONU*, I, pp. 42–4; *Foreign Relations of the United States* [henceforth *FRUS*] *1945* (Washington, DC: US Government Printing Offi ce, 1967) V, p. 683.

17. Speeches, 20 May, 20 June, 2, 17 July 1945, Franco, *Textos 1945–1950*, pp. 5–25.

18. Angel Viñas, *Los pactos secretos de Franco con Estados Unidos. Bases, ayuda económica, recortes de soberanía* (Barcelona: Grijalbo, 1981) p. 27.

19. Laureano López Rodó, *La larga marcha hacia la monarquía* (Barcelona: Noguer, 1977) pp. 57–9; Tusell, *Franco y los católicos*, pp. 99–100.

20. Mallet to Bevin, 22 September, 6 October 1945, TNA FO 371/49590, Z10932/233/41, Z11432/233/41.

21. Portero, *Franco aislado*, pp. 133–4; Randolph Bernard Jones, 'The Spanish Question and the Cold War 1944–1953', unpublished PhD thesis, University of London, 1987, pp. 49–51.

22. See also speeches to the high command, 7 January 1946, to the general staff, 16 February 1946,

Franco, *Textos 1945-1950*,
pp. 539-49.

23. Garriga, *De la División Azul*,
pp. 382-6; Heleno Saña, *El
franquismo sin mitos.
Conversaciones con Serrano Suñer*
(Barcelona: Grijalbo, 1982)
pp. 289-92, 301-3; Suárez
Fernández, *Franco*, IV, pp. 52-3,
58-9; Tusell, *Franco y los católicos*,
pp. 100-2.

24. *La Vanguardia Española*, 2 October;
Arriba, 2 October 1945.

25. Tusell, *Franco y los católicos*,
pp. 102-6; *ABC*, 12 October 1945.

26. *ABC*, 27 October; *Arriba*, 27
October 1945; Suárez Fernández,
Franco, IV, p. 102; *FRUS 1946*
(Washington, DC: US Government
Printing Office, 1969) V, p. 1039.

27. Mallet to Bevin, 3 December 1945,
TNA FO 371/49629, Z13504/1484/
G41.

28. 'Informe Económico Octubre de
1946', Archivo Acción Republicana
Democrática Española, Fundación
Universitario Español, ARDE, Ind.
1-2. I am grateful to Ricardo
Robledo for this information.

29. Garriga, *De la División Azul*,
pp. 415-16.

30. Francisco Moreno Gómez, *La
resistencia armada contra Franco.
Tragedia del maquis y la guerrilla*
(Barcelona: Crítica, 2001)
pp. 471-9, 506-45, 549-51;
Mercedes Yusta Rodrigo, *Guerrilla
y resistencia campesina. La
resistencia armada contra el
franquismo en Aragón (1939-1952)*

(Zaragoza: Prensas Universitarias
de Zaragoza, 2003) pp. 169-73,
180-1; Secundino Serrano, *Maquis.
Historia de la guerrilla
antifranquista* (Madrid: Ediciones
Temas de Hoy, 2001) pp. 231-9;
Mundo Obrero, 11 September 1947,
5, 19 August, 30 September 1948.

31. Tusell, *Franco y los católicos*, p. 113.

32. Franco, *Textos 1945-1950*,
pp. 334-5; *Arriba*, 5 January, 17, 19,
20 February; *ABC*, 5, 9 January, 22,
23 February; *The Times*, 11
February, 20 May 1946.

33. Mallet to Bevin, 15 February 1946,
TNA FO 371/60373, Z2125/41/41;
Gil Robles, *La monarquía*,
pp. 161-9; López Rodó, *La larga
marcha*, p. 62; Xavier Tusell, *La
oposición democrática al franquismo
1939-1962* (Barcelona: Planeta,
1977) pp. 114-16.

34. Torr memorandum, 20 February
1946, TNA FO 371/60373,
Z1741/41/41; Alfredo Kindelán, *La
verdad de mis relaciones con Franco*
(Barcelona: Planeta, 1981)
pp. 128-30, 254; Tusell, *Franco y los
católicos*, pp. 150-1; Suárez
Fernández, *Franco*, IV, pp. 127-32,
153-7, 301.

35. Gregorio Morán, *Miseria y
grandeza del Partido Comunista de
España 1939-1985* (Barcelona:
Planeta, 1986) pp. 103, 107; David
Wingeate Pike, *Jours de gloire, jours
de honte: le Parti Communiste
d'Espagne en France depuis son
arrivée en 1939 jusqu'à son départ
en 1950* (Paris: Société d'édition

d'Enseignement Supérieur, 1984) p. 59; Carlos Fernández Rodríguez, *Madrid clandestino. La reestructuración del PCE (1939–1945)* (Madrid: Fundación Domingo Malagón, 2002) pp. 370–6.

36. Hoyer Millar memorandum, 3 March 1946, TNA FO 371/60352, Z210/36/41.

37. *The Times*, 5 March 1946; Arthur P. Whitaker, *Spain and the Defence of the West: Ally and Liability* (New York: Harper & Brothers, 1961) pp. 25–7; Portero, *Franco aislado*, pp. 151–5.

38. Tusell, *Franco y los católicos*, p. 115.

39. Qasim Ahmad, *Britain, Franco Spain*, pp. 40–53.

40. *Arriba*, 8 March; *ABC*, 8 March 1946.

41. *Arriba*, 2 April 1946.

42. *Arriba*, 7 April 1946; Franco, *Textos 1945–1950*, pp. 551–2.

43. *The Diaries of Edward R. Stettinius, Jr., 1943–1946* (New York: New Viewpoints, 1975) pp. 466–9; Lleonart and Castiella, *España y ONU*, I, pp. 81–3.

44. Franco, *Textos 1945–1950*, pp. 31–59; *The Times*, 15 May 1946.

45. United Nations, Security Council, Official Records, First Year: Second Series, Special Supplement, *Report of the Sub-Committee on the Spanish Question* (New York, June 1946); *FRUS 1946*, V, pp. 1072–4; Portero, *Franco aislado*, pp. 174–6.

46. Bonsal to Byrnes, *FRUS 1946*, V, pp. 1075–7; Lleonart and Castiella, *España y ONU*, I, pp. 104–20, 130–96.

47. Agustín del Río Cisneros, *Política internacional de España. El caso español en la ONU y en el mundo* (Madrid: Ediciones del Movimiento, 1946) passim.

48. Tusell, *Franco y los católicos*, p. 153.

49. *Ibid.*, p.116.

50. *Arriba*, 1, 2 October; *ABC*, 1, 2 October; *La Vanguardia Española*, 1, 2 October; *The Times*, 2 October 1946.

51. Lleonart and Castiella, *España y ONU*, I, pp. 215, 240–94; *Arriba*, 14 November 1946; *FRUS 1946*, V, pp. 1080–2.

52. *Arriba*, 30 November 1946; Tusell, *Franco y los católicos*, p. 154.

53. *Arriba*, 10 December; *La Vanguardia Española*, 10 December 1946.

54. *ABC*, 10, 11, 12, 13 December 1946; Lleonart and Castiella, *España y ONU*, I, pp. 310–89.

55. *The Times*, 17 December 1946; Garriga, *De la División Azul*, p. 469.

56. José María Pemán, *Mis encuentros con Franco* (Barcelona: Dopesa, 1976) pp. 118–19.

57. Jakim Boor (pseudonym of Francisco Franco Bahamonde), *Masonería* (Madrid: Gráfi cas Valera, 1952) p. 96.

58. *Arriba*, 14 December 1946; J. Boor, *Masonería* (Madrid: Gráfi cas Valera, 1952) pp. 8–9.

59. Francisco Franco Salgado-Araujo, *Mis conversaciones privadas con Franco* (Barcelona: Planeta, 1976)

pp. 239, 366; Suárez Fernández, *Franco*, III, pp. 323-4, 394; Javier Domínguez Arribas, *El enemigo judeo-masónico en la propaganda franquista (1936-1945)* (Madrid: Marcial Pons Historia, 2009) pp. 123-52.

60. López Rodó, *La larga marcha*, pp. 73, 529-32; Gil Robles, *La monarquía*, pp. 138, 173-4.
61. Gil Robles, *La monarquía*, p. 173.
62. Garriga, *De la División Azul*, pp. 472-4.
63. Portero, *Franco aislado*, p. 182.
64. Kenneth O. Morgan, *Labour in Power 1945-1951* (Oxford: Clarendon Press, 1984) pp. 251-3; Dean Acheson, *Present at the Creation: My Years in the State Department* (New York: Norton, 1969) pp. 294-301; Herbert Feis, *From Trust to Terror: The Onset of the Cold War 1945-1950* (London: Anthony Blond, 1970) pp. 191-8.
65. López Rodó, *La larga marcha*, pp. 75-89, 89-99; Gil Robles, *La monarquía*, pp. 206-14, 388-93; Tusell, *La oposición democrática*, pp. 161-9; Tusell, *Franco y los católicos*, pp. 161-2.
66. *FRUS 1947* (Washington, DC: US Government Printing Office, 1972) III, pp. 1066-80; Qasim Ahmad, *Britain, Franco Spain*, pp. 163-4; Bevin to Sargent, 25 April 1947, TNA FO 371/67868, Z4093/3/41.
67. *Mundo Obrero*, 8 May; *El Socialista*, 16 May 1947; José María Lorenzo Espinosa, *Rebelión en la Ría. Vizcaya 1947: obreros, empresarios y*

falangistas (Bilbao: Universidad de Deusto, 1988) pp. 17-69.
68. Juan Carlos Jiménez de Aberasturi and Koldo San Sebastián, *La huelga general del 1o de mayo de 1947 (artículos y documentos)* (San Sebastián: Eusko Ikaskuntza, 1991) pp. 48-61.
69. *Le Monde*, 9 May 1947.
70. Ángel Viñas, *Guerra, dinero, dictadura. Ayuda fascista y autarquía en la España de Franco* (Barcelona: Crítica, 1984) pp. 265-87; A. J. Lleonart y Anselem, *España y ONU*, Vol. II: *1947* (Madrid: Consejo Superior de Investigaciones Científicas, 1983) p. 117.
71. *Arriba*, 1 November 1946, 14 January; *ABC*, 14, 15, 16, 17 January 1947.
72. *Arriba*, 9, 10 June; *ABC*, 10 June; *The Times*, 9 June; *Observer*, 13 June 1947; Ramón Garriga, *La Señora de El Pardo* (Barcelona: Planeta, 1979) pp. 211-12.
73. José María de Areilza, *Memorias exteriores 1947-1964* (Barcelona: Planeta, 1984) p. 28.
74. Whitaker, *Spain*, p. 25; Areilza, *Memorias*, pp. 216-18.
75. *Ya*, 6 July; *Arriba*, 5, 6 July 1947.
76. Tusell, *Franco y los católicos*, pp. 163-5; Stanley G. Payne, *The Franco Regime 1936-1975* (Madison: Wisconsin University Press, 1987) p. 375; J. W. D. Trythall, *Franco* (London: Hart-Davis, 1970) pp. 203-6.
77. *FRUS 1947*, III, pp. 1084-7; FO to

British Embassy (Washington),
TNA FO 371/67869, Z7004/3/41.

78. *FRUS 1947*, III, pp. 1091–5; Walter
Millis, ed., *The Forrestal Diaries*
(New York, Viking Press, 1951)
p. 328; Walter LaFeber, *America,
Russia and the Cold War 1945–
1975*, 3rd edn (New York: Wiley,
1976) pp. 66–7.

79. *FRUS 1947*, III, pp. 1096–7;
Lleonart, *España y ONU*, II,
pp. 230–313; Suárez Fernández,
Franco, IV, pp. 212–14, 226;
Franco, *Textos, 1945–1950*,
pp. 111–14.

80. S. F. A. Coles, *Franco of Spain*
(London: Neville Spearman, 1955)
p. 63; Francisco Franco Salgado-
Araujo, *Mi vida junto a Franco*
(Barcelona: Planeta, 1977) p. 319.

81. *La Vanguardia Española*, 31 March;
The Times, 1, 2 April 1948; Portero,
Franco aislado, pp. 309–13; Suárez
Fernández, *Franco*, IV, pp. 239–40.

82. Tusell, *La oposición democrática*,
pp. 197–202; Suárez Fernández,
Franco, IV, pp. 249–51.

83. Gil Robles, *La monarquía*,
pp. 265–73; Pedro Sainz Rodríguez,
Un reinado en la sombra
(Barcelona: Planeta, 1981)
pp. 220–2; *FRUS 1948*
(Washington, DC: US Government
Printing Office, 1974) III,
pp. 1050–1, 1059–63; *FRUS 1949*
(Washington, DC: US Government
Printing Office, 1975) IV, p. 755;
Ramón de Alderete, ... *y estos
borbones nos quieren gobernar*
(Paris: Ruedo Ibérico, 1974)

pp. 56–8; *The Times*, 28 August; 29
August 1948.

84. Gil Robles, *La monarquía*,
pp. 272–5.

85. Tusell, *La oposición democrática*,
pp. 203–5.

86. *ABC*, 10 November 1948; Gil
Robles, *La monarquía*, pp. 276–81,
286.

87. Gil Robles, *La monarquía*,
pp. 298–301.

88. María Jesús Cava Mesa, *Los
diplomáticos de Franco. J. F. de
Lequerica, temple y tenacidad
(1890–1963)* (Bilbao: Universidad
de Deusto, 1989) pp. 265–310;
The odore J. Lowi, 'Bases in Spain',
in Harold Stein, ed., *American
Civil–Military Decisions: A Book of
Case Studies* (Birmingham, Ala.:
University of Alabama Press, 1963)
pp. 675–6; R. Richard Rubottom
and J. Carter Murphy, *Spain and the
United States since World War II*
(New York: Praeger, 1984)
pp. 10–11; Viñas, *Guerra, dictadura,
dinero*, pp. 284–7; Whitaker, *Spain*,
pp. 32–4.

89. Johnston to FO, 2 October 1948,
TNA FO 371/73337, Z7957/84/41.

90. *Arriba*, 2 October; *ABC*, 2 October
1948; Suárez Fernández, *Franco*, IV,
pp. 266–9.

91. *FRUS 1948*, III, pp. 1053–4;
Suárez Fernández, *Franco*, IV,
pp. 273–5.

92. *FRUS 1948*, III, p. 1063.

93. Moisés Llordén Miñambres, 'La
política de vivienda del régimen
franquista: nacimiento y despegue

de los grandes constructores y promotores inmobiliarios en España, 1939–1960', in Glicerio Sánchez Recio and Julio Tascón Fernández, eds, *Los empresarios de Franco. Política y economía en España, 1936–1957* (Barcelona: Crítica, 2003) p. 149.

94. Bartolomé Barba Hernández, *Dos años al frente del Gobierno Civil de Barcelona y varios ensayos* (Madrid: Javier Morata, 1948) pp. 45–50; Rafael Abella, *Por el Imperio hacia Dios. Crónica de una posguerra (1939–1950)* (Barcelona: Planeta, 1978) pp. 101–32.
95. Portero, *Franco aislado*, pp. 316–17; *Daily Telegraph*, 1 February 1949; Franco, *Textos, 1945–1950*, pp. 277–81.
96. *FRUS 1949*, IV, pp. 729–30; Hankey to Bevin, 'Spain: Annual Report for 1949', 27 January 1950, TNA FO 371/89479, WS1011/1.
97. Whitaker, *Spain*, pp. 34–5; Gil Robles, *La monarquía*, pp. 291–2.
98. Whitaker, *Spain*, pp. 36–7.
99. *FRUS 1949*, IV, pp. 721–4, 730–5, 742–3; A. J. Lleonart y Anselem, *España y ONU*, Vol. III: *1948–1949: La 'cuestión española'* (Madrid: Consejo Superior de Investigaciones Científicas, 1985) pp. 54–8, 148–372.
100. Franco, *Textos, 1945–1950*, pp. 147–73.
101. Mercedes Cabrera, *Juan March (1880–1962)* (Madrid: Marcial Pons, 2011) pp. 347–92; Arturo Dixon, *Señor Monopolio. La asombrosa vida de Juan March* (Barcelona: Planeta, 1985) pp. 178–99; Ramón Garriga, *Los validos de Franco* (Barcelona: Planeta, 1981), pp. 198–202; Ramón Garriga, *Juan March y su tiempo* (Barcelona: Planeta, 1976) pp. 384, 388–94; Fabián Estapé, *Sin acuse de recibo* (Barcelona: Plaza y Janés, 2000) pp. 122–4, 202; Bernardo Díaz Nosty, *La irresistible ascensión de Juan March* (Madrid: Sedmay Ediciones, 1977) pp. 366–80; Pere Ferrer, *Juan March. El hombre más misterioso del mundo* (Barcelona: Ediciones B, 2008) pp. 415–27.
102. José Larraz, *Memorias* (Madrid: Real Academia de Ciencias Morales y Políticas, 2006) pp. 530–1.
103. Ramón Serrano Suñer, *Entre el silencio y la propaganda, la Historia como fue. Memorias* (Barcelona: Planeta, 1977) pp. 379–88.
104. Gil Robles, diary entries for 25, 26 September 1949, *La monarquía*, pp. 304–6.
105. *FRUS 1949*, IV, p. 761.
106. Benjamin Welles, *Spain: The Gentle Anarchy* (London: Pall Mall, 1965) pp. 286–7; Lowi, 'Bases', p. 692.
107. Cava Mesa, *Lequerica*, pp. 310–12; Lowi, 'Bases', pp. 677–80; Whitaker, *Spain*, pp. 23, 36–7; Viñas, *Los pactos*, pp. 43–4; Suárez Fernández, *Franco*, IV, pp. 366–7; Garriga, *De la División Azul*, pp. 548–9, 563–7.
108. *The Times*, 22, 24, 25, 28 October; *Arriba*, 22, 23, 25, 26, 27 October 1949; Gil Robles, *La monarquía*,

pp. 308–12; Franco Salgado-Araujo, *Mi vida*, pp. 327–8.

109. Gil Robles, *La monarquía*, pp. 318–19.

110. Lowi, 'Bases', p. 683.

111. *FRUS 1950* (Washington, DC: US Government Printing Office, 1977) III, pp. 1549–55; Franks to FO, 19 January 1950, TNA FO 371/89496, WS10345/3, WS10345/4; Hoyer Millar to Bevin, 13 February 1950, FO 371/89496, WS10345/13.

112. Hankey to Shuckburgh, 25 January 1950, TNA FO 371/89496, WS10345/9; *Arriba*, 24, 25 January 1950.

113. Fernando Guirao, 'Spain and the "Green Pool": Challenge and Response, 1950 to 1955', in Richard T. Griffiths and Brian Girvin, eds, *The Green Pool and the Origins of the Common Agricultural Policy* (London: Lothian Press, 1995) pp. 261–87.

114. Indalecio Prieto, *Convulsiones de España. Pequeños detalles de grandes sucesos*, 3 vols (Mexico City: Oasis, 1967–9) I, pp. 307–8.

115. Mariano Sánchez Soler, *Villaverde. Fortuna y caída de la casa Franco* (Barcelona: Planeta, 1990) pp. 36–7, 52–3.

116. Madrid Embassy to FO, 16 April 1950, TNA FO 371/89487, WS1021/15.

117. *La Vanguardia Española*, 11, 12 April; *Arriba*, 11, 14 April; *ABC*, 11, 12 April 1950; Garriga, *La Señora*, pp. 222–4.

118. Garriga, *La Señora*, pp. 224–7,

243–4; Sánchez Soler, *Villaverde*, pp. 56–70, 76, 110–16; Jaume Claret, *Ganar la Guerra, perder la paz. Memorias del general Latorre Roca* (Barcelona: Crítica, 2019) p. 288.

119. Carlos Collado Seidel, *España, refugio nazi* (Madrid: Ediciones Temas de Hoy, 2005) pp. 184–5, 203–4.

120. Franco Salgado-Araujo, *Mis conversaciones*, pp. 9, 17–18, 189; Pilar Franco Bahamonde, *Nosotros los Franco* (Barcelona: Planeta, 1980) pp. 144–6, 215–20; Mariano Sánchez Soler, *Ricos por la guerra civil de España* (Madrid: Raíces, 2007) pp. 66–7; Andrés Martínz-Bordiu Ortega, *Franco en familia. Cacerías en Jaén* (Barcelona: Planeta, 1994) pp. 26–8; Julián Lago, *Las contra-memorias de Franco* (Barcelona: Zeta, 1976) pp. 63–73.

121. Ángel Viñas, 'Hambre, corrupción y sobornos en el primer Franquismo (1939–1959)', in Borja de Riquer, Joan Lluís Pérez Francesch, Gemma Rubí, Lluís Ferran Toledano y Oriol Luján, eds, *La corrupción política en la España contemporánea* (Madrid: Marcial Pons Historia, 2018) pp. 165–7.

122. Sánchez Soler, *Villaverde*, pp. 39–51, 92–4, 122–4, 127, 131–9; Jaime Peñafiel, *El General y su tropa. Mis recuerdos de la familia Franco* (Madrid: Temas de Hoy, 1992) p. 149.

123. Javier Otero, 'El patrimonio oculto de Francisco Franco', *Tiempo*, 11

June 2010; Carlos Babío Urkidi and Manuel Pérez Lorenzo, *Meirás. Un pazo, un caudillo, un espolio* (A Coruña: Fundación Galiza Sempre, 2017) pp. 271–5.

124. Ramón Garriga, *Franco-Serrano Suñer. Un drama político* (Barcelona: Planeta, 1986) p. 179.

125. Franco Salgado-Araujo, *Mis conversaciones*, pp. 174, 195; Peñafiel, *El General y su tropa*, pp. 140–1; José Antonio Vaca de Osma, *Paisajes con Franco al fondo* (Barcelona: Plaza y Janés, 1987) p. 189; Pilar Jaraiz Franco, *Historia de una disidencia* (Barcelona: Planeta, 1981) p. 41.

126. Garriga, *La Señora*, pp. 225–7; Suárez Fernández, *Franco*, IV, pp. 271–3.

127. Franco Salgado-Araujo, *Mis conversaciones*, pp. 189, 195; Franco, *Nosotros*, p. 237.

128. Sánchez Soler, *Ricos*, pp. 108–11; Jaime Sánchez-Blanco, *La importancia de llamarse Franco. El negocio inmobiliario de doña Pilar* (Madrid: Edicusa, 1978) pp. 13–16, 21–49, 108–20, 139–58, 172–98, 243–84, 294–323, 337–41, 365–97.

129. On Hoffman, see Collado Seidel, *España, refugio nazi*, pp. 130, 312–15; Klaus-Jörg Ruhl, *Franco, Falange y III Reich* (Madrid: Akal, 1986) p. 208; José María Irujo, 'Un presunto nazi es el cónsul general de Alemania en Málaga desde 1974', *El País*, 1 April 1997; José Antonio Girón de Velasco, 'La casa de Girón

legalmente edificada', *El País*, 31 October 1976; José Luis de Arrese, *Una etapa constituyente* (Barcelona: Planeta, 1982) pp. 59, 87, 92; Sánchez Soler, *Ricos*, pp. 143–8.

130. Mariano Sánchez Soler, *Los banqueros de Franco* (Madrid: Oberon, 2005) pp. 143–9; Víctor Mellado and Vicente Granados, eds, *Historia de la Costa del Sol* (Málaga: Prensa Malagueña, n.d.) pp. 115–16.

131. Sánchez Soler, *Ricos*, pp. 247–8; Rafael Porras, 'Franco y el "skyline" de Marbella', *El Mundo*, 8 December 2013.

132. *FRUS 1950*, III, pp. 1557–60; Suárez Fernández, *Franco*, IV, pp. 408–9.

133. Viñas, *Los pactos*, p. 59; Jakim Boor, *Masonería*, pp. 121–9, 137–41; Suárez Fernández, *Franco*, IV, pp. 431–3.

134. Memorandum of Chairman of the Joint Chiefs of Staff to the Secretary of Defense, 3 May, Truman to Acheson, 16 June 1950, *FRUS 1950*, III, pp. 1560–2.

135. Younger to Bevin, 3 August, TNA FO 371/89502, WS1031/39; W. I. Mallet to Bevin, 2 August, FO 371/89502, WS1051/39; W. I. Mallet to Hankey, 11 September 1950, FO 371/89503, WS1051/63.

136. Burrows (Washington) to Young, 4 September 1950, TNA FO 371/89503, WS1051/58.

137. A. J. Lleonart y Anselem, *España y ONU*, Vol. IV: *1950: La 'cuestión española'* (Madrid: Consejo Superior de Investigaciones

Científicas, 1991) pp. 269–310; Qasim Ahmad, *Britain, Franco Spain*, pp. 197–8; *Arriba*, 5 November 1950.

138. *ABC*, 7 November 1950.

139. *FRUS 1950*, III, pp. 1573–4; Franks to FO, 18 November 1950, TNA FO 371/89507, WS1051/129.

140. Viñas, *Los pactos*, pp. 59–60; Garriga, *De la División Azul*, pp. 577–85.

141. Lequerica to Franco, 25 October 1950, Suárez Fernández, *Franco*, IV, pp. 440–1.

142. Suárez Fernández, *Franco*, IV, p. 413.

143. Francisco Franco, *Discursos y mensajes del Jefe del Estado 1951–1954* (Madrid: Publicaciones Españolas, 1955) pp. 33–7; Trythall, *Franco*, p. 211.

144. Randolph Bernard Jones, 'The Spanish Question and the Cold War 1944–1953', unpublished PhD thesis, University of London, 1987, pp. 195–211, 215–26.

145. Hankey to Young, 20 December 1950, TNA FO 371/89509, WS1051/170; Sebastian Balfour, *Dictatorship, Workers, and the City: Labour in Greater Barcelona since 1939* (Oxford: Clarendon Press, 1989) pp. 20–2.

146. Franco, *Discursos 1951–1954*, pp. 43–8.

147. *La Vanguardia Española*, 3 March 1951; Félix Fanés, *La vaga de tramvies del 1951* (Barcelona: Editorial Laia, 1977) pp. 28–33, 48–51.

148. *La Vanguardia Española*, 13, 14 March 1951; Fanés, *La vaga*, pp. 59–157; Gregorio López Raimundo, *Primera clandestinidad: segunda parte* (Barcelona: Editorial Antártida/Empúries, 1995) pp. 208–27; Balfour, *Dictatorship*, pp. 22–30; Michael Richards, 'Falange, Autarky and Crisis: The Barcelona General Strike of 1951', *European History Quarterly*, October 1999, pp. 543–85.

149. Garriga, *De la División Azul*, pp. 595–600.

150. Balfour to Morrison, 23 May 1951, TNA FO 371/96158, WS1016/56/51.

151. Franco, *Discursos 1951–1954*, pp. 50–1, 57; *Arriba*, 13, 15, 19 May 1951.

152. Stanton Griffis, *Lying in State* (New York: Doubleday, 1952) pp. 269–70, 287–9; Balfour to Young, 28 March 1951, TNA FO 371/96183, WS1071/36; Viñas, *Los pactos*, pp. 73–9.

153. López Rodó, *La larga marcha*, pp. 112–13, 550–4; Pemán, diary entry for 20 January 1951, quoted by Tusell, *Franco y los católicos*, p. 287.

154. Viñas, *Los pactos*, pp. 87–91; FO to Washington, 7 July, Francks to FO, 12 July 1951, TNA FO 371/96185, WS1071/69G and WS1071/71.

155. Welles, *Gentle Anarchy*, p. 287; Lowi, 'Bases', p. 692; Antonio Marquina Barrio, *España en la política de seguridad occidental 1939–1986* (Madrid: Ediciones Ejército, 1986) pp. 420–2; Viñas,

Los pactos, pp. 92–4; Boris N. Liedtke, *Embracing a Dictatorship: US Relations with Spain, 1945–53* (London: Macmillan, 1998) pp. 119–28.

156. *ABC*, 17 July; *The Times*, 19 July 1951; Viñas, *Los pactos*, pp. 95–102; Griffi s, *Lying in State*, pp. 294–5; Marquina, *España*, pp. 422–4; Lowi, 'Bases', pp. 692–5; Cava Mesa, *Lequerica*, pp. 323–5.

157. Equipo Mundo, *Los 90 ministros de Franco* (Barcelona: Dopesa, 1970) pp. 203–46; Garriga, *De la División Azul*, pp. 624–9.

158. Ángel Viñas, Julio Viñuela, Fernando Eguidazu, Carlos Fernández Pulgar and Senen Florensa, *Política comercial exterior en España (1931–1975)*, 2 vols (Madrid: Banco Exterior de España, 1979) I, pp. 635–9, 671–2.

159. Balfour to Eden, 10 July 1952, Steel to Cheetham, 22 August, Murray to Cheetham, 28 August 1952, TNA FO 371/1020222, WS1102/21, WS1102/24G, WS1102/25; Viñas, *Los pactos*, pp. 120–1, 177; Franco Salgado-Araujo, *Mis conversaciones*, p. 56.

160. Balfour to Eden, 29 May 1952, TNA FO 371/102000, WS1015/2; Franco, *Discursos 1951–1954*, p. 173.

161. Lowi, 'Bases', pp. 696–7; Makins (Washington) to Eden, 18 February 1953, TNA FO 371/107687, WS1073/1; Viñas, *Los pactos*, pp. 165–9, 183–93, 252; Marquina, *España*, pp. 498–554.

162. Balfour to Cheetham, 29 April, 24

May, 31 July; Bellotti to FO, 26 June; Balfour to Young, 11 December 1953; Young memorandum, 8 December, Harrison to Minister of State, 17 December, Balfour memorandum, 17 December 1953, TNA FO 371/107682, WS1051/9, WS1051/19WS1051/24, WS1051/38; FO 371/107686, WS10/2/6; FO 371/107690, WS1081/50; Franco, *Discursos 1951–1954*, pp. 360–4.

163. Balfour to Eden, 21 March 1953, FO 371/107731, WS1782/2; Tusell, *Franco y los católicos*, pp. 258–82; Guy Hermet, *Les Catholiques dans l'Espagne Franquiste*, 2 vols (Paris: Presses de la Fondation Nationale des Sciences Politiques, 1980–1) II, pp. 204–18; José Ángel Tello, *Ideología y política. La Iglesia católica española (1936–1959)* (Zaragoza: Libros Pórtico, 1984) pp. 111–16.

164. José Chao Rego, *La Iglesia en el franquismo* (Madrid: Ediciones Felmar, 1976) pp. 93–102; Norman B. Cooper, *Catholicism and the Franco Regime* (Beverly Hills: Sage, 1975) pp. 16–18; Rafael Gómez Pérez, *El franquismo y la Iglesia* (Madrid: Rialp, 1986) pp. 66–70; Feliciano Blázquez, *La traición de los clérigos en la España de Franco. Crónica de una intolerancia (1936–1975)* (Madrid: Editorial Trotta, 1991) pp. 103–5.

165. Lowi, 'Bases', pp. 696–7; Viñas, *Los*

pactos, pp. 165–9, 183–93, 252; Liedtke, *Embracing a Dictatorship*, pp. 204–13; Arturo Jarque Iñiguez, '*Queremos esas bases*'. *El acercamiento de Estados Unidos a la España de Franco* (Alcalá de Henares: Universidad de Alcalá, 1998) pp. 351–63.

166. Hood minute, 5 November 1953, TNA FO 371/107686, WS1072/43; Viñas, *Los pactos*, pp. 195–202, 313–14; Ángel Viñas, *En las garras del águila. Los pactos con Estados Unidos, de Francisco Franco a Felipe González (1945–1995)* (Barcelona: Crítica, 2003) pp. 243–68.

167. José María de Areilza, *Diario de un ministro de la Monarquía* (Barcelona: Planeta, 1977) p. 45.

168. *ABC*, 27, 29, 30 September; *Arriba*, 27, 29, 30 September 1953.

169. Viñas, *Los pactos*, pp. 181–2, 203–50, 292; Lowi, 'Bases', pp. 697–8.

170. Viñas, *Los pactos*, pp. 261–75; Viñas et al., *Política comercial exterior*, I, pp. 497–501, 532–45.

171. Franco, *Discursos 1951–1954*, pp. 376–84; *La Vanguardia Española*, 1 October; *Arriba*, 1 October; *The Times*, 1 October 1953; Viñas, *Los pactos*, pp. 299–301.

172. *ABC*, 27, 30 September 1953; *Arriba*, 27, 29 September 1953; Viñas, *Los pactos*, pp. 277–84.

173. *The Times*, 30 October 1953; Jean Créac'h, *Le coeur et l'épée: chroniques espagnoles* (Paris: Librairie Plon, 1958) pp. 319–20; Franco, *Discursos 1951–1954*, pp. 414–15.

第十四章　佛朗哥政权：腐败和自以为是，1953—1969 年

1. Mariano Sánchez Soler, *Villaverde. Fortuna y caída de la casa Franco* (Barcelona: Planeta, 1990) pp. 63–8; Francisco Franco Salgado-Araujo, *Mis conversaciones privadas con Franco* (Barcelona: Planeta, 1976) pp. 9, 90–2, 111, 132.

2. Daniel Sueiro, *El Valle de los Caídos. Los secretos de la cripta franquista*, 2nd edn (Barcelona: Argos Vergara, 1983) pp. 123–43.

3. Gil Robles, diary entries for 13 May, 21, 22 June, 25 July, 7 September 1954; Don Juan to Franco, 16 July, Franco to Don Juan 17, 20 July 1954, José María Gil Robles, *La monarquía por la que yo luché. Páginas de un diario 1941–1954)* (Madrid: Taurus, 1976) pp. 327–8, 411–18; Laureano López Rodó, *La larga marcha hacia la monarquía* (Barcelona: Noguer, 1977) pp. 115–17, 554–5.

4. Rafael Calvo Serer, *Franco frente al Rey. El proceso del régimen* (Paris: Autor/Ruedo Ibérico, 1972) pp. 29–30; Jean Créac'h, *Le coeur et l'épée: chroniques espagnoles* (Paris: Librairie Plon, 1958), pp. 317–18.

5. *ABC*, 20 October 1954; Créac'h, *Le coeur*, pp. 332–7; Luis Suárez Fernández, *Francisco Franco y su tiempo*, 8 vols (Madrid: Fundación Nacional Francisco Franco, 1984)

V, p. 157; Franco Salgado-Araujo, *Mis conversaciones*, pp. 18, 23.

6. *Arriba*, 23 November 1954; Calvo Serer, *Franco frente al Rey*, pp. 29–30; Franco Salgado-Araujo, *Mis conversaciones*, p. 30; López Rodó, *La larga marcha*, p. 117; Créac'h, *Le coeur*, pp. 338–9; José María Toquero, *Franco y Don Juan. La oposición monárquica al franquismo* (Barcelona: Plaza y Janés, 1989) pp. 253–5.

7. Créac'h, *Le coeur*, pp. 339–40; Suárez Fernández, *Franco*, V, p. 159.

8. Franco to Don Juan, 2 December 1954, Pedro Sainz Rodríguez, *Un reinado en la sombra* (Barcelona: Planeta, 1981), pp. 383–4.

9. Mallet to Eden, 11 January 1955, TNA FO 371/117914, RS1942/4; Stirling to Macmillan, 19 April 1955, FO 371/117914, RS1942/15; Sainz Rodríguez, *Un reinado*, pp. 222–35; Créac'h, *Le coeur*, pp. 341–5; Franco Salgado-Araujo, *Mis conversaciones*, pp. 59–64; José María Pemán, *Mis encuentros con Franco* (Barcelona: Dopesa, 1976) p. 232; Xavier Tusell, *La oposición democrática al franquismo 1939–1962* (Barcelona: Planeta, 1977) pp. 235–6.

10. Francisco Franco, *Discursos y mensajes del Jefe del Estado 1951–1954* (Madrid: Publicaciones Españolas, 1955) pp. 551–3; *Arriba*, 23, 27 January; *ABC*, 1 March 1955; Mallet to Eden, 26 January 1955, TNA FO 371/117914, RS1942/6.

11. *Arriba*, 20 June 1955; Mallet to Macmillan, 5 July 1955, TNA FO 371/117914, RS1942/21.

12. *ABC*, 24 June 1955; Stirling to Macmillan, 26 July 1955; Balfour memorandum, 7 September 1955, TNA FO 371/117914, RS1942/25, RS1942/27; Créac'h, *Le coeur*, pp. 353–4.

13. Mary Vincent, *Spain 1833–2002: People and State* (Oxford: Oxford University Press, 2007) pp. 161–9; Antonio Cazorla Sánchez, *Las políticas de la victoria. La consolidación del Nuevo Estado franquista (1938–1953)* (Madrid: Marcial Pons, 2000) pp. 43–60, 98–110; Raymond Carr and Juan Pablo Fusi, *Spain: Dictatorship to Democracy* (London: Allen & Unwin, 1979) pp. 47–8.

14. Francisco Salva Miquel and Juan Vicente, *Francisco Franco (historia de un español)* (Barcelona: Ediciones Generales, 1959) pp. 293–7; Franco Salgado-Araujo, *Mis conversaciones*, pp. 84–5.

15. Franco Salgado-Araujo, *Mis conversaciones*, pp. 23, 32–3, 71–2; Carlos Rein Segura interview in Ángel Bayod, ed., *Franco visto por sus ministros* (Barcelona: Planeta, 1981) p. 78.

16. Franco Salgado-Araujo, *Mis conversaciones*, pp. 32–3, 36–7, 126; Ramón Garriga, *La Señora de El Pardo* (Barcelona: Planeta, 1979) pp. 249–53; Jaime Peñafiel, *El General y su tropa. Mis recuerdos de la familia Franco* (Madrid: Temas de Hoy, 1992) pp. 61–6.

17. *The Times*, 5 April 1956; Miguel Martín, *El colonialismo español en Marruecos (1860-1956)* (Paris: Ruedo Ibérico, 1973) pp. 227–39; Suárez Fernández, *Franco*, V, pp. 193–205; Ricardo de la Cierva, *Historia del franquismo*, Vol. II: *Aislamiento, transformación, agonía (1945-1975)* (Barcelona: Planeta, 1978) pp. 138, 146; Franco Salgado-Araujo, *Mis conversaciones*, pp. 170–3.

18. Chancery (Madrid) to Southern Department, 18 February 1955, TNA FO 371/117914, RS1942/10.

19. Calvo Serer, *Franco frente al Rey*, p. 14; Franco Salgado-Araujo, *Mis conversaciones*, pp. 146–7; Creac'h, *Le coeur*, p. 358.

20. Pedro Laín Entralgo, *Descargo de conciencia* (Barcelona: Barral Editores, 1976) pp. 414–18; Creac'h, *Le coeur*, pp. 359–60. The reports are printed in Roberto Mesa, ed., *Jaraneros y alborotadores. Documentos sobre los sucesos estudiantiles de febrero de 1956 en la Universidad Complutense de Madrid* (Madrid: Editorial de la Universidad Complutense, 1982) pp. 45–53, 58–64.

21. Washington Chancery to Madrid Chancery, 14 January 1956, TNA FO 371/124127, RS1015/4; Francisco Franco, *Discursos y mensajes del Jefe del Estado 1955–1959* (Madrid: Publicaciones Españolas, 1960) p. 136.

22. Mallet to Macmillan, 10 January, Mallet to Lloyd, 17 January 1956, TNA FO 371/124127, RS1015/2, RS1015/3, RS1015/6.

23. Mesa, ed., *Jaraneros*, pp. 109–12; Laín Entralgo, *Descargo*, pp. 418–23; Pablo Lizcano, *La generación del 56. La Universidad contra Franco* (Barcelona: Grijalbo, 1981) p. 142; Franco Salgado Araujo, *Mis conversaciones*, pp. 163–4; Javier Tusell, *Franco y los católicos. La política interior española entre 1945 y 1957* (Madrid: Alianza Editorial, 1984) p. 382; Francisco Franco Salgado-Araujo, *Mi vida junto a Franco* (Barcelona: Planeta, 1977) p. 343; Creac'h, *Le coeur*, pp. 362–3.

24. Pilcher to Young, 12 October 1956, TNA FO 371/124128, RS1015/43; Stanley G. Payne, *Politics and the Military in Modern Spain* (Stanford, Calif.: Stanford University Press, 1967) p. 443.

25. *Arriba*, 9, 10 February; Mallet to Lloyd, 11 February 1956, TNA FO 371/124127, RS1015/12.

26. Testimony to the author of Rafael Calvo Serer, London 1976; Creac'h, *Le coeur*, pp. 364–5.

27. Creac'h, *Le coeur*, pp. 364–5; Tusell, *Franco y los católicos*, pp. 382–3; Franco Salgado-Araujo, *Mi vida*, p. 343; Franco Salgado-Araujo, *Mis conversaciones*, p. 159.

28. Tusell, *Franco y los Católicos*, pp. 383–4; Raimundo Fernández Cuesta, *Testimonio, recuerdos y refl exiones* (Madrid: Ediciones Dyrsa, 1985) pp. 241–5; José Luis de Arrese, *Una etapa constituyente*

(Barcelona: Planeta, 1982) pp. 16–22; Equipo Mundo, *Los 90 Ministros de Franco* (Barcelona: Dopesa, 1970) pp. 249–53.

29. Mallet to Lloyd, 17, 18 February 1956, TNA FO 371/124127, RS1015/13, RS1015/14.
30. Madrid Chancery to Southern Department, 24 February 1956, TNA FO 371/124127, RS1015/18.
31. Pilar Franco Bahamonde, *Nosotros los Franco* (Barcelona: Planeta, 1980) pp. 147–8.
32. Madrid Chancery to Southern Department, 10 March 1956, TNA FO 371/124127, RS1015/21; Franco p. 166; Arrese, *Una etapa*, pp. 34–8; Suárez Fernández, *Franco*, V, pp. 264–5; *Arriba*, 6 March 1956.
33. Arrese, *Una etapa*, pp. 32–3.
34. Mallet to Lloyd, 29 May 1956, TNA FO 371/124128, RS1015/30; Llibert Ferri, Jordi Muixí and Eduardo Sanjuan, *Las huelgas contra Franco (1939-1956)* (Barcelona: Planeta, 1978) pp. 226–38; Faustino Miguélez, *La lucha de los mineros asturianos bajo el franquismo* (Barcelona: Editorial Laia, 1976) pp. 94–5.
35. Sainz Rodríguez, *Un reinado*, p. 163; Suárez Fernández, *Franco*, V, pp. 153, 266.
36. Arrese, *Una etapa*, pp. 42–5; Franco, *Discursos 1955-1959*, pp. 158–9, 163–5, 181–90; Madrid Chancery to Southern Department, 5 May 1954, TNA FO 371/124128, RS1015/23.
37. Arrese, *Una etapa*, pp. 44–8, 64, 66, 86–93.
38. Mallet to Young, 21 June 1956, TNA FO 371/124128, RS1015/34.
39. Laureano López Rodó, *Memorias* (Barcelona: Plaza y Janés, 1990) pp. 51–2; López Rodó, *La larga marcha*, pp. 124–30; Arrese, *Una etapa*, pp. 71, 80.
40. Arrese, *Una etapa*, p. 81; López Rodó, *Memorias*, pp. 58–9.
41. Payne, *Politics and the Military*, pp. 443; Arthur P. Whitaker, *Spain and the Defence of the West: Ally and Liability* (New York: Harper & Brothers, 1961) pp. 141–2.
42. Arrese, *Una etapa*, pp. 82–3.
43. *Ibid.*, pp. 98–104.
44. Franco, *Discursos 1955-1959*, pp. 214–15; Mallet to Lloyd, 20 July 1956, TNA FO 371/124128, RS1015/39A.
45. Suárez Fernández, *Franco*, V, p. 293.
46. Garriga, *La Señora*, p. 11.
47. Franco Salgado-Araujo, *Mis conversaciones*, pp. 174–9.
48. *The Times*, 1 October 1956; Franco, *Discursos 1955-1959*, pp. 233–8; Arrese, *Una etapa*, pp. 124–31; Madrid Chancery to Southern Department, 6 October 1956, TNA FO 371/124128, RS1015/42; López Rodó, *Memorias*, pp. 64–5; López Rodó, *La larga marcha*, pp. 132–3.
49. Arrese, *Una etapa*, pp. 132–5, 144–92; López Rodó, *Memorias*, pp. 65–77; López Rodó, *La larga marcha*, pp. 133–5; Créac'h, *Le coeur*, pp. 386–7.
50. Tusell, *Franco y los católicos*,

pp. 409–25; Suárez Fernández, *Franco*, V, pp. 306–12.

51. Mallet to Lloyd, 15 January 1957, TNA FO 371/130325, RS1015/3; Arrese, *Una etapa*, pp. 234–42, 253–65; Arrese, *Una etapa*, pp. 234–42, 253–65; Suárez Fernández, *Franco*, V, pp. 314–15; Tusell, *Franco y los católicos*, pp. 426–8.

52. López Rodó, *Memorias*, pp. 66–9; López Rodó, *La larga marcha*, pp. 120–1.

53. Franco Salgado-Araujo, *Mis conversaciones*, p. 184; Calvo Serer, *Franco frente al Rey*, p. 36; Sainz Rodríguez, *Un reinado*, p. 164; López Rodó, *La larga marcha*, pp. 123–4; Suárez Fernández, *Franco*, V, pp. 319–20; Toquero, *Franco y Don Juan*, p. 266.

54. Madrid Chancery to Southern Department, TNA FO 371/130325, RS1015/5; Créac'h, *Le coeur*, pp. 387–8.

55. Luis Ramírez, *Nuestros primeros veinticinco años* (Paris: Ruedo Ibérico, 1964) pp. 111–12; Franco Salgado-Araujo, *Mis conversaciones*, p. 200; Jaume Fabre, Josep M. Huertas and Antoni Ribas, *Vint anys de resistència catalana (1939–1959)* (Barcelona: Edicions de La Magrana, 1978) pp. 208–11.

56. Franco Salgado Araujo, *Mis conversaciones*, pp. 176, 195–8; Suárez Fernández, *Franco*, V, pp. 269, 319; López Rodó, *La larga marcha*, p. 124; Sainz Rodríguez, *Un reinado*, p. 166.

57. Calvo Serer, *Franco frente al Rey*, p. 37; La Cierva, *Franquismo*, II, p. 155.

58. Franco Salgado Araujo, diary entry for 6 April 1957, *Mis conversaciones*, pp. 198, 209; Sainz Rodríguez, *Un reinado*, p. 166; Ramírez, *Veinticinco años*, p. 117.

59. Jaume Claret, *Ganar la Guerra, perder la paz. Memorias del general Latorre Roca* (Barcelona: Crítica, 2019) p. 204.

60. Mallet to Lloyd, 16 January 1957, TNA FO 371/130349, RS1106/1; Créac'h, *Le coeur*, pp. 369–72.

61. Franco Salgado-Araujo, *Mis conversaciones*, p. 191; Ángel Viñas, Julio Viñuela, Fernando Eguidazu, Carlos Fernández Pulgar and Senen Florensa, *Política comercial exterior en España (1931–1975)*, 2 vols (Madrid: Banco Exterior de España, 1979) I, p. 665.

62. Garriga, *La Señora*, pp. 240–2; Arrese, *Una etapa*, pp. 87–8, 282; Mariano Sánchez Soler, *Ricos por la guerra civil de España* (Madrid: Raíces, 2007) pp. 132–4; Equipo Mundo, *Los 90 Ministros*, pp. 223–6; Borja de Riquer, *La dictadura de Franco* (Barcelona/Madrid: Crítica/Marcial Pons, 2010) pp. 401–2; Ángel Viñas, 'Hambre, corrupción y sobornos en el primer Franquismo (1939–1959)', in Borja de Riquer, Joan Lluís Pérez Francesch, Gemma Rubí, Lluís Ferran Toledano y Oriol Luján, eds, *La corrupción política en la España contemporánea* (Madrid: Marcial

Pons Historia, 2018) p. 165.

63. López Rodó, *Memorias*, pp. 89–99; Suárez Fernández, *Franco*, V, pp. 320–1.

64. Mallet to Lloyd, 1 March 1957, TNA FO 371/130325, RS1015/9; López Rodó, *Memorias*, pp. 93–4; Benjamin Welles, *Spain: The Gentle Anarchy* (London: Pall Mall, 1965) p. 127; Arrese, *Una etapa*, p. 281.

65. Arrese, *Una etapa*, pp. 275–82; López Rodó, *Memorias*, pp. 92–3.

66. Mariano Navarro Rubio, *Mis memorias. Testimonio de una vida política truncada por el Caso MATESA* (Barcelona: Plaza y Janés, 1991) pp. 64–5; Jesús Ynfante, *La prodigiosa aventura del Opus Dei. Génesis y desarrollo de la Santa Mafia* (Paris: Ruedo Ibérico, 1970) pp. 163–207, 233–5; Daniel Artigues, *El Opus Dei en España 1928–1962. Su evolución ideológica y política de los orígenes al intento de dominio* (Paris: Ruedo Ibérico, 1971) pp. 181–95.

67. Ynfante, *Santa Mafia*, pp. 177–8; López Rodó, *Memorias*, pp. 66, 91; Navarro Rubio, *Mis memorias*, pp. 59–79; interview of Alberto Ullastres, *Diario 16*, in Justino Sinova, ed., *Historia del Franquismo*, 2 vols (Madrid: Información y Prensa, 1985) II, p. 471.

68. Navarro Rubio, *Mis memorias*, p. 240; López Rodó, *Memorias*, pp. 80–8, 96–108; Artigues, *Opus Dei*, pp. 185–7.

69. Manuel Jesús González, *La economía política del franquismo (1940–1970). Dirigismo, mercado y planificación* (Madrid: Tecnos, 1979) pp. 134–7; Franco Salgado-Araujo, *Mis conversaciones*, pp. 203, 228.

70. Toquero, *Franco y Don Juan*, p. 267.

71. López Rodó, *Memorias*, pp. 105–6; Ynfante, *Santa Mafia*, pp. 178–9.

72. Mariano Navarro Rubio, 'La batalla de la estabilización', *Anales de la Real Academia de Ciencias Morales y Políticas*, No. 53, 1976, pp. 175–8; Suárez Fernández, *Franco*, VI, p. 8; Navarro Rubio, *Mis memorias*, p. 78.

73. López Rodó, *La larga marcha*, pp. 145–8; Toquero, *Franco y Don Juan*, pp. 267–70.

74. Mallet to FO, 28 March 1958, TNA FO 371/136711, RS2183/1; Franco Salgado-Araujo, *Mis conversaciones*, p. 228.

75. López Rodó, *Memorias*, pp. 139–44; Franco Salgado-Araujo, *Mis conversaciones*, p. 236.

76. Navarro Rubio, 'La batalla de la estabilización', pp. 178–86.

77. Franco Salgado-Araujo, *Mis conversaciones*, pp. 248, 270.

78. Franco, *Discursos 1955–1959*, pp. 557–68. Cf. Chancery to Southern Department, 2 January 1959, TNA FO 371/144927, RS1015/1.

79. Report from Bank of London & South America, Madrid, 3 March 1959, TNA FO 371/144927, RS1015/9; Toquero, *Franco y Don Juan*, pp. 297–300; Suárez

Fernández, *Franco*, VI, pp. 78–82.

80. Tusell, *La oposición democrática*, pp. 314–36, 340–57; Calvo Serer, *Franco frente al Rey*, pp. 55–8; Javier Tusell and José Calvo, *Giménez Fernández. Precursor de la democracia española* (Madrid: Mondadori, 1990) pp. 269–80; Sheelagh Ellwood, *Prietas las filas. Historia de Falange Española, 1933–1983* (Barcelona: Crítica, 1984) pp. 220–8.

81. Navarro Rubio, 'La batalla de la estabilización', pp. 188–96; Mallet to FO, 5, 11 February 1959, TNA FO371/144927, RS1015/4, FO 371/144926, RS1013/1; Mallet to Selwyn Lloyd, 17 February 1959, FO 371/144950, RS1102/1.

82. Navarro Rubio, 'La batalla de la estabilización', pp. 196–9; Navarro Rubio, *Mis memorias*, pp. 124–6; Report from Bank of London & South America, Madrid, 3 March 1959, TNA FO 371/144927, RS1015/9; Calvo Serer, *Franco frente al Rey*, p. 79.

83. López Rodó, *Memorias*, p. 184; Navarro Rubio interview in Bayod, ed., *Franco*, p. 89; Calvo Serer, *Franco frente al Rey*, p. 79.

84. Navarro Rubio, 'La batalla de la estabilización', pp. 201–2.

85. Navarro Rubio, *Mis memorias*, pp. 140–1; Arrese interview, Navarro Rubio interview in Bayod, ed., *Franco*, pp. 59–61, 89; Ullastres interview in Sinova, ed., *Historia del franquismo*, II, p. 473.

86. Navarro Rubio, *Mis memorias*, pp. 141–8; Mariano Navarro Rubio, 'La batalla del desarrollo', *Anales de la Real Academia de Ciencias Morales y Políticas*, No. 54, 1977, pp. 198, 205–7; Franco Salgado-Araujo, *Mis conversaciones*, pp. 246–7; Calvo Serer, *Franco frente al Rey*, pp. 77–9.

87. Suárez Fernández, *Franco*, VI, p. 96; Franco Salgado-Araujo, *Mis conversaciones*, p. 259.

88. José Maravall, *El desarrollo económico y la clase obrera* (Barcelona: Ariel, 1970) pp. 91–2; Javier Domínguez, *Organizaciones obreras cristianas en la oposición al franquismo (1951–1975)* (Bilbao: Biblioteca Educación y Acción Social, 1985) pp. 47–66; *The Times*, 1 July 1959; Franco, *Discursos 1955–1959*, pp. 641–3.

89. Franco, *Discursos 1955–1959*, pp. 699–705; memorandum of Eisenhower–Franco conversations, Suárez Fernández, *Franco*, VI, pp. 140–52; Welles, *Gentle Anarchy*, pp. 247–52; Franco, *Nosotros*, p. 115.

90. Joan Clavera, Joan M. Esteban, María Antonia Monés, Antoni Montserrat and Jacint Ros Hombravella, *Capitalismo español. De la autarquía a la estabilización*, 2 vols (Madrid: Edicusa, 1973) I, pp. 78–90; Juan Muñoz, Santiago Roldán and Angel Serrano, *La internacionalización del capital en España 1959–1977* (Madrid: Cuadernos para el Dialogo, 1978) pp. 17–43.

91. Franco Salgado-Araujo, *Mis conversaciones*, pp. 277, 280.

92. Franco to Don Juan, 12 March 1960, reprinted in Sainz Rodríguez, *Un reinado*, pp. 400–1 and 236–7; Franco Salgado-Araujo, *Mis conversaciones*, pp. 280–1, 304, 334; Toquero, *Franco y Don Juan*, pp. 280–3.

93. *The Times*, 31 March 1960; Toquero, *Franco y Don Juan*, pp. 280–4; Sainz Rodríguez, *Un reinado*, pp. 238–9; López Rodó, *Memorias*, pp. 214–15; Franco Salgado-Araujo, *Mis conversaciones*, p. 286; Don Juan to Franco, 11 April, Franco to Don Juan, 27 April 1960, reprinted in Sainz Rodriguez, *Un reinado*, pp. 402–3.

94. Sueiro, *Valle*, pp. 223–30; Franco Salgado-Araujo, *Mis conversaciones*, pp. 302–3.

95. López Rodó, *Memorias*, pp. 257–9.

96. Suárez Fernández, *Franco*, VI, pp. 202–3; Franco Salgado-Araujo, *Mis conversaciones*, pp. 307, 311–12, 324.

97. Suárez Fernández, *Franco*, VI, pp. 261–5; Marquina, *España*, pp. 746–9; Calvo Serer, *Franco frente al Rey*, pp. 58–66.

98. Francisco Franco, *Discursos y mensajes del Jefe del Estado 1960–1963* (Madrid: Publicaciones Españolas, 1964) pp. 207–53.

99. Franco, *Discursos 1960–1963*, pp. 291–306.

100. López Rodó, *La larga marcha*, pp. 189–90, 198–9.

101. Gregorio Morán, *Adolfo Suárez.*

Historia de una ambición (Barcelona: Planeta, 1979) pp. 140–1.

102. Franco, *Discursos 1960–1963*, pp. 317–41.

103. Morán, *Adolfo Suárez*, p. 141.

104. López Rodó, *Memorias*, pp. 262–3; López Rodó, *La larga marcha*, p. 199.

105. *ABC*, 26, 27 December; *The Times*, 27 December 1961; Vicente Gil, *Cuarenta años junto a Franco* (Barcelona: Planeta, 1981) p. 131; Ramón Soriano, *La mano izquierda de Franco* (Barcelona: Planeta, 1981) pp. 14–20.

106. López Rodó, *La larga marcha*, pp. 195–6; Soriano, *La mano*, pp. 29–35.

107. José María de Areilza, *Crónica de libertad* (Barcelona: Planeta, 1985) pp. 36–7; López Rodó, *La larga marcha*, pp. 195–8; López Rodó, *Memorias*, pp. 301–2.

108. López Rodó, *Memorias*, pp. 306–11; Navarro Rubio, *Mis memorias*, pp. 227–30; López Rodó, *La larga marcha*, pp. 199–201.

109. López Rodó, *Memorias*, pp. 312–15, 538.

110. Franco Salgado-Araujo, *Mi vida*, p. 345; Soriano, *La mano*, pp. 87–93; Vicente Pozuelo, *Los últimos 476 días de Franco* (Barcelona: Planeta, 1980) pp. 35, 109, 178; Gil, *Cuarenta años*, pp. 84–5, 132; Carlos Fernández Santander, *El futbol durante la guerra civil y el franquismo* (Madrid: Editorial San Martín,

1990) pp. 196–7.

111. Franco Salgado-Araujo, *Mis conversaciones*, p. 322; López Rodó, *Memorias*, pp. 315–17; José María de Areilza, *Memorias exteriores 1947–1964* (Barcelona: Planeta, 1984) pp. 169–70.

112. *Mundo Obrero*, 1 May 1962; *The Times*, 12 May 1962; Gregorio Morán, *El cura y los mandarines. Historia no ofi cial del Bosque de los Letrados. Cultura y política en España 1962–1996* (Madrid: Akal, 2014) pp. 63–8; Ignacio Fernández de Castro and José Martínez, *España hoy* (Paris: Ruedo Ibérico, 1963) pp. 67–97, 103–28, 140–92; Parti Communiste Français, *Dos meses de huelgas* (Paris: Parti Communiste Français, 1962) pp. 41–95; Miguélez, *La lucha*, pp. 103–13.

113. Franco Salgado-Araujo, *Mis conversaciones*, pp. 337–41; *Arriba*, 27 May 1962; Franco, *Discursos 1960–1963*, pp. 389–97.

114. *ABC*, 9 June 1962; Morán, *El cura y los mandarines*, pp. 66–74; Franco Salgado-Araujo, *Mis conversaciones*, p. 343; Soriano, *La mano*, pp. 151–2; López Rodó, *Memorias*, pp. 335–6; Suárez Fernández, *Franco*, VI, pp. 357, 377.

115. Areilza, *Memorias exteriores*, pp. 170–82; Calvo Serer, *Franco frente al Rey*, pp. 112–13; Joaquín Satrústegui et al., eds, *Cuando la transición se hizo posible. El 'contubernio de Munich'* (Madrid: Editorial Tecnos, 1993) pp. 23–41;

Morán, *El cura y los mandarines*, pp. 77–83; *Arriba*, 9, 10, 12 June; *ABC*, 9, 11, 12 June; *La Vanguardia Española*, 17 June; *The Times*, 18 June 1962; Franco, *Discursos 1960–1963*, pp. 399–404, 412, 423–4, 427.

116. Partido Comunista de España, *Declaración por la reconciliación nacional, por una solución democrática y pacífi ca del problema español* (Paris, 1956) pp. 3, 5, 29–31, 37–40; Paul Preston, *The Last Stalinist: The Life of Santiago Carrillo* (London: William Collins, 2014) pp. 217–32; Hilari Raguer, *Réquiem por la cristiandad. El Concilio Vaticano II y su impacto en España* (Barcelona: Ediciones Península, 2006) pp. 385–94.

117. Suárez Fernández, *Franco*, VI, pp. 394–5; Franco Salgado-Araujo, *Mis conversaciones*, pp. 343–4.

118. *ABC*, 11 July; *Le Monde*, 11 July 1962; López Rodó, *Memorias*, pp. 339–47; Franco Salgado-Araujo, *Mis conversaciones*, pp. 344–5; María Mérida, *Testigos de Franco. Retablo íntimo de una dictadura* (Barcelona: Plaza y Janés, 1977) pp. 68–70; Welles, *Gentle Anarchy*, pp. 88–99.

119. Manuel Fraga Iribarne, *Memoria breve de una vida pública* (Barcelona: Planeta, 1980) pp. 29–32.

120. Gabriel Tortella, *The Development of Modern Spain* (Cambridge, Mass.: Harvard University Press, 2000) pp. 327–37; Joseph Harrison,

The Spanish Economy in the Twentieth Century (Beckenham: Croom Helm, 1985) pp. 144–57; Inbal Ofer, *Claiming the City and Contesting the State: Squatting, Community Formation and Democratization in Spain (1955–1986)* (New York: Routledge, 2017) ch. 2; Michael Richards, *After the Civil War: Making Memory and Re-Making Spain since 1936* (Cambridge: Cambridge University Press, 2013) pp. 156–78.

121. Maria Dolors Genovès, Josep M. Huertas, Salvador Tarragó, Manuel Campo Vidal, Eugeni Giral and Rafael Pradas, 'La Barcelona de Porcioles', *L'Avenç*, No. 295, October 2004, pp. 28–40; Riquer, *La dictadura de Franco*, pp. 653–6.

122. Ernest Lluch, *La vía valenciana* (Valencia: Afers, 2003) p. 251; Jaume Muñoz Jofre, *La España corrupta. Breve historia de la corrupción (de la Restauración a nuestros días)* (Granada: Comares, 2016) p. 83.

123. Fraga, *Memoria breve*, p. 59; López Rodó, *Memorias*, pp. 359–60.

124. Fraga, *Memoria breve*, p. 52; Franco Salgado-Araujo, *Mis conversaciones*, pp. 382, 397; Gil, *Cuarenta años*, pp. 107–36.

125. Fraga, *Memoria breve*, pp. 33, 41–2.

126. Manuel Fernández Areal, *La libertad de prensa en España 1938–1971* (Madrid: Edicusa, 1971) pp. 69–75; Javier Terrón Montero, *La prensa de España durante el régimen de Franco* (Madrid: Centro de Investigaciones Sociológicas, 1981) pp. 166–75; López Rodó, *Memorias*, pp. 364–5, 518–19.

127. Franco, typescript notes on freemasonry, 1963, Fundación Francisco Franco, Legajo 246, No. 4, in *Manuscritos de Franco* (Madrid: Fundación Nacional Francisco Franco, 1986) doc. 45; Franco Salgado-Araujo, *Mis conversaciones*, pp. 366–9; Pilar Jaraiz Franco, *Historia de una disidencia* (Barcelona: Planeta, 1981) p. 191.

128. Franco Salgado-Araujo, *Mis conversaciones*, p. 376.

129. *Le Monde*, 13, 18, 19 April 1962; Amandino Rodríguez Armada and José Antonio Novais, ¿Quién mató a Julián Grimau? (Madrid: Ediciones 99, 1976) pp. 17–103, 110–14.

130. Frances Lannon, *Privilege, Persecution, and Prophecy: The Catholic Church in Spain 1875–1975* (Oxford: Oxford University Press, 1987) pp. 246–9; Franco Salgado-Araujo, *Mis conversaciones*, pp. 381–2.

131. *ABC*, 28 April 1962; López Rodó, *Memorias*, p. 379; Fraga, *Memoria breve*, pp. 69–70; Rodríguez Armada and Novais, *Grimau*, pp. 109–59.

132. Areilza, *Memorias exteriores*, pp. 164–5.

133. Octavio Alberola and Ariane Gransac, *El anarquismo español y la acción revolucionaria 1961–1974* (Paris: Ruedo Ibérico, 1975) pp. 107–12; Edouard de Blaye,

Franco and the Politics of Spain
(Harmondsworth: Penguin, 1976)
p. 221.

134. Suárez Fernández, *Franco*, VII,
pp. 88–91; Calvo Serer, *Franco
frente al Rey*, pp. 132–5; Fraga,
Memoria breve, p. 77; Vincent,
Spain, pp. 188–98.

135. Richards, *After the Civil War*,
pp. 187–91, 198–201; Antonio
Cazorla Sánchez, *Franco. Biografía
del mito* (Madrid: Alianza Editorial,
2015) pp. 263–6; Morán, *El cura y
los mandarines*, pp. 251–78.

136. Francisco Franco, *Discursos y
mensajes del Jefe del Estado 1964–
1967* (Madrid: Publicaciones
Españolas, 1968) pp. 19–40.

137. Fraga, *Memoria breve*, p. 107; López
Rodó, *Memorias*, pp. 458–9.

138. Franco, *Discursos 1964–1967*,
p. 43.

139. Miguélez, *La lucha*, pp. 121–6;
López Rodó, *Memorias*, p. 456;
Fraga, *Memoria breve*, pp. 108–10;
Franco Salgado-Araujo, *Mis
conversaciones*, p. 424.

140. Fraga, *Memoria breve*, pp. 112, 115;
Franco Salgado-Araujo, *Mis
conversaciones*, p. 426; Calvo Serer,
Franco frente al Rey, p. 145.

141. Pere Ysàs, *Disidencia y subversión.
La lucha del régimen franquista por
la supervivencia, 1960–1975*
(Barcelona: Crítica, 2004)
pp. 17–46, 76–109.

142. Rafael Gómez Pérez, *El franquismo
y la Iglesia* (Madrid: Rialp, 1986)
pp. 104–6.

143. Franco, *Discursos 1964–1967*,

pp. 51–92.

144. Fraga, *Memoria breve*, pp. 117–16;
López Rodó, *Memorias*,
pp. 475–8.

145. Ysàs, *Disidencia*, pp. 161–75;
Feliciano Blázquez, *La traición de
los clérigos en la España de Franco.
Crónica de una intolerancia (1936–
1975)* (Madrid: Editorial Trotta,
1991) pp. 158–64; Lannon,
Privilege, pp. 250–1.

146. Franco Salgado-Araujo, *Mis
conversaciones*, p. 407; Fraga,
Memoria breve, pp. 89, 99, 103,
123–5.

147. López Rodó, *Memorias*, p. 498.

148. López Rodó, *La larga marcha*,
pp. 226–7; Fraga, *Memoria breve*,
p. 133; López Rodó, *Memorias*,
p. 512; López Rodó, *La larga
marcha*, pp. 227–8.

149. López Rodó, *Memorias*, pp. 519–20;
López Rodó, *La larga marcha*,
pp. 229–30; Fraga, *Memoria breve*,
pp. 135–8.

150. López Rodó, *Memorias*, pp. 532–9;
López Rodó, *La larga marcha*,
pp. 235–6; Fraga, *Memoria breve*,
p. 142.

151. Franco, typescript notes borrador
de Ley de Prensa, 1964, Fundación
Francisco Franco, Legajo 157, No.
1, in *Manuscritos de Franco*, doc.
46; Fraga, *Memoria breve*,
pp. 144–5, 151, 158–9.

152. Joaquín Bardavío, *La rama trágica
de los borbones* (Barcelona: Plaza y
Janés, 1989) pp. 62–71, 111–18;
Laureano López Rodó, *Memorias:
años decisivos* (Barcelona: Plaza y

Janés, 1991) pp. 22, 33–4, 43.

153. López Rodó, *Memorias*, pp. 539–43, 564; Franco Salgado-Araujo, *Mis conversaciones*, pp. 455–6; Fraga, *Memoria breve*, pp. 159–60; Espinosa San Martín interview in Bayod, ed., *Franco*, pp. 150–1.

154. López Rodó, *Memorias: años decisivos*, pp. 18–20, 93; López Rodó, *La larga marcha*, pp. 238–43; Bardavío, *La rama trágica*, pp. 95–107; Franco Salgado-Araujo, *Mis conversaciones*, pp. 465, 506, 514.

155. Suárez Fernández, *Franco*, VII, pp. 328–9; López Rodó, *Memorias: años decisivos*, pp. 41–2.

156. Fraga, *Memoria breve*, p. 172.

157. Areilza, *Crónica*, pp. 19–21, 42–4; Toquero, *Franco y Don Juan*, pp. 343–8; Suárez Fernández, *Franco*, VII, pp. 171–2.

158. Franco Salgado-Araujo, *Mis conversaciones*, p. 469; Fraga, *Memoria breve*, pp. 64, 170–2.

159. Fraga, *Memoria breve*, pp. 174–5; López Rodó, *La larga marcha*, p. 248.

160. Calvo Serer, *Franco frente al Rey*, pp. 169–70; Fraga, *Memoria breve*, p. 183.

161. Franco, *Discursos 1964–1967*, pp. 219–51; Stanley G. Payne, *The Franco Regime 1936–1975* (Madison: Wisconsin University Press, 1987) p. 495.

162. Franco, *Discursos 1964–1967*, p. 259.

163. *Cuadernos de Ruedo Ibérico*, No. 10, December 1966–January 1967,

pp. 27–63; Edouard de Blaye, *Franco and the Politics of Spain* (Harmondsworth: Pelican, 1976) pp. 236–8; Riquer, *La dictadura de Franco*, pp. 506–10.

164. Fraga, *Memoria breve*, p. 194; López Rodó, *La larga marcha*, pp. 263–5; López Rodó, *Memorias: años decisivos*, p. 207; Calvo Serer, *Franco frente al Rey*, p. 171; Espinosa San Martín, in Bayod, ed., *Franco*, p. 154.

165. Franco Salgado-Araujo, *Mis conversaciones*, pp. 530, 533, 537; Fraga, *Memoria breve*, pp. 215–16, 243.

166. *Le Monde*, 14 March 1969; Franco Salgado-Araujo, *Mis conversaciones*, pp. 513–14, 540–1, 547.

167. Franco Salgado-Araujo, *Mis conversaciones*, pp. 538–9.

168. Francesc Amover, *Il carcere vaticano. Chiesa e fascismo in Spagna* (Milan: Gabriele Mazzotta Editore, 1975) pp. 28–47; Fernando Gutiérrez, *Curas represaliados en el franquismo* (Madrid: Akal, 1977) passim.

169. José Luis Rodríguez Jiménez, *Reaccionarios y golpistas. La extrema derecha en España: del tardofranquismo a la consolidación de la democracia (1967–1982)* (Madrid: Consejo Superior de Investigaciones Científicas, 1994) pp. 95–129; Xavier Casals i Meseguer, *Neonazis en España. De las audiciones wagnerianas a los skinheads (1966–1995)* (Barcelona: Grijalbo-Mondadori, 1995)

pp. 57–65; Sophie Baby, *El mito de la transición pacífica. Violencia y política en España (1975–1982)* (Madrid: Ediciones Akal, 2018) pp. 104–9.

170. López Rodó, *Memorias: años decisivos*, pp. 308–18, 325.

171. Rafael Calvo Serer, *La solución presidencialista* (Barcelona: Plaza y Janés, 1979) p. 39.

172. López Rodó, *Memorias: años decisivos*, pp. 346–9, 355–7, 362–4.

173. *Ibid.*, pp. 366–7; Marquina, *España*, pp. 814–21.

174. Francisco Franco, *Discursos y mensajes del Jefe del Estado 1968–1970* (Madrid: Publicaciones Españolas, 1971) pp. 52–69.

175. López Rodó, *Memorias*, p. 542; Fraga, *Memoria breve*, pp. 234, 241; interview with López Rodó in Bayod, ed., *Franco*, p. 167; López Rodó, *Memorias: años decisivos*, pp. 358–9.

176. López Rodó, *La larga marcha*, pp. 279, 291–3, 301; López Rodó, *Memorias: años decisivos*, pp. 381–4; Fraga, *Memoria breve*, pp. 236–7; Suárez Fernández, *Franco*, VIII, pp. 66–72.

177. López Rodó, *Memorias: años decisivos*, p. 386.

178. López Rodó, *La larga marcha*, pp. 303–11; Espinosa San Martín interview in Bayod, ed., *Franco*, p. 160; Fraga, *Memoria breve*, pp. 245–6; Franco Salgado-Araujo, *Mis conversaciones*, pp. 544–5.

179. López Rodó, *Memorias: años decisivos*, pp. 423–6.

180. López Rodó, *La larga marcha*, pp. 320–5.

181. Joaquín Bardavío, *Los silencios del Rey* (Madrid: Strips Editores, 1979) p. 35; López Rodó, *La larga marcha*, pp. 325–36; López Rodó, *Memorias: años decisivos*, pp. 456–66.

182. Sainz Rodríguez, *Un reinado*, p. 276.

183. Franco, *Discursos 1968–1970*, pp. 85–97.

184. Bardavío, *Los silencios*, pp. 27, 49–52.

185. Carr and Fusi, *Spain*, pp. 179–88.

186. Navarro Rubio, *Mis memorias*, pp. 345–431; López Rodó, *Memorias: años decisivos*, pp. 494–521, 553–63.

187. Suárez Fernández, *Franco*, VIII, pp. 158–9.

188. *Arriba*, 24, 27 August 1969.

189. Franco Salgado-Araujo, *Mis conversaciones*, pp. 527, 530; Jaraiz Franco, *Historia*, p. 204; Franco, *Nosotros*, p. 158; López Rodó, *Memorias: años decisivos*, pp. 507–9, 682–90; Espinosa San Martín interview in Bayod, ed., *Franco*, pp. 161–3.

190. López Rodó, *La larga marcha*, pp. 654–9; Franco Salgado-Araujo, *Mis conversaciones*, p. 549; Fraga, *Memoria breve*, pp. 252–3; López Rodó, *Memorias: años decisivos*, pp. 499–505.

191. López Rodó, *La larga marcha*, pp. 390–5; Navarro Rubio, *Mis memorias*, p. 245; López Rodó,

Memorias: años decisivos, pp. 520–3, 534–7; López Bravo interview, Bayod, ed., *Franco,* p. 120; *ABC,* 29 October 1969; Equipo Mundo, *Los 90 Ministros,* pp. 420–500; Rafael Calvo Serer, *La dictadura de los franquistas: El 'aff aire' del MADRID y el futuro político* (Paris: Autor/Ruedo Ibérico, 1973) pp. 166, 168; Alfonso Armada, *Al servicio de la Corona* (Barcelona: Planeta, 1983) pp. 68, 72, 78, 93–4, 100–1, 119, 121, 135; José Ignacio San Martín, *Servicio especial. A las órdenes de Carrero Blanco* (Barcelona: Planeta, 1983) pp. 198, 253; López Rodó, *La larga marcha,* p. 200; Morán, *Suárez,* pp. 198–9, 204–5.

192. Franco, *Discursos 1968–1970,* pp. 107–21.

第十五章 腐败政权的暮年，1969—1982 年

1. *ABC,* 22 July; *Ya,* 29 July; *Mundo Obrero,* 9 September 1970; *Horizonte español 1972,* 3 vols (Paris: Ruedo Ibérico, 1972) I, pp. 203–12.

2. Fernando Claudín, 'Dos concepciones de "la vía española al socialismo", *Cuadernos de Ruedo Ibérico, Horizonte español 1966* (Paris: Ruedo Ibérico, 1966) pp. 59–100; Paul Preston, *The Last Stalinist: The Life of Santiago Carrillo* (London: William Collins, 2014) pp. 275–7.

3. Santiago Carrillo, *Libertad y socialismo* (Paris: Colección Ebro, 1971) pp. 56–66; *Nuestra Bandera,* No. 62, October–November 1969, pp. 22–5; Ignacio Gallego, *El partido de masas que necesitamos* (Paris: Editions Sociales, 1971) pp. 7–9.

4. *Le Monde,* 1, 5, 9, 12 September, 3, 5, 6 November; *Mundo Obrero,* 9, 30 September, 14 November 1970.

5. 'Ginés de Buitrago', 'Un poco de formalidad!', *ABC,* 2 April; *Mundo Obrero,* 29 April 1970.

6. Ramón Garriga, *La Señora de El Pardo* (Barcelona: Planeta, 1979) pp. 235, 289–92, 297–301; Joaquín Giménez Arnau, *Yo, Jimmy. Mi vida entre los Franco* (Barcelona: Planeta, 1981) p. 26; Laureano López Rodó, *La larga marcha hacia la monarquía* (Barcelona: Noguer, 1977), pp. 274–5, 286–9; Laureano López Rodó, *Memorias: años decisivos* (Barcelona: Plaza y Janés, 1991) p. 307; Manuel Fraga Iribarne, *Memoria breve de una vida pública* (Barcelona: Planeta, 1980) pp. 268, 272.

7. Laureano López Rodó, *El principio delfín. Memorias* (Barcelona: Plaza y Janés, 1992) pp. 84–5; Henry Kissinger, *The White House Years* (London: Weidenfeld & Nicolson/ Michael Joseph, 1979) pp. 930–2.

8. *ABC,* 22, 26 November; *Le Monde,* 5, 8 December 1970; Kepa Salaberri, *El proceso de Euskadi en Burgos. El sumarísimo 31.69* (Paris: Ruedo Ibérico, 1971) pp. 102–10, 165–7.

9. *Le Monde,* 2, 15, 16, 17, 18

December 1970; *Horizonte español 1972*, I, p. 235.

10. *Le Monde*, 18, 19, 21 December 1970; Vicente Gil, *Cuarenta años junto a Franco* (Barcelona: Planeta, 1981) pp. 98–103; Francisco Franco Salgado-Araujo, *Mis conversaciones privadas con Franco* (Barcelona: Planeta, 1976), p. 560; López Rodó, *El principio*, pp. 113–15; Salaberri, *Proceso*, pp. 263–72; *Horizonte español 1972*, I, pp. 266–71.

11. *Le Monde*, 29, 30, 31 December 1970; López Bravo and Garicano Goñi interviews in ángel Bayod, ed., *Franco visto por sus ministros* (Barcelona: Planeta, 1981) pp. 124, 201–2, 239; López Rodó, *La larga marcha*, pp. 405–6; López Rodó, *El principio*, pp. 122–9, 579–82; Francisco Franco, *Discursos y mensajes del Jefe del Estado 1968–1970* (Madrid: Publicaciones Españolas, 1971) pp. 167–78; Salaberri, *Proceso*, pp. 293–318.

12. *Pensamiento político de Franco*, 2 vols (Madrid: Ediciones del Movimiento, 1975) II, pp. 718–19.

13. Vernon A. Walters, *Silent Missions* (New York: Doubleday, 1978) pp. 555–6.

14. López Rodó, *El principio*, p. 146; Joaquín Bardavío, *Los silencios del Rey* (Madrid: Strips Editores, 1979) pp. 53–4.

15. *Mundo Obrero*, 22 January; *Le Monde Diplomatique*, January 1971.

16. *Mundo Obrero*, 6, 19, February 1971; *Horizonte español 1972*, I,

pp. 279, 288.

17. *Le Monde*, 31 January; *Mundo Obrero*, 3 April; *Madrid*, 24 November 1971; Luis Ramírez (pseudonym of Luciano Rincón), 'Morir en el bunker', *Horizonte Español 1972*, I, pp. 3–4.

18. *Le Monde*, 11 November 1971; *Horizonte español 1972*, I, p. 289; Rafael Calvo Serer, *Franco frente al rey* (Paris: Autor/Ruedo Ibérico, 1972) pp. 205–18.

19. *Arriba*, 2 October 1971; *Cuadernos de Ruedo Iberico*, Nos 33–5, October 1971–March 1972, pp. 3–19; *Horizonte español 1972*, I, pp. 326–35.

20. *Pensamiento político de Franco*, II, pp. 719–20; *ABC*, 2 October; *Mundo Obrero*, 15 October 1971; Rafael Calvo Serer, *La dictadura de los franquistas: El 'aff aire' del MADRID y el futuro político* (Paris: Autor/Ruedo Ibérico, 1973) pp. 190–3; Fraga, *Memoria breve*, pp. 280–1.

21. *Pensamiento político de Franco*, I, pp. 3–17; Manuel Vázquez Montalbán, 'Los Creix', *El País*, 28 March 1985; David Ballester, *Vides truncades. Repressió, víctimes i impunitat a Catalunya (1964–1980)* (Valencia: Publicacions de la Universitat de València, 2018) pp. 43–60.

22. Norman Cooper, 'The Church. From Crusade to Christianity', in Paul Preston, ed., *Spain in Crisis: Evolution and Decline of the Franco Regime* (Hassocks: Harvester Press, 1976) pp. 72–4.

23. *Pensamiento político de Franco*, I, p. 270, II, pp. 720–1; *ABC*, 1 January; *Ya*, 6 January 1972; *Horizonte español 1972*, I, p. 336.

24. *Le Monde*, 12, 22 October, 2, 17, 24 November; *Mundo Obrero*, 15 July, 17 September, 2, 27 October, 12 November, 10 December 1971.

25. *Mundo Obrero*, 10 December 1971; *Horizonte español 1972*, I, pp. 315–16.

26. *Le Monde*, 1–2 February 1970; *Informaciones*, 6 November 1971, 17 April 1972, 26, 30 April 1973; *ABC*, 7 November 1971; *Mundo Obrero*, 15 April 1972, 9 June 1973; José Ignacio San Martín, *Servicio especial. A las órdenes de Carrero Blanco* (Barcelona: Planeta, 1983) pp. 23–42; Ramírez, 'Morir en el bunker', pp. 1–20; Paul Preston, *The Politics of Revenge: Fascism and the Military in 20th Century Spain* (London: Allen & Unwin, 1990) pp. 165–74; *Horizonte español 1972*, I, pp. 311–14.

27. *Mundo Obrero*, 5 February, 10, 22 June 1972; *Horizonte español 1972*, I, p. 370.

28. *Observer*, 19 March; *Mundo Obrero*, 14, 30 March, 15 April 1972.

29. ángel Amigo, *Pertur: ETA 71–76* (San Sebastián: Hordago Publikapenak, 1978) pp. 44–8; José María Garmendia, *Historia de ETA*, 2 vols (San Sebastián: L.Haranburu Editor, 1980) II, pp. 164–73; Ortzi, *Historia de Euskadi. El nacionalismo vasco y ETA* (Paris: Ruedo Ibérico, 1975) pp. 397–401.

30. Ramón Garriga, *Nicolás Franco, el hermano brujo* (Barcelona: Planeta, 1980) pp. 311–17; Gil, *Cuarenta años*, pp. 87, 93; Mariano Sánchez Soler, *Ricos por la guerra civil de España* (Madrid: Editorial Raíces, 2007) pp. 89–102; Carlos Barciela, 'Franquismo y corrupción político', *Historia Social*, No. 30, 1998, pp. 83–96.

31. Gil, *Cuarenta años*, pp. 42–3, 60, 87–8, 91; López Rodó, *La larga marcha*, pp. 323, 419, 435; López Rodó, *El principio*, pp. 280–1; Fraga, *Memoria breve*, pp. 285–92; Rafael Calvo Serer, *La solución presidencialista* (Barcelona: Plaza y Janés, 1979) pp. 38–9.

32. Pilar Jaraiz Franco, *Historia de una disidencia* (Barcelona: Planeta, 1981) pp. 156, 162–3, 174, 205.

33. Gil, *Cuarenta años*, pp. 50–1; Torcuato Fernández-Miranda, 'Diario inédito', *ABC*, 20 December 1983, pp. 5–6; Carlos Fernández Santander, *El Almirante Carrero* (Barcelona: Plaza y Janés, 1985) pp. 238–9; Javier Tusell, *Carrero. La eminencia gris del régimen de Franco* (Madrid: Ediciones Temas de Hoy, 1993) pp. 399–400; Fraga, *Memoria breve*, pp. 277, 288–9.

34. López Rodó, *El principio*, p. 325.

35. *Pensamiento político de Franco*, I, pp. 27–34; López Rodó, *El principio*, pp. 336–8.

36. López Rodó, *El principio*, p. 345.

37. *Mundo Obrero*, 3 March, 8 July 1972; 26 April 1973.

38. *Le Monde*, 15 August; *Le Socialiste*,

21 September 1972; PSOE, *Congresos del PSOE en el exilio*, 2 vols (Madrid: Editorial Pablo Iglesias, 1981) II, pp. 179–204.

39. Dionisio Ridruejo, *Casiunas memorias* (Barcelona: Planeta, 1976) pp. 427–34; Rafael Calvo Serer, *La solución presidencialista* (Barcelona: Plaza y Janés, 1979) pp. 48–53; Pilar Fernández-Miranda Lozana and Alfonso Fernández-Miranda Campoamor, *Lo que el Rey me ha pedido. Torcuato Fernández-Miranda y la reforma política* (Barcelona: Plaza y Janés, 1995) pp. 29–42; Miguel Herrero, *El principio monárquico* (Madrid: Cuadernos para el Diálogo, 1972) passim; Jorge de Esteban et al., *Desarrollo político y constitución española* (Barcelona: Ariel, 1973) passim.

40. *Mundo Obrero*, 28 April, 23 May 1973.

41. López Rodó, *La larga marcha*, pp. 440–2.

42. *Le Monde*, 4, 5–6, 7 August 1973; Javier Tusell and Genoveva García Queipo de Llano, *Tiempo de incertidumbre. Carlos Arias Navarro entre el franquismo y la transición (1973–1976)* (Barcelona: Crítica, 2003) pp. 39–48; Ismael Fuente, Javier García and Joaquín Prieto, *Golpe mortal. Asesinato de Carrero y agonía del franquismo* (Madrid: El País, 1983) p. 164; Carlos Arias interview in Bayod, ed., *Franco*, p. 308; Bardavío, *Los silencios*, pp. 61–2; López Rodó, *La larga*

marcha, pp. 440–53.

43. Julen Agirre (pseudonym of Eva Forest), *Operación Ogro. Cómo y porqué ejecutamos a Carrero Blanco* (Hendaye/Paris: Ruedo Ibérico, 1974) p. 139; Joaquín Bardavío, *La crisis. Historia de quince días* (Madrid: Ediciones Sedmay, 1974) pp. 47–56; Fuente et al., *Golpe mortal*, p. 172.

44. José Utrera Molina, *Sin cambiar de bandera* (Barcelona: Planeta, 1989) pp. 70–4; Pilar Franco Bahamonde, *Nosotros los Franco* (Barcelona: Planeta, 1980) p. 150.

45. *Pueblo*, 22 December 1973; *El Socialista*, 2nd fortnight in January 1974, Marcel Niedergang, 'Le franquisme et ses ultras', *Le Monde*, 5–8 January 1974; Bardavío, *La crisis*, pp. 111–16; Fuente et al., *Golpe mortal*, pp. 184–7; Carlos Iniesta Cano, *Memorias y recuerdos* (Barcelona: Planeta, 1984) pp. 218–22; San Martín, *Servicio especial*, pp. 90–114.

46. Jaraiz Franco, *Historia*, p. 208; Ricardo de la Cierva, *Historia del franquismo*, Vol. II: *Aislamiento, transformación, agonía (1945–1975)* (Barcelona: Planeta, 1978) pp. 391–2.

47. Tusell and García Queipo de Llano, *Tiempo de incertidumbre*, pp. 53–69; Rafael Borrás Bertriu et al., *El día en que mataron a Carrero Blanco* (Barcelona: Planeta, 1974) pp. 252–6; *Mundo Obrero*, 5 January 1974; Gil, *Cuarenta años*, pp. 139–63; Utrera, *Sin cambiar*,

pp. 83–5; Bardavío, *Los silencios*, pp. 65–9; Fuente et al., *Golpe mortal*, pp. 172–3, 282–301; López Rodó, *La larga marcha*, pp. 459–61; Julio Rodríguez Martínez, *Impresiones de un ministro de Carrero Blanco* (Barcelona: Planeta, 1974) p. 96; Fraga, *Memoria breve*, pp. 309–10.

48. Borràs Betriu et al., *El dia en que mataron a Carrero Blanco*, pp. 252–6; *Le Monde*, 26 December; *Informaciones*, 21 December; *Daily Telegraph*, 31 December; *Guardian*, 31 December 1973, 4 January; *Financial Times*, 4 January; *Le Monde*, 4 January; *Mundo*, 5 January 1974; Fuente et al., *Golpe mortal*, pp. 50–1, 70.

49. *Pensamiento político de Franco*, I, pp. 35–8; Bardavío, *Los silencios*, p. 74.

50. *The Times*, 4 January; *Le Monde*, 4 January 1974.

51. Fuente et al., *Golpe mortal*, p. 283.

52. Utrera, *Sin cambiar*, pp. 85–92; La Cierva, *Franquismo*, II, p. 395.

53. *Mundo Obrero*, 28 November, 31 December; *Frente Libertario*, December 1973; *Financial Times*, 13 February 1974; *Cambio 16*, 18 March; *Treball*, 12 March 1974; Wilebaldo Solano, 'Le développement des conflits sociaux', and Ramon Tamames, 'Expansion économique et démocratie', *Le Monde Diplomatique*, February 1974; Charles F. Gallagher, *Spain, Development and the Energy Crisis* (New York: AUFS, 1973) p. 3.

54. Licinio de la Fuente, 'Valió la pena'. *Memorias* (Madrid: Editorial EDAF, 1998) pp. 207–11.

55. A. Saez Alba, *La otra cosa nostra. La Asociación Católica Nacional de Propagandistas y el caso de EL CORREO de Andalucía* (Paris: Ruedo Ibérico, 1974) pp. CX–CXII, 293–323; Fernando Jaúregui and Manuel Soriano, *La otra historia de UCD* (Madrid: Emiliano Escolar Editor, 1980) pp. 41–2; *ABC*, 3 March 1974; Alfonso Osorio, *Trayectoria política de un ministro de la corona* (Barcelona: Planeta, 1980) pp. 26–7.

56. *The Times*, 13 February; *Le Monde*, 14 February 1974; Carlos Arias Navarro, *Discurso del Presidente del Gobierno a las Cortes Españolas, 12.II.1974* (Madrid: Ediciones del Movimiento, 1974); interview with Carro Martínez, Bayod, ed., *Franco*, pp. 348–9; De la Fuente, 'Valió la pena', pp. 211–12; Ferran Gallego, *El mito de la transición. La crisis del franquismo y los orígenes de la democracia (1973-1977)* (Barcelona: Crítica, 2008) pp. 40–54.

57. Utrera, *Sin cambiar*, pp. 98, 103; La Cierva, *Franquismo*, II, pp. 395–7.

58. José María de Areilza, *Diario de un ministro de la monarquía* (Barcelona: Planeta, 1977) p. 71; *Le Monde*, 26 February, 5, 9 March; *El Alcazar*, 7, 8 March; *Observer*, 10 March; *Guardian*, 11 March 1974; Ortzi, *Euskadi*, pp. 404–7; 'Il bastone e la garrota', *Panorama*

(Rome), 14 March 1974.

59. Francesc Escribano, *Cuenta atrás. La historia de Salvador Puig Antich* (Barcelona: Ediciones Península, 2001) pp. 151–3; Gutmaro Gómez Bravo, *Puig Antich. La Transición Inacabada* (Madrid: Taurus, 2014) pp. 111–35.

60. *Arriba*, 28 April; *ABC*, 30 April; *Cambio 16*, 13 May 1974; Utrera, *Sin cambiar*, pp. 116–22; Gallego, *El mito*, pp. 64–6.

61. *Le Monde*, 15 May; *Financial Times*, 29 May 1974; Manuel Gutiérrez Mellado, *Un soldado para España* (Barcelona: Argos Vergara, 1983) pp. 47–9; Paul Preston, *The Triumph of Democracy in Spain* (London: Methuen, 1986) pp. 60–2.

62. *ABC*, 29 May, 16 June; *Ya*, 16 June; *El Alcazar*, 16 June 1974.

63. Fraga, *Memoria breve*, p. 330.

64. Laureano López Rodó, *Claves de la transición Memorias IV* (Barcelona: Plaza y Janés, 1993) pp. 57–8; Joaquín Bardavío, *La rama trágica de los Borbones* (Barcelona: Plaza y Janés, 1989) pp. 203–4.

65. José Oneto, *Arias entre dos crisis, 1973–1975* (Madrid: Cambio 16, 1975) p. 141; José Luis de Vilallonga, *El Rey. Conversaciones con D. Juan Carlos I de España* (Barcelona: Plaza y Janés, 1993) p. 215; Bardavío, *Los silencios*, pp. 95–101; Utrera, *Sin cambiar*, p. 147; Javier Figuero and Luis Herrero, *La muerte de Franco jamás contada* (Barcelona: Planeta, 1985) p. 130.

66. Gil, *Cuarenta años*, pp. 193–202, 209, 212; Vicente Pozuelo, *Los últimos 476 días de Franco* (Barcelona: Planeta, 1980) pp. 22–3; Jaime Peñafiel, *El General y su tropa. Mis recuerdos de la familia Franco* (Madrid: Temas de Hoy, 1992) pp. 155–6, 160.

67. *Le Monde*, 4–5 August 1974; *Mundo Obrero*, 31 July 1974; Rafael Calvo Serer, *Mis enfrentamientos con el Poder* (Barcelona: Plaza y Janés, 1978) pp. 119–21; Carrillo's intervention at a private seminar held by the Fundación Ortega y Gasset in Toledo in May 1984.

68. Calvo Serer, *Mis enfrentamientos*, pp. 248–65.

69. *Le Monde*, 19 October; *Guardian*, 18 October 1974.

70. *Le Monde*, 4, 8, 18, 30, 31 October 1974; Oneto, *Arias entre dos crisis 1973–1975*, pp. 149–53; Carro Martínez interview, Bayod, ed., *Franco*, pp. 354–6; Mariano Sánchez Soler, *Villaverde. Fortuna y caída de la casa Franco* (Barcelona: Planeta, 1990) p. 100; Utrera, *Sin cambiar*, pp. 173–5; La Cierva, *Franquismo*, II, p. 402; Gallego, *El mito*, pp. 103–7.

71. *Cambio 16*, 10 June 1974; Ramon Pi, *Joaquin Garrigues Walker* (Madrid: Cambio 16, 1977) p. 40.

72. *Ya*, 30, 31 October; *ABC*, 30 October; *Cambio 16*, 11–17, 18–24 November; *Le Monde*, 7 November 1974.

73. *Le Monde*, 20, 29, 30 November; *Guardian*, 28 November; *The Times*,

28 November; *Financial Times*, 28 November 1974; Fernando Álvarez de Miranda, *Del 'contubernio' al consenso* (Barcelona: Planeta, 1985) p. 83.

74. Bardavío, *Los silencios*, p. 102.
75. Pozuelo, *Los 476 últimos días*, pp. 126–9, 133–6, 141–7.
76. *Ibid.*, pp. 133, 177–8.
77. *Pensamiento político de Franco*, I, pp. 39–43.
78. Utrera, *Sin cambiar*, pp. 226–33.
79. Figuero and Herrero, *La muerte*, pp. 19–21.
80. De la Fuente, *'Valió la pena'*, pp. 223–8; interview with Licinio de la Fuente in Bayod, ed., *Franco*, pp. 240–2.
81. *Le Monde*, 5 March 1975; Utrera, *Sin cambiar*, pp. 248–59; Gregorio Morán, *Adolfo Suárez. Historia de una ambición* (Barcelona: Planeta, 1979) pp. 286–7; Carro Martínez interview, Bayod, ed., *Franco*, pp. 356–7.
82. Fraga, *Memoria breve*, pp. 346–9.
83. Utrera, *Sin cambiar*, pp. 266–73.
84. R. Richard Rubottom and J. Carter Murphy, *Spain and the United States since World War II* (New York: Praeger, 1984) pp. 113–14.
85. *Cambio 16*, 23–29 June 1975; Pozuelo, *Los 476 últimos días*, pp. 178–80; Gallego, *El mito*, pp. 133–9.
86. Osorio, *Trayectoria*, p. 183; Javier Figuero, *UCD. La 'empresa' que creo Adolfo Suárez* (Barcelona: Grijalbo, 1981) pp. 19–22; Morán, *Suárez*, pp. 74–5, 103–8, 121–7, 169–85;

Jonathan Hopkin, *Party Formation and Democratic Transition in Spain: The Creation and Collapse of the Union of the Democratic Centre* (London: Macmillan, 1999) pp. 43–4.
87. Pedro J. Ramírez, *El año que murió Franco* (Barcelona: Plaza y Janés, 1985) pp. 51–2, 68–9; Morán, *Suárez*, pp. 295–6; Gallego, *El mito*, pp. 145–52.
88. *ABC*, 20 May 1975; Morán, *Suárez*, pp. 297–300.
89. Pozuelo, *Los 476 últimos días*, p. 157.
90. Franco, *Nosotros*, pp. 236–7.
91. Pozuelo, *Los 476 últimos días*, p. 187; Fraga, *Memoria breve*, p. 363.
92. *Arriba*, 16 July 1975.
93. Cooper, 'The Church', pp. 79–81.
94. *The Times*, 15 May 1975; Noticias del País Vasco, *Euskadi. El último estado de excepción* (Paris: Ruedo Ibérico, 1975) pp. 25–30, 45–77, 143–51; Javier Sánchez Erauskin, *Txiki-Otaegi. El viento y las raíces* (San Sebastián: Hordago Publikapenak, 1978) pp. 260–1, 283–93.
95. *Guardian*, 27 August; *Mundo Obrero*, 4th week of June, 3rd week of July 1975. Stock-market quotations derive from *Cambio 16* throughout the autumn of 1975.
96. Ramírez, *El año*, pp. 112, 118–21.
97. *Ya*, 30 September; *Sabado Grafico*, 24–30 September; *Guardian*, 26, 30 September, 3, 7 October; *Observer*, 5 October; *Sunday Times*, 5

October 1975; Pozuelo, *Los 476 últimos días*, pp. 208–10; Ramírez, *El año*, pp. 204–6.

98. *Cambio 16*, 23–29 June 1975; *Mundo Obrero*, 4th week of September 1975; Álvarez de Miranda, *Del 'contubernio'*, p. 88.

99. *Arriba*, 2 October; *Cambio 16*, 6 October 1975; Pozuelo, *Los 476 últimos días*, pp. 210–12.

100. Pio Moa Rodríguez, *De un tiempo y de un País* (Madrid: Ediciónes de la Torre, 1982) pp. 217–33.

101. Pozuelo, *Los últimos 476 días*, pp. 215–16; Rogelio Baón, *La cara humana de un Caudillo* (Madrid: Editorial San Martín, 1975) p. 227; José Luis Palma Gámiz, *El paciente de El Pardo* (Madrid: Rey Lear, 2004) pp. 19, 55, 59–60, 68–78; Jesús Palacios and Stanley G. Payne, *Franco, mi padre. Testimonio de Carmen Franco, la hija del Caudillo* (Madrid: La Esfera de los Libros, 2005) pp. 677–8.

102. Franco, *Nosotros*, pp. 167–8; Pozuelo, *Los 476 últimos días*, pp. 218–21; Figuero and Herrero, *La muerte*, p. 26.

103. Palma Gámiz, *El paciente*, pp. 118–23, 135–6; Palacios and Payne, *Franco, mi padre*, p. 679; Julio González Iglesias, *Los dientes de Franco* (Madrid: Editorial Fénix, 1996) pp. 366–9; *ABC*, 2, 7 November; *Ya*, 29, 30 October, 9, 14 18 November 1975; 'As Juan Carlos Sees It', *Newsweek*, 3 November 1975.

104. *Guardian*, 2, 31 October, 7, 12 November; *Sunday Times*, 26 October, 9 November; *ABC*, 7 November; *The Times*, 21 November 1975.

105. Manuel Hidalgo Huerta, *Cómo y por qué operé a Franco* (Madrid: Editorial Garsi, 1976) pp. 18–34; Pozuelo, *Los 476 últimos días*, pp. 231–6; González Iglesias, *Los dientes*, p. 366; Palma Gámiz, *El paciente*, pp. 146–68; Juan Cobos Arévalo, *La vida privada de Franco. Confesiones del monaguillo del Palacio de El Pardo* (Cordoba: Editorial Almuzara, 2009) pp. 270–5.

106. Hidalgo Huerta, *Cómo y por qué*, pp. 35–55.

107. Gil, *Cuarenta años*, p. 212; Hidalgo Huerta, *Cómo y por qué*, pp. 55–8; Palma Gámiz, *El paciente*, pp. 176–81.

108. Peñafiel, *El General*, pp. 29–35; Ramírez, *El año*, p. 255; Palma Gámiz, *El paciente*, pp. 187–92.

109. Hidalgo Huerta, *Cómo y por qué*, pp. 59–69.

110. *Arriba*, 14, 18 November 1975; Figuero and Herrero, *La muerte*, pp. 35–6, 50–1.

111. *Arriba*, 20 November; *Ya*, 20 November 1975; Pozuelo, *Los 476 últimos días*, pp. 224–41; Baón, *La cara humana*, pp. 26–50; Figuero and Herrero, *La muerte*, pp. 102–12; Palacios and Payne, *Franco, mi padre*, pp. 684–5, 689–90; Hidalgo Huerta, *Cómo y por qué*, pp. 68–70; Luis Herrero, *El ocaso del régimen. Del asesinato de*

Carrero a la muerte de Franco
(Madrid: Ediciones Temas de Hoy,
1995) pp. 274–80; Pilar Cernuda,
*30 días de noviembre. El mes que
cambió la historia de España*
(Barcelona: Planeta, 2000)
pp. 133–40; Palma Gámiz, *El
paciente*, pp. 205–12.

112. Juan Miguel Baquero, 'Franco
acumuló una fortuna de 400
millones gracias a su entramado
corrupto', *40 años de desmemoria*
(Madrid: El Diario, 2015) at https://
desmemoria.eldiario.es/
fortuna-franco/.

113. Peñafiel, *El General*, pp. 132–6.

114. Giménez-Arnau, *Yo, Jimmy*, pp. 84,
164–5.

115. Inmaculada G. Mardones, 'Sin
Franco no viven peor', *El País*, 20
November 1985; *Interviú*. No. 614,
17 February 1988; Giménez-Arnau,
Yo, Jimmy, pp. 164ff.; Julia Navarro,
Señora Presidenta (Barcelona: Plaza
y Janés, 1999) p. 118.

116. *Guardian*, 21, 26, 28 November;
Daily Telegraph, 21 November; *The
Times*, 28 November; *Newsweek*, 1
December 1975; Figuero and
Herrero, *La muerte*, pp. 135–7;
Victoria Prego, *Así se hizo la
Transición* (Barcelona: Plaza y
Janés, 1995) pp. 332–6; Cernuda, *30
días*, pp. 165–9; Gallego, *El mito*,
pp. 210–16.

117. Paul Preston, *Juan Carlos: Steering
Spain from Dictatorship to
Democracy* (London: Harper
Perennial, 2005) pp. 318–28.

118. Federico Silva Muñoz, *Memorias*

políticas (Barcelona: Planeta, 1993)
pp. 228–9; Cernuda, *30 días*,
pp. 12–13, 221.

119. *Cambio 16*, 17 November 1975; *Le
Monde*, 29 January, 2 February
1974; Jose Luis Aranguren, *La cruz
de la monarquía española actual*
(Madrid: Taurus, 1974) passim.

120. *Mundo Obrero*, 25 November;
Servir al Pueblo, No. 45, November;
Correo del Pueblo, 18 November, 6
December; *Frente Libertario*, No.
57, December 1975.

121. Alfonso Armada, *Al servicio de la
Corona* (Barcelona: Planeta, 1983);
Carlos Fernández, *Los militares en
la transición política* (Barcelona:
Plaza y Janés, 1982) pp. 51–4.

第十六章　民主的痛苦创建，1975—1982 年

1. Antonio Garrigues y Diaz-
Cañabate, *Diálogos conmigo mismo*
(Barcelona: Planeta, 1978) p. 163;
José María de Areilza, *Diario de un
ministro de la monarquía*
(Barcelona: Planeta, 1977)
pp. 13–16, 38; Manuel Fraga
Iribarne, *En busca del tiempo
servido* (Barcelona: Planeta, 1987)
pp. 20–2.

2. Pilar Fernández-Miranda Lozana
and Alfonso Fernández-Miranda
Campoamor, *Lo que el Rey me ha
pedido. Torcuato Fernández-
Miranda y la reforma política*
(Barcelona: Plaza y Janés, 1995)
pp. 119–21; Gregorio Morán,
*Adolfo Suárez. Historia de una
ambición* (Barcelona: Planeta, 1979)

pp. 15–20; *Guardian*, 12 December 1975; Joaquín Bardavío, *El dilema. Un pequeño caudillo o un gran Rey* (Madrid: Strips Editores, 1978) pp. 79–84; Paul Preston, *Juan Carlos: Steering Spain from Dictatorship to Democracy* (London: Harper Perennial, 2005) pp. 331–4; Ferran Gallego, *El mito de la transición. La crisis del franquismo y los orígenes de la democracia (1973–1977)* (Barcelona: Crítica, 2008) pp. 217–25.

3. Fernández-Miranda, *Lo que el Rey*, pp. 121, 147–51; Alfonso Osorio, *Trayectoria política de un ministro de la corona* (Barcelona: Planeta, 1980) pp. 54–62; *Arriba*, 29 January 1976; Areilza, *Diario*, pp. 73–6; Victoria Prego, *Así se hizo la Transición* (Barcelona: Plaza y Janés, 1995) pp. 391–4.

4. Areilza, *Diario*, p. 84; *Observer*, 1 February 1976; Bardavío, *El dilema*, p. 105; Osorio, *Trayectoria*, pp. 55, 65.

5. *Cambio 16*, 19–25 January; *Guardian*, 5, 7, 8, 9, 14, 15, 20 January; *Sunday Times*, 11, 18 January; *Mundo Obrero*, 20, 27 January 1976; Rodolfo Martín Villa, *Al servicio del Estado* (Barcelona: Planeta, 1984) pp. 16–17; Victor Diaz Cardiel et al., *Madrid en huelga. Enero 1976* (Madrid: Editorial Ayuso, 1976) pp. 91–150; Areilza, *Diario*, p. 51.

6. Preston, *Juan Carlos*, pp. 336–9.

7. *Mundo Obrero*, 4, 11 February;

Cambio 16, 9–15 February; 1–7 March 1976.

8. Jose María Portell, *Euskadi. Amnistía arrancada* (Barcelona: Dopesa, 1977) pp. 37–42, 61–98; Mario Onaindía, *La lucha de clases en Euskadi (1939–1980)* (San Sebastián: Haranburu Editor, 1980) pp. 121–6; Gasteiz, *Vitoria, de la huelga a la matanza* (Paris: Ruedo Ibérico, 1976) pp. 117–32, 185–202; Martín Villa, *Al servicio*, pp. 26–8.

9. *Cambio 16*, 29 March–4 April, 19–25 April, 9–15 August, 23–29 August 1976, 12 February 1978; ángel Amigo, *Pertur: ETA 71–76* (San Sebastián: Hordago Publikapenak, 1978) pp. 94–109, 124–8, 253–74; José María Garmendia, *Historia de ETA*, 2 vols (San Sebastián: L.Haranburu Editor, 1980) II, pp. 178–86; Natxo Arregi, *Memorias del KAS: 1975/78* (San Sebastián: Hordago Publikapenak, 1981) pp. 49–53; Sophie Baby, *El mito de la transición pacífica. Violencia y política en España (1975–1982)* (Madrid: Ediciones Akal, 2018) pp. 222–41.

10. *Mundo Obrero*, 27 January, 4, 11 February 1976; Fernando Claudín, *Santiago Carrillo. Crónica de un secretario general* (Barcelona: Planeta, 1983) pp. 231–4; Paul Preston, *The Last Stalinist: The Life of Santiago Carrillo* (London: William Collins, 2014) pp. 290–8; Areilza, *Diario*, p. 51.

11. *Mundo Obrero*, 9 April 1976;

Osorio, *Trayectoria*, pp. 91–4; Areilza, *Diario*, p. 122.

12. Areilza, *Diario*, pp. 119–20, 122, 136–8, 146, 153; Emilio Attard, *Vida y muerte de UCD* (Barcelona: Planeta, 1983) p. 49; conversation of the author with Felipe González.

13. *Cambio 16*, 15–21 March 1976; Moran, *Suárez*, pp. 31–2; Osorio, *Trayectoria*, pp. 86–91; Martin Villa, *Al servicio*, pp. 28–9; Gasteiz, *Vitoria*, pp. 117–32; Preston, *Juan Carlos*, pp. 343–5.

14. Javier Figuero, *UCD. La 'empresa' que creo Adolfo Suárez* (Barcelona: Grijalbo, 1981) pp. 23–26; Areilza, *Diario*, p. 165; Antonio Izquierdo, *Yo, testigo de cargo* (Barcelona: Planeta, 1981) p. 41.

15. Minutes of Coordinación Democrática meeting, 9 April 1976, Oposición Española, *Documentos secretos* (Madrid: Sedmay Ediciones, 1976) pp. 108–12.

16. *Newsweek*, 26 April; *Guardian*, 3 July 1976; Areilza, *Diario*, pp. 105, 118, 124, 133–4, 146–8, 161–8, 178; José María de Areilza, *Cuadernos de la transicion* (Barcelona: Planeta, 1983) pp. 23–6; Preston, *Juan Carlos*, pp. 346–53; Javier Tusell and Genoveva García Queipo de Llano, *Tiempo de incertidumbre. Carlos Arias Navarro entre el franquismo y la transición (1973–1976)* (Barcelona: Crítica, 2003) pp. 321–6; Arias interview in Bayod, ed., *Franco*, p. 313; Gallego, *El mito*, pp. 383–410.

17. *El País*, 2, 4 July 1976; Osorio, *Trayectoria*, pp. 126–9; Morán, *Suárez*, pp. 55–61; Bardavío, *El dilema*, pp. 150–5; Izquierdo, *Yo, testigo*, p. 41; Preston, *Juan Carlos*, pp. 351–6; Gallego, *El mito*, pp. 411–20.

18. *Cambio 16*, 12–18, 19–25 July; *Mundo Obrero*, 14 July 1976; Adolfo Suárez's intervention at a private seminar held by the Fundación Ortega y Gasset in Toledo in May 1984 (henceforth FOG/Toledo).

19. *El País*, 6, 21 July; *Cambio 16*, 12–18 July 1976; Álvarez de Miranda, *Del 'contubernio'*, pp. 107–9; Areilza, *Cuadernos*, pp. 15–16, 39–40, 47–8, 56–8, 71–4; Osorio, *Trayectoria*, pp. 129–38; Bardavío, *El Dilema*, pp. 173–4.

20. Suárez, FOG/Toledo; *Cambio 16*, 9–15, 23–29 August; *Mundo Obrero*, 26 July–2 August, 1 September 1976; Joaquin Bardavío, *Sábado santo rojo* (Madrid: Ediciones Uve, 1980) pp. 42–4, 52; Morán, *Suárez*, p. 337; José J. A. Sagardoy and David León Blanco, *El poder sindical en España* (Barcelona: Planeta, 1982) p. 161.

21. Morán, *Suárez*, pp. 235–44, 331–2; Osorio, *Trayectoria*, pp. 141–2, 155, 162–4, 171–4; Figuero, *UCD*, pp. 48–51; *Cambio 16*, 26 July–1 August, 16–22 August 1976; remarks of Suárez, Gonzalez and Carrillo at FOG/Toledo.

22. *Cambio 16*, 13–20 September; *Mundo Obrero*, 8 September 1976.

23. Fernando Puell de la Villa,

Gutiérrez Mellado. Un militar del siglo XX (1912–1995) (Madrid: Biblioteca Nueva, 1997) pp. 187–91; Manuel Gutiérrez Mellado, *Un Soldado para España* (Barcelona: Argos Vergara, 1983) pp. 40–1, 47; Areilza, *Diario*, pp. 76–7, 81, 152; Fernández, *Los militares*, p. 63; Preston, *Juan Carlos*, pp. 33–6.

24. *El Alcázar*, 23, 27 September; *Cambio 16*, 4–10, 11–17 October 1976; Osorio, *Trayectoria*, pp. 183–9; Fernández, *Los militares*, pp. 109–13; Colectivo Democracia, *Los Ejércitos … más allá del golpe* (Barcelona: Planeta, 1981) p. 63; Carlos Iniesta Cano, *Memorias y recuerdos* (Barcelona: Planeta, 1984) pp. 242–50; Bardavío, *El dilema*, pp. 184–92.

25. *El País*, 24 December; *El Alcázar*, 28 December 1976; *Cambio 16*, 3–9 January 1977; Martín Villa, *Al servicio*, p. 60.

26. *Mundo Obrero*, 15 September 1976; Osorio, *Trayectoria*, p. 206; Areilza, *Cuadernos*, pp. 47–8, 71, 78; Morán, *Suárez*, p. 334; Claudín, *Carrillo*, pp. 238–40; Eduardo Chamorro, *Felipe González. Un hombre a la espera* (Barcelona: Planeta, 1980) pp. 133–6; Gallego, *El mito*, pp. 482–98.

27. Suárez, FOG/Toledo; *El País*, 18, 19 November; *Cambio 16*, 22–28 November 1976; Emilio Attard, *La Constitución por dentro* (Barcelona: Argos Vergara, 1983) p. 76; Osorio, *Trayectoria*, pp. 230–46; Areilza, *Cuadernos*, p. 67; Morán, *Suárez*,

pp. 312–16; Ignacio Sánchez-Cuenca, *Atado y bien atado. El suicidio institucional del franquismo y el surgimiento de la democracia* (Madrid: Alianza, 2014) pp. 205–82.

28. *Mundo Obrero*, 1–7, 15–21, 22 November; *Cambio 16*, 22–28 November, 5 December 1976; Osorio, *Trayectoria*, pp. 208–9; Martín Villa, *Al servicio*, pp. 54–7.

29. *El País*, 28 November; *Mundo Obrero*, 6–12 December 1976.

30. *Cambio 16*, 19 December 1976; Chamorro, *Felipe González*, pp. 136–43; PSOE, *XXVII Congreso* (Madrid: Avance, 1977) passim; Fernando Barciela, *La otra historia del PSOE* (Madrid: Emiliano Escolar, 1981) p. 19.

31. *El País*, 14, 15, 16, 17 December 1976; *Cambio 16*, 26 December, 27 December 1976–2 January 1977; Osorio, *Trayectoria*, pp. 252–3; Felipe González, FOG/Toledo.

32. Osorio, *Trayectoria*, pp. 212–13; Manuel Durán, *Martín Villa* (San Sebastián: Hordago Publikapenak, 1979) passim; *Cambio 16*, 19–25 July, 2–8, 23–29 August, 11–17, 18–24 October 1976; Portell, *Amnistía*, pp. 170–4.

33. *Mundo Obrero*, 20–26 December 1976; Bardavío, *Sábado*, pp. 88–111; Osorio, *Trayectoria*, pp. 254–8; Claudín, *Carrillo*, pp. 2–9, 239–41; Preston, *The Last Stalinist*, pp. 302–5.

34. *El País*, 12 December 1976; *Cambio 16*, 31 January–6 February 1977;

Mundo Obrero, 31 January–6 February 1977; Pio Moa Rodriguez, *De un tiempo y de un País* (Madrid: Ediciónes de la Torre, 1982) pp. 217–33; Durán, *Martín Villa*, p. 79; Bardavío, *Sábado*, pp. 142–7; Preston, *The Last Stalinist*, pp. 302–5.

35. Morán, *Suárez*, pp. 43–4, 324–8; Osorio, *Trayectoria*, pp. 97–108, 190–7, 291–9.

36. *Cambio 16*, 27 September–3 October, 18–24 October 1976; Areilza, *Cuadernos*, pp. 43–4, 50, 56; Osorio, *Trayectoria*, pp. 200–5; Pedro J. Ramírez, *Así se ganaron las elecciones* (Barcelona: Planeta, 1977) pp. 92–108; Christina Palomares, *The Quest for Survival after Franco: Moderate Francoism and the Slow Journey to the Polls, 1964–1977* (Brighton: Sussex Academic Press, 2004) pp. 165–80.

37. Jorge Verstrynge, *Memorias de un maldito* (Madrid: Grijalbo, 1999) pp. 211–13; Mariano Sánchez Soler, *Ricos por la guerra civil de España* (Madrid: Editorial Raíces, 2007) pp. 143–4; Fernando Jáuregui, *La derecha después de Fraga* (Madrid: El País, 1987) p. 181; Melchor Miralles, *Dinero sucio. Diccionario de la corrupción en España* (Madrid: Temas de hoy, 1992) pp. 293–4.

38. Carlos Dávila and Luis Herrero, *De Fraga a Fraga. Crónica secreta de Alianza Popular* (Barcelona: Plaza y Janés, 1989) pp. 105–12.

39. Paul Preston, *The Triumph of Democracy in Spain* (London: Methuen, 1986) pp. 109–14.

40. Attard, *Vida y muerte*, pp. 34–53; Osorio, *Trayectoria*, pp. 190–7, 300–2; Álvarez de Miranda, *Del 'contubernio'*, pp. 112–20; Jaúregui and Soriano, *UCD*, pp. 43–8, 61–4; *El País*, 25 March; *Cambio 16*, 4–10 April 1977; Areilza, *Cuadernos*, pp. 92–4, 108–23; Ramírez, *Elecciones*, pp. 29–31; Figuero, *UCD*, pp. 57–61.

41. *Cambio 16*, 16–22 May; *El País*, 6, 7, 8 May 1977; *Diario 16*, 28 January 1978; Figuero, *UCD*, pp. 232–4; Attard, *Vida y muerte*, pp. 52–7; Ramírez, *Elecciones*, pp. 116–21, 139–49, 158–9; álvarez de Miranda, *Del 'contubernio'*, pp. 127–9.

42. Preston, *Triumph*, pp. 108–14.

43. *Mundo Obrero*, 7–13, 21–27 March, 4–10, 11–17 April; *Cambio 16*, 18–24 April, 25 April–1 May, 2–8 May; *El País*, 15, 16 April; *ABC*, 14 April 1977; Suárez, FOG/Toledo; Morán, *Suárez*, pp. 320–1, 338; Claudín, *Carrillo*, pp. 245–8; Bardavío, *Sábado*, pp. 158–68, 196–200; Izquierdo, *Yo, testigo*, pp. 29, 63–4; Osorio, *Trayectoria*, pp. 288–91; Martín Villa, *Al servicio*, p. 69; Colectivo Democracia, *Los Ejércitos*, pp. 94–102; Pilar Urbano, *Con la venia. Yo indagué el 23 F* (Barcelona: Argos Vergara, 1982) p. 16; Preston, *The Last Stalinist*, pp. 306–12.

44. *Cambio 16*, 6–12 June 1977.

45. Ramírez, *Elecciones*, pp. 52, 127–32, 228–44, 304–6.

46. *Cambio 16*, 13–19 June 1977.

47. *Cambio 16*, 20–26 June, 27 June–3 July; *El País*, 15, 22, 29 May 1977; Ramírez, *Elecciones*, pp. 208–11, 248–9, 284–90.

48. Juan Luis Cebrián, *La España que bosteza* (Madrid: Taurus, 1981) pp. 22–5.

49. Juan J. Linz et al., *IV Informe FOESSA*, Vol. I: *Informe sociológico sobre el cambio político en España: 1975–1981* (Madrid: Euramérica, 1981) pp. 161–3.

50. Álvarez de Miranda, *Del 'contubernio'*, pp. 138–44; Jauregui and Soriano, *UCD*, pp. 48–9, 75–92; Figuero, *UCD*, pp. 82–4; Osorio, *Trayectoria*, pp. 331–6.

51. Durán, *Martín Villa*, pp. 113–25; *Cambio 16*, 19–25 September, 26 September–2 October, 3–9 October 1977; Álvarez de Miranda, *Del 'contubernio'*, pp. 157–9, 165; Martín Villa, *Al servicio*, pp. 150–8.

52. Unión Militar Democrática, *Los militares y la lucha por la democracia* (n.p., n.d. [but Madrid, 1976]) p. 47; José Luis Morales and Juan Celada, *La alternativa militar. El golpismo después de Franco* (Madrid: Editorial Revolución, 1981) pp. 67–85; Urbano, *Con la venia*, pp. 23–5; Fernández, *Los militares*, pp. 190–1.

53. *El País*, 20 September; *Cambio 16*, 3–9 October 1977; Fernández, *Los militares*, pp. 181–3; Amadeo Martínez Inglés, *La transición vigilada. Del Sábado Santo 'rojo' al 23-F* (Madrid: Ediciones Temas de Hoy, 1994) pp. 95–104.

54. Juan Pla, *La trama civil del golpe* (Barcelona: Planeta, 1982) p. 85; Urbano, *Con la venia*, p. 16; Alejandro Muñoz Alonso, *El terrorismo en España* (Barcelona: Planeta, 1982) pp. 245–6; Colectivo Democracia, *Los Ejércitos*, p. 96.

55. *Cambio 16*, 24–30 October, 14–20 November 1977.

56. *Cambio 16*, 11–17 July, 10–16 October 1977; Suarez, FOG/Toledo; Osorio, *Trayectoria*, pp. 319–27; Martín Villa, *Al servicio*, pp. 174–8; Salvador Sánchez-Terán, *De Franco a la Generalitat* (Barcelona: Planeta, 1988) pp. 48–53, 282–320; Josep Tarradellas, *'Ja sóc aquí'. Recuerdo de un retorno* (Barcelona: Planeta, 1990) pp. 34–9, 110–58, 218–30; Preston, *Juan Carlos*, pp. 407–10.

57. *Cambio 16*, 17–23 October; *El País*, 4, 11 October 1977; Francisco Espinosa Maestre, 'Desclasifiquen las vergüenzas del franquismo', *Público*, 20 November 2015.

58. Miguel Castells Arteche, *El mejor defensor el pueblo* (San Sebastián: Ediciones Vascas, 1978) pp. 197–9; Txiki Benegas, *Euskadi. Sin la paz nada es posible* (Barcelona: Argos Vergara, 1984) pp. 80–2.

59. *Cambio 16*, 12–18 December, 26 December 1977–1 January 1978, 9–15 January 1978; Manuel Clavero Arévalo, *España, desde el centralismo a las autonomias* (Barcelona: Planeta, 1983)

pp. 46–50.

60. Cf. Carrillo's speeches in the Cortes on 27 July, 14 September and 24 September 1977, reprinted in Santiago Carrillo, *Escritos sobre Eurocomunismo*, 2 vols (Madrid: Forma Ediciones, l977) II, pp. 83–128; Victoria Prego, *Presidentes. Veinticinco años de historia narrada por los cuatro jefes de Gobierno de la democracia* (Barcelona: Plaza y Janés, 2000) pp. 70–3.

61. *Mundo Obrero*, 16 June, 16 August, 8–14 September, 2–19 December 1977; *Cambio 16*, 17–23, 24–30 October, 31 October–6 November, 7–13 November 1977; Santiago Carrillo, *Memorias* (Barcelona: Planeta, 1993) pp. 741–7; Claudin, *Carrillo*, pp. 275–9; Jesús Sánchez Rodríguez, *Teoría y práctica democrática en el PCE (1956–1982)* (Madrid: Fundación de Investigaciones Marxistas, 2004) pp. 286–9; Paul Heywood, 'Mirror Images: The PCE and the PSOE in the Transition to Democracy in Spain', *West European Politics*, Vol. 10, No. 10, April 1987, pp. 193–210.

62. *Informe Económico 1981* (Bilbao: Banco de Bilbao, 1982) pp. 154–61.

63. *Cambio 16*, 21–27 November 1977; Attard, *La Constitución*, pp. 77–90, 119–23, 223; Antonio Hernández Gil, *El cambio político español y la Constitución* (Barcelona: Planeta, 1984) pp. 283ff.

64. Attard, *La Constitución*, pp. 92–107; Martín Villa, *Al servicio*, p. 86;

Álvarez de Miranda, *Del 'contubernio'*, pp. 179–95; *El Alcázar*, 6 July 1978.

65. *El País*, 13 January; *Cambio 16*, 23 July 1978; Preston, *Triumph*, pp. 138–41; Durán, *Martín Villa*, pp. 127–9.

66. *Cambio 16*, 5 February, 26 November 1978.

67. *Cambio 16*, 5, 12, 19 March, 29 April, 28 May, 4 June 1978; Attard, *Vida y muerte*, p. 67; Jauregui and Soriano, *UCD*, pp. 88, 115, 125.

68. *Cambio 16*, 23 July, 3, 10, 17 September 1978; Durán, *Martín Villa*, pp. 139–48, 167–94; Martín Villa, *Al servicio*, pp. 147–8; Benegas, *Euskadi*, pp. 102–3.

69. *Cambio 16*, 28 May, 9 July; *El País*, 29 June 1978; Luciano Rincón, *ETA (1974–1984)* (Barcelona: Plaza y Janés, 1985) pp. 163–6; Benegas, *Euskadi*, pp. 105–8; author's interview with Rodolfo Martín Villa in Madrid in October 1984.

70. *Cambio 16*, 28 May, 4 June, 9, 30 July, 29 October, 12, 19 November; *El País*, 30 June, 29 July, 1 November 1978; Izquierdo, *Yo, testigo*, pp. 99–102; Rincón, *ETA*, pp. 21–2; Muñoz Alonso, *El terrorismo*, pp. 133–40; Benegas, *Euskadi*, pp. 88–9.

71. *El País*, 17, 19 November; *Cambio 16*, 3, 10 December; *El Alcázar*, 23 November; 1978; Colectivo Democracia, *Los Ejércitos*, pp. 78–85; Morales and Celada, *La alternativa*, pp. 43–8; Martín Villa, *Al servicio*, pp. 134–5, 148–50;

Urbano, *Con la venia*, p. 19;
Izquierdo, *Yo, testigo*, pp. 49, 68–9;
José Oneto, *La noche de Tejero*
(Barcelona: Planeta, 1981)
pp. 27–34; Antonio Izquierdo,
Claves para un día de febrero
(Barcelona: Planeta, 1982) pp. 28–9.

72. *El País*, 8, 9 December; *Cambio 16*,
17 December 1978; Ministerio del
Interior, *Referendum Constitucional.
Información sobre resultados
provisionales de la votación*
(Madrid: Ministerio del Interior,
1978).

73. Benegas, *Euskadi*, pp. 89–91.

74. Preston, *Triumph*, pp. 150–7;
Cambio 16, 14 January, 11 February,
4, 11, 18 March; *El País*, 4 March
1979; Pedro J. Ramírez, *Así se
ganaron las elecciones 1979*
(Madrid: Prensa Española, 1979)
pp. 179–263; Josep Meliá, *Asi cayó
Adolfo Suárez* (Barcelona: Planeta,
1981) p. 29.

75. *El País*, 30, 31 March, 28, 29, 30
September, 2, 7 October; *Diario 16*,
1 October; *Mundo Obrero*, 2
October; *Cambio 16*, 15 April, 7
October 1979.

76. *El País*, 4, 5, 6 April; *Cambio 16*, 15
April 1979; Suarez, FOG/Toledo.

77. *Cambio 16*, 14, 28 May, 5, 12
October 1978; Ramírez, *Las
elecciones 1979*, pp. 81, 103–16;
Jaúregui and Soriano, *UCD*,
pp. 101–4: Preston, *Triumph*,
pp. 160–1.

78. *El País*, 12 May 1979; Armada, *Al
servicio*, p. 215; Morales and
Celada, *La alternativa*, pp. 51–3.

79. *Cambio 16*, 24 June, 1, 15, 22, 29
July, 5 August, 30 September, 7, 14
October, 4 November 1979;
Attard, *Vida y muerte*, pp. 70–2;
Jaúregui and Soriano, *UCD*,
pp. 129–30.

80. *Cambio 16*, 13, 20 May, 21 October
1979; Miguel Castells Arteche,
Radiografía de un modelo represivo
(San Sebastián: Ediciones Vascas,
1982) pp. 33–8, 129–30.

81. *El Alcázar*, 21 September; *Cambio
16*, 7 October 1979.

82. Morales and Celada, *La alternativa*,
pp. 74–7; Armada, *Al servicio*,
pp. 216–17; Urbano, *Con la venia*,
p. 21.

83. *El Alcázar*, 20 October 1979; *El
País*, 27 January; *Diario 16*, 25
January; *Cambio 16*, 10 February
1980; Colectivo Democracia, *Los
Ejércitos*, pp. 85–91; Morales
and Celada, *La alternativa*,
pp. 57–61; Urbano, *Con la venia*,
pp. 21–3.

84. Martín Villa, *Al servicio*, p. 90.

85. *Cambio 16*, 16 December 1979, 27
January 1980.

86. *Cambio 16*, 3, 17, 24 February, 16,
30 March; *El País*, 18 February, 2, 3,
22 March 1980; Martín Villa, *Al
servicio*, p. 90.

87. Preston, *Triumph*, pp. 172–4;
Cambio 16, 2 March, 6, 13 April, 18,
25 May, 21 September 1980; Meliá,
Así cayó, pp. 22, 39; Jaúregui and
Soriano, *UCD*, pp. 31–6; José
Oneto, *Los últimos días de un
presidente* (Barcelona: Planeta,
1981) pp. 27, 35, 82; Martín Villa,

Al servicio, p. 91.

88. *El País*, 3, 4, 21, 22, 23, 29, 30 May; *Cambio 16*, 16 March, 18 May, 1, 8, 29 June, 3 August 1980; Martín Villa, *Al servicio*, p. 94; Meliá, *Así cayó*, pp. 36–7; Oneto, *Los últimos días*, p. 50; Preston, *Triumph*, pp. 174–5.

89. *El País*, 8, 9, 30, 31 July; *Diario 16*, 8 July; *Cambio 16*, 13, 20, 27 July, 3, 10, 17 August 1980; Meliá, *Así cayó*, pp. 42–58; Oneto, *Los últimos días*, pp. 50–3; Jaúregui and Soriano, *UCD*, pp. 15–20, 34–7, 150–6; Jonathan Hopkin, *Party Formation and Democratic Transition in Spain: The Creation and Collapse of the Union of the Democratic Centre* (London: Macmillan, 1999) pp. 151–69.

90. *El País*, 22 June; *Cambio 16*, 13, 20 July, 17, 24 August, 7 September 1980; Rincón, *ETA*, p. 63.

91. *El País*, 10 September; *Cambio 16*, 21 September, 5, 12 October 1980; Meliá, *Así cayó*, pp. 51–9; Oneto, *Los últimos días*, pp. 67–8.

92. *Cambio 16*, 12, 19 October; *El País*, 2, 13 October 1980; Muñoz Alonso, *El terrorismo*, p. 227.

93. *El Alcázar*, 16, 21 September, 2 December 1980; conversation of the author with Felipe González in March 1981; *Cambio 16*, 9 March 1981; Armada, *Al servicio*, pp. 216, 223–7; Santiago Segura amd Julio Merino, *Jaque al Rey. Las 'enigmas' y las 'incongruencias' del 23-F* (Barcelona: Planeta, 1983) pp. 53–4, 77–8; Morales and Celada, *La alternativa*, pp. 122–5; Santiago Segura and Julio Merino, *Visperas del 23-F* (Barcelona: Plaza y Janés, 1984) pp. 297–301; Urbano, *Con la venia*, pp. 33–5; Jesús Palacios, *23-F. El Rey y su secreto* (Madrid: Libros Libres, 2010) pp. 187–96.

94. *Cambio 16*, 5, 12, 19, 26 October, 3 November; *El País*, 24, 25, 26 October 1980.

95. *Cambio 16*, 10, 17, 24 November; *El País*, 11 November 1980; Benegas, *Euskadi*, pp. 110–11; Muñoz Alonso, *El terrorismo*, pp. 229–31.

96. *Cambio 16*, 17 November 1980; Urbano, *Con la venia*, pp. 24–5; Morales and Celada, *La alternativa*, pp. 89–91, 122–5; Jesús Palacios, *23-F: El golpe del CESID* (Barcelona: Planeta, 2001) pp. 25–30.

97. Fraga, *En busca*, pp. 223–4; Urbano, *Con la venia*, pp. 42–3.

98. Meliá, *Así cayó*, pp. 59–63; Oneto, *Los últimos días*, pp. 69–70; *Diario 16*, 12 January; *Cambio 16*, 26 January 1981.

99. Jaúregui and Soriano, *UCD*, pp. 195–9; Attard, *Vida y muerte*, pp. 180–1; Meliá, *Así cayó*, pp. 59–63; Oneto, *Los últimos días*, pp. 69–70; *Diario 16*, 12 January; *Cambio 16*, 26 January 1981.

100. Attard, *Vida y muerte*, p. 189; *Cambio 16*, 2 February 1981; Meliá, *Así cayó*, pp. 13–19, 68–74.

101. *El País*, 30 January; *El Alcázar*, 30 January; *Diario 16*, 30 January; Oneto, *Los últimos días*, pp. 113, 119, 152; Meliá, *Así cayó*, pp. 74–5; Morales and Celada, *La alternativa*,

pp. 125–6; Urbano, *Con la venia*, pp. 52–7.

102. *El Alcázar*, 24 January; *ABC*, 31 January 1981; Oneto, *Los últimos días*, pp. 74–5; Figuero, *UCD*, p. 4.

103. *Cambio 16*, 9 February 1981; Meliá, *Asi cayó*, pp. 96–9, 118–19; Oneto, *Los últimos días*, pp. 124–6, 152–3, 159–63; Prego, *Presidentes*, pp. 113–21.

104. *Cambio 16*, 16 February 1981; Benegas, *Euskadi*, pp. 132–4; Urbano, *Con la venia*, pp. 73–5.

105. *Cambio 16*, 16, 23 February 1981; Rincón, *ETA*, pp. 123–4, 172–6.

106. *El Alcázar*, 8 February 1981.

107. *El Alcázar*, 17 December 1980, 22 January, 1 February; *Cambio 16*, 22 June 1981; Morales and Celada, *La alternativa*, pp. 127–30; Pla, *La trama civil*, pp. 59–69; Francisco Medina Ortega, *23F. La verdad* (Barcelona: Plaza y Janés, 2006) pp. 119–45; Urbano, *Con la venia*, pp. 47–8; Ricardo Pardo Zancada, *23-F. La pieza que falta. Testimonio de un protagonista* (Barcelona: Plaza y Janés, 1998) pp. 151–5; Javier Fernández López, *Diecisiete horas y media. El enigma del 23-F* (Madrid: Taurus, 2000) pp. 238–43; Pilar Cernuda, Fernando Jáuregui and Manuel ángel Menéndez, *23-F. La conjura de los necios* (Madrid: Foca Ediciones, 2001) pp. 54–6; Palacios, *23-F. El golpe*, pp. 266–72.

108. *El País*, 7, 8, 22 February; *Diario 16*, 9 February; *Cambio 16*, 16 February 1981; Hopkin, *Party Formation*, pp. 179–92; Attard, *Vida y muerte*, pp. 193–207; Martín Villa, *Al servicio*, pp. 94–6.

109. *El País*, 3, 10, 13, 14 February; *Cambio 16*, 16, 23 February 1981; Izquierdo, *Claves*, pp. 99–103, 121–8, 135, 143; Morales and Celada, *La alternativa*, p. 132; Castells, *Radiografia*, pp. 31, 95, 159; Pla, *La trama civil*, pp. 46–50; Urbano, *Con la venia*, pp. 76–7.

110. *El País*, 24, 25, 26, 27, 28 February; *Cambio 16*, 2, 9 March 1981; Colectivo Democracia, *Los Ejércitos*, pp. 140ff.; Preston, *Juan Carlos*, pp. 467–72; Oneto, *La noche de Tejero*, passim; Urbano, *Con la venia*, pp. 143, 365–7; Armada, *Al servicio*, pp. 240–95; Segura and Merino, *Jaque*, pp. 75–188, 220–32; Morales and Celada, *La alternativa*, pp. 135–46.

111. Armada, *Al servicio*, pp. 231, 236; Segura and Merino, *Jaque*, pp. 56–8, 145–6; Martín Prieto, *Técnica de un golpe de Estado. El juicio del 23-F* (Barcelona: Grijalbo, 1982) pp. 88–94; José Oneto, *La verdad sobre el caso Tejero. El proceso del siglo* (Barcelona: Planeta, 1982) pp. 90, 116, 205–35.

112. Author's interviews with Sabino Fernández Campo and Alfonso Armada; Notes of General Quintana Lacaci, *El País*, 17 February 1991; Informe de Alberto Oliart al Congreso, *El País*, 18 March 1981; Fernando Reinlein, *Capitanes rebeldes. Los militares españoles durante la Transición: de la UMD al 23-F* (Madrid: La Esfera

de los Libros, 2002) pp. 319–38; Cernuda, Jáuregui and Menéndez, *La conjura*, pp. 135–6, 142–8, 151–8, 200–2, 210, 216; Urbano, *Con la venia*, pp. 167–74; Fernández López, *Diecisiete horas y media*, pp. 133–5, 138–9, 147–57, 165–6; Palacios, *23-F. El Rey*, pp. 63–5, 212–19; Gabriel Cardona, *Las torres del honor. Un capitán del Ejército en la Transición y el golpe de Estado del 23-F* (Barcelona: Ediciones Destino, 2011) pp. 248–99; Andreu Farràs and Pere Cullell, *El 23-F a Catalunya* (Barcelona: Planeta, 1998) pp. 79–85; José Luis de Vilallonga, *Le Roi. Entretiens* (Paris: Fixot, 1993) pp. 169–70, 186, 195; Joaquín Prieto and José Luis Barbería, *El enigma del 'Elefante'. La conspiración del 23-F* (Madrid: El País-Aguilar, 1991) pp. 172–5, 300–1; Armada, *Al servicio*, pp. 240–3, 246–7; Javier Fernández López, *El Rey y otros militares. Los militares en el cambio de régimen político en España (1969–1982)* (Madrid: Editorial Trotta, 1998) pp. 167, 174–7; Manuel Soriano, *Sabino Fernández Campo. La sombra del Rey* (Madrid: Ediciones Temas de Hoy, 1995) pp. 351, 353–7; Diego Carcedo, *23-F. Los cabos sueltos* (Madrid: Ediciones Temas de Hoy, 2001) pp. 345–51, 356–9, 371–2, 375–6; Pardo Zancada, *23-F*, pp. 330–2, 340–65, 368–70; Eduardo Fuentes Gómez de Salazar, *El pacto del capó. El*

testimonio clave de un militar sobre el 23-F (Madrid: Ediciones Temas de Hoy, 1994) pp. 105–36; Medina, *23-F. La verdad*, pp. 367–81.

113. Gregorio Morán, *Adolfo Suárez. Ambición y destino* (Barcelona: Debate, 2009) pp. 298–303; Oneto, *La verdad*, pp. 321–2; Cernuda, Jáuregui and Menéndez, *La conjura*, pp. 158–61.

114. Preston, *Juan Carlos*, pp. 473–85; Medina, *23-F. La verdad*, pp. 402–9. See also Javier Cercas, *Anatomía de un instante* (Barcelona: Mondadori, 2009).

115. Patricia Sverlo (pseudonym of Rebeca Quintans), *Un Rey golpe a golpe. Biografía no autorizada de Juan Carlos de Borbón* (Pamplona: Ardi Beltza, 2000) pp. 181–208; Rebeca Quintans, *Juan Carlos I. La biografía sin silencios* (Madrid: Akal, 2016) pp. 219–22; Amadeo Martínez Inglés, *23-F. El golpe que nunca existió* (Madrid: Foca Ediciones, 2001) pp. 99–119, 191–7; Palacios, *23-F. El golpe*, pp. 338–43; Juan Blanco, *23-F. Crónica fiel de un golpe anunciado* (Madrid: Fuerza Nueva Editorial, 1995) pp. 364–74; Palacios, *23-F. El Rey*, pp. 28–47, 196–229.

116. Ricardo Cid Cañaveral et al., *Todos al suelo: la conspiracion y el golpe* (Madrid: Editorial Punto Crítico, 1981) pp. 205–7; Morales and Celada, *La alternativa*, pp. 146–8.

117. *Cambio 16*, 23 February, 9, 16 March, 8 June 1981.

118. Paul Preston and Denis Smyth,

Spain, the EEC and NATO (London: Routledge & Kegan Paul, 1984) pp. 15–21, 53–4.

119. El Alcázar, 26, 27, 28 February; Cambio 16, 23 March, 20 April; El País, 6, 7, 20, 21, 22 March; ABC, 12 April 1981; Morales and Celada, La alternativa, pp. 166–8.

120. El País, 5, 6, 8, 9 May; Cambio 16, 11, 18 May 1981.

121. El País, 22, 24, 26 May; Cambio 16, 1, 8 June; El Alcázar, 27 May 1981.

122. Cambio 16, 29 June, 6 July 1981.

123. Cambio 16, 25 May, 29 June, 6 July 1981.

124. Cambio 16, 29 June, 6, 20 July, 17 August; El Alcázar, 27 May 1981.

125. Cambio 16, 3, 10, 17 August, 7, 14 September, 23 November; El País, 2 September, 4 November 1981; Martín Villa, Al servicio, p. 96; Attard, Vida y muerte, pp. 232–52; Hopkin, Party Formation, pp. 193–4.

126. El País, 21, 22 October; Cambio 16, 26 October, 2 November 1981; Attard, Vida y muerte, pp. 263–5.

127. El País, 20, 21, 22, 23 April; Mundo Obrero, 20, 23, 27 April 1978.

128. Cambio 16, 9, 16, 23, 30 November, 7 December; El País, 3, 14, 15, 23 November, 7, 8 December 1981; Attard, Vida y muerte, pp. 269–75; Martín Villa, Al servicio, pp. 100, 117.

129. Cambio 16, 3, 31 August, 7, 14, 21 December 1981.

130. Cambio 16, 18, 25 January, 1 February 1982.

131. For a day-by-day chronicle of the trial, see Martín Prieto, Técnica, pp. 13–310. For a full account of the defendants and witnesses, see Oneto, La verdad, pp. 3–259, 263–314. See also Francisco Mora, Ni heroes ni bribones. Los personajes del 23-F (Barcelona: Planeta, 1982) pp. 19–199. An unashamedly pro-golpista version is given by Segura and Merino, Jaque.

132. Cambio 16, 29 March 1982; Pla, La trama civil, p. 28; Preston, Triumph, pp. 218–20.

133. Cambio 16, 17, 24, 31 May 1982; Martín Villa, Al servicio, p. 100.

134. El País, 4, 5 June; Cambio 16, 31 May, 7, 14 June 1982; Oneto, La verdad, pp. 379–406; Martín Prieto, Técnica, pp. 382–3; Segura and Merino, Jaque, pp. 214–40.

135. El País, 31 July; Cambio 16, 26 July, 2 August 1982; Prego, Presidentes, pp. 168–71.

136. Preston, The Last Stalinist, pp. 326–9.

137. El País, 1, 26, 27, 28 August; Cambio 16, 2, 9, 23, 30 August 1982.

138. El País, 14, 15 September; Cambio 16, 6, 13, 20 September 1982.

139. PSOE, Por el cambio. Programa electoral (Madrid: PSOE, 1982); Cambio 16, 27 September 1982.

140. El País, 3, 4, 5, 6, 7, 8, 14 October; El Alcázar, 6, 7 October; Cambio 16, 11, 18 October 1982; Cernuda, Jáuregui and Menéndez, La conjura, pp. 255–63.

141. El País, 29, 30 October; Cambio 16, 1 November 1982. The best account of the campaign and the results can

be found in Alejandro Muñoz Alonso et al., *Las elecciones del cambio* (Barcelona: Editorial Argos Vergara, 1984).

第十七章 新生民主的辉煌和苦痛，1982—2004 年

1. Paul Preston and Denis Smyth, *Spain, the EEC and NATO* (London: Routledge & Kegan Paul, 1984) pp. 75–80; Paul Preston, *Juan Carlos: Steering Spain from Dictatorship to Democracy* (London: Harper Perennial, 2005) pp. 495–500.

2. Javier Pradera, *Corrupción y política. Los costes de la democracia* (Barcelona: Galaxia Gutenberg, 2014) pp. 64–5.

3. 'Evolución del desempleo', *El País*, 20 November 2015; inflation figures from inflation.eu; Vicent Soler, 'Epíleg', in Ernest Lluch, *La vía valenciana* (Valencia: Afers, 2003) pp. 252–3.

4. *El País*, 5 February 1988; *ABC*, 19 April 1994; Pradera, *Corrupción y política*, pp. 66–7.

5. Charles T. Powell, *España en democracia, 1975–2000* (Barcelona: Plaza y Janés, 2001) pp. 417–24.

6. Paul Heywood, 'Analysing Political Corruption in Western Europe: Spain and the UK in Comparative Perspective', in Donatella Della Porta and Susan Rose-Ackerman, eds, *Corrupt Exchanges: Empirical Themes in the Politics and Political Economy of Corruption* (Baden-Baden: Nomos: 2002) pp. 49–52.

7. David Ruiz, *La España democrática (1975–2000). Política y sociedad* (Madrid: Síntesis, 2002) pp. 95–6.

8. Baltasar Garzón, *El fango. Cuarenta años de corrupción en España* (Barcelona: Debate, 2015) pp. 98–104; Paddy Woodworth, *Dirty War, Clean Hands. ETA, the GAL and Spanish Democracy* (Cork: Cork University Press, 2001) pp. 46–8, 66–83, 101–14, 220–1, 240–1, 268–76; Melchor Miralles and Ricardo Arques, *Amedo. El Estado contra ETA* (Barcelona: Plaza y Janés/Cambio 16, 1989) pp. 149–239, 322–64, 405–15; Paul Heywood, 'Corruption, Democracy and Governance in Contemporary Spain', in Sebastian Balfour, ed., *The Politics of Contemporary Spain* (London: Routledge, 2005) pp. 43–4.

9. *El País*, 8 June; *ABC* (Seville), 23 June 1996; Melchor Miralles, *Dinero sucio. Diccionario de la corrupción en España* (Madrid: Ediciones Temas de Hoy, 1992) p. 280.

10. *El País*, 11, 13 March 2011, 11 September 2013, 14 August 2014, 10 September 2015; *El Mundo*, 16 September 2016, 10 December 2018; Garzón, *El fango*, pp. 192–9.

11. *El País*, 25 July 1997; Carles Llorens, 'La gran estafa del postfranquisme', *Sàpiens*, No. 153, 2015, pp. 25–31; Garzón, *El fango*, pp. 307–8.

12. *El País*, 12 July 1986; Garzón, *El*

fango, p. 586.

13. *El País*, 2 July 2006.

14. José Díaz Herrera and Isabel Durán Doussinague, *Los secretos del Poder. Del legado franquista al ocaso del felipismo: episodios inconfesables* (Madrid: Ediciones Temas de Hoy, 1994) pp. 380–98; Roger Cohen, 'Missing Millions – Kuwait's Bad Bet. A Special Report, Big Wallets and Little Supervision', *New York Times*, 28 September 1993; Garzón, *El fango*, pp. 309–10. On Grand Tibidabo, *El Mundo*, 27 June, 18 October 1999; *El País*, 28 June 2000, 15 March 2001, 15 January, 15 February, 14 June 2008.

15. *Interviú*, 21 August 1995; *Tiempo*, 30 July 1996; *El País*, 22 July 1995, 4 August 1996.

16. *El País*, 12 March, 3, 4 June 1996, 1, 3, 4, 5 April, 3, 5, 6 October 1997.

17. *El País*, 5, 16, 17, 18 May 1985.

18. *El País*, 7 January 1984, 7 January 1985; Narcís Serra, *The Military Transition: Democratic Reform of the Armed Forces* (Cambridge: Cambridge University Press, 2010) pp. 138–9, 178–80.

19. Numerous conversations of the author with Narcís Serra both during his time as minister and after; Serra, *The Military Transition*, pp. 93–9, 103–34, 148–74, 181–5.

20. *El País*, 17 February 1991, 9 December 1997.

21. Sergio Gálvez Biesca, *La gran huelga general. El sindicalismo contra la 'modernización Socialista'* (Madrid: Siglo XXI de España,

2017) passim; Ruiz, *La España democrática*, pp. 89–93; Santos Juliá, *Un siglo de España. Política y sociedad* (Madrid: Marcial Pons, 1999) pp. 269–70.

22. Jorge Verstrynge, *Memorias de un maldito* (Madrid: Grijalbo, 1999) pp. 121, 164, 283.

23. Juliá, *Un siglo de España*, pp. 270–1; Pedro J. Ramirez, *La rosa y el capullo. Cara y cruz del felipismo* (Barcelona: Planeta, 1989) pp. 221–6.

24. Pradera, *Corrupción y política*, pp. 34–5, 75–83; Garzón, *El fango*, pp. 171–6; Juliá, *Un siglo de España*, pp. 264–5, 271–3; Miralles, *Dinero sucio*, pp. 304–11; Paul Heywood, 'Sleaze in Spain', *Parliamentary Affairs*, Vol. 48, No. 4, October 1995, pp. 726–8, 735–6.

25. *El Mundo*, 29 May 1991; Miralles, *Dinero sucio*, pp. 280–8; Garzón, *El fango*, pp. 92–7; Powell, *España en democracia*, pp. 510–12; Heywood, 'Sleaze in Spain', pp. 729–30; William Chislett, *Spain: What Everyone Needs to Know* (New York: Oxford University Press, 2013) p. 128.

26. *El País*, 14 January 1992, 28 June 2006; *El Mundo*, 22 September 1994; José Díaz Herrera and Isabel Durán, *El saqueo de España* (Madrid: Ediciones Temas de Hoy, 1996) pp. 241–80.

27. Garzón, *El fango*, pp. 116–20; Miralles, *Dinero sucio*, pp. 369–71; Powell, *España en democracia*, pp. 510–11; José Díaz Herrera and

Isabel Durán Doussinague, *Aznar. La vida desconocida de un presidente* (Barcelona: Planeta, 1999) pp. 460–73; Miguel Herrero de Miñón, *Memorias de estío* (Madrid: Ediciones Temas de Hoy, 1993) pp. 340–1; Heywood, 'Sleaze in Spain', pp. 730, 737; Ernesto Ekaizer, *Queríamos tanto a Luis* (Barcelona: Planeta, 2015) pp. 137–50.

28. *eldiario.es*, 5 May 2015.

29. Alfredo Grimaldos, *Zaplana. El brazo incorrupto del PP* (Madrid: FOCA, 2007) pp. 25–7, 289–97.

30. *El Mundo*, 25 May 2018; Grimaldos, *Zaplana*, pp. 139–62.

31. *El País*, 7 November 1998; Díaz Herrera and Durán, *Los secretos*, pp. 399–416.

32. Ruiz, *La España democrática*, pp. 103–8; Powell, *España en democracia*, pp. 442–63, 515–18.

33. Juliá, *Un siglo de España*, p. 274; *El País*, 14 May 1994.

34. *El País*, 5 May 1994; Díaz Herrera and Durán, *Los secretos*, pp. 338–47.

35. Garzón, *El fango*, pp. 316–24; Heywood, 'Sleaze in Spain', pp. 726–31; Ruiz, *La España democrática*, pp. 111–12.

36. *El País*, 29 May, 25 October 1983, 1 November 1986.

37. *El País*, 8 December 1993, 2, 5, 15 May 1994.

38. *El Mundo*, 3 May 1994; Garzón, *El fango*, pp. 106–16; Díaz Herrera and Durán, *Los secretos*, pp. 329–38.

39. *El País*, 7, 8 January; *El Mundo*, 10 January 1993; Manuel Soriano, *Sabino Fernández Campo. La sombra del Rey* (Madrid: Ediciones Temas de Hoy, 1995) pp. 491–502; Jesús Cacho, *El negocio de la libertad* (Madrid: Ediciones Foca, 1999) pp. 413–16, 430–4; Rebeca Quintans, *Juan Carlos I. La biografía sin silencios* (Madrid: Akal, 2016) pp. 374–85.

40. *El País*, 10, 14, 17 November 1995, 4 November 1997; *Diario 16*, 10 November 1995; Cacho, *El negocio*, pp. 387–406, 434–8; Soriano, *Sabino Fernández Campo*, pp. 480–5; Díaz Herrera and Durán, *El saqueo*, pp. 19–87; Quintans, *Juan Carlos*, pp. 409–23.

41. Powell, *España en democracia*, pp. 519–21; Heywood, 'Sleaze in Spain', pp. 733–4, 737; Juliá, *Un siglo de España*, pp. 275–7.

42. Garzón, *El fango*, pp. 96–7.

43. *El País*, 20 April, 17, 29 June 1995; Woodworth, *Dirty War*, pp. 259, 265, 271–3, 304–10, 350–1; Ramirez, *La rosa y el capullo*, pp. 96–8.

44. Powell, *España en democracia*, pp. 522–46; Díaz Herrera and Durán, *Aznar*, pp. 525–6.

45. *El País*, 21 June 1997, 24 January, 28 February 2000; Juliá, *Un siglo de España*, pp. 280–2; Ruiz, *La España democrática*, pp. 125–8.

46. *El País*, 27 April 1996.

47. Powell, *España en democracia*, pp. 573–90; Ruiz, *La España democrática*, pp. 128–9.

48. Powell, *España en democracia*, pp. 596–8.

49. *El País*, 11 January, 21 February 1991; *El Mundo*, 31 August 1999; *El Plural*, 12 August 2014; Díaz Herrera and Durán, *Aznar*, pp. 526–7, 532.
50. *El Mundo*, 16 June 2000; Informe del Consejo de la CNMV, Madrid, 2 August 2000, https://www.elmundo.es/economia/cnmv/index.html.
51. *El Mundo*, 4 December 1997, 9 January 2002; *Wall Street Journal*, 18 July 2009; https://www.elmundo.es/especiales/2007/10/comunicacion/18elmundo/telefonica.html.
52. *El Mundo*, 2 March 1996; *El País*, 11, 18 March 1999.
53. *El País*, 15 September 1999.
54. *El Mundo*, 3 July; *El País*, 8 July 1997; Powell, *España en democracia*, pp. 599–601; Ruiz, *La España democrática*, p. 121.
55. Powell, *España en democracia*, pp. 616–25.
56. Heywood, 'Corruption, Democracy and Governance', p. 40; *El Mundo*, 23 April, 24 June 2015; *El Periódico*, 10 May; *El Diario*, 27 November 2016.
57. *El País*, 24 May 1997, 24 April, 31 August, 2, 8, 9 September 1999, 20 December 2000, 14 March, 28 July 2001; *El Mundo*, 23 April 2007.
58. *El País*, 12 June, 27 August 2001, 26 February, 20 November, 7 December, 2002, 4 December 2007, 28, 29 March 2008; *ABC*, 22 July 2001; *El Mundo*, 30 September 2001, 21 September 2002; *Cinco Días*, 27 March 2008.
59. *El País*, 9 January, 18 April, 6 May; *ABC*, 24 May 2002; Garzón, *El fango*, pp. 368–72.
60. *Interviú*, 9 September 2002; *El País*, 21 May; *El Mundo*, 6 February, 6 October 2009, 21 May 2013; *nuevatribuna.es*, 13 April 2010; Garzón, *El fango*, pp. 416–17.
61. Fernando Vallespín, 'La corrupción en la democracia española', introduction to Pradera, *Corrupción y política*, pp. viii–xii; *La Vanguardia*, 25 March 2018; Antonio Muñoz Molina, *Todo lo que era sólido* (Barcelona: Seix Barral, 2014) pp. 49–52, 55–6.
62. *El País*, 16 March 2011; Muñoz Molina, *Todo lo que era sólido*, pp. 99–102.
63. *El País*, 25 March 2011; 2, 3 June 2019; *El Mundo*, 30 April 2018; William Chislett, *Forty Years of Democratic Spain: Political, Economic, Foreign Policy and Social Change, 1978–2018* (Madrid: Elcano Royal Institute, 2018) p. 23.
64. Diego Docavo Pedraza, Cristina Gadea García and Juan García Rodríguez, *Fraude y corrupción en el sector inmobiliario* (Madrid: Universidad Autónoma, 2012) pp. 4–18, 25–30.
65. *El País*, 3 February, 31 April, 18 October, 17 November, 16 December 2007; *Información*, 17 May 2014; Linda Palfreeman, *Crisis in Catral: True Stories behind One of Spain's Worst Property Scandal Hotspots* (Milton Keynes: Native Spain, 2010) pp. 124–9; Muñoz

Molina, *Todo lo que era sólido*, p. 157.

66. *Daily Mail*, 26 September 2012.
67. *ABC* (Seville), 8 December 2002, 18 October, 4 November, 12, 19 December 2006, 4 June 2018.
68. *El País*, 9 February 2007.
69. *El Mundo*, 28 December 2009; *El País*, 9 September, 1 December 2011; *Público*, 11 December 2017; Muñoz Molina, *Todo lo que era sólido*, pp. 157–9.
70. *El País*, 15 October 2009; *El Confi dencial*, 25 March 2010; Garzón, *El fango*, pp. 202–14.
71. *El Mundo*, 6 July; *El País*, 29 October 2006, 8 July, 26 October 2010, 1 November 2011, 10 February, 8 June 2012, 3, 4 March 2014, 6 March 2019; Grimaldos, *Zaplana*, pp. 101–3.
72. *Levante*, 19 February 2012; *El Mundo*, 1, 12 July 2010; *El País*, 29 July, 26 September 2008, 11 July, 27 December 2010, 26 March 2011, 26 November 2013; Grimaldos, *Zaplana*, pp. 15, 92–4.
73. *La Vanguardia*, 18 November 2003.
74. *La Vanguardia*, 29, 30 January, 1 February 2004.
75. *El País*, 12 April 2013, 17 June, 29 August, 16 September, 1, 26 October, 2015; Garzón, *El fango*, pp. 35, 182–9.
76. *El Mundo*, 25 July 2014, 27 July 2018, *El País*, 25, 26 July, 26 September 2014; Garzón, *El fango*, pp. 293–7.
77. *El Mundo*, 3 December 2009; *El*

País, 24 September, 27 October 2010, 7 February 2011, 18 December 2014, 16, 2 January, 18 March 2015, 13 March 2017, 18 April, 2 July, 30 September 2018; Garzón, *El fango*, pp. 254–7.

第十八章　腐败和无能的胜利，2004—2018 年

1. Rubén Amón, 'El insoportable cinismo de Aznar', *El País*, 35 May 2018.
2. Ernesto Ekaizer, *Queríamos tanto a Luis* (Barcelona: Planeta, 2015) pp. 17–27; *El País*, 8 April 2010; Baltasar Garzón, *El fango. Cuarenta años de corrupción en España* (Barcelona: Debate, 2015) pp. 148–50.
3. *El Mundo*, 21 February 2012; Ekaizer, *Queríamos tanto a Luis*, pp. 40–51.
4. *El País*, 31 January, 3 February, 19 July; *El Mundo*, 8 January, 7, 14, 15 July 2013; Garzón, *El fango*, pp. 120–4; Ekaizer, *Queríamos tanto a Luis*, pp. 88–98, 136–41, 363–9.
5. *El País*, 19 October 2009, 30 August 2010, 3 October 2011; *El Mundo*, 12 April 2010; Sam Edwards, 'Spain's Watergate', *Guardian*, 1 March 2019; Garzón, *El fango*, pp. 120–38.
6. *El País*, 15 July, 28 December 2011.
7. *El Mundo*, 12 March; *El País*, 15 March 2009, 26 December 2011.
8. *Público*, 6 February 2011.
9. *El Mundo*, 24 May; *ABC*, 25 May 2018.
10. *El Mundo*, 9 December 2010.
11. *El Mundo*, 15 February 2018; *El*

País, 8, 12 February, 2 May 2009.

12. *El País*, 27 January 2012.

13. *El País*, 14 October 2016; *El Mundo*, 18 November 2017.

14. *El País*, 27 July 2017.

15. *El Mundo*, 17 January, 22 February, 1, 8 April 2019.

16. *El Mundo*, 24 May, 13 June; *ABC*, 25 May 2018.

17. *El País*, 12 June 2018.

18. *El País*, 14 October 2005, 17 July 2006, 31 March 2011.

19. *El País*, 5 April; *El Mundo*, 5 April 2002; 'Los múltiples crímenes de Jesús Gil', *CTXT Revista Contexto*, No. 97, 28 December 2016, pp. 9–10.

20. *El País*, 1 April 1997.

21. Diego Docavo Pedraza, Cristina Gadea García and Juan García Rodríguez, *Fraude y corrupción en el sector inmobiliario* (Madrid: Universidad Autónoma, 2012) pp. 34–5; *ABC de Sevilla*, 15, 29 January 2002; *ABC*, 18 December 2006, 30 July 2012; *El País*, 12 December 2015, 30 March, 3 May 2016; *CTXT*, No. 97, 28 December 2016, pp. 9–10, pp. 11–12.

22. *El Mundo*, 30 March; *El País*, 6 April 2006.

23. *El Mundo*, 1, 2, 7 April 2006.

24. *El Mundo*, 28 June 2006.

25. *El País*, 3 May 2007, 10 September 2012, 4, 15, 30 October 2013, 26 November 2015, 12 January 2016; *El Mundo*, 15 October 2014; *ABC*, 16 April 2013.

26. Blog de 'Audrey', 8 April 2006, http://www.zonalibre.org/blog/te/ archives/092254.html.

27. *El Mundo*, 23 July 2007; *El País*, 26 September 2010.

28. Lorenzo Delgado Gómez-Escalonilla, 'El "error Aznar", o las consecuencias de secundar el unilateralismo de Estados Unidos', *Historia del Presente*, No. 5, 2005, pp. 151–63; *El Mundo*, 16, 17 March 2003.

29. *El País*, 15 March 2017.

30. *El País*, 11 March, 3, 4 April 2006; Alberto Reig Tapia, *Anti Moa. La subversión neofranquista de la Historia de España* (Barcelona: Ediciones B, 2006) pp. 422–7; Giles Tremlett, *Ghosts of Spain. Travels through a Country's Hidden Past* (London: Faber & Faber, 2006) pp. 250–80.

31. Reig Tapia, *Anti Moa*, pp. 404–5; William Chislett, *Spain: What Everyone Needs to Know* (New York: Oxford University Press, 2013) pp. 158–60.

32. Reig Tapia, *Anti Moa*, pp. 434–6, 460–6; Alberto Reig Tapia, *Revisionismo y política. Pío Moa revisitado* (Madrid: Foca, 2008) p. 237.

33. Emilio Silva and Santiago Macías, *Las fosas de Franco. Los republicanos que el dictador dejó en las cunetas* (Madrid: Ediciones Temas de Hoy, 2003) pp. 60–119; Encarnación Barranquero Texeira and Lucía Prieto Borrego, *La derrota bajo tierra. Las fosas comunes del franquismo* (Granada: Comares, 2018) pp. 46–7.

34. Tremlett, *Ghosts of Spain*, pp. 3–32.

35. Alberto Reig Tapia, *La crítica de la crítica. Inconsecuentes, insustanciales, impotentes, prepotentes y equidistantes* (Madrid: Siglo XXI de España, 2017) pp. 169–70, 209–10, 259–60.

36. Banco de España, *Informe sobre la crisis financiera y bancaria en España, 2008–2014* (Madrid: Banco de España, 2017) pp. 78–87.

37. Javier Ayuso, 'Estrategia de construcción del enemigo español', *El País*, 2 December 2017; Alberto Reig Tapia, 'España y Cataluña. Un inquietante malestar', in álvaro Soto Carmona, ed., *La democracia herida. La tormenta perfecta* (Madrid: Marcial Pons, 2019) pp. 372–4.

38. J. H. Elliott, *Scots and Catalans: Union and Disunion* (London: Yale University Press, 2018) pp. 241–2; Chislett, *Forty Years*, pp. 27–32; Francesc de Carreras, 'Opinión pública y secesionismo. El caso catalán', *Cuadernos de Pensamiento Político*, No. 44, 2014, pp. 23–38.

39. There are discrepancies between the many opinion polls. Figures used here are from the regular polls carried out by the Centre d'Estudis d'Opinió, Baròmetre d'Opinió Política, June 2005–November 2006.

40. *El País*, 4 December 2005.

41. *El Mundo*, 19 June 2006; Elliott, *Scots and Catalans*, pp. 238–9; Reig Tapia, 'España y Cataluña', pp. 375–8; Jaume Sobrequés i

Callicó, *La gran ignominia. Exiliats y presos polítics a la Catalunya del segle XXI* (Barcelona: Editorial Base, 2018) pp. 11–13.

42. *El Mundo*, 24 October 2005; *El País*, 14 February 2006.

43. *El País*, 31 July, 1 August; *El Mundo*, 1 August 2006.

44. *El País*, 29 June, 10 July; *El Mundo*, 29 June, 10 July 2010.

45. Centre d'Estudis d'Opinió, Baròmetre d'Opinió Política, 30 July 2010–25 January 2011.

46. *La Vanguardia*, 12 November; *El País*, 29 September, 29 November 2010.

47. *El Mundo*, 3 August 2016; *El Imparcial*, 25 June 2014; *El Periódico*, 13 July 2017.

48. Ernesto Ekaizer, *El libro negro. La crisis de Bankia y las Cajas* (Barcelona: Espasa, 2018) pp. 176–8.

49. *El País*, 12, 13 May 2010.

50. Banco de España, *Informe*, pp. 89–98, 116–36; Ernesto Ekaizer, *Indecentes. Crónica de un atraco perfecto* (Barcelona: Espasa, 2012) pp. 124–31; Iñig de Barrón Arniches, *El hundimiento de la banca* (Madrid: Catarata, 2012) pp. 145–63, 195–7, 255–66.

51. Ekaizer, *El libro negro*, pp. 220–7.

52. *El País*, 23 May, 6 June 2012; Ekaizer, *El libro negro*, pp. 289–99, 309–18, 605–34; Barrón Arniches, *El hundimiento de la banca*, pp. 190–3, 199–253.

53. Barrón Arniches, *El hundimiento de la banca*, pp. 264–78.

54. *El País*, 15, 16, 17, 18 May, 30 June 2011.

55. *El Mundo*, 9 May 2010; *El País*, 17 July 2012; Banco de España, *Informe*, pp. 136–9; Ekaizer, *Indecentes*, pp. 13–15, 183–9; Ekaizer, *El libro negro*, pp. 148–61.

56. Centre d'Estudis d'Opinió, Baròmetre d'Opinió Política, 29 June 2011–27 June 2012.

57. *El País*, 11, 20 September; *La Vanguardia*, 11, 20 September 2012; Ralph Minder, *The Struggle for Catalonia: Rebel Politics in Spain* (London: Hurst, 2017) pp. 2–7.

58. Centre d'Estudis d'Opinió, Baròmetre d'Opinió Política, 27 June–8 November 2011.

59. *La Vanguardia*, 25 September 2012.

60. *Naciódigital*, 23 November 2012.

61. *El País*, 26 November, 18 December; *El Mundo*, 21 December 2012.

62. *El País*, 12 December 2013, 8 April, 19 July, 19 September, 13 October 2014; Sobrequés, *La gran ignominia*, pp. 38–42.

63. *El País*, 10 November 2014; Elliott, *Scots and Catalans*, p. 248.

64. *El País*, 19 November, 22 December 2014, 8 January, 25 February 2015.

65. *El País*, 14 January 2015.

66. *El País*, 31 March, 20 August 2015; Sobrequés, *La gran ignominia*, pp. 77–82.

67. *El País*, 21 February, 14, 15, 18 June 2015.

68. *El Mundo*, 16 November 2015; Sobrequés, *La gran ignominia*, p. 15.

69. *Público*, 21 June, 27 August; *El Periódico*, 11 July; *Ara*, 30 August 2016; *La Vanguardia*, 24 August 2017, 14 December 2018.

70. *El País*, 5, 10 November, 2 December; *El Mundo*, November 10, 11 2015; Tobias Buck, *After the Fall: Crisis, Recovery and the Making of a New Spain* (London: Weidenfeld & Nicolson, 2019) pp. 49–52.

71. *La Vanguardia*, 28 September 2015, 11 January 2016; Sobrequés, *La gran ignominia*, pp. 84–95.

72. *La Vanguardia*, 24 July 2016.

73. *El País*, 10 January 2017.

74. *El Mundo*, 31 January; *La Vanguardia*, 5 February; *El País*, 6, 10 February, 13 March, 5 September 2017.

75. *El País*, 1 October, 12 December 2014, 23 February, 19 July 2017, 4, 26 October 2018.

76. *El País*, 2 February, 3 September, 30 December; *ABC*, 14 April, 25 November 2007.

77. Rebeca Quintans, *Juan Carlos I. La biografía sin silencios* (Madrid: Akal, 2016) pp. 591–3; Ana Romero, *Final de partida. La crónica de los hechos que llevaron a la abdicación de Juan Carlos I* (Madrid: La Esfera de los Libros, 2015) pp. 43–6.

78. *El País*, 14, 22 April; *El Mundo* 14 April 2012.

79. *El País*, 24 February 2012; *El Mundo*, 1, 2 December 2011, 7 May 2012; Quintans, *Juan Carlos*, pp. 595–7.

80. *Público*, 5 December; *El Mundo*, 29

November 2011.
81. *El País*, 24 February; *El Mundo*, 1 December 2011, 8 June 2012; Garzón, *El fango*, pp. 264–7.
82. *Público*, 5 December 2011; *El Mundo*, 18 November 2012.
83. *Público*, 5 December; *El Mundo*, 18, 24, 29 November, 4, 15 December 2011; *ABC*, 2 January, 26 February 2012; 'Urdangarín planeaba desviar cinco millones más a Belice', *El Mundo*, 9 December 2011.
84. *El Mundo*, 12 November; *ABC*, 18, 21 December 2011, 11 March 2012.
85. *ABC*, 23 April 2009, 2 December; *El País*, 12 November; *El Mundo*, 12 November 2011.
86. *El Mundo*, 8, 9, 13 December 2011, 25 February 2013; *El País*, 9 November, 10, 12, 13, 24 December 2011, 25 February 2013, 8 February 2014; *ABC*, 12, 13 November 2011, 11 March 2012; Romero, *Final de partida*, pp. 173–90; Garzón, *El fango*, pp. 267–79; Quintans, *Juan Carlos*, pp. 602–4, 610–13.
87. *El País*, 25 December; *El Mundo*, 26 December; *ABC*, 27 December 2011.
88. *Público*, 30 December; *ABC*, 29, 30 December 2011, 23 February, 3 April; *El País*, 22 April 2012, 12, 13 June 2018.
89. *ABC*, 14, 30 December 2011; *El Mundo*, 24 May 2012.
90. *ABC*, 11 March, 8 April; *El País*, 17 November 2007, 22 April 2012.
91. *ABC*, 14, 15, 16, 18 April 2012.
92. *ABC*, 3, 12 April; *El País*, 20, 22 April 2012.
93. *El País*, 18, 22 April; *ABC*, 16, 19 April 2012; Romero, *Final de partida*, pp. 51–9, 116.
94. *El Mundo*, interview with Peñafiel, 24 May; *ABC*, 18 May 2012; Romero, *Final de partda*, pp. 66–7, 93.
95. *ABC*, 14, 16, 17 April; *El País*, 16 April 2012.
96. *El País*, 18 April; *El Mundo*, 30 May 2012.
97. 'La bella princesa que triunfa en España', *El Mundo*, 20 March 2010; José Antonio Zarzalejos, 'Historia de cómo la Corona ha entrado en barrena', *elconfidencial.com*, 15 April 2012; Quintans, *Juan Carlos*, pp. 623–7. Romero, *Final de partida*, pp. 68–71 and photographs pp. 160ff.
98. *ABC*, 18 April; *El País*, 18, 22 April 2012.
99. Bob Colacello, 'King and Controversy', *Vanity Fair*, 10 September 2013.
100. *ABC*, 22 April; *El País*, 18, 22 April 2012; Romero, *Final de partida*, pp. 243–54; Quintans, *Juan Carlos*, pp. 672–4.
101. Santos Juliá, 'La erosión de la Monarquía', *El País*, 2 February 2014; Romero, *Final de partida*, pp. 307–33.
102. *El País*, 2 June; José Antonio Zarzalejos, 'El rey abdica para salvar a la Monarquía de la crisis institucional', *elconfidencial.com*, 2 June 2014.
103. *El País*, 9 April 2015; 3 February; *Público*, 8 February 2017.

104. *El Español*, 11, 15 July; *El País*, 11, 12, 23 July; *Daily Telegraph*, 16 July 2018.

105. *El País*, 22 December 2015, 24, 27 January; *El Mundo*, 22 January, 26 April, 3 May 2016.

106. *El País*, 28 June 2016.

107. Centre d'Estudis d'Opinió, Baròmetre d'Opinió Política, 22 July 2016; *El País*, 22 July 2016.

108. *Público*, 21 June, 27 August; *El Periódico*, 11 July; *Ara*, 30 August 2016: *La Vanguardia*, 24 August 2017, 14 December 2018.

109. *El Mundo*, 3 October; *Público*, 2 October; *El Periódico*, 5 October 2017; *El País*, 19 March 2019.

110. *La Vanguardia*, 2 November; *El País*, 25, 26, 27 October 2017; Xavier Vidal-Folch and Miquel Noguer, 'Los tres días que conmocionaron Cataluña', *El País*, 27 November 2017; Sobrequés, *La gran ignominia*, pp. 7–10; Elliott, *Scots and Catalans* pp. 251–7; Reig Tapia, 'España y Cataluña', pp. 378–80; Buck, *After the Fall*, pp. 52–8.

111. *El Mundo*, 15 May, 2 June; *El País*, 12, 21 May, 3 June, 6 September; *La Vanguardia* 14 May, 14 October 2018. For Torra's anti-Spanish views, see Quim Torra, 'La llengua i les bèsties', *MónTerrassa*, 19 December 2012.

112. *El País*, 3 June 2018.

113. *El País*, 29, 30 April 2019; Buck, *After the Fall*, pp. 137–8, 235–46.